Processo de Improbidade Administrativa

Anotado e Comentado

Aluizio Bezerra Filho

Processo de Improbidade Administrativa

Anotado e Comentado

2018

EDITORA JusPODIVM

www.editorajuspodivm.com.br

EDITORA *Jus*PODIVM
www.editorajuspodivm.com.br

Rua Mato Grosso, 164, Ed. Marfina, 1º Andar – Pituba, CEP: 41830-151 – Salvador – Bahia
Tel: (71) 3045.9051
• Contato: https://www.editorajuspodivm.com.br/sac

Capa: Ana Caquetti

B574p Bezerra Filho, Aluizio.
Processo de improbidade administrativa: anotado e comentado / Aluizio Bezerra Filho – Salvador: Editora JusPodivm, 2018.
688 p.

Bibliografia.
ISBN 978-85-442-2310-9.

1. Direito Administrativo. 2. Improbidade. I. Bezerra Filho, Aluizio. II. Título.

CDD 341.3

Esta obra é dedicada à minha esposa Lúcia, e aos meus filhos Felipe, Lucas, Matheus e Yasmin *(in memoriam)*.

Prefácio

Processo de Improbidade Administrativa Anotado e Comentado é mais uma obra do magistrado e escritor Aluizio Bezerra Filho que vem realçar a doutrina brasileira com um tema de grande relevância jurídica. Dentro de sua responsabilidade intelectual, o autor projeta para os operadores do direito e para todos aqueles que têm interesse nas questões da gestão pública e nos efeitos decorrentes de desvios de comportamento dos administradores em geral uma doutrina muito bem descortinada, por meio de uma metodologia absolutamente transparente quanto aos objetivos do livro, sem desprezar os aspectos práticos que a discussão jurídica exige e impõe para uma melhor abordagem de questões que são complexas e que exigem conhecimento específico para enfrentá-las.

Apesar de a Lei 8.429, de 2 de junho de 1992, ter sido editada no Brasil há quase 30 anos, é possível dizer que somente na última década ganhou contornos de extrema relevância na definição das políticas de metas do Conselho Nacional de Justiça, que impulsionaram a jurisdição para a solução de processos envolvendo improbidade administrativa, que historicamente não eram priorizados e que por isso geravam um sentimento de impunidade quase absoluto no seio da sociedade.

Nesse contexto, os doutrinadores sentiram a necessidade de ampliar o debate sobre o tema da improbidade administrativa, discutindo os dispositivos da lei de regência, fazendo uma incursão na Carta da República, notadamente nos princípios que dão azo à contextualização da correta administração pública, e especialmente analisando a ação instaurada em face do mau gestor, no sentido da garantia do devido processo legal, da ampla defesa e do contraditório, sem perder de vista a necessidade da aplicação intransigente das penalidades ao ato ímprobo.

É assim que o autor Aluízio Bezerra Filho cumpre esse papel de estudioso da matéria, de magistrado com larga experiência pela titularidade em Vara de Fazenda Pública, e pela coordenação de grupo criado no âmbito do Tribunal de Justiça da Paraíba para o enfrentamento de Meta do Conselho Nacional de Justiça, encarregado de julgar processos envolvendo os atos de improbidade administrativa e os crimes contra a administração pública.

Ao longo de 500 páginas, o autor distribui sua obra em (tantos) capítulos, numa sequência lógica que visa facilitar a compreensão do leitor, abordando, de início, a matriz constitucional do tema, os aspectos gerais da ação de improbidade administrativa, das condutas e procedimentos que podem caracterizá-la, e finalmente fazendo um minucioso estudo da Lei nº 8.429/1992, num trabalho extremamente invasivo desse verdadeiro microssistema normativo da improbidade.

Outra riqueza de conteúdo da obra é o conjunto de citações de autores consagrados, revelando o confronto de ideias e de teses, e uma farta jurisprudência que traduz o convencimento de nossas Cortes de Justiça, demonstrando consolidação de posições e também pontos de divergências, próprias dessa complexidade que a matéria encerra.

Não é demais lembrar que o autor apresenta seu trabalho doutrinário em consonância com o novo Código de Processo Civil brasileiro, que sem sombra de dúvida teve reflexos na Lei de Improbidade Administrativa.

É por isso que o autor consolidou seu nome nos cenários paraibano e nacional, com obras de relevo indiscutível, e o Processo de Improbidade Administrativa Comentado e Anotado vem nesta perspectiva de atender a um público ansioso de conhecer e estudar mais um compêndio editado com um rigor técnico-jurídico próprio daqueles que dominam o tema.

Não tenho receio em afirmar que o novo livro do Juiz Aluízio Bezerra Filho cumprirá um papel importante no conjunto das obras escritas sobre improbidade administrativa no Brasil, pois possibilitará uma pesquisa rica numa doutrina que não se perde numa narrativa vazia. É acima de tudo uma obra bem produzida, com didática perceptível, que permite a todos os interessados um aprendizado sem dificuldades e uma compreensão exata daquilo que é a estrutura geral do tema da improbidade administrativa e o processo das ações dela decorrentes.

Leandro dos Santos

Desembargador do Tribunal de Justiça do Estado da Paraíba.

Sumário

INTRODUÇÃO **17**

1. **Improbidade administrativa** **17**
    - 1.1. Matriz constitucional 17
    - 1.2. Conceito 19
    - 1.3. Ação de improbidade administrativa e penal 24
    - 1.4. Ação de improbidade administrativa e penal: autônomas 26
    - 1.5. Dever do juiz representar ao Ministério Público 28
    - 1.6. Condutas e procedimentos 30
        - 1.6.1. Ato preparatório 32
        - 1.6.2. Consumação 32
        - 1.6.3. Forma tentada 33
        - 1.6.4. Desistência voluntária e arrependimento eficaz 38
        - 1.6.5. Dolo genérico 38
        - 1.6.6. Dano 40
        - 1.6.7. Princípio da insignificância 42
    - 1.7. Os regramentos estabelecidos aos Tribunais de Contas pela LINDB 45
        - 1.7.1. Termo de ajustamento de normas 48
        - 1.7.2. Da interpretação de normas sobre gestão pública 49
        - 1.7.3. Individualização de sanções pelos Tribunais de Contas 50
        - 1.7.4. Período de transição para mudança de jurisprudência 50
        - 1.7.5. Prevalência da jurisprudência na época do fato 51
    - 1.8. Dano moral coletivo por lesão à probidade 52
    - 1.9. Dano moral coletivo por lesão ao meio ambiente 57
    - 1.10. Improbidade Administrativa por dano ambiental 64

LEI Nº 8.429/1992 .... **69**

- 2.1. Sujeitos passivos 69
- 2.2. Sujeitos ativos 74
    - 2.2.1. Agentes públicos 76

2.2.2. Agentes políticos ... 76
2.2.3. Servidor público ... 77
2.2.4. Função honorífica ... 77
2.2.5. Agentes delegados ... 78

3. Terceiros ou Particulares ... 79
3.1. Terceiro beneficiado ... 82
3.2. A participação, indução ou concorrência ... 82

4. Dever de velar pelos princípios constitucionais ... 84
4.1. Princípio da legalidade ... 84
4.2. Princípio da moralidade ... 86
4.3. Princípio da impessoalidade ... 91
4.4. Princípio da publicidade ... 91

5. Ressarcimento ao dano ... 93

6. A perda de bens e valores ilícitos ... 94

7. Decretação da indisponibilidade de bens ... 96

8. Responsabilidade Civil da Herança ... 103

9. Atos que importam em enriquecimento ilícito ... 107
9.1. Receber vantagem econômica ... 111
9.2. Perceber vantagem para a prática de transação com sobrepreço ... 114
9.3. Perceber vantagem para a prática de negócio com subpreço ... 115
9.4. Utilizar em obra ou serviço particular bens e servidores públicos ... 116
9.5. Receber vantagem para tolerar atividades ilícitas ... 122
9.6. Receber vantagem para declarar falsa ou avaliação de obras ou serviços ... 123
9.7. Adquirir bens sem renda compatível no exercício de cargo público ... 124
9.8. Aceitar função pública para beneficiar terceiros ... 126
9.9. Exercício de advocacia administrativa ... 127
9.10. Receber vantagem para prevaricar ... 129
9.11. Apropriação de bens ou valores públicos ... 129
9.12. Usar de bens e valores públicos em proveito pessoal ... 131

10-A. Revogação parcial do art. 10 pela LINDB ... 132

10. Lesividade ao Erário ... 135
10.1. Facilitar transferência de bens públicos para o patrimônio particular ... 140
10.2. Permitir o uso indevido de bens públicos ... 142
10.3. Doação ilegal de bens públicos ... 143
10.4. Facilitar transação de bens públicos com preços subfaturados ... 146
10.5. Facilitar aquisição de bens públicos com preços com sobrepreço ... 147

10.6. Realizar operação financeira sem formalidades legais ou garantia suficiente 148
10.6.1. Operação de crédito com recursos dos Institutos de Previdência (Pedalada fiscal) 153
10.7. Concessão ilegal de benefício administrativo ou fiscal 157
10.8. Frustrar a legalidade de procedimento licitatório 159
10.8.1. Fraude em licitação 160
10.8.2. Dispensa indevida de licitação 166
10.8.2.1. Dispensa de licitação produz presunção de lesividade 166
10.8.2.2. Comprovação de ausência de prejuízo ou presença de vantagem para o erário 168
10.8.2.3. Do dolo específico e do dano ao erário 169
10.8.2.4. Dispensa indevida de licitação: contratação de advogado 177
10.8.3. O princípio da padronização 184
10.8.4. A vigência dos contratos 185
10.8.5. A alteração dos contratos 186
10.8.6. Da subcontratação 186
10.8.7. Da cessão do contrato licitado 187
10.8.8. Da suspensão dos contratos 188
10.8.9. Processo seletivo para celebração de parcerias com entidades sem fins lucrativos 188
10.9. Ordenar despesa pública ilegal 190
10.9.1. Despesa ilegal com pessoal violando a Lei de Responsabilidade Fiscal 192
10.9.2. Despesas com restos a pagar 199
10.10. Negligência na arrecadação fiscal e conservação do patrimônio público 205
10.11. Liberação irregular de verba pública 207
10.12. Permitir ou facilitar para o enriquecimento ilícito de terceiro 209
10.13 Permitir o uso de bens públicos em favor de particular 210
10.14. Celebrar contrato com violação das formalidades legais 212
10.15. Celebrar contrato com insuficiência de dotação orçamentária 213
10.16. Facilitar a incorporação de bens públicos para entidades privadas nas parcerias público-privada 215
10.17. Permitir utilização indevida de bens públicos por entidade privada na parceria público-privada 216
10.18. Celebrar parceria público-privada irregular com entidades privadas 216
10.19. Negligenciar na fiscalização e prestações de contas de parceria público-privada 217

17.20.2. Carta rogatória ... 416
17.21. Das provas em geral ... 422
17.21.1. Ônus da prova ... 422
17.21.2. Incumbência do Autor ... 422
17.21.3. Incumbência do Representado ... 424
17.21.4. Prova pericial ... 426
17.21.5. Prova ilícita ... 430
17.21.6. Valoração da prova ... 435
17.21.7. Direito à prova ... 437
17.21.8. Depoimentos e inquirições em audiência ... 440
17.21.9. Prova testemunhal ... 442
17.22. Audiência de instrução e julgamento ... 444
17.23. Nulidades processuais ... 449
17.24. Pessoa Jurídica interessada tributária ... 457

18. Sentença ... 458
18.1. Sentença *citra petita* ... 463
18.2. Sentença *extra petita* ... 466
18.3. Sentença *ultra petita* ... 468
18.4. Fatos novos supervenientes à instrução ... 469
18.5. Sentença condenatória ... 469
18.6. Declaração incidental de inconstitucionalidade ... 477
18.7. Dispositivos da sentença condenatória ... 483
18.8. Dosimetria das sanções ... 484
18.9. Sentença penal absolutória ... 490
18.10. Litigância de má-fé ... 495
18.11. Sucumbência ... 500

19. Dos recursos em geral ... 503
19.1. Apelação ... 503
19.1.1. Procedimento ... 505
19.1.2. Fatos novos supervenientes à sentença ... 511
19.1.3. Juízo de retratação da sentença ... 511
19.1.4. Teoria da causa madura ... 512
19.1.5. Razões recursais ... 513
19.1.6. Recurso adesivo ... 514
19.2. Agravo de Instrumento ... 514
19.3. Agravo interno ... 517
19.4. Agravo em recurso especial e extraordinário ... 518
19.5. Embargos de declaração ... 519
19.6. Embargos declaratórios com efeitos modificativos ... 521

19.7. Recurso ordinário constitucional 524
19.8. Recursos especial e extraordinário 524
19.9. Embargos de Divergência 527
19.10. Recebimento da apelação no efeito devolutivo 528
19.11. Duplo grau de jurisdição 531

20. Coisa julgada 535

21. Cumprimento da sentença 539
21.1. Execução de reparação de danos, perda de bens ou multa 539
21.2. Proibição de contratar ou receber benefícios fiscais ou creditícios 541

22. Crime de Representação Caluniosa 542
22.1. Aplicação da pena no juizado especial 545
22.2. A responsabilidade civil por representação caluniosa 547

23. Perda da função pública e suspensão dos direitos políticos 550
23.1. Competência do juízo para execução 553
23.2. Parlamentares federais 555
23.3. Parlamentares Estaduais 556
23.4. Vereadores 557
23.5. Prefeitos 557

24. Afastamento cautelar do agente público 561

25. Independência da Aplicação das Sanções 566
25.1. Sanção que independe de dano 566
25.2. Desvinculação das decisões do Tribunal de Contas 569
25.3. Distinção entre juízo de fato e juízo de valor 572

26. Procedimento Administrativo ou Inquérito Policial 574

27. Ações de impugnação 576
27.1. A judicialização das decisões dos Tribunais de Contas 576
27.2. Coisa julgada inconstitucional e a *querela nullitatis insanabilis* 581
27.3. Ação rescisória 589
27.3.1. Legitimação 593
27.3.2. Aspectos processuais 594
27.4. Impugnação à Execução 597
27.5. Ação de Embargos de terceiros 600
27.6. Ação de insolvência civil 603

28. Da prescrição 607
28.1. Contagem do prazo prescricional 621

29. Vigência da lei 624

30. Referências Bibliográficas 624

ANEXOS

LEI COMPLEMENTAR Nº 101, DE 4 DE MAIO DE 2000 631

LEI Nº 1.079, DE 10 DE ABRIL DE 1950 657

LEI Nº 7.347, DE 24 DE JULHO DE 1985 671

LEI Nº 4.717, DE 29 DE JUNHO DE 1965 675

DECRETO Nº 5.483, DE 30 DE JUNHO DE 2005 681

Introdução

1. IMPROBIDADE ADMINISTRATIVA

1.1. Matriz constitucional

A fonte originária que descreve conduta típica de ato de improbidade administrativa de agente público à frente da gestão da coisa pública é a Constituição da República, a lei fundamental do Estado brasileiro, a base de todas as demais leis.

A Carta Política no seu art. 14, § 9º, prescreve:

> "lei complementar estabelecerá outros casos de inelegibilidade e os prazos de sua cessação, a fim de proteger a probidade administrativa, a moralidade para o exercício do mandato, considerada a vida pregressa do candidato, e a normalidade e legitimidade das eleições contra a influência do poder econômico ou o abuso do exercício de função, cargo ou emprego na administração direta ou indireta".

Trata-se, pois, da primeira manifestação da nossa Carta na defesa do patrimônio público e dos valores morais, legais e éticos no trato dos interesses da administração pública em nosso país.

Essa proteção que emana da ossatura constitucional tem como escopo resguardar o patrimônio do povo brasileiro, os bens públicos e as riquezas nacionais, construídas, mantidas e financiadas com o esforço do trabalho das pessoas físicas e os serviços das empresas na formação do nosso produto interno bruto.

O produto e o resultado dessa mobilização de forças da sociedade brasileira na perquirição do desenvolvimento nacional exigem um elevado grau de responsabilidade pública na gestão dos recursos públicos para serem otimizados na sua aplicação e que redunde em serviços públicos eficientes para a população, assim como os investimentos na infraestrutura do país sejam implementados com eficácia, almejando atingir os melhores níveis de aproveitamento, rendimento e desenvolvimento econômico e social.

Saliente-se que o brasileiro tem uma carga tributária semelhante à dos países do primeiro mundo, mas os serviços públicos postos à sua disposição, num padrão do continente africano, tudo por conta da atuação ímproba de expressivo número de agentes públicos no exercício de cargos executivos nas esferas federal, estadual e municipal.

O desperdício de verbas aplicadas em obras, produtos ou serviços desnecessários, de pouca utilidade ou de insignificante alcance social, associado ao desvio de recursos públicos com superfaturamentos, licitações forjadas ou viciadas, acrescendo-se a prática acintosa da corrupção para subtrair do patrimônio público os seus valores, têm como reflexos diretos a exclusão de direitos básicos à população de baixa renda, tais como: saúde, educação e segurança pública.

A pobreza do nosso povo e a miséria da maioria da população são resultados da cultura nociva da desonestidade, ganância e egoísmo daqueles que desfrutam da confiança popular através do sufrágio do voto, com promessas nunca cumpridas e dos seus elencos de auxiliares de malfeitores que executam as políticas públicas voltadas apenas para interesses escusos e enriquecimento próprio.

Por tudo isso, é que o constituinte de 1988 fez uma opção em desfavor dos agentes públicos desonestos, de forma direta e abrangente, para penalizá-los, recuperar e repatriar os pertences do erário.

O princípio da moralidade previsto no art. 37 da Carta Política, é a matriz dos pilares de sustentação e proteção da administração pública.

Pretende a Lei Maior, na incontestada lição de Celso Antônio Bandeira de Mello, "*inibir que a administração se conduza perante o administrado de modo caviloso, com astúcia ou malícia preordenadas a submergir-lhe direitos ou embaraçar-lhe o exercício e, reversamente, impor-lhe um comportamento franco, sincero, leal*"[1].

Manoel de Oliveira Franco Sobrinho assim ensina:

> De um modo geral, a moralidade administrativa passou a constituir pressuposto de validade de todo ato da administração pública. Não se trata, contudo, da moral comum, mas sim da moral jurídica. E para a qual prevalece a necessária distinção entre o bem e o mal, o honesto e o desonesto, o justo e o injusto, o conveniente, o oportuno e o inoportuno, o legal e o ilegal. Não obedecendo o ato administrativo somente à lei jurídica[2].

Segundo a cátedra de Marino Pazzaglini Filho:

> A imoralidade exsurge, pois, do próprio objeto do ato administrativo, quando esta afronta a honestidade, a boa-fé, as normas de conduta aceitas como legítimas pelos administrados, a dignidade humana e a ética. Resulta de um confronto lógico entre os meios de que se vale o agente público e os fins colimados com o ato. Adequação, compatibilidade, em uma palavra: proporcionalidade. A conduta administrativa deve ser eficiente, à medida que ao agente público é exigível o dever da boa administração, o que não significa apenas honestidade, mas, também, produtividade, profissionalis-

1. BANDEIRA DE MELLO, Celso Antônio. **Direito Administrativo na Constituição de 1988**. São Paulo: Revista dos Tribunais, 1991. p. 37.
2. FRANCO SOBRINHO, Manoel de Oliveira. *In:* **O Controle da Moralidade Administrativa**. São Paulo: Saraiva, 1974. p. 207.

mo e adequação técnica do exercício funcional às metas administrativas e a legalidade[3].

Desse modo, qualquer conduta ilegal, ainda que omissiva, dolosa ou culposa, que acarrete lesão ao erário, importa na aplicação de norma supracitada.

A reprimenda à improbidade administrativa instituiu a teoria da purificação com vistas a excluir da vida pública ou política, aqueles flagrados em ilicitude, com a perda da função e a suspensão dos direitos políticos.

A deslealdade dos agentes públicos ou políticos com suas fraquezas morais e cívicas impõe a responsabilização civil, política e administrativa visando à proteção da coisa pública e do interesse da coletividade.

Deslembram-se esses incautos agentes do subdesenvolvimento cultural de suas práticas delituosas contra o patrimônio público, a lição de Georges Ripert[4] de que "*o dever de não fazer mal injustamente aos outros é o fundamento do princípio da responsabilidade civil*"; o que aniquila a lei de Gerson neste país de levar vantagem em tudo, especialmente o enriquecimento sem causa, que, à luz da norma de regência, tem o alcance de reaver todos os valores desviados, saqueados ou malversados, até dos herdeiros daqueles considerados ímprobos.

Com efeito, o espírito da lei é a composição saudável de categorias de agentes públicos idôneos que desempenhem suas atividades funcionais com eficiência e fidelidade aos princípios norteadores da administração pública, para, desta maneira, alcançar resultados positivos na gestão administrativa em favor do bem comum.

1.2. Conceito

O ato de improbidade retrata a noção de desonestidade, de má-fé e ilegalidade que importa no auferimento de vantagem ilícita ou que resulta em prejuízo ao erário ou que atenta contra os princípios norteadores da administração pública.

Trata-se do ato de improbidade de autoria exclusiva de agente público ou político no exercício de suas funções públicas, atuando de forma antijurídica em benefício pessoal ou em favor de outrem, mas sempre em desfavor do interesse e do patrimônio público.

O interesse público é aquele, submetido a um regime jurídico de ordem pública, resguardado por normas que primam pela preeminência do interesse público sobre o particular e, principalmente, pela indisponibilidade do direito vindicado.

Infirma-se, assim, que os atos administrativos necessariamente deverão ser primados pela escorreita formação legal, desinfluente de qualquer eiva de vício formal, material ou subjetivo na sua consecução acoimada na cogência e inderrogabilidade das normas incumbidas de proteger os interesses públicos, proteção

3. PAZZAGLINI FILHO, Marino. **Improbidade Administrativa**. São Paulo: Atlas, 1996. p. 50.
4. **Regra Moral nas Obrigações Civis**, p. 24.

É de expressiva objetividade assinalar que a moralidade administrativa integra o direito como elemento indissociável na sua aplicação e na sua finalidade, erigindo-se em fator de legalidade. Daí por que o Tribunal de Justiça de São Paulo decidiu que "*o controle jurisdicional se restringe ao exame da legalidade do ato administrativo; mas, por legalidade ou legitimidade se entende não só a conformação do ato com a lei, como também com a moral administrativa e com o interesse coletivo*"[6].

Com esse julgado pioneiro, a moralidade administrativa ficou consagrada pela Justiça, como necessária à validade da conduta do administrador público.

Com efeito, ao incorrer em ato de improbidade atentando contra os princípios impostos à gestão da coisa pública, ou gerando enriquecimento ilícito ou dano ao erário, a consequência é aviltar o princípio constitucional da moralidade, elemento integrativo da legalidade do ato administrativo, a ilegalidade é manifesta.

Dessa forma, a legalidade do ato está condicionada à sua comunhão com a moralidade, sem a qual incorre em ilegalidade.

Afora a relevância da defesa da moralidade pública, deve-se afigurar de destaque que a honestidade constitui-se num dever de estado permanente do agente público ou político, deflui do princípio da moralidade para representar critério essencial para a aferição da conduta daquele no exercício de sua atividade funcional, isso porque a honestidade, conjugada com a eficiência e a lealdade às instituições públicas, é o mínimo que se espera dos agentes públicos.

A gravidade da improbidade na administração pública, em todas as suas esferas de poder, vem disseminando-se e impõe uma política mais rígida de controle, assim definida por Miguel Reale: "*aos olhos do homem comum o Direito é lei e ordem, isto é, um conjunto de regras obrigatórias que garante a convivência social graças ao estabelecimento de limites à ação de cada um de seus membros*"[7].

Merece registro o fato da atuação dos Tribunais de Contas e do Ministério Público quanto à apuração de atos de improbidade em prol da moralidade administrativa e da defesa do patrimônio público, mas se sabe que o esforço que o Ministério Público tem desenvolvido com a finalidade de recompor o patrimônio público e moralizar a administração, lamentavelmente, tem enfrentado óbice no âmbito do Poder Judiciário por sua morosidade judicante aliada ao formalismo processual e à falta de priorização na tramitação de feitos desta natureza.

Outro aspecto a ser enfocado sobre a desonestidade ou corrupção nos órgãos da administração pública brasileira tem a ver com a cultura que se formou ao longo dos tempos, aliás, desde o império, matriz de todas as mazelas da vida pública nacional.

Ora, a conduta de improbidade não pode ser tida por costumeira e, por isto, legitimada com a impunidade num passado ou com tolerância do presente.

6. TJSP, RDA 89/134.
7. **Lições Preliminares de Direito**. 19. ed. São Paulo: Saraiva, 1991. p. 1-2.

Gunnar Myrdal, economista sueco, Prêmio Nobel de 1974, já em 1968 proclamava e denunciava o conceito de "folclore da corrupção".

Myrdal demonstrou, em estudo que não cabe aqui reproduzir, que, numa sociedade em mudança, a construção de uma ideia imperfeita e fatalista da extensão das roubalheiras termina por prejudicar a moralidade pública e os esforços de servidores honrados.

É o seguinte: A ideia é que, quanto mais se divulga e passa a ideia de que a corrupção é geral, mais a corrupção aumenta. Ou, em outros termos, o folclore sobre a corrupção só interessa ao corrupto.

Por isso, certamente, é que, no Brasil, mais e mais pessoas praticam a corrupção, exatamente porque se tornou comum – e natural – dizer que "a roubalheira é geral".

O Judiciário não pode ceder a tal despropósito.

Segundo Hely Lopes Meirelles[8],

> "A moralidade administrativa constitui, hoje em dia, pressuposto de validade de todo ato da administração pública (CF, art. 37, *caput*). Não se trata – diz Hauriou, o sistematizador de tal conceito – da moral comum, mas se de uma moral jurídica, entendida como "o conjunto de regras de conduta tiradas da disciplina interior da Administração". Desenvolvendo sua doutrina, explica o mesmo autor que o agente administrativo, como ser humano dotado da capacidade de atuar, deve, necessariamente, distinguir o Bem do Mal, o honesto do desonesto. E, ao atuar, não poderá desprezar o elemento ético de sua conduta. Assim, não terá que decidir somente entre o legal e o ilegal, o justo e o injusto, o conveniente e o inconveniente, o oportuno e o inoportuno, mas também entre o honesto e o desonesto".

E complementa:

> "O certo é que a moralidade do ato administrativo juntamente com a sua legalidade e finalidade, além da sua adequação aos demais princípios, constituem pressupostos de validade sem os quais toda atividade pública será ilegítima. Já disse notável Jurista luso – Antônio José Brandão – que 'a atividade dos administradores, além de traduzir a vontade de obter o máximo de eficiência administrativa, terá ainda de corresponder à vontade constante de viver honestamente, de não prejudicar outrem e de dar a cada um o que lhe pertence – princípios de Direito Natural já lapidarmente formulados pelos jurisconsultos romanos".

Depreende-se, portanto, que a moralidade pública deve predominar sobre todos os outros pontos de vista quando da aferição dos atos dos agentes públicos ou políticos, visto que, se não agregou valor ao interesse público, merece tratamento conservador de defesa.

---

8. **Direito Administrativo Brasileiro**. 27. ed. São Paulo: Malheiros, 2002. p. 87-88.

1.3. Ação de improbidade administrativa e penal

Os atos de improbidade administrativa consumados não se restringem apenas às sanções da seara do art. 12 da Lei nº 8.429/1992, que penalizam os agentes públicos declarados ímprobos com a perda dos bens ou valores acrescidos ilicitamente ao patrimônio, ressarcimento integral do dano, quando houver perda da função pública, suspensão dos direitos políticos, pagamento de multa civil e proibição de contratar com o Poder Público ou receber benefícios ou incentivos fiscais ou creditícios, direta ou indiretamente, ainda que por intermédio de pessoa jurídica da qual seja sócio majoritário.

As referidas condutas descritas na citada norma especial resultam em danos ao patrimônio público ou violação aos princípios norteadores da administração pública, circunstância jurídica que conduzem os agentes ou funcionários na prática de crimes contra a administração pública.

Admite-se, também, que essa conduta ímproba importe no cometimento dos crimes contra as finanças públicas em relação aos agentes públicos inseridos na condição de gestores ou ordenadores de despesas públicas.

Além das condutas tipificadas nos crimes contra a administração pública, de forma isolada ou cumulada com as definidas de crimes contra as finanças públicas, tantos funcionários ou agentes públicos, de igual forma, podem ser responsabilizados penalmente pelos crimes previstos pela Lei nº 8.666/1993, a Lei das Licitações.

Registre-se que a condenação por ato de improbidade administrativa se opera na esfera civil, política e administrativa, que é autônoma em relação ao campo penal, não se configurando, por conseguinte, a hipótese de duplicidade de penas pelo mesmo fato, porque são de diferentes ramos do direito.

Essa diferenciação se apresenta clara quando uma norma protege probidade administrativa e a integridade do patrimônio público com aplicação de sanção que suspende direitos políticos para afastar o indigitado agente público do âmbito da vida política e administrativa, confere a garantia ao direito imprescritível de perquirir o ressarcimento ao erário da subtração efetivada, a sua proibição de contratar com o Poder Público, inclusive na condição de pessoa jurídica da qual seja sócio majoritário, o pagamento de multa civil e a perda da sua função pública, enquanto no campo criminal ocorre à aplicação da pena de reclusão e de multa, portanto, privativa do direito de liberdade ou, ainda, pena de detenção ou restritivas de direito.

Essa distinção entre sancionamento por ato de improbidade administrativa e a reprimenda penal está delineada pela Constituição Federal cujo dispositivo está assim redigido:

> **Art. 37.** A administração pública direta e indireta de qualquer dos Poderes da União, dos Estados, do Distrito Federal e dos Municípios obedecerá aos princípios de legalidade, impessoalidade, moralidade, publicidade e eficiência e, também, ao seguinte:
>
> § [...]

> § 4º – Os atos de improbidade administrativa importarão a suspensão dos direitos políticos, a perda da função pública, a indisponibilidade dos bens e o ressarcimento ao erário, na forma e gradação previstas em lei, sem prejuízo da ação penal cabível.

O texto constitucional não permite outra leitura literal no sentido de que a lei especial preceitua as sanções de suspensão dos direitos políticos, a perda da função pública, a indisponibilidade dos bens e o ressarcimento ao erário, medidas repressivas no campo civil, administrativo e do direito político para aqueles que se conduzirem de forma desonesta ou com má-fé no trato da coisa pública, sem prejuízo da ação penal cabível. Portanto, a conduta ilícita reclama a ação político-administrativa e a criminal.

Sobre a temática de validade das sanções civis previstas na aludida norma, o STF assim decidiu:

> "As sanções civis impostas pelo art. 12 da Lei 8.429/1992 aos atos de improbidade administrativa estão em sintonia com os princípios constitucionais que regem a administração pública." (RE 598.588-AgR, Rel. Min. Eros Grau, julgamento em 2-2-2010, Segunda Turma, *DJE* de 26-2-2010.)

Dessa forma, a Carta Política ao estabelecer, além das reprimendas no âmbito civil, administrativo e dos direitos políticos, na forma e gradação previstas em lei, no caso, tratando das sanções aos atos de improbidade administrativa descreve as condutas e situações para sua aplicação, que *"sem prejuízo da ação penal cabível"*, para instituir autonomia na responsabilização penal derivada do malfeito cometido.

Aqui o legislador constituinte acresceu que, além das sanções civis, o agente público flagrado em malfeitos na administração pública responde também na esfera da ilicitude penal pela conduta imputa assemelhada tipificada por norma criminal, seja do Código Penal ou de lei especial ou esparsa vigente no ordenamento jurídico.

Como se vê, é a própria Constituição que define a responsabilização do ato de improbidade perpetrado com sanções civis, sem prejuízo da ação penal cabível oriunda do mesmo ato ou conduta do agente ou funcionário público, cuja tipificação se enquadre na norma penal ordinária ou especial.

Com efeito, havendo identidade dos ilícitos administrativos com as condutas penais, descritas no rol dos crimes contra a Administração Pública, crimes contra as finanças públicas e a aquelas definidas na Lei de Licitação, é dever do órgão do Ministério Público promover a ação penal pública incondicional, denunciando os autores do ato de improbidade administrativo.

Diferentemente das sanções civis, políticas ou patrimoniais impostas pela procedência da ação de improbidade administrativa, a ação penal importará na aplicação da pena privativa de liberdade, além de multa, portanto, são resultados da mesma conduta fática, mas com reprimendas revestidas de conteúdos expiatórios diferenciados em campos de aplicação diversos.

1.4. Ação de improbidade administrativa e penal: autônomas

Os princípios constitucionais norteadores da administração pública inferidos no art. 37 da Constituição da República constituem-se na tutela da probidade administrativa, um pressuposto de agir em consonância dos valores da honestidade, eficiência e moralidade, imposto a todo agente público no exercício de suas funções públicas.

Convém ressaltar que a prerrogativa da discricionariedade compreendida na essência da liberdade de ação administrativa na escolha de sua conveniência, oportunidade e conteúdo, deve-se portar dentro dos limites da permissibilidade normativa, de modo a atentar para se revestir da moldura jurídica da moralidade e da legalidade, visto que, mesmo sendo legal, é imprescindível que seja moral.

Nesse sentido, segundo Maria Sylvia Zanella Di Pietro:

> Quando se exige probidade ou moralidade administrativa, isso significa que não basta a legalidade formal, restrita, da atuação administrativa, com observância da lei; é preciso também a observância de princípios éticos, de lealdade, de boa-fé, de regras que assegurem a boa administração e a disciplina interna na Administração Pública. (DI PIETRO, 2008, p. 763)

No mesmo sentido, De Plácido e Silva (2004, p. 715) ensina que o vocábulo improbidade, do latim *improbitas,* tem o significado de desonestidade, má fama, incorreção, má conduta, má índole, mau caráter, e "revela a qualidade do homem que não procede bem, por não ser honesto, que age indignamente, por não ter caráter, que não atua com a decência, por ser amoral" e "[...] sem capacidade ou idoneidade para a prática de certos atos".

Em nosso país têm sido habituais as reprovações de contas públicas de gestores federais, estaduais e municipais, pelo Tribunal de Contas da União e também dos Estados, imputando-lhes multas e determinando o ressarcimento de despesas públicas irregulares, num atestado de proclamado ato de improbidade administrativa, crimes contra a administração pública e das finanças públicas, além de ofensa à lei de licitação.

Pela sistemática judiciária e jurídica, essas decisões das Cortes de Contas são encaminhadas para o Ministério Público, que, na qualidade de fiscal da lei e defensor da sociedade, tem legitimidade e dever de promover as respectivas demandas no âmbito civil, com relação aos atos de improbidade administrativa, e no campo criminal, as ações penais.

Contudo, em virtude da atuação distinta dos órgãos ministeriais, tem ocorrido que, mesmo se tratando de único evento ilícito, quando se ajuíza a ação penal, não se propõe a ação civil pública por ato de improbidade administrativa.

É relevante assinalar que a ilegalidade do ato ou fato administrativo submete o seu autor a responder simultaneamente por ato de improbidade administrativa e pelos crimes que guardarem similitude na normatividade penal; as ações são autônomas e independentes.

Essa dedução provém da Constituição Federal (§ 4º do art. 37) quando preceitua que *"os atos de improbidade administrativa importarão a suspensão dos direitos políticos, a perda da função, a indisponibilidade dos bens e o ressarcimento ao erário, na forma e gradação previstas em lei, sem prejuízo da ação penal cabível"*.

Note-se que o dispositivo, ao mencionar as sanções relativas à improbidade administrativa, ressalta que "sem prejuízo da ação penal cabível".

Com efeito, o agente público enquadrado na figura de ímprobo, além de sofrer as sanções da lei de improbidade administrativa, responde penalmente pelo seu ato de ilicitude no exercício de emprego, cargo ou função pública.

Como se vê, a Carta Magna distinguiu com clareza jurídica que um ato ilícito cometido pelo agente público proporcionará a sua responsabilização por improbidade administrativa, e também penal.

É oportuno abrir espaço para uma suposta invocação do art. 200 do Código Civil que preconiza "*quando a ação se originar de fato que deva ser apurado no juízo criminal, não correrá a prescrição antes da respectiva sentença definitiva*", criando uma relação de subordinação necessária entre o fato a ser provado na ação penal e o desenvolvimento regular da ação cível.

A hipótese desse dispositivo ocorre quando for proposta ação indenizatória por danos decorrentes de fato que redunde, primeiro, na responsabilidade penal; não é o caso da ação civil pública de improbidade e a ação criminal, pois são independentes uma da outra.

Mas, retornando à simultaneidade dessas demandas, registre-se, a título de ilustração, que várias condutas previstas na lei de improbidade administrativa guardam identidade com os tipos penais relativos à administração e finanças públicas, assim como a norma licitatória, razão pela qual as persecuções judiciais caminham em igual passo na reprovação administrativa e penal.

Note-se, também, que o objetivo da lei de improbidade administrativa é punir os responsáveis por malfeitos na administração pública, assim como o é o Código Penal e a norma especial de licitações; ambas têm em comum proteger o patrimônio público com aplicação de penalidades aos autores de ilicitude administrativa.

Outra percepção evidente da diferença entre os objetivos das ações de improbidade administrativa e penal, sob a ótica acima enfocada, que a primeira sanciona os ímprobos com suspensão de direitos políticos, perda da função pública, multa civil e proibição de contratar com o Poder Público, inclusive a pessoa jurídica da qual possa integrar, enquanto a ação penal pune o infrator com pena de detenção ou privativa de liberdade e multa penal.

Logo, verifica-se facilmente que não se vislumbra a hipótese de *bis in idem,* ou seja, a mesma coisa aplicada mais de uma vez; merece destacar que o agente público está subordinado à responsabilidade administrativa, civil e criminal.

A responsabilização administrativa está subordinada ao seu estatuto e às disposições complementares fixadas em lei. A obrigação de reparar o dano causado à administração pública por culpa ou dolo no desempenho de suas funções provém do § 6º do art. 37 da Constituição Federal, e por último, a responsabilidade criminal está contida no Título XI – Dos Crimes contra a Administração Pública do Código Penal.

Mais ainda, as responsabilidades administrativa e civil são complementadas com a lei de improbidade administrativa, em norma regulamentadora das sanções conceituadas pela Constituição da República.

1.5. Dever do juiz representar ao Ministério Público

Expostas as situações constituídas na consecução de atos de improbidade administrativa, que são passíveis de sanções civis e penais, necessário se faz vislumbrar o momento oportuno em que o juiz deverá encaminhar as peças do processo para o representante do Ministério Público, para, a seu juízo, promover a denúncia contra o agente ou funcionário público representado.

É por ocasião do juízo de admissibilidade positivo da representação que deverão ser remetidas as peças do processo para o órgão ministerial.

Essa dedução se depreende do fato de que é nesse momento em que o juiz, ao examinar os argumentos expendidos pela petição inicial e da defesa escrita, à luz dos documentos que instrumentalizam o processo, concluirá que há elementos informativos que assegurem a viabilidade e êxito da demanda proposta.

Vale assinalar que, nessa análise sumária, para o acatamento da representação basta a simples presunção da existência dos fatos com a qualificação da ilicitude, eiva da imoralidade administrativa ou conduta desidiosa do agente público. De modo que, nessa avaliação jurídica do conjunto probatório preliminar que suscite a incerteza quanto à veracidade do fato administrativo ou a culpabilidade do agente, prevalece o princípio *dubio pro societate* em detrimento do princípio *in dubio pro reo*; impondo-se, assim, o recebimento da representação.

Com o recebimento da petição inicial na fase de prelibação o agente deixa de ser considerado indiciado, e passa para a condição de representado; há evidências favoráveis ao sucesso da demanda, e presunção de culpabilidade, circunstâncias que perdurarão até a manifestação judiciosa definitiva. De forma que a ocasião adequada para o encaminhamento das peças processuais para o órgão ministerial é aquela no momento em que o juiz, em despacho fundamentado, recebe a representação (art. 17, § 9º) da norma de regência.

Diante dessa circunstância de probabilidade de acolhimento do pedido da petição inicial no todo ou em parte, é oportuno que o juiz adote o procedimento imperativo contido no art. 40 do Código de Processo Penal, assim escrito:

> **Art. 40.** Quando, em autos ou papéis de que conhecerem, os juízes ou tribunais verificarem a existência de crime de ação pública, remeterão ao Ministério Público as cópias e os documentos necessários ao oferecimento da denúncia.

Este dispositivo refere-se a qualquer tipo de autos ou papéis que lhe são apresentados, na esfera civil ou penal ou na jurisdição voluntária.

É importante consignar que "verificar a existência" significa que, sendo positivo o juízo de admissibilidade da ação de improbidade administrativa, implica que o processo contém provas e documentos suficientes a ensejar a propositura de uma denúncia de ação penal pública incondicionada, visto que há indícios e evidências da ocorrência de ilicitude administrativa que guarda semelhança com as condutas típicas dos crimes contra a Administração Pública, as finanças públicas e a Lei de Licitação, em princípio, de forma cumulativa ou isoladamente.

Quando a norma acima afirma "remeterão" está impondo ao juiz ou ao tribunal o poder-dever de proceder a remessa em consequência de sua função e em razão do que determina a lei. Não se trata, pois, de faculdade ou liberalidade, mas um poder-dever de agir da autoridade conforme preconiza a lei.

Nesse aspecto, menciona-se que o juiz cível que preside a ação civil pública de improbidade administrativa deve remeter de forma imperativa as peças processuais para o representante do Ministério Público criminal, e também o juiz criminal que se depara com uma ação penal de crimes contra a administração e finanças públicas, e ainda, lei de licitações, tem o dever de encaminhar para o *parquet* que trata da defesa do patrimônio público, o envio de peças e documentos que ensejariam uma ação civil pública.

Esse poder-dever do juízo criminal é imposto pelo art. 7º da Lei nº 7.347/1985, assim redigido:

> Art. 7º Se, no exercício de suas funções, os juízes e tribunais tiverem conhecimento de fatos que possam ensejar a propositura da ação civil, remeterão peças ao Ministério Público para as providências cabíveis.

Desse modo, que o juiz criminal, ao prolatar o despacho de recebimento de denúncias envolvendo crimes contra a administração pública, contra as finanças públicas ou violando a lei de licitações, tem nesta oportunidade o dever de remeter peças do processo ao representante ministerial para que este adote as providências que lhe são conferidas no exercício do seu *munus*. Idêntica providência deve ser adotada pelo desembargador-relator quando a denúncia for recebida pelo Tribunal de Justiça Estadual ou Federal.

Assim é que esse poder-dever de atuar da autoridade judiciária constitui-se dentre outros deveres impostos aos juízes previstos na LOMAN – o Estatuto da Magistratura – quando no seu art. 35 dispõe:

> **Art. 35.** São deveres do magistrado:
>
> I – cumprir e fazer cumprir, com independência, serenidade e exatidão, as disposições legais e os atos de ofício.

Esses atos de ofício são aqueles, por dever do cargo, que se realizam sem provocação das partes ou de terceiros, mas por iniciativa da própria autoridade dentro do prazo previsto na lei ou de imediato, quando toma conhecimento para adotar o procedimento determinado pela regência normativa.

Quando a LOMAN estabelece que são deveres do magistrado cumprir e fazer as disposições legais e os atos de ofício, cabe-lhe adotar o preceituado no seu poder-dever, sob pena de incorrer em prevaricação administrativa ou penal.

Mais ainda, a conduta de prevaricação administrativa conduz o agente público a incorrer em ofensa ao art. 4º desta Lei que estabelece a obrigatoriedade dos agentes públicos de qualquer nível ou hierarquia a velar pela estrita observância dos princípios da legalidade, impessoalidade, moralidade e publicidade no trato dos assuntos que lhe são afetos.

Retardar ou deixar de cumprir ato de ofício nos prazos estabelecidos pela legislação, ou regulamentos, resulta na vulneração do aludido dispositivo compulsório aos atos de oficio, além de atentar contra o princípio constitucional da eficiência.

A omissão ou retardamento deve ser feito indevidamente, revelando um comportamento anormal devido à conduta omissiva se apresentar indevida, injusta ou ilegal.

Vale assinalar que a Lei federal 8.429/92, dispondo sobre a improbidade administrativa, no seu art. 4º, preceitua que "*os agentes públicos de qualquer nível ou hierarquia são obrigados a velar pela estrita observância dos princípios da legalidade, impessoalidade, moralidade e publicidade no trato dos assuntos que lhe são afetos*".

A prevaricação administrativa consiste na infidelidade ao dever de ofício devido ao nosso ordenamento jurídico considerar a omissão de ato funcional, o retardamento e a prática negativa, contrários à lei, pois o objeto jurídico é o interesse da administração pública que repele prejuízo, dano ou qualidade inferior ao desenvolvimento normal e regular da atividade pública.

- "A abertura de vista ao Ministério Público para eventual instauração de procedimento criminal, após a verificação nos autos, pelo magistrado, da existência de indícios de crime de ação penal pública, não é suficiente ao cumprimento do disposto no art. 40 do CPP. Isso porque o referido artigo impõe ao magistrado, nessa hipótese, o dever de remeter ao Ministério Público as cópias e os documentos necessários ao oferecimento da denúncia, não podendo o Estado-juiz se eximir da obrigação por se tratar de ato de ofício a ele imposto pela lei. Precedente citado: (STJ – HC 20.948-BA, Quinta Turma, DJ 26/9/2005. REsp 1.360.534-RS, Rel. Min. Humberto Martins, julgado em 7/3/2013).

1.6. Condutas e procedimentos

O caráter sancionatório da norma de regência reveste-se de natureza penal ao estabelecer um conjunto de sanções, que podem ser aplicadas cumulativamente ou de forma isolada, conforme a gravidade do fato e sua extensão, em detrimento da coisa pública.

Dessa forma, a premissa do ato ilegal e ímprobo é a má-fé, a desonestidade e o grau de imoralidade exteriorizada pelo ato cometido pelo agente público, razão pela qual se deve aferir com acuidade a intenção, o desejo e a vontade inserida na sua conduta com o resultado que almejava alcançar.

Sobressai-se da avaliação desses comportamentos a essência caracterizadora de uma imoralidade ou ilegalidade qualificada com repercussão ao nível de riqueza ou valores estatais, as vantagens indevidas e os desvios de finalidades dos atos praticados, a ensejarem, na sua inteireza, a ilicitude configuradora de improbidade administrativa.

Para a existência da responsabilização pelo ato de improbidade, é importante a demonstração da relação de causalidade pela consequência da conduta proativa ou pela inércia do agente diante do fato definido pela norma como típico de improbidade administrativa.

A configuração de uma conduta ilícita impõe um resultado danoso ao elo psíquico que a ele vincule o agente. É o elemento subjetivo provocador deste elo de desencadeamento lógico entre vontade, conduta e resultado, com o efeito material ou formal da culpabilidade do agente pela via do dolo ou da culpa.

A teoria da "equivalência das condições" ou *da conditio sine qua non*, que regula a relação de causalidade material, afirma a "*equivalência de todos os antecedentes indispensáveis ao surgimento do resultado concreto, qualquer que tenha sido a sua categoria ou grau de contribuição para o evento, não distinguindo entre causa, condição ou ocasião: tudo o que concorrer para o resultado é causa dele*"[9].

Saliente-se que causa "é aquilo de que uma coisa depende quanto à existência"[10].

Mais ainda, "causa é o antecedente que, além de necessário, é o adequado para a produção do resultado"[11].

Já o resultado "é a transformação sofrida pela realidade exterior em decorrência da conduta humana, isto é, da ação ou omissão produzidas pelo agente. É o efeito natural da ação, "que configura a conduta típica, ou seja, o fato tipicamente relevante produzido no mundo exterior pelo movimento corpóreo do agente e a ele ligado por relação de causalidade"[12].

Já não se pode falar na configuração de caso fortuito quando intervém a atividade humana na ocorrência do fato, apresentando-se induvidoso o elemento moral da culpa. O caso fortuito é um fato que se mostra imprevisível, decorrente de uma força estranha à vontade do homem.

No que se refere à omissão, esta não significa a conduta negativa, a inatividade, a inércia, o simples não fazer, mas, sim, o não fazer alguma coisa que tenha sido ordenada. Enquanto o fazer é um acontecimento perceptível no mundo da realidade física, o não fazer tem existência materialmente detectável. A omissão é, pois, um conceito normativo, não naturalístico, e consiste "*na abstenção da atividade devida, ou seja, na não realização de conduta positiva que o agente tinha o dever jurídico e a possibilidade de realizar*"[13].

---

9. Fragoso, Heleno Cláudio. **Lições de Direito Penal**. A Nova Parte Geral. 1987. p. 168.
10. Jolivet, R. **Curso de Filosofia**. 5. ed. Agir, 1961. p. 295.
11. <http://pt.wikipedia.org/wiki/relação_de_causalidade>.
12. Fragoso, Heleno Cláudio. Ob. cit., 1987. p. 172.
13. Fragoso, Heleno Cláudio. Ob. cit., 1987. p. 238.

e qualitativo do serviço com rendimento otimizado com real utilidade para o seu destinatário, o cidadão ou a sociedade.

Depreende-se, assim, que esses princípios convergem para a conclusão de que o serviço prestado pela Administração seja prestimoso, ágil e tenha bom rendimento.

Registre-se, pois, que o objetivo final dessa articulação era o direcionamento em favor da empresa que seria favorecida com a celebração de contrato que produziria os efeitos jurídicos, financeiros e econômicos, consumando, desta forma, o intuito articulado desde o início do processo seletivo, mas não chegando até esse desiderato, restando demonstrada a forma tentada, somente não se atingindo os fins almejados por circunstância alheia à vontade dos que deram causa a tanto.

A anulação do processo licitatório antes da pactuação contratual importou a realização de atos executórios viciados que resultaram em dispêndios aos cofres públicos, como já discriminados, ensejando, assim, a configuração da forma tentada.

Diante desse cenário, resta, sim, evidenciada a forma tentada de ato de improbidade administrativa, impondo-se a imputação da responsabilização aos agentes públicos, cujas sanções deverão ser mitigadas com temperança na medida de suas culpabilidades.

A sanção a ser aplicada deverá ser a de multa civil cuja dosimetria deverá ser moderada, nos termos do inc. III do art. 11 da LIA, na proporcionalidade da extensão da participação do agente, além do ressarcimento integral das despesas públicas oriundas de todo o procedimento licitatório.

Outro cenário vislumbrado para a forma tentada é aquele que se dá com início de um processo administrativo que, durante a sua tramitação, resultou na sua suspensão ou interrupção por vontade alheia do agente, devido às irregularidades apontadas por órgãos de fiscalização ou ato judicial, mesmo sem afronta ao erário, ante a demonstração do ato de avidez consciente da ilicitude do seu responsável, incorrerá nas sanções previstas pelo art. 11 da LIA, porquanto estaria transgredindo o patrimônio público, já que este engloba o patrimônio material e imaterial da Administração Pública, e aquele se restringe ao conceito, apenas, material.

- Diferenciação entre "patrimônio público" e "erário" (conceito-maior e conceito-menor). Abrangência de condutas que não consumam a efetiva lesão a bens jurídicos tutelados por intervenção do Ministério Público e/ou do Poder Judiciário. Necessidade de ampliação do espectro objetivo da LIA para punir também a tentativa de improbidade administrativa nos casos em que as condutas não se realizam por motivos alheios ao agente. [...] 4. Nas razões recursais, os recorrentes sustentam ter havido violação aos arts. 535 do Código de Processo Civil (CPC) – ao argumento de que diversos argumentos levantados nos aclaratórios apresentados na origem não foram apreciados – e 10, inc. I, e 21 da Lei n. 8.429/92 – uma vez que, para o enquadramento da conduta no primeiro dispositivo é necessária a caracterização de prejuízo ao erário (que supostamente se diferenciaria do conceito de "patrimônio público", marcado este mais pela imaterialidade). Com base em dito dissídio jurisprudencial, alegam ainda os recorrentes que existe uma tendência do Supremo Tribunal Federal em não aplicar a Lei de Improbidade Administrativa a agentes políticos submetidos a regime de responsabilização próprio. [...] 6. Tem-se, no início, ação civil pública por improbidade administrativa ajuizada pelo Ministério Público estadual competente em face de ex-Prefeito e de certa empresa e seus dirigentes na busca de evitar danos causados ao erário que poderiam ser causados por eventual desapropriação amigável levada a cabo pelos réus (ora recorrentes). 7. Isto porque o terreno desapropriado foi originalmente adquirido pela empresa ré, em 1994, pelo valor aproximado de R$ 67.000,00 (sessenta e sete mil reais), tendo sido a escritura lavrada no valor de R$ 27.000,00 (vinte e sete mil reais, também arredondados). Ocorre que, em 1995, o ex-Prefeito recorrente, pretendendo doar a área a empresários, assinou decreto que declarava o imóvel como de utilidade pública para fins de desapropriação, tendo conseguido também que o Legislativo aprovasse lei municipal autorizando o Executivo a adquirir o bem imóvel pelo valor de R$200.000,00 (duzentos mil reais) – ganhando, aí, relevância que tudo ocorreu em período marcado por baixos índices de inflação. Frise-se, também, existirem provas robustas do conluio e da má-fé com que agiram todas as partes envolvidas. 8. Pontue-se que, liminarmente, foi deferida medida judicial que limitava o valor a ser pago pela desapropriação à quantia inicial despendida pela empresa ré – i. e., sessenta e sete mil reais. E esta limitação, de fato, foi mantida pela sentença de parcial procedência e seguida pelos réus, os quais, todavia, vieram a ser condenados por improbidade administrativa (com aplicação de suspensão de direitos políticos e perda da função pública, no que tange ao ex-Prefeito recorrente, e, em relação aos demais réus, com proibição de contratação e recebimento de incentivos do Poder Público). 9. Os recorrentes aduzem, então, que a incidência do art. 10 da Lei n. 8.429/92 exige que tenha havido dano ao erário, o que não estaria configurado na espécie, pois a desapropriação processou-se nos termos posto pela sentença (pelo valor de R$67.000,00). Para reforçar esta tese, aduzem que existe diferença entre patrimônio público e erário e que, embora o art. 21 da Lei n. 8.429/92 dispense o dano ao patrimônio público, o enquadramento da conduta reputada ímproba no art. 10 do mesmo diploma normativo exige a ocorrência do dano material, econômico-financeiro. 10. Impossível acolher a linha de argumentação do especial. Três motivos. 11. Em primeiro lugar porque os réus sempre se defendem dos fatos, e não de sua capitulação legal, de modo que, embora o art. 10 da Lei n. 8.429/92 possa ter embasado a inicial, a improbidade administrativa teria ficado plenamente configurada a teor do art. 11 da Lei n. 8.429/92 e de tudo quanto ficou consignado como incontroverso nos autos. 12. Em segundo lugar porque, se é verdade que existe diferença entre os conceitos de "erário" e "patrimônio público", não é menos verídico que o art. 21 da Lei n. 8.429/92, ao dispensar a efetiva de ocorrência de dano ao patrimônio público, tornou despicienda a lesividade ao conceito-maior, que é o de "patrimônio público" (o qual engloba o patrimônio material e imaterial da Administração Pública). Daí porque, se fica legalmente dispensado o dano ao patrimônio material e ao patrimônio imaterial (o "mais"), também está dispensando – dentro da desnecessidade de dano ao patrimônio material – o prejuízo ao erário (o "menos"). 13. Em terceiro lugar, e aqui parece importantíssimo asseverá-lo, porque o art. 21, inc. I, da Lei n. 8.429/92, segundo o qual "[a] aplicação das sanções previstas nesta lei independe [...] da efetiva ocorrência de dano ao patrimônio público, salvo quanto à pena de ressarcimento", tem como finalidade ampliar o espectro objetivo de incidência da Lei de Improbidade Administrativa para abarcar atos alegadamente ímprobos que, por algum motivo alheio à vontade dos agentes, não cheguem a consumar lesão aos bens jurídicos tutelados – o que, na esfera penal, equivaleria à punição pela tentativa. 14. Esta conclusão é intensificada pela redação mesma dos incisos do art. 12 da Lei n. 8.429/92, que condicionam apenas o ressarcimento integral do dano à ocorrência efetiva do prejuízo suportado pelo erário. 15. É por isso, inclusive, que esta Corte Superior vem manifestando-se pela natureza meramente reparatória do ressarcimento integral do dano, afastando-lhe, portanto, o caráter punitivo/sancionatório. Precedentes. 16. Assim sendo, não existe ofensa aos arts. 10 e 21 da Lei n. 8.429/92 na espécie, pois o acórdão deixa claro (e os recorrentes não contestam isto no especial), que pela desapropriação só foi pago o justo valor por conta da atuação preventiva do Ministério Público, chancelada por medidas do Judiciário. 17. Inclusive, é de se felicitar a atuação cirúrgica do Parquet estadual que, para além de impugnar a desapropriação em si – dando margem à discussão que poderiam envolver o próprio mérito administrativo –, apenas fez resguardar, com sensibilidade, técnica e deferência à (possivelmente alegada) discricionariedade administrativa, o patrimônio público. 19. Recurso especial não provido. (STJ – 2ª T. – REsp. 1.014.161/SC – Rel. Min. Mauro Campbell Marques – j. em 17.08.2010 – DJe 20.09.2010)

- Comissão de licitação. Solidariedade. Ato de Improbidade Administrativa. Responde pelo prejuízo causado ao erário público o agente público que de qualquer forma concorreu para o dano. A Comissão de licitação é solidariamente responsável pelos atos irregulares que causem prejuízo ao erário. (TJSC – Proc. 1.0309.04.002338-9/001 – DJ 13.03.2007 – Relª. Desª. Vanessa Verdolim Hudson Andrade)
- Ato preparatório é o que possibilita, mas não é ainda, sob o prisma objetivo, o ataque ao bem jurídico. A mera cogitatio não basta para configurar o *conatus*. (RT 605/287)
- Não se pode punir atos preparatórios, sem qualquer ofensa à lei. Simples entendimentos para o cometimento de um delito, sem qualquer procedimento efetivo, não podem ensejar procedimento criminal. (RT 575/402)
- A dúvida sobre se o ato é preparatório ou de execução resolve-se sempre em favor do réu. (RT 515/369)

1.6.4. Desistência voluntária e arrependimento eficaz

No que se alude à desistência voluntária e ao arrependimento eficaz, pressupõe-se que o agente, após dar início a sua pretensão deliberada de um plano para o cometimento de um crime de esgotamento de todo o seu processo de execução, por vontade própria, logrou êxito em obstar, interromper e não mais prosseguir no seu intento, projetando, assim, um procedimento impunível.

Entretanto, não estará isento da responsabilidade pelos atos praticados antes da desistência.

No arrependimento eficaz o agente desenvolve uma atividade diferente daquela iniciada para o *iter illicitum* no seu trajeto objetivando o resultado vislumbrado, pois aqui ele realiza uma nova atitude impedindo a produção do resultado, numa postura positiva.

Já na desistência voluntária, o agente se abstém daquela atividade, encerrando a sua conduta ilícita

- A desistência voluntária só pode ser reconhecida quando demonstrada por atos objetivos e que permitam identificar o retrocesso da intenção até então manifestada no desejo, ou dolo, de obter a realização do evento. (RT 664/256)
- Não comete crime quem, tendo participado do ajuste para a sua prática, desiste e retira-se antes do início. (JTACRIM 91/38)

1.6.5. Dolo genérico

A doutrina e a jurisprudência têm firmado o entendimento imprescindível do dolo genérico como condição necessária à caracterização dos atos de improbidade administrativa capitulados nos arts. 9º e 11, ou pelo menos eivada de culpa grave, nas do art. 10 da LIA.

A conceituação de dolo é a consciência da vontade de agir; nos moldes descritos pela definição do tipo, o agente tem conhecimento e consciência da conduta ilegal, mas, por ato próprio, age de forma intencional no sentido de realizar aquele comportamento ilícito.

O dolo que se faz necessário para a configuração de improbidade administrativa incorre na simples vontade consciente de assentir à conduta descrita no tipo, produzindo os resultados vedados pelo dispositivo legal, de forma que basta a simples adesão ao evento que importou em resultado contrário ao direito que o agente sabia conscientemente que, praticando-o, alcançaria aquela situação em que ele concorreu para que acontecesse.

Com efeito, o dolo é conjugação da consciência e da vontade exteriorizada em atos concretos que projeta o elemento moral do fato típico pela afetação da norma, cujo resultado assumiu o risco de produzi-lo.

O agente conhece o conteúdo da lei, mas por vontade própria e consciente, pratica o ato ou fato, afrontando a ideologia da norma ou dos princípios norteadores da administração pública.

Essa vontade consciente pode resultar em enriquecimento ilícito do agente ou de terceiros, em dano ao erário e/ou violar princípios, que é agir ilicitamente, opera a culpabilidade que é ínsita à própria conduta ímproba, de modo que é importante ao juiz, na sua sentença, explicitar que o agente, desempenhando uma conduta que importe em enriquecimento ilícito, ele o faz por vontade deliberada e não por equívoco, porquanto ninguém aufere vantagem indevida contra sua vontade ou por leve descuido.

Mostra-se incompreensível que alguém cometa um ato no exercício da sua atividade pública que resulte no enriquecimento ilícito próprio ou de terceiro, senão por vontade consciente do seu cometimento com a antevisão dos resultados que serão produzidos; é uma ingenuidade, ou contemplação da impunidade.

Ressalte-se, ainda, que as condutas descritas pelo art. 10 da LIA a ensejarem dano ao erário, não comportam equívocos programados, mas atos premeditados, porquanto são atos em desfavor da administração pública para favorecer terceiros; ninguém vai incorrer no ato dessa natureza, se não for de sua manifesta vontade, mediante motivação escusa para atender a algum propósito venal.

Entrementes, não há como afastar a previsão de conduta culposa do agente por negligência, imprudência ou imperícia, consistente na ausência de diligência necessária para a realização do serviço, se assim ficar evidenciado, mas entende-se esta hipótese como exceção à regra da ilicitude proclamada.

No que concerne ao art. 11 da LIA, os atos que atentam contra os princípios da administração pública são aqueles que configuram o ato ilegal ou ilegítimo, já que estes não têm a qualidade de ato jurídico perfeito, resultam de uma conduta típica que se enquadra na conceituação de manifesta ilicitude, na modalidade de culpa consciente.

Não há como admitir que um agente público, que se presume saber ler e escrever, compreender e ter consciência do que é legal ou não, que foi alçado a um cargo ou função pública pelo seu conhecimento administrativo ou político, incorra no cometimento de uma conduta ilegal sem ser por vontade e consciência do que está fazendo, e fazendo-o de forma contrária à lei.

Todos sabem que o acesso aos cargos públicos somente pode ocorrer mediante concurso público, mas, se o agente contrata diretamente, atropelando esse mandamento maior, claro que procede de forma consciente e vontade própria, e o faz porque esta contratação vai render-lhe algum benefício político, funcional ou pessoal.

Se um administrador descumpre a execução de uma ordem judicial, sem que a justifique de imediato, de forma plausível, o faz por ato de vontade, e, onde há vontade consciente, está a conduta dolosa.

Assim também aquele gestor que comete um ato caracterizado como desvio de poder ou finalidade, incorrendo na prática de ato por motivos ou com fins diversos dos objetivados pela lei ou regulamento, exigidos pelo interesse da administração, não o faz decorrente de crise existencial, mas por consciência e vontade manifesta, porquanto dispõe de entendimento mediano da sua ilicitude.

Diante dessas observações, pode-se deduzir que os atos de improbidade administrativa são, em princípio, atos dolosos de natureza genérica que não exige finalidades específicas, mas basta que se exteriorizem pela consciência da vontade do agente em cometer a ilicitude, de forma que o juiz, na elaboração da sentença, deve demonstrar e descrever a conduta dolosa do agente, identificando o ato ímprobo, resultando de desencadeamento da vontade consciente na violação da norma de regência com o seu enquadramento do tipo correspondente, bem assim o resultado por ele produzido com sua atitude ilícita.

1.6.6. Dano

A palavra "dano", derivada do latim *dammum*, genericamente, significa todo mal ou ofensa que tenha uma pessoa causado a outrem, da qual possa resultar uma deterioração ou destruição de coisa dele ou um prejuízo a seu patrimônio[17].

Tem-se, assim, um sentido econômico de diminuição, ocorrido no patrimônio de alguém, que equivale a uma avaria ou perda do nível de riqueza que desfalca o conjunto patrimonial no seu valor integral.

Na ótica da Administração Pública, o dano compreende a afetação de ordem material da integralidade do valor das finanças públicas ou de seus bens e, também, o de natureza ética e moral, pela afronta aos princípios norteadores da gestão pública.

Infere-se, assim, que a conceituação de patrimônio público é representada pela universalidade de bens e direitos pertencentes ao domínio estatal, que se destinam

---

17. *In*: **Vocabulário Jurídico**. 23. ed. Rio de Janeiro: Forense, 2003. p. 408.

a atender aos propósitos superiores do interesse público, cujos destinatários são os membros da sociedade constituída visando à satisfação das necessidades coletivas da população.

Registre-se que a definição de patrimônio público tem alcance amplo por englobar o patrimônio material e imaterial da Administração Pública.

O patrimônio material deve ser entendido como o acervo patrimonial da Administração Pública, que congrega seus bens móveis, imóveis e semoventes, bem como seus ativos financeiros, cartas de créditos, títulos de créditos, títulos da dívida pública e demais modalidades, que representem valores econômicos e financeiros.

A integralidade desses valores econômicos e financeiros quando afetados ou diminuídos por ação ou omissão de agentes públicos, importa em dano ao erário, pois é o conjunto de bens e valores pertencentes ao Estado na expressão monetária, de ativos financeiros que compõem a riqueza estatal.

O dano ao patrimônio público também abrange a depreciação de seus bens móveis ou imóveis quando suas utilizações se destinam a fins diversos daqueles que objetivam o interesse da Administração Pública.

Deve-se compreender como interesse da Administração Pública o uso de seus bens que proporcionam uma contraprestação ao serviço público para o atendimento de suas finalidades, e não para acudir benefícios pessoais de seus agentes ou de terceiros.

Um exemplo clássico desse uso indevido de bens público é o deslocamento em carro oficial fora do horário de expediente ou proporcionar a sua utilização para fins que não sejam do serviço público, mas do agente ou de terceiros.

Tem-se nessa hipótese o desgaste do veículo, gasto de combustível e a hora de trabalho do motorista, evidenciando-se assim, um dano ao patrimônio público.

A burla do processo licitatório que implica a prática de sobrepreço ou superfaturamento, para a aquisição de bens ou contratação de serviços, é outro exemplo recorrente de dano ao patrimônio público.

Também se enquadram nessa enumeração de danos, aplicações de títulos de créditos ou operações de compra e venda de ações de empresas estatais que redundem em prejuízo no seu valor de face.

Enfim, toda e qualquer ação ou omissão que resulte em redução do nível de riqueza ou do valor econômico ou financeiro de bens e direitos do Estado, constitui-se em dano ao patrimônio público.

Quanto aos bens de valor ético, moral e credibilidade inerentes ao patrimônio público, provenientes da observância dos princípios da ética e da moralidade pública, são bens imateriais que denotam a idoneidade da imagem positiva dos órgãos públicos, representados pelos seus agentes, traduzem a boa reputação pela conduta proba e de seriedade no trato dos assuntos administrativos.

O conceito de boa reputação da Entidade Pública é um patrimônio imaterial, refletida pela confiança no decoro de seus representantes legais e na honestidade de propósitos de celebração de atos e contratos primados pelos superiores interesses da Administração Pública.

É importante dizer que não basta invocar a observância do princípio de legalidade, pois, para que este seja perfeito, é necessário que atenda ao princípio da moralidade; a moralidade é requisito da legalidade.

Como se vê, o patrimônio público, pela sua amplitude, alcança os bens materiais e imateriais.

Já a definição de erário é restrita ao nível de recursos financeiros no tesouro estatal; diz respeito aos valores monetários, os ativos financeiros, que estão depositados em bancos ou entidades de créditos financeiros.

É, pois, o conjunto de valores ou bens pertencentes ao Estado, são os bens da Coroa, o dinheiro em contas bancárias.

Qualquer ação ou omissão que produza redução ou prejuízo nesses ativos financeiros implica dano ao erário.

Com efeito, a lesividade ao patrimônio público tem o conceito mais abrangente, por agregar o patrimônio material e imaterial; enquanto no conceito menor, restringe-se ao prejuízo ao erário, o patrimônio material financeiro.

Entretanto, a danificação, a diminuição de valor, a desvantagem ou mau resultado financeiro ou insucesso de bens ou direitos da Administração Pública, resultam em dano ao patrimônio público, no sentido maior ou menor, se for ao erário.

1.6.7. Princípio da insignificância

O princípio da insignificância ou o ilícito de bagatela, tem o sentido de elidir a caracterização típica da conduta incriminadora sob o enfoque da pequenez do ato cometido pelo agente, considerando o comportamento minimamente ofensivo, a ausência de periculosidade social da ação, o reduzido grau de reprovabilidade atuação e lesão jurídica e/ou patrimonial inexpressiva.

Na visão doutrinária e jurisprudencial, o ato com lesividade insignificante poderia até configurar tipicidade formal, a pura descrição formal do tipo, mas não configuraria a tipicidade material, pois o bem tutelado não foi efetivamente lesado, ou, ao menos, lesado a ponto de se justificar a judicialização e sanção penal, civil ou administrativa.

Nessas circunstâncias, não deveria a estrutura judiciária cuidar de minudências de somenos importância, questões meramente insignificantes, que promanem resultado cujo desvalor, por não importar em lesão refletida a bens jurídicos consideráveis, não causam maiores danos sociais ou materiais, em detrimento de condutas efetivamente danosas e que provocam desarmonia efetiva nas relações jurídicas em sociedade.

A probidade tem o significado de honestidade no proceder do agente ao agir de maneira criteriosa ao cumprir seus deveres, assinalando a qualidade que expressa a integridade de caráter e procedimento justo.

A probidade é revestida pelo manto da moralidade administrativa, expressada pela gestão eficiente calcada em cima da legalidade, da boa-fé objetiva, com a observância estrita das normas e procedimentos legais, centralizados no interesse do bem comum.

É a conduta presidida pela supremacia do interesse público, aquele que é submetido a um regime jurídico de ordem pública, resguardado por normas que primam pela preeminência do interesse público sobre o particular e, principalmente, pela indisponibilidade do direito vindicado.

Desse modo, sendo a moralidade um conceito integrativo de valores objetivos, não há espaços para a relativização da sua compreensão, conquanto inexiste conduta honesta parcial ou quase proba; está é ou não é, ela é completa ou não existe.

A aplicabilidade da Lei de Improbidade Administrativa contém três momentos importantes na sua tramitação, quais sejam, o juízo de admissibilidade da conduta (premissa preliminar); juízo de improbidade da conduta (premissa maior) e juízo de dosimetria da sanção (premissa menor).

Com a ultrapassagem do juízo de admissibilidade, que não sugere uma investigação mais profunda, alcança-se o juízo declaratório de improbidade da conduta cuja manifestação judiciosa foi positivada, sob a influência convergente das provas coligidas, não há amparo jurídico para o julgador, sob o pretexto do entusiasmo do princípio da insignificância, afastar ou evitar o juízo de dosimetria da sanção.

Com efeito, reconhecido o juízo de culpabilidade por ato de improbidade administrativa, não há como excluir as sanções legalmente previstas.

Deve-se assinalar que nem toda irregularidade administrativa implica improbidade administrativa, até porque o sentido maior não é penalizar o gestor inábil, mas aquele que usa de má-fé, desonestidade, torpeza e imoralidade pública. Mas também não se pode trivializar a Lei de Improbidade cuja aplicação deve ser sempre orientada pela cautela, equilíbrio e temperança, ante a severidade de suas sanções no campo dos direitos fundamentais.

No que se refere ao dano no âmbito da improbidade administrativa, este deve ser avaliado sob o prisma da ética, da moral e do aspecto social, e não apenas do ponto de vista patrimonial. A reputação moral terá valor preponderante diante do alcance e repercussão perante a sociedade, cujo conceito expressará o grau de desgaste e de desprestígio a ser auferido na dimensão da credibilidade que exige a condução dos assuntos administrativos para aquela comunidade.

Noutra vertente, atente-se que, sendo um desvio administrativo considerado insignificante, uma mera irregularidade, ou seja, uma irregularidade insignificante, não se constitui em ato de improbidade administrativa, cuja valoração afasta aplicação de sanções.

Entrementes, ocorrendo uma irregularidade significante, em que seja reconhecido o seu fator imoral, sobremaneira de espécie administrativa com repercussão no conceito moral da coletividade, reprovável é esta conduta que deve ser sancionada com a aplicação da Lei de Improbidade Administrativa.

Além disso, na linha da jurisprudência do STJ, os atos de improbidade não se confundem com singelas e inofensivas irregularidades administrativas. Muito embora sejam condutas assemelhadas, o ato antijurídico só adquire a natureza de improbidade se, com culpa ou dolo, ferir os princípios norteadores da Administração Pública e a norma de regência.

Assim sendo, reconhecendo o juiz a violação dos bens e valores tutelados pela Lei de Improbidade Administrativa, pelo juízo de valor da conduta de improbidade, descabe a sua recusa em aplicação das sanções sob alegação de incidência do princípio da insignificância, especialmente, se compreender o revés de ativo financeiro direto na conduta, ao tesouro público. Poderá, sim, no juízo de dosimetria da sanção, sopesar a gravidade ou a extensão do dano causado na sua proporção dimensional da conduta do agente, sobre os pilares dos princípios da razoabilidade e da proporcionalidade, que têm incidência imperativa na referida norma de regência.

Assevere-se que, na gestão da coisa pública, em que detém, sob sua guarda e responsabilidade, os bens e valores da coletividade, não há tolerância para o administrador amador, atrapalhado ou despreparado, situações que não podem justificar o aviltamento dos princípios norteadores da Administração Pública nem de seu nível de riqueza.

- Princípio da insignificância. O princípio da insignificância, por ser módico o prejuízo ao erário, não é aplicável aos casos de improbidade administrativa, haja vista que o bem jurídico que a Lei n. 8.429/92 objetiva salvaguardar é a moralidade administrativa, e não apenas o patrimônio público. Diante do reconhecimento do caráter ímprobo da conduta, resta configurada a lesão ao bem jurídico tutelado, o que inviabiliza qualquer ponderação acerca do valor do dano para fins de excluir a responsabilidade. (TJMG - Apelação Cível 1.0479.12.010614-7/001, Relator(a): Des.(a) Áurea Brasil, 5ª CÂMARA CÍVEL, julgamento em 16/02/2017, publicação da súmula em 24/02/2017)

- Princípio da insignificância. "O ato havido por ímprobo deve ser administrativamente relevante, sendo de se aplicar, na sua compreensão, o conhecido princípio da insignificância, de notável préstimo no Direito Penal moderno, a indicar a inaplicação de sanção criminal punitiva ao agente, quando o efeito do ato agressor é de importância mínima ou irrelevante, constituindo a chamada bagatela penal: de minimis non curat Praetor, neste caso, trata-se de contribuição do Município do Rio de Janeiro para construção de uma pequena igreja dedicada à devoção de São Jorge, na periferia da Cidade do Rio de Janeiro, no valor de R$ 150.000,00". (STJ - REsp 1536895/RJ, Rel. Ministro NAPOLEÃO NUNES MAIA FILHO, PRIMEIRA TURMA, julgado em 15/12/2015, DJe 08/03/2016)

- Princípio da insignificância. Distinção entre juízo de improbidade da conduta e juízo de dosimetria da sanção. A implementação judicial da Lei da Improbidade Administrativa segue uma espécie de silogismo – concretizado em dois momentos, distintos e consecutivos, da sentença ou acórdão – que deságua no dispositivo final de condenação: o juízo de improbidade da conduta (= premissa maior) e o juízo de dosimetria da sanção (= premissa menor). Para que o defeito de uma conduta seja considerado mera irregularidade administrativa, exige-se valoração nos planos quantitativo e qualitativo, com atenção especial para os bens jurídicos tutelados pela Constituição, pela Lei da Improbidade Administrativa, pela Lei das Licitações, pela Lei da Responsabilidade Fiscal e por outras normas aplicáveis à espécie. Trata-se de exame que deve ser minucioso, sob pena de transmudar-se a irregularidade administrativa banal ou trivial, noção que legitimamente suaviza a severidade da Lei da Improbidade Administrativa, em senha para a impunidade, *business as usual*. Nem toda irregularidade administrativa caracteriza improbidade, nem se confunde o administrador inábil com o administrador ímprobo. Contudo, se o juiz, mesmo que implicitamente, declara ou insinua ser ímproba a conduta do agente, ou reconhece violação aos bens e valores protegidos pela Lei da Improbidade Administrativa (= juízo de improbidade da conduta), já não lhe é facultado – sob o influxo do princípio da insignificância, mormente se por "insignificância" se entender somente o impacto monetário direto da conduta nos cofres públicos – evitar o juízo de dosimetria da sanção, pois seria o mesmo que, por inteiro, excluir (e não apenas dosar) as penas legalmente previstas. Iniquidade é tanto punir como improbidade, quando desnecessário (por atipicidade, p. ex.) ou além do necessário (= iniquidade individual), como absolver comportamento social e legalmente reprovado (= iniquidade coletiva), incompatível com o marco constitucional e a legislação que consagram e garantem os princípios estruturantes da boa administração. O juiz, na medida da reprimenda (= juízo de dosimetria da sanção), deve levar em conta a gravidade, ou não, da conduta do agente, sob o manto dos princípios da razoabilidade e da proporcionalidade, que têm necessária e ampla incidência no campo da Lei da Improbidade Administrativa. Como o seu próprio *nomen iuris* indica, a Lei 8.429/92 tem na moralidade administrativa o bem jurídico protegido por excelência, valor abstrato e intangível, nem sempre reduzido ou reduzível à moeda corrente. A conduta ímproba não é apenas aquela que causa dano financeiro ao Erário. Se assim fosse, a Lei da Improbidade Administrativa se resumiria ao art. 10, emparedados e esvaziados de sentido, por essa ótica, os arts. 9 e 11. Logo, sobretudo no campo dos princípios administrativos, não há como aplicar a lei com calculadora na mão, tudo expressando, ou querendo expressar, na forma de reais e centavos. A Quinta Turma do STJ, em relação a crime de responsabilidade, já se pronunciou no sentido de que "*deve ser afastada a aplicação do princípio da insignificância, não obstante a pequena quantia desviada, diante da própria condição de Prefeito do réu, de quem se exige um comportamento adequado, isto é, dentro do que a sociedade considera correto, do ponto de vista ético e moral*". (REsp 769317/AL, Rel. Min. Gilson Dipp, Quinta Turma, DJ 27/3/2006). Ora, se é assim no campo penal, com maior razão no universo da Lei de Improbidade Administrativa, que tem caráter civil. 12. Recurso Especial provido, somente para restabelecer a multa civil de R$ 1.500,00 (um mil e quinhentos reais), afastadas as sanções de suspensão de direitos políticos e proibição de contratar com o Poder Público, pretendidas originalmente pelo Ministério Público. (STJ – 2ª T. – REsp. 892.818/RS – Rel. Min. Herman Benjamin – j. em 11.11.2008 – DJe 10.02.2010)

- Princípio da insignificância. Inaplicabilidade. Deve ser afastada a aplicação do princípio da insignificância, não obstante a pequena quantia desviada, diante da própria condição de Prefeito do réu, de quem se exige um comportamento adequado, isto é, dentro do que a sociedade considera correto, do ponto de vista ético e moral. VII. Recurso parcialmente conhecido e desprovido. (STJ – 5ª T. – REsp. 769.317/AL – Rel. Min. Gilson Dipp – j. em 07.03.2006 – DJ 27.03.2006, p. 324)

1.7. Os regramentos estabelecidos aos Tribunais de Contas pela LINDB

A Lei nº 13.655/2018 incluiu no Decreto-lei nº 4.657, de 4 de setembro de 1942 (Lei de Introdução às Normas do Direito Brasileiro), disposições sobre a segurança jurídica e eficiência na criação e na aplicação do direito público.

A nova lei preceitua no seu art. 20 que "*nas esferas administrativa, controladora e judicial, não se decidirá com base em valores jurídicos abstratos sem que sejam consideradas as consequências práticas da decisão*", impondo assim, ao órgão controlador,

se podendo impor aos sujeitos atingidos ônus ou perdas que, em função das peculiaridades do caso, sejam anormais ou excessivos."

As decisões administrativas que decretar invalidação de ato, contrato, ajuste, processo ou norma administrativa é típica dos Tribunais de Contas nas suas atividades institucionais.

Assim, suas decisões deverão indicar de modo expresso suas consequências jurídicas e administrativa, numa inversão do ônus da fundamentação para os Órgãos de Controle Administrativo, por meio de provas concretas, de que o ato impugnado pelo agente público teria restado maculoso pelo propósito doloso de atentar contra a probidade administrativa.

Dessa forma, caberá aos Órgãos de Controle Administrativo a demonstração do elemento subjetivo do dolo ou do cometimento de erro grosseiro, afastando, portanto, a incumbência do agente público o dever de produzir prova negativa de conduta supostamente ilícita.

Ressalte-se que a Constituição Federal assegura a garantia em processo judicial ou administrativo, e aos acusados em geral, o contraditório e a ampla defesa, com os meios e recursos a ela inerentes, de forma que, o desatendimento das providências estipuladas por esta lei importará na nulidade do ato decisório dos Tribunais de Contas ou dos Órgãos de Controle Administrativo, sujeito a apreciação do Poder Judiciário para fazer valer a eficácia e validade da norma.

Destaque-se ainda, que a proteção do princípio do devido processo legal se traduz com a observância na sua inteireza das formalidades previstas pela lei de regência.

1.7.1. Termo de ajustamento de normas

O conteúdo jurídico do art. 26 da LINDB prevê a lavratura do Termo de Ajustamento de Normas quando os Tribunais de Contas ou Órgãos de Controle Administrativo visando eliminar irregularidade, incerteza jurídica ou contenciosa na aplicação do direito público, que está assim redigido:

> **"Art. 26. Para eliminar irregularidade, incerteza jurídica ou situação contenciosa na aplicação do direito público, inclusive no caso de expedição de licença, a autoridade administrativa poderá, após oitiva do órgão jurídico e, quando for o caso, após realização de consulta pública, e presentes razões de relevante interesse geral, celebrar compromisso com os interessados, observada a legislação aplicável, o qual só produzirá efeitos a partir de sua publicação oficial.**
>
> **§ 1º O compromisso referido no caput deste artigo:**
>
> **I - buscará solução jurídica proporcional, equânime, eficiente e compatível com os interesses gerais;**
>
> **II - (VETADO);**

> **III - não poderá conferir desoneração permanente de dever ou condicionamento de direito reconhecidos por orientação geral;**
>
> **IV - deverá prever com clareza as obrigações das partes, o prazo para seu cumprimento e as sanções aplicáveis em caso de descumprimento.**
>
> **§ 2º (VETADO)."**

A irregularidade difere da ilegalidade, porquanto esta é um ato contrário à lei, ao princípio da legalidade, enquanto aquela é um equívoco, falha, imperfeição, anomalia ou uma anormalidade diante do contexto normativo.

Já a incerteza jurídica é aquela norma ou texto que revela ambiguidade, dubiedade ou confusão na sua compreensão, cuja aplicação levará a questionamentos posteriores devido à sua imprecisão.

Quando o texto menciona "situação contenciosa no direito público", refere-se à ocorrência litigiosa na qual há dúvidas quanto à sua aplicação no campo do direito público, merecendo assim, os esclarecimentos e delimitações jurídicas que atendam a melhor utilização do conjunto normativo.

À luz desse ajustamento público diante da autoridade competente, o que se pretende evitar é a perda de tempo, oportunidades e andamento de atos e processos administrativos que se enquadram nessas circunstâncias, a fim de se evitar a suspensão ou interrupção dos trabalhos ou serviços a eles vinculados.

Dessa forma, a presente lei está dando maior protagonismo as partes interessadas em fatos administrativos que envolvam essas circunstâncias, cabendo aos Tribunais de Contas e aos Órgãos de Controle Administrativo a iniciativa da promoção desse ajustamento em benefício do interesse da administração pública.

1.7.2. Da interpretação de normas sobre gestão pública

A respeito da interpretação de normas sobre gestão pública, o art. 22 da LINDB traz novos horizontes de hermenêutica visando a elaboração das decisões sobre a regularidade de condutas ou validade do ato impugnado, que está assim escrito:

> **"Art. 22. Na interpretação de normas sobre gestão pública, serão considerados os obstáculos e as dificuldades reais do gestor e as exigências das políticas públicas a seu cargo, sem prejuízo dos direitos dos administrados.**
>
> **§ 1º Em decisão sobre regularidade de conduta ou validade de ato, contrato, ajuste, processo ou norma administrativa, serão consideradas as circunstâncias práticas que houverem imposto, limitado ou condicionado a ação do agente.**
>
> **§ 2º Na aplicação de sanções, serão consideradas a natureza e a gravidade da infração cometida, os danos que dela provierem para a administração pública, as circunstâncias agravantes ou atenuantes e os antecedentes do agente.**

> **"Art. 24. A revisão, nas esferas administrativa, controladora ou judicial, quanto à validade de ato, contrato, ajuste, processo ou norma administrativa cuja produção já se houver completado levará em conta as orientações gerais da época, sendo vedado que, com base em mudança posterior de orientação geral, se declarem inválidas situações plenamente constituídas.**
>
> **Parágrafo único. Consideram-se orientações gerais as interpretações e especificações contidas em atos públicos de caráter geral ou em jurisprudência judicial ou administrativa majoritária, e ainda as adotadas por prática administrativa reiterada e de amplo conhecimento público."**

Essa nova posição legal promove segurança jurídica porque proporciona estabilidade administrativa aos atos cometidos durante a vigência da jurisprudência anterior, não se aplicando a nova orientação para desconstituir ou questionar situação pretérita.

1.8. Dano moral coletivo por lesão à probidade

Na ação de improbidade administrativa é importante assinalar a possibilidade da condenação por dano moral mediante aplicação subsidiária da legislação de regência, tendo em vista ser uma espécie de ação civil pública que lhe serve de moldura instrumental para sua tramitação processual.

Essa ponderação deve ser utilizada subsidiariamente por não contrariar a referida norma que autoriza a aplicação do Código de Processo Civil no que couber, ou outras disposições legais do microssistema coletivo naquilo que for útil à tutela dos interesses da sociedade.

A Lei de Improbidade Administrativa (arts. 10 c.c. 12) prevê o ressarcimento integral do dano causado por lesão ao erário, sem fazer qualquer restrição específica no diploma legal ou com especificidade da sua aplicação de forma pontual a ponto de excluir outras.

Dessa forma, cumpre dizer que cabe à incidência adequada do art. 5º da Constituição da República, na temática enfocada, que explicita:

> **Art. 5º**. [...]
>
> X – são invioláveis a intimidade, a vida privada, a honra e a imagem das pessoas, assegurado o direito a indenização pelo dano material ou moral decorrente de sua violação.

O Superior Tribunal de Justiça sedimentou a sua jurisprudência, reconhecendo a possibilidade de dano moral contra a pessoa jurídica, nos termos da Súmula 227, que assim preconiza: "A pessoa jurídica pode sofrer dano moral".

Como se vê, não tem mais sentido a exclusão da pessoa jurídica de direito público afetada por um ato de improbidade, sofrer um descrédito, um desprestígio que possa causar desalento ou frustração funcional dos seus agentes que venham ocasionar danos no desenvolvimento das atividades da instituição, isso adicionado ou de forma isolada, com repercussões negativas na esfera econômica, financeira e creditícia.

Para melhor enriquecer o debate, é oportuno que se traga a lição de Maria Sylvia Zanella Di Pietro:

> Vem se firmando o entendimento de que a ação judicial cabível para apurar e punir os atos de improbidade tem a natureza de ação civil pública, sendo-lhe cabível, no que não contrariar disposições específicas da lei de improbidade. Lei 7.347, de 24-7-95. É sob essa forma que o Ministério Público tem proposto as ações de improbidade administrativa, com aceitação pela jurisprudência (cf. Alexandre de Moraes, 2000; 330-331, especialmente jurisprudência citada na nota 2. p.330).
>
> Essa conclusão encontra fundamento no art. 129, inc. III, da Constituição Federal, que ampliou os objetivos a ação civil pública, em relação à redação original da Lei 7.347, que somente a previa em caso de dano ao meio ambiente, ao consumidor, a bens e direitos de valor artístico, estético, histórico, turístico e paisagístico. O dispositivo constitucional fala em ação civil pública "para a proteção do patrimônio público e social, do meio ambiente e de outros interesses difusos e coletivos". Em consequência, o art. 1º da Lei 7.347/85 foi acrescido de um inciso, para abranger as ações de responsabilidade por danos causados "a qualquer outro interesse difuso ou coletivo.
>
> Aplicam-se, portanto, as normas da Lei 7.347/85, no que não contrariarem dispositivos da lei de improbidade[18]".

O Professor Alexandre de Moraes ensina:

> "A Lei Federal 7.347/85 é norma processual geral para a tutela de interesses supra individuais, aplicando-se a todas as outras leis destinadas à defesa desses interesses, como a Lei Federal 8.429/92, conforme arts. 17 e 21. Essa disposição integra-se ao art. 83 da Lei Federal 8.078/90 (Código de Defesa do Consumidor), que determina a admissão de qualquer pedido para tomar adequada e efetiva a tutela aos interesses transindividuais, ou seja, possibilita a formulação de qualquer espécie de pedido de provimento jurisdicional desde que tenha por objeto resguardar defesa do interesse em jogo. Os arts. 110 e 117, da referida Lei 8.078/90, inseriram na Lei da Ação Civil Pública (Lei 7.347/85) o inc. IV do art. 1º e o art. 21, estendendo, de forma expressa, o que a Constituição Federal havia estendido de maneira implícita, ou seja, o alcance da ação civil pública à defesa de todos os interesses difusos[19].

Diante dessa ilustrada manifestação doutrinária, pode-se compreender, sem maiores esforços o cabimento de condenação por dano moral no especialíssimo espectro da ação civil pública de improbidade administrativa. A Lei de ação civil pública alcança o direito coletivo explicitado pela Lei 8.884/94, revogada pela Lei

---

18. **Direito Administrativo**. 17. ed. São Paulo: Atlas, p. 718-719.
19. **Direito Constitucional**. 12. ed. São Paulo: Atlas, p. 344-345.

12.529/11, mas que manteve a definição conceitual do parágrafo único do art. 1º, ao definir que *"A coletividade é a titular dos bens jurídicos protegidos por esta Lei"*.

Nesse sentido, leciona José dos Santos Carvalho Filho:

> A alteração introduzida pela Lei 8.884/94 ao art. 1º, guarda, por conseguinte, perfeita harmonia normativa com o perfil constitucional relativo ao dano moral. Na verdade, a redação anterior, referindo-se a danos, já ensejaria a interpretação de que o termo abrangeria também o dano moral. Não obstante, para dirimir eventuais questionamentos, decidiu inserir expressamente no dispositivo a qualificação moral ao substantivo danos. Dessa maneira, o autor, na ação civil pública, postulará a condenação do réu a uma indenização em dinheiro, ou a uma obrigação de fazer ou não fazer, seja patrimonial ou moral o dano que tenha provocado como causa de sua responsabilidade[20].

Emerson Garcia e Rogério Pacheco Alves, examinando com sabedoria o assunto, mostram de forma aclarada os resultados derivados desse entendimento:

> Do mesmo modo que as pessoas jurídicas de direito privado, as de direito público também gozam de determinado conceito junto à coletividade, do qual muito depende o equilíbrio social e a subsistência de várias negociações, especialmente em relação: a) aos organismos internacionais, em virtude dos constantes empréstimos realizados; b) aos investidores nacionais e estrangeiros, ante a frequente emissão de títulos da dívida pública para a captação de receita; c) à iniciativa privada, para a formação de parcerias; d) às demais pessoas jurídicas de direito público, o que facilitará a obtenção de empréstimos e a moratória de dívidas já existentes etc.
>
> *É plenamente admissível, assim, que o ato de improbidade venha a macular o conceito que gozam as pessoas jurídicas de relacionadas no art. 1º da Lei 8.429/92, o que acarretará um dano de natureza não-patrimonial passível de indenização*[21].

Por fim, é admissível a condenação de dano moral quando se vislumbra uma situação de nódoa provocada pelo ato de improbidade que agride ou atinge a reputação moral da instituição pública, representada pelo agente responsável, ou que venha causar indignação à coletividade em ver sua representação maculada de desonra.

Essa indignação ou revolta, deve ser bem avaliada para que não se confunda com mera insatisfação, mas que represente concretamente um sentimento de cólera despertado coletivamente a justificar uma reparação daquele ou daqueles que foram desleais com a confiança depositada no trato da coisa.

Nesse aspecto de análise, vale enaltecer a ilustrada orientação de Hugo Nigro Mazzilli, segundo o qual, de modo peremptório,

---

20. **Ação Civil Pública**. 6. ed. Rio de Janeiro: Lumen Juris, 2007. p. 13-14.

21. **Improbidade Administrativa**. 2. ed. São Paulo: Lumen Juris, 2004. p. 470-471.

"[...] quando ocorre enriquecimento ilícito de administradores, mesmo que o proveito não tenha sido diretamente dos cofres públicos, raramente deixará de existir dano ao patrimônio público. Aqueles que, por exemplo, subornam os administradores para contratar com a Fazenda certamente levarão os pagamentos ilícitos à conta do custo da obra pública ou do serviço realizado. E, mesmo, que não o fizessem, ainda teria havido o dano moral, decorrente da violação dos princípios da administração[22]".

Atente-se, porém, que a simples argumentação de que a conduta eivada de improbidade praticada ensejou dano moral à coletividade, sem a necessária comprovação de descrédito ou afetação da coletividade ou da instituição pública, mostra-se insuficiente para fins de reconhecimento da lesividade moral.

De modo que, é primordial que a conduta ímproba tenha causado efetivo e significativo impacto no meio social, não bastando para tanto, meras conjecturas ou presunções conceituais.

Deve-se compreender que o dano moral coletivo seja uma injusta lesão na comunidade mediante a violação de um conjunto de valores sociais, morais e éticos, capaz de causar perplexidade e indignação social.

- Danos morais. Administrativo. Ação civil pública por improbidade. Operação lava-jato. Legitimidade *passiva ad causam*. Ressarcimento ao erário. Não há preclusão em relação à pretensão de ressarcimento do dano ao erário (art. 9º da Lei de Improbidade Administrativa), tendo sido apresentados elementos de convicção suficientes a lastrear o respectivo pedido, ante a apresentação de fortes indícios da ocorrência de danos a Petrobrás. Além disso, a questão já foi objeto de pronunciamento desta Corte em anterior recurso envolvendo as mesmas partes. A ação civil pública de improbidade administrativa é via adequada para pleitear a reparação integral do dano, inclusive o moral - até porque ressarcimento ao erário não se confunde com sanção e deve ser a mais abrangente possível, por força de expressa disposição constitucional (art. 37, § 4º, da CRFB) e legal (arts. 5º, 7º, parágrafo único, e 12, incisos I, II e III, da Lei n.º 8.429/92), e o Ministério Público é parte legitima para o pedido de reparação por danos morais, na ação civil pública de improbidade administrativa (arts. 127 e 129, inciso III, da CRFB, e art. 1º da Lei n.º 7.347/1985), envolvendo interesses ou direitos difusos e coletivos (transindividuais). (TRF-4 Ai Nº 5009258-04.2017.4.04.0000/PR – 4ª tURMA – rel. Desembargadora Federal Vivian Josete Pantaleão Caminha, j. 14/03/2018)
- "Ação civil pública. Alvará de demolição sem parecer prévio do conselho municipal do patrimônio histórico e cultural. As obras e outros bens de valor histórico, artístico e cultural encontram proteção especial na Constituição da República e na Constituição do Estado de Minas Gerais, cabendo ao Poder Público com a colaboração da comunidade, a sua preservação e, se necessário, a repressão ao dano e a ameaça àquele referido patrimônio. A Carta Magna elevou o inventário como instrumento jurídico de preservação do patrimônio cultural, ao lado do tombamento, da desapropriação, dos registros, da vigilância e de outras formas de acautelamento e preservação (art.216, § 1º, CR/88). Merece a proteção do Estado o bem de valor cultural inventariado, de tal sorte que o seu proprietário tem o dever de protegê-lo, pois este instituto de proteção, ao lado dos demais, constitui importante cadastro de bens sociais de inegável valor sociocultural, razão porque não pode o Poder Judiciário ignorá-lo, sob pena de esvaziar a memória de um povo. [...] Constitui dano moral coletivo a agressão a bens e va-

22. **A Defesa dos Interesses Difusos em Juízo**. 19. ed. São Paulo: Saraiva, p. 179.

lores jurídicos comuns a toda a coletividade ou parte dela. Basta a lesão injusta e intolerável a qualquer dos interesses ou direitos titularizados pela coletividade, independentemente do número de pessoas atingidas e da configuração da culpa, para se impor ao infrator o dever de indenizar". (TJMG - Apelação Cível 1.0480.09.132906-4/004, Relator(a): Des.(a) Belizário de Lacerda, 7ª CÂMARA CÍVEL, julgamento em 30/01/2018, publicação da súmula em 07/02/2018)

- "Improbidade administrativa. Dano moral coletivo. Inexistência. "Do eventual dano decorrente de ato de improbidade administrativa não decorre dano coletivo previsto no art. 81 da Lei n. 8.078/1990". (AgRg no AREsp 478.386/DF, Rel. Ministro OLINDO MENEZES (DESEMBARGADOR CONVOCADO DO TRF 1ª REGIÃO), Rel. p/ Acórdão Ministro BENEDITO GONÇALVES, PRIMEIRA TURMA, julgado em 20/06/2017, DJe 22/08/2017)
- "Ação civil pública. Danos morais coletivos. Cabimento. 1 "A possibilidade de indenização por dano moral está prevista no art. 5º, inciso V, da Constituição Federal, não havendo restrição da violação à esfera individual. A evolução da sociedade e da legislação têm levado a doutrina e a jurisprudência a entender que, quando são atingidos valores e interesses fundamentais de um grupo, não há como negar a essa coletividade a defesa do seu patrimônio imaterial. O dano moral coletivo é a lesão na esfera moral de uma comunidade, isto é, a violação de direito transindividual de ordem coletiva, valores de uma sociedade atingidos do ponto de vista jurídico, de forma a envolver não apenas a dor psíquica, mas qualquer abalo negativo à moral da coletividade, pois o dano é, na verdade, apenas a consequência da lesão à esfera extrapatrimonial de uma pessoa." (REsp 1397870/MG, Rel. Ministro MAURO CAMPBELL MARQUES, SEGUNDA TURMA, julgado em 02/12/2014, DJe 10/12/2014)" (STJ - AgRg no Resp Nº 1.541.563-RJ – 2ª Turma – 08/09/2015 – rel. Min. Humberto Martins)
- "Dano moral coletivo. Cabimento, em tese, da condenação, em ação civil pública por improbidade administrativa. O dano extrapatrimonial não se verifica apenas no âmbito individual, sendo cabível também a sua configuração quando há desrespeito a valores morais que afetam de forma negativa a coletividade, inclusive no que concerne ao direito". (TJMG - Apelação Cível 1.0021.07.000203-1/001, Relator(a): Des.(a) Sandra Fonseca, 6ª CÂMARA CÍVEL, julgamento em 14/02/2012, publicação da súmula em 24/02/2012)
- "O Ministério Público tem legitimidade *ad causam* para o pedido de reparação por danos morais, na ação civil pública (arts. 127 e 129, III - CF e art. 1º - Lei 7.347/1985), restrita (porém) aos interesses ou direitos difusos e coletivos (transindividuais). Precedente: REsp 637.332/RR, Rel. Min. Luiz Fux - DJ 14/12/2004. Nessa categoria (interesses ou direitos transindividuais) não se insere o (eventual) dano moral à imagem da própria Instituição. Conquanto a ação imprópria dos demandados, na prática de ato de corrupção no exercício de cargo público, possa suscitar na coletividade a suspeita sobre a atuação da Instituição a que pertencem, pelo rompimento do pressuposto moral de que seus agentes agem dentro da lei e na sua defesa, o eventual prejuízo que daí possa advir não expressa dano coletivo (titulado por pessoas indeterminadas e ligadas por circunstancias de fato) ou difuso: titulado por grupo, categoria ou classe de pessoas ligadas entre si por uma relação jurídica base (Lei 8.078/1990 - art. 81) . (STJ - AgRg no REsp 1337768/MG, Rel. Ministro OLINDO MENEZES (DESEMBARGADOR CONVOCADO DO TRF 1ª REGIÃO), PRIMEIRA TURMA, julgado em 05/11/2015, DJe 19/11/2015)
- "A caracterização dos danos morais no âmbito de ação de improbidade administrativa reclama a prova inequívoca do abalo moral impingido pelo ato ímprobo" (TRF1 - AC 0001891-19.2004.4.01.3600/MT, Rel. Des. Federal Tourinho Neto, Terceira Turma, e-DJF1 de 09/10/2009)"
- "A simples indicação dos dispositivos tidos por violados (art. 1º, IV, da Lei 7347/85 e arts. 186 e 927 do Código Civil de 1916), sem referência com o disposto no acórdão confrontado, obsta o conhecimento do recurso especial. Incidência dos verbetes das Súmulas 282 e 356 do STF. *Ad argumentandum tantum*, ainda que ultrapassado o óbice erigido pelas Súmulas 282 e 356 do STF, melhor sorte não socorre ao recorrente, máxime porque a incompatibilidade entre o

dano moral, qualificado pela noção de dor e sofrimento psíquico, e a transindividualidade, evidenciada pela indeterminabilidade do sujeito passivo e indivisibilidade da ofensa objeto de reparação, conduz à não indenizabilidade do dano moral coletivo, salvo comprovação de efetivo prejuízo dano. Sob esse enfoque decidiu a 1ª Turma desta Corte, no julgamento de hipótese análoga, *verbis*: "PROCESSUAL CIVIL. AÇÃO CIVIL PÚBLICA. DANO AMBIENTAL. DANO MORAL COLETIVO. NECESSÁRIA VINCULAÇÃO DO DANO MORAL À NOÇÃO DE DOR, DE SOFRIMENTO PSÍQUICO, DE CARÁTER INDIVIDUAL. INCOMPATIBILIDADE COM A NOÇÃO DE TRANSINDIVIDUALIDADE (INDETERMINABILIDADE DO SUJEITO PASSIVO E INDIVISIBILIDADE DA OFENSA E DA REPARAÇÃO). RECURSO ESPECIAL IMPROVIDO." (REsp 598.281/MG, Rel. Ministro LUIZ FUX, Rel.p/ Acórdão Ministro TEORI ALBINO ZAVASCKI, PRIMEIRA TURMA, julgado em 02.05.2006, DJ 01.06.2006). Nada obstante, e apenas *obiter dictum*, há de se considerar que, no caso concreto, o autor não demonstra de forma clara e irrefutável o efetivo dano moral sofrido pela categoria social titular do interesse coletivo ou difuso, consoante assentado pelo acórdão recorrido:"...Entretanto, como já dito, por não se tratar de situação típica da existência de dano moral puro, não há como simplesmente presumi-la. Seria necessária prova no sentido de que a Municipalidade, de alguma forma, tenha perdido a consideração e a respeitabilidade e que a sociedade uruguaiense efetivamente tenha se sentido lesada e abalada moralmente, em decorrência do ilícito praticado, razão pela qual vai indeferido o pedido de indenização por dano moral". (STJ - REsp 821.891/RS, Rel. Ministro LUIZ FUX, PRIMEIRA TURMA, julgado em 08/04/2008, DJe 12/05/2008)

- "Não há vedação legal ao entendimento de que cabem danos morais em ações que discutam improbidade administrativa seja pela frustração trazida pelo ato ímprobo na comunidade, seja pelo desprestígio efetivo causado à entidade pública que dificulte a ação estatal. A aferição de tal dano deve ser feita no caso concreto com base em análise detida das provas dos autos que comprovem efetivo dano à coletividade, os quais ultrapassam a mera insatisfação com a atividade administrativa." (STJ – REsp. 960926 / MG – 2ª Turma – DJe 01.04.2008 – Rel. Min. Castro Meira)

- "Art. 6º da Lei 8.906/1994. 1. É cabível a propositura de ação civil pública que tenha como fundamento a prática de ato de improbidade administrativa, tendo em vista a natureza difusa do interesse tutelado. Também mostra-se lícita a cumulação de pedidos de natureza condenatória, declaratória e constitutiva nesta ação, porque sustentada nas disposições da Lei 8.429/92." (STJ – REsp. 516.190/MA – Rel. Min. João Otávio de Noronha – DJU de 26.03.2007)

1.9. Dano moral coletivo por lesão ao meio ambiente

A Constituição Federal (art. 225) assegura que "Todos têm direito ao meio ambiente ecologicamente equilibrado, bem de uso comum do povo e essencial à sadia qualidade de vida, impondo-se ao Poder Público e à coletividade o dever de defendê-lo e preservá-lo para as presentes e futuras gerações", consistindo-se assim, em direito subjetivo do cidadão vivenciar e desfrutar de um ambiente saudável no seu direito à vida e à saúde, valores sublimes que se referem a todos os bens que lhe envolve, a exemplo da boa qualidade do ar, da água e alimentação decorrente de produtos sadios.

Depreende-se, assim, que a Carta Política objetiva a proteção da dignidade da vida humana mediante a preservação do equilíbrio ecológico, dos ecossistemas, do controle dos recursos ambientes através do uso racional do solo e subsolo, da água e do ar, bens essenciais à vida e à saúde, que integram o patrimônio público de uso coletivo da população, que são tutelados e protegidos pelo direito.

O bem ambiental caracteriza-se, na lição de Uadi Lammêgo Bulos (2011, p. 1584,), num *tertium genus,* não podendo ser qualificado como bem público, nem particular, sendo um bem jurídico próprio diferente daquele ligado ao direito de propriedade, asseverando, que "quando o art. 225, *caput,* da Constituição Federal menciona 'bem de uso comum do povo' quer referir-se ao bem ambiental, que excede o sentido clássico de propriedade, no qual o proprietário usa, goza e dispõe, como quiser, da coisa que lhe pertence".

Decorrente desses direitos é que o conjunto normativo especial versa sobre a proteção da riqueza natural relativa ao ar, à água, à fauna e à flora, que atribui a responsabilização de atos ou condutas que importem em degradação ambiental.

Essa responsabilização por danos ambientais, seja por lesão ao meio ambiente público ou por ultraje ao ambiente privado, apresenta-se objetiva, fundada na teoria do risco integral, em face do disposto no art. 14, § 10º, da Lei n. 6.938/81, *verbis:*

> Art 14 - Sem prejuízo das penalidades definidas pela legislação federal, estadual e municipal, o não cumprimento das medidas necessárias à preservação ou correção dos inconvenientes e danos causados pela degradação da qualidade ambiental sujeitará os transgressores:
>
> .... § 1º - Sem obstar a aplicação das penalidades previstas neste artigo, é o poluidor obrigado, independentemente da existência de culpa, a indenizar ou reparar os danos causados ao meio ambiente e a terceiros, afetados por sua atividade. O Ministério Público da União e dos Estados terá legitimidade para propor ação de responsabilidade civil e criminal, por danos causados ao meio ambiente.

O § 1º atribui ao poluidor a obrigação, independentemente da existência de culpa, a indenizar ou reparar danos causados ao meio ambiente e a terceiros, afetados por sua atividade.

E também pela própria Constituição Federal, quando no seu § 3º do art. 225, expressa textualmente:

> Art. 225 [...]
>
> § 1º [...]
>
> § 3º As condutas e atividades consideradas lesivas ao meio ambiente sujeitarão os infratores, pessoas físicas ou jurídicas, a sanções penais e administrativas, independentemente da obrigação de reparar os danos causados.

Segundo Afonso da Silva (2007, p. 306, 313-314), a responsabilidade criminal "emana do cometimento de crime ou contravenção, ficando o infrator sujeito à pena de perda da liberdade ou a pena pecuniária" e a responsabilidade civil, por fim, é a que "impõe ao infrator a obrigação de ressarcir o prejuízo causado por sua conduta ou atividade".

A responsabilidade objetiva, igualmente, está proclamada pelo Código Civil quando no seu parágrafo único do art. 27 estabelece:

> Art. 927. Aquele que, por ato ilícito (arts. 186 e 187), causar dano a outrem, fica obrigado a repará-lo.
>
> Parágrafo único - Haverá obrigação de reparar o dano, independentemente de culpa, nos casos especificados em lei, ou quando a atividade normalmente desenvolvida pelo autor do dano implicar, por sua natureza, risco para os direitos de outrem.

Trata-se, portanto, de cláusula geral de responsabilidade civil que preservou a responsabilidade objetivo proveniente de atividades de riscos previstas por leis especiais.

O desenvolvimento de atividade que se atribui a responsabilidade objetiva em que busca auferir vantagens, acrescenta-se no seu risco-proveito, a incumbência de suportar os encargos dela decorrente quando proporciona situação de perigo com danos a terceiros.

Concebe-se, desta forma, que a responsabilidade civil proveniente do dano ambiental provém da atividade de risco que causar ao meio ambiente ou a terceiros, circunstância que afasta a excludente de caso fortuito, força maior, fato de terceiro ou culpa da vítima.

A respeito da responsabilidade civil por dano ambiental, o Superior Tribunal de Justiça já vem se pronunciando da seguinte forma:

> AÇÃO DE INDENIZAÇÃO. DANOS MATERIAIS E MORAIS A PESCADORES CAUSADOS POR POLUIÇÃO AMBIENTAL POR VAZAMENTO DE NAFTA, EM DECORRÊNCIA DE COLISÃO DO NAVIO N-T NORMA NO PORTO DE PARANAGUÁ - 1) PROCESSOS DIVERSOS DECORRENTES DO MESMO FATO, POSSIBILIDADE DE TRATAMENTO COMO RECURSO REPETITIVO DE TEMAS DESTACADOS PELO PRESIDENTE DO TRIBUNAL, À CONVENIÊNCIA DE FORNECIMENTO DE ORIENTAÇÃO JURISPRUDENCIAL UNIFORME SOBRE CONSEQUÊNCIAS JURÍDICAS DO FATO, QUANTO A MATÉRIAS REPETITIVAS; 2) TEMAS: a) CERCEAMENTO DE DEFESA INEXISTENTE NO JULGAMENTO ANTECIPADO, ANTE OS ELEMENTOS DOCUMENTAIS SUFICIENTES; b) LEGITIMIDADE DE PARTE DA PROPRIETÁRIA DO NAVIO TRANSPORTADOR DE CARGA PERIGOSA, DEVIDO À RESPONSABILIDADE OBJETIVA. PRINCÍPIO DO POLUIDOR-PAGADOR; c) INADMISSÍVEL A EXCLUSÃO DE RESPONSABILIDADE POR FATO DE TERCEIRO; d) DANOS MORAL E MATERIAL CARACTERIZADOS; e) JUROS MORATÓRIOS: INCIDÊNCIA A PARTIR DA DATA DO EVENTO DANOSO - SÚMULA 54/STJ; f) SUCUMBÊNCIA. 3) IMPROVIMENTO DO RECURSO, COM OBSERVAÇÃO. 1.- É admissível, no sistema dos Recursos Repetitivos (CPC, art. 543-C e Resolução STJ 08/08) definir, para vítimas do mesmo fato, em condições idênticas, teses jurídicas uniformes para as mesmas consequências jurídicas. 2.- Teses firmadas: a) Não cerceamento de defesa ao julgamento antecipado da lide.- Não configura cerceamento de defesa o julgamento antecipado da lide (CPC, art. 330, I e II) de processo de ação de indenização por

danos materiais e morais, movida por pescador profissional artesanal contra a Petrobrás, decorrente de impossibilidade de exercício da profissão, em virtude de poluição ambiental causada por derramamento de nafta devido à avaria do Navio "N-T Norma", a 18.10.2001, no Porto de Paranaguá, pelo período em que foi suspensa a pesca pelo IBAMA (da data do fato até 14.11.2001); b) Legitimidade ativa ad causam.- É parte legítima para ação de indenização supra referida o pescador profissional artesanal, com início de atividade profissional registrada no Departamento de Pesca e Aquicultura do Ministério da Agricultura, e do Abastecimento anteriormente ao fato, ainda que a emissão da carteira de pescador profissional tenha ocorrido posteriormente, não havendo a ré alegado e provado falsidade dos dados constantes do registro e provado haver recebido atenção do poder público devido a consequências profissionais do acidente; c) Inviabilidade de alegação de culpa exclusiva de terceiro, ante a responsabilidade objetiva.- A alegação de culpa exclusiva de terceiro pelo acidente em causa, como excludente de responsabilidade, deve ser afastada, ante a incidência da teoria do risco integral e da responsabilidade objetiva ínsita ao dano ambiental (art. 225, § 3º, da CF e do art. 14, § 1º, da Lei nº 6.938/81), responsabilizando o degradador em decorrência do princípio do poluidor-pagador. d) Configuração de dano moral.- Patente o sofrimento intenso de pescador profissional artesanal, causado pela privação das condições de trabalho, em consequência do dano ambiental, é também devida a indenização por dano moral, fixada, por equidade, em valor equivalente a um salário-mínimo. e) termo inicial de incidência dos juros moratórios na data do evento danoso.- Nos termos da Súmula 54/STJ, os juros moratórios incidem a partir da data do fato, no tocante aos valores devidos a título de dano material e moral; f) Ônus da sucumbência.- Prevalecendo os termos da Súmula 326/STJ, a condenação em montante inferior ao postulado na inicial não afasta a sucumbência mínima, de modo que não se redistribuem os ônus da sucumbência. 3.- Recurso Especial improvido, com observação de que julgamento das teses ora firmadas visa a equalizar especificamente o julgamento das ações de indenização efetivamente movidas diante do acidente ocorrido com o Navio N-T Norma, no Porto de Paranaguá, no dia 18.10.2001, mas, naquilo que encerram teses gerais, aplicáveis a consequências de danos ambientais causados em outros acidentes semelhantes, serão, como natural, evidentemente considerados nos julgamentos a se realizarem. (STJ - REsp 1.114.398/PR, Rel. Ministro SIDNEI BENETI, SEGUNDA SEÇÃO, julgado em 08/02/2012, DJe 16/02/2012).

DIREITO CIVIL E DIREITO AMBIENTAL. CONSTRUÇÃO DE USINA HIDRELÉTRICA. REDUÇÃO DA PRODUÇÃO PESQUEIRA. SÚMULA Nº 7/STJ. NÃO CABIMENTO. DISSÍDIO NOTÓRIO. RESPONSABILIDADE OBJETIVA. DANO INCONTESTE. NEXO CAUSAL. PRINCÍPIO DA PRECAUÇÃO. INVERSÃO DO ÔNUS DA PROVA. CABIMENTO. PRECEDENTES. 1. Não há falar, na espécie, no óbice contido na Súmula nº 7/STJ, haja vista que os fatos já restaram delimitados nas instâncias ordinárias, devendo ser revista nesta instância somente a interpretação dada ao direito para a resolução da controvérsia. Precedentes. 2. Tratando-se de dissídio notório, admite-se, excepcionalmente, a mitigação dos requisitos exigidos para a interposição do recurso pela alínea "c" "quando os elementos contidos no recurso são suficientes para se concluir que os julgados confrontados conferiram tratamento jurídico distinto à similar situação fática" (AgRg nos EAg 1.328.641/RJ, Rel. Min. Castro Meira, DJe 14/10/11). 3. A Lei nº 6.938/81 adotou a sistemática da responsabilidade objetiva, que foi integralmente recepcionada pela ordem jurídica atual, de sorte que é irrelevante, na espécie, a discussão da conduta do agente (culpa ou dolo) para atribuição do dever de reparação do dano causado, que, no caso, é inconteste. 4. O princípio da precaução, aplicável à hipótese, pressupõe a inversão do ônus probatório, transferindo para a concessionária o encargo de provar que sua conduta não ensejou riscos para o meio ambiente e, por consequência, aos pescadores da região. 5. Agravo regimental provido para, conhecendo do agravo, dar provimento ao recurso especial a fim de determinar o retorno dos autos à origem para que, promovendo-se a inversão do ônus da prova, proceda-se a novo julgamento. (AgRg no AREsp 206.748/SP, Rel. Ministro RICARDO VILLAS BÔAS CUEVA, TERCEIRA TURMA, julgado em 21/02/2013, DJe 27/02/2013).

DANO AMBIENTAL PRIVADO. RESÍDUO INDUSTRIAL. QUEIMADURAS EM ADOLESCENTE. REPARAÇÃO DOS DANOS MATERIAIS E MORAIS. 1 - Demanda indenizatória movida por jovem que sofreu graves queimaduras nas pernas ao manter contato com resíduo industrial depositado em área rural. 2 - A responsabilidade civil por danos ambientais, seja por lesão ao meio ambiente propriamente dito (dano ambiental público), seja por ofensa a direitos individuais (dano ambiental privado), é objetiva, fundada na teoria do risco integral, em face do disposto no art. 14, § 10º, da Lei n. 6.938/81. 3 - A colocação de placas no local indicando a presença de material orgânico não é suficiente para excluir a responsabilidade civil. 4 - Irrelevância da eventual culpa exclusiva ou concorrente da vítima. 5 - Quantum indenizatório arbitrado com razoabilidade pelas instâncias de origem. Súmula 07/STJ. 6 - Alteração do termo inicial da correção monetária (Súmula 362/STJ). 7 - RECURSO ESPECIAL PARCIALMENTE PROVIDO. (STJ - RESP Nº 1.373.788 - SP (2013/0070847-2) – 3ª Turma – j. 6/05/2014 – rel. Min. Paulo Sanseverino)

Como se vê, a responsabilidade civil objetiva norteia essa linha de entendimento em que se enquadra o dano ambiental (CF/88, art. 225, caput e § 3º, e Lei 6938/81, art. 14, § 1º), proveniente da crescente preocupação com o meio ambiente em nosso ordenamento jurídico, porquanto a natureza e os recursos naturais se constituem em patrimônio público por ser inerente a todos os cidadãos.

O meio ambiente integra essa noção de patrimônio público, porquanto resulta integrado à ideia de patrimônio da coletividade, do público, da sociedade. Não há dúvidas, pois, que o meio ambiente pode e deve ser protegido ao abrigo da Lei de Improbidade Administrativa (MEDINA OSÓRIO, 2003, p. 175 e 176).

Édis Milaré (2007, p. 885) menciona que, a partir da Carta Política de 1988 e a edição da Lei n. 8.429/1992, alargou-se a esfera de proteção do patrimônio público. O bem jurídico tutelado não é mais apenas o erário, mas também a própria probidade administrativa. Com isso, o controle se ampliou para abranger qualquer prática de corrupção que tenha ou não lesado concretamente o erário; destarte, não só o bem público material é tutelado, mas também a gestão ética e eficiente do patrimônio público. [...].

Já o eminente Ministro Herman Benjamin afirma que, na responsabilidade civil pelo dano ambiental, não são aceitas as excludentes do fato de terceiro, de culpa da vítima, do caso fortuito ou da força maior (BENJAMIN, Herman. Responsabilidade Civil pelo Dano Ambiental. 14.3. O risco integral. in: Responsabilidade civil, v.7 - Direito ambiental / Nelson Nery Junior, Rosa Maria de Andrade Nery organizadores. -- São Paulo: Editora Revista Dos Tribunais, 2010. pg. 501/501), *verbis*:

> O Direito Ambiental brasileiro abriga a responsabilidade civil do degradador na sua forma objetiva, baseada na teoria do risco integral, doutrina essa que encontra seu fundamento " na ideia de que a pessoa que cria o risco deve reparar os danos advindos de seu empreendimento. Basta, portanto, a prova da ação ou omissão do réu, do dano e da relação de causalidade. Espelhando-se no tratamento dado aos acidentes do trabalho e levando em conta o perfil constitucional do bem jurídico tutelado - o meio ambiente, direito de todos, inclusive das gerações futuras, de fruição comum do povo, essencial à sadia qualidade de vida e, por isso mesmo, de preservação assegurada - é que o sistema jurídico ambiental adota a modalidade mais rigorosa de responsabilização civil, aquela que, dispensa a prova de culpa. Também pelas mesmas razões, o Direito Ambiental nacional não aceita as excludentes do fato de terceiro, de culpa concorrente da vítima (que vítima, quando o meio ambiente tem como titular a coletividade?) e do caso fortuito ou força maior, como estudaremos mais abaixo. Se o evento ocorreu no curso ou em razão de atividade potencialmente degradadora, incumbe ao responsável por ela reparar eventuais danos causados, ressalvada sempre a hipótese de ação regressiva.[...] O Direito brasileiro, especialmente após a Constituição Federal de 1988 (é dever de todos...), não admite qualquer distinção - a não ser no plano do regresso - entre causa principal, causa acessória e concausa. Têm plena razão Nelson Nery Junior e Rosa Maria B.B, de Andrade Nery ao afirmarem que 'seja qual for a participação de alguém na causação de um dano, há, para ele, o dever de indenizar', respondendo pela totalidade do dano, ainda que não o tenha causado por inteiro. Todos sabemos que 'uma das maiores dificuldades que se pode ter em ações relativas ao meio ambiente é exatamente determinar de quem partiu efetivamente a emissão que provocou o dano ambiental, máxime quando isso ocorre em grandes complexos industriais onde o número de empresas em atividades é elevado. Não seria razoável que, por não se poder estabelecer com precisão a qual deles cabe a responsabilização isolada, se permitisse que o meio ambiente restasse indene'.

Evidenciada a proteção ambiental como direito coletivo, e revelada a responsabilidade civil objetiva pelos danos causados ao meio ambiente, vê-se adiante a observação da conduta dos agentes públicos e das pessoas físicas e jurídicas, diante da normatividade que trata da defesa e da reprovação civil e administrativa inerentes a esses atores.

- Ambiental. Ação civil pública. Possibilidade de cumulação de obrigação de fazer (reparação da área degradada) e de pagar quantia certa (indenização). *Reduction ad pristinum statum*. Dano ambiental intermediário, residual e moral coletivo. Art. 5º da Lei de Introdução ao Código Civil. Interpretação *in dubio pro natura* da norma ambiental. 1. Cuidam os autos de Ação Civil Pública proposta com o fito de obter responsabilização por danos ambientais causados pela supressão de vegetação nativa e edificação irregular em Área de Preservação Permanente. O juiz de primeiro grau e o Tribunal de Justiça de Minas Gerais consideraram provado o dano ambiental e condenaram o réu a repará-lo; porém, julgaram improcedente o pedido indenizatório pelo dano ecológico pretérito e residual. 2. A jurisprudência do STJ está firmada no sentido da viabilidade, no âmbito da Lei 7.347/85 e da Lei 6.938/81, de cumulação de obrigações de fazer, de não fazer e de indenizar (REsp 1.145.083/MG, Rel. Ministro Herman Benjamin, Segunda Turma, DJe 4.9.2012; REsp 1.178.294/MG, Rel. Ministro Mauro Campbell Marques, Segunda Turma, DJe 10.9.2010; AgRg nos EDcl no Ag 1.156.486/PR, Rel. Ministro Arnaldo Esteves Lima, Primeira Turma, DJe 27.4.2011; REsp 1.120.117/AC, Rel. Ministra Eliana Calmon, Segunda Turma, DJe 19.11.2009; REsp 1.090.968/SP, Rel. Ministro Luiz Fux, Primeira Turma, DJe 3.8.2010; REsp 605.323/MG, Rel. Ministro José Delgado, Rel. p/ Acórdão Ministro Teori Albino Zavascki, Primeira Turma, DJ 17.10.2005; REsp 625.249/PR, Rel. Ministro Luiz Fux, Primeira Turma, DJ 31.8.2006, entre outros). 3. Recurso Especial parcialmente provido para reconhecer a possibilidade de cumulação de indenização pecuniária com as obrigações de fazer e não fazer voltadas à recomposição in natura do bem lesado, devolvendo-se os autos ao Tribunal de origem para que fixe, in casu, o quantum debeatur reparatório do dano já reconhecido no acórdão recorrido. (STJ - REsp 1328753/MG, Rel. Ministro HERMAN BENJAMIN, SEGUNDA TURMA, julgado em 28/05/2013, DJe 03/02/2015)

- Responsabilidade objetiva. Art. 14, § 1º, da Lei n. 6.398/1981. Cumulação de obrigação de fazer (reparação da área degradada) e de pagar quantia certa (indenização). Possibilidade. 1. [...] 3. A responsabilidade pelos atos que desrespeitam as normas ambientais é objetiva, ou seja, independe da existência de culpa (art. 14, §1º, da Lei n. 6.938/81), mormente quando comprovado o nexo causal entre a conduta e o dano, como no caso presente. Precedentes: AgRg no AREsp 165.201/MT, Rel. Ministro Humberto Martins, Segunda Turma, DJe 22/06/2012; REsp 570.194/RS, Rel. Ministra Denise Arruda, Primeira Turma, DJ 12/11/2007. 4. A jurisprudência do STJ está firmada no sentido de que a necessidade de reparação integral da lesão causada ao meio ambiente permite a cumulação de obrigações de fazer, de não fazer e de indenizar. Precedentes: REsp 1.227.139/MG, Rel. Ministro Herman Benjamin, Segunda Turma, DJe 13/04/2012; REsp 1.115.555/MG, Rel. Ministro Arnaldo Esteves Lima, Primeira Turma, DJe 23/02/2011. 5. A exigência da comprovação do cumprimento de "Condicionantes" impostas pelo IBAMA deverá ser realizada na fase do cumprimento de sentença, por demandar considerável lapso temporal. 6. [...]" (STJ - REsp 1307938/GO, Rel. Ministro BENEDITO GONÇALVES, PRIMEIRA TURMA, julgado em 16/06/2014, DJe 16/09/2014)

- Direito ambiental. Destinação final dos resíduos sólidos urbanos do município. Dano ambiental. Ocorrência. Desídia. Em sede indenizatória de caráter ambiental, a responsabilidade objetiva solidária significa que qualquer agente causador do dano pode ser acionado a fim de que responda pelo evento, sem que seja necessário estarem presentes os demais agentes. . A tese da responsabilidade objetiva deriva do risco da atividade, que prejudica o meio ambiente quanto à sua sustentabilidade para as gerações presentes e futuras, pelo que a apuração da responsabilidade do empreendedor e de seus parceiros prescinde da demonstração de culpa e se restringe à verificação do dano e do nexo de causalidade. [...] A desídia administrativa ensejadora do dano ambiental configura ato de improbidade administrativa sujeito às sanções da Lei n.º 8.429/92, aplicáveis ao servidor ou agente público, nos limites de sua responsabilidade, no exercício de atividade técnica de empreendimento do Município. (TJMG - Apelação Cível 1.0144.03.002658-3/001, Relator(a): Des.(a) Edgard Penna Amorim, 8ª CÂMARA CÍVEL, julgamento em 19/12/2017, publicação da súmula em 23/01/2018)

- "Ação civil pública. Ambiental. Corredores ecológicos. Desapropriação. Devido processo legal. Finalidade. Improbidade administrativa. Ausência de provas: meros indícios. 1. A prova certa da prática do ato ímprobo é necessária para ensejar condenação em ação civil pública. 2. Havendo apenas indícios, mas sem a comprovação da prática do ato de improbidade administrativa, o pedido de condenação por improbidade administrativa deve ser julgado improcedente". (TJ-MG - AC: 10251120002331002 MG, Relator: Oliveira Firmo, Data de Julgamento: 23/02/2016, Câmaras Cíveis / 7ª CÂMARA CÍVEL, Data de Publicação: 01/03/2016)

1.10. Improbidade Administrativa por dano ambiental

Os aspectos ambientais envolvem na sua conjunta o desenvolvimento da atividade administrativa no que alude aos atos autorizativos ou licenciadores pelos Órgãos públicos responsáveis, bem como o desempenho funcional na fiscalização de ocorrências potencialmente prejudicial ou lesiva à integridade do meio ambiente, visto que, cabe ao Poder Público o controle, a proteção, vistoriar e inspecionar as normas disciplinadoras de regência.

O desatendimento da observância desses deveres funcionais, seja por conduta dolosa, quando se verifica a manifestação positiva de livre consciência no cometimento de ato ilícito, ou de erro grosseiro, poderá caracterizar a prática de atos de improbidade dos agentes públicos responsáveis pelos efeitos jurídicos de seus comportamentos no exercício de suas atividades no âmbito da administração pública.

Registre-se que os agentes públicos de qualquer nível ou hierarquia são obrigados a velar pela estrita observância dos princípios de legalidade, impessoalidade, moralidade, eficiência e publicidade no trato dos assuntos de suas competências legais.

De forma que, cabe ao agente público cumprir todo o conjunto normativo para prevenir ou impedir qualquer dano ambiental na defesa da ordem jurídica e dos interesses do bem comum da coletividade.

De modo que, se o agente público com essa incumbência de agir, atuar e desenvolver seu trabalho com inteireza na prescrição normativa especial de defesa e proteção do meio ambiente, incorrer em conduta desidiosa, infringindo os regramentos legais, atentando, assim, contra os princípios norteadores da administração pública, sujeita-se às punições previstas na Lei de Improbidade Administrativa.

Vidigal de Oliveira (1997, p.134), aponta que:

> Além da incidência criminal ora retratada, a omissão das autoridades ambientais estaria a ensejar, também repercussão de índole administrativa, como as previstas na Lei n. 8.027/1990, que trata da conduta dos servidores

públicos civis federais, e que prevê, inclusive a pena de demissão nos casos de 'procedimento desidioso, assim entendido a falta ao dever de diligência no cumprimento de suas atribuições', conforme art. 5º, parágrafo único, inc. IV, bem como a caracterização da improbidade administrativa, constituída por 'retardar ou deixar de praticar, indevidamente, ato de ofício', consoante disposto no art. 11, II, da Lei n. 8.429/1992 13.

Outros autores, também, vislumbram a aplicação da Lei de Improbidade Administrativa nas hipóteses de gestões desidiosas ou negligentes no trato da questão ambiental, dentre os quais pode-se mencionar Pazzaglini Filho:

> [...], o dever jurídico de boa gestão ambiental deve imperar sempre na atuação dos agentes públicos, não lhes cabendo, nesse aspecto, qualquer margem de discricionariedade. E a violação deste dever constitucional, além de implicar na reparação do dano ecológico causado, na responsabilidade civil do Estado perante os particulares lesados e na responsabilidade administrativa e, por vezes, penal do agente público responsável pela má gestão ambiental (Lei n. 9.605, de 12.2.1998), pode ensejar a aplicação das sanções estabelecidas na Lei de Improbidade Administrativa (Lei n. 8.429, de 2.6.1992)[23]"

Sobreleva assinalar que o gestor público tem a responsabilidade de concretizar com atos e obras, o conjunto normativo que versa sobre proteção do direito ambiental, em observância ao princípio constitucional da legalidade e seu compromisso com o bem comum.

Portanto, é dever do administrador responsável atuar nos moldes da legislação de regência para preservar o meio ambiente com ações preventivas visando afastar riscos ou evidências previsíveis de intemperes naturais ou de condutas de terceiros.

De forma que, a sua omissão ou negligência importará na sua responsabilização pela Lei de Improbidade Administrativa, quando no seu inciso II, do art. 11, prevê a prevaricação administrativa para enquadrar condutas dessa natureza.

Saliente-se, por oportuno, que o cenário normativo e administrativo que envolvem os assuntos relativos ao meio ambiente versam sobre autorização, licenciamento, relatório de Impacto Ambiental (RIMA), avaliação de impacto ambiental (AIA), estudo de impacto ambiental (EIA), dentre outros documentos indispensáveis ao uso do solo, subsolo, da água, do ar e dos recursos naturais.

De forma que, o agente público agindo com dolo ou erro grosseiro, na produção viciada desses documentos ou de outros prescritos pelo conjunto normativo, estará tipificando a conduta ímproba, que poderá enquadrar-se em atos de enriquecimento ilícito, dano ao erário ou violação aos princípios regedores da gestão pública.

O terceiro favorecido, o *extraneus*, com o ato ilícito ou viciado, igualmente, será alcançado pelas sanções previstas na Lei de Improbidade Administrativa e, também, responsabilizado civilmente pelo dano coletivo ao meio ambiente.

23. Pazzaglini Filho, 2007, p. 116.

- "Alegação de loteamento irregular gerador de dano ambiental. Não imputação de ato de improbidade administrativa. Na ação civil pública em que se alega irregularidade de loteamento e se busca o ressarcimento de suposto dano ambiental, na qual não há imputação de ato de improbidade administrativa, a decretação liminar da indisponibilidade de bens exige prova do requisito do periculum in mora, que, na espécie, consiste na demonstração da ocorrência de dilapidação patrimonial ou de outra situação que demonstre que os demandados estão adotando medidas que podem frustrar a satisfação de um possível crédito, o que não ocorreu no presente caso". (TJMG - Agravo de Instrumento-Cv 1.0000.18.009952-5/001, Relator(a): Des.(a) Moreira Diniz, 4ª CÂMARA CÍVEL, julgamento em 10/05/0018, publicação da súmula em 11/05/2018)
- "Licenciamento ambiental. Avocação indevida de competência. Deliberação COMPAM 74/04. Responsabilização de terceiro. Intervenção em área de preservação permanente. Dano ambiental. Ausência de estudo prévio de impacto ambiental. O licenciamento ambiental constitui procedimento complexo, de caráter prévio, composto de uma série de atos tendentes a regularizar empreendimentos e atividades consideradas efetiva ou potencialmente lesivas ao meio ambiente. - Nos termos de precedentes do STJ, "é certo que os terceiros que participem ou se beneficiem de improbidade administrativa estão sujeitos aos ditames da Lei 8.429/1992, nos termos do seu art. 3º". - A própria burla ao previsto na legislação de regência é suficiente para configurar o dolo, uma vez que o gestor público tem ciência de seus deveres enquanto agente público, devendo zelar pela máxima preservação do interesse público e a empresa beneficiada não pode alegar desconhecimento da lei". (TJMG - Apelação Cível 1.0525.13.011423-0/003, Relator(a): Des.(a) Dárcio Lopardi Mendes, Relator(a) para o acórdão: Des.(a) Renato Dresch, 4ª CÂMARA CÍVEL, julgamento em 25/01/2018, publicação da súmula em 30/01/2018)
- "Ação civil pública por ato de improbidade administrativa. Concessão de licenças ambientais de forma irregular. Violação aos princípios da administração. Não caracterização. Improcedência do pedido. Confirmação da sentença. Na linha do entendimento do Colendo STJ, "o ato de improbidade administrativa pela própria articulação das expressões refere-se a condutas não apenas ilegais, pois ao ato ilegal é adicionado um *plus* que, no caso concreto, pode perfazer ou não um ato de improbidade. Daí que parte da doutrina bate-se pela perquirição do elemento subjetivo capaz de identificar não qualquer culpa praticada pelo agente público, mas necessariamente, um campo de culpa consciente, grave, denotando indícios de conduta dolosa. (REsp 879.040/MG)" - Não restando caracterizada a atuação por parte do apelado em desvio de finalidade, no que se refere a processos de licenciamento ambiental no âmbito do Município de Divinópolis, deve ser rejeitada a pretensão de imposição das sanções previstas na Lei de Improbidade Administrativa. Recurso desprovido". (TJ-MG - AC: 10223120235146001 MG, Relator: Ana Paula Caixeta, Data de Julgamento: 25/04/0017, Câmaras Cíveis / 4ª CÂMARA CÍVEL, Data de Publicação: 04/05/2017)
- "Ato de improbidade administrativa ambiental. Pedido de autorização municipal *"ad referendum"* – terraplanagem. Publicação. Ausência. Autorização concedida. Início da instalação do empreendimento - usurpação de competência. Condenação. Redução. Razoabilidade. I - Verificando-se que o Presidente interino do COMDEMA agiu infringindo os princípios da moralidade, da legalidade e da publicidade, bem como o da prevenção ambiental, ao conceder "Autorização Ambiental Municipal ad referendum" a empresa para supressão de vegetação e terraplanagem, o que fez em brevíssimo espaço de tempo, colocando em risco o meio ambiente, e em afronta à competência de órgão estadual para a concessão de "Licença de Instalação", do que tinha conhecimento, configurado resta o ato improbo. II - Embora reprovável a conduta de quem tem o dever de zelar pelo meio ambiente, impõe-se o abrandamento da penalidade, quando desproporcional, considerando-se, na hipótese, ter o réu agido em prol do desenvolvimento econômico da região e, notadamente, pelo fato de, posteriormente, ter sido concedida a "Licença de Instalação Corretiva", afastando possíveis prejuízos ao meio ambiente". (TJ-MG - AC: 10525130027556002 MG, Relator: Peixoto Henriques, Data de Julgamento: 21/02/2017, Câmaras Cíveis / 7ª CÂMARA CÍVEL, Data de Publicação: 03/03/2017)

- "Poluição sonora. Dano ambiental e à saúde. Presença dos requisitos ensejadores da concessão de medida liminar pleiteada. Decisão deve ser modificada, pois contra a prova dos autos. Ação civil pública ajuizada pelo Ministério Público em virtude de poluição sonora decorrente de eventos musicais realizados em espaço aberto (terraço). - Compulsando os autos, notadamente o inquérito civil MA 8380, constata-se não haver dúvidas quanto à ocorrência de poluição sonora e dos impactos negativos à coletividade provocados pelo agravado. - Nesse cenário, entendo que a comprovação da realização dos referidos eventos já basta para a caracterização do periculum, uma vez que a ocorrência de poluição sonora é modalidade de dano ambiental extremamente prejudicial à saúde humana. - Ressalte-se que o artigo 225 da Constituição Federal define o meio ambiente ecologicamente equilibrado como bem de uso comum do povo, de titularidade de toda coletividade e que, nos termos do artigo 3.º, inciso II alíneas a e c Lei 6938/81, a poluição sonora se caracteriza pela emissão de sons e ruídos acima dos limites legais estabelecidos, que ultrapassem certa pressão sonora. E, quando estes ultrapassam os limites de decibéis permitidos causando degradação da qualidade ambiental e prejuízos à saúde. PROVIMENTO DO RECURSO". (TJ-RJ - AI: 00404659020168190000 RIO DE JANEIRO CAPITAL 21 VARA CIVEL, Relator: FLÁVIA ROMANO DE REZENDE, Data de Julgamento: 08/02/2017, DÉCIMA SÉTIMA CÂMARA CÍVEL, Data de Publicação: 10/02/2017)
- "Ação de improbidade administrativa. Prefeito. Termo de compromisso em audiência judicial. Indicação de local para aterro sanitário. Atraso. Compromisso assumido pelo gestor municipal anterior. Pequena demora imputável, em parte, à inércia de órgão ambiental. Convênio firmado pela urbe para a solução do lixão ambiental. Questão de difícil complexidade. Não configuração de ato ímprobo. Sentença mantida. Recurso do Ibama desprovido. 1. A ação civil pública foi proposta pelo MPF contra GILSEPPE DE OLIVEIRA SOUSA, ex-Prefeito do Município de Aroeira/PB, por não ter indicado uma área para a implantação de um aterro sanitário no prazo de 90 (noventa) dias, compromisso assumido pelo Prefeito anterior a sua gestão, extrapolando-o em quatro meses. 2. A sentença julgou improcedente a pretensão e o IBAMA recorreu na qualidade de litisconsorte ativa ad causam. 3. A ação civil pública de improbidade administrativa pressupõe conduta comissiva ou omissiva da mais alta gravidade a gerar um dano ao Erário, enriquecimento ilícito e/ou atentado aos mais altos princípios da Administração Pública. Essa premissa maior está consolidada na doutrina e na jurisprudência e como diretriz de direito há de ser reverenciada antes mesmo da propositura desse tipo de ação, sob pena de se instalar uma realidade paranoica e deixar temerariamente manchada a reputação do gestor figurante como réu na sociedade local, no mínimo. 4. No caso concreto, relevante destacar os seguintes aspectos: a) a problemática dos "lixões" é extremamente complexa e a sua solução não depende única e exclusivamente dos poderes detidos por uma só autoridade política; b) atente-se que o compromisso de localização de um espaço para a destinação de resíduos sólidos foi realizada em audiência judicial pelo Prefeito anterior ao ora réu; c) houve um retardamento de apenas quatro meses na indicação do local para o aterro sanitário, atraso sinceramente compreensível na realidade brasileira; d) o acusado de improbidade enviou à SUDEMA um ofício indicando o local e requerendo o envio de uma equipe técnica para a avaliação da área. O órgão ambiental quedou-se inerte, dando ensejo a duas reiterações pelo então Prefeito. No último ofício, este informou que obteve os recursos orçamentários necessários mediante convênio firmado com a Fundação Nacional de Saúde - FUNASA; e) finalmente, o próprio autor da ACP, o Ministério Público Federal, não recorreu da sentença. Por quê? Simplesmente pela falta de configuração de qualquer postura ímproba. Tanto é assim que o Parquet, como fiscal da lei, posicionou-se pela manutenção integral da sentença. Apelação desprovida". (TRF-5 - AC: 00027152520104058201 AL, Relator: Desembargador Federal José Maria Lucena, Data de Julgamento: 13/11/2014, Primeira Turma, Data de Publicação: 20/11/2014)
- "Ação de improbidade administrativa. Questão ambiental que se reveste de condição secundária. Incompetência da vara especializada em matéria ambiental. Precedente. 1. O entendimento jurisprudencial deste Tribunal firmou-se no sentido de que a competência de vara federal

especializada em matéria ambiental refere-se às ações onde se discute prioritariamente esse tema. 2. No caso, o processo originário diz respeito à ação de improbidade administrativa. A Vara Federal especializada em matéria ambiental não é a competente. 3. Conflito conhecido para declarar-se a competência do Juízo da 1ª Vara da Seção Judiciária do Amazonas, o Suscitante". (TRF-1 - CC: 5794353201340100000 AM 0057943-53.2013.4.01.0000, Relator: DESEMBARGADOR FEDERAL HILTON QUEIROZ, Data de Julgamento: 22/01/2014, SEGUNDA SEÇÃO, Data de Publicação: e-DJF1 p.594 de 07/02/2014)

- "Ação de improbidade administrativa. Alvarás de construção. Inobservância das normas urbanísticas e ambientais. I. O administrador público deve se pautar pelos princípios constitucionais da legalidade, impessoalidade, publicidade, eficiência e moralidade, devendo rever seus atos quando eivados de vícios que os tornem ilegais. II. Constitui ato de improbidade administrativa a expedição de alvarás de construção sem o prévio e integral cumprimento do procedimento administrativo, diante da violação à legislação vigente e à ordem pública, ambiental e urbanística. III. A conduta do administrador que, mesmo após ser instado a anular os atos ilegais, mantém-se inerte a situação de grave risco, merece maior reprovabilidade. IV. Negou-se provimento ao recurso". (TJ-DF - APC: 20100111095192 DF 0039895-47.2010.8.07.0001, Relator: JOSÉ DIVINO DE OLIVEIRA, Data de Julgamento: 17/12/2014, 6ª Turma Cível, Data de Publicação: Publicado no DJE: 27/01/2015 . Pág.: 474)
- "Dano ambiental. Improbidade administrativa. Empreendimento imobiliário. Lagoa da Tijuca. 1. Como salientado na sentença e no laudo pericial, e corroborado pelas fotos anexadas (antes e depois da construção do empreendimento), constatou-se que já não havia vegetação nativa antes do início das obras, estando a área em questão degradada, com posterior recuperação da cobertura vegetal originária efetuada pela empresa-ré, conforme projeto aprovado pela Secretaria de Meio-Ambiente do Município do Rio de Janeiro - SMAC. 2. O próprio Ministério Público Federal, como custos legis, opinou pela manutenção da sentença de improcedência, assinalando "que as obras foram sobretudo benéficas ao meio ambiente local. Como se pode ver em diversas fotos antigas, tiradas antes do início das obras (...), o terreno em questão estava abandonado e servia de estacionamento e depósito de caçambas. Conforme atesta o perito, a cobertura vegetal do lugar se limitava a algumas bananeiras e não havia traços da vegetação original, de mangue e restinga. As perícias realizadas demonstram (...) que houve recomposição da vegetação original da área, havendo, inclusive, um projeto de educação ambiental instalado pela ocupante do prédio construído no terreno em questão". 3. Com a recuperação da área antes degradada, afasta-se a tese de dano ambiental em razão da construção do empreendimento imobiliário. 4. A remessa necessária é parcialmente provida apenas para que se julgue o pedido relativo à condenação do réu às penas previstas no inciso III do art. 12 da Lei nº 8.429/92, aplicando-se, por analogia, o disposto no art. 515, § 3º, do CPC, já que a sentença não julgou tal pedido. 5. Inexistente o dano ambiental em decorrência do prosseguimento das obras do empreendimento imobiliário, tampouco ato ilícito (comissivo ou omissivo) do réu, não há que se falar em imposição das penas previstas na Lei de Improbidade Administrativa (Lei nº 8.429/92). 6. Apelação conhecida e desprovida. Remessa necessária conhecida e parcialmente provida". (TRF-2 - REEX: 200251010250743, Relator: Desembargador Federal JOSE ANTONIO LISBOA NEIVA, Data de Julgamento: 15/05/2013, SÉTIMA TURMA ESPECIALIZADA)
- "Ação de improbidade administrativa ambiental. Rejeição da ação. Lei n.º 8.429/1992, art. 17, § 8º. Município. Conduta não-subsumível à lei n.º 8.429/1992. Política pública - agente público. Obrigação de fazer. ILEGITIMIDADE. Em ação de improbidade administrativa movida pelo Ministério Público com fundamento em suposto dano ambiental causado por agente político, a falta de elementos indiciários caracterizadores do ato improbo autoriza a rejeição da ação com base no art. 17, § 8º, da Lei n.º 8.429/1992, se as pretensões de obrigação de fazer deveriam ter sido pleiteadas em face do ente público responsável pela degradação". (TJ-MG 107070407732360031 MG 1.0707.04.077323-6/003(1), Relator: EDGARD PENNA AMORIM, Data de Julgamento: 05/03/2009, Data de Publicação: 31/03/2009)

Lei nº 8.429/1992

Capítulo I
Das Disposições Gerais

2.1. Sujeitos passivos

Art. 1º Os atos de improbidade praticados por qualquer agente público, servidor ou não, contra a administração direta, indireta ou fundacional de qualquer dos Poderes da União, dos Estados, do Distrito Federal, dos Municípios, de Território, de empresa incorporada ao patrimônio público ou de entidade para cuja criação ou custeio o erário haja concorrido ou concorra com mais de cinquenta por cento do patrimônio ou da receita anual, serão punidos na forma desta lei.

Parágrafo único. Estão também sujeitos às penalidades desta lei os atos de improbidade praticados contra o patrimônio de entidade que receba subvenção, benefício ou incentivo, fiscal ou creditício, de órgão público bem como daquelas para cuja criação ou custeio o erário haja concorrido ou concorra com menos de cinqüenta por cento do patrimônio ou da receita anual, limitando-se, nestes casos, a sanção patrimonial à repercussão do ilícito sobre a contribuição dos cofres públicos.

É de sabença o caráter sancionador da Lei 8.429/92 aplicável aos agentes públicos que, por ação ou omissão, violem os deveres de honestidade, imparcialidade, legalidade, lealdade às instituições e notadamente: a) importem em enriquecimento ilícito (art. 9º); b) causem prejuízo ao erário público (art. 10); c) atentem contra os princípios da administração pública (art. 11) compreendida nesse tópico a lesão à moralidade administrativa.

A improbidade administrativa provém de um ato ilegal que traz na sua índole a falta de boa-fé ou a má-fé, a desonestidade, a deslealdade institucional ou a vontade manifesta e intencional de realizar o comportamento normativo que redunde em dano ao erário para a obtenção de vantagem ilícita para si ou outrem; é quando o agente quis o resultado em detrimento do interesse público. É a forma de dolo direto.

Mas também poderá o agente atuar de forma indireta ao admitir e aceitar o risco de produzir o resultado, exigindo-se apenas o seu consentimento no resultado prejudicial ao patrimônio público agindo por ação ou omissão, embora, sem a sua participação, não se alcançaria o efeito prático ou a sua consequência no processo que resultaria no cometimento do ato de improbidade administrativa.

O agente também pode agir com culpa consciente, o grau mais elevado da culpa, bem próximo do dolo, ao assumir o risco e consentir o resultado caracterizado da improbidade.

Ensina José Afonso da Silva:

> A probidade administrativa é uma forma de moralidade administrativa que mereceu consideração especial da Constituição pune o ato ímprobo com a suspensão e direitos políticos (art. 37, § 4º). A probidade administrativa consiste no dever de o *"funcionário servir a Administração com honestidade, procedendo no exercício das suas funções, sem aproveitar os poderes ou facilidades delas decorrentes em proveito pessoal de outrem a quem queira favorecer"*. O desrespeito a esse dever é que caracteriza a improbidade administrativa. Cuida-se de uma imoralidade administrativa qualificada pelo dano ao erário e correspondente a uma vantagem ao ímprobo ou a outrem [...][24].

Por conseguinte, são tuteladas juridicamente as condutas de honestidade e de boa-fé, impondo-se a punição pelo cometimento de atos de improbidade administrativa às decisões, iniciativas ou atos de gestão que redundem em prejuízo ao erário ou gerem enriquecimento ilícito de agentes públicos ou políticos, ou, ainda, que atentem contra os princípios regenciais da administração pública que estejam à frente ou participem ou integrem órgãos da administração direta, indireta ou fundacional, de qualquer das esferas de Poder.

Nesse primeiro momento definitório do alcance da presente lei, infere-se que os altos funcionários, que detêm o poder decisório nas entidades públicas, são os destinatários da aplicação da presente norma visando reprimir os atos dolosos ou culposos, por ação ou omissão, que se revestem de desonestidade ou má-fé no trato do gerenciamento da coisa pública.

Observe-se que, além desse nível administrativo, que é alvo desta lei, são alcançadas aquelas empresas que foram adquiridas ou incorporadas ao patrimônio público em que o poder estatal possua mais de cinquenta por cento das quotas acionárias ou do patrimônio adquirido ou, ainda, que a entidade pública perceba mais de cinquenta por cento da receita anual.

A largueza do enquadramento nessa norma ainda abrange os dirigentes das entidades que recebam subvenção, benefício ou incentivo fiscal ou creditício, de órgão público, bem como daquelas para cuja criação ou custeio o erário haja concorrido ou concorra com menos de cinquenta por cento do patrimônio ou da

---

24. **Curso de Direito Constitucional Positivo**. 24. ed. São Paulo: Malheiros, 2005.

receita anual, limitando-se, nestes casos, a sanção patrimonial à repercussão do ilícito sobre a contribuição dos cofres públicos.

Essas entidades que recebem recursos públicos de forma permanente ou ocasional situam-se dentro da definição de organizações sociais disciplinadas pela Lei 9.637/98 e das organizações da sociedade civil de interesse público, instituídas pela Lei 9.790/99, para realizações de ações de interesse público no campo social, assistencial, esportivo ou de formação profissional ou ainda, de preparação acadêmica.

São entidades utilizadas pelo poder público para descentralizar ações que lhe são próprias e, através dessa rede capilar de pontos de atendimento, se a utiliza para melhor atender as camadas sociais mais carentes.

De uma forma geral, tem-se a definição sintetizada pelo Tribunal de Justiça do Estado de São Paulo para traçar o alcance da presente norma na defesa do erário:

> nos termos do art. 1º da Lei Federal 8.429, de 1992, onde houver um único centavo em dinheiro público envolvido, a lei terá incidência, independentemente da entidade exercer atividade de natureza pública ou privada. (Agravo de Instrumento 98.387, JTJ, LEX 220/167)

Como se vê, todas aquelas pessoas investidas em função pública ou à frente de entidade pública em que haja maioria patrimonial pertencente ao poder público, estão sujeitas à aplicação das sanções preceituadas nesta lei.

Ainda com relação ao alcance dessa norma, abrimos um espaço para enfocar a decisão do Supremo Tribunal Federal através da Reclamação 2.138[25], no sentido de que:

> A Constituição não admite a concorrência entre dois regimes de responsabilidade político-administrativa para os agentes políticos: o previsto no art. 37, § 4º (regulado pela Lei 8.429/1992) e o regime fixado no art. 102, I, c, (disciplinado pela Lei 1.079/1950)" e "Somente o STF pode processar e julgar Ministro de Estado no caso de crime de responsabilidade e, assim, eventualmente, determinar a perda do cargo ou a suspensão de direitos políticos.

Esse julgamento merece uma reflexão conjuntural temporal dos fatos ensejadores da demanda, o *status* processual do agente e a sua causa de pedir, a ter aplicação pontual no caso concreto, mas com limitações em outras circunstâncias.

> A Constituição Federal define no art. 102, I, "c", que compete ao Supremo Tribunal Federal processar e julgar, originariamente, "nos crimes de responsabilidade, os Ministros de Estado e os Comandantes da Marinha, do Exército e da Aeronáutica", e no art. 105, I, atribui competência ao Superior Tribunal de Justiça, julgar nos crimes comuns, os Governadores dos Estados e do Distrito Federal, e, nestes e nos de responsabilidade, os desembargadores dos Tribunais de Justiça dos Estados e do Distrito Federal, os membros dos Tribunais de Contas dos Estados e do Distrito Federal, os dos Tribunais

25. Informativo STF 291.

Regionais Federais, dos Tribunais Regionais Eleitorais e do Trabalho, os membros dos Conselhos ou Tribunais de Contas dos Municípios e os do Ministério Público da União que oficiem perante tribunais.

Considerando que a Lei 1.079/50, no seu art. 42, preceitua que "*A denúncia só poderá ser recebida se o denunciado não tiver, por qualquer motivo, deixado definitivamente o cargo*", fica evidente que, só após a sua dispensa ou exoneração do cargo, poderá responder por ato de improbidade administrativa.

Como inexiste no nosso ordenamento jurídico, a vitaliciedade de prerrogativa de foro ou direito hereditário para esse privilégio processual, a conclusão plausível é que as autoridades detentoras de prerrogativa de foro após o seu desligamento do cargo ou função que lhes assegura esse privilégio, estão juridicamente impossibilitadas de responder por crime de responsabilidade, e de forma residual, estarão sujeitas às regras desta norma.

Aqui não se trata de submeter um agente a dois sistemas jurídicos, mas de forma sucessiva e alternada, conquanto não há santuário jurídico de impunidade para os detentores de foro privilegiado, após a dispensa ou exoneração dos cargos que asseguram essa prerrogativa constitucional.

Além disso, mesmo ostentando a categoria de ministro de Estado, o servidor público não está imune à ação de improbidade administrativa que tenha como objeto o ressarcimento ao erário.

Mais ainda, se o fato imputável ao ministro de Estado ou a qualquer outro agente político não se enquadrar no rol dos crimes de responsabilidade, mas tipificado no elenco de atos de improbidade administrativa, não há como se proclamar uma situação de imunidade pelo *status* conferido ao detentor daquele cargo.

Essa posição ganha força quando dos votos proferidos pelos eminentes ministros Carlos Velloso e Joaquim Barbosa na aludida Reclamação acima informada; senão, veja-se:

> O Min. Carlos Velloso, tecendo considerações sobre a necessidade de preservar-se a observância do princípio da moralidade, e afirmando que os agentes políticos respondem pelos crimes de responsabilidade tipificados nas respectivas leis especiais (CF, art. 85, parágrafo único), mas, em relação ao que não estivesse tipificado como crime de responsabilidade, e estivesse definido como ato de improbidade, deveriam responder na forma da lei própria, isto é, a Lei 8.429/92, aplicável a qualquer agente público, concluía que, na hipótese dos autos, as tipificações da Lei 8.429/92, invocadas na ação civil pública, não se enquadravam como crime de responsabilidade definido na Lei 1.079/50 e que a competência para julgar a ação seria do juízo federal de 1º grau. O Min. Joaquim Barbosa acompanhou o voto vencido do Min. Carlos Velloso quanto à conclusão de que os fatos em razão dos quais o Ministério Público Federal ajuizara a ação de improbidade não se enquadravam nas tipificações da Lei 1.079/50 e de que não seria aplicável, portanto, o art. 102, I, c, da CF. Em acréscimo a esses fundamentos, asseverava, também, a existência,

no Brasil, de disciplinas normativas diversas em matéria de improbidade, as quais, embora visando à preservação da moralidade na Administração Pública, possuiriam objetivos constitucionais diversos: a específica da Lei 8.429/92, que disciplina o art. 37, § 4º, da CF, de tipificação cerrada e de incidência sobre um amplo rol de possíveis acusados, incluindo até mesmo pessoas que não tenham vínculo funcional com a Administração Pública; e a referente à exigência de probidade que a Constituição faz em relação aos agentes políticos, especialmente ao Chefe do Poder Executivo e aos Ministros de Estado (art. 85, V), a qual, no plano infraconstitucional, se completa com o art. 9º da Lei 1.079/1950. Esclarecia que o art. 37, § 4º, da CF traduziria concretização do princípio da moralidade administrativa inscrito no caput desse mesmo artigo, por meio do qual se teria buscado coibir a prática de atos desonestos e antiéticos, aplicando-se, aos acusados as várias e drásticas penas previstas na Lei 8.429/92. Já o tratamento jurídico da improbidade prevista no art. 85, V, da CF e na Lei 1.079/50, direcionada aos fins políticos, ou seja, de apuração da responsabilização política, assumiria outra roupagem, porque o objetivo constitucional visado seria o de lançar no ostracismo político o agente político faltoso, cujas ações configurassem um risco para o estado de Direito; a natureza política e os objetivos constitucionais pretendidos com esse instituto explicariam a razão da aplicação de apenas duas punições ao agente político: perda do cargo e inabilitação para o exercício de funções públicas por 8 anos. Dessa forma, estar-se-ia diante de entidades distintas que não se excluiriam e poderiam ser processadas separadamente, em procedimentos autônomos, com resultados diversos, não obstante desencadeados pelos mesmos fatos. Salientando que nosso ordenamento jurídico admitiria, em matéria de responsabilização dos agentes políticos, a coexistência de um regime político com um regime puramente penal, afirmava não haver razão para esse mesmo ordenamento impedir a coabitação entre responsabilização política e improbidade administrativa. Entendia que eximir os agentes políticos da ação de improbidade administrativa, além de gerar situação de perplexidade que violaria os princípios isonômico e republicano, seria um desastre para a administração pública, um retrocesso institucional. Por fim, considerava que a solução então preconizada pela maioria dos Ministros, ao criar nova hipótese de competência originária para o Supremo (CF, art. 102), estaria rompendo com a jurisprudência tradicional, segundo a qual a competência da Corte só poderia ser estabelecida mediante norma de estatura constitucional, sendo insuscetível de extensões a situações outras que não as previstas no próprio texto constitucional. Destarte, a ação proposta deveria ter seu curso normal perante as instâncias ordinárias.

Corroborando o entendimento acima exposto, sobreleva destacar que o acórdão do Supremo Tribunal Federal enfatiza que, "*apesar de cessada sua investidura como Ministro de Estado, atualmente seria chefe de missão diplomática de caráter permanente, mantendo, por isso, a prerrogativa de ser julgado perante o Supremo, por força do disposto no art. 102, I, c, da CF*".

De modo que, se o agente político não tivesse sido remanejado para um cargo com prerrogativa de foro perante aquela Corte, a Reclamação, certamente, não teria prosperado.

- "Como já teve o ensejo de consignar esta Corte, "o alcance conferido pelo legislador quanto à expressão 'agente público' possui expressivo elastério, o que faz com que os sujeitos ativos dos atos de improbidade administrativa não sejam apenas os servidores públicos, mas, também, quaisquer outras pessoas que estejam de algum modo vinculadas ao Poder Público" (REsp 1.081.098/DF, Rel. Ministro Luiz Fux, Primeira Turma, DJe 03/09/2009). No caso dos autos, a agravante, estagiária da Caixa Econômica Federal, possuía, sim, vínculo - ainda que transitório e de caráter educativo - com essa empresa pública federal, [...] Portanto, não há como deixar de reconhecer a sua legitimidade para figurar no polo passivo da demanda. Precedente específico: REsp 1.352.035/RS, Rel. Ministro Herman Benjamin, Segunda Turma, DJe 8/9/2015. (STJ - AgInt no REsp 1149493/BA, Rel. Ministro SÉRGIO KUKINA, PRIMEIRA TURMA, julgado em 22/11/2016, DJe 06/12/2016)

- "[...] Os arts. 1º e 3º da Lei 8.429/1992 são expressos ao prever a responsabilização de todos, agentes públicos ou não, que induzam ou concorram para a prática do ato de improbidade ou dele se beneficiem sob qualquer forma, direta ou indireta. [...]". (STJ – 2ª T. – AgRg no AREsp 264086 MG, Relª. Minª. Eliana Calmon – j. em 06.08.2013 - DJe 28.08.2013)

- "[...] Considerando que as pessoas jurídicas podem ser beneficiadas e condenadas por atos ímprobos, é de se concluir que, de forma correlata, podem figurar no polo passivo de uma demanda de improbidade, ainda que desacompanhada de seus sócios. [...]". (REsp. 970.393/CE – Rel. Min. Benedito Gonçalves – 1ª T. – j. em 21.06.2012 - DJe 29.06.2012)

- "[...]O art. 1º e parágrafo único da Lei nº 8.429/92 delimita as pessoas que integram a relação processual na condição de réus da ação civil pública por ato de improbidade, de maneira que a circunstância de ser cônjuge do réu na demanda não legitima a esposa a ingressar na relação processual, nem mesmo para salvaguardar direito que supostamente seria comum ao casal. Existem meios processuais apropriados para questionar o direito do cônjuge que, não sendo parte na ação civil pública por improbidade administrativa, possa defender sua meação. [...]". (2ª T. – REsp. 900.783//PR – Relª. Minª. Eliana Calmon – j. em 23.06.2009 – DJe 06.08.2009)

2.2. Sujeitos ativos

Art. 2° **Reputa-se agente público, para os efeitos desta lei, todo aquele que exerce, ainda que transitoriamente ou sem remuneração, por eleição, nomeação, designação, contratação ou qualquer outra forma de investidura ou vínculo, mandato, cargo, emprego ou função nas entidades mencionadas no artigo anterior.**

É considerado sujeito ativo do ato de improbidade administrativa qualquer pessoa que esteja investida no exercício de função pública com ou sem remuneração, mas que haja uma definição administrativa, atribuindo-lhe qualquer atividade pública por autoridade competente para o ato designatório.

Essa participação pode ocorrer na modalidade de autor, coautor ou partícipe, contanto que haja vínculo psicológico ligando o agente ao ato ilegal quer por ação quer por omissão na sua realização. De modo que, havendo conhecimento e vontade de concorrer ou participar do ato ímprobo, o agente se enquadra nas condutas descritas nesta lei.

O partícipe, mesmo não realizando a conduta descrita que a norma estabelece como ato de improbidade administrativa, é quem contribui, de qualquer modo, para sua concretização. Essa contribuição haverá de ser material ou formal, através de um comportamento positivo ou negativo.

Já o autor ou coautor praticam atos executórios das condutas do tipo descrito pela norma de forma direta material ou formalmente, sem o qual o ato não se realizaria nem produziria efeitos jurídicos, econômicos ou financeiros.

Atente-se que no âmbito da administração pública é considerado ordenador de despesa dos órgãos da administração direta todo aquele agente público que subscreve ato que resulte em emissão de empenho, autorização de pagamento, suprimento ou dispêndio de recursos públicos durante a vigência do seu período administrativo.

Já no âmbito da administração indireta e fundacional, são ordenadores de despesas os dirigentes e quaisquer servidores responsáveis por atos de que resulte despesa pública no exercício de suas atividades funcionais.

Afora os ordenadores de despesas, também são alcançados pela responsabilização por ato de improbidade administrativa, servidores, autoridades ou administradores que houverem autorizado, aprovado, ratificado ou praticado o aludido ato, ou mesmo que, por omissão, tiverem dado oportunidade à lesão ou se beneficiado ilicitamente daquele, bem ainda, tenham concorrido de qualquer forma, mediante manifestação expressa ou formal particularizada para a consecução do ato na sua complexidade final.

Depreende-se que sem a participação do agente o ato não reuniria as condições de exequibilidade para produzir seus efeitos jurídicos, financeiros ou econômicos; logo, integrando a cadeia formadora do ato, mostra-se legitimamente sujeito ativo.

Vale ressaltar que todos aqueles agentes que durante o processo administrativo tiveram participação nos atos decisórios, isolados ou em conjunto, ou ratificando decisões inferiores, bem como aqueles na forma de colegiado, a exemplo das comissões de licitação, todos coadjuvando a formação complexa do ato administrativo, estão sujeitos a responder nos termos desta lei.

Consigne-se que, quanto à participação de agentes em grau inferior de poder e gestão, estabelece o Estatuto do Servidor Público (Lei 8.112/90, art. 116, IV) que o servidor público tem o dever de "cumprir as ordens superiores, exceto quando manifestamente ilegais", além de ser leal às instituições a que servir e observar as normas legais e regulamentares.

Com efeito, é descabido o princípio da obediência provinda da autoridade superior à inferior para que esta cumpra de forma incondicional as determinações que se apresentarem manifestamente ilícitas ou em desconformidade com as normas em geral.

No que se refere aos agentes revestidos de capacidade jurídica no exercício exclusivo de suas atividades de emissão ou apresentação de pareceres, a exemplo das assessorias jurídicas ou do trabalho do advogado, estes não respondem nem estão sujeitos a atos de improbidade administrativa, porquanto têm o poder de ideia e a expressão livre de suas convicções ou pensamentos, mas não possuem o poder decisório.

Isso porque cabe à autoridade acolher, ou não, o parecer emitido por causídico integrante do seu quadro jurídico ou contratado, na forma da lei, o que imuniza o trabalho desenvolvido pelo advogado.

Entretanto, se o advogado exerce cargo administrativo de caráter decisório e participa de ato considerado a posteriori ímprobo, responde nos termos desta lei pela sua atuação na formação daquele.

2.2.1. Agentes públicos

Consideram-se agentes públicos aquelas pessoas que são remuneradas ou não, pelo erário no desempenho de qualquer atividade funcional no exercício de cargo, função, por prazo determinado ou temporário.

A propósito, impende a manifestação doutrinária de Sérgio Ferraz quando preceitua com propriedade que:

> "Do ângulo subjetivo, a Lei de Improbidade Administrativa - repetindo, aliás, dicções de vários outros diplomas (não só especialíssimos, mas até de grande generalidade, como o próprio Código Penal) - expandiu consideravelmente o conteúdo da expressão agente público, sujeito ativo da figura em foco. Assim, para os fins da lei, agente público é não só o servidor público em sentido estrito, mas todo aquele que, mesmo transitoriamente, mesmo sem retribuição, exerça ou ocupe (por qualquer forma de investidura, até mesmo as decorrentes de eleição) mandato, cargo, emprego ou função em entidades ou órgãos da administração (de qualquer natureza) dos Poderes estatais de todos os entes da Federação (União, Estado, Distrito Federal, Municípios), mas ainda dos Territórios, de empresas incorporadas ao patrimônio público e de entidades para cuja criação ou custeio tenha o erário concorrido.
>
> Mas não é tudo.
>
> Conquanto sem o rótulo agente público, a ele se equiparam, para os fins da lei:
>
> - quaisquer terceiros que induzam ou concorram para a prática do ato de improbidade, ou dele se beneficiem direta ou indiretamente"[26].

2.2.2. Agentes políticos

É espécie do gênero de agente público que constitui a formação do primeiro escalão governamental, que dispõe de prerrogativas e responsabilidades próprias, tais

26. **Improbidade Administrativa – Questões Polêmicas e Atuais.** 2. ed. São Paulo: Malheiros, p. 408.

como no nível de governo federal, os ministros de Estado, presidentes de empresas públicas, das empresas de economia mista e fundações públicas.

No âmbito estadual são os secretários de Estado e na esfera municipal os secretários municipais.

Os agentes políticos desfrutam do poder discricionário para o exercício necessário de suas importantes e complexas funções de governo, com a faculdade de decidir as opções e caminhos das políticas públicas e administrativas inerentes ao cargo ou função.

A investidura do agente político dá-se em cargos de comissão, funções gratificadas, mandatos mediante nomeação ou designação, de livre escolha do titular do Poder ou superior hierárquico, em qualquer dos Poderes constituídos da República.

Nesse aspecto abrangente, a Constituição Federal de 1988, no seu art. 37, XI (redação antiga – nova redação EC 41), ao se referir ao destinatário da remuneração e subsídios, definiu com amplitude a moldura do agente político:

> XI – a remuneração e o subsídio dos ocupantes de cargos, funções e empregos públicos da administração direta, autárquica e fundacional, dos membros de qualquer dos Poderes da União, dos Estados, do Distrito Federal e dos Municípios, dos detentores de mandato eletivo e dos demais agentes políticos e os proventos, pensões ou outra espécie remuneratória, percebidos cumulativamente ou não, incluídas as vantagens pessoais ou de qualquer outra natureza, não poderão exceder o subsídio mensal, em espécie, dos Ministros do Supremo Tribunal Federal [...]

2.2.3. Servidor público

É a pessoa investida legalmente em cargo público, com denominação própria e vencimento fixado em lei.

A investidura no serviço público é por meio da aprovação em concurso público de provas ou provas e títulos, na forma prevista pelo art. 37, II, da Carta Magna.

Há também aqueles servidores públicos estabilizados pelo art. 19 das Disposições Constitucionais Transitórias, que amparou aqueles que estavam no exercício na data da sua promulgação há pelo menos cinco anos continuados, e que não tinham sido admitidos na modalidade pela via democrática do concurso público.

Existem, ainda, os servidores públicos temporários, aqueles contratados "por tempo determinado para atender a necessidade temporária de excepcional interesse público". (CF, art. 37, IX)

2.2.4. Função honorífica

Equipara-se ao servidor público para fins de responsabilização dos seus atos no exercício de serviço público relevante o membro do Tribunal do júri, o mesário eleitoral, o comissário da infância e da juventude e também os membros dos Conselhos Tutelares.

2.2.5. Agentes delegados

Agentes delegados são empresas privadas legalmente constituídas que recebem a incumbência para a prestação de determinado serviço público, atividade ou realização de obra, por delegação da administração pública, sob fiscalização permanente.

Enquadram-se nessa definição os concessionários ou permissionários de serviços públicos, de qualquer natureza, os notários e tabeliães, os leiloeiros, os tradutores e intérpretes públicos, enfim, qualquer pessoa que receba delegação para a realização de atividade estatal ou serviço de interesse público.

É importante assinalar que essas pessoas físicas ou jurídicas, na condição de entes privados, agindo em nome do Poder Público, são responsáveis pela via regressiva dos danos que vierem a causar a terceiros.

Isso, porque o art. 37, § 6º, da Constituição da República estabelece que "as pessoas jurídicas de direito público e as de direito privado prestadoras de serviços públicos responderão pelos danos que seus agentes, nessa qualidade, causarem a terceiros, assegurado o direito de regresso contra o responsável nos casos de dolo ou culpa".

- "O conceito de agente público previsto no art. 2º da Lei n. 8.429/92 abrange os agentes políticos, sujeitando-os, também, à Lei de Improbidade Administrativa. Inadequação da via eleita rejeitada. É dispensável o dano ao erário para caracterização do ato de improbidade administrativa atentatório aos princípios da Administração Pública". (TJMS. Apelação n. 0800288-36.2014.8.12.0026, Bataguassu, 2ª Câmara Cível, Relator (a): Des. Vilson Bertelli, j: 03/05/2018, p: 14/05/2018)

- "A Lei 8.429/92 estabelece em seus artigos 1º, 2º e 3º quem são os sujeitos ativos dos atos de improbidade administrativa, esclarecendo que não só os servidores públicos podem ser sujeitos ativos dessas ações, mas também todos aqueles que estejam abrangidos no conceito de agente público. É assente na doutrina que a denominação "agentes públicos" refere-se genérica e indistintamente a todos os sujeitos que servem ao Poder Público, que desempenhem funções estatais, considerando-se um "gênero" do qual são espécies os agentes políticos, administrativos, honoríficos e delegados. Os hospitais e médicos conveniados ao SUS, que além de exercerem função pública delegada, administram verbas públicas, podem ser sujeitos ativos dos atos de improbidade administrativa. (Precedente do STJ)". (TRF 1ª Região - AC 0032834-74.2013.4.01.3900 / PA, Rel. JUIZ FEDERAL KLAUS KUSCHEL (CONV.), TERCEIRA TURMA, e-DJF1 de 24/06/2016)

- "[...] esta Corte Superior tem posição pacífica no sentido de que não existe norma vigente que desqualifique os agentes políticos - incluindo secretário municipal, para doutrina e jurisprudência que assim os consideram - como parte legítima a figurar no polo passivo de ações de improbidade administrativa. [...] Os secretários municipais se enquadram no conceito de 'agente público' (político ou não) formulado pelo art. 2º da Lei 8.429/92 e, mesmo que seus atos pudessem eventualmente se subsumirem à Lei 1.079/50, a jurisprudência do Superior Tribunal de Justiça é firme no sentido de que existe perfeita compatibilidade entre o regime especial de responsabilização política e o regime de improbidade administrativa previsto na Lei n. 8.429/92, cabendo, apenas e tão-somente, restrições em relação ao órgão competente para impor as sanções quando houver previsão de foro privilegiado ratione personae na Constituição da República vigente. [...]". (2ª T. – REsp. 1.244.028/RS – Rel. Min. Mauro Campbell Marques – j. em 19.05.2011 – DJe 02.09.2011)

- "[...] Os sujeitos ativos dos atos de improbidade administrativa não são apenas os servidores públicos, mas todos aqueles que estejam abarcados no conceito de agente público, previsto nos arts. 1º, 2º e 3º da Lei 8.429/92. [...]". (2ª T. – REsp. 1.138.523/DF – Relª. Minª. Eliana Calmon – j. em 23.02.2010 – DJe 04.03.2010)

- "[...] Os sujeitos ativos dos atos de improbidade administrativa, não são somente os servidores públicos, mas todos aqueles que estejam abrangidos no conceito de agente público, insculpido no art. 2º, da Lei 8.429/92. 4. Deveras, a Lei Federal 8.429/92 dedicou científica atenção na atribuição da sujeição do dever de probidade administrativa ao agente público, que se reflete internamente na relação estabelecida entre ele e a Administração Pública, ampliando a categorização de servidor público, para além do conceito de funcionário público contido no Código Penal (art. 327). [...]". (1ª T. – REsp. 1.081.098/DF – Rel. Min. Luiz Fux – j. em 04.08.2009 – DJe 03.09.2009)

- A ação civil pública é a via adequada para resguardar o erário e garantir a observância dos princípios da legalidade, moralidade e impessoalidade no trato da coisa pública, tendo efeito sobre todos os agentes públicos, inclusive políticos, de que trata o art. 2º da Lei 8.429/92. (TJMG – Ap. Cív. 1.0637.08.059321-2/004 – 3ª Câmara Cível – DJ 17.06.2011 – Rel. Albergaria Costa)

- Diretor de empresa de economia mista municipal. Consoante o disposto nos arts. 1º e 2º, da Lei 8.429/92, o diretor de sociedade de economia mista que pratica ato tipificado como de improbidade administrativa se submete às sanções previstas em tal lei. Nos termos do art. 37, § 4º da Constituição Federal e da Lei 8.429/92, comete ato de improbidade administrativa, diretor administrativo de empresa de economia mista municipal que, acolhendo pedido formulado por empregado, determina a sua dispensa sem justa causa, pagando-lhe aviso prévio e multa de 40% sobre os depósitos do fundo de garantia por tempo de serviço, que não seriam devidos porque a ruptura contratual se deu por iniciativa do empregado e não do empregador. (TJSC – Ap. Cív. 2005.032216-9 – 2ª Câmara de Direito Público – j. em 23.02.2007 – Rel. Des. Jaime Ramos)

- Responsabilidade do ato de improbidade administrativa. Não se exime de responsabilidade o agente político que, sob o fundamento de desconhecimento, pratica ato contrário aos princípios norteadores da Administração Pública, causando lesão ao erário, inclusive. (TJSC – Ap. Cív. 2006.042367-7 – 4ª Câmara de Direito Público – j. em 26.06.2009 – Rel. Des. Jânio Machado)

- Prefeito. Autor da nomeação. Responsabilidade. Vice-prefeito. Acúmulo indevido. Cargo em comissão. Excetuadas as ressalvas constitucionais, não pode haver no serviço público a acumulação remunerada de funções, impondo-se ao beneficiário a restituição dos valores auferidos indevidamente. O Prefeito Municipal, como gestor da coisa pública e como autor do ato de nomeação do Vice-Prefeito para exercer, com remuneração cumulada, cargo em comissão, responde solidariamente pela repetição do indébito aos cofres públicos. (TJSC – Ap. 2003.004625-9 – Rel. Juiz Newton Janke)

3. TERCEIROS OU PARTICULARES

Art. 3º As disposições desta lei são aplicáveis, no que couber, àquele que, mesmo não sendo agente público, induza ou concorra para a prática do ato de improbidade ou dele se beneficie sob qualquer forma direta ou indireta.

A norma é elástica para tipificar a conduta do terceiro particular que induza ou concorra para a realização do ato de improbidade, numa projeção preconizada de concurso de pessoas integrantes do quadro da administração pública e da atividade privada, de modo que a conduta do agente que implique vínculo psicológico ligando-a ao procedimento do agente público para almejar propósitos idênticos, de forma consciente e voluntária, caracteriza a sua atuação ímproba.

Essa participação poderá ser moral, mediante a atuação do terceiro particular agindo sobre a vontade do agente público, numa provocação para que nele surja o desejo de cometer o ato ímprobo ou estimulando a ideia, ou seja, a instigação efetiva.

Outra modalidade em que se pode enquadrar a conduta do terceiro particular é a contribuição material para o ato de improbidade, valendo-se de um comportamento positivo ou negativo para a consumação do fato.

Com efeito, a conduta contributiva de terceiro particular pela via moral, ou materialmente para o ato de improbidade do agente público, adquire tipicidade pela regra deste dispositivo legal, que ordena penalizar quem concorre ou colabora, de qualquer modo, para a sua realização.

A norma menciona que ao terceiro, mesmo não sendo agente, mas que induza ou concorra para o ato de improbidade ou dele se beneficie, sob qualquer forma, direta ou indireta, lhe serão aplicadas as sanções previstas nesta lei, no que couber.

Quando a lei se refere a "no que couber", é evidente que está afastando aquela sanção de aplicação exclusiva ao agente público, como a perda da função pública.

O *extraneus* poderá ser pessoa física ou jurídica que está sujeita às outras sanções que guardem compatibilidade nas suas aplicações, a exemplo de multa, ressarcimento de dano ao erário, perda de bens acrescidos ilicitamente ao patrimônio, a proibição de contratar com o poder público ou receber benefícios ou incentivos fiscais ou creditícios, direta ou indiretamente, ainda que por intermédio de pessoa jurídica, da qual seja sócio majoritário.

Cabe também a suspensão dos direitos políticos dos integrantes do quadro societário da pessoa jurídica, ou, se for firma individual, do seu responsável.

Entretanto, evidenciada a indução, que é o ato de instigar, sugerir, estimular ou incentivar o agente público ou político ao cometimento de ato caracteristicamente de improbidade administrativa, ou concorrer, conduta que expressa auxílio efetivo ou participação material ou formal, o terceiro particular, ou o *extraneus*, responde nos termos desta lei e sujeita-se às sanções cabíveis que estão previstas no seu art. 12.

A respeito da temática atenta Marcelo Figueiredo:

> "O terceiro, o particular, aquele que não é servidor ou agente público, segundo a lei, somente poderá ser coautor ou participante na conduta ilícita. De fato, o agente ou servidor público é quem dispõe efetivamente de meios

e condições muito eficazes de realização das condutas materiais (positivas ou negativas), porquanto é dele o poder de praticar o ato estatal lesivo. Isso não impede que o particular ou terceiro seja o mentor intelectual da ação de improbidade, seja o verdadeiro "gerente" dos atos ilícitos. Contudo, a lei é clara; as figuras para terceiros circunscrevem-se às duas ações: "induzir" ou "concorrer"[27].

O *extraneus* não só responde pela sua atuação induzitiva, executória ou participativa, mas também, se vier a se beneficiar direta ou indiretamente, quer através de outrem, quer através do ato que gerou a improbidade administrativa, gerador de dano ou prejuízo ao patrimônio público.

O auferimento de benefício ou do produto da improbidade é tirar proveito patrimonial ou de valor, de forma direta ou indireta, do ato ímprobo cometido pelo agente público, quer tenha havido prévio acerto, quer não, com o mesmo, sem que haja necessidade de configuração associativa ilícita de caráter permanente, bastando ser eventual e evidencie-se a má-fé. Essa má-fé é a consciência da ilicitude cometida a ser aferida pelo conhecimento comum que dota qualquer pessoa esclarecida ou habilitada ao exercício de sabença ou discernimento mínimo dos regramentos administrativos do que é legal ou ilegal, regular ou irregular, bem como, que o interesse da administração, o seu patrimônio e as normas devem convergir em favor do bem coletivo, isto, porque quem participa de um processo licitatório tem conhecimento da sua norma de regência, por exemplo, ou sabe que comercializar bens, produtos, equipamentos ou serviços acima de preço é superfaturamento, ou a entrega de coisa de qualidade inferior ao contratado é afetar o patrimônio público.

É nesse entendimento que a melhor doutrina se apresenta quando Jacintho de Arruda Câmara afirma:

> A extensão da lei a particulares refere-se a duas situações distintas: a participação no ato de improbidade e a auferição de benefício decorrente de tal ato. Um particular que tenha praticado ato de improbidade em conjunto com agente público (como na hipótese de celebração de contrato de locação a apreço inferior ao mercado em virtude conluio – art. 10, IV) será alcançado pela lei. Essa participação, é claro, dependente da intenção, do dolo, da má-fé do particular. No outro caso, quando se fala do benefício auferido está se pretendendo atingir aqueles que, mesmo não participando da prática do ato (lembre-se que na celebração de contratos o particular participa efetivamente da prática do ato), tenha "dolosamente" recebido, direta ou indiretamente, benefício em função da improbidade (como na hipótese de, em razão de recebimento de propina, agente público tenha frustrado a licitude de processo licitatório – art. 10, VIII)[28].

27. FIGUEIREDO, Marcelo. **Probidade administrativa**. 4. ed. São Paulo: Malheiros, 2000. p. 34-35.

28. BUENO, Cássio Scarpinella; PORTO FILHO, Pedro Paulo de Rezende (Coord.). **Improbidade Administrativa**; questões polêmicas e atuais. São Paulo: Malheiros, 2001. p. 209.

É oportuno assinalar que o *extraneus* beneficiário do ato impugnado de vício de improbidade administrativa é litisconsorte necessário, no polo passivo da demanda judicial[29].

3.1. Terceiro beneficiado

A parte final deste dispositivo abrange a conduta do terceiro particular que aufere vantagem sob qualquer forma, direta ou indireta, do produto do ato de improbidade administrativa.

Aqui se busca reprimir a conduta do beneficiário pelo fato ímprobo que não seja agente público, conquanto o resultado final dessa atividade ilícita concebe a consumação da improbidade, visto que os responsáveis realizaram todos os elementos que compõem a descrição do tipo referido.

A vantagem econômica ou financeira é o produto do ato de improbidade produzido.

3.2. A participação, indução ou concorrência

Depreende-se da leitura deste dispositivo, que o comportamento do terceiro particular, que poderá servir-se apenas da sua influência na vontade do agente público, reclamaria uma dosimetria mais branda da pena, ou beneficiando-se, de qualquer forma, com o resultado da ilicitude, tornar-se-ia impositiva uma gradação mais intensa na aplicação das sanções previstas nesta lei, conquanto cada um será punido na medida proporcional da sua culpabilidade.

- "Nos termos da jurisprudência do Superior Tribunal de Justiça, "é inviável o manejo da ação civil de improbidade exclusivamente contra o particular, sem a concomitante presença de agente público no polo passivo da demanda" (STJ - AgInt no REsp 1608855/PR, Rel. Ministra ASSUSETE MAGALHÃES, SEGUNDA TURMA, julgado em 05/04/2018, DJe 12/04/2018)

- "Uso de maquinário e servidores públicos em obra em terreno. Nos termos do art. 3º, da Lei nº 8.429/92, as disposições da referida lei são aplicáveis, no que couber, àquele que, mesmo não sendo agente público, induza ou concorra para a prática do ato de improbidade ou dele se beneficie sob qualquer forma direta ou indireta. Comprovado nos autos que particulares se beneficiaram do uso de maquinário e servidores públicos em retirada de terra em imóvel de sua propriedade, tendo a intenção de realizar construções em tais terrenos após a intervenção ocorrida, devem ser condenados também por atos de improbidade administrativa, por causarem danos ao erário". (TJMG - Apelação Cível 1.0362.14.000645-7/001, Relator(a): Des.(a) Adriano de Mesquita Carneiro (JD Convocado), 3ª CÂMARA CÍVEL, julgamento em 12/04/0018, publicação da súmula em 02/05/2018)

- "Improbidade administrativa. Ato de terceiro. A participação de terceiros na prática dos atos ímprobos é prevista na Lei de Improbidade Administrativa e se demonstra pela aferição de vantagens e benefícios. A perquirição do elemento volitivo do terceiro é imprescindível à sua condenação; o dolo fica caracterizado quando o terceiro concorre com o agente públi-

---

29. TRF da 1ª Região - AC 1999.39.00.007088-4/PA - Rel. Des. Federal Cândido Ribeiro - DJU 02.06.1999.

co na prática da improbidade e aufere vantagens com o ato ilícito". (TJMG - Apelação Cível 1.0290.02.005900-9/001, Relator(a): Des.(a) Alice Birchal, 7ª CÂMARA CÍVEL, julgamento em 06/03/2018, publicação da súmula em 13/03/2018)

- "Os atos de improbidade administrativa somente podem ser praticados por agentes públicos, com ou sem a cooperação de terceiros, o que não é a hipótese dos autos, uma vez que a ação de improbidade foi ajuizada apenas em face de empresários. Inexistindo agente público no pólo passivo da demanda, não há falar na prática de improbidade administrativa por particular, o que impõe a manutenção da sentença, com a extinção do feito sem resolução do mérito" (TRF1. Numeração Única: 0002587-48.2006.4.01.3903; AC 2006.39.03. 002589-4/PA; Terceira Turma, Rel. Des. Federal Cândido Ribeiro, e-DJF1 de 20/09/2013, p. 308). Embargos infringentes da União não providos. (TRF 1ª Região - EIAG 0018757-57.2012.4.01.0000 / PI, Rel. DESEMBARGADOR FEDERAL NEY BELLO, SEGUNDA SEÇÃO, e-DJF1 de 15/03/2016)

- "Os particulares que induzam, concorram, ou se beneficiem de improbidade administrativa são sujeitos aos rigores da Lei nº 8.429/92, na forma de seu art. 3º, não sendo, portanto, o conceito de sujeito ativo do ato de improbidade restrito aos agentes públicos. Todavia, é mister para o reconhecimento da improbidade, a participação de agente público na prática considerada ímproba, não bastando para tanto ato exclusivo dos particulares. Sentença confirmada, em remessa necessária conhecida de ofício, prejudicado o recurso voluntário". (TJMG - Apelação Cível 1.0223.06.203068-7/001, Relator(a): Des.(a) Sandra Fonseca, 6ª CÂMARA CÍVEL, julgamento em 21/06/2016, publicação da súmula em 01/07/2016)

- "Os particulares que induzam, concorram, ou se beneficiem de improbidade administrativa estão sujeitos aos ditames da Lei nº 8.429/92, não sendo, portanto, o conceito de sujeito ativo do ato de improbidade restrito aos agentes públicos (inteligência do art. 3º da LIA). 2. Inviável, contudo, o manejo da ação civil de improbidade exclusivamente e apenas contra o particular, sem a concomitante presença de agente público no polo passivo da demanda. Recursos especiais improvidos". (STJ – 1ª T. – REsp. 1.171.017/PA – Rel. Min. Sérgio Kukina – j. em 25.02.2014 – DJe 06.03.2014)

- Do art. 3º da Lei de Improbidade Administrativa, verifica-se que, para responsabilização do indivíduo que não é agente público, deve-se provar sua atuação, de forma direta ou indireta, bem como o dolo ou a má-fé. Não restando demonstrado nos autos, de forma cabal, a participação de determinado réu, impõe-se sua absolvição. (8ª Câm. Cív. – Ap. Cív. 1.0271.02.015125-1/001 – Rel. Des. Elpídio Donizetti – j. em 05.07.2012 – publicação da Súmula em 17.07.2012)

- "[...] os advogados praticaram o ilícito, existindo provas de que não se limitaram somente a praticar atos privativos de advogado, bem como os prepostos, como agentes ativos da conduta descrita no texto legal. Igualmente, o sócio do escritório de advocacia, [...], ao instituir a gratificação visando maior celeridade no cumprimento dos mandados judiciais em processos patrocinados pelo escritório. Por conseguinte, são responsáveis pelo mesmo fato, e estão sujeitos às disposições da Lei 8.429/92, por expressa referência do art. 3º" [...]". (EDAG 1092100 RS – Rel. Min. MAURO CAMPBELL MARQUES – 2ª Turma – j. em 11.05.2010 DJe 31.05.2010). "[...] Os arts. 1º e 3º da Lei 8.429/92 são expressos ao preverem a responsabilização de todos, agentes públicos ou não, que induzam ou concorram para a prática do ato de improbidade ou dele se beneficiem sob qualquer forma, direta ou indireta. É claro que a responsabilização de terceiras pessoas está condicionada à pratica de um ato de improbidade por um agente público. Não havendo participação do agente público, há que ser afastada a incidência da Lei 8.429/92, estando o terceiro sujeito a sanções previstas em outras disposições legais. [...]". (2ª T. – REsp. 1.155.992/PA – Rel. Min. Herman Benjamin – j. em 23.03.2010 – DJe 01.07.2010)

- Terceiro particular. A Lei 8.429/92 é extensiva aos particulares que se valeram do ato ímprobo, na qualidade de litisconsortes passivos necessários. (STJ – REsp. 401437 / SP – 2ª Turma – DJ 09.11.2007 p. 235 – Rel. Min. João Otávio de Noronha)

4. DEVER DE VELAR PELOS PRINCÍPIOS CONSTITUCIONAIS

> **Art. 4° Os agentes públicos de qualquer nível ou hierarquia são obrigados a velar pela estrita observância dos princípios de legalidade, impessoalidade, moralidade e publicidade no trato dos assuntos que lhe são afetos.**

A Constituição Federal no seu art. 37 estabelece que a Administração Pública obedecerá os princípios norteadores da legalidade, impessoalidade, moralidade, publicidade e da eficiência, sujeitando, assim, a todos os agentes públicos a obrigação de velar por esses valores éticos, morais e legais, na condução de seus atos administrativos.

Com a observância desses princípios, objetiva a nossa Carta Política a garantia da boa administração que se expressa na eficiente gestão de negócios vantajosos para o interesse público e a gestão otimizada dos recursos públicos.

É o poder-dever de agir com eficiência mediante a obtenção de resultados positivos para a Administração Pública na realização dos atos e negócios de seu interesse, visando sempre, ao auferimento de transações e conquistas de valores que venham atender as demandas da sociedade com atendimento satisfatório de suas necessidades.

4.1. Princípio da legalidade

Todo agente público ou político no exercício da atividade pública tem o poder-dever de observar as normas legais e regulamentares, bem como, agir com zelo e dedicação nas atribuições que o cargo lhe confere para ser leal à instituição a que serve, objetivando desempenhar o seu ofício com bom rendimento funcional e proporcionar as melhores condições de utilização do seu trabalho em favor do interesse da administração.

Dever é obrigação. E quando a norma estipula que todo agente público de qualquer nível ou hierarquia é obrigado a velar pela estrita observância dos princípios da legalidade, impessoalidade, moralidade e publicidade no trato dos assuntos que lhe são afetos, está impondo de forma incondicional que o agente assim desempenhe as suas atribuições funcionais.

Velar significa cuidar, zelar, vigiar, tomando interesse para que se cumpra o destino indicado; não é simplesmente prestar assistência, mas é cuidar para que se mantenha íntegra e de acordo com a lei.

Aqui o legislar, de maneira compulsória firmou a exigência de que os princípios elencados sejam respeitados na sua integralidade, na sua inteireza, de forma completa e absoluta.

Esse poder-dever de velar pelos princípios proclamados não é uma faculdade, mas uma obrigação inerente a todos os agentes públicos e políticos com o intuito de exercitá-lo em benefício do interesse público.

Desviar-se, afastar-se ou omitir-se no cumprimento imperativo desta norma, leva o agente público ou político ao cometimento de abuso de poder, que tanto pode revestir a forma comissiva como a omissiva, visto que ambas as condutas são capazes de afrontar a lei e causar lesão ao patrimônio público.

Afora o abuso de poder, a negligência do agente público ou político em desprezar este mandamento legal, importará em ato de improbidade administrativa disciplinado pelo seu art. 11, I e II.

A respeito da temática contida nesta norma, vale registrar a manifestação eloquente de Celso Antônio Bandeira de Mello[30], quando leciona sobre os princípios da legalidade e moralidade administrativa.

Para avaliar corretamente o princípio da legalidade e captar-lhe o sentido profundo, cumpre atentar para o fato de que ele é a tradução jurídica de um propósito político: o de submeter os exercentes do poder em concreto – o administrativo – a um quadro normativo que embargue favoritismos, perseguições ou desmandos. Pretende, através da norma geral, abstrata e por isso mesmo impessoal, a lei, editada pois, pelo Poder Legislativo – que é o colégio representativo de todas as tendências (inclusive minoritárias) do corpo social –, garantir que a atuação do Executivo nada mais seja senão a concretização desta vontade geral.

O princípio da legalidade contrapõe-se, portanto, e visceralmente, a quaisquer tendências de exacerbação personalista dos governantes. Opõe-se a todas as formas de poder autoritário, desde o absolutista, contra o qual irrompeu, até as manifestações caudilhescas e messiânicas, típicas dos países subdesenvolvidos. O princípio da legalidade é o antídoto natural do poder monocrático ou oligárquico, pois tem como raiz a ideia de soberania popular, de exaltação da cidadania. Nesta última, consagra-se a radical subversão do anterior esquema de poder assentado na relação soberano-súdito (submisso).

Instaura-se o princípio de que todo poder emana do povo, de tal sorte que os cidadãos é que são proclamados como detentores do poder. Os governantes nada mais são que representantes da sociedade.

Lecionando sobre a legalidade do ato administrativo, Hely Lopes Meirelles[31] assim se manifesta:

> "Legalidade – A legalidade, como princípio de administração (CF, art. 37, caput), significa que o administrador público está, em toda a sua atividade funcional, sujeito aos mandamentos da lei e às exigências do bem comum, e deles não se pode afastar ou desviar, sob pena de praticar ato inválido e expor-se a responsabilidade disciplinar, civil e criminal, conforme o caso.
>
> A eficácia de toda a atividade administrativa está condicionada ao atendimento da lei.

---

30. **Curso de Direito Administrativo**. 13. ed. São Paulo: Malheiros, respectivamente às fls. 71 e 89.
31. **Direito Administrativo Brasileiro**. 23. ed. São Paulo: Malheiros, p. 85-86.

> Na Administração Pública não há liberdade nem vontade pessoal. Enquanto na administração particular é lícito fazer tudo que a lei não proíbe, na Administração Pública só é permitido fazer o que a lei autoriza. A lei para o particular significa "pode fazer assim"; para o administrador público significa "deve fazer assim".
>
> As leis administrativas são, normalmente, de ordem pública, e seus preceitos não podem ser descumpridos, nem mesmo por acordo ou vontade conjunta de seus aplicadores e destinatários, uma vez que contêm verdadeiros poderes-deveres, irrelegáveis pelos agentes públicos (...)
>
> Além de atender à legalidade, o ato do administrador público deve conformar-se com a moralidade e a finalidade administrativas para dar plena legitimidade à sua atuação. Administração legítima só é aquela que se reveste de legalidade e probidade administrativas, no sentido de que tanto atende às exigências da lei como se conforma com os preceitos da instituição pública....
>
> A administração, por isso, deve ser orientada pelos princípios do Direito e da Moral, para que ao legal se ajunte o honesto e o conveniente aos interesses sociais".

Assim, o princípio da legalidade é o da completa submissão da administração às leis.

O princípio da legalidade, no Brasil, significa que a administração nada pode fazer senão o que a lei determina.

4.2. Princípio da moralidade

De acordo com o renomado jurista, a administração e seus agentes têm de atuar na conformidade dos princípios éticos. Violá-los implicará violação do próprio direito, configurando *ilicitude* que sujeita a conduta viciada à invalidação, porquanto tal princípio assumiu foros de *pauta jurídica*, na conformidade do art. 37 da Constituição. Compreendem-se em seu âmbito, como é evidente, os chamados princípios da lealdade e boa-fé, tão oportunamente encarecidos pelo mestre espanhol Jesús Gonzáles Peres em monografia preciosa. Segundo os cânones da lealdade e da boa-fé, a administração haverá de proceder em relação aos administrados com sinceridade e lisura, sendo-lhe interdito qualquer comportamento astucioso, eivado de malícia, produzido de maneira a confundir, dificultar ou minimizar o exercício de direitos por parte dos cidadãos.

Por força mesmo destes princípios da lealdade e boa-fé, firmou-se o correto entendimento de que orientações firmadas pela administração em dada matéria não podem, sem prévia e pública notícia, ser modificadas em casos concretos para fins de sancionar, agravar a situação dos administrados ou denegar-lhes pretensões, de tal sorte que só se aplicam aos casos ocorridos depois de tal notícia.

Acrescente-se que, nos termos do art. 85, V, da Constituição, atentar contra a "probidade na administração" é hipótese prevista como crime de responsabilidade do Presidente da República, fato que enseja sua destituição do cargo. De resto, os atos de improbidade administrativa dos servidores públicos "*imporão a suspensão dos direitos políticos, a perda da função pública, a indisponibilidade dos bens e o ressarcimento ao erário, na forma e gradação previstas em lei, sem prejuízo da ação penal cabível*". (art. 37, § 4º)

Além disso, o princípio da moralidade administrativa acha-se, ainda, eficientemente protegido no art. 5º, LXXIII, que prevê o cabimento da ação popular para a anulação de "*ato lesivo ao patrimônio público ou de entidade de que o Estado participe, à moralidade administrativa, ao meio ambiente... etc*".

O saudoso Hely Lopes Meirelles deu sua grande contribuição ao direito administrativo brasileiro, lecionando sobre a moralidade do ato administrativo:

> Moralidade - A moralidade administrativa constitui, hoje em dia, pressuposto de validade de todo ato da administração pública (CF, art. 37, *caput*). Não se trata - diz Hauriou, o sistematizador de tal conceito - da moral comum, mas, sim, da moral jurídica, entendida como o conjunto de regras de conduta tiradas da disciplina interior da Administração. Desenvolvendo sua doutrina, explica o mesmo autor que o agente administrativo, como ser humano dotado da capacidade de atuar, deve, necessariamente, distinguir o Bem do Mal, o honesto do desonesto. E, ao atuar, não poderá desprezar o elemento ético de sua conduta. Assim, não terá que decidir somente entre o legal e o ilegal, o justo e o injusto, o conveniente e o inconveniente, o oportuno e o inoportuno, mas também entre o honesto e o desonesto. [...]
>
> O certo é que a moralidade do ato administrativo juntamente com a sua legalidade e finalidade constituem pressupostos de validade sem os quais toda atividade pública será ilegítima[32].

Extrai-se das lições das doutrinas citadas que, quando se exige probidade ou moralidade administrativa, isto significa que não basta a legalidade formal, restrita, da atuação administrativa, com observância da lei; é preciso haver também a observância de princípios éticos, de lealdade, de boa-fé, de regras que assegurem a boa administração e a disciplina interna na administração pública, sob pena de o administrador incorrer em improbidade administrativa. Vale dizer, a administração pública deve observar a lei na prática do ato administrativo, mas não pode se descurar de observar o princípio da moralidade, procedendo sempre à motivação do ato.

A Constituição Federal (art. 37) estabelece a regra de regência dos princípios da legalidade, impessoalidade, moralidade, publicidade e eficiência como norteadora de qualquer dos Poderes da República, dos Estados, dos Municípios e do Distrito Federal. Não há exclusão ou exceção da obediência dos agentes públicos ou políticos deste ou daquele Poder.

---

32. **Direito Administrativo Brasileiro**. 23. ed. São Paulo: Malheiros, p. 85-86.

Dentro desse contexto normativo superior, torna-se relevante destacar o princípio da moralidade administrativa.

Sobre essa temática, no e. Supremo Tribunal Federal, quando do julgamento da Medida Cautelar 12/6-DF, em 12.06.2006, no qual foi convalidada a Resolução 07/06 do Conselho Nacional de Justiça, o eminente ministro Celso de Mello, em substanciosa manifestação judiciosa assim se expressou:

> Sabemos todos que a atividade estatal, qualquer que seja o domínio institucional de sua incidência, está necessariamente subordinada à observância de parâmetros ético-jurídicos que se refletem na consagração constitucional do princípio da moralidade administrativa, que se qualifica como valor constitucional impregnado de substrato ético e erigido à condição de vetor fundamental no processo de poder, condicionando, de modo estrito, o exercício, pelo Estado e por seus agentes, da autoridade que lhes foi outorgada pelo ordenamento normativo. Esse postulado, que rege a atuação do Poder Público, confere substância e dá expressão a uma pauta de valores éticos, nos quais se funda a própria ordem positiva do Estado.
>
> *É por essa razão que o princípio constitucional da moralidade administrativa, ao impor limitações ao exercício do poder estatal, legitima o controle de todos os atos do poder público que transgridam os valores éticos que devem pautar o comportamento dos órgãos e dos agentes governamentais, não importando em que instância de poder eles se situem.*
>
> Na realidade – e especialmente a partir da Constituição republicana de 1988 –, a estrita observância do postulado da moralidade administrativa passou a qualificar-se como pressuposto de validade dos atos que, fundados ou não em competência discricionária, tenham emanado de autoridade ou órgãos do Poder Público, consoante proclama autorizado magistério doutrinário[33].
>
> Cabe relembrar, neste ponto, Senhor Presidente, o alto significado que o princípio da moralidade assume, em nosso sistema constitucional, tal como esta Suprema Corte já teve o ensejo de enfatizar:
>
> O princípio da moralidade administrativa, enquanto valor constitucional revestido de caráter ético-jurídico, condiciona a legitimidade e a validade dos atos estatais.

33. FRANCO SOBRINHO, Manoel de Oliveira. **O Princípio Constitucional da Moralidade Administrativa**. 2. ed. Curitiba: Genesis, 1993; MORAES, Alexandre de. **Direito Constitucional**. 3. ed. São Paulo: Atlas, 1998. p. 284, item n. 2.3; FIGUEIREDO, Lúcia Valle. **Curso de Direito Administrativo**, 2. ed. São Paulo: Malheiros, 1995. p. 132-134; MELLO, Celso Antônio Bandeira de. **Curso de Direito Administrativo**. 4. ed. São Paulo: Malheiros, 1993. p. 412-414, itens ns. 14/16; MEIRELLES, Hely Lopes. **Direito Administrativo Brasileiro**. 17. ed. São Paulo: Malheiros, 1992. p. 83-85; DI PIETRO, Maria Sylvia Zanella. **Discricionariedade Administrativa na Constituição de 1988**. São Paulo: Atlas, 1991, p. 116-118, item n. 2.5, *v.g.*

> A atividade estatal, qualquer que seja o domínio institucional de sua incidência, está necessariamente subordinada à observância de parâmetros ético-jurídicos que se refletem na consagração constitucional do princípio da moralidade administrativa. Esse postulado fundamental, que rege a atuação do Poder Público, confere substância e dá expressão a uma pauta de valores éticos sobre os quais se funda a ordem positiva do Estado.
>
> O princípio constitucional da moralidade administrativa, ao impor limitações ao exercício do poder estatal, legitima o controle jurisdicional de todos os atos do Poder Público que transgridam os valores éticos que devem pautar o comportamento dos agentes e órgãos governamentais. [...]. (RTJ 182/525-526 – Rel. Min. Celso de Mello – Pleno)
>
> A prática do nepotismo, tal como corretamente repelida pela Resolução CNJ nº. 07/2005, traduz a própria antítese da pauta de valores cujo substrato constitucional repousa no postulado da moralidade administrativa, que não tolera – porque incompatível com o espírito republicano e com a essência da ordem democrática – o exercício do poder pro domo sua.

Depreende-se, portanto, que a posição preconizada por Sua Excelência é prevalente na Corte Constitucional ao consubstanciar a valoração ético-jurídica do princípio da moralidade administrativa como pressuposto da legitimidade e validade dos atos estatais emanados de qualquer órgão do Poder Público. E arremata que a prática do nepotismo traduz a própria antítese do postulado da moralidade administrativa. Sob tal perspectiva, afigura-se que o princípio da moralidade engloba todos os Poderes da República.

Trata-se, pois, de atribuição cuja legitimidade jurídica traduz expressão que deriva, de modo direto, do próprio texto da Lei Fundamental e encontra ali o seu fundamento de validade e de eficácia.

Nessa mesma sessão plenária do Supremo Tribunal Federal, o e. ministro Gilmar Mendes, em lição magistral, proclamou a primazia do princípio da moralidade administrativa para impugnar a prática do nepotismo no serviço público, nos seguintes termos:

> A indeterminação semântica dos princípios da moralidade e da impessoalidade não pode ser um obstáculo à determinação da regra da proibição do nepotismo. Como bem anota García de Enterría, na estrutura de todo conceito indeterminado é identificável um "núcleo fixo" (Begriffkern) ou "zona de certeza", que é configurada por dados prévios e seguros, dos quais pode ser extraída uma regra aplicável ao caso. A vedação do nepotismo é regra constitucional que está na zona de certeza dos princípios da moralidade e da impessoalidade.

Disse ainda:

> Não é de hoje que o nepotismo é uma prática condenada pela sociedade brasileira. A regra da vedação do nepotismo está no Regimento Interno desta Corte, precisamente no art. 357, assim como na Lei Federal 9.241/96 (art. 10),

na Lei 8.112/90 (art. 117, VIII), e em várias unidades da federação já existem normas específicas de proibição das práticas de nepotismo.

O ministro Gilmar Mendes, do alto da sua sabedoria e autoridade jurídica, enfatizou: "*Dessa forma, o ato administrativo que implique nesse tipo de prática imoral é ilegítimo, não apenas por violação a uma determinada lei, mas por ofensa direta à moralidade que atua como substrato ético da ordem constitucional*".

Afirmou, ainda, a desnecessidade de lei formal para essa proibição, pois deriva dos princípios constitucionais da moralidade e da impessoalidade: "*Nesse sentido, é possível afirmar que não seria necessária uma lei em sentido formal para instituir a proibição do nepotismo, pois ela já decorre do conjunto de princípios constitucionais, dentre os quais têm relevo os princípios da moralidade e da impessoalidade*".

Vertida nesse corolário jurídico das assertivas de pronunciamentos emergidos da Corte Suprema, com predominância judiciosa, cabe, portanto, às autoridades administrativas (Poderes Executivo, Judiciário e Legislativo) fazer cumprir os comandos normativos veiculados pelos princípios constitucionais acima proclamados.

Dessa forma, é forçoso concluir que, estando a administração pública vinculada diretamente aos comandos constitucionais, e estando as normas respeitantes às questões fundamentais ou essenciais predefinidas pelo legislador da matéria, não há violação do princípio da legalidade.

Sob um ângulo mais amplo, na mesma sessão do e. Supremo Tribunal Federal, o e. ministro Joaquim Barbosa disse que "*as regras contra o nepotismo, buscam dar efetividade aos princípios da moralidade e da impessoalidade administrativa*".

E ilustra sua brilhante atuação, proferindo o seguinte entendimento: "*Na lúcida lição do professor Celso Antônio Bandeira de Mello, o princípio da impessoalidade 'não é senão o próprio princípio da igualdade ou isonomia', de que é aplicação concreta o ingresso em cargo, função ou emprego público mediante concurso público*"[34].

Em tecida argumentação, afirma a desnecessidade de lei para a aplicação do princípio constitucional da moralidade:

> Por sua vez, talvez com mais ênfase ainda, impõe-se ao caso o princípio da moralidade, por aplicação direta da Constituição, sem necessidade de nenhuma intermediação legislativa, como sugerem os opositores da norma atacada. Com efeito, como bem discorre José dos Santos Carvalho Filho[35], o princípio da moralidade "*impõe que o administrador público não dispense os preceitos éticos que devem estar presentes em sua conduta. Deve não só averiguar os critérios de conveniência, oportunidade e justiça em suas ações, mas também distinguir o que é honesto do que é desonesto. [...] Tal forma de conduta deve existir não somente nas relações entre a Administração e os administrados em*

34. MELLO, Celso Antônio Bandeira de. **Curso de Direito Administrativo.** 18. ed. São Paulo: Malheiros, 2005. p. 104.

35. CARVALHO FILHO, José dos Santos. **Manual de Direito Administrativo.** 8. ed. Rio de Janeiro: Lumen Juris, 2001. p. 14.

geral, como também internamente, ou seja, na relação entre a Administração e os agentes públicos que a integram".

E prossegue: "*Somente quando os administradores estiverem realmente imbuídos do espírito público é que o princípio será efetivamente observado*".

Para concluir, leciona:

> O Direito não pode dissociar-se da Moral, isto é, de uma moral coletiva, pois ele reflete um conjunto de crenças e valores profundamente arraigados, que emanam da autoridade soberana, ou seja, do povo. Quando, em determinada sociedade, há sinais de dissociação entre esses valores comunitários e certos padrões de conduta de alguns segmentos do aparelho estatal, tem-se grave sintoma de anomalia, a requerer a intervenção da justiça constitucional como força intermediadora e corretiva.

Restando demonstrada a predominação do princípio da moralidade administrativa pela sua hierarquização superior, com procedência da Constituição Federal, impõe-se a conclusão compulsória de que, neste caso, o Poder Judiciário, em face de uma definição constitucionalmente pressuposta, não está decidindo de forma originária situação nova, mas apenas está a modulá-la às situações concretamente existentes e identificadas na prática.

O princípio constitucional da moralidade administrativa é imposto a todos os Poderes e a todos os seus agentes públicos e políticos.

4.3. Princípio da impessoalidade

A regra da impessoalidade determina que os administrados e as pessoas em geral sejam tratados em igualdade de condições para a regência de atuação da gestão pública e que esta seja voltada para a satisfação coletiva, sem distinção entre os indivíduos que são, no regime democrático, os titulares do poder.

A impessoalidade é aquela condição que não se refere ou não se dirige a uma pessoa em particular, mas, às pessoas em geral, ao coletivo, à coletividade, sem distinção ou destinação definida. É voltada à generalidade.

A impessoalidade pressupõe a imparcialidade do agente público na implementação dos atos administrativos para que os destinatários recebam tratamento igualitário, de modo a satisfazer os interesses coletivos, sem preferência de forma dirigida aos indivíduos, afastando assim um favorecimento particular.

4.4. Princípio da publicidade

A publicidade, nos atos da administração pública, é o meio de levar ao conhecimento das pessoas em geral, as ações, decisões e posições governamentais adotadas pelos seus gestores à frente das entidades públicas.

É através da divulgação dos atos e fatos administrativos que os legitimados da cidadania podem exercer o seu controle na aplicação das verbas públicas e sobre os trabalhos desenvolvidos pelos agentes públicos.

Sem essa transparência de gestão, não haverá elementos informativos para a aferição necessária dos atos estatais e o controle social.

Assim, a publicidade, dentro de sua finalidade jurídica, pretende tornar a coisa ou o fato de conhecimento geral, para que todos possam saber ou conhecer o fato a que se refere. É a exposição ao público da vida interna do Poder Público.

Com a publicidade dos atos oficiais iniciam-se seus efeitos jurídicos externos, requisito de validade e eficácia. A Lei 8.159/91 admite, em situações excepcionais de segurança nacional, investigações policiais ou por interesse superior da administração, a preservação prévia do sigilo, mas a Lei 9.784/99 estabelece que é obrigatória a divulgação oficial dos atos administrativos, ressalvadas as hipóteses de sigilo previstas na Constituição.

Ressalve-se, porém, que os contratos em geral, da União, suas autarquias, fundações e empresas estatais, devem ser publicados, em resumo, como condição de sua eficácia, por força da Lei 8.666/93, art. 61, parágrafo único.

- "[...] Especificamente no campo da Improbidade Administrativa, deve-se ter em vista que, ao buscar conferir efetiva proteção aos valores éticos e morais da Administração Pública, a Lei 8.429/1992 não reprova apenas o agente desonesto, que age com má-fé, mas também o que deixa de agir de forma diligente no desempenho da função para a qual foi investido. O art. 4° expõe a preocupação do legislador com o dever de observância aos princípios administrativos básicos. [...]". (STJ - 2ª T. – REsp. 765.212/AC – Rel. Min. Herman Benjamin – j. em 02.03.2010 – DJe 23.06.2010)
- "[...] o malferimento aos princípios administrativos não ensejam a existência de um dano ao erário, mas de um dano imaterial, este também punível. [...] disposições da Lei [...] nos permitem concluir que não é essencial que o ato tido como ímprobo tenha causado lesão ao erário, senão, veja-se: '[...] Art. 4º. Os agentes públicos de qualquer nível ou hierarquia são obrigados a velar pela estrita observância dos princípios de legalidade, impessoalidade, moralidade e publicidade no trato dos assuntos que lhe são afetos'. [...]". (STJ - 1ª T. – REsp. 1.011.710/RS – Rel. Min. Francisco Falcão – j. em 11.03.2008 – DJe 30.04.2008)
- [...] nem sempre as contratações sem concurso implicam dano concreto ao patrimônio público, no entanto, a moralidade administrativa, a legalidade e a impessoalidade restam irremediavelmente atingidas por elas devendo, assim, ser responsabilizados, não no ressarcimento integral do dano, mas com a aplicação das demais formas de sanções estabelecidas na Lei de improbidade administrativa [...]'". (STJ - 1ª T. – REsp. 513.576/MG – Rel. Min. Francisco Falcão – Rel. p/ Acórdão Min. Teori Albino Zavascki – j. em 03.11.2005 – DJ 06.03.2006)
- "[...] A violação de princípio é o mais grave atentado cometido contra a Administração Pública porque é a completa e subversiva maneira frontal de ofender as bases orgânicas do complexo administrativo. A inobservância dos princípios acarreta responsabilidade [...] O cumprimento dos princípios administrativos, além de se constituir um dever do administrador, apresenta-se como um direito subjetivo de cada cidadão. Não satisfaz mais as aspirações da Nação a atuação do Estado de modo compatível apenas com a mera ordem legal, exige-se muito mais: necessário se torna que a gestão da coisa pública obedeça a determinados princípios que conduzam à valorização da dignidade humana, ao respeito à cidadania e à construção de uma sociedade justa e solidária. A elevação da dignidade do princípio da moralidade administrativa ao patamar constitucional, embora desnecessária, porque no fundo o Estado possui uma só personalidade, que é a moral, consubstancia uma conquista da Nação que, incessantemente, por todos os seus segmentos, estava a exigir uma providência mais eficaz contra a prática de atos dos agentes públicos violadores desse preceito maior. [...]" (STJ - 1ª T. – REsp. 695.718/SP – Rel. Min. José Delgado – j. em 16.08.2005 – DJ 12.09.2005)

5. RESSARCIMENTO AO DANO

Art. 5° Ocorrendo lesão ao patrimônio público por ação ou omissão, dolosa ou culposa, do agente ou de terceiro, dar-se-á o integral ressarcimento do dano.

O dever jurídico de ressarcimento do dano causado ao erário tem como fonte inspiradora o art. 186 do Código Civil[36], que define a ilicitude proveniente de ação ou omissão voluntária, como pressuposto para a obrigatoriedade ao direito de indenização, estabelecido pelo art. 927 do mencionado Código.

O ressarcimento de dano causado por agente público ou político é definido pela própria Constituição no seu art. 37, § 4º, quando estabelece que essa proteção à integralidade do patrimônio público está disposta no art. 122, § 3º, da Lei Federal 8.112/9021, que disciplina a reparação patrimonial, para estendê-la aos sucessores até o limite da herança recebida.

Este preceito de amplo espectro restaurador do nível de riqueza do erário, independe do dolo ou culpa do agente público responsável pela subtração ou alteração patrimonial do Poder Público.

No que se refere ao dolo, esta conduta fica demonstrada quando o agente público quis determinado resultado com a intenção de produzi-lo ou quando concedeu o seu assentimento, de forma consciente, para admitir e aceitar o risco de produzir um resultado com sua atuação.

Quanto à culpa, esta decorre de um procedimento pela não observância do dever de cuidado pelo agente público por agir com imprudência, negligência ou imperícia.

Registre-se, por oportuno, que o Supremo Tribunal Federal, em 08/08/2018, por maioria, julgando o (RE nº 852.475), decidiu que as ações de ressarcimento ao erário por improbidade administrativa são imprescritíveis.

O ministro Luiz Roberto Barroso disse acreditar que a prescrição "não produz o melhor resultado para a sociedade". Segundo ele, as ações de ressarcimento demoram por causa da complexidade das investigações e da demora do processo penal. "É preciso entender que o ressarcimento ao erário não é sanção. Devolver o que não deveria ter tomado, não é sanção", afirmou, no voto.

Ao final foi fixada a seguinte tese para fins de repercussão geral: *"São imprescritíveis as ações de ressarcimento ao erário fundadas na prática de ato doloso tipificado na lei de improbidade administrativa."*

- "Nos termos do artigo 37, § 5º, da Constituição Federal, a ação de ressarcimento ao erário é imprescritível". (TJDFT - Acórdão n.1042695, 20110110736230APC, Relator: MARIA DE LOUR-

36. "*Art. 186. Aquele que, por ação ou omissão voluntária, negligência ou imprudência, violar direito e causar dano a outrem, ainda que exclusivamente moral, comete ato ilícito*".

DES ABREU, Relator Designado:FLAVIO ROSTIROLA 3ª TURMA CÍVEL, Data de Julgamento: 23/08/2017, Publicado no DJE: 18/04/2018)

- "O STJ firmou o entendimento de que a pretensão de ressarcimento dos prejuízos causados ao Erário é imprescritível, mesmo se cumulada com a ação de improbidade administrativa". Precedentes: REsp 1.429.304/SP, Rel. Ministro Herman Benjamin, Segunda Turma, DJe 5/9/2016; AgRg no REsp 1.517.891/ES, Rel. Ministro Humberto Martins, Segunda Turma, DJe 17/8/2015.
- "O STJ assentou entendimento quanto à legitimidade do Ministério Público para a propositura de Ação Civil Pública objetivando o ressarcimento de danos ao Erário, decorrentes de atos de improbidade administrativa". Precedentes: AgRg no REsp 1.367.048/GO, Rel. Ministro Humberto Martins, Segunda Turma, DJe 16/12/2013; REsp 1.135.158/SP, Rel. Ministra Eliana Calmon, Segunda Turma, DJe 1º/7/2013.
- Reparação de danos ao erário. Apuração do Tribunal de Contas. Ex--vereadores. Valores recebidos a maior. Imprescritibilidade. Precedentes do STF e STJ. Diante da jurisprudência consolidada no STF e STJ, a pretensão de ressarcimento ao erário, independentemente de se tratar ou não de ato de improbidade administrativo, é imprescritível. (STJ – 2ª T. – REsp. 1.350.656/MG – Relª. Minª. Eliana Calmon – j. em 05.09.2013 – DJe 17.09.2013)
- "[...] A reparação do dano não se trata propriamente de uma sanção, mas simplesmente uma consequência civil do prejuízo causado pelo agente ao patrimônio público. Por esses motivos, não há vinculação entre o ressarcimento ao prejuízo causado e a extensão da gravidade da conduta ímproba. Na aplicação das sanções previstas na Lei 8.429/92 é até possível se admitir o abrandamento da punição quando se estiver diante de situações pouco expressivas, em homenagem ao princípio da razoabilidade. Todavia, repita-se, em relação à reparação dos prejuízos causados ao erário, comprovada a ocorrência, não se admite o seu afastamento, ainda que o dano tenha sido de pouca monta.. *[...]*". (STJ - 2ª T. – REsp. 977.093/RS – Rel. Min. Humberto Martins – j. em 04.08.2009 – DJe 25.08.2009)

6. A PERDA DE BENS E VALORES ILÍCITOS

Art. 6º No caso de enriquecimento ilícito, perderá o agente público ou terceiro beneficiário os bens ou valores acrescidos ao seu patrimônio.

O enriquecimento ilícito projeta uma construção patrimonial calcada na ilegalidade de recursos financeiros, cuja natureza não tem como respaldá-la perante os órgãos competentes à sua origem e evolução no decorrer do tempo.

O trabalho honesto, a herança ou a sorte lotérica são fontes legais de recursos capazes de garantir o enriquecimento das pessoas, seja física ou jurídica.

Os meios idôneos mais comuns para a demonstração do enriquecimento natural são a declaração de imposto de renda com seus devidos comprovantes, além da movimentação financeira, quer corrente, quer de aplicação em fundos etc.

Quando o sujeito não tem como comprovar a origem de seu patrimônio, há suspeita de enriquecimento ilícito, quer pelo aumento sem fonte que justifique a sua aquisição e manutenção, quer pela via da sonegação fiscal, visto que, não tendo meios para comprovar renda ou fundos de origem saudável, incorre forçosamente também no crime de sonegação fiscal.

Na hipótese dessa norma, evidenciado que o agente enriqueceu ilicitamente, ou seja, teve acréscimos, ao seu conjunto patrimonial, de valores agregados que sua renda ou atividade não suportaria bancá-los, perderá todos os bens adicionais ou elevados em seu nome ou de terceiro que estejam igualmente responsabilizados por ato de improbidade administrativa.

Observa-se que essa elevação patrimonial do agente ou do terceiro, foi proveniente da subtração, de alguma forma, do patrimônio público. Essa diminuição do erário certamente decorreu de sobrepreço, superfaturamento ou de serviços pagos mas não realizados, ou, ainda, de aquisição de bens e/ou equipamentos de qualidade inferior com preços de valor maior.

Como se vê, quando a norma estabelece a perda dos bens adquiridos de forma ilícita, especialmente aqueles, sem causa, produtos da improbidade administrativa, os agentes ou terceiros não estão na verdade tendo redução de seus patrimônios, mas está sendo retirado da sua composição aquilo que não lhes pertence por ter sido acrescidos indevidamente do patrimônio público.

Na verdade, não é bem uma perda, mas, uma devolução ou retorno dos bens ou valores à sua origem: o acervo da coisa pública.

O espírito desta norma é restaurar o nível de riqueza anterior do erário, quando o abocanhamento dela, pelos agentes da improbidade, desfalcara a inteireza do seu conjunto de bens.

A preocupação com a probidade administrativa é de longa data na gestão da coisa pública, e a então Lei Federal 3.502, de 21.12.1958, já definia o enriquecimento ilícito mediante as seguintes condutas:

> a) a incorporação ao patrimônio privado, sem as formalidades previstas em leis, regulamentos, estatutos ou em normas gerais e sem a indenização correspondente, de bens ou valores do patrimônio de qualquer das entidades mencionadas;
>
> b) a doação de valores ou bens do patrimônio das Entidades públicas a indivíduos ou instituições privadas, ainda que de fins assistenciais ou educativos, desde que feita sem publicidade e sem autorização prévia do órgão que tenha competência expressa para deliberar a esse respeito;
>
> c) o recebimento de dinheiro, de bem móvel ou imóvel, ou de qualquer outra vantagem econômica, a título de comissão, percentagem, gratificação ou presente;
>
> d) a percepção de vantagem econômica por meio de alienação de bem móvel ou imóvel, por valor sensivelmente superior ao corrente no mercado ou ao seu valor real;
>
> e) a obtenção de vantagem econômica por meio da aquisição de bem móvel ou imóvel por preço sensivelmente inferior ao corrente no mercado ou ao seu valor real;

f) a utilização em obras ou serviços de natureza privada de veículos, máquinas e materiais de qualquer natureza de propriedade da União, Estado, Município, entidade autárquica, sociedade de economia mista, fundação de direito público, empresa incorporada ao patrimônio da União ou entidade que receba e aplique contribuições parafiscais e, bem assim, a dos serviços de servidores públicos, ou de empregados e operários de qualquer dessas entidades.

Constitui também causa de enriquecimento ilícito se o recebimento de dinheiro ou vantagem econômica for em decorrência de influência política funcional ou pessoal, intervindo perante órgãos públicos para fins de obtenção da prática de algum ato funcional em favor de terceiro. É a logração de benefício econômico ou financeiro sem previsão legal.

O enriquecimento sem causa é vedado amplamente no direito privado pela cláusula inserta no art. 884 do Código Civil[37], para preservar o patrimônio de terceiros, o direito patrimonial e a moralidade nas relações de negócios em geral.

É importante assinalar que estão sujeitos à decretação de perda os bens geradores do enriquecimento ilícito que forem adquiridos ou recebidos a partir do ato de improbidade administrativa, de modo que a data deste ato será o marco delimitador para alcançar a perda ou devolução dos bens ou valores integrantes do quadro de enriquecimento considerado sem causa, mas produto daquela ilegalidade administrativa dos agentes ou terceiros considerados culpados.

7. DECRETAÇÃO DA INDISPONIBILIDADE DE BENS

Art. 7º Quando o ato de improbidade causar lesão ao patrimônio público ou ensejar enriquecimento ilícito, caberá a autoridade administrativa responsável pelo inquérito representar ao Ministério Público, para a indisponibilidade dos bens do indiciado.

Parágrafo único. A indisponibilidade a que se refere o *caput* deste artigo recairá sobre bens que assegurem o integral ressarcimento do dano, ou sobre o acréscimo patrimonial resultante do enriquecimento ilícito.

A sistemática legal da indisponibilidade dos bens visa assegurar eventual reparação ao erário quando há risco potencializado de difícil reparação na reintegração dos valores ou do patrimônio afetado do Estado ao seu acervo.

---

37. "**Art. 884.** Aquele que, sem justa causa, se enriquecer à custa de outrem, será obrigado a restituir o indevidamente auferido, feita a atualização dos valores monetários.

Parágrafo único. Se o enriquecimento tiver por objeto coisa determinada, quem a recebeu é obrigado a restituí-la, e, se a coisa não mais subsistir, a restituição se fará pelo valor do bem na época em que foi exigido".

Trata-se de uma medida acauteladora para garantir a integral ou parcial recomposição patrimonial, com o intuito de amenizar os danos impostos ao erário pelo ato de improbidade administrativa do agente público.

A indisponibilidade também será utilizada quando o ato de improbidade resultar no enriquecimento ilícito do agente público ou de terceiros; assim, é medida eficaz para ser integralizado ao patrimônio estatal aquilo que foi indevidamente acumulado pelos seus beneficiários.

A indisponibilidade poderá recair sobre ativos financeiros, como, conta de poupança, aplicações financeiras ou conta-corrente, desde que esta não seja exclusiva para fins de depósitos da remuneração do agente público, por ser de natureza alimentícia.

Também poderão ser objeto da constrição judicial os imóveis, mediante averbação no Registro Imobiliário, ressalvado o bem de família devidamente caracterizado pela Lei 8.009/90, bem ainda, aqueles bens descritos pelo art. 649 do Código de Processo Civil, por serem absolutamente impenhoráveis. Este bloqueio de bens de família é admissível sob o argumento de que a indisponibilidade não tira o direito ao exercício do usufruto, além de não se tratar de penhora, mas apenas de uma restrição quando a sua alienação se fizer em nome de terceiros.

Deduz-se que a decretação da indisponibilidade de bens de família, que no futuro não poderão ser objeto de venda ou desapropriação do domínio do agente, por estar protegido por norma especial, não tem resultado prático pois, a fim de garantir o ressarcimento perquirido, estaria resguardando um patrimônio que não servirá para fins de alienação ou apropriação do seu produto pelo Poder Público. Seria, assim, uma medida inócua, isto porque a indisponibilidade objetiva resguardar o acervo patrimonial ou financeiro para uma futura execução garantidora do prejuízo sofrido pelo erário; ora, se procede o bloqueio do bem que não poderá ser objeto de penhora ou alienação via leilão mais adiante, não se está garantindo a exequibilidade de uma ação de reparação no futuro.

É oportuno notar, que a decretação da indisponibilidade e o sequestro de bens podem ser efetivados sobre os adquiridos anteriormente aos atos supostamente de improbidade, bem como há de ser devida e juridicamente fundamentada, com apoio nas regras impostas pelo devido processo legal, sob pena de se tornar nula.

O permissivo legal que disciplina a indisponibilidade de bens por conta de supostos atos de improbidade administrativa é uma decorrência da responsabilização do agente público, ao tempo da sua atuação à frente da entidade pública, assim como do *extraneus* que tenha auferido algum benefício em razão daquela conduta.

A indisponibilidade de bens significa a impossibilidade de sua alienação com o registro de inalienabilidade imobiliária, ou bloqueio de contas bancárias de poupança ou aplicações financeiras, quando demonstrada a ilicitude de suas origens mediante enriquecimento sem causa, oriunda de fontes clandestinas ou ocultas, bem ainda incompatível com a situação econômica do indiciado.

Deste modo, a indisponibilidade patrimonial traduz a cautela para consequências jurídicas do processo, como medida cautelar de garantir, no futuro, uma reparação ao Poder Público para evitar um irremediável esvaziamento da indisponibilidade perseguida pela Carta Política e pela norma ordinária.

A indisponibilidade de bens não pode ser vista como uma antecipação de pena, mas, como um procedimento cautelar visualizando a exequibilidade futura de uma manifestação judiciosa procedente.

Saliente-se que o parágrafo único do artigo em comento estabelece parâmetros de caráter quantitativo à constrição, ao consignar que a indisponibilidade "*recairá sobre bens que assegurem o integral ressarcimento do dano, ou sobre o acréscimo patrimonial resultante do enriquecimento ilícito*".

Isso denota que, se, de um lado, o legislador pretendeu garantir que a constrição fosse a mais abrangente possível para melhor atingir os fins colimados no diploma legal sob exame, de outro, buscou evitar que a medida extrema abrangesse mais bens do que aqueles estritamente necessários à recomposição do erário lesado.

A definição temperada dessa manifestação exprime o sentido do princípio da proporcionalidade ("*mandamento da proibição de excesso*") contida na falta de verificação da correspondência entre o fim a ser alcançado por uma disposição normativa e o meio empregado a qual deve ser juridicamente a melhor possível.

Dessa forma, pode-se concluir, com firmeza, que a indisponibilidade recairá sobre os bens que assegurem o integral ressarcimento do dano quando se referir a ato de improbidade que importe em dano ao erário, e sobre o acréscimo patrimonial, quando resultante de ato que importe em enriquecimento ilícito do agente ímprobo.

Infere-se, assim, na projeção da sua essencialidade, que a norma em questão tem o condão de alcançar a conduta do agente público quando, espertamente, resguarda-se ao transferir seus bens a outras pessoas antes do cometimento da realização do evento ímprobo, com vistas a afastar a impossibilidade de inevitável execução contra ele.

A orientação pretoriana quanto à incidência dos efeitos temporais da medida cautelar de indisponibilidade de bens ressalta o seu alcance "*sobre bens que assegurem o integral ressarcimento do dano*", independente de que tenham sido adquiridos antes ou depois do ato ilícito que resultou no enriquecimento do agente.

Nesse enfoque abrangente em defesa do interesse público, acrescente-se que a indisponibilidade de bens, como instituto cautelar, apenas não se restringe exclusivamente ao enriquecimento ilícito do agente, mas também, ao dever que este tem de indenizar, de modo que a responsabilidade pelo ato causador de danos encontra-se no próprio fato de reparar o dano produzido e não, na vantagem indevida recebida.

Adiciona-se, ainda, o fato de que o objeto da ação de improbidade administrativa abarca não só a decretação da perda dos bens havidos ilicitamente para a reparação do dano, mas também a imposição de multa civil, não podendo ser excluídos do seu espectro os bens adquiridos anteriormente ao ato de improbidade, se necessários para a garantia do ressarcimento dos prejuízos.

Com esse entendimento, pode-se afirmar que a sentença procedente de improbidade administrativa, no que concerne ao ressarcimento ao erário, tem o poder de alcançar bens adquiridos pelo agente público ou político, mesmo que esta aquisição tenha ocorrido anteriormente ao ato de improbidade reconhecido judicialmente.

Além disso, nada há na Lei 8.429/92 que imponha esta limitação: pelo contrário, o art. 7º, parágrafo único, da lei afirma que a indisponibilidade recairá sobre bens que assegurem o integral ressarcimento do dano, podendo, portanto, incidir sobre bens adquiridos antes ou depois do ato de improbidade.

Sobreleva ressaltar que a decretação da indisponibilidade dos bens nos casos de ação de improbidade administrativa somente é possível como meio de garantia de reparação de dano ao erário, não sendo possível essa medida como forma de antecipação ao pagamento de multa civil.

De modo que, não é cabível a indisponibilidade de seus bens para suportar eventual imposição de multa civil porquanto o sistema de cautelaridade da ação de improbidade administrativa, no intuito de garantir o ressarcimento ao erário e/ou devolução do produto do enriquecimento ilícito, decorrente de eventual condenação, nos termos estabelecidos no art. 37, § 7º, da Constituição de República".

- "Indisponibilidade de bens. Possibilidade de decretação. A Primeira Seção desta Corte Superior firmou orientação no sentido de que a decretação da indisponibilidade de bens, na ação de improbidade administrativa, prescinde da demonstração da dilapidação do patrimônio do réu, ou de que tal esteja para ocorrer, visto que o periculum in mora se acha implícito no comando normativo do art. 7º da Lei 8.429/92, daí porque, a tal desiderato (indisponibilização de bens), basta a concreta demonstração da fumaça do bom direito, decorrente de fortes indícios da alegada prática do ato ímprobo (REsp 1.366.721/BA, Rel. Ministro Napoleão Nunes Maia Filho, Rel. p/ Acórdão Ministro Og Fernandes, Primeira Seção, DJe 19/09/2014). [...] A indisponibilidade de bens deve recair sobre o patrimônio dos réus em ação de improbidade administrativa de modo suficiente a assegurar futura execução, na eventualidade de ser proferida sentença condenatória de ressarcimento de danos, de restituição de bens e valores havidos ilicitamente, bem como de pagamento de multa civil, "excluídos os bens impenhoráveis assim definidos por lei, salvo quando estes tenham sido, comprovadamente, adquiridos também com produto da empreitada ímproba, resguardado, como já dito, o essencial para sua subsistência" (REsp 1.319.515/ES, Rel. Ministro Napoleão Nunes Maia Filho, Rel. p/ Acórdão Ministro Mauro Campbell Marques, Primeira Seção, DJe 21/9/2012)". (STJ - AgInt no REsp 1440849/PA, Rel. Ministro SÉRGIO KUKINA, PRIMEIRA TURMA, julgado em 22/05/2018, DJe 30/05/2018)

- "Indisponibilidade dos bens. Responsabilidade solidária. A orientação jurisprudencial consolidada nesta Corte Superior é no sentido de que é solidária a responsabilidade pelo ressarcimento ao erário, ressalvando-se a possibilidade de discussão a esse respeito em fase de liquidação de sentença. No caso em questão o acórdão recorrido afirma expressamente que não é possível determinar desde já a efetiva participação de cada um dos envolvidos na prática do ato de improbidade administrativa. Assim, deve ser mantida a responsabilidade é solidária até, ao menos, a instrução final do feito, em que se poderá delimitar a quota de responsabilidade de cada agente para o ressarcimento". (STJ - AgInt no REsp 1687567/PR, Rel. Ministro MAURO CAMPBELL MARQUES, SEGUNDA TURMA, julgado em 27/02/2018, DJe 02/03/2018)

- "Indisponibilidade de bens. Limitação da medida. Verbas alimentícias. Agravo parcialmente provido. A concessão da medida liminar insere-se no âmbito do poder geral de cautela do julgador e depende unicamente do preenchimento dos requisitos *fumus boni iuris e periculum in mora*, podendo ser determinada antes mesmo da notificação a que se refere o art. 17, § 7º da Lei n.º 8.429/92. Precedente deste Tribunal. A constrição judicial não deve abranger a totalidade de bens do requerido, ora agravante, indiscriminadamente, impossibilitando-o de prover a própria subsistência e de seus familiares. Assim, não pode incidir sobre verbas de caráter alimentar, tais como salários e depósitos em caderneta de poupança no montante de até 40 (quarenta) salários mínimos, art. 833, IV e X, do Novo Código de Processo Civil. Precedentes desta Corte Regional. Agravo de instrumento parcialmente provido. ?A Turma, por unanimidade, deu parcial provimento ao agravo de instrumento". (TRF1 - ACORDAO 00168108920174010000, DESEMBARGADOR FEDERAL MÁRIO CÉSAR RIBEIRO, TRF1 - TERCEIRA TURMA, e-DJF1 DATA:18/05/2018)

- "Impenhorabilidade de proventos de aposentadoria. Valores que excedam a cinquenta salários-mínimos. Provimento parcial do agravo. Agravo que busca a penhora sobre 30% (trinta por cento) dos valores dos proventos do executado, em execução de sentença de improbidade administrativa, dada a inexistência de bens para garantir o adimplemento da condenação. A impenhorabilidade dos proventos de aposentadoria, razão adotada pela decisão agravada, é restrita aos valores inferiores a 50 (cinquenta) salários-mínimos (art. IV e § 2º - CPC). Se o exequente demonstrar, o que não consta dos autos, que a verba excede a esse limite, torna-se possível a penhora. Provimento parcial do agravo de instrumento. A Turma deu parcial provimento ao agravo de instrumento, à unanimidade". (ACORDAO 00045715320174010000, DESEMBARGADOR FEDERAL OLINDO MENEZES, TRF1 - QUARTA TURMA, e-DJF1 DATA:04/05/2018)

- "Ação de improbidade administrativa. Indisponibilidade de bens. Acautelamento de multa civil. Impossibilidade. Esta Corte tem decidido que não se deve antecipar eventual condenação ao pagamento de multa civil, para fins de decretação de indisponibilidade, porquanto a autorização constitucional só alude à indisponibilidade como meio de garantia de recomposição do dano ao erário, para o que não concorre a multa, cuja imposição (sendo o caso) dependerá da sentença. Precedentes. Unânime. (TRF1 - AI 0016618-93.2016.4.01.0000, rel. Des. Federal Néviton Guedes, em 26/06/2017)

- "Este TRF da 1ª. Região, alinhado com a jurisprudência do STJ, tem decidido que para se determinar o exame do pedido de indisponibilidade de bens, em face da presença de fundados indícios da prática de atos de improbidade, não se faz necessária a prova de dilapidação patrimonial ou de sua iminência. Em consonância com o posicionamento jurisprudencial adotado por esta Corte, frise-se que a constrição não pode incidir sobre verbas de caráter alimentar, tais como salários e depósitos em caderneta de poupança no montante de até 40 (quarenta) salários mínimos, nos termos do art. 833, IV e X, do Novo Código de Processo Civil, sob pena de inviabilizar a manutenção e o sustento da parte agravante e de sua família. (TRF1 - AG 0029046-73.2017.4.01.0000 / MT, Rel. DESEMBARGADOR FEDERAL NEY BELLO, TERCEIRA TURMA, e-DJF1 de 27/10/2017)

- Indisponibilidade dos bens. Conforme precedentes do col. Superior Tribunal de Justiça a determinação de bloqueio dos bens deve ocorrer nos limites do suposto dano ao erário. Inexistindo nos autos a demonstração de que os bens já bloqueados são insuficientes para assegurar o ressarcimento integral do suposto dano, mormente porquanto ainda não foram avaliados, descabe, por ora, a determinação de indisponibilidade sobre outros dos demandados, em observância ao princípio da proporcionalidade. Tratando-se de medida tipicamente acautelatória, nada impede o seu posterior deferimento, sobrevindo novos elementos de convicção ao processo. Recurso a que se nega provimento. (TJMG - Agravo de Instrumento-Cv 1.0261.15.002968-2/001, Relator(a): Des.(a) Sandra Fonseca, 6ª CÂMARA CÍVEL, julgamento em 21/02/2017, publicação da súmula em 06/03/2017)

- "Decreto de indisponibilidade. Bem de família. Possibilidade. A jurisprudência desta Corte Superior de Justiça é assente em admitir a decretação de indisponibilidade prevista na Lei de Improbidade Administrativa sobre bem de família. Precedentes". (STJ - AgInt no REsp 1670672/RJ, Rel. Ministro BENEDITO GONÇALVES, PRIMEIRA TURMA, julgado em 30/11/2017, DJe 19/12/2017)

- "A indisponibilidade de bens deve alcançar o valor da lesão ao erário, excluídos os bens impenhoráveis. Observo que, na hipótese dos autos, o bloqueio recaiu sobre conta bancária em que a agravante recebe os seus proventos de aposentadoria, conforme consignado pelo Tribunal a quo: "No caso concreto, a medida constritiva em questão recaiu sobre bens impenhoráveis da agravante, quais sejam, valores referentes a proventos - além de quantias decorrentes da venda de produtos - destinados ao seu sustento, bem como de sua família." (fl. 140, grifo acrescentado). É certo que a "constrição patrimonial deve alcançar o valor da totalidade da lesão ao erário, bem como sua repercussão no enriquecimento ilícito do agente, decorrente do ato de improbidade que se imputa, excluídos os bens impenhoráveis assim definidos por lei, salvo quando estes tenham sido, comprovadamente, adquiridos também com produto da empreitada ímproba, resguardado, como já dito, o essencial para sua subsistência". (REsp 1.319.515/ES, Rel. Ministro Napoleão Nunes Maia Filho, Rel. p/ Acórdão Ministro Mauro Campbell Marques, Primeira Seção, DJe 21/9/2012). Esclareça-se que foi dado parcial provimento ao Recurso Especial para determinar a indisponibilidade dos bens da recorrida, excluindo-se os impenhoráveis, in casu a conta bancária onde a agravante recebe seus proventos, além de quantias decorrentes da venda de produtos destinados ao seu sustento e ao de sua família. (STJ - AgRg no REsp 1460621/BA, Rel. Ministro HERMAN BENJAMIN, SEGUNDA TURMA, julgado em 25/10/2016, DJe 08/11/2016)

- Indisponibilidade de bens. A jurisprudência do STJ pacificou orientação no sentido de que a decretação de indisponibilidade prevista no art. 7º, parágrafo único, da LIA não depende da individualização dos bens pelo Parquet, podendo recair sobre aqueles adquiridos antes ou depois dos fatos descritos na inicial, bem como sobre bens de família. A responsabilidade dos réus na ação de improbidade é solidária, pelo menos até o final da instrução probatória, momento em que seria possível especificar e mensurar a quota de responsabilidade atribuída a cada pessoa envolvida nos atos que causaram prejuízo ao erário. No caso, considerando-se a fase processual em que foi decretada a medida (postulatória), bem como a cautelaridade que lhe é inerente, não se demonstra viável explicitar a quota parte a ser ressarcida por cada réu, sendo razoável a decisão do magistrado de primeira instância que limitou o bloqueio de bens aos valores das contratações supostamente irregulares que o embargante esteve envolvido. Dessarte, os aclaratórios devem ser acolhidos apenas para integralizar o julgado com a fundamentação ora trazida. Embargos de declaração acolhidos sem efeitos infringentes. (STJ - EDcl no AgRg no REsp 1351825/BA, Rel. Ministro OG FERNANDES, SEGUNDA TURMA, julgado em 22/09/2015, DJe 14/10/2015)

- Indisponibilidade de bens. Possibilidade de decretação sobre bem de família. Precedentes. A jurisprudência desta Corte já reconheceu a possibilidade de a decretação de indisponibilidade de bens prevista na Lei de Improbidade Administrativa recair sobre bens de família. Precedentes: REsp 1461882/PA, Rel. Min. Sergio Kukina, Primeira Turma, DJe 12/03/2015, REsp 1204794 / SP, Rel. Min. Eliana Calmon, Segunda Turma, DJe 24/05/2013. 2. Agravo regimental não provido. (STJ - AgRg no REsp 1483040/SC, Rel. Ministro BENEDITO GONÇALVES, PRIMEIRA TURMA, julgado em 01/09/2015, DJe 21/09/2015)

- Indisponibilidade de bens. Desnecessidade de comprovação de dilapidação iminente ou efetiva do patrimônio do demandado e de individualização dos bens a serem alcançados pela constrição. Nas "demandas por improbidade administrativa, a decretação de indisponibilidade prevista no art. 7º, parágrafo único, da LIA não depende da individualização dos bens pelo *Parquet*, podendo recair sobre aqueles adquiridos antes ou depois dos fatos descritos na inicial, bem como sobre bens de família" (STJ - REsp 1461882/PA, Rel. Ministro SÉRGIO KUKINA, PRIMEIRA TURMA, julgado em 05/03/2015, DJe 12/03/2015)

- Indisponibilidade de recursos oriundos de reclamatória trabalhista. Natureza salarial. Impenhorabilidade. Art. 649, IV do CPC. Ofensa configurada. Recurso especial provido. As verbas salariais, por serem absolutamente impenhoráveis, também não podem ser objeto da medida de indisponibilidade na Ação de Improbidade Administrativa, pois, sendo impenhoráveis, não poderão assegurar uma futura execução. O uso que o empregado ou o trabalhador faz do seu salário, aplicando-o em qualquer fundo de investimento ou mesmo numa poupança voluntária, na verdade, é uma defesa contra a inflação e uma cautela contra os infortúnios, de maneira que a aplicação dessas verbas não acarreta a perda de sua natureza salarial, nem a garantia de impenhorabilidade. Recurso especial provido. (STJ - REsp 1164037/RS, Rel. Ministro SÉRGIO KUKINA, Rel. p/ Acórdão Ministro NAPOLEÃO NUNES MAIA FILHO, PRIMEIRA TURMA, julgado em 20/02/2014, DJe 09/05/2014)

- "A indisponibilidade de bens não pode ser excessiva, devendo a constrição limitar-se aos ativos necessários ao ressarcimento integral do erário, não sendo razoável, em princípio, alcanç*ar os valores postos na conta bancária da parte, representativos de salário ou renda do trabalho*". (TRF – 1ª R. – AG 0018968-93.2012.4.01.0000/PA – Rel. Des. Fed. Olindo Menezes – 4ª T. – e-DJF1 p.431 de 29.01.2014)

- Possibilidade de incidência da constrição patrimonial sobre bens adquiridos em data anterior à suposta conduta ímproba em montante suficiente para o ressarcimento integral do aventado dano ao erário. A indisponibilidade acautelatória prevista na Lei de Improbidade Administrativa tem como finalidade a reparação integral dos danos que porventura tenham sido causados ao erário; trata-se de medida preparatória da responsabilidade patrimonial, representando, em essência, a afetação de todos os bens necessários ao ressarcimento, podendo, por tal razão, atingir quaisquer bens ainda que adquiridos anteriormente ao suposto ato de improbidade. Precedentes. (STJ – 1ª T. – REsp. 1.176.440/RO – Rel. Min. Napoleão Nunes Maia Filho – j. em 17.09.2013 – DJe 04.10.2013)

- "[...] A medida de indisponibilidade de bens, prevista no art. 7º, parágrafo único, da Lei 8.429/1992, não se equipara a expropriação do bem, muito menos se trata de penhora, limitando-se a impedir eventual alienação. Arts. 648 e 649, X, do CPC inaplicáveis". Precedentes do STJ. (STJ – 2ª T. – REsp 1260731/RJ – Relª. Minª. Eliana Calmon – j. em 19.11.2013 – DJe 29.11.2013)

- Bloqueio de bens em valor superior ao indicado na inicial da ação de improbidade. Em ação de improbidade administrativa, é possível que se determine a indisponibilidade de bens (art. 7º da Lei 8.429/1992) – inclusive os adquiridos anteriormente ao suposto ato de improbidade – em valor superior ao indicado na inicial da ação visando a garantir o integral ressarcimento de eventual prejuízo ao erário, levando-se em consideração, até mesmo, o valor de possível multa civil como sanção autônoma. Isso porque a indisponibilidade acautelatória prevista na Lei de Improbidade Administrativa tem como finalidade a reparação integral dos danos que porventura tenham sido causados ao erário. (STJ – 1ª T. – REsp. 1.176.440/RO – Rel. Min. Napoleão Nunes Maia Filho – j. em 17.09.2013 – Informativo 533)

- Indisponibilidade de bens. Data de aquisição dos bens. Liminar. Pressupostos. Art. 7º, da Lei 8.429/92. Ressarcimento ao erário. O art. 7º, da Lei 8.429/92 tem o objetivo de assegurar o ressarcimento do dano causado ao erário público, sendo desimportante que a indisponibilidade recaia sobre bens adquiridos anteriormente ao indigitado ato. Precedentes: REsp. 886.524/SP, Rel. Min. João Otávio de Noronha, DJ de 13.11.2007, REsp. 401.536/MG, Rel. Min. Denise Arruda, DJ de 06.02.2006. (STJ – REsp. 955835 / SP – 1ª Turma – DJe 06.10.2008 – Rel. Min. Francisco Falcão)

- Indisponibilidade e sequestro de bens antes do recebimento da petição inicial. Medida cautelar incidental. Possibilidade. *É possível a determinação de indisponibilidade e sequestro de bens, para fins de assegurar o ressarcimento ao Erário, antes do recebimento da petição inicial da Ação de Improbidade. Precedente do STJ. O fato de a Lei 8.429/1992 prever contraditório prévio ao recebimento da petição inicial (art. 17, §§ 7º e 8º) não restringe o cabimento de tais medidas, que têm amparo em seus arts. 7º e 16 e no poder geral de cautela do magistrado, passível de ser exercido mesmo inaudita altera parte (art. 804 do CPC). 3. Afasta-se o óbice consignado no acórdão recorrido, cabendo à instância ordinária verificar a presença dos requisitos ensejadores das medidas cautelares buscadas. (STJ – REsp. 930.650/DF – 2ª Turma – Rel. Herman Benjamin – j. em 18.08.2009 – unânime – DJe 27.08.2009)*

- Indisponibilidade de bens. Bem de família. Deferimento de liminar. Agravo de instrumento. A *ratio essendi* do instituto indica que o mesmo é preparatório da responsabilidade patrimonial, que representa, em essência, a afetação de todos os bens presentes e futuros do agente improbo para com o ressarcimento previsto na lei. Deveras, a indisponibilidade sub examine atinge o bem de família quer por força da mens legis do inc. VI do art. 3º da Lei de Improbidade, quer pelo fato de que torna indisponível o bem; não significa expropriá-lo, o que conspira em prol dos propósitos da Lei 8.009/90. 5. A fortiori, o eventual caráter de bem de família dos imóveis nada interfere na determinação de sua indisponibilidade. Não se trata de penhora, mas, ao contrário, de impossibilidade de alienação, mormente porque a Lei 8.009/90 visa a resguardar o lugar onde se estabelece o lar, impedindo a alienação do bem onde se estabelece a residência familiar. No caso, o perigo de alienação, para o agravante, não existe. Ao contrário, a indisponibilidade objetiva justamente impedir que o imóvel seja alienado e, caso seja julgado procedente o pedido formulado contra o agravante na ação de improbidade, assegurar o ressarcimento dos danos que porventura tenham sido causados ao erário. Sob esse enfoque, a hodierna jurisprudência desta Corte direciona-se no sentido da possibilidade de que a decretação de indisponibilidade de bens, em decorrência da apuração de atos de improbidade administrativa, recaia sobre os bens necessários ao ressarcimento integral do dano, ainda que adquiridos anteriormente ao suposto ato de improbidade. Precedentes: REsp. 839936/PR, DJ 01.08.2007; REsp. 781431/BA, DJ 14.12.2006; AgMC 11.139/SP, DJ de 27.03.06 e REsp. 401.536/MG, DJ de 06.02.06. (STJ – REsp. 806301 / PR – 1ª Turma – DJ 03.03.2008 – Rel. Min. Luiz Fux).

8. RESPONSABILIDADE CIVIL DA HERANÇA

Art. 8º O sucessor daquele que causar lesão ao patrimônio público ou se enriquecer ilicitamente está sujeito às cominações desta lei até o limite do valor da herança.

A interpretação deste dispositivo necessariamente traz para seu contexto o regramento sobre direito sucessório definido pelo Código Civil quando transmite à herança o direito de reparação, dívidas e compromissos pactuados pelo *de cujus* na proporção a ser partilhada pelos sucessores do agente que seja declarado judicialmente responsabilizado por lesão do patrimônio público ou tenha enriquecido ilicitamente.

A matéria está assim colocada no Código Civil:

Art. 943. O direito de exigir reparação e a obrigação de prestá-la transmitem-se com a herança.

Art. 1.997. A herança responde pelo pagamento das dívidas do falecido; mas, feita a partilha, só respondem os herdeiros, cada qual em proporção da parte que na herança lhe coube.

§ 1º Quando, antes da partilha, for requerido no inventário o pagamento de dívidas constantes de documentos, revestidos de formalidades legais, constituindo prova bastante da obrigação, e houver impugnação, que não se funde na alegação de pagamento, acompanhada de prova valiosa, o juiz mandará reservar, em poder do inventariante, bens suficientes para solução do débito, sobre os quais venha a recair oportunamente a execução.

§ 2º No caso previsto no parágrafo antecedente, o credor será obrigado a iniciar a ação de cobrança no prazo de trinta dias, sob pena de se tornar de nenhum efeito a providência indicada.

Como se vê, há diferentes alcances da natureza da obrigação de reparação de dívidas que estão distinguidos pelas normas mencionadas a serem suportados os seus valores pelo espólio, isso porque a Lei de Improbidade Administrativa preceitua essa transmissão quando o agente cometeu dano ao erário ou enriqueceu ilicitamente, portanto, somente quando houver resultados danosos de uma ação do agente com sua conduta de improbidade em que o débito imputado ou o produto da riqueza sem causa é proveniente de prejuízo ao erário.

A Lei de Improbidade prevê a responsabilidade do sucessor do agente responsável pelo ato de improbidade somente nessas hipóteses.

Mas a Lei de Improbidade presume no seu conjunto sancionatório, a imputação de multa civil para o agente condenado por decisão judicial, constituindo-se, assim, em um título executivo judicial, se não houver a adimplência do mesmo.

Nessa hipótese, a Lei de Improbidade não contempla o valor da imputação da multa imposta ao sucessor do agente, pois, como dito anteriormente, este dispositivo só contemplou a situação decorrente de dano ao erário ou enriquecimento ilícito do agente.

Entende-se, pois, que o débito imputado por força de multa civil, por se tratar de uma sanção personalíssima, não estaria inserida nesse rol de transmissão sucessória por falta de previsão na aludida norma de defesa da probidade administrativa.

Impõe-se analisar que a multa é uma espécie de sanção que consiste na imposição de uma obrigação pecuniária, uma determinação da perda ou redução de um bem jurídico de valor em dinheiro, por infringência da regra ou lei. Logo, a multa é uma pena.

Lendo a nossa Constituição, constata-se, que no campo dos direitos fundamentais, está assegurado que "*nenhuma pena passará da pessoa do condenado, podendo a obrigação de reparar o dano e a decretação do perdimento de bens ser, nos termos da lei, estendidas aos sucessores e contra eles executadas, até o limite do valor do patrimônio transferido*". (art. 5º, XLV)

Por isso, a Carta Política veda a passagem ou transferência de uma pena, e a multa é uma sanção, uma espécie de pena, para outra pessoa, motivo pela qual a norma referida não abrangeu na transmissão sucessória o valor da pena imposta, restringindo-se aos valores com o enriquecimento ilícito e o prejuízo causado ao erário.

No que se refere ao Código Civil, deve-se atentar que a menção à transmissão tratada é de reparação ou obrigação, e, quando menciona dívidas, deve-se entender aqueles compromissos que geram inadimplência, que tiveram algum tipo de contraprestação, sob pena de enriquecimento sem causa.

Além do que a pena de multa está sujeita à prescrição nos termos da lei, por ser uma penalidade, enquanto a reparação patrimonial por ato de improbidade é imprescritível.

- "Ao requerer a habilitação, não pretendeu o órgão ministerial imputar aos requerentes crimes de responsabilidade ou atos de improbidade administrativa, porquanto personalíssima é a ação intentada. Estão os herdeiros legitimados a figurar no polo passivo da demanda, exclusivamente para o prosseguimento da pretensão de ressarcimento ao erário (art.8°, Lei 8.429/1992). Recurso especial improvido". (REsp 732.777/MG, Rel. Ministro HUMBERTO MARTINS, SEGUNDA TURMA, DJ 19/11/2007) (STJ - AGRAVO EM RECURSO ESPECIAL Nº 379.525 - RJ (2013/0251734-3) – relator Ministro Sérgio Kukina – 14/05/2018)

- "É de ser rejeitada a tese de perda de objeto da ação de improbidade administrativa ao fundamento de que o réu, falecido no curso do processo, não teria deixado bens suficientes à execução das penas cominadas ao espólio, mesmo porque, na certidão de óbito, a declarante e atual inventariante afirmou haver bens a serem partilhados". (Ap 57204/2016, DES. JOSÉ ZUQUIM NOGUEIRA, SEGUNDA CÂMARA DE DIREITO PÚBLICO E COLETIVO, Julgado em 08/05/2018, Publicado no DJE 14/05/2018)

- "Como os réus foram condenados somente com base no art. 11 da Lei da Improbidade Administrativa, é ilegal a transmissão da multa para os sucessores do de cujus, mesmo nos limites da herança, por violação ao art. 8º do mesmo estatuto." (STJ, REsp n. 951389/SC, Relator: Min. Herman Benjamin, 1ª Seção, j. 09/06/2010)". (TJSC, Apelação n. 0002697-93.2006.8.24.0113, de Camboriú, rel. Des. Paulo Ricardo Bruschi, j. 04-08-2016)

- "Em caso de falecimento do agente causador do dano não se pode imputar aos sucessores os atos de improbidade administrativa lesivos ao patrimônio público, porquanto personalíssima é a ação intentada nesse sentido. Todavia, é cabível acionar os sucessores, exclusivamente para fins de se buscar o ressarcimento ao erário. 7. Apelações e remessa oficial improvidas. (TRF 5ª R.; APELREEX 13598; Proc. 2007.81.00.017600-1; CE; Segunda Turma; Rel. Des. Fed. Barros Dias; DJETRF5 19/04/2011) VISTOS, RELATADOS E DISCUTIDOS os presentes autos acima identificados. (TJPB - ACÓRDÃO/DECISÃO do Processo Nº 00055156920068150371, 3ª Câmara Especializada Cível, Relator DES SAULO HENRIQUES DE SÁ E BENEVIDES, j. em 21-09-2015)

- "Em caso de falecimento de um dos réus da ação de improbidade administrativa, "o sucessor daquele que causar lesão ao patrimônio ou se enriquecer ilicitamente está sujeito às cominações desta lei até o limite da herança", nos termos do art. 8º da Lei nº 8.429/92. Verificado o falecimento do réu, o feito deve ser suspenso, para que os sucessores ou espólio sejam habilitados, sob pena de nulidade de todos os atos praticados após o óbito". (TJMG - Apelação Cível 1.0188.10.003322-7/005, Relator(a): Des.(a) Moacyr Lobato, 5ª CÂMARA CÍVEL, julgamento em 19/11/2015, publicação da súmula em 30/11/2015)

- "A habilitação tem lugar quando, por falecimento de qualquer das partes, os interessados houverem de suceder-lhe no processo. A habilitação pode ser requerida pela parte, em relação aos sucessores do falecido, nos termos dos artigos 1.055 e 1.056 do Código de Processo Civil. Também o Código de Processo Civil prevê seu artigo 43, para a hipótese de morte de qualquer das partes do processo, a substituição do de cujus pelos seus sucessores ou seu espólio. Ademais, trata-se de Ação Civil Pública na qual se pretende a condenação dos demandados pela prática de ato ímprobo previsto na Lei de Improbidade Administrativa - Lei nº 8.429/1992-. Nesse passo, a própria LIA prevê no seu artigo 8º que o sucessor daquele que causar lesão ao patrimônio público ou se enriquecer ilicitamente está sujeito às cominações desta lei até o limite do valor da herança. Não é requisito para a habilitação dos sucessores a existência de sentença definitiva nos autos principais". (TRF4, 3ª Turma, APELAÇÃO CÍVEL nº 5005942-65.2013.404.7002, Rel. Des. Federal CARLOS EDUARDO THOMPSON FLORES LENZ, POR UNANIMIDADE, JUNTADO AOS AUTOS EM 11/07/2014)

- "[...] Consoante o art. 8º da Lei de Improbidade Administrativa, a multa civil é transmissível aos herdeiros, 'até o limite do valor da herança', somente quando houver violação aos arts. 9° e 10° da referida lei (dano ao patrimônio público ou enriquecimento ilícito), sendo inadmissível quando a condenação se restringir ao art. 11. [...]". (1ª S. – REsp. 951.389/SC – Rel. Min. Herman Benjamin – j. em 09.06.2010 – DJe 04.05.2011)

- "[...] A questão federal principal consiste em saber se é possível a habilitação dos herdeiros de réu, falecido no curso da ação civil pública, de improbidade movida pelo Ministério Público, exclusivamente para fins de se prosseguir na pretensão de ressarcimento ao erário. Ao requerer a habilitação, não pretendeu o órgão ministerial imputar aos requerentes crimes de responsabilidade ou atos de improbidade administrativa, porquanto personalíssima é a ação intentada. 4. Estão os herdeiros legitimados a figurar no polo passivo da demanda, exclusivamente para o prosseguimento da pretensão de ressarcimento ao erário (art.8°, Lei 8.429/1992). [...]". (2ª T. – REsp. 732.777/MG – Rel. Min. Humberto Martins – j. em 06.11.2007 – DJ 19.11.2007, p. 218)

- Transmissão de obrigação *causa mortis*. Apenas a obrigação que preexiste ao falecimento se transmite, porquanto esse dispositivo fala em dívida do falecido. Apenas as dívidas contraídas pelo falecido em vida são transmitidas aos herdeiros, não se podendo falar em transferência de obrigação em tese. (STJ – 4ª T. – REsp. 60.636 – Rel. Min. Ruy Rosado de Aguiar – j. em 03.02.2000)

- Responsabilidade dos sucessores daquele que cometeu ato ímprobo. Art. 8º da Lei 8.429/92. Transmissão do patrimônio. Partilha. A responsabilidade dos sucessores daquele que causar lesão ao patrimônio público ou se enriquecer ilicitamente está sujeita às cominações do art. 8º da Lei 8.429/92 até o limite do valor da herança. Não havendo alegação de que tivessem contribuído para a prática dos atos ímprobos, descabe sujeitar os agravantes a esse Diploma Legal. O patrimônio transmitido responde, na forma do art. 1.796 do Código Civil em vigor à época, previsão atual inscrita no art. 1.997, caput da Lei 10.406/02. Como não há notícia de que tenha havido partilha, não se podendo dar outra exegese sob pena de ferimento ao art. 5º, inc. XLV da Constituição Federal, a ação deve permanecer dirigida contra o espólio, excluindo-se, por ora, os herdeiros a quem não foi, ainda, partilhada a herança. (TJRS – Pleno – AI 70009747767 – j. em 13.12.2004 – Relª. Desª. Rejane Maria Dias de Castro Bins)

- Multa. Prazo prescricional. A jurisprudência desta Corte é firme no entendimento de que o lapso prescricional para a cobrança de multa de natureza administrativa é de cinco anos, previsto no art. 1º do Decreto 20.910/32, em obséquio do princípio da simetria, sendo inaplicáveis ao caso as disposições do Código Civil e do Código Tributário Nacional. Precedentes das Turmas da Primeira Seção. (STJ – AgRg. no REsp. 1137142 / SP – 1ª Turma – DJe 28.10.2009 – Rel. Min. Hamilton Carvalhido)

CAPÍTULO II
Dos Atos de Improbidade Administrativa

Seção I
Dos Atos de Improbidade Administrativa que Importam Enriquecimento Ilícito

9. ATOS QUE IMPORTAM EM ENRIQUECIMENTO ILÍCITO

Art. 9° Constitui ato de improbidade administrativa importando enriquecimento ilícito auferir qualquer tipo de vantagem patrimonial indevida em razão do exercício de cargo, mandato, função, emprego ou atividade nas entidades mencionadas no art. 1° desta lei, e notadamente:

O ato de improbidade administrativa que resulta em enriquecimento ilícito é aquele constituído pela obtenção dolosa ou culposa, proporcionada em função do exercício do agente público utilizando-se da sua influência ou atuação gestora à frente do manejo da coisa pública.

O núcleo do tipo consiste na expressão auferir, ou seja, tirar, colher, obter ou ter.

Por esta conduta, o agente público acresce ao seu patrimônio uma vantagem econômica ou financeira, cuja origem é proveniente de ato ilegal, desonesto ou antiético.

Enriquecer significa o engrandecimento ou aumento do patrimônio de uma pessoa pela incorporação de bens e valores que pertenciam a outrem. O crescimento de um patrimônio não é crime se a causa desse crescimento patrimonial provém de origem legal, tal como: fruto do trabalho honesto, de doação lícita, de ganho lotérico ou de herança. Às vezes, a pessoa arrisca em negócios rentáveis e de lucro fácil, dando-se bem com ganho significativo de dinheiro, mas tudo deve ser discriminado na sua declaração de imposto de renda de pessoa física ou jurídica.

O enriquecimento lícito é o resultado de negócio ou ato jurídico apoiado em lei; a sua configuração depende da demonstração da existência do dolo, o desígnio ilícito, mas independe da ocorrência de dano ao erário; uma desconexão previsível dependente do conjunto de fatos circunstantes, enquanto o enriquecimento sem causa, sem origem legal ou produto de atividades ilícitas, constitui o enriquecimento ilícito, que vem a ser o locupletamento próprio com coisa alheia em detrimento de terceiros, subtraindo--lhes o nível de riqueza e contribuindo para o seu empobrecimento indevido e injusto. É o resultado de uma atividade danosa a alguém ou a uma entidade em proveito próprio de forma desleal e criminosa.

Na hipótese de ato de improbidade administrativa, no enriquecimento ilícito, para a configuração da conduta típica, é imprescindível que o agente venha auferir qualquer tipo de vantagem patrimonial indevida em razão do exercício de cargo, mandato, função, emprego ou atividade funcional no quadro da entidade estatal a que pertença, de modo que o agente que vem tirar proveito ou receber qualquer tipo de vantagem, patrimonial, financeira ou material, em razão da sua atividade profissional, se enquadra no tipo desta conduta descrita por este dispositivo legal.

O acréscimo patrimonial com o somatório de novos bens em nome de um agente público que tenha origem decorrente de uma postura desenvolvida, de forma ativa ou passiva no exercício da sua atividade, constitui a figura do enriquecimento ilícito, isso porque ele só teve esse benefício por conta de algum ato, em qualquer de suas formas, ativa ou passiva, no desempenho de sua função pública.

Assim é que um agente que, tendo percebido vantagem indevida com valor econômico ou não, mas que de forma indireta lhe proporcione algum benefício material ou moral para agir de forma diversa do seu dever funcional, na defesa do interesse da sua instituição, incorre no enquadramento desta norma.

É bom ressaltar que o agente deve estar no exercício do cargo por ocasião do recebimento da vantagem indevida em razão de a norma exigir uma relação de causalidade entre o enriquecimento sem causa e a atuação positiva ou negativa daquele, para gerar o resultado almejado pela proposta percebida, de modo que o ato de improbidade administrativa que importa em enriquecimento ilícito exige para sua configuração a presença dos seguintes elementos constitutivos:

a) A percepção de vantagem indevida ou qualquer tipo de benefício de valor econômico, financeiro, material ou moral decorrente de conduta ou comportamento atentatório aos princípios norteadores da administração pública;
b) Independe de que essa vantagem importe em dano ao erário;
c) Relação de causalidade do agente no exercício da sua função com o recebimento da vantagem obtida;
d) É irrelevante que a vantagem seja para o agente ou para outrem.

É importante inserir entre os atos que podem caracterizar este tipo, a influência política na concessão de um cargo mais elevado ou importante em troca de um ato em desfavor do interesse público; no caso, a hipótese de enriquecimento ilícito provém de uma vantagem indevida em razão do exercício funcional do agente.

Aqui fica bem delineado que a vantagem indevida não é necessariamente de conteúdo econômico ou financeiro, mas é uma troca de favores que tipifica a conduta do agente. Nessa circunstância, embora a vantagem seja indevida, não há como enquadrá-la neste dispositivo; seria mais adequadamente ajustada aos arts. 10 ou 11 desta Lei.

A propósito desta temática, impende a observação de Pedro Roberto Decomain:

> Se a vantagem percebida, ou cuja promessa foi aceita, não tiver caráter econômico, nem mesmo de maneira indireta, a sua percepção (ou a aceitação da promessa feita) continuará configurando ato de improbidade administrativa. Este já não mais será enquadrável, porém, no art. 9º da Lei, na medida em que a tônica desse artigo está no enriquecimento ilícito representado pelo

auferimento de vantagem sem caráter de cunho patrimonial. A improbidade será subsumível, em caso de vantagem sem caráter econômico, ou no art. 10 da Lei, quando do ato resulte prejuízo patrimonial para o erário, ou, pelo menos, em seu art. 11, porque caracterizada violação a princípio norteador da administração pública[38].

Deste modo, desde que a vantagem ofertada e aceita, seja indevida por infidelidade aos princípios que norteiam a administração pública, o agente que faz uso do cargo ou função para auferir mimos ou benesses, estará sujeito a esta norma.

Um aspecto relevante é quanto à vontade do agente em realizar o ato de sua competência ou prerrogativa para auferir vantagem indevida, que poderá ser de forma dolosa ou culposa, mediante uma ação ou omissão, contanto que agregue ao seu patrimônio novos somatórios de bens ou valores.

A regra comum é o agente agir de forma dolosa, com a intenção direta de alcançar o resultado almejado ou assumindo o risco do resultado da sua conduta.

Nessa postura, ele assume uma posição proativa de obter a vantagem que lhe é oferecida, utilizando-se do seu poder no cargo para promover o ato ou atos necessários ao objetivo pretendido pelo autor da oferta. Ele visa, assim, atender aos procedimentos ou meios aparentemente normais, rotineiros ou de tramitação natural, mas adequando-os ao interesse oculto da proposição: se não tivesse aquele incentivo da proposta indecente, não teria adotado aquela linha de atuação.

Embora seja rara a situação, é possível que um ato de imprudência, negligência ou imperícia, de forma pensada, possa também atingir o mesmo resultado pretendido pelo agente para se ajustar ao interesse do mercador da sua consciência.

Assim, é possível que a desatenção reprovável, embora com a previsibilidade mínima de culpa originada da imperfeição de um ato, também possibilite a configuração do tipo, desde que resulte em vantagem indevida para o seu acontecimento.

Por derradeiro, deve-se verificar que a norma, no seu *caput*, trata da matéria de forma genérica, mas preceitua de forma especificada as modalidades que de maneira especial caracterizam o enriquecimento ilícito mediante o recebimento de vantagem indevida, quando estipula notadamente as várias situações enquadradoras da conduta referida.

- Apropriação indevida de diárias. No caso, deve ser mantida a condenação da ré por ato de improbidade administrativa, mormente em razão de sua conduta dolosa de deixar de devolver as diárias recebidas e de dar causa à expiração de bilhete aéreo, aliado ao fato de ter expressamente declarado ao setor competente de seu órgão que estivera na cidade de Brasília, informação esta não condizente com a verdade. Não há que se falar em mera ilegalidade administrativa, mas de ilegalidade qualificada pela imoralidade, desonestidade, má-fé, ou seja, pela falta de probidade do agente público no desempenho de função pública, tipificando, assim, ato de improbidade administrativa. A restituição dos valores relativos às diárias e às passagens aéreas não afastam a ocorrência do ato de improbidade administrativa cometido, porquanto se vislumbra o dolo e a intenção de dilapidação, uma vez que o ressarcimento

38. DECOMAIN, Pedro Roberto. **Improbidade Administrativa.** p. 85.

somente ocorreu quando transcorridos cerca de dois anos do recebimento dos valores e após a instauração de inquérito policial (TRF da 1ª Região - AC 0001887-98.2013.4.01.4300 / TO, Rel. DESEMBARGADORA FEDERAL MONICA SIFUENTES, Rel.Conv. JUIZ FEDERAL GUILHERME MENDONÇA DOEHLER (CONV.), TERCEIRA TURMA, e-DJF1 de 17/02/2017)

- "Comprovada a prática de ato de improbidade administrativa previsto no art. 9º, *'caput'*, e artigo 11, *'caput'*, da Lei 8.429/92, consistente na exigência de propina, por policial rodoviário federal, para a liberação de veículo envolvido em acidente, impõe-se a aplicação das sanções previstas no art. 12, I e III, daquele diploma legal". (TRF4, AC 5002275-68.2013.404.7003, QUARTA TURMA, Relator LUÍS ALBERTO D'AZEVEDO AURVALLE, juntado aos autos em 06/10/2016)

- " A apropriação dolosa de dinheiro pertencente ao erário e a detentos, em proveito da função de Diretor de presídio, em completo menosprezo à lei, consubstancia ato de improbidade administrativa, expressamente vedado em nosso ordenamento jurídico, assim como contraria os princípios constitucionais básicos que regem a Administração Pública, expressos no art. 37, caput, da Constituição da República. Configuração dos atos de improbidade administrativa previstos no art. 9º, caput, da Lei 8.429/92, devendo, o apelado, responder nos termos do art. 12 da mesma norma. O fato de se tratar de valor módico não anula ou diminui a censurabilidade do ato, impondo-se a aplicação das três sanções previstas na norma como penalização desta conduta. 4. Recursos providos. (TJMG – Ap. Cív. 1.0223.05.169574-8/001 – Relª. Desª. Áurea Brasil – 5ª Câm. Cív. – j. em 23.01.2014 – publicação da Súmula em 30.01.2014)

- "[...] O posicionamento firmado pela Primeira Seção é que se exige dolo, ainda que genérico, nas imputações fundadas nos arts. 9º e 11 da Lei 8.429/1992 (enriquecimento ilícito e violação a princípio), e ao menos culpa, nas hipóteses do art. 10 da mesma norma (lesão ao erário). [...]" (AGAREsp. 103.419/RJ – Relª. Minª. Eliana Calmon – 2ª T. – j. em 05.09.2013 – DJe 17.09.2013)

- "[...] Não se pode confundir improbidade com simples ilegalidade. A improbidade é ilegalidade tipificada e qualificada pelo elemento subjetivo da conduta do agente. Por isso mesmo, a jurisprudência do STJ considera indispensável, para a caracterização de improbidade, que a conduta do agente seja dolosa, para a tipificação das condutas descritas nos artigos 9º e 11 da Lei 8.429/92, ou pelo menos eivada de culpa grave, nas do artigo 10. [...]" (Corte especial – AIA 30/AM – Rel. Min. Teori Albino Zavascki – j. em 21.09.2011 – DJe 28.09.2011)

- Conselheiro tutelar. Apropriação indevida de diária de viagem. Notas fiscais superfaturadas. Alegada compensação. Ausência de prova de crédito com o ente público - Considera-se ato de improbidade administrativa a apropriação de valor recebido em razão do adiantamento de diária de viagem, por meio de apresentação de notas fiscais superfaturadas. A alegação do agente de que teria agido de boa-fé e que somente forjou as despesas em virtude de possuir crédito junto à Administração não prospera, mormente porque a existência desse não restou comprovada nos autos (STJ - REsp 980706/RS, Rel. Ministro LUIZ FUX, PRIMEIRA TURMA, julgado em 03/02/2011, DJe 23/02/2011)

- *"À luz do art. 9º da Lei 8.429/92, comete ato de improbidade administrativa o prefeito que, sob a justificativa de ser necessária a obtenção de recursos para o Municí*pio de Senador Amaral junto aos parlamentares, promove despesa com Viagem a Brasília durante o feriado da Semana Santa – quando sabidamente não há expediente no Congresso Nacional –, deixando de anexar ao comprovante de despesas os recibos emitidos pelos estabelecimentos favorecidos e de juntar aos autos elementos aptos a desconstituir a imputação de que a viagem se dera em benefício próprio. Provido". (TJMG – Ap. Cív. 1.0106.06.021438-9 – 8ª Câmara Cível – DJ 22.02.2011 – Rel. Des. Edgard Penna Amorim)

- "A regularidade no recebimento de diárias pagas a servidor público subordina-se à prova da realização da viagem para cumprir atividade relativa ao cargo. O controle judicial da finalidade de viagens realizadas por agentes políticos, cujas funções se executam com ampla discricionariedade na escolha dos meios para seu cumprimento, não pode invadir sua conveniência e oportunidade. Apenas em caso de manifesto desvio de finalidade é que devem ser reputadas ilegais. A prática administrativa de aceitar notas fiscais de refeições para comprovar pernoites, muito embora censurável do ponto de vista de boa gestão dos recursos públicos, constitui-se em irregularidade, que pode ter encoberto ilegalidade, mas não basta, sem outras provas, para configurar improbidade administrativa do beneficiário, a qual exige prova da má-fé. Na ausência, contudo, de qualquer indício de prova da viagem impõe-se sua restituição. As atas de aferição do odômetro do veículo particular do agente público não podem ser reputadas fraudulentas para fins de improbidade administrativa. (TJRS – Ap. Cív. 70042824151 – 27ª Câmara Cível – Relª. Maria Isabel de Azevedo Souza – j. em 28.07.2011)

- Vereador. Ausência. Sessões. I – A configuração da improbidade administrativa requer a existência do elemento desonestidade na conduta do agente; uma vez constatada, deve ser reconhecida a improbidade. II – A conduta do vereador do Município de Jequitinhonha de ausentar--se das sessões legislativas da Câmara Municipal lastreado em atestados médicos, com intuito de não sofrer descontos em seu subsídio, e, não obstante, comparecer à capital do Estado para tratar de assuntos particulares, configura improbidade administrativa. (TJRS – Ap. Cív. 1.0358.03.001822-2/001 – 8ª Câmara Cível – DJ 02.05.2011 – Rel. Des. Bitencourt Marcondes)

- Passagens aéreas – viagens para fins particulares. Caracteriza-se como ato de improbidade administrativa a compra de passagens aéreas para fins particulares com recursos provenientes de empresa estatal. (...). (TJMG – Processo 1.0024.03.152652-8/001(1) – Rel. Des. Audebert Delage – j. em 02.08.2007)

- Atestado médico falso. Atos de improbidade administrativa. Servidora ocupante de cargo de enfermeira que fez uso de atestado médico para fruir de licença-saúde enquanto laborava em municípios vizinhos – enriquecimento ilícito por parte da servidora – condenação ao pagamento de multa. (TJRS – 70031282742 – 4ª C. Cível – j. em 25.11.2009 – Rel. Des. João Carlos Branco Cardoso)

- Ação de improbidade administrativa. Médico. Cobrança. Consulta. SUS. Detentor de cargo em comissão, que dele se vale para, no escritório particular, cobrar dos pacientes por serviços prestados, ao mesmo tempo em que, também, recebe do SUS. Farta prova. Consciência plena da ilicitude. Dolo intenso. Sentença que bem examinou a espécie, concluindo pela improbidade do enriquecimento ilícito, aplicando as devidas sanções, inclusive considerando o longo período da prática indevida (Lei 8.429/92, art. 9º, I). Apelação desprovida. (TJRS – Ap. Cív. 70025793852 – 1ª Câmara Cível – Rel. Des. Irineu Mariani – j. em 15.04.2009)

9.1. Receber vantagem econômica

I - receber, para si ou para outrem, dinheiro, bem móvel ou imóvel, ou qualquer outra vantagem econômica, direta ou indireta, a título de comissão, percentagem, gratificação ou presente de quem tenha interesse, direto ou indireto, que possa ser atingido ou amparado por ação ou omissão decorrente das atribuições do agente público;

O recebimento de qualquer vantagem econômica pelo agente público, proveniente de um ato comissivo ou omissivo, derivado de suas atribuições funcionais, importa em ato de improbidade administrativa definido nesta regra disciplinadora.

O núcleo é receber, aceitar, entrar na posse de quaisquer estipêndios de índole compensatória para que o agente interceda ou deixe de interceder para produzir o resultado almejado pelo interesse indevido. Receber significa aceitar, ganhar ou ser destinatário de alguma coisa. Neste aspecto pratica improbidade administrativa o agente que acolhe para si ou para outrem, valores em dinheiro, bem móvel ou imóvel, ou qualquer outra vantagem, de quem tenha qualquer interesse que possa ser favorecido pelo desempenho funcional do agente público.

O objeto jurídico é a moralidade da administração pública para afastar o tráfico de influência na efetivação dos atos administrativos ao reprimir o proveito pessoal em função do exercício do cargo público.

Afigura-se como ato configurador dessa conduta ilícita o recebimento indevido de pecúnia ou de outros valores monetários, a receita de numerário fora da sua remuneração funcional pelo cometimento de procedimento ativo ou passivo no exercício da função pública.

Evidentemente, excluem-se dessas vantagens aquelas por ele percebidas, que estão previstas em lei, tais como: hora extra, ajuda de custo, diária, auxílios regulamentados ou prêmios de produtividade; além disso, o uso de aparelho telefônico, veículo de terceiro ou de imóvel, desde que haja nexo de causalidade entre o cedente e a atuação do exercente da função pública, pode configurar a hipótese deste dispositivo legal.

A norma reprime a oferta de presentes, comissões, gratificações, enfim, qualquer mimo ou agrado para o agente que, estando no exercício de suas funções públicas, possa favorecer ou atingir a pessoa ou entidade direta ou indiretamente interessada no comportamento funcional daquele, para, com isso, tirar proveito ou vantagem que normalmente não teria.

- "Oficial de Justiça do Tribunal de Justiça do Rio Grande do sul. Recebimento de vantagem indevida paga por escritório de advocacia. Existência de dolo genérico. Conduta que se caracteriza como ímproba. Revisão das sanções aplicadas. Recurso especial não provido". (STJ - resp 1411864/rs, rel. Ministro Napoleão Nunes Maia Filho, rel. P/ acórdão ministro Benedito Gonçalves, primeira turma, julgado em 15/05/2018, DJE 21/05/2018)
- Ausência de repasse de valores ao Sindicado dos Servidores Públicos de Capivari pelo uso de cartão de crédito, bem como adulteração de holerites para concessão de empréstimo consignado na Caixa Econômica Federal – Obtenção de vantagem em decorrência do cargo ocupado – Exegese do artigo 9º da Lei nº 8.429/1992 – Manutenção das penas impostas pelo Juízo de primeiro grau – Apelação não provida. (TJSP; Apelação 1000749-57.2016.8.26.0125; Relator (a): Fermino Magnani Filho; Órgão Julgador: 5ª Câmara de Direito Público; Foro de Capivari - 2ª Vara; Data do Julgamento: 23/05/2018; Data de Registro: 23/05/2018)
- Servidores. Plantão não realizado. Pagamento efetivado. Tendo sido comprovado que os servidores municipais, com o aval da Chefe do Setor de Tributos, auferiram vantagem econômica em razão de plantões que não foram efetivamente realizados, resta configurado o ato ímprobo que deve ser punido. Na aplicação das sanções previstas no art. 12 da Lei 8.429/92, o Julgador deverá levar em conta a extensão do dano causado, bem como a gravidade da conduta do agente, devendo as penas aplicadas guardar correlação às condutas praticadas, no sentido não só de puni-las, como também de coibir novos fatos do mesmo jaez, sendo cabível a aplicação simultânea de penas, para que se atinja a sua finalidade repressiva e preventiva. (TJMG - Apelação Cível 1.0123.04.007777-8/001, Relator(a): Des.(a) Sandra Fonseca, 6ª CÂMARA CÍVEL, julgamento em 31/01/2017, publicação da súmula em 10/02/2017). Tratando-se de matéria de ordem pública é cabível a adequação, de ofício, dos consectários legais aplicados

pelo Magistrado, independente de provocação das partes, não configurando *reformatio in pejus*. (TJMG - Apelação Cível 1.0040.12.012286-2/002, Relator(a): Des.(a) Belizário de Lacerda, 7ª CÂMARA CÍVEL, julgamento em 12/12/2017, publicação da súmula em 19/12/2017)

- "Com relação ao ato de improbidade administrativa do inciso I do mesmo dispositivo legal, não é necessário para a configuração que de fato o agente público tenha praticado ou omitido o ato funcional, mas deve haver a relação ou pertinência entre o proveito almejado com o exercício funcional do agente público que aceito a benesse ilícita. Situação Concreta dos Autos Peculiaridade do caso concreto no qual um dos réus, inclusive já falecido, Oficial de Justiça Jorge Rodrigues, não ter sido acusado de receber valores para praticar alguma espécie de diligência, mas emprestar sua conta corrente particular para que o escritório de advocacia ML Gomes efetuasse o depósito da gratificação prometida para o réu Nilton. As provas, documental e testemunhal, não são suficientes para um juízo de procedência, pois ausente prova dos elementos descritos na petição inicial". (Embargos Infr Cíveis, Tribunal de Justiça do RS, Relator: Leonel Pires Ohlweiler, Julgado em 14/10/2016)

- "Suposto recebimento de vantagem indevida por oficial de justiça para cumprimento de diligências. Art. 9º, I da lei 8.429/92. Não comprovado o dolo do oficial de justiça. Atipicidade das condutas. Os fatos considerados pelo Tribunal a quo não demonstram a existência do elemento subjetivo do tipo, qual seja, o dolo; não há provas suficientes nos autos acerca da ciência prévia pela Oficiala dos depósitos realizados em sua conta e que estes haveriam sido efetivados com a finalidade de fazê-la cumprir de forma preferencial determinados mandados de busca e apreensão. Conforme ressaltado pelo Julgador monocrático, as provas produzidas demonstram que a conta corrente da Oficiala era de conhecimento público e, por isso, qualquer pessoa poderia efetuar depósitos sem o seu consentimento. Além disso, o fato de a Servidora ter cumprido o mandado de busca e apreensão com prontidão não faz presumir que assim o fez com objetivo de receber promessa de vantagem indevida; até porque os depoimentos destacados na sentença se referem à acusada como profissional diligente, que sempre atuou com zelo em suas funções. Ante a ausência de provas quanto ao prévio conhecimento dos depósitos e do dolo em receber vantagem indevida, não se vislumbra o cometimento de ato de improbidade por parte da Oficiala de Justiça. Com efeito, não restando demonstrado o conluio dos terceiros com o Agente Público, tem-se a atipicidade das condutas". (STJ - AgRg no AgRg no REsp 1129668/RS, Rel. Ministro NAPOLEÃO NUNES MAIA FILHO, PRIMEIRA TURMA, julgado em 17/09/2013, DJe 24/09/2013)

- "[...] No que tange à presença dos elementos subjetivos exigidos para a configuração da conduta enquanto ato de improbidade administrativa, verifica-se que o Tribunal a quo, a partir dos elementos fáticos e probatórios constantes dos autos, constatou que os recorrentes agiram com dolo, requisito exigido para a subsunção da conduta ao comando normativo descrito no art. 9º, inciso I, da Lei 8429/92. 3. Em síntese, na espécie, a instância ordinária esclareceu que os recorrentes depositavam valores em prol de oficiais de justiça (chamados com um tanto de eufemismo como 'gratificações') com o objetivo de obter maior celeridade no cumprimento dos mandados judiciais em processos patrocinados pelo escritório, daí porque não há que se falar na inexistência do elemento subjetivo". (AGRES 1.305.243/RS – 2ª Turma – Rel. Min. Mauro Campbell Marques – j. em 16.05.2013 – DJe 22.05.2013)

- "[...] Resume-se a controvérsia em ação civil pública de improbidade administrativa em razão de supostas práticas de exigências de honorários médicos de pacientes do SUS, por duas vezes. [...] Não há como entender o procedimento de anestesia como 'complementaridade' aos serviços prestados, pois sua essencialidade é manifesta. Nesse contexto, patente configuração do ato de improbidade administrativa, previsto no art. 9º, inciso I, da Lei n. 8.429, de 2 de junho de 1992". (AGRESP 961586 RS – Rel. Min. Humberto Martins – 2ª Turma – j. em 27.05.2008, DJe 05.06.2008)

- Propina a oficiais de justiça. Configuração de dolo genérico. Elemento subjetivo. O posicionamento firmado pela Primeira Seção é que se exige dolo, ainda que genérico, nas imputações fundadas nos arts. 9º e 11 da Lei 8.429/1992 (enriquecimento ilícito e violação a princípio), e ao menos culpa, nas hipóteses do art. 10 da mesma norma (lesão ao erário). Gratificação imprópria, para cumprimento preferencial de mandado expedido nas causas patrocinadas pelo escritório-réu, não se confunde com o pagamento de despesas previsto no art. 19 do CPC. (STJ – REsp. 1291401/RS – 2ª Turma – Rel. Minª. Eliana Calmon – j. em 19.09.2013 – DJe 26.09.2013)

- Servidor público. Cargo. Proveito pessoal. Improbidade administrativa. Configuração. Servidor policial demitido por se valer do cargo para obter proveito pessoal: recebimento de propina. Improbidade administrativa. (STF – MS 23.401/DF – DJ 12.04.2002 – Pleno – Rel. Min. Carlos Velloso)

- Vantagem indevida. Prova. A infração funcional consistente em recebimento de vantagem econômica indevida (propina), e de resto todas as infrações que possam levar à penalidade de demissão devem ser respaldadas em prova convincente, sob pena de comprometimento da razoabilidade e da proporcionalidade. Precedente. (STJ – MS 12.429/DF – Rel. Min. Félix Fischer – DJU 29.06.2007)

9.2. Perceber vantagem para a prática de transação com sobrepreço

II - perceber vantagem econômica, direta ou indireta, para facilitar a aquisição, permuta ou locação de bem móvel ou imóvel, ou a contratação de serviços pelas entidades referidas no art. 1° por preço superior ao valor de mercado;

A situação descrita neste inciso reprime a conduta do agente público que, no exercício da função pública, favorece a terceiro particular na vinculação contratual na prestação de serviços ou aquisição de bens com preços onerados em desfavor da administração pública.

O núcleo é perceber, receber qualquer vantagem econômica, em espécie ou sob outra forma compensatória, para facilitar, tornar mais fácil a transação mediante preços mais elevados do que os praticados pelo mercado para sobrecarregar os custos financeiros da entidade pública, numa forma de diminuição do seu patrimônio.

Incrimina-se a facilitação para a contratação de serviços ou aquisição de materiais independentemente da transgressão do dever funcional, mas pelo resultado desfavorável ao interesse econômico da entidade pública pela afetação ao princípio da moralidade e da eficiência.

Uma pesquisa de preços, pelo menos, de três fornecedores diante da extração de notas fiscais anteriores, que coincidam com o período correspondente, é uma prova bastante razoável para configurar este tipo ilícito.

Outro meio eficaz de comparação da prática de preços na aquisição de produtos ou equipamentos, bem como na contratação de serviços, é com outras licitações similares com outros órgãos públicos, inclusive de estados diferentes, através da modalidade de Ata de Registro de Preços.

Nas esferas federal, estadual e municipal tem sido comum a realização de sobrepreço ou superfaturamento na contratação de obras e serviços, e isso tem sido facilmente constatado com os diagnósticos dos Tribunais de Contas, federal, estaduais ou municipais, que sempre apontam para essa prática nociva ao patrimônio público.

É importante assinalar que superfaturamento é a emissão de uma fatura cujo preço está acima do valor de mercado. Sobrepreço é a diferença a maior, obtida entre os preços contratados ou medidos e os preços utilizados como referência de mercado.

Nesse conluio, há sempre o envolvimento da cúpula dos órgãos públicos e integrantes das Comissões de Licitação, além daqueles responsáveis pela medição dos serviços supostamente realizados, cuja tarefa está sempre destinada aos engenheiros.

9.3. Perceber vantagem para a prática de negócio com subpreço

> **III - perceber vantagem econômica, direta ou indireta, para facilitar a alienação, permuta ou locação de bem público ou o fornecimento de serviço por ente estatal por preço inferior ao valor de mercado;**

Aqui a hipótese descrita coíbe a comercialização de serviços ou bens públicos mediante preços inferiores aos praticados pelo mercado, por meio dos quais se favoreça o agente público no exercício de sua atividade funcional.

O núcleo é perceber, receber qualquer vantagem econômica, em espécie ou sob outra forma compensatória, para facilitar, tornar mais fácil a venda de serviços ou bens públicos por valores abaixo daqueles praticados pelo mercado respectivo, para assim auferir benefícios indevidos daqueles que foram beneficiados pelo empobrecimento da entidade pública.

A hipótese reside na conduta do agente público, mediante a percepção de qualquer forma de benefício, utilizar a prerrogativa do seu cargo para promover a facilitação na alienação, permuta ou locação de bem público ou prestação de serviço por entidade estatal por preço inferior ao de mercado; é o particular desfrutando de um bem público por um subpreço, ganhando ou usufruindo de forma ilegal, do patrimônio público pela conduta ímproba da administração, na pessoa do seu responsável.

Nessas circunstâncias fica evidente a motivação do agente de forma intencional em favorecer com proveito econômico aquele que lhe concedeu alguma vantagem indevida, incorrendo, assim, em ato de improbidade administrativa por enriquecimento ilícito e prejuízo ao erário.

Vale lembrar que entre os deveres do servidor público está o de zelar pela economia do material e a conservação do patrimônio público, agindo com zelo; ser leal à instituição a que servir e observar as normas legais e regulamentares.

Para a comprovação de uma transação em quaisquer das espécies previstas neste dispositivo, basta a pesquisa de preços, pelo menos, de três empresas similares diante da extração de notas fiscais anteriores, que coincidam com o período correspondente; é uma prova bastante razoável para a constatação desta conduta ilícita, ou ainda, recorrer à Ata de Registro de Preços.

A Ata de Registro de Preços resulta de uma primeira análise, ainda de caráter superficial, acerca do disposto no art. 8º do Decreto (federal) 3.931/01 (transcrito abaixo) c.c. o art. 6º, XII, da Lei 8.666/93:

> Art. 8º. A Ata de Registro de Preços, durante sua vigência, poderá ser utilizada por qualquer órgão ou entidade da Administração que não tenha participado do certame licitatório, mediante prévia consulta ao órgão gerenciador, desde que devidamente comprovada a vantagem.

Registro de Preços é uma forma simplificada de contratação, precedida de licitação nas modalidades Concorrência ou Pregão.

A importância deste dispositivo enquadrando a conduta ímproba que resulte em transação danosa à administração pública, quer por preço inferior ao de mercado, quer por outra espécie que importe em prejuízo ao seu interesse, merece maior atenção naqueles casos em que há dispensabilidade de procedimento licitatório, nos termos da Lei 8.666/93, quando, no seu art. 17, não exige esta forma legal reguladora, nas seguintes situações:

> a) Dação em pagamento, quando um imóvel público é dado em pagamento de dívida anterior para a composição de uma nova situação jurídica;
>
> b) Doação de bens públicos para outros órgãos estatais;
>
> c) Permuta por outro imóvel;
>
> d) Alienação, concessão de direito real de uso, locação ou permissão de uso de bens imóveis;
>
> e) Legitimação de posse;
>
> f) Venda de ações na bolsa de valores;
>
> g) Venda de títulos públicos, na forma da lei.

Se com a realização do processo licitatório, inclusive no Pregão, uma nova modalidade de licitação que vem aperfeiçoar os mecanismos de aquisição de bens, produtos e contratação de serviços, há o risco de realização de negócios em desfavor do interesse estatal para favorecer terceiros, sempre com a conivência de agentes públicos, maior atenção se deve dar àquelas operações que não estão sujeitas ao regramento licitatório.

9.4. Utilizar em obra ou serviço particular bens e servidores públicos

IV - utilizar, em obra ou serviço particular, veículos, máquinas, equipamentos ou material de qualquer natureza, de propriedade ou à disposição de qualquer das entidades mencionadas no art. 1° desta lei, bem como o trabalho de servidores públicos, empregados ou terceiros contratados por essas entidades;

A utilização de bens ou servidores públicos em favor do interesse privado pelo agente público ou político, é violação do dever funcional que implica ato de improbidade pelo desrespeito ao princípio da legalidade e da moralidade administrativa, conquanto beneficiar o particular, acrescendo-lhe vantagem econômica à custa do erário, é desvio de finalidade dos serviços públicos, pois os tributos têm destinação exclusiva para financiar as despesas do Estado e não para privilegiar um indivíduo isoladamente; só porque é detentor de um cargo público não poderá dispor dessas regalias.

Além do ônus que essa conduta representa para a administração pública, significa uma afronta aos princípios da legalidade e da moralidade administrativa, pelos quais todos os agentes públicos têm o dever de velar.

Uma das práticas mais comuns no nosso cotidiano é o uso de carro oficial para fins diversos daqueles de transportar o agente público nos deslocamentos para a realização de suas tarefas nos dias úteis ou a eventos oficiais.

O carro preto é o símbolo da mordomia no serviço público e a expressão maior desse abuso com sua utilização para fins pessoais, familiares ou particulares, dos seus destinatários.

No âmbito da administração pública estadual ou municipal tem sido frequente a identificação de carros locados que são postos à disposição de familiares de autoridades ou destas, para fins exclusivamente pessoais, tais como: deixar crianças nas escolas, viagens, uso para supermercados, comércio e outros percursos sem relação com o serviço público, mas às custas do erário.

Afora o uso de carro oficial, máquinas, tratores, ônibus, caminhões ou outros veículos oficiais para atendimento privado, de pessoas ou de particulares, há o abuso da utilização pelo agente público de mão de obra pública, devido ao emprego de servidores públicos, empregados ou empregados terceirizados em serviço nas residências urbanas ou de praias, pertencentes a agentes públicos ou políticos, ou de terceiros e amigos do poder que se beneficiam com o produto do trabalho de forma ilegal e abusiva.

Também tem sido comum o uso indevido de telefones celulares, ainda mais hoje quando em todas as repartições públicas, o chefe dispõe de um aparelho cedido pelo órgão público, mas que é utilizado fora do expediente e nos fins de semana, onde o gasto dessas ligações não tem nada com o serviço público, quando os mesmos deveriam ser usados apenas no interesse da administração pública. É um gasto ilimitado e abusivo, pago pelo contribuinte brasileiro.

- "Utilização de máquina do município em serviço particular. Dolo ou culpa. Ausência. Conduta improba não verificada. A simples presunção de ofensa aos princípios da administração pública e de dano ao erário não podem servir de substrato para a condenação em improbidade administrativa, conquanto a Lei 8.429/92 exige a prova de atos concretos praticados com dolo ou culpa, e que resultem prejuízo efetivo à administração pública. As sanções previstas na Lei 8.429/92 só podem ser aplicadas em casos de comprovado dolo, má-fé ou desonestidade do agente público, capaz de caracterizar a improbidade administrativa, caso contrário, não ocorrerá o ilícito previsto na Lei". (TJMG - Apelação Cível 1.0040.12.010497-7/001, Relator(a):

Des.(a) Belizário de Lacerda, 7ª CÂMARA CÍVEL, julgamento em 29/05/2018, publicação da súmula em 12/06/2018)

- "O pressuposto exigível da conduta tipificada no art. 9º, IV, da Lei nº 8.429/92 é a percepção de vantagem patrimonial ilícita obtida pelo exercício da função pública em geral, mediante a configuração de dolo do agente, sendo requisito dispensável o dano ao erário. Na espécie, restou comprovado que houve a percepção de vantagem patrimonial ilícita pelo recorrente, obtida pelo exercício de função pública, bem como ofensa aos princípios da moralidade e legalidade afetos à administração". (TJMT - Ap 11126/2016, DESA. HELENA MARIA BEZERRA RAMOS, PRIMEIRA CÂMARA DE DIREITO PÚBLICO E COLETIVO, Julgado em 07/05/2018, Publicado no DJE 22/05/2018)

- "Obra de demolição em imóvel particular – Utilização de servidores e maquinário público – Custos superam o lucro percebido pela Municipalidade – Ausência de interesse público – Violação de princípios administrativos – Improbidade administrativa configurada – Apelação dos requeridos não provida". (TJSP; Apelação 0004084-88.2014.8.26.0346; Relator (a): Fermino Magnani Filho; Órgão Julgador: 5ª Câmara de Direito Público; Foro de Martinópolis - 1ª Vara Judicial; Data do Julgamento: 14/05/2018; Data de Registro: 16/05/2018)

- "O Prefeito não pode utilizar, sob as expensas do erário, serviços de advocacia para defender-se de acusação por atos irregulares praticados no curso do mandato. A pactuação ilegal e contrária ao interesse público e à moralidade não pode ser autorizada pelo Judiciário, devendo ser aplicada a penalidade cabível ao agente infrator e àqueles que dele se beneficiaram. Diante das linhas traçadas pela Lei nº 8.429/92, é irrelevante o deslinde da ação popular, já que o ato punível está, na utilização, pelo Prefeito, de advogados pagos pelo Município para sua defesa pessoal na ação popular, e essas que, por seu turno, por dolo e má-fé, concorreram para perpetrar o ato ímprobo. 9. Recurso provido. (Des. Raimundo Messias). (TJMG - Apelação Cível 1.0313.09.280861-4/001, Relator(a): Des.(a) Raimundo Messias Júnior, 2ª CÂMARA CÍVEL, julgamento em 19/08/2014, publicação da súmula em 02/09/2014)

- "Demonstrado suficientemente, pelas provas colhidas no inquérito civil e na instrução probatória processual, a utilização de máquinas e servidores públicos para fins particulares, no caso, construção de tanques para a criação de peixes, evidente a prática dos atos de improbidade administrativa elencados no art. 9º, inciso IV (terceiro beneficiado) e art. 10, inciso XII (agentes públicos) da Lei 8.429/92, e, por conseguinte, o dano ao erário, revelado no desgaste dos equipamentos e não utilização em obras públicas, bem como na prestação de serviços privados por agentes públicos durante o expediente de trabalho e remunerados com o dinheiro público, além do enriquecimento ilícito do terceiro, na medida que poupará aquilo que deveria gastar com material e mão de obra em sua obra ou serviço particular" (TJGO – Ap. Civ. 443674-05.2008.8.09.0018 – 1ª Camara Civel – Rel. Dr. Roberto Horacio de Rezende – j. em 28.01.2014 – DJe 1.482 de 10.02.2014)

- "O Prefeito e o servidor público da Prefeitura não podem contratar, com recursos do erário, serviços de advocacia para defenderem-se, judicial ou extrajudicialmente, contra acusação pela prática de atos irregulares verificados no período eleitoral e que lhes geraram processos. A conclusão que se extrai da tese contrária – evidentemente absurda – é a de que os eleitores devem pagar pela defesa daquele que os lesou e agiu com excesso. O mandato violado não pode ser defendido com recursos das vítimas da violação. A contratação ilegal e contrária ao interesse público e à moralidade, fundada, portanto, em pressuposto inválido, não pode ser avalizada pelo Judiciário, devendo ser aplicada a penalidade cabível aos agentes infratores, mas levando-se em conta as circunstâncias do caso, seja em razão do princípio da adequabilidade, seja em razão da proporcionalidade a que a lei convida o intérprete. Siga-se, aqui, o conselho de JUAREZ FREITAS, que, depois de chamar a atenção do intérprete para o explícito convite legal à proporcionalidade, avisa: "que não se alie cólera ao castigo". "Se há para o Estado interesse em defender seus agentes políticos, quando agem como tal, cabe a defesa ao corpo de advogados do Estado, ou contratado às suas custas. Entretanto, quando se tratar da defesa de um ato pessoal do agente político, voltado contra o órgão público, não se pode admitir que, por conta do órgão público, corram as despesas com a contratação de advogado. Seria mais que uma demasia, constituindo-se em ato imoral e arbitrário" (TJMG – AgREsp 681.571/GO, Rel. Min. Eliana Calmon, DJU 29.6.6). (Ap.Cív. 1.0040.09.084714-2/001 – 7ª Câmara Cível – Rel. Des. Wander Marotta – j. em 28.01.2014 – publicação da Súmula em 07.02.2014)

- Contratação de advogado privado para defesa de prefeito em ação civil pública. Ato de improbidade configurado. Precedentes. O Superior Tribunal de Justiça possui diversos precedentes que, no âmbito de ações civis públicas movidas pelo Ministério Público, reconheceram configurada improbidade administrativa na contratação por prefeito de advogado privado, às expensas do erário, com o escopo de defender-se no âmbito de anterior ação civil pública. "Se há para o Estado interesse em defender seus agentes políticos, quando agem como tal, cabe a defesa ao corpo de advogados do Estado, ou contratado às suas custas. Entretanto, quando se tratar da defesa de um ato pessoal do agente político, voltado contra o órgão público, não se pode admitir que, por conta do órgão público, corram as despesas com a contratação de advogado. Seria mais que uma demasia, constituindo-se em ato imoral e arbitrário". (STJ – AgREsp 681.571/GO, Rel. Min. Eliana Calmon, DJU 29.06.06). 3. Agravo regimental não provido. (STJ – AgRg no REsp. 798.100/RO – 2ª Turma – Rel. Min. Castro Meira – j. em 27.10.2009 – DJe 09.11.2009)

- "[...] Na espécie, o requerido [...] teria utilizado, antes de se exonerar da função de Secretário da Justiça, do Trabalho e da Cidadania para concorrer a um cargo eletivo, de bens materiais (maquinário e material) e imateriais (serviços prestados por servidores penitenciários e apenados) do Estado, para imprimir e distribuir 40.000 cartas aos advogados do Estado e 33.000 circulares aos apenados, servidores penitenciários e familiares com o fito de promoção pessoal e captação de votos no próximo pleito que disputaria. [...] após detalhada análise do contexto probatório, concluiu que as correspondências enviadas aos apenados, servidores penitenciários e familiares, conquanto tivessem utilizado bens materiais e imateriais do Estado, tiveram natureza *propter oficio*, isto é, própria à função de Secretário, informando sua substituição e destacando o novo sistema penitenciário gaúcho com reconhecimento à colaboração dos servidores e apenados. Não houve qualquer referência à futura participação eleitoral ou outra atividade profissional. [...] De outra parte, na correspondência dirigida aos advogados (contrariamente àquela destinada a servidores e reeducandos) referia o requerido que deixava a função de Secretário de Estado para concorrer a Deputado Federal, salientava suas realizações e agradecia homenagem pessoal. Evidente, portanto, a natureza e finalidade diversas das correspondências. Nesta linha, caracterizou-se o ato de improbidade administrativa. Não afasta dita conclusão a inexpressividade da lesão ou a aprovação das contas do ex-secretário pelo Tribunal de Contas, pois não alteram a existência do ato ilícito". (REsp. 722.403/RS – 2ª Turma – Rel. Min. Carlos Fernando Mathias (Juiz Federal conv. do TRF 1ª Região) – j. em 11.03.2008 – DJe 06.02.2009)

- "[...] Para constatar se o uso de procuradores municipais na defesa de agente político candidato à reeleição perante à justiça eleitoral configura improbidade administrativa, é necessário perquirir se, no caso concreto, há ou não interesse público que justifique a atuação desses servidores. Na espécie, não há como reconhecer a preponderância do interesse público quando um agente político se defende em uma ação de investigação judicial, cuja consequência visa atender interesse essencialmente seu, privado, qual seja, a manutenção da elegibilidade do candidato. Por outro lado, revela-se contraditória a afirmação de que haveria interesse secundário do Município a ensejar a defesa por sua Procuradoria, na medida em que a anulação de um ato administrativo lesivo, ao invés de lhe imputar ônus, apenas lhe daria benefícios econômico-financeiros. Em relação aos procuradores municipais, não há falar em improbidade administrativa, pois estavam apenas cumprindo suas funções legais ao defender o Chefe do Poder Executivo Municipal. Ademais, a própria lide revelou a complexidade da questão, especificamente quanto à presença de interesse público apto a justificar a atuação da Procuradoria Municipal. Na dúvida, e também para evitar o escoamento do prazo legal para a defesa da prefeita, não seria razoável exigir conduta diversa da praticada pelos procuradores". (REsp. 908.790/RN – 2ª Turma – Rel. Min. Mauro Campbell Marques – j. em 20.10.2009 – DJe 02.02.2010)

- "Vice-Prefeito. Uso de carro oficial para fins particulares. Sentença de improcedência. Recurso do Ministério Público. Provimento de rigor. Utilização de veículo oficial para fins particulares Infringência aos princípios da legalidade, moralidade e probidade administrativa. Art. 4º da LIA. Provas documentais que comprovam de forma induvidosa a improbidade administrativa – Negativa de autoria do autor que restou debelada e, ainda que verídica, seria suficiente a caracterizar a improbidade administrativa eis que admitido o uso de veículo oficial e funcionário para fins particulares (deslocamento para simples entrega de medicamento ao próprio Vice-Prefeito). A improbidade administrativa não se circunscreve a fatores de ordem patrimonial. A LIA buscou resguardar os princípios basilares da administração pública, dentre os quais a probidade administrativa e a moralidade pública. Autor que incorreu nas condutas previstas no art. 9º, inc. IV, e art. 11, caput, ambos da LIA. Condenação nos termos do art. 5º e art. 12, inc. III, ambos do referido diploma legal. R. Sentença reformada – Recurso voluntário do Ministério Público do Estado de São Paulo provido". (TJSP – Ap. Cív. 0017245-52.2006.8.26.0248 – 6ª Câmara de Direito Público – j. em 03.10.2011 – Rel. Des. Sidney Romano dos Reis)

- "Improbidade administrativa. Servidor policial. Uso de veículo apreendido. Constitui ato de improbidade administrativa o servidor policial não lavrar o auto de apreensão de um automóvel utilizado em crime e usá-lo consoante seus interesses, posteriormente simulando sua aquisição. No entanto, não é obrigatória a aplicação conjunta das sanções previstas no art. 12, I a III, da Lei 8.429/92, motivo por que, nas circunstâncias do caso, e considerando que o uso de veículos apreendidos em condições similares, nada obstante reprovável do ponto de vista da boa Administração e da estrita legalidade, não constitui novidade e supre as necessidades de material rodante da Polícia Civil, a aplicação dos princípios da razoabilidade e da proporcionalidade induz a limitação da condenação às sanções pecuniárias". (TJRS – Ap. Cív. 70011743762 – 4ª Câmara Cível – Rel. Des. Araken de Assis – j. em 29.06.2005)

- "Uso de veículo oficial. Princípio da moralidade administrativa. Improbidade administrativa. Mera irregularidade administrativa. Princípio da insignificância. Distinção entre juízo de improbidade da conduta e juízo de dosimetria da sanção. 1. Hipótese em que o Ministério Público do Estado do Rio Grande do Sul ajuizou Ação Civil Pública contra o Chefe de Gabinete do Município de Vacaria/RS, por ter utilizado veículo de propriedade municipal e força de trabalho de três membros da Guarda Municipal para transportar utensílios e bens particulares. Não se deve trivializar a Lei da Improbidade Administrativa, seja porque a severidade das punições nela previstas recomenda cautela e equilíbrio na sua aplicação, seja porque os remédios jurídicos para as desconformidades entre o ideal e o real da Administração brasileira não se resumem às sanções impostas ao administrador, tanto mais quando nosso ordenamento atribui ao juiz, pela ferramenta da Ação Civil Pública, amplos e genéricos poderes de editar provimentos mandamentais de regularização do funcionamento das atividades do Estado. A implementação judicial da Lei da Improbidade Administrativa segue uma espécie de silogismo – concretizado em dois momentos, distintos e consecutivos, da sentença ou acórdão – que deságua no dispositivo final de condenação: o juízo de improbidade da conduta (= premissa maior) e o juízo de dosimetria da sanção (= premissa menor). 4. Para que o defeito de uma conduta seja considerado mera irregularidade administrativa, exige-se valoração nos planos quantitativo e qualitativo, com atenção especial para os bens jurídicos tutelados pela Constituição, pela Lei da Improbidade Administrativa, pela Lei das Licitações, pela Lei da Responsabilidade Fiscal e por outras normas aplicáveis à espécie. Trata-se de exame que deve ser minucioso, sob pena de transmudar-se a irregularidade administrativa banal ou trivial, noção que legitimamente suaviza a severidade da Lei da Improbidade Administrativa, em senha para a impunidade, business as usual. 5. Nem toda irregularidade administrativa caracteriza improbidade, nem se confunde o administrador inábil com o administrador ímprobo. Contudo, se o juiz, mesmo que implicitamente, declara ou insinua ser ímproba a conduta do agente, ou reconhece violação aos bens e valores protegidos pela Lei da Improbidade Administrativa (= juízo de improbidade da conduta), já não lhe é facultado – sob o influxo do princípio da insignificância, mormente se por "insignificância" se entender somente o impacto monetário direto da conduta nos cofres públicos – evitar o juízo de dosimetria da sanção, pois seria o mesmo que, por inteiro, excluir (e não apenas dosar) as penas legalmente previstas. 6. Iniquidade é tanto punir como improbidade, quando desnecessário (por atipicidade, p. ex.) ou além do necessário (= iniquidade individual), como absolver comportamento social e legalmente reprovado (= iniquidade coletiva), incompatível com o marco constitucional e a legislação que consagram e garantem os princípios estruturantes da boa administração. 7. O juiz, na medida da reprimenda (= juízo de dosimetria da sanção), deve levar em conta a gravidade, ou não, da conduta do agente, sob o manto dos princípios da razoabilidade e da proporcionalidade, que têm necessária e ampla incidência no campo da Lei da Improbidade Administrativa. 8. Como o seu próprio nomen iuris indica, a Lei 8.429/92 tem na moralidade administrativa o bem jurídico protegido por excelência, valor abstrato e intangível, nem sempre reduzido ou reduzível à moeda corrente. 9º A conduta ímproba não é apenas aquela que causa dano financeiro ao Erário. Se assim fosse, a Lei da Improbidade Administrativa se resumiria ao art. 10, emparedados e esvaziados de sentido, por essa ótica, os arts. 9º e 11. Logo, sobretudo no campo dos princípios administrativos, não há como aplicar a lei com calculadora na mão, tudo expressando, ou querendo expressar, na forma de reais e centavos. 10. A insatisfação dos eminentes julgadores do Tribunal de Justiça do Rio Grande do Sul com o resultado do juízo de dosimetria da sanção, efetuado pela sentença, levou-os, em momento inoportuno (isto é, após eles mesmos reconhecerem implicitamente a improbidade), a invalidar ou tornar sem efeito o próprio juízo de improbidade da conduta, um equívoco nos planos técnico, lógico e jurídico. A Quinta Turma do STJ, em relação a crime de responsabilidade, já se pronunciou no sentido de que "deve ser afastada a aplicação do princípio da insignificância, não obstante a pequena quantia desviada, diante da própria condição de Prefeito do réu, de quem se exige um comportamento adequado, isto é, dentro do que a sociedade considera correto, do ponto de vista ético e moral". (REsp. 769317/AL, Rel. Min. Gilson Dipp, Quinta Turma, DJ 27.03.2006). Ora, se é assim no campo penal, com maior razão no universo da Lei de Improbidade Administrativa, que tem caráter civil. 12. Recurso Especial provido, somente para restabelecer a multa civil de R$ 1.500,00 (um mil e quinhentos reais), afastadas as sanções de suspensão de direitos políticos e proibição de contratar com o Poder Público, pretendidas originalmente pelo Ministério Público. (STJ – REsp. 892.818 / RS – 2ª Turma – j. em 11.11.2008 – Rel. Min. Herman Benjamin)

- Ação civil pública. Utilização irregular de veículo oficial. Transporte de particulares para hospitais com veículos da Câmara Municipal – Ofensa aos princípios da Administração Pública – Conduta ímproba comprovada – Aplicação do principio da proporcionalidade das penalidades – Recurso parcialmente provido. (TJSP – Ap. 994.09.009386-0 – 6ª Câmara de Direito Público – j. em 18.01.2010 – Rel. Des. José Habice)

- "Uso indevido de coisa pública. Constatado ato de improbidade administrativa, consistente no uso indevido de veiculo do município para transportar areia para construção particular, deve ser o agente público, bem como o particular, condenado a ressarcir a municipalidade. A lei de improbidade prevê várias hipóteses de sanções para atos que atentem contra os princípios da Administração Pública, devendo o magistrado aplicá-la com a proporcionalidade que cada caso requer, seguindo o princípio da razoabilidade". (TJGO - Ap. 72.145-2/188 - 2ª CC - DJ 01.11.2004 - Relª. Desª. Marília Jungmann Santana)

- Uso de papel timbrado. Câmara de Vereadores. Assessor. Princípio da insignificância. A ação civil pública para coibir atos de improbidade administrativa não pode ser amesquinhada e utilizada para reprimir o uso de quatorze folhas de papel timbrado da Câmara de Vereadores em defesa prévia, assinada por Assessor Jurídico do Legislativo em outra ação da mesma natureza. Princípio da insignificância dos fatos mínimos. (RJTJERGS 253/185)

9.5. Receber vantagem para tolerar atividades ilícitas

V - receber vantagem econômica de qualquer natureza, direta ou indireta, para tolerar a exploração ou a prática de jogos de azar, de lenocínio, de narcotráfico, de contrabando, de usura ou de qualquer outra atividade ilícita, ou aceitar promessa de tal vantagem;

A regra deste dispositivo é punir os agentes públicos que recebem vantagem econômica ou aceitam tal promessa para tolerar a realização de atividades ilegais, tais como: jogos de azar, de lenocínio, de narcotráfico, de contrabando ou usura, quando é ato do seu ofício reprimir esses ilícitos.

O funcionamento normal dessas atividades ou ambientes sob os olhares das autoridades incumbidas da sua repressão ou de negar os meios legais para que desempenhem seus serviços, é uma transgressão do dever funcional, além de violar os princípios da legalidade e da moralidade pelos quais têm o dever de zelar.

A incriminação decorre do recebimento de vantagem econômica para tolerar a existência de atividade ilegal ou se aceitar promessa de percepção de vantagem, mesmo que não venha a recebê-la; o ato ilícito é de natureza formal, basta o acerto entre o interessado e o agente público, cujo dever é reprimir, coibir e proibir o funcionamento de qualquer atividade ilegal.

O enquadramento do agente público neste dispositivo é evidente quando, tendo o poder-dever de agir, não o faz, e com sua incúria motivada por recebimento de alguma vantagem ou mediante promessa, a sua omissão gera o resultado do desenvolvimento da atividade delituosa ou ilícita.

Ressalte-se que ato de ofício, gerador do poder-dever de agir, é aquele que se compreende ou está definido no conjunto de atribuições do agente público no âmbito de sua competência funcional.

Note-se que, sem o consentimento tácito pela condescendência do agente público, não haveria o comportamento positivo da realização do evento ilícito; a sua omissão já é tipicamente enquadrada como ato de improbidade, mas ganha simetria neste dispositivo pelo estímulo da percepção da vantagem indevida ou a sua promessa, completando assim, o circuito caracterizador moldado nesta norma.

9.6. Receber vantagem para declarar falsa ou avaliação de obras ou serviços

VI - receber vantagem econômica de qualquer natureza, direta ou indireta, para fazer declaração falsa sobre medição ou avaliação em obras públicas ou qualquer outro serviço, ou sobre quantidade, peso, medida, qualidade ou característica de mercadorias ou bens fornecidos a qualquer das entidades mencionadas no art. 1º desta lei;

As situações elencadas neste inciso conceituam de improbidade administrativa atos do agente público que recebe vantagem econômica para adulterar medições de obras ou serviços no que tange à quantidade, peso, medida, qualidade ou característica de serviços ou bens adquiridos pelas entidades públicas.

O núcleo do tipo é a falsidade ideológica dos elementos informativos que integram os laudos de medição ou a avaliação de obras ou serviços públicos, alterando assim a verdade dos fatos técnicos legitimamente apurados pela realidade física do estado em que se encontram.

Cuida-se de falsidade inserida nos laudos de medições que retratam formalmente situação de exatidão, mas não correspondem materialmente ao escrito, sempre em desfavor do erário para encobrir pagamentos superiores aos serviços realizados.

É a subtração de dinheiro público mediante atos formais que não traduzem a realidade do estado exato das coisas atestadas, medidas ou avaliadas.

Os registros dos Tribunais de Contas apontam que é nos serviços de engenharia e construções de obras onde ocorre com mais frequência a falsidade ideológica de laudos técnicos de medição, isto porque somente uma fiscalização de campo, ou seja, *in loco*, é capaz de detectar uma fraude dessa natureza, além de revestirem-se de custos elevados que acobertam ou dissimulam os fatos inverídicos.

A consequência direta para a administração pública é o seu empobrecimento e o enriquecimento sem causa ou ilícito do agente público e da pessoa jurídica ou física interessada nessa prática danosa ao erário.

A falsidade de documento público, cujo objeto jurídico a fé pública, pois é documento em que se consignam as medições ou avaliações, será integrante do processo de pagamento pelos órgãos públicos com a chancela de funcionários em diversas ordens de graduação hierárquica para a produção de seus efeitos jurídicos, econômicos e financeiros.

Com fundamento na suposta comprovação da realização dos serviços na sua inteireza, na aferição exata dos quantitativos apurados e avaliação das boas condições apresentadas, é que são autorizados os pagamentos ou desembolsos financeiros da obra, serviços, equipamentos ou produtos contratados.

Logo, se há falseamento nesse documento, já se reúnem elementos necessários para a demonstração de prejuízo ao patrimônio público a configurar ato de improbidade administrativa, e, se ficar evidente o recebimento de vantagem econômica ou financeira, enquadra-se na conduta descrita neste dispositivo.

9.7. Adquirir bens sem renda compatível no exercício de cargo público

VII - adquirir, para si ou para outrem, no exercício de mandato, cargo, emprego ou função pública, bens de qualquer natureza cujo valor seja desproporcional à evolução do patrimônio ou à renda do agente público;

O agente público que dispõe de patrimônio a descoberto cuja evolução é incompatível com sua renda durante a vigência do exercício de cargo, mandato, emprego ou função pública, sem que haja justa causa para legitimar o seu enriquecimento pessoal ou familiar, incorre na sistemática tipificada de improbidade administrativa.

Não há milagres nem fenômeno de multiplicação de riqueza, bens ou valores patrimoniais pela via costumeira do trabalho intenso e do esforço físico e mental do cidadão ou daqueles que tenham o privilégio do exercício de uma atividade estatal.

Se há desproporcionalidade no nível de riqueza exibido pelo agente com a sua remuneração indicada no seu contracheque e inferida na sua declaração de imposto de renda que coincide com a sua passagem pelo cargo, mandato, emprego ou função pública, há indicativo de enriquecimento sem causa.

Deve-se assinalar que o padrão de vida desfrutado pelo agente durante o exercício de sua atividade funcional registra aquisições de bens ou de patrimônio móvel ou imóvel, ou ainda, gastos excessivos em seu cartão de crédito, uma fonte valiosa para a aferição da incompatibilidade financeira e os dispêndios excêntricos das pessoas, sugerem a configuração do tipo descrito neste dispositivo.

Afora sorteio lotérico, casamento com cônjuge rico ou recebimento de herança, não há outras situações previsíveis para o súbito enriquecimento pessoal ou familiar, cujo período de prosperidade vem coincidir com o transcurso de mandato, cargo, emprego ou função pública, a não ser o enriquecimento ilícito evidenciado pela incompatibilidade da renda com o patrimônio adquirido.

Quando a norma estipula o núcleo "*adquirir, para si, ou para outrem*", visualiza como alvo primeiro os bens em nome do próprio agente ou de usufruto dele, por exemplo, um carro importado ou de elevado valor comercial, bem ainda, os bens que tenham sido obtidos em nome de seus familiares; aqui tem muito a ver com parentes do agente, o que impõe uma investigação mais ampla e profunda com o auxílio da Receita Federal para que informe a existência de renda compatível com aquele destinatário ou que proceda à instauração de procedimento de cunho fiscal, cujo resultado poderá instruir a manifestação do Ministério Público ou da entidade pública interessada.

Merece ser analisado com especial atenção o transcurso de um agente público ou político na condução da coisa pública, ser iluminado pelo signo na prosperidade instantânea da opulência material.

A realidade mostra que esse enriquecimento sem causa, repentino e coincidente com o lapso temporal do exercício da atividade estatal, sempre é alargado para nomes de terceiros, especialmente parentes mais próximos do agente público, de modo que se torna indispensável ao sucesso da ação civil pública intentada para esclarecimento e comprovação do fato, que a investigação alcance também aqueles familiares aquinhoados com bens em seus nomes.

Esses familiares depositários de bens sem origem de recursos capazes de corresponder aos seus dispêndios pessoais é uma fonte valiosa visando à configuração do tipo aqui descrito e de grande valor, objetivando o ressarcimento ao erário.

Não há como negar a competência legal para integrar o terceiro ou outrem familiar do agente investigado quando o art. 3º da Lei de Improbidade Administrativa alcança na sua aplicabilidade aquele que se beneficie sob qualquer forma direta ou indireta, mas que tenha concorrido para a prática do ato.

Compreende-se, desta forma, que o terceiro ou familiar, ao permitir a inscrição de bens em seu nome sem que tenha fonte de recursos para adquiri-los, está colaborando e participando com o agente público para lesar o patrimônio público, mostra-se parte legítima para integrar a lide.

Essa participação intencional de desviar recursos públicos destinados ao agente público que o favorece no seu enriquecimento pessoal sem causa ou em desproporcionalidade com sua renda, age com dolo e vínculo psicológico com o intuito associativo no cometimento do ato de improbidade com a consciência plena do que está realizando, pois não tem renda, mas aceita bens superiores a sua remuneração, apenas para concorrer na guarda provisória de tais bens e produtos oriundos de ato ilícito e danoso ao patrimônio público.

A dificuldade proclamada por alguns doutrinadores para a caracterização desta conduta especificada nesta norma é admissível, mas apenas se ficar restrita a vasculhar a vida exclusiva do agente investigado.

Porém, com a requisição do trabalho da Receita Federal, das Juntas Comerciais, dos Detrans e dos Cartórios de Imóveis, e incluindo no leque investigatório parentes próximos com sinais exteriores de riqueza súbita, assessores ou auxiliares, a chance de demonstrar a evolução desproporcional do patrimônio do agente é bastante positiva.

Saliente-se, por oportuno, que o êxito de uma demanda de improbidade administrativa, na espécie, está vinculado a sua atuação proativa de demonstrar a prova do enriquecimento ilícito e rápido pelo subvertido exercício da função pública, nos termos do inc. I do art. 373 do novo Código de Processo Civil, como destaca Pedro da Silva Dinamarco:

Tem-se, ainda, que para o enquadramento do ato nesse art. 9º naturalmente é indispensável a prova do enriquecimento ilícito, que compete exclusivamente ao autor (CPC, art. 373, I) e que deve ser produzida no processo de conhecimento, como requisito da procedência da demanda. Trata-se de prova de difícil produção, é verdade, mas indispensável[39].

Deste modo, a propositura da ação de improbidade administrativa deve ter como escopo a largueza para atingir aqueles familiares ou auxiliares próximos ao agente que prosperou durante sua atividade funcional a ponto de ser evidente a riqueza pessoal, o seu elevado padrão de vida e de seus parentes, como mecanismo de eficácia da demanda judicial.

Uma coincidência bastante corriqueira acontece com muitos alcaides nas centenas de Municípios brasileiros onde é comum a rejeição de suas contas pelos Tribunais de Contas, ao tempo em que os sinais exteriores de riqueza revelam um perfil de novos afortunados e parentes bem-sucedidos economicamente.

Outra prática usual é a ausência de bens móveis e imóveis em seus nomes e nas suas declarações de imposto de renda, um óbice que inviabiliza o sucesso das ações de improbidade administrativa que buscam a recomposição patrimonial do erário.

É verdade que essas considerações revelam situações nem sempre excepcionais, mas não pode ser considerada uma regra a ser generalizada.

- "A jurisprudência deste Superior Tribunal é no sentido de que em matéria de enriquecimento ilícito, cabe à Administração comprovar o incremento patrimonial significativo e incompatível com as fontes de renda do servidor. Por outro lado, é do servidor acusado o ônus de demonstrar a licitude da evolução patrimonial constatada pela administração, sob pena de configuração de improbidade administrativa por enriquecimento ilícito. Precedentes. Caso em que a Administração comprovou o que lhe incumbia, enquanto a servidora deixou de reunir elementos - que estavam a seu alcance, tais como extratos de suas contas bancárias - que fossem ao menos capazes de apoiar minimamente sua tese de que aquele seu patrimônio a descoberto tivesse origem lícita. A improbidade administrativa consistente em o servidor público amealhar patrimônio a descoberto independe da prova de relação direta entre aquilo que é ilicitamente feito pelo servidor no desempenho do cargo e seu patrimônio a descoberto. Espécie de improbidade em que basta que o patrimônio a descoberto tenha sido amealhado em época em que o servidor exercia cargo público. Precedente: MS n. 19782-DF, Relator Min. Mauro Campbell Marques, Primeira Seção, DJe 06/04/2016". (STJ - MS 20.765/DF, Rel. Ministro BENEDITO GONÇALVES, PRIMEIRA SEÇÃO, julgado em 08/02/2017, DJe 14/02/2017)

9.8. Aceitar função pública para beneficiar terceiros

VIII - aceitar emprego, comissão ou exercer atividade de consultoria ou assessoramento para pessoa física ou jurídica que tenha inte-

39. DINAMARCO, Pedro da Silva. Requisitos para a procedência das ações por improbidade administrativa. *In:* BUENO, Cassio Scarpinella: PORTO FILHO, Pedro Paulo de Rezende (Coords.). **Improbidade Administrativa**: Questões Polêmicas e Atuais. São Paulo: Malheiros, 2001. p. 334. Neste sentido, ainda PAZZAGLINI FILHO, Marino. Ob. cit., p. 70/72; FAZZIO JÚNIOR, Waldo. **Atos de improbidade Administrativa**, p. 108-111.

resse suscetível de ser atingido ou amparado por ação ou omissão decorrente das atribuições do agente público, durante a atividade;

Aqui o legislador veda a vinculação do agente público no exercício da sua atividade à pessoa física ou jurídica que disponha de interesses ou assuntos que estejam sob a orientação, influência ou poder de decisão de sua competência.

O alcance legislativo é reprimir que o agente público ou político no pleno exercício de suas atividades funcionais exerça paralelamente emprego, comissão ou atividade de consultoria ou assessoramento para pessoa física ou jurídica, com a qual a repartição pública tenha relacionamento comercial ou administrativo.

Esta reprimenda visa impedir que o agente público, com a sua atuação positiva ou negativa, ou ainda, mediante a intercessão de terceiros, possa exercer qualquer tipo de influência, benefício ou favorecimento àquela pessoa física ou jurídica privada, com a qual estivesse vinculado por qualquer tipo de relação funcional.

Este dispositivo é direcionado para resguardar a conduta do agente público a fim de que não haja ingerência de tráfico de influência no encaminhamento das questões relativas ao exercício funcional.

Note-se que há normas estipulando o instituto da "quarentena" para agentes de diversas funções públicas que ficam impedidos, durante certo tempo, de realizar qualquer prestação de serviço em favor de pessoas jurídicas privadas que ficaram sujeitas ao controle administrativo daqueles.

Diga-se que o agente que desrespeita a regra da "quarentena" fixada por norma especial, incorre na violação da legalidade, demonstra sua deslealdade a sua antiga instituição, afronta o princípio da moralidade e caracteriza ato de improbidade administrativa descrito pelo art. 11 da Lei de regência, visto que, enquanto transcorre o período do impedimento, está sujeito às normas da administração pública.

Esta norma coíbe a exploração do proveito pessoal em detrimento da dignidade da função pública.

Além disso, a Lei Federal 8.112/90, que dispõe sobre o regime jurídico único do servidor público federal, que irradia a formatação dos regimes estaduais e municipais, não permite o recebimento de propina, comissão, presente, ou vantagem de qualquer espécie, em razão de suas atribuições (art. 117, XII) ou – aceitar comissão, emprego ou pensão de Estado estrangeiro (inc. XIII).

9.9. Exercício de advocacia administrativa

IX - perceber vantagem econômica para intermediar a liberação ou aplicação de verba pública de qualquer natureza;

O exercício da advocacia administrativa é definido pelo patrocínio de interesse privado junto à entidade pública pelo agente público, mediante o recebimento de vantagem econômica para intermediar ou liberar aplicação de verba pública, valendo-se da função pública que exerce ou da qualidade de funcionário público.

Nesse caso, o agente público, valendo-se de sua condição funcional, busca facilidade de acesso junto aos setores da administração pública considerando a influência de que desfruta para alcançar o seu intuito de conseguir a liberação ou aplicação de verba pública, qualquer que seja sua natureza, mas motivado pela percepção de vantagem econômica, financeira ou outra de qualquer espécie que lhe proporcione benefício patrimonial.

A proibição de o agente público exercer a denominada advocacia administrativa, atuando como intermediário ou procurador, perante os órgãos da administração pública visando à liberação de verba pública de qualquer natureza, além da tipologia jurídica de improbidade administrativa por excelência diante deste dispositivo legal, constitui violação das normas de conduta estabelecidas[40] pelo art. 2º, VIII, de manter conduta compatível com a moralidade pública, e pelo art. 4º, III, de atuar como procurador ou intermediário junto a repartições públicas, da Lei 8.027/90.

A consumação ocorre quando o agente público, utilizando-se de seu relacionamento no âmbito dos órgãos da administração pública, intercede no sentido de encaminhar, agilizar ou proporcionar condições para a liberação de verba pública em favor de terceiros e com o recebimento de vantagem econômica.

O *extraneus*, pessoa física ou jurídica, outorgante ou concessiva da vantagem financeira, econômica ou patrimonial, qualquer bem de valor, também é alcançado pela ação de improbidade administrativa, pois é a beneficiária da conduta ilícita do agente.

Se esse patrocínio com a percepção ou não, de vantagem, seja de forma direta ou indireta, tratar de interesse privado perante a administração fazendária, valendo-se da qualidade de funcionário público, importará em crime contra a ordem tributária (Lei 8.137/90, art. 3º, III), independente da ação de improbidade administrativa.

Na mesma linha de reprovação, pela conduta da advocacia administrativa em relação aos órgãos fazendários, incorre em crime o agente público ou político, que patrocinar, direta ou indiretamente, interesse privado perante a administração, dando causa à instauração de licitação ou à celebração de contrato, cuja invalidação vier a ser decretada pelo Poder Judiciário (Lei 8.666/93, art. 91), sem prejuízo da ação de improbidade administrativa.

---

40. "***Art. 2º.*** *São deveres dos servidores públicos civis: (...) VIII – manter conduta compatível com a moralidade pública;*

Art. 4º. *São faltas administrativas, puníveis com a pena de suspensão por até 90 (noventa) dias, cumulada, se couber, com a destituição do cargo em comissão: (...) III – atuar como procurador ou intermediário junto a repartições públicas;*"

9.10. Receber vantagem para prevaricar

X - receber vantagem econômica de qualquer natureza, direta ou indiretamente, para omitir ato de ofício, providência ou declaração a que esteja obrigado;

A caracterização desta tipologia jurídica exige o efetivo recebimento da vantagem econômica, qualquer que seja sua natureza, mediante pecúnia, outros bens ou a utilização temporária destes, para que seja omisso em ato de ofício, providência ou declaração a que esteja obrigado.

Com efeito, se a execução dos atos não era inerente à função e ofício do agente público, não se tipifica a conduta descrita, mesmo na hipótese de recebimento de qualquer vantagem econômica sem que ele tenha realizado o suposto ato comissivo ou omissivo, porque lhe faltaria a qualidade exigida pelo tipo, que o ato seja do seu ofício, das suas atribuições funcionais.

É pressuposto básico para a configuração do tipo descrito neste dispositivo que o agente tenha recebido vantagem econômica e tenha agido de forma omissiva do seu dever funcional.

Ato de ofício "é aquele que se compreende nas atribuições do funcionário, ou em sua competência, ou seja, ato administrativo ou judicial"[41].

Com efeito, depreende-se que a omissão é feita indevidamente ou é ilegal para satisfazer a interesse motivado pela vantagem econômica percebida; esta é a causa daquela.

- "O apelante praticou ato de improbidade administrativa ao receber, no exercício do cargo de Policial Rodoviário Federal, vantagem indevida para a liberação de veículo que transportava mercadoria em situação irregular, caracterizando a conduta prevista no art. 9º, X, da Lei 8.429/1992. Presença do dolo genérico exigido para o reconhecimento dos atos ímprobos, porquanto o recebimento das quantias deu-se de forma consciente para obter vantagem econômica indevida". (TRF1 - AC 0003577-73.2009.4.01.3502 / GO, Rel. DESEMBARGADORA FEDERAL MONICA SIFUENTES, TERCEIRA TURMA, e-DJF1 de 06/05/2016)

9.11. Apropriação de bens ou valores públicos

XI - incorporar, por qualquer forma, ao seu patrimônio bens, rendas, verbas ou valores integrantes do acervo patrimonial das entidades mencionadas no art. 1° desta lei;

O núcleo do tipo é incorporar, acrescer, reunir ao patrimônio do agente público, bens públicos, rendas das entidades públicas, verbas ou valores pertencentes a órgãos da administração pública.

41. NORONHA, Magalhães. **Direito Penal**. 1995, v. IV, p. 258.

Trata-se de uma apropriação indébita de valores da coisa pública inseridos no inventário particular do agente público, que são encontrados sob sua responsabilidade ou gestão, os bens apossados ou desviados da sua titularidade dominial, requisito essencial para sua tipificação.

O alcance da definição dos valores é ampla por englobar dinheiro, valor (títulos, apólices, ações etc.) ou qualquer outro bem imóvel. A conduta de incorporação assemelha-se à de furto, assim como toda coisa móvel que possa ser transportada, é a de se assenhorear, se apossar como se a coisa fosse de sua propriedade, passando a usufruir da sua posse como dono fosse.

O resultado da ação do agente projeta o enriquecimento por incorporação ilegal ao seu patrimônio de valores da administração pública.

Para a configuração da conduta de incorporação, faz-se mister que os bens ou valores integrem o acervo patrimonial estatal, que pode estar ou não, na posse ou sob sua responsabilidade, sendo irrelevante para a caracterização do ato descrito neste dispositivo, bastando que seja incorporado ao patrimônio do agente ao passar a dispor ou desfrutar dos mesmos como se fossem seus para o aperfeiçoamento configurador do ato.

- Apropriação de bens públicos após sua exoneração ora confiados ante ao cargo de confiança/comissão exercido. Conduta de improbidade caracterizada. Dosimetria da pena. Procedência parcial e apenamento mantidos. A conduta de agente público, à época dos fatos, responsável pela utilização e guarda de bens públicos (bens eletrônicos), que desatende texto expresso de lei, sem qualquer atenção ao interesse público, constitui crime funcional grave, consubstanciado pela tipificação de conduta de improbidade administrativa, sujeitando-se ao ressarcimento, pelo prejuízo ao erário e apenamento previsto na legislação específica. Contudo, deverá haver, pelo julgador, observância aos princípios da razoabilidade e da proporcionalidade, consubstanciando com dosimetria da pena equitativa. Decisão mantida. Recurso desprovido. (TJSP; Apelação 1000269-40.2017.8.26.0450; Relator (a): Danilo Panizza; Órgão Julgador: 1ª Câmara de Direito Público; Foro de Piracaia - 2ª Vara; Data do Julgamento: 08/05/2018; Data de Registro: 08/05/2018)

- "Ocupação de imóvel do Município de Nova Serrana, em 1999, por empresa cujo sócio-administrador era o então Alcaide, sem prévia autorização legislativa, em desatenção ao que determina o art. 15 da LOM. Exploração comercial do espaço pela mãe do Prefeito, por quase dois anos. Indevida apropriação do bem público, que foi incorporado ao patrimônio particular da empresa, em benefício próprio e do sócio - que se valeu de seu cargo eletivo para concretizar o ato. Posterior tentativa de atribuição de contornos de legalidade à ocupação do bem, simulando-se a ocorrência de uma prévia permuta de terrenos entre a municipalidade e a empresa. Troca que só foi cogitada em 2000, depois da apropriação do imóvel do ente político pelos requeridos, sob o pretexto de construção de um poço artesiano em terreno da mesma empresa. Ausência de comprovação de que a instalação do equipamento naquele local atenderia ao interesse público. (TJMG - Apelação Cível 1.0452.02.004342-1/001, Relator(a): Des.(a) Áurea Brasil, 5ª CÂMARA CÍVEL, julgamento em 16/03/2016, publicação da súmula em 05/04/2016)

- "A incorporação de materiais de construção oriundos da demolição parcial do prédio onde funciona a câmara de vereadores de Camaquã ao patrimônio de agente político, ao arrepio da legislação, utilizando-se, para tanto, de sua função pública de presidente do legislativo municipal, caracteriza a prática de ato de improbidade administrativa previsto no art. 9º, XI, da Lei 8.429/92". (TJRS – Ap. Cív. 70030892079 – 22ª Câm. Cível – j. em 13.08.2009 – Relª. Desª. Rejane Maria Dias de Castro Bins).

- " '[...] O art. 9º, XI, censura o ato de apropriação de bens, rendas, verbas ou valores públicos pelo agente. Essa apropriação ou assenhoramento revela-se pela conduta daquele que, tendo os deveres de guarda, manutenção e administração do acervo público (quando muito, mera detenção), transfere a posse ou o domínio de bens, rendas, verbas ou valores públicos, convolando-a em domínio próprio e incorporando-a ao seu patrimônio. Tal ato de incorporação realiza-se por qualquer forma, seja direta ou indireta. Existem várias fórmulas e meios para o alcance desse objetivo, como alude Marcelo Figueiredo, com o emprego de terceiros (testas-de-ferro, parentes etc.). A casuística revela a multiplicidade de formas utilizadas para a apropriação, total ou parcial, dos elementos integrantes do patrimônio público através de vários expedientes, como os vícios da vontade e os defeitos do ato jurídico. A incorporação de bens, verbas, rendas ou valores públicos ao patrimônio do agente público deve ter causa ilícita ou imoral, revelando que a apropriação é indevida, que o agente usou das prerrogativas de sua função contrariamente à lei, implícita ou explicitamente, para se assenhorar daquilo que não poderia pertencer-lhe. [...]' ". (HC 32.352/PR – 6ª Turma – Rel. Min. Hamilton Carvalhido – j. em 01.06.2004 – DJe 16.08.2004)

9.12. Usar de bens e valores públicos em proveito pessoal

XII - usar, em proveito próprio, bens, rendas, verbas ou valores integrantes do acervo patrimonial das entidades mencionadas no art. 1° desta lei.

A presente norma define como ato de improbidade administrativa a utilização de bens ou valores públicos em proveito pessoal do agente detentor da sua posse ou que esteja sob a sua responsabilidade, mesmo que por período momentâneo, visto que deve tratar-se de coisa fungível, de modo que se reveste de deslealdade à administração pública o agente público valer-se da função para lograr proveito pessoal de bens, rendas, verbas ou valores das entidades públicas, em razão do exercício de sua atividade funcional.

A configuração do ato de improbidade decorre do uso indevido do patrimônio ou verba pública para fins diversos daqueles a que são destinados, na sua aplicação, no desempenho da atividade funcional para alcance do interesse público e do bem comum.

Trata-se de um desvio de finalidade pela prática de um ato visando a um fim diferente daquele, previsto na regra da competência de suas atribuições. Assim, além da conduta de improbidade, esta postura afronta as normas de conduta do servidor público, previstas no inc. IV do art. 5º da Lei 8.027/90.

- " A retirada de dinheiro do caixa da associação com sua substituição por "cheques cauções" caracteriza ato de improbidade, porquanto evidenciado benefício econômico indevido auferido pelo Presidente da entidade, que se apropriou dos valores sem arcar com quaisquer encargos, tampouco correção monetária, que seriam naturalmente computados em um contrato de mútuo. Conduta tipificada no art. 9º, XII, da Lei n. 8.429/1992, consistente em "usar, em proveito próprio, bens, rendas, verbas ou valores integrantes do acervo patrimonial das entidades mencionadas no art. 1° desta lei". (TJMG - Apelação Cível 1.0324.09.078629-8/001, Relator(a): Des.(a) Áurea Brasil, 5ª CÂMARA CÍVEL, julgamento em 02/10/2014, publicação da súmula em 14/10/2014)

- "[...] As ações popular e civil pública foram propostas contra agente político que, comprovadamente, utilizou veículo oficial em passeios com pessoas da família e em transporte de ração para cavalo de sua propriedade. A eventual ausência de disciplina específica no âmbito da Câmara de Vereadores no tocante ao uso dos bens públicos não garante ilimitados direitos aos agentes políticos respectivos. Ao contrário, no direito público brasileiro, os agentes públicos e políticos podem fazer somente o que a lei – em sentido amplo (leis federais, estaduais e municipais, Constituição Federal etc.) – permite, não aquilo que a lei eventualmente não proíba de modo expresso. Assim, a possível falta de regulamentação implica adotar as restrições próprias e gerais no uso dos bens públicos, os quais se destinam, exclusivamente, a viabilizar atividades públicas de interesse da sociedade. No caso, o veículo recebido destina-se a auxiliá-lo na representação oficial da Casa por ele presidida, comparecendo a eventos oficiais, reuniões de interesse público, localidades atingidas por calamidades públicas e que precisam de ajuda da municipalidade etc. Flagrantemente, não estão incluídos passeios com a família fora do expediente, em fins de semana e feriados, e transporte de ração para cavalo de propriedade do parlamentar. Nesses últimos exemplos há um induvidoso desvio de poder, considerando que o bem de propriedade pública foi utilizado com finalidade estranha ao interesse público, distante do exercício da atividade parlamentar. [...]" (REsp. 1080221/RS – 2ª Turma – Rel. Ministro Castro Meira – j. em 07.05.2013 – DJe 16.05.2013)
- "A utilização de bens e serviços de empresa pública, como o uso de vigilantes na residência particular do dirigente, não configura infração ao art. 315 do CP. Tal tipo de conduta constitui improbidade administrativa, como previsto na Lei 8.429/92, art. 9º, IV. Mas sendo os fatos anteriores a este diploma legal, evidentemente a lei não retroage em prejuízo do acusado". (RT 762/751)
- "Uso momentâneo de bem infungível. Configura ilícito administrativo ou civil, a utilização momentânea sem *animus domini*, de coisa fungível". (RT 491/293-4)
- "Uso indevido de veículos oficiais. A utilização de veículos oficiais na realização de serviços particulares é suscetível de sanções administrativas" (RT 438/366). No mesmo sentido: RT 383/71 e RJTJSP 64/354.
- "Uso indevido de máquinas ou veículos oficiais. É ilícito administrativo o uso de veículos ou máquinas oficiais em serviços particulares". (RT 541/342). No mesmo sentido: RJTJSP 140/261.

Seção II
Dos Atos de Improbidade Administrativa que Causam Prejuízo ao Erário

10-A. REVOGAÇÃO PARCIAL DO ART. 10 PELA LINDB

A Lei nº 13.655/2018 incluiu no Decreto-lei nº 4.657, de 4 de setembro de 1942 (Lei de Introdução às Normas do Direito Brasileiro) disposições sobre a segurança jurídica e eficiência na criação e na aplicação do direito público.

O art. 28 da novel norma está assim redigida: *"O agente público responderá pessoalmente por suas decisões ou opiniões técnicas em caso de dolo ou erro grosseiro"*.

A novel norma ao estabelecer que o agente público será responsabilizado pela sua conduta no caso de "dolo ou erro grosseiro", colide parcialmente com o art. 10 da Lei de Improbidade Administrativa que estipula o proceder com ação ou omissão, "dolosa ou culposa".

Enquanto a Lei de Improbidade Administrativa menciona "conduta culposa", a LINDB é manifesta na expressão de "erro grosseiro"; a incompatibilidade está na culpa, situação em que o agente age com negligência, imprudência ou imperícia, cuja conduta é desenvolvida com desleixo, incúria ou descuido, seria, portanto, uma culpa simples.

Age com imprudência quem atua sem precaução, cautela ou de forma precipitada, portanto um comportamento positivo ultrapassando o limite do razoável. A negligência é comportamento desleixado, indolente ou sem a falta de atenção necessária para a realização do ato ou da conduta. Já a imperícia consiste na atitude de quem é inapto, inabilitação e sem habilidade técnica para o cometido de ato para o qual deveria ter o domínio de uma determinada técnica; não a tem, mas a realiza.

Além disso, compreende-se que "erro grosseiro" é aquele extravagante, desmedido, com atuação desproporcional capaz de ensejar um dano de extensão maior ou mais intenso, com maior gravidade do que aquele equívoco sem maiores repercussões materiais ou morais, atribuído a culpa simples.

É, portanto, necessário dimensionar o erro, a extensão do desacerto, do desregramento ou do engano, sem o qual, não há como se mencionar que seja grosseiro a ensejar a reprovação normativa expressa neste texto legal.

"A indenização mede-se a extensão do dano" (art. 944, CC), de maneira que, a gradação da culpa será maior quanto maior for a consequência do erro grosseiro, pressuposto para a imputação da conduta ímproba, seja para fins de enquadramento no art. 10 ou para a incriminação da sanção de multa.

A respeito da conceituação de culpa, quem melhor a define é o mestre Pontes de Miranda[42], assim manifestado:

> "a culpa crassa, magna, nímia, como dizia, que tanto pode haver no ato positivo como no negativo, é a culpa ressaltante, a culpa que denuncia descaso, temeridade, falta de cuidados indispensáveis. Quem devia conhecer o alcance do seu ato positivo ou negativo incorre em culpa grave"

De modo que, não configura justa causa para efeitos de aplicação de sanção por ato de improbidade administrativa a conduta mediana ou minorada do agente público, porquanto, quando se trata de utilização de privação de direitos e imposições de penalidades, a interpretação é restritiva.

O Superior Tribunal de Justiça já havia se pronunciado no sentido da necessidade da presença da culpa grave capaz de caracterizar a conduta de improbidade administrativa, como no seguinte julgado:

> "Conforme pacífico entendimento jurisprudencial desta Corte Superior, improbidade é ilegalidade tipificada e qualificada pelo elemento subjetivo da

---

42. Pontes de MIRANDA. Tratado de Direito Privado, vol. XXIIIII, Rio de Janeiro, Borsói, 1958, p. 72

conduta do agente, sendo "indispensável para a caracterização de improbidade que a conduta do agente seja dolosa para a tipificação das condutas descritas nos art. 9º e 11 da Lei nº 8.429/1992, ou pelo menos, eivada de culpa grave nas do art. 10" (STJ – AIA 330/AM, Rel. Ministro Teori Albino Zavascki, Corte Especial, DJe 28/09/2011).

Mas esse entendimento evoluiu no sentido para um grau de maior severidade ao admitir que era bastante a comprovação de culpa simples para configurar o tipo da conduta ímproba, senão vejamos:

> "O entendimento do STJ é no sentido de que, para que seja reconhecida a tipificação da conduta do réu como incurso nas previsões da Lei de Improbidade Administrativa, consubstanciado pelo dolo para os tipos previstos nos artigos 9º e 11 e, ao menos, pela culpa, nas hipóteses do art. 10" (STJ – AgRg no AREsp 654.406/SE, Rel. Ministro Herman Benjamin. Segunda Turma, julgado em 17/11/2015, DJE 04/02/2016)

Verifica-se, por conseguinte, que a orientação da jurisprudência do STJ, mais moderna, conflita-se com a nova lei, levando a uma necessária reavaliação da posição adotada quanto a interpretação do art. 10 da Lei de Improbidade Administrativa, ante a defrontação entre "culpa" e "erro grosseiro".

Com relação à responsabilização por conduta dolosa não há qualquer modulação ou alteração quanto à sua aplicabilidade nos moldes já preconizados.

No aspecto normativo é induvidosa a antinomia entre o art. 10 da Lei nº 8.429/1992, neste aspecto, e a Lei nº 13.655/2018, cuja incompatibilidade é resolvida pela regra prevista pelo art. 2º, § 1º da LINDB:

> **"Art. 2º Não se destinando à vigência temporária, a lei terá vigor até que outra a modifique ou revogue.**
>
> **§ 1º A lei posterior revoga a anterior quando expressamente o declare, quando seja com ela incompatível ou quando regule inteiramente a matéria de que tratava a lei anterior".**

Como a LINDB, igualmente de caráter especial, é posterior a lei de improbidade administrativa, esta é revogada por aquela.

No que se refere à conduta dolosa, esta se encontra manifesta diante dos impulsos ou condutas de má-fé, eivados de desonestidade ou malícia, premissa do ato ilegal e ímprobo e a ilegalidade qualificada que ofende os princípios norteadores da administração pública pela má-intenção do agente público, elemento subjetivo do tipo que não se confunde com a ação culposa do erro grosseiro.

Saliente-se, por oportuno, que os atos normativos ou leis têm obrigatoriedade na sua aplicação, não podendo, portanto, deixar de ser aplicada ou negada sua utilização, sob pena de violar a reserva de plenário, salvo, se declarada inconstitucional pelo tribunal competente.

É o que determina a Súmula Vinculante nº 10 do Supremo Tribunal Federal:

Viola a cláusula de reserva de plenário (CF, artigo 97) a decisão de órgão fracionário de tribunal que, embora não declare expressamente a inconstitucionalidade de lei ou ato normativo do Poder Público, afasta sua incidência, no todo ou em parte.

De modo que, na hipótese de negação de vigência de lei federal, cabe Reclamação diretamente perante o STF para declarar a nulidade do julgamento.

10. LESIVIDADE AO ERÁRIO

Art. 10. Constitui ato de improbidade administrativa que causa lesão ao erário qualquer ação ou omissão, dolosa ou culposa, que enseje perda patrimonial, desvio, apropriação, malbaratamento ou dilapidação dos bens ou haveres das entidades referidas no art. 1º desta lei, e notadamente:

Erário, segundo a sua etimologia[43], designa o tesouro público, ou seja, o conjunto de bens ou valores pertencentes ao Estado. Entre os romanos, havia distinção entre o *aerarium* e o *fiscus*.

Aquele, dito propriamente *aerarium sacrum*, compreendia os bens propriamente do Estado ou tesouro do Estado, enquanto o *fiscus* designava nominativamente os bens da coroa.

Mas, depois, o fisco passou a absorver o próprio tesouro público.

Modernamente, o sentido de erário é mais amplo do que o de fisco, compreendendo este a organização a que se cometem os encargos da arrecadação de tributos, e aquele, o conjunto de bens pertencentes ao Estado, representado em valores oriundos de impostos ou de qualquer outra natureza; significa, assim, a fortuna do Estado.

A Lei de Ação Popular define que patrimônio público é o conjunto de bens e direitos de valor econômico, artístico, estético, histórico ou turístico (Lei 4.717/65, art. 1º, § 1º); é a universalidade de direitos tutelados juridicamente, de estimativa econômica pertencente ao Poder Público.

Este dispositivo legal disciplina a imputação da responsabilidade pessoal do agente público ou político que venha proporcionar lesividade ao nível de riqueza estatal por sua conduta de enquadramento com a especificada atitude por sua ação nefasta, mediante ato positivo, sem o qual a sua participação não seria realizada, ou por sua omissão, sem a qual não se alcançaria o resultado lesivo apurado.

A perda patrimonial enfocada neste dispositivo exprime uma mutação depreciativa que importa na redução valorativa de bens, valores, direitos ou rendas, ou do seu quantitativo, diminuindo, consequentemente, o seu nível de riqueza

43. **Vocabulário Jurídico**. 23. ed. Rio de Janeiro: Forense, 2003. p. 538.

constituído pela acumulação de bens e haveres de natureza material, financeira, econômica ou moral.

Observe-se que a ilegalidade há de ser conjugada com a lesividade efetiva ao erário para caracterizar o tipo descrito nesta norma, conquanto só a antijuridicidade do ato remeteria a conduta para a tipificação preceituada pelo art. 11 desta Lei.

A respeito da questão pontual da efetiva ocorrência da lesão em toda a sua extensão nominativa, vale a transcrição de Pedro da Silva Dinamarco quando afirma:

> Ato lesivo é todo aquele portador de dano efetivo e concreto ao patrimônio de alguém. É preciso examinar o ato tal como ocorrido, tratando em seguida de saber se dele decorreu dano. Para se ter um ato lesivo, e portanto indenizável, é necessário que ele já tenha causado dano. Logo, há que se deixar de lado exercício de futurologia.
>
> Aliás, em toda a disciplina da nulidade dos atos jurídicos em geral (privados ou públicos), o prejuízo concreto é que justifica a anulação (pas de nulité sans grief). Daí o motivo para só caber a invalidação do ato ou o pedido de ressarcimento quando algum efetivo prejuízo existir. Se o ato se realizou e não causou prejuízo algum, ou se prejuízo algum foi provado (o que traz o mesmo resultado prático, pois quod non est in actis non est in mundo), a proclamação de eventual nulidade ou a procedência do pleito ressarcitório não têm lugar[44].

Várias são as modalidades de condutas que podem resultar no empobrecimento do patrimônio estatal pela atuação intencional ou culposa de seus agentes.

Quando a norma menciona perda patrimonial mediante desvio, está definindo aquela conduta do agente em dar destino diverso aos bens ou haveres, que não seja aquela, prevista para sua utilização em favor do interesse da administração pública, mas para finalidade privada ou pessoal, subtraindo do acervo público aquele produto que seria aplicado em favor da coletividade.

O prejuízo pode ser contabilizado em razão de a despesa ter sido paga pelos cofres públicos, mas sem aplicação em benefício do interesse da administração. Há, assim, uma subtração patrimonial pelo desvio de finalidade de bens ou haveres públicos.

A outra situação definida pela lei é a apropriação, meio pelo qual o agente se apodera de bens públicos para incorporá-los ilicitamente ao seu patrimônio pessoal, para desfrutar deles como se proprietário fosse, auferindo, assim, as vantagens econômicas em causa própria e em detrimento do patrimônio público.

O malbaratamento refere-se ao desperdício no uso ou aplicação dos bens públicos que venha afetar-lhe o padrão econômico de seu valor, através de transação em valor inferior ao de mercado, por exemplo.

44. DINAMARCO, Pedro da Silva. **Ação civil pública**. São Paulo: Saraiva, 2001. p. 291.

A dilapidação significa arruinar, destruir, estragar. Os bens públicos dilapidados resultam em dano ao patrimônio público. É outra hipótese prevista nesta norma para emoldurar uma conduta típica de ato de improbidade administrativa.

A respeito dessa temática, enfoca Waldo Fazzio Junior:

> Perda patrimonial é desfalque, privação, extravio de bens, rendas e valores do erário. Desvio significa mudança de direção, desvirtuamento ou alteração de destinação do bem ou valor. Apropriação é apoderamento, usurpação, inversão de posse. Malbaratamento é desperdício, venda com prejuízo, gasto malfeito. Dilapidação é esbanjamento destrutivo, consumição[45].

O ato de improbidade administrativa tem no elemento subjetivo o tipo que enseja perda patrimonial proveniente da lesão causada pela conduta do agente por ação ou omissão, por dolo ou culpa; basta que resulte em diminuição do valor do patrimônio público.

A proteção à integridade do patrimônio público é tratada no art. 37, § 6º, da Constituição da República, quando preceitua que "*as pessoas jurídicas de direito público e as de direito privado prestadoras de serviços públicos responderão pelos danos que seus agentes, nessa qualidade, causarem a terceiros, assegurado o direito de regresso contra o responsável nos casos de dolo ou culpa*".

Com efeito, a conduta dolosa ou culposa implica o ressarcimento ao erário dos prejuízos provocados pelo agente público que a ele der causa.

A conduta dolosa é retratada pela reunião do conhecimento, da consciência da ilicitude ou da antijuridicidade, da vontade de produzir um determinado resultado. No caso em pauta, o agente, prevalecendo-se da prerrogativa funcional, age conscientemente para produzir a perda patrimonial.

É importante dizer que, sendo o agente ocupante de cargo, emprego ou função pública, é detentor do conhecimento das leis, dos seus deveres e das suas obrigações, de modo que, agindo com desonestidade e deslealdade à sua instituição, o faz com consciência própria, não podendo alegar despreparo ou desconhecimento da ilicitude de seus atos.

A conduta culposa, aquela proveniente de uma ação por imprudência, negligência ou imperícia, configura também ato de improbidade por prejuízo ao erário desde que haja nexo causal entre a conduta e o resultado; é a reprovação pela desatenção do agente do dever de cuidado para evitar o previsível preceituado pela sua obrigação e responsabilidade funcional.

A imprudência resulta da imprevisão do agente em relação às consequências de seu ato ou ação, quando devia e podia prevê-las pela sua falta de atenção e descuido.

---

45. FAZZIO JUNIOR, Waldo. **Atos de Improbidade Administrativa**. São Paulo: Atlas, 2007. p. 122.

A culpa por negligência decorre da omissão ou inobservância de dever que competia ao agente, que resulta em males ou prejuízos a terceiros, no caso, ao patrimônio público.

Já a culpa por imperícia é a conduta do agente que age sem o conhecimento da técnica exigida para a realização daquele ato. É o erro próprio aos profissionais cuja inabilidade se manifestou.

É verdade que não se pode admitir a conduta de desonestidade sem que haja vontade, mas pode, sim, ocorrer por culpa consciente, o grau mais elevado da culpa, devido à sua disposição de assumir o risco de produzir o resultado por agir de forma imprudente ao deixar de conferir a exatidão de documentos exigidos num processo licitatório, por exemplo, ou por não aferir com precisão o recebimento de produtos ou materiais especificados no edital licitatório, mas em desacordo com os que foram adquiridos com os que foram entregues na repartição ou almoxarifado.

Outra hipótese é um agente assinar uma avaliação de qualquer bem móvel ou imóvel, ações ou títulos, sem ter o cuidado e a cautela de realizar a pesquisa de preço e valor que não seja inferior ao de mercado. Age com culpa faltando com os deveres inerentes à sua função pública com resultados negativos ao patrimônio público.

Depreende-se, assim, que o dolo ocorre quando o agente deseja, com a sua ação ou omissão, obter determinado resultado lesivo ou assume o risco de produzi-lo, enquanto na culpa, verifica-se ação ou omissão danosa resultante de imprudência, negligência ou imperícia do agente.

Saliente-se, também, que o objetivo é a punição da omissão do agente público que, contrariamente à norma legal, à moralidade ou aos princípios administrativos, retarda ou abstém-se da prática de ato da sua competência.

Para Afonso Rodrigues Queiró, "*não agir, é também agir (não autorizar, é decidir não autorizar)*"[46].

Sobreleva ressaltar que a sistemática deste dispositivo exige para a sua consumação a constatação de dano, perda, diminuição ou redução do nível de riqueza patrimonial do Poder Público, sem o qual não se caracteriza a tipologia elencada.

Por fim, ressalte-se a imprescritibilidade em relação aos bens públicos: o ato de ressarcimento pelos danos causados ao erário é imprescritível, com o amparo na Lei Maior (art. 37, § 4º).

- "[...] A jurisprudência do STJ orienta-se no sentido de que, sendo o ato impugnado praticado com base em lei local, ainda que de questionável constitucionalidade, estaria afastado o elemento subjetivo necessário à caracterização do ato de improbidade. Nesse sentido: STJ, REsp 1.426.975/ES, Rel. Ministro OLINDO MENEZES (Desembargador Federal Convocado do TRF/1ª Região), PRIMEIRA TURMA, DJe de 26/02/2016; AgRg no REsp 1.358.567/MG, Rel. Ministro BENEDITO GONÇALVES, PRIMEIRA TURMA, DJe de 09/06/2015; AgRg no REsp 1.312.945/MG, Rel. Ministro MAURO CAMPBELL MARQUES, SEGUNDA TURMA, DJe de 22/08/2012". (STJ - REsp

46. **Reflexões sobre a teoria do desvio de poder em direito administrativo**. Coimbra: Coimbra, 1940. p. 26.

1564399/RJ, Rel. Ministra ASSUSETE MAGALHÃES, SEGUNDA TURMA, julgado em 19/06/2018, DJe 25/06/2018)

- "A existência de meras irregularidades administrativas não enseja a aplicação das sanções previstas na Lei nº 8.429/1992. A razão para tanto é que "a Lei de Improbidade Administrativa não visa punir o inábil, mas sim o desonesto, o corrupto, aquele desprovido de lealdade e boa-fé; e por isso, necessário o dolo genérico na conduta do agente" (REsp 1512047/PE, Rel. Ministro HERMAN BENJAMIN, SEGUNDA TURMA, julgado em 21/05/2015, DJe 30/06/2015)." (STJ - AgInt no REsp 1561858/RS, Rel. Ministro SÉRGIO KUKINA, PRIMEIRA TURMA, julgado em 03/05/2018, DJe 14/05/2018)

- "Configura ato de improbidade que causa lesão ao erário e violação aos princípios que norteiam a Administração Pública, na forma dos arts. 10 e 11, da Lei nº 8.429/92, o empenho de valores para prestação de serviços de reformas em órgãos públicos que, comprovadamente, não foram realizados e que os credores não receberam nenhum valor para os serviços, verificando-se tratarem de verdadeiros "laranjas". Para a incidência da Lei nº 8.429/92, é necessária a presença de má-fé ou dolo do agente público, mas esse dolo, vale dizer, não é o específico e sim o genérico, o qual se caracteriza com o simples fato de se conhecer o que faz e querer fazer com vontade livre e consciente, conduzindo-se deliberadamente contra as normas legais e o patrimônio público". (TJMT - Ap 57204/2016, DES. JOSÉ ZUQUIM NOGUEIRA, SEGUNDA CÂMARA DE DIREITO PÚBLICO E COLETIVO, Julgado em 08/05/2018, Publicado no DJE 14/05/2018)

- "A configuração dos atos de improbidade administrativa previstos no art. 10 da Lei de Improbidade Administrativa (atos de improbidade administrativa que causam prejuízo ao erário), à luz da atual jurisprudência do STJ, exige a presença do efetivo dano ao erário (critério objetivo) e, ao menos, culpa. (AgRg no AREsp 666.459/SP, Rel. Ministro Og Fernandes, Segunda Turma, julgado em 23/6/2015, DJe 30/6/2015). Por via de consequência, *in casu*, ainda que se afastasse o dolo na conduta, permaneceria a culpa, estando evidenciada a improbidade administrativa. (STJ - MS 21.715/DF, Rel. Ministro HERMAN BENJAMIN, PRIMEIRA SEÇÃO, julgado em 23/11/2016, DJe 02/02/2017)

- "O Superior Tribunal de Justiça, em reiteradas decisões, tem se posicionado no sentido de que a improbidade é ilegalidade tipificada e qualificada pelo elemento subjetivo da conduta do agente, sendo "indispensável para a caracterização de improbidade que a conduta do agente seja dolosa, para a tipificação das condutas descritas nos artigos 9º e 11 da Lei 8.429/92, ou pelo menos eivada de culpa grave, nas do artigo 10 (AIA n. 30/AM, Rel. Ministro Teori Albino Zavascki, Corte Especial, DJe 28/09/2011). Se não restou demonstrado prejuízo aos cofres públicos e não foi constatada a presença de dolo ou culpa do recorrido, que deixou de efetuar licitação das hospedagens e passagens aéreas das viagens oficiais, enquanto exercia o cargo de prefeito, o desprovimento do recurso é medida que se impõe". (TJMG - Apelação Cível 1.0476.14.001789-0/001, Relator(a): Des.(a) Gilson Soares Lemes, 8ª CÂMARA CÍVEL, julgamento em 07/12/2016, publicação da súmula em 14/03/2017)

- "Os atos administrativos são revestidos de presunção de licitude que somente pode ser afastada mediante provas robustas evidenciando irregularidades que a desconstitua. Sem a comprovação de dano ao erário, bem como da presença de dolo ou culpa do agente, não há falar em configuração dos atos de improbidade administrativa, previstos no art. 10 da Lei 8.429/92. Sem a inequívoca comprovação de dolo ou culpa dos réus, existência de liame subjetivo ímprobo em suas condutas, não há como se reconhecer a prática de atos de improbidade administrativa". (TJMG - Apelação Cível 1.0223.06.211465-5/001, Relator(a): Des.(a) Ângela de Lourdes Rodrigues, 8ª CÂMARA CÍVEL, julgamento em 16/02/2017, publicação da súmula em 03/03/2017)

- "Para a configuração da improbidade do art. 10 da Lei nº 8.429/1992 é imprescindível a presença de dois requisitos: um de caráter objetivo, radicado no efetivo dano ao erário, e o outro de cunho subjetivo, da parte do agente reputado ímprobo. O elemento subjetivo deve estar sempre presente para a configuração da conduta ímproba, admitindo-se a modalidade culposa somente nas hipóteses de atos que acarretem lesão ao erário (art. 10), por expressa disposição legal. Hipótese em que não houve lesão ao erário, eis que o objeto do convênio foi cumprido com a aplicação dos recursos do FUNDEF no fim devido, não havendo demonstração de que o (ora) apelado tenha agido com dolo, ou, no mínimo, com culpa grave, a fim de violar de modo voluntário e consciente seus deveres de forma injustificada". (TRF1 - AC 0010148-98.2007.4.01.3900 / PA, Rel. DESEMBARGADOR FEDERAL OLINDO MENEZES, Rel.Acor. JUIZ FEDERAL LEÃO APARECIDO ALVES, QUARTA TURMA, e-DJF1 de 24/03/2017)

- "A capitulação de condutas ao art. 10 da Lei de Improbidade Administrativa exige para a sua caracterização a demonstração de: (a) prejuízo ao erário; e, (b) elemento subjetivo, que pode ser dolo ou culpa grave. Precedentes do STJ. No caso em concreto, foi com base no conjunto fático e probatório constante dos autos que o acórdão recorrido concluiu que não foi demonstrado efetivo prejuízo ao erário, requisito indispensável para a configuração do ato de improbidade administrativa tipificado no art. 10 da Lei nº 8.429/92. Rever os fundamentos acima elencados demandaria o revolvimento do conjunto fático e probatório constante dos autos, o que é inviável na via recursal eleita a teor da Súmula 7/STJ. (STJ - AgInt no REsp 1580128/SE, Rel. Ministro MAURO CAMPBELL MARQUES, SEGUNDA TURMA, julgado em 17/11/2016, DJe 23/11/2016)

- "Na reparação de danos prevista no inc. II do art. 12 da Lei 8.429/92, deverá o julgador considerar o dano ao erário público, além da observância da reprovabilidade e do elemento volitivo de sua conduta, porquanto referida norma busca não só reparar o dano público, bem como punir a prática da conduta dolosa ou culposa perpetrada em ferimento ao dever de probidade". (STJ – REsp. 601.935/MG – 2ª Turma – DJ 08.02.2007 – Rel. Min. *João Otávio de Noronha)*

- "Tanto a doutrina quanto a jurisprudência do STJ associam a improbidade administrativa à noção de desonestidade, de má-fé do agente público. Somente em hipóteses excepcionais, por força de inequívoca disposição legal, é que se admite a configuração de improbidade por ato culposo (Lei 8.429/92, art. 10)". (STJ – REsp. 604.151/RS – 1ª Turma – DJ 08.06.2006, p. 121 – Rel. p/ acórdão Min. Teori Zavascki)

- "O art. 10 da referida lei não fixa valor mínimo para efeito de qualificação do ato como ímprobo. Assim, o aproveitamento ilícito de dinheiro público, por mais ínfima que seja a quantia, não pode ser considerado mera irregularidade administrativa, sob pena de ensejar precedentes de malversação do erário, sob o argumento de insignificância do valor empregado. A dimensão do ato, quando de menor lesividade, requer, quando muito, menor graduação da sanção e não a sua desclassificação para a categoria de mera irregularidade administrativa". (TJGO – EI 1052-7/196 – 2ª Seção Cível – Rel. Des. Almeida Branco)

10.1. Facilitar transferência de bens públicos para o patrimônio particular

I - facilitar ou concorrer por qualquer forma para a incorporação ao patrimônio particular, de pessoa física ou jurídica, de bens, rendas, verbas ou valores integrantes do acervo patrimonial das entidades mencionadas no art. 1º desta lei;

O núcleo do tipo é facilitar, tornar fácil ou eliminar os obstáculos que possam resultar na incorporação, de agregar ou anexar ao patrimônio particular de pessoa física ou jurídica, bens, valores, rendas que pertençam ao acervo das entidades públicas.

O agente pode concorrer ou agir sem cautela de modo a que haja a transferência ou deslocamento desses bens públicos para a posse ou o domínio de pessoa física ou jurídica de natureza privada, fato que constitui a hipótese deste dispositivo.

A transmudação da titularidade patrimonial do acervo público para a pessoa física ou jurídica privada, consubstancia-se pela forma clandestina, dissimulada ou fraudulenta, mediante o transporte ou remoção desses valores para a guarda e responsabilidade do apropriador.

A consumação opera-se quando ocorre o efetivo incremento dos bens públicos ao patrimônio do particular, quer pela posse quer pelo domínio, quando os mesmos estiverem fora da disponibilidade ou do alcance da entidade pública.

A única forma legal da transferência de bens públicos, em regra, para a pessoa particular é através da alienação, que depende de lei autorizadora, de licitação e de avaliação.

Essa conduta de facilitação em adicionar ou agregar bens públicos ao patrimônio de terceiros pode ocorrer tanto na forma dolosa, intencional, como na culposa, pelo desleixo, descuido ou omissão tácita para afastar óbice à sua concretização.

Para a realização deste tipo, é possível a existência do concurso de pessoas, onde uma pode atuar de forma direta no seu propósito e a outra, de modo indireto, mostrando-se negligente.

Diga-se, por oportuno, que terceiro particular, destinatário dos bens públicos desviados, está sujeito à aplicação desta norma, nos moldes preconizados pelo seu art. 3º, por ter sido o beneficiário do produto do ato de improbidade para responder por ressarcimento e aplicação de multa.

A consequência imediata dessa conduta é o dano proporcionado ao erário; a fortuna estatal que se vê diminuída com a subtração de bens do seu acervo patrimonial.

- "FUNDEF. Destinação diversa da especificada em lei. Ausência de dolo ou culpa. As condutas imputadas ao ora apelante foram as descritas nos incisos I e XI do artigo 10 da referida lei. Restou devidamente comprovado que não foi observada a aplicação do percentual mínimo de 60% para a remuneração dos profissionais do magistério do município, sendo, portanto, verificada a existência de irregularidades na aplicação dos recursos financeiros do FUNDEF pela prefeitura. No entanto, foi demonstrado que os recursos desviados do FUNDEF foram utilizados para pagamento de servidores públicos municipais lotados em áreas não ligadas à educação, ou seja, tais verbas foram remanejadas para atender a outras necessidades administrativas. (TRF1 - AC 0001210-02.2006.4.01.3302 / BA, Rel. DESEMBARGADORA FEDERAL MONICA SIFUENTES, TERCEIRA TURMA, e-DJF1 p.50 de 31/01/2013)

- "[...] Funções burocráticas desenvolvidas por presidente ou tesoureiro de Câmara Municipal, tipicamente administrativas, que provoquem dano ao erário público ocasionado por culpa, sujeitará o agente culposo às sanções previstas na Lei n. 8.429/92, pois, como bem afirma Emerson Garcia, não há previsão legal de um salvo-conduto para que se possa dilapidar o patrimônio público (In Improbidade Administrativa, 2ª edição, pág. 278). [...]". (REsp. 601.935/MG – 2ª Turma – Rel. Min. João Otávio de Noronha – j. em 12.12.2006 – DJ 08.02.2007, p. 312)

10.2. Permitir o uso indevido de bens públicos

> **II - permitir ou concorrer para que pessoa física ou jurídica privada utilize bens, rendas, verbas ou valores integrantes do acervo patrimonial das entidades mencionadas no art. 1º desta lei, sem a observância das formalidades legais ou regulamentares aplicáveis à espécie;**

Os bens públicos destinam-se ao uso comum do povo ou ao uso especial pelas entidades públicas para o desempenho da função de serviços públicos em geral.

Os bens de uso comum do povo são aqueles destinados em geral à coletividade, que não necessitam de ordem ou consentimento especial para sua fruição por qualquer cidadão, tais como: as praças, os logradouros públicos, ruas, o mar e as praias naturais.

Já os bens de uso especial são aqueles que integram a estrutura administrativa dos governos para o desempenho das atividades governamentais, a exemplo dos edifícios das repartições públicas, veículos e seus equipamentos, que são utilizados pelos agentes públicos legalmente investidos na função de gerir a coisa pública.

Aqui, esses bens somente podem ser utilizados visando ao interesse público, salvo as situações previstas em lei, que são autorizativas mediante a modalidade de concessão, autorização ou permissão.

A regra neste inciso reprime a conduta do agente que permite ou concorre para o uso indevido do patrimônio público, conquanto resulta em ofensa ao princípio da legalidade, por ser dever dele zelar pela adequada utilização da coisa pública e por ferir o princípio da moralidade ao desatender às regras de boa administração no sentido de traduzir a vontade de obter o máximo de eficiência em favor do interesse público.

O uso indevido de veículos oficiais, por exemplo, poderá ser objeto de ressarcimento dos gastos que representaria a locação de um carro para o percurso realizado por um veículo de locadora nas mesmas condições de tempo e uso.

Este inciso guarda similitude com o primeiro, pois naquele, a apropriação indébita de bens públicos gera prejuízo ao patrimônio público: aqui é a utilização desvirtuada que proporciona a ilicitude com reflexos danosos ao erário.

- "Aquisição exorbitante de produtos alimentícios. Uso indevido de telefones e viagens de táxi. Percepção indevida de verba pública. Fatos comprovados. Insignificância. Inaplicabilidade. Ressarcimento. Tendo havido tumulto processual por equívoco da Secretaria do juízo, com republicação da sentença, não há que se falar em intempestividade do recurso. Os vários atos praticados, bem como sua natureza e contexto, demonstram a voluntariedade e consciência da ação da ré, que atuou com desvio de finalidade, valendo-se da máquina administrativa para fins que não são públicos. O valor de cada um dos danos causados, isoladamente, não afasta a aplicação das sanções que importem em lesão ao patrimônio público, não se aplicando o princípio da insignificância aos casos de improbidade administrativa, dada a reiteração e voluntariedade da conduta ímproba." (TJMG - Apelação Cível 1.0487.06.021611-5/001, Relator(a):

Des.(a) Hilda Teixeira da Costa, 2ª CÂMARA CÍVEL, julgamento em 31/01/2017, publicação da súmula em 10/02/2017)

- "[...] Comprovada a prática de dano ao Erário, consistente no pagamento aos professores municipais sem a observância das formalidades legais, caracteriza-se a conduta prevista no art. 10, II, da Lei 8.429/92 [...]". (AgRg no Ag 1.307.278/SE – 2ª Turma – Rel. Min. Herman Benjamin – j. em 19.10.2010 – DJe 02.02.2011)

- Fornecimento de combustível a particulares às expensas do Município. Art. 10, inc. II, da Lei 8.429/92. Ofensa aos princípios da legalidade e da moralidade. 1 – Mostrando-se incontroverso que o requerido autorizara o fornecimento informal de combustíveis a particulares, às expensas do Município, em contrariedade à lei, resta evidenciada a prática de ato de improbidade administrativa, por ofensa aos princípios da legalidade e da moralidade (LIA, art. 10, inc. II). (TJMG – Processo 1.0183.05.097355-5/002 – 8ª Câmara Cível – DJE de 09.01.2009 – Rel. p/ acórdão Des. Edgard Penna Amorim)

- Cessão irregular de bens públicos. Presença do elemento subjetivo. Improbidade configurada (arts. 9º, XII, 10, II, e 11, I, da Lei 8.429/92). Nos termos do art. 2º da Lei 8.666/93, exige-se prévia licitação para a permissão de uso de bem público. Configura ato de improbidade administrativa a cessão irregular de imóveis públicos municipais para fins particulares, sem autorização da Câmara Municipal, licitação, contrato ou pagamento de alugueis, sendo de se responsabilizar o administrador que praticou o ato ímprobo bem como o particular que dele se beneficiou. (TJMG – Ap. Cív. 1.0382.06.060409-9/002 – 1ª Câm. Cível – DJE de 06.02.2009 – Rel. Des. Geraldo Augusto)

10.3. Doação ilegal de bens públicos

III - doar à pessoa física ou jurídica bem como ao ente despersonalizado, ainda que de fins educativos ou assistências, bens, rendas, verbas ou valores do patrimônio de qualquer das entidades mencionadas no art. 1º desta lei, sem observância das formalidades legais e regulamentares aplicáveis à espécie;

O presente inciso versa sobre a observância das exigências e formalidades legais para a realização do ato de doação de bens públicos destinados às entidades particulares e pessoas físicas, sob pena da ocorrência configurativa de ato de improbidade administrativa.

A figura jurídica da doação é uma das modalidades de alienação que resulta na alteração ou transferência da titularidade dominial de imóveis ou bens móveis integrantes do acervo patrimonial do Poder Público para o particular.

Os procedimentos normativos publicistas para alienações de bens públicos estão preceituados na Lei de Licitação (Lei 8.666/93), aplicando-se, entretanto, de forma subsidiária, o Código Civil.

O Código Civil define a doação com a seguinte conceituação: "*Considera-se doação o contrato em que uma pessoa (doador), por liberalidade, transfere do seu patrimônio bens ou vantagens para o de outra (donatária)* – (art. 538)".

Como se vê, a doação é o contrato mediante o qual uma parte, por espírito de liberalidade, enriquece a outra, dispondo de um direito em seu favor e assumindo uma obrigação.

Para a efetivação da doação de bens públicos, deverá haver como pressuposto para sua legalidade o atendimento ao interesse público ou social, devidamente justificado, sendo que é indispensável que tenha uma finalidade específica cujo encargo deverá constar da lei que autorizá-la.

A doação pode ser com ou sem encargos, mas depende de lei autorizativa estabelecendo as condições de sua efetivação, de prévia avaliação e de licitação do bem a ser doado.

O objeto da doação com encargo poderá ser licitado, e de seu instrumento constarão, obrigatoriamente, os encargos, o prazo de seu cumprimento e cláusula de reversão, sob pena de nulidade (art. 17, II, § 4º, da Lei 8.666/93).

Outro requisito legal é que os bens públicos de uso comum do povo e os de uso especial sejam alienáveis, enquanto conservarem a sua qualificação, na forma que a lei determinar (art. 100 do CC), devendo ocorrer também a desafetação dos bens de uso comum e de uso especial, visto que são inalienáveis enquanto estiverem afetados, pois estão destinados à utilização pública ou ao uso do público.

Já a doação de bens públicos móveis ou semoventes, é dispensada de licitação, permitida exclusivamente para fins e uso de interesse social, após a avaliação de sua oportunidade e conveniência socioeconômica, relativamente à escolha de outra forma de alienação (art. 17, II, "a", da Lei 8.666/93).

De modo que o agente público, ao desatender a essas regras estabelecidas para a realização da doação de um bem público, incorrerá em ato de improbidade administrativa por desobedecer ao princípio constitucional da legalidade.

O desrespeito à inteireza dos procedimentos normativos na realização do ato instrumental e formal da doação atenta contra o dever imposto pelo art. 4º da Lei de Improbidade Administrativa que confere a obrigatoriedade ao agente, de velar pela estrita observância dos princípios de legalidade, impessoalidade, moralidade e publicidade no trato dos assuntos que lhe são afetos, cujo enquadramento ocorre neste inciso.

- "[...] De fato, o inciso III do art. 10 da Lei de Improbidade é claro quanto à tipificação da conduta ímproba relativa à doação de bens públicos, quando prevê que constitui ato de improbidade administrativa: "doar à pessoa física ou jurídica bem como ao ente despersonalizado, ainda que de fins educativos ou assistências, bens, rendas, verbas ou valores do patrimônio de qualquer das entidades mencionadas no art. 1º desta lei, sem observância das formalidades legais e regulamentares aplicáveis à espécie". O art. 17 da Lei n. 8.666/93 explicita no seu inciso II, a, que a doação de bens pela administração quando móveis, dependerá de avaliação prévia e de licitação, dispensada esta nos seguintes casos: "a) doação, permitida exclusivamente para fins e uso de interesse social, após avaliação de sua oportunidade e conveniência sócio-econômica, relativamente à escolha de outra forma de alienação". Relativamente ao dolo, a Corte de origem considerou que houve boa-fé da acusada, conforme se percebe do seguinte trecho: "Além do mais, devemos considerar que a apelada agiu de boa-fé e se não fosse a doação realizada, os livros seriam perdidos, não havendo assim lesão ao erário e nem desrespeito aos princípios da administração pública, mas tão somente conservação do bem. Tenho portanto, que a não avaliação alegada pelo apelante se tratou apenas de um erro, que por sua natureza deve ser escusado". Entendeu-se também que haveria interesse social na doação conforme o seguinte trecho: "Também fica patente que foi suprido o requisito para que haja doação em razão de ter sido atendida a exigência de que ela seja feita com finalidade e uso de interesse social." (STJ - AgInt no AREsp 1008646/MG, Rel. Ministro FRANCISCO FALCÃO, SEGUNDA TURMA, julgado em 19/06/2018, DJe 22/06/2018)

- "De acordo com a moldura fático-probatória demarcada pelo Tribunal a quo, o então Alcaide procedeu à doação de bens públicos sem previsão legal e em descumprimento aos procedimentos legais de que se devem revestir o ato de doação de patrimônio público (fls. 513) e os Vereadores acionados, mesmo sabendo das condições ilegais em que se deram as doações na tentativa de legalizarem ato administrativo pretérito, acabaram por aprovar projeto de Lei com evidente desvio de finalidade (fls. 513). Por essa razão, não merecem reproche as conclusões exprimidas pela Corte das Alterosas, que, arrimando-se nos fatos e nas provas constantes do caderno processual, impermeáveis a modificação em sede de recorribilidade especial, deixaram registrada a ocorrência de ato ímprobo pela prática de ilegalidade qualificada, conforme tipificam os arts. 10, III (dano ao Erário por doação praticada em sem as formalidades legais) e 11 (ofensa a princípios administrativos) da Lei 8.429/92, que não foram violados pelo Aresto ora recorrido. (STJ - REsp 1605701/MG, Rel. Ministro NAPOLEÃO NUNES MAIA FILHO, PRIMEIRA TURMA, julgado em 16/06/2016, DJe 04/10/2016)

- Caracteriza-se a violação à Lei de Improbidade Administrativa o ato do Prefeito Municipal, no final de mandato, que promove doação de lotes em desacordo com as regras estabelecidas em lei municipal específica e que a subordinava á existência de recursos fornecidos pela Caixa Econômica Federal para a construção das edificações. – É ilegal, portanto, a doação de noventa terrenos efetivada pelo réu no apagar de seu mandato, pois a despeito de inseridos na área de 55.000m^2, não havia recursos para construção de moradias e o local estava desprovido de infraestrutura a propiciar condições mínimas de habitação. – Hipótese na qual, ainda, não houve prévia seleção – através de estudo social que analisasse a hipossuficiência dos beneficiários –, bastando que o interessado se inscrevesse na Prefeitura, participasse de sorteio e, posteriormente, apresentasse documentação pessoal para ser contemplad. (TJMG – Ap. Cív. 1.0511.09.015470-5/001 – 1ª Câmara Cível – Rel. Des. Alberto Vilas Boas – j. em 28.01.2014 – publicação da Súmula em 06.02.2014)

- "[...] Verificado pelas instâncias ordinárias que a [...] sociedade civil sem fins lucrativos criada com o intuito de servir aos produtores rurais de Ouro Verde, não prestava os serviços de utilidade pública previstos em seu estatuto e/ou que pudessem justificar o repasse das verbas públicas previstas em lei; não apresentava contas da destinação dos valores percebidos; contratava funcionários cuja prestação de serviços não guardava relação com os objetivos buscados pela Associação; remunerava funcionários cuja prestação de serviços era destinada, na realidade, à Prefeitura Municipal de Ouro Verde, sem a devida realização ou dispensa de licitação, configurado está o dolo genérico e caracterizadas estão as condutas tipificadas nos incisos III, VIII e IX do artigo 10 e inciso I do artigo 11 da LIA e, consubstanciado na intenção de beneficiar a empresa vencedora do certame. [...]". (STJ - EDcl no AgRg no REsp. 1.314.061/SP – 2ª Turma – Rel. Min. Humberto Martins – j. em 25.06.2013 – DJe 05.08.2013)

- A Lei 8.666/93 exige, nos casos doação de bens públicos a particular, prévia licitação. Ato de ex-governador do Estado que, mediante decreto autônomo, doa a amigo particular veículo público é nulo de pleno direito. 3. A Administração, com amparo no art. 53 da Lei 9.784/99, deve anular seus próprios atos, quando eivados de nulidade, sendo desnecessária a instauração de processo administrativo, oportunizando a defesa ao donatário na hipótese dos autos, porque o ato não poderia ser convalidado, à míngua de licitação. 4. Registro de propriedade do veículo em nome do donatário que deve ser cancelado. 5. Recurso especial provido. (STJ - REsp. 685551 / AP - 2ª Turma - DJ 18.04.2005 - p. 277 - Relª. Minª. Eliana Calmon)

- Doação. Bens Públicos. Formalidades. Desde que atendido o interesse público e os demais requisitos previstos no ordenamento jurídico, é perfeitamente possível a doação de bens públicos a particulares. (TJMS - Ag. Reg. em Ap. Cív. 2005.011699-9/0001-00 - 2ª Turma Cível - j. em 08.11.2005 - Rel. Des. Divoncir Schreiner Maran)
- Doação de município a particular. Bens Públicos. Ausência de procedimento legal. A alienação de bens imóveis públicos subordina-se a existência de interesse público devidamente justificado e precedido de avaliação e aprovação pelo legislativo. (TJMT - Ap. Cív. 14948/2006 - 4ª Câmara Cível - j. em 22.01.2007 - Rel. Des. José Silvério Gomes)
- Doação de município a particular. Ausência de procedimento legal. Inadmissibilidade. A alienação de bens imóveis públicos subordina-se a existência de interesse público devidamente justificado e precedido de avaliação e aprovação pelo legislativo. (TJMT - Ap. Cív. 39632/2008 - 1ª Câmara Cível - j. em 20.10.2008 - Rel. Des. José Tadeu Cury)
- Doação de imóvel público. A doação de imóvel público, obedece, unicamente, aos preceitos contidos na lei que o desafetou. (STJ - REsp. 56612-6/RS - 1ª Turma - DJU 06.03.1995, p. 4325)

10.4. Facilitar transação de bens públicos com preços subfaturados

IV - permitir ou facilitar a alienação, permuta ou locação de bem integrante do patrimônio de qualquer das entidades referidas no art. 1º desta lei, ou ainda a prestação de serviço por parte delas, por preço inferior ao de mercado;

O agente público tem o dever de ser leal à entidade a que presta serviços e de observar o princípio da eficiência que norteia o gerenciamento da administração pública, para obter os melhores resultados com presteza, perfeição e rendimento funcional com vistas a atender satisfatoriamente às necessidades da comunidade.

Daí, ele ter a obrigação de conduzir as transações de alienação ou locação de bens, de modo mais favorável à sua entidade e alcançar as melhores condições comerciais nos atos negociais.

Ao permitir ou facilitar que uma alienação, permuta ou locação de bem público seja transacionada por preço inferior ao de mercado, além da sua desídia funcional, incorrerá em ato de improbidade administrativa por contribuir pela subvaloração do seu patrimônio, causando assim um prejuízo por favorecer terceiros com preços baixos de produtos que valem a maior.

Quando a norma menciona permitir, está expondo a conduta do agente em consentir, tolerar, anuir e, ao se referir a facilitar, significa tornar possível, fácil ou mais fácil, afastar os óbices ou entraves à sua consecução de transação ou negócio nas modalidades de alienação, permuta ou locação de bens integrantes do acervo do patrimônio público, objetivando favorecer terceira pessoa, seja física ou jurídica, com a prática de preço vil ou inferior ao de mercado.

Também se englobam nessa perspectiva aquelas contratações celebradas com pessoas físicas ou jurídicas, ofertando preços públicos inferiores ao de mercado, subfaturando assim os serviços públicos visando favorecer economicamente o contratante em detrimento do interesse da sua instituição que receberá menos por um trabalho ou serviço que vale mais, cuja diferença financeira é o tamanho do prejuízo suportado pelas finanças públicas.

É ato de natureza material que necessita para sua consumação, assim como os tipos de condutas especificadas neste artigo, de um resultado mensurável de valor econômico a importar em dano ao erário.

A sua conduta é dolosa devido ao comportamento voluntário do agente em assumir o risco de produzir o resultado desejado pela sua ação ou omissão, mas também poderá ser mediante uma postura culposa pela sua falta de diligência, por atuar de maneira negligente ou sem observar as cautelas necessárias que se tornem a causa do prejuízo suportado pela administração pública.

10.5. Facilitar aquisição de bens públicos com preços com sobrepreço

V - permitir ou facilitar a aquisição, permuta ou locação de bem ou serviço por preço superior ao de mercado;

O preço representa a soma em dinheiro com que se determina o valor da coisa para que sirva de base à operação do que será objeto da compra e venda ou da contratação de serviços ou obras. Já o preço de mercado é o que resulta, em determinada circunstância, da lei da oferta e da procura da mercadoria, produto, serviço ou obra. É a cotação que lhe é atribuída nas transações entre particulares ou entre estes e o Poder Público, ou vice-versa.

A concretização de negócio que envolva entes públicos na condição de adquirente, permutador ou locatário de bens, produtos ou serviços, em que o preço pactuado ou pago seja superior ao de mercado, enseja o enriquecimento ilícito do fornecedor, permutante ou locador, pelo favorecimento econômico da diferença entre o preço real e o valor dispendido pelos cofres públicos.

É a hipótese descrita da conduta neste dispositivo legal; a ocorrência de aquisição de bens ou serviços, a permuta ou locação de móveis ou imóveis, na base do superfaturamento dos preços praticados pelo mercado.

O agente público tem o dever de ser leal à entidade a que presta serviços e de observar o princípio da eficiência, que norteia o gerenciamento da administração pública para obter os melhores resultados com presteza, perfeição e rendimento funcional, visando atender satisfatoriamente as necessidades da comunidade, de modo que a regra é coibir o agente público que concorre para que as transações, aquisitória, permutável ou locativa, sejam desfavoráveis ao erário em razão do sobrepreço de bens ou serviços em desfavor dos cofres públicos.

A prática de preços acima dos patamares registrados pelo mercado é onerosa para a administração pública, despendendo mais dinheiro por custos mais elevados do que o necessário para a realização da mesma aquisição ou contratação de serviço.

Essa oneração é lesiva ao nível de riqueza do Estado, o que autoriza a sanção do ressarcimento integral do prejuízo consumado, apurado entre o valor de mercado e o que foi desembolsado pela administração pública.

É ato de natureza material de que se necessita para sua consumação, assim como os tipos de condutas especificadas neste artigo, de um resultado mensurável de valor econômico a importar dano ao erário.

A sua conduta é dolosa devido ao comportamento voluntário do agente em assumir o risco de produzir o resultado desejado pela sua ação ou omissão, mas também poderá ser mediante uma postura culposa pela sua falta de diligência, por atuar de maneira negligente ou sem observar as cautelas necessárias que se tornem a causa do prejuízo suportado pela administração pública.

10.6. Realizar operação financeira sem formalidades legais ou garantia suficiente

VI - realizar operação financeira sem observância das normas legais e regulamentares ou aceitar garantia insuficiente ou inidônea;

A responsabilidade do agente público no trato dos assuntos da administração pública exige que o mesmo se conduza dentro das regras que disciplinam os procedimentos a serem observados para preservar a defesa do interesse e o patrimônio públicos.

Assim, nas operações financeiras que envolvam dispêndios de recursos públicos, o agente deve exigir todas as garantias previstas em lei, que permitam ao Estado reaver aquilo que emprestou ou vendeu, se as circunstâncias futuras autorizarem o retorno do valor, objeto da operação financeira para os cofres públicos.

Eis que, ao dispor de lastro patrimonial garantidor do valor emprestado ou vendido, estará o agente agindo com lealdade à sua instituição para atender ao princípio constitucional da legalidade.

O agente que desatender às regras ou regulamentos que tratam de operação financeira envolvendo recursos públicos, responderá pelos danos causados.

Nos moldes atinentes à temática enfocada nessa regência, é de valor significativo a cogente responsabilidade do agente público na gestão fiscal acoimada de prevenção de riscos e corrigenda de desvios capazes de afetar o equilíbrio das contas públicas.

Infere-se, assim, a imperiosa postura de o agente público velar pela eficiência fiscal e otimização na aplicação dos recursos financeiros para a obtenção de resultados positivos em favor do ente público.

A operação financeira não autorizada pelas normas específicas que regem a matéria, irregular e lesiva ao patrimônio, ou assunção de obrigação que desatenda a legislação fiscal, configura o tipo descrito neste dispositivo legal.

Sobreleva destacar a Lei Complementar 101, de 04.05.2000, que estabelece normas de finanças públicas voltadas para a responsabilidade na gestão fiscal, define parâmetros e limites para gastos com pessoal, renúncia de receita, normas para despesas e endividamento das entidades públicas, regras para operações de crédito e obrigações de restos a pagar, além de outros regramentos relativos à gestão da coisa pública.

Nesse cenário de comemorada rigidez fiscal, destaca-se a primazia da vedação de celebração de empréstimos bancários para financiar despesas correntes, que na sua espécie veda tal custeio para o pagamento de vencimentos de pessoal.

Ante esse empeço imperativo da lei fiscal, alguns governantes, usando da criatividade do jeitinho brasileiro, vêm forjando uma operação triangular com o objetivo de burlar ardilosamente esta âncora de austeridade nas contas públicas dos Estados e Municípios.

O artifício consiste no ato de obrigar o servidor público ou sua entidade de classe a celebrar contrato de empréstimo pessoal com aval do Governo do Estado ou do Município, a quem incumbirá o pagamento do principal, juros e encargos financeiros, uma via oblíqua de fraudar a vedação determinada pela Lei de Responsabilidade Fiscal, quando no seu art. 35, § 1º, inc. I, preceitua:

> **Art. 35.** *É vedada a realização de operação de crédito entre um ente da Federação, diretamente ou por intermédio de fundo, autarquia, fundação ou empresa estatal dependente, e outro, inclusive suas entidades da administração indireta, ainda que sob a forma de novação, refinanciamento ou postergação de dívida contraída anteriormente.*
>
> *§ 1º* Excetuam-se da vedação a que se refere o *caput* as operações entre instituição financeira estatal e outro entre da Federação, inclusive suas entidades da administração indireta, que não se destinam a:
>
> I – financiar, direta ou indiretamente, despesas correntes;

A realização de operação de crédito via cadastro de seus servidores ou entidade classista, para financiar diretamente despesas correntes, que inclui na sua classificação de despesa de custeio, o pagamento dos vencimentos dos servidores, é uma afronta direta à referida Lei.

Com efeito, o princípio constitucional da legalidade é violado de forma escancarada e frontal, sem adornos ou disfarces.

E mais, ao eleger os bancos financiadores, sem critério de concorrência pública, o ente público alvoroça o princípio da impessoalidade para favorecê-los num negócio para eles lucrativo e sem risco de perda, isso, porque aquele é garantidor da quitação dos empréstimos, afastando, assim, o perigo de inadimplência tão comum no mercado financeiro.

Essa infidelidade legislativa do governo estadual ou do município, protagonistas dessa inovação creditícia, impõe expressivos ônus com o agravamento do seu nível de endividamento estatal pela oneração do erário público com o pagamentos de taxas de juros, correção monetária e encargos financeiros, específicos para remunerar a folha de pessoal, sem algma contrapartida para o Poder Público ou em favor do bem comum, além de reduzir a sua capacidade de crédito para o financiamento de obras de infraestrutura.

Na realização de financiamento bancário para investimentos de obras ou serviços, a sociedade é compensada pelos benefícios gerados por estes na forma de serviços públicos postos à sua disposição.

Na hipótese de empréstimos para pagar vencimentos, inexiste esse ressarcimento em favor da comunidade, razão pela qual o legislador, na sua sabedoria, vedou essa pródiga modalidade.

Em consequência, podem vicejar os aspectos danosos ao erário com afetação explícita ao princípio constitucional da moralidade administrativa, que exige atuação segundo os padrões éticos de probidade, decoro e boa-fé.

Essa vedação de realização de operação financeira sem a observância das normas legais e regulamentos já tem precedente normativo com a previsão de desconstituição e ressarcimento ao erário inferido na Lei 4.717/65, que trata da ação popular (art. 4º, II, "a", ao considerar nulos os atos ou contratos celebrados quando a operação bancária ou de crédito real for realizada com desobediência a normas legais, regulamentares ou constantes de instruções gerais.

A inidoneidade da garantia de um empréstimo ou financiamento se apresenta quando a entidade avalizadora ou fiadora do devedor contratante é inadimplente com as suas obrigações perante o credor, o órgão concessivo do crédito.

A referida Lei também tem previsão similar a outra conduta descrita neste dispositivo de invalidação, quando o valor real do bem dado em hipoteca ou penhor for inferior ao constante de escritura, contrato ou avaliação (art. 4º, II, "b"), portanto, se a garantia for insuficiente ou não se apresentar confiável. A garantia é insuficiente quando não é capaz de resguardar o crédito e os encargos da dívida numa situação de inadimplência.

O alvo desta norma sugere que sejam os bancos oficiais ou estatais na realização de suas operações com o mercado, a sua clientela, entidades públicas, Estados, Municípios e pessoas físicas e jurídicas que contraem empréstimos dentro das linhas de créditos oferecidas, devido à influência política na composição dos quadros diretivos daqueles pelos grupos que conquistam o poder pelo voto a cada eleição.

As operações financeiras ou bancárias são aquelas atribuídas, a todos os atos jurídicos que sejam regulados pelas leis civis, comerciais ou creditícias, que venham constituir objeto de comércio do sistema bancário, de modo que o agente responsável pela administração bancária ou de entidade de crédito, tem o dever de conhecer o conjunto de normas regedoras do sistema operacional de crédito, bancos, financiamentos e empréstimos, sendo inescusável sua falta de saber especializado na gerência da aplicação dos recursos públicos.

Dentre as normas que se destacam na moldura de regramentos relativos à concessão de empréstimos bancários e financiamentos, vale assinalar as seguintes:

- **Constituição Federal**

Art. 167. *São vedados:*

III – a realização de operações de créditos que excedam o montante das despesas de capital, ressalvadas as autorizadas mediante créditos suplementares ou especiais com finalidade precisa, aprovados pelo Poder Legislativo por maioria absoluta;

- **Lei de Responsabilidade Fiscal**

Art. 26. A destinação de recursos para, direta ou indiretamente, cobrir necessidades de pessoas físicas ou déficits de pessoas jurídicas deverá ser autorizada por lei específica, atender às condições estabelecidas na lei de diretrizes orçamentárias e estar prevista no orçamento ou em seus créditos adicionais.

Art. 28. Salvo mediante lei específica, não poderão ser utilizados recursos públicos, inclusive de operações de crédito, para socorrer instituições do Sistema Financeiro Nacional, ainda que mediante a concessão de empréstimos de recuperação ou financiamentos para mudança de controle acionário.

Art. 32. O Ministério da Fazenda verificará o cumprimento dos limites e condições relativos à realização de operações de crédito de cada ente da Federação, inclusive das empresas por eles controladas, direta ou indiretamente.

§ 1º O ente interessado formalizará seu pleito fundamentando-o em parecer de seus órgãos técnicos e jurídicos, demonstrando a relação custo-benefício, o interesse econômico e social da operação e o atendimento das seguintes condições:

I – existência de prévia e expressa autorização para a contratação, no texto da lei orçamentária, em créditos adicionais ou lei específica;

III – observância dos limites e condições fixados pelo Senado Federal;

V – atendimento do disposto no inc. III do art. 167 da Constituição;

VI – observância das demais restrições estabelecidas nesta Lei Complementar.

Art. 35. *É vedada a realização de operação de crédito entre um ente da Federação, diretamente ou por intermédio de fundo, autarquia, fundação ou empresa estatal dependente, e outro, inclusive suas entidades da administração indireta, ainda que sob a forma de novação, refinanciamento ou postergação de dívida contraída anteriormente.*

Art. 36. *É proibida a operação de crédito entre uma instituição financeira estatal e o ente da Federação que a controle, na qualidade de beneficiário do empréstimo.*

Art. 38. A operação de crédito por antecipação de receita destina-se a atender insuficiência de caixa durante o exercício financeiro e cumprirá as exigências mencionadas no art. 32 e mais as seguintes:

IV – estará proibida:

a) enquanto existir operação anterior da mesma natureza não integralmente resgatada;

b) no último ano de mandato do Presidente, Governador ou Prefeito Municipal.

No que se refere ao beneficiário de empréstimo que resulte em inadimplência cujo ato concessivo desatendeu às regras estipuladas na legislação de regência, o beneficiário dos recursos financeiros poderá ser alcançado pela Lei de Improbidade Administrativa quando no seu art. 3º preceitua a sua aplicação ao terceiro que induza ou concorra para a prática do ato de improbidade ou dele se beneficie sob qualquer forma direta ou indireta.

- "[...] Assim, para as operações de crédito por antecipação de receita não basta a autorização genérica contida na lei orçamentária, sendo indispensável autorização específica em cada operação. A inobservância de tal formalidade, ainda que não implique em enriquecimento ilícito do recorrente ou prejuízo para o erário municipal, caracteriza ato de improbidade [...]". (REsp. 799.094/SP – 1ª Turma – Rel. Min. Teori Albino Zavascki – j. em 16.09.2008, DJe 22.09.2008)

- "[...] Não obstante, independente da averiguação do elemento subjetivo da conduta do agente público, verifica-se que, de acordo com a Súmula n.º 207, do TCU, aplicável, por analogia, ao Estado, o Secretário de Fazenda, sequer poderia efetuar aplicações financeiras com o dinheiro advindo da venda das LTFEs, consoante se colhe de seu teor: 'Súmula n.º 207: É vedada aos órgãos da Administração Federal Direta, às autarquias, às empresas, às sociedades de economia mista e às entidades sob seu controle acionário, bem como às Fundações supervisionadas pela União, a aplicação, em títulos de renda fixa ou em depósitos bancários a prazo, de disponibilidade financeira, salvo – quando resultante de receitas próprias – a aplicação em títulos do Tesouro Nacional, por intermédio do Banco Central do Brasil ou na forma que este estabelecer e sem prejuízo das respectivas atividades operacionais.' 4. Consectariamente, não revestindo de qualquer ilegalidade o ato do agente público – consistente na não aplicação financeira dos valores advindos da venda de Letras do Tesouro Estadual – descaracterizado está o ato de improbidade uma vez que a contrariedade à lei revela-se como requisito do ato ímprobo, que, in casu, foi imputado ao recorrente ante a subsunção à norma descrita no art. 10, inc. VI, da Lei 8.429/92. [...]". (EDcl no REsp. 623.550/MT – 1ª Turma – Rel. Min. Luiz Fux – j. em 05.12.2006, DJ 18.12.2006, p. 310).

- Empréstimo bancário. Autorização legislativa específica. Descumprimento. Improbidade. 1. O acórdão manteve a condenação de Prefeito Municipal por improbidade administrativa, por entender necessário procedimento licitatório, bem como autorização legislativa específica para a contratação de empréstimos bancários por antecipação de receita. 2. Embora seja dispensável, na hipótese, o procedimento licitatório para a realização de operação bancária, já que realizada antes da Lei de Responsabilidade Fiscal, subiste o acórdão ao reconhecer a irregularidade das operações de empréstimo sem autorização do Legislativo Municipal. 3. A lei do orçamento anual (ato-regra) pode autorizar, genericamente, as operações de crédito por antecipação de receita (art. 165, § 8º), o que não afasta a necessidade de aprovação, em cada caso, por ato legislativo de inferior hierarquia (ato-condição). 4. Assim, para as operações de crédito por antecipação de receita não basta a autorização genérica contida na lei orçamentária, sendo indispensável autorização específica em cada operação. A inobservância de tal formalidade, ainda que não implique em enriquecimento ilícito do recorrente ou prejuízo para o erário municipal, caracteriza ato de improbidade, nos termos do art. 11 da Lei 8.429/92, à míngua de observância dos preceitos genéricos que informam a Administração Pública, inclusive a rigorosa observância do princípio da legalidade. (STJ – REsp. 410.414/SP – 2ª T. – DJ 27.09.2004 – p. 301 – Rel. Min. Castro Meira)

10.6.1. Operação de crédito com recursos dos Institutos de Previdência (Pedalada fiscal)

A presidente da República Dilma Rousself teve como um dos motivos para a decretação do seu impeachment o que ficou conhecido como "pedalada fiscal"; os bancos oficiais antecipavam pagamentos de responsabililidade do Tesouro Nacional, depois recebia com juros e correção monetária.

No âmbito da administração pública estadual e municipal, ocorre prática idêntica mediante a apropriação da gestão pública dos recursos destinados aos Institutos de Previdência Social.

O Executivo age de duas formas: primeira, não repassa os valores descontados da folha de pagamento para o Instituto, inclusive, o valor patronal; segunda, saca da conta do Instituto para devolução posterior mediante juros e correção e, às vezes sem remuneração ou atualização alguma.

De uma forma ou de outra está incorrendo em operação financeira ilegal.

A Lei de Responsabilidade Fiscal estabelece que os valores e receita financeira dos Institutos de Previdência ficarão depositadas em conta separada das demais disponibilidades de cada ente e aplicadas nas condições de mercado[47].

Portanto, os recursos financeiros deverão ficar em contas bancárias individuais em nome do Instituto e os valores serão aplicados no mercado financeiro.

Com efeito, constitui-se em ilegalidade manifesta a realização dessa operação financeira assemelha-se a empréstimo entre os próprios entes públicos.

O gestor público ao desatender a regra estabelecida para a movimentação financeira dos recursos dos Institutos de Previdência e realizar operação de crédi-

---

47. Art. 43. As disponibilidades de caixa dos entes da Federação serão depositadas conforme estabelece o § 3º do art. 164 da Constituição.

§ 1º As disponibilidades de caixa dos regimes de previdência social, geral e próprio dos servidores públicos, ainda que vinculadas a fundos específicos a que se referem os arts. 249 e 250 da Constituição, ficarão depositadas em conta separada das demais disponibilidades de cada ente e aplicadas nas condições de mercado, com observância dos limites e condições de proteção e prudência financeira.

§ 2º É vedada a aplicação das disponibilidades de que trata o § 1º em:

I - títulos da dívida pública estadual e municipal, bem como em ações e outros papéis relativos às empresas controladas pelo respectivo ente da Federação;

II - empréstimos, de qualquer natureza, aos segurados e ao Poder Público, inclusive a suas empresas controladas.

to interno, está afrontando, também, o art. 35 da Lei de Responsabilidade Fiscal, assim escrito:

> Art. 35. É vedada a realização de operação de crédito entre um ente da Federação, diretamente ou por intermédio de fundo, autarquia, fundação ou empresa estatal dependente, e outro, inclusive suas entidades da administração indireta, ainda que sob a forma de novação, refinanciamento ou postergação de dívida contraída anteriormente.

Se não bastasse o aludido dispositivo obstar a realização de operação de crédito entre entidades públicas da mesma ou esferas diferentes, o art. 36 é mais incisivo e preciso na versada desautorização:

> Art. 36. É proibida a operação de crédito entre uma instituição financeira estatal e o ente da Federação que a controle, na qualidade de beneficiário do empréstimo.

O uso de fundos do Caixa de Previdência ao interesse e conveniência política do gestor se constitui em operação de crédito na conceituação formatada pela Lei de Responsabilidade Fiscal:

> Art. 29. Para os efeitos desta Lei Complementar, são adotadas as seguintes definições:
>
> I - [...]
>
> III - operação de crédito: compromisso financeiro assumido em razão de mútuo, abertura de crédito, emissão e aceite de título, aquisição financiada de bens, recebimento antecipado de valores provenientes da venda a termo de bens e serviços, arrendamento mercantil e outras operações assemelhadas, inclusive com o uso de derivativos financeiros;

A violação da Lei de Responsabilidade Fiscal, nessa hipótese, constitui-se em o ato de vontade, consciente da ilicitude e assumindo o risco do resultado danoso ao erário ao afrontar à lei e onerá-lo com operação de crédito vedada, presente, desta forma a conduta dolosa do agente.

Saliente-se, por oportuno, que é poder-dever do agente público velar pelos princípios norteadores da Administração Pública, muito bem insculpidos no art. 4º desta norma, assim redigido:

> Art. 4° Os agentes públicos de qualquer nível ou hierarquia são obrigados a velar pela estrita observância dos princípios de legalidade, impessoalidade, moralidade e publicidade no trato dos assuntos que lhe são afetos.

A conduta de pedalar na verba previdenciária ganha concurso material ao ajustar simetricamente ao comportamento desvio de finalidade na moldura delineada pelo inciso I, do art. 11 da LIA:

> Art. 11. Constitui ato de improbidade administrativa [...] e notadamente:

I - praticar ato visando fim proibido em lei ou regulamento ou diverso daquele previsto, na regra de competência;

Convém ressaltar que essa conduta é danosa ao erário. Primeiro, se os recursos estão em conta própria do Instituto de Previdência, por força do art. 43 da norma de regência, deverá ser aplicado no mercado financeiro, rendendo juros e correção monetária; mas se o Estado ou Município se apropria e depois devolve, estará pagando juros e correção monetária; e se não fizer a devolução com os encargos financeiros, estará subtraindo renda do Instituto de Previdência.

De modo que, essa operação financeira clandestina resultado em prejuízo para o erário, expresso no montante de juros e correção monetária, além de ser manifestamente ilegal.

- "Ação civil pública. Ex-prefeito. Imputação de ato de improbidade administrativa. Ausência de repasse da contribuição previdenciária à autarquia municipal competente. A Lei nº 8.429/92, nos arts. 9º, 10 e 11, define que os atos de improbidade administrativa abrangem aqueles que geram enriquecimento ilícito do agente em detrimento da função pública, os dolosos ou culposos que causem dano ao erário e os que atentam contra princípios da administração. - O elemento subjetivo é essencial à configuração da improbidade, exigindo-se dolo para que se configurem as hipóteses típicas dos arts. 9º e 11, ou pelo menos culpa, no caso do art. 10, todos da Lei 8.429/92. - "A tipologia dos atos de improbidade se subdivide em: (a) atos que implicam enriquecimento ilícito (art. 9º da LIA); (b) atos que ensejam dano ao erário (art. 10 da LIA); e (c) atos que vulneram princípios da administração (art. 11 da LIA), com seus respectivos elementos subjetivos (necessá- rios à imputação da conduta ao tipo) divididos da seguinte maneira: exige-se dolo para que se configurem as hipóteses típicas dos arts. 9º e 11, ou pelo menos culpa, nas situações do art. 10." (STJ. AgRg no AREsp 535720 / ES. Rel. Min. Gurgel de Faria. J. em 08/03/2016). - Verificada a ausência, durante longo período, de repasse ao órgão previdenciário referente aos valores das contribuições previdenciárias, sem justificativa crível, assumindo dívida na qual incide juros e correção monetária, caracterizado está o dano ao erário passível de ressarcimento, bem como a ofensa aos princípios da administração pública, em especial, ao da legalidade. - Resta comprovada a ilegalidade do ato praticado pelo agente político, configurada na ausência de repasse do recolhimento de contribuições previdenciária, caracterizando-se ato de improbidade administrativa previsto no art. 11 da Lei nº 8.429/1992, o qual exige, tão somente, a demonstração de dolo genérico. - No arbitramento das sanções previstas no caput, do art. 12, da Lei nº 8.429/92, deve ser levado em consideração os termos do parágrafo único daquele dispositivo, que proclama:"na fixação das penas previstas nesta lei o juiz levará em conta a extensão do dano causado, assim como o proveito patrimonial obtido pelo agente", bem como as particularidades da hipótese apreciada. - No caso concreto, concebo que todas as penalidades foram arbitradas com prudência e razoabilidade, com exceção do ressarcimento do dano ao erário, que deve corresponder apenas ao período perante o qual estava a frente do município, bem como da multa civil (dez vezes), a qual reduzo ao patamar de cinco vezes o valor da última remuneração recebida pelo Prefeito. Isto posto, conhecida à Apelação, e rejeitadas as preliminares, dou-lhe provimento parcial para reformar em parte a Sentença, de modo a limitar o ressarcimento ao erário pelo período no qual o Apelante foi prefeito do Município de Alhandra (2005/2008 e 2009/2012), bem como para reduzir a multa civil para cinco vezes o valor da última remuneração daquele cargo, mantida a Sentença nos demais termos". (TJPB – 1ª Câm Cível – Unânime - Ap nº 0001209-87.2013.815.0411 – rel. Desembargador Des. Leandro dos Santos - DJ 22.06.2017)
- "Gestor do Fundo e contra o prefeito, por alegada falta de repasse a Fundo Previdenciário de valores descontados de servidores e de recolhimento de montante a cargo da prefeitura. Já no

que respeita ao Alcaide, consoante desponta do arcabouço fático delineado no acórdão, sobre o qual não há controvérsia, e diversamente da conclusão adotada pela instância recursal de origem, está claramente demonstrado o dolo desse recorrido, no mínimo genérico, resultante da ausência de repasse ao Fundo Previdenciário dos Servidores Públicos do Município de verba a este pertencente por determinação legal, alusiva aos valores efetivamente descontados dos vencimentos dos servidores e também da contribuição devida pela Prefeitura Municipal. Tal conduta, atentatória ao princípio da legalidade, nos termos da jurisprudência desta Corte, é suficiente para configurar o ato de improbidade capitulado no art. 11, caput e II, da Lei nº 8.429/92. Recurso especial parcialmente provido para assentar a extemporaneidade do recurso de apelação manejado pelo gestor do Fundo (inteligência, por analogia, da Súmula 418/STJ) e, num segundo momento, para reconhecer a conduta ímproba do então Prefeito como enquadrada no art. 11 da Lei nº 8429/92, quedando restabelecidas, para esses dois réus, as reprimendas já fixadas na sentença proferida em primeira instância". (STJ -REsp 1238301/MG, Rel. Ministro SÉRGIO KUKINA, PRIMEIRA TURMA, julgado em 19/03/2015, DJe 04/05/2015)

- "Ausência de repasse da contribuição previdenciária. Violação aos princípios que regem a Administração Pública. Configuração de ato ímprobo. Verificada a ausência de repasse ao órgão previdenciário referente aos valores das contribuições previdenciárias, descontadas dos servidores públicos municipais, sem plausível justificativa, caracterizada está a ofensa aos princípios da administração pública, em especial, ao da legalidade. Art. 11 da Lei nº 8.429/1992. Configuração de dolo genérico. Elemento subjetivo. Resta comprovada a ilegalidade do ato praticado pelo agente político, configurada na ausência de repasse do recolhimento de contribuições previdenciária, caracterizando-se ato de improbidade administrativa previsto no art. 11 da Lei nº 8.429/92, o qual exige, tão somente, a demonstração de dolo genérico. Parcelamento assumido pela Municipalidade. Pena de ressarcimento mantida. O parcelamento assumido pela Municipalidade não afasta o dever do Apelante/R. Restituir os valores descontados dos servidores públicos municipais e não repassados ao órgão competente. APELAÇÃO CONHECIDA E DESPROVIDA". (TJGO; AC 0089038-23.2010.8.09.0074; Ipameri; Quinta Câmara Cível; Rel. Des. Olavo Junqueira de Andrade; DJGO 12/09/2016; Pág. 221)

- INSS e Fundo municipal previdenciário. Não repasse de encargos dos funcionários públicos municipais entre 2003 e 2006. Ato de improbidade administrativa. Prejuízo ao erário público. Demonstração. Dolo evidenciado. Art. 10, caput e inc, XI da nº 8429/92. Sanções do art. 12, II, da mesma Lei. Sentença mantida. Recurso desprovido. Ficou demonstrado pela farta prova documental, que o município de nova Londrina deixou de repassar, no período em alusão, as contribuições recolhidas e descontadas dos servidores, bem como, que nenhum dos requeridos, negaram tais fatos. O argumento do apelante de que não agiu com dolo, não lhe socorre, porque a prova testemunhal elucidou que o mesmo pressionava subordinados a assinarem documentos, de forma rápida, quase sempre em cima da hora de terminar o expediente, para que não houvesse fiscalização. (TJPR; ApCiv 1349487-2; Nova Londrina; Quarta Câmara Cível; Relª Desª Regina Afonso Portes; Julg. 02/02/2016; DJPR 18/02/2016; Pág. 96)

- "Ausência de depósito aos cofres do município e ao fundo municipal de seguridade das contribuições previdenciárias arrecadadas dos servidores no exercício de 1998. Fato incontroverso. Conduta ímproba. Artigo 10, caput, da lei 8.429/92. Manutenção da sentença. Ação de improbidade administrativa em que o réu ex-prefeito do Município de Santa Quitéria/CE foi condenado por ato ímprobo previsto no artigo 10, I, da LIA, por não ter recolhido aos cofres públicos os valores a título de contribuição previdenciária do exercício de 1998. Fato admitido pelo ex-prefeito de que houve atraso, sem demonstrar a destinação dos valores. Não obstante ter afirmado de ter promovido o parcelamento para o seu ressarcimento ao INSS, contudo, não apresentou qualquer elemento de prova de tal fato. A alegação de desconhecimento do réu não é passível de ensejar a ilegitimidade passiva, haja vista que o prefeito é o principal gestor administrativo do município, cabendo-lhe arcar com as tarefas referentes à organização e à transparência de sua gestão, principalmente em se tratando de uma cidade de pequeno porte. Precedentes: (PROCESSO: 200981000168578, AC527241/CE, DESEMBARGADOR FEDERAL FRANCISCO WILDO, Segunda Turma, JULGAMENTO: 29/05/2012, PUBLICAÇÃO: DJE 07/06/2012 - Página 286); (PROCESSO: 20058100017774401, EIAC543509/01/CE, DESEMBARGADOR FEDERAL PAULO ROBERTO DE OLIVEIRA LIMA, Pleno, JULGAMENTO: 12/11/2014, PUBLICAÇÃO: DJE 20/11/2014 - Página 31). É fato incontroverso que não houve o repasse das contribuições previdenciárias, não obstante o desconto da remuneração dos servidores municipais no exercício de 1998. Em depoimento em juízo, confessou que houve atraso da parte patronal devida ao INSS durante o seu mandato na Prefeitura de Santa Quitéria e que o débito foi objeto de parcelamento, sem, contudo, juntar qualquer prova documental que atestasse tal situação, bem como a real destinação dos valores não repassados no montante de R$ 19.039,08 (dezenove mil trinta e nove reais e oito centavos). 6. Mantida a condenação do réu de ressarcimento ao erário do valor não repassado a título de contribuição previdenciária, contudo, para enquadrar a conduta ímproba como tipificada no artigo 10, caput, da Lei de Improbidade Administrativa, ao invés da aplicação do inciso X, do mesmo artigo, diante da sua conduta culposa que resultou na perda patrimonial do Município ao não repassar as contribuições previdenciárias descontadas dos servidores". (TRF5 - PROCESSO: 200881030015103, AC575632/CE, DESEMBARGADOR FEDERAL RUBENS DE MENDONÇA CANUTO (CONVOCADO), Primeira Turma, JULGAMENTO: 19/11/2015, PUBLICAÇÃO: DJE 26/11/2015 - Página 128)

- "Ausência de repasse de contribuições previdenciárias para o IPSEMG. É notório que o ex-gestor ao deixar de repassar as contribuições previdenciárias recolhidas dos servidores municipais ao Ipsemg agiu sem a observância do princípio da legalidade, o que amolda sua conduta ao caput do art. 11 da Lei nº 8.429, de 1992. A lesão a princípios administrativos contida no art. 11 da Lei nº 8.429, de 1992 não exige dolo ou culpa na conduta do agente político nem prova da lesão ao erário, bastando a simples ilicitude administrativa para restar configurado o ato de improbidade". (TJMG / Jurisprudência - Apelação Cível 1.0358.03.001454-4/001, Relator(a): Des.(a) Teresa Cristina da Cunha Peixoto, Data de Julgamento: 08/07/2010, Data da publicação da súmula: 23/09/2010)

10.7. Concessão ilegal de benefício administrativo ou fiscal

VII - conceder benefício administrativo ou fiscal sem a observância das formalidades legais ou regulamentares aplicáveis à espécie;

Na primeira fase do dispositivo, o núcleo do tipo é conceder, deferir, dar ou outorgar benefício, auxílio ou vantagem de natureza administrativa sem a exigência das formalidades normativas ou disciplinadoras aplicáveis à espécie.

Aqui é importante distinguir o poder discricionário do poder vinculado que o direito concede ao administrador público. A discricionariedade é a liberdade de ação administrativa do agente dentro dos limites permitidos por lei, enquanto o poder vinculado é aquele, regrado, que a norma positiva confere à administração pública para a prática de ato de sua competência, determinando os elementos e requisitos necessários à sua formalização[48].

48. TÁCITO, Caio. **Poder vinculado e poder discricionário**, RDPG 19/1; ALMEIDA, Fernando Henrique Mendes de. **Vinculação e discrição na teoria dos atos administrativos**, RT 367/17.

Os benefícios administrativos estão especificados nos estatutos dos servidores públicos federais, estaduais e municipais que estabelecem requisitos, condições objetivas e as formalidades necessárias para seus deferimentos.

Os direitos dos servidores públicos são atos vinculados que atrelam a atuação do agente público ou político aos enunciados da lei em todas as suas especificações, de modo que, atendidas as condições previstas na lei que enquadram a postulação do servidor, passa a ser direito subjetivo deste, não cabendo ao administrador senão o dever de reconhecer sua legalidade com o deferimento do pedido.

Dentre estes benefícios ou direitos do servidor público, podem destacar-se: reajuste de vencimentos, concessão de gratificação, aposentadoria, pensão, adicionais pecuniários, hora extra, diárias, ajuda de custo, licença para tratamento de saúde, promoção ou progressão funcional, anistia política, assistência previdenciária, dispensa de ressarcimento de valores recebido a maior, mas de boa-fé, subvenção social etc.

Entrementes, a concessão de benefícios previstos em lei, mas cujo pedido não atenda aos requisitos fixados pela norma, agindo de forma dolosa ou culposa, o agente incorre em ato de improbidade descrito neste dispositivo.

A outra situação vislumbrada por este dispositivo legal é a concessão ilegal de benefício fiscal, a exemplo de uma isenção tributária, remissão de dívida inscrita na dívida pública, de alíquota menor, anistia fiscal, dispensa de juros de mora de dívida fiscal, parcelamento de dívidas fiscais etc.

Quaisquer das condutas ou hipóteses mencionadas que decorram da violação ideológica da lei, regulamento ou formalidades autorizativas para a concretização desses benefícios, implicará o enquadramento do agente neste tipo caracterizador de ato de improbidade administrativa.

Assim é que o poder discricionário do agente público ou político não confere legitimidade para proceder em desacordo com os regramentos impostos para o deferimento de direito a servidor público ou a terceiro particular, porquanto a concessão está vinculada a exigências e condições legais.

No que se refere ao destinatário de benefício fiscal ilegal por afronta do ato concessivo às regras estipuladas na legislação de regência, o beneficiário poderá ser alcançado pela Lei de Improbidade Administrativa, quando no seu art. 3º preceitua sua aplicação ao terceiro que induza ou concorra para a prática do ato de improbidade ou dele se beneficie sob qualquer forma direta ou indireta.

- Improbidade administrativa. Majoração de vencimentos por meio de resolução. Configuração de lesão ao erário. Fundamentos constitucionais e infraconstitucionais autônomos. Incidência da Súmula 126/STJ. Art. 10 da Lei 8.429/92. Tipificação. Caráter exemplificativo, e não taxativo. Recurso especial da primeira recorrente não conhecido. Recurso especial do segundo recorrente conhecido, porém desprovido. 1. "... no caput do art. 10, conceitua-se a improbidade lesiva ao Erário e seus incisos trazem o elenco das espécies mais frequentes, que, em face do advérbio notadamente, como já assinalado, é meramente exemplificativo (e não taxativo)"[49]. 2. No caso dos autos, houve efetiva configuração de ato de improbidade administrativa por lesão ao erário, previsto no art. 10 da Lei 8.429/92, em face da majoração de vencimentos por meio de resolução, em manifesto descumprimento dos preceitos contidos nos arts. 37, XIII, e 61, § 1º, II, a, da Constituição Federal. (STJ – REsp. 435412 / RO – 1ª Turma – Relª. Minª. Denise Arruda – DJ 09.10.2006, p. 260)

10.8. Frustrar a legalidade de procedimento licitatório

VIII - frustrar a licitude de processo licitatório ou de processo seletivo para celebração de parcerias com entidades sem fins lucrativos, ou dispensá-los indevidamente;

O ato de frustrar significa enganar ou iludir. No caso vertente, é a ação de iludir a lei externada na escusa, escapatória ou de levar ao fracasso, capaz de proporcionar feito ilusório para ganhar tempo com o intuito de criar desvio ou impedir a finalidade do objetivo do certame licitatório.

Frustrar legalidade de uma licitação é fraudar ou burlar as regras de um processo democrático que tem o escopo de obter as melhores condições de preço e qualidade para a aquisição de bens ou contratação de serviços para a administração pública.

A manipulação ou adulteração dos métodos ou mecanismos inerentes ao procedimento licitatório traduz a deformação da sua destinação ao afetar o princípio da isonomia e comprometer o resultado da proposta, que não será, evidentemente, a mais vantajosa para a administração pública.

Com efeito, com ato que importe na quebra do princípio da igualdade, da legalidade, da impessoalidade, da moralidade, publicidade, da probidade administrativa, da vinculação ao edital, do julgamento e dos atos que lhe são correlatos, compromete aquele ideal de se obter numa proposta vantajosa para o Poder Público, viciando todo o procedimento com a eiva de nulidade que caracteriza ato de improbidade administrativa preceituada por esta norma.

São várias as hipóteses que podem revelar o objetivo de se frustrar um processo licitatório, dentre os quais se podem citar:

- Vícios no edital
- Divulgação restrita do edital
- Preço exorbitante do exemplar do edital
- Descrição imprecisa do objeto da licitação que possa permitir uma interpretação aberta

---

49. PAZZAGLINI FILHO, Marino. **Lei de Improbidade Administrativa Comentada**. 2. ed. São Paulo: Atlas, 2005. p. 81.

- Exigências específicas que moldam apenas um licitante atender ao objeto licitado
- Requisitos cujo perfil se direciona apenas para um licitante preencher
- Cláusulas preconceituosas visando estreitar a disputa ou afastar o espírito de competição
- Cláusulas discriminatórias que privilegiam determinado concorrente
- Combinação de preços entre poucos concorrentes
- Inserção de dispositivos que proporcionam o exercício do subjetivismo para conferir margem de manobra ou manipulação do resultado das etapas ou final
- Aprovação de proposta com desrespeito às regas do edital
- Aprovação de proposta com sobrepreço aos praticados pelo mercado
- Aprovação de proposta com subpreço para permitir futuros aditamentos ou revisão contratual
- Permissão de concorrentes inidôneos ou fictos
- Como se vê, são duas as figuras que este dispositivo contém.

10.8.1. Fraude em licitação

A primeira conduta significa frustrar, enganar a expectativa, iludir, defraudar a licitude do processo licitatório, ou seja, atentar contra a juridicidade, a legalidade e a lisura do certame por via ardilosa que impeça a eficácia da competição, desvirtuando o seu objetivo de proporcionar a melhor escolha do seu objeto.

A concretização dessa conduta ocorre quando o agente público introduz cláusulas no ato convocatório do edital de licitação, direcionando-a para favorecer ou assegurar a vitória de um determinado concorrente do processo licitatório, na aferição das questões apresentando resultado diverso da sua realidade, ou mediante acordo, combinação ou ajuste que abale a natureza competitiva do procedimento licitatório que resulte no direcionamento indevido da adjudicação do seu objeto.

Sobre esse tipo objetivo, preleciona o jurista Jessé Torres Pereira Júnior[50]:

> "contempla o dispositivo duas condutas distintas: frustrar (baldar, anular, impedir) e fraudar (burlar, enganar) o caráter competitivo do procedimento licitatório. Este é a essência da licitação e, uma vez afastado, pela supressão ou pela fraude, a própria licitação deixa de existir. Equivaleria a um jogo de cartas marcadas, cujo desfecho já estaria previamente estabelecido em favor de um dos jogadores".

E avança afirmando que "*a frustração ou fraude do procedimento licitatório poderá decorrer de ajuste, combinação ou qualquer outro expediente. Ajuste é o trato,*

50. PEREIRA JÚNIOR, Jessé Torres. **Comentários à Lei das Licitações e Contratações da Administração Pública**. São Paulo: Renovar, 2003. p. 843.

o acordo entre os coautores, de modo a afastar a competição. Combinação contém a ideia de algo mais amplo, como um plano ou estratégia estabelecidos para impedir a livre contenda entre os licitantes".

Como se vê, o ajuste ou a combinação no processo de licitação é entre os participantes, os concorrentes.

Como efeito, ajuste ou combinação de preços num processo de licitação somente pode enquadrar os próprios licitantes, aqueles que participaram do certame mediante habilitação e apresentação de propostas, além dos membros da comissão licitatória.

Insere, assim, nesse contexto fraudulento, a combinação de resultados classificatórios entre os licitantes para o partilhamento do objeto da licitação.

- "Direcionamento da licitação demonstrado. Caracterização de ato de improbidade atentatório aos princípios da administração pública, mormente os princípios da legalidade, moralidade e impessoalidade. Desnecessidade de ocorrência de lesão ao erário. Conjunto fático-probatório que evidencia o dolo dos réus. Parecer jurídico cuja relevância para a consumação da improbidade não restou evidenciada. Apelos dos réus providos em parte, apenas para reajustar as penas de suspensão dos direitos políticos e de multa civil, com o desbloqueio de valores que excedam o montante ora fixado. Apelo do Ministério Público desprovido". (TJSP; Apelação 0002001-93.2015.8.26.0369; Relator (a): Bandeira Lins; Órgão Julgador: 8ª Câmara de Direito Público; Foro de Monte Aprazível - 2ª Vara; Data do Julgamento: 16/05/2018; Data de Registro: 16/05/2018)

- "O Tribunal *a quo* reconheceu que houve dano ao Erário. Vejamos: "Quanto às aquisições fracionadas da empresa Açoeste (barras de ferro), patente a lesão ao erário, pois efetuados gastos acima dos valores permitidos para compra direta, sendo que não eram despesas urgentes e não estavam dispensadas do processo licitatório, conforme constatou o perito a fls. 1042. Ainda, como ponderou a MM. Juiza: "os réus compraram bens sem licitação, quando já sabiam de antemão o preço do bem, cujo valor total não autorizava dispensa" (fls. 1143)" (fl. 1440, e-STJ). A fraude à licitação dá ensejo ao chamado dano *in re ipsa*." (STJ - AgInt no AREsp 530.518/SP, Rel. Ministro HERMAN BENJAMIN, SEGUNDA TURMA, julgado em 02/02/2017, DJe 03/03/2017)

- "A Corte de origem, por sua vez, concluiu que "há provas contundentes nos autos que levam a única conclusão possível, qual seja, a de que a empresa existia apenas no papel, servindo como mera fornecedora de notas fiscais, necessárias às prestações de contas para com os órgãos administrativos de controle. De fato, da análise dos documentos acostados aos autos, pode-se verificar que a referida empresa não tinha qualquer movimentação, seja fiscal ou mesmo trabalhista. A relação anual de informações sociais proveniente do Ministério do Trabalho e Emprego, em referência à empresa J. L. Construções e Instalações Ltda. (...) comprova que a referida pessoa jurídica não tinha um empregado sequer registrado em seus quadros por todo o ano de 2004 (...). Além disso, no que se refere às contribuições sociais devidas pelas empresas, há documentação comprobatória advinda da Receita Federal (...) que demonstra a inatividade da empresa J. L. Construções. O entendimento do STJ é de que, para que seja reconhecida a tipificação da conduta do réu como incurso nas previsões da Lei de Improbidade Administrativa, é necessária a demonstração do elemento subjetivo, consubstanciado pelo dolo para os tipos previstos nos artigos 9º e 11 e, ao menos, pela culpa, nas hipóteses do artigo 10. No presente caso, o Tribunal de origem foi categórico ao reconhecer a presença do elemento subjetivo. (STJ - REsp 1605125/RN, Rel. Ministro HERMAN BENJAMIN, SEGUNDA TURMA, julgado em 02/02/2017, DJe 03/03/2017)

- "A fraude no processo licitatório ofende o direito da Administração de selecionar a proposta mais vantajosa, o que, por si só, importa em prejuízo ao erário. Os fatos apresentados não traduzem meras irregularidades, mas atos que implicam em dano ao erário e que atentam contra os princípios da Administração Pública, circunstâncias essas que fazem atrair a incidência, na hipótese, das disposições da Lei 8.429/1992". (TRF1 - AC 0013011-65.2009.4.01.3800 / MG, Rel. DESEMBARGADORA FEDERAL MONICA SIFUENTES, Rel.Conv. JUÍZA FEDERAL ROSIMAYRE GONÇALVES DE CARVALHO (CONV.), TERCEIRA TURMA, e-DJF1 de 31/03/2017)

- "O ato ímprobo, mais do que um ato ilegal, é um ato de desonestidade do servidor ou agente público para com a administração, e, portanto, não prescinde de dolo ou culpa grave evidenciadora de má-fé para que se possa configurar. Assim, a má-fé é premissa do ato ilegal e ímprobo. Ficou configurado o ato ilícito atentatório aos deveres de honestidade e lealdade à Administração Pública, uma vez que, a participação em licitação de servidor da entidade contratante é expressamente vedada por lei (art. 9º, III, da Lei nº8.666/931) e, no caso, o representante legal da empresa vencedora de licitação era servidor da Prefeitura, ocupante de cargo de confiança, nomeado pelo prefeito. A fraude no processo licitatório ofende o direito da Administração de selecionar a proposta mais vantajosa, o que, por si só, importa em prejuízo ao Erário. (TRF1 - AC 0005782-41.2006.4.01.4000 / PI, Rel. DESEMBARGADORA FEDERAL MONICA SIFUENTES, Rel.Conv. JUIZ FEDERAL GUILHERME MENDONÇA DOEHLER (CONV.), TERCEIRA TURMA, e-DJF1 de 17/02/2017)

- "A exclusividade elucidada no inciso III do art. 25 da Lei 8.666/93 pressupõe uma relação contratual duradoura, e não algo pontual, destinado à apresentação em um único evento. Nesse viés, os empresários em comento agiram como meros intermediários pelo fato de as declarações de exclusividade dos artistas eram somente destinadas a apresentações específicas, com datas marcadas, conforme claramente se pode constatar na origem. A presença de intermediários, como regra, inflaciona o valor do bem ou serviço. Essa prática carece de credibilidade e enseja a prática de atos negociais escusos, incompatíveis com a transparência e lisura indispensáveis na aplicação de recursos públicos. Contudo, não houve a demonstração de que, caso as contratações tivessem sido promovidas na forma da lei (art. 25, III, da Lei 8.666/90 - contratação direta ou por meio de empresário exclusivo), haveria uma economia ao erário. Considerando que os *shows* foram realizados nas datas aprazadas, atingindo o fim proposto no convênio, bem como não tendo sido demonstrado o superfaturamento do preço pago, o que impossibilita a quantificação de eventual dano, ainda, ausente comprovação de dolo na conduta dos demandados, correta a sentença que entendeu pela improcedência do pedido". (TRF4 5004062-32.2013.404.7004, TERCEIRA TURMA, Relator FERNANDO QUADROS DA SILVA, juntado aos autos em 25/01/2017)

- "A análise dos autos denota que, na contratação e execução da obra, foram praticadas inúmeras irregularidades, tendo o juízo *a quo* valorado adequadamente o acervo probatório, à luz da legislação de regência, destacando-se os seguintes pontos relevantes: ausência de projeto-básico, ausência de divisão da licitação em parcelas técnicas e economicamente viáveis; ausência de julgamento das impugnações apresentadas; não-observância ao prazo mínimo de publicação do edital de licitação; habilitação de licitante que não atendia aos níveis de exigência do edital; aceitação de preços unitários manifestamente inexequíveis; superestimativa de valores; superfaturamento e sobrepreço; ausência de publicidade e motivação dos editais de prorrogação de prazo para apresentação de propostas e documentos, entre outros. Se, por um lado, a inobservância de normas legais sobre licitação não é, por si só, suficiente para caracterizar improbidade administrativa; por outro, as inúmeras irregularidades apuradas, contextualizadas, corroboram a versão de que houve o cometimento de fraude que transcende a ocorrência de meras ilegalidades perfeitamente sanáveis, em afronta aos princípios que regem a Administração Pública". (TRF4, AC 5003921-26.2012.404.7205, QUARTA TURMA, Relatora VIVIAN JOSETE PANTALEÃO CAMINHA, juntado aos autos em 11/01/2017)

- "A análise detida de todos os elementos de convicção constantes do acervo probatório produzido nos autos, malgrado a existência de aparente negligência que possa ser atribuída ao ex-gestor do município em questão, aponta no sentido da inexistência de dolo ou culpa grave na sua conduta, eis que o certame licitatório foi desenvolvido a cargo da Comissão Permanente de Licitação e com parecer favorável da assessoria jurídica da prefeitura municipal, conforme atestam os documentos de fls. 31, 89. III. Não é razoável enxergar sempre, de forma automática, dolo, segundas intenções ou atos ímprobos na quebra, às vezes meramente formal, de qualquer padrão técnico de licitação. Cada caso deve ser avaliado no seu histórico e nas suas circunstâncias. Não existe improbidade sem desonestidade..."(AC 0006355-81.2008.4.01.4300 / TO, Rel. DESEMBARGADOR FEDERAL OLINDO MENEZES, QUARTA TURMA, e-DJF1 p.1383 de 16/06/2015). IV. Na hipótese, inexiste prova de dolo ou de culpa grave nas condutas imputadas ao ex-prefeito de Pedrinópolis/MG e à empresa vencedora do certame, não tendo, ainda, sido comprovada a existência de dano ao erário ou de enriquecimento ilícito. Improbidade administrativa não caracterizada". (TRF1 - AC 0001006-05.2009.4.01.3802 / MG, Rel. DESEMBARGADOR FEDERAL CÂNDIDO RIBEIRO, QUARTA TURMA, e-DJF1 de 24/01/2017)

- "Os atos administrativos são revestidos de presunção de licitude que somente pode ser afastada mediante provas robustas evidenciando irregularidades que a desconstitua. Sem a comprovação de dano ao erário, bem como da presença de dolo ou culpa do agente, não há falar em configuração dos atos de improbidade administrativa, previstos no art. 10 da Lei 8.429/92. Sem a inequívoca comprovação de dolo ou culpa dos réus, existência de liame subjetivo ímprobo em suas condutas, não há como se reconhecer a prática de atos de improbidade administrativa". (TJMG - Apelação Cível 1.0223.06.211465-5/001, Relator(a): Des.(a) Ângela de Lourdes Rodrigues, 8ª CÂMARA CÍVEL, julgamento em 16/02/2017, publicação da súmula em 03/03/2017)

- "Prefeito municipal que, em conluio com particular, que fornecia documentação falsa, como notas fiscais "frias" e documentos relativos a empresas fantasmas ou encerradas, simulava licitações dos materiais acima referidos, sendo que tais mercadorias jamais foram entregues à Municipalidade, apesar dos pagamentos efetuados pelo erário municipal, tudo com participação ativa e consciente dos demais réus, servidores públicos componentes da Comissão de Licitação do Município, e Secretaria Municipal da Educação. Prova documental extraída de procedimento criminal investigatório, instaurado pela Polícia Civil e Procuradoria de Justiça Especializada do Ministério Público Estadual. Fraude demonstrada e reconhecida. Presença do elemento anímico do dolo na conduta dos réus, prefeito municipal, servidores públicos. Atos de improbidade administrativa demonstrados e reconhecidos". (TJMG - Apelação Cível 1.0123.04.007777-8/001, Relator(a): Des.(a) Sandra Fonseca, 6ª CÂMARA CÍVEL, julgamento em 31/01/2017, publicação da súmula em 10/02/2017)

- "Em vez de realizar a licitação na modalidade Tomada de Preços, compatível com os valores do convênio, a Comissão Licitante do Município de São José da Laje fracionou o objeto da licitação, de modo a tornar possível a adoção da modalidade convite, em dois procedimentos apartados - convite nº 016/2002, para aquisição do veículo tipo Van, e o convite nº 17/2002, para aquisição dos equipamentos odontológicos para a ambulância, permitindo, assim, a escolha das empresas participantes dos certames. Os autos reforçam a irregularidade apontada. Isso porque, quando levado em consideração o fato de que a empresa DIVEPEL - Distribuidora de Veículos e peças Ltda. participou de ambos os procedimentos licitatórios (convite 016/2002 e convite 017/2002), sendo convidada pela comissão licitante, evidencia-se a possibilidade de procedimento licitatório único, a fim de garantir o melhor preço. A situação denota não só a existência de empresa que forneça ambos os objetos, como também o expresso conhecimento do fato por parte da Comissão Licitante. Tudo isso leva à conclusão inafastável da ocorrência de ato ímprobo, uma vez que a Comissão Licitante, a fim de frustrar a competitividade da licitação e os princípios que regem o tema, fracionou o procedimento, ensejando dano ao erário". (STJ - REsp 1622290/AL, Rel. Ministro HERMAN BENJAMIN, SEGUNDA TURMA, julgado em 06/12/2016, DJe 19/12/2016)

- "A prática de irregularidades na contratação de serviço de transporte escolar através de licitação (tomada de preços) eivada de fraude, em favorecimento de parentes do Prefeito Municipal, somada às sucessivas prorrogações e alterações contratuais para o aumento do percurso, devidamente comprovados, configura atentado contra bens jurídicos tutelados pela norma especial contida no artigo 11 da Lei nº 8.429/92 (princípios da Administração Pública). Conquanto os munícipes tenham usufruído dos serviços irregularmente contratados, houve demonstração de prejuízo ao Erário pelo pagamento em valor superior à média dos demais transportadores, por quilômetro rodado, restando configurada a obrigação de ressarcimento". (TJMG - Apelação Cível 1.0151.11.004501-1/001, Relator(a): Des.(a) Armando Freire, 1ª CÂMARA CÍVEL, julgamento em 30/11/2016, publicação da súmula em 12/12/2016)

- "[...] Para se caracterizar a infração descrita no art. 10, inciso VIII, da Lei n.º 8.429/92, não basta a existência de imputações genéricas de irregularidades, devendo ser demonstrado que o servidor, ao menos culposamente, concorreu para a frustração da licitude do processo licitatório, bem como a ocorrência da lesão ao erário. [...]". (STJ - MS 9.516/DF – 3ª Seção – Rel. Min. Hamilton Carvalhido – Relª. p/ Acórdão Minª. Laurita Vaz – j. em 13.06.2007 – DJe 25.06.2008)

- "[...] A situação delineada no acórdão recorrido enquadra-se no art. 10, VIII, da Lei 8.429/1992, que inclui no rol exemplificativo dos atos de improbidade por dano ao Erário 'frustrar a licitude de processo licitatório ou dispensá-lo indevidamente'. O desprezo ao regular procedimento licitatório, além de ilegal, acarreta dano, porque a ausência de concorrência obsta a escolha da proposta mais favorável dos possíveis licitantes habilitados a contratar. Desnecessário comprovar superfaturamento para que haja prejuízo, sendo certo que sua eventual constatação apenas torna mais grave a imoralidade e pode acarretar, em tese, enriquecimento ilícito. [...] Isso porque a configuração de improbidade administrativa por dano ao Erário prescinde da verificação de dolo, sendo admitida a modalidade culposa no art. 10 da Lei 8.429/1992. [...]". (REsp. 1.130.318/SP – – 2ª Turma – Rel. Min. Herman Benjamin – j. em 27.04.2010 – DJe 27.04.2011)

- "O enquadramento do ato de "frustrar a licitude de processo licitatório ou dispensá-lo indevidamente" na categoria de improbidade administrativa ensejadora de prejuízo ao erário (inc. VIII do art. 10 da Lei 8.429/92) reclama a comprovação do efetivo dano ao patrimônio público, cuja preservação configura o objeto da tutela normativa (Precedentes do STJ). (fls. e-STJ 1.227/1.228). (STJ – REsp. 1169153/SP – Rel. Min. Teori Albino Zavascki – 1ª Turma – j. em 16.08.2011 – DJe 24.08.2011)

- Fraude caracterizada por meio de propostas fictícias. Certames realizados fraudulentamente logrando a mesma empresa vencedora. Superfaturamento de preços quando da fragmentação de compras, possibilitando a adoção de modalidade de licitação mais simplificada com evidente favorecimento de determinado fornecedor e sua empresa. Falsificações de documentos particulares para apresentação de falsas propostas simulando concorrência de preço por mais de um fornecedor. Dano ao erário. Malferimento a regra constitucional da licitação. (TJSP – Ap. Cív. 0190469-28.2008.8.26.0000 – 2ª Câmara de Direito Público – j. em 04.10.2011 – Relª. Desª. Vera Angrisani)

- "A participação de empresas em licitação pública, que tem como sócio majoritário o Vice-Prefeito do Município, Secretário de Obras. Lesão aos princípios da impessoalidade e moralidade administrativa (Lei 8.429/92, art. 11). Condutas que recomendam o afastamento no trato da coisa pública, objetivo aferível pela manutenção das sanções político-administrativas consistentes na inabilitação para contratar com a Administração Pública (STJ – REsp. 439.280 /RS – 1ª Turma – DJ 16.06.2003 – p. 00265 – Rel. Min. Luiz Fux)

- "Em louvação aos superiores interesses públicos, explicadas as razões, a exigência de comprovação técnica da empresa licitante, por si, não contraria ou nega vigência ao art. 30, II, § 1º, II, Lei 8.666/93. 2. Precedentes jurisprudenciais". (STJ – REsp. 268.000/AC – 1ª Turma – DJ 07.10.2002 – p. 00180 – Rel. Min. Milton Luiz Pereira)

- "A não exigência dos requisitos de habilitação, previstos nos arts. 27 a 32 da lei de licitações, que implica em irregularidade grave, aliada ao pagamento antecipado a licitante vencedora e o inadimplemento do contrato pela empresa, acarretando prejuízo ao município, impõe a responsabilização do agente público responsável pelo dano". (TJPR – Ac. 247791 – 1ª CC – j. em 19.10.2004 – Rel. Des. Troiano Netto)

- Frustrou caráter competitivo de procedimento licitatório – Provas dos atos de improbidade pelo apelante – Configuração de dano – Impediu que proposta mais vantajosa vencesse – Aplicação das sanções previstas na Lei 8.249/92. (TJMG – Proc. 1.0355.03.001492-0/001 – DJ 08.04.2008 – Rel. Des. Brandão Teixeira)

- "Participação da empresa vencedora na elaboração do projeto. Assessoria técnica ao legislativo municipal. Incursão nas vedações do art. 9º, da Lei 8.666/93. Ofensa aos princípios da isonomia, da igualdade, da moralidade, da impessoalidade, da eficiência e da competitividade. Configuração de ato de improbidade administrativa. Frustração da licitude do processo licitatório. Art. 10, inc. VIII, da Lei 8.429/92. Lesão a valores jurídicos. Art. 11, da Lei 8.429/92. Dispensa do efetivo prejuízo patrimonial". (TJMG – Proc. 1.0090.08.019554-9/002 – DJ 03.03.2010 – Rel. Des. Roney Oliveira)

- Contratação simulada de empresa para o serviço. Tendo sido um dos réus contratados para fornecer mão de obra e construir, através de sua empresa ou pessoalmente, o objeto da licitação (construção do banheiro carrapaticida), não poderia a Prefeitura valer-se de seus próprios funcionários para tal fim, sob pena de ofensa ao certame licitatório. O Prefeito Municipal à época dos fatos, por ter assinado as notas de empenho, na qualidade de ordenador das despesas, autorizando o pagamento incorreto, torna-se solidariamente responsável pelo ressarcimento ao Erário, juntamente com aqueles que se beneficiaram de tais verbas. É a configuração de sua culpa in vigilando e in eligendo. (TJSC – Ap. Cív. 1997.006934-0 – 1ª Câmara de Direito Público – j. em 19.12.2002 – Rel. Des. Volnei Carlin)

- Licitação para fornecimento de combustíveis. Comprovada a fraude na licitação de venda de combustível ao Município, deve este ser ressarcido da importância referente ao que deixou de receber embora tenha pago indevidamente. Para garantia do pagamento do quantum objeto de fraude contra o Poder Público é legítimo o bloqueio de depósito bancário do autor do embuste, haja vista a indisponibilidade e inalienabilidade do patrimônio público. (TJSC – Proc. 1.0352.08.045723-2/003 – DJ 04.12.2009 – Rel. Des. Belizário de Lacerda)

- Licitação. Direito de preferência. A licitação limita-se em gerar um direito de preferência em favor do concorrente vitorioso. A Administração pode deixar de realizar o negócio prometido aos licitantes, indenizando o vitorioso, se for o caso. Ela fica, entretanto, proibida de contratar o negócio com outra pessoa que não seja o vitorioso – titular de impostergável preferência. (STJ – REsp. 299.834/RJ – 1ª Turma – DJ 25.02.2002 – p. 00222 – RSTJ – v. 00156 – p. 00083 – Rel. Min. Humberto Gomes de Barros)

- "Ofende os princípios da impessoalidade e da moralidade administrativas a participação, em licitação pública promovida por Município, de empresa cujo proprietário seja o genro do Prefeito, sendo presumida, neste caso, a lesão ao erário, justificando as penalidades previstas no art. 12". (TJMG – Proc. 1.0386.04.000379-3/001 – DJ 22.08.2008 – Rel. Des. Edivaldo George dos Santos)

10.8.2. Dispensa indevida de licitação

A segunda conduta é dispensar indevidamente o processo licitatório, cujas modalidades estão especificadas no art. 24 da Lei 8.666/93.

Aqui a dispensa ou a sua inexigibilidade, é traduzida pela ausência de observância das formalidades pertinentes aos casos previstos pela referida norma, numa postura de integral desregramento dos procedimentos, desprezo e ignorância contidos nas hipóteses contempladoras para esses fins excepcionalizados para atender a situações específicas, urgentes ou eventuais.

Mas a dispensa ou inexigibilidade de forma indevida, abrange também situações fraudulentas pelo disfarce de um aspecto apenas formal, porém de inexistência material. Seriam as licitações forjadas.

Para a contratação direta, é imprescindível que seja observado um procedimento administrativo atendendo às etapas e formalidades para sua concretização nas hipóteses em que efetivamente se enquadrem, sob pena de incorrer em ato de improbidade administrativa, isto porque a contratação direta via dispensa ou inexigibilidade, não autoriza atuação arbitrária da administração, pois os particulares deverão ser considerados iguais, no que toca ao princípio da isonomia.

A justificação e a motivação dos atos administrativos nessas situações deverão fundar-se na lei, para atender ao princípio da razoabilidade e critérios compatíveis com a isonomia, que preservem o interesse positivo da administração no que concerne à qualidade e preço vantajoso em relação ao mercado.

As situações contemplativas da suposição da inexigibilidade de licitação estão expressas nos arts. 25 e 26 das normas licitatórias; igualmente exigem a adoção das medidas acima enfocadas.

- "Contratação de empresa sem prévia licitação. Pretensão de restituição dos valores pagos. Serviço efetivamente prestado. Impossibilidade. Precedentes do STJ. A orientação jurisprudencial deste Superior Tribunal de Justiça é no sentido de não ser possível determinar a devolução de todos os valores pagos na execução do objeto do contrato anulado na hipótese em que foi constatada a efetiva prestação dos serviços contratados. Precedentes. No caso em concreto, consignou o acórdão recorrido que houve parcial contraprestação do serviço, razão pela qual os valores correspondentes a estas parcelas não devem ser ressarcidos ao erário". (STJ - AgInt no REsp 1705432/SP, Rel. Ministro MAURO CAMPBELL MARQUES, SEGUNDA TURMA, julgado em 15/03/2018, DJe 20/03/2018)

10.8.2.1. Dispensa de licitação produz presunção de lesividade

A responsabilidade patrimonial decorrente da conduta do agente público que dispensa licitação de forma indevida, sem a observância das cautelas e formalidades legais, que não demonstra a inexistência de prejuízo para a administração pública ou a comprovação de que foi um negócio vantajoso, importa na presunção de lesividade ao erário.

Essa conclusão resulta do princípio da indisponibilidade do interesse público na exigibilidade do procedimento licitatório, quando a Lei de Licitação (art. 2ª) estabelece que as contratações com a Administração Pública "*serão necessariamente precedidas de licitação*" e o art. 3º que "*a licitação destina-se a garantir a isonomia dos concorrentes e selecionar a proposta mais vantajosa para a Administração*".

Com efeito, evidenciado que o ato antecedente de esbulho do procedimento licitatório, a sua dispensa indevida ou inexigibilidade, resultou na transação direta, estará presumido o dano ao erário.

Deve-se atentar que a Lei da Ação Popular, uma das normas integrantes do microssistema coletivo de tutela coletiva, preceitua no seu art. 4º diversas situações de dano presumido ao tesouro público, cujas suposições foram preestabelecidas por expressa disposição normativa.

Essa aplicação analógica ganha contorno de relevância quando o art. 2º, "c" da aludida norma "*reputa como nulo e lesivo ao patrimônio público, o ato administrativo que contenha ilegalidade de seu objeto*".

A violação ao princípio da isonomia elimina o direito de outros concorrentes terem acesso à contratação firmada, e afronta ao princípio da impessoalidade, diante da escolha preferencial de um destinatário da conveniência do agente público responsável para favorecer o escolhido com o uso de dinheiro público.

O dano ao patrimônio público diante da negação do direito à contratação com prévia realização do procedimento licitatório só pode ser refutado se demonstrado, no processo administrativo, que houve vantajosidade para a Entidade Pública.

Assim, é preciso demonstrar, formalmente, que houve vantagem, e não prejuízo com a dispensa da licitação.

Com efeito, a lesividade decorre da ilegalidade perpetrada pela manifesta consciência da conduta contrária ao direito. Nesse sentido: "*Na maioria das vezes, essa lesividade decorre da própria ilegalidade do ato praticado*" (RE n.º 160.381-SP, 2ª T., STF, v.u., j. 29.03.94, Rel. Min. Marco Aurélio, *DJU* 12.08.1994, p. 20.052).

No magistério de Sérgio Ferraz e Lúcia Figueiredo, segundo os quais:

> "quem gastar em desacordo com a Lei, há de fazê-lo por sua conta, risco e perigo. Pois, impugnada a despesa, a quantia gasta irregularmente terá de retornar ao erário público. Não caberá a invocação, assaz de vezes realizada, de enriquecimento da Administração. Ter-se-ia, consoante essa linha de argumentação, beneficiado com a obra, serviço e fornecimento, e, ainda mais, com o recolhimento do responsável ou responsáveis pela despesa considerada ilegal".

Deve-se observar que as hipóteses enumeradas pelo art. 42 desta norma são taxativas no que se refere à situações emergenciais que autorizam a dispensa de licitação.

A contratação emergencial deve ser manejada tão somente nos casos em que as circunstâncias a exigirem. Em alguns casos, embora a contratação seja necessária e imprescindível à continuidade do serviço, essa situação emergencial ou calamitosa deve ser legítima para autorizar a sua aplicação.

O que se vislumbra, na maioria dos fatos, é a falta de planejamento ou desídia ostensiva do administrador em adotar providências tempestivas à vista da temerária contratação de serviços ou de aquisição de bens e/ou equipamentos.

Jesse Torres Pereira Júnior ensina que a dispensa de licitação consiste em "*determinar que se faça a aquisição direta de bens, obras ou serviços, sem a realização do torneio, nos casos previstos no art. 24 da Lei*". Mas não é só, igualmente resta destacar que o art. 17 da Lei de Licitações também prevê hipóteses em que a licitação é dispensada. A doutrina entende que o rol descrito nos artigos 17 e 24 da Lei de Licitações é taxativo, de modo que não comportaria o reconhecimento de discricionariedade ao administrador para fazer incluir outras hipóteses não descritas expressamente na lei.

Assim é que o gestor excedendo da margem de permissibilidade discricionária para firmar contratação em situação não contemplada pelas exceções previstas na lei de regência, incorre em conduta que se enquadra neste tipo penal.

Ao manejar atos administrativos contrários à lei, o gestor comete ato de forma consciente e voluntária para incidir numa conduta de ilegalidade, implicando, assim, na presença do dolo e dano ao erário.

10.8.2.2. Comprovação de ausência de prejuízo ou presença de vantagem para o erário

O procedimento de dispensa de licitação, que não traz a demonstração de que esta modalidade escolhida pela livre vontade do gestor foi um negócio vantajoso para a administração pública, pressupõe negócio desvantajoso para o erário, resultando em dano e caracteriza a ocorrência de dolo específico, que se constitui no interesse de direcionar para a empresa favorecida.

A lógica do certame licitatório é escolher a melhor proposta, ou a proposta mais vantajosa para contratação de serviços ou aquisição de bens ou produtos para a administração pública.

Com efeito, é poder-dever do gestor ao secundar esta modalidade exigida pela lei, comprovar que a opção por ele adotada é mais proveitosa e rendosa para o interesse administrativo. Mas se não o faz, assume e consente o risco de produzir o resultado desfavorável para a administração pública.

Se no processo de dispensa não ficar evidenciado vantajosidade para a administração pública, fica a presunção de que essa omissão resultou em prejuízo para a gestão pública.

Essa demonstração de negócio vantajoso para o erário deve conter a exposição e justificação da realização de bom negócio ou ausência de perda para a administração pública, mediante a juntada de idêntica transação com a instrumentalização de notas de empenho ou notas fiscais, comprovando a vantajosidade de preço e qualidade.

Os documentos hábeis de prática de preços são cópia de empenho (órgãos públicos) e nota fiscal (empresas). Os órgãos públicos, também, possuem na sua central de compras um cadastro da prática de preços praticados pelo mercado.

O negócio mais proveitoso só se consegue mediante a competição de preços por intermédio da licitação; sem esta, é imprescindível que fique comprovada que a negociação foi uma alternativa positiva ao interesse da gestão pública.

Sem a prova de que se cuidou de um negócio profícuo, ou que não produziu agravo ao erário, depreende-se uma presunção de lesividade que está conceituada acima.

Essa velada suspeita ganha contornos materiais quando não há uma comprovação da idoneidade fiscal, financeira e a indicação de reputação de excelência da empresa escolhida para a realização dos serviços e/ou aquisição de bens ou equipamentos.

Sem a observância desses procedimentos, o que se prenuncia é dano ao erário. Porquanto, vê-se presente, com iluminada clareza, que além do dolo, há uma ação articulada com o propósito de direcionamento em benefício de terceiro, com reflexos financeiros onerosos em desfavor do erário.

O terceiro favorecido, com essa escolha pessoal do gestor, é a empresa contratada. Aqui está o dolo específico.

Pode-se, assim, concluir que, diante da indemonstração de vantagem para a administração pública e a escolha da empresa favorecida, este cenário importa em uma visível burla à Lei de Licitação.

10.8.2.3. Do dolo específico e do dano ao erário

Quando do acervo processual administrativo, que rotula a dispensa de licitação, desponta sua aplicação fora das hipóteses legais, devido à perceptível intenção de lesar o procedimento licitatório, vê-se o incremento na projeção de obtenção de vantagem em favor de terceiro, cuja circunstância importa em detrimento do interesse da coisa pública.

Esse cenário de repercussão gravosa ao patrimônio público se associa ao ato voluntário, consciente e com fins específicos de majorar o erário e favorecer a empresa escolhida, a destinatária do procedimento articulado.

Note-se, por oportuno, que ao preferir a empresa eleita, atenta-se contra o princípio constitucional da impessoalidade, cuja significação veda a atuação com o intuito de prejudicar ou beneficiar pessoas determinadas.

Dolo é a vontade consciente de praticar a conduta típica acompanhada da consciência de que se realiza um ato ilícito. É a intenção delituosa ou de cometer uma ilicitude.

Como se vê, o dolo constitui uma das definições do elemento subjetivo que anima o agente.

O dolo direto é a vontade do agente dirigida especificamente à produção do resultado típico, abrangendo os meios utilizados para tanto.

Já o dolo específico, na lição de Francisco de Assis Toledo (Princípios Básicos de Direito Penal, Ed. Saraiva, 1992, p. 154) identifica nos elementos subjetivos "*especiais motivos, tendências e intenções*", o que é reforçado pela lição de Fernando de Almeida Pedroso (Direito Penal, 2ª ed., Ed. Leud, 1997, p. 214), ao assim realçar:

> Surge o dolo específico quando exija o tipo, como condição da própria tipicidade, que o agente realize a ação visando a uma determinada finalidade, diversa da vontade acrisolada à conduta. Desta sorte, no dolo específico observa-se o acréscimo de certa intenção à vontade genérica de realizar o comportamento incriminado. Há, portanto, explícita na estruturação típica do delito, uma intenção que se agrega e adiciona a outra, de cunho genérico, necessária para a constituição jurídica do crime. É a vontade que excede à do tipo, ampliando seu conteúdo subjetivo.

Vê-se, assim, que o dolo genérico é aquele em que a vontade do agente está dirigida à realização do tipo, sem objetivos excedentes.

Compreende-se, à clareza fática, que há influenciação, pela via da contratação direta ou dispensa indevida, na escolha de empresa contratada para esse fim cujo objetivo não poderia ser alcançado se fosse observada a exigibilidade do procedimento licitatório.

Essa conclusão se reveste de robustez quando se verifica que a desídia, má gestão, inércia ou a falta de planejamento não se inserem no conceito de situação emergencial ou calamitosa a justificar uma contratação direta por dispensa de licitação.

E mais, restando que o gestor agiu com "*vontade livre e conscientemente dirigida a superar a necessidade de realização da licitação*", isto é, o dolo direto consubstanciado na "*vontade consciente e livre de contratar independentemente da realização de prévio procedimento licitatório*", eis que, como consequência de sua imprevidência administrativa, acabou por dispensar a licitação, diante da falta de tempo hábil para a conclusão do procedimento, ao fundamento de que se tratava de situação emergencial ou calamitosa, por exemplo.

Essa postura aclarada com o escuso objetivo de desviar, favorecer e obter vantagem indevida, em detrimento do erário e, em favor do particular, constitui-se no enquadramento do tipo descrito neste dispositivo.

O dolo específico é esta mesma vontade, mas acrescida de fim especial. Em outras palavras, seria a vontade complementar, ao depois, está dirigida à realização do tipo, mas tem outros objetivos que excedem a definição do ilícito.

Dano à administração pública é o empobrecimento do nível de riqueza ou valores estatais, provocando o seu desvio ou desperdício, ou ainda, concorrendo para o agregamento de valor de patrimônio ilícito de terceiro.

Depreende-se, assim, que basta a demonstração de resultado danoso e do nexo de causalidade entre ele e a conduta do gestor contrário à lei, ao direito ou a bens e valores tutelados, para se caracterizar o dolo, resultando, pois, o ato doloso, configurado quando o agente quis o resultado ou assumiu o risco de produzi-lo.

Dessa forma, a atitude consciente do gestor de agir contrariamente à lei de licitação e assumindo o risco de um resultado danoso ao erário, age de forma dolosa, intencional e premeditada. Mais ainda, extremou seu comportamento ilícito ao escolher, livremente, a empresa a ser contratada, a beneficiária do contrato, de modo que se perfaz da manifesta e concatenada articulação de atos e fatos, que a intenção primordial do gestor, com esse comportamento é alcançar o seu objetivo de escolher e contratar a empresa que atendia aos seus interesses; a escolhida.

Com efeito, a vontade complementar ou final, era pactuar com a empresa predileta de sua conveniência porque, sendo esta via de um custo maior, a diferença entre esta e o preço mais justo, em tese, favoreceu a terceira pessoa (empresa) ou a quem a esta transferir o *plus* financeiro do contrato.

Resta evidenciado, desta maneira, que o dolo específico está na contratação da empresa preferida, para que esta se beneficiasse, ou transferisse a terceiro oculto, o sobrepreço inflado no contrato, a título de vantagem indevida.

Cumpre esclarecer que o dolo é conceituado como representação mais vontade: representação do fato e a vontade de agir ou se omitir para alcançar o resultado previsto na norma.

Desta forma, o dolo deve ser entendido como a vontade na ação ou na omissão, quando esta era exigível. Não há a necessidade de demonstração de fim específico ilícito. A ilicitude resulta da própria ação contrária ao Direito, sendo certo que conduta que resulta em afronta à lei, à norma ou convênio, já implica em ilicitude ímproba, que se excede e se aperfeiçoa com o resultado danoso ao patrimônio público.

Com efeito, a dispensa indevida de procedimento licitatório contém as seguintes conclusões:

1) O dolo na conduta do gestor está demonstrado com sua ação voluntária contrária à lei de licitação;
2) O gestor usou do meio (dispensa indevida) para alcançar o fim especial de contratar a empresa eleita por sua livre vontade, utilizando-se da condição de administrador público;
3) O gestor, nessas circunstâncias, tinha consciência da ilicitude e do dano que resultaria seu comportamento de gestor;
4) O evidente encarecimento do preço contratado, ante a ausência de prova em contrário, indica que o favorecimento era para a empresa contratada ou terceira pessoa oculta.

- Ausência de licitação. Locação de veículo e mão de obra de motorista. O processo licitatório tem por finalidade garantir a melhor proposta à Administração, respeitando os princípios constitucionais. Desse modo, a ausência de licitação ofende os princípios da administração pública, caracterizando-se como ato de improbidade. A locação de veículos e contratação direta de profissional para dirigir o veículo, sem a instauração do devido procedimento licitatório, se inocorrentes as hipóteses concernentes à dispensa, afronta os princípios constitucionais administrativos da legalidade e da moralidade, bem como o princípio da impessoalidade. Esta conduta amolda-se perfeitamente ao disposto na Lei de Improbidade Administrativa. (Ap 65511/2016, DESA. HELENA MARIA BEZERRA RAMOS, PRIMEIRA CÂMARA DE DIREITO PÚBLICO E COLETIVO, Julgado em 07/05/2018, Publicado no DJE 22/05/2018)

- "Irregularidades em procedimentos licitatórios. Ex-prefeito e empresas vencedoras dos certames. Condutas que teriam resultado prejuízo ao erário. Os atos de improbidade administrativa previstos no artigo 10, embora possam ser punidos a título de culpa, demandam prova inequívoca do prejuízo ao erário – Precedentes do STJ – Ausência de provas específicas do prejuízo ao erário – Ato de improbidade não demonstrado – Sentença de improcedência mantida – Recurso improvido". (TJSP; Apelação 0004005-30.2010.8.26.0450; Relator (a): Maria Laura Tavares; Órgão Julgador: 5ª Câmara de Direito Público; Foro de Piracaia - 2ª Vara; Data do Julgamento: 14/05/2018; Data de Registro: 16/05/2018)

- "Contratação de empresa para elaboração de concurso público sem licitação. Contratação de empresa para elaboração de concurso público sem licitação. Embora o valor do contrato autorizasse a dispensa de licitação, não foi realizado o procedimento prévio de dispensa, previsto no art. 26, da Lei nº 8.666/93, necessário para justificar a escolha do contratante e da proposta, providência que visa evitar a ocorrência de fraudes e de prejuízo ao erário. Violação do art. 10, caput, e inc. VIII, da Lei nº 8.429/92. Concurso eivado de diversas irregularidades, todas apontadas pelo Tribunal de Contas do Estado. Indicação dos nomes dos candidatos nas folhas de respostas, descumprimento do Edital, falhas na correção das provas e direcionamento do resultado. Responsabilidade de dois sucessivos Presidentes da Câmara de Vereadores, o primeiro em razão da contratação irregular e, o segundo, em virtude de sua retificação e nomeação dos candidatos aprovados. Empresa contratada e seu representante legal beneficiados com os atos ímprobos. Candidata que também concorreu para a improbidade, pois teve sua prova totalmente alterada e foi indevidamente aprovada e nomeada para o cargo. Aplicação do disposto no art. 3º da Lei nº 8.429/92, segundo o qual responde pelo ato de improbidade aquele que, mesmo não sendo agente público, concorra para a sua prática ou dele se beneficie sob qualquer forma direta ou indireta. Comprovado o dolo de todos os agentes". (TJSP; Apelação 1002269-21.2015.8.26.0664; Relator (a): Djalma Lofrano Filho; Órgão Julgador: 13ª Câmara de Direito Público; Foro de Votuporanga - 4ª Vara Cível; Data do Julgamento: 09/05/2018; Data de Registro: 10/05/2018)

- Licitação. Alegação de superfaturamento de preço. Fato não comprovado. Em casos dessa natureza, envolvendo imputação de ato desonesto aos vencedores do certame e aos agentes públicos envolvidos na licitação, eventual condenação só pode decorrer de um juízo de certeza respaldado por provas significativamente seguras quanto à prática de conduta ilícita, pois "a culpa, e não a inocência, deve ser demonstrada, e é a prova da culpa – ao invés da inocência, presumida desde o início – que forma o objeto do juízo". Sentença de improcedência. Recurso desprovido. (TJSP; Apelação 0006618-51.2014.8.26.0363; Relator (a): Ferreira Rodrigues; Órgão Julgador: 4ª Câmara de Direito Público; Foro de Mogi Mirim - 1ª Vara; Data do Julgamento: 02/04/2018; Data de Registro: 09/05/2018)

- Aquisição de combustíveis. Licitação. Inocorrência. Desvirtuamento no procedimento de compra que empenha o reconhecimento da irregularidade da contratação, mostrando-se flagrante a violação aos princípios da obrigatoriedade da licitação, legalidade, igualdade e moralidade administrativa – Conduta que pode ser enquadrada dentre os atos de improbidade administrativa previstos no art. 11, "caput" e inciso I, da Lei nº 8.429/92 – Norma que, por sinal, deriva do nosso sistema constitucional, o qual prestigia justamente os princípios da moralidade, da legalidade e da impessoalidade (art. 37, "caput", da CF) – Combustíveis objeto da contratação direta, no entanto, que, tudo indica, foram regularmente fornecidos pela contratada e integralmente utilizados na frota municipal, o que afasta o alegado prejuízo aos cofres públicos e impede a caracterização da conduta tipificada no art. 10 da LIA, que tem o dano ao erário como pressuposto. (TJSP; Apelação 3000020-75.2013.8.26.0424; Relator (a): Paulo Dimas Mascaretti; Órgão Julgador: 8ª Câmara de Direito Público; Foro de Pariquera--Açu - Vara Única; Data do Julgamento: 09/05/2018; Data de Registro: 09/05/2018)

- "Segundo entendimento consolidado no âmbito das Turmas que compõem a Primeira Seção, o prejuízo decorrente da dispensa indevida de licitação é presumido (*dano in re ipsa*), consubstanciado na impossibilidade da contratação pela Administração da melhor proposta, não tendo o acórdão de origem se afastado de tal entendimento". (STJ - AgRg no REsp 1499706/SP, Rel. Ministro GURGEL DE FARIA, PRIMEIRA TURMA, julgado em 02/02/2017, DJe 14/03/2017)

- "A dispensa de licitação fora das hipóteses legais previstas no artigo 24 da Lei 8.666/93 é tipificada no artigo 10, VIII, da LIA como ato de improbidade administrativa. O entendimento pacífico do STJ é no sentido de que "a indevida dispensa de licitação, por impedir que a administração pública contrate a melhor proposta, causa dano "*in re ipsa*", descabendo exigir do autor da ação civil pública prova a respeito do tema" (STJ, REsp 817.921/SP, Rel. Ministro CASTRO MEIRA, SEGUNDA TURMA, DJe de 06/12/2012). Na esteira da jurisprudência do colendo STJ, basta a presença de dolo genérico ou "*lato sensu*" para configurar improbidade administrativa, ou se já, a simples inobservância dos ditames constitucionais e/ou legais quando da gestão de recursos públicos. Presentes tanto o prejuízo ao erário por ato do agente público, quanto o elemento subjetivo, deve-se reformar a sentença que julgou improcedente os pedidos iniciais. (TJMG - Apelação Cível 1.0701.11.023869-1/001, Relator(a): Des.(a) Wander Marotta, 5ª CÂMARA CÍVEL, julgamento em 09/03/2017, publicação da súmula em 21/03/2017)

- "A ação administrativa de fracionar valor de uma obra como meio para a alcançar as condições de dispensa de licitação que gerou contratação direta é ilícito administrativo manifesto, atentatório à condição típica descrita no art. 10, VIII, da Lei Federal 8.429/92, sendo presumido o dano à Administração pela só ausência de seleção pelo regular processo licitatório e privação de seleção de propostas mais favoráveis, daí porque "a indevida dispensa de licitação, por impedir que a administração pública contrate a melhor proposta, causa dano *in re ipsa*, descabendo exigir do autor da ação civil pública prova a respeito do tema" (STJ, REsp 817.921/SP, Rel. Ministro CASTRO MEIRA, SEGUNDA TURMA, DJe de 06/12/2012" (TJMG - Ap Cível/Rem Necessária 1.0432.13.000261-6/001, Relator(a): Des.(a) Judimar Biber, 3ª CÂMARA CÍVEL, julgamento em 02/02/2017, publicação da súmula em 21/02/2017)

- "A contratação direta de serviços em razão de seu valor reduzido, sem cotação prévia, não configura ato de improbidade administrativa se não houver indícios que a dispensa teve como intuito o locupletamento ilícito ou que tenha resultado em prejuízo ao erário ou em violação, com manifesta intenção do agente público, a algum dos princípios que regem a Administração Pública. A ilegalidade nem sempre resultará em improbidade, pois para a caracterização da improbidade administrativa se faz necessária a presença do elemento subjetivo do tipo, consistente no intuito de descumprimento da lei para atingir finalidade proibida ou contrária ao interesse público" (TJMG - Apelação Cível 1.0476.15.000803-7/001, Relator(a): Des.(a) Renato Dresch, 4ª CÂMARA CÍVEL, julgamento em 15/12/2016, publicação da súmula em 24/01/2017)

- "A contratação com dispensa indevida de licitação, baseada em instituição genérica e descabida de "estado de emergência" configura fraude ao procedimento licitatório, sendo, portanto, ato de improbidade administrativa, nos termos do art. 10, VIII, da Lei 8.429/92". (TJMG - Ap Cível/Reex Necessário 1.0525.06.092688-4/001, Relator(a): Des.(a) Luís Carlos Gambogi, 5ª CÂMARA CÍVEL, julgamento em 10/11/0016, publicação da súmula em 22/11/2016)

- "A contratação direta para a prestação de serviços específicos de limpeza pública encontra respaldo no art. 24, inciso II, da Lei de Licitações nº 8.666, de 1993, porquanto comprovada a necessidade e excepcionalidade da grave situação de saúde pública vivida no âmbito do município, bem como a temporariedade da mão de obra. A divulgação da licitação é requisito imprescindível à validade do procedimento, pois visa a assegurar a participação dos eventuais interessados, estimulando a maior competitividade possível. A veiculação em jornal de grande circulação, a despeito de restrita a pequeno aviso no setor de "variedades", em letras minúsculas e no pé da página, não fere o princípio da publicidade, porquanto ausente a prova de que havia outros interessados em participar do pregão presencial e que, devido à parca divulgação, foram alijados do certame. Sob a ótica do Superior Tribunal de Justiça, a configuração do ato de improbidade administrativa demanda imprescindível a presença do dolo na conduta do agente, ainda que genérico, de dispensar indevidamente licitação ou direcioná-la propositalmente para beneficiar terceiros". (TJMG - Apelação Cível 1.0610.14.000529-5/001, Relator(a): Des.(a) Carlos Roberto de Faria, 8ª CÂMARA CÍVEL, julgamento em 03/11/2016, publicação da súmula em 10/11/2016)

- "A despeito das irregularidades formais apontadas pela CGU quanto à dispensa de licitação para a aquisição dos gêneros alimentícios de terceiros, não houve a indicação do quantum da efetiva lesão aos cofres públicos em decorrência desses fatos, tanto que a sentença não encontrou elementos para impor o ressarcimento. O que se extrai dos documentos é que, apesar da ausência do devido processo licitatório, houve a aquisição dos produtos e a efetiva entrega dos gêneros alimentícios necessários ao preparo da merenda escolar dos alunos da rede de ensino pública do município. A finalidade da lei foi cumprida, mesmo com desvio de rota. O sentido do inciso VIII do art. 10 da Lei 8.429/92 é o de propiciar à Administração a aquisição por preço menor, em face da concorrência. Mas o chamado dano *in re ipsa* (presumido), decorrente da ausência da licitação, não deve ser considerado diante da conclusão da sentença, que não vislumbrou danos indenizáveis. Não houve comprovação de que o apelante agira com dolo ou culpa grave, nem que a utilização das verbas atentasse contra a moralidade, causasse desvio de recursos ou o enriquecimento ilícito do ex-gestor. (TRF1 - AC 0000673-78.2012.4.01.3307 / BA, Rel. DESEMBARGADOR FEDERAL OLINDO MENEZES, QUARTA TURMA, e-DJF1 de 13/09/2016)

- "A compra de bens sem o procedimento licitatório, o qual foi dispensado indevidamente, configura o ato ilegal, enquadrando-se no conceito de improbidade administrativa. Tal conduta viola os princípios norteadores da administração pública, em especial o da estrita legalidade. O dolo que se exige para a configuração de improbidade administrativa reflete-se na simples vontade consciente de aderir à conduta descrita no tipo, produzindo os resultados vedados pela norma jurídica – ou, ainda, a simples anuência aos resultados contrários ao Direito quando o agente público ou privado deveria saber que a conduta praticada a eles levaria –, sendo despiciendo perquirir acerca de finalidades específicas. Precedentes. In casu, a má-fé do administrador público é patente, sobretudo quando se constata que, na condição de Presidente da Câmara Municipal, nem sequer formalizou os procedimentos de dispensa de licitação. (STJ – AgRg. no REsp. 1214254/MG – Rel. Min. Humberto Martins – 2ª Turma – j. em 15.02.2011 – DJe 22.02.2011)

- "Compras de pães para merenda escolar da única panificadora do Município. Possibilidade. Formalismos inobservados não podem ser elevados a atos de improbidade que exigem má-fé cabalmente demonstrada. Ausência de sua prova e de dolo gerador de dano ao erário público. Ônus da prova do autor (art. 333, I, do CPC). É cediço que a má-fé é premissa do ato ilegal e ímprobo (STJ, REsp. 480.307/SP, Rel. Min. Luiz Fux). Recursos providos, ação improcedente". (TJSP – Ap. Cív. 0013004-10.2009.8.26.0481 – 11ª Câmara de Direito Público – j. em 07.11.2011 – Rel. Des. Francisco Vicente Rossi)

- "Contratação de contador. A contratação de prestação de serviço sem exigência de licitação é permitida pela Lei 8.666/93, devendo-se observar, para tanto, o disposto no art. 25, II, conjugado com o art. 26, os quais exigem seja a contratação precedida do processo de dispensa instruído, no que couber, com: I) a caracterização da situação emergencial ou calamitosa que justifique a dispensa, quando for o caso; II) a razão da escolha do fornecedor ou executante; III) justificativa do preço; e IV) documento de aprovação dos projetos de pesquisa aos quais os bens serão alocados. 2. A contratação de contador pela Câmara Municipal de Cajuri – MG, não atende ao disposto no art. 25 da Lei 8.666/93 porque não demonstrada a inviabilidade de competição, a singularidade do serviço e que o trabalho do profissional escolhido é o mais adequado à plena satisfação do objeto do contrato, nem a justificativa do preço, requisito do art. 26, III da Lei 8.666/93". (STJ – REsp. 842461 / MG – 2ª Turma – DJ 11.04.2007, p. 233 – Relª. Minª. Eliana Calmon)

- "Prefeito que no exercício do mandato reforma o prédio do hospital municipal a fim de ser utilizado por entidade privada com fins lucrativos se, não de sua propriedade, pelo menos com estreitíssimas ligações com o apelante, pratica ato de improbidade administrativa incidindo assim nas sanções preconizadas na Lei 8.429/92, independentemente de efetiva ocorrência de dano ao patrimônio público. Apelo improvido". (TJGO – Ap. 62.003-5/188– 4ª CC – DJ 10.03.2003 – Relª. Desª. Sandra Regina Teodoro Reis)

- "Contrato entre vereador e câmara municipal. Comete ato de improbidade administrativa o presidente da câmara municipal quando firma contrato de locação em nome da pessoa jurídica de direito público interno, tendo por objeto o imóvel sob o domínio do vereador e primeiro secretário da mesma casa de leis, violando a proibição contida na lei orgânica do município e incidindo nas disposições do art. 11, caput e inc. I, da Lei 8.429/92. III – A dispensa indevida de processo licitatório, ordenando a realização de despesas não autorizadas em lei, permitindo que se utilizasse em obra particular trabalho de terceiros contratados pela administração pública, facultando enriquecimento ilícito as custas de dinheiro público, configura-se ato de improbidade administrativa, definidos no art. 10, caput, incs. I, II, VIII, IX, XII e XIII da Lei 8.429/92. IV – Recurso improvido, sentença mantida. (TJGO – Ap. 56135-5/188 – 3ª CC – DJ 11.06.2001 – Rel. Des. Charife Oscar Abrão)

- "Execução integral da obra. Evidencia improbidade administrativa, por causar prejuízo ao erário e contrariar os princípios da legalidade, moralidade, impessoalidade e lealdade, o não cumprimento, pelo administrador público, das condições de contrato celebrado para a execução de obras, mediante ordem de pagamento adiantado e não previsto da maior parte do valor à empresa contratada, que, posteriormente, abandonou os serviços e não os concluiu". (TJSC – Proc. 1.0346.01.001244-8/001 – 29.11.2007 – Rel. Des. Almeida Melo)

- "Dispensa de licitação. Dano efetivo. Ausência. 1. A compra ou locação de imóvel destinado ao atendimento das finalidades precípuas da administração, cujas necessidades de instalação e localização condicionem a sua escolha, desde que o preço seja compatível com o valor de mercado, segundo avaliação prévia, não carece de licitação, ante a *ratio* do art. 24 da Lei 8.666/93". (STJ – REsp. 797671 / MG – 1ª Turma – DJe 16.06.2008 – Rel. Min. Luiz Fux)

- "Transporte escolar. Afirmar que a contratação global, referente a todas as linhas de transporte escolar na zona rural do Município, é melhor que a contratação de cada linha, uma a uma, é imiscuir-se no mérito administrativo, o que não é dado ao Judiciário fazer. Noutro giro, sem prova da má-fé do gestor público e do contratado, assim como sem qualquer alegação de que o serviço não tenha sido prestado, mal prestado ou baseado em valores excessivos, mostra-se acertada a sentença que deu pela improcedência do pedido. Por fim, demonstrando a prova coligida aos autos que a dispensa de licitação foi precedida de prévio estudo, de parecer jurídico, bem como do atendimento de outros requisitos legais, não há que se falar em vaga dispensa de licitação". (TJMG – Proc. 1.0439.05.041597-5/002 – DJ 12.10.2006 – Rel. Des. Edivaldo George dos Santos)

- "Fracionamento do contrato. Contratação direta. Se o art. 23, § 5º, da Lei 8.666/93, veda o fracionamento da licitação para o fim de classificá-la numa ou noutra modalidade, que é o *minus*, óbvio que, pelo argumento *a fortiori*, veda também o fracionamento do contrato para o fim de, com base no art. 24, I e II, da mesma Lei, excluir a própria licitação, que é o *majus*". (TJRS – Ap. Cív. 70005246160 – 1ª CC – Rel. Irineu Mariani – j. em 18.08.2004)

- "Age com improbidade administrativa (Lei 8.429/92, art. 10), o prefeito municipal que autoriza a aquisição direta de materiais escolares de fornecimento não urgente, sem licitação prévia ou procedimento de dispensa e com sinais de superfaturamento, máxime quando a ordem de empenho e posterior a data de pagamento da empresa fornecedora, que além disto, se encontrava em situação irregular perante o fisco. Neste caso, aplicam-se as sanções previstas na legislação específica (Lei 8.429/92, art. 12), sem prejuízo das demais sanções penais e civis. (TJPR – Ap. 122619500 – Acórdão 1004 – 8ª CC – j. em 11.11.2002 – Rel. Des. Ivan Bortoleto)

- "Dez procedimentos de dispensa de licitação para a aquisição dos equipamentos de informática traduzem a intenção de frustrar licitação para a aquisição da totalidade dos bens." (TJRS – Ap. Cív. 70017656166 – 2ª Câmara Cível – Rel. Roque Joaquim Volkweiss – j. em 20.02.2008)

- Locação de imóvel. Ao servidor público municipal é vedada a contratação com o município, para o caso não incidindo qualquer ressalva legal, pois o contrato de locação não É caracterizado como de adesão, com cláusulas uniformes. A tipificação de ato de improbidade administrativa não se resume aos casos onde ocorre prejuízo ao patrimônio público, podendo o agente responder por ofensa aos princípios da legalidade e da moralidade, ou por lesões outras. Para o caso, apesar de inexistir prejuízo ao patrimônio público, identificou-se a improbidade pela lesão resultante do desvio de verbas na efetivação de contrato de locação com pessoa impedida de assim agir, e sem a devida licitação ou procedimento legal capaz de dispensá-la. (TJPR – Ac. 24.754 – 1ª CC – j. em 19.10.2004 – Rel. Des. Péricles Bellusci da Batista Pereira)

- *"É inadmissível a dispensa de licitação quando se trata de serviços de prestação continuada ao longo dos anos, restando claro o fracionamento de pagamentos para eventual alegação de que os serviços não alcançaram o patamar legal que atrai o processo licitatório. Hipótese na qual resta caracterizada ofensa aos arts. 37, XXI da Constituição e 2º da Lei 8.666/93, com a incidência do art. 12, II da Lei 8.429/92, independentemente de prejuízo para o erário. (TJMG – 1.0439.05.038130-0/001 – DJ 29.05.2009 – Rel. Des. Alberto Vilas Boas)*

- "Compras fracionadas do mesmo material, de um único fornecedor, ao longo do exercício – Valores inferiores aos exigidos para processo licitatório – Soma que ultrapassa a exigência legal – Meio de burlar a lei – Situação de emergência – Não caracterização – Condenação mantida – Recursos conhecidos e desprovidos". (TJMG – Proc. 1.0348.07.000577-5/001 – DJ 14.11.2008 – Relª. Desª Márcia Milanez)

- "Adquirir serviço com base no preço do segundo colocado se apresenta ao arrepio da lei, porquanto o único preço licitado era o constante da proposta vencedora, infringiu os princípios da licitação, dentre os quais o da impessoalidade, da competitividade, decorrente do princípio da isonomia, do estrito cumprimento do edital e da publicidade, causando prejuízos evidentes do erário. Ademais, os documentos juntados às fls. 138-144, provenientes do Tribunal de Contas, retiram qualquer dúvida no tocante ao prejuízo ao erário". (TJRS – Ap. Cív. 70020471132, 4ª Câmara Cível – Rel. Des. Wellington Pacheco)

- "A compra fracionada, em curto período, de mercadorias destinadas a obras ou reformas, cuja previsão das necessidades é perfeitamente viável, constitui clara burla ao limite estipulado no art. 24, II, da Lei 8.666/93. Esta conduta amolda-se perfeitamente ao tipo definido no art. 10, inc. VIII, e caput do art. 11, da Lei 8.429/92". (TJSC – Ap. Cív. 2008.003601-6 – Santa Cecília – j. em 05.06.2008 – Rel. Des. Luiz Cézar Medeiros)

- "A contratação de cooperativa para a execução do serviço público de saúde em favor dos usuários do SUS não configura, por si só, ato de improbidade administrativa. Ausente prova de que tenha o Prefeito, dolosamente, contratado Cooperativa para a prestação de serviços de saúde a fim de beneficiá-la, não procede o pedido de condenação por ato de improbidade administrativa. Hipótese em que os valores pagos à contratada foram inferiores à quantia orçada para a contratação de Cooperativa e não há prova de que estivessem acima do preço de mercado ou fossem por demais onerosos aos cofres públicos. Precedentes do STJ." (TJRS – Ap. Cív. 70043816198 – 22ª Câmara Cível – Relª. Maria Isabel de Azevedo Souza – j. em 10.11.2011)

- "A ilegalidade no procedimento adotado para outorga gratuita de uso de lotes públicos para fins residenciais a pessoas necessitadas não prova, por si só, a prática de ato de improbidade administrativa. É que nem toda ilegalidade encerra improbidade administrativa. Jurisprudência do STJ. Tratando-se de objeto lícito – cessão gratuita de bem público para fins de interesse social – era indispensável a prova do dolo do agente em favorecer os beneficiados. Na falta de prova, portanto, do dolo do Apelante em violar a legalidade e a impessoalidade que devem presidir a atuação administrativa, é de ser julgada improcedente a ação. Recurso provido. (TJRS – Ap. Cív. 70044118115 – 22ª Câmara Cível – Relª. Maria Isabel de Azevedo Souza – j. em 27.10.2011)

10.8.2.4. Dispensa indevida de licitação: contratação de advogado

A contratação direta de advogados para prestar assessoria jurídica a órgãos públicos, sob a rotulação de "notória especialização" e "serviços singulares", para realçar a modelagem visando justificar a inexigibilidade de licitação, tem sido uma prática reiterada por administrações que se desviam dos princípios norteadores insculpidos no art. 37 da Constituição Federal[51].

Na verdade, esses procedimentos são artifícios para maquiar contratações diretas pela livre escolha do gestor, objetivando contemplar pessoa a que pretenda destinar esse serviço, uma preferência que ofende de plano o princípio da impessoalidade.

Além disso, é um exagero o administrador pretender contratar causídico para serviços profissionais quando a entidade pública dispõe de quadro especializado de advogados para atender as suas necessidades, a exemplo de inúmeros órgãos públicos.

Ora, se a entidade pública é dotada de um quadro de advogados, mas carece de ampliação do seu efetivo, o recomendável, dentro do princípio da eficiência e moralidade pública, é a realização de concurso público para aumentá-lo na medida de suas necessidades.

Agora, se assim não procede, é evidente que há desvio de finalidade na contratação de profissionais certos pela escolha pessoal de suas contratações.

Esses expedientes despidos de moralidade administrativa, mas vestidos de requintes de improbidade, são mais visíveis em nível de administração estadual, principalmente, em órgãos da administração indireta, tais como empresas públicas,

51. "***Art. 37.*** *A administração pública direta e indireta de qualquer dos Poderes da União, dos Estados, do Distrito Federal e dos Municípios obedecerá aos princípios de legalidade, impessoalidade, moralidade, publicidade e eficiência (...)*"

sociedades de economia mista e autarquias. Também, evidentemente, em nível municipal.

Saliente-se, por oportuno, a interpretação para uso do procedimento da inexigibilidade para a contratação de serviços técnicos de notória especialização é de caráter estrito.

A propósito o Tribunal de Contas da União já editou o Enunciado 39, que tem a seguinte redação:

> Só tem lugar quando se trata de serviço inédito ou incomum, capaz de exigir na seleção do executor de confiança, um grau de subjetividade, insuscetível de ser medido pelos critérios objetivos de qualificação inerentes ao processo de licitação.

Acresça-se, ainda, a lição contida no Parecer 1.160/04, inserido no processo Tribunal de Contas 06773/03, assim escrito:

> Não bastassem tais argumentos, o expediente reiterado de certos advogados perceberem verdadeiros salários mensais da Administração Pública, travestidos em "contratos por notória especialização", em razão de serviços jurídicos genéricos, constitui burla ao imperativo constitucional do concurso público. Muito fácil ser profissional liberal às custas do erário público. Não descabe lembrar que o concurso público constitui meritório instrumento de índole democrática que visa apurar aptidões na seleção de candidatos a cargos públicos, garantindo impessoalidade e competência. João Monteiro lembrara, em outras palavras, que só menosprezam os concursos aqueles que lhes não sentiram as glórias ou não lhes absorveram as dificuldades.

Ressalta, ainda, o aviltamento dos princípios constitucionais norteadores da administração pública da impessoalidade, isonomia e moralidade, com a livre escolha da contratação direta de advogados sem o devido processo licitatório.

Num exame medrado à luz da legislação especializada, o art. 25 da Lei Federal 8.666/93, diz textualmente:

> **Art. 25.** *É inexigível a licitação quando houver inviabilidade de competição, em especial:*
>
> I – [...]
>
> II – para a contratação de serviços técnicos enumerados no art. 13 desta Lei, de natureza singular, com profissionais ou empresas de notória especialização, vedada a inexigibilidade para serviços de publicidade e divulgação;
>
> III – [...]
>
> *§ 1º* Considera-se de notória especialização o profissional ou empresa cujo conceito no campo de sua especialidade, decorrente de desempenho anterior, estudos, experiências, publicações, organização, aparelhamento, equipe técnica, ou de outros requisitos relacionados com suas atividades, permita

> inferir que o seu trabalho é essencial e indiscutivelmente o mais adequado à plena satisfação do objeto do contrato.
>
> *§ 2º* Na hipótese deste artigo e em qualquer dos casos de dispensa, se comprovado superfaturamento, respondem solidariamente pelo dano causado à Fazenda Pública o fornecedor ou o prestador de serviços e o agente público responsável, sem prejuízo de outras sanções legais cabíveis.

A rotina nas assessorias jurídicas dos órgãos públicos tem em seus serviços predominantes, aqueles desenvolvidos por qualquer outro advogado no diário forense, quais sejam, análise de contratos em geral, contestação, execuções fiscais, embargos do devedor, processos de dispensa de licitação etc.

Como se vê, são atividades comuns, trilhadas por caminhos repetitivos que não se revestem de caráter extraordinário, singular ou excepcional, nada que não esteja ao alcance de qualquer advogado militante.

Desse modo, a exigência basilar dos serviços técnicos albergados pelo inc. II do art. 25 da aludida norma,

> visa não obter apenas uma utilidade material. É evidente que interessa à Administração a produção de um certo resultado, mas a contratação também é norteada pela concepção de que esse resultado somente poderá ser alcançado se for possível contar com uma capacidade intelectiva extraordinária. O que a Administração busca, então, é o desempenho pessoal de ser humano dotado de capacidade especial de aplicar o conhecimento teórico para a solução de problemas do mundo real[52].

Com efeito, esse requisito indispensável à inexigibilidade de licitação reflete "*a atuação pessoal de um ser humano, com cunho de transformação do conhecimento teórico-geral ou da inventividade em solução prática-concreta*", conclui o renomado jurista.

Por esse lúcido entendimento, afirma o autor citado, que "*A necessidade experimentada pela Administração Pública, que motiva não poderá ser satisfeita senão através da utilização da fundamentação da capacidade humana de transformar conhecimento teórico em solução prática*".

Outra condição essencial autorizativa da inexigibilidade é o objeto singular da contratação, que, na lição do jurista nominado, "*destina-se a evitar a generalização da contratação direta para todos os casos enquadráveis no art. 13 da referida Lei*".

Leciona o conceituado doutrinador referido, que "*A natureza singular se caracteriza como uma situação anômala, incomum, impossível de ser enfrentada satisfatoriamente por todo e qualquer profissional 'especializado'*".

Seria um desrespeito à nobre classe dos advogados, em geral, entender que outros escritórios ou sociedades de advogados não teriam capacidade de executar

52. Justen Filho, Marçal. **Comentários à Lei de Licitação e Contratos Administrativos**. 9. ed. São Paulo: Dialética, 2002.

as rotinas forenses ou administrativas inerentes ao cotidiano da burocracia estatal. Isto porque a singularidade exigida pelo art. 25, inc. II, da Lei Federal 8.666/93, implica, justamente, as qualidades específicas de determinada pessoa, o conhecimento marcante desta, em dada matéria com as peculiaridades apresentadas.

É claro que não se exige, para a configuração da singularidade, que o profissional seja único, o que, nos dias atuais tornaria praticamente inócua a previsão legal.

Já o princípio da impessoalidade obsta que critérios subjetivos ou anti-isonômicos influam na escolha dos exercentes dos cargos públicos; máxime porque dispõem os órgãos da administração, via de regra, dos denominados cargos de confiança, de preenchimento insindicável.

A impessoalidade opera-se *pro populo*, impedindo discriminações, e contra o administrador, ao vedar-lhe a contratação dirigida *intuitu personae*, tanto que a inviabilidade de competição, da qual decorre a inexigibilidade de licitação, deve ficar adequadamente demonstrada, o que não ocorre diante da ausência dos elementos necessários a sua configuração.

Pode-se afirmar que a contratação direta de advogado sob o esquadro da sua inexigibilidade para repartições públicas que são dotadas de quadros de advogados, em princípio, viola o princípio constitucional da legalidade diante do desatendimento de norma especial, assim como afronta o princípio constitucional da impessoalidade pela escolha de preferidos em detrimento do acesso democrático aos serviços públicos e ofende o princípio constitucional da moralidade administrativa por desprezar o elemento ético de conduta funcional pela sua inconveniência ao interesse social.

Reputa-se ocasional rememorar o comando do art. 4º da Lei Federal 8.429/92 ao impor a todos os agentes públicos "*a obrigação de velar pela estrita observância dos princípios da legalidade, impessoalidade, moralidade e publicidade no trato dos assuntos que lhe são afetos*".

Como se vê, todos os aspectos enfocados após a celebração do contrato direto ou proveniente do processo licitatório questionável deve ser objeto de análise e acompanhamento, conquanto se pode projetar atos supervenientes que venham caracterizar a frustração ou dispensa do certame de licitação para dirigir ou favorecer terceiros mediante as hipóteses aqui ventiladas.

No que se refere ao destinatário da licitação ou contrato com dispensa desta, o beneficiário está sujeito a esta Lei de Improbidade Administrativa por alcance legal do seu art. 3º quando preceitua sua aplicação ao terceiro que induza ou concorra para a prática do ato de improbidade ou dele se beneficie sob qualquer forma direta ou indireta.

Anote-se, por oportuno, que o ato de frustração ou dispensa de licitação para a contratação de serviços ou aquisição de bens, retrata a intenção de seus protagonistas em levar alguma vantagem econômica que é expressa na prática de sobrepreço, superfaturamento ou pagamento de despesas que encobrem a especificação diversa da que foi licitada ou contratada, implicando, assim, prejuízo ao erário por despender recursos financeiros a maior do que a contraprestação que está a receber.

Essas condutas refletem a intencionalidade da obtenção do resultado pretendido de auferir vantagem indevida, agindo, portanto, de maneira dolosa, mas também será responsabilizado o agente por sua conduta culposa, basta que se evidencie consequência danosa ao nível de riqueza estatal; havendo prejuízo, haverá o seu enquadramento nesta norma. Se não houver dano ao erário, será encaixado no art. 9º ou 11, conforme a sua conduta e o resultado da sua ação.

- Contratação de escritório de advocacia. Inexigibilidade de licitação. Excepcionalidade não configurada. Súmula 7 do STJ. Aplicação.1. [...] 3. A jurisprudência de ambas as Turmas que compõem a Seção de Direito Público deste Tribunal Superior firmou-se no sentido de serem imprescindíveis à contratação de advogado com inexigibilidade de licitação os requisitos da singularidade do serviço e da inviabilidade da competição. 4. Hipótese em que a Corte de origem não vislumbrou tais pressupostos a autorizar a contratação dos serviços sem o respectivo procedimento licitatório, sendo certo que, na hipótese, o acolhimento da pretensão recursal para modificar tal entendimento implicaria necessariamente o reexame do conjunto fático-probatório, impossível na via estreita do recurso especial, a teor do disposto na Súmula 7 do STJ. (STJ - AgInt no REsp 1335762/PB, Rel. Ministro GURGEL DE FARIA, PRIMEIRA TURMA, julgado em 30/11/2017, DJe 05/02/2018)

- "Contratação de escritório de advocacia. Inexigibilidade de licitação. Serviço singular e de notória especialização."Nos termos do art. 13, V c/c art. 25, II, § 1º, ambos da Lei nº 8.666/1993, é possível a contratação de serviços relativos ao patrocínio ou defesa de causas judiciais ou administrativas sem procedimento licitatório. Contudo, para tanto, deve haver a notória especialização do prestador de serviço e a singularidade deste" (REsp 1.444.874/MG, Rel. Ministro HERMAN BENJAMIN, SEGUNDA TURMA,DJe 31/03/2015). O Tribunal de origem, com base nos fatos e nas provas contidos nos autos, atestou a notória especialização do escritório de advocacia e a singularidade do serviço a ser prestado, de modo que a reforma do acórdão recorrido demandaria o reexame do contexto fático-probatório, o que é vedado ao STJ por óbice da Súmula 7/STJ. Agravo interno a que se nega provimento". (STJ - AgInt no REsp 1459772/MG, Rel. Ministro SÉRGIO KUKINA, PRIMEIRA TURMA, julgado em 27/02/2018, DJe 09/03/2018)

- "Contratação temporária de advogados para exercer as funções de procurador municipal. Contratação temporária de advogados para exercerem cargos de Procurador Municipal, sem concurso público e por intermédio de processo seletivo simplificado, sem a devida publicidade. Necessidade da contratação em virtude do excepcional interesse público não demonstrada. Ofensa ao art. 37, II e IX, da CF. Violação aos princípios da legalidade, isonomia, moralidade e impessoalidade. Fato que configura infração ao art. 11, caput, da Lei nº 8.429/92. Condenação dos agentes públicos. Sentença mantida. Recursos desprovidos". (TJSP; Apelação 0002824-35.2008.8.26.0459; Relator (a): Décio Notarangeli; Órgão Julgador: 9ª Câmara de Direito Público; Foro de Pitangueiras - 1ª Vara; Data do Julgamento: 24/05/2018; Data de Registro: 24/05/2018)

- "Assessoria e consultoria jurídica. Objeto do contrato. Inexistência de singularidade a ponto de inviabilizar a abertura de certame. Suspensão do contrato. Decisão mantida. Recurso não provido. Tratando-se de contratação de profissional de advocacia, só se admite a dispensa da licitação quando houver singularidade do serviço a ser prestado e notória especialização do contratado, assim entendido o profissional cujo conceito no campo de sua especialidade, decorrente de sua atuação e outros atributos, permita inferir que o seu trabalho é essencial e indiscutivelmente o mais adequado à plena satisfação do objeto do contrato, a ponto de inviabilizar a competição. No caso, a prestação de serviço contratada está pautada pela simplicidade do serviço de Auditoria e Consultoria Jurídica na área de Direito Público, com estudo, elaboração e emissão de pareceres, além de resposta a consultas formuladas pelos setores da Administração Municipal. Desse modo, não apresentam quaisquer peculiaridades que o singularizam a ponto de inviabilizar a competição entre os possíveis prestadores. Logo, há que ser mantida a suspensão do contrato, haja vista os indícios de que inexistiram os pressupostos autorizativos da dispensa do certame. 5. Recurso não provido". (Agravo de Instrumento no 0547104-35.2016.8.13.0000 (1), 2a Câmara Cível do TJMG, Rel. Raimundo Messias Júnior. j. 31.10.2017, Publ. 08.11.2017).

- "Contratação direta de serviço de advocacia. Nos termos do art. 13, V c/c art. 25, II, § 1º, da Lei 8.666/1993 é possível a contratação de serviços relativos ao patrocínio ou defesa de causas judiciais ou administrativas sem procedimento licitatório. Contudo, para tanto, deve haver a notória especialização do prestador de serviço e a singularidade deste. A inexigibilidade é medida de exceção que deve ser interpretada restritivamente. A singularidade envolve casos incomuns e anômalos que demandam mais que a especialização, pois apresentam complexidades que impedem sua resolução por qualquer profissional, ainda que especializado. Contratação direta de serviços não singulares - violação dos arts. 13 e 25 da Lei 8.666/93 e 11 da Lei 8.429/92 - improbidade administrativa caracterizada - afronta aos princípios administrativos. Na demanda em análise, a municipalidade, a pretexto da singularidade dos serviços de advocacia, terceirizou em bloco, entre os anos de 2001 e 2004, com dispêndio de cerca de R$ 136.723,84 (cento e trinta e seis mil, setecentos e vinte e quatro reais e oitenta e quatro centavos, válidos para o referido período), atividades que são próprias e bem poderiam ter sido executadas pelos advogados que integram, com vínculo público, a Prefeitura de Visconde do Rio Branco-MG. A leitura dos autos indica que o objeto dos sucessivos contratos (ao todo foram 04) era absolutamente genérico, pois consistente na prestação de serviços técnico-especializado de assessoria e consultoria e patrocínio judicial e administrativo e congêneres. Tais tarefas não podem ser consideradas como singulares no âmbito da atividade jurídica de um Município. Os procedimentos que correm nos respectivos Tribunais de Contas, de maneira geral, versam sobre assuntos cotidianos da esfera de interesse das municipalidades. E mais, assuntos de licitação e de assessoria em temas financeiros não exigem conhecimentos demasiadamente aprofundados, tampouco envolvem dificuldades superiores às corriqueiramente enfrentadas por advogados e escritórios de advocacia atuantes na área da Administração Pública e pelo assessoria jurídica do município. Ilegalidade. Serviços não singulares. A contratação de serviços sem procedimento licitatório, quando não caracterizada situação de inexigibilidade, viola os princípios da legalidade, impessoalidade, moralidade e eficiência e os deveres de legalidade e imparcialidade e configura improbidade administrativa. Ausente o prejuízo ao erário no caso concreto, a situação amolda-se ao conceito de improbidade administrativa, nos termos do art. 11, caput, e inciso I, da Lei 8.429/1992. Nesse sentido: REsp 1.038.736/MG, Rel. Ministro Herman Benjamin, Segunda Turma, julgado em 4.5.2010, DJe 28.04.2011; REsp 1.444.874/MG, Rel. Ministro Herman Benjamin, Segunda Turma, julgado em 3.2.2015, DJe 31.3.2015, e REsp 1.210.756/MG, Rel. Ministro Mauro Campbell Marques, Segunda Turma, julgado em 2.12.2010, DJe 14.12.2010. Art. 11 da Lei 8.429/92 dolo genérico. A jurisprudência do STJ se firmou no sentido de que o art. 11 da Lei 8.429/1992 dispensa a comprovação de intenção específica de violar princípios administrativos, sendo suficiente o dolo genérico. No caso, é indiscutível a intenção do ex-Prefeito de contratar sem licitação e a aceitação do encargo por parte da Sociedade de Advogados. Ou seja, indubitável a vontade livre e consciente das partes em efetivar a contratação direta. No julgamento do REsp 488842/SP, esta Corte entendeu que, "Patente a ilegalidade da contratação, impõe-se a nulidade do contrato celebrado, e, em razão da ausência de dano ao erário com a efetiva prestação dos serviços de advocacia contratados, deve ser aplicada apenas a multa civil, reduzida a patamar mínimo (10% do valor do contrato, atualizado desde a assinatura)". A apontada divergência jurisprudencial realmente ocorre, porque naquela oportunidade o STJ apreciou situação bastante assemelhada. Os serviços eram de mesma natureza (primordialmente o acompanhamento de processos no TCE/SP).

A decisão neste Recurso Especial deve seguir as linhas adotadas no citado paradigma (REsp 488842/SP), por conta da profundidade dos debates ali travados, com dois pedidos de vista e principalmente em razão da similitude entre os casos confrontados. A multa civil, que não ostenta feição indenizatória, é perfeitamente compatível com os atos de improbidade listados nos autos e tipificados no art. 11 da Lei 8.429/92. Patente a ilegalidade da contratação, impõe-se a nulidade do contrato celebrado, e, em razão das circunstâncias específicas e peculiares dos fatos narrados nos autos, deve ser aplicada apenas a multa civil a cada um dos agentes envolvidos, em patamar mínimo (10% do valor total das contratações, atualizados desde a assinatura do primeiro pacto). Recurso Especial parcialmente provido. (STJ - REsp 1505356/MG, Rel. Ministro HERMAN BENJAMIN, SEGUNDA TURMA, julgado em 10/11/2016, DJe 30/11/2016).

- "A contratação direta de serviços de advocacia deve estar vinculada à notória especialização do prestador do serviço e à singularidade do objeto contratado (hipóteses incomuns e anômalos), caracterizando a inviabilidade de competição (Lei 8.666/93 - arts. 25, II e 13, V), avaliada por um juízo de razoabilidade, o que não ocorre quando se trata de advogado recém-formado, sem experiência profissional. A contratação de serviços advocatícios sem procedimento licitatório, quando não caracterizada situação de inexigibilidade de licitação, gera lesividade ao erário, na medida em que o Poder Público deixa de contratar a melhor proposta, dando ensejo ao chamado dano *in re ipsa*, decorrente da própria ilegalidade do ato praticado, conforme entendimento adotado por esta Corte. Não cabe exigir a devolução dos valores recebidos pelos serviços efetivamente prestados, ainda que decorrente de contratação ilegal, sob pena de enriquecimento ilícito da Administração Pública, circunstância que não afasta (ipso facto) as sanções típicas da suspensão dos direitos políticos e da proibição de contratar com o poder público. A vedação de restituição não desqualifica a infração inserida no art. 10, VIII, da Lei 8.429/92 como dispensa indevida de licitação. Não fica afastada a possibilidade de que o ente público praticasse desembolsos menores, na eventualidade de uma proposta mais vantajosa, se tivesse havido o processo licitatório (Lei 8.429/92 - art. 10, VIII). (STJ - AgRg no AgRg no REsp 1288585/RJ, Rel. Ministro OLINDO MENEZES (DESEMBARGADOR CONVOCADO DO TRF 1ª REGIÃO), PRIMEIRA TURMA, julgado em 16/02/2016, DJe 09/03/2016)

- "Contratação por município de escritório de advocacia sem licitação. Hipótese em que não há inexigibilidade. Serviços técnicos não singulares. Nos termos do art. 13, V c/c art. 25, II, § 1º, da Lei 8.666/1993 é possível a contratação de serviços relativos ao patrocínio ou defesa de causas judiciais ou administrativas sem procedimento licitatório. Contudo, para tanto, deve haver a notória especialização do prestador de serviço e a singularidade deste. A inexigibilidade é medida de exceção que deve ser interpretada restritivamente. A singularidade envolve casos incomuns e anômalos que demandam mais do que a especialização, pois apresentam complexidades que impedem sua resolução por qualquer profissional, ainda que especializado. No caso dos autos, o objeto do contrato descreve as atividades de patrocínio ou defesa de causas judiciais ou administrativas e elaboração de pareceres, as quais são genéricas e não apresentam peculiaridades e/ou complexidades incomuns, nem exigem conhecimentos demasiadamente aprofundados, tampouco envolvem dificuladades superiores às corriqueiramente enfrentadas por advogados e escritórios de advocacia atuantes na área da Administração Pública e pelo órgão técnico jurídico do município. Ilegalidade. Serviços não singulares. A contratação de serviços sem procedimento licitatório quando não caracterizada situação de inexigibilidade viola os princípios da legalidade, impessoalidade, moralidade e eficiência e os deveres de legalidade e imparcialidade. Improbidade administrativa - art. 11 da Lei 8.429/92. (STJ - REsp 1444874/MG, Rel. Ministro HERMAN BENJAMIN, SEGUNDA TURMA, DJe 31/03/2015).

- "Não se mostra ilegal a contratação de advogados sem o processo licitatório diante da singularidade dos serviços do escritório de notória especialização, o que configura hipóteses de sua inexigibilidade conforme previsto no art. 13, inciso V, da supracitada lei que preceitua que são serviços técnicos profissionais especializados o patrocínio ou defesa de causas judiciais ou administrativas. Não se desconhece a existência de vários profissionais com notória especialidade, contudo, aquele escolhido pela Administração Pública trata-se do único considerado a conter características de modo a satisfazer o interesse público. Tendo a contratação direta ocorrido por meio de procedimento administrativo formal e observados todos os requisitos legais exigíveis, não há que se falar em nulidade do contrato. A contratação sem prévia licitação de serviço advocatícios não ocasiona lesão ao erário porquanto presentes os requisitos necessários à contratação direta, não havendo que se falar sequer em ressarcimento ao aos cofres públicos tendo em vista a comprovação da devida prestação dos serviços. (TJMG - Apelação Cível 1.0472.12.001145-8/001, Relator(a): Des.(a) Ângela de Lourdes Rodrigues, 8ª CÂMARA CÍVEL, julgamento em 24/03/2017, publicação da súmula em 04/04/2017)

10.8.3. O princípio da padronização

Além da eventualidade da dispensa ou a inexigibilidade de licitação, impõe-se assinalar a relevância da regra da padronização, inferida nos arts. 11 e 15 da supramencionada norma especializada.

O comando do art. 15, no que se refere às compras, diz que "*sempre que possível, deverão: I – atender ao princípio da padronização*".

A padronização é uma regra preconizada pelo postulado da produção em escala industrial com a consequente redução de custos operacionais onde ganham contornos de relevância a garantia oferecida do produto, a assistência técnica, condições de manutenção e sua idoneidade, além do que possibilita a cultuação da imagem agradável pela estética e uniformização de produtos, marcas ou serviços.

A preservação da padronização de bens ou produtos é a invocação dos princípios norteadores da administração da eficiência e da economicidade para homenagear a defesa dos interesses salutares da coisa pública.

A padronização é a fórmula imposta pela lei, como prescreve o inc. I do art. 15. Sua não utilização do projeto-padrão é exceção.

A confusão entre padronização e preferência por marca não afasta a legalidade do procedimento adotado, porquanto caberá à administração a escolha de uma "marca" determinada que será utilizada posteriormente para identificar os objetos que serão contratados.

O óbice legal é a predileção subjetiva e arbitrária por um produto, assentada exclusivamente numa delimitada marca.

Há de se considerar o contexto patrimonial existente na entidade pública pretendedora de efetuar novas aquisições de produtos que predominam no seu acervo, de modo a estender a unificação de modelos ou padrões já preexistentes.

A condição essencial para a adoção da padronização é reunir as condições que motivem a continuidade de produtos, que justifique a escolha a ser adotada, porquanto a marca é apenas o meio pelo qual se individualiza a coisa que se escolheu.

Não há, pois, empeço à compra direta de marca qualificada de necessária para prosseguir no projeto de padronização de bens ou produtos em razão de condições específicas de uma marca já identificada com o conjunto deles.

Essa é a orientação doutrinária; *verbis*:

> "A padronização é regra. No caso, a Administração deverá ter em vista aquisições passadas e futuras. A padronização aplica-se não apenas a uma compra específica, especialmente quando se trata de bem de vida útil continuada. Ao selecionar o fornecedor para produtos não consumíveis, a Administração deverá ter em vista produtos semelhantes que já integram o patrimônio público, como também deverá prever eventuais futuras aquisições"[53].

E arremata: "*a padronização dos equipamentos, materiais e gêneros, pela administração pública, pode constituir-se num meio eficaz de racionalização de custos operacionais e de manutenção desde que criteriosamente utilizada*".

O renomado prof. Marçal Justen Filho preleciona que "*A padronização pode resultar na seleção de um produto identificável através de uma marca*"[54].

Com efeito, "*o resultado será a escolha pela Administração de uma 'marca' determinada, a qual será utilizada posteriormente para identificar os objetos que serão contratados. Isso não se traduz em qualquer tipo de atuação reprovável, não infringe a Constituição nem viola a Lei 8.666/93*"[55].

Portanto, conclui o eminente jurista, *verbis*: "*Não há infringência quando se elege um produto (serviços etc.) em virtude de qualidades específicas, utilizando sua marca apenas como instrumento de identificação. No caso, não há preferência pela marca, mas pelo objeto*"[56].

10.8.4. A vigência dos contratos

A Lei Federal 8.666/93, no seu art. 57, § 3º "*veda o contrato por prazo indeterminado*", isso porque, no contrato administrativo, o fato de o regime ser de direito público exclui qualquer outro; apenas em caráter supletivo (omisso o direito administrativo positivo) será possível recorrer-se, na interpretação e na execução de suas cláusulas, ao direito privado[57].

O art. 57 da Lei das Licitações prescreve que "*a duração dos contratos regidos por esta Lei ficará adstrita a vigência dos respectivos créditos orçamentários*", ressalvando o plano plurianual, desde que tenha sido previsto no ato convocatório.

No que se refere à prorrogação de contrato, o Tribunal de Contas do Estado do Rio de Janeiro, apreciando o Processo 115.085-3/93, decidiu que "*os contratos,*

53. Citadini, Antônio Roque. **Comentários e Jurisprudência sobre a Lei de Licitações Públicas**, p. 103.
54. JUSTEN FILHO, Marçal. **Comentários à Lei de Licitações e Contratos Administrativos**. 9. ed. São Paulo: Dialética, 2002. p. 151.
55. JUSTEN FILHO, Marçal. **Comentários à Lei de Licitações e Contratos Administrativos**, p. 151.
56. JUSTEN FILHO, Marçal. **Comentários à Lei de Licitações e Contratos Administrativos**, p. 152.
57. Doutrina de Pereira Júnior, Jessê Torres. *In:* **Comentários à Lei das Licitações e Contratações da Administração Pública**. 2. ed. São Paulo: Renovar, p. 555.

como regra geral, são improrrogáveis", podendo ser estendidos "*apenas para a complementação dos 12 (doze) meses*", conforme consta na p. 591 da citada obra.

A propósito, o Tribunal de Contas da União já decidiu:

> "não se aceita prorrogação tácita na Administração Pública, uma vez que isto implica... contrato verbal, que... é nulo de pleno direito..., expressamente vedado pelo art. 60, parágrafo único, da Lei 8.666/93". (TCU - Decisão 344/95 - Plenário - Rel. Min. Adhemar Paladini Ghisi - DOU de 07.08.1995 - p. 11.830-11.831)

10.8.5. A alteração dos contratos

O art. 65 da Lei de Licitação, no seu inc. II, § 1º, estabelece que "*nas obras, serviços ou compras, os acréscimos dos valores contratuais poderão ser aditados até o limite de 25% (vinte e cinco por cento) do valor do contrato, de modo que descabe a celebração de aditivos contratuais que superem esse percentual fixado no aludido dispositivo*".

10.8.6. Da subcontratação

O art. 72 da Lei de Licitação outorga a liberalidade para a realização de subcontratação de partes da obra, mas até o limite admitido, em cada caso, pela administração.

A subcontratação ou a transferência a terceiros de partes da execução de objeto do contrato é admissível desde que haja previsão desta prerrogativa no edital de licitação e no pacto celebrado, nos moldes e condições de limitações nele previsto.

Efetivando-se essa permissibilidade contratual, a responsabilidade pela execução total do objeto subcontratado ou transferido ficará diretamente entre a contratante a contratada, excluindo-se do rol de obrigações e compromissos a subcontratada por eventuais atos, prejuízos e omissões.

Na lição de Hely Lopes Meirelles, interpretando a lei vigente, consente que a contratada defira, sob sua inteira responsabilidade, a execução de alguns serviços técnicos e especializados a terceiros ou a consórcios de pessoas jurídicas ou físicas, conquanto possam ser solidariamente responsáveis, pela parte executada, na forma avençada (cf. Direito Administrativo Brasileiro, Malheiros Editores, 20ª edição, 1995, p. 211/2122, e Licitação e Contrato Administrativo, cit.).

Na mesma linha de entendimento, Marçal Justen apregoa que a Administração, caso a caso, faça uma avaliação da conveniência de propiciar a subcontratação, segundo os limites prefixados (cf. Comentários à Lei de Licitações e Contratos Administrativos, AIDÊ Editora, 4ª edição, 1996, p. 416).

Enquanto isso, Jessé Torres Pereira Júnior, ao comentar o artigo 72, deduz que é proibida a subcontratação total do contrato, mas admite a subcontratação parcial, desde que previsto no edital e no contrato (cf. Comentários à Lei das Licitações e Contratações da Administração Pública, Renovar, Rio, 1995, 3ª edição, p. 450 a 453).

Como se vê, a vinculação ao edital de licitação e ao contrato é que estabelece as condições para as consequentes subcontratações.

Merece realce o art. 66 da Lei de Licitação com sua clareza ao compelir a execução do contrato nos termos de sua composição, cuja redação está assim escrita:

> Art. 66. O contrato deverá ser executado fielmente pelas partes, de acordo com as cláusulas avençadas e as normas desta Lei, respondendo cada uma pelas consequências de sua inexecução total ou parcial.

De forma mais abrangente, o inciso VI, do art. 78 da referida norma traz à colação como hipótese de rescisão contratual a subcontratação total ou parcial do objeto não admitidas no edital e no contrato.

Com efeito, a subcontratação da totalidade do objeto do contrato é incabível porquanto desatenderia a norma expressa pelo art. 37, XXI, da Constituição Federal e o art. 30 da Lei de Licitação, conquanto cabe à contratada demonstrar, ainda como licitante, na fase preliminar, sua qualificação técnica, e não, a de terceiro à sua escolha.

Se assim não fosse, a subcontratação seria um mecanismo ardil para burlar o procedimento licitatório.

10.8.7. Da cessão do contrato licitado

A cessão ou transferência de contrato licitado fere o princípio ou regra jurídica, e daria continuidade à execução do contrato, tendo em vista que o art. 37, XXI, da Carta Magna exige da Administração o estabelecimento de garantias para o cumprimento das obrigações do contrato (vale dizer, execução) pela contratada e não por terceiro, estranho à relação contratual pública.

> A natureza *intuitu personae* do contrato público associa-se aos princípios especiais que regem o dever geral de licitar (competividade, julgamento objetivo, adjudicação compulsória ao autor da proposta mais vantajosa, entre outros).

Isto posto, o art. 64, § 2º, da Lei 8.666/93, somente autoriza a administração contratar com outros licitantes remanescentes, na ordem de classificação, quando o licitante vencedor for convocado e não assinar o termo de contrato no prazo estipulado.

O famoso Marçal Justen Filho, na obra acima citada, que:

> "na cessão de crédito, ao credor é facultado ceder o seu crédito "se a isso não se opuser a natureza da obrigação, a lei ou a convenção com o devedor" (CC, art. 1.065). Transplantando a hipótese para o regime jurídico dos contratos públicos constata-se que à cessão do contrato opõem-se a natureza *intuitu personae* dele, a lei e o contrato, este no caso concreto, não contiver cláusula que a autorize".

Com efeito, constitui-se em ilicitude a outorga da cessão de contrato pela empresa vencedora da licitação em favor de outra, por conta da vedação pela Lei de

Licitação e pela natureza *intuitu personae* do regime jurídico atinente aos contratos administrativos.

- "A subcontratada por empresa vencedora de licitação não detém legitimidade para pleitear a reparação por prejuízos decorrentes da execução de contrato administrativo se a subcontratação se deu sem a autorização da CEF, ainda que tenha firmado contrato de cessão de crédito com a vencedora do certame. Hipótese de extinção do processo, sem resolução do mérito, com base no art. 267, VI, do CPC, por ausência de relação jurídica entre a autora e a CEF. Precedente: (AC 0053159-29.1996.4.01.0000 / DF, Rel. Juiz Federal CARLOS ALBERTO SIMÕES DE TOMAZ (CONV.), Terceira Turma Suplementar (INATIVA), DJ p.96 de 12/06/2003). (TRF1 - AC 0025137-77.2004.4.01.0000 / DF, Rel. JUIZ FEDERAL JOSÉ ALEXANDRE FRANCO, 2ª TURMA SUPLEMENTAR, e-DJF1 p.105 de 17/01/2013)
- Licitação. Cessão parcial do contrato. Admissibilidade. Administrativo. Licitação. Recursos de financiamento. Intermediação pelo próprio contratado. Não caracterização. Inexistência de ofensa ao art. 7º, §§ 2º, i, ii e 3º, da Lei 8.666/93. Cessão parcial do contrato. Legalidade. Art. 72, da Lei de Licitações. Administração pública. Locupletamento. Impossibilidade. A Lei de licitações, em seu art. 7º, §§ 2º, I, II e 3º, veda que a própria contratada, vencedora de procedimento licitatório, seja responsabilizada pelo aporte dos recursos para realização do objeto adjudicado. No caso concreto, tal não ocorreu, não se verificando qualquer ofensa ao dispositivo em referência. A parcial cessão do objeto contratado, pela vencedora da licitação, é ato jurídico previsto no art. 72, da Lei 8.666/93, não constituindo tal procedimento, por si só, desrespeito à natureza *intuitu personae* dos contratos. Na espécie, embora o Município busque a anulação de contrato de cessão praticado entre a original vencedora da licitação e a empresa recorrida, bem como de todos os atos dali decorrentes, não há qualquer ofensa à legislação federal, razão suficiente para a denegação do pedido. Demonstrada a efetiva realização do objeto contratado – no caso, obras de infraestrutura no Município –, não pode a Administração, ao argumento de eventual irregularidade no estabelecimento do ajuste, furtar-se, na espécie, ao adimplemento de sua obrigação pecuniária com o particular. As mesmas moralidade e legalidade que devem permear os atos públicos, inclusive as contratações, devem, também, vedar o enriquecimento ilícito e o locupletamento de qualquer das partes, aí se inserindo a própria administração pública. 6 – Recurso especial conhecido e desprovido. (STJ – REsp. 468.189/SP – 1ª Turma – DJ 12.05.2003 –p. 00221 – Rel. Min. José Delgado).

10.8.8. Da suspensão dos contratos

O art. 78, XIV, da Lei de Licitação define como motivo para rescisão de contrato a suspensão de sua execução, por ordem escrita da administração, por prazo superior a 120 (cento e vinte) dias, estes ininterruptos ou intercalados.

Assim sendo, a execução contratual suspensa por período superior a cento e vinte dias autoriza a rescisão do mesmo.

10.8.9. Processo seletivo para celebração de parcerias com entidades sem fins lucrativos

A Lei nº 13.019/2014, que estabelece o regime jurídico das parcerias entre a administração pública e as organizações da sociedade civil, em regime de mútua cooperação, para a consecução de finalidades de interesse público e recíproco, mediante a execução de atividades ou de projetos previamente estabelecidos em planos de trabalho inseridos em termos de colaboração, em termos de fomento ou em acordos de cooperação, estipula diversos procedimentos visando à transparência, à publicidade e meios de comunicação ao mercado para que todos os interessados tenham conhecimento e possam concorrer as ofertas ou oportunidades de negócios.

A Parceria Público-Privada (PPP) é um contrato de prestação de obras ou serviços não inferiores a R$ 20 milhões, com duração mínima de 5 e máximo de 35 anos, firmado entre empresa privada e o governo federal, estadual ou municipal.

Esse processo seletivo deve ser divulgado com maior amplitude porque envolve empresas e empresários nacionais e internacionais.

São oportunidades de altos investimentos de capitais em vários segmentos da economia nacional, especialmente, na área de infraestrutura.

O procedimento de manifestação de interesse social previsto no art. 18 é realizado mediante chamamento público, ocasião em que organizações da sociedade civil, movimentos sociais e cidadão poderão apresentar propostas ao poder público.

O chamamento público ocorrerá mediante procedimentos claros, objetivos e simplificados da administração pública que orientem os interessados e facilitem o acesso direto aos seus órgãos e instâncias decisórias

O art. 24 desta norma preceitua os requisitos mínimos do edital de chamamento público, que veda admitir, prever, incluir ou tolerar, nos atos de convocação, cláusulas ou condições que comprometam, restrinjam ou frustrem o seu caráter competitivo em decorrência de qualquer circunstância impertinente ou irrelevante para o específico objeto da parceria.

Dentro do contexto de observância do princípio da publicidade, o edital deverá ser amplamente divulgado em página do sítio oficial da administração pública na internet, com antecedência mínima de trinta dias, conforme preceitua o art. 26 desta norma.

Será impedida de participar da comissão de seleção pessoa que, nos últimos cinco anos, tenha mantido relação jurídica, ao menos, com uma das entidades participantes do chamamento público.

Prescreve a lei que a dispensa e a inexigibilidade de chamamento público não afastam a aplicação dos demais dispositivos desta Lei.

Como se vê, a norma de regência preconizou diversas etapas procedimentais de atos formais e publicidade, objetivando oportunizar a que todos os interessados dos segmentos empresariais possam concorrer e disputar os contratos administrativos de concessão na modalidade patrocinada ou administrativa.

De forma que, os encaminhamentos ou procedimentos que atropelem essa cadeia de atos ou que permita o seu desvirtuamento no sentido de obstacular a livre concorrência dos participantes ou interessados habilitados, ensejará na configuração deste tipo de ato de improbidade administrativa.

10.9. Ordenar despesa pública ilegal

IX - ordenar ou permitir a realização de despesas não autorizadas em lei ou regulamento;

Despesa pública significa a aplicação das rendas públicas consignadas no orçamento das entidades da administração pública direta, indireta ou fundacional. A Lei do Orçamento compreende todas as receitas estimadas e a previsão das despesas, obedecendo aos princípios da unidade, da universalidade e da anualidade, os quais são estabelecidos pela Constituição Federal.

A Lei do Orçamento Público é aprovada pelo Poder Legislativo mediante proposição do chefe do Poder Executivo. O orçamento é uno; cada Poder possui o seu orçamento; a União, os Estados e os Municípios.

A Lei Orgânica do Tribunal de Contas da União prescreve:

> Os ordenadores de despesas dos órgãos da administração direta, assim considerados todos aqueles de cujos atos resultem emissão de empenho, autorização de pagamento, suprimento ou dispêndio de recursos públicos, bem assim os dirigentes das entidades da administração indireta e fundações e quaisquer servidores responsáveis por atos de que resulte despesa pública. (Lei 8.443/92, art. 100)

Portanto, o ordenador de despesa é aquele agente público que assina as ordens de serviços ou aquisição de bens ou produtos, que, por sua vez, é quem subscreve as ordens de pagamento e/ou cheques. No âmbito da administração direta é quem assina as notas de empenho das despesas.

Com efeito, o Governador de Estado e os Prefeitos das capitais ou dos grandes centros urbanos, em regra, não são ordenadores de despesas, assim como o Presidente da República e os Ministros de Estado.

Saliente-se que o ato é válido quando é realizado pela autoridade capaz e contém todos os requisitos necessários à sua eficácia por ter respeitado todos os procedimentos legais, e a despesa é considerada irregular quando desatende às normas disciplinadoras para sua realização, quer no aspecto financeiro quer no orçamentário, quando estabelece os parâmetros da sua autorização e eficácia.

A realização de despesa irregular, além de configurar ato de improbidade administrativa, é crime contra as finanças públicas, dentre as quais, aquela autorizada nos dois últimos quadrimestres do último ano do mandato ou legislatura do agente político, nos termos do art. 359-C do Código Penal[58].

---

58. "***Art. 359-C.*** *Ordenar ou autorizar a assunção de obrigação nos dois últimos quadrimestres do último ano do mandado ou legislatura, cuja despesa não possa ser paga no mesmo exercício financeiro ou, caso reste parcela a ser paga no exercício seguinte, que não tenha contrapartida suficiente de disponibilidade de caixa:*

Pena – reclusão, de um a quatro anos".

Para a configuração da conduta descrita neste dispositivo basta o agente autorizar, consentir ou permitir a realização de despesa pública irregular, o que constitui ato de vontade e consciente agir violando a lei; para o exercício de um cargo ou função pública da responsabilidade de ordenar despesas não há como invocar desconhecimento devido à necessidade de qualificação para o seu exercício. Logo, quem assim procede age com dolo ou com culpa consciente, núcleos legais previstos pelo *caput* deste artigo.

Ademais, todas as despesas irregulares resultam em dano ou prejuízo à administração pública.

- "Não constitui ilegalidade e nem improbidade administrativa prevista no art. 10, IX, da Lei 8.429/1992, o repasse feito a titulo de contribuição associativa por Município para a Confederação Nacional dos Municípios, não havendo em que se falar em ressarcimento de tais valores. Precedentes: REsp 1.461.377 / RJ, Rel. Min. Ari Pargendler, Primeira Turma, DJe 12/9/2014. (STJ - AgInt no AREsp 827.975/RJ, Rel. Ministro BENEDITO GONÇALVES, PRIMEIRA TURMA, julgado em 06/12/2016, DJe 03/02/2017)
- "Ex-prefeito do Município de Matão – Imputação de não aplicação do mínimo legal na saúde pública no exercício de 2004 e descumprimento da vedação de, nos dois últimos quadrimestres do mandato, contrair obrigação que não possa ser cumprida até o seu fim, prevista no art. 42 da Lei Complementar nº 101/00 – Sentença de parcial procedência – Condenação do réu pelo descumprimento da Lei de Responsabilidade Fiscal – Pretensão de reforma – Impossibilidade – Conduta suficientemente comprovada – Dolo caracterizado pela prática de conduta expressamente vedada pela legislação fiscal – Violação ao princípio da legalidade – Aplicação do artigo 11 da Lei nº 8.492/92 – Adequação e razoabilidade da sanção de multa civil imposta com base na remuneração do agente – Recurso não provido" (TJSP - Relator(a): Maria Olívia Alves; Comarca: Matão; Órgão julgador: 6ª Câmara de Direito Público; Data do julgamento: 27/03/2017; Data de registro: 29/03/2017)
- "Ato de gestão orçamentária e fiscal de Prefeito Municipal – Improbidade consistente na violação dos arts. 21, parágrafo único, e 42 da Lei de Responsabilidade Fiscal – Aumento significativo da despesa com o pessoal no último semestre do último ano do mandato – Incidência de déficit orçamentário e crescimento da dívida líquida de curto prazo, nos últimos dois quadrimestres do mandato – Provas robustas da ilicitude que configuram improbidade administrativa no quadro do artigo 11, caput e inc. I, da Lei de Improbidade Administrativa, com má-fé e dolo do gesto bem configurados – Aplicação adequada das sanções. RECURSO NÃO PROVIDO". (TJSP - Relator(a): Vicente de Abreu Amadei; Comarca: Jarinu; Órgão julgador: 8ª Câmara Extraordinária de Direito Público; Data do julgamento: 22/11/2016; Data de registro: 24/11/2016)
- "Lei de Responsabilidade Fiscal. Assunção de dívida nos dois últimos quadrimestres do mandato. Art. 42 da LC 101/2000. Configuração do elemento subjetivo. O posicionamento firmado pela Primeira Seção é que se exige dolo, ainda que genérico, nas imputações fundadas nos arts. 9º e 11 da Lei 8.429/92 (enriquecimento ilícito e violação a princípio), e ao menos culpa, nas hipóteses do art. 10 da mesma norma (lesão ao erário)". (STJ – REsp. 1252341/SP – 2ª Turma – Relª. Minª. Eliana Calmon – j. em 05.09.2013 – DJe 17.09.2013)
- "A vedação prevista no art. 42 da Lei de Responsabilidade Fiscal – LC 101/2000 – é norma tão-somente dirigida ao titular de Poder ou órgão referido no seu art. 20, dentre os quais inclui-se o Prefeito do Município, inclusive no que se refere às consequências de natureza penal e administrativa previstas no Código Penal (art. 359) e da Lei de Improbidade Administrativa (Lei 8.429/92). Não traz, entretanto, qualquer previsão quanto à nulidade dos atos administrativos nesse contexto praticados pela gestão anterior de Município. Ainda que irregular a despesa

contratada com inobservância da LC 101/2000, o fato é que o ato praticado pela administração anterior gerou direito subjetivo de crédito a um terceiro, devidamente reconhecido pelas instâncias ordinárias, motivo pelo qual não há como não ser levado em consideração o princípio geral de direito que veda o enriquecimento ilícito de qualquer das partes contratantes. (STJ – REsp. 706.744/MG – 2ª Turma – Relª. Minª. Eliana Calmon – j. em 07.02.2006 – DJ 06.03.2006, p. 330)

- "Configura ato de improbidade administrativa, previsto no art. 10, I e IX, da Lei 8.429/92, providenciar o pagamento a pessoas que prestavam serviços de forma irregular e ordenar despesas relacionadas à obra não realizada, porquanto foram liberadas verbas públicas sem a estrita observância das normas pertinentes ao concurso público e ao processo licitatório". (TRF 1ª Região – 3ª Turma – Ap. Cív. 2002.37.01.000008-8/MA – j. em 07.07.2009 – Rel. Des. Pedro Braga Filho)
- "Em direito financeiro, a responsabilidade pelas infrações a regular aplicação dos recursos públicos é do ordenador de despes, ao qual cabe demonstrar a sua regularidade de atuação administrativa (Carta Magna, art. 70, parágrafo único; Lei 8.443/92, arts. 1º, I; 5º, VII e 19) (TRF1 – AC 0011031.98.2000.4.01.3800/MG – Juiz Federal Leão Aparecido Alves (Conv.). Sexta Turma, DJ p. 123 de 12/02/2007)

10.9.1. Despesa ilegal com pessoal violando a Lei de Responsabilidade Fiscal

A autorização para realizar despesa pública exige alguns requisitos elementares que estão fixados no conjunto normativo da Lei Orçamentária, da Lei de Responsabilidade Fiscal e da Constituição Federal.

No que concerne à despesa com a remuneração de pessoal, a Carta Magna estabelece pré-condições para seus limites e evolução de seus gastos, assim preceituados:

> **Art. 169.** A despesa com pessoal ativo e inativo da União, dos Estados, do Distrito Federal e dos Municípios não poderá exceder os limites estabelecidos em lei complementar.
>
> *§ 1º* A concessão de qualquer vantagem ou aumento de remuneração, a criação de cargos, empregos e funções ou alteração de estrutura de carreiras, bem como a admissão ou contratação de pessoal, a qualquer título, pelos órgãos e entidades da administração direta ou indireta, inclusive fundações instituídas e mantidas pelo poder público, só poderão ser feitas:
>
> I - se houver prévia dotação orçamentária suficiente para atender às projeções de despesa de pessoal e aos acréscimos dela decorrentes;
>
> II - se houver autorização específica na lei de diretrizes orçamentárias, ressalvadas as empresas públicas e as sociedades de economia mista.

Como se vê, os gastos com folha de pessoal são previamente regrados pela necessidade de previsão na lei de diretrizes orçamentárias para os órgãos da administração pública direta e margem dos limites do orçamento público.

A Lei de Responsabilidade Fiscal (LC 101/00) estabelece diversas situações que são consideradas despesas irregulares, como no seu art. 15, quando preceitua: "*Serão consideradas não autorizadas, irregulares e lesivas ao patrimônio público a geração de despesa ou assunção de obrigação que não atendam o disposto nos arts. 16 e 17*".

Já o art. 17 referido menciona: "*Considera-se obrigatória de caráter continuado a despesa corrente derivada de lei, medida provisória ou ato administrativo normativo que fixem para o ente a obrigação legal de sua execução por um período superior a dois exercícios*".

A Lei de Responsabilidade Fiscal traz outros requisitos essenciais cuja inobservância gera a ilegalidade da despesa pública, especialmente, relativa a gastos com pessoal, assim expressos:

> a) Considera-se nulo de pleno direito o ato que resulte em aumento de despesa com pessoal expedido nos 180 (cento e oitenta) dias anteriores ao final do mandado do titular do respectivo Poder ou órgão referido (Art. 21 - Parágrafo único);
>
> b) Despesa com pessoal limitada a receita corrente líquida: União: 50% (cinquenta por cento); Estados 60% (sessenta por cento) e Municípios 60% (sessenta por cento) (Art. 19);

A referida norma ainda veda ao titular de Poder ou órgão, nos últimos dois quadrimestres do seu mandato, contrair obrigação de despesa que não possa ser cumprida integralmente dentro dele, ou que tenha parcelas a serem pagas no exercício seguinte sem que haja suficiente disponibilidade de caixa para este efeito (art. 42).

Aqui é importante tecer algumas referências a respeito da supremacia da lei complementar sobre as leis ordinárias, especialmente quando aquela decorre de autorização específica da Carta Magna, na hipótese de norma local que verse sobre a concessão de reajustes de vencimentos ou benefícios pecuniários de servidores públicos durante o período vedado.

Sobre essa temática leciona Paulo de Barros Carvalho[59]; quanto ao pressuposto material das leis:

> "...se a Constituição prevê expressamente que determinado assunto seja legislado por lei complementar é evidente que este assunto não pode ser tratado por outra espécie de norma. Não pode, portanto, a lei ordinária invadir o campo de atuação destinado à lei complementar. Havendo invasão, ocorre a nulidade restrita ao campo de invasão, por desrespeito a norma constitucional".

Note-se que as normas legais compõem, então, uma relação vertical de subordinação, medida pela sua rigidez. A norma constitucional encontra-se no ápice e a lei ordinária na base, enquanto a lei complementar resta como norma intermediária, ou seja, abaixo da Carta Magna, mas superior à lei ordinária.

---

59. **Curso de Direito Tributário**. 14. ed. São Paulo: Saraiva, 2002. p. 204.

A Lei de Responsabilidade Fiscal é norteada por uma regra de superior interesse público: a do equilíbrio orçamentário, ou seja, o combate sistemático aos déficits primários, que objetiva assegurar recursos para investimentos nas atividades típicas do Estado para aqueles que mais precisam do auxílio e amparo do Poder Público.

Isso, porque a Lei de Responsabilidade Fiscal almeja ser um complexo de normas ótimas de gestão e administração, entendendo-se por normas ótimas de gestão, a redução com gastos do pessoal, assegurando o aumento da receita e limitando o endividamento (especialmente dos Estados e Municípios). Preocupa-se, antes, com a eficiência, tentando aproximar a gestão da coisa pública, da gestão "prudencial" da coisa privada.

Com efeito, deve-se reconhecer a superioridade hierárquica da Lei Complementar 101, de 04 de maio de 2000 (Lei de Responsabilidade Fiscal), que nasceu formalmente amparada pelo Capítulo II do Título VI da Constituição Federal.

Cumpre ressaltar que a Carta da República prevê nos arts. 24, 163, 165, § 9º, e 169, que, por meio de lei complementar federal, pode a União editar normas gerais sobre finanças públicas e direito financeiro em geral (inclusive dívida pública interna e externa; concessão de garantias pelas entidades públicas; exercício financeiro, elaboração e organização do plano plurianual, da lei de diretrizes orçamentárias e da lei orçamentária; bem como impor limites e condições para as despesas com pessoal etc.).

De modo que, surgindo um cenário colidente de uma lei ordinária que majorou vencimentos, gratificações ou qualquer outro de tipo de vantagem para o servidor público, durante o período de 180 (cento e oitenta) dias anteriores ao término do mandato de um governador ou prefeito, por exemplo, prevalece a supremacia da lei complementar reservada pela Constituição Federal, que é de natureza material.

Diante dessa colidência normativa, preleciona Maria Helena Diniz[60]:

> O critério hierárquico (*Lex superior derogat legi inferiori*) é baseado na superioridade de uma fonte de produção jurídica sobre a outra. O princípio lex superior que dizer que num conflito entre normas de diferentes níveis, a de nível mais alto, qualquer que seja a ordem cronológica, terá preferência em relação à de nível mais baixo.

Registre-se, assim, a induvidosa prevalência da supremacia da lei complementar de natureza material sobre norma de esfera inferior, quando conflita com aquela. José Afonso da Silva pontifica, em sua obra[61], que "*todas as normas que integram a ordenação jurídica nacional só serão válidas se se conformarem com as normas da Constituição Federal*".

---

60. **Lei de Introdução ao Código Civil Brasileiro Interpretada**. 15. ed. São Paulo: Saraiva, 2010. p. 93.

61. **Curso de Direito Constitucional Positivo**. 16. ed., p. 48.

Note-se que o instrumento hábil preconizado pela referida norma para a verificação do cumprimento dos limites estabelecidos ao final de cada quadrimestre (art. 22) é o Relatório de Gestão Fiscal que será assinado pelas autoridades responsáveis pela administração financeira de cada Poder ou órgão público (art. 54, parágrafo único).

Convém assinalar, ainda, que há vedação expressa de aumento do limite de pessoal quando a despesa total com pessoal exceder a 95% (noventa e cinco por cento) do limite prudencial, pela Lei de Responsabilidade Fiscal, sendo vedado ao Poder ou órgão público, praticar qualquer ato que importe aumento de despesa, nos termos do art. 22 da Lei Complementar 101/2000 em cujo dispositivo está escrito:

> **Art. 22.** A verificação do cumprimento dos limites estabelecidos nos arts. 19 e 20 será realizada ao final de cada quadrimestre.
>
> Parágrafo único. Se a despesa total com pessoal exceder a 95% (noventa e cinco por cento) do limite, são vedados ao Poder ou órgão referido no art. 20 que houver incorrido no excesso:
>
> I – concessão de vantagem, aumento, reajuste ou adequação de remuneração a qualquer título, salvo os derivados de sentença judicial ou de determinação legal ou contratual, ressalvada a revisão prevista no inc. X do art. 37 da Constituição;
>
> II – criação de cargo, emprego ou função;
>
> III – alteração de estrutura de carreira que implique aumento de despesa;
>
> IV – provimento de cargo público, admissão ou contratação de pessoal a qualquer título, ressalvada a reposição decorrente de aposentadoria ou falecimento de servidores das áreas de educação, saúde e segurança;
>
> V – contratação de hora extra, salvo no caso do disposto no inc. II do § 6º do art. 57 da Constituição e as situações previstas na lei de diretrizes orçamentárias.

Aqui, antes de analisar o inc. I, parágrafo único do art. 22 da Lei de Responsabilidade Fiscal, acima transcrito, é importante assinalar que a Constituição Federal determina que a remuneração dos servidores públicos e o subsídio somente poderão ser fixados ou alterados mediante lei específica, como preceitua o seu art. 37 assim redigido:

> **Art. 37.** (omissis)
>
> X – a remuneração dos servidores públicos e o subsídio de que trata o § 4º do art. 39 somente poderão ser fixados ou alterados por lei específica, observada a iniciativa privativa em cada caso, assegurada revisão geral anual, sempre na mesma data e sem distinção de índices;

Ressalte-se, assim, que a Carta Política, ao estabelecer a imprescindibilidade de lei específica para a concessão de reajustes de vencimentos no âmbito do serviço público, afastou outros instrumentos legais para proceder à modificação ou alteração positiva da remuneração ou do subsídio.

Esse mesmo dispositivo determinou que, além de ser específica, deve a revisão ser anual, na mesma data-base e sem distinção de índices.

De modo que, quando o órgão ou Poder Público alcançar o parâmetro do limite prudencial fixado, fica sobrestado ou suspenso todo e qualquer ato que resulte em aumento de gasto com pessoal.

A própria lei excepciona apenas as decisões judiciais e a derivada de determinação legal, sendo que esta significa aqueles direitos subjetivos titularizados dos servidores públicos proveniente de norma de caráter permanente, como, promoção, progressão, abono de permanência e adicionais por tempo de serviço, conquanto são previsíveis na condição de aumento de despesas da folha de pessoal de natureza vegetativa, que são previamente incorporadas na elaboração orçamentária.

Destaca Helio Saul Mileski:

> [...] o parágrafo único do art. 22, no caso de a despesa total com pessoal exceder a 95% do limite, estabelece uma série de providências vedatórias, as quais estão contidas nos seus incs. I a V, a fim de evitar que seja ultrapassado o limite fixado no art. 20. É o chamado limite prudencial. Como fator de prudência, a fim de que a despesa total com pessoal não chegue ao limite estipulado, a lei fixa um sublimite – 95% do limite – para serem adotadas providências de contenção dos gastos com pessoal[62].

Se há, de um lado, regra jurídica que concede o reajuste de vencimentos (lei ordinária), por outro, há regra (lei complementar) que veda a concessão de vantagem, aumento, reajuste ou adequação a qualquer título quando o Poder ou órgão superar o limite prudencial ou máximo, fixados em lei complementar para despesas com pessoal (art. 169, § 1º, da CF/88).

Trata-se de antonomia jurídica, a qual resta configurada:

> "naqueles casos em que uma regra ordena que se faça algo, enquanto outra proíbe fazê-lo, em uma situação de contrariedade; ou quando uma regra ordena fazer e outra permite não fazer, em uma situação de contraditoriedade; ou ainda, naqueles casos em que uma regra proíbe que se faça algo e outra permite fazê-lo, novamente em uma situação de contraditoriedade[63]".

Neste caso, deve-se recorrer aos postulados da ponderação e da concordância prática entre os valores que cada uma das regras constitucionais expressa, para buscar a sua máxima harmonização e concretização. Trata-se da realização de uma interpretação sistemática dos preceitos constitucionais, a qual procura "atribuir, topicamente, a melhor significação, dentre várias possíveis, aos princípios, às nor-

62. MILESKI, Helio Saul. **O Controle da Gestão Publica**. São Paulo: RT, 2003. p. 92.

63. CRISTÓVAM, José Sérgio da Silva. **Colisões entre Princípios Constitucionais – Razoabilidade, Proporcionalidade e Argumentação Jurídica**. Curitiba: Juruá, 2006. p. 224-225.

mas estritas (ou regras) e aos valores jurídicos, hierarquizando-os num todo aberto, fixando-lhes o alcance e superando antinomias em sentido amplo, tendo em vista bem solucionar os casos sob apreciação"[64].

Assim, a interpretação adequada para a hipótese mencionada, é a supremacia hierárquica da norma de equilíbrio fiscal que visa atender ao interesse de toda a coletividade, quando encontrar-se comprovadamente que a despesa com pessoal excede os limites prudencial e máximo. Nesta hipótese, a obrigação decorrente da lei ordinária, de natureza inferior, restará vedada enquanto persistir o quadro fiscal precário.

Veja-se, assim, que o ato é válido quando é realizado pela autoridade capaz e contém todos os requisitos necessários à sua eficácia por ter respeitado todos os procedimentos legais, e a despesa é considerada irregular quando desatende às normas disciplinadoras para sua realização, quer no aspecto financeiro quer no orçamentário, quando estabelece os parâmetros da sua autorização e eficácia.

A realização de despesa irregular, além de configurar ato de improbidade administrativa, é crime contra as finanças públicas, dentre as quais, aquela, autorizada nos dois últimos quadrimestres do último ano do mandato ou legislatura do agente político, nos termos do art. 359-C do Código Penal[65].

Para a configuração da conduta descrita neste dispositivo basta o agente autorizar, consentir ou permitir a realização de despesa pública irregular, o que constitui ato de vontade e consciente agir violando a lei; para o exercício de um cargo ou função pública da responsabilidade de ordenar despesas não há como invocar desconhecimento devido à necessidade de qualificação para o seu exercício. Logo, quem assim procede age com dolo ou com culpa consciente, núcleos legais previstos pelo *caput* deste artigo.

Verifica-se, desta forma, que o controle dos gastos destinados à remuneração de recursos humanos é realçado pelo estabelecimento de limites rígidos, de estágio prudencial, legal e permitido, dos quais a inobservância implica sérias consequências para o responsável por essa intolerância fiscal.

- "É pacífico nesta Corte Superior o entendimento de que os limites orçamentários previstos na Lei de Responsabilidade Fiscal, no que se refere às despesas com pessoal do Ente Público, não podem servir de fundamento para o não cumprimento de direitos subjetivos do Servidor, sobretudo na hipótese de despesas decorrentes de decisão judicial, excluídas do limite de 60% (sessenta por cento) fixado para os Estados e Municípios por força do disposto no art. 19, § 1o., IV da Lei Complementar 101/2000. Precedentes": AgRg no REsp. 1.467.347/RN, Rel. Min.

64. FREITAS, Juarez. **A Interpretação Sistemática do Direito**. 3. ed. rev. e ampl. São Paulo: Malheiros, 2002. p. 80.

65. "***Art. 359-C.*** *Ordenar ou autorizar a assunção de obrigação nos dois últimos quadrimestres do último ano do mandado ou legislatura, cuja despesa não possa ser paga no mesmo exercício financeiro ou, caso reste parcela a ser paga no exercício seguinte, que não tenha contrapartida suficiente de disponibilidade de caixa:*

Pena – reclusão, de um a quatro anos".

HERMAN BENJAMIN, DJe 31.10.2014; AgRg no AREsp. 561.051/RN, Rel. Min. SÉRGIO KUKINA, DJe 30.9.2014. (STJ - AgInt no AREsp 969.773/MA, Rel. Ministro NAPOLEÃO NUNES MAIA FILHO, PRIMEIRA TURMA, julgado em 16/02/2017, DJe 08/03/2017)

- "É nulo de pleno direito o ato que resulta aumento da despesa com pessoal expedido nos cento e oitenta dias anteriores ao final do mandato do titular do respectivo Poder, nos termos do art. 21, Parágrafo único da LRF. Segundo entendimento consolidado do Superior Tribunal de Justiça, havendo indícios razoáveis de prática de condutas ímprobas, a petição inicial deve ser recebida". (TJMG - Agravo de Instrumento-Cv 1.0287.14.000072-3/001, Relator(a): Des.(a) Raimundo Messias Júnior, 2ª CÂMARA CÍVEL, julgamento em 01/03/2016, publicação da súmula em 09/03/2016)

- "O regramento constitucional da remuneração dos agentes políticos municipais passou por diversas modificações, por meio das Emendas Constitucionais nº 01/92, 19/98 e 25/00. Em que pese a celeuma que paira acerca da aplicação do princípio da anterioridade à questão posta à apreciação deste Órgão Julgador, certo é que, com o advento da Lei de Responsabilidade Fiscal, restou vedado o aumento das despesas com pessoal nos 180 dias anteriores ao pleito eleitoral. As Leis nº 1.000/12 e 1.001/12 do Município de Marliéria foram editadas fora do prazo previsto no art. 21, Parágrafo único da LRF, razão pela qual as verbas indevidamente percebidas pelos agentes políticos devem ser restituídas, por ausência de substrato normativo válido". (TJMG - Ap Cível/Reex Necessário 1.0687.13.006761-8/003, Relator(a): Des.(a) Raimundo Messias Júnior, 2ª CÂMARA CÍVEL, julgamento em 01/03/2016, publicação da súmula em 09/03/2016)

- "Ato de gestão orçamentária e fiscal de Prefeito Municipal – Improbidade consistente na violação dos arts. 21, parágrafo único, e 42 da Lei de Responsabilidade Fiscal – Aumento significativo da despesa com o pessoal no último semestre do último ano do mandato – Incidência de déficit orçamentário e crescimento da dívida líquida de curto prazo, nos últimos dois quadrimestres do mandato – Provas robustas da ilicitude que configuram improbidade administrativa no quadro do artigo 11, caput e inc. I, da Lei de Improbidade Administrativa, com má-fé e dolo do gesto bem configurados – Aplicação adequada das sanções. RECURSO NÃO PROVIDO". (TJSP - Relator(a): Vicente de Abreu Amadei; Comarca: Jarinu; Órgão julgador: 8ª Câmara Extraordinária de Direito Público; Data do julgamento: 22/11/2016; Data de registro: 24/11/2016)

- "Superação do limite legal de despesas com pessoal. Realização de despesas nos últimos dois quadrimestres sem suficiente disponibilidade de caixa. Aumento da taxa de despesa com pessoal nos últimos 180 dias de mandato. Afronta aos princípios da legalidade, moralidade e da eficiência e à lei de Responsabilidade Fiscal, além da prática de ato danoso ao erário. Caracterização de atos de improbidade previstos nos arts. 10 e 11 da Lei nº 8.429/92 Aplicação das sanções previstas pelo art. 12, inciso III, da mesma norma". (TJSP - Relator(a): Heloísa Martins Mimessi; Comarca: Cananéia; Órgão julgador: 5ª Câmara de Direito Público; Data do julgamento: 01/02/2016; Data de registro: 03/02/2016)

- "Legítima a medida adotada por Município para a redução de despesa com pessoal e para fins de cumprimento da lei de responsabilidade fiscal, no sentido de reduzir vencimento e proporcionalmente a carga horária de cargos comissionados. Não caracterizando ilegalidade ou inconstitucionalidade por ofensa ao princípio da irredutibilidade de vencimento, pois a medida é legítima e destinou-se ao cumprimento do disposto nos §3º e 4º, do art. 169 da Constituição da República permite no inciso I, a redução em pelo menos vinte por cento das despesas com cargos em comissão e função de confiança, para fins de cumprimento da Lei de Responsabilidade Fiscal". (TJMG - Apelação Cível 1.0313.13.019450-6/001, Relator(a): Des.(a) Belizário de Lacerda, 7ª CÂMARA CÍVEL, julgamento em 24/11/2015, publicação da súmula em 30/11/2015)

- "Ato administrativo. Revogação. Servidores públicos municipais. Município de Vera Cruz. Revogação das nomeações. Lei de Responsabilidade Fiscal. Pleito de decretação de nulidade da revogação das nomeações, com a reintegração aos cargos e pagamento dos vencimentos relativos aos períodos de afastamento. Sentença de improcedência. Argumentos dos apelantes inconvincentes. Nulidade das nomeações que se impõe – Ofensa ao disposto no art. 21, parágrafo único da Lei Complementar 101/00 – Aumento de despesas nos últimos 180 dias de mandato do chefe do executivo municipal – Precedentes desta eg. Corte. Sentença mantida. Apelo desprovido". (TJSP – Apelação 0002547-83.2002.8.26.0344 – 9ª Câmara de Direito Público – DJE de 15.06.2011 – Rel. Des. Sérgio Gomes)

- "Servidor público municipal. Monte Mor. Nomeação e posse dentro no prazo de 180 dias antes do término do mandato do alcaide. Afronta ao art. 21 e par. único, da Lei 101/00, de Responsabilidade Fiscal. Anulação decretada pela Administração. Aplicação da Súmula 473, do STF. A Lei Complementar 101/2000 de Responsabilidade Fiscal, na forma de seu art. 21. e par. único, fulmina de nulidade as nomeações e posses de servidores públicos, ocorridas dentro no prazo de 180 dias anteriores ao término do mandato eleitoral do nomeante, motivo pelo qual possível à Administração anulá-los. a qualquer tempo, dispensadas maiores formalidades, na forma da Súmula 473 do STF". (TJSP – Ap. 9160948-50.2006.8.26.0000 – 11ª Câmara de Direito Público – DJE de 27.04.2009 – Rel. Des. Luis Ganzerla)

- "Concurso público anulado. Pretensão à reintegração do cargo. Inadmissibilidade. Violação à Lei de Responsabilidade Fiscal. Admissão de servidora em agosto de 2008, gerando aumento de despesa com pessoal no final do mandado do Chefe do Poder Executivo Municipal Ilegalidade comprovada Observância da Súmula 473 do STF – Inexistência de ofensa ao art. 5º, inc. LV, da CF Recurso desprovido". (TJSP – Ap. 0002908-89.2009.8.26.0042 – 2ª Câmara de Direito Público – DJE de 21.09.2011 – Rel. Des. Samuel Júnior)

- "Nomeação e posse de servidores públicos dentro do prazo de 180 dias antes do término do mandato do prefeito. Anulação decretada. O acórdão recorrido, proferido em Ação Popular, anulou nomeação e posse de 116 candidatos aprovados em concurso porque os atos foram praticados em período inferior aos 180 dias que antecederam o término do mandato do prefeito (art. 21, parágrafo único, da Lei de Responsabilidade Fiscal)". (STJ – REsp. 1090707/SP – Rel. Min. Herman Benjamin – 2ª Turma – j. em 25.08.2009 – DJe 31.08.2009)

- "O vale-alimentação se trata de vantagem pecuniária de natureza indenizatória, não atingida pelo art. 169, da CF, regulamentado pelos arts. 14 a 22 da Lei Complementar 101/00 (Lei de Responsabilidade Fiscal), não podendo ser computada como despesa de pessoal. Em atenção ao princípio da legalidade, descabida a suspensão do pagamento do vale-refeição, no período de dezembro/2002 a abril/2005, uma vez que havia lei prevendo o seu adimplemento". (TJRS – Apelação e Reexame Necessário 70030408660 – 4ª Câmara Cível – Rel. Des. Alexandre Mussoi Moreira – j. em 16.12.2009)

10.9.2. Despesas com restos a pagar

Restos a pagar são despesas empenhadas, mas não pagas no exercício financeiro que tem seu término no dia 31 de dezembro de cada ano.

O primeiro estágio da despesa pública é o empenho, ato emanado da autoridade competente que cria para o Estado a obrigação de pagamento autorizado quando satisfeitos os implementos de condição. Desta maneira, fica o Poder Público compelido a realizar o desembolso financeiro pela contraprestação do material fornecido ou do serviço realizado pela empresa destinatária do empenho.

O segundo estágio da despesa pública é a liquidação, que consiste na verificação da comprovação do serviço prestado ou do material fornecido, e da documentação necessária para a configuração do crédito, como notas fiscais, recibos e certidões de regularidade fiscal.

Por último, a despesa pública tem como estágio final o pagamento mediante o repasse do valor financeiro em ordem bancária ou crédito bancário na conta da empresa que prestou o serviço ou forneceu o material objeto do empenho.

Quando o pagamento não é efetuado até o dia 31 de dezembro, procede-se então à inscrição em "restos a pagar".

A inscrição em "restos a pagar" provém do regime de competência, aquele em que a despesa correspondente ao exercício financeiro, mas que é paga no exercício seguinte.

Na definição da Lei Federal 4.320/64, no seu art. 36, "*Consideram-se Restos a Pagar as despesas empenhadas mas não pagas até o dia 31 de dezembro, distinguindo-se as processadas das não processadas*".

E o Dec.-lei 1.815/80, vigente à época, versava sobre a apuração de resultados do exercício financeiro, no seu art. 8º:

> *É competente o órgão central do sistema de controle interno para reconhe-cer, exercer o controle e disciplinar o tratamento:*
>
> I – de Restos a Pagar;
>
> II – de Despesas de Exercícios Anteriores.

A Lei de Responsabilidade Fiscal trata de "restos a pagar" ao inserir na responsabilidade da gestão fiscal a sua inscrição para fins de cumprimento de metas de resultados entre receitas e despesas, assim como a obediência aos seus limites (art. 1º, § 1º).

A norma fiscal também determina a observância das regras de contabilidade pública e a escrituração das contas públicas das operações de crédito, a inscrição em restos a pagar e demais formas de financiamento ou assunção de compromisso junto a terceiros. (art, 50, V).

Saliente-se, porém, que sendo a realização da despesa antes do período vedado pela Lei de Responsabilidade Fiscal com o devido empenhamento mas não paga até o término da sua gestão, esta despesa se constituirá em restos a pagar.

De modo que, restos a pagar são, conforme definição do art. 36 da Lei n. 4.320/64, "as despesas empenhadas, mas não pagas até o dia 31 de dezembro".

Porém, se a despesa não for paga até o término do exercício financeiro, que como visto é o dia 31 de dezembro, fim do ano civil, o crédito será inscrito em "restos a pagar", com quitação a realizar-se no próximo exercício.

Outra hipótese de restos a pagar é quando a despesa é empenhada e não liquidada dentro do exercício porque o serviço não se concluiu ou o produto não foi entregue, por exemplo.

Entretanto, o aspecto mais relevante da aludida norma fiscal é o que preceitua o seu art. 42, assim redigido:

> Art. 42. É vedado ao titular de Poder ou órgão referido no art. 20, nos últimos dois quadrimestres do seu mandato, contrair obrigação de despesa que não possa ser cumprida integralmente dentro dele, ou que tenha parcelas a serem pagas no exercício seguinte sem que haja suficiente disponibilidade de caixa para este efeito.
>
> Parágrafo único. Na determinação da disponibilidade de caixa serão considerados os encargos e despesas compromissadas a pagar até o final do exercício.

A Lei de Responsabilidade Fiscal ao vedar que o gestor assuma despesas nos últimos quadrimestres do término do seu mandato ou gestão administrativa, proibe que sejam realizadas despesas que não possam ser pagas ou liquidadas com a receita pública existente.

Aqui vale dizer que, mesmo havendo previsão orçamentária, não autoriza a realização de despesa que não possa ser paga até o término do mandado ou gestão administrativa, isto porque o orçamento estima receita e fixa despesa. Pode haver previsão orçamentária, mas sem a concretização de receita financeira.

Registre-se, por relevante e oportuno, que o ordenador de despesa deve comprovar que há condições de pagar a despesa com a arrecadação do próprio exercício, não bastando, apenas, projetar a existência de disponibilidade orçamentária, visto que esta poderá se encontrar supervalorizada para criar prognóstico imaginável possível a esse intento, mas irreal diante das circunstâncias vivenciada pela realidade fiscal, ou seja, a capacidade financeira de receita real.

Convém assinalar que a Lei nº 4.320/64, igualmente, limita a contratação de obrigação além do limite de créditos, especificamente, ao gestor municipal, cujo dispositivo está assim redigido:

> **Art. 59** - O empenho da despesa não poderá exceder o limite dos créditos concedidos.
>
> § 1º Ressalvado o disposto no Art. 67 da Constituição Federal, é vedado aos Municípios empenhar, no último mês do mandato do Prefeito, mais do que o duodécimo da despesa prevista no orçamento vigente.
>
> § 2º Fica, também, vedado aos Municípios, no mesmo período, assumir, por qualquer forma, compromissos financeiros para execução depois do término do mandato do Prefeito.
>
> § 3º As disposições dos parágrafos anteriores não se aplicam nos casos comprovados de calamidade pública.
>
> § 4º Reputam-se nulos e de nenhum efeito os empenhos e atos praticados em desacordo com o disposto nos parágrafos 1º e 2º deste artigo, sem prejuízo da responsabilidade do Prefeito nos termos do Art. 1º, inciso V, do Decreto-lei n.º 201, de 27 de fevereiro de 1967

O gestor ou ordenador de despesa que promover despesas públicas durante os dois últimos quadrimestres do término de seu mandato, sem a capacidade de solvência desses encargos financeiros, estará sujeito a incorrer na realização de despesa pública ilegal, podendo ser responsabilizado por ato de improbidade administrativa e crime contra as finanças públicas.

Sobreleva ressaltar que a inscrição de despesas não empenhadas em restos a pagar constitui crime contra as finanças públicas, conforme descreve o art. 359-B do Código Penal:

> **Art. 359-B.** Ordenar ou autorizar a inscrição em restos a pagar, de despesas que não tenha sido previamente empenhada ou que exceda limite estabelecido em lei:
>
> Pena – detenção, de seis meses a dois anos.

Como se vê, a responsabilidade pela realização de restos a pagar é do ordenador de despesa, excluindo-se deste rol os governadores de Estado e os prefeitos das capitais ou de grandes centros urbanos, onde estes não executam essa tarefa de efetuar pagamentos diretamente aos credores.

A Lei Orgânica do Tribunal de Contas do Estado da Paraíba é mais explícita quanto a essa conceituação, quando, no seu art. 100, denomina de ordenador de despesa o agente público que assina empenho, autorização de pagamento, suprimento ou dispêndio de recursos públicos.

A Lei Federal 8.443/92, que dispõe sobre a Lei Orgânica do Tribunal de Contas da União, no seu art. 104, conceitua ordenador de despesa aquele agente público cujos atos resultem em despesa pública.

Com a implantação no Governo Federal do Sistema Integrado de Administração Financeira – SIAF – já implantado em vários Estados da federação e em algumas prefeituras, as despesas públicas somente podem ser empenhadas quando existe disponibilidade orçamentária e financeira. É um instrumento valioso no controle dos gastos públicos para fins de atingimento da regra imposta pelo mencionado dispositivo.

É a prática de uma lição doméstica antiga: gastar só o que arrecadar.

Como se vê, inscrever despesas públicas não empenhadas em restos a pagar configura ato de improbidade administrativa por atentar contra o princípio da legalidade e se constituir em conduta típica penal.

- "Restos a pagar em final de mandato. No caso dos autos não restou demonstrada ofensa aos princípios constitucionais e administrativos ou infração à Lei de Improbidade Administrativa – Prática de ato ímprobo – Não configuração – Também não evidenciado indícios de má-fé ou dolo por parte do requerido (art. 11 da Lei), nem se comprovou dano ao erário (art. 10 da Lei) – R. sentença mantida – Recursos desprovidos. (TJSP; Apelação 1003826-96.2014.8.26.0302; Relator (a): Sidney Romano dos Reis; Órgão Julgador: 6ª Câmara de Direito Público; Foro de Jaú - 3ª Vara Cível; Data do Julgamento: 21/05/2018; Data de Registro: 22/05/2018)

- "Ação civil pública por ato de improbidade administrativa. Assunção de despesas no último quadrimestre do mandato de prefeito municipal. Rejeição das contas pelo TCM. Cerceamento de defesa. Afronta ao art. 42 da lei complementar nº 101/2000 (LRF) e à Lei n.º 8.666/93. Aprovação do legislativo municipal. Irrelevância. Atos de improbidade configurados. *In casu,* restou configurada a prática de atos de improbidade administrativa posto que, o Réu, no exercício do mandato de Prefeito de Mozarlândia, nos dois últimos quadrimestres do último ano de seu mandato (2000), em afronta aos preceito do artigo 42 da Lei de Responsabilidade Fiscal, contraiu despesas sem disponibilidade de caixa, deixando restos a pagar para a gestão do seu sucessor. 3. Mesmo que as contas do executivo tenham sido aprovadas pelo Legislativo, a conduta ímproba do administrador não fica imune à responsabilização de seus atos. O tipo nuclear do art. 11, caput, da Lei n.º 8.249/92, exige o dolo genérico para sua configuração, dispensando-se o dolo específico. APELAÇÃO CÍVEL CONHECIDA E DESPROVIDA. SENTENÇA MANTIDA". (TJGO, Apelação (CPC) 0356792-60.2005.8.09.0110, Rel. OLAVO JUNQUEIRA DE ANDRADE, 5ª Câmara Cível, julgado em 24/07/2017, DJE de 24/07/2017)

- "Não se desincumbindo o autor de comprovar que os valores inscritos em 'restos a pagar' referem-se às obrigações de despesas contraídas pelo prefeito municipal nos dois últimos quadrimestres, não há que se falar em violação do art. 42 da Lei de Responsabilidade Fiscal, razão pela qual a manutenção da sentença que julgou improcedentes os pedidos é medida que se impõe. Inexiste litigância de má-fé da parte que utilizou do processo como meio legítimo para defender seus interesses". (TJMG - Remessa Necessária-Cv 1.0570.05.009835-1/001, Relator(a): Des.(a) Yeda Athias, 6ª CÂMARA CÍVEL, julgamento em 08/02/2017, publicação da súmula em 10/02/2017)

- "Não configura ato de improbidade administrativa, a atrair sanções na Lei de Improbidade Administrativa, a inclusão de débitos em "restos a pagar" contraídos nos dois últimos quadrimestres do mandato, quando as despesas são destinadas a pagar as verbas salariais dos servidores públicos do Município de Liberdade, afastando-se, assim, a pretensão de ressarcimento ao erário". (TJMG - Apelação Cível 1.0012.11.000803-9/001, Relator(a): Des.(a) Washington Ferreira, 1ª CÂMARA CÍVEL, julgamento em 29/08/2017, publicação da súmula em 06/09/2017)

- "A vedação para que o administrador público contraia despesas nos últimos dois quadrimestres do seu mandato, prevista no art. 42, da Lei de Responsabilidade Fiscal, só existe quando as dívidas não possam ser pagas dentro do mesmo exercício, ou, se contraídas para pagamento no exercício seguinte, não tiverem provisão de caixa para o pagamento. Se as provas trazidas aos autos não são suficientes para demonstrar se as dívidas foram contraídas nos dois últimos quadrimestres do mandato do réu, e nem a indisponibilidade de caixa para o pagamento na administração seguinte, não a que se falar em vulneração do comando do art. 42, da Lei de Responsabilidade Fiscal. A configuração do ato de improbidade, a atrair as sanções da Lei Federal nº 8.429/92, depende da presença do elemento anímico na conduta do agente, já que é vedado o reconhecimento de improbidade administrativa em razão de responsabilidade objetiva, sendo mister a ocorrência do elemento anímico próprio a configurar cada modalidade de prática ímproba prevista na lei". (TJMG - Apelação Cível 1.0637.09.073225-5/001, Relator(a): Des.(a) Audebert Delage, 6ª CÂMARA CÍVEL, julgamento em 06/09/2016, publicação da súmula em 19/09/2016)

- "A regular realização de despesas públicas exige, na forma da Lei 4.320/64, a submissão a procedimento próprio, formado por fases que possibilitam o planejamento orçamentário, a dotação da verba para um fim específico e a efetivação do pagamento. Não é possível determinar a preferência de pagamento dos empenhos formalizados em favor da agravante se não há provas de que há previsão em orçamento de crédito para o pagamento dos restos a pagar. Recurso não provido". (TJMG - Agravo de Instrumento-Cv 1.0016.15.014168-3/001, Relator(a): Des.(a) Heloisa Combat, 4ª CÂMARA CÍVEL, julgamento em 08/09/2016, publicação da súmula em 13/09/2016)

- "Mandado de segurança. Perda do objeto. Cancelamento de notas de empenho. Despesas empenhadas liquidadas e em vias de liquidação. Restos a pagar processados. Inclusão. I - O término do exercício financeiro de 2014 não constitui fato extintivo do interesse de agir do impetrante que teve suas notas de empenho canceladas, pois o processo ainda é útil e necessário para reconhecer a ilegalidade apontada e determinar a inclusão em restos a pagar ou despesas de exercícios anteriores. II - Não se admite o cancelamento de empenho referente a despesas liquidadas e em vias de liquidação, isto é, aquelas cuja a entrega dos bens ou o fornecimento dos serviços já foi iniciada ou realizada, estando o particular apenas aguardando os procedimentos para a efetiva verificação do seu adimplemento, para, então, receber o pagamento. III - Há desvio de finalidade, com a consequente nulidade do ato, o cancelamento de notas de empenho não em razão da ausência de disponibilidade financeira ou por falta de interesse administrativo em mantê-los, mas para afastar a incidência do art. 42 da LRF, que veda a assunção de despesas sem disponibilidade financeira nos dois últimos quadrimestres do mandato do Governador. IV - Concedeu-se parcialmente a segurança". (TJDFT - Acórdão n.915301, 20140020333658MSG, Relator: JOSÉ DIVINO CONSELHO ESPECIAL, Data de Julgamento: 18/12/2015, Publicado no DJE: 03/02/2016.)

- "É ímproba a conduta do Chefe do Poder Executivo Municipal que, nos últimos dois quadrimestres do seu mandato, livre e conscientemente, contrai despesas que não são cumpridas integralmente dentro dele, e sem disponibilidade de caixa que viabilizasse o seu pagamento no exercício seguinte. A ilicitude advinda do descumprimento do regramento imposto no art. 42 da LRF não é descaracterizada pelo pagamento de restos a pagar relativos a exercícios diversos, mormente porque, não foi essa a justificativa apresentada pelo agente político, mas sim o equívoco na projeção dos gastos. Com a entrada em vigor da LRF, o administrador que, nos dois últimos quadrimestres do seu mandato, contrai dívidas sem a respectiva disponibilidade de caixa, mesmo que por inabilidade, negligência, imprudência ou imperícia, pratica ato ímprobo, enquadrado no art. 11 da Lei n. 8.429/1992. Não sendo necessariamente cumulativas as sanções do art. 12 da Lei n. 8.429/1992, e não tendo o magistrado observado os princípios da proporcionalidade e razoabilidade quando da sua dosimetria, pode o tribunal, mesmo de ofício, proceder a sua redução. APELAÇÃO CONHECIDA E IMPROVIDA. SANÇÕES REDUZIDAS DE OFÍCIO". (TJGO, APELACAO CIVEL 341906-50.2008.8.09.0078, Rel. DES. LUIZ EDUARDO DE SOUSA, 1A CAMARA CIVEL, julgado em 28/06/2011, dje 834 de 07/07/2011)

- Emissão de cheques. Pagamentos pendentes de fornecedores do município de Governador Valadares de exercícios anteriores. Conta 'restos a pagar' – Endosso falso – Chegues entregues a terceiro que os repassava para depósito em conta de terceiros – Prejuízo ao erário municipal – Comprovação – Sentença mantida – Verificando-se, pelo teor dos documentos e pelos depoimentos testemunhais colhidos no feito que todos os requeridos participaram conscientemente e efetivamente dos desvios da verba pública, seja emitindo, recebendo, repassando ou depositando os cheques dados em simulação de pagamento de fornecedores com endosso fraudulento, devem os requeridos responderem, solidariamente, pela conduta ímproba, nos exatos termos da sentença singular uma vez que foram beneficiados pelo ilícito administrativo praticado. (TJMG – Ap. Cív. 1.0105.08.250139-3/001 – Relª. Desª. Hilda Teixeira da Costa - 2ª Câmara Cível - j. em 04.06.2013 – publicação da Súmula em 14.06.2013)

- A apuração de responsabilidade do administrador, no tocante à violação do artigo 42 da LRF, exige seja demonstrada a origem do débito 'restos a pagar', e não apenas a data de seu empenhamento. (TJMG – Ap. Cív. 1.0701.09.282067-2/001 – Rel. Des. Mauro Soares de Freitas – Rel. p/ o acórdão Des. Barros Levenhagen – 5ª Câmara Cível – j. em 06.10.2011 – publicação da Súmula em 12.01.2012)

- Improbidade administrativa. Empenho. Restos a pagar. Inexistência de caixa. Ausência de provas. Não tendo o autor se desincumbido do seu ônus probatório, no sentido de comprovar as alegações formuladas na exordial, quais sejam, a ordenação de empenho de despesas inscritos em restos a pagar, sem disponibilidade em caixa, a improcedência do pedido é medida que se impõe. (TJMG - Ap. Cív. 1.0439.05.048928-5/002, 8ª Câmara Cível - Relª. Desª. Teresa Cristina da Cunha Peixoto - j. em 05.08.2010 - publicação da Súmula em 08.11.2010)

10.10. Negligência na arrecadação fiscal e conservação do patrimônio público

X - agir negligentemente na arrecadação de tributo ou renda, bem como no que diz respeito à conservação do patrimônio público;

O núcleo do tipo é agir, atuar ou gerenciar negligentemente, desleixadamente ou com incúria no processo, procedimento ou meios de arrecadação da receita pública, de modo que resulte na ineficácia ou afetação do nível de recebimento dos tributos ou renda, bem assim quanto à conservação do patrimônio público.

Um dos princípios norteadores da administração pública é o da eficiência, que exige da atividade administrativa o exercício com presteza, perfeição e rendimento funcional para se alcançar resultados altamente satisfatórios ao supremo interesse público.

Por fim, saliente-se que é dever funcional o exercício com zelo e dedicação das atribuições legais e regulamentares inerentes ao cargo ou função.

É uma conduta que exige resultado para sua consumação que somente estará caracterizada mediante a demonstração da diminuição ou redução do nível de receita em relação a período idêntico onde fique evidenciada a negligência do agente com ato omissivo ou comissivo.

A redução do nível de arrecadação por motivos de força maior ou alheios à atuação do agente, afasta a aplicação deste dispositivo legal, entretanto, a sua desídia importará o seu enquadramento devido ao *caput* deste artigo abranger o dolo ou a culpa.

No que se refere à preservação do patrimônio público sob a responsabilidade do agente, deve-se atentar o dever funcional inerente ao servidor público de zelar pela economia do material e a conservação do patrimônio público (Lei 8.112/90, art. 116, VII).

A conservação patrimonial também é tema da Lei de Responsabilidade Fiscal ao fixar que "*a lei orçamentária e as de créditos adicionais só incluirão novos projetos após adequadamente atendidos os em andamento e contempladas as despesas de conservação do patrimônio público, nos termos que dispuser a lei de diretrizes orçamentárias*". (art. 45)

A responsabilidade imputada ao agente público na conservação patrimonial ganha relevo quando há exigência pela continuidade de preservação e conservação dos bens e projetos já em execução, como condição para que novos empreendimentos ou aquisições sejam realizadas.

- "Se o administrador público concede benefícios fiscais sem observar os requisitos previstos tanto na Constituição Federal (art. 150, § 6º) quanto na Lei de Responsabilidade Fiscal (art. 14), em especial ao não elaborar uma lei específica que regule exclusivamente sobre esta matéria, ele age de forma negligente – omitindo-se no cumprimento de uma determinação legal – ao arrecadar os tributos sob sua responsabilidade, deixando de exigir o recolhimento integral dos valores devidos sem a correspondente previsão dos mecanismos de compensação financeira. O conjunto probatório caracteriza patente improbidade administrativa, com perfeita subsunção da conduta culposa do embargante nos incisos VII e X, do art. 10, da LIA, uma vez que se trata de ato ímprobo que causa prejuízo ao erário". (TJMG – Embs. Inf. 1.0106.01.000973-1/003 – 6ª Câmara Cível – Rel. Des. Edilson Fernandes – j. em 06.11.2012 – publicação da Súmula em 19.11.2012)

- "[...] É de ser mantido acórdão que, seguindo entendimento da sentença, considera improcedente ação de improbidade administrativa contra prefeito municipal que deixa de repassar aos cofres da Previdência Social valores recolhidos de contribuição previdenciária. *Débitos questionados que se encontram negociados com o INSS. Ausência de prejuízo ao município. Não-caracterização da infração administrativa capitulada nos arts. 10, caput, e incisos X e XI, e art. 11, caput, incisos I e II, da Lei n. 8.429/92.[...]".* (REsp. 965.671/RS – 1ª Turma – Rel. Min. José Delgado – j. em 21.02.2008 – DJe 23.04.2008).

- "[...] A alegação de ofensa aos artigos 1º, 5º e 10, inciso X, da Lei 8.429/92 merece acolhida, pois o acórdão recorrido deixou assente a existência de dano ao erário por responsabilidade do prefeito municipal, à época ordenador de despesas, configurando-se ato de improbidade administrativa.[...] Doutrina e jurisprudência pátrias afirmam que os tipos previstos no art. 10 e incisos (improbidade por lesão ao erário público) preveem a realização de ato de improbidade administrativa por ação ou omissão, dolosa ou culposa. Portanto, há previsão expressa da modalidade culposa no referido dispositivo, não obstante as acirradas críticas encetadas por parte da doutrina. 5. Restou demonstrada na fundamentação do acórdão atacado a existência do elemento subjetivo da culpa do ex-prefeito bem como o prejuízo que a negligência causou ao erário, caracterizando-se, por isso mesmo, a tipicidade de conduta prevista no art. 10, inc. X, segunda parte, da Lei 8.429/92.[...]". (REsp. 816193/MG – 2ª Turma – Rel. Min. Castro Meira – j. em 01.10.2009 – DJe 21.10.2009)

- "A conduta tipificada no art. 10, X, da Lei 8.429/92 é a negligência tributária, que ocorre quando o agente público deixa de arrecadar tributos do próprio ente político ao qual se encontra vinculado, resultando na diminuição do nível de receita e, via de consequência, causando lesão ao erário. Não se aplica referida norma na hipótese de o agente deixar de recolher tributo cujo sujeito ativo é entidade diversa daquela à qual pertence, o que se verifica quando o Prefeito não repassa, ao INSS, as contribuições previdenciárias de servidores municipais. Ausente a comprovação da conduta desonesta do ex-prefeito em não recolher o tributo, seja porque não se constatou ser ele o ordenador de despesa, seja porque não se comprovou, à época, ter o Município numerário suficiente para o pagamento dos tributos, não há falar-se na existência de ato de improbidade administrativa. (TJMG – Processo 1.0295.06.013912-4/001 – 8ª Câmara Cível – DJE de 24.11.2009 – Rel. p/ acórdão Bitencourt Marcondes)

- Ex-Prefeito municipal. Falta de propositura de execuções para cobrança de dívida ativa. Inexistência de demonstração de culpa grave ou dolo. A Lei 8.429/92 aplica-se aos agentes ou ex-agentes políticos, detentores de mandato eletivo, conforme as regras dos seus arts. 1º e 2º, que abrangem toda e qualquer pessoa que, mantendo relação com a administração pública, tenha praticado ato de improbidade administrativa. Os agentes políticos, por terem liberdade funcional, ficam a salvo de responsabilização por eventuais falhas de atuação, quando estas não decorrem de culpa grave, má-fé ou abuso de poder. Remove a atribuição de improbidade administrativa, a inexistência de dolo ou de culpa grave de ex-Prefeito Municipal na falta de propositura de execuções fiscais para a exigência de créditos tributários, quando provada a utilização dos meios administrativos de cobrança. A negligência prevista no art. 10, X, da Lei 8.429/92 se configura somente quando provada a atitude deliberada de não arrecadar tributo ou renda. (TJMG – Processo 1.0155.02.002510-4/001 – 4ª Câmara Cível – DJE de 06.12.2007 – Rel. Des. Almeida Melo)

10.11. Liberação irregular de verba pública

XI - liberar verba pública sem a estrita observância das normas pertinentes ou influir de qualquer forma para a sua aplicação irregular;

A Lei do Orçamento contém a discriminação da receita e despesa, de forma a evidenciar a política econômico-financeira e o programa de trabalho do Governo, obedecidos os princípios da unidade, universalidade e anualidade, é o que preceitua o art. 2º da Lei 4.320/64, de modo que existem três instrumentos legais que disciplinam aplicação das verbas públicas; a Lei de Orçamento, a Lei de Responsabilidade Fiscal e a Lei de Licitação, que estabelece os meios de aquisição de bens, produtos, contratação de serviços e alienação das coisas públicas.

Essas normas formam o conjunto de regramentos para a utilização dos recursos públicos que devem ser observados para o reconhecimento da sua eficácia e validade. O desatendimento de procedimentos, etapas e aplicações impróprias, com a liberação do *quantum*, configura a conduta descrita neste dispositivo. Isto porque o núcleo do tipo é liberar verba pública atropelando os regramentos normativos que disciplinam todo o processo de contratação, execução e pagamentos.

Estabelece a Lei 4.320/64 que "é vedada a realização de despesa sem prévio empenho" (art. 60). Empenho é o instrumento de que se serve a administração, a fim de controlar a execução orçamentária. É o empenho a garantia dos destinatários dos pagamentos de que receberam os valores pelos seus serviços prestados ou fornecimentos de bens, produtos ou equipamentos.

O empenho pressupõe anterioridade, é elaborado e assinado antes da realização da despesa autorizada. *A posteriori*, é burla. Assim posto, o agente responsável não poderá autorizar a liberação de verba pública relativa às despesas autorizadas sem o preenchimento da nota do prévio empenho.

Também não poderá o agente liberar o pagamento ou verba pública sem que o setor competente tenha atestado o recebimento do material ou equipamentos, ou ainda, a realização do serviço.

O pagamento proveniente de contrato direto ou sem licitação também gera a solidariedade do responsável pelo ato autorizativo da despesa originariamente irregular. Assim, aquele que ordenar despesa ilegal e aquele que efetuar o pagamento são igualmente responsáveis pela prática do ato caracterizador da improbidade administrativa.

Outras situações que podem enquadrar o tipo desta norma é o pagamento de ordem de precatório sem a observância da sequência cronológica dos credores e também pagamentos sem previsão orçamentária.

A segunda figura do dispositivo, quando diz influenciar de qualquer forma a sua aplicação irregular, alcança aquele que, de alguma forma, usou do seu poder de persuasão ou coação direta, valendo-se do seu poder de hierarquia superior, mas essa postura deverá ficar evidenciada com elementos probatórios necessários à sua configuração, visto que o agente, mesmo sob pressão, não é obrigado a atender ordem superior para incorrer em ilicitude, podendo exigir para o atendimento da ordem ou recomendação que a mesma seja feita por escrito, o que lhe assegura a exclusão da responsabilidade pessoal e funcional.

- "Liberação irregular de verbas públicas. Ausência de fiscalização do patrimônio público. Evidenciado nos autos que os réus concorreram para a liberação irregular de verbas públicas e o enriquecimento ilícito de terceiros, resta caracterizado ato improbidade administrativa previsto no artigo 10, inciso XI, da Lei n. 8.429/92. Comprovado o dano ao erário, revela-se adequada e proporcional a sanção de ressarcimento estabelecida pela sentença". (TJMG - Apelação Cível 1.0081.15.000257-4/001, Relator(a): Des.(a) Paulo Balbino, 8ª CÂMARA CÍVEL, julgamento em 15/12/2017, publicação da súmula em 23/01/2018)

- "Nos termos do artigo 10, II e XI, da Lei nº 8.429/92, constitui ato de improbidade que causa lesão ao erário permitir ou concorrer para que pessoa jurídica utilize verbas ou valores integrantes do acervo patrimonial de empresa municipal, sem a observância das formalidades legais ou regulamentares aplicáveis à espécie; bem como a liberação de verba pública sem a estrita observância das normas pertinentes. Para que se caracterize o ato de improbidade que importe prejuízo ao erário, previsto no artigo 10, da Lei nº 8.429/92, indispensável a prova do efetivo prejuízo. O col. STJ, todavia, tem se posicionado no sentido de que, em casos nos quais há frustração de procedimento licitatório, o dano é *in re ipsa*. A pessoa jurídica de direito privado pode figurar como beneficiária, partícipe, cúmplice ou coautora do ato de improbidade, principalmente porque também a ela se estende o dever de probidade administrativa". (TJMG - Apelação Cível 1.0024.10.166591-7/001, Relator(a): Des.(a) Wilson Benevides, 7ª CÂMARA CÍVEL, julgamento em 18/08/2016, publicação da súmula em 23/08/2016)

- "Prefeito-municipal. Repasse de verbas para execução de obras de saneamento básico. Execução parcial. Ausência de comprovação da destinação de parcela dos recursos financeiros. Ato ímprobo caracterizado. Caracteriza ato ímprobo a atuação desidiosa do Prefeito Municipal, que, ao gerir recurso destinado à Municipalidade para consecução de obras de saneamento básico, não logra êxito em comprovar a destinação de parcela da quantia repassada". (TJMG – Ap. Cív. 1.0686.06.174528-3/001 – DJ 28.02.2011 – Rel. Des. Manuel Saramago)

- "Vereador e presidente da Câmara Municipal de Ouro Fino. Comprovantes de despesas fraudulentos e superfaturados. Indenização de viagens a Belo Horizonte. Prova documental e testemunhal. Prática de ato administrativo. Arts. 10 e 11 da Lei 8.429/92. Praticam atos de improbidade administrativa, causadores de lesão ao erário e ofensivos aos princípios da administração pública (arts. 10 e 11 da Lei 8.429/92), os agentes que, na condição de Vereador e Presidente da Câmara Municipal de Ouro Fino, apresentam comprovantes de despesas fraudulentos e superfaturados para justificativa de viagens realizadas e autorizam o reembolso das despesas manifestamente contrárias ao interesse público". (TJMG – Ap. Cív. 1.0460.04.014842-7/002 – 8ª Câmara Cível – DJ 09.11.2011 – Rel. Des. Edgard Penna Amorim)

- "A liberação de verba pública sem a estrita observância das normas pertinentes, prevista no art. 10, XI, da Lei 8.429/92, enquadra-se, pela própria Lei, entre os atos de improbidade administrativa que causa prejuízo ao erário. Ocorrendo, por disposição legal, lesão ao patrimônio público, por quebra do dever da probidade administrativa, culposa ou dolosa, impõe-se ao Juiz, a requerimento do Ministério Público, providenciar medidas de garantia, adequadas e eficazes, para o integral ressarcimento do dano em favor da pessoa jurídica afetada, entre as quais se inclui a indisponibilidade dos bens dos agentes públicos, por atos de improbidade administrativa, com fundamento nos casos mencionados nos arts. 9º e 10 da Lei 8.492/92. Basta que o direito invocado seja plausível (*fumus boni iuris*), porque a probabilidade do prejuízo (*periculum in mora*) já vem previsto na própria legislação incidente. (TJPR – 4ª CC – AgIn. 68.400 – Rel. Juiz Airvaldo Stela Alves – RT 759/320)

- "Pratica ato de improbidade administrativa, nos termos do art. 10, XI, da Lei 8.429/92, o Prefeito Municipal que desvia verba constante de convênio celebrado com a União para pavimentação de ruas, ainda que para pagamento de outra despesa legítima". (TJRN – Ap. 98.001727-0 – 2ª CC – j. em 14.04.2000 – Relª. Desª. Judite Nunes – RT 780/366)

10.12. Permitir ou facilitar para o enriquecimento ilícito de terceiro

XII - permitir, facilitar ou concorrer para que terceiro se enriqueça ilicitamente;

O núcleo do tipo é permitir, facilitar ou concorrer, de qualquer forma, para que o agente público de forma direta ou indireta, ativa ou passiva, dolosa ou culposa, contribua para que um terceiro enriqueça ilicitamente.

Além de esse enriquecimento ser ilícito, acrescido indevidamente ao patrimônio de terceiro, é preciso que esse bem de valor tenha sido desviado ou alterado do acervo estatal, causando-lhe, assim, prejuízo na composição de sua riqueza.

É caso típico do uso do cargo ou função pública para influenciar, de maneira efetiva com sua participação, na alteração patrimonial estatal mediante o seu descaminho em favor de uma terceira pessoa física ou jurídica.

Essa atuação ímproba do agente poderá transcorrer por meio de diversas condutas, que vão desde o direcionamento de serviços ou aquisição de bens ou produtos, sem a observação das normas pertinentes à matéria, até sua desnecessidade para a administração.

Também podem enquadrar-se nesse dispositivo a compra de bens e o pagamento antecipado à empresa inidônea ou em regime pré-falimentar, que não dispõe de capacidade para atender com o fornecimento do material adquirido ou serviço contratado.

- "O Administrador Público, ao editar contrato decorrente de processo licitatório, não pode se afastar das regras editalícias, sob pena de se ofender o princípio da vinculação ao instrumento convocatório e o princípio da isonomia. Na espécie, o recorrente estipulou cláusula não prevista no edital e, por meio dela, realizou pagamentos em duplicidade, onerando os cofres públicos com despesa indevida, além de contribuir para o enriquecimento ilícito da empresa contratada. Dessa forma, a conduta dos demandados se amolda ao disposto no art. 10, inciso XII, c/c art. 3º da Lei 8.429/92". (TJMG - Apelação Cível 1.0476.15.000006-7/001, Relator(a): Des.(a) Hilda Teixeira da Costa, 2ª CÂMARA CÍVEL, julgamento em 07/03/2017, publicação da súmula em 17/03/2017)
- "Configura improbidade administrativa, por enriquecimento ilícito (art. 9º, inciso, XII), o excessivo e desproporcional gasto de combustível adquirido ilegalmente por agente político "na conta" da Câmara Municipal, para uso em veículo particular, mormente se não comprovado que a utilização do insumo foi exclusivamente em favor do interesse público. Caracteriza-se

malversação de dinheiro público a autorização emitida pelo próprio ordenador de despesas (Presidente da Câmara) para pagamento de combustível por ele mesmo adquirido sem a observância das formalidades legais previstas na legislação local". (TJMG - Apelação Cível 1.0521.09.093135-8/001, Relator(a): Des.(a) Versiani Penna, 5ª CÂMARA CÍVEL, julgamento em 25/06/2015, publicação da súmula em 02/07/2015)

- "Ato de improbidade. Art. 10, inc. XII da Lei 8.429/92. Princípio da congruência. Elemento subjetivo. Demonstração de prejuízo ao erário. Não infringe o princípio da congruência a decisão judicial que enquadra o ato de improbidade em dispositivo diverso do indicado na inicial, eis que deve a defesa ater-se aos fatos e não à capitulação legal. Os tipos da Lei de Improbidade estão divididos em três categorias: a) art. 9º (atos que importam em enriquecimento ilícito); b) art.10 (atos que causam prejuízo ao erário) e c) art. 11 (atos que atentam contra os princípios da administração). Os atos de improbidade só são punidos à título de dolo, indagando-se da boa ou má-fé do agente, nas hipóteses dos arts. 9º e 11 da Lei 8.429/92. Embora mereçam acirradas críticas da doutrina, os atos de improbidade do art. 10, como está no próprio *caput, são também punidos à título de culpa, mas deve estar presente na configuração do tipo a prova inequívoca do prejuízo ao erário*". (STJ – REsp. 842.428/ES – Relª. Minª. Eliana Calmon – DJ 21.05.2007)

10.13 Permitir o uso de bens públicos em favor de particular

XIII - permitir que se utilize, em obra ou serviço particular, veículos, máquinas, equipamentos ou material de qualquer natureza, de propriedade ou à disposição de qualquer das entidades mencionadas no art. 1° desta lei, bem como o trabalho de servidor público, empregados ou terceiros contratados por essas entidades.

O agente público que tem sob guarda ou responsabilidade veículos, máquinas, equipamento ou material de qualquer natureza, dispõe da incumbência legal de zelar pela economia e pela conservação destes, não podendo, assim, consentir ou permitir a utilização dos mesmos fora dos fins exclusivos para atender às necessidades do serviço público.

A primazia do interesse público é exigência moral e legal para que os bens públicos sejam utilizados no exercício funcional sob pena de violação ideológica da lei, para configurar desvio de finalidade ou de poder pela prática de ato diverso do objetivado pela norma, ou reclamado pela administração pública.

A norma veda o uso, em obra ou serviço particular, de bens móveis ou materiais de qualquer natureza, pertencentes às entidades públicas em geral. Esses bens só devem ser utilizados nas tarefas executadas pelos órgãos da administração pública para atender ao interesse da coletividade.

Também a força de trabalho oriunda dos quadros da administração pública, formada pelos seus servidores públicos, ou prestadores de serviços públicos, na forma de terceirizados, tem vedadas as suas atividades em favor de terceiro particular, seja pessoa física ou jurídica.

A conduta do agente é enquadrada quando ele age com vontade a permitir a utilização desses bens públicos ou servidores em favorecimento da atividade privada, ou quando, de forma negligente, consente a sua realização com o benefício desse uso, sendo incorporado ao interesse do *extraneus*.

O prejuízo é aferido pelo desgaste dos bens devido à sua depreciação, além de outras despesas onerosas, por exemplo o uso indevido de veículos oficiais, como o óleo, combustível, pneus, hora de trabalho do motorista. Também falta na execução das tarefas que lhe são inerentes para poder estar presente no favorecimento vedado.

Já a permissão para uso de servidores para trabalharem em favor de terceiros onera o erário pelo dispêndio de horas não trabalhadas em benefício da administração, além da ausência daqueles no horário do expediente.

- "A atual jurisprudência do STJ é no sentido de que para a configuração dos atos de improbidade administrativa previstos no art. 10 da Lei de Improbidade Administrativa (atos de Improbidade Administrativa que causam prejuízo ao erário), com a exceção da conduta do art.10, VIII, exige-se a presença do efetivo dano ao erário (critério objetivo) e, ao menos, culpa. Precedentes: REsp 1.206.741/SP, Rel. Min. Benedito Gonçalves, Primeira Turma, DJe 24/4/2015; AgRg no AREsp 107.758/GO, Primeira Turma, Rel. Ministro Arnaldo Esteves Lima, DJe 10/12/2012; REsp 1228306/PB, Segunda Turma, Rel. Ministro Castro Meira, DJe 18/10/2012. O Tribunal de Origem atestou a prática de ato de improbidade administrativa previsto no art. 10, XIII, da Lei 8.429/92, diante da presença do elemento subjetivo doloso do então Prefeito ao autorizar a utilização do ônibus escolar para finalidade estranha ao interesse público. Ademais, da leitura do acórdão da Corte de origem constata-se a existência de dano ao erário, consubstanciado nas despesas com a realização do transporte". (STJ - AgInt no REsp 1542025/MG, Rel. Ministro BENEDITO GONÇALVES, PRIMEIRA TURMA, julgado em 05/06/2018, DJe 12/06/2018)

- "[...] Cuidam os autos de ato de improbidade administrativa atribuída a Procurador-Geral de Município e subordinado, pelo desempenho de atividades de interesse particular – advocacia – no âmbito da Administração Pública. Ficou demonstrada na fundamentação do acórdão recorrido a existência do elemento subjetivo dos agentes, em ato que causou lesão ao erário – art. 10, XIII, da Lei 8.429/1992[...]". (REsp. 1.264.364/PR – 2ª Turma – Rel. Min. Humberto Martins – j. em 06.03.2012 – DJe 14.03.2012).

- "A exploração de marcenaria pública em favor de particulares, as custas do erário, decorrente da utilização de bens públicos e de mão-de-obra remunerada pelo Poder Público configura ato de improbidade administrativa. Conduta ímproba imputada ao Prefeito e a Secretária da Educação que permitiram a utilização da marcenaria para fins privados. Aplica-se à improbidade administrativa o princípio da consunção. Na hipótese de subsunção da conduta ímproba a mais de um tipo previsto nos artigos 9º a 10º da Lei 8.429/92, aplicam-se as sanções do mais grave, na seguinte ordem: enriquecimento ilícito, dano ao erário e violação ao princípio". (Apelação Cível Nº 70030550719, Vigésima Segunda Câmara Cível, Tribunal de Justiça do RS, Relator: Maria Isabel de Azevedo Souza, Julgado em 25/03/2010)

- Uso indevido de maquinário e servidores públicos. Construção de obra particular. Constitui ato de improbidade administrativa, violador dos princípios da legalidade e moralidade, como também causador de dano ao erário, ex vi dos arts.10 da Lei 8.429/92, a autorização de utilização de maquinário e servidores públicos para fins particulares (construção de obra privada). (TJMG – 1.0210.06.035197-5/001 – 8ª Câmara Cível – DJ 08.06.2011 – Rel. Des. Fernando Botelho)

- Carro oficial. Empréstimo a terceiro. Improbidade administrativa. Caracterização. Ação de improbidade administrativa e perdas e danos contra Deputado Estadual. Empréstimo de veículo da Assembleia Legislativa a presidiário não pertencente ao quadro de funcionários do Legislativo Estadual. Julgamento antecipado da lide. Cerceamento de defesa. Inocorrência. Improbidade comprovada. Reparação dos danos. Imperatividade. Ação procedente. Sentença correta. Apelo improvido. Decisão unânime. Não há cerceamento de defesa se o fato a investigar para a determinação da responsabilidade independe de prova, ainda mais se confessada, de maneira veemente, toda a matéria fática pela parte que alega o prejuízo da prova. Deputado Estadual que, em dia de carnaval, sem qualquer justificativa, empresta veículo da Assembleia Legislativa a um terceiro estranho ao serviço público, mesmo sendo ele um empregado particular comete ato de improbidade e deve reparar o dano causado ao erário pelo seu preposto e pela sua própria conduta. (TJSE – Ap. 004/1999 – 4ª CC – j. em 24.05.1999 – Rel. Des. José Antônio de Góes)

- Utilização de veículos e servidores do Município na realização de serviços em propriedade particular, sem a observância das prescrições legais. Improbidade Administrativa caracterizada (art. 10, XIII, da Lei 8.429/1992). Exclusão da responsabilidade do prefeito municipal. Condenação apenas do servidor responsável pela guarda direta dos bens públicos. Gradação das penalidades. Aplicação do princípio da proporcionalidade. Exclusão da proibição de contratar com o Poder Público. Recurso provido parcialmente. (TJSC – AC 2002.015672-3 – 3ª Câm. Cível – j. em 28.11.2006 – Rel. Des. Cesar Augusto Mimoso Ruiz Abreu)

- Vereador e presidente da Câmara Municipal de Novo Xingu/RS. Utilização de talonário de cheques pertencente à Câmara Municipal para saldar débito particular. No final do ano de 2002, quando do seu afastamento do cargo de Presidente da Câmara de vereadores, não devolveu à instituição bancária talonário de cheques pertencente àquela Casa. Assim, enquanto vereador, utilizou-se do talonário e emitiu o cheque n. 850001 da conta n. 5984-6, do Banco do Brasil, no valor de R$ 603,00 (seiscentos e três reais), objetivamente saldar débito particular. Ora, os princípios básicos da administração pública estão consubstanciados em quatro pilares de observância permanente e obrigatória. São os princípios da legalidade, da moralidade da impessoalidade e da publicidade. Restou comprovada violação a princípios basilares da administração pública, como o da impessoalidade e o da moralidade. Ademais, feriu o patrimônio moral da instituição, que abrange as ideias de honestidade, boa-fé, lealdade, imparcialidade. Assim, em se tratando de agente político, justo a quem se impõe perseguir o interesse público e fiscalizar a coisa pública, o dever ético e a honestidade devem pautar todo o seu agir. Portanto, deve ser aplicada a sanção de suspensão de seus direitos políticos por cinco (5) anos, consoante preconiza o art. 12 inc. II da Lei 8.429/92. DAR PROVIMENTO À APELAÇÃO. (TJRS – Ap. Civ.70021584552 – 4ª Câmara Cível – Rel. Wellington Pacheco Barros – j. em 19.12.2007)

10.14. Celebrar contrato com violação das formalidades legais

> **XIV – celebrar contrato ou outro instrumento que tenha por objeto a prestação de serviços públicos por meio da gestão associada sem observar as formalidades previstas na lei;**

A Lei nº 11.107/2005, que instituiu normas gerais de consórcios públicos definiu no rol das condutas de improbidade administrativa, os atos contratuais que possam produzir prejuízos ao erário em decorrência da inobservância das formalidades legais, quando de suas celebrações, o que significa o desatendimento às normas licitatórias e regras relativas às finanças e ao orçamento público.

A própria Lei que trata das normas gerais de contratação de consórcios públicos preceitua que o consórcio será constituído por contrato cuja celebração dependerá da prévia subscrição de protocolo de intenções (art. 3º), cujas cláusulas estão estabelecidas no seu art. 4º, assim redigido:

Art. 4º. *São cláusulas necessárias do protocolo de intenções as que estabeleçam:*

I – [...]

XI – a autorização para a gestão associada de serviços públicos, explicitando:

a) as competências cujo exercício se transferiu ao consórcio público;

b) os serviços públicos objeto da gestão associada e a área em que serão prestados;

c) a autorização para licitar ou outorgar concessão, permissão ou autorização da prestação dos serviços;

d) as condições a que deve obedecer o contrato de programa, no caso de a gestão associada envolver também a prestação de serviços por órgão ou entidade de um dos entes da Federação consorciados;

e) os critérios técnicos para cálculo do valor das tarifas e de outros preços públicos, bem como para seu reajuste ou revisão;

Isto posto, este dispositivo tipifica como ato de improbidade administrativa a celebração de contrato ou outro instrumento que tenha por objeto a prestação de serviços públicos por meio da gestão associada, ou seja, na modalidade de consórcios público-privados, formados por entidades governamentais e a iniciativa privada, sem fidelidade na sua inteireza das formalidades estipuladas pela norma de regência.

O art. 4º, acima transcrito, especifica as cláusulas indispensáveis à celebração dos consórcios públicos com pessoas jurídicas de direito privado mediante a existência do protocolo de intenções, pressuposto elementar para a formalização da parceria público-privada.

A conduta descrita com manifesta intencionalidade configura o tipo, em regra, mas admite-se sua forma culposa pela revelação de imprudência ou negligência, mas é necessário que seja evidenciado o dano ao erário, qualquer que seja sua natureza. Se não houver prejuízo ao erário, será encaixado no art. 11, conforme sua conduta, conquanto se trata de ato formal por dispensar resultado positivo ou negativo.

10.15. Celebrar contrato com insuficiência de dotação orçamentária

XV – celebrar contrato de rateio de consórcio público sem suficiente e prévia dotação orçamentária, ou sem observar as formalidades previstas na lei.

A mesma norma disciplinadora das regras de consórcios públicos, acima mencionada, considera ato de improbidade a celebração de contrato de rateio quando não houver dotação orçamentária suficiente para atender o valor do pactuado em sua integralidade. Assim, incidirá em ato de improbidade o agente público que firmar contrato nessa categoria sem a existência de saldo orçamentário necessário para suprir a despesa correspondente.

Essa normatividade mostra-se relevante para o êxito da aplicação da norma disciplinadora dos contratos de parceria público-privada devido a mesma exigir que os entes consorciados somente entreguem recursos ao consórcio público mediante contrato de rateio (art. 8º), impondo, assim, a vedação para que as entidades públicas não adiram ao mesmo se não tiverem dotação orçamentária para suportarem os encargos que lhe couberem.

O contrato de rateio apresenta-se como mecanismo a viabilizar a efetivação dos contratos públicos quando exige no seu art. 8º que:

> § *1º* O contrato de rateio será formalizado em cada exercício financeiro e seu prazo de vigência não será superior ao das dotações que o suportam, com exceção dos contratos que tenham por objeto exclusivamente projetos consistentes em programas e ações contemplados em plano plurianual ou a gestão associada de serviços públicos custeados por tarifas ou outros preços públicos.
>
> § *2º* É vedada a aplicação dos recursos entregues por meio de contrato de rateio para o atendimento de despesas genéricas, inclusive transferências ou operações de crédito.
>
> § *3º* Os entes consorciados, isolados ou em conjunto, bem como o consórcio público, são partes legítimas para exigir o cumprimento das obrigações previstas no contrato de rateio.
>
> § *4º* Com o objetivo de permitir o atendimento dos dispositivos da Lei Complementar 101, de 4 de maio de 2000, o consórcio público deve fornecer as informações necessárias para que sejam consolidadas, nas contas dos entes consorciados, todas as despesas realizadas com os recursos entregues em virtude de contrato de rateio, de forma que possam ser contabilizadas nas contas de cada ente da Federação na conformidade dos elementos econômicos e das atividades ou projetos atendidos.
>
> § 5º Poderá ser excluído do consórcio público, após prévia suspensão, o ente consorciado que não consignar, em sua lei orçamentária ou em créditos adicionais, as dotações suficientes para suportar as despesas assumidas por meio de contrato de rateio.

Como se vê, a insuficiência de dotação orçamentária ou desatendimento das exigências formais, importaria na inviabilização dos objetivos da parceria público-privada, resultando, portanto, em reprimenda intensa com o seu enquadramento no rol dos atos de improbidade administrativa pelo alcance dos prejuízos que afetariam o interesse público devido à postura displicente, desleixada ou intencional de efetivar compromissos formais sem o respaldo necessário ao seu seguimento ou conclusão.

A conduta descrita com manifesta intencionalidade configura o tipo, em regra, mas admite-se a sua forma culposa pela revelação de imprudência ou negligência, sendo necessário que seja evidenciado o dano ao erário, qualquer que seja a sua natureza. Se não houver prejuízo ao erário, será enquadrado no art. 11, conforme a sua conduta, conquanto se trata de ato formal por dispensar resultado positivo ou negativo.

No caso vertente, o prejuízo ou dano seria aferido pela dimensão dos valores aplicados, mas cujo projeto inviabilizado pela carência de aporte de recursos travou a realização da obra que resultou inacabada. Obra parada é prejuízo acumulado.

10.16. Facilitar a incorporação de bens públicos para entidades privadas nas parcerias público-privada

XVI - facilitar ou concorrer, por qualquer forma, para a incorporação, ao patrimônio particular de pessoa física ou jurídica, de bens, rendas, verbas ou valores públicos transferidos pela administração pública a entidades privadas mediante celebração de parcerias, sem a observância das formalidades legais ou regulamentares aplicáveis à espécie;

A Lei nº 13.019/2014 versa sobre a concessão de contrato de parceria público-privada se divide em duas modalidades: uma é a concessão patrocinada, modelo pelo qual as tarifas cobradas dos usuários são complementadas a sua remuneração pelo poder público, porquanto não são suficientes para cobrir os investimentos implementados pelo parceiro privado, e a outra é a concessão administrativa, modalidade em que a remuneração é integralmente bancada pelo poder, visto que, não é possível cobrar do usuário os serviços prestados pelo parceiro privado.

Leciona Carlos Ari Sundfeld sobre concessão patrocinada:

> "Estando presentes a cobrança de tarifas aos usuários e a contraprestação pecuniária do concedente, estar-se-á diante de uma concessão patrocinada, ainda que o concessionário também receba contraprestação não pecuniária da Administração e outras receitas alternativas"[66].

A relação contratual entre a administração pública e o parceiro privado é embasada nas diretrizes fundamentais do regime jurídico de parceria e tem como base a gestão pública democrática, a transparência na aplicação dos recursos públicos e nos princípios norteadores da administração pública, nos termos e objetivos delineados na referida norma (arts. 5º e 6º).

Neste dispositivo, a ocorrência do desvio de bens públicos pode ocorrer mediante ato comissivo ou omissivo que desatendam as observâncias das formalidades legais ou regulamentares, cuja consequência seja a transferência ou incorporação de bens públicos ao acervo patrimonial de parceiros privados.

---

66. Sundfeld, Carlos Ari (Coord.). Parcerias Público-Privadas. São Paulo: Malheiros, 2005. p. 29.

Diante dessa nova realidade normativa de negócios públicos, o que este dispositivo abrange é o desvio de bens públicos para o patrimônio privado, cujas condutas e conceitos já foram analisados no inciso I do deste dispositivo da norma de improbidade administrativa (**ver Desvio de bens públicos**).

10.17. Permitir utilização indevida de bens públicos por entidade privada na parceria público-privada

> **XVII - permitir ou concorrer para que pessoa física ou jurídica privada utilize bens, rendas, verbas ou valores públicos transferidos pela administração pública a entidade privada mediante celebração de parcerias, sem a observância das formalidades legais ou regulamentares aplicáveis à espécie;**

No sistema de parceria público-privada, o pagamento ao sócio privado somente pode ocorrer quando as obras e os serviços pactuados estiverem prontos e acabados. Para a realização do empreendimento, os equipamentos deverão ser de responsabilidade exclusiva do parceiro privado, assim como, os dispêndios da sua execução.

Esses pagamentos serão efetuados na forma e condições previstas no contrato celebrado e mediante o atesto da sua execução e conclusão, seja por etapa ou de forma global.

Estando devidamente cumpridos os padrões e exigências legais, com a execução acabada e pronta dos serviços, cabe à administração pública a incumbência de pagar a contraprestação na forma pecuniária.

Entretanto, o setor responsável ou o agente encarregado do exame da completude dos serviços prestados verificar o contrário, seja execução parcial, a utilização de material insuficiente ou imprópria, ou ainda, produtos diversos do que foi pactuado, deverá registrar a ocorrência para que seja deduzida da parcela ou do pagamento a diferença correspondente.

De forma que, é dever o agente público não permitir ou tolerar, que bens, rendas, verbas e valores possam ser utilizados pelo parceiro privado fora das exigências e formalidades contratuais. O seu agir tolerante ou omissivo, incorrerá na conduta descrita neste dispositivo da norma de regência.

10.18. Celebrar parceria público-privada irregular com entidades privadas

> **XVIII - celebrar parcerias da administração pública com entidades privadas sem a observância das formalidades legais ou regulamentares aplicáveis à espécie;**

O ato jurídico perfeito é aquele realizado nos termos da lei vigente ao tempo em que se efetuou ao satisfazer todas as formalidades legais exigidas para sua eficácia e validade, tornando-o assim, completo e aperfeiçoado.

De forma que este dispositivo ao tipificar a celebração de parcerias sem a observância das formalidades legais ou regulamentares aplicáveis à espécie, como ato ímprobo, exige que os atos jurídicos dessa transação sejam fielmente cumpridos nos termos das condições e exigências legais prevista na lei de regulação das parcerias.

Estatui o regime jurídico de parceria público-privada que as organizações da sociedade civil além dos objetivos voltados à promoção de atividades e finalidades de relevância pública e social, devem possuir, dentre outros requisitos:

a) no mínimo, um, dois ou três anos de existência, com cadastro ativo, comprovados por meio de documentação emitida pela Secretaria da Receita Federal do Brasil, com base no Cadastro Nacional da Pessoa Jurídica - CNPJ, conforme, respectivamente, a parceria seja celebrada no âmbito dos Municípios, do Distrito Federal ou dos Estados e da União, admitida a redução desses prazos por ato específico de cada ente na hipótese de nenhuma organização atingi-los;

b) experiência prévia na realização, com efetividade, do objeto da parceria ou de natureza semelhante;

c) instalações, condições materiais e capacidade técnica e operacional para o desenvolvimento das atividades ou projetos previstos na parceria e o cumprimento das metas estabelecidas;

c) certidão de existência jurídica expedida pelo cartório de registro civil ou cópia do estatuto registrado e de eventuais alterações ou, tratando-se de sociedade cooperativa, certidão simplificada emitida por junta comercial

d) relação nominal atualizada dos dirigentes da entidade, com endereço, número e órgão expedidor da carteira de identidade e número de registro no Cadastro de Pessoas Físicas - CPF da Secretaria da Receita Federal do Brasil - RFB de cada um deles;

e) comprovação de que a organização da sociedade civil funciona no endereço por ela declarado.

Com efeito, o desatendimento dessas exigências e requisitos, além de outras formalidades expressas na norma, conduz a configuração do tipo aqui descrito devido a vulnerabilidade que proporcionará a segurança jurídica do negócio celebrado.

10.19. Negligenciar na fiscalização e prestações de contas de parceria público-privada

XIX - agir negligentemente na celebração, fiscalização e análise das prestações de contas de parcerias firmadas pela administração pública com entidades privadas;

O art. 63 do regime jurídico de parcerias público-privada estabelece que a prestação de contas deverá ser feita observando-se as regras previstas nesta Lei, além de prazos e normas de elaboração constantes do instrumento de parceria e do plano de trabalho.

A norma determina ainda que a prestação de contas deverá conter elementos que permitam ao gestor da parceria avaliar o andamento ou concluir que o seu objeto foi executado conforme pactuado, com a descrição pormenorizada das atividades realizadas e a comprovação do alcance das metas e dos resultados esperados, até o período de que trata a prestação de contas, e que ser glosados valores relacionados a metas e resultados descumpridos sem justificativa suficiente.

O núcleo do tipo é negligenciar (desatenção, desleixo, descuido, falta de zelo), predicado negativo que se contrapõe ao princípio constitucional da eficiência, que, por sua vez, consiste na realização de maneira correta as suas funções, com presteza e alto rendimento funcional.

Agir com negligência é agir com culpa, caracterizada pela violação ou inobservância de uma regra, que produz dano aos direitos de outros. De maneira que é dever do gestor responsável pela fiscalização e análise da prestação de contas conferir com exatidão e precisão, todos os elementos informativos e comprovações da realização e execução do contrato de parceria público-privada.

10.20. Liberar recursos de parceria público-privada de forma irregular

XX - liberar recursos de parcerias firmadas pela administração pública com entidades privadas sem a estrita observância das normas pertinentes ou influir de qualquer forma para a sua aplicação irregular.

O regime jurídico de parceria público-privada prescreve que toda movimentação de recursos será realizada mediante transferência eletrônica sujeita à identificação do beneficiário final e à obrigatoriedade de depósito em sua conta bancária, e que os pagamentos deverão ser realizados mediante crédito na conta bancária de titularidade dos fornecedores e prestadores de serviços.

O art. 48 da aludida norma estatui o regramento para o desembolso dos recursos alocados para a execução do contrato nos seguintes termos:

> Art. 48. As parcelas dos recursos transferidos no âmbito da parceria serão liberadas em estrita conformidade com o respectivo cronograma de desembolso, exceto nos casos a seguir, nos quais ficarão retidas até o saneamento das impropriedades:
>
> I - quando houver evidências de irregularidade na aplicação de parcela anteriormente recebida;
>
> II - quando constatado desvio de finalidade na aplicação dos recursos ou o inadimplemento da organização da sociedade civil em relação a obrigações estabelecidas no termo de colaboração ou de fomento;

III - quando a organização da sociedade civil deixar de adotar sem justificativa suficiente as medidas saneadoras apontadas pela administração pública ou pelos órgãos de controle interno ou externo.

O descumprimento desses procedimentos caracteriza a conduta ímproba descrita neste dispositivo normativo, conquanto é dever do gestor público atentar para executar na sua inteireza as formalidades preceituadas.

A liberação desses recursos deverá constar na internet para que possa ser acompanhado e exercido o seu controle social.

Seção II-A
Dos Atos de Improbidade Administrativa Decorrentes de Concessão ou Aplicação Indevida de Benefício Financeiro ou Tributário

10.21. Conceder isenção, incentivo ou benefício fiscal sobre o ISSQN

Art. 10-A. Constitui ato de improbidade administrativa qualquer ação ou omissão para conceder, aplicar ou manter benefício financeiro ou tributário contrário ao que dispõem o caput e o § 1º do art. 8º-A da Lei Complementar nº 116, de 31 de julho de 2003. (Incluído pela Lei Complementar nº 157, de 2016) (Produção de efeito)

A Lei Complementar nº 116/2003, que dispõe sobre o Imposto Sobre Serviços de Qualquer Natureza - ISSQN - estabeleceu que a sua alíquota mínima é de 2% (dois por cento) (art. 8º-A), e que "*o imposto não será objeto de concessão de isenções, incentivos ou benefícios tributários ou financeiros, inclusive de redução de base de cálculo ou de crédito presumido ou outorgado, ou sob qualquer outra forma que resulte, direta ou indiretamente, em carga tributária menor que a decorrente da aplicação da alíquota mínima estabelecida no caput, exceto para os serviços a que se referem os subitens 7.02, 7.05 e 16.01 da lista anexa a esta Lei Complementar*" (§ 1º do art. 8º-A).

Como se vê, o texto da norma é expresso ao vedar a concessão de isenções ou benefícios tributários ou financeiros, inclusive de redução de base de cálculo ou de crédito presumido ou outorgado, ou sob qualquer outra forma de resulte na redução da carga tributária, ressalvando, apenas, as hipóteses contidas nos subitens 7.02, 7.05 e 16.01

Os subitens do anexo contêm a seguinte conceituação dos serviços isentos:

7.02 - Execução, por administração, empreitada ou subempreitada, de obras de construção civil, hidráulica ou elétrica e de outras obras semelhantes, inclusive sondagem, perfuração de poços, escavação, drenagem e irrigação, terraplanagem, pavimentação, concretagem e a instalação e montagem de produtos, peças e equipamentos (exceto o fornecimento de mercadorias produzidas pelo prestador de serviços fora do local da prestação dos serviços, que fica sujeito ao ICMS).

7.05 – Reparação, conservação e reforma de edifícios, estradas, pontes, portos e congêneres (exceto o fornecimento de mercadorias produzidas pelo prestador dos serviços, fora do local da prestação dos serviços, que fica sujeito ao ICMS).

16.01 - Serviços de transporte coletivo municipal rodoviário, metroviário, ferroviário e aquaviário de passageiros.

Deve-se observar que a isenção, incentivo ou benefício fiscal incidente sobre o ISSQN poderá ser editado pelo Chefe do Poder Executivo municipal, através de Decreto, definindo assim a responsabilidade deste como enquadrado na conduta típica de improbidade administrativa.

Se a isenção, incentivo ou benefício fiscal for originado de projeto de lei do Chefe do Executivo e aprovado pelo Poder Legislativo municipal, incorrerá na infração descrita por este dispositivo o prefeito e os vereadores que votaram aprovando o benefício tributário.

Entretanto, se a iniciativa do projeto for de algum vereador, mesmo na hipótese de vício de origem, estará enquadrado além do autor, aqueles que votaram pela sua aprovação.

E se o projeto de lei for de iniciativa do prefeito e rejeitado pela Câmara Municipal, fica evidenciada a forma tentada de ato de improbidade administrativa daquele.

Seção III
Dos Atos de Improbidade Administrativa que Atentam Contra os Princípios da Administração Pública

11. VIOLAÇÃO AOS PRINCÍPIOS DA ADMINISTRAÇÃO PÚBLICA

Art. 11. Constitui ato de improbidade administrativa que atenta contra os princípios da administração pública qualquer ação ou omissão que viole os deveres de honestidade, imparcialidade, legalidade, e lealdade às instituições, e notadamente:

O sistema jurídico organizacional referente ao conjunto de regras traça a conduta dos agentes públicos e políticos no desempenho de suas atividades funcionais, definindo como pontos ou normas elementares ou requisitos primordiais, o dever jurídico de observar o respeito à honestidade, à imparcialidade, à legalidade e à lealdade às instituições a que servem por designação estatal para defender o interesse público.

O poder-dever de agir da autoridade pública tem o significado de praticar por iniciativa própria, da oportunidade, da conveniência da administração pública e dos meios adequados para exercer as suas atribuições por incumbência funcional, impedindo, que o agente abra mãos de seus poderes administrativos no cumprimento do dever. Ao agente público não lhe é permitido fazer liberalidades com o direito público.

Colimando a supremacia do interesse público, impõe-se o dever jurídico de o agente público ser submisso aos princípios norteadores da administração pública, pautado na honestidade, imparcialidade, legalidade e lealdade às instituições.

O interesse público é aquele submetido a um regime jurídico de ordem pública, resguardado por normas que primam pela preeminência do interesse público sobre o particular e, principalmente, pela indisponibilidade do direito vindicado.

Infirma-se, assim, que os atos administrativos necessariamente deverão ser primados pela escorreita formação legal, desinfluente de qualquer eiva de vício formal, material ou subjetivo em sua consecução acoimada na cogência e inderrogabilidade das normas incumbidas de proteger os interesses públicos, proteção que se justifica à medida que transcendem a individualidade, fazendo repercutir sua satisfação sobre a coletividade e que todos, indistintamente, sejam destinatários de seus preceitos.

Legalidade é aquilo que atende à norma em toda a sua inteireza. E os princípios apresentam-se como a própria razão fundamental de ser das coisas jurídicas; indicam o alicerce do direito.

Carlos Alberto Bittar[67] ensina que os princípios gerais do direito, ou princípios ordenadores da ordem jurídica, são valores inatos da natureza humana; constituem o mínimo que a pauta da convivência social deve observar para que haja uma convivência pacífica, segura e harmônica entre os seres personalizados[68].

Jesús González Peres, citado por Carlos Ari Sundfeld, ensina que "[...] *os princípios jurídicos constituem a base do ordenamento jurídico, 'a parte permanente e eterna do Direito e também a cambiante e mutável, que determina a evolução jurídica'; são as ideias fundamentais e informadoras da ordem jurídica da Nação*"[69].

Celso Antônio Bandeira de Mello, também lembrado por Carlos Ari Sundfeld, da mesma forma, afirma que os princípios são a base estrutural de qualquer sistema[70].

---

67. BITTAR, Carlos Alberto. **Curso de Direito Civil**. 1. ed. Rio de Janeiro: Forense Universitária, 1994. v. 1, p. 46.

68. Bittar afirma que "[...] *são valores que transcendem à ordem positivada do Direito, porque se situam na linha básica da proteção à essência do homem e da consecução de seu desenvolvimento natural e do seu aperfeiçoamento normal, ou seja, no fundo, de seus próprios fins na sociedade*". (BITTAR, Carlos Alberto. **Curso de Direito Civil**, p. 46)

69. SUNDFELD, Carlos Ari. **Fundamentos de Direito Público**. 3. ed. São Paulo: Malheiros, 1998. p. 136.

70. "*Celso Antônio Bandeira de Mello, em passagem notável, escreve que o princípio é o '**mandamento nuclear de um sistema, verdadeiro alicerce dele, disposição fundamental que se irradia sobre diferentes normas compondo-lhes o espírito e servindo de critério para sua exata compreensão e inteligência exatamente por definir a lógica e a racionalidade do sistema normativo, no que***

O princípio da legalidade, no âmbito exclusivo da administração pública, significa que esta – ao contrário do particular, que pode fazer tudo o que não seja proibido em lei – só poderá agir segundo as determinações legais[71].

Celso Antônio Bandeira de Mello diz que "é o fruto da submissão do Estado à lei. É, em suma: a consagração da ideia de que a administração pública só pode ser exercida na conformidade da lei e que, de conseguinte, a atividade administrativa é atividade sublegal, infralegal, consistente na expedição de comandos complementares à lei"[72].

O Professor Luís Roberto Barroso ressalta que o princípio da legalidade, na prática, apresenta-se de duas maneiras, as quais acabam por serem dois princípios autônomos[73]:

a) princípio da preeminência da lei, significando que todo e qualquer ato infralegal que não esteja de acordo com a lei será considerado inválido, por ser a lei a fonte suprema do direito;

b) princípio da reserva da lei: aqui, significa que determinadas matérias somente podem ser reguladas por lei, afastando-se quaisquer regulamentações por outras espécies de atos normativos.

Carmem Lúcia Antunes Rocha[74] já nos fala do princípio da juridicidade, explicando que em ambas as previsões constitucionais da legalidade, temos o princípio da juridicidade, muito mais abrangente que a legalidade. No art. 5º, inc. II, consubstancia-se um direito, com base na liberdade dos indivíduos. No *caput* do art. 37, temos um dever, com fundamento na ausência de liberdade da administração pública.

Ensina também que o princípio da juridicidade significa que a administração pública "é o próprio Direito tornado movimento realizador de seus efeitos para intervir e modificar a realidade social sobre a qual incide", e que na realidade, quem está submetido à lei, ao direito, é o administrador público.

---

lhe confere a tônica e lhe dá sentido harmônico. É o conhecimento dos princípios que preside a intelecção das diferentes partes componentes do todo unitário que há por nome sistema jurídico positivo". (SUNDFELD, Carlos Ari. **Fundamentos de Direito Público**, p. 136)

71. Carlos Ari Sundfeld ensina que "*A atividade administrativa deve ser desenvolvida nos termos da lei. A Administração só pode fazer o que a lei autoriza: todo ato seu há de ter base em lei, sob pena de invalidade. Resulta daí uma clara hierarquia entre a lei e o ato da Administração Pública que não seja concedido pela lei: o que a lei não lhe concede expressamente, nega-lhe implicitamente. Todo poder é da lei; apenas em nome da lei se pode impor obediência. Por isso, os agentes administrativos não dispõem de liberdade – existente somente para os indivíduos considerados como tais –, mas de competências, hauridas e limitadas na lei*".

72. MELLO, Celso Antônio Bandeira de. **Curso de Direito Administrativo**, p. 47.

73. BARROSO, Luís Roberto. Princípio da Legalidade. **Boletim de Direito Administrativo**. São Paulo: NDJ, a. XIII, v. 01, p. 15-28, jan. 1997, 16-17.

74. ROCHA, Carmen Lúcia Antunes. **Princípios Constitucionais da Administração Pública**. 1. ed. Belo Horizonte: Del Rey, 1994. p. 81.

Como se vê, o direito dos princípios serve de base ao próprio direito; são preceitos fundamentais para a prática do direito e proteção aos direitos.

A honestidade é a qualidade de tudo o que é honesto ou de tudo o que se faz conforme a decência. É tudo o que é feito em respeito à ordem geral e na conformidade das leis, da verdade e da virtude.

A honestidade significa agir com ética, decência e falar a verdade, sem enganar, fraudar ou mentir; é fazer sem malícia.

Por sua vez, o predicado da imparcialidade consiste no julgamento ou na escolha a ser feita sem qualquer influência por quaisquer fatores que o direito recomenda e autoriza. É aquela decisão desapaixonada, reta e justa.

Agir com imparcialidade é fazer ou executar com neutralidade.

Já a lealdade significa ser fiel aos compromissos superiores da instituição a que se pertence, agindo em seu interesse de conformidade com a lei.

Age com lealdade quem mostra fidelidade aos compromissos assumidos em nome da instituição a que pertence ou representa, procedendo conforme as leis da honra e do dever.

Na dicção da norma em comento, deve-se observar que este dispositivo é de natureza residual na compreensão da exclusão da aplicação dos arts. 9º (enriquecimento ilícito) e 10 (prejuízo ao erário), mas com o ato administrativo atentando contra os princípios ou o ordenamento jurídico, conduz o agente ao enquadramento neste dispositivo devido ao seu comportamento positivo ou negativo sem a dependência de ocorrer ou não, o resultado desejado por aquele, mas implicitamente agindo de má-fé, com desonestidade, com intenção de causar dolo ou prejuízo, de distorcer a verdade, mostrando-se enganador ou com deslealdade ao espírito da lei. É a violação ideológica da norma.

Afora esse aspecto residual, a norma especifica as condutas tipificadoras dos atos que se constituem em improbidade administrativa pela manifesta disposição do agente em agir à margem da legalidade para alcançar fins diversos dos estabelecidos pelo interesse da administração pública.

O agente que atenta contra os princípios de regência da administração pública ou mais notadamente, sua conduta se enquadra nos tipos descritos por este dispositivo; em princípio, pressupõe-se agir de forma consciente da ilicitude na via comissiva por dispor da qualificação exigida para o exercício da função que lhe dá o perfeito conhecimento para distinguir o legal do ilegal, o certo do errado e o jurídico do antijurídico.

Uma autoridade ou agente público exercente de cargo de direção no âmbito da administração pública quando desatende ou viola uma norma, tem pleno conhecimento do que está fazendo, e o faz de maneira voluntária com o propósito de negar a sua aplicabilidade ou executar o ato de forma diversa do que determina a lei.

Quando se agrega a qualificação do detentor de cargo ou função pública e a sua deliberada manifestação de profanar qualquer norma do ordenamento jurídico, a má-fé, a desonestidade ou a má intenção são predicados negativos, integrativos do seu ato.

Sobreleva mencionar que o princípio da moralidade administrativa pelo seu valor constitucional revestido de caráter ético-jurídico, requisito de legitimidade e validade do ato administrativo, é afetado diretamente por qualquer das condutas atentatórias, descritas neste dispositivo legal, já trazendo no interior a vontade maliciosa em desprestigiar a eficácia da norma.

Há, porém, a possibilidade de uma conduta culposa em que se evidencie a imprudência, a negligência ou imperícia, que pode projetar o fato como uma mera irregularidade e que merece tratamento diverso.

Afigura-se importante apontar outra modalidade de improbidade administrativa oriunda da Lei 10.257, de 10.07.2001, que regulamenta os arts. 182 e 183 da Constituição Federal; estabelece no seu art. 52, que incorrerão nessa conduta os prefeitos que violarem os dispositivos nele mencionados.

No que se refere ao dolo, para o direito administrativo é o método utilizado com base na má-fé, desonestidade e ilicitude, intencionado a produzir dano ao erário para auferir vantagem indevida em proveito próprio ou de terceiros.

Dolo significa a intenção consciente de cometer ou assumir o risco de um ato ilícito, que pressupõe o conhecimento da natureza da ação ou conduta considerada ilegal. Para sua configuração, é necessário que estejam presentes a consciência e a vontade do agente no seu cometimento.

Cumpre estabelecer que a intenção ou propósito, importa no objetivo típico ou ilegal perquirido na realização dos atos produzidos pelo agente.

De modo que haverá dolo se o agente desencadear uma ação que tenha consciência da tipicidade ou ilicitude para direcionar sua ação no sentido de realizar os elementos do tipo que integram a sua caracterização.

Assim:

> [...] *é que se fala em* dolo típico. Esse mesmo dolo é o genérico. Trata-se do requisito subjetivo geral exigido em todos os crimes dolosos: consci*ência e vontade de concretizar os requisitos objetivos do tipo. Por outro lado, o dolo específico está naqueles tipos penais em que se faz essa exigência; além do dolo genérico, há uma intenção especial do agente. O dolo específico está presente nos* tipos penais incongruentes, objeto do nosso descomplicando há alguns dias. O tipo penal incongruente é aquele que exige além do dolo genérico uma intenção especial, um requisito subjetivo transcendental[75].

E por fim, pode-se deduzir que o dolo genérico é a vontade de realizar fato descrito na norma penal ou civil incriminadora, a exemplo da Lei de Improbidade Administrativa.

---

75. Luiz Flávio Gomes – Jurista e cientista criminal. Áurea Maria Ferraz de Sousa – Advogada pós-graduada em Direito constitucional e em Direito penal e processual penal.

- "Descumprimento de lei em benefício de terceiros. Improbidade. Caracterização, uma vez que, ao determinar que seus subordinados descumprissem a lei em benefício de terceiro, os Administradores vulneraram os princípios da impessoalidade e da moralidade insculpidos no artigo 37, caput, da Constituição Federal. Dano ao erário configurado, ante a obrigação imposta ao Município de indenizar, pelas lesões imateriais experimentadas, a servidora afastada de suas funções, por ato que, embora formalmente legal, foi praticado com vistas a ilícita retaliação". (TJSP; Apelação 0000089-80.2014.8.26.0180; Relator (a): Jarbas Gomes; Órgão Julgador: 11ª Câmara Extraordinária de Direito Público; Foro de Espírito Santo do Pinhal - 1ª Vara; Data do Julgamento: 21/05/2018; Data de Registro: 21/05/2018)

- "Nos termos do disposto no art. 11 da Lei n.º 8.429/92, pratica ato de improbidade administrativa, violando princípio constitucional regulador da Administração Pública, bem como os deveres de legalidade e lealdade à instituição, o agente público que, se utilizando dos poderes que detém, em função de suas atribuições em estabelecimento prisional, empregam violência contra detentos, causando-lhes sofrimento físico e mental". (TJMG - Apelação Cível 1.0439.11.003689-4/002, Relator(a): Des.(a) Elias Camilo, 3ª CÂMARA CÍVEL, julgamento em 02/02/2017, publicação da súmula em 21/02/2017)

- "Caronas ocasionais em veículos da Administração, pela demandada, constituem mera irregularidade administrativa, de que não decorreu qualquer prejuízo aos cofres públicos, incapaz de caracterizar-se como ilegalidade qualificada, como exige o tipo do art. 11 da Lei de Improbidade Administrativa, justamente pela falta do elemento subjetivo. Improbidade administrativa bem evidenciada no caso concreto, estampada na solicitação e autorização de diárias para a realização de cursos, sem que tenha havido a respectiva participação em tais eventos, em manifesto desvio de finalidade". (Apelação Cível Nº 70071757504, Quarta Câmara Cível, Tribunal de Justiça do RS, Relator: Eduardo Uhlein, Julgado em 22/03/2017)

- "Esclarecido e demonstrado pelo réu, por meio de farta documentação não infirmada pelo autor, que as despesas inicialmente glosadas pelo ente convenente disseram respeito a aquisições de materiais (efetivamente entregues) levadas a efeito antes término do convênio, tendo apenas a ordem de pagamento - última fase da realização da despesa, meramente formal - sobrevindo à expiração do instrumento, tem-se o bastante à descaracterização do ato de improbidade, por suposto desvio do objeto do convênio. "A ilegalidade só adquire o status de improbidade quando a conduta antijurídica fere os princípios constitucionais da Administração Pública coadjuvados pela má-intenção do administrador" (Min. Luiz Fux, REsp 937.985/PR, DJe 10.09.2009)" (TJMG - Ap Cível/Rem Necessária 1.0416.14.000268-2/001, Relator(a): Des.(a) Áurea Brasil, 5ª CÂMARA CÍVEL, julgamento em 10/11/0016, publicação da súmula em 22/11/2016)

- "Pela dicção da sentença, "[...] é patente o desvio de finalidade dos recursos do Fundo Nacional de Saúde, ensejando, portanto, o acolhimento da pretensão deduzida pelo Ministério Público Federal". É que teria sido feito o transporte de alunos que pertencem à Secretaria Municipal de Educação e não da Secretaria Municipal de Saúde, mas com verbas do Fundo Nacional de Saúde. Em que pese alguma atipicidade na utilização da verba, e na aquisição do combustível, não se afirma (nem a inicial nem a sentença) que os serviços não foram prestados e no interesse público municipal, não cabendo falar em improbidade, que pressupõe desonestidade. Não se pode afirmar que o gestor tenha praticado ato visando a fim proibido em lei ou regulamento diverso daquele previsto na regra de competência (Lei 8.429/92 - art. 11, I). 3. (...) A exegese das regras insertas no art. 11 da Lei 8.429/1992, considerada a gravidade das sanções e restrições impostas ao agente público, deve ser realizada com ponderação, máxime porque a interpretação ampliativa poderá acoimar de ímprobas condutas meramente irregulares, suscetíveis de correção administrativa e, a fortiori, ir além do que o legislador pretendeu." (STJ - 1ª Turma, REsp. 980.706/RS. Rel. Min. Luiz Fux - DJe 23/02/2011). 4. É indispensável, na interpretação do art. 11 da Lei 8.429/92, que os núcleos desonestidade, parcialidade, ilegalidade ou deslealdade às instituições sejam vetores ou elementos condutores da improbidade. A ofensa a esses princípios da administração pública somente adquire o qualificativo da improbidade, para os efeitos do art. 11, quando se evidenciar como um meio de realização de objetivos ímprobos. A improbidade há que vincular-se sempre a valores e questões materiais. Provimento da apelação. (TRF1 - AC 0006344-90.2009.4.01.3306 / BA, Rel. DESEMBARGADOR FEDERAL OLINDO MENEZES, QUARTA TURMA, e-DJF1 de 15/12/2016)

- "Regularidade dos convênios celebrados pelo Município de Pratápolis com instituições de ensino superior, sem que houvesse lei que os autorizasse previamente. Não configuração da prática de ato de improbidade administrativa. Secretária de Educação que, possuindo competência delegada para a realização de despesas, concedeu bolsas de estudos a seu filho, sua sobrinha e à filha do Secretário de Administração Municipal, em percentual muito superior ao destinado aos demais munícipes. Deliberada intenção da agente em conferir vantagem pecuniária a si mesma e a parentes e amigos, privilegiando interesses privados em detrimento do público. Ato que consubstancia abuso de poder, por desvio de finalidade. Conduta contrária aos princípios constitucionais básicos que regem o setor público, notadamente os da legalidade, impessoalidade e moralidade administrativa (C R/88, art. 37, caput). Caracterização da prática, pela Secretária de Educação do Município de Pratápolis, do ato de improbidade administrativa previsto no artigo 11, caput e inciso I da Lei 8.429/92." (TJMG - Apelação Cível 1.0529.07.018782-6/001, Relator(a): Des.(a) Áurea Brasil, 5ª CÂMARA CÍVEL, julgamento em 18/02/2016, publicação da súmula em 29/02/2016)

- Segundo a jurisprudência dominante desta Corte, "o ato de improbidade administrativa previsto no art. 11 da Lei 8.429/92 exige a demonstração de dolo, o qual, contudo, não necessita ser específico, sendo suficiente o dolo genérico" (STJ, AgRg no AREsp 798.434/SP, Rel. Ministro HERMAN BENJAMIN, SEGUNDA TURMA, DJe de 25/05/2016). Ademais, para que se concretize a ofensa ao art. 11 da Lei de Improbidade - como na hipótese -, "revela-se dispensável a comprovação de enriquecimento ilícito do administrador público ou a caracterização de prejuízo ao Erário" (STJ, AgRg no AREsp 804.289/PR, Rel. Ministro HERMAN BENJAMIN, SEGUNDA TURMA, DJe de 24/05/2016). (STJ - AgRg no AREsp 437.310/SP, Rel. Ministra ASSUSETE MAGALHÃES, SEGUNDA TURMA, julgado em 25/10/2016, DJe 17/11/2016)

- "Investigador de polícia que, após o envolvimento da irmã em briga de trânsito, utilizou o sistema de informações da polícia civil para obtenção do endereço da mulher que teria ofendido seu parente e, dirigindo-se, na companhia do pai, ao local onde labora o companheiro desta mulher, agrediu-o violentamente. Ostentação da condição de policial perante terceiros para a execução do ato. Episódios que consubstanciam evidente abuso de poder do agente, por desvio de finalidade, já que usou a máquina pública em benefício próprio. Conduta contrária aos princípios constitucionais básicos que regem o setor público, notadamente os da legalidade, impessoalidade e moralidade administrativa (CR/88, art. 37, caput). Caracterização do ato de improbidade administrativa previsto no artigo 11, *caput*, da Lei 8.429/92". (TJMG - Apelação Cível 1.0702.12.028051-7/001, Relator(a): Des.(a) Áurea Brasil, 5ª CÂMARA CÍVEL, julgamento em 09/04/0015, publicação da súmula em 22/04/2015)

- "Praticam ato de improbidade administrativa (Lei n. 8.429/1992, art. 11) servidores que promovem reunião de agentes comunitários de saúde visando concitá-los a participar de campanha do prefeito, candidato à reeleição". (AC 2008.069778-0, Des. Newton Trisotto). (TJSC – Ap. Cív. 2012.035539-7/Araranguá – Rel. Des. Newton Trisotto – j. em 17.12.2013).

- "[...] amolda-se ao disposto no caput do art. 11 da Lei 8.429/92, [...] contratar e manter servidora sem concurso público na Administração, [...] ainda que o serviço público tenha sido devidamente prestado, tendo em vista a ofensa direta à exigência constitucional nesse sentido. [...] a admissão da servidora 'não teve por objetivo atender a situação excepcional e temporária, pois a contratou para desempenhar cargo permanente na administração municipal, tanto que, além de não haver qualquer ato a indicar a ocorrência de alguma situação excepcional que exigisse a necessidade de contratação temporária, a função que passou a desempenhar e o tempo que prestou serviços ao Município demonstram claramente a ofensa à legislação federal'. [...]". (STJ – REsp. 1.005.801/PR – 1ª Seção – Rel. Min. Castro Meira – j. em 27.04.2011 – DJe 12.05.2011)

- "Configura-se ato de improbidade administrativa a nomeação e posse de 28 (vinte e oito) candidatos aprovados em concurso público, nos últimos 180 dias de gestão do requerido, ex-Prefeito do Município de Fervedouro, por já ciente de que o Poder Executivo local havia extrapolado o limite setorial de 54% de despesa com pessoal, estabelecido pela Lei de Responsabilidade Fiscal, além dessas posses terem ocorrido após advertência feita pelo Tribunal de Contas do Estado de Minas Gerais. (TJMG – Ap. Cív. 1.0133.09.047942-8/001 – 1ª Câmara Cível – Rel. Des. Eduardo Andrade – j. em 11.06.2013 – publicação da Súmula em 20.06.2013)
- "Prefeito municipal realização de despesas nos dois últimos quadrimestres do mandato sem disponibilidade financeira suficiente para quitá-las infração ao disposto no art. 42 da LC 101/2000 (Lei de Responsabilidade Fiscal) violação ao princípio da legalidade ato de improbidade administrativa tipificado no art. 11 da Lei 8.429/92 dolo genérico suficientemente evidenciado. Conduta do Prefeito Municipal que, de forma consciente e inescusável, realiza despesas, inclusive supérfluas ou postergáveis, nos dois últimos quadrimestres da sua gestão sem que haja disponibilidade financeira para quitá-las até o término do mandato". (Apelação Cível n. 2010.042197-5, de Ibirama, rel. Des. Newton Janke, j. 14-2-2012). (TJSC – Ap. Cív. 2010.058974-1/Itaiópolis – Rel. Des. Cid Goulart – j. em 16-12-2013)
- "Pagamento de propina efetuado por escritório de advocacia a oficial de justiça, a fim de agilizar o cumprimento de mandado judicial de seu interesse, inclusive oscilando o valor conforme o resultado da diligência. Recebimento indevido pelo serventuário da justiça. Ato de improbidade caracterizado. Rede de corrupção executada em todo o território nacional. Organização envolvendo diversos agentes em relação a cada ato. Acusado *intraneus* e grupo *extraneus*. Alegações defensivas inconsistentes. Culpa ímproba de todos os envolvidos plenamente evidenciada. Caracterização da improbidade do art. 9º, caput, com sanção prevista no art. 12, I, da Lei 8.429/92, relativamente ao *intraneus*, e da improbidade do art. 11, *caput*, com a sanção prevista no art. 12, III, da mesma lei, relativamente ao grupo *extraneus*. Adesão, no caso concreto, por questão de política judiciária, tendo em conta vários precedentes da câmara, ao princípio da suficiência. Apelação provida em parte". (TJRS – Ap. Cív. 70040236952 – 1ª Câmara Cível – Rel. Des. Irineu Mariani – j. em 24.08.2011)
- "Réu que, no tempo em que era Prefeito Municipal de Painel, nos dois últimos quadrimestres do seu mandato contraiu vultosa (para o porte do Município) obrigação de despesa, sem suficiente provisão de caixa que permitisse o seu cumprimento no exercício seguinte. Violação aos princípios da legalidade e da moralidade (art. 11 da Lei 8.429/1992), que dispensam, para a sua caracterização, a prova do dolo ou de má-fé. "A Lei Complementar 101/2000 não tem como objetivo precípuo o combate à corrupção, à desonestidade ou ao desvio, como foi tão insistentemente divulgado pela imprensa. Pode ser mesmo que ela dificulte, como norma preocupada com a transparência e a publicidade dos atos financeiros e orçamentários dos entes públicos, a malversação e a improbidade. Mas tal efeito será secundário, porque não é esse o fim fundamental que preside a sua elaboração. A Lei de Responsabilidade Fiscal almeja, muito mais, ser um complexo de normas ótimas de gestão e administração, para reduzir as aplicações em gasto com pessoal, assegurar o aumento da receita, limitar o endividamento (especialmente dos Estados e Municípios). É lei que procura efetivar a ideia, tão cara aos liberais, de equilíbrio orçamentário, impedindo que os entes públicos gastem mais do que arrecadam. Contém dispositivos úteis e importantes para a implantação entre nós, de um planejamento consistente, coibindo as improvisações governamentais tão constantes e os gastos eleitoreiros e corporativos. Preocupa-se, antes, com a eficiência, tentando aproximar a gestão da coisa

pública da gestão prudencial da coisa privada" (DERZI, Misabel Abreu Machado. Comentários à lei de responsabilidade fiscal. 4. ed. São Paulo: Saraiva, 2009. p. 265-266). A regra só admite exceção quando a conduta decorre de situações extraordinárias devidamente comprovadas, como, v.g., calamidade pública, emergências, o que não é o caso. (TJSC – Ap. Cív. 2009.036163-7/Lages – Rel. Des. Vanderlei Romer – j. em 01-09-2009).

- "Comprovada a indevida cessão de veículo de propriedade municipal para fins particulares, não obstante previsão na Lei Orgânica Municipal, configurada está a tipificação da conduta como ato de improbidade administrativa previsto no art. 12, inc. XIII, da Lei 8.429/92. A lesão a princípios administrativos contida no art. 11 da Lei 8.429/92 não exige dolo ou culpa na conduta do agente nem prova da lesão ao erário público. Basta a simples ilicitude ou imoralidade administrativa para restar configurado o ato de improbidade. A ação civil pública, ao coibir o dano moral, é própria para censura a ato de improbidade, mesmo que não haja lesão aos cofres públicos. (Precedente do STJ: REsp. 261.691 – MG). (TJMG – Proc. 1.0672.04.147832-8/001(1) – DJ 13.05.2008 – Relª. Desª. Maria Elza)
- "Falta de publicação de relatórios semestrais com gastos em publicidade e propaganda dos atos administrativos. Ausência de dolo ou má-fé, de enriquecimento ilícito ou favorecimento de terceiro ou de prejuízo ao erário municipal". (TJRS – Ap. 128547800 – 5ª CC – j. em 29.08.2002 – Rel. Des. Domingos Ramina)

11.1. Desvio de finalidade ou ilegalidade do objeto

I - praticar ato visando fim proibido em lei ou regulamento ou diverso daquele previsto, na regra de competência;

A doutrina é uniforme no sentido de sustentar que o agente público somente decide ou age com eficácia e validade, quando movido pelos fins traçados no ordenamento jurídico visando alcançar o bem comum ou o interesse público.

Dentro desse contexto, o agente público deve pautar-se de conformidade com os superiores princípios inseridos no *caput* para atender ao bem comum da sociedade e ao regime jurídico de ordem pública, onde o direito coletivo se sobrepõe ao individual, de modo que, evidenciando-se violação dos princípios da administração pública, figura prevista no art. 11 da Lei 8.429/92, doutrina Marçal: "*na consumação, da percepção de um benefício econômico, assim como não se exige dolo específico, para a caracterização conduta intencional, consumando-se a improbidade, nos termos do art. 11 da Lei 8.429/92, por uma ação ou omissão violadora aos deveres da legalidade, honestidade, imparcialidade, honestidade e lealdade*"[76].

Nesse mesmo sentido, preleciona de José Carvalho dos Santos Filho: "*o pressuposto exigível de improbidade cometida com base no art. 11 da Lei 8.429/92 é somente a vulneração em si dos princípios administrativos. Consequentemente, são pressupostos dispensáveis o enriquecimento ilícito e o dano ao erário, não sendo essencial lesão patrimonial às pessoas mencionadas no art. 1º da Lei 8.429/92*"[77].

76. **Curso de Direito Administrativo.** São Paulo: Saraiva, p. 686-691.
77. **Manual de Direito Administrativo.** 15. ed. Rio de Janeiro: Lumen Juris.

Aviltados, portanto, os deveres de probidade, retidão, impessoalidade, seriedade, imparcialidade, diligência e responsabilidade, o agente público está sujeito às sanções da Lei de Improbidade Administrativa, ainda que não tenha havido dano patrimonial ou enriquecimento ilícito.

Esse entendimento é fortalecido pela redação do art. 21 da Lei 8.429/92 ao admitir a possibilidade de aplicação de sanção, independentemente da efetiva ocorrência de dano ao patrimônio público. Emerson Garcia assevera: "*Na dicção do art. 21, I, da Lei 8.429/92, a aplicação das sanções previstas no art. 12 independe 'da efetiva ocorrência de dano ao patrimônio público, logo, não sendo o dano o substrato legitimador da sanção, constata-se que é elemento prescindível à configuração da improbidade administrativa*"[78].

Portanto, a lógica jurídica deduz que a ação civil pública, ao coibir o dano moral, é própria para a censura a ato de improbidade, mesmo que não haja lesão aos cofres públicos. (Precedente do STJ: REsp. 261.691 – MG)

> Contudo, não há de confundir ato de improbidade administrativa com lesão ao patrimônio público, porquanto aquele se insere no âmbito de valores morais, em virtude de ferimento dos princípios norteadores da atividade administrativa. Observa-se, por exemplo, que as condutas tipificadas no rol dos incisos do art. 10 são os que atentam contra a moralidade administrativa e que os tipificados no art. 11 atêm-se aos princípios da administração pública, princípios estes que também constam do art. 37, § 4º, da Constituição Federal. E, tratando-se de princípios, não obstante a previsão na lei positiva, ao se mensurar acerca da honestidade, imparcialidade, legalidade e lealdade que devem nortear a conduta administrativa, não se exige o efetivo dano ao erário público, pois são valores que visam o resguardo da moralidade administrativa. (REsp. 731.109/PR – Rel. Min. João Otávio de Noronha)

Observe-se, ainda, pela sua relevância, o magistério de Hely Lopes Meirelles, pautado na doutrina de Hauriou:

> O agente administrativo, como ser humano dotado da capacidade de atuar, deve, necessariamente, distinguir o Bem do Mal, o honesto do desonesto. E, ao atuar, não poderá desprezar o elemento ético de sua conduta. Assim, não terá que decidir somente entre o legal e o ilegal, o justo e o injusto, o conveniente e o inconveniente, o oportuno e o inoportuno, mas também entre o honesto e o desonesto. Por considerações de direito e de moral, o ato administrativo não terá que obedecer somente à lei jurídica, mas também à lei ética da própria instituição, porque nem tudo que é legal é honesto, conforme já proclamavam os romanos: – *non omne quod licet honestum est.* A moral comum, remata Hauriou, é imposta ao homem para sua conduta externa; a moral administrativa é imposta ao agente público para sua conduta

78. **Improbidade Administrativa**. 2. ed. Rio de Janeiro: Lumen Juris, 2002. p. 292.

> interna, segundo as exigências da instituição a que serve, e a finalidade de sua ação: o bem-comum[79].

Ainda a respeito da conceituação de moralidade administrativa, ensina Hely Lopes Meirelles[80]:

> A moralidade administrativa constitui, hoje em dia, pressuposto de validade de todo ato da administração pública (CF, art. 37, caput). Não se trata – diz Hauriou, o sistematizador de tal conceito – da moral comum, mas se de uma moral jurídica, entendida como "o conjunto de regras de conduta tiradas da disciplina interior da Administração". Desenvolvendo sua doutrina, explica o mesmo autor que o agente administrativo, como ser humano dotado da capacidade de atuar, deve, necessariamente, distinguir o Bem do Mal, o honesto do desonesto. E, ao atuar, não poderá desprezar o elemento ético de sua conduta. Assim, não terá que decidir somente entre o legal e o ilegal, o justo e o injusto, o conveniente e o inconveniente, o oportuno e o inoportuno, mas também entre o honesto e o desonesto.

E conclui:

> O certo é que a moralidade do ato administrativo juntamente com a sua legalidade e finalidade, além da sua adequação aos demais princípios, constituem pressupostos de validade sem os quais toda atividade pública será ilegítima. Já disse notável Jurista luso – Antônio José Brandão – que "a atividade dos administradores, além de traduzir a vontade de obter o máximo de eficiência administrativa, terá ainda de corresponder à vontade constante de viver honestamente, de não prejudicar outrem e de dar a cada um o que lhe pertence – princípios de Direito Natural já lapidarmente formulados pelos jurisconsultos romanos.

Como se vê, a moralidade administrativa retrata uma análise com contornos de definição objetiva; é o pensamento médio da sociedade, a impressão média do homem comum sobre o comportamento ético, decente e de boa-fé.

Na definição desta norma, na primeira parte enquadra-se o agente que pratica ato visando ao fim proibido em ou regulamento. É a ilegalidade do objeto que ocorre quando o resultado do ato importa em violação da lei, regulamento ou outro ato normativo.

Essa ilegalidade conduz no sentido de arbitrariedade; revela-se pelo excesso de autoridade ou vontade de praticar o ato abusivo; traz intrinsecamente na sua postura o dolo, a maneira ardil ou enganosa de um desígnio ilícito almejado.

A segunda figura diz respeito à prática de ato visando ao fim diverso daquele, previsto na regra de competência; é o desvio de finalidade pela violação moral da lei. O agente público trilha por caminhos diferentes daqueles vislumbrados pelo

79. **Direito Administrativo Brasileiro**. 14. ed. 1989. p. 79.

80. **Direito Administrativo Brasileiro**. 27. ed. São Paulo: Malheiros, 2002. p. 87-88.

legislador, por veredas não pretendidas pela legislação, mas que revela como motivação, a satisfação de interesses pessoais ou de outrem, em detrimento do interesse maior da coletividade ou do bem comum.

Nessa modalidade de improbidade administrativa, o agente atua nos limites de sua competência, mas age de forma diferente do que estabelece a norma para atender objetivos outros que não sejam do interesse da administração pública; é o meio ardiloso de alcançar algum desejo escuso mediante uma ilicitude de forma dissimulada.

Nesse contexto, o agente público que se vale da competência que lhe foi outorgada pela norma para o atingimento de finalidade diversa daquela que lhe é conferida, incorre em desvio.

Na lição precisa de Caio Tácito, "é por meio da análise criteriosa da motivação do ato administrativo, dos indícios veementes que defluem da conferência entre os motivos invocados e os resultados alcançados ou pretendidos que o desvio de poder virá à tona"[81].

Na preciosa dicção de Celso Antônio Bandeira de Mello:

> ocorre desvio de poder e, portanto, invalidade, quando o agente se serve de um ato para satisfazer finalidade alheia à natureza do ato utilizado. Há em consequência, um mau uso da competência que o agente possui para praticar atos administrativos, traduzidas na busca de uma finalidade que simplesmente não pode ser buscada ou, quando possa, não pode sê-lo através do ato utilizado[82].

Acrescenta, ainda, o mesmo autor:

> no desvio de poder há sempre um "móvel", isto é, intenção inadequada. Pode ser de boa ou má-fé. Com ou sem desejo de satisfazer um apetite pessoal. Contudo, o ato será sempre viciado por não manter relação adequada com a finalidade em vista da qual poderia ser praticado. O que vicia, portanto, não é o defeito de intenção – ainda que através disto se possa perceber o vício – mas o desacordo objetivo entre a finalidade do ato e a finalidade da competência[83].

A intenção dos agentes públicos na edição dos atos administrativos é indício aferidor do desvio de competência. Não é o desvio. Este se caracteriza pela desconexão entre a competência gizada na norma e a finalidade que se pretendeu atingir.

A tipologia deste dispositivo alcança diretamente a violação ideológica da lei; melhor dizendo, a profanação da lei, visando ao agente público para fins não queridos pelo legislador para projetar um ato aparentemente regular pelos artifícios utilizados astuciosamente para burlar a regra normativa.

81. **Direito Administrativo**, 1975. p. 133.

82. **Elementos de Direito Administrativo**, 1980. p. 47.

83. **Elementos de Direito Administrativo**, 1980. p. 48.

A regência deste inciso emoldura o desvio de poder pela realização explícita diante da transgressão frontal do texto legal, situação em que o agente público deliberadamente volta-se para o atingimento de finalidade conhecidamente ilícita.

A outra hipótese coincide com aquela descrita pelo art. 2º, "d", conceituando-o na alínea "e" do parágrafo único da Lei 4.717/65 – "*o desvio de finalidade se verifica quando o agente pratica o ato visando a fim diverso daquele previsto, explícita ou implicitamente, na regra de competência*".

- "Nomeação excessiva de cargos em comissão. A nomeação para cargos de confiança é admitida apenas nas hipóteses de funções políticas, ou seja, de direção, chefia e assessoramento, de modo que, no presente caso, evidenciam-se as contratações para funções burocráticas com respaldo na carência de funcionários efetivos no Legislativo de Triunfo. A prática reiterada de admissão de cargos em comissão de forma irresponsável demonstrada nos autos não deve ser considerada mera irregularidade divergente dos casos previstos na Lei de Improbidade Administrativa. Tanto os documentos colacionados aos autos, quanto os depoimentos testemunhais aliados à realidade fática do caso em apreço alicerçam o manto probatório necessário para demonstrar a nítida afronta dos réus aos princípios da administração pública, propositadamente violando os deveres de honestidade, imparcialidade, legalidade e lealdade. Enquadramento ao artigo 11 da Lei n.º 8.429/92". (Apelação Cível Nº 70074431131, Primeira Câmara Cível, Tribunal de Justiça do RS, Relator: Sergio Luiz Grassi Beck, Julgado em 23/05/2018)
- "Repasse a menor do duodécimo. Mera irregularidade. Danos ao erário e ofensa aos princípios da administração pública. A alegação de inadequação da via eleita foi repelida pela juíza da causa através de decisão saneadora, contra a qual não houve oportuna interposição de recurso à época, motivo pelo qual encontram-se preclusas as vias impugnativas no tocante à referida matéria. A Lei de Improbidade Administrativa visa punir o agente público desonesto, devasso, não o inábil. Isso significa dizer que, para este seja considerado réu em ação de improbidade administrativa, necessária a constatação da desonestidade e da imoralidade, antítese da boa-fé, além dos demais elementos que tipificam o delito, senão o fato será atípico. 3. A falha administrativa não configura, por si só, prática de ato de improbidade, mormente se tal ato não resultou em qualquer lesividade ao patrimônio público, nem enriquecimento ilícito da parte envolvida. As infrações de que tratam os artigos 10 e 11 da Lei nº 8.429/92, além de dependerem da comprovação de dolo ou culpa grave por parte do agente supostamente ímprobo, podem exigir, conforme as circunstâncias do caso, a prova de lesão ou prejuízo ao erário, o que não restou comprovado na espécie, impondo-se a improcedência do pleito exordial". (TJGO, APELACAO 0230314-98.2011.8.09.0044, Rel. GERSON SANTANA CINTRA, 3ª Câmara Cível, julgado em 14/03/2018, DJe de 14/03/2018)
- "Duodécimo a maior - Ministério Público que busca a condenação ex-prefeito de Carapicuíba pelo repasse a maior que o previsto na Constituição do duodécimo para a Câmara Municipal – Art. 29-A da CF/. A despeito da irregularidade do repasse a maior do duodécimo, não há demonstração de dolo na conduta do alcaide – Existência de discussão acerca da base de cálculo dos duodécimos que torna o tema controvertido, afastando a caracterização do dolo – Sentença reformada – Precedentes desta Corte - Recurso do Requerido provido. Prejudicado o recurso do Autor". (TJSP; Apelação 1006990-12.2014.8.26.0127; Relator (a): Rubens Rihl; Órgão Julgador: 13ª Câmara Extraordinária de Direito Público; Foro de Carapicuíba - 3ª Vara Cível; Data do Julgamento: 14/05/2018; Data de Registro: 14/05/2018)
- "Não aplicação de recursos de convênio no mercado financeiro. Não apresentação de apólice de seguro total do veículo adquirido para transporte escolar. Inexistência de comprovação de conduta ímproba. A não aplicação, no mercado financeiro, dos recursos recebidos em virtude de convênio, enquanto não utilizados, imputação que sequer consta da inicial, e que não vem quantificada na apelação, não constitui ato de improbidade administrativa se não

demonstrados o valor do suposto dano e o elemento subjetivo, a vontade inequívoca de praticar o ato ímprobo, desonesto, de má-fé, que jamais pode ser presumido". (TRF1 - ACORDAO 00001247920094013305, DESEMBARGADOR FEDERAL OLINDO MENEZES, TRF1 - QUARTA TURMA, e-DJF1 DATA:04/05/2018 PAGINA:.)

- "A não exibição da apólice do seguro total do veículo adquirido para transporte escolar não passa de mera irregularidade (omissão) sem tipicidade ímproba, sem falar que não há nos autos notícia de nenhum sinistro no período em que o veículo esteve sob uso do município ou durante a vigência do convênio, devidamente realizado". (TRF1 - ACORDAO 00001247920094013305, DESEMBARGADOR FEDERAL OLINDO MENEZES, TRF1 - QUARTA TURMA, e-DJF1 DATA:04/05/2018 PAGINA:.)

- "A nomeação de advogado para o provimento de cargo de Diretor Jurídico, previsto em lei como em comissão e de livre nomeação, não configura ato de improbidade administrativa". (TJSP; Apelação 3001106-51.2013.8.26.0531; Relator (a): Teresa Ramos Marques; Órgão Julgador: 10ª Câmara de Direito Público; Foro de Santa Adélia - Vara Única; Data do Julgamento: 07/05/2018; Data de Registro: 09/05/2018)

- "Doação de áreas públicas. Período eleitoral. Ato de improbidade administrativa caracterizado. Penalidades. Comprovada a prática de doação de 03 (três) áreas públicas à 3 (três) entidades religiosas distintas em período eleitoral, denota-se a violação dos princípios que norteiam a administração pública, configurando ato de improbidade administrativa descrito no artigo 11, inciso I, da Lei 8.429/92, escorreita, neste ponto, a sentença singular". (TJGO, Apelação (CPC) 0349931-79.2011.8.09.0132, Rel. AMÉLIA MARTINS DE ARAÚJO, 1ª Câmara Cível, julgado em 11/10/2017, DJe de 11/10/2017)

- "O fato de ter destinado a verba federal ao pagamento de folha de pessoal, com o intuito de evitar paralisação dos servidores (o que não restou comprovado), não elide a natureza ímproba dos atos praticados por ele, podendo repercutir - no máximo - na dosimetria das penas aplicáveis, porque redundaram na supressão de recursos indispensáveis à prestação de serviços de saúde e educação à população - áreas sensíveis que, não por outra razão, mereceram disciplina específica na Constituição Federal (arts. 6º, 34, inciso VII, alínea 'e', 196 a 200 e 205 a 214). A ausência de efetivo dano ao erário ou locupletamento ilícito (já que os recursos foram empregados no âmbito da própria Administração Pública municipal) impede a condenação do réu pela prática de atos tipificados no artigo 10 da Lei n.º 8.429/92, porém não afasta sua responsabilidade pela conduta contrária aos princípios que regem a Administração Pública, notadamente a legalidade, a impessoalidade e a moralidade administrativa, nos termos do artigo 11 do referido diploma legal". (TRF4, AC 5000719-76.2014.404.7106, QUARTA TURMA, Relatora VIVIAN JOSETE PANTALEÃO CAMINHA, juntado aos autos em 16/02/2017)

- "Constatação em laudo pericial de irregularidades na concessão de diárias e adiantamentos para despesas com prestação de serviços e gastos de consumo. Demonstrada a prática de ato ímprobo, que configura improbidade administrativa em duas de suas modalidades: lesão aos cofres públicos e violação dos preceitos que regem a Administração Pública, principalmente os princípios da legalidade e da moralidade administrativa (artigos 10 e 11 da Lei n. 8.429/92), necessária à aplicação das sanções previstas no artigo 12, II e II da Lei de improbidade administrativa". (TJGO - Ap 43744/2015, DESA. NILZA MARIA PÔSSAS DE CARVALHO, QUARTA CÂMARA CÍVEL, Julgado em 07/02/2017, Publicado no DJE 14/02/2017)

- "A tredestinação de verba pública causa lesão ao erário que fica desfalcado dos recursos que deveriam servir para a finalidade prevista em lei; tanto mais grave na espécie, em que a verba pública desviada estava destinada à educação. O dolo aí é manifesto, porque nela o resultado corresponde à intenção". (STJ – EDcl nos EDcl no AgRg no AREsp. 166.481/RJ – 1ª Turma – Rel. Min. Ari Pargendler – j. em 06.02.2014 – DJe 17.02.2014)

- "Nos moldes do art. 11 da Lei nº 8429/92, pratica ato de improbidade administrativa, violando princípio constitucional regulador da Administração Pública e seus deveres de legalidade e lealdade à instituição, o agente penitenciário que se utiliza dos poderes que detinha em função do cargo para receber vantagem patrimonial indevida pela ocultação de cometimento de falta grave. Para evitar injustiças flagrantes, cumpre ao julgador atentar para a regra motriz, insculpida no parágrafo único do artigo 12, para graduar a pena em conformidade com o seu potencial ofensivo. O agente perde a função pública que estiver desempenhando quando da condenação, e não a que exercia à época da prática do ato". (TJMG - Apelação Cível 1.0702.10.037462-9/002, Relator(a): Des.(a) Afrânio Vilela, 2ª CÂMARA CÍVEL, julgamento em 17/09/2013, publicação da súmula em 27/09/2013)

- Contrato administrativo de transporte escolar, cujo preço foi subsidiado pelo município, celebrado com desvio de finalidade. Utilização de interposta pessoa, verdadeiro "testa-de-ferro, para conferir aparência de legalidade e conformidade do contrato com a finalidade pública visada. Prefeito municipal. Impedimento de licitar ou contratar com o poder público. Vedação expressa contida no art. 9º, inc. III, da Lei 8.666/93. Desvio de finalidade do ato administrativo, apurado mediante conjunto de indícios e circunstâncias delineados pela prova testemunhal coligida ao feito. Ato comissivo e doloso que se amolda ao tipo do art. 11, inc. I, da lei de improbidade administrativa. Ato praticado visando atender, sobretudo, fim de índole privada, marcado pela quebra do princípio da impessoalidade. Sentença confirmada por seus próprios fundamentos. Apelações desprovidas. (TJRS – Ap. Cív. 70019707033 – 2ª Câmara Cível – Rel. Des. Miguel Ângelo da Silva – j. em 21.10.2009)

- "No caso dos autos, a conduta ímproba derivou da gestão irregular de bens públicos, mediante atuação de entidade privada (associação corré), que se perpetuou durante os mandatos dos acusados. Afastada a prescrição alegada. Conduta de improbidade administrativa: As condutas de improbidade perpetradas pelos corréus, em razão do desempenho irregular da função de prefeito municipal, que ambos ocuparam por dois mandatos, caracteriza-se em razão de contratações irregulares com a entidade privada Corré (Associação de Agricultores (AMAGRIL), sem o devido processo licitatório prévio, desdobradas em contratações supervenientes, a demonstrar o desvio de finalidade público, resultando em prejuízos ao Poder Público que beneficiou indevidamente a referida entidade privada". (TJRS – Ap. Cív. 70025217613 – 3ª Câmara Cível – Rel. Des. Paulo de Tarso Vieira Sanseverino – j. em 02.04.2009)

- "Comprovada a utilização de recursos públicos com desvio de finalidade e em proveito próprio, deve o quantum ser ressarcido ao erário. Os herdeiros do agente público respondem pelo ressarcimento nos limites da herança. O tesoureiro municipal cumpre ordens superiores e não tem poder de decisão, mas responde por ato de improbidade administrativa quando pratica ato manifestamente ilegal e lesivo ao erário". (TJMG – Ap. Cív. 1.0080.05.001315-2/001 – 2ª Câmara Cível – Rel. Des. Caetano Levi Lopes – j. em 25.11.2008 – publicação da Súmula em 10.12.2008)

- Art. 11, inc. I, da Lei 8.429/92 Contratação de empresa de informática para ministrar cursos de informática e inglês em programa da Prefeitura Municipal de Guabiju, sem licitação, com a subcontratação dos serviços da esposa do então Prefeito Municipal (ministrar aulas de inglês). Manifesto o desvio de finalidade da contratação, destacando-se que a empresa de informática utilizou-se de servidores municipais para ministrarem as aulas de informática, sendo esses remunerados pelos cofres públicos. Reconhecimento da prática de atos de improbidade administrativa, vedados pelo art. 11, inc. I, da Lei 8.429/92, por terem ofendido os princípios da moralidade e impessoalidade administrativa. Condenação às penalidades de multa civil e da proibição de contratar com o Poder Público. APELAÇÕES PARCIALMENTE PROVIDAS. SENTENÇA REFORMADA. (TJRS – Ap. Cív. 70.019.350.107 – 3ª Câmara Cível – Rel. Paulo de Tarso Vieira Sanseverino – j. em 11.09.2008)

- "O desvio de poder pode ser aferido pela ilegalidade explícita (frontal ofensa ao texto de lei) ou por censurável comportamento do agente, valendo-se de competência própria para atingir finalidade alheia àquela abonada pelo interesse público, em seu maior grau de compreensão e amplitude. A análise da motivação do ato administrativo, revelando um mau uso da competência e finalidade despojada de superior interesse público, defluindo o vício constitutivo, o ato aflige a moralidade administrativa, merecendo inafastável desfazimento. No caso, embora guardando a aparência de regularidade, ressaltado o desvio de finalidade, revestindo-se de ilegalidade deve ser anulada a resolução concessiva do aumento da remuneração. Recurso improvido". (STJ – REsp. 21.156/SP – DJ 10.10.1994 – p. 27.106 – 1ª Turma – Rel. Min. Milton Luiz Pereira)

- "No caso, é adequada a punição dos administradores pelo cometimento de atos de improbidade administrativa, configurados na efetivação de despesas ilegais e posterior ajuste irregular da contabilidade, mediante a baixa de empenhos não pagos. Pelas circunstâncias apuradas, constata-se a infração aos deveres de legalidade e moralidade dos administradores públicos, pouco importando a ausência de benefício financeiro próprio, pois que restaram satisfatoriamente demonstrados o desvio de dinheiro e a fraude contábil, autorizadores das punições previstas na Lei 8.429/92". (TJPR – Proc. 151956800 – 1ª CC – j. em 04.05.2004 – Rel. Des. Péricles Bellusci de Batista Pereira)

- "O provimento de cargos de livre nomeação e exoneração deve obedecer aos requisitos encartados na Constituição Federal, vale dizer a) devem ser destinados às funções de direção, chefia e assessoramento; b) devem ser observados os princípios que regem a administração pública: legalidade, impessoalidade, moralidade, publicidade e eficiência, entre outros. *In casu*, o Tribunal a quo entendeu que a criação e o provimento de 27 (vinte e sete) cargos em comissão se deu exclusivamente para atender a interesses particulares dos ora agravantes, servindo de "recompensa" política aos contemplados, de forma que restaria configurado a improbidade administrativa no termos da Lei infraconstitucional de regência – Lei 8.429/92 – desvio de finalidade e violação ao princípio da moralidade administrativa". (STJ – AI 842925 AgR – Rel. Min. Luiz Fux – 1ª Turma – j. em 23.08.2011 – DJe 13.09.2011)

- "Cuidam os autos de Ação Civil Pública movida pelo Ministério Público do Estado de Minas Gerais contra o Município de Rio Espera, em decorrência de suposta improbidade administrativa que envolve desvio de finalidade na remoção de servidoras públicas aprovadas por concurso público para atender interesse político. A suposta conduta amolda-se aos atos de improbidade censurados pelo art. 11 da Lei 8.429/1992, pois vai de encontro aos princípios da moralidade administrativa e da legalidade (patrimônio público imaterial).[...]. Condutas ímprobas podem ser deduzidas em juízo por meio de Ação Civil Pública, não havendo incompatibilidade, mas perfeita harmonia, entre a Lei 7.347/1985 e a Lei 8.429/1992, respeitados os requisitos específicos desta última (como as exigências do art. 17, § 6º). Precedentes do STJ. (STJ – REsp. 1219706/MG – Rel. Min. Herman Benjamin – 2ª Turma – j. em 15.03.2011 – DJe 25.04.2011)

11.1.1. Uso indevido de diárias e despesas com viagens

O ato administrativo perfeito deve conter a razão de sua motivação que objetive atender ao interesse colimado na norma que demonstre agregação de valor moral, jurídico e material para atender ao interesse público, elementos intrínsecos indispensáveis a revelarem a congregação da utilidade positiva em favor da eficiência estatal; é necessário que fique exposto que o resultado do ato administrativo se converterá em proveito ao interesse da administração pública.

Desse modo, quando há desvio de finalidade, configurada na atração do comportamento do agente público ou político de agir sem motivação de seus atos por não vislumbrar agregação ao interesse público, ou seja, a ausência de motivação retrata que o ato não atende ao interesse da administração devido à sua falta ou inconsistência, não se apresentando plausível por não otimizar, acrescer ou melhorar a gestão pública, encontra-se desamparado pelo princípio da moralidade pública, requisito de integração do conceito de legalidade, importa na caracterização de ato de improbidade.

Dessa forma, a utilização de verba pública para efetuar o pagamento de despesas nitidamente de caráter privado, constitui desvio de finalidade, o que ocasiona prejuízos aos cofres públicos. Daí por que o ato ou os atos praticados que não atenderem ao interesse público afetam o princípio da moralidade pública.

Dos modernos publicistas, a começar por Bielsa, nesse passo: "*Por princípio, as decisões administrativas devem ser motivadas formalmente, vale dizer que a parte dispositiva deve vir precedida de uma explicação ou exposição dos fundamentos de fato (motivos pressupostos) e de direito (motivos determinantes da lei)*". Rematando, o jurista referido reafirma: "*No Direito Administrativo a motivação, como dissemos, deverá constituir norma, não só por razões de boa administração, como também toda autoridade ou Poder em um sistema de governo representativo deve explicar legalmente, ou juridicamente, suas decisões*".

E já acentuava, há muito, que:

> [...] para se ter a certeza de que os agentes públicos exercem a sua função movidos apenas por motivos de interesse público da esfera de sua competência, leis e regulamentos recentes multiplicam os casos em que os funcionários, ao executarem um ato jurídico, devem expor expressamente os motivos que o determinaram. É a obrigação de motivar. O simples fato de não haver o agente público exposto os motivos de seu ato bastará para torná-lo irregular; o ato não motivado, quando o devia ser, presume-se não ter sido executado com toda a ponderação desejável, nem ter tido em vista um interesse público da esfera de sua competência funcional.

Todavia, [...] *Claro está que em certos atos administrativos oriundos do poder discricionário a justificação será dispensável, bastando apenas evidenciar a competência para o exercício desse poder e a conformação do ato com o interesse público, que é pressuposto de toda a atividade administrativa. (...)*"[84].

Sob a teoria dos motivos determinantes, o ato eivado de desvio de finalidade está fulminado por nulidade absoluta. De toda forma, mesmo que a motivação seja dispensável ou implícita, na esteira da exceção por último transcrita, não há como se demonstrar o atendimento à finalidade e ao interesse público.

Com efeito:

---

84. MEIRELLES, Hely Lopes. **Direito Administrativo**. 36. ed. 2010. p. 102-103.

> O ato praticado com desvio de finalidade como todo ato ilícito ou imoral ou é consumado às escondidas ou se apresenta disfarçado sob o capuz da legalidade e do interesse público. Diante disto, há de ser surpreendido e identificado por indícios e circunstâncias que revelem a distorção do fim legal, substituído habilidosamente por um fim ilegal ou imoral não desejado pelo legislador. A propósito, já decidiu o STF que: "Indícios vários e concordantes são prova" [RTJ 52/140]. Dentre os elementos indiciários do desvio de finalidade está a falta de motivo [TJSP, RT 664/63] ou a discordância dos motivos com o ato praticado. Tudo isto dificulta a prova do desvio de poder ou de finalidade, mas não a torna impossível se recorrermos aos antecedentes do ato e à sua destinação presente e futura por quem o praticou[85].

Assim é que, comprovado o dolo consistente na falta de motivação do ato (aspecto formal do ato administrativo), e de atendimento ao interesse público do gestor público que ordena ou autoriza a participação de agente público ou político, ou ainda, servidor público, às expensas do erário em evento cultural, social, acadêmico ou de qualquer natureza, com nítido caráter de aproveitamento pessoal, e não em favor do interesse da administração pública, labora com desvio de finalidade, o que resulta na violação dos princípios da legalidade, impessoalidade, moralidade, razoabilidade e finalidade, aspectos substanciais que são desfigurados pela conduta desprestigiosa no manejo desses valores jurídicos.

Deve-se atentar que a concessão de diárias pela autoridade competente se encontra dentro da margem de discricionariedade administrativa, prerrogativa que é conferida ao gestor público investido na qualidade de ordenador de despesas, cujo exercício para atender à sua legalidade e legitimidade, está condicionado à observância das formalidades legais, tais como, a edição de portaria com publicação no Diário Oficial contendo a motivação e justificação lógica e aceitável, inclusive com discriminação de datas de ida e volta, nome do beneficiário, cargo ou função, e destino, informando o evento ou objeto que importe na demonstração do interesse explícito da administração pública.

O Tribunal de Contas da União, por sua vez, no processo TC-007.956/1995-9, pelo relato do Ministro Aroldo Cedraz, assim se pronunciou:

> Também não prospera o argumento do responsável a respeito da deliberação adotada pelo STF ao apreciar o MS 23.891, no sentido de que a concessão de diárias insere-se no poder discricionário conferido ao administrador público, que o exerce segundo critérios de conveniência e oportunidade. Como é cediço, a finalidade e a motivação constituem elementos essenciais à validade do ato administrativo.

Se, por um lado, reconheceu a Suprema Corte a discricionariedade quanto à escolha do servidor que irá realizar a viagem relacionada com o interesse da administração, por outro, houve expressa ressalva quando do julgamento do MS 23.981-

85. MEIRELLES, Hely Lopes. **Direito Administrativo**. 36. ed. 2010. p. 115.

6-DF em relação às hipóteses em que as diárias são concedidas para a participação em eventos que não têm qualquer vinculação com a atividade do servidor. Assim, manifestou-se o então presidente da Corte, Ministro Nelson Jobim: "*Acompanho a Ministra Ellen Gracie no que diz respeito a toda estruturação jurídica. Porquanto não gosto das razões pelas quais o Tribunal libera certas diárias, com facilidade, para assistir a solenidades de posse, que não têm, efetivamente, uma vinculação com a atividade*".

Sobreleva proclamar que a discricionariedade não se embaraça com a arbitrariedade. Nas palavras de Marçal Justen Filho:

> *É evidente que discricionariedade não se confunde com arbitrariedade. A discricionariedade consiste numa autonomia de escolha exercitada sob a égide da Lei e nos limites do Direito. Isso significa que a discricionariedade não pode traduzir um exercício prepotente de competências. Não autoriza a faculdade de escolher ao bel-prazer, por liberalidade ou para satisfação de interesses secundários ou reprováveis*[86].

Vale dizer que o ato concessivo de diárias exige para sua validade a formalização da publicidade, motivação e finalidade, todos inerentes aos requisitos à eficácia de um ato administrativo jurídico perfeito, sob pena de nulidade.

De rigor vale consignar que o C. STJ já decidiu que "*Basta a simples ilicitude ou imoralidade administrativa para restar configurado o ato de improbidade*" (STJ - 2ª T. - REsp. 631.252 - Min. Castro Meira - j. em 19.08.2008 - DJ 11.09.2008). Com efeito, ainda que a conduta não tenha acarretado prejuízo ao erário, "*para a configuração do ato de improbidade não se exige que tenha havido dano ou prejuízo material*". (STJ - 2ª T. - REsp. 287.728 - Min. Eliana Calmon - j. em 02.09.2004, DJU 29.11.2004) Assim, também: STJ - 1ª T. - REsp. 971.737 - Min. Francisco Falcão - j. em 04.12.2007 - DJU 10.03.2008.

Note-se, ainda, que comete o crime de peculato, na modalidade desvio (art. 312, *caput*, segunda parte do Código Penal), em continuidade delitiva (art. 71 Código Penal) o servidor público que se utiliza ilegalmente de passagens e diárias pagas pelos cofres públicos, sujeito, portanto, à responsabilização penal.

- "Diárias de viagem de agente político. Os empenhos desacompanhados de relatórios, ou aqueles cujos respectivos formulários se encontram preenchidos de maneira incompleta ou, ainda, em branco, não podem ser tidos como despesas legítimas, na medida em que referidos documentos não atendem, minimamente, à exigência estabelecida pela Corte de Contas, não sendo possível se aferir sequer a real e efetiva realização da viagem mencionada, ou, ainda, o total da despesa. O pagamento de verbas ressarcitórias desacompanhadas de "comprovantes de despesas de viagem", nos termos do enunciado da súmula nº 82 do TCE/MG, ordenados pelo alcaide, configura ato de improbidade administrativa, por contrariar os princípios da legalidade e moralidade, obtendo vantagem patrimonial indevida em razão do exercício do cargo". (TJMG - Apelação Cível 1.0283.09.011190-9/001, Relator(a): Des.(a) Bitencourt Marcondes, 1ª CÂMARA CÍVEL, julgamento em 06/02/2018, publicação da súmula em 21/02/2018)

86. **Comentários à Lei de Licitações e Contratos Administrativos**. 9. ed. Dialética, p. 284.

- "Havendo previsão normativa acerca das despesas com diárias de viagem, a prestação de contas pode ser feita de forma simplificada, através de relatório ou da apresentação de comprovantes específicos relativos às atividades exercidas na viagem, conforme exigências da lei local. No caso, como o apelado apresentou os relatórios a que estava obrigado, nos termos da Resolução nº 01/2007 da Câmara Municipal, e o apelante não demonstrou que tais informações não condizem com a realidade, ônus que lhe competia, forçoso concluir pela improcedência da ação, confirmando-se a sentença, em remessa necessária, conhecida de ofício, embora que por outros fundamentos. Por conseguinte, julga-se improcedente o recurso voluntário". (TJMG - Apelação Cível 1.0441.10.003067-1/001, Relator(a): Des.(a) Hilda Teixeira da Costa, 2ª CÂMARA CÍVEL, julgamento em 07/03/2017, publicação da súmula em 17/03/2017)

- "O sistema de indenização de despesas ou de diárias visa ressarcir o servidor público ou agente político pelos gastos realizados com hospedagem, alimentação e locomoção, decorrentes de seu deslocamento da localidade na qual tem exercício, em caráter temporário, para realização de atividades relacionadas às suas funções. É correta a condenação dos recorrentes pela prática de ato de improbidade administrativa, se demonstrado que usufruíram de recursos públicos para custear viagem particular". (TJMG - Ap Cível/Rem Necessária 1.0134.10.007409-2/002, Relator(a): Des.(a) Wilson Benevides, 7ª CÂMARA CÍVEL, julgamento em 06/12/2016, publicação da súmula em 16/12/2016)

- "Vereadores e servidora pública da câmara de vereadores de cunha Porã. Recebimento de diárias e pagamento de taxa de inscrição para seminário realizado na cidade de Santana do Livramento (RS). Prova de que os agentes não compareceram a todas as palestras previstas para o curso. Chegada tardia e retorno antecipado. Amplo conjunto probatório. Ato ímprobo previsto no art. 9º, XI e XII, e art. 11 da LIA, plenamente configurado. Gradação da pena. Princípio da proporcionalidade. Manutenção da sentença. Recurso conhecido e desprovido". (TJSC, Apelação n. 0000178-91.2010.8.24.0021, de Cunha Porã, rel. Des. Júlio César Knoll, j. 19-07-2016)

- "O pagamento de diárias de viagem somente pode ser feito se houver lei autorizando a despesa. Assim, o pagamento feito com base em decreto municipal, inexistente a lei, viola o princípio constitucional da legalidade e gera improbidade administrativa. Embargos infringentes conhecidos e acolhidos para negar provimento à apelação interposta pelo embargado". (TJMG - Embargos Infringentes 1.0625.08.077587-1/004, Relator(a): Des.(a) Caetano Levi Lopes, 2ª CÂMARA CÍVEL, julgamento em 03/08/2015, publicação da súmula em 21/08/2015)

- "Tendo em vista que alguns réus receberam diárias, a fim de custear viagens que não aconteceram, resta comprovado o ato de improbidade administrativa, devendo ser mantida a condenação destes réus. Inexistindo provas de que as viagens não foram efetivamente realizadas pelos outros réus, deve ser dado provimento aos recursos destes para afastar a condenação imposta". (TJMG - Apelação Cível 1.0382.09.105866-1/001, Relator(a): Des.(a) Caetano Levi Lopes, 2ª CÂMARA CÍVEL, julgamento em 29/05/2015, publicação da súmula em 22/06/2015)

- "Município de Itapuí – Viagem de vereadores e servidores públicos para a participação do 57º Congresso Estadual dos Municípios - Autorização de pagamento de despesas impróprias pela Presidente da Câmara Municipal – Caracterização de ato de improbidade na forma dos artigos 10 e 11, da Lei nº 8.429/92 – Manutenção das sanções aplicadas – Recurso de apelação não provido". (Relator(a): Luís Francisco Aguilar Cortez; Comarca: Jaú; Órgão julgador: 1ª Câmara de Direito Público; Data do julgamento: 24/03/2015; Data de registro: 24/03/2015)

- "Diárias de viagens. Ausência de relatório. Ofensa a princípios administrativos. A conduta do agente consistente no descumprimento da legislação municipal, no que tange ao dever de exigir os relatórios de viagens para pagamento das respectivas diárias, se amolda ao disposto no art. 11 da Lei 8.429/92. Para efeitos de enquadramento na Lei de Improbidade e consequente aplicação das sanções nela previstas, dispensa-se a lesão ao erário, bem como o enriquecimento lícito do agente". (TJMG – Reexame Necessário – Cv 1.0395.10.000391-6/001 – 3ª Câmara Cível – Rel. Des. Jair Varão – j. em 29.11.2012 – publicação da Súmula em 07.12.2012)

- "Vereador. Recebimento de diárias destinadas a viagens não efetivadas. Prejuízo ao erário. Os atos de improbidade que violem os princípios da Administração independem da efetiva constatação de dano ao patrimônio público. Entretanto, exige a presença do elemento subjetivo, qual seja, o dolo ou culpa pelo agente. Comprovada a fraude no recebimento de indenização por viagens não realizadas (diárias), além do prejuízo causado ao erário, fica patenteado o dever de indenizar". (TJMG – Ap. Cív. 1.0459.10.002533-5/003 – 7ª Câmara Cível – Rel. Des. Wander Marotta – j. em 17.07.2012 – publicação da Súmula em 24.07.2012)

- "Câmara Municipal que autorizou e custeou viagem e demais despesas referentes à realização de curso para vereadores. Incoerência do evento com a natureza e atribuições do cargo político e transitório, não técnico. Violação dos princípios administrativos ao predominar, no caso, o interesse particular sobre o público. Procedência parcial da demanda, no que diz respeito ao ressarcimento integral do dano. Recursos providos em parte para esse fim". (TJSP – Ap. 9136240-33.2006.8.26.0000 – 9ª Câmara de Direito Público – j. em 24.08.2011 – Rel. Des. Gonzaga Franceschini)

- "Utilização indevida de veículo da Câmara para transporte de doentes a hospitais da Capital Desvio de finalidade elaboração de relatórios falsos para justificar as viagens, com recebimento indevido de diárias. Recurso provido". (TJSP – Ap. 0025181-30.2007.8.26.0625 – 3ª Câmara de Direito Público – j. em 06.12.2011 – Rel. Des. Angelo Malanga)

- "Pagamento pela Câmara Municipal de viagem e diárias de funcionários para participação em seminário. Impossibilidade de identificar o interesse público nesses gastos, pois, despidos de justificativa (motivação) e de comprovação de benefício ao serviço público. Recursos desprovidos". (TJSP – 9ª Câmara –Ap. Cív. 509.348-5/7-00 – Rel. Des. Sergio Gomes – j. em 28.01.2009)

- "Gastos efetuados por vereadores com viagem destinada a congresso. Ausência de motivação. Em se tratando de gasto com dinheiro público, inexiste liberdade para atuação discricionária de seus agentes. A atividade administrativa não é senhora dos interesses públicos, no sentido de poder dispor dos mesmos a seu talante e alvedrio. Age de acordo com a "finalidade da lei", com os princípios retores do ordenamento, expressos e implícitos. Improbidade administrativa caracterizada – Princípios da legalidade, publicidade e moralidade não atendidos – Sentença reformada – Recurso provido". (TJSP – Ap. Cív. 994.06.058961-6 – 9ª Câmara de Direito Público – j. em 10.11.2010 – Rel. Des. Oswaldo Luiz Palu)

- "Vereadores que, autorizados pelo Presidente, utilizaram verbas públicas e receberam diárias para a participação de seminário em Maceió – AL. Ilegalidade pelo fato de não ter sido motivado o ato que deferiu o benefício aos edis – Participantes que não fizeram, ainda, relatório dos conhecimentos adquiridos no seminário, sem revelarem, assim, interesse público na viagem, mesmo porque até agora não se conhece o conteúdo ou a programação do seminário – Improbidade verificada – Ação procedente — Recurso provido". (TJSP – Ap. 544.607.5/6-00 – j. em 06.08.2007 – 10ª Câmara de Direito Público – Rel. Des. Urbano Ruiz)

- "Vereadores que, autorizados pelo Presidente, utilizaram verbas públicas para a participação em Congresso na cidade de Maceió-AL. Ausência de motivação e de previsão legal. A administração pública só pode fazer o que a lei permite. Ato inválido. Improbidade verificada. Pena reformada Recursos parcialmente providos". (TJSP – Ap. Cív. 0155623-87.2005.8.26.0000 – 8ª Câmara de Direito Público – j. em 18.05.2011 – Relª. Desª. Cristina Cotrofe)

- "Despesas realizadas por Vereadores com viagens a outros Estados, sem justificativa. Comprovação nos autos de ocorrência de adulteração nas notas fiscais Atos de Improbidade Administrativa caracterizados Réus que devem reparar os danos causados ao Erário. Preliminares rejeitadas. Recurso improvido". (TJSP – Ap. Cív. 0001139-12.2001.8.26.0047 – 5ª Câmara de Direito Público – j. em 21.11.2011 – Relª. Desª. Maria Laura Tavares)

- "Direito administrativo. Poder discricionário. Diárias e despesas de viagens. Escolha de assessores de presidentes de tribunal. Os presidentes de Tribunais, por exercerem relevante função na estrutura administrativa do Poder Judiciário, dentro da margem de discricionariedade que lhes é conferida, têm o poder de decisão sobre a conveniência e oportunidade na escolha de servidores para desempenharem funções extraordinárias relacionadas com o interesse da administração. Segurança concedida". (STF – MS 23.981-6/DF – Pleno – DJ 26.03.2004 – Relª. Minª. Ellen Gracie)

11.1.2. Publicidade promocional de autoridades

Para o exercício de cargos ou funções públicas, é mister que o agente preencha os requisitos de atributos necessários ao seu exercício, como o conhecimento das normas jurídicas que envolvem os atos administrativos; assim, não poderá alegar desconhecimento dos princípios norteadores da administração pública, entre os quais a impessoalidade da publicidade institucional.

Leciona José Eduardo Martins Cardozo sobre este princípio: "Entende-se princípio da publicidade, assim, aquele que exige, nas formas admitidas em Direito, e dentro dos limites constitucionalmente estabelecidos, a obrigatória divulgação dos atos da administração pública, com o objetivo de permitir seu conhecimento e controle pelos órgãos estatais competentes e por toda a sociedade"[87].

É oportuno se fazer uma distinção importante; publicidade é a divulgação do fato para que se torne notório ou de conhecimento generalizado. No caso dos atos administrativos é a revelação da sua ocorrência que, dependendo da sua natureza, é elemento constitutivo de sua validade, a exemplo dos atos de nomeação, exoneração, demissão, remoção etc.

Já a propaganda é uma técnica de difusão para divulgar o fato ou o ato administrativo, disseminando uma manipulação de ideias e conceitos de forma propositada visando influenciar as pessoas com a criação de uma imagem positiva para conquistar espaço e simpatia. Trata-se de um instrumento promocional.

Mas a nossa Constituição restringiu o caráter da publicidade para eliminar de seu conteúdo o que a administração pública utiliza sob a etiqueta de propaganda institucional, de forma abusiva e abundante, a menção de nomes, símbolos ou imagens de pessoas, agentes públicos ou políticos.

Na verdade, o § 1º do art. 37 da Carta Política definiu que "a publicidade dos atos, programas, obras, serviços e campanhas dos órgãos públicos deverá ter caráter educativo, informativo ou de orientação social", diferentemente da que o cidadão assiste compulsoriamente em seus lares pelos órgãos midiáticos ao presenciar mais

87. CARDOZO, José Eduardo Martins. Princípios Constitucionais da Administração Pública (de acordo com a Emenda Constitucional 19/98). *In:* MORAES, Alexandre. **Os 10 anos da Constituição Federal**. São Paulo: Atlas, 1999. p. 159.

promessas ou divulgação de obras ou serviços que não têm a natureza educativa, mas promocional.

Será educativa aquela peça publicitária que indicar a ação de educar, transmitir conhecimento útil ou de instruir; a exemplo de campanhas de trânsito, de vacinação de crianças e idosos, ou orientando a população ao melhor acesso aos serviços públicos, bem ainda, divulgação de ideias mostrando a necessidade de certas práticas ou condutas no sentido de melhorar a saúde do cidadão, ensinando o exercício pleno da cidadania no sentido de estimular o consumidor a defender seus direitos nas relações comerciais, enfim, mídias que venham agregar valor informativo e tenham utilidade na vida das pessoas.

Em contraponto à realidade vivenciada pelo cidadão, o que se vê é uma intensa propaganda promocional de promessas de obras futuras, existentes apenas em maquetes e projetos, mas sem perspectiva alguma de realização durante a gestão do governante, utilizando a máquina estatal e recursos públicos para promoções ilusórias visando expor a paternidade delas e conquistar simpatia popular.

Não há como enxergar a índole informativa, educativa ou de orientação social nessas campanhas promocionais de obras mesmo em fase de construção, mas, um desvio de finalidade da utilização da verba publicitária, de forma subliminar, para cultuar pelas vias oblíquas a imagem do governante plantonista no Poder Executivo. É um exercício hipotético de um anúncio ou reclame de intenções de obras para o futuro, longe do alcance da realização da gestão daquele ocupante do Poder.

Essa ardilosa manipulação das verbas publicitárias, devidamente alocadas nos orçamentos da União, Estados e Municípios, e aplicadas de maneira subreptícia para a propaganda dos governos que sempre procuram associar o produto à gestão de então, projeta a descaracterização do caráter educativo, informativo ou de orientação social, para emoldurar a despesa no rol do tipo descrito pelo inc. XIII do art. 10 desta Lei, cumulado com o inc. I deste mesmo dispositivo.

Mostra-se irrecusável concluir a prática de ato visando ao fim proibido em lei, no caso a Lei Maior, decorrente da utilização de dinheiro público a serviço de interesse pessoal do gestor.

Por isso, é importante a percepção distinta da divulgação dos atos oficiais com o desvio de conduta e finalidade da propaganda institucional, que resulta na promoção pessoal do agente público ou político, para difundir à sociedade os feitos de suas realizações administrativas.

A respeito dessa temática, o Supremo Tribunal Federal já decidiu:

> Publicidade de atos governamentais. Princípio da impessoalidade. Art. 37, § 1º, da Constituição Federal. O caput e o § 1º do art. 37 da Constituição Federal impedem que haja qualquer tipo de identificação entre a publicidade e os titulares dos cargos alcançando os partidos políticos a que pertençam. O rigor do dispositivo constitucional que assegura o princípio da impessoalidade vincula a publicidade ao caráter educativo, informativo ou de orientação social é incompatível com a menção de nomes, símbolos ou imagens,

aí incluídos slogans, que caracterizem promoção pessoal ou de servidores públicos. A possibilidade de vinculação do conteúdo da divulgação com o partido político a que pertença o titular do cargo publico mancha o princípio da impessoalidade e desnatura o caráter educativo, informativo ou de orientação que constam do comando posto pelo constituinte dos oitenta. Recurso extraordinário desprovido. (STF – RE 191.668/RS – 1ª Turma – DJe 30.05.2008 – Rel. Min. Menezes Direito)

Extrai-se do substancioso voto do e. relator:

> Com isso, o que se deve explicitar é que a regra constitucional veda qualquer tipo de identificação pouco relevando que seja por meio de nome, de slogan ou de imagem capaz de vincular o governo à pessoa do governante ou ao seu partido. Qualquer margem de abertura nesse princípio capaz de ensejar no tempo exceções que levam à inutilidade do dispositivo. Anoto, ainda, que, no caso, o acórdão afirmou que o próprio recorrente indicou que "a utilização do slogan é a forma sucinta de expressar uma maneira de governar a cidade, que não caracteriza, de modo algum, promoção pessoal de servidor ou governante e que é uma maneira transparente de manifestar uma meta de governo" (fl. 92).Ora, foi exatamente isso que a Constituição dos oitenta quis evitar, isto é, que haja na divulgação dos atos do governo qualquer modalidade de identificação capaz de retirar o caráter de impessoalidade e, também, capaz de toldar o objetivo educativo, informativo ou de orientação social.

Como se vê, a obrigatoriedade da publicidade é para o ato administrativo; já a publicidade institucional é uma prerrogativa do administrador mediante a observância do caráter educativo, informativo ou de orientação social, diferentemente da propaganda promocional de obras ou de obras inexistentes ou prometidas para o futuro.

- "Publicidade no sítio eletrônico do município. Promoção pessoal. A publicidade pessoal conectada à matéria de cunho oficial infringe deliberadamente os postulados da moralidade, da legalidade e da impessoalidade administrativa, na medida em que a autopromoção contraria as diretrizes éticas e morais inerentes à atividade pública. Assim sendo, não se pode ter como meramente culposa a conduta dos administradores que, conquanto obrigação dos cargos para os quais foram eleitos, aproveitam-se de projeto social para sua promoção pessoal, incidindo na prática de ato de improbidade administrativa previsto no artigo 11, caput, da Lei nº 8.429/92. Não se verificando danos patrimoniais aparentes ou enriquecimento ilícito dos recorrentes e sem maior gravidade (consequências) em sua conduta, entendo por bem limitar a condenação imposta apenas à pena de multa civil, arbitrada em 2 (duas) vezes a remuneração percebida pelos agentes públicos ao tempo do ato reprovável, excluindo-se a pena de proibição de contratar com o poder público ou receber benefícios ou incentivos fiscais ou creditícios. Apelação cível conhecida e parcialmente provida". (TJGO, APELACAO 0135193-39.2015.8.09.0097, Rel. MARIA DAS GRAÇAS CARNEIRO REQUI, 1ª Câmara Cível, julgado em 04/04/2018, DJe de 04/04/2018)

- "Promoção ilícita do prefeito. Slogan de campanha eleitoral. Dano ao erário e violação dos princípios da administração pública. Elemento subjetivo caracterizado. O Prefeito, como chefe do executivo municipal, é quem autoriza e ordena a realização das despesas públicas, razão pela qual, na condição de gestor, responde pelas destinações dos recursos públicos, não se eximindo dessa responsabilidade com a eventual delegação de poderes ao Secretário Municipal para a ordenação de despesas, pois, para todos os efeitos, continua responsável pela correta destinação das verbas públicas, até porque, se assim não fosse, a delegação serviria de escudo para que os Prefeitos ficassem impunes em relação às irregularidades praticadas durante a sua gestão sob a sua orientação ou aquiescência. Configura ato de improbidade administrativa, a conduta de Prefeito que, sob a sua orientação e aquiescência, busca, de forma dolosa, promover-se com inserção de slogan empregado em sua campanha eleitoral nos uniformes adquiridos e dispensados, pelo Poder Público, aos alunos e servidores da municipalidade, causando dano ao patrimônio público e violação dos princípios da legalidade, impessoalidade e moralidade. Inteligência do art. 10, inciso XI, c/c art. 11, inciso I, todos da Lei federal nº 8.429/1992". (TJGO, Apelação / Reexame Necessário 0456542-31.2014.8.09.0074, Rel. SEBASTIÃO LUIZ FLEURY, 4ª Câmara Cível, julgado em 21/03/2018, DJe de 21/03/2018)

- "A vinculação de matérias jornalísticas que exponham os programas de governo do Estado constituem mecanismos legais de prestação de contas dos atos da administração, como sendo de comunicação entre o governante e o governado, sem caracterizar ato de promoção pessoal ou desvio de finalidade. 3. Não está caracterizado o ilícito administrativo de desvio de finalidade, desvio de poder ou a prática de ato de improbidade pelo requerido nas inserções na programação TV Educativa do Paraná. Reforma da sentença para julgar improcedente a ação". (TRF4, AC 5048002-93.2012.4.04.7000, QUARTA TURMA, Relator LUÍS ALBERTO D'AZEVEDO AURVALLE, juntado aos autos em 05/04/2018)

- "Promoção ilícita do prefeito. Slogan de campanha eleitoral. Dano ao erário e violação dos princípios da administração pública. Elemento subjetivo caracterizado. O Prefeito, como chefe do executivo municipal, é quem autoriza e ordena a realização das despesas públicas, razão pela qual, na condição de gestor, responde pelas destinações dos recursos públicos, não se eximindo dessa responsabilidade com a eventual delegação de poderes ao Secretário Municipal para a ordenação de despesas, pois, para todos os efeitos, continua responsável pela correta destinação das verbas públicas, até porque, se assim não fosse, a delegação serviria de escudo para que os Prefeitos ficassem impunes em relação às irregularidades praticadas durante a sua gestão sob a sua orientação ou aquiescência. Configura ato de improbidade administrativa, a conduta de Prefeito que, sob a sua orientação e aquiescência, busca, de forma dolosa, promover-se com inserção de slogan empregado em sua campanha eleitoral nos uniformes adquiridos e dispensados, pelo Poder Público, aos alunos e servidores da municipalidade, causando dano ao patrimônio público e violação dos princípios da legalidade, impessoalidade e moralidade. Inteligência do art. 10, inciso XI, c/c art. 11, inciso I, todos da Lei federal nº 8.429/1992". (TJGO, Apelação / Reexame Necessário 0456542-31.2014.8.09.0074, Rel. SEBASTIÃO LUIZ FLEURY, 4ª Câmara Cível, julgado em 21/03/2018, DJe de 21/03/2018)

- "Pedido de condenação da ré pela prática de ato de improbidade administrativa consistente em determinar a colocação de faixas ao longo do Município, em caráter de promoção pessoal, parabenizando a si mesma, na condição de Chefe do Poder Executivo, por ter transformado a localidade na 9ª (nona) cidade melhor administrada do Estado de São Paulo, com identificação do partido político ao qual era filiada. Violação do princípio constitucional da impessoalidade, preconizado no "*caput*" e § 1º do artigo 37 da Constituição Federal, a impor que as realizações do Poder Executivo local não estejam atreladas ao nome e à imagem dos gestores, ainda que tenham sido alcançadas durante o seu mandato - Ré que tinha ciência da publicidade que a felicitava pessoalmente pelas realizações no posto de Chefe do Executivo local – Conduta que se subsome à norma do artigo 11, caput e inciso I, da Lei nº 8.429/92" (TJSP - Relator(a): Marcos Pimentel Tamassia; Comarca: Peruíbe; Órgão julgador: 1ª Câmara de Direito Público; Data do julgamento: 23/08/2016; Data de registro: 26/08/2016)

- "Vinculação de obras, eventos e serviços ao nome e imagem pessoal do Prefeito e do Vice-Prefeito. Afronta ao princípio da impessoalidade. Impossibilidade de promover a pessoa do administrador em detrimento da figura da Administração. Inocorrência de simples prestação de contas. Reiteração das condutas. Afronta ao § 1 º do art. 37 da CF. É vedado ao administrador receber presentes de qualquer natureza de empresas que mantêm contratos com a Administração. Sentença mantida. Recurso do autor provido e recursos do réu improvidos". (TJSP - Relator(a): Claudio Augusto Pedrassi; Comarca: Serra Negra; Órgão julgador: 2ª Câmara de Direito Público; Data do julgamento: 08/03/2016; Data de registro: 10/03/2016)

- *"É vedada propaganda pública em que conste nomes, slogans ou qualquer outro meio capaz de identificar agente público que tenha como finalidade a promoção pessoal.* Não há qualquer *irregularidade na divulgação de mídia televisa na qual conste nome e imagem de vereadores que tenha, contudo, finalidade informativa, apresentados enquanto representantes do Poder Legislativo em cumprimento de dever constitucional de fiscalizar contas do Poder Executivo".* (TJMG – Ap Cív./ Reex Necessário 1.0105.06.205697-0/001 – 7ª Câmara Cível – Rel. Des. Oliveira Firmo – j. em 08.10.2013 – publicação da Súmula em 11.10.2013)

- "A proibição da publicação de nomes e imagens não é generalizada; os símbolos, slogans, nomes ou imagens utilizados pelo administrador público na publicidade dos atos, programas, obras, serviços ou campanhas, somente caracteriza violação da norma constitucional quando evidente a intenção de se autopromover às custas do erário público". (TJMG – Ap. Cív. 1.0051.09.028820-3/001 – 5ª Câmara Cível – Rel. Des. Barros Levenhagen – j. em 08.08.2013 – publicação da Súmula em 13.08.2013)

- "Não restando caracterizada a promoção pessoal realizada por ato voluntário, desvirtuado da finalidade estrita da propaganda pública, não se verifica a existência de dolo capaz de configurar a prática do ato de improbidade administrativa". (TJMG – Ap. Cív. 1.0223.06.185815-3/001 – 2ª Câmara Cível – Rel. Des. Hilda Teixeira da Costa – j. em 14.05.2013 – publicação da Súmula em 27.05.2013)

- "O § 1º do artigo 37 da Constituição Federal impede a identificação entre a publicidade institucional e os titulares dos cargos públicos. É indevida a menção ao nome e à imagem do Prefeito, bem como aos slogans de campanha, nas publicações governamentais, por configurar violação ao princípio da impessoalidade. O próprio réu afirmou que as publicações tinham como objetivo marcar "o início da sua administração", "comparando-a com as anteriores", assumindo que foram feitas referências pessoais a ele nos informativos. Dolo genérico caracterizado. Caracterização de conduta violadora aos princípios da Administração Pública, tipificada no art. 11, I, da Lei n. 8.429/92. Inocorrência de enriquecimento ilícito ou lesão ao erário." (TJMG – Ap. Cív. 1.0183.08.153444-2/001 – 5ª Câmara Cível – Relª. Desª. Áurea Brasil – j. em 28.02.2013 – publicação da Súmula em 05.03.2013)

- "A Administração Pública e seus agentes estão sujeitos aos princípios insculpidos no artigo 37, caput, da Constituição Federal, dentre eles os da legalidade, impessoalidade e moralidade. A divulgação por meio de panfletos do nome e partido de vereador exaustivamente associado a programa do Governo Federal, cuja gestão sequer é atribuída legalmente ao Poder Legislativo, às expensas do erário municipal, e a realização de eventos onde supostamente seriam cadastradas as famílias beneficiárias do "Bolsa Família" sem autorização legal, caracteriza ato de improbidade administrativa previsto no caput e inciso I do art. 11 da Lei 8.429/92". (TJMG – Ap. Cív. 1.0687.07.058515-7/001 – 2ª Câmara Cível – Rel. Des. Afrânio Vilela – j. em 19.02.2013 – publicação da Súmula em 01.03.2013)

- "Ofende ao princípio da impessoalidade publicação que, a pretexto de apresentar as principais políticas de governo, veicula imagem do chefe do executivo e enaltece suas qualidades pessoais, com expressa referência ao seu nome, por exteriorizar nítido propósito de promoção pessoal, notadamente porque aludida publicação foi direcionada a segmento da sociedade qualificado como formador de opinião, o que retira de aludida publicação qualquer caráter informativo, que se revela pela informação útil a ser dada a toda população, indiscriminadamente, e não somente à parte dela. Irrelevante é o número de exemplares, pois a configuração do ato de improbidade se dá em decorrência da violação do princípio da impessoalidade, caracterizado, *in casu*, com a promoção pessoal em publicação custeada pelos cofres públicos." (TJRJ – AC 2006.001.53596 – 5ª Câmara Cível – Rel. Des. Conv. Álvaro Henrique Teixeira – j. em 23.01.2007)

- "Reputa-se lesivo o ato do administrador público quando evidente a agregação de promoção pessoal à publicidade de obras ou projetos sociais, porquanto grafado o nome, mesmo em caracteres estilizados, em paineis afixados em locais públicos e em carnês de recolhimento de tributos, restando ferido o princípio da impessoalidade insculpido no art. 37, § 1º, da CF em casos tais, deve o administrador público ressarcir o custo respectivo, à razão de 50%, quando conveniente e necessária à administração pública a veiculação, e, integralmente, quando inconveniente e desnecessário. Decisão: Por maioria, deram parcial provimento ao recurso de Custódia Silva Sessim, vencido o Presidente, que o provia integralmente, e, por unanimidade, proveram parcialmente o recurso de Eloi Braz Sessim". (TJRS – Ap. Cív. 70000685156 – Primeira Câmara Especial Cível – Rel. Des. Roque Joaquim Volkweiss – j. em 26.06.2001)
- "A prova dos autos demonstra a utilização de símbolos e slogans em bens municipais já utilizados anteriormente durante a campanha política, caracterizando-se, portanto, a promoção pessoal. Ato de improbidade administrativa configurado". (TJSP – Ap. Cív. 129.950-5 – 9ª Câmara de Direito Público – j. em 21.06.2000 – Rel. Des. Geraldo Lucena)

11.1.3 Assédio moral e sexual no ambiente de trabalho

O assédio moral está submetido a desvio ou abuso de poder de autoridade superior ou de empregador para expor o empregado ou servidor em nítida e repetida exposição ao ridículo, digno de zombaria ou que desperte comicidade objetivando humilhá-lo e vexá-lo no exercício de suas atribuições funcionais.

É o fato de um agente público usando de sua condição hierarquicamente superior na esfera administrativa movido por sentimentos de perseguição, raiva ou ressentimento pessoal, ameaçar ou impor situações vexatórias, humilhantes ou constrangedoras a servidor sob sua responsabilidade funcional.

Essa situação fica ainda mais evidente quando passa a ser do conhecimento público, seja no ambiente interno da repartição ou do público externo.

Deve-se atentar que não se enquadra nessas circunstâncias ensejadoras da figura do assédio moral as infrações funcionais cometidas pelo servidor que importam na aplicação das regras de reprimendas de condutas inadequadas, impróprias ou desvios de condutas.

É necessário para a configuração dessa conduta reprovadora que os motivos determinantes sejam motivados por sentimento de retaliação posterior a fato antecedente que lhe impulsionou a cólera do seu comportamento desajustado ao padrão de urbanidade que deve presidir os interesses da administração pública.

A manifestação de um caso típico de assédio moral é exteriorizado pelas provocações no local de trabalho pelo sarcasmo, crítica, zombaria e trote, numa campanha psicológica com a finalidade de projetar a rejeição da pessoa destinatária no seu ambiente de trabalho.

Esse maquinado comportamento eivado de agressividade, de indiferença e desprezo visa submeter a vítima à submissão estática de abuso verbal e atitude ofensivas, quebrando-lhe a resistência ou reação aos desabafos torrentes de ultraje e mordacidade.

De modo que, mesmo não gerando dano ao erário, a presença da figura típica de improbidade administrativa se mostra presente por se revestir de atos atentatórios aos princípios da administração pública.

Assim é que o art. 11 da LIA compreende essa conduta configurativa de assédio moral em virtude de que visa prevenir, reprimir e punir e/ou afastar da atividade pública todos os agentes que desprezam o princípio da juridicidade diante de sua incompatibilidade com o padrão de urbanidade da atividade desenvolvida à frente da administração pública.

Registre, ainda, que o agente quando incorrer em assédio moral está violando o princípio da impessoalidade, conquanto está dirigindo-se a pessoa alvo para satisfazer seus sentimentos primários de represália, vindita e de acossamento.

Atenta também contra o princípio da lealdade, honestidade e legalidade, conquanto está se distanciando dos regramentos institucionais para atender interesse pessoal de perseguição.

Por fim, age com abuso de poder, que significa o agir da autoridade ultrapassando os limites de suas atribuições ou quando se desvia das finalidades administrativa[88].

Estando presentes essas circunstâncias fáticas numa relação funcional se está diante da figura típica de assédio moral.

Assim é que o agente público exercente de cargo de direção superior na administração pública que age de forma ativa para determinar que os servidores hierarquicamente que lhe estão subordinados cumpram ou executem ato manifestamente ilegal, causando-lhe constrangimento, ou se omitindo diante conduta assemelhada por outros que lhes são subordinados, mas superiores naqueles, quando deveria fiscalizar e velar pela legalidade dos atos administrativos, incorre em desvio de finalidade por se afastar de seu poder-dever de primar pela moralidade administrativa a ensejar um quadro de ilegalidade funcional com resultados danosos à ética e à moral.

Infere-se da conduta do agente público que se distancia dos comandos primordiais da administração que integram o patrimônio público no ordenamento jurídico, o seu enquadramento nas condutas de desvio de finalidade e excesso de poder por estar indo além daquilo que lhe é conferido pela normatividade de regência.

A transgressão dessas noções básicas das regras constitucionais, por si só, não causa prejuízo ao erário para a configuração da improbidade, não se exigindo para tanto a ocorrência de efetivo dano material aos cofres da Fazenda, pois basta

88. MEIRELLES, HELY LOPES. **Direito Administrativo Brasileiro**. São Paulo: Editora Malheiros, 1990, pag. 106.

a simples ilicitude ou imoralidade administrativa para restar configurado o ato de falta de probidade.

O assédio moral pode se evidenciar de forma ilustrativa no ato de remoção do local de trabalho do servidor para outro que lhe se apresente desforável à sua conveniência funcional, como ser designado para uma unidade mais distante daquele em que atuava ou do seu domicílio ou redução de vantagens que até então percebia, mas cuja perda esteja vinculado a um fato determinado, de índole estranha ao interesse estatal.

Entretanto, é indispensável que os fatos administrativos que venham ensejar uma imputação de assédio moral estejam demonstrados com as provas necessárias à sua configuração, não sendo suficiente a alegação imprecisa, vazia, especulativa ou genérica.

Note-se que é prerrogativa da administração o exercício do poder discricionário em dispor dos cargos de confiança e o direito de promover remoções de servidores visando à otimização dos serviços públicos, mediante a liberdade na escolha de sua conveniência, oportunidade e conteúdo, devendo, entretanto, motivar as suas razões com as justificativas plausíveis.

Por isso, para sua caracterização, deve conjugar a intenção dolosa que se manifeste de forma consciente diante de ocorrência reveladora de proporcionar constrangimento a subordinado hierárquico ao cometimento de conduta contrária aos princípios norteadores da administração pública em razão de fato que não seja comum ou que esteja fora dos padrões usuais.

De forma que a configuração do assédio moral se apresenta mediante o deboche, a ironia e zombaria, com a promoção de uma perturbação psicológica para que a vítima se sinta afetada na sua autoestima, uma pessoa incapaz e inferiorizada diante de seus colegas de trabalho.

Deduz, assim, que ao escolher uma servidora para ser submetida a esse desfrute moral, social e profissional no ambiente de trabalho, afeta diretamente o princípio da impessoalidade devido à opção seletiva de desequilibrar emocionalmente aquela servidora destinatária daquela judiação.

Essa conduta voluntária agregada com essas circunstâncias reiteradas se constitui no enquadramento do tipo politico-administrativo capitulado pelo art. 11 da Lei de Improbidade Administrativa.

Deve-se ressaltar que o desentendimento no ambiente de trabalho não pode ser visto como assédio moral, porquanto é dever do servidor público desempenhar suas funções com eficiência, presteza e bom rendimento, podendo ser alvo de reclamação pelo seu superior sobre a sua conduta ineficaz ou em virtude de resultados insuficiente para atendimento ao interesse da administração pública.

É verdade que a relação de urbanidade deve reger os diálogos e questionamentos, mas não se pode afastar o dever do superior hierárquico de exigir o bom desempenho do servidor e resultados positivos para a gestão pública.

Nessa linha de entendimento, ressalte-se a afirmação do desembargador Federal Manoel Erhart[89]:

> para que haja o reconhecimento da existência de assédio moral no trabalho, é necessária a apresentação de provas robustas da existência de tal prática, haja vista que não se pode confundir o assédio moral (prática gravíssima que deve ser rechaçada sempre) com normais desentendimentos no ambiente de trabalho (situação comum em qualquer agrupamento humano).

No que se refere ao assédio sexual, pode-se afirmar que qualquer pessoa exercente de atividade profissional hierarquicamente superior ou com ascendência funcional sobre o sujeito passivo, no caso servidor ou servidora pública, pode enquadrar-se na figura de sujeito ativo, se dispuser de condições políticas para efetivar a proposta positiva ou negativa, objetivando a vantagem ou favorecimento sexual.

A conduta é constranger alguém, prevalecendo-se de uma relação de poder para obter vantagem ou favorecimento sexual.

Portanto, o meio de execução do delito é constranger, o resultado do tipo é o favorecimento sexual e a qualidade especial é uma relação de poder funcional.

Uma conceituação razoável é de que se trata de uma negociação impositiva relativa à carreira laboral, envolvendo sexo, retratada em cláusulas draconianas e de natureza libidinosa.

Constranger é ato pelo qual uma pessoa obriga outra a fazer algo não pretendido ou não desejado, a não fazer algo de seu desejo ou de seu interesse. É, portanto, usar da força, impor a alguém uma situação contrária a sua vontade.

Desse modo, o constrangimento produz vício na vontade da vítima, que sucumbe diante de uma ameaça irresistível ante as circunstâncias funcionais ou pessoais.

O assédio, na acepção genérica, revela-se pela "*insistência impertinente, perseguição, sugestão ou pretensão constantes em relação a alguém*"; e o assédio sexual é definido como "*insistência importuna de alguém em posição privilegiada, que usa dessa vantagem para obter favores sexuais de um(a) subalterno(a)*"[90].

Como sustenta Sérgio Severo, "*os direitos da personalidade devem ser vislumbrados, segundo uma visão mais ampla, dentro da noção de que os direitos fundamentais constituem uma ordem de valores constitucionais fundada na liberdade e dignidade do ser humano e na democracia pluralista*"[91].

Anote-se, por oportuno, que o assédio, a insinuação assediosa, não se confundem com o galanteio, com a paquera ou elogios inconvenientes aos atributos pessoais.

Segundo dicção do Ministro Luiz Vicente Cernicchiaro, "*No galanteio, o homem se insinua, busca o consentimento da mulher; pode haver insistência, mas não*

---

89. TRF1 - Apelação 575321-PB.

90.. **Dicionário Houaiss da Língua Portuguesa**. Rio de Janeiro: Objetiva, 2001. p. 319.

91. Severo, Sérgio. **Os Danos Extrapatrimoniais**. São Paulo: Saraiva, 1996. p. 126.

há condição. A mulher é livre para aceitar, ou recusar. Nos limites da razoabilidade, nenhuma censura"[92].

O envio de cartas, e-mails ou mensagens eletrônicas não constitui, por si só, instrumento moderno de constrangimento, salvo se do seu conteúdo se extraia, explicita ou implicitamente, intenção de obter favores sexuais, mediante coação psicológica.

Vale assinalar que a adesão da vítima à proposta cortejante, diante de um comportamento reiterado de conluio sexual ou libidinoso, por curto lapso temporal, desnatura a figura do assédio sexual.

- "Assédio moral. Escola. Conduta ímproba contra servidores contratados. Pratica ato de improbidade administrativa a Diretora de Escola Municipal que atua de forma contraria ao que se espera de uma servidora pública e educadora, ao propiciando um ambiente de trabalho inadequado aos servidores da escola, desmerecendo, humilhando, impondo trabalhos diversos das funções para os quais foram contratados, evidenciando patente coação moral e contrariando os deveres de um servidor público e os princípios constitucionais da administração pública. As sanções não podem ser de tal monta que se transmudem em ato de vingança contra o causador do dano, impingindo-lhe penalidade acima do razoável e do proporcional exigidos no momento da fixação da pena, sem levar em conta a extensão do dano causado, assim como o proveito patrimonial obtido pelo agente". (TJGO, APELACAO 0084375-84.2013.8.09.0087, Rel. ITAMAR DE LIMA, 3ª Câmara Cível, julgado em 26/02/2018, DJe de 26/02/2018)
- "Obtenção de vantagem sexual. Improbidade administrativa. Condenação criminal. Trânsito em julgado. Ofensa aos princípios da administração pública. Gerente de assistência e promoção social. Sanções. A conduta praticada pelo réu consubstanciada em constranger pessoas com intuito de obter favorecimentos sexuais, aproveitando-se de seu cargo, não condiz com a probidade administrativa esperada e exigida de um servidor público, razão pela qual impõe-se o estabelecimento das sanções descritas na lei de regência (Lei de Improbidade Administrativa e Constituição Federal). A prática de ato ímprobo com evidente ofensa aos princípios basilares da Administração Pública, violando os deveres de moralidade, honestidade, legalidade e lealdade à instituição, acarreta a aplicação da pena da perda função pública, suspensão dos direitos políticos e proibição de contratar com a Administração Pública. A imposição do pagamento de multa civil deve ser fixada de modo razoável e proporcional de acordo com o tipo de ato de improbidade. Recurso parcialmente provido (redução da pena pecuniária)". (TJDFT - Acórdão n.1089770, 20150110389739APC, Relator: MARIO-ZAM BELMIRO 8ª TURMA CÍVEL, Data de Julgamento: 12/04/2018, Publicado no DJE: 19/04/2018.)
- "A improbidade, pelo que se extrai da lei, refere-se à má qualidade de uma administração, à prática de atos que impliquem enriquecimento ilícito do agente ou prejuízo ao erário, ou, ainda, violação aos princípios que orientam a administração pública. A prática de crime contra a liberdade sexual, sem relação com o exercício da função pública desempenhada pelo militar, afasta a incidência da lei de improbidade administrativa, por inocorrer a violação dos postulados da administração pública." (TJPB - ACÓRDÃO/DECISÃO do Processo Nº 00129215720138152001, 3ª Câmara Especializada Cível, Relator DESA. MARIA DAS GRAÇAS MORAIS GUEDES, j. em 11-07-2017)
- "Ação civil pública pela prática de atos de improbidade administrativa. Conselheiro tutelar. Assédio sexual contra estagiárias. Violação aos princípios da administração pública. Art. 11, "caput", da lei n.º 8.429/92. Imoralidade. Afronta aos princípios mais básicos que informam

92. Cernicchiaro, Luiz Vicente. **Revista Jurídica**, n. 255. Assédio Sexual. 1999. p. 16.

e iluminam a função. Proteção integral à criança e ao adolescente. Absoluta prioridade na preservação de sua dignidade, respeito e liberdade. Existência de amplo material probatório da prática dos atos ímprobos. Manutenção da condenação. Natureza gravíssima da conduta. Alta reprovabilidade que recomenda aplicação de sanções mais severas, em atenção aos princípios da razoabilidade e proporcionalidade. Critérios de isonomia e individualização. Suspensão dos direitos políticos cumulada com multa civil e perda de toda e qualquer função pública exercida, ainda que diversa da ocupada à época dos fatos. Interpretação conjugada das normas dos arts. 12, III, e 20, "*caput*", da lei n.º 8.429/92, e do art. 37, §4º, da constituição federal, que não permite compreensão restritiva. Finalidade da lei e do sistema. Extinção do vínculo administrativo. Desprovido o apelo do réu. Provido o recurso ministerial. Unânime". (Apelação Cível Nº 70074404351, Vigésima Segunda Câmara Cível, Tribunal de Justiça do RS, Relator: Marilene Bonzanini, Julgado em 14/09/2017)

- "O conteúdo normativo do texto inscrito no artigo 37, § 6º, da Constituição da República contempla a responsabilidade objetiva do Estado, hipótese que faz emergir da ação imputada ao agente público o dever estatal de indenizar a vítima pelas lesões a ela causadas. Em sendo o ilícito atribuído ao Estado a prática de assédio moral, observa-se que a conduta, gênero do comportamento discriminatório, consubstancia-se na exposição do servidor a situações humilhantes e constrangedoras perpetradas durante a relação de trabalho, no exercício das funções profissionais, por meio de práticas repetidas e prolongadas no tempo. Visa a excluí-lo do ambiente de trabalho, em decorrência do tratamento desigual, sem motivo legítimo. O assédio moral geralmente é caracterizado pelo isolamento do servidor, por rigorismos excessivos, colocações ofensivas, vexatórias e humilhantes. Também ocorre quando a presença do servidor é ignorada ou quando há referências negativas ao comportamento dele ou ao desempenho no trabalho, entre outras condutas que diminuem ou aniquilam a autoestima profissional e psíquica do servidor, inclusive com a tentativa de incutir-lhe sentimentos de inferioridade. A prática do assédio moral consubstancia conduta enquadrada como ato de improbidade administrativa previsto no artigo 11 da Lei 8.429/92 "em razão do evidente abuso de poder, desvio de finalidade e malferimento à impessoalidade" (Recurso Especial 1.286.466/RS). Enquanto modalidade de responsabilidade civil, o reconhecimento do dever de indenizar decorrente da prática de assédio moral pressupõe a demonstração da conduta estatal ilícita. A remoção de servidor público no interesse da Administração não figura como punição disciplinar, razão pela qual o ato é válido quando desvinculado da prática de infração administrativa e se observado o disposto no artigo 36, I, da Lei 8.429/92. A remoção enquadra-se na definição de ato discricionário do Poder Público, razão pela qual não cabe ao Poder Judiciário incursionar-se na análise do mérito administrativo (juízo de conveniência e oportunidade) se observado, na realização do ato, o princípio da legalidade. Abusca da nulidade de ato deve perpassar pelo princípio do *pas de nullitte sans grief*, o qual estatui a necessidade de se verificar a existência de prejuízo decorrente do ato impugnado, para só então viabilizar a declaração de nulidade. Negou-se provimento ao recurso". (TJDFT - Acórdão n.845933, 20130110274288APC, Relator: LEILA ARLANCH, Revisor: GISLENE PINHEIRO, 2ª TURMA CÍVEL, Data de Julgamento: 28/01/2015, Publicado no DJE: 04/02/2015. Pág.: 239)

- "Cinge-se a questão dos autos a possibilidade de prática de assédio sexual como sendo ato de improbidade administrativa previsto no caput do art. 11 da Lei n. 8.429/1992, praticado por professor da rede pública de ensino, o qual fora condenado pelas instâncias ordinárias à perda da função pública. A tese inerente à atipicidade da conduta em razão da inexistência de nexo causal entre o ato e a atividade de educador exercida pelo Professor não foi abordada pelo Corte de origem, o que atrai a incidência da Súmula 282 do STF. É firme a orientação no sentido da imprescindibilidade de dolo nos atos de improbidade administrativa por violação a princípio, conforme previstos no caput do art. 11 da Lei n. 8.429/1992 - o que foi claramente demonstrado no caso dos autos, porquanto o professor atuou com dolo no sentido de assediar suas alunas e obter vantagem indevida em função do cargo que ocupava, o que subverte os valores fundamentais da sociedade e corrói sua estrutura. (STJ - REsp 1255120/SC, Rel. Ministro HUMBERTO MARTINS, SEGUNDA TURMA, julgado em 21/05/2013, DJe 28/05/2013)

- *"É possível a responsabilização do agente público, no âmbito do art. 11 da Lei 8.429/92, ainda que este responda pelos mesmos fatos nas demais searas, em consideração à autonomia da responsabilidade jurídica por atos de improbidade administrativa em relação as demais esferas. Precedentes envolvendo assédio sexual e moral. A repugnante prática de atentado violento ao pudor, praticado por professor municipal, em sala de aula, contra crianças de 6 (seis) e 7 (sete) anos de idade, não são apenas crimes, mas também se enquadram em ‹atos atentatórios aos princípios da administração pública›, conforme previsto no art. 11 da LIA, em razão de sua evidente imoralidade. A Lei 8.429/92 objetiva coibir, punir e/ou afastar da atividade pública os agentes que demonstrem caráter incompatível com a natureza da atividade desenvolvida. Esse tipo de ato, para configurar-se como ato de improbidade exige a demonstração do elemento subjetivo, a título de dolo lato sensu ou genérico, presente na hipótese. 8. Recurso especial provido. (STJ – REsp. 1.219.915/MG – 2ª Turma – Relª. Minª. Eliana Calmon – j. em 19.11.2013 – DJe 29.11.2013)*

- "O assédio moral, mais do que provocações no local de trabalho – sarcasmo, crítica, zombaria e trote –, é campanha de terror psicológico pela rejeição. A prática de assédio moral enquadra-se na conduta prevista no art. 11, caput, da Lei de Improbidade Administrativa, em razão do evidente abuso de poder, desvio de finalidade e malferimento à impessoalidade, ao agir deliberadamente em prejuízo de alguém. A Lei 8.429/1992 objetiva coibir, punir e/ou afastar da atividade pública os agentes que demonstrem caráter incompatível com a natureza da atividade desenvolvida. Esse tipo de ato, para configurar-se como ato de improbidade exige a demonstração do elemento subjetivo, a título de dolo lato sensu ou genérico, presente na hipótese. Recurso especial provido". (STJ – REsp. 1.286.466/RS – 2ª Turma – Relª. Minª. Eliana Calmon – j. em 03.09.2013 – DJe 18.09.2013)

- "O magistrado foi acusado de assédio moral a servidores, desrespeito a advogados e adiamentos seguidos de audiências. Acusações graves. Tribunal de Justiça de São Paulo. Pena. Disponibilidade. Revisão. Conversão. Remoção compulsória. Recurso. Provimento parcial". (CNJ – Revisão Disciplinar 0006862-94.2012.2.00.0000 – Rel. Cons. Sílvio Rocha – j. em 16.04.2013)

- "Assédio sexual. Ofensa à moralidade comum. Conduta que foge dos propósitos de punição da lei 8.429/92. A improbidade administrativa, embora consubstanciada em princípio de difícil expressão verbal, encontra-se intimamente ligada às condutas responsáveis por lesões ao erário, que importem enriquecimento ilícito ou proveito próprio ou de outrem no exercício de mandato, cargo, função ou emprego público. Condutas reprováveis socialmente, capazes de consubstanciarem-se em crimes contra os costumes ofendem sobremaneira a moralidade comum, mas jamais a moralidade administrativa, afastando de seus contornos a aplicação das penalidades descritas na LIA". (TJMG - Apelação Cível 1.0183.08.155594-2/002, Relator(a): Des.(a) Kildare Carvalho, 3ª CÂMARA CÍVEL, julgamento em 16/02/2012, publicação da súmula em 29/02/2012)

- "O assédio moral está vinculado ao abuso ou desvio de poder de autoridade superior ou de empregador para expor o empregado ou servidor em nítida e repetida exposição ao ridículo, objetivando humilhá-lo ou vexá-lo no exercício de suas atribuições funcionais. A exoneração de função de confiança, as remoções para lugares de difícil acesso e o isolamento da funcionária em sala insalubre e degradante, correligionária de grupo político opositor ao do Prefeito, configuram o assédio moral. O agente atentou contra os princípios retores da administração pública e em especial violentou a regra matriz da legalidade, moralidade e finalidade. Foi conveniente com os desmandos do alcaide, ora agindo ativamente para cumprir ordens ilegais ora se omitindo quando deveria fiscalizar a prestação de serviços da servidora, sua subordinada. III – Embargos rejeitados". (TJSP – Embargos Infringentes 9137531-68.2006.8.26.0000 – 7ª Câmara de Direito Público – j. em 07.11.2011 – Rel. Des. Guerrieri Rezende)

- "Improbidade administrativa. Contratação de estagiária. Vínculo afetivo. Prefeito. 1. A proibição da prática do nepotismo, na Administração Pública Brasileira, alcança a admissão, sem concurso público, de parceiro de relação amorosa ou meramente sexual, cuja conduta configura ato de improbidade administrativa. 2. A admissão pelo agente público de estagiária com a finalidade de obtenção de favores sexuais configura ato de improbidade administrativa. Ausente prova de que o Prefeito, ao tempo da admissão da estagiária, com ela mantinha relacionamento afetivo ou de que o escopo da contratação era o de iniciá-lo, é de ser julgada improcedente a ação. 3. O envolvimento afetivo ou meramente sexual, no âmbito das relações de trabalho é tema polêmico e, muitas vezes, objeto de disciplina em código de ética das organizações. No âmbito da Administração Pública, a superveniente relação amorosa ou sexual em que, ao menos um, seja servidor público ou estagiário admitido sem concurso público não configura, salvo em caso de assédio, improbidade administrativa, mas poderá, conforme o caso, levar à extinção da relação jurídico-administrativa pela proibição da prática do nepotismo Recurso desprovido". (Apelação Cível Nº 70033396854, Vigésima Segunda Câmara Cível, Tribunal de Justiça do RS, Relator: Maria Isabel de Azevedo Souza, Julgado em 25/03/2010)

11.1.4. A responsabilização do parecerista

Sobreleva assinalar que a nova Lei nº 13.655/2018 (LINDB) não pune apenas o gestor no seu ato decisório, mas também, aquele que emite "opiniões técnicas em caso de dolo ou erro grosseiro", como preceitua o seu art. 28 assim redigido: "*O agente público responderá pessoalmente por suas decisões ou opiniões técnicas em caso de dolo ou erro grosseiro*". Abrangendo desta forma, o parecerista, no caso o advogado, bacharel direito, especialista, técnico ou graduado, quando elaborar laudo, parecer ou qualquer manifestação afrontosa à lei, ao direito ou a regras de competência.

Na verdade, a norma apenas veio tipificar essa conduta já pronunciada pela jurisprudência dos tribunais superiores, senão vejamos:

> "Licitação. Responsabilidade de Procurador pela emissão de parecer de natureza obrigatória, mas não vinculante. Inviabilidade. Segundo o entendimento jurisprudencial e doutrinário sobre o tema, quando a apresentação de parecer é obrigatória, mas não vinculante, o seu teor não pode levar à responsabilização do parecerista, salvo de comprovado o dolo, culpa ou erro grosseiro na exposição da opinião do advogado sobre o assunto consultado. Assim, se restou demonstrado, nos autos, que o parecer apresentado pelo impetrante não tinha caráter vinculante, e que não há elementos sobre eventual atuação dolosa, culposa ou mediante erro grosseiro, que venha a interferir no ato administrativo posteriormente aprovado pelo administrador, não há se falar em improbidade". (TJMS. Agravo de Instrumento n. 1403679-23.2017.8.12.0000, Campo Grande, 4ª Câmara Cível, Relator (a): Des. Claudionor Miguel Abss Duarte, j: 09/05/2018, p: 16/05/2018)

> "Salvo demonstração de culpa ou erro grosseiro, submetida às instâncias administrativo-disciplinares ou jurisdicionais próprias, não cabe a responsabilização do advogado público pelo conteúdo de seu parecer de natureza meramente opinativa" (STF - MS nº 24631 – Pleno – rel. Min. Joaquim Barbosa, j. 09/08/2007)

> "Embora o Tribunal de origem tenha consignado o provável equívoco do parecer técnico, não demonstrou indícios mínimos de que este teria sido redigido com erro grosseiro ou má-fé, razão pela qual o prosseguimento da ação civil por improbidade contra a Procuradora Municipal configura temerária" (STJ – 1454640/ES, Rel. Ministro Benedito Gonçalves, 1ª Turma – j. 15/10/2015, DJE 05/11/2015)

A presunção do enquadramento do parecerista neste tipo normativo decorre da sua manifestação contrária à lei, normas ou regulamentos, que resultem em direcionamento de favorecimento de terceiros interessados ou em desfavor do interesse da administração pública, quando o parecer estará vinculando o gestor a decidir em atendimento ao organograma processual ou administrativo.

Em outras palavras, toda vez que o gestor necessitar de parecer jurídico ou técnico para adoção do seu ato decisório, em obediência ao regramento institucional do Órgão ou repartição pública, está presente o caráter vinculativo que alcança do parecerista na sua responsabilidade funcional.

A hipótese mais previsível, certamente, será em procedimento licitatório, ou qualquer outro processo em que estejam evidentes as circunstâncias de dolo ou erro grosseiro.

A conduta típica descrita nesta norma se enquadra em ato de improbidade administrativa pelo seu desvio de finalidade ou ilegalidade do objeto, que é ofertar suporte jurídico inadequado às decisões administrativas vinculadas.

11.2. Prevaricação administrativa

II - retardar ou deixar de praticar, indevidamente, ato de ofício;

A tipificação do ato de improbidade administrativa exprime uma conduta transgressora das normas jurídicas valorizadas positivamente pela sociedade, constituída por um conjunto de princípios, normas e regras que devem ser seguidos para que se estabeleça um comportamento moral exemplar, importando num comportamento ofensivo da ética institucionalizada no trato da coisa pública, cujo incidente normativo reflete a indignação do cidadão e a desorganização da administração pública.

Essa infringência dos padrões culturais e dos preceitos, que se relacionam aos valores morais e à conduta humana merece o repúdio social e a reprimenda sancionatória visando repelir essa distensão ou disfunção organizacional na administração pública produzida pelo aviltamento qualificado das normas.

O tipo objetivo desta norma consiste na atuação do agente público em retardar, atrasar, não praticar o ato em tempo útil ou excedendo os prazos legais ou deixar de praticá-lo pela sua omissão voluntária, sem a justificação que ampare a sua conduta funcional.

O núcleo do tipo é retardar, que significa protrair, postergar, fazer atrasar, ocasionar demora, adiar ou deixar para mais tarde, visando, assim, à elasticidade temporal para o cumprimento de ato de ofício, inerente às suas atribuições funcionais decorrentes do exercício da função ou cargo público que ocupa na titularidade ou responde na eventualidade.

Esse dispositivo descreve a conduta típica da prevaricação administrativa, devido à falta ao dever ou ao não cumprimento do dever a que está obrigado em razão do ofício, cargo ou função.

Essa falta ao cumprimento do dever administrativo mostra-se caprichosa para satisfazer interesse próprio ou sentimentos pessoais, dissimulado na sua ilicitude de demorar ou adiar abusivamente no tempo e no espaço a execução do ato de seu ofício.

Aqui, o agente público consubstancia sua infidelidade ao dever jurídico de cumprir ou executar as tarefas de sua competência de forma extemporânea atentando contra os deveres que lhe são impostos, a exemplo do que preconiza o Estatuto do Servidor Público Federal, reproduzido por Estados e Municípios, de: I - exercer com zelo e dedicação as atribuições do cargo; III - observar as normas legais e regulamentares; V - atender com presteza (Lei 8.112/90, art. 116).

A conduta de prevaricação administrativa conduz o agente público a incorrer em ofensa ao art. 4º desta Lei que estabelece a obrigatoriedade dos agentes públicos de qualquer nível ou hierarquia a velar pela estrita observância dos princípios da legalidade, impessoalidade, moralidade e publicidade no trato dos assuntos que lhe são afetos.

Retardar ou deixar de cumprir ato de ofício nos prazos estabelecidos pela legislação ou regulamentos resulta na vulneração do aludido dispositivo compulsório aos atos de oficio, além de atentar contra o princípio constitucional da eficiência.

A omissão ou retardamento deve ser feito indevidamente, revelando um comportamento anormal devido à conduta omissiva se apresentar indevida, injusta ou ilegal.

A prevaricação administrativa consiste na infidelidade ao dever de ofício devido ao nosso ordenamento jurídico considerar a omissão de ato funcional, o retardamento e a prática negativa, contrários à lei, pois o objeto jurídico é o interesse da administração pública que repele prejuízo, dano ou qualidade inferior ao desenvolvimento normal e regular da atividade pública.

Para a consumação desta norma, basta o efetivo retardamento ou o não cumprimento das obrigações que são inerentes à função, independente de que haja interesse patrimonial, material ou moral, mas com ânimo próprio de retardar ou deixar de cumprir o que lhe é obrigado a fazer com zelo, presteza e eficácia.

Cuida de ato típico de natureza formal, que se consuma antecipadamente, sem dependência de ocorrer ou não, o resultado pretendido a ser alcançado ou desejado pelo agente com sua atitude antijurídica.

Ato de ofício "é aquele que se compreende nas atribuições do funcionário, *ou em sua competência, ou seja, ato administrativo ou judicial*"[93].

- "Conduta contrária aos princípios da administração pública. Atos de ofício. Omissão. Caracterizada a conduta ímproba do chefe do Poder Executivo Municipal quando da época dos fatos ao omitir-se quando do processo administrativo disciplinar, deixando de praticar ato que lhe cabia de ofício, incutindo na regra disposta no art. 11, II da Lei 8.429/92. Presente a ocorrência de improbidade administrativa quando o agente público com o intuito de obter vantagem ou favorecimento sexual coagiu duas de suas alunas e ameaçou uma terceira pessoa, sua ex-aluna, para que se retratasse da representação contra ele oferecida no Conselho Tutelar". (TJMG - Apelação Cível 1.0183.08.155594-2/002, Relator(a): Des.(a) Jair Varão, 3ª CÂMARA CÍVEL, julgamento em 15/03/2018, publicação da súmula em 10/04/2018)
- "Dolo genérico. Configuração. Aplicação a condutas omissivas. Vedação. Nos termos da jurisprudência firmada no âmbito deste Superior Tribunal de Justiça, mesmo a inércia administrativa configura dolo na conduta, caracterizando sua aptidão para a hipótese de improbidade administrativa. Precedentes". (STJ - AgInt no REsp 1472221/MG, Rel. Ministro SÉRGIO KUKINA, PRIMEIRA TURMA, julgado em 01/03/2018, DJe 09/04/2018)
- "Omissão em responder ofício do Ministério Público. Desorganização administrativa. A configuração do ato de improbidade por ofensa a princípios depende da comprovação do elemento subjetivo, consubstanciado no dolo, na desonestidade e na má-fé do agente público em cometer um ato ímprobo. A ausência de respostas aos ofícios do Ministério Público gerou, neste caso, ações judiciais que visavam a obtenção dos fármacos objeto também dos primeiros. Constitui ato que, inegavelmente, exige forte e grave censura, mas é ditado, geralmente, pelo despreparo intelectual e pelas carências de uma gestão eficiente que caracteriza o nosso universo municipal, às vezes premido pelos orçamentos da saúde e que não são nem mesmo regularmente atendidos pelo Estado e pela União, fato que geraria excesso se levasse à conclusão de constituir, por sua própria natureza, um ato de improbidade, que a doutrina e jurisprudência qualificam para acatar. As deficiências pessoais de servidores e as pressões orçamentárias explicam muito dessas negativas, que ocorrem, sem raridade, também no âmbito do Estado e da União, como se constata todos os dias nos postos de saúde. No contexto, há mais irregularidade do que efetivo dolo ou vontade consciente de não atendimento, ou mesmo ilegalidades formais, mas sem o exigido desvio de caráter que constrói o ato ímprobo. No caso, muito embora constatada a censurável omissão praticada pelo Prefeito, deixando de responder a requisições do Ministério Público, não ficou comprovada a intenção ímproba por parte do Chefe do Poder Executivo Municipal, motivo pelo qual não se configura ato de improbidade. A desorganização administrativa evidenciada na gestão da coisa pública, por si só, não se mostra hábil a caracterizar a improbidade administrativa. Sentença confirmada, em reexame necessário. Prejudicado o recurso voluntário. (TJMG - Ap Cível/Rem Necessária 1.0421.15.001189-6/001, Relator(a): Des.(a) Wander Marotta, 5ª CÂMARA CÍVEL, julgamento em 23/11/0017, publicação da súmula em 05/12/2017)
- "Praticar ato com fim proibido em lei ou regulamento ou diverso daquele previsto na regra de competência e, posteriormente, notificado da ilegalidade, deixar de anular o ato ilegal, caracteriza improbidade administrativa, definida no art. 11, incisos I e II, da L. 8.429/92, sujeitando o agente público à sanção do art. 12 dessa lei. Atuar deliberadamente sem observar determinação legal evidencia dolo em infringir a lei, cujo desconhecimento é inescusável. Desnecessária, no caso dos atos de improbidade do art. 11 da LIA, a existência de dolo específico. A ofensa ao disposto no art. 11 da LIA dispensa a prova do enriquecimento ilícito ou de dano ao erário. Necessária, somente, a demonstração de conduta contrária aos princípios da Administração

93. Noronha, Magalhães de. **Direito Penal**. 1995. v. IV, p. 258.

Pública". (TJDFT – Acórdão 757.480 (20100111525614APC) – 6ª Turma Cível – Rel. Jair Soares, Rev. José Divino de Oliveira – j. em 05.02.2014 – DJe: 11.02.2014, p. 129)

- "Nos termos do art. 11, II, da Lei 8.429/92, constitui ato de improbidade administrativa que atenta contra princípios da Administração Pública, retardar ou deixar de praticar, indevidamente, ato de ofício. Segundo os arts. 5º, I e 11 do Código de Processo Penal, o inquérito policial será iniciado de ofício, cabendo à autoridade policial providenciar para que os instrumentos do crime, bem como os objetos que interessarem à prova, acompanhem os autos do inquérito. Já o art. 69 da Lei 9.099/95 estabelece que a autoridade policial que tomar conhecimento da ocorrência lavrará termo circunstanciado e o encaminhará diretamente ao Juizado, com o autor do fato e a vítima, providenciando-se as requisições dos exames periciais necessários. Considerando que o recorrente, ao deixar de cumprir ato de ofício, se omitiu quanto ao seu dever funcional, violando os princípios da moralidade e da legalidade, não há lugar para a reforma da sentença. A absolvição do recorrente, por falta de provas, em processo criminal, afasta a aplicação do art. 935 do Código Civil." (TJMG – Apelação Cível 1.0105.08.262512-7/001 – j. em 05.11.2013 – 2ª Câmara Cível – Rel. Des. Raimundo Messias Júnior – publicação da Súmula em 19.11.2013)

- ""Configura, em tese, ato de improbidade administrativa, deixar o agente público de, uma vez demandado a tanto e não sendo hipótese de sigilo constitucionalmente admitido, prestar as informações de interesse da pessoa que as postula, caracterizando-o, ainda, deixar o agente público de expedir as certidões para a defesa de direitos e esclarecimento de situações de interesse pessoal (art. 5º, XXXIII e XXXIV, b, da CF/88, e Lei 9.051/95), mormente quando tal conduta se der em descumprimento de determinação judicial. O cidadão tem direito a certidões para a defesa de direitos e a esclarecimentos sobre situações de seu interesse pessoal. Entretanto, não tem direito ao conteúdo informacional que preestabelece, mas ao que seja possível ao agente público prestar considerados os registros de que disponha. (STJ - REsp. 997.564/SP, Relator Ministro Benedito Gonçalves, Primeira Turma, in DJe 25/3/2010)"(STJ, AgRg no REsp. 1.065.588/SP – 1ª Turma – Rel. Min. Hamilton Carvalhido – j. em 08.02.2011 – DJe 21.02.2011) (TRF – 5ª Região – Processo: 200783000125710, AC480169/PE – 1ª Turma – Rel. Des. Fed. Francisco de Barros e Silva (conv.) – j. em 07.07.2011 – DJE 14.07.2011, p. 202)

- "Viola o princípio da legalidade, assim como o disposto no art. 11, inc. II, da Lei Federal 8.429/1992, o arquivamento arbitrário de inquérito policial pelo Delegado de Polícia Civil, por caracterizar retardamento ou omissão de ato de ofício, qual seja, o processamento regular do inquérito policial. A insistente invasão nas atribuições da autoridade de trânsito municipal por Delegado da Polícia Civil, com o cancelamento arbitrário de multas, caracteriza ato ímprobo, mormente quando os atos importam em inobservância dos princípios da moralidade e da impessoalidade. A lesão a princípios administrativos previstos no art. 11 da Lei 8.429/92 não exige dolo ou culpa na conduta do agente nem prova da lesão ao erário público. Basta a simples ilicitude ou imoralidade administrativa para restar configurado o ato de improbidade. A ação civil pública, ao coibir o dano moral, é própria para censura a ato de improbidade, mesmo que não haja lesão aos cofres públicos". (Precedente do STJ – REsp. 261.691 – MG). (TJMG – Proc. 1.0713.05.053005-2/001 – DJ 02.03.2009 – Relª. Desª. Maria Elza)

- "A extinção do cargo de prefeito é consequência imediata da suspensão de direitos políticos por sentença criminal transitada em julgado, devendo ser declarada por imposição do ofício pelo Presidente do Legislativo Municipal. A abstenção do ato declaratório obrigatório, sem motivo escusável, importa em improbidade administrativa, sendo-lhe aplicável a pena de suspensão dos direitos políticos" (TJGO – Ap. 62.923-9/188 – 1ª CC – DJ 07.10.2002 – Rel. Des. Walter Carlos Lemes)

- "Oficial de Justiça que retém mandado de prisão e ostenta folha negativa de antecedentes. Alegação de cerceamento de defesa. Inocorrência. Sujeita-se à pena de demissão, o oficial de justiça que retém mandado de prisão e já ostenta folha negativa de antecedentes: uma vez com pena de censura, e quatro vezes com pena de suspensão, o que caracteriza desídia e improbidade administrativa". (TJPB – RI 2001000436-7 – Pleno – DJ 02.03.2001 – Rel. Des. Antônio Elias de Queiroga)

- Procurador do Estado. Prevaricação. Agir doloso (dolo eventual) do servidor no retardo indevido dos atos de ofício, a caracterizar a prática de ato de improbidade administrativa. Art. 11, inc. II, da Lei 8.429/92. Excesso de serviço que não afasta a desídia do agente que deixou de praticar atos do seu ofício. Prova documental e testemunhal a comprovar a negligência na atuação junto à Procuradoria do Estado. Multa civil reduzida para 7,5 vezes o valor da última remuneração percebida como Procurador do Estado. Honorários advocatícios minorados a fim de obedecer a equidade imposta no art. 20, § 4º, do CPC. O art. 23 do novo Estatuto da OAB (Lei 8.906/94) reza que pertencem ao advogado os honorários, podendo o mesmo executá-los de forma autônoma. Inteligência do art. 21 do CPC sopesada em face novel Estatuto da OAB". (TJRS – Ap. Cív. 70007880198 – 22ª CC – j. em 26.08.2004 – Relª. Desª. Matilde Chabar Maia)

- "Agente público. Prevaricação. Incorre em conduta ímproba o agente que deixa de praticar, indevidamente, ato de ofício, qual seja, providências quanto ao lixão do Município, apesar de instado a tanto pelo Ministério Público, por mais de uma vez, não tendo provado que inexistiam recursos financeiros para realizar os atos. Não comprovado o dano concreto, mas apenas o risco a que a população foi submetida, afasta-se o pedido de ressarcimento. Ação julgada procedente em parte". (TJRS – Proc. 70009142399 – 22ª CC – j. em 21.09.2004 – Relª. Desª. Rejane Maria Dias de Castro Bins)

- "O recorrente, como Presidente da Câmara de Vereadores, submeteu o requerimento à votação do órgão colegiado, que o acatou por doze votos a cinco, para adotar o regime de urgência na votação do projeto, o que implica em sua apreciação diretamente pelo Plenário. Foram prequestionados os arts. 11, II, e 12, III, da Lei de Improbidade Administrativa, deve o recurso ser conhecido. A simples condução incorreta do procedimento legislativo, ao deixar de submeter o projeto de lei orçamentária a uma das comissões parlamentares, não é suficiente para lesionar, no contexto da Lei 8.429/92, o princípio da legalidade, tendo em vista que a apontada desconformidade opera apenas efeitos *interna corporis*, relacionados com a gênese da norma, podendo atingi-la, mas sem potencialidade para atacar o bem jurídico tutelado pelo art. 11, II, da Lei 8.429/92. O ato legislativo típico está fora do âmbito de atuação da Lei 8.429/92, seja por não operar efeitos concretos, seja por esbarrar na imunidade material conferida aos parlamentares pela Constituição, ainda que seja possível a presença do ato de improbidade durante a sua própria tramitação, sobretudo quando o desvio é manifesto. Todavia, não é o caso. 8. Recurso especial provido". (STJ – REsp. 1101359 / CE – 2ª Turma – DJe 09.11.2009 – Rel. Min. Castro Meira)

- "No caso concreto, o Tribunal de origem qualificou equivocadamente a conduta do agente público, pois a desídia e a negligência, expressamente reconhecidas no julgado impugnado, não configuram dolo, tampouco dolo eventual, mas indiscutivelmente modalidade de culpa. Tal consideração afasta a configuração de ato de improbidade administrativa por violação de princípios da administração pública, pois não foi demonstrada a indispensável prática dolosa da conduta de atentado aos princípios da administração pública, mas efetiva conduta culposa, o que não permite o reconhecimento de ato de improbidade administrativa previsto no art. 11 da Lei 8.429/92. 4. Provimento do recurso especial". (STJ – REsp. 875163 / RS – 1ª Turma – DJe 01.07.2009 – Relª. Minª. Denise Arruda)

11.2.1. Descumprimento de ordem judicial

A Constituição da República, ao tratar dos princípios fundamentais, estabeleceu que são poderes da União, independentes e harmônicos entre si, o Legislativo, o Executivo e o Judiciário (art. 2º), atribuindo a este "*a função jurisdicional que tem por objeto aplicar o direito aos casos concretos a fim de dirimir conflitos de interesses*"[94].

A independência dos poderes confere a cada um deles a prerrogativa de exercitarem as suas atribuições que lhe sejam próprias, não necessitando as suas autoridades, na esfera de cada segmento, consultar os outros nem de suas autorizações para realizarem, cumprirem e atenderem as suas atividades institucionais.

A Carta Política, ao consagrar que a República brasileira constitui-se em Estado democrático de direito (art. 1º) determinou a todas as pessoas e autoridades a submissão ao império da lei instituindo um Estado de direito, uma organização de poder que se rende à regra genérica e abstrata do ordenamento jurídico genérico e aos atos originários das funções estatais.

Nesse espaço do Estado de direito, ao Poder Judiciário são conferidas atribuições especiais de administração da Justiça, que se fazem conforme o direito e os seus regramentos legais. É o órgão incumbido constitucionalmente de praticar o justo, o legal, e proteger a ordem jurídica.

Com efeito, quando um agente público investido em sua prerrogativa funcional, de qualquer dos poderes ou de qualquer de suas esferas administrativas, é intimado ou notificado para atender a determinada ordem judicial, se há resistência ou protelação, está desprezando o Poder Judiciário e agindo de forma a desprestigiá-lo, atentando contra a sua existência, eficácia e cidadania.

Descumprir ordem judicial é ato contrário à dignidade da justiça.

O acesso à justiça é um direito da cidadania, que é a expressão identificadora da qualidade de pessoa que, estando na posse plena da capacidade civil, encontra-se investida no uso e gozo de seus direitos políticos. Negar a efetividade da atividade jurisdicional é atentar contra esse direito fundamental.

Impõe-se analisar que incorrer em descumprimento de ordem derivada de autoridade judicial é ofender também o princípio da moralidade pública por vulnerar o respeito e a credibilidade de um poder constituído, além de constranger o destinatário favorecido pela decisão judicial no exercício de seu direito ser efetivado.

Cumpre ter presente, neste ponto, que a autoridade indisciplinada com o seu ato de desobediência ou de prevaricação em não atender à ordem judicial, por ser detentor de qualificação escolar ou acadêmica para o exercício da função pública, age de forma consciente da antijuridicidade do fato na sua intenção de opor-se à decisão judicial.

A Lei federal 8.429/92, dispondo sobre a improbidade administrativa, no seu art. 4º, preceitua que "*os agentes públicos de qualquer nível ou hierarquia são obri-*

---

94. Cf. DUVERGER, Maurice. **Droit constitucionnel et institutions politiques**, v. I/150 e ss.; CAMPOS, German José Bidart. Ob. cit., p 333 e ss.; HERAS, Jorge Xifras. **Curso de derecho constitucional**, t. II/126 e ss.

gados a velar pela estrita observância dos princípios da legalidade, impessoalidade, moralidade e publicidade no trato dos assuntos que lhe são afetos".

Os princípios da legalidade e da moralidade são vetores básicos da probidade administrativa, sob os quais estão aglutinados todos os princípios regentes da atividade estatal, que é desenvolvida pelo princípio da juridicidade.

Mais adiante, o art. 11 da referida Lei estabelece que constitui ato de improbidade administrativa, que atenta contra os princípios da administração pública, qualquer ação ou omissão que viole os deveres da honestidade, imparcialidade, legalidade e lealdade às instituições, e notadamente: II – retardar ou deixar de praticar, indevidamente, ato de ofício.

Quando o agente público, ao ser notificado de uma ordem judicial e retarda a sua execução ou deixa de atendê-la, de imediato, esse adiamento imotivado e ilegítimo está enquadrando sua conduta no disposto pelo referido inciso, assumindo o risco da responsabilidade administrativa pelo seu ato reprovável.

Essa reprovação ganha contornos mais objetivos quando o Estatuto do Servidor Público Federal (Lei 8.112/90), fonte reprodutora nos Estados e Municípios, prescreve como deveres a lealdade às instituições e cumprimento das ordens superiores, assim escritos:

> **Art. 116.** *São deveres do servidor:*
>
> I – exercer com zelo e dedicação as atribuições do cargo;
>
> II – ser leal às instituições a que servir;
>
> III – observar as normas legais e regulamentares;
>
> IV – cumprir as ordens superiores, exceto quando manifestamente ilegais;

Com efeito, o desatendimento à conjugação desse conjunto de deveres estatutários e aquele inferido no art. 4º da Lei de Improbidade Administrativa, conduz o descumprimento da ordem judicial na moldura do inc. II deste dispositivo legal.

No que diz respeito à probidade administrativa, substanciosos são os comentários de Marcelo Figueiredo; *in verbis*:

> Como corolário da moralidade administrativa, temos a probidade administrativa (art. 37, § 4º, da CF). Dever do agente público de servir à "coisa pública", à administração, com honestidade, com boa-fé, exercendo suas funções de modo lícito, sem aproveitar-se do Estado, ou das facilidades do cargo, quer para si, quer para terceiros. (...). Parece-nos que a probidade está exclusivamente vinculada ao aspecto da conduta (do ilícito) do administrador. Assim, em termos gerais, diríamos que viola a probidade o agente público que em suas ordinárias tarefas e deveres (em seu agir) atrita os denominados "tipos" legais. A probidade, desse modo, seria o aspecto funcional da moralidade administrativa. Nota-se de pronto substancial diferença. Dado agente pode violar a moralidade administrativa e nem por isso violará necessariamente

a probidade, se na análise de sua conduta não houver previsão legal tida por ato de improbidade[95].

Já o jurista José Carvalho dos Santos Filho leciona que, dentre as aplicações do inc. II, compreende-se "*a) descumprimento de ordem judicial; b) o não atendimento às requisições do Ministério Público; c) a não lavratura de auto de prisão em flagrante pela autoridade policial, dentre outros procedimentos*".

A esse propósito, impende destacar a lição de Waldo Fazzio Júnior:

> O retardamento ou a omissão indevida de ato de ofício agride a moralidade e a eficiência administrativa, porque contraria o dever da boa administração. Assim, se o prefeito (ou qualquer agente público), desprezando os deveres que o cargo lhe impõe, sobretudo o de efetivar os atos oficiais, sem qualquer motivo escusável, protela-os ou, o que é pior, não os pratica, ainda que não mire qualquer vantagem ou interesse, está cometendo esta espécie de ato de improbidade. [...] Ao juntar o advérbio indevidamente às condutas do inciso, a lei insere elemento normativo indicativo da ciência da ilegalidade. No caso o prefeito (ou qualquer agente público) sabe que é seu dever administrativo e não o cumpre, está ciente de que age ilegalmente ao omitir-se[96].

Como se vê, todo agente público tem o dever jurídico de observar os princípios regentes da legalidade e da moralidade, de modo que, ao deixar de cumprir de imediato uma decisão judicial, estará incorrendo na conduta típica descrita pelo art. 11, II, da mencionada Lei. Isto, porque estará atentando contra a dignidade do Poder Judiciário, o seu prestígio, o seu respeito e inobservando os valores da honestidade e lealdade às instituições, derivações diretas do princípio da moralidade. Estará agindo contrariamente ao comando imperativo consubstanciado no art. 4º da supramenciona Lei.

A legalidade deriva da lei. A legalidade exige a adequação do ato à lei, enquanto a moralidade torna obrigatório que o móvel do agente e o objetivo visado estejam em harmonia com o dever de bem administrar.

A desonestidade e a desídia são pejorativos que maculam as condutas dos agentes públicos quando assumem o risco de desobedecerem a uma ordem judicial, pois estão conspirando contra a lealdade ao Poder Judiciário a que todos estão submetidos.

A improbidade é associada à violação do princípio da juridicidade, porquanto os referidos dispositivos legais ganham contornos de relevância na configuração da improbidade ao permitirem a identificação e a coibição dos atos que venham a deslustrar os princípios administrativos, vetores indissociáveis de todos os atos do Poder Público.

---

95. **Probidade Administrativa**: Comentários à Lei 8.429/92 e Legislação Complementar. 4. ed. São Paulo: Malheiros, p. 22.

96. **Improbidade Administrativa e Crimes de Prefeitos**. São Paulo: Atlas, 2003. p. 188-189.

A desobediência à decisão judicial afeta, ainda, o princípio da juridicidade, visto que frustra o jurisdicionado do direito a uma atividade jurisdicional eficaz, efetiva e com melhor resultado no desenvolvimento dos serviços forenses.

Assim, o descumprimento de ordem da Justiça estará consubstanciado com o encadeamento lógico entre vontade, conduta e resultado negativo do provimento judicial, impondo ao juiz, presidente do processo, o dever à prevenção ou repressão a qualquer ato contrário à dignidade da Justiça (CPC, art. 125), devendo o mesmo ordenar a extração de peças do feito para remessa ao Ministério Público para fins de instauração da ação de improbidade, bem como, representação por eventual crime de prevaricação, desobediência e resistência.

Mas, diante de uma suposta omissão dessa autoridade, a parte poderá requerer o citado procedimento ou representar diretamente perante o Ministério Público competente.

Diga-se, por oportuno, que as decisões judiciais que importem na obrigação de fazer ou não fazer, devem conter a incidência de multa diária cominatória (art. 461, § 4º, do CPC) e também a de multa processual (art. 14, parágrafo único, do CPC), para punir na hipótese de recalcitrância, cujos valores originando condenação à Fazenda Pública, resultam em ato de improbidade administrativa e cobrança pela via regressiva (art. 37, III, § 6º, da CF) da importância da pena pecuniária suportada pelo erário.

- "O descumprimento de decisão judicial não caracteriza, por si só, a prática de ato de improbidade administrativa previsto no artigo 11, inciso II da Lei nº 8.429/92, sendo indispensável a demonstração do dolo genérico do agente público em retardar ou deixar de praticar, indevidamente, ato de ofício. Imperiosa a improcedência do pedido formulado na ação de improbidade administrativa quando ausente prova robusta capaz de comprovar que o Prefeito Municipal deliberadamente descumpriu ou retardou o cumprimento de decisão judicial, sobretudo quando esse sequer fora pessoalmente intimado da ordem judicial". (TJMG - Apelação Cível 1.0071.13.003030-8/001, Relator(a): Des.(a) Edilson Olímpio Fernandes, 6ª CÂMARA CÍVEL, julgamento em 03/07/2018, publicação da súmula em 13/07/2018)

- "Não configura ato de improbidade administrativa a demora no cumprimento de decisão judicial quando o retardamento decorre da necessidade de harmonizar a regra do concurso público com o princípio da continuidade do serviço público". (TJMG - Ap Cível/Rem Necessária 1.0481.16.014440-0/001, Relator(a): Des.(a) Marcelo Rodrigues, 2ª CÂMARA CÍVEL, julgamento em 05/06/2018, publicação da súmula em 13/06/2018)

- "Os agentes públicos têm o dever de observar os princípios constitucionais da administração pública, dentre outros, os princípios da legalidade e da moralidade, de modo que, ao deixar de cumprir, sem qualquer justificativa, uma decisão judicial, estará incorrendo na conduta tipificada no artigo 11, II, da Lei federal nº 8.429/92. A omissão administrativa praticado pelo réu, prefeito municipal, concernente em descumprir determinação judicial, da qual foi pessoalmente intimado, no sentido de disponibilizar procedimento cirúrgico oftamológico para paciente necessitada, sem qualquer justificativa, revela-se ímprobo, por atentar contra os princípios constitucionais consagrados à administração pública da legalidade, da moralidade administrativa, além de violar o princípio constitucional da harmonia entre os poderes federais, em razão da deslealdade e desrespeito à dignidade da Justiça. 6- Primeira apelação desprovida". (TJMG - Apelação Cível 1.0040.09.097414-4/001, Relator(a): Des.(a) Sandra Fonseca, 6ª CÂMARA CÍVEL, julgamento em 22/07/2014, publicação da súmula em 05/08/2014)

- "O descumprimento de ordem judicial pela autoridade competente permite apuração de eventual ato de improbidade administrativa"(TJMG - Agravo de Instrumento-Cv 1.0040.16.002529-8/001, Relator(a): Des.(a) Afrânio Vilela, 2ª CÂMARA CÍVEL, julgamento em 06/12/2016, publicação da súmula em 15/12/2016)

- "O art. 11, II, da Lei 8.249/92 não deixa dúvida de que as condutas descritas nos incisos são exemplificativas, não representando um rol taxativo, fechado. Outras ações ou omissões que violem "os deveres de honestidade, imparcialidade, legalidade, e lealdade às instituições" também são consideradas atos de improbidade administrativa que atentam contra os princípios da administração pública. Portanto, é de se manter a condenação por ato de improbidade. *In casu*, é inconteste a desídia e o desleixo do réu em atender às determinações judiciais, em que restou demonstrado a ausência de boa fé, ou até mesmo a inabilidade em decidir a questão. Na verdade, sua conduta resultou em dano ao erário com o pagamento de *astreintes* por seu descumprimento, o que já é motivo suficiente para configurar ato de improbidade". (TRF5 - AC546051/SE (00002533120114058502) - 5ª Região - 2ª Turma - Rel. Des. Fed. Rubens de Mendonça Canuto (conv.) - j. em 16.10.2012 - DJE 25.10.2012, p. 362)

- "Praticam improbidade administrativa os agentes políticos que, por ação ou omissão, descumprem os comportamentos pretendidos pelos diversos princípios constitucionais da Administração Pública. Existindo prova da prática, pelo réu, do ato descrito no art. 11, caput e inciso II, da Lei 8.429/92, consistente na deliberada recusa de cumprimento de ordem judicial, deve ser condenado nas sanções previstas no seu art. 12". (TJMG - Ap Cív./Reex Necessário 1.0686.06.183839-3/004 - 4ª Câmara Cível - Rel. Des. Almeida Melo - j. em 19.07.2012 - publicação da Súmula em 24.07.2012)

- "*É notório que o gestor municipal ao descumprir injustificadamente ordem judicial, incorre na conduta típica descrita pelo art. 11, II, da Lei 8.429/92. À verificação que o requerido não agiu conforme os parâmetros legais que se exige do Chefe do Poder do Executivo Municipal, tem-se como correta a decisão do douto Magistrado de primeiro grau, ao concluir que incorreu em ato de improbidade administrativa, na medida em que restou comprovado nos autos o descumprimento injustificado de determinação judicial, não havendo como acolher as escusas apresentadas, devendo, portanto, o demandado se sujeitar às imposições legais aplicáveis*". (TJMG - Ap. Cív. 1.0713.06.063142-9/001 - 8ª Câmara Cível - Relª. Desª. Teresa Cristina da Cunha Peixoto - j. em 19.08.2010 - publicação da Súmula em 24.11.2010)

- "O ato administrativo praticado pelo réu - descumprir determinação judicial de reintegração de servidor ao cargo de Tesoureiro municipal, mesmo diante de intimação pessoal para fazê-lo - revela-se administrativamente ímprobo por atentar contra os princípios constitucionais consagrados à Administração Pública da legalidade, da moralidade administrativa e de justiça, ainda que não tenha importado enriquecimento ilícito ou causado prejuízo material ao erário público. Deve ser confirmada a sentença que julgou procedente a ação civil pública por improbidade administrativa, ajuizada em face de Prefeito de Municipalidade, quando o descumprimento de ordem judicial não estiver fundado em justificativa plausível e razoável, denotando o dolo do agente público". (TJMG - Ap. Cív. 1.0377.07.009419-0/001 - Rel. Des. Armando Freire - DJ 30.03.2010)

- "Deve-se julgar improcedente a ação civil pública por improbidade administrativa, ajuizada em face de Prefeito de Municipalidade, quando a demora no cumprimento de ordem judicial estiver fundada em justificativa plausível e razoável, afastando o dolo do agente público". (Ap. Cív. 1.0134.06.065338-0/001 - Rel. Des. Alberto Vilas Boas - j. em 17.02.2009, p. 20.03.2009)

- "Decisão lavrada em grau de recurso não pode deixar de ser cumprida por autoridade administrativa com inversão da hierarquia, sob pena de restar caracterizado ato de improbidade (Lei 8.429, de 02.06.1992, art. 11, II). II - Preclusão administrativa que torna a decisão recursal irretratável à administração pública. III – Remessa oficial a que se nega provimento". (TRF – 3ª Região – REOMS 231.573 – 1ª Turma – DJU 21.10.2002 – Rel. Des. Federal Batista Gonçalves)

11.2.2. Omissão do procurador público na ação regressiva

A Administração Pública é responsável pelos atos dos seus prepostos; responde materialmente por suas ações ou omissões, mas é incumbência da Procuradoria jurídica do Poder Público aforar a competente ação regressiva contra o agente público que agiu com dolo ou culpa, objetivando a recomposição do valor desembolsado por sua responsabilidade objetiva estabelecida constitucionalmente.

Por conseguinte, nas ações indenizatórias julgadas procedentes condenando o Poder Público ao pagamento de valores pecuniários decorrente de danos causados por seus agentes cujo ato decorra do exercício de sua atividade funcional, a terceiros, a Constituição Federal no seu art. 37[97] assegura o direito de regresso contra o responsável nos casos de dolo ou culpa.

É o direito de ação regressiva contra aquele agente público ou político, causador de danos materiais, morais ou lucro cessante a qualquer pessoa física ou jurídica privada, alguém que foi vítima de um erro proporcionado pelo mau funcionamento ou desempenho do representante estatal.

O requisito da figura do dolo como autorizador para o exercício do direito regressivo ocorre quando o agente quis determinado resultado lesivo ou assumiu o seu risco, quer por ação quer por omissão; já a culpa resulta da conduta do agente por imprudência, negligência ou imperícia onde também se enxerga a culpa consciente, em grau mais elevado, mais próximo do dolo, pela projeção do seu consentimento quanto ao resultado que se produziu conforme sua vontade.

Desse modo, a ação regressiva é um instrumento processual inserido em nosso ordenamento jurídico com o escopo de devolução aos cofres públicos de verbas que foram despendidas por ação ou omissão dolosa ou culposa de seus agentes que importaram em prejuízo a terceiros.

Nesse aspecto, o preclaro Carvalho Filho[98] define o direito de regresso como "*o assegurado ao Estado no sentido de dirigir sua pretensão indenizatória contra o agente responsável pelo dano, quando tenha este agido com culpa ou dolo*".

De igual modo, nesse mesmo sentido, o Supremo Tribunal Federal no julgamento do Recurso Extraordinário 327.409, relatado pelo Ministro Carlos Britto fazendo menção à ação regressiva do Estado, define-a como:

97. "***Art. 37. (...) § 6º.*** *As pessoas jurídicas de direito público e as de direito privado prestadoras de serviços públicos responderão pelos danos que seus agentes, nessa qualidade, causarem a terceiros, assegurado o direito de regresso contra o responsável nos casos de dolo ou culpa*".

98. CARVALHO FILHO, José dos Santos. **Manual de direito administrativo.** 15. ed. Rio de Janeiro: Lumen Juris, 2006. p. 477.

> [...] a ação de "volta" ou de "retorno" contra aquele agente que praticou ato juridicamente imputável ao Estado, mas causador de dano a terceiro. Logo, trata-se de ação de ressarcimento, a pressupor, lógico, a recuperação de um desembolso. Donde a clara ilação de que não pode fazer uso de uma ação de regresso aquele que não fez a "viagem financeira de ida"; ou seja, em prol de quem não pagou a ninguém, mas, ao contrário, quer receber de alguém pela primeira vez. (STF - RE 327409/SP - Rel. Min. Carlos Ayres Britto - DJU 08.09.2006 - p. 28)

Embora haja esses aspectos conceituais diferenciados entre as definições sobre direito de regresso ou ação regressiva, o magistério de Érico Andrade[99] aponta que, "*Sem embargo da controvérsia, tem-se que pelo direito regressivo ou direito de regresso, vai o seu titular buscar nas mãos de outrem o desfalque patrimonial sofrido, para reintegrá-lo na posição anterior, com a satisfação do pagamento ou da indenização devida*".

É através do direito de regresso que a Fazenda Pública busca recompor o patrimônio público exigindo o valor, deste subtraído, quando desembolsou pagamento de indenização decretada por sentença judicial com trânsito em julgado, devido ao prejuízo proporcionado pelo seu agente público ou político, nessa qualidade. O Estado paga e depois vai tentar reaver o que pagou.

Nesse norte, a Minª. Carmén Lucia Rocha[100] proclama:

> "O princípio do regresso contra o autor do dano, quando este se origine de culpa ou dolo, atenta para o direito da sociedade ao Estado moral, à ética no exercício das funções públicas. Assim, se de um lado não se pode deixar ao desabrigo os direitos maculados dos particulares por um comportamento imputável ao Estado, também é exato que a sociedade não deve arcar com os ônus decorrentes de condutas equivocadas dos agentes públicos".

Esse direito material de regresso será instrumentalizado com a propositura de ação judicial, intitulada de ação regressiva, com fundamento na demonstração da conduta dolosa ou culposa do agente que figurará no polo passivo, observando-se os critérios palmados pelo Código Civil.

Trata-se, porém, de um poder-dever do representante jurídico da entidade pública ou o procurador que atuou mediante designação no feito que redundou na condenação do Poder Público, ajuizar a ação regressiva num prazo razoável, se não houver normas estipulando regras para sua propositura.

No âmbito da administração federal, essa obrigatoriedade é estabelecida na Lei 4.619/65, que disciplina a ação regressiva, dispondo que o Procurador da República, hoje Advogado Geral da União, está obrigado ajuizar a devida ação re-

---

99. ANDRADE, Érico. **Responsabilidade civil do estado e direito de regresso**. São Paulo: IOB Thompson, 2005. p. 57

100. ROCHA, Cármen Lúcia Antunes. **Princípios constitucionais dos servidores públicos**. São Paulo: Saraiva, 1999. p. 118.

gressiva contra o agente público julgado culpado, por danos a terceiros, no prazo de 60 (sessenta) dias, visando reparar judicialmente a Fazenda Nacional. Assim, dispõe o art. 1º, *in verbis*:

> **"Art. 1º.** Os Procuradores da República são obrigados a propor as competentes ações regressivas contra os funcionários de qualquer categoria declarados culpados por haverem causado a terceiros lesões de direito que a Fazenda Nacional, seja condenada judicialmente a reparar".

Ademais, o art. 2º da referida lei impõe o prazo de 60 dias para o ajuizamento da ação regressiva, a partir da data do trânsito em julgado da condenação imposta à Fazenda Pública, constituindo a não obediência, por ação ou omissão, falta de exação no cumprimento do dever.

Com efeito, a inércia ou omissão do representante jurídico da entidade pública ou o procurador que funcionou no processo que resultou na condenação estatal, no ajuizamento da ação regressiva, importará em ato de improbidade administrativa, em sua modalidade de prevaricação administrativa, ou crime de responsabilidade, sem prejuízo da responsabilidade por crime de prevaricação (art. 319 do CP).

Sobreleva assinalar que o art. 4º da Lei de Improbidade Administrativa obriga todos os agentes públicos ou políticos, a velarem pela legalidade e moralidade pública; portanto, é ato compulsório do representante jurídico da entidade pública ou do procurador habilitado nos autos, em tempo razoável, propor a ação regressiva contra o agente causador de danos ao erário.

Essa circunstância de omissão poderá ser objeto de uma atitude proativa do juiz ou tribunal, em atendimento ao dever imposto pelo art. 7º da Lei 7.347/85, quando determina que, "*se, no exercício de suas funções, os juízes e tribunais tiverem conhecimento de fatos que possam ensejar a propositura da ação civil, remeterão peças ao Ministério Público para as providências cabíveis*".

O momento adequado para a propositura da ação regressiva deverá ser logo após a expedição do precatório pelo tribunal requisitando o pagamento de quantia certa para a satisfação da obrigação decorrente da condenação, por ser a última etapa visando à sua liquidação e se tornar líquida e certa, ou quando se cuidar de pessoa jurídica de direito privado, após o devido pagamento.

- "Demonstrado que o atual prefeito do Município de Poté tomou as medidas legais necessárias para a responsabilização do ex-gestor, com ajuizamento de ação de improbidade e ressarcimento ao erário, deve ser levantada a restrição imposta ao ente municipal". (TJMG - Agravo de Instrumento-Cv 1.0000.17.096432-4/001, Relator(a): Des.(a) Áurea Brasil, 5ª CÂMARA CÍVEL, julgamento em 10/05/2018, publicação da súmula em 14/05/2018)

- "As ações que visam ao ressarcimento do erário são imprescritíveis, nos termos do art. 37, § 5º, da CR, incluindo-se, nesse âmbito, a pretensão de reparação dos danos causados ao erário em decorrência da conduta ímproba do ex-agente público. A denunciação da lide pressupõe a existência de relação jurídica entre o denunciante e o denunciado, e, na hipótese do inciso III do art. 70 do CPC, não dispensa a existência de direito de regresso decorrente de lei ou contrato. Ausente tais requisitos, forçoso o indeferimento da pretendida intervenção de terceiro".

(TJMG - Apelação Cível 1.0620.09.034802-5/001, Relator(a): Des.(a) Áurea Brasil, 5ª CÂMARA CÍVEL, julgamento em 16/03/2016, publicação da súmula em 05/04/2016)

- "Conforme disposto no art. 71, § 3º, da Constituição Federal e art. 180, § 2º, da Constituição Estadual, a decisão do Tribunal de Contas que resulte imputação de débito ou multa tem eficácia de título executivo. Dispondo o credor de título executivo, suficiente para a propositura de ação de execução, deve-se reconhecer a falta de interesse processual para o manejo de ação de conhecimento, cujo objetivo é justamente a constituição de um título executivo judicial. Tratando-se de ressarcimento ao erário, é de interesse público a escolha do procedimento mais célere, não havendo justificativa para a opção pela ação de cobrança nas hipóteses em que é possível a utilização da via executiva". (TJMG - Apelação Cível 1.0461.09.063739-2/001, Relator(a): Des.(a) Ana Paula Caixeta, 4ª CÂMARA CÍVEL, julgamento em 23/04/0015, publicação da súmula em 30/04/2015)

- "Nas demandas em que se discute a responsabilidade civil do Estado, a denunciação da lide ao agente causador do suposto dano é facultativa, cabendo ao magistrado avaliar se o ingresso do terceiro ocasionará prejuízo à economia e celeridade processuais". (STJ, Relator: Ministro ARI PARGENDLER, Data de Julgamento: 26/11/2013, T1 - PRIMEIRA TURMA)

- "O Poder Público responde objetivamente perante terceiros pelos atos danosos de seus prepostos, a teor do art. 37, § 6º, da CF/88, cabendo-lhe, em caso de culpa ou dolo do servidor, ação regressiva; assim, o agente público é parte ilegítima para figurar como réu na ação de indenização manejada pelo terceiro. – O art. 37, § 6º, da CF/88, na esteira do posicionamento recente do STF, traz em seu bojo duas garantias: aquela que assegura ao lesado o direito de manejar ação contra a administração pública para a reparação dos danos que sofreu sem ter que provar a culpa ou dolo do causador do dano e aquela instituída em favor do agente público, no sentido de que somente responderá perante o ente público a que vinculado, em eventual ação regressiva, pelos danos que causou em virtude de sua conduta". (TJMG – Proc. 1.0672.02.077351-7/002 – DJ 12.05.2009 – Rel. Des. Dídimo Inocêncio de Paula)

- "O feito diz com ação regressiva proposta por ente público municipal em desfavor de ex-prefeito, por danos patrimoniais que este, agindo na qualidade de administrador público, teria causado ao Município. Se o município pagou dívida que, porque prescrita, não mais era exigível, isso não interfere, de modo algum, no direito de regresso que tem contra o eventual causador do prejuízo. A responsabilidade do Estado pelos danos que seus agentes, nessa qualidade, causarem a terceiros, é objetiva, como se dessume do art. 37, § 6º, da CF, regra da qual igualmente se extrai o direito de regresso da Administração perante o servidor. Todavia, ao passo que a responsabilidade da Administração perante terceiros lesados é objetiva, a responsabilidade do agente público causador do dano perante o Poder Público é subjetiva." (TJRS – Ap. Cív. 70013095310 – 9ª Câmara Cível – Relª. Desª. Iris Helena Medeiros Nogueira – j. em 30.11.2005)

- "No caso, o ato causador de danos patrimoniais e morais foi praticado pelo Governador do Estado, no exercício do cargo: deve o Estado responder pelos danos. CF, art. 37, § 6º. II. – Se o agente público, nessa qualidade, agiu com dolo ou culpa, tem o Estado ação regressiva contra ele (CF, art. 37, § 6º). III. – R. E. inadmitido. Agravo não provido. (STF – AI 167659 AgR/PR – 2ª Turma – DJ 14.11.1996 – Rel. Min. Carlos Velloso)

- "O § 6º do art. 37 da Magna Carta autoriza a proposição de que somente as pessoas jurídicas de direito público, ou as pessoas jurídicas de direito privado que prestem serviços públicos, é que poderão responder, objetivamente, pela reparação de danos a terceiros. Isto por ato ou omissão dos respectivos agentes, agindo estes na qualidade de agentes públicos, e não como pessoas comuns. Esse mesmo dispositivo constitucional consagra, ainda, dupla garantia: uma, em favor do particular, possibilitando-lhe ação indenizatória contra a pessoa jurídica de direito público, ou de direito privado que preste serviço público, dado que bem maior, praticamente certa, a possibilidade de pagamento do dano objetivamente sofrido. Outra garantia, no entanto, em prol do servidor estatal, que somente responde administrativa e civilmente perante a pessoa jurídica a cujo quadro funcional se vincular. Recurso extraordinário a que se nega provimento. (STF – RE 327904 / SP – 1ª Turma – DJ 08.09.2006 – Rel. Min. Carlos Britto)

11.2.3. Omissão do gestor no desconto de descontar dias parados de servidor grevista

O gestor omisso comete ato de improbidade administrativa e incide em crime contra as finanças públicas.

O Supremo Tribunal Federal já reafirmou em Repercussão Geral o dever da administração pública descontar os dias parados de servidor público durante o período de greve declarada ilegal, ou que seja feita a compensação, o que não se admite é que o gestor seja omisso na sua obrigação de efetuar o desconto correspondente ou a compensação.

Esse desconto é obrigatório porque é ilegal a administração pública remunerar o servidor sem que tenha havido a contraprestação pelo seu serviço, seria remunerar o ócio com dinheiro público.

Sem a contraprestação do serviço é imperioso que o gestor proceda o desconto, sob pena de incorrer em ato de improbidade administrativa.

Além de incorrer em ato de improbidade administrativa, o gestor público estará cometendo, também, os crimes de peculato-desvio (art. 312, § 1º do CP), ao mudar a direção da verba pública para outra diversa do interesse da administração, sem a respectiva contraprestação.

Estará praticando, também, crime contra as finanças públicas, ao ordenar o pagamento de despesa ilegal, não autorizada (art. 359-D) do Código Penal.

O acórdão do STF que determina o desconto dos dias parados ou a sua compensação está assim redigido:

> "EMENTA Recurso extraordinário. Repercussão geral reconhecida. Questão de ordem. Formulação de pedido de desistência da ação no recurso extraordinário em que reconhecida a repercussão geral da matéria. Impossibilidade. Mandado de segurança. Servidores públicos civis e direito de greve. Descontos dos dias parados em razão do movimento grevista. Possibilidade. Reafirmação da jurisprudência do Supremo Tribunal Federal. Recurso do qual se conhece em parte, relativamente à qual é provido. 1. O Tribunal, por maioria, resolveu questão de ordem no sentido de não se admitir a desistência do mandado de segurança, firmando a tese da impossibilidade de desistência de qualquer recurso ou mesmo de ação após o reconhecimento de repercussão geral da questão constitucional. 2. A deflagração de greve por servidor público civil corresponde à suspensão do trabalho e, ainda que a greve não seja abusiva, como regra, a remuneração dos dias de paralisação não deve ser paga. 3. O desconto somente não se realizará se a greve tiver sido provocada por atraso no pagamento aos servidores públicos civis ou por outras situações excep-

cionais que justifiquem o afastamento da premissa da suspensão da relação funcional ou de trabalho, tais como aquelas em que o ente da administração ou o empregador tenha contribuído, mediante conduta recriminável, para que a greve ocorresse ou em que haja negociação sobre a compensação dos dias parados ou mesmo o parcelamento dos descontos. 4. Fixada a seguinte tese de repercussão geral: "A administração pública deve proceder ao desconto dos dias de paralisação decorrentes do exercício do direito de greve pelos servidores públicos, em virtude da suspensão do vínculo funcional que dela decorre, permitida a compensação em caso de acordo. O desconto será, contudo, incabível se ficar demonstrado que a greve foi provocada por conduta ilícita do Poder Público". 5. Recurso extraordinário provido na parte de que a Corte conhece". (STF – RE 693456, Relator(a): Min. DIAS TOFFOLI, Tribunal Pleno, julgado em 27/10/2016, PROCESSO ELETRÔNICO REPERCUSSÃO GERAL – MÉRITO DJe-238 DIVULG 18-10-2017 PUBLIC 19-10-2017)

A aplicação da Lei de Improbidade Administrativa decorre da obrigação do gestor público, o ordenador de despesas do Órgão ou Poder, velar pela legalidade, como estatui a referida norma:

> "Art. 4° Os agentes públicos de qualquer nível ou hierarquia são obrigados a velar pela estrita observância dos princípios de legalidade, impessoalidade, moralidade e publicidade no trato dos assuntos que lhe são afetos".

No caso de greve de servidor público é indiscutível o dano ao erário, que impõe ao gestor agir ou se apresentar como omisso, por vontade consciente, numa conduta dolosa, cuja consequência é o ressarcimento do prejuízo suportado pela sua omissão, nos termos do art. 5º da citada Lei:

> "Art. 5° Ocorrendo lesão ao patrimônio público por ação ou omissão, dolosa ou culposa, do agente ou de terceiro, dar-se-á o integral ressarcimento do dano".

O servidor público que participa de greve e não compensa os dias parados ou tem o desconto no seu contracheque incorre em "enriquecimento ilícito", pois ganhou dinheiro público sem trabalhar, configurando uma vantagem financeira ilícita.

Tal conduta se enquadra no art. 9º da Lei de Improbidade Administrativa:

> "Art. 9° Constitui ato de improbidade administrativa importando enriquecimento ilícito auferir qualquer tipo de vantagem patrimonial indevida em razão do exercício de cargo, mandato, função, emprego ou atividade nas entidades mencionadas no art. 1° desta lei".

Já o gestor também incorrerá em outras condutas ilegais, como aquelas previstas no art. 11 da Lei de Improbidade Administrativa:

> "Art. 11. Constitui ato de improbidade administrativa que atenta contra os princípios da administração pública qualquer ação ou omissão que viole os deveres de honestidade, imparcialidade, legalidade, e lealdade às instituições, e notadamente:

> I - praticar ato visando fim proibido em lei ou regulamento ou diverso daquele previsto, na regra de competência;
>
> II - retardar ou deixar de praticar, indevidamente, ato de ofício";

É a hipótese de o gestor conduzir seus atos em desvio de finalidade, utilizando os recursos públicos para fins diversos do interesse público, que exige contraprestação, e de agir com prevaricação administrativa, deixando de praticar ato obrigatório para satisfazer outros sentimentos do direito.

Em algumas situações assemelhadas, merece realce os seguintes julgados:

> IMPROBIDADE ADMINISTRATIVA - LEI 8.429/92 - NOMEAÇAO PARA CARGO COMISSIONADO - AUSÊNCIA DO SERVIDOR DURANTE O TEMPO CONTRATADO - "FUNCIONÁRIO FANTASMA" - OCORRÊNCIA DE PREJUIZO AO ERÁRIO - O percebimento da remuneração relativa ao exercício de cargo comissionado, para o qual foi nomeado o servidor, sem a contraprestação laboral correlata, mormente quando considerado o descumprimento da carga horária de quarenta horas semanais, revela a incorporação indevida de recursos públicos em seu patrimônio, restando, assim, tipificada a improbidade administrativa por força do enriquecimento ilícito. A autoridade nomeante que contrata profissional para desempenhar parcela das atribuições funcionais inadimplidas pelo servidor nomeado, contribui para a ocorrência de prejuízo ao erário, na medida em que permite a dissipação de recursos públicos sem que seja oferecida qualquer contrapartida benéfica à Administração Pública. Tendo a conduta do réu repercutido, de forma prevalente, na esfera patrimonial do ente público, a reprimenda, para que tenha efeito punitivo e didático eficaz, e para que guarde proporcionalidade com a conduta, deve ser fulcrada nas penas de natureza patrimonial. (TJMG - Apelação Cível 1.0134.14.004693-6/003, Relator(a): Des.(a) Sandra Fonseca, 6ª CÂMARA CÍVEL, julgamento em 16/05/2017, publicação da súmula em 26/05/2017)
>
> IMPROBIDADE ADMINISTRATIVA. SERVIDOR PÚBLICO. PERCEPÇÃO DE VENCIMENTOS SEM CONTRAPRESTAÇÃO. CONIVÊNCIA DOS GESTORES PÚBLICOS. COMPROVAÇÃO. RECURSOS NÃO PROVIDOS. 1. O propósito da ação civil pública por ato de improbidade é, em última instância, coibir condutas de agentes públicos e/ou terceiros com eles coligados que, imbuídos de desonestidade ou má-fé, importarem prejuízo ao erário, enriquecimento ilícito ou, simplesmente, ofenderem os princípios inerentes à Administração Pública. 2. Pratica ato de improbidade o servidor que percebe normalmente vencimentos inerentes ao cargo efetivo do qual é titular em período que, confessadamente, alega ter requerido a prorrogação de licença sem remuneração. 3. Apesar da plena ciência dos gestores públicos sobre as irregularidades praticadas pelo servidor, estes não adotaram as providências cabíveis para responsabilizá-lo administrativamente pela má conduta funcional. 4. A improbidade administrativa, neste particular, emerge da constatação de omissão do superior hierárquico em seu dever/poder de

apurar a responsabilidade por desvios funcionais de servidor a ele vinculado, aplicando a punição adequada ao caso. 5. A pena de perda de função pública deve ser afastada se o réu não desempenha mais a função de confiança de chefe do poder executivo municipal. (TJMG – Apelação Cível 1.0521.12.014211-7/001, Relator(a): Des.(a) Carlos Roberto de Faria, 8ª CÂMARA CÍVEL, julgamento em 27/04/2017, publicação da súmula em 24/05/2017)

É dever do Ministério Público ou do Tribunal de Contas agir em cumprimento do aludido acórdão para apuração da responsabilidade do ordenador de despesa que se omite no desconto ou da compensação dos dias parados, mas qualquer pessoa poderá representar junto a esses órgãos para que adotem as medidas legais.

11.3. Violação de sigilo funcional

III - revelar fato ou circunstância de que tem ciência em razão das atribuições e que deva permanecer em segredo;

O núcleo do tipo é revelar que tem a significação de comunicar, transmitir, dar a conhecer a terceira pessoa pela via oral ou documental, do teor de escritos de que tem conhecimento em razão da atividade funcional, da sua preservação sigilosa.

É o sigilo funcional, dever imposto ao agente público para que não viole nem divulgue segredo de que teve conhecimento em razão de sua função.

A presente norma viceja a proteção especial de informações privilegiadas que são produzidas pelos serviços públicos de interesse exclusivo do Estado, tais como os sistemas de informações ou bancos de dados.

Dentre esses dados pode ser elencado o sigilo das operações financeiras objeto do afastamento judicial do sigilo bancário preceituado pela Lei Complementar 105/01, que estabelece regras e critérios para o seu acesso e utilização em processos judiciais.

A referida norma preceitua no seu art. 11 que o "*servidor público que utilizar ou viabilizar a utilização de quaisquer informações obtidas em decorrência da quebra de sigilo responde pessoal e diretamente pelos danos decorrentes, sem prejuízo da responsabilidade objetiva da entidade pública, quando comprovado que o servidor agiu de acordo com orientação oficial*".

Também, no que se refere à interceptação das comunicações telefônicas, disciplinada pela Lei 9.296/96, que dependerá de ordem do juiz competente da ação principal, sob segredo de justiça, poderá a sua violação importar também em ato de improbidade administrativa.

Para a configuração dessa tipologia, é imprescindível que o segredo, cuja divulgação resulte de forma potencialmente danosa ao direito tutelado, e não interesses fúteis, carecedores de relevância jurídica, seja relevante e que a informação seja do conhecimento do agente em razão do exercício de sua atividade funcional.

A revelação de fato sigiloso de que não tinha conhecimento por força do seu cargo ou função, desnatura a conduta típica proclamada.

- Conselheiro tutelar. Improbidade administrativa. Configuração. Arts. 11, III, da Lei 8.429/92. Constitucionalidade. Lei de caráter nacional. Afastando--se o servidor público dos preceitos de moralidade administrativa inerentes e impositivos ao exercício da função de Conselheiro Tutelar, ocupado à época dos acontecimentos, pratica os atos ímprobos apontados pelo Ministério Público e cumpridamente comprovados na instrução processual. Apelação parcialmente provida. (TJRS – Ap. Cív. 70041244377 – 4ª Câmara Cível – Rel. José Luiz Reis de Azambujá – j. em 15.06.2011)

11.4. Violar o princípio da publicidade dos atos oficiais

IV - negar publicidade aos atos oficiais;

A publicidade dos atos administrativos significa dar conhecimento ao público, ou expor ao público, a condição de ou a qualidade de público, que se atribui ou se deve cometer aos atos ou coisas, que se fazem ou se devem fazer.

Assim, a publicidade, dentro de sua finalidade jurídica pretende tornar a coisa ou o fato de conhecimento geral, isto é, para que todos possam saber ou conhecer o fato editado pela administração pública.

Dentre os princípios diretivos da gestão pública está o da publicidade para a divulgação oficial do ato para conhecimento público e início da produção de seus efeitos externos, isto significa que o ato administrativo é toda a manifestação unilateral de vontade da administração pública que, agindo nessa qualidade, tenha por fim imediato adquirir, resguardar, transferir, modificar, extinguir e declarar direitos, ou por obrigações aos administrados ou a si própria[101], tem na sua publicidade o requisito de eficácia e validade.

Negar a publicidade do ato administrativo é incorrer no tipo deste dispositivo.

A publicidade é requisito de eficácia e moralidade administrativa, tanto que os efeitos jurídicos da publicação no Diário Oficial ou da Justiça, somente fluem a partir da circulação desses jornais oficiais da administração pública. Assim, atos de provimentos de cargos públicos, exonerações, aplicação de sanções, remoções etc., só têm validade a partir da sua publicação. Outros atos cujas publicações são imprescindíveis referem-se aos editais de licitação e concurso público.

Com efeito, negar, omitir ou sonegar a publicidade aos atos oficiais é incorrer na conduta descrita por este dispositivo para enquadrar a presente modalidade de improbidade administrativa.

O princípio da publicidade dos atos e contratos administrativos constitui-se em etapa essencial às suas validades e assegura seus efeitos jurídicos externos, de

101. MEIRELLES, Hely Lopes. **Direito Administrativo Brasileiro**. 17. ed. São Paulo: Malheiros, 1990. p. 133.

modo que a falta da publicidade integral de atos e contratos administrativos os torna nulos, porque nascem lesados do vício insuprível pelo defeito substancial em seu elemento constitutivo.

No caso dos atos administrativos é a revelação da sua ocorrência que, dependendo de sua natureza, é elemento constitutivo da sua validade, a exemplo dos atos de nomeação, exoneração, demissão, remoção etc.

Note-se, por oportuno, que a Lei de Responsabilidade Fiscal determina expressamente no seu art. 48 a publicação do Relatório Resumido da Execução Orçamentária e o Relatório de Gestão Fiscal, assim como os planos, orçamentos e leis de diretrizes orçamentárias, bem como as prestações de conta de contas e o respectivo parecer prévio.

São imposições legais da transparência que são atribuídas aos gestores no exercício de seus cargos e funções públicas.

11.5. Frustrar a licitude de concurso público

V - frustrar a licitude de concurso público;

A Constituição da República consagra todos os brasileiros à igualdade perante a lei, sem distinção de qualquer natureza (art. 5º); é a proclamação do tratamento jurídico isonômicos afastando qualquer tipo ou natureza de discriminação que venha favorecer alguns em detrimentos de outros; este é um princípio basilar do Estado democrático de direito fundado na cidadania, na dignidade da pessoa humana e nos valores sociais do trabalho para que todos tenham oportunidades em condições de igualdade ao acesso à educação, trabalho, saúde e aos bens da civilização.

A seleção de pessoal para ingresso nos quadros efetivos do serviço público da administração direta, indireta e fundacional, está disciplinado no inc. II do art. 37 da Carta Política ao estabelecer que a "*investidura em cargo ou emprego público depende de aprovação prévia em concurso público de provas ou de provas e títulos*", meio mais democrático de selecionar pessoas através do critério do mérito e de seus atributos qualificadores para o exercício da atividade pública.

Depreende-se, assim, a obrigatoriedade de concurso público para o provimento de cargos e empregos públicos, cuja realização deverá ser publicizada para que todos os interessados tenham conhecimento dela e possam habilitar-se a concorrer, bem como que haja idoneidade na sua realização que garanta a igualdade de oportunidade para os concorrentes.

Essa idoneidade indispensável para sua validade exige o sigilo das provas e de seu gabarito até o final de sua realização e, ainda, que a correção seja íntegra, justa e verdadeira; que possa espelhar a apuração dos critérios fixados para aferição do grau de conhecimento estabelecido pelo certame para selecionar de forma mais criteriosa, os melhores quadros para o efetivo exercício da administração pública.

Esse dispositivo vem reprimir como ato de improbidade administrativo o abuso, a ilegalidade ou a fraude contra a licitude de concurso público.

O núcleo do tipo é frustrar, enganar a expectativa, iludir, defraudar a licitude de concurso público, ou seja: atentar contra a juridicidade, a legalidade e a lisura do certame por via ardilosa que impeça a eficácia do certame, desvirtuando o objetivo de proporcionar as melhores escolhas com igual oportunidade a todos os interessados que atendam aos requisitos do edital.

A concretização dessa conduta ocorre quando o agente público introduz cláusulas no ato convocatório do edital do concurso público, direcionando-as para favorecer ou assegurar resultado positivo a qualquer dos candidatos ou a grupos de candidatos.

Outra modalidade previsível é na aferição das questões com a utilização de artifícios que influenciem no produto final da pontuação ou classificação dos candidatos para favorecer este ou aquele concorrente.

Uma segunda possibilidade é com a quebra do sigilo das provas ou do gabarito do concurso, violando, assim, o princípio isonômico estendido a todos os concorrentes.

A decretação ou proclamação de nulidade de um concurso público acarreta danos elevados para a própria administração, o que implica o ressarcimento dos gastos realizados, de forma integral.

- "O Poder Judiciário não pode ser condescendente com a prática patrimonialista, de modo a coibir eventuais desvios que lesem os valores jurídicos da Constituição da República. Constado irregularidades durante a realização de concurso público, com vistas a frustrar a licitude do certame, está configurado ato de improbidade administrativa, em razão de ofensa aos princípios da impessoalidade e da moralidade administrativa". (TJMG - Apelação Cível 1.0132.10.002210-3/001, Relator(a): Des.(a) Luís Carlos Gambogi, 5ª CÂMARA CÍVEL, julgamento em 03/11/0016, publicação da súmula em 10/11/2016)
- "Constadas algumas irregularidades quando da realização do concurso, capazes de indicar dolo ou má-fé dos réus em frustrar a licitude do certame, está configurado ato de improbidade administrativa, em razão de ofensa aos princípios da impessoalidade e da moralidade administrativa". (TJMG - Apelação Cível 1.0317.08.089688-7/002, Relator(a): Des.(a) Luís Carlos Gambogi, 5ª CÂMARA CÍVEL, julgamento em 10/09/2015, publicação da súmula em 17/09/2015)
- "Com base no conjunto fático-probatório carreado aos autos inexiste dolo ou má-fé na contratação efetuada, tendo sido prestada, inclusive, o serviço para o qual foi realizada a contratação impugnada. Registre-se que esta Corte Superior possui entendimento pacífico no sentido de que, nos casos de contratação de servidores públicos sem concurso público, em razão da efetiva contraprestação em serviços pelos vencimentos recebidos, mesmo configurada em tese a improbidade administrativa, é indevida a devolução dos valores havidos pelos beneficiários, a fim de evitar o enriquecimento sem causa do Poder Público. Recurso especial não provido". (STJ - REsp 914.530/MG, Rel. Ministro MAURO CAMPBELL MARQUES, SEGUNDA TURMA, julgado em 02/09/2010, DJe 04/10/2010)
- "Nos termos do inciso V, do artigo 11, da Lei 8.429/92, constitui ato de improbidade que atenta contra os princípios da administração pública qualquer ação ou omissão que viole os deveres de honestidade, imparcialidade, legalidade e lealdade às instituições, notadamente a prática de ato que visa frustrar a licitude de concurso público. Nesse sentido, a "contratação

de funcionários sem a observação das normas de regência dos concursos públicos caracteriza improbidade administrativa" (REsp 817.557/ES, Rel. Min. Herman Benjamin, DJe de 10.02.10). Enriquecimento ilícito - contrariedade ao artigo 9º da Lei de Improbidade Administrativa. Os atos que não geram, ao menos aparentemente, desfalque aos cofres públicos e vantagens pecuniárias ao agente ímprobo, tal como ocorre quando há violação dos princípios da administração pública (art. 11 da LIA), nem por isso deixam de ser típicos, sendo inadmissível concluir-se pelo mero não-sancionamento, sob pena de consagrar-se verdadeira impunidade. As sanções aplicadas pelo Tribunal *a quo* atendem ao princípio da proporcionalidade e aos fins sociais a que a Lei de Improbidade Administrativa se propõe, tendo em vista as graves condutas praticadas pelo recorrente". (STJ - REsp 1140315/SP, Rel. Ministro CASTRO MEIRA, SEGUNDA TURMA, julgado em 10/08/2010, DJe 19/08/2010)

- "Configura ato de improbidade administrativa – art. 11, Lei 8.429/92 – a frustração fraudulenta de processo seletivo para o curso profissional de nível técnico, consistente na matrícula intempestiva de candidatos com classificação insuficiente, com o inequívoco propósito de beneficiá-los indevidamente" (TJDFT – Acórdão 756.079 (20050110613516APC) – Rel. Fernando Habibe – Rev. Arnoldo Camanho de Assis – 4ª Turma Cível – j. em 13.11.2013 – DJe 04.02.2014, p. 130)

- "Nos termos do inciso V, do artigo 11, da Lei 8.429/92, constitui ato de improbidade que atenta contra os princípios da administração pública qualquer ação ou omissão que viole os deveres de honestidade, imparcialidade, legalidade e lealdade às instituições, notadamente a prática de ato que visa frustrar a licitude de concurso público. Nesse sentido, a contratação de funcionários sem a observação das normas de regência dos concursos públicos caracteriza improbidade administrativa". (REsp 817.557/ES, Rel. Min. Herman Benjamin, DJe de 10.02.10). (TJMG – Ap Cív./Reex Necessário 1.0313.07.211491-8/002 – Rel. Des. Belizário de Lacerda – 7ª Câmara Cível – j. em 28.01.2014 – publicação da Súmula em 07.02.2014)

11.5.1. Contratação de servidores sem concurso público

A Lei Federal nº 8.745/1993 dispõe sobre a contratação de servidores públicos por tempo determinado para atender a necessidade temporária de excepcional interesse público, nos termos previstos do inciso IX do art. 37 da Constituição Federal.

Essa norma tem sido reproduzida pelos Estados e Municípios de forma desvirtuada objetivando tornar permanente a presença dos servidores contratados, como também para cargos e funções não contempladas pela norma de regência federal.

Desta forma, a contratação temporária que não atenda as condições da normatividade idônea importará em ato de improbidade administrativa.

A existência de lei estadual ou municipal que ofenda aos princípios constitucionais devem ser objeto de declaração de inconstitucionalidade incidental ou direta para assim, ser possível aplicação da Lei de Improbidade Administrativa

- "Contratação de servidores ação civil pública por ato de improbidade administrativa. Preliminar - litisconsórcio passivo necessário. Rejeição. Se, no âmbito da ação civil pública por ato de improbidade administrativa ajuizada contra o Prefeito em razão de contratações temporárias tidas por ilegais, não há imputação, na peça vestibular, aos contratados, de conduta ímproba, descabe a imposição de litisconsórcio passivo necessário. Contratação temporária de servidores públicos. 1. Segundo a Lei n. 8.429/82, os atos de improbidade subdividem-se em: a) atos que importem enriquecimento ilícito (art. 9º); b) atos que causem prejuízo ao erário (art. 10); c) atos que atentam contra os princípios da administração pública (art. 11). 2. Quanto às condutas expressas no art. 11, imprescindível a verificação da intenção fraudulenta e de malversação do patrimônio público por quem pratica o ato, pois somente assim ele poderá ser classificado como ímprobo. 3. "A má-fé, consoante cediço, é premissa do ato ilegal e ímprobo e a ilegalidade só adquire o status de improbidade quando a conduta antijurídica fere os princípios constitucionais da Administração Pública coadjuvados pela má-intenção do administrador" (STJ, REsp 937.985/PR, Rel. Ministro LUIZ FUX, PRIMEIRA TURMA, DJe 10/09/2009). 4. Não demonstrado o dolo do agente ao realizar as contratações temporárias noticiadas, descabida sua condenação nos termos da Lei de Improbidade Administrativa. 5. Recurso provido. (TJMG - Apelação Cível 1.0105.12.023342-1/001, Relator(a): Des.(a) Áurea Brasil, 5ª CÂMARA CÍVEL, julgamento em 12/04/2018, publicação da súmula em 18/04/2018)

- "Contratação de servidores em caráter temporário, sem prévia realização de concurso – Violação ao artigo 37, inciso II e IX da CF. Não demonstrada a necessidade temporária de excepcional interesse público a afastar a exigência constitucional do concurso público. Ofensa aos princípios da moralidade e impessoalidade. Caracterizado o ato de improbidade tipificado no art. 11, 'caput', da Lei nº 8.429/92 – Penalidades, contudo, que devem ser fixadas com arrimo na proporcionalidade – Ação julgada parcialmente procedente na 1ª Instância – Sentença reformada – Recurso provido em parte. (TJSP; Apelação 0000774-58.2014.8.26.0028; Relator (a): Leme de Campos; Órgão Julgador: 6ª Câmara de Direito Público; Foro de Aparecida - 1ª Vara; Data do Julgamento: 07/05/2018; Data de Registro: 21/05/2018)

- "Contratação irregular de servidores por tempo determinado. Ausência de necessidade excepcional. Trata-se de ação de improbidade administrativa proposta pelo Ministério Público estadual de Mato Grosso em face do agravante, ex-Prefeito do Município de Alto Garças/MT, em decorrência de contratação temporária de servidores, sem concurso público, fora das hipóteses constitucionais admitidas. Na forma da jurisprudência do STJ, em linha de princípio, a contratação de servidores sem concurso público, quando realizada com base em lei municipal autorizadora, pode descaracterizar o ato de improbidade administrativa, em razão da ausência de dolo genérico do gestor. Precedente: AgInt no REsp 1.555.070/SP, Rel. Ministra Regina Helena Costa, Primeira Turma, DJe 24/03/2017). No caso concreto, entretanto, o Tribunal de origem, à luz do conjunto probatório dos autos, reconheceu expressamente a falta de comprovação da situação emergencial justificadora das contratações e, por conseguinte, assentou que a medida tampouco se encontrava amparada na lei municipal invocada, denotando, em consequência, a presença de dolo genérico na conduta do agravante". (STJ AgInt no REsp 1655151/MT, Rel. Ministro SÉRGIO KUKINA, PRIMEIRA TURMA, julgado em 07/12/2017, DJe 02/02/2018)

- "Contratação de pessoal sem concurso público. Celebração de TAC com o Ministério Público. Edição de lei municipal regulamentando a contratação temporária. Conforme já decidiu o c. STJ, "a contratação de servidores públicos sem concurso público baseada em legislação local não configura improbidade administrativa prevista no art. 11 da Lei 8.429/92, por estar ausente o elemento subjetivo (dolo), necessário para a configuração do ato de improbidade violador dos princípios da Administração Pública". (REsp 1529530/SP, Rel. Ministro BENEDITO GONÇALVES, Primeira Turma, DJe 27/06/2016). No caso, verifica-se que o ex-Prefeito atuou com observância aos termos pactuados no TAC, ficando devidamente comprovada a realização de um concurso, ocorrido em 2007, a respectiva homologação, bem como a nomeação de 37 (trinta e sete) candidatos aprovados, empenhando-se, portanto, em regularizar a situação, na forma acordada com o *"parquet"*. Ademais, como reconhecido pelo próprio Ministério Público, autor da ação civil pública, o termo de ajustamento de conduta foi devidamente cumprido, ressalvadas as hipóteses de força maior. Nesse contexto, não ficou comprovada a intenção ímproba por parte do Chefe do Poder Executivo Municipal, motivo pelo qual não se configura ato de improbidade". (TJMG - Apelação Cível 1.0281.07.011265-7/002, Relator(a): Des.(a) Wander Marotta, 5ª CÂMARA CÍVEL, julgamento em 08/03/2018, publicação da súmula em 14/03/2018)

- "Ação por Improbidade Administrativa por contratação irregular de agentes públicos – Caso que não ultrapassa a tênue linha entre a mera ilegalidade e a improbidade administrativa – Ausência de dolo, má-fé ou desonestidade – Ato ímprobo não caracterizado – Precedentes do C. STJ – Recurso provido". (TJSP; Apelação 0000082-28.2015.8.26.0415; Relator (a): Aliende Ribeiro; Órgão Julgador: 1ª Câmara de Direito Público; Foro de Palmital - 2ª Vara; Data do Julgamento: 28/05/2018; Data de Registro: 28/05/2018)
- Configura-se ato de improbidade administrativa ofensivo aos princípios da Administração Pública (art. 11, I, da Lei de Improbidade Administrativa) a contratação direta de diversas pessoas para prestação de serviços públicos sem se tratar de hipótese excepcional à realização prescindível de concurso público, com a presença do dolo genérico evidenciado pela reiteração das condutas no período aproximado de dois mandatos eleitorais". (TJMS. Apelação n. 0800288-36.2014.8.12.0026, Bataguassu, 2ª Câmara Cível, Relator (a): Des. Vilson Bertelli, j: 03/05/2018, p: 14/05/2018)
- "A contratação de diversos profissionais da área da saúde com base em lei revogada e/ou dispositivos inconstitucionais, sem concurso público e sem a demonstração da urgência e excepcionalidade, configura ato atentatório aos princípios administrativos constitucionais e, por consequência, ato de improbidade administrativa (art. 11, inciso I, Lei n. 8.429/92)". (TJMG - Apelação Cível 1.0309.12.004291-1/001, Relator(a): Des.(a) Washington Ferreira, 1ª CÂMARA CÍVEL, julgamento em 21/03/2017, publicação da súmula em 31/03/2017)
- "A contratação de médicos plantonistas, sem concurso público e sem contrato temporário de excepcional interesse público, configura ato atentatório aos princípios administrativos constitucionais e, por consequência, ato de improbidade administrativa (art. 11, inciso I, Lei n. 8.429/92). Configurado o dolo genérico na medida em agentes políticos tinham ciência da irregularidade, da imprescindibilidade de concurso público e da latente necessidade de realizá-lo para contratar de médicos plantonistas. Embora os agentes políticos não tenham causado explícito dano ao erário, já que houve a efetiva prestação dos serviços por parte dos médicos plantonistas, incorreram em ato ímprobo por afronta aos princípios que norteiam a Administração Pública e, dessa forma, devem ser penalizados com o pagamento de multa civil no importe de 1 (uma) vez o valor da remuneração percebida por cada agente à época da irregularidade". (TJMG - Apelação Cível 1.0607.06.033860-7/001, Relator(a): Des.(a) Washington Ferreira, 1ª CÂMARA CÍVEL, julgamento em 21/03/2017, publicação da súmula em 31/03/2017)

11.6. Deixar de prestar contas

VI - deixar de prestar contas quando esteja obrigado a fazê-lo;

O ato de prestar contas consiste na demonstração e apresentação de papéis ou documentos fiscais e recibos formalmente preenchidos com os elementos informativos necessários à sua validade e reconhecimento, que comprovem a realização de despesas realizadas com a aquisição de bens, produtos e prestação de serviços.

No âmbito do serviço público, essa prestação de contas atende aos requisitos formais de autorização, atestado do recebimento do material ou realização do serviço, além de obedecer aos limites legais e orçamentários.

O dever de prestar contas é uma imposição legal assumida pelo agente público responsável pela gestão de bens e valores da entidade pública que integra e participa de sua administração.

A regra é universal: quem detém sob sua guarda bens ou valores públicos é obrigado a prestar contas ao órgão fiscalizador, papel desempenhado pelo Tribunal de Contas ou pelo controle interno da respectiva repartição.

Essa obrigatoriedade deriva da Constituição Federal, assim redigida:

> "**Art. 70** [...]
>
> Parágrafo único. Prestará contas qualquer pessoa física ou jurídica, pública ou privada, que utilize, arrecade, guarde, gerencie ou administre dinheiros, bens e valores públicos ou pelos quais a União responda, ou que, em nome desta, assuma obrigações de natureza pecuniária".

A simples omissão no dever jurídico de prestar contas no prazo estabelecido em lei é motivo suficiente para que as mesmas sejam julgadas irregulares, de conformidade com o art. 16, III, letra "a", da Lei Orgânica do Tribunal de Contas da União, que é reproduzido na esfera estadual e municipal.

A Lei 4.320/64 estabelece:

> "**Art. 78.** Além da prestação ou tomada de contas anual, quando instituída em lei, ou por fim de gestão, poderá haver, a qualquer tempo, levantamento, prestação ou tomada de contas de todos os responsáveis por bens ou valores públicos".

Essa normatividade preceitua que as prestações ou tomadas de contas poderão ser anuais, quando se encerra o exercício financeiro, ou por fim de gestão, quando houver a transmissão de cargo na titularidade de órgão público.

A Lei Federal 8.443/92, que dispõe sobre a Lei Orgânica do Tribunal de Contas da União, estabelece que as pessoas sujeitas a tomadas de contas somente por decisão do Tribunal podem ser liberadas dessa responsabilidade (art. 6º) e que as contas dos administradores e responsáveis a que se refere o artigo anterior serão anualmente submetidas a julgamento do Tribunal, sob forma de tomada ou prestação de contas, organizadas de acordo com normas estabelecidas em instrução normativa (art. 7º).

A referida norma diz que, diante da omissão no dever de prestar contas, da não comprovação da aplicação dos recursos devido à ocorrência de desfalque ou desvio de dinheiros, bens ou valores públicos, ou, ainda, da prática de qualquer ato ilegal, ilegítimo ou antieconômico de que resulte dano ao erário, a autoridade administrativa competente, sob pena de responsabilidade solidária, deverá imediatamente adotar providências com vistas à instauração da tomada de contas especial para a apuração dos fatos, identificação dos responsáveis e quantificação do dano (art. 8º).

Como se vê, a omissão do agente público ou político que tem o dever de prestar contas, impõe o poder-dever à autoridade superior e imediata de adotar as medidas necessárias para a tomada de contas especial visando definir responsabilidades e apurar a quantificação do prejuízo ao erário.

- "Na forma da jurisprudência do STJ, "não configura ato ímprobo o mero atraso na prestação de contas pelo gestor público, sendo necessário, para a adequação da conduta ao art. 11, inc. VI, da Lei n. 8.429/1992, a demonstração de dolo, ainda que genérico" (AgRg no AREsp 409.732/

DF, Rel. Ministro Og Fernandes Segunda Turma, DJe 16/12/2013). Nesse mesmo sentido: REsp 1161215/MG, Rel. Ministra Marga Tesler (Juíza Federal, convocada do TRF 4ª Região), Primeira Turma, DJe 12/12/2014". (STJ - AgInt no REsp 1474377/MS, Rel. Ministro SÉRGIO KUKINA, PRIMEIRA TURMA, julgado em 08/02/2018, DJe 22/02/2018)

- "A simples verificação de inconformidades sanáveis na prestação de contas não constitui atos de improbidade administrativa. Hipótese em que não restou comprovado dano ao erário, enriquecimento ilícito ou que o objeto do convênio tenha sido prejudicado em virtude de eventual malversação do dinheiro público". (TJMG - Apelação Cível 1.0686.12.011805-0/001, Relator(a): Des.(a) Moacyr Lobato, 5ª CÂMARA CÍVEL, julgamento em 28/06/2018, publicação da súmula em 04/07/2018)

- "A mera presunção de ofensa aos princípios da Administração Pública e de dano ao erário não podem servir de substrato para uma condenação em improbidade administrativa, conquanto a lei de regência exige a prova de atos concretos praticados com dolo ou culpa, e que resultem prejuízo para a Administração Pública. Se a prestação de contas do convênio é aprovada e o erro formal ressalvado não implica dano ao erário, torna-se esvaziada a alegação de prática de ato ímprobo. Descabida a aplicação das sanções da Lei de Improbidade Administrativa nesta hipótese." (TJMG - Remessa Necessária-Cv 1.0775.10.000768-8/001, Relator(a): Des.(a) Marcelo Rodrigues, 2ª CÂMARA CÍVEL, julgamento em 29/05/2018, publicação da súmula em 08/06/2018)

- "Prestação tardia de contas. Ausência de comprovação de má-fé ou dolo. A jurisprudência do colendo Superior Tribunal de Justiça consolidou-se no sentido de que a apresentação tardia da prestação de contas pode configurar o ato de improbidade administrativa descrito no artigo 11, inciso VI, da Lei n.º 8.429/92, somente quando comprovada a conduta dolosa do agente público. No presente caso, não restou evidenciada má fé por parte do ex-gestor público, não tendo sido demonstrada aplicação irregular da verba pública, dano financeiro ao erário ou qualquer violação aos princípios da Administração Pública. Dessarte, a simples ausência de prestação de contas no prazo em que deveria ser apresentada, não implica necessariamente na caracterização do ato de improbidade administrativa". (TJGO, APELACAO 0351104-20.2015.8.09.0029, Rel. Sandra Regina Teodoro Reis, 6ª Câmara Cível, julgado em 07/02/2018, DJe de 07/02/2018)

- "Convênio. Prestação de contas. Gestor. Sucessor. A improbidade administrativa deve ficar cumpridamente provada, sem o que não se pode punir a tal título o agente público. - Somente há falar-se em conduta ímproba quando a vontade do agente estiver direcionada a satisfazer interesse pessoal ou de outrem, sob pena de se admitir que qualquer crime praticado por servidor no exercício de suas funções, por malferir o princípio da legalidade, configure ato de improbidade. A obrigação de prestação de contas decorrente de convênio celebrado entre o Estado e o Município é a princípio do ente municipal, e não da pessoa física do prefeito que somente responde pessoalmente em caso de prova de prática de ato ilícito, como a malversação ou desvio dos recursos recebidos. Inexistente prova do alegado abuso de poder na conduta do agente, não há falar-se em improbidade". (TJMG - Apelação Cível 1.0332.11.001384-1/001, Relator(a): Des.(a) Belizário de Lacerda, 7ª CÂMARA CÍVEL, julgamento em 22/05/2018, publicação da súmula em 28/05/2018)

- "A ausência de prestação de contas somente conduz ao ressarcimento dos valores recebidos, se comprovada a ocorrência do efetivo dano, não havendo que se falar, portanto, na aplicação desse tipo de sanção com base em mera presunção ou ilação" (TRF1 - AC 0000497-32.2008.4.01.3310 / BA, Rel. DESEMBARGADORA FEDERAL NEUZA MARIA ALVES DA SILVA, Rel.Conv. JUIZ FEDERAL HENRIQUE GOUVEIA DA CUNHA (CONV.), QUARTA TURMA, e-DJF1 de 14/03/2017)

- "A conduta do agente se amolda ao disposto no art. 11 da Lei 8.429/1992, pois atenta contra os princípios da administração pública, em especial o interesse público, legalidade e da moralidade, bem como, da publicidade. As considerações feitas pelo Tribunal de origem NÃO afastam a prática do ato de improbidade administrativa por violação de princípios da administração pública, uma vez que foi constatado o elemento subjetivo dolo na conduta do agente, mesmo na modalidade genérica, o que permite o reconhecimento de ato de improbidade administrativa. Não se pode aceitar que prefeitos não saibam da ilicitude da não prestação de contas. Trata-se de conhecimento mínimo que todo e qualquer gestor público deve ter". (STJ - AgRg no REsp 1411699/SP, 2ª Turma, Rel. Ministro Humberto Martins, DJe 19/02/2015)

- "O entendimento desta Corte é que não configura ato ímprobo o mero atraso na prestação de contas pelo gestor público, sendo necessário, para a adequação da conduta ao art. 11, inc. VI, da Lei 8.429/92, a demonstração de dolo, ainda que genérico". (STJ – AgRg no AREsp. 409.732/DF – 2ª Turma – Rel. Min. Og Fernandes – j. em 05.12.2013 – DJe 16.12.2013)

- "[...] Para a configuração do ato de improbidade de 'deixar de prestar contas quando esteja obrigado a fazê-lo' descrito no art. 11, VI, da Lei 8.429/92, faz-se necessária a comprovação da conduta omissiva dolosa do agente público. A malversação dos recursos do convênio, em decorrência de dispensa indevida de licitação, pelo qual o gestor já fora condenado, associada à apresentação tardia da respectiva prestação de contas, após quase dois anos do prazo legal e por força da instauração da ação civil pública, constituem dados suficientes para que fique caracterizada a má-fé do gestor." (STJ - REsp. 853.657 BA – 2ª Turma – Rel. Min. Castro Meira – j. em 02.10.2012 – DJe 09.10.2012)

- "A conduta omissiva do administrador, que deixou de prestar contas oportunamente na forma da lei, por si, ausente dolo ou má-fé, não enseja a condenação por ato de improbidade. Precedentes do STJ". (STJ – EDcl. no REsp. 852.671/BA – Rel. Min. Cesar Asfor Rocha – 2ª Turma – j. em 05.04.2011 – DJe 29.04.2011)

- "O art. 11, inc. VI, da Lei 8.429/92 tipifica com ato de improbidade administrativa deixar o agente de prestar contas, quando obrigado a fazê-lo. O ilícito previsto no art. 11 da Lei 8.249/92 dispensa a prova de dano, segundo a jurisprudência desta Corte. Exige-se, para enquadramento em uma das condutas ofensivas aos princípios da administração pública (art. 11 da Lei 8.429/92), a demonstração do elemento subjetivo, dolo genérico. Precedente do STJ". (STJ – REsp. 1.140.544-MG – Relª. Minª. Eliana Calmon – DJe de 22.06.2010)

- "Simples relatórios indicativos apenas do motivo da viagem, do número de viajantes e do destino são insuficientes para comprovação de despesas de viagem. A prestação de contas, ainda que realizada por meio de relatório, deve justificar a viagem, apontar o interesse social na efetivação da despesa, qualificar os respectivos beneficiários e descrever cada um dos gastos realizados, medidas necessárias a viabilizar futura auditoria e fiscalização." (STJ – REsp. 880662 / MG – 2ª Turma – DJ 01.03.2007 p. 255 – Rel. Min. Castro Meira)

11.6.1. Tribunal de Contas

A história do controle no Brasil remonta ao período colonial[102]. Em 1680, foram criadas as Juntas das Fazendas das Capitanias e a Junta da Fazenda do Rio de Janeiro, jurisdicionadas a Portugal.

---

102. Disponível em: <www.tcu.gov.br>.

Em 1808, na administração de D. João VI, foi instalado o Erário Régio e criado o Conselho da Fazenda, que tinha como atribuição acompanhar a execução da despesa pública.

Com a proclamação da independência do Brasil, em 1822, o Erário Régio foi transformado no Tesouro, pela Constituição monárquica de 1824, prevendo-se, então, os primeiros orçamentos e balanços gerais.

A ideia de criação de um tribunal de contas surgiu, pela primeira vez no Brasil, em 23 de junho de 1826, com a iniciativa de Felisberto Caldeira Brandt, visconde de Barbacena, e de José Inácio Borges, que apresentaram projeto de lei nesse sentido ao Senado do Império.

Revela José Afonso da Silva[103]:

> "a tentativa de instituir Tribunal de Contas, no Brasil, por primeira vez foi ideia dos Senadores do Império, Visconde de Barbacena e José Inácio Borges, em 1826. Em 1845, novo projeto no mesmo sentido fora apresentado ao parlamento por Manoel Alves Branco. Se bem que a ideia volvesse com Pimenta Bueno, Silveira Martins, Visconde de Ouro Preto e João Alfredo, o Império não possuiu o seu Tribunal de Contas".

E acrescenta dizendo: "*Foi criado, logo no início da República, pelo Decreto 966-A/1890, devido à iniciativa de Ruy Barbosa. Institucionalizou-se através do art. 89 da Constituição de 1891, que estatuiu: 'É instituído um Tribunal de Contas para liquidar as contas da receita e despesa e verificar a sua legalidade, antes de serem prestadas ao Congresso'*".

Daí passou para todas as outras Constituições.

Cabe ao Tribunal de Contas da União, na esfera federal e aos Tribunais de Contas Estaduais no nível estadual e municipal, conquanto sejam raros os Tribunais de Contas Municipais neste país, o controle externo visando comprovar a probidade da administração e regularidade da guarda e do emprego dos bens, valores e dinheiros públicos, assim como a execução orçamentária na sua integralidade.

O art. 71 da Constituição da República define a competência do Tribunal de Contas para julgar contas em geral, proceder ao registro conferindo legalidade aos atos de provimentos de cargos e empregos públicos, bem como a fiscalização da gestão administrativa em todos os níveis governamentais.

A Carta Política conferiu o controle interno ao Poder Executivo, e o controle externo ao Poder Legislativo, auxiliado pelo Tribunal de Contas para realizar a fiscalização da administração financeira, orçamentária, contábil, operacional e patrimonial dos Poderes da República e dos governos estaduais e municipais, bem ainda, de suas empresas, autarquias e fundações.

O controle interno tem a finalidade de proporcionar as condições de regularidade da receita e despesa visando corrigir as falhas encontradas mediante o

103. **Curso de Direito Constitucional Positivo**. 17. ed. São Paulo: Malheiros, p. 718.

acompanhamento da execução orçamentária, rotinas burocráticas, classificação de rubricas e dos procedimentos licitatórios.

Já o controle externo objetiva atestar a lisura, legalidade e probidade dos atos e contratos administrativos, bem como a licitude das licitações, a proveitosa aplicação dos recursos públicos e a fiel observância do orçamento público. É regularidade administrativa por excelência.

A Carta Magna atribuiu eficácia de título executivo às decisões do Tribunal de Contas em que resulte imputação de débito ou multa a agente público, e conferiu outra prerrogativa de importância à autoridade para sustar a execução de ato administrativo por ele impugnado.

Foram instrumentos que fortaleceram o papel do Tribunal de Contas na defesa da probidade administrativa em favor do patrimônio público.

- "O Ministério Público junto ao Tribunal de Contas não dispõe de fisionomia institucional própria, não integrando o conceito de Ministério Público enquanto ente despersonalizado de função essencial à Justiça (CF/88, art. 127), cuja abrangência é disciplina no art. 128 da Constituição Federal. O *Parquet* especial não detém legitimidade para propor reclamação, uma vez que não se encontra no rol de legitimados do caput do art. 988 do CPC/2015. A cláusula de garantia inscrita no art. 130 da CF/88 é de ordem subjetiva e, portanto, refere-se a direitos, vedações e forma de investidura no cargo dos membros do Ministério Público junto às Cortes de Contas, não constituindo regra de ampliação da atribuição institucional do Parquet especial. Os integrantes do Parquet especial possuem atuação funcional exclusiva perante as Cortes de Contas, não detendo legitimidade *ad causam* para executar as decisões formadas no âmbito administrativo por meio de ação desenvolvida pelos meios ordinários ou pela via reclamatória. Precedentes. (STF - Rcl 24162 AgR, Relator(a): Min. DIAS TOFFOLI, Segunda Turma, julgado em 22/11/2016, PROCESSO ELETRÔNICO DJe-260 DIVULG 06-12-2016 PUBLIC 07-12-2016)
- "Nos termos da Súmula 311 do Superior Tribunal de Justiça, "os atos do presidente do tribunal que disponham sobre processamento e pagamento de precatório não têm caráter jurisdicional". Nessa mesma linha de percepção, o Supremo Tribunal Federal tem, reiteradamente, assentado a natureza administrativa da atividade desempenhada pelos Presidentes de Tribunais de Justiça no âmbito do processamento de precatórios. Precedentes. Em tal contexto, o controle exercido pelo TCE/RN sobre a atuação do Presidente do Tribunal de Justiça, no específico processamento de precatório timbrado por alegadas e graves irregularidades havidas no Termo de Compromisso Judicial nº 13/2009, revela situação de excepcionalidade que, no caso concreto, torna legítima a ação daquela Corte de Contas, cuja instituição, por isso, não desbordou dos limites da atribuição constitucional que lhe comete a realização de fiscalização contábil, financeira, operacional e patrimonial em unidades administrativas do Poder Judiciário (arts. 71, IV, da CF/88 e 53, IV, da Constituição Estadual do Rio Grande do Norte). (STJ - RMS 45.336/RN, Rel. Ministro SÉRGIO KUKINA, PRIMEIRA TURMA, julgado em 23/06/2015, DJe 05/08/2015)
- "As contas do poder público e os contratos administrativos são examinados pelos Tribunais de Contas sob a ótica do acerto ou desacerto administrativo, por ser a Corte de Contas órgão integrante do Poder Legislativo, auxiliando-o no controle externo. O controle externo não exime o Poder Judiciário de apreciar as contas e os contratos sob a ótica da legalidade. (STJ – REsp. 593522 / SP – 2ª Turma – DJ 06.12.2007 p. 299 – Relª. Minª. Eliana Calmon)
- "A disposição contida em lei orgânica estadual que determina que prevalecerá o parecer prévio expedido pelo Tribunal de Contas se, no prazo de 60 (sessenta) dias contados do seu recebimento, o Poder Legislativo municipal não houver deliberado sobre a respectiva conta anual do prefeito, não contraria os princípios constitucionais da autonomia federativa e do

devido processo legal. O prazo designado para a apreciação do parecer prévio pela Câmara Municipal, por falta de previsão legal, não comporta suspensão ou interrupção. (STJ – RMS 20089 / BA – 2ª Turma – DJ 10.10.2005 – p. 270 – Rel. Min. João Otávio de Noronha)

- "O Tribunal de Contas, no exercício da competência atribuída pelo art. 71, III, da Constituição Federal, determina, mediante decisão, o registro do ato de concessão de aposentadoria que considerar legal, vinculando a autoridade administrativa, salvo erro comprovado e não simples divergência exegética" (STJ – ROMS 10245/PA – DJ 21.02.2000 – p. 00193 – 6ª Turma – Rel. Min. Fernando Gonçalves)

- "O Tribunal de Contas do Estado tem competência para promover a anulação de atos de registro de aposentadoria de seus servidores já devidamente consumados, a teor da Sum. 375 do STF e Constituição Federal – arts. 71, III e 75. 2. Recurso improvido". (STJ – ROMS 5.523/AM – DJ 03.03.1997 – p. 04709 – 6ª Turma – Rel. Min. Fernando Gonçalves)

- "Decisão pelo TCU de um processo de representação, do que resultou injunção à autarquia para anular licitação e o contrato já celebrado e em começo de execução com a licitante vencedora, sem que a essa sequer se desse ciência de sua instauração: nulidade. Os mais elementares corolários da garantia constitucional do contraditório e da ampla defesa são a ciência dada ao interessado da instauração do processo e a oportunidade de se manifestar e produzir ou requerer a produção de provas; de outro lado, se se impõe a garantia do devido processo legal aos procedimentos administrativos comuns, a fortiori, é irrecusável que a ela há de submeter-se o desempenho de todas as funções de controle do Tribunal de Contas, de colorido quase – jurisdicional. A incidência imediata das garantias constitucionais referidas dispensariam previsão legal expressa de audiência dos interessados; de qualquer modo, nada exclui os procedimentos do Tribunal de Contas da aplicação subsidiária da lei geral de processo administrativo federal (L. 9.784/99), que assegura aos administrados, entre outros, o direito a "ter ciência da tramitação dos processos administrativos em que tenha a condição de interessado, ter vista dos autos (art. 3º, II), formular alegações e apresentar documentos antes da decisão, os quais serão objeto de consideração pelo órgão competente". A oportunidade de defesa assegurada ao interessado há de ser prévia à decisão, não lhe suprindo a falta a admissibilidade de recurso, mormente quando o único admissível é o de reexame pelo mesmo plenário do TCU, de que emanou a decisão". (STF – MS 23.550/DF – DJ 31.10.2001 – p. 00006 Ement. v. 02050-3 – p. 00534 – j. em 04.04.2001 – Tribunal Pleno – Rel. p/Acórdão Min. Sepúlveda Pertence)

- "Vantagem pecuniária incluída nos proventos de aposentadoria de servidor público federal, por força de decisão judicial transitada em julgado. Impossibilidade de o Tribunal de Contas da União impor à autoridade administrativa sujeita à sua fiscalização a suspensão do respectivo pagamento. Ato que se afasta da competência reservada à Corte de Contas (CF, art. 71, III). Ainda que contrário à pacífica jurisprudência desta Corte, o reconhecimento de direito coberto pelo manto da res judicata somente pode ser desconstituído pela via da ação rescisória. Segurança concedida. (STF – MS 23.665/DF – DJ 20.09.2002 – p. 00089 Ement. v. 02083-02 – p. 00314 – j. em 05.06.2002 – Tribunal Pleno – Rel. Min. Maurício Corrêa)

- *"É pacífico nas Instâncias Ordinárias e Superiores que as decisões emanadas dos Tribunais de Contas, sob pena de afronta ao princípio da Separação dos Poderes, somente podem ser revistas pelo Poder Judiciário quando despontar manifesta ilegalidade ou irregularidade formal grave – Inteligência dos arts. 71, § 3º e 75 da CF".* (TJPB – AC 2000.000421-9 – 2ª CC – Rel. Des. Abraham Lincoln da Cunha Ramos)

- "As decisões do Tribunal de Contas do Estado de que resultar imputação de débito ou multa, têm eficácia de título executivo, independentemente de inscrição na Dívida Ativa. – Admite-se a juntada de xerocópia do título executivo, quando o exequente se encontrar impossibilitado de exibir o original, em virtude de o título estar anexado a um outro processo". (TJPB – AC 2000.000398-1 – 2ª CC – Rel. Des. Luiz Sílvio Ramalho Junior)

- "As decisões da Corte de Contas, tornam-se títulos executivos hábeis, não havendo necessidade da sua inscrição na dívida". (TJPB – AC 1999.000400-6 – 2ª CC – Relª. Desª. Mária de Fátima Bezerra Cavalcanti)
- "A decisão do Tribunal de Contas, que imputa débito ou multa tem eficácia de título executivo, sendo despicienda a sua inscrição na dívida pública em face do comando constitucional de aplicação imediata, cuja interpretação não se lhe permite restrições ou inaplicabilidade por via ordinária que lhe desnature ou inviabilize, de imediato, a sua execução, porquanto é a manifestação suprema do constituinte. O poder-dever da autoridade impõe-lhe a obrigação de promover ação de execução contra o devedor de dívidas públicas apuradas pelo Tribunal de Contas no prazo legal, sob pena de responsabilidade". (TJPB – AC 1999.005918-8 – 1ª CC – Rel. Juiz Convocado Aluízio Bezerra Filho)
- "A Constituição da Paraíba (art. 15, § 4º) permite ao Tribunal de Contas Estadual sugerir ao Governador a intervenção em Município. Na espécie, a solicitação do TCE foi integralmente aprovada pela Câmara Municipal de Solânea. O pedido de citação da Assembleia Legislativa, que homologou o ato governamental, para integrar a lide como litisconsorte, desmente a afirmativa de que isso não tenha ocorrido". (STJ – ROMS 8.324/PB – 2ª Turma – DJ 06.12.1999 – p. 00074 – Rel. Min. Francisco Peçanha Martins)
- "O fato de haver o Poder Legislativo Municipal aprovado as contas apresentadas não obsta a postulação judicial do correspondente ressarcimento, fundada no Parecer do Tribunal de Contas Estadual, eis que o julgamento advindo da Câmara Municipal restringe-se à responsabilidade político-administrativa, sendo alheio às esferas civil e criminal. Inexistindo dados efetivos e concretos, a convencer da existência dos alegados atos de improbidade, mostra-se descabida a pretensão de ressarcimento ao Erário". (TJMG – Proc. 1.0392.04.910514-2/001 – DJ 12.11.2004 – Rel. Des. Orlando Carvalho)

11.6.2. Insolvência civil para a inadimplência dos títulos do Tribunal de Contas

As decisões emitidas pelo Tribunal de Contas do Estado imputando débitos ou multas aos agentes públicos ou políticos, que têm eficácia de título executivo, lastreiam as ações de execuções forçadas ajuizadas pelas Fazendas Públicas estadual ou municipal, conforme a esfera de Poder a que está relacionada a entidade pública referente àqueles gestores ou ex-gestores, em especial, aos ordenadores de despesas ou auxiliares solidários.

As ações executivas têm o propósito de expropriar valores ou patrimônios para satisfazer as dívidas oriundas das sanções aplicadas e do ressarcimento de verbas públicas desviadas ou malversadas, durante a gestão dos seus responsáveis que passam à condição de devedores do erário.

Ocorre, porém, que essas execuções forçadas se tornam inexequíveis pela omissão da oferta de bens à penhora e pela inexistência de qualquer patrimônio em nome do devedor que possa responder pela obrigação executiva.

Em que pese o exaurimento de consulta nas fontes catalogadoras ou de registro patrimonial, como: cartórios de imóveis, cadastro de veículos do Detran ou contas bancárias ou de ativos financeiros, mediante pesquisa pelo Bacen Jud, os juízes fazendários terminam por suspender esses feitos, na forma da lei processual.

A inexequibilidade dos títulos emitidos pelo Tribunal de Contas do Estado resulta num prejuízo irreparável aos cofres públicos soando com ares de homenagem à impunidade dos responsáveis pela decomposição do patrimônio público.

A realidade do desprovimento de bens desses agentes responsáveis pela dilapidação de recursos públicos contrasta com o nível de prosperidade de seus familiares ou de pessoas de sua confiança que gravitaram em torno da gestão daqueles, projetando, assim, uma simulação de transferência patrimonial como forma de preservar o produto do desvio e manter o padrão elevado de vida em residências de balneários ou bairros de classe alta e veículos de luxo, quase sempre importados, mas tudo em nome de terceiros.

Hoje, a título de exemplo ilustrativo, estima-se um estoque de mais de R$ 100 milhões o montante de dinheiro público desviado dos cofres de órgãos públicos na Paraíba, declarado pela Corte de Contas; é muito dinheiro para um Estado com limitações econômicas e graves deficiências nos serviços de saúde e educação, para uma clientela que não possui acesso aos bens da civilização.

A suspensão do processo prevista na legislação de regência não é a solução ideal por não gerar efeito patrimonial, além de contemplar a inadimplência dolosa.

Desse modo, diante dos inúmeros feitos paralisados pelos motivos expostos, surge como alternativa processual a ação declaratória de execução por quantia certa contra devedor insolvente, nos termos do art. 1.052 do novo Código de Processo Civil, que mantém as regras do Código antigo até edição de nova lei específica.

No caso em debate, o título editado pelo Tribunal de Contas do Estado é revestido de obrigação, certeza, liquidez e exigibilidade[104], e atende ao pressuposto de caracterização de título extrajudicial, contido no art. 754 do Código de Processo Civil[105]/[106].

Note-se que são títulos extrajudiciais aqueles previstos por lei[107], bem como as decisões do Tribunal de Contas que resultem em imputação de débito, conforme preceitua o § 3º, XI, do art. 71 da Constituição Federal.

---

104. "**CF - Art. 71, XI, § 3º**. As decisões do Tribunal de que resulte imputação de débito ou multa terão eficácia de título executivo".
105. "**Art. 754 do CPC**. O credor requererá a declaração de insolvência do devedor, instruindo o pedido com título executivo judicial ou extrajudicial (art. 586)".
106. "**Art. 783 do CPC**. A execução para cobrança de crédito fundar-se-á sempre em título de obrigação certa, líquida e exigível".
107. "**Art. 784 do CPC**. São títulos executivos extrajudiciais: (...) XII – todos os demais títulos a que, por disposição expressa, a lei atribuir força executiva".

Registre-se, pela sua relevância, que a declaração de insolvência pode ser requerida por qualquer credor quirografário[108], conferindo, portanto, legitimidade à Fazenda Pública (federal, estadual ou municipal), devido à natureza da execução forçada com base em título extrajudicial; aqui não comporta o enquadramento daquela na condição de credora privilegiada, pois não se trata de execução fiscal.

Convém assinalar que a sentença de declaração de insolvência implica, notadamente, a perda, pelo devedor, do direito de gerir bens que passam a ser submetidos à administração judicial[109] e restrição de sua capacidade civil e processual[110].

A declaração judicial de insolvência produzirá reflexos na vida pública do agente insolvente, conquanto, se não tem capacidade civil para presidir atos da sua vida privada, implicará restrições no âmbito administrativo e atividade política.

O fato da inexistência de bens não se constitui, por si só, em pedido juridicamente impossível, devido à natureza declaratória[111] da ação de insolvência, de modo que, evidenciada a insolvência pela ausência de bens ou direitos a garantir a solvência do débito, mostra-se plausível que os representantes jurídicos do Estado e dos Municípios afetados e interessados proponham o ajuizamento de ações de declaratórias de insolvência civil com pedidos acessórios de inscrição do devedor no Serasa e SPC, negativando-lhes o acesso à rede de crédito neste país.

Consigne-se que, tratando-se da insolvência presumida, é inexigível a comprovação de bens. Com propriedade, o professor Humberto Theodoro Júnior[112] assevera: "*Exigir do credor a prova de que o devedor não possui outros bens além dos penhorados, ou mesmo de que não possui bens suficientes para cobrir todos os seus compromissos, na verdade, equivale a impor-lhe o ônus da prova negativa, sacrifício que tem sido exprobrado desde o antigo direito romano*".

É importante assinalar, também, que incumbe ao devedor, em seus embargos, a prova de existirem bens suficientes e necessários para cobrir a dívida cobrada. É o que se denomina de saldo positivo patrimonial.

---

108. "**Art. 753 do CPC**. A declaração de insolvência pode ser requerida: I - por qualquer credor quirografário".

109. "**Art. 752 do CPC**. Declarada a insolvência, o devedor perde o direito de administrar os seus bens e de dispor deles, até a liquidação total da massa".

110. "**Art. 766 do CPC**. Cumpre ao administrador: I - arrecadar todos os bens do devedor, onde quer que estejam, requerendo para esse fim as medidas judiciais necessárias".

111. **Processual Civil. Recurso especial. Insolvência civil. Inexistência de bens passíveis de penhora.** - *A inexistência de bens passíveis de penhora não enseja a extinção de ação que busque a declaração da insolvência civil, remanescendo o interesse na declaração, tanto por parte do próprio devedor, quanto de credor. Recurso provido.* **(STJ - REsp. 586414 / RS - 3ª Turma - DJ 01.02.2005 p. 545 - Rel. Min. Nancy Andrighi)**. No mesmo sentido: REsp. 162053/SC - Rel. Min. César Rocha - DJ. 27.03.2000 e REsp. 78966/DF - Rel. Min. Sálvio de Figueiredo - DJ. 29.06.1998, e também por um julgado desta Terceira Turma, o REsp. 170251/MG, Rel. Min. Waldemar Zveiter - DJ 11.12.2000.

112. **A insolvência civil**: execução por quantia certa contra devedor insolvente. 4. ed. Rio de Janeiro: Forense, 1998. p. 46.

Em reforço, o RSTJ 75/195 define que "*ao devedor incumbe a prova de sua solvência*".

Registre-se que, julgado procedente o pedido, a declaração de insolvência produzirá o vencimento antecipado das dívidas do devedor, a arrecadação de todos os seus bens suscetíveis de penhora, atuais ou futuros, adquiridos no curso do processo e, por fim, a execução por concurso universal dos seus credores.

Esse conjunto de medidas judiciais importa na proclamação do prestígio da moralidade pública e na elisão da impunidade. E a propositura dessa ação pelos representantes jurídicos das entidades públicas interessadas se apresenta como ato de responsabilidade do exercício das funções públicas que exercem, conquanto lhes compete o poder-dever de velar pela aplicação efetiva dos princípios norteadores da administração pública.

Nesse particular aspecto, merece realce o dever imposto a todos os agentes públicos de velarem pela observância dos princípios da legalidade e moralidade no trato dos assuntos que lhe são afetos[113], bem como, de agirem com eficiência para exprimir a realização de suas atribuições com presteza, perfeição e rendimento funcional.

11.7. Divulgação de informações econômicas privilegiadas

VII - revelar ou permitir que chegue ao conhecimento de terceiro, antes da respectiva divulgação oficial, teor de medida política ou econômica capaz de afetar o preço de mercadoria, bem ou serviço.

O núcleo do tipo é revelar, declarar ou divulgar informações consideradas privilegiadas pela sua importância e repercussão no âmbito político, na atividade econômica ou nos mercados financeiros, de medida operativa, legal ou administrativa, sob a responsabilidade do agente público de natureza sigilosa cuja preservação é um pressuposto de eficácia para sua efetivação, como também, para evitar o favorecimento ilegal a setores ou segmentos envolvidos pela abrangência da atitude a ser adotada.

Permissão é admissão, consentimento ou liberdade para a propagação daquilo que deveria ser guardado com sigilo. Aqui é a concorrência a qualquer modo ou tipo.

A proteção dessa informação é para evitar alterações no mercado de preços, bens e serviços provenientes de sua antecipação para favorecer aqueles que tiverem conhecimento prévio ou repassar a terceiros interessados que se beneficiariam com as mesmas para auferir vantagens econômicas.

113. "***Art. 4º da Lei 8.429/92.*** *Os agentes públicos de qualquer nível ou hierarquia são obrigados a velar pela estrita observância dos princípios de legalidade, impessoalidade, moralidade e publicidade no trato dos assuntos que lhe são afetos*".

Para que o tipo normativo se consume é indispensável que o vazamento com os elementos informativos que contenham a sua essência ou dados relevantes que possam resultar em ações ou atitudes que produzam qualquer vantagem, seja econômica, financeira ou de cunho político.

11.8. Violar regras legais e contratuais de parceria público-privada

VIII - descumprir as normas relativas à celebração, fiscalização e aprovação de contas de parcerias firmadas pela administração pública com entidades privadas. (Redação dada pela Lei nº 13.019, de 2014)

A Lei nº 13.019/2014 estabelece o regime jurídico das parcerias entre a administração pública e as organizações da sociedade civil, em regime de mútua cooperação, para a consecução de finalidades de interesse público e recíproco, mediante a execução de atividades ou de projetos previamente estabelecidos em planos de trabalho inseridos em termos de colaboração.

O presente dispositivo descreve a conduta de descumprir (violar, transgredir, infringir) as normas que disciplinam a relação entre o ente público e o privado visando alcançar os fins almejados por essa parceria para atender ao interesse público.

Desta forma, os termos de colaboração e fomento, que estão expressamente delineados no texto legal referido, são obrigações necessárias para que o objetivo comum dessa associação possa ser alcançado com êxito e observância aos princípios norteadores da administração pública.

Dentro desse conjunto normativo estão as contratações realizadas pelas organizações da sociedade civil, as despesas relacionadas com a execução da parceria, os procedimentos para liberação de recursos, os procedimentos da movimentação e aplicação financeira dos recursos, os critérios de avaliação e monitoramento, as obrigações do gestor, e por fim, a prestação de contas na forma pactuada.

11.9. Violar regra de acessibilidade do estatuto da pessoa com deficiência

IX - deixar de cumprir a exigência de requisitos de acessibilidade previstos na legislação. (Incluído pela Lei nº 13.146, de 2015)

A Lei nº 13.146/2015, que instituiu o Estatuto da Pessoa com Deficiência, estatui que a acessibilidade é direito que garante à pessoa com deficiência ou com mobilidade reduzida viver de forma independente e exercer seus direitos de cidadania e de participação social.

Essa garantia legal destinada à pessoa com deficiência ou com mobilidade reduzida possa viver e deslocar de forma independente para o exercício de seus direitos de cidadania e de participação social.

A abrangência desse acesso deve observado pelos órgãos públicos na concessão de licenciamento ou a emissão de certificado de projeto executivo arquitetônico, urbanístico e de instalações e equipamentos temporários ou permanentes e para o licenciamento ou a emissão de certificado de conclusão de obra ou de serviço, deve ser atestado o atendimento às regras de acessibilidade.

O licenciamento para construção de obras em geral, como se vê, seja pública ou privada, bem como, por ocasião da renovação, devendo conter os caminhos, acessos e meios necessários para que pessoas portadoras de deficiência possam ingressar nesses ambientes, sejam públicos ou privados.

Para utilização desses acessos, não basta só a sua viabilidade de trânsito e circulação, é necessário também a inclusão de conteúdos temáticos de sinalização e orientação ao seu destinatário.

Depreende-se, assim, que o núcleo do tipo é não cumprir as exigências de acessibilidade especificadas no aludido estatuto diante da omissão do agente público responsável no órgão competente para fazer observar os regramentos instituídos por esta norma.

11.10. Prefeito deixar de editar normas de prevenção e combate a incêndio

Art. 13. Incorre em improbidade administrativa, nos termos do art. 11 da Lei nº 8.429, de 2 de junho de 1992, o prefeito municipal que deixar de tomar as providências necessárias para garantir a observância:

I - do disposto no caput e nos §§ 1º e 2º do art. 2º, no prazo máximo de dois anos, contados da data de entrada em vigor desta Lei;

A Lei nº 13.425/2017, que estabelece diretrizes gerais sobre medidas de prevenção e combate a incêncio e a desastres em estabelecimentos, edificações e áreas de reunião de público, inseriu no seu texto a conduta típica de improbidade administrativa para o prefeito que, no prazo máximo de 2 (dois), a contar da sua vigência, que será de 180 (cento e oitenta) dias, a partir da sua promulgação, deixar de editar normas especiais de prevenção e combate a incêndio e a desastres para locais de grande concentração e circulação de pessoas.

O art. 13 desta Lei está assim redigido:

> **Art. 13.** Incorre em improbidade administrativa, nos termos do art. 11 da Lei nº 8.429, de 2 de junho de 1992, o prefeito municipal que deixar de tomar as providências necessárias para garantir a observância:

> **I** - do disposto no caput e nos §§ 1º e 2º do art. 2º, no prazo máximo de dois anos, contados da data de entrada em vigor desta Lei;
>
> **II** - (VETADO); ou
>
> **III** - (VETADO).
>
> § 1º (VETADO).
>
> § 2º Os Estados, os Municípios e o Distrito Federal estabelecerão, por lei própria, prazos máximos para o trâmite administrativo voltado à emissão de alvará de licença, autorização, laudo ou outros documentos relacionados à aplicação desta Lei".

O art. 2º está assim escrito:

> **Art. 2º** O planejamento urbano a cargo dos Municípios deverá observar normas especiais de prevenção e combate a incêndio e a desastres para locais de grande concentração e circulação de pessoas, editadas pelo poder público municipal, respeitada a legislação estadual pertinente ao tema.
>
> § 1º As normas especiais previstas no caput deste artigo abrangem estabelecimentos, edificações de comércio e serviços e áreas de reunião de público, cobertos ou descobertos, cercados ou não, com ocupação simultânea potencial igual ou superior a cem pessoas.
>
> § 2º Mesmo que a ocupação simultânea potencial seja inferior a cem pessoas, as normas especiais previstas no caput deste artigo serão estendidas aos estabelecimentos, edificações de comércio e serviços e áreas de reunião de público:
>
> **I** - (VETADO);
>
> **II** - que, pela sua destinação:
>
> **a)** sejam ocupados predominantemente por idosos, crianças ou pessoas com dificuldade de locomoção; ou
>
> **b)** contenham em seu interior grande quantidade de material de alta inflamabilidade".

A definição da aplicabilidade aos atos sujeito desta norma à Lei de Improbidade Administrativa está prevista no inciso III do art. 1º, delimitando que as sanções aplicáveis serão aos casos de enriquecimento ilícito no exercício de mandato, cargo, emprego ou função na administração pública direta, indireta ou fundacional e dá outras providências.

Aqui, o legislador limitou aplicação das sanções previstas, apenas, no inciso II, do art. 12 da Lei de Improbidade Administrativa, que tem correlação com a reprimenda para os casos de enriquecimento ilícito.

Com efeito, a norma enquadra a conduta no art. 11, que versa sobre a violação aos princípios norteadores da administração pública, mas aplica as sanções previstas no inciso II, do art. 12.

11.11. Transferir verba pública sem as formalidades legais

> **X - transferir recurso à entidade privada, em razão da prestação de serviços na área de saúde sem a prévia celebração de contrato, convênio ou instrumento congênere, nos termos do parágrafo único do art. 24 da Lei nº 8.080, de 19 de setembro de 1990. (Incluído pela Lei nº 13.650, de 2018)**

A Lei nº 13.650/2018 que dispõe sobre a certificação das entidades beneficentes de assistência social na área de saúde promoveu alterações no conjunto normativo que disciplinava a relação dessas entidades com o Sistema Único estabelecendo novas regras de pactuação para a prestação de serviços.

Estabelece a norma que a certificação ou sua renovação será concedida à entidade beneficente que demonstre, no exercício fiscal anterior ao do requerimento, observado o período mínimo de 12 (doze) meses de constituição da entidade, além do cumprimento das normas nas Seções I, II, III e IV do Capítulo II, na Lei nº 12.101, de 27 de novembro de 2009.

O conjunto normativo objetiva a participação complementar das entidades beneficentes de saúde na cobertura assistencial à população e aos serviços ofertados pela iniciativa privada, quando o Sistema Único de Saúde (SUS) não for suficiente para o seu atendimento.

Pelo novo regramento para ser considerada e fazer jus à certificação, a entidade de saúde deverá celebrar contrato, convênio ou instrumento congênere com o gestor do SUS, que respeitará as normas de direito público.

De forma que, o presente dispositivo inserido na Lei de Improbidade Administrativa considera a conduta do agente público de repassar ou transferir verba pública remunerando esses serviços de assistência de saúde quando ocorrer sem a prévia celebração de contrato, convênio ou instrumento congênere.

Como se vê, o núcleo do tipo desta conduta é transferir (repassar, entregar, trespassar) recursos públicos sem a prévia celebração de contrato, convênio ou instrumento congênere, para as entidades beneficentes, sejam filantrópicas ou sem fins lucrativos.

Quando a lei exige a formalização de contrato está inserido no seu objeto as obrigações recíprocas que as partes assumem para o seu cumprimento, vinculando-se uma manifestação de vontade na realização de um negócio jurídico que observará a presença de agente capaz, objeto lícito e forma prescrita ou não defesa em lei.

Já os convênios são compromissos firmados entre os órgãos públicos e outras entidades públicas ou privadas, visando a um objetivo comum, mediante condições, obrigações e responsabilidades definidas na formação de uma parceria.

Embora não haja uma definição clara sobre o que se considera instrumento congênere, deve-se compreender aquele documento elaborado pelas partes para atender a fim comum, com a definição de responsabilidades e obrigações, que atendam aos requisitos previstos em lei.

Esta norma que define a conduta ímproba está inserida no artigo 11 desta Lei de Improbidade Administrativa que versa sobre a violação dos princípios da administração pública, de forma que, o agir do agente público em transferir verba pública sem contrato, convênio ou instrumento congênere, importa na violação do princípio da legalidade.

Registre-se, ainda, que a conduta descrita neste dispositivo, também, pode ser qualificada cumulativamente com a prevista no inciso I, deste artigo, que trata a prática de ato diverso do prenunciado em lei, incorrendo assim, em desvio de finalidade.

Essa conjugação é admissível porque as normas referidas contêm na sua ação ou conduta, a presença do dolo, que vem a ser a vontade consciente do agente em cometer ato ilícito do qual tem conhecimento da proibição de repassar verbas públicas, sem a prévia celebração de contrato, convênio ou instrumento congênere, mas o faz de forma deliberada e manifesta escolha e ao seu bel-prazer.

Nessa hipótese, evidencia-se um concurso de normas em virtude da conduta única do agente em incorrer em duas infrações capituladas por esta Lei, circunstância que deverá ser considerada na intensidade da dosimetria das sanções a serem aplicadas.

Com efeito, o ato ímprobo estará consumado no momento em que for transferida ou trespassada, a verba pública do domínio dos cofres do Tesouro para a conta da Entidade destinatária, isso porque, a materialidade se efetivou com o elemento subjetivo da vontade consciente do agente para exaurimento da sua conduta.

Cumpre enaltecer que o princípio da legalidade, para sua observância, impõe que os requisitos e condições previstas no conjunto normativo de regência seja integralmente atendida, porquanto, o seu desatendimento abre espaço potencializado para danos ao erário ou aos beneficiados do Sistema Único de Saúde.

Denota-se, ainda, que o ato jurídico perfeito é aquele que preenche todos os requisitos para sua confecção, de modo que, torna-se imperfeito e ilícito, quando desatendidos esses pressupostos e condição necessários para sua legitimidade.

De modo que, a publicidade é requisito de validade e eficácia dos atos administrativos, assim os contratos, os convênios ou instrumentos congêneres, devem ser publicados no órgão oficial antes de ser executado pelo agente público, como premissa de validade e eficácia.

CAPÍTULO III
Das Penas

12. DAS SANÇÕES

Art. 12. **Independentemente das sanções penais, civis e administrativas previstas na legislação específica, está o responsável pelo ato de improbidade sujeito às seguintes cominações, que podem ser aplicadas isolada ou cumulativamente, de acordo com a gravidade do fato:**

I - na hipótese do art. 9°, perda dos bens ou valores acrescidos ilicitamente ao patrimônio, ressarcimento integral do dano, quando houver, perda da função pública, suspensão dos direitos políticos de oito a dez anos, pagamento de multa civil de até três vezes o valor do acréscimo patrimonial e proibição de contratar com o Poder Público ou receber benefícios ou incentivos fiscais ou creditícios, direta ou indiretamente, ainda que por intermédio de pessoa jurídica da qual seja sócio majoritário, pelo prazo de dez anos;

II - na hipótese do art. 10, ressarcimento integral do dano, perda dos bens ou valores acrescidos ilicitamente ao patrimônio, se concorrer esta circunstância, perda da função pública, suspensão dos direitos políticos de cinco a oito anos, pagamento de multa civil de até duas vezes o valor do dano e proibição de contratar com o Poder Público ou receber benefícios ou incentivos fiscais ou creditícios, direta ou indiretamente, ainda que por intermédio de pessoa jurídica da qual seja sócio majoritário, pelo prazo de cinco anos;

III - na hipótese do art. 11, ressarcimento integral do dano, se houver, perda da função pública, suspensão dos direitos políticos de três a cinco anos, pagamento de multa civil de até cem vezes o valor da remuneração percebida pelo agente e proibição de contratar com o Poder Público ou receber benefícios ou incentivos fiscais ou creditícios, direta ou indiretamente, ainda que por intermédio de pessoa jurídica da qual seja sócio majoritário, pelo prazo de três anos.

IV - na hipótese prevista no art. 10-A, perda da função pública, suspensão dos direitos políticos de 5 (cinco) a 8 (oito) anos e multa civil de até 3 (três) vezes o valor do benefício financeiro ou tributário concedido.(Incluído pela Lei Complementar nº 157, de 2016)

A presente norma define as cominações punitivas ao responsável pelo cometimento de ato de improbidade administrativa, que consistem nas sanções especificadas neste dispositivo cuja aplicação poderá ser feita isolada ou cumulativamente, considerando o grau de gravidade do fato e a extensão do dano causado pela conduta ilícita do agente.

A sanção consiste numa penalidade imposta ao agente que transgride uma norma, impondo-lhe a perda ou diminuição de um bem jurídico, prevista em lei com o objetivo de evitar novas infrações, além da função cautelar de finalidade intimidatória a todos os destinatários do estatuto punitivo visando evitar o cometimento de novas ilicitudes.

As sanções previstas nesta Lei de Improbidade Administrativa podem ser classificadas pela sua natureza de variada ou gradativa, como:

a) multa civil;

b) suspensão dos direitos políticos e

c) proibição de contratar com o Poder Público e receber benefícios ou incentivos fiscais ou creditícios, direta ou indiretamente, ainda que por intermédio de pessoa jurídica da qual seja sócio majoritário, cuja aplicabilidade dependerá da intensidade do grau de culpa, lesão ao erário e repercussão moral perante a sociedade.

O que define a sua natureza ser variada ou gradativa é o fato da extensão do dano causado e o proveito patrimonial obtido pelo agente.

Essa dimensão de prejuízo suportado pela administração pública e vantagem econômica ou financeira auferida pelo agente público, possibilita a dosimetria adequada de uma reprimenda sancionatória de maior ou menor intensidade, no seu patamar mínimo, médio ou máximo, conforme sejam as circunstâncias do fato e infração cometida.

Essas sanções podem ter aplicação isolada ou cumulativa, a depender, evidentemente da gravidade da ilicitude apurada, da multiplicidade de resultados danosos à ética, à moral e ao patrimônio público em escala de grau variável à sua dimensão.

Dentro deste contexto é que a pena de multa civil pode variar no caso de enriquecimento ilícito (art. 9º) de zero a três vezes o valor do acréscimo patrimonial indevido captado pelo agente, enquanto os atos lesivos ao erário (art. 10) até duas vezes o valor do prejuízo causado aos cofres públicos, e por último, os atos atentatórios aos princípios da administração pública (art. 11), onde o valor da multa pode chegar até cem vezes o valor da remuneração percebida pelo agente.

No que diz respeito à suspensão dos direitos políticos no caso do art. 9º fica entre 8(oito) e 10(dez) anos; enquanto no art. 10 varia de 5(cinco) a 8(oito) anos, e na hipótese do art. 11de 3(três) a 5(cinco) anos.

Já no que se refere à suspensão de contratar com o Poder Público no caso do art. 9º o prazo é de 10 (dez) anos; em se tratando do art. 10 o período é de 5 (cinco) anos, e relativo ao art. 11, o prazo é de 3(três) anos.

Já as sanções consideradas fixas ou imutáveis na sua dosimetria, aquelas penas objetivas específicas que não possuem gradação nas suas medidas, são:

a) perda da função pública;

b) ressarcimento integral do dano ao erário e

c) perda dos bens ou valores acrescidos ilicitamente ao patrimônio do agente, empregada, apenas, no caso do art. 9º desta Lei.

Percebe-se que são penas de natureza política (suspensão dos direitos políticos); político-administrativa (perda da função pública); administrativa (proibição de contratar com o Poder Público e receber benefícios ou incentivos fiscais ou creditícios, direta ou indiretamente, ainda que por intermédio de pessoa jurídica da qual seja sócio majoritário), e civil (multa civil, ressarcimento integral do prejuízo e perda dos bens ou valores acrescidos ilicitamente ao patrimônio do agente).

Por conseguinte, as sanções graduadas e fixas poderão ser aplicadas de forma isolada ou cumuladas sempre que for identificada lesão de bem jurídico tutelado da administração pública, considerando-se o enquadramento da conduta do agente público ou político que se emoldure nos tipos definidos por esta norma.

Sobreleva consignar, por oportuno, que a sanção deverá observar o nexo de causalidade do ato ilícito com a conduta do agente e a extensão da lesividade suportada pelo órgão estatal, o que irá definir o grau de variação qualitativo e quantitativo da pena a ser imposta.

- Aplicação cumulada das sanções. Razoabilidade e proporcionalidade. Esta Corte Superior possui entendimento de que é possível a aplicação cumulativa das sanções previstas no art. 12 da Lei n. 8.429/1992, observados os princípios da razoabilidade e proporcionalidade, o que ocorreu no caso. (STJ - AgInt no REsp 1386409/SP, Rel. Ministro OG FERNANDES, SEGUNDA TURMA, julgado em 15/03/2018, DJe 21/03/2018)

- Aplicação cumulada das sanções. Esta Corte Superior possui entendimento de que é possível a aplicação cumulativa das sanções previstas no art. 12 da Lei n. 8.429/1992, observados os princípios da razoabilidade e proporcionalidade, o que ocorreu no caso. (STJ - AgInt no REsp 1386409/SP, Rel. Ministro OG FERNANDES, SEGUNDA TURMA, julgado em 15/03/2018, DJe 21/03/2018)

- Condenação do agente ímprobo apenas no ressarcimento dos danos causados ao erário. Impossibilidade. Demais sanções. Aplicabilidade. Nos termos da jurisprudência do Superior Tribunal de Justiça, "o ressarcimento não constitui sanção propriamente dita, mas sim consequência necessária do prejuízo causado. Caracterizada a improbidade administrativa por dano ao Erário, a devolução dos valores é imperiosa e deve vir acompanhada de pelo menos uma das sanções legais que, efetivamente, visam a reprimir a conduta ímproba e a evitar o cometimento de novas infrações" (REsp 1.184.897/PE, Rel. Ministro Herman Benjamin, Segunda Turma, DJe 27/4/2011). Precedentes. Na hipótese, compreendido o ressarcimento dos danos causados ao erário como mera consequência do reconhecimento do ato de improbidade administrativa, deve ser imposta aos recorridos pelo menos uma das demais sanções previstas no art. 12 da Lei n. 8.429/1992. (STJ - REsp 1335869/RJ, Rel. Ministro OG FERNANDES, SEGUNDA TURMA, julgado em 17/04/2018, DJe 24/04/2018)

- "Independência das esferas civil, penal e administrativa. Nos termos da jurisprudência do Superior Tribunal de Justiça, "a circunstância de o agravante ter sido absolvido em ação criminal, pelo mesmo fato, sob o fundamento de que a conduta não constitui crime (art. 386, III, do Código de Processo Penal), não impede a instauração de ação de improbidade administrativa, dada a independência entre as esferas administrativa, civil e criminal". Precedentes. (AgInt no AREsp 482.579/GO, Rel. Ministra ASSUSETE MAGALHÃES, SEGUNDA TURMA, julgado em 05/04/2018, DJe 12/04/2018)

12.1. Perda dos bens ou valores acrescidos ilicitamente

A Constituição Federal, no seu art. 5º, XLVI, letra "b", remete para a legislação ordinária a regularização de medidas sobre a perda de bens, o que deflui do efeito da condenação de alguém em processo regular na forma da lei.

O Código Penal, no seu art. 91, II, preceitua que "*A perda em favor da União, ressalvado o direito do lesado ou de terceiros de boa-fé, dos instrumentos do crime, desde que consistam em coisas cujo fabrico, alienação, uso, porte ou detenção constitua fato ilícito e do produto do crime ou de qualquer bem ou valor que constitua proveito auferido pelo agente com a prática do fato criminoso*".

Nesse mesmo sentido, a regra deste dispositivo ordena a perda de bens ou valores que tenham sido acrescidos ao patrimônio do agente público ou de terceiros particulares envolvidos na relação promíscua de improbidade administrativa.

O perdimento abrange os bens, valores e os frutos produzidos pela aplicação ou reprodução do enriquecimento daqueles originários, que foram acrescidos ou adquiridos por meio ilícito a ensejarem uma evolução patrimonial sem causa ou fato a justificar o crescimento do mesmo, derivados de atos maquinados de má-fé em desfavor do interesse da administração pública que importou no acréscimo patrimonial dos beneficiários envolvidos em negócios escusos em razão da função pública do agente.

Aqui, na verdade, não se cuida de uma sanção propriamente dita, conquanto se trate da recondução da situação patrimonial anterior à prática do ilícito; trata-se de uma devolução daquilo que excedeu ao seu acervo de forma indevida.

Os bens, valores ou produtos adquiridos antes do fato ilícito, portanto, de maneira legal, por corresponderem a sua capacidade aquisitória, continuam imutáveis, sem que haja comunicação com os efeitos produzidos pela sentença que venha inserir a perda referida.

Entretanto, é imprescindível à sua eficácia e validade, que fique indene de dúvidas demonstrando que os bens ou valores foram provenientes do ato ilícito impugnado, sob pena de se incorrer em confisco de bens pela implicação na redução patrimonial legítima e estranha ao fato.

Tratando-se de bens imóveis, a medida será efetiva pela averbação no Cartório de Registro de Imóveis com a anulação da escritura pública e a lavratura em favor da entidade pública afetada no seu patrimônio. Se forem bens móveis, pela apreensão, posse e uso. No caso de veículos, com a transferência de propriedade junto ao órgão estadual de trânsito.

Saliente-se que o enriquecimento ilícito é o resultado material da improbidade e que a perda dos bens e valores nada mais é do que o retorno daquilo que foi desviado do patrimônio público, razão pela qual é imperioso comprovar o nexo causal entre a conduta de improbidade do agente no seu efetivo exercício da atividade pública com a aquisição de bens e valores, a fim de que fique evidenciado que o enriquecimento ocorreu em função do cargo ou emprego exercido.

O marco delimitador para incidir o perdimento de bens é a partir da data dos fatos ilícitos ou criminosos apurados a merecer o exame e comprovação da sua evolução patrimonial incompatível com a renda do agente.

Dentre outros, os mecanismos de identificação dessa evolução patrimonial desproporcional à realidade financeira do agente são a quebra do sigilo fiscal, bancário e de cartões de crédito, e se mostram com eficácia visando a confirmação de suspeita do enriquecimento sem causa.

Nos termos do art. 21, I, desta Lei, a aplicação das sanções previstas independe da "efetiva ocorrência de dano ao patrimônio", atingindo assim, aquelas situações onde a riqueza ilícita amealhada ao acervo do agente, mesmo não tendo afetado o patrimônio público, deve ser objeto de perdimento pelas pessoas responsáveis pela utilização do cargo ou função na aquisição daqueles bens e valores, ou seus frutos, de forma ilícita.

Configurando-se a hipótese de enriquecimento ilícito, necessariamente haverá a decretação da perda de bens na própria sentença julgada procedente.

- "Nos termos da Lei n. 8.009/90, é impenhorável o único imóvel residencial utilizado pela entidade familiar para moradia permanente, não respondendo por qualquer tipo de dívida civil."O art. 3º, VI, da Lei n. 8.009/1990 expressamente afastou a impenhorabilidade quando o bem imóvel é adquirido com produto de crime ou para execução de sentença penal condenatória a ressarcimento, indenização ou perdimento de bens, sendo certo que, por ostentar a legislação atinente ao bem de família natureza excepcional, é insuscetível de interpretação extensiva" (STJ, REsp 1021440). A exceção prevista no art. 3º, VI da Lei n. 8.009/1990 é inaplicável aos débitos oriundos de sentença condenatória proferida em ação civil pública por ato de improbidade administrativa, por ser descabida a interpretação extensiva. Ausência de prova de que os valores utilizados pelo executado foram revertidos em favor da entidade familiar. Recurso desprovido. (TJMG - Apelação Cível 1.0090.15.001682-3/001, Relator(a): Des.(a) Áurea Brasil, 5ª CÂMARA CÍVEL, julgamento em 23/02/2017, publicação da súmula em 07/03/2017)
- "A responsabilidade do sucessor pelo adimplemento do débito daquele que foi condenado em ação de improbidade administrativa limita-se à condenação diretamente relacionada à punição advinda da reparação de lesão ao patrimônio público ou do enriquecimento ilícito". (TJMG - Agravo de Instrumento-Cv 1.0049.12.001005-0/001, Relator(a): Des.(a) Antônio Sérvulo, 6ª CÂMARA CÍVEL, julgamento em 10/12/2013, publicação da súmula em 09/01/2014)

12.2. Ressarcimento integral do dano

A sanção de ressarcimento integral é a responsabilização civil visando reparar os danos causados pela ação ou omissão do agente público com o seu ato de improbidade administrativa, recompondo, assim, o patrimônio público lesado ao *status* de riqueza anterior ao fato danoso.

O ressarcimento pressupõe a existência de prejuízo material causado ao erário pelo agente com sua conduta desonesta ou desidiosa, que afete a integralidade de bens ou valores, estejam ou não, sob sua guarda ou responsabilidade.

A questão nodal deste dispositivo é caracterizar a responsabilidade civil do agente pelo resultado patrimonial que diminuiu, reduziu ou desviou algo do acervo da entidade pública pela sua participação em razão do cargo ou função pública.

Ressalte-se, porém, que o dever jurídico de reparação civil inerente ao agente público pressupõe que o mesmo tenha agido com dolo ou culpa, eis que o § 6º do art. 37 da Carta Política refere-se a qualquer daquelas modalidades para autorizar o dever indenizatório dos agentes públicos.

Outro aspecto relevante é a imprescritibilidade quanto aos prejuízos causados ao erário, nos termos do § 5º do art. 37 da Carta Magna.

A dimensão do dano suportado pelo erário poderá ser demonstrada na fase instrutória da demanda de improbidade administrativa e também pelo posicionamento dos Tribunais de Contas da União, Estados ou Municípios, servindo de elemento informativo relevante para a conclusão dessa definição econômica ou financeira, visto que cabe à Corte de Contas a fiscalização contábil, operacional e patrimonial das contas públicas considerando os princípios da legalidade, legitimidade e economicidade.

Ponha-se de relevo que a condenação de ressarcimento ao erário se transmite aos sucessores do condenado, pois "*o direito de exigir reparação e a obrigação de prestá-la transmitem-se com a herança*". (Código Civil, art. 943)

- "O Superior Tribunal de Justiça tem entendido que, mesmo nas hipóteses de ressarcimento ao erário em ação de improbidade administrativa, prevalece a impenhorabilidade do salário. Incabível a penhora sobre valores recebidos a título de salário, tendo em vista que tal bem encontra-se incluído no rol dos absolutamente impenhoráveis, em conformidade com a norma inserta no art. 833 do CPC, que inclusive arrola as exceções à referida garantia. (TRF4, AG 5050718-05.2016.404.0000, QUARTA TURMA, Relator LUÍS ALBERTO D'AZEVEDO AURVALLE, juntado aos autos em 06/04/2017)

- "Não constitui violação ao art. 620 do CPC (805 do NCPC) e art. 884 do Código civil a execução de sentença que, reconhecendo a prática de ato de improbidade e o dever de restituir, condena o executado ao ressarcimento do dano. Os atos de execução não buscam o enriquecimento ilícito do ente público, senão o cumprimento de um título judicial que lhe reconheceu o direito de ser ressarcido. (STJ - AgRg no AREsp 789.952/SP, Rel. Ministro OLINDO MENEZES (DESEMBARGADOR CONVOCADO DO TRF 1ª REGIÃO), PRIMEIRA TURMA, julgado em 04/02/2016, DJe 16/02/2016)

- "O Supremo Tribunal Federal, em 02/08/2013, reconheceu a existência de Repercussão Geral referente à questão constitucional suscitada no Recurso Extraordinário n. 669069/MG, em que se discutia o alcance da imprescritibilidade da pretensão de ressarcimento do erário prevista no art. 37, § 5°, da Constituição Federal. Embora os inúmeros julgados em sentido diverso, é preciso atentar para a recentíssima tese fixada, de modo não unânime, no dia 03/02/2016, pelo Supremo Tribunal Federal (tema n. 666 da repercussão geral): "É prescritível a ação de reparação de danos à Fazenda Pública decorrente de ilícito civil". Entretanto, os ministros daquela Corte Suprema assentaram em seus votos que a imprescritibilidade fica vinculada a ações de ressarcimento de danos decorrentes de ilícitos tipificados como de improbidade administrativa e como ilícitos penais, o que resta alinhado com julgados desta Corte Gaúcha, ainda que prolatados de modo anterior à tese fixada pelo Supremo Tribunal Federal. (Apelação Cível Nº 70071583124, Segunda Câmara Cível, Tribunal de Justiça do RS, Relator: Laura Louzada Jaccottet, Julgado em 09/12/2016)

12.3. Perda da função pública

A pena da perda de função pública é inerente à conduta típica, própria daqueles que exigem ser o agente portador de capacidade especial, cujo sujeito ativo seja agente público ou político no exercício de atividade funcional no âmbito da administração pública.

A significação deste tipo próprio exclui desta sanção específica o terceiro particular ou *extraneus*, que tenha auferido vantagem com sua participação, do ato de improbidade, mas que está sujeito a outras penas previstas neste diploma legal.

Sobreleva assinalar que a perda da função pública poderá ocorrer pela via administrativa com a instauração de processo administrativo regular, na forma da lei, com a observância das garantias constitucionais da ampla defesa, do contraditório e do devido processo legal.

A perda da função pública resulta na desinvestidura do titular de cargo efetivo pelo instituto da demissão no caso de falta grave, ou pela exoneração quando o cargo for comissionado. A renúncia é para os titulares de cargos eletivos.

Diante de uma situação anormal, é dever jurídico do dirigente do órgão público instaurar de imediato o processo administrativo para apurar a responsabilidade em cada uma de suas modalidades.

Há uma situação que merece atenção para aquele agente público que exerce dois cargos efetivos legalmente cumulativos, por exemplo, um, de professor, outro, de técnico.

Se o ato de improbidade se deu em função do cargo técnico, não poderá ele ser penalizado com a perda do cargo de professor, que não foi utilizado no resultado alcançado pela sua conduta de improbidade.

Terá de haver o nexo da função atingida com o resultado produzido, porquanto a conduta de improbidade está intrinsecamente vinculada ao exercício do cargo ou função emanadora do ato atacado.

O alcance da decisão da perda de função pública poderá atingir o titular do cargo comissionado e o seu cargo efetivo no serviço público, mesmo que o ato objeto da improbidade tenha sido no exercício daquele.

Cumpre registrar que os ministros do Supremo Tribunal Federal, os presidentes dos Tribunais Superiores, Tribunais de Contas, dos Tribunais Regionais Federais, do Trabalho e Eleitorais, dos Tribunais de Justiça e os Juízes Diretores de Foro, que estão sujeitos aos crimes de responsabilidades e somente poderão ser julgados, e com a perda de seus respectivos cargos, perante a Suprema Corte.

Com efeito, a aplicação da pena de perda de função dessas autoridades não é alcançada pela Lei de Improbidade Administrativa, porquanto elas estão sujeitas à Lei dos Crimes de Responsabilidade (Lei 1.079/50) cujos atos de improbidade administrativa importarão na perda da função pública.

O foro privilegiado do prefeito restringe-se ao julgamento criminal, respondendo, assim, perante o juízo do 1º grau por ato de improbidade administrativa.

- "Cassação de aposentadoria. Legalidade estrita. Ausência de previsão legislativa. Impossibilidade de aplicação. 1. Na forma da jurisprudência desta Corte, "as normas que descrevem infrações administrativas e cominam penalidades constituem matéria de legalidade estrita, não podendo sofrer interpretação extensiva" (AgInt no REsp 1.423.452/SP, Rel. Ministro BENEDITO GONÇALVES, PRIMEIRA TURMA, DJe 13/03/2018). 2. "O art. 12 da Lei 8.429/92, quando cuida das sanções aplicáveis aos agentes públicos que cometem atos de improbidade administrativa, não contempla a cassação de aposentadoria, mas tão só a perda da função pública. As normas que descrevem infrações administrativas e cominam penalidades constituem matéria de legalidade estrita, não podendo sofrer interpretação extensiva" (REsp 1.564.682/RO, Rel. Ministro OLINDO MENEZES (DESEMBARGADOR CONVOCADO DO TRF 1ª REGIÃO), PRIMEIRA TURMA, DJe 14/12/2015)". (STJ - AgInt no REsp 1643337/MG, Rel. Ministro SÉRGIO KUKINA, PRIMEIRA TURMA, julgado em 19/04/2018, DJe 26/04/2018)

- "Perda de função pública. Sanção que não atinge cargo público diverso daquele ocupado pelo agente público à época prática do ato de improbidade. A questão controversa cinge-se a saber se a sanção de perda da função pública em razão de atos então praticados na condição de vereador e tesoureiro poderia atingir cargo público efetivo para o qual, por concurso público, o agente foi nomeado posteriormente aos fatos narrados na inicial da ação de improbidade administrativa. A Primeira Turma do STJ orienta-se no sentido de que as normas que descrevem infrações administrativas e cominam penalidades constituem matéria de legalidade estrita, não podendo sofrer interpretação extensiva, motivo pelo qual a sanção de perda da função pública do art. 12 da Lei n. 8.429/1992, ao tempo do trânsito em julgado da sentença condenatória, não pode atingir cargo público diverso ocupado pelo agente daquele que serviu de instrumento para a prática da conduta ilícita. Precedentes". (STJ - AgInt no REsp 1423452/SP, Rel. Ministro BENEDITO GONÇALVES, PRIMEIRA TURMA, julgado em 01/03/2018, DJe 13/03/2018)

- "A sanção da perda do cargo público prevista entre aquelas do art. 12 da Lei n. 8.429/1992 não está relacionada ao cargo ocupado pelo agente ímprobo ao tempo do trânsito em julgado da sentença condenatória, mas sim àquele (cargo) que serviu de instrumento para a prática da conduta ilícita". (STJ - AgRg no AREsp 369.518/SP, Rel. Ministro GURGEL DE FARIA, PRIMEIRA TURMA, julgado em 13/12/2016, DJe 28/03/2017)

- "Na esteira de entendimento do Superior Tribunal de Justiça, o art. 12 da Lei 8.429/92, quando cuida das sanções aplicáveis aos agentes públicos que cometem atos de improbidade administrativa, não contempla a cassação de aposentadoria, mas, tão só a perda da função pública, na esteira de entendimento da Primeira Turma do Superior Tribunal de Justiça (REsp. n.º 1564682/RO), até porque as normas que descrevem infrações administrativas e cominam penalidades constituem matéria de legalidade estrita, assim imunes à interpretação extensiva. A cassação administrativa de afastamento preliminar à aposentadoria fundada em condenação em improbidade administrativa somente pode ocorrer se a sentença condenatória houver previsto expressamente a perda do cargo do qual houve o referido afastamento, sob pena de aplicação extensiva da sanção em desacordo com o devido processo legal". (TJMG - Apelação Cível 1.0702.15.099315-3/001, Relator(a): Des.(a) Edgard Penna Amorim, 1ª CÂMARA CÍVEL, julgamento em 07/03/2017, publicação da súmula em 15/03/2017)

- "Conforme orientação contida no REsp nº 993.658/SC, para fins de aplicação de penalidades concomitantes em ações civis públicas de improbidade administrativa, deve ser utilizada a regra do art. 111 da Lei de Execuções Penais, observado que a perda da função pública e a suspensão dos direitos políticos somente pode ser efetivada após o trânsito em julgado, conforme o disposto no art. 20 da Lei nº 8.429/92. 5. Vale dizer, sobrevindo nova condenação com trânsito em julgado pelo ato de improbidade contemporâneo, efetua-se a soma ou unificação das penalidades, abatendo-se o período já cumprido. Condenações concomitantes por improbidade administrativa, já com trânsito em julgado, não significam simultaneidade de cumprimento das penas, devendo ser observado o disposto no art. 111 da Lei de Execuções Penais". (Agravo de Instrumento Nº 70070241328, Terceira Câmara Cível, Tribunal de Justiça do RS, Relator: Matilde Chabar Maia, Julgado em 24/11/2016)

- "Na execução, como não mais ocupasse cargo público, procedeu-se à cassação da aposentadoria no cargo de Procurador Jurídico da Assembléia Legislativa/RO, diverso daquele em cujo exercício perpetrara a improbidade, e que não mais ocupava ao tempo da execução (Diretor Financeiro da CERON), em exorbitância, portanto, do comando sentencial. O art. 12 da Lei 8.429/92, quando cuida das sanções aplicáveis aos agentes públicos que cometem atos de improbidade administrativa, não contempla a cassação de aposentadoria, mas tão só a perda da função pública. As normas que descrevem infrações administrativas e cominam penalidades constituem matéria de legalidade estrita, não podendo sofrer interpretação extensiva. "O direito à aposentadoria submete-se aos requisitos próprios do regime contributivo, e sua extinção não é decorrência lógica da perda da função pública posteriormente decretada." (STJ - 2ª Turma - REsp 1.186.123/SP, Relator Ministro Herman Benjamim). Recurso especial provido. (STJ - REsp 1564682/RO, Rel. Ministro OLINDO MENEZES (DESEMBARGADOR CONVOCADO DO TRF 1ª REGIÃO), PRIMEIRA TURMA, julgado em 10/11/2015, DJe 14/12/2015)
- "O Juízo da execução determinou a cassação da aposentadoria, ao fundamento de que se trata de *consequência da perda da função pública municipal*. O Tribunal de Justiça, por maioria, manteve a decisão. O direito à aposentadoria submete-se aos requisitos próprios do regime jurídico contributivo, e sua extinção não *é decorrência lógica da perda da função pública* posteriormente decretada. A cassação do referido benefício previdenciário não consta no título executivo nem constitui sanção prevista na Lei 8.429/1992. Ademais, é incontroverso nos autos o fato de que a aposentadoria ocorreu após a conduta ímproba, porém antes do ajuizamento da Ação Civil Pública. A sentença que determina a perda da função pública é condenatória e com efeitos ex nunc, não podendo produzir efeitos retroativos ao decisum, tampouco ao ajuizamento da ação que acarretou a sanção. A propósito, nos termos do art. 20 da Lei 8.429/1992, "a perda da função pública e a suspensão dos direitos políticos só se efetivam com o trânsito em julgado da sentença condenatória". Forçosa é a conclusão de que, *in casu*, a cassação da aposentadoria ultrapassa os limites do título executivo, sem prejuízo de seu eventual cabimento como penalidade administrativa disciplinar, com base no estatuto funcional ao qual estiver submetido o recorrente. Recurso Especial provido". (STJ - REsp 1186123/SP, Rel. Ministro HERMAN BENJAMIN, SEGUNDA TURMA, julgado em 02/12/2010, DJe 04/02/2011).
- "A Lei 8.429/92 não comina, expressamente, a pena de cassação de aposentadoria a agente público condenado pela prática de atos de improbidade em sentença transitada em julgado. Todavia, é consequência lógica da condenação à pena de demissão pela conduta ímproba infligir a cassação de aposentadoria a servidor aposentado no curso de Ação de Improbidade. O art. 134 da Lei 8.112/90 determina a cassação da aposentadoria do inativo que houver praticado, na atividade, falta punível com a demissão. Segurança denegada." (STJ - MS 20.444/DF, Rel. Ministro HERMAN BENJAMIN, PRIMEIRA SEÇÃO, julgado em 27/11/2013, DJe 11/03/2014)
- "Consoante entendimento preconizado no Superior Tribunal de Justiça, o "direito à aposentadoria submete-se aos requisitos próprios do regime jurídico contributivo e a sua extinção não é decorrência lógica da perda da função pública posteriormente decretada" (REsp n. 1.186.123/SP, rel. Ministro Herman Benjamin) "Enquanto a perda da função pública acarreta a cessação do vínculo funcional, a passagem para a inatividade tem como pressuposto, justamente, a cessação desse vínculo, de modo que o indivíduo continue a receber uma contraprestação pecuniária sem realizar qualquer atividade de cunho laborativo. [...]. Ao passar para a inatividade, o agente deixa de integrar a carreira, não mais ocupando o cargo para o qual fora nomeado e tornando possível que outro indivíduo venha a ingressar na carreira ou, mesmo,

a partir de remoção ou progressão funcional originário. Há, portanto, uma ruptura do vínculo funcional originário. A sua situação jurídica, doravante, será regida por outro vínculo, este de natureza previdenciária, mantido com o mesmo ente federado [...]. É evidente, portanto, que a remuneração regular está associada ao exercício da função pública e o benefício previdenciário ao cumprimento dos requisitos estabelecidos em lei, com especial ênfase ao imperativo recolhimento da contribuição previdenciária." (ALVES, Rogério Pacheco; e GARCIA, Emerson. Improbidade administrativa. 7 ed. São Paulo: Saraiva, 2013, p. 663-664) (TJSC, Apelação Cível n. 2013.081078-6, da Capital, rel. Des. José Volpato de Souza, j. 06-02-2014)

12.4. Suspensão dos direitos políticos

Os direitos políticos consistem num conjunto de normas que asseguram o direito ao cidadão de participar do processo político e de exercer cargos ou funções políticas ou governamentais.

A privação dos direitos políticos importa no impedimento do exercício de cargo ou função pública ou mandatos representativos.

A Carta Política no seu art. 15, inc. V, prevê a perda ou suspensão dos direitos políticos no caso de improbidade administrativa do agente público ante a sua conduta desonesta ou desidiosa no trato da coisa pública.

A sentença da ação de improbidade administrativa tendo operado coisa julgada formal ou material, o julgador providenciará a comunicação à Justiça Eleitoral para a aplicação da pena de invalidação do título de eleitor e o registro da inelegibilidade do condenado.

Aqui merece registro a distinção entre os efeitos da inelegibilidade, que impedem ao condenado ser candidato e sua condição de eleitor.

Com o trânsito em julgado da sentença julgando procedente a ação de improbidade administrativa, a Justiça Eleitoral, ao ser comunicada, adotará os procedimentos previstos pelo art. 71 e seguintes do Código Eleitoral para proceder à exclusão do condenado do alistamento eleitoral de ofício.

12.5. Multa civil

Multa é a expressão usada para indicar as sanções pecuniárias impostas pela lei civil por infração da regra ou do princípio de lei, em virtude do que fica o infrator na obrigação de pagar certa importância em dinheiro.

A pena de multa consiste na imposição ao condenado da obrigação pecuniária determinada, calculada na forma de até três vezes o valor do acréscimo patrimonial indevido do agente público ou do *extraneus*, na hipótese deste dispositivo legal.

O valor da multa deve levar em consideração a natureza, extensão e gravidade do fato, bem como a capacidade econômico-financeira do condenado. É o princípio da razoabilidade e da proporcionalidade, acoimado na adequação entre meios e fins, vedada a imposição de obrigações, restrições e sanções em medida superior àquelas estritamente necessárias ao atendimento do interesse público, preceituado pelo art.

2º, parágrafo único, VI, da Lei 9.784/99, que regula o processo administrativo no âmbito da administração federal.

O inadimplemento do pagamento da multa imposta ao agente condenado em ação de improbidade administrativa será objeto de execução dentro dos próprios autos com aplicação das regras do Processo de Execução do Código de Processo Civil, Livro II.

Na hipótese de frustração da exequibilidade da dívida de valor, devido à inexistência de bens, caberá ao credor o ajuizamento de ação declaratória de insolvência contra o devedor, nos termos do art. 748 e seguintes do Código de Processo Civil anterior, aplicável até a edição de nova lei específica, conforme estabelece o art. 1.052 do novo Código de Processo Civil.

A dívida de multa, por ser de natureza personalíssima, penal ou de sanção, não se transmite aos sucessores do devedor, devido ao que preceitua a Carta Política, de que "*nenhuma pena passará da pessoa do condenado*". (art. 5º, XLV)

- Multa. Caráter Personalissimo. Falecimento do réu no curso do processo – Sanções impostas (perda de função pública; suspensão dos direitos políticos e multa civil) que se revestem de caráter personalíssimo, sendo que a multa civil foi aplicada em razão de violação dos princípios que regem a Administração Pública e não por dano ao erário ou enriquecimento ilícito, não se transmitindo, assim, aos herdeiros – Inteligência do art. 8ª, da Lei de Improbidade Administrativa – Precedentes - Processo extinto, sem julgamento de mérito, nos termos do art. 485, IX, do CPC - Prejudicado o recurso. (TJSP; Apelação 1020680-05.2015.8.26.0053; Relator (a): Ana Liarte; Órgão Julgador: 4ª Câmara de Direito Público; Foro Central - Fazenda Pública/Acidentes - 7ª Vara de Fazenda Pública; Data do Julgamento: 21/05/2018; Data de Registro: 24/05/2018)

- "Multa civil. Atualização de valores. Ainda que na sentença não se tenha disposto acerca da Correção do valor fixado a título de multa civil (cinco vezes o valor recebido à época, a título de remuneração), a incidência de correção monetária desde o evento danoso e juros de mora decorrem expressamente da condenação. Atualização dos valores devida, inclusive sob pena de se tornar irrisório o valor fixado, uma vez que o evento danoso se deu há praticamente quinze anos. Mínima adequação do cálculo, apenas quanto ao dies a quo de incidência. RECURSO PROVIDO EM PARTE". (Agravo de Instrumento Nº 70074805029, Primeira Câmara Cível, Tribunal de Justiça do RS, Relator: Carlos Roberto Lofego Canibal, Julgado em 23/05/2018)

- "Em regra, o patrimônio da pessoa jurídica não se confunde com o patrimônio da pessoa física dos seus sócios. Precedentes do TJRS. Descabe a penhora de valores depositados em conta corrente de pessoa jurídica para fins de garantia da execução de multa civil aplicada a um dos sócios em sentença proferida em ação civil pública por improbidade administrativa. Inviável a constrição de valores pertencentes à empresa por conta de obrigações pessoais do sócio, afigurando-se possível apenas a penhora das quotas sociais do devedor, na proporção do capital social que lhe cabe, nos termos dos arts. 391 do Código Civil e 789 do Novo CPC. Caso em que as constrições acabam por atingir o capital de todos os sócios, os quais não têm qualquer relação com a presente demanda. Decisão agravada mantida."(Agravo de Instrumento Nº 70069939437, Vigésima Segunda Câmara Cível, Tribunal de Justiça do RS, Relator: Denise Oliveira Cezar, Julgado em 22/09/2016)

- "A pretensão do recorrente é de estabelecer como base da pena de multa o vencimento básico mais elevado dos cargos de nível superior da estrutura remuneratória da Anvisa. Como se trata de aplicação de penalidades, é se utilizar de um princípio geral de direito, que cuida da vedação da analogia em desfavor do sancionado. No Direito Penal, ramo em que esta norma foi melhor trabalhada, distinguem-se dois subtipos de analogia: a analogia *in malam partem* e a analogia *in bonam partem*. A primeira agrava a pena em pressupostas hipóteses não abrangidas pela lei. Já a segunda utiliza-se de situações semelhantes para solucionar o caso sem agravar a pena. Ora, diante da lacuna da Lei de Improbidade Administrativa frente ao caso apresentado, pode-se utilizar da analogia para a determinação da base da pena de multa. No entanto, a analogia não pode ser aplicada in malam partem, porque no âmbito do Direito Administrativo sancionador. O acórdão, de forma coerente com os princípios regentes do direito, estabeleceu como base da pena de multa a menor remuneração do país, o que se coaduna com a função honorífica realizada pelo recorrido. Neste raciocínio, não há como prosperar a alegação do recorrente segundo a qual deve ser aplicada multa com base no vencimento mais elevado dos cargos de nível superior da estrutura remuneratória de autarquia, pois estar-se-ia operando analogia desabonadora. Recurso especial não provido". (STJ – REsp. 1216190/RS – Rel. Min. Mauro Campbell Marques – 2ª Turma – j. em 02.12.2010 – DJe 14.12.2010).

12.6. Proibição de contratar ou receber incentivos do Poder Público

As pessoas físicas ou jurídicas privadas, que concorram ou contribuam para atos de improbidade administrativa que resulte em enriquecimento ilícito de qualquer dos responsáveis, ficam impedidas de contratar com o Poder Público ou receber benefícios ou incentivos fiscais ou creditícios, direta ou indiretamente, ainda que por intermédio de pessoa jurídica da qual seja sócio majoritário, pelo prazo de dez anos.

Por esta regra, a pessoa física ou jurídica passa a ter um pressuposto legal negativo que o impossibilita de participar de processo licitatório para a venda de bens ou produtos, contratação de serviços ou qualquer outra relação contratual com as entidades públicas, de qualquer das esferas de Poder.

Ficam, assim, proibidas de participar das licitações, bem como da venda ou contratação direta pela administração pública, nos casos de dispensa ou inexigibilidade de licitação.

Passam a figurar, também, no cadastro negativo das instituições financeiras com vedação de receber quaisquer benefícios creditícios, programas de incentivo à produção, ao emprego ou a qualquer outra atividade, a juros compensatórios, por exemplo.

A lei não poderá contemplar os infratores ímprobos com isenções fiscais ou alíquotas mais favoráveis de tributos.

Enfim, resulta a condenação pela prática de improbidade em atestado de inidoneidade empresarial para todos os fins.

A condenação da pessoa física, quer seja agente público quer seja *extraneus*, integrando a constituição de pessoa jurídica privada, da qual seja sócio majoritário, torna esta, proibida de receber os mencionados benefícios e impedida de contratação com o Poder Público.

Este dispositivo é um antídoto jurídico para proteger os interesses da administração pública de novos atos de improbidade em razão dos antecedentes da pessoa condenada nos termos desta lei.

- "Contrariamente à indisponibilidade de bens, a proibição de contratar com o Poder Público não é medida de natureza cautelar, mas uma penalidade prevista no art. 12 da Lei 8.429/92, decorrente da efetiva condenação a ser cominada no momento processual oportuno. A proibição de contratar com o Poder Público, em razão de suas graves consequências, deve ocorrer tão somente por ocasião da sentença, observados o contraditório e a ampla defesa. 3. Constatado o excesso da medida de indisponibilidade de bens, deve esta ser reduzida ao valor do dano reconhecido e aos parâmetros estabelecidos pela própria autoridade judiciária na decisão que a decretou. Esta medida constritiva não pode incidir sobre valores que excedam a 20% (vinte por cento) do faturamento mensal de empresa. Precedentes desta Corte. Agravo de instrumento parcialmente provido". (TRF1 - AG 0048025-20.2016.4.01.0000 / TO, Rel. DESEMBARGADORA FEDERAL MONICA SIFUENTES, Rel.Conv. JUIZ FEDERAL KLAUS KUSCHEL (CONV.), TERCEIRA TURMA, e-DJF1 de 17/03/2017)
- "A proibição de contratar com o Poder Público é medida punitiva de natureza grave de restrição de direitos, que tem repercussão direta nas atividades da empresa, podendo levá-la à inanição. Precedente deste Tribunal. Tal medida deve orientar-se pelos princípios da proporcionalidade e razoabilidade, o que não é a espécie dos autos. Agravo de instrumento provido". (TRF1 - AG 0053282-60.2015.4.01.0000 / MT, Rel. JUÍZA FEDERAL ROGÉRIA MARIA CASTRO DEBELLI, Rel. Conv. JUÍZA FEDERAL ROGÉRIA MARIA CASTRO DEBELLI (CONV.), TERCEIRA TURMA, e-DJF1 de 31/03/2017)

12.7. A individualização das penas isoladas ou cumuladas

Art. 12 [...]

Parágrafo único. Na fixação das penas previstas nesta lei o juiz levará em conta a extensão do dano causado, assim como o proveito patrimonial obtido pelo agente.

A individualização das condutas e, consequentemente, das sanções, decorre de previsão constitucional (art. 5º inciso XLVI da CF/88) e também do disposto no art. 12, parágrafo único, da Lei Nº 8429/92. A imputação de improbidade deve ser feita, mesmo nesses casos, levando em conta a conduta individualizada de cada agente público envolvido.

A individualização da pena ou sanção, vem a ser um processo que se estabelece na sentença condenatória de ato de improbidade administrativa com a particularização das condições próprias do agente representado diante das circunstâncias legais que envolvem o ato antijurídico que lhe foi imputado e produziu efeitos jurídicos, afetando direitos tutelados da administração pública.

A individualização da sanção funda-se nos métodos de valoração dos critérios do conjunto de fatos ilícitos para o estabelecimento da pena, se isolada ou cumulativa, o grau de responsabilidade, se por dolo ou culpa do agente representado, e a dimensão do dano causado ao interesse público.

A conclusão da culpa ou responsabilização do agente representado revelará o grau de intensidade da sua conduta ilícita que irá dosar o juízo de reprovabilidade pela ação única ou múltipla contra os princípios norteadores da administração pública.

A individualização tem como característica o conhecimento da ação perpetrada pelo agente naquela oportunidade presente e nos fatos pretéritos, se reincidente na conduta do mesmo tipo ou outra, que revele a sua postura desabonadora de sua vida pregressa que venha agregar predicados negativos à sua honra, imagem e conceito profissional.

Sua conduta social deve ser apurada de modo que se possa extrair o seu comportamento no meio social da comunidade onde vive; seu círculo de amizades, os hábitos, costumes e sua credibilidade perante as instituições creditícias ou bancárias, podem apontar fatos a desembarcar no processo que lhe venha revelar a índole pessoal no trato da sua vida pessoal.

As circunstâncias do ato de improbidade devem compreender aspectos da idoneidade funcional do agente e singularidades da dimensão do prejuízo, suportado pelos cofres públicos e proveito econômico e financeiro auferido pelo agente público representado.

Cumpre lembrar que as penas variadas e fixas estabelecidas por esta Lei, devem levar em consideração a articulação de condutas com a especificação de dolosas ou culposas, que têm pesos diferenciados nas suas identificações para definir a classificação adequada que resultem em enriquecimento ilícito, lesão patrimonial ou violação dos princípios administrativos.

Atente-se que devem ser sopesadas as consequências jurídicas ou patrimoniais que não sejam sobrepostas, além do fato ilícito identificado para se evitar a incidência de valoração excessiva.

É importante também avaliar se o comportamento do agente representado no que alude ao seu interesse em concorrer de forma efetiva para o ressarcimento dos prejuízos causados, contribui para restaurar o nível de riqueza estatal.

Outro aspecto circunstancial relevante a ser considerado na valoração jurídica da situação do agente representado é a sua contribuição espontânea na confissão dos fatos e revelação de outros casos ou na cooperação para a elucidação do fato típico em toda sua inteireza com a identificação de todos os responsáveis.

- Individualização da pena. Imposição legal. Sentença. Validade. O parágrafo único do art. 12 da Lei 8.429/92 estabelece que "na fixação das penas previstas nesta Lei o Juiz levará em conta a extensão do dano causado, assim, como o proveito patrimonial obtido pelo agente", de modo que as sanções impostas em razão da prática de atos de improbidade administrativa por parte do Chefe do Executivo devem guardar proporcionalidade com a extensão do dano e o eventual proveito por ele obtido, posto que a individualização da pena, seja aflitiva, seja pecuniária, não é privilégio do direito penal, impondo-se, também, no campo do direito civil, administrativo e tributário. (TJSP – Ap. 114.999-5/2 – 3ª Câm. – j. em 30.05.2000 – Rel. Des. Rui Stoco – RT 781/219).

12.7.1. Dosimetria da sanção (art. 9º)

Configurado o ato de improbidade administrativa que importa em enriquecimento ilícito, devem estar na composição da sentença condenatória todas as penas e sanções, de forma cumulativa, previstas no inc. I do art. 12 desta norma, considerando que a derivação desse fato traduz o mais elevado grau de corrupção no âmbito da administração pública.

Nessa conduta estão presentes o dolo e a vontade do agente, e a consciência do agente é auferir vantagem indevida em função do exercício do cargo público.

É importante dizer que é indispensável a comprovação do dolo para caracterizar este tipo de improbidade, mas independe da existência de dano ao erário.

Trata-se da conduta ímproba, das mais gravosas, por exprimir uma postura clara de desonestidade, má-fé e deslealdade à entidade estatal a que serve; é uma quebra de confiança na relação funcional entre a instituição e o seu representante.

Essa conduta de improbidade é a que guarda elevado grau de indecência, torpeza e revestimento de inidoneidade na figura do agente representado.

Evidenciada esta conduta típica, reúne o ato ou a sua multiplicidade, todos os elementos para o afastamento do agente dos quadros da administração pública e da vida pública, mostrando-se imperioso seu banimento da atividade funcional e política do país por não dispor de condições morais para gravitar em torno dos negócios de Estado.

A sanção da perda dos bens acrescidos ilicitamente ao seu, é ato judicial imperioso e também o pagamento de multa civil, além da proibição de contratar com o Poder Público ou receber benefícios ou incentivos fiscais ou creditícios, direta ou indiretamente, ainda que por intermédio da pessoa jurídica da qual seja sócio.

O valor do ressarcimento do dano causado ao erário será partilhado quando houver pluralidade de infratores, mas até o valor integral do prejuízo, sob pena de auferimento de enriquecimento sem causa pelo Poder Público. Há possibilidade da configuração do tipo por dolo, mas sem a existência de prejuízo ao erário.

Necessariamente, em princípio, deve a sentença conter todas as penas e sanções mencionadas, mas cabe ao julgado aferir o conjunto dos fatos para individualizar a dosimetria da pena de justa e adequada, sem desprezar os princípios da proporcionalidade e da razoabilidade.

Já o *extraneus* deverá perder os bens e valores acrescidos ilicitamente, ressarcir sozinho ou em conjunto, até o valor do dano causado, pagamento de multa e ser proibido de perceber quaisquer proveitos fiscais, creditícios, ou a empresa em que seja ou venha a ser sócio majoritário.

12.7.2. Dosimetria da sanção (art. 10)

Na hipótese de atos de improbidade administrativa que causem afetação ao patrimônio público é relevante observar a conduta do agente, por ação dolosa ou omissão culposa, sendo aquela uma circunstância que leva à intensidade e à multiplicidade das penas e sanções, porquanto agiu de forma proposital, vontade própria e conhecimento da ilicitude cometida.

A conduta dolosa traduz malícia, maldade, má-fé e fraude, merecendo, assim, uma reprovação mais contundente para demonstrar o repúdio da sociedade e punição exemplar com a finalidade de fortalecer o sentimento de fé do direito e na justiça.

O valor do dano ao erário deverá ser dimensionado através de perícia técnica produzida na tramitação processual ou com documentos hábeis que conduzam ao montante que constitua a realidade fática, bem ainda, com acórdãos do Tribunal de Contas que analisam as contas, levando em consideração o princípio da economicidade e da legalidade.

Com efeito, as penas e sanções estipuladas no inc. II do art. 12, devem ser aplicadas de forma cumulativa quando ficar evidenciado que a ação dolosa por ato de improbidade administrativa catalogada neste dispositivo causará dano ao patrimônio público.

Entrementes, ficando evidenciada a omissão por culpa, deve-se abrandar a composição das penas e sanções, devendo o julgador avaliar as circunstâncias para aplicar, de forma pontual, as mais adequadas à reprovação do comportamento do agente representado.

Nesse caso, dependendo do fato, é possível que o conjunto probatório recomende apenas aplicação de multa e ressarcimento ao erário por se mostrarem mais pertinentes para reprimir o ato de improbidade.

Necessariamente, em princípio, deve a sentença conter todas as penas e sanções mencionadas, mas cabe ao julgado aferir o conjunto dos fatos para individualizar a dosimetria da pena de justa e adequada, sem desprezar os princípios da proporcionalidade e da razoabilidade.

O tratamento para o *extraneus* deverá resultar na perda dos bens e valores acrescidos ilicitamente, ressarcir sozinho ou em conjunto, até o valor do dano causado, pagamento de multa e ser proibido de perceber quaisquer proveitos fiscais, creditícios, ou a empresa em que seja ou venha a ser sócio majoritário.

12.7.3. Dosimetria da sanção (art. 11)

Quanto aos atos de improbidade administrativa que atentam contra os princípios da administração pública, é preciso analisar as situações específicas para a aplicação da medida própria de forma isolada ou cumulativa.

Os atos que atentam contra os princípios administrativos ofendem a moralidade pública, a credibilidade das instituições e o respeito às normas, que podem ou não proporcionar lesividade patrimonial do erário.

Dessa maneira, dependendo do caso concreto, poderá ser configurada a mazela da improbidade, independente da presença do dolo ou não, visto que a ocorrência por culpa é a exceção da regra.

Essa possibilidade derivada da reunião da qualificação do agente para o exercício de cargo ou função pública exprime discernimento pleno da conduta antijurídica, mas se apresenta de forma dissimulada para se imiscuir na responsabilização do seu ato, que traz, entretanto, na sua manifesta atuação, a postura reveladora da sua má-fé.

Assim é que o descumprimento de uma ordem judicial por uma autoridade exprime a postergação voluntária ou deliberada da sua intenção dolosa em desrespeitar o órgão do Poder Judiciário, independente do sentimento manifestado por aquela, mas, simplesmente por estar deixando de cumprir ato de seu ofício com a presteza recomendada pelo princípio da eficiência, além do dever de velar pela legalidade e moralidade pública, imposto pelo Estatuto do Servidor Público e esta norma especial (art. 4º).

Não haveria nesse caso dano ao erário, mas uma violação ideológica da lei, norma ou regulamento, além da deslealdade do agente com o Poder Judiciário.

Aliás, a simples violação de norma legal, sem lesar o erário, no mínimo impõe a pena de multa na proporção do seu alcance infracional por força do comando instituído no art. 21, inc. I, desta Lei, que preceitua que a "*aplicação das sanções independe da efetiva ocorrência de dano ao patrimônio público*".

Assim é que um ato de desobediência à ordem legal ou judicial já recomenda a reprimenda da multa num patamar dosado com a força pedagógica e intimidadora de inibir a reiteração da conduta ilícita.

Outra situação interessante é a frustração de um concurso público, cuja repercussão afeta milhares de pessoas desesperadas em busca de um emprego e compromete o respeito e a credibilidade na administração pública, proveniente de fraude; deverá ser punida de modo mais severo para impor de forma cumulativa todas as penas e sanções adequadas ao fato.

A frustração de um concurso público gera perplexidade social, causa prejuízo ao erário e avilta frontalmente a moralidade pública.

Do mesmo modo, aquele agente que revela ou deixa vazar informações privilegiadas afetando o mercado financeiro ou o comércio, enriquecendo uns em detrimento da perda de outros, impõe-se a penalização cumulativa com a aplicação de todas as sanções previstas, aplicáveis à hipótese. O mesmo ocorre com o agente público inadimplente com suas prestações de contas; não deverá ser tratado de forma branda, mas de maneira intensa na aplicação das sanções preceituadas, visto que a postura dolosa se mostra presente com reflexos patrimoniais evidentes em desfavor da administração pública.

A aplicação da pena deverá ser graduada na proporção da extensão do impacto provocado no corpo social e pela dimensão do alcance patrimonial, atentando-se para os critérios de razoabilidade e de proporcionalidade, para se evitar decisões injustas ou excessivas, ou brandas demais, que não atendam ao sentimento de fé no direito e respeitabilidade da justiça.

12.8. Individualização das sanções na LIA nos moldes da LINDB

A Lei nº 13.655/2018 incluiu no Decreto-lei nº 4.657, de 4 de setembro de 1942 (Lei de Introdução às Normas do Direito Brasileiro), disposições sobre a segurança jurídica e eficiência na criação e na aplicação do direito público.

A novel lei implementou relevante inovação na elaboração da composição da dosimetria das sanções a serem aplicadas aos agentes públicos responsabilizados por desvio de conduta no trato da gestão da coisa pública, ao estabelecer, como requisito de suas aplicações, a sua individualização com as circunstâncias administrativas e judiciais das sanções.

De agora em diante, o agente público condenado por ato de improbidade administrativa terá, necessariamente, na fase de feitura da dosimetria das sanções, ter em consideração aspectos pessoais, funcionais, gravidade do fato, extensão do dano, agravantes, atenuantes e seus antecedentes.

Ressalte-se que a responsabilização por ato de improbidade administrativa é de natureza penal, visto que resulta na aplicação de sanções de natureza punitiva, a exemplo da perda da função pública, suspensão de direitos políticos, multa e proibição de contratar com o Poder Público. Assim, se deve observar os mesmos critérios de aplicação das penas previstas pelo Código Penal, quando este exige a individualização e as considerações das circunstâncias judiciais na sua dosimetria.

Essa exigência de procedibilidade da composição das sanções, isoladas ou cumulativas, estão prescritas no art. 22, assim redigido:

> **"Art. 22. Na interpretação de normas sobre gestão pública, serão considerados os obstáculos e as dificuldades reais do gestor e as exigências das políticas públicas a seu cargo, sem prejuízo dos direitos dos administrados.**
>
> **§ 1º Em decisão sobre regularidade de conduta ou validade de ato, contrato, ajuste, processo ou norma administrativa, serão consideradas as circunstâncias práticas que houverem imposto, limitado ou condicionado a ação do agente.**
>
> **§ 2º Na aplicação de sanções, serão consideradas a natureza e a gravidade da infração cometida, os danos que dela provierem para a administração pública, as circunstâncias agravantes ou atenuantes e os antecedentes do agente.**
>
> **§ 3º As sanções aplicadas ao agente serão levadas em conta na dosimetria das demais sanções de mesma natureza e relativas ao mesmo fato."**

Extrai-se deste dispositivo que o julgador deverá considerar os obstáculos e as dificuldades reais do gestor, fazendo uma análise referente o alcance social e humanitário do ato impugnado, a fim de verificar se a decisão adotada seria urgente e necessária para atender serviços públicos essenciais, sem os quais, a clientela estaria submetida a negação de direitos fundamentais.

Quando a norma se refere "às dificuldades do gestor e as exigências das políticas públicas a seu cargo", está isentando-o de uma responsabilidade sancionatória porque ao ponderar pela continuidade e manutenção de serviços essências que visavam a garantia de direitos fundamentais, tais como, a vida, a saúde, a educação ou a segurança pública, eventuais procedimentos aplicados que não eram os ideais, ou os mais adequados, atenderam a sua finalidade maior; o interesse público.

Nessa hipótese, o que a lei contempla é a proteção do gestor em enfrentar adversidades burocráticas em benefício do bem comum, mesmo que tenha de incorrer em desvios procedimentais, mas cuja substância não é objeto de maiores avarias.

Nessa conjuntura, o espírito da lei é amparar o gestor público honesto que muitas das vezes se utiliza de artifícios para atender à continuidade e manutenção de serviços fundamentais para a sociedade, contanto que fique demonstrado que resultou em benefício para o administrado.

Na aplicação das sanções deverão se consideradas a natureza e gravidade da infração cometida, aferindo a intenção do agente, se premeditada ou ocasional, em virtude dos procedimentos adotados, assim como, a sua gravidade no que concerne à extensão do dano, se afetando valores jurídicos inerentes aos administrados, ou se, cumulativamente, desfalcando o erário, onerando materialmente as finanças públicas.

Também deverá ser examinada a conduta, quando dolosa, se importou em enriquecimento ilícito do agente ou de terceiro.

Relativamente às atenuantes, pode-se considerar, o objetivo almejado pelo agente, se direcionado em favor do bem-estar coletivo, ou à sua contribuição para completo esclarecimento dos fatos apontados como ilícitos.

No que diz respeito as agravantes, será considerado o cometimento de outros atos ilícitos para encobrir o que está sendo objeto de apuração, a utilização ardilosa de pessoas e procedimentos visando obstruir a responsabilização do ato impugnado.

Cumpre avaliar, igualmente, os antecedentes do agente, que deverão se limitar a sua vida pregressa no serviço público para considerar as sanções administrativas ou penais, que sofreu em decorrência do seu exercício em cargo público ou função pública nos últimos 10 (dez) anos, que vem a ser a sanção mais longa prevista na Lei de Improbidade Administrativa.

CAPÍTULO IV
Da Declaração de Bens

13. DECLARAÇÃO DE BENS

Art. 13. A posse e o exercício de agente público ficam condicionados à apresentação de declaração dos bens e valores que compõem o seu patrimônio privado, a fim de ser arquivada no serviço de pessoal competente.

§ 1° A declaração compreenderá imóveis, móveis, semoventes, dinheiro, títulos, ações, e qualquer outra espécie de bens e valores patrimoniais, localizado no País ou no exterior, e, quando for o caso, abrangerá os bens e valores patrimoniais do cônjuge ou companheiro, dos filhos e de outras pessoas que vivam sob a dependência econômica do declarante, excluídos apenas os objetos e utensílios de uso doméstico.

§ 2º A declaração de bens será anualmente atualizada e na data em que o agente público deixar o exercício do mandato, cargo, emprego ou função.

§ 3º Será punido com a pena de demissão, a bem do serviço público, sem prejuízo de outras sanções cabíveis, o agente público que se recusar a prestar declaração dos bens, dentro do prazo determinado, ou que a prestar falsa.

§ 4º O declarante, a seu critério, poderá entregar cópia da declaração anual de bens apresentada à Delegacia da Receita Federal na conformidade da legislação do Imposto sobre a Renda e proventos de qualquer natureza, com as necessárias atualizações, para suprir a exigência contida no caput e no § 2° deste artigo.

A exigência da apresentação da declaração de bens e fontes de rendas do agente público ao assumir cargo, emprego ou função nos Poderes Executivo, Legislativo e Judiciário, é obrigatória pela edição da Lei 8.730/93, no momento da posse ou, inexistindo esta, na entrada em exercício de cargo, emprego ou função, bem como, no final de cada exercício financeiro, no término da gestão ou mandato e nas hipóteses de exoneração, renúncia ou afastamento definitivo, por parte das autoridades e agentes políticos.

A finalidade dessa declaração de bens é o acompanhamento da evolução patrimonial e os ganhos financeiros do agente público no período referente ao exercício da função pública que venha exercer, como meio de averiguar anormalidades no crescimento de seu patrimônio em razão do cargo exercido.

Um aumento patrimonial anormal de um agente público cingido ao limite temporal do exercício de um determinado cargo público é um indício sintomático do seu nexo causal com o exercício do mesmo. Idêntica suspeita se levanta em relação a familiares que não tenham origem econômica a justificar a evolução repentina de patrimônio.

A sistemática da regra constante neste dispositivo é imperativa para a sua observância que preceitua a pena de demissão no caso de recusa ou descumprimento deliberado de sua apresentação na forma e conteúdo definidos.

A declaração deverá atender aos requisitos previstos nos §§ 1º e 2º, ou poderá ser suprida pela declaração anual de imposto de renda devidamente protocolizada pela Receita Federal.

CAPÍTULO V
Do Procedimento Administrativo e do Processo Judicial

14. PROCEDIMENTO ADMINISTRATIVO

Art. 14. **Qualquer pessoa poderá representar à autoridade administrativa competente para que seja instaurada investigação destinada a apurar a prática de ato de improbidade.**

§ 1º A representação, que será escrita ou reduzida a termo e assinada, conterá a qualificação do representante, as informações sobre o fato e sua autoria e a indicação das provas de que tenha conhecimento.

§ 2º A autoridade administrativa rejeitará a representação, em despacho fundamentado, se esta não contiver as formalidades estabelecidas no § 1º deste artigo. A rejeição não impede a representação ao Ministério Público, nos termos do art. 22 desta lei.

§ 3º Atendidos os requisitos da representação, a autoridade determinará a imediata apuração dos fatos que, em se tratando de servidores federais, será processada na forma prevista nos arts. 148 a 182 da Lei nº 8.112, de 11 de dezembro de 1990 e, em se tratando de servidor militar, de acordo com os respectivos regulamentos disciplinares.

Qualquer pessoa tem legitimidade para representar à autoridade administrativa um agente público suspeito de realizar ou concorrer para atos de improbidade administrativa, visando à instauração de procedimento para investigação pela entidade pública, na forma da lei.

Essa legitimidade é direito subjetivo do cidadão brasileiro para o exercício pleno da cidadania, direito político que lhe é conferido para que possa participar da vida política, do governo e de ser ouvido pela representação pública.

Esse direito de representação é a garantia conferida ao cidadão para que contribua com sua fiscalização, coibindo os abusos e desvios dos recursos públicos, considerando que na sua localidade apresenta-se como a pessoa interessada na melhor forma de aplicação das verbas públicas, por ser a destinatária dos benefícios do orçamento público.

A Constituição Federal no seu art. 5º, XXXIV, letra "a", assegura a todos os brasileiros o direito de petição aos poderes públicos em defesa de direito ou contra ilegalidade ou abuso de poder.

Ensina Alexandre de Moraes:

> O direito de petição possui eficácia constitucional, obrigando as autoridades públicas endereçadas ao recebimento, ao exame e se necessário for, à resposta em prazo razoável, sob pena de configurar violação ao direito líquido e certo

do peticionário, sanável por intermédio de mandado de segurança. Notemos que, apesar da impossibilidade de obrigar-se o Poder Público competente a adoção de medidas para sanar eventuais ilegalidades ou abusos de poder, haverá possibilidade, posterior, de responsabilizar o servidor público omisso, civil, administrativa e penalmente[114].

Com efeito, um cidadão, tendo ciência do cometimento de irregularidades no âmbito da administração pública federal, estadual ou municipal, deverá comparecer à repartição para formalizar o teor dos fatos de que tem conhecimento com as indicações das provas que se mostrem suficientes ao início de um procedimento administrativo.

A representação deverá ser efetuada por escrito, devidamente qualificada e identificada, ou poderá ser tomada por termo na própria entidade pública, situação que deverá o representante, por cautela, ler antes de assinar o que foi consignado.

De posse do documento protocolizado, o representante deverá aguardar as providências a serem adotadas pela autoridade destinatária da representação.

Formalizada a representação, independente da juntada de provas, caberá à autoridade competente instaurar o procedimento administrativo para a apuração dos fatos denunciados, sob pena de incorrer na conduta descrita pelo art. 11, II, desta Lei.

Ao cidadão basta representar por escrito, de forma circunstanciada, apenas apontando as provas de seu conhecimento, e a autoridade, no seu poder-dever de proceder à investigação, adotará as medidas objetivando a juntada de documentos que estão na posse da entidade pública, para sua remessa a uma comissão processante nos termos da lei. Esse direito de apenas denunciar formalmente é expressamente garantido pelo art. 74, IV, § 2º, da Constituição da República, quando assegura a qualquer cidadão legitimidade para, na forma da lei, denunciar irregularidades ou ilegalidades perante o Tribunal de Contas da União, dos Estados e dos Municípios. Configura-se, também, crime a representação por ato de improbidade quando o representante sabe ser inocente o representado.

A rejeição pela autoridade competente, devidamente fundamentada, deverá ser comunicada ao representante, que poderá ainda recorrer ao representante do Ministério Público da sua comarca ou jurisdição no âmbito federal.

- "Somente está autorizado a desencadear investigação administrativa na esfera judicial, com vista à configuração de ato de improbidade, aquele que está legitimado para a ação específica, conforme previsto no art. 14 da Lei 8.429/1992. As providências administrativas e investigatórias devem ser pleiteadas junto à autoridade competente, dentre as quais se inclui o Ministério Público". (STJ – AGP 1.895/PR – Corte Especial – DJ 15.09.2003 – p. 00225 – Relª. Minª. Eliana Calmon)

114. MORAES, Alexandre de. **Constituição do Brasil interpretada**. São Paulo: Atlas, 2002. p. 290.

15. COMISSÃO PROCESSANTE

Art. 15. A comissão processante dará conhecimento ao Ministério Público e ao Tribunal ou Conselho de Contas da existência de procedimento administrativo para apurar a prática de ato de improbidade.

Parágrafo único. O Ministério Público ou Tribunal ou Conselho de Contas poderá, a requerimento, designar representante para acompanhar o procedimento administrativo.

Apresentada a representação formulada por qualquer pessoa do povo perante a entidade pública onde é imputada a ocorrência de ato de improbidade administrativa, cabe à direção da mesma, a instauração de procedimento administrativo para a sua apuração através de uma comissão processante que, após analisar as provas juntadas e o depoimento dos servidores envolvidos, realizar as diligências que julgar importantes à conclusão dos trabalhos, emitirá parecer conclusivo para submetê-lo ao exame da autoridade competente.

As conclusões desse procedimento deverão ser encaminhadas para o Tribunal de Contas e/ou para o Ministério Público, se estes não designarem representantes para acompanhamento dos trabalhos.

O procedimento administrativo instaurado mediante portaria é o meio de apuração e punição de faltas graves dos servidores públicos, cuja instrução procederá à colheita das provas, requisitará ou examinará quaisquer documentos relacionados com o objeto da investigação, ouvirá testemunhas, fará inspeções *in loco* e requererá perícias.

Aos indiciados é assegurada a intimação pessoal, no início do processo para ter ciência do mesmo, a garantia do devido processo legal, do contraditório e da ampla defesa, com a deferência das provas pertinentes à investigação e o acesso às mesmas, produzidas pela comissão processante.

A intimação deverá conter a qualificação dos indiciados, a indicação dos fatos e fundamentos legais pertinentes, que, além de pessoal, poderá ser feita por meio eficaz que comprove com certeza a sua ciência do ato de comunicação, com o prazo de antecedência mínima de três dias úteis à data de seu comparecimento, como dispõe o regramento no âmbito federal.

Na hipótese de o investigado se encontrar em lugar incerto e não sabido, será intimado por edital.

No processo administrativo aplicam-se os impedimentos e a suspeição aos servidores e autoridades nas situações descritas pelo art. 18 da Lei Federal 9.784/99.

No caso de julgada improcedente a representação, a comissão também deverá enviar cópia do processo para aqueles órgãos nominados, que farão o exame que considerarem necessário sob a ótica de cada um deles.

16. REPRESENTAÇÃO ADMINISTRATIVA

Art. 16. Havendo fundados indícios de responsabilidade, a comissão representará ao Ministério Público ou à procuradoria do órgão para que requeira ao juízo competente a decretação do sequestro dos bens do agente ou terceiro que tenha enriquecido ilicitamente ou causado dano ao patrimônio público.

§ 1º O pedido de sequestro será processado de acordo com o disposto nos arts. 822 e 825 do Código de Processo Civil. (301 do NCPC)

§ 2° Quando for o caso, o pedido incluirá a investigação, o exame e o bloqueio de bens, contas bancárias e aplicações financeiras mantidas pelo indiciado no exterior, nos termos da lei e dos tratados internacionais.

Concluídos os trabalhos, a comissão processante deverá relatar o apurado e opinar pela procedência total, parcial, ou pela improcedência da denúncia, de maneira fundamentada com a motivação própria quanto ao resultado embasado.

Sendo procedente a existência de fundados indícios de responsabilidade dos fatos ilegais denunciados, na hipótese configuradora de enriquecimento ilícito ou dano ao patrimônio público, em função do exercício de cargo ou função pública, deverá a comissão representar junto ao Ministério Público para a decretação do sequestro de bens dos envolvidos perante o Juízo competente, como modo de providência acauteladora para assegurar o restabelecimento integral da situação anterior do patrimônio público.

Em consequência da procedência da representação, a comissão deverá propor à autoridade competente a perda do cargo daquele(s) encontrado(s) em culpa; encaminhar cópia do processo ao Tribunal de Contas e ao Ministério Público para fins de ajuizamento da ação de improbidade administrativa e, se for o caso, ofertar denúncia por crimes contra a administração ou as finanças públicas.

16.1. Sequestro de bens (§1º)

Na hipótese de a representação administrativa expor situação de risco concreto de responsabilidade de lesão do patrimônio público ou evidência de enriquecimento ilícito proveniente de ato de improbidade contido no conjunto das provas, é admissível que o Ministério Público ajuíze ação de medida cautelar de sequestro ou de indisponibilidade de bens, visando assegurar a exequibilidade de decisão judicial futura de ressarcimento de danos e perda de bens agregados ao patrimônio pessoal do agente imputado de responsabilidade.

Também o patrimônio, bens e ativos financeiros do *extraneus* que tenha auferido vantagens indevidas da improbidade, da pessoa física ou jurídica de direito privado que se beneficiou de uma licitação superfaturada ou fraudada, serão alcançados pela medida judicial cautelar de sequestro ou de indisponibilidade

A ação de sequestro a ser proposta pela entidade pública interessada ou pelo Ministério Público, observará os regramentos processuais contidos nos arts. 822 e 825 do Código de Processo Civil.

É importante distinguir o ângulo de alcance da ação cautelar de sequestro que deverá recair sobre bens móveis ou imóveis incorporados ao patrimônio do agente acusado de improbidade por enriquecimento ilícito, sobre aqueles bens que foram agregados ao seu patrimônio pessoal proveniente de sua conduta ímproba mediante o uso do cargo ou função pública.

Esse é um pressuposto processual para o cabimento da aludida ação que supõe a litigiosidade da coisa, requisito necessário ao desenrolar válido e regular do processo.

Nesse sentir: "*Não cabe sequestro de bem não litigioso*". (RT 674/134)

E mais: "*O sequestro pode incidir sobre bens que constituam proveito do ato ilícito praticado pelos autores, dando-se interpretação extensiva ao conceito de coisa litigiosa*". (STJ – 4ª Turma – REsp. 60.288-2-SP – Rel. Min. Ruy Rosado – DJU 02.10.1995, p. 32.377)

Com essas considerações, vê-se que o sequestro de bens por ato de improbidade fica delimitado àqueles objetos que venham projetar enriquecimento ilícito, oriundo da atividade ilegal, criando nessas circunstâncias a litigiosidade sobre a coisa originária do ato considerado ímprobo, gerador da riqueza adicionada ao patrimônio do agente ao qual é imputada a responsabilidade da conduta de improbidade.

É preciso distinguir a figura jurídica do sequestro do ato de indisponibilidade ou bloqueio de bens, cuja significação é o empeço da alienação para assegurar futura reparação patrimonial ao erário, sem a perda da posse, e naquele há contornos de arresto com a tomada ou apreensão judicial de coisa em disputa judicial ou litígio, com a retirada da posse, para garantir ou preservar a sua integridade até o final do processo, visando evitar seu perecimento, sumiço ou ocultação *a posteriori*.

Como se vê, o objetivo da ação cautelar de sequestro é afastar o risco de que os bens identificados e verificados os quais poderiam ser apreendidos, como produtos da conduta de improbidade administrativa, que foram acrescidos ao patrimônio pessoal do acusado da conduta ímproba, sejam dilapidados, dissipados, o que inviabilizaria a manifestação judiciosa definitiva, positiva, ao pedido do autor da demanda.

É bom frisar que a medida cautelar de sequestro somente pode alcançar bens adquiridos posteriormente ao ato de improbidade administrativa imputado ao agente público ou político, e também ao *extraneus*, conquanto serão objeto da apreensão judicial aqueles adicionados aos seus patrimônios pessoais, que são produtos das ilicitudes cometidas no exercício de seus cargos ou funções públicas, logo, só podem atingir os que foram apropriados após aquele fato ilícito.

Dentro desse contexto normativo, é condição essencial que a argumentação tecida demonstre a probabilidade jurídica que atenda aos seus requisitos para que seja deferida a medida postulatória de natureza provisória e cautelar.

- "Sequestro de bens. Havendo fundados indícios de responsabilidade, é possível a decretação do sequestro dos bens do agente ou terceiro que tenha enriquecido ilicitamente ou causado dano ao patrimônio público. (Lei 8.429/92, artigo 16). O sequestro e/ou indisponibilidade de bens é medida que se impõem para que seja garantida futura reposição do débito, ante o iminente risco de dano ao patrimônio público". (TJMG - Agravo de Instrumento-Cv 1.0696.17.002839-8/001, Relator(a): Des.(a) Dárcio Lopardi Mendes, 4ª CÂMARA CÍVEL, julgamento em 10/05/0018, publicação da súmula em 15/05/2018)
- "Para o sequestro de semoventes, notadamente gado bovino, desnecessária é a indicação detalhada de dados como gênero, espécie, raça, idade das reses, o que tornaria inviável o sequestro desse tipo de bem, pois seria extremamente difícil, e, por vezes, quase impossível, a obtenção pelo Ministério Público de dados tão detalhados, ainda mais em se tratando de medida acautelatória, que exige urgência" (TRF1 - ACR 0048367-77.2016.4.01.3800 / MG, Rel. DESEMBARGADOR FEDERAL CÂNDIDO RIBEIRO, Rel.Conv. JUIZ FEDERAL GEORGE RIBEIRO DA SILVA (CONV.), QUARTA TURMA, e-DJF1 de 06/03/2017)
- "Havendo fundados indícios de responsabilidade, é possível a decretação do sequestro dos bens do agente ou terceiro que tenha enriquecido ilicitamente ou causado dano ao patrimônio público. (Lei 8.429/92, artigo 16)" (TJMG - Agravo de Instrumento-Cv 1.0000.16.090885-1/001, Relator(a): Des.(a) Dárcio Lopardi Mendes, 4ª CÂMARA CÍVEL, julgamento em 23/03/2017, publicação da súmula em 23/03/2017)
- "A medida cautelar de sequestro, presentes os requisitos essenciais, pode ser deferida sem a prévia oitiva da parte contrária. Precedente. A matéria relativa à ausência de indícios de responsabilidade ou de especificação genérica dos bens acautelados não foi prequestionada na origem. Incidência da Súmula n. 282 do STF. É possível a constrição cautelar de bens de pessoas jurídicas quando estas são utilizadas para fins de ocultação dos bens provenientes de ilícitos. Precedente. Agravo regimental não provido." (STJ - agint no aresp 1110340/SC, Rel. Ministro ROGERIO SCHIETTI CRUZ, SEXTA TURMA, julgado em 21/11/2017, dje 28/11/2017)
- "A Jurisprudência do STJ quanto à decretação da indisponibilidade dos bens e *periculum in mora* presumido 16. É firme o entendimento, no STJ, de que a decretação de indisponibilidade dos bens não se condiciona à comprovação de dilapidação efetiva ou iminente de patrimônio, porquanto visa, justamente, a evitar dilapidação patrimonial futura. Precedentes". (STJ - AgRg no REsp 1310876/DF, Rel. Ministro HERMAN BENJAMIN, SEGUNDA TURMA, julgado em 22/11/2016, DJe 30/11/2016)
- "A jurisprudência desta Corte é pacífica no sentido de que "a decretação da indisponibilidade e do sequestro de bens em ação de improbidade administrativa é possível antes do recebimento da ação" (STJ, AgRg no AREsp 698.259/CE, Rel. Ministro BENEDITO GONÇALVES, PRIMEIRA TURMA, DJe de 04/12/2015).
- "Presentes os requisitos, é cabível o sequestro e bloqueio de bens suficientes para garantir eventual ressarcimento ao erário público em ação civil pública por improbidade administrativa. Os bens dados em garantia por um dos litisconsortes não torna seguro o juízo em relação aos demais. Agravo de instrumento conhecido e não provido, mantida a decisão que indeferiu o pedido de liberação de bens bloqueados". (TJMG – Ag. de Inst. Cv 1.0439.11.016559-4/003 – 2ª Câmara Cível – Rel. Des. Caetano Levi Lopes, j. em 07.05.2013 – publicação da Súmula em 20.05.2013)
- "Os embargos de terceiro têm a finalidade de desconstituir constrição judicial lançada sobre o bem ou o direito de posse daquele que não fez parte do processo. Os §§ 2º e 3º do art.

1.046 do CPC (674 do NCPC) equiparam a "terceiro" aqueles que, mesmo tendo participado do feito em que se deu o ato constritivo, não se vinculam à relação de direito material que o originou. Ou seja, são partes na demanda, mas alheios à relação que deu origem à restrição dominial, motivo pelo qual pedem a exclusão de seus bens, sem discutir a relação jurídica de direito material. 3. Demonstrado que o sequestro de bens do casal se deu em virtude de atos de improbidade administrativa praticados exclusivamente pelo marido, reconhecidos em ação civil pública da qual a varoa fora excluída por ilegitimidade passiva, resta patente sua legitimidade e interesse nos presentes embargos de terceiro, a fim de defender a meação que lhe pertence. 4. Sentença cassada, para determinar o regular processamento do feito. (TJMG – Ap. Cív. 1.0554.11.000261-1/001 – 5ª Câmara Cível – Rel. Des. Áurea Brasil – j. em 25.04.2013 – publicação da Súmula em 03.05.2013)

- "Diante da ocorrência do trânsito em julgado da ação principal, na qual os requeridos foram condenados ao ressarcimento do erário municipal, não há falar em ausência dos requisitos para a medida cautelar de sequestro de bens, para garantia do cumprimento da obrigação". (TJMG – Ap. Cív. 1.0009.04.002037-3/001 – 8ª Câmara Cível – Rel. Des. Edgard Penna Amorim – j. em 30.08.2012 – publicação da Súmula em 11.09.2012)

- "A ação civil pública é meio adequado para apuração de responsabilidade por dano ao erário. No entanto, a Lei 8.429, de 1992 é inaplicável aos fatos ocorridos antes de sua vigência. Para configurar a prática de improbidade administrativa, seria necessária a comprovação do enriquecimento ilícito, nos termos das Lei 3.164, de 01.06.1957 e a Lei 3.502, de 21.12.1958, que previam o sequestro e o perdimento de bens ou valores. Ausente a prova de irregularidades na utilização de recursos públicos, bem como do enriquecimento ilícito e o desvio de verbas, não resta configurada a improbidade administrativa. (TJMG – Ap Cív./Reex ecessário 1.0701.09.273662-1/001 – 2ª Câmara Cível – Rel. Des. Caetano Levi Lopes – j. em 23.08.2011 – publicação da Súmula em 13.09.2011)

- "Não há confundir indisponibilidade de bens com sequestro. São duas medidas absolutamente diversas, regradas em diferentes dispositivos da Lei 8.429/92. Ora, para o sequestro, exige o art. 16, da Lei 8.429/92, no § 1º, que o rito seja aquele do CPC. Mas para a indisponibilidade a regra é a do art. 7º e seu parágrafo único. Ou seja, o sequestro retira a posse dos bens do administrador; a indisponibilidade não retira, pois permanece o réu na posse de seus bens, na gerência, na administração. Só não pode desfazer-se dos bens. Aliás, para a medida de indisponibilidade de bens, sequer há necessidade de ação cautelar específica. Pode ela ser requerida no bojo da ação principal. Assim, toda a matéria referente aos requisitos do fumus boni iuris e do periculum in mora resta, de certa forma, prejudicada, na medida em que o agravante trabalha a questão como se de sequestro se tratasse, enquanto que de mera indisponibilidade (medida absolutamente diversa) efetivamente se trata A indisponibilidade dos bens visa assegurar eventual reparação ao erário, se for o caso. E esta reparação, sim, é o fundamento da ação de improbidade, além da invalidação do ato administrativo que se afirma nulo. Portanto, a indisponibilidade (não sequestro) é medida que visa acautelar o pedido principal". (TJRS – AI 70004383204 – 1ª CC – j. em 25.09.2002 – Rel. Des. Henrique Osvaldo Poeta Roenick)

- "O sequestro de bens, previsto no art. 16 da Lei 8.429/92, incide sobre bens adquiridos antes e depois do ato ilícito, pois a finalidade de tal instituto é o ressarcimento ao erário público, independentemente da origem de tais bens." (TJSE – Acórdão 1.197/2000 – 3ª CC – j. em 28.06.2000 – Relª. Desª. Marilza Maynard Salgado de Carvalho)

16.2. Indisponibilidade de bens (§ 2º)

A tutela jurisdicional cautelar da indisponibilidade de bens significa a impossibilidade de alienação de bens com o registro de inalienabilidade imobiliária, no órgão estadual de trânsito, ou bloqueio de contas bancárias ou aplicações financeiras, cujo propósito é antecipar ou garantir, de forma total ou parcial, a satisfação de obrigação futura e a efetividade do provimento jurisdicional definitivo e positivo da postulação da ação civil pública de improbidade administrativa.

Portanto, a indisponibilidade ou bloqueio de bens não é uma sanção, mas medida cautelar com o escopo de preservar no acervo o conjunto de bens e direitos que se mostrem suficientes, aptos e capazes de garantir de forma integral a reparação ou ressarcimento mais adiante, em futuro próximo ou distante, o erário, derivada de execução forçada de manifestação judiciosa definitiva condenatória.

Cumpre registrar que a indisponibilidade patrimonial é medida cautelar e provisória a merecer acolhimento judicial quando presente a concreta situação de risco de direito que se revista de plausibilidade jurídica pela relevância do fundamento do justo receio da possibilidade de lesão grave irreparável ou de difícil reparação ao patrimônio público, sem a qual inviabilizaria a execução forçada no caso de provimento judicial positivo.

O deferimento do provimento cautelar de indisponibilidade ou bloqueio de bens tem a finalidade de antecipar provisoriamente a proteção de determinados valores da decisão judicial definitiva, destinada à precaução de eventual ofensa patrimonial que poderia derivar daquela.

Mostra-se inviável o deferimento da medida cautelar de indisponibilidade quando está assentada em eventual possibilidade inferida em meras conjecturas ou indemonstrado o dano apontado, ou revelar que a medida se mostra inócua ou há outros meios de supri-la diante de uma situação temerária que somente traria restrições indevidas e se revelariam abusivas ao direito do agente imputado, precocemente, de responsável pelo ato de improbidade.

Quando a indisponibilidade de bens recai sobre bens móveis ou imóveis, não há impedimento de que o agente destinatário da medida e/ou o *extraneus*, a pessoa física ou jurídica de direito privado, continue a exercer o direito de posse e desfrutar dos mesmos nas finalidades e utilidades, mas na falta de bens, os frutos e os rendimentos dos bens inalienáveis [115].

A medida de indisponibilidade de bens pode ser requerida mediante pedido de tutela provisória de urgência, nos moldes preconizados pelo art. 294 do Código de Processo Civil, se a urgência assim recomendar, ou na ação principal, no caso, ação civil pública de improbidade administrativa, mas numa hipótese ou na outra, não há necessidade da ouvida prévia do representante legal da pessoa jurídica de direito público interessada, afinal, quando concedida é em favor do Poder Público.

---

115. "Art. 834. Podem ser penhorados, à falta de outros bens, os frutos e os rendimentos dos bens inalienáveis.".

Note-se que a indisponibilidade ou bloqueio de bens deve incidir no montante necessário a garantir futura execução de ressarcimento de bens ao erário, mostrando-se desnecessária e abusiva quando excede ao limite perquirido pela administração pública ou pelo Ministério Público, daí por que é incumbência do autor da ação, seja a entidade pública ou o Ministério Público, estimar o montante objeto de ressarcimento para que a decisão de bloqueio ou indisponibilidade seja dimensionada com parâmetros razoáveis.

Como já foi dito, para o cabimento da decretação da indisponibilidade ou bloqueio de bens é necessário que a postulação reúna as condições demonstrativas do risco de dano irreparável ou de difícil reparação e a relevância dos fundamentos do pedido com a devida explicitude da gravidade dos fatos, que evidencie lesão ao patrimônio público, sob pena de nulidade por falta de motivação jurídica plausível.

Portanto, é pressuposto para a concessão da medida liminar de indisponibilidade ou bloqueio de bens, ficar evidenciada a lesão patrimonial do erário derivada da responsabilidade do agente a que é imputado o ato de improbidade, devido ao risco de ele desviar o seu acervo patrimonial de forma parcial ou total para esvaziar o objeto da ação proposta.

É importante dizer que o ato judicial de indisponibilidade poderá retroagir para bloquear bens e direitos adquiridos anteriormente ao fato gerador da improbidade administrativa.

Essa posição é a que vem sendo admitida pela orientação jurisprudencial e apresenta-se adequada devido ao futuro provimento judicial importar em condenação por reparação patrimonial ao Poder Público alcançar todos os bens e direitos suficientes à satisfação da obrigação imputada, inclusive aqueles, incorporados ao acervo patrimonial do agente considerado ímprobo preteritamente ao motivo da sua condenação.

A despeito dessa abrangência legal, de pinçar bens e direitos anteriores ao evento ilícito cometido pelo agente, cujo patrimônio pessoal suportará o ônus do resgate da sua responsabilidade civil, poderá, também, ser transmissível aos herdeiros na hipótese de sucessão pela morte daquele.

Esse entendimento ganha contornos de plausibilidade quando o Código de Processo Civil no seu art. 789 estipula que "*o devedor responde, para o cumprimento de suas obrigações, com todos os seus bens presentes e futuros, salvo as restrições estabelecidas em lei*", de modo que o devedor responde por suas dívidas e obrigações com todos os bens que existam quando do tempo da execução da sentença, razão pela qual há posições admitindo a indisponibilidade ou o bloqueio de bens adquiridos anteriormente ao fato que resultou em ato de improbidade, desde que os mesmos sejam penhoráveis.

Essa ressalva decorre da cláusula de impenhorabilidade daqueles bens ou direitos definidos nessa condição em lei, a exemplo do que preceitua o art. 833

do Código de Processo Civil[116], assim como os bens de família instituídos pela Lei 8.009/90[117].

Deve-se ressaltar, ainda, que a indisponibilidade ou bloqueio quando alcançar patrimônio familiar regido pela comunhão de bens ou sob o regime de união estável, a orientação pretoriana gizada no art. 674, inciso I do § 2º, do Código de Processo Civil[118], admite a oposição de embargos de terceiros, da esposa ou companheira para

---

116. *Art. 833. São impenhoráveis: I – os bens inalienáveis e os declarados, por ato voluntário, não sujeitos à execução; II – os móveis, os pertences e as utilidades domésticas que guarnecem a residência do executado, salvo os de elevado valor ou os que ultrapassem as necessidades comuns correspondentes a um médio padrão de vida; III – os vestuários, bem como os pertences de uso pessoal do executado, salvo se de elevado valor; IV – os vencimentos, os subsídios, os soldos, os salários, as remunerações, os proventos de aposentadoria, as pensões, os pecúlios e os montepios, bem como as quantias recebidas por liberalidade de terceiro e destinadas ao sustento do devedor e de sua família, os ganhos de trabalhador autônomo e os honorários de profissional liberal, ressalvado o § 2º; V – os livros, as máquinas, as ferramentas, os utensílios, os instrumentos ou outros bens móveis necessários ou úteis ao exercício da profissão do executado; VI – o seguro de vida; VII – os materiais necessários para obras em andamento, salvo se essas forem penhoradas; VIII – a pequena propriedade rural, assim definida em lei, desde que trabalhada pela família; IX – os recursos públicos recebidos por instituições privadas para aplicação compulsória em educação, saúde ou assistência social; X – a quantia depositada em caderneta de poupança, até o limite de 40 (quarenta) salários-mínimos; XI – os recursos públicos do fundo partidário recebidos por partido político, nos termos da lei; XII – os créditos oriundos de alienação de unidades imobiliárias, sob regime de incorporação imobiliária, vinculados à execução da obra. § 1º A impenhorabilidade não é oponível à execução de dívida relativa ao próprio bem, inclusive àquela contraída para sua aquisição. § 2º O disposto nos incisos IV e X do caput não se aplica à hipótese de penhora para pagamento de prestação alimentícia, independentemente de sua origem, bem como às importâncias excedentes a 50 (cinquenta) salários-mínimos mensais, devendo a constrição observar o disposto no art. 528, § 8º, e no art. 529, § 3º. § 3º Incluem-se na impenhorabilidade prevista no inciso V do caput os equipamentos, os implementos e as máquinas agrícolas pertencentes a pessoa física ou a empresa individual produtora rural, exceto quando tais bens tenham sido objeto de financiamento e estejam vinculados em garantia a negócio jurídico ou quando respondam por dívida de natureza alimentar, trabalhista ou previdenciária.*
117. *"**Art. 1º**. O imóvel residencial próprio do casal, ou da entidade familiar, é impenhorável e não responderá por qualquer tipo de dívida civil, comercial, fiscal, previdenciária ou de outra natureza, contraída pelos cônjuges ou pelos pais ou filhos que sejam seus proprietários e nele residam, salvo nas hipóteses previstas nesta lei. **Parágrafo único**. A impenhorabilidade compreende o imóvel sobre o qual se assentam a construção, as plantações, as benfeitorias de qualquer natureza e todos os equipamentos, inclusive os de uso profissional, ou móveis que guarnecem a casa, desde que quitados".*
118. *Art. 674. Quem, não sendo parte no processo, sofrer constrição ou ameaça de constrição sobre bens que possua ou sobre os quais tenha direito incompatível com o ato constritivo, poderá requerer seu desfazimento ou sua inibição por meio de embargos de terceiro. § 1º Os embargos podem ser de terceiro proprietário, inclusive fiduciário, ou possuidor. § 2º Considera-se terceiro, para ajuizamento dos embargos: I – o cônjuge ou companheiro, quando defende a posse de bens próprios ou de sua meação, ressalvado o disposto no art. 843; II – o adquirente de bens cuja constrição decorreu de decisão que declara a ineficácia da alienação realizada em fraude à execução; III – quem sofre constrição judicial de seus bens por força de desconsideração da personalidade jurídica, de cujo incidente não fez parte; ...§ 2º ... IV – o credor com garantia real para obstar expropriação judicial do objeto de direito real de garantia, caso não tenha sido intimado, nos termos legais dos atos expropriatórios respectivos.*

a exclusão da meação, vez que ela não responde pelo cumprimento de obrigação procedente de conduta ilícita do marido ou esposo.

- "É impenhorável a quantia de até quarenta salários mínimos poupada, seja ela mantida em papel moeda, conta corrente ou aplicada em caderneta de poupança propriamente dita, CDB, RDB ou em fundo de investimentos, desde que a única reserva monetária em nome do recorrente, e ressalvado eventual abuso, má-fé ou fraude. Agravo de instrumento provido para a liberação das quantias bloqueadas via BACENJUD visto que inferiores a quarenta salários mínimos". (TRF4, AG 5003234-23.2018.4.04.0000, TERCEIRA TURMA, Relatora VÂNIA HACK DE ALMEIDA, juntado aos autos em 18/07/2018)

- "A indisponibilidade deve estar adstrita ao dano efetivamente causado, ou seja, o atraso na prestação do serviço, e não em todo o contrato, sob pena da Municipalidade se enriquecer ilicitamente, haja vista que foi reconhecida a prestação do serviço. O bloqueio patrimonial do acionado em abstrato, sem nenhuma prévia apuração de qual seria o valor do eventual dano, constitui um rematado abuso de poder, porquanto se está constrangendo valores positivos, sem que se tenha ideia alguma, sequer por estimativa, de qual seria a expressão quantitativa do dano a ser oposto. Agravo em Recurso Especial do Particular provido, para afastar a indisponibilidade de bens decretada, por ausência de apuração do eventual dano ao erário". (AREsp 752.686/RS, Rel. Ministro NAPOLEÃO NUNES MAIA FILHO, PRIMEIRA TURMA, julgado em 22/05/2018, DJe 06/06/2018)

- "A decretação da indisponibilidade de bens, apesar da excepcionalidade legal expressa da desnecessidade da demonstração do risco de dilapidação do patrimônio, não é uma medida de adoção automática, devendo ser adequadamente fundamentada pelo magistrado, sob pena de nulidade (art. 93, IX, da Constituição Federal), sobretudo por se tratar de constrição patrimonial. Oportuno notar que é pacífico nesta Corte Superior entendimento segundo o qual a indisponibilidade de bens deve recair sobre o patrimônio dos réus em ação de improbidade administrativa de modo suficiente a garantir o integral ressarcimento de eventual prejuízo ao erário, levando-se em consideração, ainda, o valor de possível multa civil como sanção autônoma. Deixe-se claro, entretanto, que ao juiz responsável pela condução do processo cabe guardar atenção, entre outros, aos preceitos legais que resguardam certas espécies patrimoniais contra a indisponibilidade, mediante atuação processual dos interessados - a quem caberá, p. ex., fazer prova que determinadas quantias estão destinadas a seu mínimo existencial. A constrição patrimonial deve alcançar o valor da totalidade da lesão ao erário, bem como sua repercussão no enriquecimento ilícito do agente, decorrente do ato de improbidade que se imputa, excluídos os bens impenhoráveis assim definidos por lei, salvo quando estes tenham sido, comprovadamente, adquiridos também com produto da empreitada ímproba, resguardado, como já dito, o essencial para sua subsistência". (STJ - REsp 1591502 – Decisão monocrática – rel. Ministro OG Fernandes – data da publicação: 09/03/2017)

- "Mostra-se descabida a decretação de indisponibilidade de bens de cidadã casada com servidor público, se não há indício de que ela se beneficiou do ato ímprobo imputado ao seu marido, adquirindo patrimônio em seu nome com recursos supostamente desviados dos cofres públicos, como afirmado na inicial". (TJMG - Agravo de Instrumento-Cv 1.0342.15.005905-9/001, Relator(a): Des.(a) Moreira Diniz, 4ª CÂMARA CÍVEL, julgamento em 03/03/2016, publicação da súmula em 10/03/2016)

- "[...] É certo que a "constrição patrimonial deve alcançar o valor da totalidade da lesão ao erário, bem como sua repercussão no enriquecimento ilícito do agente, decorrente do ato de improbidade que se imputa, excluídos os bens impenhoráveis assim definidos por lei, salvo quando estes tenham sido, comprovadamente, adquiridos também com produto da empreitada ímproba, resguardado, como já dito, o essencial para sua subsistência". (REsp 1.319.515/ES, Rel. Ministro Napoleão Nunes Maia Filho, Rel. p/ Acórdão Ministro Mauro Campbell Marques,

Primeira Seção, DJe 21/9/2012). O Parquet Federal, no seu parecer, bem esclarece a questão com relação à natureza dos bens sujeitos à indisponibilidade. Vejamos: "O recurso parece merecer provimento parcial, no que diz respeito à natureza dos bens sujeitos à indisponibilidade deferida em primeiro grau. Os documentos trazidos pela recorrente demonstram que a constrição patrimonial recaiu sobre a conta bancária na qual recebe seus proventos decorrentes do exercício de cargo público do magistério. Tais verbas parecem indenes à medida decretada em primeiro grau, por serem indispensáveis ao sustento da interessada. Enfim, a constrição patrimonial alcança o valor da totalidade da lesão ao Erário, sua repercussão no enriquecimento ilícito do agente, excluídos os bens impenhoráveis, exceto se adquiridos com o produto do ato ímprobo. Diante do exposto, dou parcial provimento ao Recurso Especial para determinar a indisponibilidade dos bens da recorrida, excluindo-se os impenhoráveis." (STJ - AgRg no REsp 1460621/BA, Rel. Ministro HERMAN BENJAMIN, SEGUNDA TURMA, julgado em 25/10/2016, DJe 08/11/2016)

- "Hipótese de deferimento liminar da medida de indisponibilidade de bens do agravante, sem sua prévia manifestação, para garantir o integral ressarcimento do suposto dano ao erário. A medida cautelar de indisponibilidade de bens pode ser concedida *inaudita altera pars*, antes mesmo do recebimento da petição inicial da ação de improbidade administrativa. Constatados pelas instâncias ordinárias os fortes indícios do ato de improbidade administrativa (*fumus boni iuris*), é cabível a decretação de indisponibilidade de bens, independentemente da comprovação de que o réu esteja dilapidando seu patrimônio ou na iminência de fazê-lo, pois o *periculum in mora* está implícito no comando legal (STJ - REsp 1.366.721/BA, 1ª Seção, Relator p/ acórdão Ministro Og Fernandes, julgado sob o rito do art. 543-C do CPC, DJe 19.09.2014). Agravo regimental desprovido". (STJ - AgRg no AREsp 671.281/BA, Rel. Ministro OLINDO MENEZES (DESEMBARGADOR CONVOCADO DO TRF 1ª REGIÃO), PRIMEIRA TURMA, julgado em 3/9/2015, DJe 15/9/2015)

- "A proporcionalidade pode ser utilizada como critério para determinar o alcance do bloqueio patrimonial, mas não para funcionar como requisito a impedir o deferimento da medida. Nesse sentido, a jurisprudência do STJ já sedimentou entendimento de não ser desproporcional a constrição patrimonial decretada até o limite da dívida, incluindo-se aí valores decorrentes de possível multa civil que venha a ser imposta como sanção autônoma. Precedentes. No específico caso dos autos, a autora expressamente pleiteou que fossem indisponibilizados bens dos demandados até o limite do valor necessário para assegurar o efetivo ressarcimento do Erário, o que está de acordo com a jurisprudência do STJ. Recurso Especial parcialmente provido". (STJ - REsp 1317439/MG, Rel. Ministro HERMAN BENJAMIN, SEGUNDA TURMA, julgado em 27/08/2013, DJe 18/09/2013)

- "É lícita a decretação de indisponibilidade sobre ativos financeiros do agente ou de terceiro beneficiado por ato de improbidade". (Precedentes: REsp 1078640/ES, Rel. Ministro LUIZ FUX, PRIMEIRA TURMA, julgado em 09/03/2010, DJe 23/03/2010; REsp 535.967/RS, Rel. Ministra ELIANA CALMON, SEGUNDA TURMA, julgado em 21/05/2009, DJe 04/06/2009)

- "O entendimento dominante neste Superior Tribunal é que a constrição patrimonial deve observar o valor da totalidade da lesão ao erário, acrescido do montante de possível multa civil, excluídos os bens impenhoráveis. Tal posicionamento se justifica na medida em que há solidariedade entre os responsáveis pelos atos reputados como ímprobo". (STJ - REsp 1.637.831/SP, Rel. Ministro HERMAN BENJAMIN, SEGUNDA TURMA).

- "A título de argumento *obiter dictum*, cumpre destacar, a licitude da concessão de liminar inaudita altera pars (sic) (art. 804 do CPC) em sede de medida cautelar preparatória ou incidental, antes do recebimento da Ação Civil Pública, para a decretação de indisponibilidade (art. 7º da Lei 8429/92) e de sequestro de bens, incluído o bloqueio de ativos do agente público ou de terceiro beneficiado pelo ato de improbidade (art. 16 da Lei 8.429/92), porquanto medidas assecuratórias do resultado útil da tutela jurisdicional, qual seja, reparação do dano ao erário ou de restituição de bens e valores havidos ilicitamente por ato de improbidade. Precedentes do STJ: REsp. 821.720/DF, DJ 30.11.2007; REsp. 206222/SP, DJ 13.02.2006 e REsp. 293797/AC, DJ 11.06.2001". (STJ – REsp. 1085218 / RS – 1ª Turma – DJe 06.01.2009 – Rel. Min. Luiz Fux)

- "Quanto à união estável, a jurisprudência do STJ, cuidando da impenhorabilidade do bem de família, também vem admitindo o manejo dos embargos de terceiro pela companheira". (STJ – REsp. 103.011/RJ – 3ª T. – Rel. Min. Menezes Direito – DJU 16.06.1997, p. 27.365)
- "A indisponibilidade patrimonial, na ação civil pública para ressarcimento de dano ao Erário deve atingir bens na medida em que bastam à garantia da indenização". (STJ – REsp. 226.863/GO – DJ 04.09.2000 – p. 00123 – Rel. Min. Humberto Gomes de Barros)

16.3. Afastamento do sigilo bancário e fiscal

Sigilo bancário indica o comportamento ético que se exige das instituições financeiras no tocante à preservação perante terceiros dos dados de que disponham acerca da movimentação financeira com seus respectivos saldos, acerca dos clientes.

É a privacidade da vida bancária, financeira e creditícia dos correntistas, poupadores e aplicadores no mercado financeiro.

Devassar o sigilo é revelar os segredos que devam ser conservados, que poderá resultar em crime passível de pena de reclusão e multa, assim como em ato de improbidade, nos termos do art. 11, III, desta Lei.

A Lei Complementar 105, que dispõe sobre o sigilo das operações de instituições financeiras, descreve as hipóteses autorizativas para a quebra do sigilo bancário, dentre outras, quando necessária para a apuração de ocorrência de qualquer ilícito, em qualquer fase do inquérito ou do processo judicial e, especialmente, preceituado desta forma nos seguintes crimes:

> **Art. 1º.** (...)
>
> *§ 4º* (...)
>
> **I** – de terrorismo;
>
> **II** – de tráfico ilícito de substâncias entorpecentes ou drogas afins;
>
> **III** – de contrabando ou tráfico de armas, munições ou material destinado a sua produção;
>
> **IV** – de extorsão mediante sequestro;
>
> **V** – contra o Sistema Financeiro Nacional;
>
> **VI** – contra a administração pública;
>
> **VII** – contra a ordem tributária e a previdência social;
>
> **VIII** – lavagem de dinheiro ou ocultação de bens, direitos e valores;
>
> **IX** – praticado por organização criminosa.

De modo que a previsão legal para a quebra do sigilo bancário exige para sua autorização a circunstância de qualquer ilícito perpetrado, mas enfatiza de forma específica os tipos de crimes que se enquadram dentro das condições para sua realização.

A destinação do auferimento das vantagens financeiras indevidas provenientes dos atos de improbidade administrativa é sempre o depósito em contas bancárias dos agentes responsáveis, de seus familiares ou de "laranjas", pessoas sem poder aquisitivo financeiro que cedem suas contas para acolher e abrigar o dinheiro desviado da administração pública; outros, mais espertos, guardam elevados valores em casa e pagam suas contas pessoais e de cartão de crédito em espécie. Há também aqueles com perfil de investidor que aplicam em fundos e no mercado de capitais visando a uma melhor performance do capital expropriado da seara pública.

Há também aqueles que adquirem ou transferem bens para nomes de terceiros, e com estes celebram contrato de compra e venda como garantia da titularidade patrimonial, o conhecido contrato de gaveta, sem algum registro cartorário, mas desfrutam de suas posses e administram como titulares ocultos que são pelo caráter permanente de deterem o exercício na condição de possuidor.

Com a inexistência de acervo patrimonial em seus nomes, apresentam-se com modesto inventário que colide com a realidade identificada nos sinais exteriores de riqueza, padrão de vida elevada e viagens frequentes, em que o conjunto de valores de desfrute da vida pessoal e familiar se mostra incompatível com a renda e o patrimônio que declaram possuir.

A lógica revela que os agentes da improbidade atuam com finalidades de granjear as benesses da riqueza material financiada pela sangria do dinheiro público e que necessitam de esquentamento ou lavagem para justificar sua origem.

Essa manobra leva seguramente ao juízo de instrução das ações de improbidade administrativa de inferir seriedade e utilidade nas investigações para rastrear os recursos financeiros nos caminhos das contas bancárias desde o início, até as contas correntes destinatárias dos seus titulares visando à eficácia da persecução administrativa.

Com efeito, a quebra do sigilo bancário e fiscal objetiva instruir com robustez e segurança a materialidade dos atos de desonestidade com o intuito de consubstanciar a caracterização da ilicitude e percorrer o repatriamento ou ressarcimento aos cofres públicos, assim como conseguir o perdimento de bens constituídos para o enriquecimento ilícito.

A quebra do sigilo bancário e fiscal é ato unilateral de natureza administrativa que dispensa a instalação do contraditório nas investigações patrimoniais e financeiras para dar suporte probatório às ações de improbidade administrativa, especialmente quando se evidenciam os tipos de enriquecimento ilícito ou com prejuízo ao erário, pois, neste caso o resultado negativo ao patrimônio público reverte em resultado positivo para todos aqueles que concorreram para o evento danoso.

O sigilo bancário ou fiscal não tem o caráter absoluto para se constituir em proteção legal de guarda de produtos financeiros ou patrimoniais de atividades ilegais em desfavor da administração pública; o que pertence a esta quando retirada da sua esfera e guarda, transporta consigo a natureza de sua transparência e acessibilidade pública, de modo que não há como se admitir a garantia de direito fundamental da intimidade e privacidade para fins de impunidade.

Depreende-se, assim, que:

> [...] não pode a ordem jurídica de um país razoavelmente civilizado fazer do sigilo bancário um baluarte em prol da impunidade, a favorecer proxenetas, lenões, bicheiros, corruptos, contrabandistas e sonegadores de tributos. O que cumpre ser feito é uma legislação cuidadosa que permita a manutenção dos princípios da privacidade e do sigilo de dados, sem torná-los bastiões de criminalidade. De resto, reza a sabedoria popular que quem não deve não teme. A recíproca é verdadeira[119].

O sigilo, segundo Mazzilli[120], compreende o dever do detentor de mantê-lo e o direito do beneficiário de vê-lo respeitado. Mesmo estabelecido em razão da privacidade da pessoa, não deverá ser mantido de forma absoluta, já que não poderá servir de instrumento para acobertar fraudes, em prejuízo ao interesse público. Com efeito, a Lei Complementar 105/01, no seu art. 1º, § 4º, refere-se à possibilidade de sua quebra[121].

Com efeito, havendo indícios de ilícitos cometidos, não há como o juízo de instrução desprezar o valioso instrumento investigativo da quebra do sigilo bancário e fiscal, devendo, porém, resguardar os dados obtidos que deverão ficar circunscritos à discussão judicial com acesso aos advogados formalmente habilitados e ao representante do Ministério Público.

Como o processo de atos de improbidade administrativa é público, não comportando a figura do segredo de justiça, deve o juiz determinar que os elementos informativos colhidos e revelados com o afastamento do sigilo bancário e fiscal, constem de processo em apenso, limitando assim o seu acesso àquelas pessoas habilitadas na forma da lei processual.

No tocante à hipótese da temática versada nesta Lei de Improbidade Administrativa, a sua natureza cível e administrativa enquadra-se no requisito definido por sua normatividade típica de "qualquer ilícito"; no caso vertente, esse ilícito é contra a administração pública; é a conduta desonesta do agente em desfavor do patrimônio e do interesse público.

Assim, como a norma especial confere poderes para a decretação judicial da quebra do sigilo bancário por crimes contra a administração pública, contempla, igualmente, os atos de improbidade administrativa que atentam contra o patrimônio

119. COELHO, Sacha Calmon Navarro. **Caderno de Pesquisa Tributária**. São Paulo: Resenha Tributária, 1993. v. 18, p. 100.

120. MAZZILLI, Hugo Nigro. **O Inquérito Civil**. São Paulo: Saraiva, 1999. p. 177.

121. "***Art. 1º, § 4º***. *A quebra de sigilo poderá ser decretada, quando necessária para apuração de ocorrência de qualquer ilícito, em qualquer fase do inquérito ou do processo judicial,..*"..

público quando lhe proporciona prejuízo ou é suporte para o enriquecimento ilícito de seus agentes públicos ou políticos.

Não há dúvida quanto ao cabimento da autorização para a quebra do sigilo bancário de agentes públicos ou políticos, bem como do *extraneus*, do terceiro particular beneficiado com os frutos da improbidade administrativa, em face da previsibilidade normativa para sua aplicabilidade.

Saliente-se, por oportuno, a garantia constitucional de que "todos os julgamentos dos órgãos do Poder Judiciário serão públicos e fundamentadas todas as decisões" (CF/88, art. 93, IX), assume expressiva conotação racionalizadora na valoração dos elementos de convicção, à medida que a liberdade de tal exame não exclua, mas, na verdade, até imponha que este seja adequadamente justificado.

Como efeito, é imprescindível para sua viabilidade jurídica que a pretensão da quebra de sigilo bancário seja convincente, plausível e que haja reais probabilidades de utilidade processual na busca da verdade real dos fatos expostos na qualidade de ilícitos.

A quebra do sigilo bancário é um instrumento valioso e até indispensável na investigação de atos de improbidade administrativa, pois estes têm como fruto ou produtos da sua ilicitude, o dinheiro, medida de valor e propulsor da mobilização das riquezas, devendo o seu rastreamento em contas bancárias ou nas despesas com cartões de crédito, revelar o seu curso de movimentação a ensejar com exatidão as aplicações de recursos financeiros de origem duvidosa ou sem causa, bem como denunciar o enriquecimento ilícito e o depósito de vantagens indevidas por agentes públicos ou políticos investigados por mau uso de cargos e funções públicas.

Uma investigação completa e profunda para a elucidação e dimensionamento dos atos de improbidade administrativa passa necessariamente pela quebra do sigilo bancário e dos cartões de crédito daqueles suspeitos ou apontados como agentes da improbidade.

O art. 3º da aludida norma estabelece que serão prestadas pelo Banco Central do Brasil, pela Comissão de Valores Mobiliários e pelas instituições financeiras as informações ordenadas pelo Poder Judiciário, preservado o seu caráter sigiloso mediante acesso restrito às partes, que delas não poderão servir-se para fins estranhos à lide.

Já o § 1º preceitua que "*[...] dependem de prévia autorização do Poder Judiciário a prestação de informações e o fornecimento de documentos sigilosos solicitados por comissão de inquérito administrativo destinada a apurar responsabilidade de servidor público por infração praticada no exercício de suas atribuições, ou que tenha relação com as atribuições do cargo em que se encontre investido*", e o § 2º assegura que "*nas hipóteses do § 1º, o requerimento de quebra de sigilo independe da existência de processo judicial em curso*".

A regra sistematizada neste dispositivo confere amplos poderes investigatórios ao juiz da causa para realizar uma instrução processual profunda com riqueza de informações e provas admitidas em direito.

Na perquirição de esclarecer os fatos ilícitos provenientes da improbidade administrativa com o escopo de comprovar a existência de enriquecimento sem causa ou com prejuízo resultante para o erário, o juiz de ofício, nos termos do seu poder-dever insculpido no art. 370 do Código de Processo Civil[122], ou a requerimento das partes ou do representante do Ministério Público, poderá determinar a diligência que for necessária na busca da verdade real.

Acrescente-se, ainda, a esse dever do magistrado na percuciência dos fatos, que este dispositivo é imperativo quando usa o verbo "caberá", impondo-lhe assim, uma minudente e vasta investigação do ato de improbidade na defesa do interesse da administração pública.

Saliente-se, por oportuno, que o acesso ao sigilo bancário somente pode se dar através de ordem judicial, e fora das hipóteses autorizadas nesta Lei Complementar, constitui crime e sujeita os responsáveis à pena de reclusão, de um a quatro anos, e multa, aplicando-se, no que couber, o Código Penal, sem prejuízo de outras sanções cabíveis.

Ao Ministério Público cabe, apenas, requerer de forma fundamentada, ao juiz a quebra do sigilo bancário, fiscal e telefônico, mas não poderá fazê-lo diretamente às instituições correspondentes.

Sobreleva ressaltar que "*são inadmissíveis, no processo, as provas obtidas por meios ilícitos*". (CF, art. 5º, LVI)

Cabe lembrar que o servidor público que utilizar ou viabilizar a utilização de qualquer informação obtida em decorrência da quebra de sigilo, responde pessoal e diretamente pelos danos decorrentes, sem prejuízo da responsabilidade objetiva da entidade pública, quando comprovado que ele agiu em desacordo com a norma.

Ainda nesse espectro de largo uso, na investigação para desvendar o histórico patrimonial do representado poderá ser requisitada a declaração de bens, prevista pelo art. 13 desta Lei, apostilada na pasta de assentamento individual do agente público, requisito básico para a posse e o exercício no cargo público, bem ainda, a requisição de certidão junto aos cartórios de registro de imóveis.

O mesmo procedimento deverá ser adotado com relação à quebra do sigilo fiscal, às declarações de imposto de renda relativas aos últimos cinco anos, que retratam as fontes de recursos financeiros e o lastro patrimonial de todo o cidadão brasileiro.

---

122. Caberá ao juiz, de ofício ou a requerimento da parte, determinar as provas necessárias ao julgamento do mérito. Parágrafo único. O juiz indeferirá, em decisão fundamentada, as diligências inúteis ou meramente protelatórias.

A regra é idêntica, e a formulação deverá observar os mesmos critérios acima enfatizados com relação à quebra do sigilo bancário, devido à sua importância para revelar a evolução patrimonial dos acusados e a origem de seus bens, rendas e valores, que poderá mostrar a incompatibilidade reveladora de um libelo acusatório da prosperidade repentina e fugaz daqueles.

- "No julgamento do RE n. 601.314/SP, cuja repercussão geral foi reconhecida, consignou-se que o "art. 6º da Lei Complementar 105/01 não ofende o direito ao sigilo bancário, pois realiza a igualdade em relação aos cidadãos, por meio do princípio da capacidade contributiva, bem como estabelece requisitos objetivos e o translado do dever de sigilo da esfera bancária para a fiscal". Decidiu-se, portanto, pela desnecessidade de prévia autorização judicial para a quebra de sigilo bancário para fins de constituição de crédito tributário. Acontece que, para fins penais, as Turmas que compõem a Terceira Seção deste Tribunal, na esteira de orientação do STF (HC 125218, Relator Min. GILMAR MENDES, Segunda Turma, julgado em 24/05/2016, PROCESSO ELETRÔNICO DJe-116 DIVULG 06-06-2016 PUBLIC 07-06-2016), não admitem que os dados sigilosos obtidos diretamente pela Secretaria da Receita Federal do Brasil sejam por ela repassados ao Ministério Público ou autoridade policial, para uso em ação penal, pois não precedida de autorização judicial a sua obtenção. Princípio da reserva da jurisdição. Incidência do art. 5º, XII, c/c o art. 93, IX, ambos da CF/88. Precedentes. Ordem concedida de ofício para declarar a nulidade da quebra de sigilo bancário sem autorização judicial". (STJ - HC 334.211/SP, Rel. Ministro REYNALDO SOARES DA FONSECA, QUINTA TURMA, julgado em 16/03/2017, DJe 27/03/2017)
- "No julgamento do RE n. 601.314/SP, cuja repercussão geral foi reconhecida, consignou-se que o "art. 6º da Lei Complementar 105/01 não ofende o direito ao sigilo bancário, pois realiza a igualdade em relação aos cidadãos, por meio do princípio da capacidade contributiva, bem como estabelece requisitos objetivos e o translado do dever de sigilo da esfera bancária para a fiscal". Decidiu-se, portanto, pela desnecessidade de prévia autorização judicial para a quebra de sigilo bancário para fins de constituição de crédito tributário. Acontece que, para fins penais, as Turmas que compõem a Terceira Seção deste Tribunal, na esteira de orientação do STF (HC 125218, Relator Min. GILMAR MENDES, Segunda Turma, julgado em 24/05/2016, processo eletrônico DJe-116, divulgado em 6/6/2016, publicado em 7/6/2016), não admitem que os dados sigilosos bancários obtidos diretamente pela Secretaria da Receita Federal do Brasil sejam por ela repassados ao Ministério Público ou autoridade policial, para uso em ação penal, pois não precedida de autorização judicial a sua obtenção. Precedentes". (STJ - AgRg no REsp 1609969/SP, Rel. Ministro REYNALDO SOARES DA FONSECA, QUINTA TURMA, julgado em 09/03/2017, DJe 15/03/2017)
- "Quebra do sigilo bancário e fiscal. Medida excepcional. Não cabimento. A quebra do sigilo bancário é exceção em nosso ordenamento jurídico, sendo que, no caso, a inicial da ação não traz situação especial que justifique a decretação da medida em relação à esposa do servidor público ao qual se imputa a prática do ato ímprobo. Além disso, sequer há indício de que a cidadã atingida pela medida tenha se beneficiado do ato questionado na ação. Na ação de improbidade administrativa, antes de determinar a citação do réu, deve o juiz determinar a notificação do mesmo para a apresentação de manifestação por escrito, como exige o artigo 17, parágrafo 7º, da lei 8.429/92". (TJMG - Agravo de Instrumento-Cv 1.0342.15.005905-9/001, Relator(a): Des.(a) Moreira Diniz, 4ª CÂMARA CÍVEL, julgamento em 03/03/2016, publicação da súmula em 10/03/2016)
- [...] "a plausibilidade do direito, no caso, um possível ato de improbidade, restou evidenciada, diante dos indícios constantes dos autos", e que "para que possa ser apurada a real existência do ato ímprobo e possível dano ao erário, a medida de quebra dos sigilos bancário e fiscal é, portanto, recomendada, pois diante da probabilidade, referida medida tem por escopo apurar

a real ocorrência da improbidade e do dano alegados na inicial. Consoante a jurisprudência do STJ, "a existência de indícios de improbidade administrativa constatados pelas instâncias ordinárias na espécie torna possível a decretação da quebra de sigilo bancário". Precedentes" (STJ, AgRg no AREsp 354.881/SP, Rel. Ministro OG FERNANDES, SEGUNDA TURMA, DJe de 29/11/2013)." (STJ - AgInt no AREsp 823.848/MT, Rel. Ministra ASSUSETE MAGALHÃES, SEGUNDA TURMA, julgado em 04/04/2017, DJe 11/04/2017)

- "Pela dicção constitucional, há uma forte proteção às comunicações telefônicas, de modo que seu fluxo somente pode ser interceptado para fins penais, o que não ocorre com o sigilo bancário, em que se permite até o compartilhamento de informações entre instituições financeiras. Nessa medida, não soa desarrazoado afirmar que os fundamentos ensejadores da violação, pelo Estado, do sigilo financeiro e do sigilo telefônico devem ser sopesados de maneira distinta, razão que reforça a possibilidade de quebra de sigilo bancário apenas com base no relatório do COAF. Se é justificável a determinação de quebra de sigilo bancário e fiscal com fundamento no relatório produzido pelo COAF, também o será a decisão que determina a busca e a apreensão de documentos, baseada na análise do conteúdo apresentado pelas informações decorrentes da medida judicial mais invasiva. Em razão da forte proteção constitucional e, também, por exigência legal, firmou-se na jurisprudência a compreensão de que tanto a decisão que determina quanto a que prorroga a quebra do sigilo telefônico devem ser fundamentadas, não sendo admitido que esta última se dê de forma automática. Precedentes. Habeas corpus concedido apenas para determinar seja descartado dos autos todo o material obtido a partir da primeira prorrogação automática, mantendo-se incólumes, contudo, aqueles elementos que derivaram dos primeiros quinze dias do primeiro período". (STJ - HC 349.945/PE, Rel. Ministro NEFI CORDEIRO, Rel. p/ Acórdão Ministro ROGERIO SCHIETTI CRUZ, SEXTA TURMA, julgado em 06/12/2016, DJe 02/02/2017)

- "Atuação da Receita Federal no exercício de suas atribuições não configura quebra de sigilo fiscal. Nulidade inexistente. Precedentes". (STF - RHC 133196, Relator(a): Min. CÁRMEN LÚCIA, Segunda Turma, julgado em 28/06/2016, PROCESSO ELETRÔNICO DJe-242 DIVULG 14-11-2016 PUBLIC 16-11-2016)

- "A jurisprudência deste Supremo Tribunal é firme no sentido de que os sigilos bancário e fiscal são relativos e podem ser quebrados, observado o devido processo legal. Verificada na espécie a indispensabilidade da quebra do sigilo, sendo apresentadas razões de relevante interesse público e exigências derivadas do princípio de convivência das liberdades, o sigilo não pode prevalecer, impondo-se a medida excepcional, como exposto nas instâncias antecedentes". (STF - HC 125585 AgR, Relator(a): Min. CÁRMEN LÚCIA, Segunda Turma, julgado em 16/12/2014, PROCESSO ELETRÔNICO DJe-250 DIVULG 18-12-2014 PUBLIC 19-12-2014)

- " [...] A garantia de sigilo fiscal e bancário não se reveste de caráter absoluto, devendo ceder se, verificados fortes indícios de participação do paciente em operações financeiras suspeitas, se mostrar imprescindível. Na fase investigativa deve prevalecer o interesse da sociedade na apuração da realidade dos fatos. (STJ – HC 120.141/MG – 5ª Turma – Rel. Min. Moura Ribeiro – j. em 07.11.2013 – DJe 14.11.2013)

- "Não se cogita de indevida quebra do sigilo bancário quando a aferição da evolução patrimonial vale-se das informações contidas nas próprias declarações de bens e de renda prestadas anualmente pelo servidor à Administração, nos termos do art. 1º da Lei 8.730/93". (STJ - MS 15.848/DF, Rel. Ministro CASTRO MEIRA, PRIMEIRA SEÇÃO, julgado em 24/04/2013, DJe 16/08/2013).

- "Esta Corte Superior já assentou que, muito embora seja imprescindível a notificação prevista no § 7o. do art. 17 da Lei 8.429/92 antes do processamento definitivo da Ação de Improbidade, é possível o deferimento de providências *cautelares inaudita altera pars* para resguardar o resultado útil do processo. Na presente demanda, contudo, o Tribunal de origem, de forma genérica, manteve a decisão que deferiu a quebra do sigilo bancário e fiscal de todos os réus, sem, contudo, analisar a situação específica do ora recorrente, individualizando os atos de cada réu que caracterizariam situação excepcional capaz de justificar a necessidade da medida cautelar. Com efeito, caberia ao douto Magistrado a quo fundamentar o deferimento da quebra de sigilo bancário com as razões do seu convencimento quanto à existência de indícios de prova acerca da plausibilidade jurídica do pedido (*fumus boni iuris*) relativa a cada réu. Recurso Especial provido para determinar o retorno dos autos para o Juízo a quo para que aprecie o pedido cautelar de forma individualizada, conforme entender de direito. (STJ – REsp. 1.197.444/RJ – 1ª Turma – Rel. Min. Napoleão Nunes Maia Filho – j. em 27.08.2013 – DJe 05.09.2013)

- "A Comissão Parlamentar de Inquérito – que dispõe de competência constitucional para ordenar a quebra do sigilo bancário, fiscal e telefônico das pessoas sob investigação do Poder Legislativo – somente poderá praticar tal ato, que se reveste de gravíssimas consequências, se justificar, de modo adequado, e sempre mediante indicação concreta de fatos específicos, a necessidade de adoção dessa medida excepcional. Precedentes. A fundamentação da quebra de sigilo há de ser contemporânea à própria deliberação legislativa que a decreta. – A exigência de motivação – que há de ser contemporânea ao ato da Comissão Parlamentar de Inquérito que ordena a quebra de sigilo – qualifica-se como pressuposto de validade jurídica da própria deliberação emanada desse órgão de investigação legislativa, não podendo ser por este suprida, em momento ulterior, quando da prestação de informações em sede mandamental. Precedentes. A QUEBRA DE SIGILO – QUE SE APOIA EM FUNDAMENTOS GENÉRICOS E QUE NÃO INDICA FATOS CONCRETOS E PRECISOS REFERENTES À PESSOA SOB INVESTIGAÇÃO – CONSTITUI ATO EIVADO DE NULIDADE. – Revela -se desvestido de fundamentação o ato de Comissão Parlamentar de Inquérito, que, ao ordenar a ruptura do sigilo inerente aos registros fiscais, bancários e telefônicos, apoia-se em motivação genérica, destituída de base empírica idônea e, por isso mesmo, desvinculada de fatos concretos e específicos referentes à pessoa investigada. Sem a existência de causa provável, a ser necessariamente indicada pela Comissão Parlamentar de Inquérito, no ato que ordena a quebra de sigilo, não se legitima a excepcional interferência do Estado na esfera sensível da intimidade, que representa prerrogativa jurídica a todos assegurada pela própria Constituição da República. (STF – MS 23.868/DF – Tribunal Pleno – DJ 21.06.2002 – p. 00098 Ement. v. 02074-02 – p. 00336 – Rel. Min. Celso de Mello)
- "Informações fiscais e bancárias, obtidas mediante quebra de sigilo determinadas judicialmente no âmbito de investigação criminal, podem ser compartilhadas com inquérito civil público visando à apuração de atos de improbidade administrativa, observadas as cautelas decorrentes do segredo de justiça". (TJDFT - Acórdão n.374481, 20080020146030APN, Relator: SÉRGIO BITTENCOURT CONSELHO ESPECIAL, Data de Julgamento: 30/06/2009, Publicado no DJE: 08/09/2009)

17. AÇÃO CIVIL PÚBLICA DE IMPROBIDADE ADMINISTRATIVA

Art. 17. A ação principal, que terá o rito ordinário, será proposta pelo Ministério Público ou pela pessoa jurídica interessada, dentro de trinta dias da efetivação da medida cautelar.

A ação civil pública de improbidade administrativa, preceituada neste dispositivo legal, trata-se de um instrumento processual posto à disposição das entidades públicas e do Ministério Público, para o exercício do direito público subjetivo imposto às autoridades responsáveis no sentido de perquirir a aplicação das sanções, penas e ressarcimento de danos suportados pelo erário em decorrência da conduta de má-fé e desonesta de agentes públicos e políticos, no exercício de cargos, empregos ou funções públicas, ou terceiros particulares, sejam pessoas físicas ou jurídicas de direito privado, beneficiados com os atos de improbidade administrativa consumados ou tentados.

Cuida-se de provimento jurisdicional de largueza investigativa de carga decisória penal visando reprimir desvios de conduta no trato da coisa pública, com o alcance de perquirir o ressarcimento ou a devolução dos ativos financeiros malversados pelos agentes públicos ou políticos; é meio jurídico de proteção do patrimônio público e da defesa da probidade administrativa.

Trata-se, portanto, de ação com função jurisdicional de conhecimento investida de natureza condenatória com poder jurídico de concretização de uma prestação obrigacional a ser imposta ao agente encontrado em ato de improbidade administrativa, compelindo-o no dever de devolução ou reparação patrimonial, e na aplicação de penas sancionatórias nas modalidades de suspensão de direitos políticos, perda de cargo ou função pública, multa civil e proibição de contratar com o Poder Público.

Vale dizer que a demanda de improbidade busca a apuração da responsabilidade funcional de fatos e atos administrativos de agentes públicos ou políticos em desconformidade com os seus deveres funcionais e afrontosos aos princípios norteadores da administração pública, para, em consequência, adoção das medidas punitivas e restauradoras do nível de riqueza estatal.

No tocante à simetria processual, a ação de improbidade administrativa é constituída de um procedimento híbrido quando prescreve rito especial na fase preliminar, inclusive com a realização do contraditório, e adiante estabelecer etapas próprias, mas com integração do rito ordinário cognitivo preconizado pelo Código de Processo Civil.

Uma de suas especialidades é o juízo de admissibilidade em ação de jurisdição civil contenciosa, que abre espaço para a rejeição sumária da demanda por ser manifestamente improcedente ou pela inadequação da via eleita.

Na hipótese de proposição de ação cautelar preparatória com deferimento de medida liminar, é de sua efetivação a contagem do prazo de trinta dias para fins de ajuizamento da ação principal, a ação civil pública de improbidade administrativa.

Esse prazo é decadencial; não se interrompe nem se suspende; inicia-se na forma determinada pelo art. 224 do Código de Processo Civil, de modo que cessa a eficácia da medida cautelar se o autor não intentar no prazo legal a demanda principal.

O procedimento adotado pela regra desta norma é o ordinário, que é estabelecido pelo Título VIII do Código de Processo Civil, que vem a ser o mais completo e o mais apto à perfeita realização do processo de conhecimento, pela amplitude com que permite às partes e ao juiz pesquisar a verdade real na busca da justa composição da lide.

Ademais, deve-se consignar que as regras processuais previstas na Lei 7.347/85, por envolverem a tutela de patrimônio público de forma supletiva para integrar a realização da ação de improbidade administrativa naquilo que não contrariem suas normas próprias, constituem-se de maneira integrativa no microssistema coletivo de defesa do interesse público.

Assente-se ainda, que o § 3º do art. 17 da Lei de Improbidade Administrativa estabelece que, "*no caso de a ação principal ter sido proposta pelo Ministério Público, aplica-se, no que couber, o disposto no § 3º do art. 6º da Lei 4.717/1965*".

O § 3º do art. 6º diz que "*A pessoa jurídica de direito público ou de direito privado, cujo ato seja objeto de impugnação, poderá abster-se de contestar o pedido, ou poderá atuar ao lado do autor, desde que isso se afigure útil ao interesse público, a juízo do respectivo representante legal ou dirigente*", ou seja: confere à entidade pública interessada as opções de melhor atuação no cumprimento do seu dever jurídico de defender o patrimônio no curso de uma ação de improbidade.

- "A ação civil pública constitui o meio processual hábil conferido ao Ministério Público para a defesa do patrimônio público, sendo cabível, portanto, quando se objetiva a aplicação das sanções previstas na Lei nº 8.429/92 para os atos de improbidade administrativa, bem como quando se postula o ressarcimento dos danos causados ao erário (Precedentes do STJ)". (TJMG - Apelação Cível 1.0607.06.033860-7/001, Relator(a): Des.(a) Washington Ferreira, 1ª CÂMARA CÍVEL, julgamento em 21/03/2017, publicação da súmula em 31/03/2017)
- "*É perfeitamente cabível na ação civil pública, regulada pela Lei 7.347/85, pedido de reparação de danos causados ao erário pelos atos de improbidade administrativa, tipificados na Lei 8.429/92. Precedentes desta Corte. Para a configuração do ato de improbidade não se exige que tenha havido dano ou prejuízo material, restando alcançados os danos imateriais*". (STJ – REsp. 541.962/SP – Relª. Minª. Eliana Calmon – DJ de 14.03.2007 – p. 235)
- "A ação civil pública, regulada pela Lei 7.347/85, pode ser cumulada com pedido de reparação de danos por improbidade administrativa, com fulcro na Lei 8.429/92 – Precedentes desta Corte". (STJ – REsp. 434661/MS – 2ª Turma – DJ 25.08.2003 – p. 00280 – Relª. Minª. Eliana Calmon)

17.1. Competência jurisdicional

A competência é o tamanho da jurisdição que exprime a extensão e o limite do poder de um órgão julgador para poder legalmente processar e julgar as demandas judiciais. A Constituição e as leis, inclusive as de organização judiciária, fixam a jurisdição dos juízes e dos tribunais, que se distribuem pelo território brasileiro.

A competência pode ser estabelecida em razão do lugar onde ocorreu o fato delituoso ou em decorrência da razão da matéria.

De modo que a Lei que versa sobre ação civil pública, fonte subsidiária das demandas de improbidade administrativa, estabelece a competência territorial do foro local onde ocorreu o dano para a sua proposição judicial, processamento e julgamento (art. 2º).

Exclui-se da competência da Justiça estadual para fins de ação de improbidade administrativa quando a causa envolve aplicação de verbas federais, sendo atribuição jurisdicional, nessa circunstância, a Justiça federal.

Na hipótese da ocorrência de ato improbidade vislumbrada pela legislação eleitoral (§ 7º do art. 73 da Lei 9.504/97), cabe ao juiz eleitoral ou ao representante do Ministério Público eleitoral remeter as peças processuais para o Ministério Público estadual, a quem incumbirá propor ação de improbidade na Justiça Estadual.

A propósito dessa matéria, o Tribunal Superior Eleitoral assim decidiu: "*Não cabe à Justiça Eleitoral julgar eventual prática de ato de improbidade administrativa, o que deve ser apurado por intermédio de ação própria. Precedente: Acórdão 612*". (TSE, RO 725/GO, Rel. designado Min. Carlos Eduardo Caputo Bastos - acórdão por maioria - DJU 18.11.2005, p. 69)

Entrementes, diferentemente tem sido em relação às matérias de improbidade administrativa aventadas no âmbito da relação de trabalho devido à decisão do Superior Tribunal de Justiça em circunstância especialíssima de uma decisão que pretendia "*afastar a diretoria de sindicato, implicando reflexo na representação sindical*", decidiu que, tendo em vista o disposto no inc. III do art. 114 da Constituição Federal, a competência seria da Justiça do Trabalho.

Há outras situações em que se admite a competência da Justiça especializada no trato de questões de ato de improbidade administrativa, como, por exemplo, derivar-se de uma relação de trabalho (inc. I do artigo acima citado) em função de concurso público irregular para o ingresso na administração direta ou indireta, onde o regime trabalhista seja o celetista.

Com relação às fundações instituídas pelo Poder Público federal, a orientação jurisprudencial remete para a Justiça Federal a competência para processar e julgar as ações relativas à improbidade administrativa (STF - RE 127.489-1 - 2ª Turma - Rel. Min. Maurício Corrêa - Ac. un. DJU 06.03.1998, p. 16).

Em se tratando de ação civil pública de improbidade administrativa proposta pelo Ministério Público Federal, a competência será da Justiça Federal, cujo julgado ficou assim redigido:

- "A ação civil pública, como as demais, submete-se, quanto à competência, à regra estabelecida no art. 109, I, da CF, segundo a qual cabe aos juízes federais processar e julgar "as causas em que a União, entidade autárquica ou empresa pública federal forem interessadas na condição de autoras, rés, assistentes ou oponentes, exceto as de falência, as de acidente de trabalho e as sujeitas à Justiça Eleitoral e a Justiça do Trabalho". Assim, figurando como autor da ação o Ministério Público Federal, que é órgão da União, a competência para apreciar a causa é da Justiça Federal. Precedentes citados: AgRg no CC 107.638-SP, Primeira Seção, DJe 20/4/2012; e REsp 440.002-SE, Primeira Turma, DJ 6.12.2004". (STJ – REsp. 1.283.737/DF – *4ª Turma – Rel. Min. Luis Felipe Salomão – j. em 22.10.2013 – Informativo 0533)*

- "Consoante entendimento pacífico desta eg. Corte e do STF as ações civis públicas propostas pelo Ministério Público Federal devem tramitar pela Justiça Federal do local do fato que deu origem à demanda. Estando o Município de Nova Prata abrangido pela circunscrição judiciária federal de Porto Alegre, impõe-se reconhecer a competência do Juízo Federal da 4ª Vara Federal para processar e julgar a presente ação. Embargos de declaração acolhidos com efeito modificativo". (STJ – ED REsp. 206.757/RS – 2ª Turma – Rel. Min. Peçanha Martins – DJU 17.03.2003, p. 195)

Aliás, cuida-se de matéria sumulada pelo STF: Súmula 556: "*É competente a Justiça comum para julgar as causas em que é parte sociedade de economia mista*".

Complementando a temática enfocada, merece anotação de destaque a inadmissibilidade da delegação jurisdicional para a Justiça estadual quando a ação civil pública for de autoria do Ministério Público Federal, por ausência de complementação legislativa ordinária nesse sentido (STF, RE 228.955, Pleno, Rel. Min. Ilmar Galvão, DJU 24.03.2001).

Quando, porém, versar matéria de improbidade administrativa relacionada à sociedade de economia mista, pessoa jurídica de direito privado, o Ministério Público federal carece de legitimidade ativa para o patrocínio da demanda por não abordar a tutela que envolva patrimônio público nacional, social e cultural brasileiro, ou mesmo, interesses de população indígena, nos termos dos arts. 5º e 37, II, da LC 75/93.

Cabe ressaltar que essas situações apontadas, que afastam a legitimidade ativa do Ministério Público Federal no que concerne às ações de improbidade administrativa, não lhe tolhem o direito subjetivo postulatório de ajuizar as demandas que entenda da sua pertinência funcional, conquanto caberá apenas ao juiz federal examinar e decidir sobre a representatividade do *Parquet* no caso concreto.

Outra consideração a indicar a competência da Justiça estadual para os feitos de improbidade é com relação às sociedades que prestam serviços sociais autônomos (Senai, Sesc, Sesi ou Sebrae), à medida que não se enquadram nos moldes explicitados pelo inc. I do art. 109 da Constituição Federal, exceto se figurar a participação de entidades mencionadas neste aludido dispositivo da mencionada norma.

Para o arremate do assunto relativo à competência jurisdicional das ações de improbidade administrativa vislumbra-se que, tramitando na Justiça estadual, a distribuição será destinada a uma vara fazendária por envolver na relação processual pessoa de direito público, e, sendo no âmbito da Justiça federal, caberá à seção judiciária que englobe a cidade onde ocorreu o fato objeto da demanda.

- STJ Súmula 208 – Competência – Processo e Julgamento – Prefeito – Desvio de Verba – Prestação de Contas Perante Órgão Federal – Compete à Justiça Federal processar e julgar prefeito municipal por desvio de verba sujeita a prestação de contas perante órgão federal.

- STJ Súmula 209 – Competência – Processo e Julgamento – Prefeito – Desvio de Verba Transferida e Incorporada ao Patrimônio Municipal – Compete à Justiça Estadual processar e julgar prefeito por desvio de verba transferida e incorporada ao patrimônio municipal.

- "Aplicabilidade do instituto da prevenção às causas continentes. Discussão superada com o advento do Código de Processo Civil de 2015 (arts. 56 e seguintes). Por força do princípio da integração, as normas processuais coletivas são aplicáveis às ações civis públicas por improbidade administrativa. Interpretação conjunta dos arts. 2º, parágrafo único, da Lei n. 7.347/85 e 93, da Lei n. 8.078/90." (STJ - REsp 1619009/PR, Rel. Ministra REGINA HELENA COSTA, PRIMEIRA TURMA, julgado em 07/03/2017, DJe 16/03/2017)

- "É firme a jurisprudência do Superior Tribunal de Justiça quanto ao cabimento de propositura de Ação Civil Pública para apuração de improbidade administrativa, aplicando-se, para apuração da competência territorial, a regra prevista no art. 2o. da Lei 7.347/85, que dispõe que a ação deverá ser proposta no foro do local onde ocorrer o dano (AgRg no AgRg no REsp. 1.334.872/ RJ, Rel. Min. ARNALDO ESTEVES LIMA, DJe 14.08.2013). Trata-se de uma regra de competência territorial funcional, estabelecida pelo legislador, a par da excepcionalidade do direito tutelado, no intuito de facilitar o exercício da função jurisdicional, dado que é mais eficaz a avaliação das provas no Juízo em que se deram os fatos. Destarte, tem-se que a competência do local do dano é funcional e, portanto, de natureza absoluta. Em situações tais, entende-se que a solução do caso, para a verificação do efetivo local do dano, reside na perscrutação declinada no pedido e da causa de pedir posta na Ação Civil Pública. No presente caso, de acordo com a moldura fática decantada na exordial, o *Parquet,* fixa como local da fraude o Município de Araçatuba, ao argumento de que os Agentes Públicos Municipais permitiram o arrendamento de área pública que não era destinada a uma indústria naval, facilitando a ilicitude do processo licitatório, além disso, dos 8 atos ilegais descritos 5 foram realizados em Araçatuba. Deve-se levar em conta, ainda, que a Ação de Improbidade Administrativa se baseou em Inquérito Civil Público instaurado na cidade de Araçatuba/SP, o que tornaria prevento o Juízo Federal daquele Município. Como bem assinalou o eminente Ministro CASTRO MEIRA, a *ratio legis* da utilização do local do dano como critério definidor da competência nas ações coletivas é proporcionar maior celeridade no processamento, na instrução e, por conseguinte, no julgamento do feito, dado que é muito mais fácil apurar o dano e suas provas no juízo em que os fatos ocorreram (CC 97.351/SP, DJe 10.6.2009), fixando orientação da qual não se tem motivos para dissentir". (STJ - EDcl no CC 138.068/RJ, Rel. Ministro NAPOLEÃO NUNES MAIA FILHO, PRIMEIRA SEÇÃO, julgado em 22/02/2017, DJe 07/03/2017).

- "A Primeira Seção consignou que "o mero ajuizamento da ação pelo Ministério Público Federal, por entender estar configurado ato de improbidade administrativa, fixa a competência na Justiça Federal (AgRg no AgRg no CC 104.375/SP, Rel. Ministro Humberto Martins, Primeira Seção, DJe 4.9.2009)". Nesse sentido: REsp 1.249.118/ES, Rel. Ministro Herman Benjamin, Segunda Turma, DJe 28.11.2014. No mais, o Supremo Tribunal Federal, em decisão recente, firmou entendimento no mesmo sentido. A propósito: RE 822.816, AgR, Relator Ministro Teori Zavascki, Segunda Turma, DJe 15/6/2016". (STJ - AgRg no REsp 1383054/RS, Rel. Ministro HERMAN BENJAMIN, SEGUNDA TURMA, julgado em 13/12/2016, DJe 19/12/2016)

- "Nos termos da jurisprudência do STJ, (a) "a competência da Justiça Federal, prevista no art. 109, I, da Constituição Federal, é fixada, em regra, em razão da pessoa (competência ratione personae), levando-se em conta não a natureza da lide, mas, sim, a identidade das partes na relação processual" (STJ, CC 105.196/RJ, Rel. Ministro BENEDITO GONÇALVES, PRIMEIRA SEÇÃO, DJe de 22/02/2010); e (b) "deve-se observar uma distinção (*distinguishing*) na aplicação das Súmulas 208 e 209 do STJ, no âmbito cível. Isso porque tais enunciados provêm da Terceira Seção deste Superior Tribunal, e versam hipóteses de fixação da competência em matéria penal, em que basta o interesse da União ou de suas autarquias para deslocar a competência para a Justiça Federal, nos termos do inciso IV do art. 109 da CF" (STJ, REsp 1.325.491/BA, Rel. Ministro OG FERNANDES, SEGUNDA TURMA, DJe de 25/06/2014). A competência da Justiça Federal, em matéria cível, é absoluta, fixada *ratione personae*, à luz do art. 109, I, da CF/88. No caso, nenhum dos entes elencados no art. 109, I, da CF/88 figura na relação processual, seja como autor, réu, assistente ou oponente e, remetidos os autos à Justiça Federal, fora afastado o interesse da União no julgamento do feito. Assim, compete ao Juízo Estadual, suscitado, o julgamento do feito (Súmulas 150, 224 e 254/STJ)". (STJ - AgRg no CC 143.460/PA, Rel. Ministra ASSUSETE MAGALHÃES, PRIMEIRA SEÇÃO, julgado em 26/10/2016, DJe 19/12/2016)

- "A competência é da Justiça Federal quando a União intervém como assistente nos casos envolvendo sociedades de economia mista. 3. Agravo regimental a que se nega provimento". (STF - RE 750.142 AgR, Relator: Min. Edson Fachin, Primeira Turma, julgado em 23/2/2016).

- "Ação civil pública. Improbidade administrativa. Ressarcimento do erário. Ausência de interesse de natureza trabalhista. Competência da justiça estadual. Agravo regimental desprovido.

Reiterada rejeição dos argumentos expendidos pela parte nas sedes recursais anteriores". (STF - ARE 972526 AgR, Relator(a): Min. LUIZ FUX, Primeira Turma, julgado em 17/03/2017, ACÓRDÃO ELETRÔNICO DJe-077 DIVULG 17-04-2017 PUBLIC 18-04-2017)

- "Sedimentou-se, nesta Corte Suprema, o entendimento de que competente o primeiro grau de jurisdição para julgamento das ações de improbidade administrativa contra agentes políticos, ocupantes de cargos públicos ou detentores de mandato eletivo, independentemente de estarem, ou não, em atividade. Precedentes." (STF - Rcl 14954 AgR, Relator(a): Min. ROSA WEBER, Primeira Turma, julgado em 15/03/2016, PROCESSO ELETRÔNICO DJe-070 DIVULG 14-04-2016 PUBLIC 15-04-2016)
- "A ação de improbidade administrativa deve ser processada e julgada nas instâncias ordinárias, ainda que proposta contra agente político que tenha foro privilegiado no âmbito penal e nos crimes de responsabilidade. Reclamação improcedente". (STJ – Rcl 12.514/MT – Rel. Ministro Ari Pargendler – Corte Especial – j. em 13.03.2014 – DJe 21.03.2014)
- "*É competente a Justiça Federal para apreciar e julgar ação civil pública em que se discute desvio de recursos do FUNDEF, quando houver interesse de ente federal na lide. Precedentes*". (STJ – REsp. 1.355.001/CE – 2ª Turma – Relª. Minª. Eliana Calmon – j. em 16.04.2013, DJe 22.04.2013)
- "Aplica-se a competência absoluta do local do fato especificada na Lei 7.347/85 às ações civis públicas por ato de improbidade administrativa, à falta de fixação da competência na Lei 8.429/92. Essa regra tem a finalidade de preservar o interesse público e facilitar o processamento do feito, mas, sobretudo, o escopo de facilitar a defesa e a produção de provas, prevalecendo o espírito da norma sobre qualquer outra exegese que se lhe possa conferir". (TJMG – CC 1.0000.10.042819-2/000 – 1ª Câmara Cível – DJ 25.02.2011 – Relª. Desª. Vanessa Verdolim Hudson Andrade)
- "Compete ao Supremo Tribunal Federal julgar ação de improbidade contra seus membros. 2. Arquivamento da ação quanto ao Ministro da Suprema Corte e remessa dos autos ao Juízo de 1º grau de jurisdição no tocante aos demais". (STF – Pet. 3211 QO / DF – Pleno – DJe 26.06.2008 – Rel. Min. Marco Aurélio)
- "Os atos de improbidade administrativa são tipificados como crime de responsabilidade na Lei 1.079/1950, delito de caráter político-administrativo. Distinção entre os regimes de responsabilização político-administrativa. O sistema constitucional brasileiro distingue o regime de responsabilidade dos agentes políticos dos demais agentes públicos. A Constituição não admite a concorrência entre dois regimes de responsabilidade político-administrativa para os agentes políticos: o previsto no art. 37, § 4º (regulado pela Lei 8.429/1992) e o regime fixado no art. 102, I, "c", (disciplinado pela Lei 1.079/1950). Se a competência para processar e julgar a ação de improbidade (CF, art. 37, § 4º) pudesse abranger também atos praticados pelos agentes políticos, submetidos a regime de responsabilidade especial, ter-se-ia uma interpretação ab-rogante do disposto no art. 102, I, "c", da Constituição. II.3. Regime especial. Ministros de Estado. Os Ministros de Estado, por estarem regidos por normas especiais de responsabilidade (CF, art. 102, I, "c"; Lei 1.079/1950), não se submetem ao modelo de competência previsto no regime comum da Lei de Improbidade Administrativa (Lei 8.429/1992). II.4. Crimes de responsabilidade. Competência do Supremo Tribunal Federal. Compete exclusivamente ao Supremo Tribunal Federal processar e julgar os delitos político-administrativos, na hipótese do art. 102, I, "c", da Constituição. Somente o STF pode processar e julgar Ministro de Estado no caso de crime de responsabilidade e, assim, eventualmente, determinar a perda do cargo ou a suspensão de direitos políticos. II. Ação de improbidade administrativa. Ministro de Estado que teve decretada a suspensão de seus direitos políticos pelo prazo de 8 anos e a perda da função pública por sentença do Juízo da 14ª Vara da Justiça Federal – Seção Judiciária do Distrito Federal. Incompetência dos juízos de primeira instância para processar e julgar ação civil de improbidade administrativa ajuizada contra agente político que possui prerrogativa

de foro perante o Supremo Tribunal Federal, por crime de responsabilidade, conforme o art. 102, I, "c", da Constituição. III. RECLAMAÇÃO JULGADA PROCEDENTE. (STF - Rcl. 2138 / DF - Pleno - DJe 17.04.2008 - Rel. Min. Gilmar Mendes)

- "A competência da Justiça Federal é absoluta, razão pela qual não se admite a sua prorrogação, por conexão, para abranger causa em que ente federal não seja parte na condição de autor, réu, assistente ou opoente". (STJ - 2ª Seção - CC 53.435 - DJU 29.06.2007 - Rel. Min. Castro Filho)

- "Ação promovida contra a Petróleo Brasileiro S/A – Petrobras e contra a União em litisconsórcio. Inexistência de interesse da União na lide. Art. 2º da Lei 8.197/91. Competência da Justiça Estadual. I – O art. 2º da Lei 8.197/91 prevê que a União poderá intervir nas causas onde forem autoras ou rés sociedades de economia mista, traduzindo a faculdade e não a obrigatoriedade de intervenção da União naquelas causas. II – No caso *sub examine*, tendo sido citada a União, esta alegou não possuir interesse na causa, sendo obrigatória a sua exclusão da lide e a remessa do feito à Justiça Estadual, eis que a hipótese não se subsume à previsão do inc. I do art. 109 da CF/88. III – Recurso especial provido". (STJ - 1ª T. - REsp. 550.302/PE - Rel. Min. Francisco Falcão - DJ 22.03.2004 p. 239 - REPDJ 16.08.2004 p. 137)'

- Ação de improbidade. Patrimônio de sociedade de economia mista. Autor Ministério Público Federal. Competência. Não é a Justiça Federal competente para conhecer e julgar ação de improbidade intentada para proteção de patrimônio afetado à sociedade de economia mista. O fato de ser o Ministério Público Federal autor da ação de improbidade não implica, por si só, competência da Justiça Federal. Na verdade, deve ser considerado parte ilegítima para figurar no polo ativo da demanda". (TRF 1ª Região - 3ª T. AC 200636020013433 - Rel. Des. Tourinho Neto - DJ 24.11.2006 p. 53)

- Competência da Justiça do Trabalho. Afastamento da diretoria. Reflexo na representação sindical. Conflito de competência. Ação de improbidade administrativa. 1. Após a edição da EC 45/2004, as questões relacionadas ao processo eleitoral sindical, ainda que esbarrem na esfera do direito civil, estão afetas à competência da Justiça do Trabalho, pois se trata de matéria que tem reflexo na representação sindical. Precedentes. 2. Entendimento que se estende à hipótese de ação de improbidade administrativa, em que se pretende afastar a diretoria de sindicato, implicando em reflexo na representação sindical. 3. Conflito de competência provido para declarar competente o Juízo da 6ª Vara do Trabalho de São Luís - MA. (STJ - REsp. 631301 / RS - 1ª Seção - DJ 11.09.2006 p. 216 - Rel. Min. Luiz Fux)

17.2. Foro privilegiado

A Constituição da República estabelece que determinadas pessoas, que exercem certos cargos públicos, somente podem ser processadas e julgadas perante os tribunais por ela definidos. Trata-se de foro privilegiado por prerrogativa de função, fixada pela lei fundamental e suprema.

A prerrogativa de foro visa garantir o exercício do cargo ou do mandato e não, o de proteger quem o exerce. O foro privilegiado, tribunal de exceção, ou foro por prerrogativa de função, é, como o próprio nome diz, um privilégio concedido às autoridades políticas de serem julgadas por um tribunal diferente do de primeira instância, onde é julgada a maioria dos brasileiros que cometem crimes.

No Brasil, tais prerrogativas estritamente pessoais foram abolidas em 1823 pela Constituição Política do Império do Brasil, que, no art. 179, § 16, determinava:

"*Ficam abolidos todos os privilégios que não forem essencial e intimamente ligados aos cargos por utilidade pública*".

O foro privilegiado é uma herança deixada pela política adotada no tempo em que o Brasil era uma colônia portuguesa, mas que não sobreviveu à Constituição de 1824 que já dispunha de cláusulas isonômica das pessoas perante a lei. Seu art. 179, XVII, já dizia: "À excepção das causas, que por sua natureza pertencem a juízos particulares, na conformidade das Leis, não haverá foro privilegiado, nem comissões especiais nas causas cíveis, ou crimes".

A primeira Constituição republicana de 1891 também vedava o instituto do foro privilegiado quando, de forma taxativa, determinava que "À excepção das causas, que, por sua natureza, pertencem a juízos especiaes, não haverá foro privilegiado". (Art. 179, XVII)

A Carta Política de 1934, no seu art. 113, n. 25, a vedação de tribunais de exceção: "*Não haverá foro privilegiado nem tribunaes de excepção*", assim como a de 1946 preceituava no seu art. 141, § 26, a explicitação da proibição ao foro: "*não haverá foro privilegiado nem juízes e tribunais de exceção*".

O regime militar de 1964 manteve a proibição, nos seguintes termos: "*A lei assegurará aos acusados ampla defesa, com os recursos a ela inerentes. Não haverá foro privilegiado nem tribunais de exceção*", inalterado pela Emenda Constitucional 1 de 1969.

Entrementes, a Constituição da República de 1988, em pleno regime democrático, ao contrário do regime militar, além de inserir o foro privilegiado estabeleceu em função dos cargos ou funções públicas, as autoridades blindadas com esse direito especial em razão da prerrogativa de suas titularidades funcionais.

Desde então, no sistema constitucional brasileiro não se admite a existência de privilégios processuais de natureza pessoal, mas exclusivamente em razão do exercício da atividade funcional do titular do cargo ou função pública.

Nesse caso, a competência é fundada pela natureza do cargo ou função pública consideradas de especial relevância para o Estado, devendo as pessoas investidas nesses cargos ou funções serem julgadas por órgãos superiores da Justiça, como medida de preservar a representação dos titulares da administração pública superior dos Poderes da República, guardando a simetria da Carta Magna as Constituições estaduais nas definições dos agentes públicos e políticos contemplados com essa prerrogativa funcional.

Cabe assinalar que essas prerrogativas funcionais são definidas pela própria Constituição Federal, que menciona especificamente os cargos e funções cujos titulares serão processados e julgados pelos correspondentes tribunais.

No que se refere aos atos de improbidade administrativa cujas ações são processadas e julgadas pelo juízo de 1º Grau, não há previsão legal de privilégio de foro para os agentes públicos ou políticos, em geral.

No entanto, há agentes públicos ou políticos que, em razão da prerrogativa de função, estão imunes da ação de improbidade administrativa enquanto estiverem no exercício de certos cargos ou funções públicas, mas sujeitos ao enquadramento na Lei dos Crimes de Responsabilidades.

Assim é que, enquanto perdurar na atividade ou na titularidade de cargos ou funções superiores da alta hierarquia da administração pública, esses agentes estarão sujeitos a serem processados e julgados por crimes de responsabilidade definidos pela Lei 1.079/50, cuja competência jurisdicional é da alçada dos tribunais superiores, conforme definição da Carta Magna.

Porém, após o desligamento de tais cargos ou funções, esses agentes, se não foram processados e julgados durante os seus períodos administrativos, estarão sujeitos a responder por atos de improbidade administrativa em decorrência de fatos que venham a ser apurados naquele período de suas atribuições funcionais, ou cujo processo instituído por crimes de responsabilidade não tenha sido julgado ou concluído o julgamento.

Convém destacar que a denúncia por crime de responsabilidade só poderá ser recebida enquanto o denunciado não tiver, por qualquer motivo, deixado definitivamente o cargo (art. 15). Logo, se houve desligamento do cargo, mesmo após a instauração do feito, mas este não chegou ao seu final, estará o agente sujeito às normas da Lei de Improbidade Administrativa.

Cumpre observar que a Lei dos Crimes de Responsabilidade define e conceitua os crimes contra a probidade administrativa, especificando as condutas típicas para sua aplicabilidade, assim preceituadas pelo seu art. 9º:

> **Art. 9º**. São crimes de responsabilidade contra a probidade na administração:
>
> 1) omitir ou retardar dolosamente a publicação das leis e resoluções do Poder Legislativo ou dos atos do Poder Executivo;
>
> 2) não prestar ao Congresso Nacional dentro de sessenta dias após a abertura da sessão legislativa, as contas relativas ao exercício anterior;
>
> 3) não tornar efetiva a responsabilidade dos seus subordinados, quando manifesta em delitos funcionais ou na prática de atos contrários à Constituição;
>
> 4) expedir ordens ou fazer requisição de forma contrária às disposições expressas da Constituição;
>
> 5) infringir no provimento dos cargos públicos, as normas legais;
>
> 6) usar de violência ou ameaça contra funcionário público para coagí-lo a proceder ilegalmente, bem como utilizar-se de suborno ou de qualquer outra forma de corrupção para o mesmo fim;
>
> 7) proceder de modo incompatível com a dignidade, a honra e o decoro do cargo.

Como se vê, são taxativas as condutas ilícitas fixadas pela Lei que resultam ou determinam os seus enquadramentos no rol dos crimes contra a probidade administrativa, consideradas "crimes de responsabilidade", que nessa qualidade têm inferidos o privilégio de foro para seus agentes serem processados e julgados no tribunal competente, de acordo com a esfera e grau de poder.

Depreende-se, assim, que as condutas ilícitas não alcançadas ou definidas pela Lei dos Crimes de Responsabilidade, não estão, igualmente amparadas pelo foro privilegiado, mas por exclusão, no âmbito do juízo singular.

É simples. O que a Lei dos Crimes de Responsabilidade não estipula como crime contra a probidade administrativa, não atrai nem assegura o privilégio do foro para deslocar o processo para julgamento perante o tribunal, mas sim, para o juízo de 1º grau.

Ressalte-se que a Constituição Federal, ao estabelecer a igualdade de todos os cidadãos perante a lei, afastou qualquer tipo de discriminação que possa contemplar a impunidade quando houver previsão de lei anterior, definindo conduta típica e que venha essa ocorrência se verificar na plena vigência da sua eficácia.

É a hipótese da concorrência alternativa entre a Lei dos Crimes de Responsabilidade e a Lei de Improbidade Administrativa; se aquela define os crimes nela previstos que asseguram o respeito ao privilégio do foro, às outras condutas típicas que não estejam nela previstas, mas em outro diploma legal, aplicar-se-á de forma subsidiária esta última.

Isso significa que as condutas típicas descritas na Lei de Improbidade Administrativa (enriquecimento ilícito – art. 9º), (prejuízo ao erário – art. 10) e (violação dos princípios administrativos – art. 11) que não tenham identidade com as tipificadas pela Lei dos Crimes de Responsabilidade, têm aplicação daquela perante o juízo monocrático.

Vale dizer que nos atos de improbidade administrativa não sendo idênticos aos preceituados na Lei de Crimes de Responsabilidade, não se cuida de crime de responsabilidade, mas de improbidade administrativa.

Essa conclusão decorre da lógica jurídica excludente da proclamação do Supremo Tribunal Federal que afastou a incidência de dois regimes jurídicos para condutas de improbidade, respeitando-se a hierarquização da graduação funcional, porque aqueles tipos não contemplados pela Lei de Crimes de Responsabilidade e que resultam e se enquadram na Lei de Improbidade Administrativa importam na sua aplicabilidade; não há convergência de tipos, mas exclusão de condutas típicas.

Além disso, é importante destacar que não há imunidade para ato de lesa pátria; com efeito, a ação de ressarcimento ao erário mesmo contra detentor de prerrogativa de foro é ação civil proposta perante o juízo singular; ou seja, sem a tutela do privilégio de foro.

Mas, voltando à definição das autoridades que estão sujeitas à Lei do Crime de Responsabilidade perante o Supremo Tribunal Federal, são os ministros de Estado e os comandantes da Marinha, do Exército e da Aeronáutica, os membros dos Tribunais Superiores, os do Tribunal de Contas da União e os chefes de missão diplomática de caráter permanente (art. 102, I, "c").

Em relação ao Superior Tribunal de Justiça responderão por crimes de responsabilidade os desembargadores dos Tribunais de Justiça dos Estados e do Distrito Federal, os membros dos Tribunais de Contas dos Estados e do Distrito Federal, os dos Tribunais Regionais Federais, dos Tribunais Regionais Eleitorais e do Trabalho, os membros dos Conselhos ou Tribunais de Contas dos Municípios e os do Ministério Público da União que oficiem perante tribunais (art. 105, I, "a").

A incidência da Lei de Improbidade Administrativa ocorrerá diante de fato ilícito que não resultou em julgamento e condenação pela Lei dos Crimes de Responsabilidade no exercício daquelas atividades funcionais.

Registre-se, porém, de maneira oportuna, que o Supremo Tribunal Federal, em decisão na Reclamação 2.138, reforça a tese sobre o cabimento da ação de improbidade em face de agente político de qualquer esfera dos Poderes da União, Estados e Municípios, ressalvando-se apenas as hipóteses àqueles agentes políticos submetidos ao regime especial de responsabilização da Lei 1.079/50 (Presidente da República, Ministros de Estado, Ministros do Supremo Tribunal Federal e Procurador Geral da República).

Diante desse julgamento, importa observar, ainda, que a questão apreciada pelo c. Supremo Tribunal Federal, nos autos da Reclamação 2.138/DF, naquele caso, os atos imputados ao agente político teriam ocorrido enquanto ele exercia o cargo de ministro de Estado, hipótese abrangida pelo art. 13 da Lei 1.079/50, que define os crimes de responsabilidade.

Ademais, o c. Pretório Excelso, reiteradamente, tem se manifestado no sentido de que as razões de decidir assentadas na Reclamação 2.138 não têm o condão de vincular os demais órgãos do Poder Judiciário, porquanto estabelecidas em processo subjetivo cujos efeitos não transcendem os limites *inter partes*.

Assente-se, portanto, que os crimes de responsabilidades podem ser imputados aos ministros do Supremo Tribunal Federal e, desde a vigência da Lei 10.028/00, aos presidentes e seus substitutos no exercício da presidência dos Tribunais Superiores, Tribunais de Contas, dos Tribunais Regionais Federais, do Trabalho e Eleitorais, dos Tribunais de Justiça e aos juízes e diretores de foro ou função equivalente no primeiro grau de jurisdição.

A concepção prevalente do entendimento proferido pelas manifestações judiciosas da Suprema Corte é de caráter absolutamente estrito da sua competência jurisdicional originária para afastar a possibilidade de ser estendida a situações que extrapolem os limites fixados em *numerus clausus* diante do rol exaustivo inscrito no art. 102, I, da Constituição da República.

Nessa percepção contextual, mostram-se pertinentes as considerações do ilustre ministro Celso de Mello, da Suprema Corte na Rcl. 3.428 (DJ 01.08.2005):

> A competência do Supremo Tribunal Federal cujos fundamentos repousam na Constituição da República submete-se a regime de direito estrito. (...) O regime de direito estrito, a que se submete a definição dessa competência institucional, tem levado o Supremo Tribunal Federal, por efeito da taxatividade do rol constante da Carta Política, a afastar, do âmbito de suas atribuições jurisdicionais originárias, o processo e o julgamento de causas de natureza civil que não se acham inscritas no texto constitucional (ações populares, ações civis públicas, ações cautelares, ações ordinárias, ações declaratórias e medidas cautelares), mesmo que instauradas contra o Presidente da República ou contra qualquer das autoridades, que, em matéria penal (CF, art. 102, I, b e c), dispõem de prerrogativa de foro perante a Corte Suprema ou que, em sede de mandado de segurança, estão sujeitas à jurisdição imediata do Tribunal. (CF, art. 102, I, d). Precedentes". (STF – RTJ 171/101-102 – Rel. Min. Celso de Mello – Pleno)

Ressalte-se, ainda, que o Supremo Tribunal Federal firmou o entendimento de que o juiz de primeiro grau pode conduzir ação de improbidade contra as autoridades detentoras de prerrogativa de foro e, em consequência, poderá aplicar todas as sanções previstas na norma especial, definidora das condutas de improbidade administrativa, salvo uma: não poderá decretar a perda do cargo político, a exemplo do cargo de ministro de Estado.

Também é importante destacar que fica afastada a premissa de que o ato de improbidade administrativa, quando praticado por titular de prerrogativa de foro, de um cargo executivo, como o de prefeito, transmuda-se em crime de responsabilidade quando o agente se encontra em cargo ou função diverso do que em esteja submetido ao crime de responsabilidade, como o deputado federal, por exemplo, que estaria sujeito a julgamento pelo Supremo Tribunal Federal, quando acusado criminalmente.

Neste caso, a Constituição Federal estabelece que o juízo censório e específico para os membros do Congresso Nacional é o previsto no art. 55, ou seja: não há de se falar em crime de responsabilidade de parlamentar.

Registre-se, por oportuno, restringiu a aplicação do foro privilegiado aos crimes cometidos durante o exercício do cargo e relacionados às funções desempenhadas pelos parlamentares, cuja decisão de julgamento ficou assim redigida:

> "O Tribunal, por maioria e nos termos do voto do Relator, resolveu questão de ordem no sentido de fixar as seguintes teses: "(i) O foro por prerrogativa de função aplica-se apenas aos crimes cometidos durante o exercício do cargo e relacionados às funções desempenhadas; e (ii) Após o final da instrução processual, com a publicação do despacho de intimação para apresentação de alegações finais, a competência para processar e julgar ações penais não será mais afetada em razão de o agente público vir a ocupar outro cargo ou deixar o cargo que ocupava, qualquer que seja o motivo", com o entendimento de que esta nova linha interpretativa deve se aplicar imediatamente aos processos em curso, com a ressalva de todos os atos praticados e decisões

proferidas pelo STF e pelos demais juízos com base na jurisprudência anterior, conforme precedente firmado na Questão de Ordem no Inquérito 687 (Rel. Min. Sydney Sanches, j. 25.08.1999. (STF - AP 937/RJ - Pleno - por maioria - rel. ministro Roberto Barroso - j. 03/05/2018)

Evidentemente, que essa restrição se estenderá para outras categorias de agentes públicos, como Ministros, Desembargadores, Juízes e Conselheiros dos Tribunais de Contas, em virtude do princípio da simetria constitucional.

O Supremo Tribunal Federal decidiu também que inexiste o foro privilegiado para qualquer agente público ou político, por falta de previsão na Constituição Federal para essa distinção.

A decisão está assim escrita:

> Improbidade administrativa. Foro privilegiado. Inexistência. O foro especial por prerrogativa de função previsto na Constituição Federal (CF) em relação às infrações penais comuns não é extensível às ações de improbidade administrativa. Em relação ao duplo regime sancionatório, a Corte concluiu que não há qualquer impedimento à concorrência de esferas de responsabilização distintas. Assim, carece de fundamento constitucional a tentativa de imunizar os agentes políticos das sanções relativas à ação de improbidade administrativa a pretexto de que essas seriam absorvidas pelo crime de responsabilidade. Em realidade, a única exceção ao referido regime sancionatório em matéria de improbidade se refere aos atos praticados pelo Presidente da República, conforme previsão expressa do art. 85, V (1), da CF. Já no concernente à extensão do foro especial, o Tribunal afirmou que o foro privilegiado é destinado a abarcar apenas as ações penais. A suposta gravidade das sanções previstas no art. 37, § 4º (2), da CF, não reveste a ação de improbidade administrativa de natureza penal. (STF - Pet 3240 AgR/DF, rel. Min. Teori Zavascki, red. p/ o ac. Min. Roberto Barroso, julgamento em 10.5.2018. (Pet-3240). Informativo do STF nº 901.

Com efeito, todas as ações de improbidade administrativa tramitam perante o juízo de primeiro grau contra qualquer autoridade pública.

- "A Corte Especial do Superior Tribunal de Justiça, com vistas a alinhar-se à jurisprudência do Supremo Tribunal Federal, alterou seu entendimento para afirmar que "a ação de improbidade administrativa deve ser processada e julgada nas instâncias ordinárias, ainda que proposta contra agente político que tenha foro privilegiado no âmbito penal e nos crimes de responsabilidade" (AgRg na Rcl 12.514/MT, Rel. Min. Ari Pargendler, DJe 26.9.2013). No mesmo sentido os seguintes precedentes da Corte Especial: AgRg na AIA 32/AM, Rel. Ministro João Otávio de Noronha, DJe 13.5.2016; AgRg na AIA 39/RO, Rel. Ministro Napoleão Nunes Maia Filho, DJe 3.5.2016; AIA 45/AM, Rel. Ministra Laurita Vaz, Corte Especial, DJe 19.3.2014". (STJ - REsp 1548168/SP, Rel. Ministro HERMAN BENJAMIN, SEGUNDA TURMA, julgado em 13/12/2016, DJe 19/12/2016)
- "O Supremo Tribunal Federal tem advertido que, tratando-se de ação civil por improbidade administrativa (Lei nº 8.429/92), mostra-se irrelevante, para efeito de definição da competência originária dos Tribunais, que se cuide de ocupante de cargo público ou de titular de mandato eletivo ainda no exercício das respectivas funções, pois a ação civil em questão deverá ser

ajuizada perante magistrado de primeiro grau. Precedentes. " (Rcl 2.766-AgR/RN, Rel. Min. CELSO DE MELLO)

- "Competência de magistrado de primeiro grau, quer se cuide de ocupante de cargo público, quer se trate, como na espécie, de titular de mandato eletivo (prefeito municipal) ainda no exercício das respectivas funções. O Supremo Tribunal Federal tem advertido que, tratando-se de ação civil por improbidade administrativa (Lei 8.429/92), mostra-se irrelevante, para efeito de definição da competência originária dos Tribunais, que se cuide de ocupante de cargo público ou de titular de mandato eletivo ainda no exercício das respectivas funções, pois a ação civil em questão deverá ser ajuizada perante magistrado de primeiro grau. Precedentes". (STF – Rcl 2.766 AgR – Rel. Min. Celso de Mello – Tribunal Pleno – j. em 27.02.2014 – Acórdão Eletrônico DJe-070 Divulg 08.04.2014 – Public 09.04.2014)

17.2.1. Juízes estaduais e parlamentares

O Supremo Tribunal Federal vem adotando o entendimento de que os magistrados estaduais, a exemplo dos parlamentares, também não se submetem ao regime de responsabilização por crime de responsabilidade, como se verifica na análise da questão de ordem veiculada na Petição 3.923/DF, excetuando, porém, os magistrados que exerçam o cargo de ministro do Supremo Tribunal Federal, presidentes de tribunais e diretores de foro.

O entendimento do Supremo Tribunal Federal definiu que o ministro do Supremo Tribunal Federal, os presidentes de Tribunais e diretores de foro se enquadram no rol dos crimes de responsabilidades devido à normatividade inferida pela Lei 1.079/50, arts. 39 e 39-A, *caput*, e parágrafo único, que estão assim redigidos:

> **Art. 39.** São crimes de responsabilidade dos Ministros do Supremo Tribunal Federal:
>
> 1) altera, por qualquer forma, exceto por via de recurso, a decisão ou voto já proferido em sessão do Tribunal;
>
> 2) proferir julgamento, quando, por lei, seja suspeito na causa;
>
> 3) ser patentemente desidioso no cumprimento dos deveres do cargo:
>
> 5) proceder de modo incompatível com a honra dignidade e decoro de suas funções.
>
> **Art. 39-A.** Constituem, também, crimes de responsabilidade do Presidente do Supremo Tribunal Federal ou de seu substituto quando no exercício da Presidência, as condutas previstas no art. 10 desta Lei, quando por eles ordenadas ou praticadas.
>
> Parágrafo único. O disposto neste artigo aplica-se aos Presidentes, e respectivos substitutos quando no exercício da Presidência, dos Tribunais Superiores, dos Tribunais de Contas, dos Tribunais Regionais Federais, do Trabalho e Eleitorais, dos Tribunais de Justiça e de Alçada dos Estados e do Distrito Federal, e aos Juízes Diretores de Foro ou função equivalente no primeiro grau de jurisdição.

As alterações legislativas promovidas no art. 10 da Lei dos Crimes de Responsabilidade pela Lei 10.028/00, dizem respeito ao exercício de cargos de gestão no âmbito do Poder Judiciário, que vão desde a presidência de um tribunal até o juiz diretor de foro, que têm entre suas atribuições a realização de despesas públicas.

Os dispositivos inferidos no ordenamento jurídico referem-se à primazia dos atos de ordenação de despesa pública em relação às normas orçamentárias e fiscais, que são prerrogativas do gestor público que detém a competência para ordenar despesas e execução orçamentária.

A norma no seu aludido dispositivo ficou assim redigida:

> **Art. 10.** *São crimes de responsabilidade contra a lei orçamentária:*
>
> 1) não apresentar ao Congresso Nacional a proposta do orçamento da República dentro dos primeiros dois meses de cada sessão legislativa;
>
> 2) exceder ou transportar, sem autorização legal, as verbas do orçamento;
>
> 3) realizar o estorno de verbas;
>
> 4) infringir, patentemente, e de qualquer modo, dispositivo da lei orçamentária;
>
> 5) deixar de ordenar a redução do montante da dívida consolidada, nos prazos estabelecidos em lei, quando o montante ultrapassar o valor resultante da aplicação do limite máximo fixado pelo Senado Federal;
>
> 6) ordenar ou autorizar a abertura de crédito em desacordo com os limites estabelecidos pelo Senado Federal, sem fundamento na lei orçamentária ou na de crédito adicional ou com inobservância de prescrição legal;
>
> 7) deixar de promover ou de ordenar na forma da lei, o cancelamento, a amortização ou a constituição de reserva para anular os efeitos de operação de crédito realizada com inobservância de limite, condição ou montante estabelecido em lei;
>
> 8) deixar de promover ou de ordenar a liquidação integral de operação de crédito por antecipação de receita orçamentária, inclusive os respectivos juros e demais encargos, até o encerramento do exercício financeiro;
>
> 9) ordenar ou autorizar, em desacordo com a lei, a realização de operação de crédito com qualquer um dos demais entes da Federação, inclusive suas entidades da administração indireta, ainda que na forma de novação, refinanciamento ou postergação de dívida contraída anteriormente;
>
> 10) captar recursos a título de antecipação de receita de tributo ou contribuição cujo fato gerador ainda não tenha ocorrido;
>
> 11) ordenar ou autorizar a destinação de recursos provenientes da emissão de títulos para finalidade diversa da prevista na lei que a autorizou;
>
> 12) realizar ou receber transferência voluntária em desacordo com limite ou condição estabelecida em lei.

Com efeito, se não há previsão de crimes de responsabilidade para magistrados estaduais e parlamentares, depreende-se que a regra de competência prevista no art. 96, III, da Constituição Federal[123], somente tem incidência nos crimes tipificados na legislação ordinária, ou seja: no caso em comento, na Lei 1.079/50, em relação aos juízes estaduais que praticarem crime de responsabilidade no exercício da atividade administrativa de direção do foro.

Dessa maneira, compreende-se que os magistrados de primeiro grau se submetem aos regramentos preceituados pela Lei 8.429/92, conquanto não participem do rol daquelas autoridades que estão sujeitas à Lei 1.079/50, podendo responder por seus atos administrativos na via da ação civil pública de improbidade administrativa.

Assim é que a regra de competência prevista no art. 96, III, da Constituição Federal, apenas alcança os juízes estaduais que cometem crime de responsabilidade no exercício da direção de foro.

Como se percebe, excepcionada, também, a situação dos presidentes do tribunal e de seus substitutos quando no exercício da presidência, permanecendo sem previsão legal as hipóteses de crimes de responsabilidade para os demais desembargadores que são apenas membros dos tribunais.

Infere-se, assim, que não há no ordenamento jurídico nacional a configuração de crimes de responsabilidade de membro de Tribunal de Justiça ou de tribunais federais, o que apenas integre o colegiado, sem exercer a função da sua presidência ou de substituto legal do presidente.

No que se refere aos parlamentares, não é pacífico o entendimento do Supremo Tribunal Federal; assim, deve-se pontuar que não lhes será aplicável a legislação dos atos de improbidade, tanto menos, a dos crimes de responsabilidade, vez que aos atos dos parlamentares do Poder Legislativo estadual e federal, destituídos de probidade, serão imputadas as cominações constitucionais previstas no art. 55 da Carta Política.

Nesse sentido, observou o eminente Ministro Joaquim Barbosa no exercício da relatoria da Questão de Ordem em Petição 3.923-8/SP (Tribunal Pleno – j. em 13.06.2007 – DJe-182 Divulg. 25.09.2008 Public. 26.09.2008), assim:

> [...] Crime de responsabilidade ou impeachment, desde os seus primórdios, que coincidem com o início de consolidação das atuais instituições políticas britânicas na passagem dos séculos XVII e XVIII, passando pela sua implantação e consolidação na América, na Constituição dos EUA de 1787, é instituto que traduz à perfeição os mecanismos de fiscalização postos à disposição do Legislativo para controlar os membros dos dois outros Poderes. Não se concebe a hipótese de impeachment exercido em detrimento de membro do Poder Legislativo. Trata-se de contraditio in terminis. Aliás, a Consti-

123. "***Art. 96.*** *Compete privativamente: I – [...] III – aos Tribunais de Justiça julgar os juízes estaduais e do Distrito Federal e Territórios, bem como os membros do Ministério Público, nos crimes comuns e de responsabilidade, ressalvada a competência da Justiça Eleitoral*".

tuição de 1988 é clara nesse sentido, ao prever um juízo censório próprio e específico para os membros do Parlamento, que é o previsto em seu art. 55. Noutras palavras, não há falar em crime de responsabilidade de parlamentar. 3) Estando o processo em fase de execução de sentença condenatória, o Supremo Tribunal Federal não tem competência para o prosseguimento da execução. O Tribunal, por unanimidade, determinou a remessa dos autos ao juízo de origem.

Convém assinalar que a QOP 3.923/SP tinha como interessado um agente político em pleno exercício do cargo de deputado federal, que fora condenado a ressarcir danos ao erário causados quando exercia mandato de prefeito da cidade de São Paulo, cuja pretensão era que a demanda fosse executada no âmbito da Suprema Corte, sob o argumento da imunidade de foro, mas que decidiu por não dispor desta competência e determinou a remessa para o juízo de primeiro grau.

- "Ação de improbidade administrativa. Magistrado. A decisão que em reclamação declara a competência do Superior Tribunal de Justiça cede ao entendimento do Supremo Tribunal Federal, embora manifestado em outros processos, de que as ações de improbidade administrativa ajuizadas contra membros de tribunal devem ser processadas e julgadas no primeiro grau de jurisdição – tudo porque a incompetência absoluta deve ser proclamada a qualquer tempo, sob pena de resultar em jurisdição, inútil, prestada em processo nulo. Agravo regimental desprovido". (STJ – AgRg no AgRg na AIA. 35/DF – Corte Especial – Rel. Min. Ari Pargendler – j. em 03.02.2014 – DJe 10.02.2014)

- "[...] do disposto no art. 39 da Lei 1.079/50 depreende-se que, com relação aos magistrados, respondem por crime de responsabilidade os ministros do Supremo Tribunal Federal. A partir da vigência da Lei 10.028/2000, com a inclusão do art. 39-A, caput e parágrafo único, ingressaram nesse rol os Presidentes da Suprema Corte e dos Tribunais Superiores, dos Tribunais de Contas, dos Tribunais Regionais Federais, do Trabalho e Eleitorais, dos Tribunais de Justiça e de Alçada dos Estados e do Distrito Federal, bem como os respectivos substitutos quando no exercício da Presidência; e, ainda, os Juízes Diretores de Foro ou função equivalente no primeiro grau de jurisdição. "[...] O membros da magistratura, integrantes das Cortes de Justiça, mas que não se incluem na ressalva dos arts. 39 e 39-A, caput e parágrafo único, da Lei 1.079/50 (com a redação dada pela Lei 10.028/2000), respondem por atos de improbidade, na forma dos arts. 1º e 2º, da Lei nº 8.429/92. [...]". (REsp. 1.133.522/RN – 2ª Turma – Rel. Min. Castro Meira – j. em 07.06.2011 – DJe 16.06.2011)

- "Magistrado não incluído no rol dos arts. 39 e 39-A, da Lei 1.079/50, alterada pela Lei 10.028/00. Lei de improbidade administrativa. Aplicável ao caso dos autos. 1. Cuida-se, na origem, de ação civil pública proposta pelo Ministério Público do Estado do Rio Grande do Norte em face de juiz de direito e outro, pela suposta prática de atos de improbidade administrativa, decorrente de "esquema paralelo" e secreto de interceptações telefônicas. [...] 3. Os membros da magistratura, integrantes das Cortes de Justiça, mas que não se incluem na ressalva dos arts. 39 e 39-A, caput e parágrafo único, da Lei 1.079/50 (com a redação dada pela Lei 10.028/2000), respondem por atos de improbidade, na forma dos arts. 1º e 2º, da Lei 8.429/92. Precedentes: REsp. 1.169.762/RN, Rel. Min. Mauro Campbell Marques, DJe 10/09/2010; REsp. 1.127.542/RN, Rel. Min. Arnaldo Esteves Lima, DJe 12.11.2010; AgRg. no REsp. 1.127.541/RN, Rel. Min. Humberto Martins, DJe 11.11.2010 e REsp. 1.174.603/RN, Rel. Min. Benedito Gonçalves, DJe 16.03.2011. 4. Recurso especial provido". (STJ – REsp. 1133522/RN – Rel. Min. Castro Meira – 2ª Turma – j. em 07.06.2011 – DJe 16.06.2011)

- Magistrado. Polo passivo da ação. Possibilidade. Agente político Ação civil pública de improbidade administrativa. Não enquadramento de juiz na lei de crimes de responsabilidade. Interpretação extensiva. Impossibilidade. Recurso parcialmente conhecido e, nessa extensão, provido. [...] 2. Os crimes de responsabilidades podem ser imputados aos ministros do Supremo Tribunal Federal e, desde a vigência da Lei 10.028/00, aos presidentes e seus substitutos no exercício da Presidência dos Tribunais Superiores, Tribunais de Contas, dos Tribunais Regionais Federais, do Trabalho e Eleitorais, dos Tribunais de Justiça e aos Juízes e Diretores de Foro ou função equivalente no primeiro grau de jurisdição (arts. 39 e 39-A da Lei 1.079/50). 3. Os demais membros da magistratura, que não se enquadram nas hipóteses dos arts. 39 e 39-A da Lei 1.079/50, não respondem por crime de responsabilidade, estando, todavia, sujeitos à lei de improbidade administrativa (Lei 8.429/92). 4. "... as razões de decidir assentadas na Reclamação 2.138 não têm o condão de vincular os demais órgãos do Poder Judiciário, porquanto estabelecidas em processo subjetivo, cujos efeitos não transcendem os limites inter partes" (Rcl 2.197/DF). 5. Recurso parcialmente conhecido e, nessa extensão, provido para determinar a inclusão do recorrido no polo passivo da Ação Civil Pública 001.08.007323-0, em curso na 3ª Vara da Fazenda Pública da Comarca de Natal/RN". (STJ - REsp. 1127542/RN – Rel. Min. Arnaldo Esteves Lima – 1ª Turma – DJe 12.11.2010)

17.2.2. Conselheiro do Tribunal de Contas

- "Ação de improbidade contra conselheiro de Tribunal de Contas. Foro por prerrogativa de função. Inexistência. Incompetência do STJ. Compete às instâncias originárias julgar ação de improbidade administrativa movida contra agente público que detenha foro privilegiado, o qual é restrito à persecução criminal - entendimento firmado pela Corte Especial do STJ no julgamento da Rcl n. 12.514/MT, alinhando-se ao posicionamento do STF. Reclamação julgada improcedente". (STJ - Rcl 8.826/RJ, Rel. Ministro JOÃO OTÁVIO DE NORONHA, CORTE ESPECIAL, julgado em 16/12/2015, DJe 02/02/2016)

17.2.3. Prefeitos, ex-prefeitos e vereadores

A orientação vinculante dos princípios administrativos emanada da Constituição Federal é resguardar a administração pública de condutas contrárias às regras fundamentais norteadoras da atuação estatal, que visa ao interesse público em detrimento de vantagens pessoais de seus agentes.

Nesse norte, a Lei 8.429/92 definiu basicamente três condutas como sendo caracterizadoras de atos de improbidade, quais sejam, aquelas que importam em enriquecimento ilícito (art. 9º); que causam prejuízo ao erário (art. 10); e que atentem contra os princípios da administração pública (art. 11).

Uma das primeiras discussões sobre esse diploma legal tem a ver com a natureza jurídica do direito por ele tutelado, se seria de natureza penal ou civil.

A responsabilidade pela improbidade administrativa se distingue da responsabilização pela realização de ato ilícito penal, até porque o seu caráter de maior relevância é a perquirição do ressarcimento do dano suportado pelo erário, que é imprescritível.

Quanto ao seu sujeito ativo, a norma especial estabeleceu o seu alcance àquelas qualificações de agentes públicos e políticos de forma ampla, que exerçam atividade ou função pública em que possam incorrer em ato de improbidade administrativa nas respectivas condutas por ela traçadas.

O Decreto-lei 201/67 submete os prefeitos, ex-prefeitos e vereadores a um julgamento político, diverso da Lei de Improbidade Administrativa que redunda num julgamento pela via judicial. Logo, essas não conflitam entre si, mas se complementam na medida em que a motivação daquela enseja a aplicação desta pelo mesmo fato.

- Aplicação da lei n. 8.429/1992 aos agentes políticos. Possibilidade. Precedentes do STJ. 1. É firme a jurisprudência do Superior Tribunal de Justiça no sentido de que a Lei de Improbidade Administrativa é aplicável aos agentes políticos, como prefeitos e vereadores, não havendo bis in idem nem incompatibilidade entre a responsabilização política e criminal estabelecida no Decreto-Lei n. 201/1967. 2. O reconhecimento de repercussão geral pelo STF acerca da possibilidade de processamento e julgamento de prefeitos por atos de improbidade administrativa, com base na Lei n. 8.429/1992, nos autos do ARE 683.235/PA (reautuado como RE 976.566), Tema 576, não enseja o sobrestamento dos recursos sobre a matéria, mormente porque o relator do mencionado recurso extraordinário não proferiu decisão determinando a suspensão de todos os processos que tratam do mesmo assunto, nos termos do art. 1.035, § 5º, do CPC/2015. Precedentes desta Corte de Justiça. 3. Agravo interno a que se nega provimento. (STJ - AgInt no REsp 1315863/RJ, Rel. Ministro OG FERNANDES, SEGUNDA TURMA, julgado em 06/03/2018, DJe 13/03/2018)

- "A Corte Especial do Superior Tribunal de Justiça alinhou-se à jurisprudência do Supremo Tribunal Federal no sentido de que a ação de improbidade administrativa deve ser processada e julgada nas instâncias ordinárias, ainda que proposta contra agente político que tenha foro privilegiado no âmbito penal e nos crimes de responsabilidade (AgRg na Rcl 12.514/MT, Relator Ministro Ari Pargendler, DJe de 26.09.2013)." (STJ - EDcl no REsp 1369755/AP, Rel. Ministro OLINDO MENEZES (DESEMBARGADOR CONVOCADO DO TRF 1ª REGIÃO), PRIMEIRA TURMA, julgado em 04/02/2016, DJe 15/02/2016)

  "É pacífico o entendimento no Superior Tribunal de Justiça segundo o qual o conceito de agente público estabelecido no art. 2º da Lei 8.429/92 abrange os agentes políticos, como prefeitos e vereadores, não havendo *bis in idem* nem incompatibilidade entre a responsabilização política e criminal estabelecida no Decreto-Lei 201/67, com a responsabilização pela prática de ato de improbidade administrativa e respectivas sanções civis. (STJ - AgRg no REsp. 1.300.764/SP, Rel. Min. REGINA HELENA COSTA, DJe 26.4.2016).

- "Conforme novel jurisprudência do STF e STJ, o juízo de 1º grau é competente para julgamento de ação de improbidade administrativa, ainda que proposta contra prefeito. Precedentes". (STJ - REsp 1223325/PB, Rel. Ministra ELIANA CALMON, SEGUNDA TURMA, julgado em 05/12/2013, DJe 13/12/2013)

- "Sem prejuízo da responsabilização política e criminal estabelecida no Decreto-lei 201/1967, prefeitos e vereadores também se submetem aos ditames da Lei 8.429/1992, que censura a prática de improbidade administrativa e comina sanções civis, sobretudo pela diferença entre a natureza das sanções e a competência para julgamento. Precedentes do STJ. 5. Agravo Regimental não provido". (STJ – AgRg. no REsp. 1182298/RS – Rel. Min. Herman Benjamin – 2ª Turma – j. em 17.03.2011 – DJe 25.04.2011)

17.3. Vedação de acordo ou conciliação

> **§ 1º É vedada a transação, acordo ou conciliação nas ações de que trata o *caput*.**

A sistemática deste dispositivo veda a transação no processo de improbidade administrativa, que vem a ser uma composição amigável restrita sobre direitos patrimoniais com aplicação para extinguir obrigações litigiosas ou duvidosas, bem como, o acordo ou a conciliação, um ajuste para cessar uma pendência ou demanda.

O impedimento de qualquer desses institutos decorre da indisponibilidade do objeto da ação, a proteção do patrimônio público, este, amparado pelas cláusulas da imprescritibilidade, impenhorabilidade e não oneração.

Cumpre anotar que essa determinação de não consentir na negociação envolvendo entes públicos tem previsão legal também no Código Civil[124], que veta a transação se o litígio versar sobre direitos indisponíveis, porquanto só permite a transação quando volver sobre direitos patrimoniais de caráter privado.

A vedação de transação, acordo ou conciliação não afasta o direito do(s) promovido(s), representado(s) e de eventuais beneficiários da imputação feita para o reconhecimento da procedência do pedido, fator que poderá minimizar a dosimetria de sua pena quando da sua individualização e aplicação.

De modo que, seja pelo reconhecimento total ou parcial da acusação que lhe é feita, poderá o agente, também, colaborar com o esclarecimento dos fatos que permitam a identificação e responsabilização das pessoas pelos atos ilícitos apurados, e diante dessas circunstâncias ter minorada, por indicação do autor da ação, da aplicação das sanções de sua condenação.

Essa possibilidade ocorrer em virtude de que as sanções não são cumulativas, o que permite a definição prévia de sua aplicação nos limites propostos pelo autor da demanda.

A proposição deverá ser tratada já na apresentação da representação ou mediante a sua emenda no decorrer do processo.

- "Não há que se falar em cerceamento de defesa em decorrência da não observância do disposto no art. 331 do Código de Processo Civil, haja vista que o art. 17, § 1º, da Lei 8.429/92 proíbe a transação, acordo ou conciliação nas ações de improbidade administrativa, mormente quando a prova documental acostada for suficiente para o deslinde da causa a justificar o julgamento antecipado do feito". (TRF1 - AC 0000338-15.2005.4.01.3304 / BA, Rel. DESEMBARGADORA FEDERAL MONICA SIFUENTES, TERCEIRA TURMA, e-DJF1 p.3360 de 18/09/2015)

- "Transação. O §1º, do art.17 da Lei n.º 8.429/92 expressamente proíbe a transação, o acordo ou a conciliação nas ações de improbidade - aplicação do princípio da indisponibilidade da demanda coletiva. A ação civil pública é a via adequada para resguardar o erário e garantir a observância dos princípios da legalidade, moralidade e impessoalidade no trato da coisa

124. "***Art. 841****. Só quanto a direitos patrimoniais de caráter privado se permite a transação*".

pública, tendo efeito sobre todos os agentes públicos, inclusive políticos, de que trata o art. 2.º da Lei n.º 8.429/92." (TJMG - Ap Cível/Reex Necessário 1.0313.07.211419-9/003, Relator(a): Des.(a) Albergaria Costa, 3ª CÂMARA CÍVEL, julgamento em 12/12/2013, publicação da súmula em 15/01/2014)

- "Tratando-se de ação de improbidade administrativa, cujo interesse público tutelado é de natureza indisponível, o acordo entre a municipalidade (autor) e os particulares (réus) não tem o condão de conduzir à extinção do feito, porque aplicável as disposições da Lei 8.429/1992, normal especial que veda expressamente a possibilidade de transação, acordo ou conciliação nos processos que tramitam sob a sua égide (art. 17, § 1º, da LIA). O Código de Processo Civil deve ser aplicado somente de forma subsidiária à Lei de Improbidade Administrativa. Microssistema de tutela coletiva. Precedente do STJ. Não é a nomenclatura utilizada na exordial que define a natureza da demanda, que é irrelevante, mas sim o exame da causa de pedir e do pedido. (STJ - REsp 1217554/SP, Rel. Ministra ELIANA CALMON, SEGUNDA TURMA, julgado em 15/08/2013, DJe 22/08/2013)

- "Desnecessária a ratificação da acusação pela nova Administração do Município porque é vedada a transação, acordo ou conciliação da ação de improbidade (art. 17 da Lei n. 8.429/92)." (Apelação Cível Nº 70046627287, Vigésima Primeira Câmara Cível, Tribunal de Justiça do RS, Relator: Marco Aurélio Heinz, Julgado em 04/04/2012)

17.4. Complementação do ressarcimento de dano

§ 2º A Fazenda Pública, quando for o caso, promoverá as ações necessárias à complementação do ressarcimento do patrimônio público.

A disposição deste parágrafo é outorgar à Fazenda Pública o poder--dever de perquirir a restauração integral do patrimônio público afetado pela ação danosa do ato de improbidade perpetrado.

Tem-se, assim, a título de atuação complementar, que cabe à Fazenda Pública exaurir os meios necessários para que o patrimônio público recupere a situação anterior ao fato ilícito que desfalcou a sua riqueza ou valores.

A iniciativa fica, pois, a cargo da Procuradoria Geral da República, do Estado ou do Município em intentar as investigações visando a identificar bens ou valores para o fim de completar na sua inteireza aquilo que não foi possível pela atuação ministerial.

Essa previsibilidade do direito de demandar judicialmente a persecução da integralidade das riquezas do Estado confere à entidade pública lesada no patrimônio sob a sua guarda e responsabilidade uma garantia que afasta qualquer risco de prejuízo residual não abrangido pela atuação ministerial.

Muito provavelmente esse resquício de perda patrimonial deverá se encontrar em poder do agente público ou político, ou ainda, do terceiro particular, portanto, fora do domínio do órgão público que tem o poder-dever de perquiri-lo para o restabelecimento da grandeza desviada.

17.5. Ministério Público como autor da demanda

§ 3º No caso de a ação principal ter sido proposta pelo Ministério Público, aplica-se, no que couber, o disposto no § 3º do art. 6º da Lei nº 4.717, de 29 de junho de 1965.

A Constituição Federal, no art. 129, III, tratando das funções institucionais do Ministério Público, viabiliza a ele a propositura da ação civil pública contra ato de improbidade administrativa para a proteção do patrimônio público e social, numa outorga ampla da sua relevante função de defesa dos interesses da administração pública.

Comentando sobre a Lei 8.429/92, José Galvani Alberton diz o seguinte:

> Soa-nos equivocada a pregação de que somente agora, com o advento da Lei 8.429/92, teria o Ministério Público sido guindado à condição de parte legítima para buscar valores desviados dos cofres públicos; ou ainda de que a ação civil pública ressarcitória, de que trata essa lei, é instituto processual próprio, inconfundível com a ação pública referida no texto constitucional (art. 129, III). A Lei 8.429/92 teria se limitado apenas a reafirmá-la, introduzindo alguns adornos de ordem processual, como, por exemplo, a possibilidade de, além do procedimento dos bens e da obrigação de reparar o dano, cominar-se judicialmente as penas correspondentes à perda da função pública, a suspensão dos direitos políticos, a multa civil e outras medidas restritivas de direitos previstas no art. 12, I, II e III, do referido diploma.

Anote-se que a Lei de Improbidade Administrativa, no seu art. 22, outorga poderes ao Ministério Público para requisitar a instauração de inquérito policial ou procedimento administrativo para apurar qualquer ilícito prescrito na mesma.

Não se pode deixar de compreender que dentre as funções do *Parquet* está a defesa dos direitos difusos vinculados à tutela da probidade administrativa, assim entendidos, para efeitos legais, os transindividuais, de natureza indivisível, de que sejam titulares pessoas indeterminadas e ligadas por circunstâncias de fato, a exemplo dos contribuintes dos tributos nacionais, estaduais e municipais que congregam os seus interesses na representatividade de seus administradores públicos.

Com efeito, é indene de dúvida a legitimidade ativa do Ministério Público para o ajuizamento de demandas judiciais contra ato de improbidade administrativa.

O texto legal estabelece que, na hipótese de a ação de improbidade ter sido proposta pelo Ministério Público, aplica-se, no que couber, a regra disposta no § 3º do art. 6º da Lei de Ação Popular (Lei 4.717/65)[125], no que concerne à posição a

125. *"**Art. 6º**: (...) § 3º. A pessoa jurídica de direito público ou de direito privado, cujo ato seja objeto de impugnação, poderá abster-se de contestar o pedido, ou poderá atuar ao lado do autor, desde que isso se afigure útil ao interesse público, a juízo do respectivo representante legal ou dirigente".*

ser adotada pela entidade pública ou pessoa jurídica de direito privado interessada em atuar na relação processual instaurada.

Note-se que a normatividade referida confere ao ente público ou à pessoa jurídica de direito privado, a exemplo de uma sociedade de econômica mista, cujo ato de seus dirigentes ou representantes legais seja objeto da impugnação que, inicialmente, figura no polo passivo da demanda judicial indicado pelo autor, no caso o Ministério Público, em escolher a posição que se afigure útil ao interesse público.

Com essa faculdade de opção processual, poderá abster-se de contestar o pedido, omitindo-se, e continuar na condição jurídica de promovida ou ré, ou aderir à petição inicial para figura ao lado do autor como litisconsorte ativo.

A primeira alternativa parece arriscada do ponto de vista da responsabilidade pública, imposta ao agente público ou político em velar pelos princípios da legalidade e da moralidade, definida pelo art. 4º da LIA, além dos deveres estabelecidos pelo Estatuto do Servidor Público, de ser leal às instituições a que servir e observar as normas legais e regulamentares (art. 116, II e III), e ainda mais, quando há o imperativo da imparcialidade e da honestidade escudado no art. 11 da LIA, a se configurar pela omissão do agente na violação desses deveres em geral.

Esse questionamento poderá projetar uma conivência ou ação articulada de negatividade ativa, para ocultar fatos importantes do ato impugnado sob a responsabilidade dos dirigentes das entidades referidas, ao optar pela abstinência processual na omissão de contestar a ação negando-se em contribuir para o esclarecimento e apuração completa do fato ilícito.

O poder-dever de agir inerente a toda autoridade pública tem o significado de exercitar a sua prerrogativa em benefício do interesse da administração pública, não lhe sendo facultado o direito a sua renúncia ou fazer liberalidade com deveres administrativos nem atuar como instrumento de cortesias no exercício da função pública.

Sobreleva anotar que o dirigente da pessoa jurídica de direito público ou privado, detém sob a sua guarda e responsabilidade todas as informações e documentos indispensáveis à elucidação de eventos danosos à ordem jurídica ou ao erário, sendo-lhe dever de trabalhar em parceria com o autor da ação, o Ministério Público, para uma conclusão com exatidão da responsabilidade perquirida na ação de improbidade administrativa.

Evidentemente, se a demanda for julgada procedente, abre-se espaço para o enquadramento desses dirigentes estatais em outras condutas típicas afora aquelas abarcadas pela peça vestibular devido a uma omissão velada com o propósito de ocultação da ilicitude e da violação dos deveres acima proclamados.

Essa dedução desenha um cenário de manifesto interesse desses dirigentes omissos em não colaborar com os propósitos superiores da apuração efetiva do ato ilícito, refletindo uma sombra permeável de receio pessoal em desfavor do interesse da administração pública.

Depreende-se da leitura deste dispositivo legal que a presença da entidade pública ou pessoa jurídica de direito privado, interessada ou lesada, apresenta-se na relação processual da ação de improbidade administrativa como litisconsorte passivo facultativo, enquanto eventuais beneficiários diretos e indiretos do ato, e os agentes a ele relacionados, de forma direta ou indireta, mas com influência ou participação, figuram na condição de litisconsortes passivos necessários.

Como se vê, a pessoa jurídica interessada é reconhecida na qualidade de litisconsorte facultativo na relação processual integrante da ação de improbidade administrativa afastando-se, assim, qualquer vício do processo devido à ausência de sua citação para integrar a lide.

Por um lado, deve o Ministério Público inserir no seu pedido a citação da pessoa jurídica interessada devido ao interesse jurídico evidente que norteia a relação causal dela com o fato impugnado, inclusive para futura análise do comportamento omissivo, se for o caso.

Por outro lado, mas de forma convergente ao propósito investigatório, mesmo não sendo citada, a pessoa jurídica de direito público ou privado, poderá ingressar na lide na condição de assistente nos termos do art. 50 do Código de Processo Civil[126] ou mesmo como litisconsorte ativo na referida ação.

- Legitimidade ativa do Ministério Público. Lei 8.429/1992. Aplicabilidade aos agentes políticos. Dolo. Aferição. 1. É firme desta Corte o «entendimento no sentido de que ‹é cabível a propositura de ação civil pública que tenha como fundamento a prática de ato de improbidade administrativa, tendo em vista a natureza difusa do interesse tutelado. Também mostra-se lícita a cumulação de pedidos de natureza condenatória, declaratória e constitutiva nesta ação, porque sustentada nas disposições da Lei n. 8.429/92» (REsp 757.595/MG, Rel. Ministro LUIZ FUX, PRIMEIRA TURMA)» (REsp 1.516.178/SP, Rel. Ministro HUMBERTO MARTINS, SEGUNDA TURMA, DJe 30/06/2015). Assim, pode-se concluir que o Ministério Público é parte legítima para pleitear o ressarcimento de dano ao erário sempre que o ato ilícito subjacente à lesão seja a prática de ato ímprobo. Ademais, na hipótese vertente, o pedido deduzido pelo Parquet Estadual, qual seja, o de aplicação das penalidades previstas na Lei de Improbidade Administrativa (na qual se inclui o ressarcimento ao erário), coaduna-se perfeitamente com o expediente processual adotado pelo autor. (STJ - AgInt nos EDcl no AREsp 437.764/SP, Rel. Ministro SÉRGIO KUKINA, PRIMEIRA TURMA, julgado em 27/02/2018, DJe 12/03/2018)
- "O Ministério Público não possui legitimidade extraordinária para promover Ação de Execução de título formado por decisão do Tribunal de Contas do Estado, com vista a ressarcir o Erário. Precedentes: 1.464.226/MA, Rel. Ministro Mauro Campbell Marques, Segunda Turma, DJe 26.11.2014 e AgRg no REsp 1.381.289/MA, Rel. Ministro Humberto Martins, Segunda Turma, DJe 11.12.2014. O Supremo Tribunal Federal, em julgamento de recurso submetido ao rito de repercussão geral, estabeleceu que a execução de multa aplicada pelo Tribunal de Contas pode ser proposta apenas pelo ente público beneficiário da condenação, bem como expressamente afastou a legitimidade ativa do Ministério Público para a referida execução

126. "***Art. 50.*** *Pendendo uma causa entre duas ou mais pessoas, o terceiro, que tiver interesse jurídico em que a sentença seja favorável a uma delas, poderá intervir no processo para assisti-la.*

Parágrafo único. *A assistência tem lugar em qualquer dos tipos de procedimento e em todos os graus da jurisdição; mas o assistente recebe o processo no estado em que se encontra*".

(ARE 823.347 RG/MA, Tribunal Pleno, Rel. Min. Gilmar Mendes, DJE DE 28.10.2014). (STJ - REsp 1642714/MA, Rel. Ministro HERMAN BENJAMIN, SEGUNDA TURMA, julgado em 16/02/2017, DJe 06/03/2017)

- " O Supremo Tribunal Federal, ao analisar o ARE 823.347/MA sob a sistemática do art. 543-B do CPC, reafirmou sua jurisprudência no sentido da ilegitimidade do Parquet para propor a execução de valores consubstanciados em títulos extrajudiciais oriundos de decisões de Tribunais de Contas. Ressaltou, ainda, o Pretório Excelso que a ação executiva apenas pode ser proposta pelo ente público beneficiário da condenação imposta. (STJ - AgRg no REsp 1223287/MA, Rel. Ministro NAPOLEÃO NUNES MAIA FILHO, PRIMEIRA TURMA, julgado em 23/02/2016, DJe 04/03/2016)

- "O Ministério Público do Trabalho não possui legitimidade ativa para a propositura de ação civil pública por ato de improbidade administrativa que visa unicamente à proteção do erário estadual e dos princípios que regem a Administração Pública, sem ter por fim a defesa de qualquer direito ou interesse de natureza trabalhista. Confirmação da legitimidade *ativa ad causam* do Ministério Público do Estado do Rio de Janeiro e da competência da Justiça Estadual desse ente federado para julgar a causa." (STF - ARE 798293 AgR, Relator(a): Min. TEORI ZAVASCKI, Segunda Turma, julgado em 08/09/2015, ACÓRDÃO ELETRÔNICO DJe-188 DIVULG 21-09-2015 PUBLIC 22-09-2015)

- "O Ministério Público é parte legítima para ajuizar ação civil pública objetivando tutelar o patrimônio público, inclusive o Erário, bem como apurar eventual ato de improbidade administrativa cometido por prefeito de município. Precedentes desta Corte". (STJ – AgRg. no Ag. 1056555 / SP – 2ª Turma – DJe 16.09.2009 – Rel. Min. Mauro Campbell Marques)

- "O Ministério Público detém legitimidade para ajuizar ação civil pública, objetivando a devolução de valores pagos indevidamente a servidores estaduais, ainda que não se configure ato de improbidade administrativa. Incidência da Súmula 329/STJ". (STJ – REsp. 1058053 / MG – 2ª Turma – DJe 08.09.2009 – Relª. Minª. Eliana Calmon)

- "Prosseguindo o julgamento, a Turma, por maioria, reconheceu a legitimidade do Ministério Público para propor ação civil pública, visando resguardar a integridade do patrimônio público atingido porque a companhia de habitação popular, que é sociedade de economia mista, firmou contratos de efeitos financeiros sem licitação e com ausência dos predicados legais para essa dispensa. Outrossim afirmou-se que o fato de o Tribunal de Contas ter apreciado os contratos administrativos não impede o exame em ação civil pública pelo Judiciário". (STJ – REsp. 403.153-SP – 1ª Turma – Rel. Min. José Delgado – j. em 09.09.2003)

- "O cerne da questão restringe-se a saber se o Ministério Público tem legitimidade para ajuizar ação civil pública proposta para retirar dizeres dos atos, programas, obras e serviços da prefeitura que indicam as iniciais do nome e prenome do prefeito. Renovado o julgamento, a Turma, por maioria, reconheceu a legitimidade do Ministério Público a toda e qualquer demanda que vise à defesa do patrimônio público, tanto sob o aspecto material (perdas e danos) quanto o imaterial (lesão à moralidade). Ressaltou-se que o dinheiro público gasto com propaganda pessoal pelo ocupante de cargo executivo enquadra-se como impropriedade, podendo exsurgir a responsabilização via ação popular ou ação civil. Precedentes citados: REsp. 291.747/SP, DJ 18.03.2002, e REsp. 261.691/MG, DJ 05.08.2002". (STJ – REsp. 427.140/RO – Rel. originário Min. José Delgado – Rel. para acórdão Min. Luiz Fux – j. em 20.05.2003 – 1ª Turma)

- "(...) a teor dos arts. 17, § 3º da Lei 8.429/92, 6º, § 3º da Lei 4.717/65 e art. 5º, § 2º da Lei da Ação Civil Pública, havendo interesse público – entendido este como a possibilidade da decisão da causa produzir reflexos na esfera administrativa - pode a pessoa jurídica de direito público ingressar no feito como litisconsorte, ativa ou passivamente. (...)". (TJSC, AI 2002.000194-5, de Chapecó, Rel. Des. Volnei Carlin, j. em 06.06.2002). (NTJSC – Ag. de Inst. 2012.086624-7/ Xanxerê – Rel. Des. Sérgio Roberto Baasch Luz – j. em 08.04.2014)

- "O Ministério Público tem legitimidade *ad causam* para a propositura de ação civil pública objetivando o ressarcimento de danos ao erário, decorrentes de atos de improbidade. É imprescritível a ação civil pública de ressarcimento de danos causados ao erário por atos de improbidade administrativa (art. 37, § 5º, da CF). Precedentes." (STJ - AgRg no AREsp. 76.985/ MS - 2ª Turma - Rel. Min. Cesar Asfor Rocha - j. em 03.05.2012 - DJe 18.05.2012)
- Na ação civil pública de improbidade administrativa proposta pelo Ministério Público, a falta de citação da pessoa jurídica interessada não tem o condão de provocar a nulidade do processo. (TJMG - Ap. Cív.1.0499.09.012063-9/003 - 8ª Câmara Cível - Rel. Des. Bitencourt Marcondes - j. em 29.09.2011 - publicação da Súmula em 05.03.2012)
- "[...] não há, na Lei de Improbidade, previsão legal de formação de litisconsórcio entre o suposto autor do ato de improbidade e eventuais beneficiários, tampouco havendo relação jurídica entre as partes a obrigar o magistrado a decidir de modo uniforme a demanda, o que afasta a incidência do art. 47 do CPC' [...]". (REsp 896044 PA - 2ª Turma - Rel. Min. Herman Benjamin - j. em 16.09.2010 - DJe 19.04.2011)
- "Na ação civil pública de improbidade administrativa proposta pelo Ministério Público, a falta de citação do Município interessado, por se tratar de litisconsorte facultativo, a teor do disposto no art. 17, § 3º, da Lei 8.429/92, com a nova redação dada pelo art. 11 da Lei 9.366, de 1.996, não tem o condão de provocar a nulidade do processo". (STJ - REsp. 886524 / SP - 2ª Turma - DJ 13.11.2007 p. 524 - Rel. Min. João Otávio de Noronha)
- "Citação. Município. Litisconsorte. Desnecessidade. Ad argumentandum tantum, ainda que transposto o óbice da Súmula 211/STJ, melhor sorte não socorre o recorrente no que pertine à aventada à necessidade de citação do Município, na qualidade de litisconsorte passivo necessário, notadamente porque o acórdão local afastou o interesse da Municipalidade, sob a alegação de inexistência de qualquer "fagulha de interesse do Município em suportar a defesa de seus representantes em ação que visa a imposição de pena por menoscabo à prática de atos que lhe são inerentes pela condição de Prefeito (prestação de contas), e que visam a preservação da transparência na Administração", o que evidentemente denota incursão em matéria de índole fática, interditada em sede de recurso especial pela Súmula 7/STJ". (STJ - REsp. 703953 / GO - 1ª Turma - DJ 03.12.2007, p. 262 - Rel. Min. Luiz Fux)
- "Autor. Ministério Público. Entidade Pública. Litisconsorte passivo facultativo. Ademais, aplica-se à espécie o verbete contido na Súmula 168/STJ pois as duas turmas de direito público desta Corte perfilharam o entendimento de que "na ação civil por ato de improbidade, quando o autor é o Ministério Público, pode o Município figurar, no polo ativo, como litisconsorte facultativo art. 17, § 3º, da Lei 8.429/92, com a redação da Lei 9.366/96, não sendo hipótese de litisconsórcio necessário". REsp. 319.009/RO - 2ª Turma - Rel. Min. Eliana Calmon - DJU de 04.11.2002; cf. REsp. 408.219/SP - 1ª Turma - Rel. Min. Luiz Fux - DJU de 14.10.2002". (STJ - AgRg. nos EREsp. 329.735/RO - 1ª Seção - DJ 14.06.2004 - p. 154 - Rel. Min. Castro Meira)

17.5.1. Ministério Público na condição de custos legis

§ 4º O Ministério Público, se não intervir no processo como parte, atuará obrigatoriamente, como fiscal da lei, sob pena de nulidade.

O texto legal trata da exigibilidade de o Ministério Público intervir no processo de ação de improbidade administrativa quando não for o autor da mesma, sob pena de nulidade do processo. É, portanto, imprescindível que o promotor de justiça atue no desenrolar da tramitação processual emitindo parecer, requerendo diligências e as providências que julgar necessárias ao regular desenvolvimento processual visando à viabilidade jurídica do pedido inicial de forma total ou parcial. Evidentemente que, em homenagem a seu livre convencimento e convicções jurídicas à luz do conjunto probatório, poderá o *Parquet* opinar pela improcedência ou pelo não conhecimento da petição inicial.

Devido a essa obrigatoriedade ministerial, é que, após a apresentação da defesa prévia, deve-se-lhe abrir vista dos autos para emissão de parecer, ante a possibilidade da rejeição da representação no juízo de admissibilidade, porquanto estaria assegurada a sua manifestação para o aperfeiçoamento da garantia do contraditório e do devido processo legal.

Com efeito, a ausência de intimação do representante ministerial acarreta nulidade absoluta do processo e dos atos processuais, cuja indispensabilidade da sua participação deriva do fato de a natureza da demanda ser do interesse público, além de afastar qualquer manobra, esmorecimento, falhas ou omissões de agentes vinculados à pessoa jurídica autora da ação ao normal desenvolvimento da mesma.

Ao representante do Ministério Público é assegurada a prerrogativa de ter vista dos processos fora dos cartórios e secretarias, e também, intimação pessoal dos atos processuais que lhe são dirigidos.

É pertinente frisar que o representante do Ministério Público, atuando na função de fiscal da lei, tem legitimidade para interpor recurso (art. 996 do CPC)[127], mesmo que o promotor de justiça antecedente tenha emitido parecer em sentido contrário ao objeto do apelo, por não haver vinculação àquela manifestação conflitante.

- "Nas ações civis de improbidade administrativa, é obrigatória a intervenção do Ministério Público, tendo em vista o que dispõe o art. 17, § 4º, da Lei nº 8429/92. O Órgão Ministerial deve ser intimado de todos os atos processuais, sendo que a ausência de tal providência é causa de nulidade absoluta". (STJ - AgInt no REsp 1697728/PB, Rel. Ministro MAURO CAMPBELL MARQUES, SEGUNDA TURMA, julgado em 21/06/2018, DJe 27/06/2018)

- "O Ministério Público, se não intervir no processo como parte, atuará obrigatoriamente, como fiscal da lei, sob pena de nulidade (art. 17, § 4º, da Lei 8.429/92). Havendo interesse público na defesa do patrimônio público lesionado é obrigatória a intervenção do Ministério Público na causa, caracterizando nulidade a ausência de intimação do Parquet. 3. Sentença anulada com o consequente retorno dos autos ao juízo a quo para intimação do Ministério Público e regular prosseguimento do feito." (TRF1 - AC 0005540-29.2013.4.01.4003 / PI, Rel. DESEMBARGADORA FEDERAL MONICA SIFUENTES, Rel.Conv. JUÍZA FEDERAL ROSIMAYRE GONÇALVES DE CARVALHO (CONV.), TERCEIRA TURMA, e-DJF1 de 19/05/2016)

- "O fato de a pessoa jurídica de Direito Público figurar na lide, ou de haver interesse patrimonial da Fazenda Pública, não configura, por si só, justificativa para a intervenção do Ministério Público, nos moldes do art. 82, III, do CPC. Deve-se analisar, caso a caso, qual a ordem de interesse objeto da demanda. Tratando-se de interesse público meramente secundário, a intervenção do

127. *Art. 996. O recurso pode ser interposto pela parte vencida, pelo terceiro prejudicado e pelo Ministério Público, como parte ou como fiscal da ordem jurídica. Parágrafo único. Cumpre ao terceiro demonstrar a possibilidade de a decisão sobre a relação jurídica submetida à apreciação judicial atingir direito de que se afirme titular ou que possa discutir em juízo como substituto processual.*

Ministério Público, como custos legis, não se torna imprescindível a ponto de gerar nulidade processual absoluta." (STJ - AgRg no REsp 1152116/GO, Rel. Ministro HUMBERTO MARTINS, SEGUNDA TURMA, julgado em 08/06/2010, DJe 21/06/2010)

- "A não intimação do Ministério Público, para intervir como custos legis, nos termos do artigo 5º, § 1º da Lei n.º 7.347/85, leva a nulidade parcial do feito, a partir do momento em que o *Parquet* deveria ter intervido". (TJMG - Reexame Necessário-Cv 1.0778.03.003226-3/001, Relator(a): Des. (a) Sandra Fonseca, 6ª CÂMARA CÍVEL, julgamento em 31/01/2012, publicação da súmula em 10/02/2012)
- "Ministério Público. *Custos legis*. Legitimidade. Recurso. Súmula 99 do STJ: O Ministério Público tem legitimidade para recorrer no processo em que oficiou como fiscal da lei, ainda que não haja recurso da parte".
- "Ministério Público. Fiscal da lei. Intervenção. Ação Civil Pública. Legitimidade. Constitucional. Ministério Público. Ação Civil Pública para proteção do patrimônio público. Art. 129, iii, da cf. Legitimação extraordinária conferida ao órgão pelo dispositivo constitucional em referência, hipótese em que age como substituto processual de toda a coletividade e, consequentemente, na defesa de autêntico interesse difuso, habilitação que, de resto, não impede a iniciativa do próprio ente público na defesa de seu patrimônio, caso em que o Ministério Público intervirá como fiscal da lei, pena de nulidade da ação (Lei 8.429/92, art. 17, § 4º)". (STF – RE 208.790/ SP – Rel. Min. Ilmar Galvão – j. em 27.09.2000 – Tribunal Pleno)
- "O Órgão do Ministério Público não está vinculado à manifestação anterior de outro promotor, podendo recorrer, se com ela não estiver de acordo". (RJTJESP 96/189)
- "Ministério Público. Legitimidade. Interesse. A legitimidade não se confunde com o interesse. O Ministério Público pode ter legitimidade, mas não ter interesse para recorrer no caso concreto". (RSTJ 18/429)
- "Ministério Público. Interesse. Ausência. Recurso. O Ministério Público não tem interesse em recorrer de decisão que favorece quem devia defender". (RJTJESP 134/171)

17.6. Prevenção, continência e conexão

§ 5º A propositura da ação prevenirá a jurisdição do juízo para todas as ações posteriormente intentadas que possuam a mesma causa de pedir ou o mesmo objeto.

A prevenção jurisdicional é a prefixação da competência judicante para a pluralidade de ações que venham a ser propostas com a mesma causa de pedir ou o mesmo objeto do pedido, para conferir àquele primeiro juiz que dela tomou conhecimento em relação aos demais da mesma graduação, a competência para todas as demais ações.

Prevenção, na linguagem forense, é a designação conferida ao ato processual de tomar conhecimento, em primeiro lugar de uma demanda cuja competência em razão da matéria estaria aberta a qualquer dos juízes de uma mesma jurisdição, tornando-o assim prevento, para conhecer das demais ações propostas.

Desse modo, trata-se da reunião de todas as demandas que envolvam o fundamento, motivo ou origem do pedido ou a pretensão acerca da prestação jurisdicional pertinente, assemelhada, mesmo que se afigurem pessoas diversas em um de seus polos, mas que tenham idêntica causa de pedir ou o mesmo objeto do pedido.

Na hipótese do ajuizamento de uma ação de improbidade administrativa pelo Ministério Público, e se posteriormente houver outra proposição intentada pela pessoa jurídica interessada, esta será redistribuída para o juízo para o qual a ação primeira foi distribuída.

A regra é absoluta, independente de que este ou aquele juiz tenha despachado primeiro nos autos; o que prevalecerá é a data da distribuição como marco para definir o juízo prevento (art. 59 do CPC).

O escopo desta norma é evitar decisões contraditórias sobre uma mesma causa de pedir ou que tenha o mesmo objeto, afastando, assim, posições conflitantes de juízes sobre o mesmo assunto ou matéria.

Assim, a competência estará sujeita a ser modificada pelo instituto da conexão que objetiva a reunião de processos para a realização de um julgamento unitário, permitindo desse modo, economia processual e maior segurança no deslinde da causa.

A conexão sugere a existência de pluralidade de ações distintas com objeto comum ou a causa de pedir, cujo fato jurídico processual determina a modificação da competência para que sejam reunidas no juízo considerado competente, e neste, alcançadas por uma decisão única para evitar julgamentos controvertidos.

Já a continência configura-se quando uma situação processual se encontra contida em outra, de maior amplitude, de grandeza quantitativa no objeto, não podendo neste caso haver separação do feito, implicando, assim, a modificação da competência do juízo. O ajuizamento de uma ação continente com outra já proposta importa na sua distribuição por dependência.

Infere-se, com efeito, que se almeja com a reunião de causas conexas ou continentes para tramitarem perante o juízo que primeiro conheceu de qualquer delas para se afastar o risco de decisões contraditórias sobre a mesma matéria.

A título de exemplificação, tome-se como fato uma comarca com várias varas de Fazenda Pública que são competentes para processar e conhecer as ações de improbidade administrativa; assim, o juiz de qualquer dessas varas que receber uma ação de improbidade será o prevento, ocorrendo posteriores distribuições de ações que tenham a mesma causa de pedir ou objeto do pedido.

Anote-se que nos termos do texto da lei de improbidade administrativa, o que torna prevento o juízo é a simples propositura da ação, como delineia o art. 312 do Código de Processo Civil[128].

---

128. *ART. 312. Considera-se proposta a ação quando a petição inicial for protocolada, todavia, a propositura da ação só produz quanto ao réu os efeitos mencionados no art. 240 depois que for validamente citado.*

- "Consoante bem destacado pelo Juízo suscitante, o caput do artigo 12 da Lei nº 8.429/92 evidencia a autonomia e a independência do sistema sancionatório por improbidade administrativa em relação ao criminal, civil e mesmo quanto ao administrativo previsto em legislação específica. Desse modo, versando a ação de invalidade sobre o sistema normativo inscrito na Lei nº 8.112/90, notadamente diverso da lei de improbidade administrativa, não há falar em conexão de causas, tampouco em risco de prolação de decisões conflitantes ou contraditórias acaso decididos os feitos separadamente. Procedente o conflito negativo de competência, com o reconhecimento da competência do Juízo suscitado. (TRF4 5024115-21.2018.4.04.0000, SEGUNDA SEÇÃO, Relatora MARGA INGE BARTH TESSLER, juntado aos autos em 12/07/2018)

- "Na apreciação da temática envolvendo conexão de ações e prevenção de Juízo, deve-se ter em conta o princípio do juiz natural (art. 5º, XXXVII e LIII, da CR/88), que assegura a todos processo e julgamento perante juiz independente e imparcial, com competência prévia e objetivamente estabelecida no texto constitucional e na legislação pertinente, vedados os juízos ou tribunais de exceção. A Lei n. 8.429/92 (Lei de improbidade Administrativa - LIA), bem como a Lei 7.347/85 (Lei da Ação Civil Pública - LACP), em suas redações originais, não continham norma específica acerca de prevenção e de conexão, sendo aplicado, nas ações de improbidade administrativa, supletiva e subsidiariamente, por força do art. 19 da LACP, o disposto nos arts. 105 e 103 do Código de Processo Civil/1973. Com a Medida Provisória n. 2.180-35/2001, vigente por força da Emenda Constitucional n. 32/2001, as Leis ns. 8.429/92 e 7.347/85 passaram a contar com previsão expressa a respeito, respectivamente nos arts. 17, § 5º e 2º, parágrafo único, cuja aplicação, pelo princípio da especialidade, afasta a incidência das normas gerais, previstas nos arts. 103 do Códigos de Processo Civil/1973 e 76 do Código de Processo Penal. Embora a redação seja semelhante, impende reconhecer, sob pena de concluir-se pela inutilidade da alteração legislativa efetuada, que os critérios configuradores da conexão entre ações de improbidade administrativa, aptos a determinar prevenção de Juízo, nos termos do art. 17, § 5º da LIA (mesma causa de pedir ou mesmo objeto), são mais rígidos que os previstos na regra geral do art. 103 do Código de Processo Civil/1973. Não se configurando a mesma causa de pedir nem o mesmo objeto entre as ações de improbidade administrativa, não incide a regra de prevenção prevista no art. 17, § 5º, da LIA, impondo-se a livre distribuição por sorteio entre os Juízos competentes. (STJ - REsp 1540354/PR, Rel. Ministra REGINA HELENA COSTA, PRIMEIRA TURMA, julgado em 19/05/2016, DJe 27/05/2016)

- "O reconhecimento de conexão justificadora da reunião dos feitos exige a constatação da identidade de objetos ou causas de pedir e a caracterização de risco de prolatação de decisões conflitantes. Constatado no processado que ambos os feitos buscam o esclarecimento da legitimidade da cumulação de cargos públicos com jornadas laborais em princípio inconciliáveis, remanesce caracterizada a conexão, máxime ante o concreto risco de prolatação de decisões conflitantes. - Conflito de competência rejeitado". (TJMG - Conflito de Competência 1.0000.16.039743-6/000, Relator(a): Des.(a) Corrêa Junior, 6ª CÂMARA CÍVEL, julgamento em 25/10/2016, publicação da súmula em 01/11/2016)

- "A unificação de processos só deve ser admitida quando esta resultar em proveito para as partes, e para o próprio Judiciário, com a dispensa de procedimentos repetitivos, e permitindo a conclusão das demandas de forma mais eficaz e com menos oneração para todos". (TJMG - Agravo de Instrumento-Cv 1.0525.09.174475-1/001, Relator(a): Des.(a) Dárcio Lopardi Mendes, 4ª CÂMARA CÍVEL, julgamento em 26/02/2015, publicação da súmula em 04/03/2015)

- "A Primeira Seção consignou que "o mero ajuizamento da ação pelo Ministério Público Federal, por entender estar configurado ato de improbidade administrativa, fixa a competência na Justiça Federal (AgRg no AgRg no CC 104.375/SP, Rel. Ministro Humberto Martins, Primeira Seção, DJe 4.9.2009)". Nesse sentido: AgRg no CC 122.629/ES, Rel. Ministro Benedito Gonçalves, Primeira Seção, DJe 2.12.2013, CC 40.534/RJ, Rel. Min. Teori Albino Zavaski, DJU de 17.5.04, AgRg no CC 107.638/SP, Rel. Ministro Castro Meira, Primeira Seção, DJe 20.4.2012 e REsp 1.249.118/ES, Rel. Ministro Herman Benjamin, Segunda Turma, DJe 28.11.2014.

- "Havendo conexão ou continência, o juiz, de ofício ou a requerimento de qualquer das partes, pode ordenar a reunião de ações propostas em separado, a fim de que sejam decididas simultaneamente" (CPC, art. 105). Embora o julgamento simultâneo seja a providência recomendada pelo art. 105 do CPC, a fim de evitar decisões conflitantes, sua inobservância, por si só, não gera a nulidade das sentenças proferidas em separado. Em outras palavras: o fato de existirem sentenças distintas para ações conexas não enseja a nulidade dos julgados se as decisões não forem conflitantes; é o antagonismo dos julgados que macula o princípio da segurança jurídica. No particular, o conflito existente entre as sentenças proferidas na ação de improbidade e na ação civil pública torna impositiva a cassação das decisões para que seja considerada a continência entre os pedidos de ressarcimento ao erário formulados nas duas demandas. A ilegalidade dos contratos administrativos celebrados mediante indevida dispensa de licitação está comprovada: houve violação aos artigos 24 (situação de emergência artificialmente engendrada para fins ilícitos) e 26 (inobservância dos requisitos necessários para a validade do procedimento de dispensa) da Lei n. 8666/93. (TJDFT - Acórdão n.796214, 20060110201680APC, Relator: WALDIR LEÔNCIO LOPES JÚNIOR, Revisor: J.J. COSTA CARVALHO, 2ª Turma Cível, Data de Julgamento: 07/05/2014, Publicado no DJE: 13/06/2014. Pág.: 62)

17.7. Ação de improbidade administrativa e ação popular

A Constituição Federal conferiu à ação civil pública e à ação popular, como instrumentos constitucionais processuais destinados à tutela do patrimônio e da moralidade pública, entre outras, as atribuições especiais relativas à administração pública.

Alguns aspectos importantes merecem distinção entre a ação popular e a ação civil pública, dentre as quais, a legitimação ativa daquela conferida exclusivamente ao cidadão (art. 5º, LXXIII, CF); para a proposição de ação civil pública estão legitimadas aquelas autoridades ou entidades previstas no art. 5º da Lei 7.347/85[129], e na lei de improbidade administrativa estão habilitados apenas o Ministério Público e a pessoa jurídica interessada (art. 17).

Como se vê, há induvidosa distinção quanto à legitimação propositiva das aludidas demandas; enquanto numa, é privativa do cidadão, na outra, ele é excluído.

A ação popular é de natureza desconstitutiva quando visa à anulação ou declaração de nulidade de atos, e condenatória, ao determinar o pagamento de perdas

---

129. "**Art. 5º**. Têm legitimidade para propor a ação principal e a ação cautelar:

I - o Ministério Público;

II - a Defensoria Pública;

III - a União, os Estados, o Distrito Federal e os Municípios;

IV - a autarquia, empresa pública, fundação ou sociedade de economia mista;

V - a associação que, concomitantemente:

a) esteja constituída há pelo menos 1 (um) ano nos termos da lei civil;

b) inclua, entre suas finalidades institucionais, a proteção ao meio ambiente, ao consumidor, à ordem econômica, à livre concorrência ou ao patrimônio artístico, estético, histórico, turístico e paisagístico".

e danos quando julgada procedente; já a ação civil pública comporta a condenação à obrigação de fazer ou não fazer.

Convém assinalar que a ação de improbidade administrativa tem um leque mais amplo, que engloba o perdimento de bens, ressarcimento de dano, perda da função pública, suspensão dos direitos políticos, pagamento de multa civil e proibição de contratação com o Poder Público, logo, muito mais ampla na sua consecução de tutela do erário, de modo que, sendo bem mais amplo o espectro da ação de improbidade administrativa, não há empeço do ajuizamento de ações civis e populares com idêntica causa de pedir, visto que a previsão legal de suas cargas decisórias não guarda similaridade, mas diversidade nos objetos de seus pedidos, não ensejando, por conseguinte, inviabilidade alguma de suas proposições sobre a mesma matéria e causa.

Cumpre dizer que não há incompatibilidade nos seus focos, mas a de maior abrangência complementa a de menor alcance, sem lhe retirar o efeito jurídico da indenização por perdas e danos, não previsto naquela outra.

Note-se que a ação de improbidade administrativa tem, dentre as suas finalidades, não alcançadas pelas outras nominadas, a reprimenda à conduta ímproba com a aplicação de sanções funcionais, pessoais e de ordem política, mas não tem conteúdo indenizatório.

Entrementes, a ação popular tem esse alvo de perdas e danos, embora não tenha a natureza punitiva do conjunto sancionatório da ação de improbidade administrativa.

Há também que destacar que a lei que versa sobre ação civil pública não afasta a propositura da ação popular ao ressalvá-la no seu art. 1º, assim escrito expressamente: "*Regem-se pelas disposições desta Lei, sem prejuízo da ação popular, as ações de responsabilidade por danos causados*".

Por fim, pode-se concluir que, na hipótese da existência de ação de improbidade administrativa e ação popular que esteja focada no mesmo fato ilícito, estaria evidenciada a figura processual da continência devido à amplitude daquela em relação ao objeto delas.

Com efeito, a ação de improbidade administrativa, por força gravitacional proporcionada pelo instituto da continência, por ter maior abrangência, atrairia para o seu juízo, a ação popular, que, ao final de suas tramitações, teria decisões assemelhadas com declarações e condenações diferentes e distintas, se procedentes.

Deve-se afastar da cumulatividade de uma ação de improbidade administrativa e uma ação popular com semelhanças na causa de pedir ou objeto do pedido, a figura do pressuposto negativo processual da litispendência, exatamente por não estarem presentes os requisitos da identidade das partes dos polos da relação do processo.

Há configuração da litispendência quando duas causas são idênticas quanto às partes, pedido e causa de pedir, ou seja, quando se ajuíza uma nova ação que repita outra que já fora ajuizada, sendo idênticas as partes, o conteúdo e pedido formulado.

Ocorrendo a figura processual da litispendência, não há modificação da competência por conexidade, mas decreta-se a extinção da ação posterior à anterior que serviu de parâmetro para a sua caracterização.

Tem sido comum a ocorrência da litispendência quando uma mesma pessoa ajuíza várias ações populares contra determinado ato governamental com intuito de que uma delas seja distribuída para uma vara onde atue um juiz que tem perfil ou posições já esposadas sobre determinada matéria e, em seguida, pede desistência das outras demandas; é o artifício de direcionar a escolha de um juiz ao tempo que deverá esbarrar na data e hora da propositura para definir a jurisdição do juízo.

- "De acordo com o art. 301, § 3º, do CPC/73, a litispendência é verificada quando se repete ação, que está em curso. Com base nos elementos extraídos exclusivamente do acórdão recorrido, os pedidos formulados na ação civil pública se restringem, tão somente, a condenação dos Requeridos nas penalidades previstas no artigo 12, I, da Lei nº 8.429/92 pela violação, em tese, ao artigo 1, do mesmo diploma normativo. Por sua vez, os requerimentos formulados na ação popular são mais amplos, tendo em vista que incluem, além das sanções decorrentes da prática de improbidade administrativa: declaração de ilegalidade na contratação do escritório agravante; a condenação dos réus a restituírem os valores, supostamente, recebidos de forma ilegal; e revogação da nomeação do agravante ao cargo de Procurador-Chefe. Assim, é certo que o espectro dos pedidos formulados na ação popular é mais amplo do que aqueles formulados na ação civil pública, razão pela qual, de fato, não há falar em litispendência. (STJ - AgInt no REsp 1610876/MS, Rel. Ministro MAURO CAMPBELL MARQUES, SEGUNDA TURMA, julgado em 06/12/2016, DJe 16/12/2016)

- "Sendo o espectro de atuação da ação de improbidade administrativa mais abrangente do que o da ação popular, sobretudo no que tange à condenação nas sanções típicas daquela, inexistentes nesta, não há falar-se em princípio em litispendência". (STJ - AgRg no AREsp 76.313/SP, Rel. Ministro OLINDO MENEZES (DESEMBARGADOR CONVOCADO DO TRF 1ª REGIÃO), PRIMEIRA TURMA, julgado em 15/09/2015, DJe 23/09/2015)

- "O conflito não merece ser conhecido, isso porque, embora existam duas ações versando sobre os mesmos fatos, em ambas se apuram matérias distintas, ou seja, na Justiça Federal se apuram alegadas irregularidades em procedimento licitatório (superfaturamento, entre outros), enquanto na Justiça Comum Estadual se apuram supostos atos de improbidade administrativa, imputáveis a Servidores envolvidos naquelas mesmas operações. 2. Não se conhece do presente Conflito de Competência, reiterando que os dois Juízos possuem competências inconfundíveis e estão atuando em suas respectivas jurisdições; cessação dos efeitos da liminar anteriormente deferida. Prejudicado o Agravo Regimental regularmente interposto. 3. O MPF opinou pela competência do Juízo Federal". (CC 127.097/MT – 1ª Seção – Rel. Min. Napoleão Nunes Maia Filho – j. em 09.10.2013 – DJe 25.10.2013)

- "O direito administrativo sancionador está adstrito aos princípios da legalidade e da tipicidade, como consectários das garantias constitucionais (Fábio Medina Osório in "Direito Administrativo Sancionador", RT, 2000). À luz dos referidos cânones, ressalvadas as hipóteses de aplicação subsidiária textual de leis é inaplicável a sanção, prevista em determinado ordenamento à hipóteses de incidência de outro, por isso que inacumuláveis as sanções da ação popular com a da ação por ato de improbidade administrativa, mercê da distinção entre a legitimidade ad causam para ambas e o procedimento o que inviabiliza, inclusive, a cumulação de pedidos. A analogia sancionatória encerra integração da lei *in malam partem*, além de promiscuir a coexistência das leis especiais, com seus respectivos tipos e sanções. A interposição do recurso especial impõe que o dispositivo de Lei Federal tido por violado, como meio de se aferir a admissão da impugnação, tenha sido ventilado no acórdão recorrido, sob pena de padecer o recurso da imposição jurisprudencial do prequestionamento, requisito essencial à admissão do mesmo, o que atrai a incidência do enunciado 282 da Súmula do STF. (Ausência de prequestionamento dos arts. 9º e 11 da Lei 9.429/92)". (STJ – REsp. 704570 / SP – 1ª Turma – DJ 04.06.2007 p. 302 – Rel. Min. Francisco Falcão)

- "São réus da ação popular, assim como na ação de improbidade, não apenas aqueles que deram causa ao ato ilegal, mas também aqueles que dele se beneficiaram (art. 6º da LAP). 2. No que se refere à presença, ou não, de conluio entre os réus, inexiste relação de prejudicialidade entre a ação popular e eventual ação penal ajuizada sobre o mesmo fato. A responsabilidade civil da recorrente exsurgiu do fato de ser beneficiária do ato ilegal, nos termos do art. 6º da LAP. 3. Ademais, a redação do art. 66 do CPP apenas impede o ajuizamento da ação cível se, categoricamente, for afastada a existência do fato na esfera penal. (STJ – REsp. 891431 / RJ – 2ª Turma – DJe 28.03.2008 – Rel. Min. Castro Meira)

- "O direito administrativo sancionador está adstrito aos princípios da legalidade e da tipicidade, como consectários das garantias constitucionais[130]. À luz dos referidos cânones, ressalvadas as hipóteses de aplicação subsidiária textual de leis é inaplicável a sanção, prevista em determinado ordenamento à hipóteses de incidência de outro, por isso que inacumuláveis as sanções da ação popular com a da ação por ato de improbidade administrativa, mercê da distinção entre a legitimidade ad causam para ambas e o procedimento o que inviabiliza, inclusive, a cumulação de pedidos. 3. A analogia sancionatória encerra integração da lei in malam partem, além de promiscuir a coexistência das leis especiais, com seus respectivos tipos e sanções. (STJ – REsp. 704570 / SP – 1ª Turma – DJ 04.06.2007 p. 302 – Rel. p/ acórdão Min. Luiz Fux)

- "O direito administrativo sancionador está adstrito aos princípios da legalidade e da tipicidade, como consectários das garantias constitucionais (Fábio Medina Osório in Direito Administrativo Sancionador, RT, 2000). 2. À luz dos referidos cânones, ressalvadas as hipóteses de aplicação subsidiária textual de leis, a sanção prevista em determinado ordenamento é inaplicável a outra hipótese de incidência, por isso que inacumuláveis as sanções da ação popular com as da ação por ato de improbidade administrativa, mercê da distinção entre a legitimidade ad causam para ambas e o procedimento, fato que inviabiliza, inclusive, a cumulação de pedidos. Precedente da Corte: REsp. 704570/SP, Rel. Min. Francisco Falcão, Rel. p/ Acórdão Ministro Luiz Fux, DJ 04.06.2007. 3. A analogia na seara sancionatória encerra integração da lei in malam partem, além de promiscuir a coexistência das leis especiais, com seus respectivos tipos e sanções 4. Recurso especial desprovido. (STJ – REsp. 879.360/SP – Rel. Min. Luiz Fux – 1ª Turma – j. em 17.06.2008 – DJe 11.09.2008)

17.8. A petição inicial

§ 6º A ação será instruída com documentos ou justificação que contenham indícios suficientes da existência do ato de improbidade ou com razões fundamentadas da impossibilidade de apresentação de qualquer dessas provas, observada a legislação vigente, inclusive as disposições inscritas nos arts. 16 a 18 do Código de Processo Civil. (Art. 79 a 81 do NCPC).

A petição inicial da ação de improbidade administrativa conterá requisitos substanciais e formais na observância de pressupostos processuais de constituição

130. OSÓRIO, Fábio Medina. **Direito Administrativo Sancionador**. São Paulo: RT, 2000.

e de desenvolvimento válido e regular do processo, as condições de ação como a possibilidade jurídica do pedido, a legitimidade das partes e o interesse processual.

Os regramentos processuais estipulados pelo art. 319 do Código de Processo Civil se apresentam como condições formais necessárias, que são aplicadas para acolher na sua substância material os fundamentos e as motivações ensejadoras da postulação destinada ao objeto da demanda de improbidade.

No aspecto do requisito substancial da exordial é a sua instrumentalização com a juntada de documentos públicos ou particulares idôneos, originais ou reproduzidos, que retratem a pertinência da causa de pedir encimada de razoabilidade jurídica a configurar a conduta típica do(s) agente(s) público(s) ou político(s), ou terceiro(s) particular(es) representado(s) por ato de improbidade administrativa proclamada.

Cumpre notar que a petição inicial deverá conter um conjunto probatório que exprima com razoável segurança jurídica a probabilidade da existência de fatos que importem em enriquecimento ilícito, prejuízo ao erário ou violação dos princípios da administração pública, constituindo-se em indícios aceitáveis que venham manifestar-se na pluralidade de vestígios ou rastros circunstanciais que levem à presunção da comprovação, de fato, tido como verdadeiro no desenrolar da instrução processual.

A proemial que não traga em seu bojo toda documentação necessária ao seu embasamento jurídico, poderá o autor requerer na ocasião adequada da instrução processual, a título de diligência indispensável, sua busca ou exibição pelo órgão público ou privado detentor da mesma.

No que se refere, este dispositivo, à litigância de má-fé e responsabilidade por perdas e danos, em razão de demanda temerária, deve-se atentar que deve estar presente a intenção do autor na sua proposição, caracterizada pela sua imprudência em gerar um litígio onde não haja possibilidade jurídica do pedido, não estejam legitimadas as partes no polo passivo ou não detenham responsabilidade para responder pelo ato impugnado, enfim que traga elementos informativos de evidenciar apenas o propósito de eleger um réu sem causa justa, infligindo-lhe ônus defensivo na Justiça e dano moral perante a sociedade por afetar a sua honra subjetiva, de modo que o ajuizamento de uma ação judicial graciosa que só venha trazer embaraçados ao seu destinatário passivo encontra resposta punitiva nos arts. 79[131] ao 81[132] do Código de Processo Civil.

---

131. *Art. 79. Responde por perdas e danos aquele que litigar de má-fé como autor, réu ou interveniente.*

132. *Art. 81. De ofício ou a requerimento, o juiz condenará o litigante de má-fé a pagar multa, que deverá ser superior a um por cento e inferior a dez por cento do valor corrigido da causa, e a indenizar a parte contrária pelos prejuízos que esta sofreu, além de honorários advocatícios e com todas as despesas que efetuou. § 1º Quando forem 2 (dois) ou mais os litigantes de má-fé, o juiz condenará cada um na proporção de seu respectivo interesse na causa ou solidariamente aqueles que se coligaram para lesar a parte contrária. § 2º Quando o valor da causa for irrisório ou inestimável, a multa poderá ser fixada em até 10 (dez) vezes o valor do salário-mínimo. § 3º O valor da indenização será fixado*

Ultimamente, tem sido comum a proposição de ações populares ou de improbidade apenas com a finalidade de macular a imagem, conceito e dignidade de ex-gestores públicos, em que se verifica a sua instrumentalização para fins não almejados pelo legislador, merecendo, assim, a rotulação de litigância de má-fé sujeitando o autor a responder pelos seus atos não idealizados pelo espírito da lei.

Cabe lembrar que o órgão do Ministério Público será civilmente responsável quando, no exercício de suas funções, proceder com dolo ou fraude, nos moldes preconizados pelo art. 181 do Código de Processo Civil[133].

- "A aplicação de penalidades por litigância de má-fé exige dolo específico, perfeitamente identificável a olhos desarmados, sem o qual se pune indevidamente a parte que se vale de direitos constitucionalmente protegidos (ação e defesa)". (STJ – 3ª T. – REsp. 906.269 – Min. Gomes de Barros – DJU 29.10.2007)
- "A boa-fé se presume (JTA 36/104); e não existe necessariamente má-fé como consequência de interpretação ingênua, bisonha ou esdrúxula da lei". (JTA 35/103)
- "Deduz pretensão contra expresso texto legal (CPC, art. 17, I) o litigante que, citado em ação conexa, ajuíza remédio processual sem anunciar a prevenção. (CPC, art. 106). (JTAERGS 82/269)
- "*É litigante de má-fé a parte que deduz pretensão contra fato incontroverso e altera a sua verdade, postergando o princípio da lealdade processual*". (RSTJ 88/83 e STJ-RTJE 157/225)
- "Não responde civilmente a Fazenda Pública por ato opinativo do MP no procedimento judicial que não vincula o Poder Judiciário (art. 107 da CF)". (RTJ 115/806)
- "O art. 85 do CPC refere-se *à responsabilidade pessoal do representante do MP por dolo ou fraude, e não à responsabilidade do Poder Público por atos daquele*". (STF-RF 294/189)

17.8.1. Valor da causa

A ação de improbidade administrativa é proposta mediante o procedimento ordinário previsto no Código de Processo Civil, cujos requisitos e condições processuais devem ser observados para seu regular desenvolvimento e viabilidade processual.

De forma que, a petição inicial deverá indicar o valor causa que deverá corresponder a importância econômica da demanda judicial em atendimento ao art. 291 do Código de Processo, assim redigido:

> **Art. 291.** A toda causa será atribuído valor certo, ainda que não tenha conteúdo econômico imediatamente aferível.

Saliente-se, também, que o art. 319, V, do Código de Processo Civil, estabelece como requisito formal da petição inicial o valor da causa:

> **Art. 319.** A petição inicial indicará:

---

pelo juiz ou, caso não seja possível mensurá- lo, liquidado por arbitramento ou pelo procedimento comum, nos próprios autos.

133. *Art. 181. O membro do Ministério Público será civil e regressivamente responsável quando agir com dolo ou fraude no exercício de suas funções.*

I - [...]

V - o valor da causa;

Vê-se, assim, que se trata de uma exigência formal na elaboração da petição inicial a indicação do valor da causa para lhe atribuir uma expressão econômica correspondente ao direito vindicado.

Numa análise contextual, deve-se atentar que todos são iguais perante a lei e na disputa judicial deve haver paridade de armas e tratamento isonômico, assegurando--se assim o equilíbrio na realização da justiça.

Além da necessidade formal da indicação do valor da causa na petição inicial de ação de improbidade administrativa, deve-se observar que esse valor servirá para a fixação dos honorários advocatícios sucumbenciais, embora esta questão não seja pacífica, mas que se mostra aplicável à luz do Código de Processo Civil.

Note-se, igualmente, que art. 81 do Código de Processo Civil prevê aplicação de multa ao litigante de má-fé, que não deverá ser superior a um por cento e inferior a dez por cento do valor corrigido da causa.

Tanto o representante do Ministério Público, o representante da Entidade Pública e o representado, podem adotar condutas consideradas de má-fé.

Também pode ser objeto de aplicação de multa de até vinte por cento do valor da causa à parte que agir com deslealdade processual ou incorrer em ato atentatório à dignidade da justiça, nos termos do § 2º do art. 77 do Código de Processo Civil.

Há, igualmente, a previsão de aplicação de multa não excedente a dois por cento sobre o valor atualizado da causa quando da oposição de embargos declaratórios manifestamente protelatórios, conforme estabelece o § § 2º 3º do art. 1.026 do Código de Processo Civil, que poderá ser elevado até 10% (dez por cento), no caso de reiteração.

17.9. Notificação prévia do requerido

§ 7º Estando a inicial em devida forma, o juiz mandará autuá-la e ordenará a notificação do requerido, para oferecer manifestação por escrito, que poderá ser instruída com documentos e justificações, dentro do prazo de quinze dias.

Distribuída a ação para a unidade judiciária competente, caberá ao juiz o exame da presença dos elementos integrativos que revestem a formalização adequada da petição inicial, para, ato contínuo, ordenar a notificação do(s) indiciado(s) apontado no polo passivo da relação processual, e, querendo, possa(m) oferecer defesa escrita e juntada de documentos e justificações, no prazo de 15 (quinze) dias.

A defesa escrita é uma ocasião singular para o patrono do(s) indiciado(s) promover(em) na sua plenitude o exercício da ampla defesa, momento próprio para desfazer e rebater a imputação produzida, para demonstrar a sua idoneidade pessoal, a sua inocência, a sua ilegitimidade ou a ausência da sua responsabilidade administrativa do ato impugnado, bem ainda, expor a sua legalidade e atendimento aos princípios norteadores à administração pública com a juntada de documentos que lhe possam dar sustentação à sua defesa.

Enfim, este é o primeiro momento mais importante para que a defesa esgote todos os meios probatórios visando a um resultado satisfatório para a situação administrativa do(s) ainda indiciado(s) na persecução de uma absolvição sumária no juízo de admissibilidade.

O juiz deve despachar ordenando que essa notificação seja feita pelo correio, nos termos dos arts. 246 e 249 do Código de Processo Civil, procedimento que dará mais agilidade no cumprimento deste ato.

A defesa escrita deverá ser apresentada em juízo no prazo de 15 (quinze) dias a contar da data da juntada aos autos do mandado de notificação cumprido, quando a mesma se realizar por ato do oficial de justiça (art. 231, II, § 1º do inciso VIII do CPC).

No que se refere à pessoa jurídica de direito privado, também, a notificação poderá ocorrer pelo correio, contando-se o prazo da juntada aos autos do aviso de recebimento (art. 231, I, do CPC).

Ocorrendo a notificação regular do(s) indiciado(s) e este(s) não apresentar(em) defesa escrita através de patrono constituído, o juiz prosseguirá com a realização dos atos processuais previstos na ordem dos trabalhos judiciais.

A exigência legal é a notificação pessoal do(s) indiciado(s), de modo que, decorrido o lapso temporal *in albis,* os autos devem ir ao juiz para receber ou rejeitar a proemial.

Esse procedimento especial adotado por este dispositivo é uma inovação legislativa com o escopo de evitar demandas infundadas contra agentes públicos, cuja falta de notificação preliminar é causa de nulidade absoluta, que pode ser alegada em qualquer momento por constituir-se em ofensa à garantia constitucional do exercício da ampla defesa e do devido processo legal.

Essa fase preliminar é tão importante que a lei determina o condicionamento do recebimento da petição inicial à resposta do(s) requerido(s), que poderá ser instruída com documentos e outras provas acabadas, de forma a poder até elidir o processo.

Entretanto, não sendo localizado(s) o(s) indiciado(s), estando em lugar incerto e são sabido, deverá o juiz notificar o(s) ausente(s) por edital, observando a regra de regência processual, para, em seguida, designar um defensor dativo para promover a defesa escrita do(s) indiciado(s) que se encontra em lugar indeterminado.

A inobservância desse procedimento importará em nulidade do processo por carência na garantia dos princípios constitucionais da ampla defesa e do devido processo legal, visto que a falta de notificação pessoal para assegurar o direito de defesa escrita é ato essencial para o regular desenvolvimento processual e momento relevante para o exercício da defesa do(s) indiciado(s), é ocasião sublime que lhe permite o direito de ser absolvido sumariamente.

De sorte que, não sendo localizado o(s) indiciado(s), é indispensável a notificação editalícia e a designação de um defensor dativo para lhe garantir o exercício dos direitos fundamentais que são assegurados a todos os cidadãos brasileiros.

Saliente-se, por oportuno, que sendo vários indiciados que foram formalmente notificados, mas alguns deixaram de apresentar a defesa escrita, não há nulidade se o juiz prosseguir com o feito, inclusive com o recebimento da representação.

Nessa fase preliminar, não há necessidade da nomeação de advogado dativo ou defensor *ad hoc* para suprir a defesa escrita, afinal, todos se defendem do mesmo fato.

Essa defesa escrita é a oportunidade que o requerido deve apresentar as suas primeiras razões em busca da sua absolvição sumária, devendo para tanto, juntar documentos e provas que possam contrariar ou desconstituir as imputações formuladas pelo autor, seja o Ministério Público ou Entidade Pública interessada.

Registre-se que a petição inicial será instruída com documentos públicos e, que somente outros documentos públicos poderão conter o respaldo jurídico capaz de esclarecer e desconstituir o que foi instrumentalizado pela exordial.

Nessa oportunidade, pode o requerido, também, arguir a incompetência do juízo (art. 64 do CPC), em forma de preliminar, ou poderá deixar para fazê-lo, também, na forma de preliminar quando da apresentação da contestação, se a representação for recebida pelo juízo.

A juntada de documentos pelo requerido importa na intimação do autor, nos termos do § 1º do art. 437, ou seja, *"sempre que uma das partes requerer a juntada de documento aos autos, o juiz ouvirá, a seu respeito, a outra parte, que disporá do prazo de 15 (quinze) dias"*.

O *Parquet* será igualmente intimado nessa fase preambular quando o autor da ação for a pessoa jurídica interessada, aqui, na qualidade de *custos legis* para a emissão de parecer, em atendimento ao comando inserido no § 4º deste artigo, que exige a participação ministerial em todo o desenrolar do processo.

Essa oportunização ao autor (Ministério Público ou pessoa jurídica) para se manifestar sobre a defesa escrita e os documentos juntados, mostra-se relevante nessa fase da relação processual devido à aferição a que procederá, das suas argumentações e provas coligidas, tendo condição de avaliar de forma completa as motivações expostas que poderão modificar o entendimento inicial para se posicionar pela improcedência total ou parcial do pedido, ou somente apenas ratificar a manifestação exordial já explicitada.

- "O fato de a agravante ser incluída no polo passivo da demanda, sem antes ter sido notificada, passou por cima do procedimento da Lei nº 8.429/92, especificamente do que prevê o art.17, § 7º, além do que não foram ouvidos os demais réus, nos termos do que determina o art. 329, II, do CPC. Ademais, a admissão da agravante no polo passivo se deu após o saneamento do processo, quando já estabilizada a demanda. Observa-se que não há qualquer indício de ato praticado pela agravante que possa ser enquadrado como improbidade administrativa, seja na modalidade dolosa ou culposa, nos termos do que prevê a Lei nº 8.429/92, valendo salientar que a decisão que recebe a inicial ou a sua emenda, deve estar suficientemente fundamentada, o que não ocorreu no presente caso. Recurso conhecido e provido, para anular a decisão agravada, à unanimidade. (TJDFT - Acórdão n.1101453, 07009775220188070000, Relator: SILVA LEMOS 5ª Turma Cível, Data de Julgamento: 07/06/2018, Publicado no DJE: 25/06/2018)

- "Ausência de notificação para apresentação de defesa preliminar. Nulidade relativa. Prejuízo não demonstrado. Eventual descumprimento da fase preliminar da Lei de Improbidade Administrativa, que estabelece a notificação do acusado para apresentação de defesa prévia, não configura nulidade absoluta, mas nulidade relativa que depende da oportuna e efetiva comprovação de prejuízos. Precedentes. O acórdão recorrido entendeu que não houve cerceamento de defesa decorrente da ausência de notificação para apresentação de defesa preliminar". (STJ - AgInt no REsp 1679187/SP, Rel. Ministro MAURO CAMPBELL MARQUES, SEGUNDA TURMA, julgado em 27/02/2018, DJe 02/03/2018)
- "A ausência de notificação do réu para a defesa prévia, prevista no art. 17, § 7º, da Lei n. 8.429/1992, só enseja nulidade processual se houver comprovado prejuízo, hipótese inocorrente no caso concreto". (STJ - AgRg no AREsp 369.518/SP, Rel. Ministro GURGEL DE FARIA, PRIMEIRA TURMA, julgado em 13/12/2016, DJe 28/03/2017)
- "A ausência da notificação prevista no art. 17, § 7º, da Lei nº 8.429/92, se não demonstrado efetivo prejuízo pela parte implicada, não conduz à anulação do processo". (STJ - REsp 1538497/SP, Rel. Ministro SÉRGIO KUKINA, PRIMEIRA TURMA, julgado em 15/12/2015, DJe 17/03/2016)
- "O STJ possui orientação consolidada "acerca prescindibilidade da defesa prévia, dependendo a declaração de nulidade pela sua ausência de efetivo prejuízo, o que não ocorreu na espécie, tendo em vista a amplitude da manifestação defensiva contida na manifestação preliminar recebida como contestação" (EDcl no REsp 1194009/SP, 1ª Turma, Rel. Ministro Arnaldo Esteves Lima, DJe 30/05/2012). " (AgRg no REsp 1321495/PR, Rel. Ministro MAURO CAMPBELL MARQUES, SEGUNDA TURMA, julgado em 10/11/2015, DJe 19/11/2015)
- "STJ: "Não há nulidade processual em razão da ausência de manifestação prévia de um dos réus em Ação Civil Pública de improbidade administrativa". Precedentes: AgRg no Resp 1127400/MG; Resp 1184973/MG; AgRg no Ag 137997/PE; Resp 1233629/SP"
- "*Não compete ao autor da ação civil pública* por ato de improbidade administrativa, mas ao magistrado responsável pelo trâmite do processo, a determinação da notificação prevista pelo art. 17, § 7º, da Lei de Improbidade". (STJ – REsp. 700.038/RS – Rel. Min. José Delgado – DJ 12.09.2005)
- " [...] A falta da notificação prevista no art. 17, § 7º, da Lei 8.429/1992 não invalida os atos processuais ulteriores em ação de improbidade administrativa, salvo quando comprovado prejuízo. (STJ – AgRg no REsp. 1134408/RJ – 2ª Turma – Relª. Minª. Eliana Calmon – DJe 18.04.2013)
- [...] Da interpretação sistemática da Lei 8.429/92, especialmente do art. 17, § 10, que prevê a interposição de agravo de instrumento contra decisão que recebe a petição inicial, infere-se que eventual nulidade pela ausência da notificação prévia do réu (art. 17, § 7º) será relativa, precluindo caso não arguida na primeira oportunidade. (STJ – EDcl no REsp. 1.194.009/SP – 1ª Turma – Rel. Min. Arnaldo Esteves Lima – DJe 30.05.2012)
- [...] "A ausência da notificação prévia tratada no art. 17, § 7º, da Lei 8.429/1992 somente acarreta nulidade processual se houver comprovação de efetivo prejuízo, de acordo com a parêmia pas de nullité sans grief. Precedentes". (STJ – REsp. 1.233.629/SP – 2ª Turma – Rel. Min. Herman Benjamin – j. em 14.06.2011 – DJe 14.09.2011)
- "A ausência da notificação prévia do réu em ação civil pública somente invalida o processo em caso de demonstração de prejuízo. Na ação civil pública por improbidade administrativa,

a existência de indícios de atos ímprobos é suficiente para a decretação da indisponibilidade de bens do réu, que deve ser proporcional ao prejuízo estimado do erário". (TJMG – Ag. de Inst. Cv 1.0431.13.002284-8/001 – 4ª Câmara Cível – Rel. Des. Ana Paula Caixeta – j. em 16.01.2014 – publicação da Súmula em 22.01.2014)

- "A ausência da notificação prévia tratada no art. 17, § 7º, da Lei 8.429/1992 somente acarreta nulidade processual se houver comprovação de efetivo prejuízo, de acordo com a parêmia pas de *nullité sans grief*. Precedentes do STJ. 4. Na hipótese, os réus foram validamente citados e tiveram assegurado o direito à ampla defesa, tendo o Juízo de 1º Grau concluído pela procedência do pedido deduzido pelo Parquet. Proferida a sentença condenatória após regular tramitação pelo rito ordinário, fica superado o juízo liminar de mero recebimento da petição inicial, razão pela qual não há falar em nulidade. (STJ – REsp. 1174721/SP – Rel. Min. Herman Benjamin – DJe 29.06.2010)

17.10. Das exceções de impedimento, competência e suspeição do juiz, do promotor de justiça ou serventuário

A defesa escrita é o momento adequado para que a parte indiciada promova as exceções de suspeição, incompetência de juízo, litispendência, ilegitimidade de parte e coisa julgada.

Exceção é um instrumento processual que significa um meio de defesa indireta com a finalidade de extinguir a ação ou alargar temporariamente a sua tramitação por circunstâncias que envolvam o processo.

Os motivos de impedimento (art. 144) e suspeição (art. 145) retratados no Código de Processo Civil aplicam-se ao juiz, ao promotor de justiça, ao serventuário, ao perito e ao intérprete, podendo o pedido ser manifestado mediante a oposição de exceção por qualquer das partes integrantes da relação processual, fundada nas hipóteses especificadas pelos referidos dispositivos processuais, devidamente comprovadas com as razões motivadoras pertinentes à vinculação jurídica litigiosa que embase o petitório visando afastamento do excepto de funcionar no processo.

O juiz também poderá declarar-se suspeito por motivo de foro íntimo sem declinar os motivos da sua decisão porque estão no seu âmago, um direito que lhe assiste em preservar sua pessoa e sua intimidade.

Nessa hipótese, o juiz que espontaneamente afirmar a suspeição, deverá fazê-lo por escrito e, ato contínuo, remeterá imediatamente o processo ao seu substituto legal, intimando as partes da sua decisão.

Prescreve o art. 146 do Código de Processo Civil, que *"no prazo de 15 (quinze) dias, a contar do conhecimento do fato, a parte alegará o impedimento ou a suspeição, em petição específica dirigida ao juiz do processo, na qual indicará o fundamento da recusa, podendo instruí-la com documentos em que se fundar a alegação e com rol de testemunhas"*.

Recebida a exceção de suspeição, o processo ficará suspenso até que seja definitivamente julgada, cabendo ao juiz ordenar a ouvida do excepto dentro do prazo de 15 (quinze) dias; sendo ele o excepto, terá a incumbência de responder rejeitando-a ou acatando-a.

Reconhecendo a exceção de suspeição, o juiz ordenará a remessa dos autos ao seu substituto legal; em caso contrário, determinará a autuação em apartado da petição e, dará suas razões no prazo referido com a sua remessa do incidente ao tribunal. Procedimento idêntico será adotado quando a arguição da suspeição recair sobre o representante do Ministério Público.

Já a exceção de incompetência absoluta ou relativa, será alegada como questão preliminar de contestação, e sendo acolhida, os autos serão remetidos ao juízo competente.

Sucede, porém, que refoge competência ao juiz para declinar de ofício da competência territorial, reservada com exclusividade à parte integrante da relação processual cujo silêncio importa na prorrogação se não era aquela, em razão do lugar.

Quando versar sobre competência absoluta, a matéria reveste-se de cláusula de ordem pública por afrontar diretamente, em tese, o princípio do juízo natural estabelecido na Constituição Federal, nas leis complementares ou ordinárias, disciplinadoras dos juízos em razão da matéria ou das pessoas, e poderá ser conhecida a qualquer tempo ou jurisdição.

- "Incidente de exceção de suspeição e impedimento. Magistrado. Taxatividade dos casos concretos permissíveis. Interesse em beneficiar ou prejudicar a excipiente. Ausência de comprovação. Para o êxito da exceção de suspeição a parte excipiente terá que provar o interesse do magistrado em prejudicar a excipiente. Somente se admite êxito da exceção de impedimento ou suspeição se o caso se enquadra no limite da discriminação do art. 144 ou art. 145, ambos do NCPC". (TJMG - Incid. Susp. Cível 1.0000.17.053733-6/000, Relator(a): Des.(a) Valdez Leite Machado, 14ª CÂMARA CÍVEL, julgamento em 17/05/0018, publicação da súmula em 25/05/2018)

- "As causas de impedimento do juiz estão previstas taxativamente no artigo 252 do Código de Processo Penal. No caso dos autos, nenhum dos atos atribuídos ao magistrado pelo impetrante se enquadram às hipóteses de impedimento estabelecidas em lei. Não se verifica, igualmente, nenhum ato que indique a suspeição apontada na impetração, nos termos do rol exemplificativo contido no artigo 254 do Estatuto Processual Penal". (STJ - HC 352.067/SP, Rel. Ministro JORGE MUSSI, QUINTA TURMA, julgado em 28/06/2016, DJe 01/08/2016)

- "As causas de impedimento e suspeição previstas para o Juiz na norma processual (arts. 134 e 135 do CPC) aplicam-se também ao perito (art. 138, parágrafo único, do CPC). Em que pese não estar o julgador adstrito às conclusões apostas no laudo elaborado pelo expert, é inegável que a prova pericial contribui para a formação do convencimento do magistrado, motivo pelo qual é imprescindível que não contenha nenhum rastro de parcialidade capaz de comprometê-la. Reputa-se fundada a suspeição do médico para atuar como perito do juízo em ação na qual a cooperativa de trabalho de que conveniado figure como parte. O interesse do expert no julgamento da causa em favor da cooperativa demandada revela-se evidente, no caso, não só por sua condição de cooperado, mas por constar do estatuto social da referida instituição disposições que, a um só tempo, asseguram-lhe direito de participação nas sobras líquidas do exercício e sujeitam-lhe à distribuição e ao rateio de eventuais prejuízos. Arguida a suspeição do perito na primeira oportunidade em que possível à parte suscitante fazê-lo, não há falar na ocorrência de preclusão. (STJ - REsp 1524424/ES, Rel. Ministro RICARDO VILLAS BÔAS CUEVA, TERCEIRA TURMA, julgado em 17/11/2015, DJe 23/11/2015)

- "O parentesco existente entre o cônjuge do magistrado e o advogado da parte não encontra previsão no art. 135 do CPC, cujas hipóteses devem ser interpretadas de forma restritiva.

Para o acolhimento de suspeição fundada no inciso V do art. 135 do CPC, é necessária prova induvidosa da aventada parcialidade do juiz, não servindo a tanto a mera circunstância de ter havido julgamento antecipado da lide e o vulto da condenação." (STJ - REsp 1424164/SC, Rel. Ministro JOÃO OTÁVIO DE NORONHA, TERCEIRA TURMA, julgado em 07/04/2015, DJe 16/04/2015)

- "As causas de impedimento e suspeição são taxativas, de interpretação restrita, nelas não se inserindo a atuação do juiz ou agente ministerial que teve no processo decisões reformadas". (STJ - RMS 15.169/SP, Rel. Ministro NEFI CORDEIRO, SEXTA TURMA, julgado em 18/11/2014, DJe 18/12/2014)

- "É dever do Magistrado exercer a sua competência jurisdicional com impessoalidade, desatrelado de sentimentos ou interesses próprios, comprometendo-se, todavia, com os valores que emanam da ordem jurídica - sobretudo com a justiça. Para assegurar a imparcialidade do Órgão Julgador, o Estatuto Processual Civil enumera algumas situações nas quais o Juiz, na sua condição de pessoa natural incumbida de promover a prestação jurisdicional, considera-se fragilizado em sua capacidade de ser firme e imparcial, com o risco de mostrar-se menos resistente a pressões e tentações a que, como ser humano, poderia estar sujeito: vêm daí os conceitos de impedimento e suspeição do juiz (CPC, arts. 134-135), como leciona o Professor Cândido Rangel Dinamarco (Instituições de Direito Processual Civil I, São Paulo, Malheiros, 2001, p. 202). Verifica-se a suspeição do Magistrado que, ao receber exceção de suspeição contra si (art. 304 do CPC), indefere, ele próprio, a petição liminarmente e promove o andamento do feito, em clara inobservância às normas processuais, que exigem a imediata suspensão do processo e a autuação da exceção em apenso aos autos principais, com posterior resposta, pelo Juiz, no prazo de 10 dias e a consequente remessa dos autos ao Tribunal a que se encontra vinculado, para o julgamento do incidente (arts. 265, III e 313, do CPC). Recurso Especial provido, determinando-se a remessa dos autos ao substituto legal do Magistrado de piso (art. 314 do CPC)." (STJ - REsp 1440848/DF, Rel. Ministro ARI PARGENDLER, Rel. p/ Acórdão Ministro NAPOLEÃO NUNES MAIA FILHO, PRIMEIRA TURMA, julgado em 06/05/2014, DJe 04/08/2014)

- [...] O fato de o juízo que presidiu a instrução do processo ter se declarado suspeito antes de proferir sentença não gera, de modo automático, a nulidade de todos os atos de instrução. Se o juíz que posteriormente assumiu a condução do processo não verifica a necessidade de repetição das provas, é possível corroborar os atos praticados por seu antecessor. O CPC traça uma diferença fundamental entre as hipóteses de impedimento e suspeição do juiz. As hipóteses de impedimento geram nulidade de pleno direito do ato praticado, possibilitando até mesmo o ajuizamento de ação rescisória para impugnação do ato judicial. As hipóteses de suspeição, contudo, não dão lugar a ação rescisória, de modo que, para serem reconhecidas, devem ser arguídas na forma do art. 304 do CPC, sob pena de preclusão. (STJ – REsp. 1.330.289/PR – 3ª Turma – Relª. Minª. Nancy Andrighi – j. em 14.08.2012 – DJe 30.08.2012)

- "Hipótese em que, apresentada exceção de suspeição em face de juiz de piso, a medida não foi conhecida por ausência de procuração com poderes específicos em nome do advogado peticionante. No que tange à necessidade de poderes específicos para a apresentação de exceção de suspeição, importante frisar que o art.38 do CPC estabelece as regras gerais de representação processual das partes por seus patronos, instituindo a chamada cláusula ad judicia, referente à capacidade para prática de todos os atos processuais. 3. O mesmo dispositivo, em sua parte final, enumera as exceções, que, como tais, devem ser interpretadas restritivamente. Dentre as as exceções, a exigir poderes específicos, não consta a apresentação de exceção de impedimento ou suspeição, razão pela qual o não conhecimento da medida sob o fundamento de inexistência de procuração com poderes específicos é ilegal. Precedentes". (STJ – REsp. 1.233.727/SP – 2ª Turma – Rel. Min. Mauro Campbell Marques – j. em 05.04.2011 – DJe 05.05.2011)

- "[...] Os casos de impedimento e de suspeição do juiz estão previstos nos arts. 134 e 135 do CPC e são inteiramente aplicáveis ao perito, ex vi do art. 138, III, do mesmo diploma. Por força do art. 245 do CPC, a nulidade dos atos deve ser alegada na primeira oportunidade em que couber à parte falar nos autos, sob pena de preclusão". (STJ – REsp. 876.942/MT – 2ª Turma – Rel. Min. Herman Benjamin – j. em 25.08.2009 – DJe 31.08.2009)

- Suspeição. Juiz. O nosso CPC, no art. 135, qualifica de fundada a suspeição de parcialidade do juiz com a simples constatação de uma das situações de fatos arrolados no seus incisos, independentemente de investigação subjetiva. (RSTJ 109/354)

- Suspeição. Juiz. Inimizade capital é aquela que, com aspecto de gravidade evidente, arraigada, traduz ódio, rancor, desejo de vingança, a satisfação secreta ou declarada, com o mal que a outro advém. Não se confunde, pois, com o procedimento acaso enérgico do juiz. (RT 538/381)

- Suspeição. Juiz. A exceção de suspeição não pode ser arguida por quem não é parte no processo, sendo esse direito restrito às partes litigantes. (RT 659/66)

- Suspeição. Juiz. Não há fundamento para a suspeição do juiz quando cessa a causa da arguição. (RSTJ 64/56 e RT 719/264, maioria) No mesmo sentido: RSTJ 56/452.

- Suspeição. Juiz. O julgamento anterior de matéria semelhante não importa na suspeição do juiz. (RJ 176/104)

- Suspeição. Juiz. Para que se caracterize a parcialidade do juiz, não basta que este decida, ainda que reiteradamente, contra a pretensão da parte, até porque, como já se disse, dispõe o requerente do recurso previsto na lei processual, mas é indispensável que as determinações judiciais sejam movidas por interesse outros. (RT 832/209)

- Suspeição. Juiz. Exceção de suspeição. Rol taxativo. Revela-se desprovida de fundamento a suspeição quando a situação não se subsume em qualquer das hipóteses do art. 135 do CPC. (STJ-4ª T. – AI 520.160-AgRg. – Rel. Min. Fernando Gonçalves – DJU 16.11.04 p. 285)

- Suspeição. Juiz. Não é suspeito o juiz que é cliente do advogado de uma das partes. (RT 631/83)

- Suspeição. Juiz. A propositura de uma demanda contra o excipiente não torna o juiz eternamente suspeito de parcialidade. (STJ 64/56 e RT 719/264)

- Processual civil. Magistrado. Exceção de suspeição. Caracterizada. CPC, art. 135, IV. Processual civil. Magistrado. Predicamentos. Imparciabilidade. Recebimento de dádiva para reforma do Fórum. Exceção de suspeição. Reconhecimento objetivo. CPC, art. 135, IV. As garantias constitucionais de vitaliciedade, inamovibilidade e irredutibilidade de vencimentos tem por escopo colocar o magistrado em espaço superior aos interesses das partes em litígio, com efetivo resguardo do grande predicado da imparciabilidade. O nosso Código de Processo Civil no art. 135, qualifica de fundada a suspeição de parcialidade do Juiz com a simples constatação de uma das situações de fato arrolados nos seus incisos, independentemente de investigação subjetiva. Se o Juiz da causa, ao tempo em que exercia a função de Diretor do Foro, recebeu de uma das partes valores pecuniários para a realização de obras de manutenção do prédio onde funciona a Justiça local, fez nascer vínculo contratual a título gratuito, o que enseja, de modo objetivo, que sua imparcialidade seja posta em questão, impondo-se o reconhecimento da suspeição. Recurso especial conhecido e provido. (STJ – 6ª T. – REsp. 83.732/RJ – Rel. Min. Vicente Leal – unân. – DJ 11.05.1998)

- Suspeição. Juiz e advogado. Inexistência. Exceção de suspeição. CPC, art. 135. I – Reputa-se fundada a suspeição de parcialidade do juiz, quando este for amigo intimo ou inimigo capital de qualquer das partes (CPC, art. 135, I). II – A exceção há de ser rejeitada, se ou quando a suspeição for arguída com base em inimizade entre o magistrado e o advogado de uma das partes, a qual não e permitida, expressamente, por lei. (STJ – 3ª T. – REsp. 4.509/MG – Rel. Min. Waldemar Zveiter – DJ 26.11.1990 – p. 13.779)

- Erro processual. Exceção. Descabimento. Correição. TJSP: Tratando-se de questão in procedendo, o meio indicado para soluciona-la é a correição parcial, e não a suspeição do juiz, máxime não demonstrada sua parcialidade. (RT 553/347)

- Exceção. Nulidade do processo. Se a suspeição existe ab nitio e o juiz somente se abstém quando já praticou atos, todo o processo deve ser refeito. (RT 482/380)

- Juiz suspeito. Deve ser considerado suspeito o juiz que, ainda que inconscientemente, faz colocações apriorísticas nos autos com relação às partes que, à evidência, denotam a falta de serenidade para decidir a causa, comprometendo a majestade da justiça, que deve presidir sempre qualquer julgamento. (RT 581/341)

- Suspeição. Juiz. Não é suspeito o juiz que, em audiência de conciliação, esclarece a parte sobre a demora, incidentes e despesas da causa. (RT 589/65 e RJTJESP 90/433)

- Suspeição. Juiz. Se o magistrado se beneficiará com a decisão a ser proferida em processo de natureza coletiva, ajuizado por entidade de classe, na qual não foi nomeado como parte, não se caracteriza a suspeição ou o impedimento. (RIDCPC 41/138)

- Suspeição. Juiz. O juiz não é obrigado a declinar os motivos da suspeição por foro íntimo, porque estão no seu âmago. (RT 754/432)

- Suspeição. Juiz. Se o juiz se declara suspeito por motivo de foro íntimo e encaminha o processo ao seu substituto, não cabe a este, nem à parte, suscitar conflito de competência. (TFR – 1ª Seção – CC 7.689-DF – Rel. Min. William Patterson – j. improcedente – DJU 10.04.1989 – p. 4.998).

- Suspeição do perito. A parte não pode deixar para arguir a suspeição de perito apenas após a apresentação de laudo pericial que lhe foi desfavorável. Por se tratar de nulidade relativa, a suspeição do perito deve ser arguida na primeira oportunidade em que couber à parte manifestar-se nos autos, ou seja, no momento da sua nomeação, demonstrando o interessado o prejuízo eventualmente suportado sob pena de preclusão (art. 245 do CPC). Permitir que a alegação de irregularidade da perícia possa ser realizada pela parte após a publicação do laudo pericial que lhe foi desfavorável seria o mesmo que autorizá-la a plantar uma nulidade, o que não se coaduna com o sistema jurídico pátrio, que rejeita o venire contra factum proprium. (STJ – AgRg na MC 21.336/RS – 3ª Turma – Rel. Min. Sidnei Beneti – j. em 17.09.2013 – Informativo 0532)

- Impedimento. Juiz. A revisão por magistrado impedido equivale à ausência de revisão. Acórdão anulado. (STJ – 4ª T. – REsp. 5.714-SC – Rel. Min. Athos Carneiro – DJU 10.12.1990 – p. 14.812)

- Impedimento. Foro íntimo. Atuação no processo. TARS: Impedimento por foro íntimo. Juiz que se declara impedido de atuar no processo por motivo de foro íntimo, nele, efetivamente, não poderá mais atuar. (JTAERGS 85/115)

- Impedimento. Juiz. A regra de impedimento previsto no art. 134, III, do CPC, somente se aplica nos casos em que o magistrado tenha participado em outro grau de jurisdição em um mesmo processo judicial, e não quando a sua participação anterior tenha ocorrido na esfera administrativa. (STJ – 5ª T. – RMS 18.099 – Rel. Min. Arnaldo Esteves – DJU 12.06.2006 – p. 500)

- Impedimento. Juiz. O juiz que proferiu o despacho saneador está impedido de participar do julgamento da apelação. (STJ – 4ª T. – REsp. 51.106-2-DF – Rel. Min. Rui Rosado – DJU 20.03.1995, p. 6.123)

- Jurisdição administrativa. Impedimento. Inocorrência. TJRS: Impedimento ou suspeição. Magistrado. Desacompanhada de pronunciamento sobre a questão fática ou jurídica, a jurisdição administrativa não acarreta impedimento. Todavia, se um juízo de valor tiver sido emitido, o magistrado deverá afastar-se do processo-crime. (RJTJRG 185/158)

- Competência funcional. É inderrogável a competência fixada pelo critério funcional. (RSTJ 27/351)
- Conflito entre juízes de tribunais diversos. TJSP: Tratando-se de conflito de jurisdição estabelecido entre juízes vinculados a tribunais diversos, competente para apreciá-lo e julgá-lo é o STJ, na forma do disposto no art. 105, I, "d", da CF. (RT 652/264)
- Exceção de incompetência. Momento próprio. TJSP: O momento processual propício é o da defesa prévia, sob pena de preclusão. (RT 560/301)
- Competência. Conflito. A alegação de conexão de causas não pode ser tema adequado para exceção de incompetência. (RT 677/131)
- Incompetência relativa. Súmula 33 do STJ: A incompetência relativa não pode ser declarada de ofício.
- Incompetência absoluta. A alegação de incompetência absoluta do juiz não pode ser feita após o trânsito em julgado da sentença por ele proferida. (RSTJ 63/303)
- Conflito de competência. Para a configuração do conflito de competência, previsto no inc. III do art. 115 do CPC, é necessária a manifestação dos juízos envolvidos acerca da reunião dos processos. (STJ – 1ª Seção – CC 59.955-AgRg. – Relª. Minª. Eliana Calmon – DJU 04.09.2006 – p. 214)
- Juízo incompetente. A nulidade dos atos decisórios da Justiça que se declara incompetente opera de modo automático. (RTJ 128/624)
- Incompetência absoluta. Atos decisórios. Nulidade. É procedente recurso especial por violação do art. 113, § 2º, do CPC, contra acórdão que, reconhecida a incompetência absoluta do juiz prolator da sentença, anulou o processo ab initio, ao invés de anular apenas os atos decisórios. (STJ – 2ª T. – REsp. 6.421-PR – Rel. Min. Ilmar Galvão – DJU 18.02.1991 –p. 1.027)
- Ministério Público. Conflito de competência. Havendo os juízes de comarcas situadas em Estados-membros diversos acolhidos os pronunciamentos dos órgãos dos Ministérios Públicos respectivos, no sentido da incompetência de seus juízos, o conflito que se estabelece é de jurisdição e não de atribuições entre os órgãos do Ministério Público de Estados diferentes. (RTJ 124/857)
- Ministério Público. O Ministério Público, seja como parte, seja como fiscal da lei, quer se trate de competência absoluta ou relativa, tem qualidade para suscitar conflito de competência. (JTJ 238/172)
- Tribunal. Competência. Só o tribunal é que pode suscitar conflito de competência; não o seu presidente (STF-RT 595/259), nem o relator do feito. (RTJ 118/874, 126/101)

17.11. Rejeição com absolvição sumária

> **§ 8º Recebida a manifestação, o juiz, no prazo de trinta dias, em decisão fundamentada, rejeitará a ação, se convencido da inexistência do ato de improbidade, da improcedência da ação ou da inadequação da via eleita.**

Após a apresentação da defesa escrita, formulada pelo patrono constituído do(s) indiciado(s) ou defensor dativo designado, refutando as imputações redigidas pelo autor da propositura, caberá ao juiz analisar as argumentações tecidas para decidir sobre a postulação de absolvição sumária, devendo, para tanto, examinar a ausência de justa causa por eventual inexistência do ato de improbidade, da inculpabilidade do agente e a sua ilegitimidade para figurar no polo passivo da relação processual, condições processuais que resultariam na rejeição da ação de forma total ou parcial.

Esse exame minudente é norma imperativa quando confere ao julgador a incumbência de que "*rejeitará a ação se convencido da inexistência do ato de improbidade, da improcedência ou da inadequação da via eleita*", vinculando a manifestação a ser proferida aos seus fundamentos devidamente motivada na apreciação do conjunto probatório e da conduta desempenhada pelo agente, para, assim, extrair o seu convencimento da rejeição ou do recebimento; tanto para rejeitar como para receber, deverá o ato judicial estar fundamentado com a exposição de suas razões determinantes da posição assumida pelo juiz.

O requisito essencial nesse pronunciamento judicial é a fundamentação da decisão, que tem caráter terminativo; deve estar revestida das formalidades necessárias a sua eficácia, dentre as quais, a motivação jurídica, sujeita assim, à apelação nos termos do art. 1.009 do Código de Processo Civil.

Cumpre ao pretor julgar antecipadamente quando o agente é representado de forma temerária diante da precariedade dos elementos informativos e documentos acostados na inicial, em que resultam suas análises em inquisições conjecturais, imprecisas ou de vagueza, projetando uma vã tramitação processual pelos indicativos de inutilidade ao objeto positivo da ação, merece um julgamento sumário por antever no seu nascedouro a inculpabilidade do agente.

Sobreleva assinalar que esse provimento judicial de admissibilidade deve retratar a realidade de ilicitude revelando elemento subjetivo na conduta do agente que importe em enriquecimento ilícito, dano ao erário ou violação aos princípios norteadores da administração pública.

Registre-se que a petição inicial de ação civil pública de improbidade administrativa, em regra, é fundada em documentos públicos (processo de licitação com ou sem dispensa, ou ainda, inexigibilidade, contratos, aditivos contratuais, atos administrativos, provimento de cargos ou função pública, decisões dos Tribunais e contas ou órgãos de controle, etc.).

Além disso, a defesa escrita instrumentalizada de elementos formais hábeis capazes de desconstituir a imputação exordial que revelem a inexistência das condutas atribuídas, afastando situações de dano à administração e regularidade jurídica, tornando desnecessária dilação probatória mais profunda ou de outras provas, cabe ao julgador decidir pela absolvição sumária mediante a rejeição da ação, como prevista neste dispositivo.

Isso porque, não se mostra judicioso prolongar uma ação de improbidade administrativa quando se prevê a sua inevitável improcedência, causando constrangimento ao representado e com elevado ônus para a estrutura judiciária sem utilidade alguma ao seu propósito de distribuição de justiça.

Não se revela republicando um juiz diante de suposições extraídas de inquisições conjecturais, imprecisas ou de vagueza, concorrer pela sua negação jurisdicional sustentar a tramitação de uma demanda inútil, apenas por excesso de cautelar.

Quando o legislador inseriu essa etapa preliminar no trâmite da ação de improbidade administrativa objetivou o julgamento antecipado de mérito para as situações que se esclarecem e se definem à luz do confronto de provas documentais, cujo conteúdo jurídico não são passíveis de modificação pela manifestação de provas testemunhais, ou mesmo periciais.

A garantia do contraditório se exaure com a petição inicial e seus documentos, e com a defesa escrita, igualmente, respaldada em provas documentais, além da réplica que é assegurada para que o autor se pronuncie e conheça outras comprovações colacionadas pelo representado.

Assim é que a exordial calcada em projeções provenientes de ilações de simples probabilidade, suposições ou presunções, desautoriza o encaminhamento da imputação para o recebimento da ação civil pública de improbidade administrativa.

O comando previsto neste dispositivo menciona "rejeitará a ação", não se cuida de "poderá", se evidenciada a certeza da inexistência do ato de improbidade administrativa, sob pena de decisão contrária a prova dos autos e por falta de justa causa de tipicidade.

Essa prerrogativa retrata uma visão de futuro, diante das provas que revelam a inutilidade de alimentar-se um processo cujo resultado virtual de absolvição do requerido, desde já se conhece.

Dessa maneira, o recebimento da representação à luz de uma iminente absolvição virtual seria um ato inócuo, que apenas oneraria o erário e concorreria para a morosidade judicial, além de se apresentar como um ato de constrangimento desnecessário e injusto à pessoa do representado, atentando contra o sublime princípio da dignidade da pessoa humana.

O recebimento de uma representação por ato de improbidade administrativa é estigmatizante, no que diz respeito a criar imagem pública do ímprobo e desonesto, associando todas as cargas negativas da sociedade à reputação do representado.

Esse juízo de admissibilidade traz a etiqueta de culpabilidade antecipada e estigmatização pública, tornando o processo de improbidade um meio transformador do *status* jurídico-pessoal do agente público.

A exemplo dos efeitos penais transformadores do *status* pessoal do condenado, Luigi Ferrajoli pontua:

> a inscrição da condenação nas certidões judiciais (arts. 685 a 690 do Código de Processo Penal), b) o *status* de reincidente de delinquente ou contraventor habitual, profissional ou por tendência (arts. 99-109 do Código Penal), com a consequente aplicação das medidas de segurança (art. 215 e ss. do Código Penal) e a inaplicabilidade de anistia, indulto (arts. 151, par. 5º e 174, par. 3º, do Código Penal), c) os efeitos dos antecedentes judiciais para fins de determinação da pena (art. 133, caput, n. 2 do Código Penal); [...]. Em con-

> traste com este interminável elenco de efeitos pós-penais estigmatizantes, aos quais se conjugam as penas acessórias do tipo de interdição, volta-se a mente à disposição IX, formulada há mais de dois séculos por Morelly em seu Code de la nature: ' uma vez cumprida a pena,está proibido a todo cidadão fazer a menor reprovação à pessoa que sofreu ou a seus parentes, de dizer às pessoas que ignorem-no e ainda demonstrar o mínimo desprezo em relação aos culpados, seja na sua presença ou na sua ausência, sob pena de receber a mesma punição que àquele foi dada[134].

É notória a interferência de um processo por ato de improbidade administrativa que tem natureza penal na vida pessoal e funcional do representado, vez que causa constrangimento ilegal na sua vida, quando provável o reconhecimento da inocência no processo, na fase de juízo de admissibilidade.

Com efeito, Edílson Aparecido Brandão afirma que "é evidente o constrangimento a que está sujeito o réu, que aguardará por longos meses seu julgamento para que, mesmo se condenado for, somente então se possa ter a prescrição reconhecida"[135].

Ademais, conclui o e. jurista, exige-se que a intervenção do direito de punir estatal seja verificada somente quando necessária, pois:

> [...] somente a danosidade social pode-se constituir-se como fundamento para a legitimação da punibilidade, e, por consequência, onde houver estabilização social como resultado da prática de um fato delituoso alcançado pela prescrição projetada não se justifica a interferência do Direito Penal. Destarte, a tolerabilidade social com um fato ocorrido não pleiteia a resposta do sistema através do processo e da pena[136].

Outrossim, revela-se inútil a continuidade de um processo inócuo, pois será fatalmente finalizado pela declaração de inocência que já se apresenta clara no juízo de admissibilidade.

A possibilidade de absolvição sumária pela projeção de inocência, à luz de documentos públicos, demonstra diversas vantagens para a esfera pessoal e funcional do representado. Nesse diapasão, Antonio Scarance Fernandes leciona que:

> [...] submeter alguém aos dissabores de um processo penal, tendo a certeza de que será inútil, constitui constrangimento ilegal, uma vez que a mesma injustiça, decorrente da acusação posta sem que seja possível antever con-

---

134. FERRAJOLI, Luigi. **Direito e razão:** teoria do garantismo penal. São Paulo: Revista dos Tribunais, 2002. p. 586.
135. BRANDÃO, Edílson Aparecido. **Prescrição em perspectiva**. São Paulo: Revista dos Tribunais, n.710,1994. p. 391-392.
136. MACHADO, Fábio Guedes de Paula. **Prescrição Penal:** Prescrição Funcionalista. São Paulo: Revista dos Tribunais, 2000. p. 167.

denação do réu, existe quando não há possibilidade de cumprimento da sentença condenatória porque será alcançada pela prescrição[137].

Então, havendo provas suficientes da certeza de inexistência do ato de improbidade, é poder-dever do juiz absolver o representado.

A propósito, calha bem o seguinte julgado sobre esta temática:

> O processo, como instrumento, não tem razão de ser, quando o único resultado previsível levará, inevitavelmente, ao reconhecimento da ausência de pretensão punitiva. O interesse de agir exige da ação penal um resultado útil. Se não houver aplicação possível de sanção, inexistirá justa causa para a ação penal. Assim, só há uma concepção teratológica do processo, concebido como autônomo, autossuficiente e substancial, pode sustentar a indispensabilidade da ação penal, mesmo sabendo-se que levará ao nada jurídico, ao zero social. E à custa de desperdício de tempo e recursos materiais do Estado. Dessa forma, demonstrando que a pena projetada, na hipótese de uma condenação, estaria prescrita, deve-se declarar a prescrição, pois a submissão do acusado ao processo decorre do interesse estatal em proteger o inocente e não intimidá-lo, numa forma de adiantamento de pena. Recurso improvido[138].

Fábio Guedes de Paula Machado defende que o direito de punir estatal somente se justifica conforme verificação de uma sentença penal condenatória, porque, em caso contrário, estar-se-ia violando os postulados do Estado Democrático de Direito e o princípio da dignidade da pessoa humana. Nesse prisma, verbera:

> [...] pela perda do valor simbólico do fato cometido e de sua consequente penalização pelo transcurso do tempo, materializado pelo desaparecimento da necessidade da pena, qualquer processo penal em trâmite ou futura imposição de condenação que não redundará na efetiva aplicação da lei penal constitui-se como atentado à dignidade humana[139].

Dessa forma, o desenvolvimento do processo penal fadado ao insucesso devido à falta de justa causa extraída de documentos públicos, provas consistentes, não atende ao princípio da dignidade da pessoa humana, pois contraria o objetivo de sanção da normativa de regência, porquanto o processo serviria tão somente como instrumento de estigmatização social ou, até mesmo, política em razão dos reflexos negativos à imagem e reputação do agente político.

Assim, resta demonstrada a aplicabilidade da absolvição sumária diante do cotejo de provas sólidas que retratam antecipadamente a inocência do representado, sendo despiciendas outras provas ou uma inoperante instrução processual

---

137. FERNANDES, Antonio Scarance. A provável prescrição retroativa e a falta de justa causa para a ação penal. **Cadernos de Doutrina e Jurisprudência da Associação Paulista do Ministério Público**, n. 6, p. 38-43.

138. TJRS – APL 70005159371 – Rel. Sylvio Batista Neto.

139. MACHADO, Fábio Guedes de Paula. **Prescrição Penal**: Prescrição Funcionalista. São Paulo: Revista dos Tribunais, 2000. p.163

que levaria ao mesmo ponto de convergência projetado por aquelas encartadas na inicial e as juntadas pela defesa, e sem impugnação do autor, que, intimado na forma regular, não as questionou.

Com efeito, José Afonso da Silva[140] conclui que "*[...] a dignidade da pessoa humana não é uma criação constitucional, pois ela é um desses conceitos a priori, um dado preexistente a toda experiência especulativa, tal como a própria pessoa humana*". Por isso, ela "*[...] não estará assegurada se o indivíduo é humilhado, discriminado, perseguido ou depreciado*".

A absolvição sumária enseja a extinção com julgamento de mérito porquanto se fundou no conjunto probatório da causa de pedir com observância da garantia do devido processo legal e do contraditório.

Deve-se atentar, que é fato comum em nosso país os procedimentos administrativos serem forjados com o intuito de arranjar um responsável qualquer por atos ou fatos ilícitos como forma de dar satisfação à opinião pública ou tentar mostrar serviço aos órgãos superiores da Justiça ou essenciais ao seu funcionamento, além daqueles que têm a incumbência de promover a fiscalização no âmbito da administração pública, de sorte que se cuida de uma ferramenta jurídica posta à disposição do juiz para filtrar, nesse primeiro momento processual, quando verificadas, as situações descritas pelo aludido dispositivo.

O alcance desse dispositivo ganha contorno de importância porque nessa fase do processo, o juiz dispõe dos elementos informativos colhidos em inquérito civil ou representação administrativa, a moldura arquitetada pelo Ministério Público ou pessoa jurídica, e os argumentos e provas colacionadas pela defesa.

É verdade que não poderá o juiz contar com provas jurisdicionadas, oriundas do contraditório, mas terá a chance de examinar com profundidade o conteúdo jurídico do apanhado preliminar, além de contar com dados ou documentos importantes que podem ser juntados pela defesa, com ou outros indicativos extraídos de órgãos públicos.

Enfim, é a primeira oportunidade para que a defesa exponha sua tese visando afastar a culpabilidade administrativa do agente. É evidente que os argumentos expostos com os documentos lastreadores sejam consistentes a ensejarem um julgamento antecipado de absolvição.

Nessa ocasião, o juiz deverá considerar todo o conjunto de peças informativas e documentos anexados para o seu juízo de delibação e, de forma devidamente fundamentada, proferir a sua manifestação judiciosa definitiva.

A inexistência ou condutas ilícitas que não se emoldurarem na sistemática desta lei, devem ser postas de forma enfática e indenes de dúvida quanto ao embasamento jurídico e probatório encartado nos autos.

---

140. SILVA, José Afonso da. **Curso de Direito Constitucional Positivo**. 28. ed. São Paulo: Malheiros, 2007. p. 95.

Em contrapartida, em face de sua natureza de juízo de admissibilidade, havendo hesitação quanto à veracidade dos argumentos fundados na propositura, deverá o juiz decidir pelo acolhimento da ação, deixando para a instrução probatória o esclarecimento dos fatos imputados ao requerido no exame mais completo do mérito da causa.

Quando a norma referida menciona como hipótese "inexistência do ato de improbidade", quer dizer que se trata de atipicidade, que o fato é atípico, cuja conduta não está definida por lei que se constitua em ato de improbidade administrativa ou ainda que sua realização atendeu aos princípios norteadores da administração pública e sem ocorrência de dano ao erário, ou ainda, que não tenha produzido enriquecimento ilícito.

Poderá também ser considerada a ação improcedente pela ocorrência da prescrição do ato impugnado, nos termos da legislação de regência, recaindo desta maneira em resolução de mérito (art. 487, II, do CPC).

Por derradeiro, o texto legal preceitua a circunstância da inadequação da via eleita que se poderia supor numa situação em que o autor represente por ato de improbidade administrativa perante o juízo de 1º grau uma autoridade detentora da prerrogativa de foro privilegiado, sujeita a responder por crime de responsabilidade enquanto no exercício da titularidade do cargo ou função que lhe assegura o aludido privilégio, impondo-se, assim, a extinção do processo sem resolução de mérito para que outra fosse ajuizada no tribunal competente.

Registre-se, por oportuno, que, apresentada a defesa escrita ou não, o juiz, no prazo delimitado de 30 (trinta) dias no máximo, sopesando e ponderando as alegações e provas proferidas pelo(s) indiciado(s), em manifestação motivada rejeitará ou acolherá a representação por ato de improbidade administrativa.

No que se refere ao recurso cabível da decisão que rejeita a ação proposta no exame da sua admissibilidade, deve-se atentar para a regra da incidência por analogia da sistemática do art. 331 do Código de Processo Civil[141], visto que se trata de um ato judicial indeferitório da inicial.

Esse argumento ganha mais firmeza quando o § 1º do art. 203 do Código de Processo Civil define como sentença o ato judicial que implica algumas das situações previstas nos arts. 485 (extingue-se o processo, sem resolução de mérito) e 487 (haverá resolução de mérito) do referido diploma processual.

A significação dessa combinação de dispositivos articulados deduz que o ato de rejeição da ação de improbidade administrativa pode se constituir em manifestação

---

141. *Art. 331. Indeferida a petição inicial, o autor poderá apelar, facultado ao juiz, no prazo de 5 (cinco) dias, retratar-se. § 1º Se não houver retratação, o juiz mandará citar o réu para responder ao recurso. § 2º Sendo a sentença reformada pelo tribunal, o prazo para a contestação começará a correr da intimação do retorno dos autos, observado o disposto no art. 334. § 3º Não interposta a apelação, o réu será intimado do trânsito em julgado da sentença*

judiciosa definitiva com ou sem mérito, mas devido a sua natureza terminativa, põe fim ao processo, o que desafia recurso de apelação.

Sucede, também, que o provimento jurisdicional negando a admissibilidade da ação de improbidadc administrativa tem caráter terminativo quando centrado na ausência dos pressupostos processuais da demanda e seu desenvolvimento válido e regular, como também, considerando o exame do mérito da causa devido à instauração do contraditório, decide pela sua improcedência.

- "Rejeição da inicial. Suficiência probatória para o fim de aferir a inexistência de ato ímprobo ou a improcedência da ação. Revisão. Precedentes. É pacífico o entendimento no Superior Tribunal de Justiça segundo o qual é possível a rejeição da petição inicial da ação de improbidade quando o magistrado está convencido da inexistência do ato de improbidade, da improcedência da ação ou da inadequação da via eleita, consoante estabelece o art. 17, § 8º da Lei n. 8.429/92. Precedente. Hipótese em que a Corte de origem assentou inexistentes indícios da prática de ato de improbidade administrativa. Precedentes" (STJ - AgInt no REsp 1664834/MS, Rel. Ministro BENEDITO GONÇALVES, PRIMEIRA TURMA, julgado em 05/04/2018, DJe 16/04/2018)

- "Rejeição da petição inicial. Ausência de justa causa. Possibilidade. Na forma da jurisprudência desta Corte, o art. 17, § 8º, da LIA "estampa o princípio in dubio pro societate ao estabelecer que a inicial somente será rejeitada quando constatada a 'inexistência do ato de improbidade, a improcedência da ação ou a inadequação da via eleita'" (AgInt nos EDcl no AREsp 731.118/MG, Rel. Ministro Herman Benjamin, Segunda Turma, DJe 24/04/2017). Caso concreto em que o Tribunal de origem firmou a compreensão no sentido de que inexistem nos autos indícios de que o réu, ora agravado, efetivamente houvesse praticado a conduta a ele imputada, a saber, suposta emissão de ordem ilegal para interromper procedimento de decolagem de voo comercial e determinar a retirada de passageiros já embarcados, com o fim de atendimento a interesse pessoal, na medida em que a decisão de retomar a aeronava à posição de embarque foi de seu respectivo Comandante, em atendimento à solicitação passada pela torre de controle. (STJ - AgInt no REsp 1471776/SP, Rel. Ministro SÉRGIO KUKINA, PRIMEIRA TURMA, julgado em 06/02/2018, DJe 19/02/2018)

- "Indeferimento da inicial. Processo extinto. Ausência de dados concretos que possam indicar que o requerido tenha praticado ato de improbidade - inicial que não preenche os requisitos de admissibilidade. Ausência de justa causa para o recebimento da ação de improbidade. No caso concreto o conjunto probatório converge no sentido de que as condutas imputadas aos requeridos não configuram atos de improbidade administrativa. Inexistindo elementos probatórios que indiquem a configuração dos alegados atos de improbidade administrativa, deve ser mantido os termos da sentença que rejeitou a ação de improbidade administrativa, extinguindo o feito nos termos do art. 267, VI, do CPC/73, em razão da inexistência de justa causa para a ação. (TJMS. Apelação n. 0839658-97.2014.8.12.0001, Campo Grande, 1ª Câmara Cível, Relator (a): Desª. Tânia Garcia de Freitas Borges, j: 22/05/2018, p: 24/05/2018)

- "A rejeição liminar da inicial da ação civil pública que atribui a prática de ato de improbidade administrativa ao réu pode ser feita em situação na qual esteja incontroversa a inexistência de ofensa à lei em face de não ser necessário produzir outra prova que não a documental. [...] Em face dessas particularidades e sendo incontroverso entre as partes que o evento ocorreu e as pessoas contratadas prestaram o serviço para a Municipalidade, não é possível dizer que tenha sido cometido ato de improbidade administrativa, haja vista que a prova documental anexada à inicial demonstra a forma como a inexigibilidade da licitação foi declarada e não há, de forma manifesta, a presença do dolo." (TJMG - Apelação Cível 1.0476.14.000535-8/001,

Relator(a): Des.(a) Armando Freire, 1ª CÂMARA CÍVEL, julgamento em 21/03/2017, publicação da súmula em 31/03/2017)

- "Na fase de recebimento da petição inicial da Ação Civil Pública, vigora o princípio do *in dubio pro societate*, segundo o qual basta a presença de meros indícios de atos de improbidade administrativa para o recebimento da petição inicial. Se os elementos probatórios carreados aos autos permitem inferir que o réu contratou sociedade de Advogados para a prestação de serviços jurídicos, consultoria e assessoria em processos administrativos e judiciais, não há como afastar, sem a devida dilação probatória, a responsabilidade do réu pelos atos ímprobos que lhe foram imputados". (TJMG - Apelação Cível 1.0476.15.002011-5/001, Relator(a): Des. (a) Elias Camilo, 3ª CÂMARA CÍVEL, julgamento em 02/03/2017, publicação da súmula em 04/04/2017)

- "Segundo a orientação desta Corte a inicial da Ação de Improbidade pode ser rejeitada (art. 17, § 8o. da Lei 8.492/92), sempre que, do cotejo da documentação apresentada, não emergirem indícios da prática do ato improbo. Esse tipo de ação, por integrar iniciativa de natureza sancionatória, tem o seu procedimento referenciado pelo rol de exigências que são próprias do Processo Penal contemporâneo, aplicável em todas as ações de Direito Sancionador". (STJ - AgRg no AREsp 27.704/RO, Rel. Ministro NAPOLEÃO NUNES MAIA FILHO, PRIMEIRA TURMA, julgado em 15/12/2011, DJe 08/02/2012)

- "Na ação de improbidade administrativa, somente deve ser rejeitada a inicial quando ficar caracterizada, sem sombra de dúvida, que a ela é temerária, ante a absoluta inexistência de indícios da prática de ato improbo". (STJ – EDcl. no AgRg. no REsp. 1117325/DF – Rel. Min. Napoleão Nunes Maia Filho – 1ª Turma – j. em 01.09.2011 – DJe 15.09.2011)

- "O exame das questões aduzidas no contraditório preliminar, que antecede o recebimento da petição inicial da ação civil de improbidade (§§ 8º e 9º do art. 17), assume relevância ímpar, à medida em que o magistrado, convencido da inexistência do ato de improbidade, da improcedência da ação ou da inadequação da via eleita, pode, inclusive, rejeitar a ação (§ 8º, art. 17), ensejando a extinção do processo. [...] Com efeito, o Magistrado, julgando, nesse momento processual, que há nos autos elementos probatórios idôneos sobre a ocorrência (verossímil) do ato de improbidade administrativa imputado ao requerido, recebe a petição inicial e determina a citação do requerido para apresentar contestação. E dessa decisão cabe agravo de instrumento (§§ 9º e 10 do art. 17). Ao contrário, convencido o Magistrado da inexistência do ato de improbidade, da improcedência da ação ou da inadequação da via eleita, em decisão fundamentada, rejeitará a ação (§ 8º, art. 17)". (STJ - REsp 901.049/MG, Ministro Luiz Fux, DJe de 18.2.2009).

- [...] constata-se que o aresto recorrido não dissentiu da orientação perfilhada por esta Corte quanto a interpretação do art. 17, § 8o. da Lei 8.492/92, de que a inicial pode ser rejeitada sempre que, do cotejo da documentação apresentada, não ressair indícios da prática do ato improbo. Nesse sentido: Ação civil pública. Improbidade administrativa. Rejeição da petição inicial. Art. 17, § 8º da lei 8.429/92. Extinção do processo. Ausência de ato de improbidade. [...] *In casu*, evidencia-se que os atos praticados pelos requeridos, ora apelados, consubstanciados na pretensão, não concretizada, de transferir para a FUNDAÇÃO CLÓVIS SALGADO, da qual ocupavam a Presidência, a Diretoria de Espaços Culturais e Extensão e a Superintendência de Projetos e Captação de Recursos, respectivamente, a título de ressarcimento de despesas efetuadas com a realização do IV Festival Internacional de Curtas-Metragens de Belo Horizonte, do saldo da captação de patrocínio para realização daquele evento, definitivamente não se enquadram na moldura da conduta improba tipificada no artigo 11, inciso I, da Lei nº 8.429/92, pois nada nos autos autoriza concluir que os tivessem praticado os requeridos de má-fé, com a deliberada intenção de fraudar a lei, ainda mais em se considerando que o remanejamento poderia ser autorizado pela Comissão Técnica de Análise de Projetos - CTAP.

5. A interpretação de normas e princípios de natureza constitucional refoge da competência outorgada ao Superior Tribunal de Justiça. Recurso Especial não conhecido. (REsp. 901.886/MG, Rel. Min. LUIZ FUX, DJe 29/04/2010)

- "Aplicação do § 8º, do art. 17, da Lei 8.429/92. Ação de cunho civil, penal e administrativo. Tipicidade estrita. Improbidade e ilegalidade. Diferença. Ausência de interesse processual superveniente, máxime porquanto os tipos de improbidade contra os princípios da administração reclamam resultado. Inocorrência de improbidade prima facie. Indeferimento da petição inicial à semelhança do que ocorre com a rejeição da denúncia por ausência de tipicidade (art. 17, § 8º da lei 8.429/92) aferida pela instância local com ratificação pelo ministério público federal. [...] Tratando-se de ação cível com cunho penal, a atipicidade da conduta assemelha-se à impossibilidade jurídica do pedido, mercê da falta notória do interesse de agir quer por repressão quer por inibição, impondo o indeferimento da inicial e a consequente extinção do processo sem análise do mérito, por isso que ausente a violação do art. 267 do CPC. 12. Deveras, o atual § 8º do art. 17 da Lei 8.429/92 permite ao magistrado indeferir a inicial julgando improcedente a ação se se convencer da inexistência do ato de improbidade. Consequentemente, se assim o faz, não há violação da lei, senão seu cumprimento. Outrossim, considerando que *in casu* o Tribunal local concluiu pela improcedência da ação com base na valoração dos fatos, na impossibilidade jurídica do pedido e na revogação do ato, esvaziando a suposta improbidade, tem-se que, mercê de inexistir violação do art. 267 do CPC, não é lícito ao STJ empreender a análise que engendrou o Tribunal local, sob pena de infringir a Súmula 7/STJ. 14. Recurso Especial parcialmente conhecido e desprovido" (REsp 721.190/CE, Rel. Ministro LUIZ FUX, PRIMEIRA TURMA, julgado em 13/12/2005, DJ 13/02/2006, p. 696).

- *"É correto o trancamento de ação de improbidade quando não se verificam indícios que a justifiquem. A mera participação de servidor em simpósio de natureza técnica, com passagem paga por empresa transnacional, em viagem informada ao superior hierárquico e autorizada por decreto do Presidente da República, não constitui indício suficiente da prática de ato de improbidade sob a conjectura de que haveria comprometimento de isenção no desempenho de suas funções junto à Comissão Técnica Nacional de Biossegurança - CTNBio".* (STJ - REsp. 852682 / DF - 2ª Turma - DJ 15.08.2007 p. 260 - Rel. Min. Castro Meira)

- "Conforme a dicção do § 8º do art. 17 da Lei 8.429/92 é de ser rejeitada a ação quando houver convencimento da inexistência do ato de improbidade, da improcedência da ação ou da inadequação da via eleita. Ausência de agir, doloso ou culposo, a ensejar a caracterização do ato dito ímprobo, restando imaculados os princípios da legalidade, moralidade, impessoalidade e publicidade. Demanda rejeitada". (TJRS - Ação Civil Pública 70006595201 - 22ª Câmara Cível - Rel. Des. Augusto Otávio Stern - j. em 04.05.2003)

17.11.1. Rejeição da ação sem julgamento de mérito

Após a apresentação da defesa escrita, formulada pelo patrono constituído do(s) indiciado(s) ou defensor dativo designado, refutando as imputações redigidas pelo autor da propositura, caberá ao juiz analisar as argumentações tecidas para decidir sobre o juízo de admissibilidade, devendo, para tanto, examinar os pressupostos processuais e condições de procedibilidade da ação.

Nesse exame de prelibação verifica-se a necessária presença na petição inicial dos requisitos estabelecidos pelos arts. 319 e 320 do Código de Processo Civil; a ausência de alguns deles ensejará a emenda da inicial, se está evidenciada a tipicidade do ato de improbidade ou se ele é atípico e também, se estão configuradas as condições da ação, como possibilidade jurídica do pedido, a legitimidade das partes e o interesse processual.

A respeito da conceituação de impossibilidade jurídica do pedido, proclama-se que a pretensão deduzida em juízo que não tenha guarida no ordenamento jurídico equivale a dizer que o demandante não tem o direito material alegado, cujo contexto abrange também a postulação pela via inidônea que não tem viabilidade processual para alcançar os seus objetivos.

Nesse sentir:

> Por possibilidade jurídica do pedido entende-se a admissibilidade da pretensão perante o ordenamento jurídico, ou seja, previsão ou ausência de vedação, no direito vigente, do que se postula na causa. (STJ - RT 652/183)

Sobre a temática, o professor Dinamarco[142] adota concepção de forma a ampliar a impossibilidade jurídica do pedido para uma impossibilidade jurídica, fazendo, desse modo, não apenas referência ao pedido em abstrato, mas também à *causa petendi* e às próprias partes. Desta forma, embora possível o pedido, a causa de pedir ou as peculiaridades relativas às partes trazem uma ilicitude para a causa, o que torna a ação carecedora de possibilidade jurídica. Tal construção doutrinária parece condizente com o próprio diploma legal, conforme transcrição do art. 485 do Código de Processo Civil.

Nessa linha, há inclusive na jurisprudência um famoso acórdão do 2º TACívSP, de que foi relator o então Juiz Antonio Cézar Peluso, e ex-ministro do STF:

> Dizer que determinado pedido não pode ser conhecido por força de expressa vedação legal, dando-se pela carência da ação, significa reconhecer que inexiste o direito subjetivo, da mesma forma que a sentença de improcedência. A distinção estaria apenas no grau de evidencia. Enquanto nos casos de improcedência o reconhecimento da ausência do direito depende de apreciação menos sumária, as hipóteses de impossibilidade jurídica apresentam tão patente inexistência do direito material que autorizam a declaração liminar. (2º TACívSP - 5º Câm. - Ap 154.010, j. em 02.03 1985 - RT 599/139)

Isso porque o pedido que o autor formula ao propor a ação é dúplice: 1º, os pedidos imediatos contra o Estado, que se refere à tutela jurisdicional; 2º, os pedidos mediatos, contra o réu, que se refere à providência de direito material.

> "A possibilidade jurídica, então, deve ser localizada no pedido imediato, isto é, na permissão ou não do direito positivo a que se instaure a relação processual em torno da pretensão do autor. Assim, um caso de impossibilidade jurídica do pedido poderia ser encontrado no dispositivo legal que não admite a cobrança em juízo de dívida de jogo, embora seja válido o pagamento voluntário feito extrajudicialmente (Cód. Civil, art.184). (JÚNIOR, 2007, p. 65)"

142. DINAMARCO, Cândido Rangel. **Instituições de Direito Processual Civil**. São Paulo: Malheiros, 2001. v. II.

No tocante à impossibilidade jurídica do pedido, é cediço que esta, na clássica definição de Liebman, enquadra-se como uma das condições genéricas da ação.

Cândido Dinamarco tem lição magistral sobre o tema: "O *petitum* é juridicamente impossível quando se choca com preceitos de direito material, de modo que jamais poderá ser atendido, independentemente dos fatos e das circunstâncias do caso concreto (pedir o desligamento de um estado da federação)"[143].

Desse modo, pode-se entender a impossibilidade jurídica do pedido como uma vedação explícita do ordenamento que impede, de pronto, que a pretensão deduzida em juízo seja analisada pelo Poder Judiciário; no caso vertente não há como aplicar as sanções requeridas na via eleita.

Vale ressaltar que alguns doutrinadores entendem, inclusive, que a possibilidade jurídica vincula-se ao próprio mérito da pretensão, na medida em que, se vedado o pedido pelo ordenamento, não poderia sequer ser reproposta a ação. Destarte, o próprio mérito é que estaria sendo decidido. Nesse passo são os magistérios de Donaldo Armelin, Alfredo Buzaid, Lopes da Costa e do próprio Liebman, todos citados por Arlete Inês Aurelli[144].

Já a carência de ação por falta de interesse processual é um pressuposto processual negativo que se apresenta na postulação inicial.

O interesse processual – uma das condições da ação –, nas palavras do professor Alexandre de Freitas Câmara "*(...) é verificado pela presença de dois elementos, que fazem com que esse requisito de provimento final seja verdadeiro binômio: 'necessidade da tutela jurisdicional' e 'adequação do provimento pleiteado'. Fala-se, assim, em 'interesse necessidade' e em 'interesse-adequação'. A ausência de qualquer dos elementos componentes deste binômio implica ausência do próprio interesse de agir. (...) Não basta, porém, que a ida a juízo seja necessária para que o interesse de agir esteja presente. É mister, ainda, que haja interesse-adequação, ou seja, é preciso que o demandante tenha ido a juízo em busca do provimento adequado para a tutela da posição jurídica de vantagem narrada por ele na petição inicial, valendo-se da via processual adequada. Assim, por exemplo, o locador que pretenda recuperar o posse do imóvel locado terá que postular o despejo do locatário, mesmo sendo inadequada a propositura de 'ação de reintegração de posse', da mesma forma que o cônjuge que pretenda desfazer seu casamento em razoa de ser o outro adúltero deverá pleitear a separação judicial, e não a anulação do casamento". E mais adiante resume: "assim sendo, terá interesse de agir aquele que apresentar necessidade da tutela jurisdicional, tendo pleiteado um provimento que se revela adequado par a tutela da posição jurídica da vantagem afirmada na demanda*"[145].

143. **Instituições de Direito Processual Civil**, v. II. p. 298.

144. **O Juízo de Admissibilidade na Ação de Mandado de Segurança**. Malheiros, p. 184.

145. *In*: **Lições de Direito Processual Civil**. 11. ed. v. I, Lumen Juris, p. 125-127.

No que se refere à ilegitimidade *ad causam* ativa ou passiva, entende-se que o magistrado deve proferir de logo uma sentença definitiva, reconhecendo a improcedência *prima facie* do pedido.

Embora a discussão acerca da natureza da legitimidade de parte - se esta seria uma condição da ação ou questão de mérito - pareça, à primeira vista, inócua, na realidade, a distinção é de efeito prático fundamental, mormente no que tange à formação da coisa julgada. É que, ao se adotar a posição de que a legitimidade de parte seria condição da ação, entende-se que o provimento que reconhecesse a sua ausência - portanto, a ilegitimidade - extinguiria o processo sem exame de mérito por carência de ação, com fulcro no art. 485, VI, CPC, produzindo somente coisa julgada formal.

A previsão da legitimidade *ad causam* está contida nos arts. 17, 485, VI, e 330, II, do CPC. Conforme esse último artigo, a ilegitimidade da parte será causa de indeferimento da petição inicial:

> **Art. 330.** A petição inicial será indeferida quando:
>
> I - for inepta;
>
> II - a parte for manifestamente ilegítima;

A legitimidade *ad causam* é das partes. Assim, fala-se em legitimidade ativa e passiva, já que tanto para propor quanto para contestar a ação é preciso ter legitimidade *ad causam.*

A legitimidade *ad causam*, conforme Arruda Alvim[146], *"é a atribuição, pela lei ou pelo sistema, do direito de ação ao autor, possível titular ativo de uma dada relação ou situação jurídica. Normalmente, no sistema do Código, a legitimação para a causa é do possível titular do direito material (art. 18)"*.

Testemunha ocular da literatura jurídica, o renomado Marcos Destefenni[147] preleciona que, *"Diante dessa conceituação temos que para que uma demanda seja proposta faz-se necessário que haja a legitimidade ad causa ativa que quem detém é aquele que se afirma titular da relação jurídico-material e dessa forma devemos propor a ação contra quem detém a legitimidade ad causa passiva que é aquele responsável por suportar o pedido"*.

Fredie Didier Jr[148] aponta os principais aspectos da legitimidade *ad causam*:

a) trata-se de uma situação jurídica regulada pela lei;

b) é qualidade jurídica que se refere tanto ao autor quanto ao réu.

---

146. ARRUDA ALVIM. **Manual de Direito Processual Civil**. São Paulo: Revista dos Tribunais, 2008. v. 1, p. 450.

147. DESTEFENNI, Marcos. **Curso de Direito Processual Civil**. Tomo I. São Paulo: Saraiva, 2009. v. 1, p. 114.

148. DIDIER JR., Fredie. **Curso de Direito Processual Civil**. Bahia: Juspodivm, 2009. v. 1. p. 186.

c) afere-se diante do objeto litigioso, a relação jurídica substancial deduzida

A legitimidade *ad causam* é qualidade para estar em juízo, e existem diversas formas de classificá-la como a divisão em legitimidade ordinária e legitimidade extraordinária; o momento de análise das condições da ação e seus resultados, é o do exame da petição inicial e do seu pedido liminar.

Para melhor ilustração, no que se refere à legitimação para a causa, o mestre Carneiro[149] (1983, p. 25) doutrina com singular autoridade: "*Consiste a legitimação para a causa na coincidência entre a pessoa do autor e a pessoa a quem, em tese, a lei atribui a titularidade da pretensão deduzida em juízo e a coincidência entre a pessoa do réu e a pessoa contra quem, em tese, pode ser oposta tal pretensão*".

Conforme visto, diante de uma parte ilegítima na ação, esta deverá ser extinta, não sendo possível o seu prosseguimento.

De fato, reconhecida a inexistência de condição da ação (*legitimatio ad causam*), impõe-se a extinção do feito (Código de Processo Civil, art. 485, VI), visto que não pode o juiz substituir o sujeito passivo qualificado pela parte autora, com o fito de corrigir errônea indicação.

A orientação da jurisprudência robustece esse alinhamento doutrinário, a exemplo dos seguintes julgados:

- "Nos termos da teoria da asserção, o momento de verificação das condições da ação se dá no primeiro contato que o julgador tem com a petição inicial, ou seja, no instante da prolação do juízo de admissibilidade inicial do procedimento". (STJ –Resp 879.188/RS - 2ª. Turma - Rel. Min. Humberto Martins - j. em 21.05.2009 - DJe 02.06.2009)
- "O juiz deve resolver a lide tal como a colocou o autor. Em proclamando a ilegitimidade passiva do banco demandado, o magistrado deve, simplesmente, extinguir o processo. Não lhe é permitido alterar a relação processual, declarando, ex officio, a legitimidade da Caixa Econômica Federal". (STJ - CC 33.045-RS - Rel. Min. Castro Filho)
- "O juiz não pode substituir as partes escolhidas pelo autor. Se a ação é exercida apenas contra uma pessoa, reconhecida a ilegitimidade passiva, resta ao juiz declarar extinto o processo". (STJ - CC 35.060/MG - 1ª Seção - Rel. Min. Humberto Gomes de Barros - DJ 19.12.2002, p. 324)
- O processo deve ser extinto, sem resolução de mérito, quando não concorrerem quaisquer das condições da ação, como a possibilidade jurídica do pedido, a legitimidade das partes e o interesse processual (CPC, art. 267, VI). (STJ - REsp. 915.907/SC - 1ª Turma - DJe 06.10.2009 - Rel. Min. Luiz Fux)

Diante da petição inicial o juiz já estará habilitado a proceder à verificação da presença ou não, das chamadas condições da ação. Explica o tema, impecavelmente, Nelson Nery Jr[150]. (2008, p. 503): "*[...] Se a parte for manifestamente ilegítima ou carecer o autor de interesse processual, o juiz deve indeferir a petição inicial (CPC 330*

149. CARNEIRO, Athos Gusmão. **Intervenção de Terceiros**. 2. ed. São Paulo: Saraiva, 1983. p. 25.

150. NERY JUNIOR, Nelson; NERY, Rosa Maria Andrade. **Código de Processo Civil Comentado e legislação extravagante**. 10. ed. São Paulo: RT, 2008.

II e III). A impossibilidade jurídica do pedido é causa de inépcia da petição inicial (CPC 330 § 1º, III), acarretando também o indeferimento da exordial (CPC330)".

Como se vê, não há viabilidade processual devido à carência das condições da ação e das ilegitimidades afloradas com nitidez e evidência exposta com clareza solar.

Conforme restou evidenciado, a petição inicial inepta é aquela considerada não apta a produzir efeitos jurídicos, por vícios que a tornam confusa, contraditória, absurda, incoerente; ou por lhe faltarem os requisitos exigidos pela lei, não se apoiar em direito expresso ou por não se aplicar à espécie o fundamento invocado. A inépcia enseja a preclusão e proíbe de levar-se adiante a ação.

Enfim, estaria o julgador diante de situações de ausência de pressupostos de constituição e de desenvolvimento válido e regular do processo, condições da ação, de perempção, litispendência ou de coisa julgada.

Também se enquadra nessa circunstância a proposição da ação de improbidade administrativa com fundamentos e pedidos próprios inferidos na Lei 4.717/1965, que regula a ação popular.

17.12. Juízo positivo de admissibilidade

§ 9º Recebida a petição inicial, será o réu citado para apresentar contestação.

A decisão proferida no recebimento da ação de improbidade administrativa constitui ato decisório meramente interlocutório de um juízo positivo de admissibilidade da imputação dos fatos articulados na inicial, que gera apenas efeitos de índole meramente processual.

Para seu acatamento, basta a simples presunção da existência dos fatos com a qualificação de ilicitude, eiva de imoralidade administrativa ou conduta desidiosa do agente público, evidentemente, que os fatos articulados devem guardar vinculação com a conduta imputada ao(s) indiciado(s).

Esse provimento judicial de admissibilidade deve retratar a realidade da ilicitude apontada e a suposição acerca da autoria da sua responsabilização administrativa, conectando os fatos às condutas do(s) agente(s) denunciadas em virtude de suas evidências e com a definição individual de cada representado com suas respectivas vinculações aos atos e documentos objetos da investigação que dão suporte à imputação da sua conduta ilícita indicada.

No exame sumário e antecipado das provas coligidas, havendo indícios razoáveis que possam suscitar incerteza quanto à veracidade do fato ou a culpabilidade do agente, prevalece o princípio: *in dubio pro societate* em detrimento do princípio *in dubio pro reo*; deve ser recebida a representação.

A exigibilidade de uma decisão fundamentada não projetará juízo de valor ou de condenação antecipada em razão da necessidade da produção de provas durante a instrução processual que irá revelar a responsabilidade ou culpabilidade do(s) representado(s).

A imprescindibilidade de fundamentação das decisões judiciais é exigência constitucional a ser observada pelos órgãos judicantes, sob pena de nulidade absoluta.

Com o recebimento da inicial na fase de prelibação, os agentes deixam de ser considerados indiciados para passarem à condição de representados.

Recebida a representação, o julgador ordenará a citação do representado nos moldes previstos pelo art. 242 e seguintes do Código de Processo Civil, pessoalmente, ao seu representante legal ou ao procurador legalmente autorizado, tratando-se de pessoa física; se for pessoa jurídica, poderá ser realizada pela via postal por carta com aviso de recebimento.

Na hipótese de não ser conhecida a residência do requerido, ou este se achar fora da jurisdição da unidade judiciária processante, o juiz procederá na forma prevista pelo art. 256 do Código de Processo Civil, por edital, após o que, será nomeado defensor, a quem caberá apresentar a contestação.

É importante assinalar que, pelo art. 246, I, do Código de Processo Civil, a citação far-se-á, preferencialmente pelo correio, na ordem de graduação estabelecida pelo mencionado dispositivo, e que o art. 247 do mesmo diploma processual preceitua que essa citação será feita pelo correio, para qualquer comarca do País, exceto: I – nas ações de estado, observado o disposto no art. 695, § 3º; II – quando o citando for incapaz; III – quando o citando for pessoa de direito público; IV – quando o citando residir em local não atendido pela entrega domiciliar de correspondência; V – quando o autor, justificadamente, a requerer de outra forma.

De forma que a notificação e citação deverão ser efetuadas pelo correio, com aviso de recebimento, pela rapidez da comunicação, evitando, especialmente a expedição de cartas precatórias, que hoje, é um instrumento de reconhecida eficácia para alimentar a morosidade judicial.

- "Recebimento da representação. Necessidade de instrução processual. *In dubio pro societate.* O Superior Tribunal de Justiça entende que é suficiente a presença de indícios do ato ímprobo para a propositura da ação de improbidade administrativa e que não se pode exigir prova cabal do dolo para o recebimento da demanda, apenas para a condenação, pois na fase inicial prevalece o princípio do *in dubio pro societate*, que possibilita o maior resguardo do interesse público". (STJ - AgInt nos EDcl no REsp 1596890/PA, Rel. Ministro HERMAN BENJAMIN, SEGUNDA TURMA, julgado em 03/04/2018, DJe 24/05/2018)

- Recebimento da petição inicial. Princípio do *in dubio pro societate*. Justa causa. Indícios mínimos. Necessidade. Inexistência no caso dos autos. É pacífico o entendimento no Superior Tribunal de Justiça segundo o qual é possível a rejeição da petição inicial da ação de improbidade quando o magistrado está convencido da inexistência do ato de improbidade, da improcedência da ação ou da inadequação da via eleita, consoante estabelece o art. 17, § 8º da Lei n. 8.429/92. No caso, consoante afirma o acórdão recorrido, não há indício mínimo configurador de prática de ato ímprobo, qual seja, atividade externa ao gabinete desempenhada por assessores de vereador estranhas à função. (STJ - AgInt no REsp 1635854/PR, Rel. Ministra REGINA HELENA COSTA, PRIMEIRA TURMA, julgado em 08/02/2018, DJe 20/02/2018)

- "A Lei de Improbidade Administrativa, na fase de admissibilidade da ação, exige do juiz maior rigor nos fundamentos, não para aceitar, mas para rejeitar a ação." (Precedente: TRF 1, 3ª Turma, AG 2007.01.00.054858-0/DF, Rel. Desembargadora Federal Assusete Magalhães, DJ 31/10/2008.). Contudo, evidenciada ausência de fundamentação, ainda que concisa, na decisão que recebe a petição inicial da ação de improbidade administrativa, impõe-se sua anulação em homenagem ao princípio previsto no art. 93, IX da CF/88. 3. Agravo de instrumento parcialmente provido". (TRF1 - AG 0042968-89.2014.4.01.0000 / MG, Rel. JUÍZA FEDERAL ROSIMAYRE GONÇALVES DE CARVALHO (CONV.), TERCEIRA TURMA, e-DJF1 de 31/03/2017)
- "A decisão que recebe a ação de improbidade não precisa ser extensa, mas é necessário que tenha um mínimo de fundamentação, ainda que concisa, como estabelece o art. 93, IX da Constituição da República. Precedentes do STJ e desta Corte. (TRF1 - AG 0069479-56.2016.4.01.0000 / GO, Rel. DESEMBARGADOR FEDERAL NEY BELLO, TERCEIRA TURMA, e-DJF1 de 31/03/2017)
- "Ação de improbidade administrativa. Preliminar. Falta de fundamentação do recebimento da inicial. Nulidade configurada. Acerca da necessidade de fundamentação do recebimento da ação de improbidade administrativa, o Superior Tribunal de Justiça já possui entendimento pacificado de que, ainda que de forma concisa, deve a aludida decisão ser fundamentada". (TJPB - ACÓRDÃO/DECISÃO do Processo Nº 00022823320138150981, 4ª Câmara Especializada Cível, Relator DES. JOÃO ALVES DA SILVA, j. em 18-12-2017)
- "A jurisprudência do STJ se firmou pela necessidade de fundamentação da decisão que recebe a petição inicial da Ação de Improbidade Administrativa. Nesse sentido: agrg no resp 1423599/RS, Rel. Ministro Benedito Gonçalves, Primeira Turma, dje 16.5.2014." (STJ - agrg no resp 1454702/PE, Rel. Ministro HERMAN BENJAMIN, SEGUNDA TURMA, julgado em 21/10/2014, dje 27/11/2014)
- "A jurisprudência desta Corte é no sentido de que "o exame das questões aduzidas no contraditório preliminar, que antecede o recebimento da petição inicial da ação civil de improbidade (§§ 8º e 9º do art. 17), assume relevância ímpar, à medida em que o magistrado, convencido da inexistência do ato de improbidade, da improcedência da ação ou da inadequação da via eleita, pode, inclusive, rejeitar a ação (§ 8º, art. 17), ensejando a extinção do processo." (resp 901.049/MG, Rel. Min. Luiz Fux, Primeira Turma, dje 18/02/2009). No caso, verifica-se a nulidade da decisão que recebeu a inicial da ação civil pública, tendo em vista a total ausência de fundamentação, na medida em que limitou-se a dizer "de acordo com os documentos, recebo a inicial, cite-se", deixando de apreciar, ainda que sucintamente, os argumentos aduzidos pelo ora recorrente em sua defesa prévia. Agravo regimental provido". (STJ - agrg no resp 1423599/RS, Rel. Ministro BENEDITO GONÇALVES, PRIMEIRA TURMA, dje 16/05/2014)
- "Não é nula, por falta de fundamentação, a decisão que aprecia a defesa prévia de maneira sucinta e recebe a inicial após concluir pela existência de indícios de atos de improbidade" agrg no aresp 142.545/SP, Rel. Ministro Herman Benjamin, Segunda Turma, julgado em 4/12/2012, dje 19/12/2012." (STJ - agrg no aresp 268.450/ES, Rel. Ministro CASTRO MEIRA, SEGUNDA TURMA, julgado em 19/03/2013, dje 25/03/2013)
- "Em respeito ao princípio da dignidade da pessoa humana (art. 1º, III, CF) e, ainda, ao devido processo legal (art. 5º, LIV, CF), inconcebível que uma medida de graves consequências, como soi ser o recebimento de uma ação civil pública por improbidade administrativa, seja determinada sem que se apresente adequada, precisa e específica fundamentação acerca da presença dos requisitos exigidos para tanto, o que, de resto, desatende realmente o art. 93, IX, da CF". (TJMG – Ag. de Inst. Cv 1.0319.12.002116-1/002 – 7ª Câmara Cível – Rel. Des. Peixoto Henriques – j. em 28.01.2014 – publicação da Súmula em 07.02.2014)
- "A citação válida constitui hipótese de interrupção da contagem do prazo prescricional, retroagindo à data da propositura da ação, oportunidade em que o prazo prescricional recomeça a fluir, consoante interpretação conjunta do artigo 219, caput e § 1º, do CPC/1973 c/c o artigo 202, parágrafo único, do Código Civil. (TJDFT - Acórdão n.1007575, 20060110854904APC,

Relator: NÍDIA CORRÊA LIMA 1ª TURMA CÍVEL, Data de Julgamento: 22/03/2017, Publicado no DJE: 20/04/2017. Pág.: 124-138)

- "Sem a citação do réu a relação processual não se aperfeiçoa, fazendo com que a sentença prolatada sem a regular integralização à lide do demandado padeça de vício de nulidade insanável. - Realizada citação via correio, o aviso de recebimento deve ser assinado pessoalmente pelo demandado, sob pena de nulidade, nos termos do que dispõe o art. 223, parágrafo único, do CPC/73/art. 248, § 1º, do NCPC"º (TJMG - Apelação Cível 1.0479.15.012160-2/001, Relator(a): Des.(a) Vasconcelos Lins, 18ª CÂMARA CÍVEL, julgamento em 28/03/2017, publicação da súmula em 31/03/2017)
- "Aplicação do entendimento prevalente da Corte Especial no sentido de adotar-se a Teoria da Aparência, reputando-se válida a citação da pessoa jurídica quando esta é recebida por quem se apresenta como representante legal da empresa e recebe a citação sem ressalva quanto à inexistência de poderes de representação em juízo" (AgRg nos EREsp 205275/PR, CORTE ESPECIAL, Rel. Ministra ELIANA CALMON, DJ de 28/10/2002). (STJ - EREsp 864.947/SC, Rel. Ministra LAURITA VAZ, CORTE ESPECIAL, julgado em 06/06/2012, DJe 31/08/2012)
- Citação. Correio. Pessoa jurídica. É válida a citação pelo correio de pessoa jurídica cujo recibo foi assinado por quem, no local de destino, está incumbido de receber a correspondência. (STJ – 1ª Turma – AI 312.788/SP – AgRg. – Rel. Min. Garcia Vieira – DJU 30.10.2000 – p. 133)
- "A citação realizada pela via postal, através de carta com aviso de recebimento, entregue no endereço da empresa informado no contrato e recebida por funcionário desta, deve ser tida como válida, mesmo porque ao agente dos correios não é dado perquirir quem seja o representante legal da citanda". (TJMG – Ag. de Inst. Cv 1.0024.10.230777-4/001 – 18ª Câmara Cível – Rel. Des. Guilherme Luciano Baeta Nunes – j. em 09.04.2013 – publicação da Súmula em 12.04.2013)
- "Conhecido o endereço do réu e frustrada a citação pela via postal cabe a realização do ato por meio de oficial de justiça ao qual incumbe realizar as diligências necessárias e se for o caso certificar que o réu se encontra em lugar incerto e não sabido. Nesta hipótese é que se justifica a expedição de ofícios para evitar a citação por edital. – Circunstância dos autos em que se determina a expedição de mandado para cumprimento por oficial de justiça a partir do endereço que consta na inicial e foi colhido em Boletim de Ocorrência de iniciativa do citando". (TJRS – Ag. de Inst. 70.057.651.267 – 18ª Câmara Cível –Rel. João Moreno Pomar – j. em 10.12.2013)
- "A citação postal é válida se recebida por funcionário da pessoa jurídica, não se exigindo que este tenha poderes para representá-la". (STJ – 3ª Turma – REsp. 321.128-DF-AgRg. – Rel. Min. Ari Pargendler – DJU 23.04.2001 – p. 162)
- "Validade da citação de pessoa jurídica, recebida por empregado da empresa que se identifica assinando o AR." (STJ – 2ª Turma – REsp. 42.391/SP – Rel. Min. Nancy Andrighi – DJU 22.05.2000 – p. 91)

17.13. Recurso da decisão de recebimento da ação

> **§ 10. Da decisão que receber a petição inicial, caberá agravo de instrumento.**

O texto legal é expresso ao estabelecer que o ato decisório recebendo a petição inicial de improbidade administrativa está sujeito ao recurso de agravo de instrumento como medida processual cabível ao reexame pelo 2º grau jurisdicional.

Esse regramento se mostra adequado ao momento do provimento judicial positivo, dotado de conteúdo decisório, mas que não coloca fim ao processo, ajustando-se ao balizamento do ato do magistrado que resolve questão incidente no curso do processo, nos moldes definidores do § 2º do art. 203 do Código de Processo Civil.

Dentre as alternativas prognosticadas para agravar do ato de recebimento da petição inicial pode-se aludir à falta de notificação, ilegitimidade *ad causam* passiva ou a demonstração da inexistência do ato impugnado, enfim, várias vertentes podem servir de embasamento para o ato objeto do recurso.

- "O § 10 do art. 17 da Lei 8.429/92 dispõe: "Art. 17. A ação principal, que terá o rito ordinário, será proposta pelo Ministério Público ou pela pessoa jurídica interessada, dentro de trinta dias da efetivação da medida cautelar. (...) § 10. Da decisão que receber a petição inicial, caberá agravo de instrumento". O mencionado dispositivo legal denota que a decisão do Juiz Singular que rejeita a manifestação apresentada pelo requerido e, a *fortiori*, recebe a petição inicial é impugnável mediante a interposição de agravo de instrumento perante o Tribunal, ao qual o juízo singular está vinculado, versando sobre a inexistência do ato de improbidade, a improcedência da ação ou a inadequação da via eleita". (STJ – REsp. 841421 / MA – 1ª Turma – DJ 04.10.2007 p. 182 – Rel. Min. Luiz Fux)

17.14. A inadequação da ação de improbidade

> **§ 11. Em qualquer fase do processo, reconhecida a inadequação da ação de improbidade, o juiz extinguirá o processo sem julgamento do mérito.**

Trata-se de uma inovação legislativa que outorga ao juiz prerrogativa processual, a seu talante, para, em qualquer momento do processo, reconhecendo a inadequação da ação de improbidade administrativa, decretar a sua extinção sem resolução de mérito.

Essa decisão põe fim ao processo, sujeita-se assim ao recurso de apelação (art. 1.009 do CPC).

É previsível que, no decorrer da tramitação processual com apresentação da contestação ou durante a audiência de instrução e julgamento, surjam elementos de convicção da ilegitimidade passiva de o requerido integrar a relação jurídica proposta, ou a inaplicabilidade jurídica do instrumento adotado, enfim qualquer pressuposto processual negativo que inviabilize o regular desenvolvimento válido e regular do processo.

Essa prerrogativa processual, posta à disposição do julgador, visa interromper a tramitação de um processo de improbidade administrativa que produziu no seu transcurso o afloramento de situação jurídica que autoriza o seu encerramento antes dos atos processuais previstos no seu percurso normal.

Com efeito, é admissível a extinção do processo sem resolução de mérito na hipótese de erro quanto ao procedimento ou impropriedade da postulação pretendida, diante do descompasso na descrição fática que não decorrer em conclusão lógica, caracterizando-se neste caso, na modalidade de inépcia inicial, nos termos do inc. III do § 1º do art. 330 do CPC, antes mesmo da audiência de instrução e julgamento ou após sua conclusão.

Essa decisão evitaria a produção de atos inúteis e o desperdício do capital de trabalho da máquina judiciária no que se refere à hora de trabalho do juiz e serventuários, além do gasto e uso de materiais, tudo em homenagem ao princípio da economicidade processual e respeito à dignidade humana daquele que responde por uma imputação desprovida de elementos jurídicos a ensejarem qualquer reprimenda ou decisão reparatória.

Outra hipótese de aplicação desta modalidade seria a identificação de provas manifestamente falseadas, o que seria também motivação suficiente e previsível a ensejar a extinção do processo sem resolução de mérito de forma antecipada.

17.15. Contestação

Depois de efetivada a citação do representado, este terá o prazo de 15 (quinze) dias, nos termos do art. 335 do novo Código de Processo Civil, para apresentar em sua peça contestatória, através de advogado habilitado, toda a matéria de defesa expondo as suas razões de fato e de direito, e apontando as provas imprescindíveis para a concretização da perquirição da declaração de sua inocência ou ausência de responsabilidade do ato objeto da demanda que lhe é imputado.

A ação de improbidade administrativa por versar sobre direito indisponível, não se aplica a regra do novo Código de Processo Civil de audiência de conciliação ou mediação, para o cômputo do prazo, porquanto a contagem da resposta do réu não pode ser contada deste ato judicial.

Com efeito, será observado o critério estabelecido pelo art. 231 do novo Código de Processo Civil, especialmente, os previstos pelos incisos I e II, que se referem a citação pelo correio e por oficial de justiça, respectivamente.

O prazo para contestar será contado em dobro quando houver mais de um representado com diferentes procuradores de escritórios de advocacia distintos, nos termos do art. 229 do novo Código de Processo Civil. Se forem procuradores diferentes, mas do mesmo escritório, não se aplica a regra do prazo em dobro.

A peça contestatória é a resposta defensiva do representado concentrando todos os argumentos, provas e razões objetivando desconstituir a imputação promovida pela petição inicial.

Saliente-se que o art. 336 do novo Código de Processo Civil preceitua que incumbe ao réu alegar, na contestação, toda a matéria de defesa, expondo as fundamentações de fato e de direito com que rebate a proemial e desde já, especificando as provas que pretende produzir em juízo.

Nessa ocasião, cabe ao representado especificar as provas que pretende produzir, e a preterição de quaisquer provas formuladas que guardem pertinência ou utilidade à sua defesa, nessa fase, implica cerceamento de defesa, conquanto o exercício desta é amplo no sentido de que sejam asseguradas todas as oportunidades para levar a juízo os elementos informativos e esclarecedores em seu favor na busca da improcedência da demanda.

No tocante ao conteúdo da defesa escrita, subscrita por advogado habilitado ou defensor nomeado, no caso da não localização do representado, deve-se atentar que a manifestação defensiva se revestirá de fundamentação jurídica e substanciosa para assegurar o direito efetivo de defesa e não apenas formal, sem conteúdo algum que lhe proporcione a prova de sua inocência, da aplicação de uma pena satisfatória ou reduzida, ou ainda, de benefícios processuais previstos na legislação de regência.

É relevante que o representado cumprir o seu encargo processual de manifestar-se precisamente sobre as alegações de fato inferidas na exordial, sob pena de presunção de suas veracidades se não impugnadas, na forma preconizada pelo art. 341 do novo Código de Processo Civil.

A importância desse aspecto processual tem o intuito de afastar uma regra usual no cotidiano forense, envolvendo os indigentes da gratuidade judicial ou de dativos improvisados, que, de forma burocrática, simplória e vazia, sempre desperdiçavam a fase mais relevante para a defesa, que é a defesa escrita, com atos inócuos e ineficazes, apenas formais para pontuação estatística.

O novo Código de Processo Civil elenca no seu art. 337 as questões processuais que podem ser levantadas em preliminares ao mérito, e no seu art. 338, se suscitar a sua ilegitimidade, deverá indicar o sujeito passivo da relação jurídica, nos termos do art. 339, situação que caberá ao juiz facultar ao autor, em 15 (quinze) dias, a alteração da petição inicial para substituição do réu.

- "O princípio da eventualidade obriga o réu a expor todos os argumentos de defesa logo na contestação, ainda que sejam contraditórios entre si". (STJ - AgRg no Ag 671.524/SC, Rel. Ministro HUMBERTO GOMES DE BARROS, TERCEIRA TURMA, julgado em 23/11/2005, DJ 12/12/2005, p. 374)

17.16. Impugnação

A peça contestatória é o momento oportuno para que o representado instrumentalize a sua defesa com os documentos e provas que julgar importantes para a viabilidade jurídica da sua pretensão de absolvição.

Pelo regramento indicado pelo art. 437 do novo Código de Processo Civil, sempre que uma das partes proceder a juntada de documentos aos autos, o juiz ouvirá, a seu respeito, a outra parte, no prazo de 15 (quinze) dias, para fins de direito.

Como se vê, o pressuposto para o ato de impugnação é que o representado quando da apresentação de sua defesa escrita a instrumentalize com a juntada de documentos ou outras provas, impondo-se assim, que a parte autora tenha ciência e acesso a estas peças para se pronunciar, impugnar ou no seu silêncio reconhecer a sua autenticidade ou legitimidade.

17.17. Saneamento e organização do processo

Superada a etapa de contestação e a impugnação, cabe ao juiz verificar se o processo se encontra pronto para o julgamento conforme o estado em que se encontra ou nas hipóteses de sentenças processuais elencadas pelo art. 485 do Código de Processo Civil, bem ainda, se há necessidade de procedimentos instrutórios complementares.

Cuida-se de um juízo de admissibilidade da ação e de regularidade do processo.

Nesse momento processual, pode o juiz quando da apreciação de preliminares levantadas pelo representado ou mesmo de ofício, quando versar de matéria de ordem pública, cuja análise enseje a extinção do processo sem julgamento do mérito.

Poderá ocorrer, também, o acolhimento ou rejeições de preliminares que conduzam o processo ao seu prosseguimento mediante a realização de outros atos processuais subsequente que irão impulsioná-lo para o julgamento antecipado do mérito ou suceder a audiência de instrução e julgamento.

Será, igualmente, a oportunidade de o juiz indeferir, de forma fundamentada, a realização de provas desnecessárias ou inúteis, que não contribuam para a formação do juízo de valor na decisão definitiva.

Nos termos do art. 357 do Código de Processo Civil, não se encontrando o processo pronto para julgamento, o juiz procederá o seu saneamento e a organização resolvendo questões pendentes no que concerne à necessária instrução do feito.

Assim é que, demonstrada imprescindibilidade da produção de outras provas, afora aquelas documentais, que já foram inseridas nos autos, e considerando à sua complexidade em matéria de fato ou de direito, poderá o juiz designar audiência para que o saneamento seja feito em cooperação com as partes, ocasião em que estas procederão as suas alegações. (§ 3º do art. 357 do CPC)

Na hipótese de deferimento da produção de prova pericial deferida, o juiz adotará os procedimentos previstos no art. 465 do Código de Processo Civil com o estabelecimento de calendário para sua realização.

Na hipótese de o juiz deferir prova testemunhal, deverá fixar prazo comum não superior a 15 (quinze) dias para que as partes apresentem rol de testemunhas, atendendo ao que preceitua o § 4º do art. 357 do Código de Processo Civil.

O número de testemunhas arroladas não pode ser superior a 10 (dez), sendo 3 (três), no máximo, para a prova de cada fato.

Aqui é importante ressaltar que o juiz é o destinatário das provas, cabendo-lhe, portanto, a prerrogativa de afastar provas dispensáveis ou prescindíveis.

Como se vê, essa etapa processual é um juízo positivo de admissibilidade da ação que projeta a visão do julgador de concluir pela presença dos pressupostos de constituição e de desenvolvimento válido e regular do processo.

Assim, esse ato se constitui em juízo positivo de validade do processo diante da ausência de vícios ou nulidades em razão da conduta saneadora que possibilitará a tramitação do feito para julgamento antecipado do mérito ou realização de audiência de instrução e julgamento.

17.17.1. *Da extinção do processo*

O § 11 deste dispositivo preconiza a extinção do processo sem julgamento de mérito pela falta de interesse de agir, de legitimidade das partes ou dos pressupostos processuais diante de vícios insanáveis.

No caso de ação civil pública de improbidade administrativa, prevê a Lei de regência no seu art. 17, § 11, que *"em qualquer fase do processo, reconhecida a inadequação da ação de improbidade, o juiz extinguirá o processo sem julgamento do mérito"*.

De modo que, é nesse momento processual que deve o juiz aferir se presente alguma das hipóteses que autorizam a extinção do processo, como forma de agir com eficiência e justeza para evitar que se mantenha em tramitação um processo que se sabe irá resultar na sua extinção sem julgamento de mérito.

A inadequação da ação refere-se a qualquer situação processual que revele sua inviabilidade pela ausência dos requisitos necessários **à** sua regular tramitação para alcançar o fim a que se propôs a petição inicial.

De forma que, nessa etapa do processo, o juiz já detém a impressão do seu conteúdo jurídico e os elementos processuais necessários, para assim, concluir pela viabilidade jurídica do pedido.

Nesse momento, poderá o juiz proferir sentença processual conforme preceitua o art. 354 do Código de Processo Civil estando presentes as hipóteses previstas nos arts. 485 e 487, incisos II e III, do aludido diploma processual.

Nesse julgamento, conforme o estado do processo poderá ocorrer as situações de decadência e prescrição, circunstâncias em que ocorreria a extinção com julgamento do mérito.

17.17.2. *Indeferimento de provas testemunhais e/ou pericial*

A demanda improbidade administrativa é embasada em documentos (processo de licitação ou sua dispensa, ou ainda, a sua inexigibilidade, ou também, ordem de compra direta, contratos, aditivos contratuais, atos de provimento de pessoal, procedimentos administrativos, notas de empenho e fiscais, ordem de pagamentos, declaração de atesto da compra de produtos ou de prestação de serviços), enfim, essencialmente lastreadas em documentos públicos.

Note-se, que a prova na forma de documento público tem presunção de veracidade e autenticidade (art. 405 do NCPC) devido à sua força probante dotada de eficácia que o direito material ou processual lhe atribui para que seja probatório de atos jurídicos.

Com efeito, torna-se desnecessária a produção de outras provas, tais como, a oitiva de testemunhas e pericial.

De modo que a prova testemunha não tem o condão ou a eficácia de desconstituir um documento público, sequer.

Nesse sentido:

> "Não se admite prova exclusivamente testemunhal contra ou além do instrumento escrito" (JTA 96/315; cf. p. 318).

Em ações desta natureza a prova testemunhal ou pericial em nada altera o juízo de valor do que demonstram as provas documentais coligidas na inicial e na peça contestatória, conquanto o objetivo da ação é a impugnação de atos administrativos formalmente constituídos de conteúdo jurídico inalterável por manifestação de pessoas ou de pronunciamento técnico.

Com efeito, o indeferimento de prova testemunhal ou pericial é a decisão adequada para assegurar a razoável duração do processo e afastar a eternização do feito em favor da morosidade judicial.

Sobreleva assinala que é o novo Código de Processo Civil no seu art. 139 confere ao juiz o dever de velar pela duração razoável do processo e prevenir ou reprimir qualquer ato contrário à dignidade da justiça e indeferir postulações meramente protelatórias, de modo que, deixar de indeferir a produção de provas inúteis estará contrariando esse comando processual, além de concorrer para a violação ao princípio da eficiência insculpido no art. 37 da Constituição Federal.

Sobre o indeferimento de provas pelo Juízo singular, o STF e STJ, vêm decidido de forma recorrente nesse sentido:

- "A jurisprudência desta Corte é firme no sentido de que "não se acolhe alegação de nulidade por cerceamento de defesa, em função do indeferimento de diligências requeridas pela defesa, pois o magistrado, que é o destinatário final da prova, pode, de maneira fundamentada, indeferir a realização daquelas que considerar protelatórias ou desnecessárias ou impertinentes" (STJ - REsp. 1.519.662/DF, Rel. Min. MARIA THEREZA DE ASSIS MOURA, Sexta Turma, j. em 18/8/2015, DJe 1/9/2015).
- "Não há cerceamento de defesa pelo indeferimento de diligências requeridas pela defesa, mormente se foram elas consideradas descabidas pelo órgão julgador a quem compete a avaliação da necessidade ou conveniência da prova. Precedentes". (STF - AP 465, Relator(a): Min. CÁRMEN LÚCIA, Tribunal Pleno, julgado em 24/04/2014, ACÓRDÃO ELETRÔNICO DJe-213 DIVULG 29-10-2014 PUBLIC 30-10-2014)
- "[...] não há falar em cerceamento ao direito de defesa quando o magistrado, de forma fundamentada, indefere pedido de diligência probatória que repute impertinente, desnecessária ou protelatória, não sendo possível se afirmar o acerto ou desacerto dessa decisão nesta via processual' (HC 106.734/PR, Rel. Min. Ricardo Lewandowski, 1ª Turma, DJe de 4/5/11), valendo ainda conferir o HC 108961/SP, Rel. Min. Dias Toffoli, Primeira Turma, DJe de 01/08/2012)". (STF - HC 117479, Relator(a): Min. LUIZ FUX, Primeira Turma, julgado em 04/02/2014, PROCESSO ELETRÔNICO DJe-034 DIVULG 18-02-2014 PUBLIC 19-02-2014)
- "Consoante jurisprudência desta Corte, não há cerceamento do direito de defesa quando o juiz tem o poder-dever de julgar a lide antecipadamente, dispensando a realização de audiência para a produção de provas ao constatar que o acervo documental é suficiente para nortear

e instruir seu entendimento". (STJ - REsp 1435628/RJ, Rel. Ministro HUMBERTO MARTINS, SEGUNDA TURMA, julgado em 05/08/2014, DJe 15/08/2014)

"Não implica cerceamento de defesa o indeferimento de produção de provas, visto que cabe ao magistrado, como destinatário da prova, decidir sobre o necessário à formação do próprio convencimento". (STJ - REsp 1211407/SP, Rel. Ministro JOÃO OTÁVIO DE NORONHA, TERCEIRA TURMA, julgado em 20/02/2014, DJe 07/03/2014)

- "O indeferimento das provas testemunhal e pericial não acarreta o alegado prejuízo ao Paciente, posto que indiferentes para a formação do convencimento das instâncias de mérito sobre a autoria e a materialidade." (STF - HC 104609, Relator(a): Min. CÁRMEN LÚCIA, Segunda Turma, julgado em 06/11/2013, ACÓRDÃO ELETRÔNICO DJe-225 DIVULG 13-11-2013 PUBLIC 14-11-2013)
- "O indeferimento fundamentado de pedido de realização de prova não caracteriza constrangimento ilegal, pois cabe ao juiz, na esfera de sua discricionariedade, negar motivadamente as diligências que considerar desnecessárias ou protelatórias. Doutrina. Precedentes do STJ e do STF". 2. [...] (STJ - HC 196.780/RS, Relator o Ministro JORGE MUSSI, DJe de 29/08/2011.)
- "A produção de provas é ato norteado pela discricionariedade regrada do julgador, podendo ele, portanto, soberano que é na análise dos fatos e das provas, indeferir motivadamente as diligências que considerar protelatórias e/ou desnecessárias. *In casu*, o Juiz de primeiro grau indeferiu o requerimento de produção de provas, registrando, expressamente, que a mera insatisfação com o resultado da perícia não era motivo suficiente para determinar nova diligência." (STJ - AgRg no AREsp 186.346/SP, Rel. Ministro MARCO AURÉLIO BELLIZZE, QUINTA TURMA, julgado em 18/09/2012, DJe 21/09/2012)
- "É uníssono, nesta Corte, o entendimento de que é possível o indeferimento de produção de prova testemunhal, desde que a decisão se mostra suficientemente motivada. *In casu*, tendo o magistrado negado, fundamentadamente, a realização de oitiva de pessoa sequer identificada, descabe falar em processo írrito". (STJ - RHC 26.410/SP, Rel. Ministra MARIA THEREZA DE ASSIS MOURA, SEXTA TURMA, julgado em 12/06/2012, DJe 27/06/2012)
- Julgamento antecipado da lide. Cerceamento de defesa. O magistrado é o destinatário das provas. Precedentes. De acordo com a jurisprudência desta Corte, o magistrado é o destinatário das provas, cabendo a ele a decisão sobre o julgamento antecipado da lide, se entender que o feito já se encontra suficientemente instruído com os elementos indispensáveis à formação de seu convencimento. (STJ - AgRg no AREsp 82.132/SE, Rel. Ministro LUIS FELIPE SALOMÃO, QUARTA TURMA, julgado em 11/04/2013, DJe 18/04/2013)
- Prova pericial. Desnecessidade. "Como o destinatário natural da prova é o juiz, tem ele o poder de decidir acerca da conveniência e da oportunidade de sua produção, visando obstar a prática de atos inúteis ou protelatórios (art. 130 do CPC), desnecessários à solução da causa. Não há que se falar em cerceamento de defesa pelo indeferimento de prova pericial, vês que, a par de oportunizados outro meios de prova, aquela não se mostre imprescindível ao deslinde do litígio" (AI n. 2003.010696-0, Des, Alcides Aguiar).(STF - AI 830300 AgR-segundo, Relator(a): Min. LUIZ FUX, Primeira Turma, julgado em 06/12/2011, ACÓRDÃO ELETRÔNICO DJe-036 DIVULG 17-02-2012 PUBLIC 22-02-2012 RDDT n. 200, 2012, p. 167-170)
- Indeferimento de perícia requerida pela parte. O magistrado pode negar a realização de perícia requerida pela parte sem que isso importe, necessariamente, cerceamento de defesa. De fato, o magistrado não está obrigado a realizar todas as perícias requeridas pelas partes. Ao revés, dentro do livre convencimento motivado, pode dispensar exames que repute desnecessários ou protelatórios. Precedente citado: AgRg no AREsp 336.893-SC, Primeira Turma, DJe 25/9/2013. (STJ - REsp 1.352.497-DF, 2ª Turma Rel. Min. Og Fernandes, julgado em 4/2/2014 – Informativo 0535 do STJ)

- "A jurisprudência predominante desta Suprema Corte é no sentido de que não constitui constrangimento ilegal a prolação de decisão de primeiro grau que, de maneira fundamentada, indefere pedido de produção de prova pericial. 3. Agravo regimental desprovido". (STF - AI 728267 AgR, Relator(a): Min. DIAS TOFFOLI, Primeira Turma, julgado em 01/06/2010, DJe-159 DIVULG 26-08-2010 PUBLIC 27-08-2010 EMENT VOL-02412-06 PP-01327)

Resta demonstrado que outras provas não têm o condão de esclarecer, acrescer ou agregar valor ao deslinde da causa diante do posicionamento das Cortes Superiores, cabendo ao juiz decidir de forma fundamentada esse indeferimento.

E mais, é garantia constitucional a razoável duração do processo e os meios que garantam a celeridade de sua tramitação, devendo ser rechaçada a realização de atos inúteis e inócuos que afrontariam esse direito de acesso à justiça em tempo satisfatório.

Dessa forma, cabe ao juízo apreciar e decidir sobre as provas requeridas.

Como se vê, além da orientação jurisprudencial no sentido de afastar a produção de provas inúteis e impertinentes, o novo Código de Processo Civil atribui ao juiz no seu art. 370 a prerrogativa da indeferi-las, cujo redação é a seguinte

> **Art. 370**. Caberá ao juiz, de ofício ou a requerimento da parte, determinar as provas necessárias ao julgamento do mérito.
>
> Parágrafo único. O juiz indeferirá, em decisão fundamentada, as diligências inúteis ou meramente protelatórias.

De modo que, sendo o destinatário da prova o juiz, já dispondo de outras provas, inclusive documentais, que se encontram encartadas nos autos, seu ato não resvala em cerceamento de defesa nem na garantia do devido processo legal, mas estará cumprindo dispositivo processual aplicável à espécie em desfavor da lentidão judicial e primando pela celeridade processual em benefício do prestígio e respeito da Justiça.

Esse juízo de instrução conferido ao juiz é consubstanciado pelo art. 443 do aludido diploma processual que está assim redigido:

> **Art. 443.** O juiz indeferirá a inquirição de testemunhas sobre fatos:
>
> I - já provados por documento ou confissão da parte;
>
> II - que só por documento ou por exame pericial puderem ser provados.

O dispositivo processual prescreve que "*o juiz indeferirá*", não é poderá, portanto, é imperativo que seja indeferido o requerimento para, ouvida de testemunhas quando o fato já estiver provado por documento ou confissão da parte, no caso são documentos públicos, e no caso da ação de improbidade o fato é comprovado por documento que não pode ser desnaturada pela manifestação de testemunha.

De sorte que o indeferimento dessas provas inaproveitáveis e fúteis, de forma motivada, deverá ser escudado nos artigos dispositivos acima mencionados.

- Ação civil pública. Improbidade administrativa. Inocorrência. Cerceamento de defesa. Não configurado. recurso a que se nega provimento. - Quando a questão posta "*sub judice*" alusiva ao mérito for eminentemente jurídica ou mesmo de fato e direito, é cabível o julgamento antecipado da lide, uma vez que, entendendo o magistrado que as provas carreadas aos autos são suficientes para a formação de seu convencimento, ou ainda quando indeferir aquelas provas reputadas inócuas ou irrelevantes, não configura o cerceamento de defesa, violação do devido processo legal ou sequer há que se falar em negativa de prestação judicial. (TJMG - Ap Cível/Rem Necessária 1.0301.03.009692-1/003, Relator(a): Des.(a) Belizário de Lacerda, 7ª CÂMARA CÍVEL, julgamento em 27/06/0017, publicação da súmula em 05/07/2017)

- Ação civil pública por ato de improbidade administrativa. Cerceamento do direito de defesa – inocorrência. Preliminar rejeitada. Não assumindo a prova requerida pela parte relevância suficiente para influir no julgamento da demanda, não se avista cerceamento de defesa no julgamento antecipado do feito independentemente da respectiva produção". (TJMG - Ap Cível/Rem Necessária 1.0433.13.024870-4/001, Relator(a): Des.(a) Moreira Diniz, 4ª CÂMARA CÍVEL, julgamento em 09/02/2017, publicação da súmula em 17/02/2017)

- Julgamento antecipado do mérito. Cerceamento de defesa. Inocorrência. Não se deve estender o processo com instruções desnecessárias, sendo dever do magistrado velar pela rápida solução do litígio, não permitindo a realização de diligências inúteis, sobretudo estando a questão preclusa. Tendo o agente público concorrido para prática de ato administrativo eivado de irregularidades, em manifesta violação aos princípios norteadores da Administração Pública, possível a análise judicial dos referidos atos ímprobos, independentemente de decisão do Tribunal de Contas. (TJDFT - Acórdão n.993782, 20160110982079APC, Relator: SANDOVAL OLIVEIRA 2ª TURMA CÍVEL, Data de Julgamento: 08/02/2017, Publicado no DJE: 15/02/2017. Pág.: 352/400)

- "Não tendo a recorrente demonstrado, no momento oportuno, a necessidade e a pertinência da prova requerida, correta é a decisão que, motivadamente, rejeita a sua produção. O juiz é o destinatário da prova, sendo dele a tarefa de pesar as diligências necessárias ao deslinde da controvérsia, não constituindo cerceamento de defesa o indeferimento de produção de prova considerada inútil ou protelatória. Precedentes. (...) 4. Recurso especial não provido." (STJ - REsp 1409631 / RS. Relator: Ministro Ricardo Villas Bôas Cueva. Terceira Turma. DJe 15/08/2014).

17.17.3. Julgamento antecipado do mérito

A petição inicial é fundada em documentos públicos objetivando a procedência desta demanda que abrange a definição de reponsabilidade político-administrativa imputada ao representado cuja peça contestatória rechaça as acusações na forma processual, e apresenta interpretação conflitante a respeito dos fatos narrados.

Evidencia-se, assim, que o feito se encontra instruído com os documentos e provas suficientes e necessárias, ao seu amplo conhecimento e elementos probantes capazes de proporcionar juízo de valor com a segurança jurídica indispensável para a prolação de manifestação judiciosa definitiva.

Isso porque não há necessidade de outras provas.

Assente-se, ainda, a incumbência das partes instruir o processo, como preceitua o art. 434 do Código de Processo Civil:

> **Art. 434.** Incumbe à parte instruir a petição inicial ou a contestação com os documentos destinados a provar suas alegações.

Com efeito, o momento oportuno para as partes instruírem o processo é, na petição inicial de um lado e do outro na contestação com os documentos hábeis e úteis ao deslinde da causa, porquanto são com eles que irão tentar comprovar as suas afirmações e argumentações.

O Código de Processo Civil no seu art. 139, I e II, visando operacionalizar o princípio da celeridade processual conferiu ao juiz o poder-dever de velar pela razoável duração do processo e de prevenir ou reprimir qualquer ato contrário à dignidade da justiça mediante o indeferimento de postulações meramente protelatórias, conferiu-lhe a prerrogativa de julgar o processo de forma antecipada quando devidamente instruído.

De modo que o Código de Processo Civil atribuir ao juiz o dever de julgar o antecipadamente o mérito quando não houver necessidade de outras provas ao expressar a conduta *"julgará"*, cujo tempo verbal é imperioso e terminativo, no futuro do presente. Não se tratando, portanto, de poderá julgar.

O dispositivo está assim redigido:

> **Art. 355.** O juiz julgará antecipadamente o pedido, proferindo sentença com resolução de mérito, quando:
>
> I – não houver necessidade de produção de outras provas;
>
> II – o réu for revel, ocorrer o efeito previsto no art. 344 e não houver requerimento de prova, na forma do art. 349.

O inciso I deste dispositivo se mostra vinculado aos art. 370 e 433 do aludido diploma processual que diz respeito a prerrogativa do juiz indeferir provas inúteis e desnecessárias, a exemplo de testemunhas e perícia em processo de improbidade administrativa, cujos fatos estão materializados nos documentos públicos que instrumentaliza a sua postulação e contestação.

É o instituto do julgamento antecipado do mérito em observância do princípio de economia processual para alcançar com maior rapidez a solução do litígio, afastando, desde logo, a realização de atos improfícuos e prescindíveis.

Note-se, ainda, que o art. 443 do Código de Processo Civil inadmite a produção de prova testemunhal quando os fatos já foram provados por documento ou confissão da parte, e também, aqueles que só por documento ou por exame pericial puderem ser provados, cuja redação está assim:

> **Art. 443.** O juiz indeferirá a inquirição de testemunhas sobre fatos:
>
> I - já provados por documento ou confissão da parte;
>
> II - que só por documento ou por exame pericial puderem ser provados.

No caso de processo referente à improbidade administrativa, há a prevalência dos documentos públicos que não podem ser desconstituídos com a assertiva de testemunhas produzidas.

E mais; sendo o destinatário da prova o juiz, que dispõe de outras provas, inclusive documentais, que se encontram encartadas nos autos, entendendo desnecessária a produção de outras provas, não incorre em ofensa as garantias do exercício de defesa ou do devido processo legal.

No caso específico da ação de improbidade administrativa, mostra-se impertinente a realização de audiência de instrução e julgamento para oitiva de testemunhas em razão de que a inicial é lastreada em documentos públicos que retratam a situação fática enfocada nos autos.

De modo que, descabendo a produção de provas testemunhais e periciais, além de outras protestadas na inicial, a prerrogativa do juiz se transmuda no poder-dever de julgar à vista do acervo documental, que se mostra satisfatório e capaz de nortear e instruir o seu entendimento, além do que, já foi dito que o prestígio da prova documental se sobrepõe à prova testemunhal pela sua força probante.

A respeito dessa temática impende-se destacar:

> Constantes dos autos elementos de prova documental suficientes para forma o convencimento do julgador, inocorre cerceamento de defesa se julgada antecipadamente a controvérsia (SRJ – 4ª T., Ag 14.952-DF-AgRg, rel. Min. Sálvio de Figueiredo, j. 4.12.91, DJU 3,2,92, p. 472).

Assim é que, se encontrando o processo instruído com as provas documentais necessárias ao seu deslinde é medida que se impõe ao juiz julgar de forma antecipada a ação judicial de improbidade administrativa, em observância ao seu dever de velar pela rápida solução da lide e em respeito ao direito das partes obterem em prazo razoável a decisão de mérito da caus.

A duração razoável do processo é uma garantia fundamental que se foi reproduzida pelo novo Código de Processo Civil, assim manifestado:

> **Art. 4º**. As partes têm o direito de obter em prazo razoável a solução integral do mérito, incluída a atividade satisfativa.

Depreende-se, assim, que o julgamento antecipado do mérito é o procedimento adotado pelo juiz quando o processo se encontra maduro para ser julgado por já estar devidamente instruído com as provas necessárias a seu conhecimento para decisão definitiva.

A significância deste posicionamento é expressa pela orientação da jurisprudência firma dos tribunais, especialmente, o Superior Tribunal de Justiça devido a sua relevância na aplicação do entendimento aqui pontuado:

- "Como destinatário final da prova, cabe ao magistrado, respeitando os limites adotados pelo Código de Processo Civil, a interpretação da produção probatória, necessária à formação do seu convencimento". (STJ - AgInt no AREsp 957.361/PR, Rel. Ministra MARIA ISABEL GALLOTTI, QUARTA TURMA, julgado em 07/03/2017, DJe 15/03/2017)
- "O juiz é o destinatário final das provas, a quem cabe avaliar sua efetiva conveniência e necessidade, advindo daí a possibilidade de indeferimento das diligências inúteis ou meramente protelatórias, em consonância com o disposto na parte final do art. 130 do CPC, de sorte que inexiste nulidade quando o julgamento antecipado da lide decorre, justamente, do entendimento do Juízo a quo de que o feito encontrava-se devidamente instruído". (STJ - AgRg no

AREsp 649.845/SP, Rel. Ministro RAUL ARAÚJO, QUARTA TURMA, julgado em 08/03/2016, DJe 17/03/2016)

- "[...] Assim, se o julgamento antecipado da lide foi devidamente fundamento no fato do magistrado reputar suficientes as provas documentais produzidas, é perfeitamente possível o indeferimento das provas requeridas pelas partes, sem que isso implique em cerceamento ao direito de defesa.(...)" (STJ - AgRg no AREsp 778.907/MT, Rel. Ministro HERMAN BENJAMIN, SEGUNDA TURMA, julgado em 05/05/2016, DJe 25/05/2016)

- "O julgamento da lide antecipadamente resulta em violação aos princípios da ampla defesa e do contraditório, ante a patente ocorrência de cerceamento de defesa, considerando a não oportunização da produção de provas. - Mesmo se não houvesse requerimento de produção de provas, o julgamento açodado de demanda, na qual se discute a prática de ato de improbidade administrativa, é desaconselhado e por demais reprovado. Isso porque, embora tenha um caráter eminentemente cível, é inegável o caráter sancionatório da lide, tendo em vista as sanções aplicáveis - que implicam, inclusive, na suspensão transitória de direitos políticos -, e, ainda, a eventual irradiação dos seus efeitos para outras esferas, administrativa e penal". (TJPB - ACÓRDÃO/DECISÃO do Processo Nº 00701094220128152001, 3ª Câmara Especializada Cível, Relator DESA. MARIA DAS GRAÇAS MORAIS GUEDES, j. em 22-08-2017)

- Improbidade administrativa. Julgamento antecipado da lide. Cerceamento de defesa não configurado. Não ocorre cerceamento de defesa por julgamento antecipado da lide, quando o julgador ordinário considera suficiente a instrução do processo. (STJ – REsp. 1.252.341/SP – 2ª Turma – Relª. Minª. Eliana Calmon – j. em 05.09.2013 – DJe 17.09.2013)

- Nos termos da reiterada jurisprudência do STJ, "a tutela jurisdicional deve ser prestada de modo a conter todos os elementos que possibilitem a compreensão da controvérsia, bem como as razões determinantes de decisão, como limites ao livre convencimento do juiz, que deve formá-lo com base em qualquer dos meios de prova admitidos em direito material, hipótese em que não há que se falar cerceamento de defesa pelo julgamento antecipado da lide" e que "o magistrado tem o poder-dever de julgar antecipadamente a lide, desprezando a realização de audiência para a produção de prova testemunhal, ao constatar que o acervo documental acostado aos autos possui suficiente força probante para nortear e instruir seu entendimento (REsp. 102303/PE – Rel. Min. Vicente Leal – DJ de 17.05.1999)". (STJ – AgRg. no Ag. 956845/SP – 1ª Turma – Rel. Min. José Delgado – DJ 24.04.2008)

- Não há cerceamento de defesa por a ação receber julgamento antecipado, quando as provas protestadas e requeridas não são necessárias para a solução da demanda. (STJ – REsp. 178.192/SP – 1ª Turma – Rel. Min. José Delgado – DJ 24.05.1999, p. 104)

- Verificada a desnecessidade da prova, nada impede que o juiz, modificando posição anteriormente assumida, a dispense, julgando a causa (RST 24/411). No mesmo sentido: STJ – 4ª Turma, REsp. 2.903/MA, Rel. Min. Athos Carneiro, j. em 07.05.1991, não conheceram, v.u., DJ 10.06.1991, p. 7.852; STJ 3ª Turma, REsp. 8.772/SP, Rel. Min. Nilson Naves, j. 30.03.1992, não conheceram, v.u., DJU 04.05.1992, p. 5.884; STJ – 5ª Turma, Ag. 35.926-2/MG, AgRg. Rel. Min. Jesus Costa Lima, j. 01.09.2003, negaram provimento, v.u., DJU 04.10.1993, p. 20.563; STJ – 1ª Turma, REsp. 36.801-4/SP, Rel. Min. Cesar Rocha, j. 13.04.1994, não conheceram, v.u., DJU 16.05.1994, p. 11.715; RT 331/22.

- Presentes as condições que ensejam o julgamento antecipado da causa, é dever do juiz, e não mera faculdade, assim proceder. (STJ – REsp. 2.832/RJ – 4ª Turma – Rel. Min. Sálvio de Figueiredo – DJU 17.09.1990) No mesmo sentido: RSTJ 102/500, RT 782/302.

- O juiz tem o poder-dever de julgar a lide antecipadamente, ao constatar que o acervo documental é suficiente para manter seu entendimento. (STJ – REsp. 556.368/SP – 2ª Turma – Rel. Min. João Otávio de Noronha – DJ 23.11.2007, p. 452)

- O julgamento antecipado da lide, quando a questão proposta é exclusivamente de direito, não viola o princípio constitucional da empala defesa e do contraditório. (STF – AI 203.793-5/MG – 2ª Turma – Rel. Min. Maurício Corrêa – j. em 03.11.1997 – DJU 19.12.1997, p. 53)

17.18. Depoimento e inquirição de autoridades

> **§ 12. Aplica-se aos depoimentos ou inquirições realizadas nos processos regidos por esta Lei o disposto no art. 221, caput e § 1º, do Código de Processo Penal.**

Este dispositivo refere-se ao direito das autoridades com prerrogativas de foro de indicarem dia, hora e local para serem ouvidas, quando arroladas na qualidade de testemunha cuja aplicabilidade remete-se para os dispositivos do Código de Processo Penal (art. 221, *caput* e § 1º), que são o presidente e o vice-presidente da República, os senadores e deputados federais, os ministros de Estado, os governadores de Estados e Territórios, os secretários de Estado, os prefeitos do Distrito Federal e dos Municípios, os deputados às Assembleias Legislativas Estaduais, os membros do Poder Judiciário, os ministros e juízes dos Tribunais de Contas da União, dos Estados, do Distrito Federal, bem como os do Tribunal Marítimo, que serão inquiridos em local, dia e hora previamente ajustados entre eles e o juiz.

O Supremo Tribunal Federal considerou a perda das prerrogativas processuais de parlamentares federais, arrolados como testemunhas, que não atendessem, sem justa causa, no prazo de trinta dias, ao convite judicial, de modo que, não atendida a requisição no prazo de trinta dias, a autoridade perde a qualidade da sua prerrogativa funcional, mas nada a impede de comparecer em juízo em data de audiência programada e ser ouvido como cidadão comum.

A norma processual penal referida também confere ao presidente e ao vice-presidente da República, aos presidentes do Senado Federal, da Câmara dos Deputados e do Supremo Tribunal Federal a faculdade de optar pela prestação de depoimento por escrito, caso em que as perguntas formuladas pelas partes e deferidas pelo juiz, lhes serão transmitidas por ofício.

- Autoridade. Prerrogativa de função. Testemunha. Questão de ordem. Ação penal. Deputado federal arrolado como testemunha. Não indicação de dia, hora e local para a oitiva ou não comparecimento na data já indicada. Ausência de justa causa para o não atendimento ao chamado judicial. Decurso de mais de trinta dias. Perda da prerrogativa prevista no art. 221, caput, do código de processo penal. Passados mais de trinta dias sem que a autoridade que goza da prerrogativa prevista no caput do art. 221 do Código de Processo Penal tenha indicado dia, hora e local para a sua inquirição ou, simplesmente, não tenha comparecido na data, hora e local por ela mesma indicados, como se dá na hipótese, impõe-se a perda dessa especial prerrogativa, sob pena de admitir-se que a autoridade arrolada como testemunha possa, na prática, frustrar a sua oitiva, indefinidamente e sem justa causa. Questão de ordem resolvida no sentido de declarar a perda da prerrogativa prevista no caput do art. 221 do Código de Processo Penal, em relação ao parlamentar arrolado como testemunha que, sem justa causa, não atendeu ao chamado da justiça, por mais de trinta dias. (Ap 421 QO – Tribunal Pleno –

Rel. Min. Joaquim Barbosa – j. em 22.10.2009 – DJe 023 Divulg 03.02.2011, Public 04.02.2011, Ement v. 02457-01, p. 00001)

17.19. A instrução no rito ordinário

Os atos instrutórios observarão as regras do processo de conhecimento adotadas pelo procedimento ordinário estabelecido no do Código de Processo Civil, conforme preceitua o art. 17, *caput*, desta lei elegeu o rito ordinário para a ação principal.

É importante assinalar que a ação civil pública de improbidade administrativa tem um rito especial no primeiro momento com a sua distribuição e notificação do indiciado para apresentação da sua defesa preliminar, quando pode utilizar todos os seus argumentos de defesa e juntar as provas que lhe respaldem.

Ao analisar essa defesa prévia, o juiz tem duas alternativas; rejeitar a representação ou recebê-la. A partir deste momento, a norma especial adota o rito ordinário previsto pelo Código de Processo Civil no seu art. 318 e seguintes com seu procedimento comum.

Além disso, não se pode deixar de consignar que a Lei de Improbidade Administrativa é uma miscelânea de ritos e procedimentos na sua aplicação pela alternância invocativa de preceitos processuais do Código de Processo Civil, do Código de Processo Penal, da Lei de Ação Civil Pública e da Lei de Ação Popular.

Convém dizer que é de primorosa relevância a garantia constitucional do devido processo legal, do contraditório e do exercício da ampla defesa, proclamados pela Carta Política.

A Constituição da República no seu art. 5º, LV, assegura que aos litigantes, em processo judicial ou administrativo, e aos acusados em geral são assegurados o contraditório e a ampla defesa, com os meios e recursos a ela inerentes.

Depreende-se, assim, que a garantia da ampla defesa, seja qual for a natureza do objeto do processo, compreende:

a) o direito de ser informado;

b) a bilateralidade da audiência (*contraditoriedade*) e

c) o direito à prova legitimamente obtida ou produzida.

Preleciona Rogério Lauria Tucci[151]: "*a bilateralidade da audiência, ou contraditoriedade, assenta-se num importantíssimo regramento, dito princípio de justiça, e determinante da exigência de tratamento paritário das partes*".

E faz a seguinte ilustração: "*No próprio Paraíso, JEOVÁ não puniu ADÃO pelo 'pecado original', sem antes apregoar: 'Adão, onde estás?'. E, no Evangelho de São João, adverte-se: 'Nemo inauditus debet damnari'*" (ninguém deve ser condenado sem ser ouvido).

151. **Constituição de 1988 e Processo**. São Paulo: Saraiva, 1989. p. 65.

O renomado autor arremata dizendo que, revelando-se, enfim, no direito de audiência, a regra do contraditório faz-se ínsita, na expressiva asserção de Robert Wyness Millar, à administração de uma justiça bem organizada, *verbis*:

> A mais destacada das concepções analisadas é aquela pela qual devem ser ouvidas ambas as partes: o princípio da audiência bilateral (*grundsatz des beideseitingem gehors*). Absolutamente inseparável da administração da justiça organizada, encontra igualmente expressão no preceito romano: *audiatur et altera pars*, e no provérbio alemão de época medieval: *Eines mannes ist keine red, der richter soll die deel verhoeren beed* (a alegação de um só homem não é alegação; o juiz deve ouvir ambas as partes).

O contraditório é privativo da atividade jurisdicional, ou seja: das provas produzidas em juízo.

Outra garantia constitucional implícita no arrazoado *supra* é que "*ninguém será privado da liberdade ou de seus bens sem o devido processo legal*".

Tem-se, por resultado, que "*a garantia constitucional do devido processo legal deve ser uma realidade em todo o desenrolar do processo judicial, de sorte que ninguém seja privado de seus direitos, a não ser que no procedimento em que este se materializa se verifiquem todas as formalidades e exigências em lei previstas*", assevera José Rogério Cruz e Tucci[152].

E ainda cita a manifestação pontual de Calmon de Passos[153]: "*impõe-se assegurar a todos os membros da coletividade o livre acesso ao juiz natural, com o direito de participar em contraditório e com igualdade de condições, institucionalizando-se os mecanismos de controle e exatidão do desfecho do processo*".

Isso, porque a Constituição da República, no seu art. 5º, LIV, assegura ao cidadão em geral o direito ao devido processo legal, cuja garantia deve ser uma realidade em todo o desenrolar do processo judicial, de sorte que ninguém seja privado de seus direitos, a não ser que no procedimento em que este se materializa se verifiquem todas as formalidades e exigências em lei previstas; preleciona Rogério Lauria Tucci na sua obra já citada.

Para Eduardo J. Couture[154], citado pelo referido autor, "*consiste em estabelecer, no ordenamento hierárquico das normas jurídicas, o primado da constituição sobre as formas legais ou regulamentadoras do processo...*".

O desatendimento das formalidades essenciais à validade e da eficácia das disposições legais, consoante as manifestações doutrinárias e orientações jurisprudenciais aplicadas aos casos aqui atacados, implica, de forma induvidosa, a negação das garantias constitucionais aludidas.

---

152. Ob. cit., p. 17.
153. O Devido Processo Legal e o duplo grau de jurisdição. **AJURIS**, 25(1982):134
154. *La garanzia costituzionale del "dovuto processo legale"*. **RDP**, 1954(1):100-1.

Após a entrega da peça contestatória, que certamente será acompanhada de provas e demonstrações arrazoadas agregada nos autos, deverá o juiz abrir vista para o autor se pronunciar no prazo de 15 (quinze) dias, nos termos do art. 437 do CPC, a fim de manifestar-se na réplica sobre os documentos anexados à defesa.

Aqui é importante registrar que descabe a designação de audiência de conciliação em razão de envolver direitos indisponíveis e a legislação de regência vedar a transação.

A etapa seguinte diz respeito à prolação do despacho saneador, nos termos do art. 357 do Código de Processo Civil[155], quando o juiz apreciará questões processuais suscitadas pelas partes, tais como as preliminares levantadas, a legitimidade das partes, se questionada, e decidirá a respeito das provas requeridas.

- "É possível ao magistrado determinar, de ofício, a realização das provas que julgar necessárias, a fim de firmar devidamente o seu juízo de convicção, sem que isso implique violação do princípio da demanda, nos termos do art. 130 do Código de Processo Civil". (STJ - AgRg no Ag 1.154.432/MG - 5ª Turma - Rel. Min. Marco Aurélio Bellizze - DJe 14.11.2012)

17.20. Das intimações e citações

Intimação é o ato de efetuar ciência a alguém de atos e termos do processo, que pode ser ao operador jurídico de uma decisão judicial do qual caberá alguma providência de sua iniciativa ou à parte diretamente nas hipóteses previstas no Código de Processo Civil.

A intimação também é o meio pelo qual uma pessoa é cientificada para depor na qualidade de testemunha.

---

155. Art. 357. Não ocorrendo nenhuma das hipóteses deste Capítulo, deverá o juiz, em decisão de saneamento e de organização do processo: I - resolver as questões processuais pendentes, se houver; II - delimitar as questões de fato sobre as quais recairá a atividade probatória, especificando os meios de prova admitidos; III - definir a distribuição do ônus da prova, observado o art. 373; IV - delimitar as questões de direito relevantes para a decisão do mérito; V - designar, se necessário, audiência de instrução e julgamento. § 1º Realizado o saneamento, as partes têm o direito de pedir esclarecimentos ou solicitar ajustes, no prazo comum de 5 (cinco) dias, findo o qual a decisão se torna estável. § 2º As partes podem apresentar ao juiz, para homologação, delimitação consensual das questões de fato e de direito a que se referem os incisos II e IV, a qual, se homologada, vincula as partes e o juiz. § 3º Se a causa apresentar complexidade em matéria de fato ou de direito, deverá o juiz designar audiência para que o saneamento seja feito em cooperação com as partes, oportunidade em que o juiz, se for o caso, convidará as partes a integrar ou esclarecer suas alegações. § 4º Caso tenha sido determinada a produção de prova testemunhal, o juiz fixará prazo comum não superior a 15 (quinze) dias para que as partes apresentem rol de testemunhas. § 5º Na hipótese do § 3º, as partes devem levar, para a audiência prevista, o respectivo rol de testemunhas. § 6º O número de testemunhas arroladas não pode ser superior a 10 (dez), sendo 3 (três), no máximo, para a prova de cada fato. § 7º O juiz poderá limitar o número de testemunhas levando em conta a complexidade da causa e dos fatos individualmente considerados. § 8º Caso tenha sido determinada a produção de prova pericial, o juiz deve observar o disposto no art. 465 e, se possível, estabelecer, desde logo, calendário para sua realização. § 9º As pautas deverão ser preparadas com intervalo mínimo de 1 (uma) hora entre as audiências.

Como se vê, a intimação é um procedimento de comunicação dos atos processuais para com os interessados que estão vinculado de alguma forma ao processo.

Uma significativa novidade nesse procedimento de comunicação é admissão de que os advogados intimem o advogado da parte contrária por intermédio do correio, juntando aos autos, a seguir, cópia do ofício de intimação e do aviso de recebimento, conforme prescreve o art. 269 do Código de Processo Civil.

Registre-se que a dos autos do cartório ou da secretaria em carga pelo advogado, por pessoa credenciada a pedido do advogado ou da sociedade de advogados, pela Advocacia Pública, pela Defensoria Pública ou pelo Ministério Público implicará intimação de qualquer decisão contida no processo retirado, ainda que pendente de publicação.

Diferente é o ato de citação, através do qual alguém é chamado a juízo, um dos atos processuais de comunicação mais relevantes do processo porque se constitui na sua integração na relação processual a partir do qual exercerá a garantia constitucional do direito de defesa.

Esse ato deverá atender às formalidades e aos requisitos legais para sua validade e eficácia, sob pena de nulidade, mas o comparecimento espontâneo supre a sua falta ou qualquer vício que importaria em nulidade.

O art. 246 do Código de Processo Civil estabelece que a citação deverá ser feita pelo correio, mas que deverá ser remetida com a juntada de cópias da petição inicial e do despacho do juiz, e que a carta será registrada para entrega ao citando, exigindo-lhe o carteiro, ao fazer a entrega, que assine o recibo (art. 248, §§ 1º 2º do CPC).

Sendo o citado pessoa jurídica, considera-se válida a entrega do mandado a pessoa com poderes de gerência geral ou de administração ou ainda, a funcionário responsável pelo recebido de correspondência.

Na suposição de frustração da citação pelo correio, esta será feita por meio de oficial de justiça nas hipóteses e formas previstas na lei processual.

Já a citação editalícia será feita quando desconhecido ou incerto o citando, ou ainda, quando ignorado, incerto ou inacessível o lugar em que se encontrar o réu, observando-se as formalidades prevista art. 257 e seguintes do Código de Processo Civil.

No que se refere a citação por meio eletrônico, tal procedimento está regulamentado pela Lei nº 11.419/2006, salientando que o processo judicial eletrônico já é uma realidade em nosso país que vem sendo aplicado nos feitos mais recentes e que na medida do avanço temporal vai extinguindo os processos físicos.

- "Intimação eletrônica não realizada, por ausência do cadastro previsto no art. 1.050 do CPC/2015. Intimação considerada realizada pela publicação no Diário da Justiça eletrônico. Art. 272 do CPC/2015. Precedentes. Reabertura do prazo recursal. Impossibilidade. Uma vez não efetuado o cadastro previsto no art. 1.050 do CPC/2015, junto a esta Corte, para fins de intimação pessoal eletrônica, nos termos dos arts. 183, § 1º, *in fine*, e 246, §§ 1º e 2º, do CPC/2015, considera-se intimada a parte ora agravante com a publicação do decisum no Diário da Justiça eletrônico, na forma do art. 272 do CPC/2015. Precedentes". (STJ - AgInt na PET no AREsp 425.715/TO, Rel. Ministro SÉRGIO KUKINA, PRIMEIRA TURMA, julgado em 08/02/2018, DJe 20/02/2018)

- "Presumem-se válidas as intimações e comunicações encaminhadas ao endereço das partes cadastrado nos autos, cabendo-lhes promover a atualização em caso de alteração temporária ou definitiva, na forma do art. 238, parágrafo único, do CPC de 1973, com correspondência no art. 274, parágrafo único, do novo Código de Processo Civil". (TJDFT - Acórdão n.1000467, 20110610124890APC, Relator: FÁTIMA RAFAEL 3ª TURMA CÍVEL, Data de Julgamento: 22/02/2017, Publicado no DJE: 13/03/2017.

- "Citação na pessoa do advogado. Impossibilidade. Não se admite citação, em sede de ação civil pública por ato de improbidade administrativa, que não obedeça estritamente a formatação enunciada no Capítulo II, do Título II, do Livro IV, do vigente Código de Processo Civil, não havendo, até a presente data, disposição legal a permitir que seja implementada mediante simples publicação no Diário da Justiça endereçada ao causídico. A exigência do artigo 93, inciso IX, da Constituição Federal de 1988 não impõe que a decisão judicial seja exaustivamente fundamentada, bastando que o julgador informe claramente as razões de seu convencimento, tal como ocorreu. 3. Sendo o agravo de instrumento recurso *secundum eventum litis*, não se mostra possível a este Órgão Revisor adentrar no mérito neste momento processual, com o intuito de aferir eventual dano ao erário e/ou a presença de dolo ou culpa do agente, sob pena de supressão de instância. AGRAVO DE INSTRUMENTO CONHECIDO E PARCIALMENTE PROVIDO. DECISÃO REFORMADA". (TJGO, Agravo de Instrumento (CPC) 5208383-76.2017.8.09.0000, Rel. JEOVA SARDINHA DE MORAES, 6ª Câmara Cível, julgado em 11/10/2017, DJe de 11/10/2017)

- "A jurisprudência desta Corte, com base na teoria da aparência, considera válida a citação realizada na pessoa de quem se identifica como representante da empresa e recebe o ato sem ressalvas". (STJ - AgRg no AREsp 793.860/SP, Rel. Ministro MOURA RIBEIRO, TERCEIRA TURMA, julgado em 27/06/2017, DJe 10/08/2017)

- "Nos termos da jurisprudência do Superior Tribunal de Justiça é válida a citação recebida no endereço onde se situa a pessoa jurídica, sendo desnecessário que o aviso de recebimento seja assinado por representante legal da empresa. Precedentes. (STJ - AgInt no AREsp 996.565/RS, Rel. Ministra MARIA ISABEL GALLOTTI, QUARTA TURMA, julgado em 20/06/2017, DJe 27/06/2017)

- "Cinge-se a controvérsia à verificação da possibilidade de: a) reconhecer a validade da citação da ora recorrida realizada fora de sua sede (aplicação da Teoria da Aparência); b) ilegalidade de alteração unilateral do contrato firmado entre as partes deste processo, ainda que embasada em mudança normativa editada por agência reguladora. *In casu,* a Corte local concluiu pelo afastamento da revelia da empresa ré, por entender que a citação deveria ter sido entregue a pessoa que possuísse poderes de gerência ou de administração, o que não teria ocorrido no caso. A jurisprudência do Superior Tribunal de Justiça, com base na teoria da aparência, considera válida a citação realizada na pessoa de quem se identifica como representante da empresa e recebe o ato sem ressalvas quanto à inexistência de poderes de representação, independentemente se o ato foi praticado na sede ou filial da pessoa jurídica. Precedentes: (REsp 1.625.697/PR, Rel. Ministro Ricardo Villas Bôas Cueva, Terceira Turma, julgado em 21/02/2017, DJe 24/2/2017); (AgRg no AREsp 601.115/RS, Rel. Ministro Luis Felipe Salomão, Quarta Turma, julgado em 24/3/2015, DJe 30/3/2015). O acórdão objurgado deve ser reformado neste ponto". (STJ - REsp 1654585/SP, Rel. Ministro HERMAN BENJAMIN, SEGUNDA TURMA, julgado em 06/04/2017, DJe 27/04/2017)

- "Se a citação por oficial de justiça ocorreu sem o esgotamento prévio das diligências necessárias para a localização do devedor, não está o julgador autorizado a determinar, imediatamente, a citação editalícia, devendo, *in casu*, ser mantido o indeferimento do pedido de citação por esta modalidade". (STJ - AREsp 1050314/RJ, Rel. Ministro FRANCISCO FALCÃO, SEGUNDA TURMA, julgado em 09/05/2017, DJe 15/05/2017)

- "O Superior Tribunal de Justiça possui entendimento segundo o qual, na execução fiscal, a citação é realizada pelo correio, com aviso de recepção (AR), sendo dispensada a pessoalidade na citação, inclusive, a assinatura do aviso de recebimento pelo próprio executado, bastando que reste inequívoca a entrega de recebimento pelo próprio executado, bastando que reste inequívoca a entrega no seu endereço." (STJ - AgRg no AREsp 664.032/MG, Rel. Ministro MAURO CAMPBELL MARQUES, SEGUNDA TURMA, julgado em 28/04/2015, DJe 07/05/2015)

17.20.1. Carta precatória

A comunicação do ato processual pode ser realizada diretamente à pessoa, mediante o tácito ou expresso conhecimento, como também, de forma presumida; por exemplo, por edital.

No âmbito da unidade jurisdicional, a citação será feita por mandado citatório, tanto para a pessoa física quanto para a jurídica, sendo que ela poderá ser realizada pela via postal, com aviso de recebimento da comunicação, matéria já enfatizada anteriormente.

Entretanto, se a citação for destinada à pessoa física ou jurídica que resida ou tenha domicílio fora dos limites territoriais do juízo, esse ato será realizado mediante carta precatória, que é dirigida a juiz de qualquer comarca do país.

Admite-se que os atos de uma ação ajuizada perante a Justiça Federal, a exemplo da citação, podem ser realizados mediante carta precatória dirigida à Justiça estadual. Isso, porque o art. 42 da Lei 5.010/66 determina que os atos e diligências da Justiça federal podem ser praticados em qualquer comarca do estado ou território, pelos juízes locais ou seus auxiliares, mediante a exibição de ofício ou mandado em forma regular, sendo certo que a carta precatória somente deve ser expedida quando for mais econômica e desembaraçada a realização do ato ou diligência.

A expedição de carta precatória é encargo do serviço judiciário que providenciará o traslado dos documentos que devam ser examinados na diligência, pelas partes, peritos ou testemunhas, mas o ônus é conferido à parte requerente que arcará com os custos da sua formalização e expedição, bem ainda, dos valores cobrados pelo juízo deprecado para seu cumprimento.

A carta precatória sob os auspícios da Justiça gratuita não gera despesa alguma para a parte requerente, que se beneficiária da gratuidade.

Estabelece o art. 261 do Código de Processo Civil que, em toda carta precatória, o juiz declarará o prazo para ser cumprida, para evitar uma paralisação indefinida do processo, mas, se não for possível ao juiz deprecado cumpri-la no prazo constante, poderá estendê-lo, fazendo comunicar o fato deprecante.

A carta precatória tem o caráter itinerante, porquanto, "*antes ou depois de lhe ser ordenado o cumprimento, poderá ser apresentada a juízo diverso do que dela consta, a fim de se praticar o ato*", nos termos do art. 262 do Código de Processo

Civil, pois uma carta endereçada de forma equivocada a uma comarca, poderá esta remetê-la para o juízo competente.

Por oportuno, vale dizer que a suspensão do processo em razão da expedição de carta precatória ou rogatória, só ocorre se a diligência foi requerida antes do despacho saneador do processo, bem como, o prazo máximo para sua suspensão é de um ano, após o que, o feito retomará seu curso normal, conforme preceitua o art. 313, V, "b", combinado com o seu § 5º, ambos do Código de Processo Civil[156].

Isso porque o art. 377[157] da norma adjetiva preceitua que *"A carta precatória, a carta rogatória e o auxílio direto suspenderão o julgamento da causa no caso previsto no art. 313, inciso V, alínea "b", quando, tendo sido requeridos antes da decisão de saneamento"*.

Com efeito, exaurindo-se o prazo de 01 (um) ano de suspensão, prossegue a tramitação do processo para o seu deslinde.

- Carta precatória. Suspensão do feito. Impossibilidade. Expedição requerida depois de proferido despacho saneador. Inteligência do art. 338 do CPC. 1 - Nos termos do art. 338 do CPC, a carta precatória apenas suspende o processo quando, requerida antes do despacho saneador, seja destinada à produção de prova imprescindível para o deslinde do feito. Não preenchidos tais requisitos cumulativos, descabe a suspensão do feito no aguardo do retorno da carta precatória. (TJMG - Apelação Cível 1.0110.08.019786-3/001, Relator(a): Des.(a) José Marcos Vieira, 16ª CÂMARA CÍVEL, julgamento em 13/02/2014, publicação da súmula em 24/02/2014)

- Julgamento antecipado processo civil. Prova. Pedido. Apreciação. Momento. Oitiva de testemunha por carta rogatória requerida antes do saneamento. Suspensão do processo. Condições. 1. A prova testemunhal por precatória ou rogatória requerida nos moldes do art. 338 do CPC não impede o Juiz de julgar a ação, muito menos o obriga a suspender o processo, devendo fazê-lo apenas quando considerar essa prova imprescindível, assim entendida aquela sem a qual seria inviável o julgamento de mérito. A prova meramente útil, esclarecedora ou complementar, não deve obstar o processo de seguir seu curso regularmente. 2. Nos termos do art. 130 do CPC, não há preclusão absoluta em matéria de prova, até por se tratar de questão de ordem pública. Mesmo proferido o despacho saneador, o juiz pode, mais tarde, determinar a realização de outras provas, caso entenda que essa providência é necessária à instrução do processo. 3. Recurso especial não provido. (STJ - REsp 1132818/SP, Rel. Ministra NANCY ANDRIGHI, TERCEIRA TURMA, julgado em 03/05/2012, DJe 10/05/2012)

- Expedição de carta precatória sem efeito suspensivo. Possibilidade. A carta precatória não suspende o processo, senão quando requerida antes do despacho saneador (art. 338 do CPC). A alegação de que o título em cobrança teve sua origem em negócio com agiota, deve ser provada, em princípio, pelo Suplicado. Agravo retido e apelação não providos. (TJMG - Apela-

156. "Art. 313. Suspende-se o processo: V – quando a sentença de mérito: b) tiver de ser proferida somente após a verificação de determinado fato ou a produção de certa prova, requisitada a outro juízo;

157. Art. 377. A carta precatória, a carta rogatória e o auxílio direto suspenderão o julgamento da causa no caso previsto no art. 313, inciso V, alínea "b", quando, tendo sido requeridos antes da decisão de saneamento, a prova neles solicitada for imprescindível. Parágrafo único. A carta precatória e a carta rogatória não devolvidas no prazo ou concedidas sem efeito suspensivo poderão ser juntadas aos autos a qualquer momento.

ção Cível 1.0145.05.217531-5/002, Relator(a): Des.(a) Roberto Borges de Oliveira, 10ª CÂMARA CÍVEL, julgamento em 25/07/2006, publicação da súmula em 29/09/2006)

- Carta precatória. Diligência antes do saneador. Suspensão. A carta rogatória, bem como a precatória, desde que requeridas antes do despacho saneador, determinam fique suspenso o processo. (RT 474/140)

- Carta de ordem para oitiva de testemunhas. Deputado estadual. Tentativas frustradas de realização da diligência. Conversão do julgamento em diligência. 1. Não há, nos autos, dados concretos que permitam concluir se as testemunhas faltosas foram pessoalmente intimadas para comparecer à audiência em que seriam ouvidas. 2. Equivale à intimação pessoal a entrega do ofício no gabinete da testemunha detentora do cargo de Deputado Estadual. 3. Conversão do julgamento em diligência, para determinar que o juízo delegatário intime pessoalmente as testemunhas, caso não o tenha feito anteriormente, e realize sua oitiva dentro do prazo de quinze dias. (STF – AP 458 petição avulsa-AgR / SP – Pleno – DJe-204 Divulg. 28.10.2009 Public. 29.10.2009 – Rel. Min. Joaquim Barbosa)

- Carta precatória. Suspensão. Processo. Máximo, um ano. A suspensão da carta precatória ou rogatória não pode ser por prazo superior a um ano, de acordo com o art. 265, IV, do CPC. (TRF – AC 51.583/MG –4ª Turma – Rel. Min. Antônio de Pádua ribeiro – DJU 29.09.1983,p. 14.862)

- Carta precatória. Encerramento. Instrução. Negligência da parte. É legal o encerramento da instrução, apesar de expedida precatória com efeito suspensivo se a parte não providenciou o seu cumprimento, deixando, inclusive, de pagar as custas para a realização das diligências. (RTJ 112/1.187)

- Carta precatória. Instrução. Diligência. Ato de cartório. 1. É verdade que, para facilitar e tornar mais rápido o cumprimento dos atos, a parte interessada pode fornecer cópias para integrar a carta precatória para citação. Todavia, se não o fizer, cumpre à serventia preparar a peça nos termos dos arts. 202 e 225 do Código de Processo Civil. 2. Os atos que não estão incluídos nos arts. 27 do CPC e 39 da Lei de Execuções Fiscais são aqueles que devem ser praticados fora dos auditórios e dos oficiais de justiça ou secretarias, tais como despesas com transporte de oficial de justiça, de perito, tarifa ou preço para postagem de cartas, em inexistindo verba na Justiça, alocada para esse fim etc., hipóteses nas quais as despesas devem ser adiantadas pela Fazenda, por não inseridas na melhor interpretação dos referidos dispositivos. 3. Na hipótese dos autos, trata-se de instrução de carta precatória; assim, o ato é praticado no cartório pela serventia e é custeado pelo Estado. Distingue-se dos gastos com a condução de oficial de justiça e perito, por exemplo, porque, neste último caso, as despesas, se não forem adiantadas pela parte interessada, seriam pagas pelos próprios auxiliares da justiça, o que carece de fundamento legal. 4. Recurso especial provido. (STJ – REsp. 250.903/SP – 2ª Turma – DJ 31.03.2003, p. 00188 – Rel. Min. Franciulli Netto)

- Carta precatória. Suspensão. Processo. Paralisação. Processual civil. Suspensão do processo. CPC, art. 793. I – Suspenso o processo por 30 dias, em razão de requerimento do autor atendido pelo juiz, é defeso às partes e ao juiz praticar qualquer ato processual enquanto perdurar a suspensão. II – Recurso especial conhecido e provido. (STJ – REsp. 220.228/MG – 3ª Turma – DJ 17.02.2003, p. 00269 – Rel. Min. Antônio de Pádua Ribeiro)

17.20.2. Carta rogatória

Carta rogatória é o instrumento de comunicação de pedido de um juiz a outro para proceder a citações, inquirições ou para proceder a outras diligências necessárias à instrução processual submetida a seu julgamento, a exemplo da carta precatória, apenas com uma diferença, que o ato será cumprido em território estrangeiro, por isto, terá de observar, quanto à sua admissibilidade e modo de execução, o disposto na convenção internacional. A sua expedição será precedida de tradução para língua estrangeira e enviada para o Ministério da Justiça, que, por sua vez, a remeterá para o Ministério das Relações Exteriores, a quem incumbe a transmissão para a embaixada do Brasil no país destinatário, visto que o meio normal de remessa de cartas rogatória é a via diplomática.

Na suposição de um país recusar o cumprimento de carta rogatória para a citação de uma pessoa, a parte interessada requererá ao juiz a citação por edital, pois essa situação equivale a lugar inacessível onde se encontra a parte objeto da carta citatória.

Os procedimentos para a elaboração, expedição e transmissão de uma carta rogatória estão regulamentados pela Portaria 26, de 14.08.1990, do Ministério da Justiça, que está assim redigida:

> PORTARIA INTERMINISTERIAL Nº 501, DE 21 DE MARÇO DE 2012 O Ministro de Estado das Relações Exteriores e o Ministro de Estado da Justiça, no uso de suas atribuições legais, previstas nos incisos I e II do parágrafo único do art. 87 da Constituição Federal, na Lei nº 10.683, de 28 de maio de 2003, e nos Decretos nos. 7.304, de 22 de setembro de 2010, e 6.061, de 15 de março de 2007; Considerando o disposto no artigo 105, inciso I, alínea "i", da Constituição Federal, nos artigos 202, 210 e 212 da Lei nº 5.869,de 11 de janeiro de 1973 - Código de Processo Civil, nos artigos 783a 786 do Decreto-Lei nº 3.689, de 3 de outubro de 1941 - Código de Processo Penal, bem como nos tratados vigentes na República Federativa do Brasil sobre tramitação de cartas rogatórias e outros instrumentos de cooperação jurídica internacional; Considerando a Resolução nº 9, de 04 de maio de 2005, do Superior Tribunal de Justiça; Considerando a Portaria Conjunta MJ/PGR/AGU nº 1, de 27 de outubro de 2005, que dispõe sobre a tramitação de pedidos de cooperação jurídica internacional em matéria penal entre o Ministério da Justiça, o Ministério Público Federal e a Advocacia Geral da União; Considerando a Portaria MJ nº 1.876, de 27 de outubro de 2006, que dispõe sobre a tramitação de pedidos de cooperação jurídica internacional em matéria penal no âmbito do Ministério da Justiça; Considerando a necessidade de uniformizar o trâmite de cartas rogatórias e pedidos de auxílio direto referentes a países que não têm tratado de cooperação jurídica internacional com a República Federativa do Brasil; Considerando a necessidade de reduzir o tempo de tramitação das cartas rogatórias e dos pedidos de auxílio direto e as hipóteses de descumprimento das solicitações por falta de definição dos procedimentos;
>
> Resolvem:
>
> Art. 1º - Esta Portaria define a tramitação de cartas rogatórias e pedidos de auxílio direto, ativos e passivos, em matéria penal e civil, na ausência de acordo de cooperação jurídica internacional bilateral ou multilateral, aplicando-se neste caso apenas subsidiariamente.

Art. 2º - Para fins da presente Portaria, considera-se: I.pedido de auxílio direto passivo, o pedido de cooperação jurídica internacional que não enseja juízo de delibação pelo Superior Tribunal de Justiça, nos termos do art. 7º, parágrafo único da Resolução STJ nº. 9, de 04 de maio de 2005; e II.carta rogatória passiva, o pedido de cooperação jurídica internacional que enseja juízo de delibação pelo Superior Tribunal de Justiça. Parágrafo Único. A definição de pedido de auxílio direto ativo e de carta rogatória ativa observará a legislação interna do Estado requerido.

Art. 3º - Nos casos em que o pedido de cooperação jurídica internacional passivo não enseje a concessão de exequatur pelo Superior Tribunal de Justiça, e puder ser atendido pela via administrativa, não necessitando da intervenção do Poder Judiciário, caberá ao Ministério da Justiça diligenciar seu cumprimento junto às autoridades administrativas competentes.

Art. 4º - O Ministério das Relações Exteriores encaminhará ao Ministério da Justiça os pedidos de cooperação jurídica internacional passivos, em matéria penal e civil, tramitados pela via diplomática.

Art. 5º - Na ausência de acordo de cooperação jurídica internacional bilateral ou multilateral, o Ministério da Justiça encaminhará ao Ministério das Relações Exteriores os pedidos de cooperação jurídica internacional ativos, em matéria penal e civil, para tramitarem pela via diplomática.

Art. 6º - Cabe ao Ministério da Justiça: I. instruir, opinar e coordenar a execução dos pedidos de cooperação jurídica internacional, em matéria penal e civil, encaminhando- os à autoridade judicial ou administrativa competente; II. exarar e publicar entendimentos sobre cooperação jurídica internacional no âmbito de suas competências.

Art. 7º - As cartas rogatórias deverão incluir: I. indicação dos juízos rogante e rogado; II. endereço do juízo rogante; III. descrição detalhada da medida solicitada; IV. finalidade a ser alcançada com a medida solicitada; V. nome e endereço completos da pessoa a ser citada, notificada, intimada ou inquirida na jurisdição do juízo rogado, e, se possível, sua qualificação, especificando o nome da genitora, data de nascimento, lugar de nascimento e o número do passaporte; VI. encerramento, com a assinatura do juiz; e VII. qualquer outra informação que possa a ser de utilidade ao juízo rogado para os efeitos de facilitar o cumprimento da carta rogatória. § 1º - No caso da medida solicitada consistir em interrogatório da parte ou inquirição de testemunha, recomenda-se, sob pena de impossibilidade de cumprimento da medida, que as cartas rogatórias incluam ainda: a) texto dos quesitos a serem formulados pelo juízo rogado; b) designação de audiência, a contar da remessa da carta rogatória ao Ministério da Justiça, com antecedência mínima de: (i) 90 (noventa) dias, quando se tratar de matéria penal; e (ii) 180 (cento e oitenta) dias, quando se tratar de matéria cível. § 2º - No caso de cooperação civil, as cartas rogatórias deverão ainda incluir, quando cabível, o nome e endereço completos do responsável, no destino, pelo pagamento das despesas processuais decorrentes do cumprimento da carta rogatória no país destinatário, salvo as extraídas das ações: I. que tramitam sob os auspícios da justiça gratuita; II. de prestação de alimentos no exterior, para os países vinculados à Convenção de Nova Iorque, promulgada no Brasil pelo Decreto nº. 56.826, de 2 de setembro de 1965, nos termos do artigo 26 da Lei nº. 5.478 de 25 de julho de 1968; III. da competência da justiça da infância e da juventude, nos termos da Lei nº. 8.069, de 13 de junho de 1990.

Art. 8º - As cartas rogatórias deverão vir acompanhadas dos seguintes documentos: I.petição inicial, denúncia ou queixa, a depender da natureza da matéria; II. documentos instrutórios; III. despacho judicial ordenando a sua expedição; IV. original da tradução oficial ou juramentada da carta rogatória e dos documentos que os acompanham; V. duas cópias dos originais da carta rogatória, da tradução e dos documentos que os acompanham; e VI. outros documentos ou peças processuais considerados indispensáveis pelo juízo rogante, conforme a natureza da ação. Parágrafo único. No caso do objeto da carta rogatória consistir em exame pericial sobre documento, recomenda-se que o original seja remetido para o juízo rogado, permanecendo cópia nos autos do juízo rogante, sob pena de impossibilidade de cumprimento da medida.

Art. 9º - Os pedidos de auxílio direto deverão incluir: I.indicação de previsão em acordo de cooperação jurídica internacional bilateral ou multilateral ou compromisso de reciprocidade; II. indicação da autoridade requerente; III. indicação das Autoridades Centrais dos Estados requerente e requerido; IV. sumário contendo número(s) e síntese(s) do(s) procedimento(s) ou processo(s) no Estado requerente que servem de base ao pedido de cooperação; V. qualificação completa e precisa das pessoas às quais o pedido se refere (nome, sobrenome, nacionalidade, lugar de nascimento, endereço, data de nascimento, e, sempre que possível, nome da genitora, profissão e número do passaporte); VI. narrativa clara, objetiva, concisa e completa, no próprio texto do pedido de cooperação jurídica internacional, dos fatos que lhe deram origem, incluindo indicação: a) do lugar e da data; b) do nexo de causalidade entre o procedimento em curso, os envolvidos e as medidas solicitadas no pedido de auxílio; e c) da documentação anexada ao pedido. VII. referência e transcrição integral dos dispositivos legais aplicáveis, destacando-se, em matéria criminal, os tipos penais; VIII. descrição detalhada do auxílio solicitado, indicando: a) nos casos de rastreio ou bloqueio de contas bancárias, o número da conta, o nome do banco, a localização da agência bancária e a delimitação do período desejado, bem como, expressamente, a forma de encaminhamento dos documentos a serem obtidos (meio físico ou eletrônico); b) nos casos de notificação, citação ou intimação, a qualificação completa da pessoa a ser notificada, citada ou intimada, e seu respectivo endereço; c) nos casos de interrogatório e inquirição, o rol de quesitos a serem formulados. IX. descrição do objetivo do pedido de cooperação jurídica internacional; X. qualquer outra informação que possa ser útil à autoridade requerida, para os efeitos de facilitar o cumprimento do pedido de cooperação jurídica internacional; XI. outras informações solicitadas pelo Estado requerido; e XII. assinatura da autoridade requerente, local e data.

Art. 10º - Esta Portaria revoga a Portaria Interministerial MRE/MJ nº 26, de 14 de agosto de 1990, e a Portaria Interministerial MRE/MJ de 16 de setembro de 2003, publicada no Diário Oficial da União de 19 de setembro de 2003.

Art. 11 - Esta Portaria entra em vigor na data de sua publicação. JOSÉ EDUARDO CARDOZO Ministro de Estado da Justiça ANTONIO DE AGUIAR PATRIOTA Ministro das Relações Exteriores

- Agravo interno na carta rogatória. Tese de deficiência na instrução. Documentação suficiente para compreensão da controvérsia. Precedentes. Pedido de auxílio. Citação do interessado. Inexistência de conteúdo meritório. Agravo interno desprovido. 1. A carta rogatória para a concessão do *exequatur* não precisa estar acompanhada de todos os documentos existentes na petição inicial e de detalhes do processo em curso, mas de peças suficientes para a compreensão da controvérsia. 2. O pedido de auxílio da Justiça grega é de mera citação do Interessado, inexistindo conteúdo decisório. 3. Agravo interno desprovido. (STJ - AgRg na CR 10.771/EX, Rel. Ministra LAURITA VAZ, CORTE ESPECIAL, julgado em 07/06/2017, DJe 14/06/2017)

- Intimação por oficial de justiça, carta rogatória, precatória, ou de ordem. A data da juntada aos autos do mandado ou da carta assinala o termo inicial da fluência do prazo recursal. Recurso especial provido, conforme parecer do MPF. Acórdão submetido ao regime do art. 543-C do CPC/1973 (art. 1.036 do Código Fux, CPC/2015), fixando-se a tese: nos casos de intimação/citação realizadas por Correio, Oficial de Justiça, ou por Carta de Ordem, Precatória ou Rogatória, o prazo recursal inicia-se com a juntada aos autos do aviso de recebimento, do mandado cumprido, ou da juntada da carta. (STJ - REsp 1632777/SP, Rel. Ministro NAPOLEÃO NUNES MAIA FILHO, CORTE ESPECIAL, julgado em 17/05/2017, DJe 26/05/2017)

- Agravo interno na carta rogatória. Intimação prévia, via postal. Recebimento por terceiro. Apresentação de impugnação pelo interessado. *Exequatur* concedido. Possibilidade. Incompetência do juízo rogante. Violação à ordem pública. Não configuração. Agravo regimental desprovido. 1. A Corte Especial, em recente julgamento, decidiu pela validade da intimação prévia da carta rogatória, por via postal, recebida por terceiro (AgRg na CR n.º 9.824/EX, Rel. Min. Francisco Falcão, DJe de 28/6/2016). 2. Não se pode cogitar de incompetência do Juízo rogante, por não ser o caso de competência exclusiva da jurisdição nacional (art. 23 do novo Código de Processo Civil). 3. Agravo interno desprovido. (STJ - AgInt na CR 10.590/EX, Rel. Ministra LAURITA VAZ, CORTE ESPECIAL, julgado em 15/03/2017, DJe 04/04/2017)

- Agravo interno na carta rogatória. Intimação prévia, via postal. Aviso de recebimento assinado pelo próprio interessado. Incompetência do juízo rogante. Violação à ordem pública. Não configuração. Apresentação de impugnação pelo interessado. *Exequatur* concedido. Agravo regimental desprovido. 1. Como o Interessado assinou o aviso de recebimento da intimação prévia, conclui-se que esteja ciente da notificação objeto da rogatória, uma vez que acompanhada de cópia integral dos autos. 2. Não se pode cogitar de incompetência do Juízo rogante, por não ser o caso de competência exclusiva da jurisdição nacional (art. 23 do novo Código de Processo Civil). 3. ⊠ Agravo interno desprovido. (STJ - AgInt na CR 10.589/EX, Rel. Ministra LAURITA VAZ, CORTE ESPECIAL, julgado em 15/03/2017, DJe 04/04/2017)

- Pedido de cooperação jurídica internacional. Auxílio direto. Pleito do Ministério Público português. Tratado de auxílio mútuo em matéria penal. Decreto 1.320/94. Oitiva de preso. Custódia para fins de extradição submetida ao STF. Competência. Carta rogatória e *exequatur* no STJ. Desnecessidade. Agravo provido. 1. O pedido de cooperação jurídica internacional, na modalidade de auxílio direto, possui natureza distinta da carta rogatória. Nos moldes do disposto nos arts. 28, 33, caput, e 40, todos do Código de Processo Civil, caberá auxílio direto quando "a medida não decorrer diretamente de decisão de autoridade jurisdicional estrangeira", enquanto necessitará de carta rogatória quando for o caso de cumprir decisão jurisdicional estrangeira. 2. Formulado pedido de assistência direta pelo Ministério Público português ao Parquet brasileiro, com base em tratado internacional de mútua cooperação em matéria penal, firmado entre Brasil e Portugal – Decreto 1.320/1994 –, o cumprimento em território pátrio depende de mero juízo de delibação, sendo desnecessária a atuação homologatória em *exequatur* pelo Superior Tribunal de Justiça. 3. Encontrando-se o preso sob a custódia do Supremo Tribunal Federal, para fins de extradição, a esta Corte deve ser dirigida a comunicação de que o custodiado será ouvido em razão de pedido de cooperação formulado pela autoridade central portuguesa e encaminhado ao Ministério Público brasileiro. 4. Agravo regimental provido. (STF - Pet 5946, Relator(a): Min. MARCO AURÉLIO, Relator(a) p/ Acórdão: Min. EDSON FACHIN, Primeira Turma, julgado em 16/08/2016, ACÓRDÃO ELETRÔNICO DJe-237 DIVULG 07-11-2016 PUBLIC 08-11-2016)

- Diligências complementares indeferidas. Art. 10 da lei 8.038/1990. Ausência de razoabilidade e pertinência. Agravo não provido. I - As diligências requeridas não se mostram pertinentes à elucidação dos fatos narrados na inicial, especialmente em relação ao agravante. II - As cartas rogatórias apenas serão expedidas se demonstrada previamente a sua imprescindibilidade. III - Independência entre as corrupções ativa e passiva, arts. 317 e 333 do Código Penal. IV - É descabido o requerimento de quebra de sigilo de delações premiadas realizadas em outros procedimentos criminais. V - Agravo regimental a que se nega provimento. (STF - AP 477 AgR, Relator(a): Min. RICARDO LEWANDOWSKI, Tribunal Pleno, julgado em 17/10/2013, ACÓRDÃO ELETRÔNICO DJe-221 DIVULG 07-11-2013 PUBLIC 08-11-2013)

- Carta rogatória. *Exequatur*. Paciente brasileiro nato e domiciliado no brasil. Inexistência de risco à liberdade de locomoção. HC não conhecido. I - A concessão de *exequatur* em rogatória que vise a obter provas relativas à investigação criminal, levada a efeito em país estrangeiro, não representa risco à liberdade de locomoção do paciente que, além de brasileiro nato, encontra-se domiciliado no Brasil, em face da impossibilidade de extradição. II - Habeas corpus não conhecido. (STF - HC 97511, Relator(a): Min. RICARDO LEWANDOWSKI, Primeira Turma, julgado em 10/08/2010, DJe-168 DIVULG 09-09-2010 PUBLIC 10-09-2010 EMENT VOL-02414-02 PP-00400 RTJ VOL-00218-01 PP-00339 RT v. 99, n. 902, 2010, p. 487-490)

- Carta rogatória. Depoimento pessoal. Depoente residente do exterior. Processual civil. Depoimento pessoal. Depoente residente em outro País. Depoimento na sede do juízo. Custos altos de transporte e estada. Oitiva no estrangeiro. Carta rogatória. Arts. 344 e 410, II do Código de Processo Civil. Doutrina. Recurso provido. I – A forma do depoimento pessoal, mutatis mutandis, segue a forma de inquirição de testemunha, nos termos do art. 344 do Código de Processo Civil. II – Estando a parte residindo em outro país, seu depoimento será tomado através de carta rogatória e, não, na sede do juízo em que está sendo processada a causa, salvo se acorde a mesma em comparecer. (STJ –REsp. 94.551/RJ – 4ª Turma – Rel. Min. Sálvio de Figueiredo Teixeira – DJ 08.06.1998, p. 00113)

- Carta rogatória. Autenticidade. Via diplomática. No tocante à carta rogatória, o trânsito pela via diplomática confere autenticidade aos documentos que a instruem, não obstante a versão para o vernáculo seja feita na origem. (STF – RT 608/220)

- Carta rogatória. Citação. Impugnação. Carta rogatória para citação. Só é admissível impugnação ao seu cumprimento se atentar contra a ordem pública e a soberania nacional, ou se lhe faltar autenticidade (art. 226 do RI do STF). Impugnação rejeitada. (STF – RT 567/221)

- Carta rogatória. Prazo. Validade. Citação. Sem que se estabeleça na carta rogatória prazo de validade para a citação, cabe ao juiz rogado determinar o momento de sua realização. (STF – RT 636/198)

17.21. Das provas em geral

17.21.1. Ônus da prova

O ônus da prova é a incumbência conferida às partes em uma disputa judicial de oferecer as provas suficientes para sustentar a afirmação de sua posição, de modo que exprima ao seu final um resultado positivo à sua pretensão no processo.

Essa responsabilidade do autor ou do réu, conforme seja, impõe-lhe o encargo processual da produção de um conjunto probatório satisfatório a seu interesse visando a um final exitoso a ser exposto na manifestação judiciosa definitiva.

Deve-se atentar que esse dever processual cominado a parte lhe assegura o direito do exercício da ampla defesa previsto na Constituição Federal, quando no seu art. 5º, inciso LV, preceitua: *"aos litigantes, em processo judicial ou administrativo, e aos acusados em geral são assegurados o contraditório e ampla defesa, com os meios e recursos a ela inerentes"*.

O exercício da ampla defesa consiste na possibilidade de uma efetiva participação na elaboração da decisão judicial, porquanto corresponde ao direito da parte de exaurir a utilização de todos os meios probatórios em conformidade com o regramento processual ao seu dispor para defender ou conquistar o seu direito.

Infere-se também, nesse contexto, a estrita observância da garantia do devido processo legal, que vem a ser o atendimento a todas as formalidades previstas no ordenamento jurídico, para obtenção das provas almejadas que lastreiem o direito da parte.

A garantia do contraditório consiste no tratamento paritário das partes de contrariar, impugnar e questionar as provas do processo, e que esse embate seja considerado na avalição decisória do juízo como forma de assegurar igualdade no debate jurídico das provas e dos fatos inferidos no processo.

17.21.2. Incumbência do Autor

A ação civil pública de improbidade administrativa é de natureza penal ao estabelecer as sanções de perda da função pública, suspensão de direitos políticos, multa civil e proibição de contratar ou receber incentivos do Poder Público, que são punições severas que resultam em sérios prejuízos ao exercício da cidadania.

Mesmo sendo uma demanda de conteúdo civil, político e administrativo, tem essa característica sancionatória, inclusive de direito fundamentais, como é da suspensão de direitos políticos que torna o cidadão inelegível e sem requisitos de acesso aos cargos públicos, assim como na perda de cargo ou função pública.

De modo que, sendo uma ação com essa multiplicidade de penalidade no campo civil, político e administrativo, caberá a seu autor, seja o Ministério Público ou a Entidade Pública interessada, a incumbência da prova dos fatos apontados como ilícitos no processo.

Nesse aspecto, o dever processual de produção da prova cabe a quem acusa, o que impõe ao seu autor a incumbência prevista pelo art. 156 do Código de Processo Penal, a comprovação da conduta ímproba prevista ou capitulada no rol da norma de regência.

Com efeito, cabe ao autor provar a realização do fato e sua autoria vinculado o representado, sua conduta dolosa e o resultado dano ao erário, ou a violação aos princípios norteadores da Administração Pública.

Esse ônus probatório é exclusivo do autor em razão de sua índole acusatória ao perquirir ao término do processo à aplicação de sanções relevantes ao direito da pessoa humana e da cidadania, cuja afetação patrimonial e cívica lhe impõe gravosas restrições a vida do agente público e da sua vida comum.

Saliente-se, por oportuno, que ação de improbidade administrativa tem por origem a edição de atos formais e fatos administrativos consolidados em contratos, licitações, autorização de despesas e/ou ordens de serviços, os documentos visando **à** comprovação de ilicitude no âmbito da Administração Pública, mediante a responsabilização de seus agentes ordenadores de despesas ou outros que concorreram para a prática danosa, devem constar da petição inicial.

Essa linha de compreensão decorrer da regra prevista pelo art. 319 do Código de Processo Civil, assim escrita:

> **Art. 319.** A petição inicial indicará:
>
> VI – as provas com que o autor pretende demonstrar a verdade dos fatos alegados;

E que é corroborada com o art. 320 desse diploma processual:

> **Art. 320.** A petição inicial será instruída com os documentos indispensáveis à propositura da ação.

Assim é que, sendo uma ação frequentemente baseada em prova documental, a parte autor deve instruir a inicial desde já com todo o acervo probatório, como preceitua o art. 434 do Código de Processo Civil:

> **Art. 434.** Incumbe à parte instruir a petição inicial ou a contestação com os documentos destinados a provar suas alegações.

A permissibilidade da juntada de novos documentos fica condicionada à ocorrência de eventos supervenientes após o ajuizamento da ação, conforme preconiza o art. 435 do Código de Processo Civil:

> **Art. 435.** É lícito às partes, em qualquer tempo, juntar aos autos documentos novos, quando destinados a fazer prova de fatos ocorridos depois dos articulados ou para contrapô-los aos que foram produzidos nos autos.

> Parágrafo único. Admite-se também a juntada posterior de documentos formados após a petição inicial ou a contestação, bem como dos que se tornaram conhecidos, acessíveis ou disponíveis após esses atos, cabendo à parte que os produzir comprovar o motivo que a impediu de juntá-los anteriormente e incumbindo ao juiz, em qualquer caso, avaliar a conduta da parte de acordo com o art. 5º.

Depreende-se, assim, que cabe ao autor a produção de toda a prova da acusação que patrocina, que deverá ser agregada já na petição inicial, condição de procedibilidade normativa que assegura ao representado o exercício da ampla defesa.

- "Ação de improbidade administrativa. Julgamento antecipado da lide com base apenas nos documentos colhidos em inquérito civil. Ausência de dilação probatória. Necessidade da prova pleiteada para demonstrar o ato ímprobo narrado e o dolo do agente. Cerceamento de defesa. Sentença cassada. 1. É ônus do Ministério Público, que visa à condenação de agente público por ato de improbidade administrativa, comprovar o ato ímprobo e o dolo. 2. Caracteriza cerceamento do direito à ampla defesa e ao devido processo legal o julgamento antecipado da lide, sem a devida instrução do feito, sem se oportunizar, às partes, a especificação e realização das provas. Improcedência do pedido decretada apenas com base nos documentos colhidos em inquérito civil, logo em seguida à apresentação da réplica à contestação. 3. Recurso a que se dá provimento, para anular a sentença". (TJMG - Apelação Cível 1.0394.14.009579-2/001, Relator(a): Des.(a) Áurea Brasil, 5ª CÂMARA CÍVEL, julgamento em 03/05/2018, publicação da súmula em 08/05/2018)
- "Prova emprestada. Interceptação teleefônica. Compartilhamento de provas obtidas legalmente. Ação civil pública por ato de improbidade administrativa. Possibilidade. É firme o entendimento jurisprudencial deste Sodalício no sentido da possibilidade de utilização, na seara cível, para fins de apuração de improbidade administrativa, de prova produzida na esfera penal". (STJ - AgRg no REsp 1714914/RS, Rel. Ministra MARIA THEREZA DE ASSIS MOURA, SEXTA TURMA, julgado em 27/02/2018, DJe 08/03/2018)
- "Exigir que o autor prove os fatos negativos requeridos, estar-se-ia lhe incumbindo de produzir uma prova perversa, ou seja, um tipo de prova praticamente impossível de ser produzida. Como poderia o recorrente demonstrar a realização de uma obra que sequer havia lugar definido para sua construção? A "prova perversa" é aquela também chamada de prova impossível ou excessivamente difícil de ser produzida, como a prova de fato negativo. (TJPB - ACÓRDÃO/DECISÃO do Processo Nº 00020894420098150371, 3ª Câmara Especializada Cível, Relator DES. SAULO HENRIQUES DE SÁ BENEVIDES, j. em 04-04-2017)

17.21.3. Incumbência do Representado

Se por um lado cabe ao Autor demonstrar como tudo que é essencial ou atributivo do fato, do ato, da coisa ou da pessoa, na formação de sua exposição temática do direito perquirido demonstração a culpabilidade do agente representado, a este se transfere a obrigação da prova quanto à existência de fato impeditivo, modificativo ou extintivo do direito perlustrado pelo autor da ação.

Em matéria de ato de improbidade administrativa, cabe ao réu produzir as provas necessárias, úteis e legais, acoimado na proteção dos princípios do contraditório e da ampla defesa para desconstituir ou desfazer as imputações que lhe são colacionadas pelo órgão ministerial ou da entidade pública autora.

Por isso, cabe ao réu o ônus da defesa especificada de impugnar precisamente todos os fatos arrolados pelo autor, sob pena de se presumirem verdadeiros aqueles não refutados. Com efeito, o autor deve infirmar sua defesa de mérito atacando o fato jurídico que constitui o fundamento principal da lide, sua causa de pedir, atingindo o próprio fato e suas consequências legais.

Essa impugnação de forma específica e precisa, tem significativo valor processual no exercício da defesa, porquanto, sob pena de presunção de veracidade dos fatos alegados que não foram refutados.

Além disso, está expresso no texto processual essa obrigatoriedade de manifestação no art. 341 do Código de Processo Civil:

> **Art. 341.** Incumbe também ao réu manifestar-se precisamente sobre as alegações de fato constantes da petição inicial, presumindo-se verdadeiras as não impugnadas, salvo se:
>
> I - não for admissível, a seu respeito, a confissão;
>
> II - a petição inicial não estiver acompanhada de instrumento que a lei considerar da substância do ato;
>
> III - estiverem em contradição com a defesa, considerada em seu conjunto.
>
> Parágrafo único. O ônus da impugnação especificada dos fatos não se aplica ao defensor público, ao advogado dativo e ao curador especial.

Idêntico procedimento deverá ser adotado em relação aos documentos agregados à inicial:

> **Art. 437.** O réu manifestar-se-á na contestação sobre os documentos anexados à inicial, e o autor manifestar-se-á na réplica sobre os documentos anexados à contestação.

Na lição de Calmon de Passos, a defesa de mérito é direta "*porque dirigida contra a própria pretensão do autor e objetivando destruir-lhe os fundamentos de fato ou de direito*".

Mas o Representado também poderá lograr por uma defesa alternativa, pela via indireta de mérito, a processual, para almejar reconhecer a ocorrência da prescrição e a compensação.

Como se vê, incumbe ao réu alegar, na contestação, toda matéria de defesa, expondo as razões de fato e de direito com que impugna o pedido do autor e especificando as provas que pretende produzir.

A exceção de impedimento ou de suspeição, deverá ser elaborada em petição específica dirigida ao juiz do processo, no prazo de 15 (quinze) dias contados do fato que a ocasionou, cujo efeito é a paralisação do processo até a resposta judicial, na forma prevista pelo art. 146 do Código de Processo Civil.

O Representado no exercício da ampla defesa, na contestação, no prazo de 15(quinze) dias, poderá se utilizar de vários procedimentos previstos no Código de Processo Civil, que são os seguintes:

a) A citação daqueles que devam figurar em litisconsórcio passivo (art. 131)[158]

b) Impugnar o valor da causa (art. 293)[159]

c) Antes de impugnar o mérito, o Representado poderá alegar:

I - inexistência ou nulidade da citação;

II - incompetência absoluta e relativa;

III - incorreção do valor da causa;

IV - inépcia da petição inicial;

V - perempção;

VI - litispendência;

VII - coisa julgada;

VIII - conexão;

IX - incapacidade da parte, defeito de representação ou falta de autorização;

X - convenção de arbitragem;

XI - ausência de legitimidade ou de interesse processual;

XII - falta de caução ou de outra prestação que a lei exige como preliminar;

Registre-se que a falsidade deve ser suscitada na contestação, na réplica ou no prazo de 15 (quinze) dias, contado a partir da intimação da juntada do documento aos autos, nos termos do art. 430 do Código de Processo Civil

17.21.4. Prova pericial

Os atos imputados de improbidade administrativa têm na contraprova pericial o instrumento de defesa mais eficaz em favor do agente público que, efetivamente, pretende demonstrar a sua inocência e regularidade dos atos de sua gestão, em excepcionais situações.

Afora as testemunhas e documentos, a prova pericial é de grande valor para o esclarecimento de fatos controversos no que se refere à comprovação da realização de serviços, obras e pagamentos idôneos.

É o meio mais adequado para o agente comprovar a realização física de uma obra ou provar o efetivo pagamento de serviços realizados na quantidade exata e

---

158. Art. 131. A citação daqueles que devam figurar em litisconsórcio passivo será requerida pelo réu na contestação e deve ser promovida no prazo de 30 (trinta) dias, sob pena de ficar sem efeito o chamamento.

159. Art. 293. O réu poderá impugnar, em preliminar da contestação, o valor atribuído à causa pelo autor, sob pena de preclusão, e o juiz decidirá a respeito, impondo, se for o caso, a complementação das custas.

preços compatíveis com o mercado, para afastar construções virtuais ou pagamentos sem a correspondente contraprestação.

Na ilustrada dicção do renomado Amaral dos Santos, a perícia pode consistir "*numa declaração de ciência ou na afirmação de um juízo, ou, mais comumente, naquilo e nisto*". É declaração de ciência, "*quando relata as percepções colhidas, quando se apresenta como prova representativa de fatos verificados ou constatados*".

É afirmação de um juízo "*quando constitui parecer que auxilie o juiz na interpretação ou apreciação dos fatos da causa*", arremata o ilustre jurista.

Nos termos do art. 464 do Código de Processo Civil, "*a prova pericial consiste em exame, vistoria ou avaliação*". O exame é a inspeção sobre coisas, pessoas ou documentos para fins de verificação de que circunstância contribuirá para o deslinde da causa. A vistoria destina-se à inspeção em imóveis, e a avaliação ou arbitramento, é apuração de valor, bens ou coisas objetos do litígio, ensina Amaral dos Santos.

A perícia será indeferida quando a prova do fato não depender do conhecimento técnico, for desnecessária ou a verificação for impraticável. (RSTJ 69/415)

Requerida pela parte a perícia, o juiz poderá nomear mais de um perito (art. 475 do CPC), da sua livre escolha, envolver-se matéria complexa, fixando-lhes prazo para a entrega do laudo, incumbindo às partes no prazo de 15 (quinze) dias da intimação indicar o assistente técnico ou assistentes técnicos e apresentar quesitos.

O juiz intimará as partes da data e local escolhido pelo(s) perito(s) para o início e realização da perícia.

A prova técnica simplificada consistirá apenas na inquirição de especialista, pelo juiz, sobre ponto controvertido da causa que demande especial conhecimento científico ou técnico.

Afora esta modalidade, outra pode se apresentar suficientemente capaz de atender à busca perquirida pela causa de natureza mais singela, bastando apenas a inquirição pelo juiz do perito e dos assistentes, por ocasião da audiência de instrução e julgamento, a respeito de coisas que houverem informalmente examinado ou avaliado.

Nessa hipótese, as partes poderão apresentar quesitos suplementares durante a diligência, que poderão ser respondidos pelo perito previamente ou na audiência de instrução e julgamento. Parágrafo único. O escrivão dará à parte contrária ciência da juntada dos quesitos aos autos.

Os quesitos suplementares também estão sujeitos à aprovação do juiz (art. 470); aprovados, dos mesmos deve ter ciência o perito com tempo de incluí-los nas respostas, salientando que o juiz poderá determinar, de ofício ou a requerimento da parte, a realização de nova perícia, quando a matéria não lhe parecer suficientemente esclarecida.

Há a possibilidade, ainda, de outra espécie de perícia, esta de natureza mais econômica, do ponto de vista processual, que pode ocorrer quando as partes, nas fases próprias, apresentarem pareceres técnicos ou documentos, que, por sua complexidade e especialidade, exigem interpretações dos seus significados, sob pena de ensejarem dúvidas; a perícia judicial incidirá sobre a manifestação daqueles.

É importante dizer que a juntada de laudo pericial é imprescindível à ouvida das partes sobre o mesmo e, não acontecendo, resultaria em grave violação do princípio do contraditório e cerceamento de defesa.

O resultado de uma perícia poderá não ofertar suficientes esclarecimentos para a conclusão incontroversa dos fatos examinados, o que levará o juiz a determinar uma nova perícia (art. 480 do CPC) para corrigir eventual omissão, inexatidão ou imperfeição do que foi apurado anteriormente.

- Improbidade administrativa. Pedido de prova testemunhal. Prova pericial já realizada. Desnecessidade. Prova testemunhal. - Tratando-se de questão de direito ou, se de direito ou de fato, entender o Juiz estar o processo suficientemente instruído, possibilitando a decisão sem que se realizem as provas requeridas, fica a seu critério deferir ou não a produção de outras, dispensando as que entender meramente protelatórias. - Já realizada prova pericial, torna-se dispensável, sobre fato contábil, a prova testemunhal. (TJMG - Agravo de Instrumento-Cv 1.0625.11.000200-7/001, Relator(a): Des.(a) Wander Marotta, 5ª CÂMARA CÍVEL, julgamento em 09/02/2017, publicação da súmula em 21/02/2017)
- Improbidade deferimento de prova pericial. Prova não realizada. Cerceamento de defesa caracterizado. Nulidade do processo em parte. Recurso provido. Uma vez deferida a produção de prova pericial, é vedado ao magistrado proferir sentença em que julga antecipadamente a lide, em flagrante cerceamento de defesa. (TJMG - Apelação Cível 1.0024.09.648451-4/005, Relator(a): Des.(a) Afrânio Vilela, 2ª CÂMARA CÍVEL, julgamento em 07/02/2017, publicação da súmula em 24/02/2017)
- Ação de improbidade administrativa indeferimento de prova pericial. Desnecessidade da prova, à luz dos demais elementos de prova. Nulidade processual não configurada. Por expressa previsão legal, a produção de prova pericial deve ser indeferida quando se mostrar desnecessária em vista de outras provas produzidas. Mostrando-se a perícia despicienda, à luz do acervo probatório, o indeferimento de sua produção é de rigor. (TJMG - Apelação Cível 1.0701.08.246784-9/001, Relator(a): Des.(a) Raimundo Messias Júnior, 2ª CÂMARA CÍVEL, julgamento em 05/07/2016, publicação da súmula em 15/07/2016)
- Ação civil pública. Ressarcimento ao erário. Dispensa de licitação. Agravo retido. A realização de perícia ou a produção de prova testemunhal não se revelam eficientes para agregar elementos de convicção quando predominante a matéria de direito ou quando o acervo documental se mostra suficiente para solução da lide, mormente quando não efetivamente comprovadas a utilidade e a indispensabilidade daquelas. Agravo retido não provido. (TJDFT - Acórdão n.853839, 20100111527845APC, Relator: SIMONE LUCINDO, Revisor: NÍDIA CORRÊA LIMA, 1ª TURMA CÍVEL, Data de Julgamento: 04/03/2015, Publicado no DJE: 11/03/2015. Pág.: 280)
- Ação civil pública de improbidade administrativa. Saneamento do processo. Dilação probatória. Deferimento. Prova técnica. Acolhida a dilação probatória nos moldes postulados pela parte, a perícia técnica que postulara e deverá ser produzida é pautada pela natureza da matéria controversa pendente de elucidação, não demandando do juiz a afirmação da natureza da prova técnica, pois inerente à própria natureza dos fatos a serem examinados, e, outrossim, o perito judicial funciona como auxiliar técnico do juiz para dirimir dúvidas sobre matéria de fato que reclama conhecimentos específicos e estranhos à ciência jurídica, e, podendo ser escolhido entre profissionais de nível universitário, devidamente inscritos no órgão de classe competente, deve comprovar sua especialidade na matéria sobre a qual deverá opinar (CPC, art. 145). Atinado com sua atuação no processo, o legislador processual assentara que o perito a quem for confiada a consumação dos trabalhos técnicos deve estar

municiado de lastro técnico, ou seja, formação técnica e registro no correlato órgão de classe, para atuar na área de especialização profissional correlata aos trabalhos a serem realizados, guarnecendo os litigantes, pois, do direito de conhecerem a qualificação técnica do experto que atuará na causa, legitimando que impugnem a nomeação e postularem substituição do perito se não habilitado a consumar os trabalhos periciais. Recai sobre o perito nomeado pelo juízo a presunção relativa de que ostenta capacidade para realizar os trabalhos que lhe forma confiados, sobejando possível a substituição do experto quando, após apresentadas suas credencias técnicas, restar demonstrada que não possui capacidade técnica necessária à elucidação dos fatos controversos (CPC, art. 424, I), resultando que, ainda não cumprido esse ritual procedimental, o inconformismo da parte em face da simples nomeação do perito judicial revela-se precipitada, inclusive porque inviável se destituir o experto indicado sem que consiga desqualificar sua aptidão técnica para produzir a prova que lhe fora demandada. A modulação legislativa conferida aos encargos derivados da produção das provas determina que os honorários periciais derivados da perícia técnica deferida como indispensável à elucidação do dissenso que resultara no aviamento da pretensão e estabelecimento da lide são da responsabilidade da parte que houver requerido a produção da prova pericial ou da parte autora, quando ambas houverem postulado a prova (CPC, arts. 19 e 33). Agravo conhecido e desprovido. Unânime. (TJDFT - Acórdão n.896589, 20150020087633AGI, Relator: TEÓFILO CAETANO 1ª TURMA CÍVEL, Data de Julgamento: 23/09/2015, Publicado no DJE: 06/10/2015. Pág.: 183)

- Juiz. Nova perícia. O juiz pode, a qualquer tempo, sob prudente discrição, de ofício ou a requerimento da parte, determinar a realização de prova pericial, ou reconsiderar anterior decisão que havia dispensado. (STJ – REsp. 5.268-SP – 4ª Turma – Rel. Min. Athos Carneiro).

- Perícia. Segundo perito. Nulidade. É causa de nulidade da perícia a indicação do segundo expert pelo perito originalmente designado; a nomea*ção daquele deve ser feita necessariamente pelo juiz. (STJ – REsp.* 866.240 – 2ª Turma – Rel. Min. Castro Meira)

- Prova pericial. Requisitos. O contraditório na prova pericial se desenvolve por meio da apresentação de quesitos, não havendo disposição legal que assegure às partes o acompanhamento direto da elaboração do laudo pericial. Art. 156 da Lei 8.112/90. (STJ – MS 12.429/DF – Rel. Min. Félix Fischer.)

- Perícia. Fora da comarca. Possibilidade. É possível, pelas peculiaridades da espécie, ao juiz da causa designar vistor para proceder à perícia nos livros e contabilidade da empresa que se encontram em sua sede, localizada fora da comarca. (STJ – REsp. 95.314-SP – 4ª Turma – Rel. Min. César Rocha.)

- Perícia. Assistente técnico. Indicação. Prazo. Antes dos trabalhos. Consolidado na jurisprudência do STJ o entendimento segundo o qual o prazo estabelecido no art. 421, § 1º, do CPC, não sendo preclusivo, não impede a indicação de assistente técnico ou a formulação de quesitos, a qualquer tempo, pela parte adversa, desde que não iniciados os trabalhos periciais. Orientação que melhor se harmoniza com os princípios do contraditório e de igualdade de tratamento às partes. (STJ – REsp. 37.311-5/SP – 3ª Turma – Rel. Min. Waldemar Zveiter.)

- Perícia. Intimação da nomeação do perito. A falta de intimação do despacho de nomeação de perito pode ser suprida, pelo juiz, com a ampliação do prazo do art. 421, § 1º, do CPC, para garantia da participação do assistente técnico na perícia. (STJ – REsp. 1.932/SP – 3ª Turma – Rel. Min. Gueiros Leite.)

- Perícia. Assistente técnico. Pessoa jurídica. Admissibilidade. Não veda o sistema processual vigente que pessoa jurídica possa servir como assistente técnico, sobretudo após a edição da Lei 8.455/92. (STJ – RF 325/155). Contra: RT 621/141.

- Perícia. Perito sem conhecimento técnico. Nulidade. É inidônea a prova, se o perito não tem conhecimento técnico necessário à elaboração do laudo. (RTJ 83/964)
- Perícia. Quesitos. Objetividade. Perguntas técnicas. Os quesitos devem ser objetivos, respondíveis pela perícia; devem ser afastados aqueles que possam ser respondidos por outras formas de prova: testemunhos, documentos, vistorias e perícias de outra natureza. (RJTJERGS 165/207)
- Perícia. Quesito impertinente. Indeferimento. O quesito impertinente, se não foi indeferido no juízo de 1º Grau, como lhe competia (CPC, art. 426, I), cabe, em grau de recurso, seja excluído ou desconsiderado, caso já tenha sido respondido. (RT 687/103)
- Perícia. Partes. Intimação. Indeferimento. Quesitos. As partes devem ser intimadas do indeferimento de quesitos; a efetivação da medida sem tal intimação prévia constitui cerceamento de direito. (RJTJERGS 165/207)
- Perito. Pesquisador de testemunha. Inadmissibilidade. O perito não pode ser transformado em um pesquisador de prova testemunhal. (RT 484/92). Por isso mesmo, há um acórdão entendendo que, neste caso, para valer o testemunho por ele colhido, precisa ser reproduzido em juízo. (RP 43/289, p. 290)
- Perícia. Laudo. Intimação das partes. Inocorrência. Sentença. Nulidade. É nula a sentença se o juiz a profere sem dar oportunidade às partes de falarem sobre o laudo apresentado. (RTJ 107/176; RSTJ 109/192. STJ – REsp. 6.102/AM – 3ª Turma – Rel. Min. Eduardo Ribeiro)
- Perito. Remuneração. Alteração. Sentença. Se a remuneração do perito foi fixada previamente, em caráter provisório, pode e deve ser revista por ocasião da sentença. (JTA 106/426). Esta afirmação permanece válida mesmo depois da introdução, pela Lei 8.952/94, de parágrafo único ao art. 33. (JTJ 199/123)
- Perícia. Assistente técnico. Parecer. Prazo preclusivo. O prazo de que dispõe o assistente técnico para juntada de seu parecer é preclusivo, de modo que, apresentado extemporaneamente, deve ser ele desentranhado. (STJ – REsp. 58.211/SP – 4ª Turma – Rel. Min. Sálvio de Figueiredo – DJU 29.09.1997, p. 48.209)
- Perícia. Juiz. Poder discricionário. O juiz pode, a qualquer tempo, sob prudente discrição, de ofício ou a requerimento da parte, determinar a realização de prova pericial, ou reconsiderar anterior decisão que a havia dispensado. (STJ – REsp. 5.268/SP – 4ª Turma – Rel. Min. Athos Carneiro)
- Perícia. Juiz. Inspeção pessoal. Fica à inteira discrição do juiz proceder ou não à inspeção pessoal. (RT 629/206), não constituindo seu indeferimento cerceamento de defesa. (RT 633/134)
- Perícia. Nomeação. Estabelecimento oficial. Não individuação do perito. A nomeação de estabelecimento oficial para a realização de perícia médico-oficial, sem individuação do perito, não viola o art. 421 do CPC, e encontra suporte legal no art. 434 da lei processual, supondo a confiança do juiz em todos os integrantes do quadro, bem como no critério de seu diretor. (STJ – Ag. 38.839-5/SP-AGRG. – 4ª Turma – Rel. Min. Sálvio de Figueiredo)
- Perícia. Realização profissional habilitado. A perícia contábil deverá ser feita por profissional de nível superior, qualidade que não tem o técnico em contabilidade. Igualmente não está legalmente habilitado para essa tarefa o Administrador. (STJ – REsp. 5.032/SP – 3ª Turma – Rel. Min. Eduardo Ribeiro)

17.21.5. Prova ilícita

Sobre a inadmissibilidade de provas colhidas ou produzidas de forma ilícita, nossa Constituição dispõe expressamente que "*são inadmissíveis, no processo, as provas obtidas por meios ilícitos*" (art. 5º, LVI) e que "*ninguém será privado da liberdade ou de seus bens sem o devido processo legal*". (art. 5º, LIV)

Aqui o legislador prestigia a supremacia da garantia do devido processo legal ao exigir que somente as provas oriundas de fontes saudáveis do direito e que tenham atendido aos procedimentos e condições de exigibilidade para sua produção, têm manifestamente reconhecida sua validade, eficácia e valor jurídico.

A prova lícita é produto de mecanismos processuais adequados e aplicáveis à hipótese pretendida de investigação criteriosa resultante de fatos suficientemente razoáveis a ensejarem a instauração de uma ação penal ou de improbidade administrativa, fundada numa projeção de elementos informativos capazes de configurar um delito penal e/ou um ato de ilicitude.

A prova derivada da prova ilícita ou viciada, também não poderá ser aproveitada, nem permanecer inserida no processo devido a sua imprestabilidade jurídica, devendo, assim, ter o mesmo destino daquela.

A prova derivada é aquela extraída ou captada da fonte principal probatória ou do seu conjunto probatório, de forma parcial ou fracionada, gerando em rede seus subprodutos e resíduos informativos documentais.

Com efeito, sendo a prova originária viciada ou inidônea no seu nascedouro, a legitimidade da sua descendência exprime a teoria dos frutos da árvore envenenada para contaminar aquilo que restou da substância principal.

Pode-se assinalar, como exemplo, uma confissão obtida com tortura ou escuta telefônica não autorizada pela justiça, ou prova dela derivada, que jamais seria admissível no processo, porque, neste caso, a mesma provém de uma circunstância definida como crime pela Constituição Federal.

A teoria dos frutos da árvore envenenada só se aplica às provas decorrentes, direta ou indiretamente, da prova ilegal, não se aplicando às provas sem relação com a contaminação. A prova derivada, sendo pontual e não alcançada nem corrompida pelo vício ou ilegalidade, não é afetada no seu valor probatório, de modo que a presença de prova ilícita não impede o recebimento da representação por ato de improbidade administrativa por vício de nulidade, se houver outras provas independentes da contaminada. Também, não implica nulidade da procedência da ação com a respectiva condenação se esta tiver se dado com base em provas independentes da ilícita.

A prova derivada é distinta da prova emprestada. Aqui, é importante dizer que a prova derivada provém de uma matriz oriunda de uma investigação policial ou de um processo, extraindo-se uma parte ou um elemento informativo para ser inserido em outro processo, enquanto a prova emprestada consiste no transporte de produção probatória de um processo para outro.

A prova emprestada resulta no aproveitamento do conjunto probatório anterior para um posterior, mediante o traslado de reproduções de todos os elementos documentais em que se consignou a atividade probatória a ser reaproveitada em outro feito, que pode ser do mesmo juízo ou de juízo diverso.

Convém dizer que a prova emprestada é aquela produzida em processo de natureza jurisdicional para nele gerar efeitos, e transportada para outro, na forma de documento, conservando o seu valor originário.

Pode-se afirmar, também, que a permissibilidade pode ocorrer em razão do empréstimo da prova cuja repetição já não é mais possível ou é excessivamente onerosa e custosa, ou ainda, se veda à parte o direito de provar as suas alegações, mas desde que a mesma tenha sido submetida ao contraditório jurisdicional.

Quanto à conceituação de fonte independente, é aquela que, reunindo todas as qualidades e propriedades autônomas, produz o resultado jurídico capaz de conduzir por si só, ao fato objeto da prova, após observar os regramentos processuais, aplicáveis na sua inteireza, previstos para a realização dos atos investigatórios ou instrumentais no âmbito judicial.

Exemplo dessa ineficácia probatória é a quebra do sigilo bancário, fiscal ou telefônico, sem autorização judicial, assim como a busca e apreensão no domicílio da pessoa física ou jurídica.

Somente têm validade aquelas provas com fundamento, forma e conteúdo nos termos da lei, em defesa de uma elaboração probante em juízo, manejada com valor moral que exprima a ética da honestidade dos seus elementos constitutivos e genuinamente verdadeiros.

O ato de desentranhamento das provas consideradas ilícitas insere-se dentro daqueles do poder-dever do juiz nos termos do art. 139 do Código de Processo Civil cuja decisão de natureza interlocutória simples, após a sua preclusão, importará no desentranhamento das peças probatórias identificadas como imprestáveis.

Por conseguinte, sendo matéria sujeita à preclusão, a perda da faculdade de agir ou impugnar o ato, terá de ser objeto de contestação, logo após ciência da mesma no prazo reservado à interposição de agravo de instrumento.

- Reconhecimento da ilicitude da prova obtida via interceptação telefônica. 1. Tendo esta Corte deferido o pedido de extensão reputando inválida a prova produzida ilegalmente a partir das interceptações telefônicas, não subsiste no mundo jurídico eventual provimento jurisdicional proferido com base na prova anulada, daí porque deve o juízo de origem proceder a nova avaliação da causa, com exclusão das provas ilícitas. 2. Pedido procedente. (STJ - Rcl 33.944/SC, Rel. Ministra MARIA THEREZA DE ASSIS MOURA, TERCEIRA SEÇÃO, julgado em 23/08/2017, DJe 31/08/2017)

- Quebra de sigilo bancário. Ausência de autorização judicial. 1 - O Supremo Tribunal Federal, no julgamento do RE 610.314 (repercussão geral), decidiu pela desnecessidade de prévia autorização judicial para a quebra de sigilo bancário para fins de constituição de crédito tributário. 2 - No âmbito do processo criminal, todavia, é inequívoco que o envio de tais informações obtidas pelo Fisco ao Ministério Público e o oferecimento de denúncia com base nesses dados constitui quebra de sigilo bancário sem prévia autorização judicial, o que é efetivamente vedado no ordenamento jurídico. 3 - Para investigação criminal, a invasão de privacidade deve ser necessariamente submetida à avaliação do magistrado competente, é dizer, submetida à reserva de jurisdição. 4 - Ordem concedida para, reconhecendo írrita a prova decorrente da quebra de sigilo bancário, declarar nula a denúncia e o processo penal, bem assim a condenação do ora paciente, ressalvando a possibilidade de nova persecução penal ser intentada com base em elementos lícitos. (STJ - HC 393.824/RS, Rel. Ministra MARIA THEREZA DE ASSIS MOURA, SEXTA TURMA, julgado em 15/08/2017, DJe 24/08/2017)

- Quebra do sigilo bancário pela administração tributária. Ausência de autorização judicial. Possibilidade. Art. 6º da LC n. 105/2001. Reflexos no âmbito penal. Compartilhamento. Ordem concedida de ofício. 1. [...] 2. No julgamento do RE n. 601.314/SP, cuja repercussão geral foi reconhecida, consignou-se que o "art. 6º da Lei Complementar 105/01 não ofende o direito ao sigilo bancário, pois realiza a igualdade em relação aos cidadãos, por meio do princípio da capacidade contributiva, bem como estabelece requisitos objetivos e o translado do dever de sigilo da esfera bancária para a fiscal". Decidiu-se, portanto, pela desnecessidade de prévia autorização judicial para a quebra de sigilo bancário para fins de constituição de crédito tributário. 3. Acontece que, para fins penais, as Turmas que compõem a Terceira Seção deste Tribunal, na esteira de orientação do STF (HC 125218, Relator Min. GILMAR MENDES, Segunda Turma, julgado em 24/05/2016, PROCESSO ELETRÔNICO DJe-116 DIVULG 06-06-2016 PUBLIC 07-06-2016), não admitem que os dados sigilosos obtidos diretamente pela Secretaria da Receita Federal do Brasil sejam por ela repassados ao Ministério Público ou autoridade policial, para uso em ação penal, pois não precedida de autorização judicial a sua obtenção. Princípio da reserva da jurisdição. Incidência do art. 5º, XII, c/c o art. 93, IX, ambos da CF/88. 4. Precedentes: RHC 42.332/PR, Rel. Ministra MARIA THEREZA DE ASSIS MOURA, Sexta Turma, julgado em 13/12/2016, DJe 02/02/2017; RHC 72.074/MG, Rel. Ministro RIBEIRO DANTAS, Quinta Turma, julgado em 06/10/2016, DJe 19/10/2016; AgRg no REsp 1491423/PR, Rel. Ministro SEBASTIÃO REIS JÚNIOR, Sexta Turma, julgado em 16/08/2016, DJe 01/09/2016; e AgRg no REsp 1371042/SP, Rel. Ministro FELIX FISCHER, Quinta Turma, julgado em 25/10/2016, DJe 23/11/2016. 5. No caso, tanto a denúncia quanto a sentença condenatória atestaram a materialidade delitiva, tão somente, no Auto de Infração n. 0810600/00163/03, na declaração de Encerramento de Procedimento Administrativo Fiscal, no Demonstrativo de Apuração e no Termo de Representação lavrado pelo Auditor Fiscal da Receita Federal, documentos remetidos pela Receita Federal ao Ministério Público Federal para ajuizamento de ação penal sem a correspondente autorização judicial. 6. Habeas corpus não conhecido. Ordem concedida de ofício para declarar a nulidade da quebra de sigilo bancário sem autorização judicial e, consequentemente, anular a Ação Penal n. 0007407-49.2006.4.03.6104 desde o início, garantida a possibilidade de nova demanda ser proposta com esteio em prova lícita. (STJ - HC 334.211/SP, Rel. Ministro REYNALDO SOARES DA FONSECA, QUINTA TURMA, julgado em 16/03/2017, DJe 27/03/2017)

- Quebra de sigilo bancário. Ausência de autorização judicial. Deflagração da ação penal. Prova ilícita. I - É possível a requisição de informações bancárias pela autoridade fiscal sem a necessidade de prévia autorização judicial, quando houver processo administrativo ou procedimento fiscal em curso, a teor do art. 6º da LC 105/01, matéria que, inclusive, teve a repercussão geral reconhecida pelo eg. STF (RE n. 601.314 RG, Pleno, Rel. Min. Ricardo Lewandowski, DJe de 20/11/2009). No mesmo sentido, julgado desta Corte Superior, em sede de recurso repetitivo (REsp n. 1.134.665/SP, Primeira Seção, Rel. Min. Luiz Fux, DJe de 18/12/2009). II - Por outro lado, o entendimento firmado se aplica para a constituição do crédito tributário, e não para a deflagração da ação penal. Por se tratar de garantia protegida constitucionalmente (art. 5º, inciso XII, da CF), a jurisprudência dos Tribunais Superiores firmou-se no sentido de que a quebra do sigilo bancário para fins penais exige autorização judicial mediante decisão devidamente fundamentada, a teor do art. 93, inciso IX, da CF, e diante da excepcionalidade da medida extrema (precedentes do c. STF e do STJ). Agravo regimental desprovido. (STJ - AgRg no REsp 1371042/SP, Rel. Ministro FELIX FISCHER, QUINTA TURMA, julgado em 25/10/2016, DJe 23/11/2016)

- nulidade. Prova ilícita. Laudo pericial elaborado em aparelho celular sem autorização judicial. Pesquisa de registros de chamadas, conteúdo de agenda, mensagens de texto sms, etc. Violação do sigilo de dados. Art. 157 do CPP. 1. É inequivocamente nula a obtenção de dados existentes em aparelhos de telefonia celular ou em outros meios de armazenamento de dados, sem autorização judicial, ressalvada, apenas, excepcionalmente, a colheita da prova através do acesso imediato aos dados do aparelho celular, nos casos em que a demora na obtenção de um mandado judicial puder trazer prejuízos concretos à investigação ou especialmente à vítima do delito. 2. É nulo o laudo pericial elaborado por requisição direta da autoridade policial no curso da investigação, sem autorização judicial, com obtenção de registros de chamadas depois da realização de ampla invasão aos canais de registros pessoais, tais como, agendas, mensagens de sms, etc, em verdadeira devassa de dados privados. 3. Ordem concedida para anular o acórdão da apelação e permitir que outro seja proferido, uma vez retirado dos autos o laudo pericial 57/2007. (STJ - HC 388.008/AP, Rel. Ministra MARIA THEREZA DE ASSIS MOURA, SEXTA TURMA, julgado em 03/08/2017, DJe 14/08/2017)

- Nulidade da prova. Ausência de autorização judicial para a perícia no celular. Existência de prova ilícita por derivação e exame dos demais elementos probatórios. 1. Determinada a anulação as provas obtidas sem autorização judicial e o seu desentranhamento dos autos por esta Corte, o juízo acerca da existência de prova ilícita por derivação e exame da aptidão dos demais elementos probatórios para lastrear a condenação deve ser procedido pelo magistrado de piso, por demandar revolvimento do acervo fático-probatório, o que atrairia a Súmula 7/STJ. 2. Encerrada a instrução criminal, não há falar no encaminhamento de pedido de interceptação das comunicações feitas pelo *whatsapp,* requerido pelo Ministério Público subsidiariamente. 3. Devem os autos retornar ao juízo de 1º Grau para a prolação de nova sentença, valorando-se as provas remanescentes, excluídas as obtidas sem autorização judicial, cujo desentranhamento foi determinado, bem como as provas ilícitas por derivação. 4. Agravo regimental improvido (STJ - AgRg no REsp 1645137/MT, Rel. Ministro NEFI CORDEIRO, SEXTA TURMA, julgado em 27/06/2017, DJe 01/08/2017)

- Gravação. Espaço público. Licitude. Não configura prova ilícita gravação feita em espaço público, no caso, rodovia federal, tendo em vista a inexistência de "situação de intimidade". (STF – HC 87.341/PR – Rel. Min. Eros Grau)

- Prova. Licitude. A gravação de conversa telefônica, por um dos interlocutores, não é ilícita, porque se distingue da interceptação telefônica. (Bol. AASP 1.743/157 – RJTJERGS 139/117 – Ajuris 76/644 – 76/652 – RBDF 21/91)

- Prova. Conversa telefônica. Gravação clandestina, feita por um dos interlocutores, sem conhecimento do outro. Juntada da transcrição em inquérito policial, onde o interlocutor requerente era investigado ou tido por suspeito. Admissibilidade. Fonte lícita de prova. Inexistência de interceptação, objeto de vedação constitucional. Ausência de causa legal de sigilo ou de reserva da conversação. Meio, ademais, de prova da alegada inocência de quem a gravou. Improvimento ao recurso. Inexistência de ofensa ao art. 5º, incs. X, XII e LVI, da CF. Precedentes. Como gravação meramente clandestina, que se não confunde com interceptação, objeto de vedação constitucional, é lícita a prova consistente no teor de gravação de conversa telefônica realizada por um dos interlocutores, sem conhecimento do outro, se não há causa legal específica de sigilo nem de reserva da conversação, sobretudo quando se predestine a fazer prova, em juízo ou inquérito, a favor de quem a gravou. (STF – RE 402717/PR – 2ª Turma – DJe-030 Divulg. 12.02.2009 Public. 13.02.2009 – Rel. Min. Cezar Peluso)

- Prova. Licitude. A degravação de conversa telefônica mantida entre os interessados não é fato ilícito e pode ser autorizada para esclarecimento dos fatos. (STJ – 4ª T. – REsp. 112.274 – Rel. Min. Ruy Rosado).

- Prova. Licitude. Admitindo a prova, no caso de gravação em secretária eletrônica. (RJTJESP 137/360)
- Prova. Licitude. O fato de um dos interlocutores não ter ciência da gravação não compromete a licitude da prova. (STJ – RT 743/208 e RF 342/307, RT 620/151 e 828/250)
- Prova. Ilicitude. A ilicitude da escuta e gravação não autorizadas de conversas alheia não aproveita, em princípio, ao interlocutor que, ciente, haja aquiescido na operação. (STF – 1ª T. – HC 80949 – Min. Sepúlveda Pertence).
- Prova emprestada. Possibilidade de que sejam consideradas as produzidas no processo criminal, relativo ao mesmo fato, pois perfeitamente resguardado o contraditório. (RSTJ 104/304)
- Prova emprestada. É possível a utilização de prova produzida em ação penal, consistente em interceptação de comunicações telefônicas autorizadas judicialmente em feitos cíveis, tendo em vista a supremacia do interesse público sobre o particular. (RT 843/371)
- Prova. Fita. Envio anônimo. Prova ilícita. Inocorrência. Não enseja nulidade do Processo Administrativo Disciplinar o simples fato de sua instauração ser motivada por fita de vídeo encaminhada anonimamente à autoridade pública, vez que esta, ao ter ciência de irregularidade no serviço, é obrigada a promover sua apuração. Não configura prova ilícita gravação feita em espaço público, no caso, rodovia federal, tendo em vista a inexistência de "situação de intimidade". (STF – HC 87.341/PR – Rel. Min. Eros Grau – DJU 03.03.2006)

17.21.6. Valoração da prova

A valoração da prova significa, em sentido jurídico, a denominação que se realiza pelos meios admitidos em direito, da existência ou veracidade de um fato material ou de um ato jurídico, em virtude da qual se conclui por sua realidade do fato ou do ato demonstrado.

A prova é a demonstração da veracidade daquilo que se alega como fundamento do direito que se proclama ou se contesta.

Em consequência, quem não prova o que afirma, não pode pretender ser tida como verdade a existência do fato alegado do direito perquirido.

Aliás, era o adágio romano: *actore non probante, reus absolvitur*. Se o autor não prova o que alega, é o réu absolvido.

São dois os critérios vigentes para a formação do convencimento na interpretação da prova, quais sejam:

a) o da livre convicção – externado pela íntima convicção do juiz aos fatos nos quais se funda a relação jurídica controvertida, ao conjunto probatório produzido e a motivação das razões do seu julgamento;

b) o da persuasão racional, onde o julgamento deve ser produto de uma operação lógica armada com fundamento nos elementos de convicção que constituem o processo.

O sistema adotado pelo Código de Processo Civil anterior era do livre convencimento motivado, vinculado às alegações das partes e às provas colacionadas licitamente. Todos os julgamentos judiciais serão fundamentados (CF, art. 93, IX).

Entretanto, o Código de Processo Civil de 2015 afastou a expressão "livre convencimento motivado" com a seguinte redação: "o juiz apreciará a prova constante dos autos, independentemente do sujeito que a tiver promovido, e indicará na decisão as razões da formação do seu convencimento".

Com efeito, aquilo que era conferido ao julgador de "apreciar livremente a prova", evoluiu para vincular a decisão à prova dos autos; assim deixou de ser "livre apreciação" para "apreciação direta da prova".

Por esta nova sistemática, o juiz é compelido a vincular a sua decisão à valoração direta da prova, associando-a ao seu *decisium* de forma conectada ao seu conteúdo jurídico e reflexos irradiadores na formação da sua convicção, exteriorizando e indicado a sua manifestação motivada, mas sempre de maneira entrelaçada e coerente a essência probatória na busca da verdade real.

De forma que o novo sistema processual aboliu o "livre convencimento" que ensejava uma atuação discricionária do juiz, muitas das vezes externada como um ato de vontade com a força jurídica de querer atender ao seu entendimento pessoal.

- "Valoração. Provas. No ordenamento jurídico pátrio, é adotado o princípio da persuasão racional ou livre convencimento motivado, sendo possível ao julgador decidir de acordo com a valoração que ele próprio atribui às provas produzidas pelas partes, desde que fundamente sua decisão". (TJMG - Apelação Cível 1.0000.18.037143-7/001, Relator(a): Des.(a) Sérgio André da Fonseca Xavier, 18ª CÂMARA CÍVEL, julgamento em 05/06/2018, publicação da súmula em 05/06/2018)

- "O ordenamento jurídico brasileiro adotou o princípio do livre convencimento motivado do julgador, em que o juiz pode fazer uso de outros meios para formar sua convicção. O magistrado não se encontra adstrito ao laudo pericial quando da apreciação e valoração das alegações e das provas existentes nos autos, podendo, inclusive, decidir contrário a ele quando houver nos autos outros elementos que assim o convençam, como ocorre na presente caso. Precedentes do STJ". (STJ - REsp 1650747/SP, Rel. Ministro HERMAN BENJAMIN, SEGUNDA TURMA, julgado em 04/05/2017, DJe 11/05/2017)

- Apreciação de laudo pericial. Livre convicção do juiz. 1. É entendimento pacífico desta Corte de que o ordenamento jurídico pátrio adotou o princípio do livre convencimento motivado do julgador, no qual o Juiz pode fazer uso de outros meios para formar sua convicção, sendo certo que o Magistrado não se encontra adstrito ao laudo pericial quando da apreciação e valoração das alegações e das provas existentes nos autos, podendo, inclusive, decidir contrário a ele quando houver nos autos outros elementos que assim o convençam, como ocorre na presente demanda. Precedentes: AgRg no AREsp. 384.337/SP, Rel. Min. HUMBERTO MARTINS, DJe 9.10.2013; AgRg no AREsp. 301.837/SP, Rel. Min. ELIANA CALMON, DJe 24.9.2013; AgRg no AREsp. 309.593/SP, Rel. Min. SÉRGIO KUKINA, DJe 26.6.2013; AgRg no AREsp. 63.463/CE, Rel. Min. GILSON DIPP, DJe 20.6.2012; AgRg no Ag 1.281.365/ES, 5T, Rel. Min. LAURITA VAZ, DJe 24.5.2010. (...) (STJ - AgInt no REsp 1309793/RJ, Rel. Ministro NAPOLEÃO NUNES MAIA FILHO, PRIMEIRA TURMA, DJe 07/04/2017).

- Laudo pericial inconclusivo. (...) Nos termos da orientação jurisprudencial do Superior Tribunal de Justiça, o juiz não está adstrito ao laudo pericial, podendo formar a sua convicção com base em outros elementos de prova, desde que o faça de forma fundamentada. 3. Agravo interno a que se nega provimento. (STJ - AgInt no AgInt no AREsp 927.559/PR, Rel. Ministro RAUL ARAÚJO, QUARTA TURMA, DJe 07/03/2017).

- "O tribunal de origem, como se vê, não valorou a prova de maneira adequada, razão pela qual o entendimento pode ser alterado sem que se cogite de violação do teor da Súmula 7 do STJ. A inadequação da apreciação da prova é *error iuris*, matéria, portanto, apreciável nesta instância." STJ - REsp 1.324.482, relator, ministro Moura Ribeiro)

- Revaloração dos fatos incontroversos contidos no acórdão recorrido. Posssibilidade. O Superior Tribunal de Justiça tem reiterados julgados de que a revaloração jurídica dos fatos incontroversos descritos no acórdão recorrido não afronta o entendimento contido na Súmula 7 desta Corte, segundo o qual é vedado o reexame da matéria fático-probatória dos autos (Precedentes). (STJ - AgRg no REsp 1.582.638/MG, Rel. Ministro RIBEIRO DANTAS, QUINTA TURMA, julgado em 13/12/2016, DJe 19/12/2016).

- "Revaloração dos fatos e provas. Possibilidade. Fatos constitutivos do direito do autor. Prova. Ausência. A revaloração das provas e dos fatos expressamente transcritos e delineados no acórdão recorrido não encontra óbice na Súmula 7/STJ. (...) (STJ - REsp 1.455.296/PI, Rel. Ministro MOURA RIBEIRO, Rel. p/ Acórdão Ministra NANCY ANDRIGHI, TERCEIRA TURMA, julgado em 1º/12/2016, DJe 15/12/2016)

- Valoração da prova. Erro. O erro na valoração da prova ocorre quando mal apreciado seu valor jurídico como meio de prova. (STJ – 4ª Turma – Ag. 15.083/SP – Rel. Min. Sálvio de Figueiredo).

- Valoração da prova. A valorização da prova diz respeito ao valor jurídico desta, para admiti-la ou não em face da lei que a disciplina, razão por que é questão estritamente de direito. (RTJ 132/1.337)

- Juiz. Prova. Livre apreciação. A livre apreciação da prova, desde que a decisão seja fundamentada, considerada a lei e os elementos existentes nos autos, é um dos cânones do nosso sistema processual. (STJ – 4ª Turma – REsp. 7.870-SP – Rel. Min. Sálvio de Figueiredo).

- Juiz. Coação. Liberdade. Apreciação. É ampla a liberdade do juiz ao apreciar a assertiva concernente à existência da coação. Descabido, por conseguinte, fixar-lhe normas de caráter geral e assinalar-lhe, de antemão, diretrizes nesse mister. (RSTJ 109/182)

17.21.7. Direito à prova

O direito à prova é aquele reputado de relevante pela sua capacidade de influenciar no resultado da causa e pertinente em razão de sua propriedade intrínseca de ligação ao fato controverso.

Esse direito não confere à parte valer-se de qualquer prova alheia ao processo devido a sua impertinência, irrelevância ou inutilidade, tanto é assim, que cabe ao juiz indeferir, em decisão fundamentada, as diligências inúteis ou meramente protelatórias (§ único do art. 370 do CPC).

Os meios legais de provas e os moralmente legítimos assegurados às partes para utilização no processo são *"para provar a verdade dos fatos em que se funda o pedido ou a defesa e influir eficazmente na convicção do juiz"*, nos termos do art. 369 do Código de Processo Civil.

O direito à prova jurisdicionada é a garantia do exercício da ampla defesa na formação da manifestação judiciosa definitiva a ser fundada nas provas produzidas em contraditório judicial, aquela gerada ou realizada em juízo, submetida a questionamento das partes integrantes do litígio de forma ampla, livre e sem restrições, para se colher o fruto natural da verdade real, que renderá crédito e valor de juízo para o seu destinatário, o juiz da causa, e instrumentalização do processo.

A jurisdicionalização da prova afasta a possibilidade de as decisões judiciais, especialmente as desfavoráveis ao agente, serem baseadas em informações ou provas apanhadas durante o inquérito civil, visto que, neste instrumento investigatório, não há a realização do contraditório, garantia constitucional exercida com exclusividade pelo Poder Judiciário no âmbito da atividade jurisdicional.

O contraditório se realiza com a manifestação técnica e liberdade profissional dos advogados e promotores de justiça, nos atos solenes e formais das audiências judiciais, presidida pelo juiz de direito, este, por sua vez, assegurará todas as condições satisfatórias a seus protagonistas, homenageando, desta forma, a garantia constitucional dos direitos fundamentais, para a realização do devido processo legal e do exercício da ampla defesa.

Com efeito, a decisão judicial de cunho condenatório ou constitutivo, calcada em peças obtidas na fase investigativa, sem alicerce suficiente na prova jurisdicionada para que se possa moldar um entendimento certo e seguro, resulta em nulidade absoluta por afrontar o princípio constitucional do contraditório.

Essa conclusão se depreende da imperiosa necessidade legal e jurisprudencial da certeza para fins de decisão de natureza condenatória ou constitutiva, que somente pode ser alcançada com a produção de provas provenientes da realização do seu contraditório e questionamento direto, que importará na expressão da verdade real dos fatos imputados ao agente, revestindo-se intrinsecamente da realidade que autorizaria, com segurança, a persuasão íntima de uma conclusão categórica na formação de um juízo de valor.

Na ausência de aferição de clareza, certeza absoluta e segurança dessa ponderação de valoração da culpabilidade, aplica-se o princípio *in dubio pro reo*, porquanto é mais justo absolver um culpado do que condenar um inocente.

Nota-se que as provas autorizadas previamente pela autoridade judicial, de índole cautelar, que tenham observado os regramentos do devido processo legal, podem auxiliar, subsidiariamente, os elementos de convicção na percepção judicante decisória, tendo em vista, a sua previsibilidade normativa no direito positivo.

- "O acesso às provas produzidas pelas partes, antes do encerramento da instrução probatória, concretiza o exercício do contraditório, assegura a ampla defesa e atende ao princípio do devido processo legal. (STJ - HC 275.128/BA, Rel. Ministro RIBEIRO DANTAS, QUINTA TURMA, julgado em 12/09/2017, DJe 21/09/2017)

- "Consoante a jurisprudência do STJ, "nula se apresenta a decisão, proferida sem audiência da parte contrária sobre documento juntado aos autos, se dela resulta prejuízo, caracterizando-se, em tal contexto, ofensa a norma federal e ao princípio do contraditório, um dos pilares do devido processo legal" (STJ, REsp 6.081/RJ, Rel. Ministro SÁLVIO DE FIGUEIREDO TEIXEIRA, QUARTA TURMA, DJU de 25/05/1992). Entende a jurisprudência desta Corte, ainda, que "o fato de o documento ser conhecido da parte contrária não é razão bastante para dispensar-se a vista. Há que se lhe ensejar examiná-lo, e a respeito se pronunciar, pois não se proferirá sentença sem que as partes possam se manifestar sobre os elementos de prova" (STJ, REsp

49.976/RS, Rel. Ministro EDUARDO RIBEIRO, TERCEIRA TURMA, DJU de 14/11/1994)".(STJ - REsp 1358338/SP, Rel. Ministra ASSUSETE MAGALHÃES, SEGUNDA TURMA, julgado em 09/08/2016, DJe 02/02/2017)

- "Se a prova produzida nos autos é manifestamente incompleta, e insuficiente para a adequada solução da lide, deve o juiz, nos termos do art. 130 do Código de Processo Civil de 1973, aplicado ao caso, de ofício, ou a pedido da parte, determinar a correspondente integração, devendo a instrução probatória ser realizada de forma a ensejar cognição plena, para possibilitar ao órgão judicial completar a sua convicção e, assim, atingir a verdade real com o provimento jurisdicional, mormente quando a prova técnica é essencial para o julgamento da causa. Anulação da sentença. (TJMG - Apelação Cível 1.0529.14.005083-0/001, Relator(a): Des.(a) Yeda Athias, 6ª CÂMARA CÍVEL, julgamento em 05/09/2017, publicação da súmula em 15/09/2017)

- "Observado pelo juiz que a prova documental produzida não é suficiente para comprovar os fatos alegados na inicial, e, uma vez solicitada a marcação de audiência de instrução para a devida oitiva de testemunhas, já que controversa as questões fáticas descritas nos autos, deve o magistrado promover adequadamente a instrução, sob pena de violação do direito ao devido processo legal e do princípio do contraditório. (TJMG - Apelação Cível 1.0352.09.051927-8/001, Relator(a): Des.(a) Juliana Campos Horta, 12ª CÂMARA CÍVEL, julgamento em 30/08/2017, publicação da súmula em 05/09/2017)

- "À luz da hipótese do art. 485, VII, do CPC, é documento novo aquele preexistente ao processo cuja juntada não ocorreu, oportunamente, porque a parte desconhecia a sua existência ou porque, embora sabendo, esteve impossibilitada de juntá-lo por justa causa ou força maior. 3.1. Como os documentos apresentados pelas rés consistem em atestados médicos datados do ano de 2012 e os fatos discutidos na presente ação datam de 2014 e, ainda considerando-se que referidos atestados já foram juntados aos autos, não há razão para o deferimento da juntada dos documentos".(TJDFT -Acórdão n.986104, 20140710267159APC, Relator: JOÃO EGMONT 2ª TURMA CÍVEL, Data de Julgamento: 30/11/2016, Publicado no DJE: 13/12/2016. Pág.: 201/228)

- "A admissão da prova emprestada decorre da aplicação dos princípios da economia processual e da unidade da jurisdição, almejando máxima efetividade do direito material com mínimo emprego de atividades processuais, aproveitando-se as provas colhidas perante outro juízo. Pode-se dizer, ainda, que a admissibilidade da prova emprestada hodiernamente também encontra amparo na garantia constitucional da duração razoável do processo (art. 5º, LXXVIII, da CF/88), inserida como direito fundamental pela Emenda Constitucional n. 45 (Reforma do Judiciário), porquanto se trata de medida que visa dar maior celeridade à prestação jurisdicional" (STJ - EDcl no AgRg no REsp 1343856/DF, Rel. Ministro Sebastião Reis Júnior, Sexa Turma, julgado em 01/12/2016, DJe 14/12/2016)

- "O princípio do contraditório, no escólio de Guilherme de Sousa Nucci, quer dizer que a toda alegação fática ou apresentação de prova, feita no processo por uma das partes, tem o adversário o direito de se manifestar, havendo um perfeito equilíbrio na relação estabelecida entre a pretensão punitiva do Estado e o direito à liberdade e à manutenção do estado de inocência do acusado (art. 5º, LV, CF)". (STJ - HC 352.764/RJ, Rel. Ministro Reynaldo Soares da Fonseca, Quinta turma, julgado em 21/06/2016, DJe 29/06/2016)

- "Não há falar em prejuízo em virtude da ausência de manifestação da parte contrária acerca de documento novo, uma vez que o magistrado o considerou irrelevante para o deslinde da causa. Aplicação da Súmula nº 83 do STJ".(STJ - REsp 1321263/PR, Rel. Ministro MOURA RIBEIRO, TERCEIRA TURMA, julgado em 06/12/2016, DJe 15/12/2016)

- "A admissão da prova emprestada decorre da aplicação dos princípios da economia processual e da unidade da jurisdição, almejando máxima efetividade do direito material com mínimo emprego de atividades processuais, aproveitando-se as provas colhidas perante outro juízo. Pode-se dizer, ainda, que a admissibilidade da prova emprestada hodiernamente também encontra amparo na garantia constitucional da duração razoável do processo (art. 5º, LXXVIII, da CF/88), inserida como direito fundamental pela Emenda Constitucional n. 45 (Reforma do Judiciário), porquanto se trata de medida que visa dar maior celeridade à prestação jurisdicional" (STJ - EDcl no AgRg no REsp 1343856/DF, Rel. Ministro Sebastião Reis Júnior, Sexa Turma, julgado em 01/12/2016, DJe 14/12/2016)

- "O princípio do contraditório, no escólio de Guilherme de Sousa Nucci, quer dizer que a toda alegação fática ou apresentação de prova, feita no processo por uma das partes, tem o adversário o direito de se manifestar, havendo um perfeito equilíbrio na relação estabelecida entre a pretensão punitiva do Estado e o direito à liberdade e à manutenção do estado de inocência do acusado (art. 5º, LV, CF)". (STJ - HC 352.764/RJ, Rel. Ministro Reynaldo Soares da Fonseca, Quinta turma, julgado em 21/06/2016, DJe 29/06/2016)
- "É firme a jurisprudência do Superior Tribunal de Justiça no sentido de que não há falar em violação ao art. 398 do CPC quando a parte não houver sido intimada para se pronunciar sobre documento novo acostado aos autos, se este for desinfluente para o julgamento da controvérsia, não acarretando prejuízo para os litigantes". (STJ – REsp. 438.188/MG – 5ª Turma – da minha relatoria – DJ 11.12.2006) No mesmo sentido: EREsp. 1.121.718/SP – Corte Especial – DJe 01.08.2012).
- "É direito do defensor, no interesse do representado, ter acesso amplo aos elementos de prova que, já documentados em procedimento investigatório realizado por órgão com competência de polícia judiciária, digam respeito ao exercício do direito de defesa". Súmula Vinculante 14 do STF.
- "A Constituição Federal de 1988, em seu art. 5º, LV, garante aos litigantes em maneira geral o direito à ampla defesa, compreendendo-se nesse conceito, dentre os seus vários desdobramentos, o direito da parte à produção de provas para corroborar suas alegações. Mas esse direito não é absoluto, ou seja, é necessário que a parte demonstre a necessidade de se produzir a prova, bem como deduza o pedido no momento adequado. Segurança denegada. (STJ – MS 7.834/DF – Rel. Min. Félix Fischer)
- "Hipótese que não se caracteriza, posto não se haver demonstrado ser necessária a pretendida prova testemunhal, já que a apuração dos fatos dependia de juízo técnico". (RSTJ 59/280)

17.21.8. Depoimentos e inquirições em audiência

A decisão judicial que encerra o processo de ato de improbidade administrativa contém carga condenatória que envolve um elenco de sanções e penas, a saber: a suspensão de direitos políticos, multa civil, perda da função, proibição de contratar com o Poder Público, além do ressarcimento de danos e devolução de bens; uma reprimenda de conteúdo denso de largo espectro na vida pessoal e civil do agente público ou político.

Dentro desse contexto da natureza punitiva que se vislumbra para o agente, representado por ato de improbidade administrativa, sua situação processual assemelha-se ao denunciado por atividade criminal, que tem direito ao silêncio, o privilégio contra a autoincriminação, durante o seu depoimento pessoal na audiência de instrução e julgamento.

Considerando-se, portanto, a ação de improbidade administrativa de natureza penalizadora, pois, ao término do processo, se procedente, importará na aplicação de sanções e penas severas, deve ser assegurado ao agente público ou político, idêntico tratamento processual penal.

O depoimento pessoal qualifica-se como ato de defesa do representado, que, além de não ser obrigado a responder a qualquer indagação feita pelo magistrado processante ou da parte contrária, a autora, que lhe incrimine ou agrave a sua posição processual, não tem a obrigação de produzir provas contra si, ou também não pode sofrer qualquer restrição em sua esfera jurídica em virtude do exercício, sempre legítimo, dessa especial prerrogativa.

O direito de permanecer em silêncio insere-se no alcance concreto da cláusula constitucional do devido processo legal. E nesse direito ao silêncio inclui-se, até mesmo por implicitude, a prerrogativa processual de o representado negar, ainda que falsamente, perante a autoridade do Ministério Público ou judiciária, a prática da infração administrativa.

Atente-se que a ampla defesa não pode ser visualizada de modo restrito. Engloba todas as fases processuais para traduzir o significado, também, a não restrição do direito de defesa, sob pena de caracterizar o desequilíbrio entre a pretensão estatal de aplicar as penas e o direito, do representado, de elidir essa pretensão.

Sucede, assim, que o juiz dirigirá o processo conforme as disposições legais no sentido de, entre outros deveres, assegurar às partes igualdade de tratamento (art. 139, I do CPC) ao preservar ao representado o direito ao silêncio sem prejuízo à sua defesa.

Assim é que a prova da alegação incumbirá ao autor da demanda (CPP, art. 156), o Ministério Público ou a entidade jurídica interessada, a quem caberá a prova do fato imputado com dolo ou culpa, porque o representado não está obrigado a produzir prova contra si.

- "É jurisprudência pacífica no Supremo Tribunal Federal a possibilidade do investigado ou acusado permanecer em silêncio, evitando-se a autoincriminação. II – Liminar deferida para desobrigar a paciente da assinatura de Termo de Compromisso. III – A realização da oitiva, garantidos os direitos da paciente, implica a prejudicialidade do feito". (STF – HC 89269 / DF – 1ª Turma – Rel. Min. Ricardo Lewandowski)

- Litisconsortes passivos. Reperguntas. Possibilidade jurídica de um dos litisconsortes passivos, invocando a garantia do *due process of law*, ver assegurado o seu direito de formular reperguntas aos corréus, quando do respectivo interrogatório judicial. – Assiste, a cada um dos litisconsortes penais passivos, o direito – fundado em cláusulas constitucionais (CF, art. 5º, incs. LIV e LV) – de formular reperguntas aos demais corréus, que, no entanto, não estão obrigados a respondê-las, em face da prerrogativa contra a autoincriminação, de que também são titulares. O desrespeito a essa franquia individual do réu, resultante da arbitrária recusa em lhe permitir a formulação de reperguntas, qualifica-se como causa geradora de nulidade processual absoluta, por implicar grave transgressão ao estatuto constitucional do direito de defesa. Doutrina. Precedente do STF. (STF – HC 94601/CE – 2ª Turma – DJe-171 Divulg. Rel. Min. Celso de Mello)

- Direito ao silêncio. Investigação. O direito natural afasta, por si só, a possibilidade de exigir-se que o acusado colabore nas investigações. A garantia constitucional do silêncio encerra que ninguém está compelido a autoincriminar-se. Não há como decretar a preventiva com base em postura do acusado reveladora de não estar disposto a colaborar com as investigações e com a instrução processual. (STF – HC 83943 / MG – 1ª Turma – Rel. Min. Marco Aurélio)
- Direito ao silêncio. Interrogatório. O acusado tem o direito de permanecer em silêncio ao ser interrogado, em virtude do princípio constitucional, *nemo tenetur se detegere* (art. 5º, LXIII, da CF), não traduzindo esse privilégio autoincriminação (STF – HC 75.616-6/SP – 1ª T. – RT 748/563)

17.21.9. Prova testemunhal

Testemunha é a pessoa que atesta a veracidade de um ato ou um fato, que, prestando esclarecimentos dos detalhes e circunstâncias que lhe são perguntados, afirma o que presenciou e nega o que não aconteceu à vista dos seus olhos ou por ouvir dizer.

Toda pessoa pode ser testemunha, porém, aquela que deve guardar sigilo em razão da função, ministério, ofício ou profissão, está desobrigada de prestar testemunho de fato relacionado com essas atividades.

A testemunha não poderá eximir-se da obrigação de depor. Poderão, entretanto, recusar-se a fazê-lo o ascendente ourdescendente, o afim em linha reta, o cônjuge, ainda que separado judicialmente, o irmão e o pai, ou filho adotivo do acusado, salvo quando não for possível, por outro modo, obter-se ou integrar-se a prova do fato e de suas circunstâncias. O testemunho é a mais antiga forma de obter-se elementos informativos para a formação da instrução processual em juízo e está baseada na capacidade natural do ser humano em relatar fatos que presenciou com seus próprios olhos e ouviu de terceiros.

A prova testemunhal é sempre admissível, não dispondo a lei de modo diverso, mas o juiz indeferirá a inquirição de testemunhas sobre fatos já provados por documento ou confissão da parte e que só por documento ou por exame pericial puderem ser provados (art. 443 do CPC).

Deduz-se, assim, que no processo referente ao ato de improbidade administrativa, haverá sempre a prevalência da prova documental expressa pelos atos e documentos públicos em detrimento das provas testemunhais.

A hierarquização da prova documental sobre a prova testemunhal decorre do fato de que a manifestação pessoal não tem o condão de desconstituir a produção de documentos públicos ou seu conteúdo jurídico, que expressam a realidade administrativa de fatos consumados contendo todos os elementos informativos e jurídicos, capazes de exteriorizar seus efeitos e consequências legais perante terceiros.

Essa dedução deriva do fato de que o ato de improbidade tem origem ou prova em documentos públicos produzidos para a concretização do fato administrativo da relação entre o Poder Público e o particular, retratando, na sua inteireza, todos elementos informativos da sua realização.

Nesse aspecto, merece realce o preceito de que "*o documento público faz prova não só da sua formação, mas também dos fatos que o escrivão, o tabelião, ou funcionário declarar que ocorreram em sua presença*" (art. 405 do CPC), gerando, assim, fé até prova em contrário.

- "Considerando que não restou demonstrada a necessidade e a utilidade na realização de prova testemunhal e, sendo o juiz o destinatário da prova, à luz do art. 370 do CPC/15, não há que se falar em nulidade da sentença, por cerceamento de defesa". (TJMG - Apelação Cível 1.0024.11.180497-7/004, Relator(a): Des.(a) Yeda Athias, 6ª CÂMARA CÍVEL, julgamento em 13/06/0017, publicação da súmula em 23/06/2017)
- "Já realizada prova pericial, torna-se dispensável, sobre fato contábil, a prova testemunhal" (TJMG - Agravo de Instrumento-Cv .0625.11.000200-7/001, Relator(a): Des.(a) Wander Marotta, 5ª CÂMARA CÍVEL, julgamento em 09/02/2017, publicação da súmula em 21/02/2017)
- "Não cuidando a prova testemunhal de diligência inútil ou meramente protelatória, até porque deferida em relação aos outros litigantes, o provimento do recurso é medida de rigor, sob pena de cerceamento de defesa, mostrando-se os depoimentos testemunhais necessários para a apuração da verdade real, podendo influenciar no resultado do julgamento." (TJMG - Agravo de Instrumento-Cv 1.0317.12.013603-9/001, Relator(a): Des.(a) Teresa Cristina da Cunha Peixoto, 8ª CÂMARA CÍVEL, julgamento em 30/06/2016, publicação da súmula em 11/07/2016)
- " Sendo patente a suspeição da testemunha, o acolhimento de contradita não implica em cerceamento de defesa, mormente na hipótese em que foi inquirida como informante". (TJMG – Ap. Cív. 1.0024.05.730048-5/001(1) – 6ª Câmara Cível do TJMG – Rel. Maurício Barros).
- De acordo com o estabelecido no art. 405, § 3º IV do CPC, não se permite às pessoas com interesse no litígio que deponham como testemunhas, em virtude da suspeição, motivo pelo qual se deve acolher a contradita da testemunha que possa se beneficiar pelo resultado do julgamento. (TJMG – Ap. Cív. 1.0054.04.014662-0/001(1) – 18ª Câmara Cível do TJMG – Rel. Elpídio Donizetti).
- "Se a pessoa arrolada é parente, em grau proibido, de ambas as partes, cessa o impedimento para depor". (JTA 122/316, RP 33/256)
- "O impedimento de advogado como testemunha não existe apenas quando tenha assistido ambos os litigantes, como pode parecer em razão do texto legal aludir aos que "assistam ou tenham assistido as partes"; basta que tenha assistido um dos litigantes". (JTJ 204/128)
- "Não pode depor como testemunha o procurador ad negotia da parte, que inclusive assinou as procurações para os advogados da parte constituídos nos autos". (JTJ 259/364)
- "A prova oral não pode ser transmudada em documental, sendo necessário, para sua validade e credibilidade, que prestada na forma prevista na lei processual, mediante compromisso e sob o crivo do contraditório". (JTA 98/92)
- "A morte de pessoa arrolada como testemunha equivale à sua ausência, donde ser óbvio que, não sendo encontrável a pessoa morta, poderá ser substituída por outra testemunha". (RT 541/397)
- "A substituição de testemunhas indicadas na denuncia por outras apresentadas pelo assistente da acusação, sem prévio conhecimento da defesa do acusado e sem a supressão das substituídas, ofende a garantia constitucional a ampla defesa. Recurso conhecido e provido". (STJ – REsp. 24.219/PB – RSTJ, v. 48, p. 266 – 5ª T. – Rel. Min. Assis Toledo – Rel. p/ Acórdão Min. Edson Vidigal)
- "Hipótese que não se caracteriza, posto não se haver demonstrado ser necessária a pretendida prova testemunhal, já que a apuração dos fatos dependia de juízo técnico". (RSTJ 59/280)

17.22. Audiência de instrução e julgamento

Audiência é o ato de receber alguém a fim de escutar ou de atender sobre o que fala ou sobre o que alega. No sentido processual, é o ato solene, realizado na sede do juízo ou do tribunal para a inquirição de testemunhas, tomadas de depoimentos das partes litigantes e/ou dos peritos nomeados, que serão ouvidos pessoalmente pelo juiz.

A audiência de instrução e julgamento é a solenidade judicial que reúne o momento de produção de todas as provas deferidas com a presença das partes e dos seus procuradores, bem ainda, do representante do Ministério Público quando a sua presença é imprescindível, a exemplo das ações de improbidade administrativa.

A audiência é presidida pelo juiz que dispõe do poder de polícia para manter a ordem e o decoro dos participantes, bem assim, ordenar a retirada de quem se comportar inconvenientemente no recinto.

Na presidência dos trabalhos judiciais, cabe ao juiz dirigir a audiência, incumbindo-lhe manter a ordem e o decorro, ordenar que se retirem da sala de audiência os que se comportarem inconvenientemente, requisitar, quando necessário, força policial, tratar com urbanidade as partes, os advogados, os membros do Ministério Público e da Defensoria Pública e qualquer pessoa que participe do processo, como preconizado pelo art. 360 do Código de Processo Civil.

A audiência é una e contínua, ou seja: se não for possível sua conclusão num só dia, a instrução, o debate e o julgamento, o juiz designará nova data e hora para dar seguimento para encerrá-la, que deverá ocorrer em um dia próximo.

Nos termos do art. 362 do Código de Processo Civil, a audiência poderá ser adiada pela convenção entre as partes ou se, por motivo justificado, qualquer pessoa que dela deva necessariamente participar, não puder comparecer.

A audiência, também, será adiada por atraso de seu início em tempo superior a 30 (trinta) minutos do horário marcado, especialmente, por demora do juiz que irá presidí-la.

Na audiência é dever da testemunha responder as perguntas que lhe são feitas, mas será admitida a sua recusa se os fatos acarretarem grave dano ao companheiro e a parentes em linha colateral até o terceiro grau (art. 448).

O prazo para o rol de testemunhas deve ser no máximo de 15 (quinze) dias do despacho saneador (art. 357, § 4º), no qual sempre que possível, incluir idade, o estado civil, o número de inscrição no Cadastro de Pessoas Físicas e o número do registro de identidade (art. 450).

Após a apresentação do rol de testemunhas opera-se a preclusão consumativa para novas indicações, salvo as substituições previstas pelo art. 451, que são no caso de morte, enfermidade que impeça a testemunha de depor ou que tenha mudado de residência ou de local de trabalho, fator que empeça de ser encontrada.

Quando a testemunha for autoridade esta deverá dentro do aludido prazo indicar dia, hora e local a fim de ser inquirida, e não o fazendo perderá o direito a esta prerrogativa. Outro motivo para a perda desta prerrogativa é faltar injustificadamente à sessão que foi por ela designada (art. 455).

Importante inovação inserida no diploma processual é a incumbência do advogado da parte informar ou intimar a testemunha por ele arrolada do dia, da hora, e do local da audiência designada, dispensando-se a intimação do juízo.

Este é o procedimento estabelecido pelo art. 455 do Código de Processo Civil que prevê ainda que a carta de intimação deverá ser realizada por carta com aviso de recebimento, cumprindo ao advogado juntar aos autos, com antecedência de pelo menos 3 (três) dias da data da audiência, cópia da correspondência de intimação e do comprovante de recebimento. Na hipótese de inércia desse procedimento, depreende-se na desistência da inquirição da testemunha.

Também poderá a parte comprometer-se a levar a testemunha à audiência, independentemente da intimação a ser feita pelo seu advogado, presumindo-se, caso a testemunha não compareça, que a parte desistiu de sua inquirição.

Somente será admitida a intimação de testemunha para a audiência no caso de frustração pelo procedimento incumbido ao advogado ou devidamente demonstrada a sua necessidade pela parte ao juiz.

Entretanto, ficam excluídas dessa forma de intimação quando a testemunha tiver sido arrolada pelo Ministério Público ou pela Defensoria Pública, de forma que será sempre por mandado judicial.

Na hipótese de intimação regular de advogados, do representante do Ministério Público e da Defensoria Pública, cujas ausências não sejam justificadas até o início da audiências, o juiz procederá à instrução, adotando o prosseguimento do feito.

Nessas circunstâncias, o juiz poderá dispensar a produção das provas requeridas pela parte cujo advogado ou defensor público não tenha comparecido à audiência, aplicando-se a mesma regra ao Ministério Público.

Aberta a sessão de audiência judicial (art. 361, II, do CPC), caberá ao juiz proceder a realização dos trabalhos para a colheita de provas orais, iniciando-se pela prova pericial, ouvindo-se, preferencialmente, o perito e os assistentes técnicos, que responderão aos quesitos de esclarecimentos requeridos no prazo e na forma do art. 477, se não foram respondidos anteriormente.

Se houver a hipótese de oposição (art. 682 do CPC), antes das partes, falará o advogado do oponente, pelo prazo de 20 (vinte) minutos, conforme preceitua o art. 364, § 1º, do Código de Processo Civil.

Em seguida, o autor e, em seguida, o réu, prestarão depoimentos pessoais. Na ação de improbidade administrativa como são autores o Ministério Público ou a Entidade Pública, não ocorrerá o depoimento do autor da ação.

No prosseguimento dos trabalhos, serão inquiridas pelo autor e pelo réu, as testemunhas arroladas pelas partes.

O juiz inquirirá as testemunhas separada e sucessivamente, primeiro serão inquiridas as testemunhas do autor e depois as do representado, mas poderá haver alteração nessa ordem se as partes concordarem (parágrafo único, Art. 456). Uma testemunha não poderá ouvir o depoimento das outras.

Na mesma audiência ou em outra a ser marcada, poderá o juiz proceder a acareação entre testemunhas ou das referidas nas declarações da parte ou de outras testemunhas (art. 461).

Registre-se que o ato judicial da audiência de instrução e julgamento é um evento formal que vai extrair e explorar dos depoentes todas as informações e dados, que se mostrem relevantes e pertinentes para contribuir na formação de um entendimento ou posição que possibilite uma decisão judicial com segurança e certeza dos fatos perquiridos para definição de responsabilidade administrativa e civil.

Concluída a ouvida dos depoimentos dos peritos, assistentes técnicos, das partes e das testemunhas, o juiz dará a palavra ao advogado do autor, ou representante do Ministério Público e do réu; se o autor da ação for a Entidade Pública, usará da palavra o membro do Ministério Público, sucessivamente, pelo prazo de 20 (vinte) minutos para cada um, prorrogável por 10 (dez) minutos, a critério do juiz (Art. 364 do CPC).

O uso de alegações orais poderá substituída pela apresentação de memoriais em prazos sucessivos de 15 (quinze) dias. Ao membro do Ministério Público, se autor ou de *custos legis*, será assegurada vista dos autos.

- **Audiência de instrução. Inquirição de testemunhas pelo Juiz. Ausência do Ministério Público. Admissibilidade.** Não gera nulidade do processo o fato de, em audiência de instrução, o magistrado, após o registro da ausência do representante do MP (que, mesmo intimado, não compareceu), complementar a inquirição das testemunhas realizada pela defesa, sem que o defensor tenha se insurgido no momento oportuno nem demonstrado efetivo prejuízo. Destaca-se, inicialmente, que a ausência do representante do Ministério Público ao ato, se prejuízo acarretasse, seria ao próprio órgão acusatório, jamais à defesa, e, portanto, não poderia ser por esta invocado, porquanto, segundo o que dispõe o art. 565 do CPP, "Nenhuma das partes poderá arguir nulidade [...] referente a formalidade cuja observância só à parte contrária interesse". De mais a mais, as modificações introduzidas pela Lei n. 11.690/2008 ao art. 212 do CPP não retiraram do juiz a possibilidade de formular perguntas às testemunhas, a fim de complementar a inquirição, na medida em que a própria legislação adjetiva lhe incumbe do dever de se aproximar o máximo possível da realidade dos fatos (princípio da verdade real e do impulso oficial), o que afasta o argumento de violação ao sistema acusatório. Na hipótese em análise, a oitiva das testemunhas pelo magistrado, de fato, obedeceu à exigência de complementaridade, nos termos do que determina o art. 212 do CPP, pois somente ocorreu após ter sido registrada a ausência do *Parquet* e dada a palavra à defesa para a realização de seus questionamentos. Vale ressaltar, ainda, que a jurisprudência do STJ se posiciona no sentido de que eventual inobservância ao disposto no art. 212 do CPP gera nulidade meramente relativa, sendo necessário, para seu reconhecimento, a alegação no momento oportuno e a comprovação do efetivo prejuízo (HC 186.397-SP, Quinta Turma, DJe 28/6/2011; e HC 268.858-RS, Quinta Turma, DJe 3/9/2013). Precedentes citados: AgRg no REsp 1.491.961-RS, Quinta Turma, DJe 14/9/2015; e HC 312.668-RS, Quinta Turma, DJe 7/5/2015. (STJ – REsp 1.348.978-SC, 6ª Turma – Rel. Min. Rogerio Schietti Cruz, Rel. para acórdão Min. Nefi Cordeiro, julgado em 17/12/2015, DJe 17/2/2016).

- "A parte autora alega cerceamento de defesa pois entende que a apresentação do rol de testemunhas, somente seria possível após a sua efetiva intimação para a audiência. Contudo, o ato de depósito do rol de testemunhas é privativo daquele que ostenta capacidade postulatória, ou seja, o Advogado, que, no caso, foi intimado mais de 30 dias antes da audiência para o cumprimento do ônus processual".(STJ - AgInt no AREsp 406.450/SP, Rel. Ministro NAPOLEÃO NUNES MAIA FILHO, PRIMEIRA TURMA, julgado em 09/05/2017, DJe 16/05/2017)
- "Segundo a jurisprudência do Superior Tribunal de Justiça, a alegação de nulidade da sentença, por ausência de intimação pessoal para a audiência de instrução e julgamento, deve ser apresentada e provada na primeira oportunidade de se manifestar nos autos, sob pena de preclusão. Precedentes". (STJ - AgInt no REsp 1253126/PB, Rel. Ministra MARIA ISABEL GALLOTTI, QUARTA TURMA, julgado em 07/02/2017, DJe 16/02/2017)
- "A ausência da parte autora em audiência de conciliação em mutirão ou de instrução e julgamento permite a declaração de seu desinteresse na produção da prova pericial anunciada, restando precluso esse direito, de modo que não há que se falar em cerceamento de defesa". (TJMG - Apelação Cível 1.0702.15.073312-0/001, Relator(a): Des.(a) Vasconcelos Lins, 18ª CÂMARA CÍVEL, julgamento em 29/08/2017, publicação da súmula em 31/08/2017)
- "Tendo o Ministério Público participado regularmente durante toda a instrução do feito, inclusive em parte da audiência de instrução e julgamento, não há de se falar em qualquer prejuízo em razão de sua eventual ausência àquela solenidade processual e, em consequência, de nulidade do feito". (TJMG - Apelação Cível 1.0118.11.001759-7/002, Relator(a): Des.(a) Washington Ferreira, 1ª CÂMARA CÍVEL, julgamento em 24/01/2017, publicação da súmula em 31/01/2017)
- "Nos termos do artigo 443, incisos I e II, do Código de Processo Civil, o juiz indeferirá a inquirição de testemunhas sobre fatos já provados por documentos ou confessados pela parte ou que só por documento ou por exame pericial puderem ser provados. (TJSC - Acórdão n.1031426, 20160110772906APC, Relator: MARIA DE LOURDES ABREU 3ª TURMA CÍVEL, Data de Julgamento: 12/07/2017, Publicado no DJE: 18/07/2017. Pág.: 212/218)
- "Nos termos do § 2º do art. 455 do CPC/2015, "a parte pode comprometer-se a levar a testemunha à audiência, independentemente da intimação de que trata o § 1o, presumindo-se, caso a testemunha não compareça, que a parte desistiu de sua inquirição". 2.1 Não tendo a testemunha comparecido à audiência, nem a parte apresentado qualquer justificativa para a sua ausência, passado o momento oportuno para reverter essa decisão, preclusa está a matéria. As partes podem contraditar a testemunha, desde que seja após a sua qualificação ou no curso do depoimento, não sendo cabível a impugnação da testemunha sob a alegação de suspeição por amizade íntima em sede de apelação, porque se operou a preclusão (§ 1º do art. 457 do CPC/2015).(TJDFT - Acórdão n. 986104, 20140710267159APC, Relator: JOÃO EGMONT 2ª TURMA CÍVEL, Data de Julgamento: 30/11/2016, Publicado no DJE: 13/12/2016. Pág.: 201/228)
- "Não se tem por configurado o cerceamento de defesa pela ausência de oitiva de testemunhas quando a própria parte, em audiência de instrução, dispensa os depoimentos, requerendo o julgamento da lide." (TJMG - Apelação Cível 1.0024.11.118863-7/003, Relator(a): Des.(a) Áurea Brasil, 5ª CÂMARA CÍVEL, julgamento em 03/12/0015, publicação da súmula em 15/12/2015)
- "No que atine à irregularidade pela ausência de intimação do réu para comparecer à audiência de instrução e julgamento, destaco que não houve pedido do autor, ora apelado, para que ocorresse o depoimento pessoal daquele. Ainda, ressalto que ocorreu publicação oficial da decisão que designou a audiência, bem como o réu se quedou inerte quanto à apresentação do rol de testemunhas. Revelou-se, portanto, a preclusão quanto à oitiva de hipotéticas testemunhas da parte ré e, além disso, denotou-se a desídia do requerido e de seu patrono que, apesar de cientificados por meio da publicação da designação da audiência, não compare-

ceram. (TJMG - Apelação Cível 1.0056.09.220029-6/001, Relator(a): Des.(a) Rogério Medeiros, 13ª CÂMARA CÍVEL, julgamento em 04/12/2014, publicação da súmula em 12/12/2014)

- "Tendo havido audiência de instrução e julgamento, inclusive com a produção de prova testemunhal, e tendo sido juntada prova documental, descabido soa o alegado cerceamento de defesa".(TJSC, Apelação Cível n. 2015.090056-2, de Rio do Campo, rel. Des. João Henrique Blasi, j. 08-03-2016)

- "O Agravo Retido não deve ser conhecido se, nas contrarrazões da Apelação, não há requerimento expresso de sua apreciação, nos moldes do disposto no art. 523, § 1°, do CPC/1973, vigente à época da prolação do ato judicial. Tendo em vista que o pedido de realização de audiência de instrução e julgamento foi indeferido pelo MM Juiz a quoe contra a aludida decisão a Embargada/Apelante não interpôs o competente recurso, de acordo com a legislação processual vigente à época, a referida questão não pode ser apreciada em sede de recurso de Apelação, já que "é vedado à parte discutir no curso do processo as questões já decididas a cujo respeito se operou a preclusão" (art. 507 do CPC). (TJDFT - Acórdão n.1046326, 20120710325956APC, Relator: ANGELO PASSARELI 5ª TURMA CÍVEL, Data de Julgamento: 13/09/2017, Publicado no DJE: 28/09/2017. Pág.: 410/414)

- "A despeito de haver postulação, na exordial, da oitiva de testemunhas, ante as provas já carreadas aos autos, em especial a perícia técnica, revela-se cabível o julgamento antecipado da lide sem a produção de prova em audiência, caso o magistrado considere esta desnecessária para o deslinde do caso. - A perícia técnica realizada durante a instrução processual não corrobora a versão apresentada na exordial. Ao contrário, o expert concluiu, de forma expressa e inequívoca, a inexistência de falhas na prestação de serviços pela ré/apelada. - Se o autor/apelante pugnou que o perito, sem examinar o veículo, apresentasse parecer técnico sobre a matéria em debate, não pode agora, em sede recursal, arguir a nulidade da perícia com fundamento justamente na ausência de vistoria do automóvel. (TJPB - ACÓRDÃO/DECISÃO do Processo Nº 00051188120108150011, 1ª Câmara Especializada Cível, Relator DESA. MARIA DE FÁTIMA MORAES BEZERRA CAVALCANTI, j. em 05-09-2017)

- "Ao ser realizada a audiência de instrução e julgamento, a demandante expressamente aduziu que já havia prova satisfatória produzida nos autos; pugnando, assim, pelo julgamento da demanda no estado em que encontrava. Assim, não há que se falar em cerceamento por ausência de produção probatória, uma vez que expressamente dispensou tal prerrogativa garantia processual". (TJPB - ACÓRDÃO/DECISÃO do Processo Nº 00018661220138152001, 2ª Câmara Especializada Cível, Relator DES. OSWALDO TRIGUEIRO DO VALLE FILHO, j. em 29-08-2017)

- "[...] impende registrar que, em observância ao princípio *tempus regit actum*, o recurso será regido pela norma em vigor ao tempo da publicação da decisão impugnada."1 - "Caso reconhecida a ausência de provas suficientes, deve ser oportunizado ao autor produzir prova de suas alegações, dando-se normal prosseguimento ao feito, com a designação audiência de instrução e julgamento, inclusive com a possibilidade de juntada de novos documentos, sob pena de resultar prejuízo à parte por cerceamento na produção de prova. Sentença Desconstituída." (TJPB - ACÓRDÃO/DECISÃO do Processo Nº 00004176620178150000, 4ª Câmara Especializada Cível, Relator DES. JOÃO ALVES DA SILVA, j. em 18-05-2017)

- "O artigo 522, caput, e artigo 523, § 3º, ambos do Código de Processo Civil, estabelecem que o Recurso de Agravo Retido deverá ser interposto oral e imediatamente, após decisões interlocutórias proferidas em Audiência de Instrução e Julgamento. Na hipótese, verificou-se que o Recorrido manejou o Recurso de Agravo Retido em data posterior àquela em que efetivou-se a realização de Audiência de Instrução e Julgamento, em Primeiro Grau, restando, portanto, preclusa a matéria impugnada por intermédio dessa modalidade de Recurso". (TJES; APL 0026420-94.2007.8.08.0035; Segunda Câmara Cível; Rel. Desig. Des. Namyr Carlos de

Souza Filho; Julg. 15/12/2015; DJES 25/05/2016) (TJPB - ACÓRDÃO/DECISÃO do Processo Nº 00008340220148150751, 4ª Câmara Especializada Cível, Relator DES. ROMERO MARCELO DA FONSECA OLIVEIRA, j. em 07-11-2016)

- "Não configura cerceamento de defesa a falta de intimação ou inquirição de testemunha quando a parte que a arrolou, bem como seu advogado, não comparecem à audiência de instrução e julgamento". (TJSC - Acórdão n.874128, 20130110905727APC, Relator: JAMES EDUARDO OLIVEIRA, Revisor: ROMULO DE ARAUJO MENDES, 4ª TURMA CÍVEL, Data de Julgamento: 14/05/2015, Publicado no DJE: 22/06/2015. Pág.: 198)

17.23. Nulidades processuais

O direito processual é um sistema de atos formais previstos na legislação cujo atendimento na sua inteireza se constitui em ato jurídico perfeito, aquele que cumpriu todas as formalidades legais.

Essa forma legal dos atos processuais exprime o caráter instrumental do processo e a imprescindibilidade da forma para se atingir os seus objetivos.

O desatendimento dos requisitos procedibilidade e validade dos atos processuais importa no seu vício, tornando-o nulo ou anulável.

A nulidade processual exprime o defeito advindo ao processo pelo cometimento de ato processual nulo por contrariar a disposição de lei, que não poderá ser aproveitado quando a própria norma o considera inútil e ineficaz.

Em virtude da nulidade, o ato praticado perde sua eficácia e validade.

A nulidade deverá ser alegada na primeira oportunidade em que couber à parte falar nos autos, sob pena de preclusão, salvo a nulidade absoluta ou de ordem pública, que poderá arguida a qualquer tempo.

A nulidade absoluta é aquele em que sua situação jurídica se apresenta gravemente lesionada cujo defeito atingiu requisitos essenciais e necessários à sua validade.

A invalidade do ato nulo deve ser provocado pela parte interessada ou por iniciativa do julgador, que deverá considerá-lo sem algum efeito os subsequentes que dele dependam, mas não alcançando as outras que dela sejam independentes.

Essa nulidade absoluta não necessita de provocação da parte e nem está sujeita a ocorrência da preclusão consumativa, porquanto não pode ser suprida pelos atos subsequentes do processo.

O art. 279 do Código de Processo Civil menciona as hipóteses de nulidades processuais.

Já a nulidade relativa só pode ser levantada pela parte interessada, mas que, não o fazendo no momento próprio, logo após seu acontecimento, acarretará a sua preclusão consumativa. É aquela nulidade que atingem fase ou oportunidade na tramitação processual que não são exercidas pela parte, embora tenha previsão legal.

Sobre essa ocasião de questionamento da nulidade processual, o Código de Processo Civil preceitua:

> **Art. 278.** A nulidade dos atos deve ser alegada na primeira oportunidade em que couber à parte falar nos autos, sob pena de preclusão.
>
> Parágrafo único. Não se aplica o disposto no *caput* às nulidades que o juiz deva decretar de ofício, nem prevalece a preclusão provando a parte legítimo impedimento.

Deve-se destacar a existência do erro de forma que não produz a sua nulidades, como estabelece o Código de Processo Civil:

> **Art. 283.** O erro de forma do processo acarreta unicamente a anulação dos atos que não possam ser aproveitados, devendo ser praticados os que forem necessários a fim de se observar as prescrições legais.
>
> Parágrafo único. Dar-se-á o aproveitamento dos atos praticados desde que não resulte prejuízo à defesa de qualquer parte.

Como se vê, a nulidade é igualmente compreendida pelo estado do ato nulo ou do ato anulável, respeitado ao mesmo conceito de inexistência para o primeiro e de suprível ou sanável para o segundo.

Nos domínios processuais, o ato nulo atinge todos os atos que lhe sigam quando dependentes ou consequentes dele.

Entrementes, merece expletiva narração a distinção entre a classificação dos atos que são atingidos por vícios quanto a sua natureza.

Assim é que ato inexistente é o que não reúne os requisitos básicos em sua formação como ato jurídico, dispondo apenas de manifesta aparência que não se aperfeiçoa como ato jurídico perfeito pela ausência de elemento material necessário a sua eficácia e validade. A título de ilustração, pode-se mencionar o fato de o advogado praticar atos em um processo em que não seja procurador habilitado.

Já o ato nulo nasce afetado de vício insanável pelo seu defeito substancial inferido na sua essência constitutiva. Pode-se apontar como seu exemplo uma citação irregular ou a intimação defeituosa publicada no órgão oficial de imprensa. Outro exemplo de nulidade é a citação feita por edital quando não forem observados aqueles requisitos autorizativos dessa modalidade citatória.

No que se refere à nulidade relativa, pode-se dizer que é aquela que, mesmo estando adulterada em sua formação, apresenta-se capaz de produzir efeitos legais se a parte prejudicada silenciar quanto à sua invalidade. O vício nessa categoria não se mostra insanável, podendo até ser ratificado *a posteriori* de forma expressa ou tácita.

É importante mencionar que as nulidades ou irregularidades no processamento dos feitos que forem sanáveis, deverão ser regularizadas do modo menos oneroso para as partes e os serviços judiciários, assim como "*o* ônus de provar que o vício formal do processo não trouxe prejuízos não é da parte a quem aproveita a declaração de nulidade, mas seu adversário". (STJ – 3ª T. – REsp. 806.266 – DJU 31.10.2007 – Rel. Min. Gomes de Barros).

- "Nulidade. Ausência de demonstração de prejuízo. "Sem a demonstração de efetivo prejuízo, não se decreta a nulidade de ato processual, mesmo em se tratando de nulidade tida por absoluta". (STJ - AgInt no REsp 1392183/ES, Rel. Ministra NANCY ANDRIGHI, TERCEIRA TURMA, julgado em 15/05/2018, DJe 21/05/2018)

- "Nulidade da intimação. O acórdão recorrido encontra-se em consonância com a jurisprudência desta Corte, no sentido de que "o vício existente na regularidade da intimação, ensejador da nulidade relativa do ato processual, deve ser alegado na primeira oportunidade em que couber à parte falar nos autos, sob pena de preclusão, de acordo com o artigo 245 do CPC. Precedentes". (STJ - AgInt no REsp 1450393/SP, Rel. Ministra ASSUSETE MAGALHÃES, SEGUNDA TURMA, julgado em 08/05/2018, DJe 15/05/2018)

- Publicação. Intimação. Nome. Advogado. Patrono. Diverso. Nulidade absoluta. 1. A intimação é o ato pelo qual se dá ciência a alguém dos atos e dos termos do processo, nos termo do caput do Art. 269 do CPC. Ou seja, é o ato de comunicação processual que viabiliza a realização do contraditório e assegura a ampla defesa. Em razão da sua imprescindibilidade para a o devido processo legal, o vício do ato intimatório é insanável. 2. A publicação realizada em nome de advogado diverso do patrono da parte é nula por inviabilizar a efetiva prestação jurisdicional. 3. Apelação provida. (TJDFT - Acórdão n.1049916, 20110111911412APC, Relator: ROBERTO FREITAS 1ª TURMA CÍVEL, Data de Julgamento: 27/09/2017, Publicado no DJE: 02/10/2017. Pág.: 148-158)

- "A busca da nulidade de ato processual deve perpassar pelo princípio do pas de nullitte sans grief, o qual estatui a necessidade de se verificar a existência de prejuízo decorrente do ato impugnado, para só então viabilizar a declaração de nulidade. 6. Recurso parcialmente conhecido e, nesta parte, não provido." (TJDFT - Acórdão n.1045827, 00550874920128070001, Relator: LEILA ARLANCH 7ª Turma Cível, Data de Julgamento: 13/09/2017, Publicado no DJE: 28/09/2017. Pág.: Sem Página Cadastrada.)

- Citação do Ente federado. Advocacia pública. Vista pessoal. Prazo em dobro. Art. 242, § 3º c/c art. 183, ambos do CPC. Não observância. Cerceamento de defesa. Nulidade absoluta. Sentença cassada. 1. A citação dos Municípios será realizada perante o órgão da Advocacia Pública responsável pela sua representação judicial, devendo lhes ser conferido prazo em dobro para todas as suas manifestações processuais, cuja contagem terá início a partir da intimação pessoal, segundo preceitua o art. 242, § 3º, c/c art. 183, ambos do CPC. 2. Restando evidente, pela simples expedição dos atos processuais e confrontação das datas, que houve falha no procedimento cartorário quanto à citação do ente federado, à juntada de documentos e à certificação de prazo, não pode o apelante ter sua defesa suprimida. 3. Anão-observância dos citados dispositivos legais impõe a nulidade absoluta dos atos praticados a partir de seu descumprimento. 4. Apelo provido. Sentença cassada. (TJDFT - Acórdão n.1042594, 20160510101813APC, Relator: ARNOLDO CAMANHO 4ª TURMA CÍVEL, Data de Julgamento: 23/08/2017, Publicado no DJE: 01/09/2017. Pág.: 346/352)

- Citação por edital. Nomeação de curador especial. Ausência. Nulidade. A ausência de nomeação de curador especial ao réu citado por edital, configura nulidade absoluta, nos termos da legislação processual civil. (TJMG - Apelação Cível 1.0079.09.934660-7/001, Relator(a): Des.(a) Evandro Lopes da Costa Teixeira, 17ª CÂMARA CÍVEL, julgamento em 17/08/2017, publicação da súmula em 29/08/2017)

- "A citação com hora certa, prevista nos artigos 252 a 254 do vigente Código de Processo Civil - correspondentes aos artigos 227 a 229 do CPC de 1973 - representa modalidade de citação ficta por meio da qual, cumpridas as formalidades legais, faz-se presumir o conhecimento, pelo réu, da existência da demanda. Realizada a citação com hora certa e juntada a certidão do ato nos autos, o escrivão enviará ao réu, obrigatoriamente, comunicação - por carta, telegrama ou correspondência eletrônica - do ocorrido, sob pena de nulidade. Inteligência do artigo 254 do vigente Código de Processo Civil (correspondente ao artigo 229 do CPC/73). Ao réu revel citado com hora certa deve ser nomeado curador especial, sob pena de nulidade. Inteligência do artigo 72, inciso II, do vigente Código de Processo Civil (correspondente ao artigo 9.º, inciso II, do CPC/73). (TJMG - Apelação Cível 1.0702.15.024350-0/001, Relator(a): Des. (a) Márcio Idalmo Santos Miranda, 9ª CÂMARA CÍVEL, julgamento em 08/08/2017, publicação da súmula em 23/08/2017)

- Citação por edital. Não comprovação dos requisitos. Nulidade reconhecida. Sentença anulada. Para o deferimento da citação por edital faz-se necessária afirmação e confirmação de que o citando esteja em local incerto e não sabido, a teor dos artigos 231 e 232 do Código de Processo Civil de 2015. (TJMG - Embargos de Declaração-Cv 1.0024.09.505365-8/002, Relator(a): Des.(a) Pedro Aleixo, 16ª CÂMARA CÍVEL, julgamento em 09/08/2017, publicação da súmula em 22/08/2017)
- Litisconsórcio passivo necessário - inobservância - nulidade da sentença. 1 - Não observado o litisconsórcio necessário, a anulação da sentença e intimação da parte autora para efetivar a citação do litisconsorte é medida que se impõe (art. 47, CPC/1973). 2 - Precedentes do STJ. (TJMG - Apelação Cível 1.0024.08.174669-5/001, Relator(a): Des.(a) Claret de Moraes, 10ª CÂMARA CÍVEL, julgamento em 08/08/2017, publicação da súmula em 18/08/2017)
- "O indeferimento - ou a não apreciação - de pedido de produção de prova imprescindível à demonstração, pela parte, dos fatos alegados configura cerceamento ao direito de defesa constitucionalmente previsto, a resultar na nulidade de eventual sentença prolatada em seu desfavor". (TJMG - Apelação Cível 1.0145.12.080326-0/001, Relator(a): Des.(a) Márcio Idalmo Santos Miranda, 9ª CÂMARA CÍVEL, julgamento em 20/09/2016, publicação da súmula em 04/10/2016)
- "O sistema processual admite como forma de intimação, por meio eletrônico, pela imprensa, em audiência, pelo correio, por edital ou por oficial de justiça. Assim, tem-se que a intimação por telefone é possível apenas quando não causar prejuízo a parte, salvo quando se trato de procedimento especial. No caso em análise, além da intimação ter sido realizada pelo telefone, a certidão de intimação fora juntada apenas após a realização da audiência, momento em que o juízo a quo não tinha ciência se a intimação havia de fato sido realizada, razão pela qual se configura prematura a determinação de arquivamento do feito. Recurso conhecido e provido. Sentença cassada. (TJDFT - Acórdão n.989322, 20150310256837APC, Relator: ROMULO DE ARAUJO MENDES 1ª TURMA CÍVEL, Data de Julgamento: 14/12/2016, Publicado no DJE: 30/01/2017. Pág.: 240-247)
- "A essencialidade da participação do Ministério Público na administração da justiça, a teor do art. 127 da Carta Magna, não se pode ter como ofendida quando o órgão do Ministério Público, regularmente intimado para determinado ato processual, deixa de comparecer ou dele não participa a seu critério ou '*ex sponte*' sua (RE n. 179.272, Ministro Néri da Silveira, Segunda Turma, DJ 14/12/2001). (STJ - AgRg no AREsp 23.488/SP, Rel. Ministro SEBASTIÃO REIS JÚNIOR, SEXTA TURMA, julgado em 04/08/2015, DJe 25/08/2015)
- "Há inequívoca nulidade de ata de audiência que atesta a presença do representante do Ministério Público e afirma que houve manifestação do mesmo, quando se constata que, na verdade, o Promotor de Justiça não se fez presente". (TJMG - Apelação Cível 1.0713.12.002649-5/003, Relator(a): Des.(a) Moreira Diniz, 4ª CÂMARA CÍVEL, julgamento em 05/09/2013, publicação da súmula em 12/09/2013)
- Nulidade dos atos processuais praticados sem a intervenção do curador especial. Insurgência do autor. 1. Quando o revel é citado por edital ou com hora certa, modalidades de citação ficta, o Código de Processo Civil exige que àquele seja dado curador especial (artigo 9º, II), a quem não se aplica o ônus da impugnação especifica (artigo 302, parágrafo único, do mesmo diploma processual). 1.1. A nomeação de curador especial, então, é imperativa, cogente,

porque sobre a citação ficta (seja por hora certa, ou pela via editalícia) pesa a presunção de que poderá o réu não ter tido efetivo conhecimento da existência da demanda. Visa, portanto, garantir o contraditório efetivo e real quando não se tem certeza de que o réu tomou ciência da ação em face dele aforada. Trata-se de múnus público imposto com o objetivo de preservar o direito de defesa, consubstanciando a bilateralidade do processo. Precedentes. 1.2. Cumpre destacar que se reveste de nulidade absoluta a sentença que viola o princípio constitucional e direito fundamental de garantia ao contraditório e à ampla defesa (artigo 5º, inciso LV, da Constituição Federal), corolário do princípio do devido processo legal, caracterizado pela possibilidade de resposta e a utilização de todos os meios de defesa em direito admitidos. 2. Agravo regimental desprovido. (STJ – AgRg no REsp. 1.089.338/SP – 4ª Turma – Rel. Min. Marco Buzzi – j. em 17.12.2013 – DJe 04.02.2014)

- Ministério Público. Intervenção. Fiscal da lei (arts. 82, III, e 83 do CPC). Emissão de parecer. Falta de intimação dos atos processuais subsequentes. Nulidade. Princípio *pas de nullité sans grief*. Prejuízo constatado. Cuidam os autos de ação rescisória ajuizada pelo Estado da Bahia em que o Tribunal a quo, no exercício da competência originária, intimou o Ministério Público como custos legis, o qual emitiu parecer pela procedência da ação. Alega o agravante nulidade processual por falta da intimação do Ministério Público dos atos processuais subsequentes à emissão do parecer, à luz do art. 83, inc. I, do CPC. A jurisprudência desta Corte se cristalizou no sentido e que a ausência de intimação do Ministério Público, por si só, não enseja a decretação de nulidade do julgado, a não ser que se demonstre o efetivo prejuízo às partes ou para apuração da verdade substancial da controvérsia jurídica, à luz do princípio *pas de nullité sans grief*. Se em primeiro momento foi reconhecido pelo Tribunal de origem a indispensabilidade de atuação do Ministério Público como fiscal da lei, ocasião em que emitiu opinião pela procedência da ação rescisória, este não pode, a posteriori, sonegar a continuidade da intervenção do Parquet, deixando-o de intimá-lo dos atos subsequentes, sobretudo quando, ao apreciar os embargos infringentes, o órgão julgador modifica *in totum o acórdão embargado para estabelecer a improcedência da ação*. Verificado o prejuízo ensejador na nulidade, uma vez que ao fiscal da lei foi omitida a oportunidade de recorrer, o que fere o ditame contido na Súmula 99/STJ, "o Ministério Público tem legitimidade para recorrer no processo em que oficiou como fiscal da lei, ainda que haja recurso da parte". Agravo regimental parcialmente provido para conhecer do agravo e dar provimento ao recurso especial, para declarar a nulidade do feito após o acórdão que julgou os embargos infringentes. (STJ – AgRg no AREsp 235.365/BA – Rel. Min. HUMBERTO MARTINS – 2ª Turma – j. em 07.11.2013, DJe 16.12.2013)

- Nulidade. Intimação. Art. 236 do CPC. Ausência do nome do advogado da parte. Reinclusão do feito em pauta. O art. 236, § 1º, do CPC dispõe ser "indispensável, sob pena de nulidade, que da publicação constem os nomes das partes e de seus advogados, suficientes para sua identificação". Na hipótese dos autos as publicações no Superior Tribunal de Justiça foram realizadas em nome de advogada que não consta nos autos. Embargos de Declaração acolhidos, com efeitos infringentes, para anular o julgamento do Recurso Especial. (STJ – EDcl. no REsp. 313606/AL – 2ª Turma – DJe 26.03.2010 – Rel. Min. Herman Benjamin)

- Nulidade. Ação de conhecimento sob o rito ordinário. Ausência de fundamentação evidenciada. Sentença e acórdão. Alcance. – Reconhecido que tanto o acórdão como a sentença não indicam a necessária fundamentação quanto à conclusão da questão posta a julgamento, o acolhimento do recurso especial deve declarar a nulidade não apenas do acórdão, mas também da sentença deficientemente fundamentada. (STJ – REsp. 547743/PI – 3ª Turma – DJ 08.03.2004 p. 252 – Relª. Minª. Nancy Andrighi)

- Ação rescisória. Violação a literal disposição de lei. Defensoria pública. Intimação pessoal. Ausência. Nulidade. Prejuízo. 1. Cabível a ação rescisória para a correção de vício de nulidade decorrente de ausência de intimação pessoal da Defensoria Pública de atos do processo, que acarreta prejuízo à parte. 2. Ação rescisória julgada procedente. (STJ – AR 3502/RS – 2ª Seção – DJe 03.08.2009 – Rel. Min. Vasco Della Giustina (Desembargador convocado do TJ/RS)

- Prova. Produção. Iniciativa. Princípio dispositivo. Igualdade das partes. Ordem de oitiva das testemunhas. Admite-se no processo moderno a iniciativa probatória do juiz, pois a efetividade do processo e a absorção do conflito no plano social depende de uma decisão cunhada a partir do princípio da verdade real dos fatos. Tal poder, entretanto, deve ser exercido, sem que o julgador desmereça dos demais princípios que norteiam o processo civil. A dispensa da prova oral pelo juiz, como consequência sancionatória à ausência do advogado do autor à audiência de instrução e julgamento do rito sumário, o impede de, mais tarde, determinar a inquirição das mesmas testemunhas. Violação aos princípios da imparcialidade do julgamento, do ônus da prova, da ordem de oitiva de testemunhas e do tratamento igualitário que deve conferir às partes. Recurso especial provido. (STJ – REsp. 151924/PR – 3ª Turma – DJ 08.10.2001 p. 210 – Relª. Minª. Nancy Andrighi)
- Ministério Público. Parecer. Falta de assinatura. Nulidade. Inocorrência. A simples falta de assinatura no parecer do Ministério Público não constitui motivo para que se declare nulo o processo. (RSTJ 100/85)
- Ministério Público. Nulidade. Falta de intimação. Falta de manifestação. Inocorrência. O que enseja nulidade, nas ações em que há obrigatoriedade de intervenção do Ministério Público, é a falta de intimação do seu representante, não a falta de efetiva manifestação deste. (RSTJ 43/227)
- Ministério Público. Intervenção no 2º grau. Nulidade suprida. Ausência de intervenção do Parquet no 1º grau. A intervenção do Ministério Público em segundo grau de jurisdição, sem arguir nulidade nem prejuízo, supre a falta de intervenção do Parquet na primeira instância, não acarretando a nulidade do processo. (STJ – 4ª Turma – REsp. 257.544-RN – Rel. Min. Sálvio de Figueiredo – DJU 16.10.2000)
- Nulidade. Declaração. Alegação oportuna. Para que se declare a nulidade é necessário que a parte alegue oportunamente e demonstre o prejuízo que ela lhe causa. (RSTJ 12/366)
- Audiência. Alegações finais. Sem ofertação pelo juiz. Sentença. Nulidade. É nula a sentença, se o juiz não deu às partes oportunidade para alegações. (RJTJESP 94/39)
- Provas. Requerimento. Protesto genérico. Indeferimento. Cerceio de defesa. Não configurado. Documentos. Prova suficiente. Inocorre cerceamento de defesa quando é aberta oportunidade ao réu para que justifique as provas que pretenda produzir, limitando-se ele, porém, a requerer depoimentos pessoais e inquirição de testemunhas, desnecessários ao deslinde da ação. Questão envolvida que trata, unicamente, de matéria de direito, não sendo necessário o exame de fatos e provas a serem carreados aos autos, posto que suficientes para o julgamento da demanda os documentos juntados pelas partes. (STJ – 1ª Turma – EDREsp. 389.693/PR – REsp. 2001/0179198-2 – DJ 01.07.2002 – p. 00246 – Rel. Min. José Delgado)
- Testemunhas arroladas. Dispensa. Cerceamento de defesa. Nulidade. Constitui inegável cerceamento de defesa a dispensa da inquirição das testemunhas arroladas pela parte, tendo por base apenas os elementos colhidos até então em depoimentos pessoais. Inocorrência de preclusão a respeito da obstaculização da prova, porquanto a ré, a par de interpor o recurso de agravo retido, voltou a enfocar no recurso de apelação o tema alusivo ao cerceamento de defesa, sobre o qual o tribunal a quo tomou conhecimento. Recurso especial conhecido, em parte, e provido para anular-se o processo, a fim de permitir-lhe a inquirição das testemunhas arroladas pelas partes. (STJ – 4ª Turma – REsp. 38.157/DF – DJ 31.10.1994 – p. 29503 – Rel. p/ acórdão Min. Barros Monteiro)
- Advogado. Retirada dos autos. Citação. Poderes. Inexistência. Contestação. Prazo. Revelia decretada. Cerceamento de defesa. Nulidade. Processual Civil. Citação. Juntada de procuração

e retirada de autos por advogado dos réus sem poderes para receber citação. Contestação. Prazo. Revelia indevidamente decretada. Cerceamento. Nulidade. CPC, arts. 214, § 1º e 241, II. I. O comparecimento espontâneo do réu não tem lugar se a apresentação de procuração e a retirada dos autos foi efetuada por advogado destituído de poderes para receber citação, caso em que o prazo somente corre a partir da juntada aos autos do mandado citatório respectivo (CPC, art. 241, II). Precedentes do STJ. II. Revelia incorretamente aplicada à espécie pela sentença monocrática, correto o acórdão a quo que a anulou. III. Recurso especial não conhecido. (STJ – REsp. 407.199/RJ – 4ª Turma – DJ 06.10.2003 – p. 00274 – Rel. Min. Aldir Passarinho Júnior)

- Decisão judicial. Motivação. Ausência. Devido processo legal. Afetação. Nulidade. Processual Civil. Apelação. Não enfrentamento de questão posta. Manutenção da sentença pelos seus próprios fundamentos. Falta de fundamentação. Violação da Lei federal configurada. Motivação inexistente. *Due process of law*. Art. 535, cpc. Recurso provido. I – A motivação das decisões judiciais reclama do órgão julgador, pena de nulidade, explicitação fundamentada quanto aos temas suscitados. Elevada a cânone constitucional, apresenta-se como uma das características incisivas do processo contemporâneo, calcado no due process of law, representando uma "garantia inerente ao estado de direito". II – É nulo o acórdão que mantém a sentença pelos seus próprios fundamentos, por falta de motivação, tendo o apelante o direito de ver solucionadas as teses postas na apelação. (STJ – 4ª Turma – REsp. 493.625/PA – DJ 29.09.2003 – p. 00262 – Rel. Min. Sálvio de Figueiredo Teixeira)

- Pessoa jurídica de direito público. Revelia. Cerceio de defesa. Nulidade. Processo Civil. Cerceamento de defesa. Nulidade processual. Revelia. 1. A revelia autoriza a pena de confissão ficta do art. 330 do CPC, quanto aos direitos disponíveis, o que afasta a aplicação da sanção processual, em relação aos direitos da pessoa jurídica de direito público. 2. Situação fática de evidente complexidade, envolvendo cálculos para que se possa entender a mensuração econômica discutida no litígio, a exigir prova pericial. 3. Defeituosa intimação do advogado, pela praça do seu nome de família. 4. Recurso especial provido. (STJ – 2ª Turma – REsp. 416.816/SP – DJ 29.09.2003 – p. 00189 – Relª. Minª. Eliana Calmon)

- Julgamento. Pauta. Antecipação. Aviso genérico. Impossibilidade. Nulidade. Processual Civil. Recurso especial. Apelação cível. Pauta. Antecipação. Comunicação. Aviso genérico. Impossibilidade. Nulidade caracterizada. Julgamento anulado. 1. Com base no art. 236, § 1º, do Código de Processo Civil, havendo antecipação do julgamento, deve ser o advogado comunicado segundo os requisitos previstos nessa norma, não sendo suficiente a simples publicação de aviso genérico no Diário da Justiça informando a alteração da data da sessão. 2. Precedentes do STJ e STF. 3. Recurso especial conhecido e provido. (STJ – 5ª Turma – REsp. 445.871/MT – DJ 15.09.2003 – p. 00350 – Relª. Minª. Laurita Vaz)

- Extinção de processo. Intimação pessoal. Imprescindibilidade. Na linha de precedente da Corte, a "intimação pessoal da parte é imprescindível, para a declaração de extinção do processo, por abandono ou por não atendimento à diligência a cargo do autor. Não basta aquela feita na pessoa de seu Advogado, uma vez que a este é que cumpre, efetivamente, na grande maioria das situações, praticar certos atos processuais tendentes a provocar o andamento regular do feito; e que envolvem o aspecto subjetivo, qual seja, no que diz respeito à vontade do litigante em abandonar ou não a causa". (STJ – REsp. 135.212/MG – Rel. Min. Carlos Alberto Menezes Direito)

- Processo. Anulação ou extinção. Prazo. Imprescindível. Regularização. Representação. Na Instância ordinária não pode o juiz anular ou extinguir o processo sem antes abrir prazo para que o autor regularize a representação processual. Precedentes desta Corte. (STJ – AgReg. no Ag. 118.283/MG – Rel. Min. Carlos Alberto Menezes Direito)

- Processo. Regularização. Representação. Prazo. Necessidade. Despacho. Desatendido. O juiz deve assinar prazo no despacho que ordena ao autor a regularização da representação processual (CPC, art. 13); sem a marcação do prazo, não pode extinguir o processo, ainda que o despacho judicial seja desatendido. (STJ – REsp. 47.657/SP – Rel. Min. Ari Pargendler)

- Processo. Instrumento procuratório. Ausência. Defeito sanável. Instância ordinária. Nas Instâncias ordinárias, a falta de instrumento de mandato constitui defeito sanável, aplicando-se, para o fim de regularização postulatória, o disposto no art. 13 do CPC. Na Instância especial, outra é a disciplina, teor da Súmula 115/STJ, segundo a qual "na instância especial é inexistente recurso interposto por advogado sem procuração nos autos". (STJ – REsp. 88.600/RS – Rel. Min. Costa Leite)

- Processo. Defeito de representação. Intimação da parte. Nulidade sanável. Em face da sistemática vigente (CPC, art. 13), o juiz não deve extinguir o processo por defeito de representação antes de ensejar à parte suprir a irregularidade. O atual Código de Processo Civil prestigia o sistema que se orienta no sentido de aproveitar ao máximo os atos processuais, regularizando sempre que possível as nulidades sanáveis. (STJ – REsp. 68.478/MG – Rel. Min. Sálvio de Figueiredo Teixeira)

- Autarquia. Representação. Cópia de procuração. Extinção do feito. Impossibilidade. Processual Civil. Representação. Autarquia. Juntada de cópia de procuração. Protesto pela conferência com os originais. Extinção do feito. Impossibilidade sem apreciação do pedido. "Na Instância ordinária, o defeito é sanável, à vista do disposto no art. 13 do Cód. de Pr. Civil. Precedente da Corte Especial do STJ: REsp. 50538". (REsp. 86.376/RS, Rel. Min. Nilson Naves) 2. Protestando a parte pela conferência dos documentos originais com as cópias dos instrumentos procuratórios, não é prudente o juiz extinguir o feito sem que antes defira à parte (ou ao menos aprecie) tal oportunidade. Recurso não provido. (STJ – 1ª Turma – REsp. 499.863/RJ – DJ 08.09.2003 – p. 00236 – Rel. Min. José Delgado)

- Prejuízo processual. Inexistência. Nulidade. Rejeição. Ante a ausência de prejuízo processual, não há que se falar em nulidade levantada em preliminar, de acordo com o princípio da pas de nullité sans grief, ainda mais quando o recorrente tem a decisão meritória em seu favor. (STJ – 4ª Turma – REsp. 402.353/RJ – DJ 08.09.2003 – p. 00334 – Rel. Min. Fernando Gonçalves)

- Citação por hora certa. Meirinho. Diligência. Consignação dos horários. Ausência. Nulidade. Processual civil. Recurso especial. Citação por hora certa. Execução. Possibilidade. Titulação errônea do mandado de citação. Ciência inequívoca do preceito a ser cumprido. Princípio da instrumentalidade das formas. Citação por hora certa. Ausência de consignação pelo oficial de justiça dos horários em que realizou as diligências. Falta de remessa de comunicação pelo escrivão dando ciência ao réu da citação por hora certa. Nulidade. A sistemática do processo civil é regida pelo princípio da instrumentalidade das formas, devendo ser reputados válidos os atos que cumprem a sua finalidade essencial, ainda que realizados de outra forma que não a estabelecida em lei. As condições particulares da hipótese concreta mostram que o mandado de citação, erroneamente intitulado "mandado de intimação", preencheu todos os requisitos da citação válida, dando ciência inequívoca à executada do preceito a ser cumprido. É nula a citação feita por hora certa se o oficial de justiça deixa de consignar na certidão os horários em que realizou as diligências. A remessa pelo escrivão de carta, telegrama ou radiograma, dando ciência ao réu da citação feita por hora certa é requisito obrigatório desta modalidade de citação, e sua inobservância gera nulidade. Recurso especial parcialmente conhecido e provido. (STJ – REsp. 468.249/SP – DJ 01.09.2003 – p. 00281 – Relª. Minª. Nancy Andrighi)

- Intimação. Mais de um advogado habilitado. Intimação de apenas um deles. Nulidade. Inexistência. Processual Civil. Recurso especial. Acórdão. Intimação. Publicação. Nulidade. Inocorrência. I – Estando os autores representados por mais de um advogado, basta, em regra, que a intimação seja realizada em nome de um deles para a validade dos atos processuais, ressalvando-se a hipótese de designação prévia, substabelecimento sem reserva de poderes ou requerimento expresso para que as intimações se façam em nome de determinado patrono, o que não se verificou na hipótese em exame. II – A comparação de acórdãos para o fim de demonstrar a divergência jurisprudencial pressupõe identidade fática entre eles e a adoção de teses distintas, o que não ocorre na espécie. Precedentes. Recurso não conhecido. (STJ – 5ª Turma – REsp. 440.922/RS – DJ 01.09.2003 – p. 00309 – Rel. Min. Félix Fischer)

- Prova pericial. Pertinência. Juiz. Indeferimento. Cerceamento de defesa. Configuração. Há cerceamento de defesa quando o juiz indefere a realização de perícia requerida fundamentadamente pela parte, com o fito de comprovar determinada alegação, e esta mesma alegação é rejeitada, na sentença, sob (sic) o fundamento de não ter sido provada. (STJ – 3ª Turma – REsp. 471.322/RS – DJ 18.08.2003 – p. 00205 – Relª. Minª. Nancy Andrighi)

- Intimação. Advogado. Publicação na imprensa. Nula a intimação em que deixou de figurar o nome de litisconsorte cujo advogado constou como patrocinando o coautor que oficiava em causa própria. (STJ – 3ª Turma – REsp. 1.912-MG – DJU 09.04.1990, p. 2.742 – Rel. Min. Eduardo Ribeiro)

- Nota de foro. Nome do réu. Ausência. Nulidade. Faltando o nome do réu na publicação feita pelo órgão oficial, ainda que constando o de sua advogada, tem-se por nula a intimação. (STJ – 4ª Turma – REsp. 40.099-6-MG – Rel. Min. Dias Trindade – DJU 21.02.1994, p. 2.176).

17.24. Pessoa Jurídica interessada tributária

§ 13. Para os efeitos deste artigo, também se considera pessoa jurídica interessada o ente tributante que figurar no polo ativo da obrigação tributária de que tratam o § 4º do art. 3º e o art. 8º-A da Lei Complementar nº 116, de 31 de julho de 2003. (Incluído pela Lei Complementar nº 157, de 2016)

A Lei Complementar nº 157/2016 implementou alterações na Lei Complementar nº 116/2003, que dispõe sobre o Imposto Sobre Serviços de Qualquer Natureza, de competência dos Municípios e do Distrito Federal, e também, na Lei de Improbidade Administrativa.

Essa nova lei instituiu na condição de ato de improbidade administrativa qualquer ação ou omissão para conceder, aplicar ou manter benefício financeiro ou tributário contrário ao que dispõe o *caput* e o § 1º do art. 8-A da Lei Complementar nº 116/2003, cujo dispositivo está assim redigido:

> **Art. 8º-A.** A alíquota mínima do Imposto sobre Serviços de Qualquer Natureza é de 2% (dois por cento). (Incluído pela Lei Complementar nº 157, de 2016)
>
> § 1º O imposto não será objeto de concessão de isenções, incentivos ou benefícios tributários ou financeiros, inclusive de redução de base de cálculo ou de crédito presumido ou outorgado, ou sob qualquer outra forma que resulte, direta ou indiretamente, em carga tributária menor que a decorrente da aplicação da alíquota mínima estabelecida no *caput*, exceto para os serviços a que se referem os subitens 7.02, 7.05 e 16.01 da lista anexa a esta Lei Complementar. (Incluído pela Lei Complementar nº 157, de 2016)
>
> § 2º É nula a lei ou o ato do Município ou do Distrito Federal que não respeite as disposições relativas à alíquota mínima previstas neste artigo no caso de serviço prestado a tomador ou intermediário localizado em Município diverso daquele onde está localizado o prestador do serviço. (Incluído pela Lei Complementar nº 157, de 2016)

> § 3º A nulidade a que se refere o § 2º deste artigo gera, para o prestador do serviço, perante o Município ou o Distrito Federal que não respeitar as disposições deste artigo, o direito à restituição do valor efetivamente pago do Imposto sobre Serviços de Qualquer Natureza calculado sob a égide da lei nula. (Incluído pela Lei Complementar nº 157, de 2016)

Depreende-se, assim, que a norma qualifica de improbidade administrativa qualquer ato que reduza o percentual de 2% (dois por cento), que é a alíquota mínima para a incidência do Impostos Sobre Serviços de Qualquer Natureza, ou que venha conceder isenções, incentivos ou benefícios tributários ou financeiros desse tributo.

Portanto, a norma veda a redução da alíquota mínima, a concessão de isenções, incentivos ou benefícios tributários ou financeiros pelas prefeituras ou pelo governo do Distrito Federal.

Essa possibilidade de diminuição de alíquota, isenções, incentivos ou benefícios fiscais ou financeiros é um ato de iniciativa exclusiva do Poder Executivo municipal ou do Distrito Federal, ou seja o Município do ato do Prefeito ou o Governador do Distrito Federal.

A norma vai mais além ao estabelecer que será nula a lei ou o ato do Município ou do Distrito Federal que não respeite as disposições relativas à alíquota mínima previstas.

De modo que este dispositivo considera pessoa jurídica interessada, para fins desta lei, o ente tributante que figurar no polo ativo da obrigação tributária, no caso o Município ou o Governo do Distrito Federal.

Veja que o art. 17 desta lei estabelece que a ação principal será proposta pelo Ministério Público ou pela pessoa jurídica interessada, que vem a ser o Município ou o Governo do Distrito Federal.

O cabimento da ação de improbidade administrativa é previsto na hipótese de descumprimento da Lei Complementar nº 157/2016, cujo ato ou lei redução a alíquota mínima do ISSNQ ou conceda isenções, incentivos ou benefícios fiscais ou financeiros deste tributo.

Assim é que poderá ocorrer que o Autor da demanda seja o Ministério Público, e neste caso, o Município ou o Governo do Distrito Federal, ingressaria como Ente interessado, ou ainda, sendo o Município ou o Governo do Distrito Federal, autor da ação, o Ministério Público atuaria na condição de *custos legis*.

18. SENTENÇA

Art. 18. A sentença que julgar procedente ação civil de reparação de dano ou decretar a perda dos bens havidos ilicitamente determinará o pagamento ou a reversão dos bens, conforme o caso, em favor da pessoa jurídica prejudicada pelo ilícito.

A sentença é o pronunciamento por meio do qual o juiz, com fundamento nos arts. 485 e 487, do Código de Processo Civil põe fim à fase cognitiva do procedimento comum, bem como extingue a execução.

O artigo 485 referido prevê a prolação de sentença terminativa, aquela em que o juiz não resolverá o mérito da controvérsia, mas encerra o processo, enquanto o art. 487 estabelece que haverá resolução de mérito, com o juiz acolhendo ou rejeitando, total ou parcialmente, o pedido da ação.

A sentença exige um ritual processualístico formal que engloba o relatório ou histórico do fato; a motivação ou fundamentação jurídica; e a conclusão ou decisão.

Estabelece o Código de Processo Civil que a sentença deve conter os seguintes requisitos considerados essenciais:

> **Art. 489**. São elementos essenciais da sentença:
>
> **I** – o relatório, que conterá os nomes das partes, a identificação do caso, com a suma do pedido e da contestação, e o registro das principais ocorrências havidas no andamento do processo;
>
> **II** – os fundamentos, em que o juiz analisará as questões de fato e de direito;
>
> **III** – o dispositivo, em que o juiz resolverá as questões principais que as partes lhe submeterem.

O relatório é a primeira etapa na elaboração de uma sentença que deve conter um sucinto histórico dos fatos colacionados no processo, tais como: os nomes das partes, o fato objeto da ação penal com sua descrição temporal e geográfica, as fases processuais com a identificação das páginas, a capitulação das condutas típicas e uma síntese da tese esposada pelas partes.

Também como elemento da decisão judicial, está a legitimação da atividade jurisdicional com a motivação expondo os conhecimentos fáticos e jurídicos que formam o convencimento do juiz, o que permitirá um controle por meio dos recursos adequados à parte vencida e a sua melhor aplicabilidade em favor do vencedor.

A observância das exigências legais para que uma manifestação judiciosa definitiva reúna a condições de eficácia e validade necessita que o magistrado aprecie e resolva todas as questões de fato e de direito que lhe são submetidas à análise.

A garantia constitucional de que "*todos os julgamentos dos órgãos do Poder Judiciário serão públicos e fundamentadas todas as decisões*" (CF/88, art. 93, IX), assume expressiva conotação racionalizadora na valoração dos elementos de convicção, à medida que a liberdade de tal exame não exclua e sim, imponha que este seja adequadamente justificado.

A exteriorização das razões explicitadas de decidir deve revelar o prisma pelo qual o órgão julgador interpretou a lei e apreendeu os fatos da causa, de sorte que sua exposição, dotada de clareza, lógica e precisão, propicie perfeita compreensão de todos os pontos controvertidos, bem como da conclusão atingida, consubstanciada no julgamento da causa.

Na fundamentação o juiz deve analisar os argumentos apresentados pelas partes, os pontos controvertidos e manifestar de forma fundamentada a aplicação da norma legal no caso concreto apresentado.

Refere-se o novo CPC, a esse propósito, que o Juiz deve analisar as questões de fato e de direito apresentadas pelas partes, a fim de atingir a adequada prestação jurisdicional (art. 489, II, CPC).

> [...] A fundamentação deve ser concreta, estruturada e completa: deve dizer respeito ao caso concreto, estruturar-se a partir de conceitos e critérios claros e pertinentes e conter uma completa análise dos argumentos relevantes sustentados pelas partes em suas manifestações. Fora daí, não se considera fundamentada qualquer decisão (arts. 93, IX, CF, e 9º, 10,11 e 489, §§1º e 2º, CPC)." (MARINONI, Luiz Guilherme; ARENHART, Sérgio Cruz; MITIDIERO, Daniel. Novo Código de Processo Civil Comentado. São Paulo: Revista dos Tribunais, 2015. p. 492)

Essa inovação quanto à exigência da fundamentação da sentença ao considerável ineficaz e nula quando: I – se limitar à indicação, à reprodução ou à paráfrase de ato normativo, sem explicar sua relação com a causa ou a questão decidida; II – empregar conceitos jurídicos indeterminados, sem explicar o motivo concreto de sua incidência no caso; III – invocar motivos que se prestariam a justificar qualquer outra decisão; IV – não enfrentar todos os argumentos deduzidos no processo capazes de, em tese, infirmar a conclusão adotada pelo julgador; V – se limitar a invocar precedente ou enunciado de súmula, sem identificar seus fundamentos determinantes nem demonstrar que o caso sob julgamento se ajusta àqueles fundamentos; e, VI – deixar de seguir enunciado de súmula, jurisprudência ou precedente invocado pela parte, sem demonstrar a existência de distinção no caso em julgamento ou a superação do entendimento.

O novo diploma processual civil também ao delinear que a decisão judicial deve ser interpretada a partir da conjugação de todos os seus elementos significa que o juiz deve adotar uma argumentação vinculada ao conjunto probatório instrumentalizado pelas partes e suas alegações, e não a manifestações meramente vazias, falaciosas ou imprestáveis, apenas, para dar moldura a seu ato de vontade pessoal, seja por qualquer dos sentimentos que lhe dirija o ato decisório.

Portanto, esse requisito processual de eficácia da manifestação judicial definitiva deve compreender na valoração de invocações realmente relevantes e capazes de consolidar um entendimento jurídico firme e seguro no enquadramento da norma e a aplicação dos atos e fatos vivos que instrumentalizam o processo.

Essa postura de fidelidade à norma, aos fatos e atos expressivos e pertinentes do processo, compatibiliza a conduta do julgador ao princípio da boa-fé

Deve-se observar que este dispositivo processual deve ser interpretado em conjunto com o art. 322, quando estabelece que o pedido de ser certo na petição inicial, senão vejamos:

> **Art. 322.** O pedido deve ser certo.
>
> § 1º Compreendem-se no principal os juros legais, a correção monetária e as verbas de sucumbência, inclusive os honorários advocatícios.
>
> § 2º A interpretação do pedido considerará o conjunto da postulação e observará o princípio da boa-fé.

De modo que deve haver correlação entre o pedido e a sentença; é o princípio da congruência ou da adstrição, que vem a ser tratado no art. 492, assim escrito:

> **Art. 492.** É vedado ao juiz proferir decisão de natureza diversa da pedida, bem como condenar a parte em quantidade superior ou em objeto diverso do que lhe foi demandado.
>
> Parágrafo único. A decisão deve ser certa, ainda que resolva relação jurídica condicional.

Com efeito, não se admite decisão de natureza diversa da pedida, nem condenação da parte em quantidade superior ou objeto diverso do que foi pedido.

Assim é que o juiz deverá decidir nos limites do pedido formulado da inicial, com fundamentação nos elementos probatórios inferidos no processo e aplicação da norma aplicável à espécie que lhe dê moldura jurídica para atender ao princípio da boa-fé.

Deve-se atentar que se mostra contrário à boa-fé, as condutas de atos protelatórios ou inúteis, que consubstanciam ao aviltamento da garantia da duração razoável do processo e ao descumprimento dos deveres processuais, que resultam em má-fé processual.

Lembremos, ainda, que o art. 80 Código de Processo Civil considera litigância de má-fé: I - deduzir pretensão ou defesa contra texto expresso de lei ou fato incontroverso; II - alterar a verdade dos fatos; III - usar do processo para conseguir objetivo ilegal; IV - opuser resistência injustificada ao andamento do processo; V - proceder de modo temerário em qualquer incidente ou ato do processo; e, VI - provocar incidente manifestamente infundado, que, também, são aplicáveis ao magistrado no exercício judicante.

De forma que, esses princípios e condutas proclamadas, permitem estabelecer a exata dimensão do conteúdo da vontade do julgador e a verificação nos limites objetivos do julgado, de modo que o juiz, ao proferir manifestação judiciosa definitiva, deve pronunciar-se com a clareza recomendada pela boa doutrina mediante uma linguagem acessível e direta que possibilite uma fácil compreensão das argumentações que o conduziram a decidir em determinado sentido, sob pena de sujeitar-se a oposição de embargos declaratórios (art. 1.022 do CPC) para o aprimoramento do *decisum*.

- "A ausência de fundamentação da sentença proferida pelo d. Magistrado singular, que julgou procedente a lide secundária sem enfrentar as teses defensivas desenvolvidas pela Seguradora litisdenunciada, enseja a sua nulidade, por ofensa ao disposto no art. 93, IX da Constituição

Federal". (TJMG - Apelação Cível 1.0024.06.303722-0/002, Relator(a): Des.(a) Pedro Aleixo, 16ª CÂMARA CÍVEL, julgamento em 17/05/2017, publicação da súmula em 09/06/2017)

- "O reconhecimento da nulidade processual nos autos em apenso revela a perda superveniente do interesse recursal da Agravante em discutir a matéria. - É nula a decisão apócrifa e desprovida de fundamentação". (TJMG - Agravo de Instrumento-Cv 1.0024.03.142961-6/005, Relator(a): Des.(a) Aparecida Grossi, 16ª CÂMARA CÍVEL, julgamento em 26/01/2017, publicação da súmula em 30/01/2017)

- "Não há que se falar em carência de fundamentação e, consequentemente, em infração ao artigo 489 do Código de Processo Civil, uma vez que a sentença recorrida analisou todos os argumentos trazidos pelas partes, atendendo de maneira inequívoca, aos pressupostos de validade de forma e conteúdo da sentença" (TJMG - Apelação Cível 1.0313.15.007740-9/001, Relator(a): Des.(a) Shirley Fenzi Bertão, 11ª CÂMARA CÍVEL, julgamento em 19/07/2017, publicação da súmula em 25/07/2017)

- "A ausência de fundamentação da decisão proferida pelo julgador enseja a sua nulidade, por ofensa ao disposto no art. 93, IX da Constituição Federal". (TJMG - Agravo de Instrumento-Cv 1.0024.16.089147-9/001, Relator(a): Des.(a) Pedro Aleixo, 16ª CÂMARA CÍVEL, julgamento em 03/11/0016, publicação da súmula em 03/11/2016)

- "É cediço que, «à luz do art. 93, IX, da CF/1988, e dos arts. 165 e 458 do CPC, toda decisão judicial tem que ter um mínimo de fundamentação, de motivação, não bastando adjetivar os argumentos da parte, *verbi gratia*, de incongruentes, de infundados. É necessário que o juiz ou o tribunal apresente o porquê da rejeição do argumento, explicando os motivos pelos quais a alegação é incongruente, infundada." (REsp 71.908/RJ, 2.ª Turma, Rel. Ministro ADHEMAR MACIEL, DJ de 16/02/1998.). O aresto proferido pelo Tribunal de origem carece da devida motivação, exigida constitucionalmente pelo art. 93, inciso IX, da Constituição Federal de 1988, na medida em que se limitou a consignar que os embargos de declaração não se prestam para a análise de preliminares, sem tecer qualquer consideração sobre questão relevante dos autos, consubstanciada na proibição contida no art. 103 da LOMAN de que o Corregedor de Justiça integre as Câmaras ou Turmas do Tribunal. Sob pena de supressão de instância, devem os autos retornar ao Tribunal de Justiça do Estado do Pará para que se desicumba da devida prestação jurisdicional, examinando, como entender de direito, a nulidade arguida. 4. Recurso ordinário provido. (STJ - RMS 29476/PA, 5ª Turma/STJ, rel. Min. Laurita Vaz, j. 13.12.2011, DJ. 19.12.2011)

- "O reconhecimento da nulidade processual nos autos em apenso revela a perda superveniente do interesse recursal da Agravante em discutir a matéria. - É nula a decisão apócrifa e desprovida de fundamentação". (TJMG - Agravo de Instrumento-Cv 1.0024.03.142961-6/005, Relator(a): Des.(a) Aparecida Grossi, 16ª CÂMARA CÍVEL, julgamento em 26/01/2017, publicação da súmula em 30/01/2017)

- "A ausência de fundamentação da decisão proferida pelo julgador enseja a sua nulidade, por ofensa ao disposto no art. 93, IX da Constituição Federal". (TJMG - Agravo de Instrumento-Cv 1.0024.16.089147-9/001, Relator(a): Des.(a) Pedro Aleixo, 16ª CÂMARA CÍVEL, julgamento em 03/11/0016, publicação da súmula em 03/11/2016)

- Sentença. Nulidade. É nula a sentença não fundamentada. (RJTJESP 34/73, 48/244, 49/130, 62/267)

- Sentença. Nulidade. É nula a sentença que é omissa a respeito de ponto central. (RSTJ 90/166) ou relevante da defesa. (RSTJ 60/38)

- Sentença. Nulidade. É nula a sentença que não procede análise das questões de fato indispensáveis ao deslinde da causa. (RSTJ 54/337)

- Sentença. Fundamentação. A Constituição não exige que a decisão seja extensamente fundamentada. O que se exige é que o juiz ou tribunal dê as razões de seu convencimento. (STF – 2ª Turma – AI 162.089-8-DF-AgRg. – Rel. Min. Carlos Velloso – DJU 15.03.1996 – p. 7.209)
- Sentença. Fundamentação. O Juiz não está obrigado a responder todas as alegações das partes, quando já tenha encontrado motivo suficiente para fundar a decisão, nem se obriga a ater-se aos fundamentos indicados por elas e tampouco a responder um a um todos os seus argumentos. (JTJ 259/14)
- Sentença. Fundamentação. Há um defeito de fundamentação da sentença que se pode reputar equivalente ao de sua inexistência; é o de falta de coerência lógico-jurídica entre a motivação e o dispositivo. (RTJ 150/269 e 143/600)
- Sentença. Fundamentação. A função judicial é prática, só lhe importando as teses discutidas no processo enquanto necessárias ao julgamento da causa. Nessa linha, o juiz não precisa, ao julgar procedente a ação, examinar-lhe todos os fundamentos. Se um deles é suficiente para esse resultado, não está obrigado ao exame dos demais. (STJ – 2ª T. – REsp. 15.450-SP-EDcl – Rel. Min. Ari Pargendler – DJU 06.05.1996 – p. 14.399)

18.1. Sentença *citra petita*

Como já dito anteriormente, o processo que apura ato de improbidade administrativa é de natureza penal ao estabelecer sanções gravosas a vida civil e política do individuo, que pode lhe afetar o exercício dos direitos políticos, a perda de função ou cargo público e vedação de participar de negócios com o Poder Público, além de imputar-lhe multa civil, são penalidades que necessitam da garantia do devido processo legal, da ampla defesa e do contraditório, para suas eficazes aplicações.

De forma que é eivada de nulidade a sentença que não enfrenta ou considera a tese defensiva exposta na argumentação das alegações finais e vinculações com as provas produzidas no processo, porquanto a decisão de mérito deve ser completa, examinando, para tanto, toda a matéria de defesa articulada e considerar os fatos levantados, sejam as preliminares ou a defesa produzida.

Denomina-se sentença *citra petita*, quando a decisão não examina todas as questões propostas pelas partes, pressupondo matéria não enfrentada na análise final do juiz.

De modo que o arrazoado articulado pela Defesa nas suas alegações meritórias, quando disseca as provas coligidas e suas contradições, as imprecisões e alusões em favor da posição esposada em sua tese calcada nos autos, deve ser enfrentada, sopesada e conferir-lhe a valoração jurídica dos fatos e de direito que emolduram o processo.

A sentença de natureza penal, embora, civil porque impõe pena ou sanção, para ser válida, é preciso que retrate um julgamento no confronto de provas que foram colacionadas na instrução processual, sob pena de revestir-se de uma denunciação inquisitorial ante a preferência exclusiva pela versão ministerial ou da entidade pública interessada.

Ademais, as alegações finais estão previstas no art. 366 do Código de Processo Civil, cuja falta resulta em cerceamento de defesa. Portanto, revela-se uma nulidade absoluta fazê-lo letra morta ou fazer de conta a sua apresentação, afetando, assim, o devido processo legal e a garantia constitucional do contraditório.

Quando for adotado o julgamento antecipado do mérito, as articulações e questionamentos da contestação devem ser igualmente enfrentadas de forma direta, assegurando-se, assim, o efetivo direito de defesa.

Note-se que a decisão *citra petita* leva a anulação da sentença para que outra seja proferida no seu lugar, entretanto, poderá o tribunal, em grau de apelação, situação em que devolve ao mesmo todo o conhecimento da matéria impugnada, verificar que o processo se encontra em condições de imediato julgamento, suprir a omissão e decidir a causa.

Essa hipótese poderá ocorrer quando o processo se encontrar maduro, não necessitando de outra providência processual, e que não se trate de questões complexas que exija outros procedimentos inerentes ao rito ordinário.

Esse procedimento está previsto no inciso III do art. 1.013 do Código de Processo Civil, assim redigido:

> **Art. 1.013.** A apelação devolverá ao tribunal o conhecimento da matéria impugnada.
>
> § 1º Serão, porém, objeto de apreciação e julgamento pelo tribunal todas as questões suscitadas e discutidas no processo, ainda que não tenham sido solucionadas, desde que relativas ao capítulo impugnado.
>
> § 2º Quando o pedido ou a defesa tiver mais de um fundamento e o juiz acolher apenas um deles, a apelação devolverá ao tribunal o conhecimento dos demais.
>
> § 3º Se o processo estiver em condições de imediato julgamento, o tribunal deve decidir desde logo o mérito quando:
>
> I - reformar sentença fundada no art. 485;
>
> II - decretar a nulidade da sentença por não ser ela congruente com os limites do pedido ou da causa de pedir;
>
> III - constatar a omissão no exame de um dos pedidos, hipótese em que poderá julgá-lo;
>
> IV - decretar a nulidade de sentença por falta de fundamentação.

Como se vê, a nulidade de uma decisão *citra petita* poderá suprida por ocasião do julgamento da apelação pelo tribunal *a quo*.

- "Conforme a jurisprudência do STJ, "a sentença proferida *citra petita* padece de *error in procedendo*. Se não suprida a falha mediante embargos de declaração, o caso é de anulação pelo tribunal, com devolução ao órgão a quo, para novo pronunciamento. De modo nenhum se pode entender que o art. 515, §3º, autorize o órgão *ad quem*, no julgamento da apelação, a 'completar' a sentença de primeiro grau, acrescentando-lhe novo(s) capítulo(s). *In casu*, não há que se falar em interpretação extensiva ao artigo 515, § 3º, do CPC, quando nem sequer houve, na sentença, extinção do processo sem julgamento do mérito, requisito este essencial à aplicação do artigo 515, § 3º, da Lei Processual Civil" (STJ, REsp 756.844/SC, Rel.Ministro JOSÉ

ARNALDO DA FONSECA, QUINTA TURMA, DJU de 17/10/2005). Em igual sentido: "Declarada, na hipótese, a nulidade da sentença em decorrência de julgamento *ultra petita*, impõe-se o retorno dos autos ao primeiro grau de jurisdição, vedada a aplicação do princípio da causa madura, contido no art. 515, § 3º, do Código de Processo Civil" (STJ, REsp 915.805/SC, Rel. Ministra DENISE ARRUDA, PRIMEIRA TURMA, DJe de 1º/07/2009). (STJ - AgInt no AREsp 999.161/MA, Rel. Ministra ASSUSETE MAGALHÃES, SEGUNDA TURMA, julgado em 23/05/2017, DJe 09/06/2017)

- "Considerando que a sentença não analisou todas as questões a ele levadas, não julgando todos os pedidos feitos, caracterizando-se, portanto, como *citra petita*. Desnecessário cassar a sentença, pois a questão pode ser integralizada. Inteligência do art. 1.013, §3º, III do CPC. (TJDFT - Acórdão n.1051087, 20160111001066APC, Relator: ROMULO DE ARAUJO MENDES 1ª TURMA CÍVEL, Data de Julgamento: 13/09/2017, Publicado no DJE: 05/10/2017. Pág.: 95-110)

- "Consoante o princípio da congruência, exige-se a adequada correlação entre o pedido e o provimento judicial, sob pena de nulidade por julgamento *citra, extra ou ultra petita,* a teor do que prescrevem os arts. 128 e 460 do Código de Processo Civil. A pretensão deduzida em juízo não se limita a determinado capítulo da petição inicial, merecendo atenção do julgador tudo o que se pode extrair mediante interpretação lógico-sistemática das razões apresentadas. Precedentes". (STJ - AgRg no REsp 1263780/SC, Rel. Ministro RAUL ARAÚJO, QUARTA TURMA, julgado em 16/06/2016, DJe 03/08/2016)

- "Constatado que a sentença deixou de enfrentar todas as questões deduzidas pelas partes, resolvendo processo de alta complexidade de forma pueril, forçosa a decretação de sua nulidade. Levando-se em consideração as especificidades do caso e, para a garantia da efetividade do processo e do duplo grau de jurisdição, deve o julgamento ser realizado novamente em primeiro grau". (TJMG - Apelação Cível 1.0000.15.032246-9/003, Relator(a): Des.(a) Moreira Diniz, 4ª CÂMARA CÍVEL, julgamento em 05/10/0017, publicação da súmula em 06/10/2017)

- "É nula a sentença *"citra petita"*, que é aquela em que o juiz entrega prestação jurisdicional aquém daquilo para o que foi provocado, o que ocorreu no presente caso, em que o juiz indeferiu a inicial do mandado de segurança considerando apenas uma das duas causas de pedir que embasaram a impetração". (TJMG - Apelação Cível 1.0000.16.058802-6/002, Relator(a): Des.(a) Moreira Diniz, 4ª CÂMARA CÍVEL, julgamento em 05/10/0017, publicação da súmula em 06/10/2017)

- "A decisão que deixa de apreciar um dos pedidos das partes se classifica como *citra petita*, devendo sua nulidade ser declarada pelo Tribunal ad quem, com determinação de que uma nova decisão seja proferida em primeiro grau, ou então que o próprio Tribunal supra a omissão caso o processo esteja em condições de imediato julgamento, conforme determina o art. 1.013, § 3º, III, do novo CPC/15". (TJMG - Apelação Cível 1.0707.14.034999-4/001, Relator(a): Des.(a) Otávio Portes, 16ª CÂMARA CÍVEL, julgamento em 28/09/2017, publicação da súmula em 06/10/2017)

- "Os arts. 141 e 492 do NCPC, bem assim os arts. 128 e 460 do Código de 1973, vigentes no momento da prolação da sentença, traçam os limites da prestação jurisdicional, caracterizando o vício citra petita, a falta de análise de um dos pedidos contidos na inicial.. A regra do art. 1.013, § 3, III do CPC excepciona a imposição de julgamento imediato contida no *caput* do mesmo artigo, conferindo ao Tribunal a faculdade de devolver os autos ao julgador a *quo*. Não tendo sido apreciados dois pedidos constantes da petição inicial, anula-se a sentença para que seja aperfeiçoada a prestação jurisdicional na origem, providência que possibilita de apresentação de recurso pela parte vencida, prestigiando o contraditório e ampla defesa. 4. Sentença cassada". (TJMG - Apelação Cível 1.0521.15.006976-8/001, Relator(a): Des.(a) Raimundo Messias Júnior, 2ª CÂMARA CÍVEL, julgamento em 26/09/2017, publicação da súmula em 06/10/2017)

- "Embora a decisão do juiz singular tenha sido *citra petita*, se a parte, nas razões recursais, devolve ao Tribunal de segundo grau o exame das questões não enfrentadas pela decisão recorrida, o julgamento delas pela instância ad quem não implica afronta aos arts. 128 e 460 do CPC. É que o efeito devolutivo dos recursos coloca o Tribunal de segundo grau nas mesmas condições em que se encontrava o juiz no momento de decidir, observada, contudo, a extensão da matéria impugnada". (STJ - REsp 1254796/SC, Rel. Ministro JOÃO OTÁVIO DE NORONHA, TERCEIRA TURMA, julgado em 24/02/2015, DJe 24/03/2015)
- Não apreciação de todos os pedidos. Sentença *citra petita*. Anulação dos autos. A entrega da prestação jurisdicional deve ocorrer de forma fundamentada e completa. A falta de apreciação de um dos pedidos ou questões levantados pelas partes acarreta em nulidade da sentença(TJMG - Apelação Cível 1.0707.11.026064-3/001, Relator(a): Des.(a) Antônio Bispo, 15ª CÂMARA CÍVEL, julgamento em 03/07/2014, publicação da súmula em 11/07/2014).

18.2. Sentença *extra petita*

A sentença *extra petita* é aquela que examina causa diversa da que foi proposta na inicial, sendo desconexa com a situação litigiosa descrita pelo autor, bem assim com a providência jurisdicional que dela logicamente se extrai.

Com efeito, a sentença *extra petita* incide em nulidade porque soluciona causa diversa da que foi proposta através do pedido. É o julgamento fora do pedido tanto quando o juiz defere uma prestação diferente da que lhe foi postulada, como também o é, quando defere a prestação pedida, mas com base em fundamento jurídico não invocado como causa do pedido na propositura da ação. Isto quer dizer que não é lícito ao julgador alterar o pedido nem tampouco a *causa petendi*.

Em regra, essa nulidade incorrerá na anulação da sentença para que o julgador prolate nova sentença, mas sendo interposta apelação e a causa estando madura, o tribunal está autorizado a decidir desde o logo o mérito, se o processo estiver em condições de imediato julgamento, cuja questão for eminentemente de direito.

Essa prerrogativa do tribunal está contida no inciso II, § 3º do art. 1.013 do Código de Processo Civil.

- "Decisão que enquadra a conduta em dispositivo de lei diverso do indicado na petição inicial. Julgamento *'extra petita'*. Não configura julgamento "extra petita" a decisão que enquadra os atos de improbidade em dispositivo diverso do indicado na petição inicial, ao analisar os fatos nela descritos". (STJ - AgInt no AREsp 435.709/SP, Rel. Ministro NAPOLEÃO NUNES MAIA FILHO, Rel. p/ Acórdão Ministra REGINA HELENA COSTA, PRIMEIRA TURMA, julgado em 15/03/2018, DJe 05/04/2018)
- "A análise da violação ao Princípio da Correlação (ou Congruência ou Adstrição) entre o pedido formulado e a Sentença proferida demanda análise casuística, não somente em relação ao pedido, mas à causa de pedir, de modo que prevalece a interpretação lógico-sistemática dos requerimentos apresentados pela parte ao longo da Petição Inicial. Reconhece-se a nulidade apontada. Recurso conhecido e provido para decotar o capítulo da Sentença *extra petita*. (TJDFT - Acórdão n.1046488, 07173716020168070015, Relator: EUSTÁQUIO DE CASTRO 8ª Turma Cível, Data de Julgamento: 14/09/2017, Publicado no DJE: 21/09/2017. Pág.: Sem Página Cadastrada.)
- "A sentença *extra petita* ocorre quando o autor pede uma coisa e a sentença lhe confere outra, sendo nula porque fere de morte o princípio da adstrição do provimento judicial ao pedido

da parte." (TJMG - Apelação Cível 1.0707.14.034999-4/001, Relator(a): Des.(a) Otávio Portes, 16ª CÂMARA CÍVEL, julgamento em 28/09/2017, publicação da súmula em 06/10/2017)

- "É *'extra petita'* a sentença que, distanciando-se dos limites da lide, analisa e julga questões distintas da causa de pedir e dos pedidos formulados pela parte na petição inicial. Preliminar de nulidade da sentença instalada de ofício, embargos de terceiro julgados improcedentes e recurso de apelação prejudicado". (TJMG - Apelação Cível 1.0701.15.015221-6/001, Relator(a): Des.(a) Vicente de Oliveira Silva, 10ª CÂMARA CÍVEL, julgamento em 19/09/2017, publicação da súmula em 29/09/2017)

- "Consoante dispõe o princípio da congruência, a prestação jurisdicional deve ater-se ao pedido, sob pena de ofender o contraditório, a imparcialidade do juízo e a igualdade processual entre as partes, conforme dispõem os arts. 141 e 492, do CPC. 2.1. No caso dos autos, verifica-se que o provimento judicial vergastado é nitidamente extra petita, porquanto apreciou questão diversa da que pleiteada na exordial, impondo-se a decretação, de ofício, da nulidade do decisum. De acordo com o art. 1.013, § 3º, II, do CPC, decretada a nulidade da sentença por não ser ela congruente com os limites do pedido ou da causa de pedir, o tribunal está autorizado a decidir desde o logo o mérito, se o processo estiver em condições de imediato julgamento, como no caso dos autos, cuja questão em debate é eminentemente de direito. Recurso conhecido. Sentença cassada. Causa madura. Pretensão exordial julgada improcedente. (TJDFT - Acórdão n.1045364, 20150111380246APC, Relator: JOÃO EGMONT 2ª TURMA CÍVEL, Data de Julgamento: 06/09/2017, Publicado no DJE: 12/09/2017. Pág.: 191/210)

- "O provimento extintivo que, como forma de alcançar o desiderato que alinhara, afirma sem prévia provocação das partes, ou seja, de ofício, a inconstitucionalidade de dispositivos processuais incursiona pela via do julgamento *extra petita*, determinando que seja reputado nulo de pleno de direito, pois não é lícito ao juiz prestar jurisdição à margem do que lhe fora demandado e postulado pelas partes nem deixar de aplicar o direito posto se não infirmada sua desconformidade com a Constituição Federal pela via apropriada, sobejando, portanto, a presunção de constitucionalidade inerente ao texto legal. Apelação conhecida e provida. Sentença cassada. Unânime." (TJDFT - Acórdão n.1028341, 20130710354054APC, Relator: TEÓFILO CAETANO 1ª TURMA CÍVEL, Data de Julgamento: 28/06/2017, Publicado no DJE: 21/07/2017. Pág.: 264-280)

- "A sentença *extra petita* ocorre quando o autor pede uma coisa e a sentença lhe confere outra, sendo nula porque fere de morte o princípio da adstrição do provimento judicial ao pedido da parte. Lado outro, a sentença que extrapola o pedido do demandante é *ultra petita*, devendo ser decotado o excesso nela verificado, restringindo-se aos limites do pleito inicial, sem alterar-lhe a substância. Por fim, a decisão que deixa de apreciar um dos pedidos das partes se classifica como *citra petita*, devendo sua nulidade ser declarada pelo Tribunal ad quem, com determinação de que uma nova decisão seja proferida em primeiro grau, ou então que o próprio Tribunal supra a omissão caso o processo esteja em condições de imediato julgamento, conforme determina o art. 1.013, § 3º, III, do novo CPC/15". (TJMG - Apelação Cível 1.0707.14.034999-4/001, Relator(a): Des.(a) Otávio Portes, 16ª CÂMARA CÍVEL, julgamento em 28/09/2017, publicação da súmula em 06/10/2017)

- "Cinge-se a controvérsia dos autos a saber se houve ou não julgamento *extra petita* pelo Tribunal do Estado do Rio Grande do Sul, extrapolando os limites do pedido do impetrante. Reconhecida a ocorrência de julgamento extra petita, impõe-se anulação dos acórdãos proferidos pelo Tribunal de origem, bem como a devolução destes autos, para que a lide seja apreciada nos limites em que foi proposta. Nesse sentido: AgRg no RMS 28.467/MS, Rel. Min. Maria Thereza de Assis Moura, Sexta Turma, julgado em 13/12/2011, DJe 19/12/2011; RMS 22.266/RN, Rel. Min. Mauro Campbell Marques, Segunda Turma, julgado em 28/9/2010, DJe 15/10/2010; RMS 18.655/SC, Rel. Min. Luiz Fux, Primeira Turma, julgado em 14/11/2006, DJ 16/08/2007, p. 286."

(STJ - AgInt no RMS 43.443/RS, Rel. Ministro HUMBERTO MARTINS, SEGUNDA TURMA, julgado em 09/08/2016, DJe 18/08/2016)

18.3. Sentença *ultra petita*

A sentença *ultra petita* é aquela em que o juiz decide o pedido além do que foi postulado pelo autor, fora do que foi pleiteado na petição inicial. Aqui há um excesso na decisão que vai além daquilo que foi pedido.

Nesta hipótese, a nulidade é parcial porque não vai além do excesso praticado, assim, interposta a apelação, o tribunal não anulará a sentença integralmente, mas apenas decotará aquilo que ultrapassou o pedido.

- "Declarada, na hipótese, a nulidade da sentença em decorrência de julgamento ultra petita, impõe-se o retorno dos autos ao primeiro grau de jurisdição, vedada a aplicação do princípio da causa madura, contido no art. 515, § 3º, do Código de Processo Civil" (STJ, REsp 915.805/SC, Rel. Ministra DENISE ARRUDA, PRIMEIRA TURMA, DJe de 1º/07/2009). (STJ - AgInt no AREsp 999.161/MA, Rel. Ministra ASSUSETE MAGALHÃES, SEGUNDA TURMA, julgado em 23/05/2017, DJe 09/06/2017)

- "É *ultra petita* a decisão que homologa os cálculos da Contadoria Judicial, desprezando a memória do cálculo apresentada pelos próprios exequentes, para adotar outro montante e superior àquele inicialmente postulado. Considerado o pedido inicial, os depósitos efetuados foram bastantes e suficientes para o pagamento da dívida. Inviável a apreciação de requerimento formulado em contrarrazões, tendo em vista a inadequação da via eleita. RECURSO CONHECIDO E PROVIDO." (TJDFT - Acórdão n.1049860, 07096368420178070000, Relator: LUÍS GUSTAVO B. DE OLIVEIRA 4ª Turma Cível, Data de Julgamento: 27/09/2017, Publicado no DJE: 04/10/2017)

- "O princípio da congruência exige a adequada correlação entre o pedido e o provimento judicial, sob pena de nulidade por julgamento citra, extra ou ultra petita". (TJMG - Apelação Cível 1.0024.12.120632-0/002, Relator(a): Des.(a) Octávio de Almeida Neves (JD Convocado), 15ª CÂMARA CÍVEL, julgamento em 14/09/0017, publicação da súmula em 22/09/2017)

- "Observa-se que tanto o agravo, quanto a decisão agravada são ultra petita, já que analisaram causa de pedir e pedido não feitos pela empresa agravante. Reconhecida a nulidade da decisão primeira, necessário prover o agravo, determinando o retorno dos autos à primeira instância para análise do pedido feito. Recurso conhecido e provido, com efeitos infringentes, para dar provimento ao agravo de instrumento, reconhecendo a nulidade da decisão agravada. (TJDFT - Acórdão n.1044269, 20160020256100AGI, Relator: ROMULO DE ARAUJO MENDES 1ª TURMA CÍVEL, Data de Julgamento: 23/08/2017, Publicado no DJE: 04/10/2017. Pág.: 247-263)

- "Preliminar de julgamento *Ultra Petita.* Analisando os autos, é possível reconhecer que, de fato, não há qualquer pedido quanto à condenação da parte apelante à restituição do valor pago a título de corretagem pelos autores/apelados. Não houve o enfrentamento da questão nos autos. Dessa forma, por ter havido julgamento além (*ultra petita*) do que foi discutido nos autos, a preliminar deve ser acolhida, decotando-se a parte excedente do pedido formulado à inicial. Preliminar acolhida. Preliminar de julgamento ultra petita acolhida, para determinar que a parte excedente ao pedido da inicial seja decotada. No mérito, recurso desprovido. (TJDFT - Acórdão n.1046313, 20160110040978APC, Relator: ROBSON BARBOSA DE AZEVEDO 5ª TURMA CÍVEL, Data de Julgamento: 06/09/2017, Publicado no DJE: 22/09/2017. Pág.: 356/360)

- "Reconhecido o julgamento ultra petita, deve-se decotar aquilo que ultrapassou o demandado, sem que isso implique na nulidade de toda a sentença. Sentença anulada em parte. Recurso conhecido, mas não provido. (TJMG - Apelação Cível 1.0209.10.007449-8/001, Relator(a): Des.

(a) Albergaria Costa, 3ª CÂMARA CÍVEL, julgamento em 11/08/2017, publicação da súmula em 29/08/2017)

- "Constatado que a sentença dispôs sobre mais do que foi pedido, reconhecendo o direito da autora ao pagamento de parcela que não foi objeto da ação, conclui-se que houve julgamento "ultra petita", o que não gera nulidade, impondo-se, tão somente, o decote do excesso". (TJMG - Apelação Cível 1.0521.13.005144-9/002, Relator(a): Des.(a) Moreira Diniz, 4ª CÂMARA CÍVEL, julgamento em 17/08/0017, publicação da súmula em 22/08/2017)

18.4. Fatos novos supervenientes à instrução

Estipula o art. 493 do Código de Processo Civil que na hipótese do juiz ao final do processo, na fase de decisória, se deparar com algum novo fato superveniente constitutivo, modificativo ou extintivo do direito capaz de influenciar no julgamento do mérito, deverá considera-lo na elaboração da sentença.

O dispositivo está assim redigido:

> **Art. 493.** Se, depois da propositura da ação, algum fato constitutivo, modificativo ou extintivo do direito influir no julgamento do mérito, caberá ao juiz tomá-lo em consideração, de ofício ou a requerimento da parte, no momento de proferir a decisão.
>
> Parágrafo único. Se constatar de ofício o fato novo, o juiz ouvirá as partes sobre ele antes de decidir.

Assim é que, de ofício ou a requerimento de qualquer das partes, no momento da sentença, deve o julgador considerar o fato novo superveniente, mas após ouvi-las, no prazo de 5 (cinco) dias, inclusive o Ministério Público se atuar na lide, este na forma legal.

18.5. Sentença condenatória

Ao final do processo, estando presentes as condições de ação e seus pressupostos processuais positivos que demonstrem a observância de todas as suas formalidades, caberá ao juiz apreciar a prova constante dos autos independentemente do sujeito que a tiver promovido, e indicará na decisão as razões da formação de seu convencimento, conforme preceitua o art. 371 do Código de Processo Civil.

A sentença conterá a exposição da materialidade do ato ilícito impugnado que emerge de atos ou fatos administrativos, quais sejam, contratos administrativos, processos administrativos, processos licitatórios, ordens de pagamentos, notas de empenho, cheques, comprovantes de restos à pagar, acórdãos do tribunal de contas, pareceres dos órgãos de controle interno etc., enfim, sempre calcada em documentos públicos.

A materialidade será complementada com a demonstração de dano ou lesividade apurada em fatos concretos e objetivos onde se evidencie que o nível de riqueza estatal foi afetado nessa conjuração de atos e fatos administrativos.

Ressalte-se que a lesividade decorre da ilegalidade perpetrada pela manifesta consciência da conduta contrária ao direito, ou seja, o ato ilícito gera a presunção de prejuízo ao erário.

A manifestação judiciosa definitiva deverá conter o nexo de causalidade do ato impugnado à conduta do agente representado em razão do cargo, função ou emprego que exercia no momento da realização do fato administrativo refutado.

Essa conexão entre o agente público e o resultado administrativo produzido, decorrendo os efeitos financeiros e patrimoniais, definirá a responsabilização civil, penal e administrativa para fins de aplicação desta norma, sem prejuízos de outras na esfera criminal.

O autor será sempre o ordenador de despesa ou detentor da responsabilidade do ato decisório contestado, ou que não se enquadrando numa situação ou outra mencionada, tenha contribuindo de forma eficaz para a sua consolidação, visto que, sem a sua participação não teria sido concluído.

No caso de concursos de agentes públicos, a conduta ilícita deverá ser individualizada mediante a especificação dos atos cometidos e a descrita dos resultados produzidos, como requisito para definição do grau de culpabilidade e a dimensão do dano causado.

Essa individualização é pressuposto de eficácia da sentença condenatória que exige certeza e segurança para se constituir uma penalidade de largo espectro na vida civil e política do agente público.

Ressalte a importância da individualização da conduta ilícita de cada agente em virtude de que o grau de culpabilidade e a extensão do dano parcial ou integral, irão definir se as sanções serão aplicadas cumulativamente ou isoladamente.

É importante assinalar que a sentença deverá estar fundada em provas seguras que demonstrem a culpabilidade do agente, e não em simples convicção ou crença que importe numa projeção de responsabilidade, mas sem dados ou elementos probantes indiscutíveis.

Também não se pode considerar o valor jurídico de eventuais declarações ou afirmações decorrentes de colaboração premiada, mas sem a comprovação material do alegado que possa incriminar o agente, assim como, de flagrante preparado mediante a indução ou preparação de cenários incriminatórios controlados.

Registre-se que os trechos seletivos de interceptações telefônicas somente podem ser valorados como prova quando o fato típico for de natureza formal, entretanto, se for de ordem material, o seu teor fica dependente da comprovação do fato no processo com seus efeitos ou resultados visível ou palpável.

A manifestação judiciosa definitiva enfocada no enriquecimento ilícito do agente deverá descrever, de forma individualizada, em que importou o auferimento da vantagem patrimonial indevida em razão do exercício do cargo, mandato ou função pública.

Esse enriquecimento sem causa poderá ser obtido mediante a comparação da renda do agente, representado com o seu acervo patrimonial existente em seu nome ou de familiares.

O fato de alguns bens móveis, como veículos, ou imóveis não estarem em nome do agente, não pode ser desconsiderado se a posse, uso e usufruto se encontram em seu benefício.

Todos esses fatos devem ser identificados com a delimitação temporal de aquisição e confronto com o exercício funcional do agente representado.

Tratando-se de ato de improbidade com prejuízo em desfavor do erário, a sentença deve conter elementos objetivos de transações, atos ou contratos, que demonstrem a lesividade provocada de forma comparativa com preços de mercado à época dos fatos.

A comparação dos preços pactuados ou transacionados com os praticados por outros órgãos públicos, no mesmo período e mesmas condições e quantidades equivalentes, sob pena de distorcer os parâmetros com indução a conclusões desajustadas.

Nessa mesma linha de exame, a decisão definitiva deve dispor na sua exposição de elementos de que bens /ou serviços ficaram inacabados, imperfeitos, inconclusos ou deficientes, mas foram integralmente pagos os preços na sua inteireza.

Quando a ação de improbidade versar sobre a concessão ou aplicação indevida de benefício financeiro ou tributário, dispor dos atos normativos que produziram seus efeitos jurídicos, assim como, a iniciativa da lei e aqueles que a aprovaram.

Nessas circunstâncias, além do autor da iniciativa da lei responderam também os parlamentares que votaram aprovando-a, visto que, agem com a vontade deliberada e consciente de violar norma legal.

Já a sentença que julga os atos de improbidade administrativa que atentam contra os princípios da administração pública deve conter os atos impugnados e as circunstâncias da sua ocorrência, de modo que revele a integração de todos aqueles que participaram ativamente, sem a qual não se operariam os atos ilícitos objetos da demanda.

No que diz respeito à aplicação das sanções, que poderão se cumuladas ou isoladamente, deve a sentença explicitar com clareza, objetividade e delimitação de atuação individual do agente, se for o caso de concurso de pessoas.

É importante essa descrição pontual tendo em vista a necessidade de identificar a participação de menor importância, visto que cada um deverá incidir nas sanções previstas na medida de sua culpabilidade.

Mostra-se com melhor adequação a sentença que define com clareza o autor, coautor e partícipe. Este pode ter contribuindo com o ato ilegal apenas executando tarefa rotineira em respeito ao princípio da obediência devida de seu superior.

Quando o fato conter a prática de prejuízo à administração pública resultou em enriquecimento ilícito, devem ser aplicadas, de forma cumulativa, as sanções previstas para reprovar as condutas adotadas.

No caso de dano ao erário, deverá ser examinado o conjunto de condutas para se concluir quais as que mais se ajustam ao cenário administrativo. O ressarcimento não é sanção, é uma forma de recomposição patrimonial que deverá ser suportado por aquele que dele se beneficiou ou foi destinatário.

A sanção pela violação aos princípios norteadores da administração pública poderá implicar a perda do cargo, se o fato foi grave e danoso ao interesse da gestão pública, ou não se enquadrando nessa circunstância, pode ser objeto apenas de multa civil.

O exame contextualizado é que poderá avaliar o grau de culpabilidade e a dimensão danosa suportada pelo erário como fatores determinantes das sanções que devam ser adequadamente aplicadas aos responsáveis pelo ato impugnado.

A conjugação desses vetores irá balizar a dosimetria da sanção, afastando, assim, a discricionariedade do juiz na sua fixação para vincular a decisão aos elementos integrativos do processo, sob pena de se constituir a sentença num ato de vontade pessoal e de livre-arbítrio do julgador, de forma aleatória e subjetiva apreciação.

Na aplicação sancionatória, a decisão judicial deverá almejar um leque de reprimendas e providências coercitivas, como, declarar o ato de improbidade, explicitando a sua eiva de ilegalidade e desonestidade; responsabilizar o agente público ou político, a fim de objetivar a aplicação das penas previstas; imputar responsabilidade a terceiro particular (*extraneus*); determinar o ressarcimento integral dos danos causados ao erário; a decretar o perdimento de bens ou valores ilicitamente; a declaração de invalidade de ato ou contrato administrativo impugnado, e também a declaração incidental de inconstitucionalidade de lei ou ato do Poder Publico, quando o julgamento se fizer necessário ao deslinde da lide.

Por sua vez, a sentença que julgar procedente a ação civil de reparação de bens dano ou decretar a perda dos bens havidos ilicitamente determinará o pagamento ou a reversão dos bens em favor da pessoa jurídica afetada no seu patrimônio pela ilicitude reconhecida, numa circunstância que não haja elementos suficientes para caracterizar a figura de improbidade, mas que incorreu em afetação ao conjunto de riquezas da entidade pública.

A combinação ou cumulação das sanções tem o caráter vinculante por conta da repercussão de os atos mais graves exigirem aplicação de todo os tipos em conjunto, pois, constatado o evento do enriquecimento ilícito ou dano ao erário, haverá imposição simultânea das penas de perda da função, ressarcimento do prejuízo causado, suspensão de direitos políticos, multa civil e proibição de transação com o Poder Público.

Ao passo que, inexistindo enriquecimento ilícito (art. 9º) ou prejuízo ao patrimônio público (art. 10), caberá ao juiz temperar a sanção na proporção da intensidade e abrangência dos fatos ilícitos cometidos para impor as penas de perda da função pública, suspensão de direitos políticos, multa civil ou proibição de firmar negócios com o Poder Público, em conjunto ou isoladamente, o que deverá fazê-lo considerando as circunstâncias, a intenção ou culpa, a sua dimensão e os antecedentes do agente público.

A respeito dos antecedentes, é relevante o exame para verificar a existência do instituto da reincidência do agente, agravante que deverá levar o pretor a aplicar uma pena mais intensa para dosar com eficácia as reprimendas adotadas, de forma a preservar o sentimento de fé da sociedade no direito e a sua confiança na justiça.

A natureza penal da consequência do ato de improbidade impõe que haja segurança jurídica que autorize a condenação, e na hipótese de dúvidas quanto à culpabilidade pela insuficiência de provas, deve-se optar pela improcedência das acusações.

Ressalte-se, por oportuno, que a condenação exige certeza absoluta, quer da responsabilidade pelo cometimento do ato ímprobo quer da autoria. Não basta a alta probabilidade desta ou daquele.

A certeza é aqui a *conscientia dubitandi secura*, de que falava Vico, e que não admite graus. Tem de fundar-se em dados objetivos indiscutíveis, de caráter geral, que evidenciem o delito e autoria (*Sauer Grundelagem des Prozesserechtsm*, 1929. p. 75), sob pena de conduzir tão somente à íntima convicção insuficiente[160].

Preleciona o jurista Silva Leme:

> [...] a íntima convicção, sem apoio em dados ou elementos subjetivos indiscutíveis, leva à simples crença e não àquela certeza necessária e indispensável à condenação. Essa certeza não pode ser, igualmente, a certeza subjetiva, formada na consciência do julgador, sob pena de se transformar o princípio do livre convencimento em arbítrio. A certeza que pode e deve levar à condenação é aquela de que todos devem participar, alcançada sub espécie *universalis*. Como diz Jean Patarin, citado por Heleno Fragoso, no trabalho acima referido (p. 149) "a procura da certeza perfeita revela-se uma exigência particularmente imperiosa do direito penal" [...].

Certeza é sinônimo manifesto de evidente, de indiscutível, como o magistério do insigne jurisconsulto Carrara: "*no processo criminal máxime para condenar, tudo deve ser claro como a luz, certo como a evidência, positivo como qualquer expressão algébrica*".

É incumbência do autor da ação de improbidade administrativa demonstrar o elemento subjetivo do dolo ou culpa, da conduta ativa ou omissiva, que há de ser plena e convincente calcada nas provas produzidas jurisdicionalmente e esteadas nos documentos públicos e particulares reconhecidamente idôneos ou admitidos sem impugnação; não havendo elementos de convicção e evidenciando-se dúvidas da responsabilidade administrativa, impõe-se a rejeição da ação

160. Fragoso, Heleno. **Revista de Direito Penal**. Borsoi, v. 5.148.

A improcedência da demanda é também prevista quando for provada a inexistência do fato descrito ou que, existindo, as provas atestem que o requerido não tenha concorrido para sua realização.

- "A Constituição Federal, em seu art. 93, inciso IX, determina que todas as decisões proferidas pelos órgãos do Poder Judiciário devem ser fundamentadas, sob pena de nulidade. O magistrado sentenciante, ao reconhecer a prática de atos de improbidade administrativa previstos nos arts. 10, XI, e 11, VI, da Lei 8.429/92, deixou de expor as razões que o levaram a concluir pela ocorrência de dano ao erário, razão pela qual deve a sentença ser anulada". (TRF1 - Numeração Única: 0002773-42.2009.4.01.3814 - AC 2009.38.14.002949-0 / MG – 3ª Turma – rela. Desa. Mônica Sifuentes – e-DJF1 data 06/07/2018)

- "É possível a aplicação isolada ou cumulada das sanções previstas no art. 12 da Lei 8.429, de 1992". (TJMG - Apelação Cível 1.0024.10.291158-3/001, Relator(a): Des.(a) Marcelo Rodrigues, 2ª CÂMARA CÍVEL, julgamento em 24/04/2018, publicação da súmula em 03/05/2018)

- "A cumulação das penalidades previstas no art. 12 da Lei 8.429/92 é possível, devendo o magistrado, no caso concreto, considerar a extensão do dano causado, bem como a vantagem patrimonial obtida pelo agente". (TJMG - Apelação Cível 1.0056.12.008448-0/001, Relator(a): Des.(a) Carlos Roberto de Faria, 8ª CÂMARA CÍVEL, julgamento em 30/11/2017, publicação da súmula em 19/12/2017)

- Mantida a condenação do réu pela prática de atos de improbidade administrativa, previstos no artigo 11 da Lei nº 8.429/92, por ter exercido advocacia administrativa e judicial em desfavor do INSS enquanto ocupante do cargo de agente administrativo do INSS, ainda que em licença. É constitucional a imposição da penalidade de cassação da aposentadoria por prática de ato de improbidade administrativa. Precedentes. Mantidas as penas aplicadas, pois suficientes e proporcionais à reprovação que o ato merece. (TRF4, AC 5001243-73.2015.404.7127, TERCEIRA TURMA, Relator ROGERIO FAVRETO, juntado aos autos em 06/10/2017)

- É pacífico nesta Corte que o ato de improbidade administrativa previsto no art. 11 da Lei 8.429/1992 exige a demonstração de dolo, o qual, contudo, não precisa ser específico, sendo suficiente o dolo genérico. Assim, para a correta fundamentação da condenação por improbidade administrativa, é imprescindível, além da subsunção do fato à norma, caracterizar a presença do elemento subjetivo. A razão para tanto é que a Lei de Improbidade Administrativa não visa punir o inábil, mas sim o desonesto, o corrupto, aquele desprovido de lealdade e boa-fé. Precedentes.: AgRg no REsp 1.500.812/SE, Rel. Ministro Mauro Campbell Marques, Segunda Turma, DJe 28/5/2015; REsp 1.512.047/PE, Rel. Ministro Herman Benjamin, Segunda Turma, DJe 30/6/2015; AgRg no REsp 1.397.590/CE, Rel. Ministra Assusete Magalhães, Segunda Turma, DJe 5/3/2015; e AgRg no AREsp 532.421/PE, Rel. Ministro Humberto Martins, Segunda Turma, DJe 28/8/2014. [...] O dolo está configurado pela manifesta vontade de realizar conduta contrária ao dever de legalidade, admitida pelos próprios apelantes, além do locupletamento ilícito consubstanciado no depósito de dinheiro público em conta de familiares, sem qualquer justificativa legal" (e-STJ, fls. 1.304-1.311). (STJ - REsp 1602794/TO, Rel. Ministro HERMAN BENJAMIN, SEGUNDA TURMA, julgado em 13/06/2017, DJe 30/06/2017)

- Quanto ao dano ao erário. O Tribunal *a quo* reconheceu que houve dano ao Erário, tendo constatado a "caracterização de prejuízo ao erário público, que, in casu, é evidente (fl. 1.308-1.309). E, ainda, confirmou o Parecer do Ministério Público: "O prejuízo aos cofres públicos não é presumível mas, sim, demonstrado por todo o contexto dos autos, na medida em que os cheques da Prefeitura Municipal foram depositados nas contas correntes particulares (entrada), sem a comprovação de pagamentos em valores idênticos (saída)" (fl. 1303). (STJ - REsp 1602794/TO, Rel. Ministro HERMAN BENJAMIN, SEGUNDA TURMA, julgado em 13/06/2017, DJe 30/06/2017)

- [...] Entretanto, quanto ao artigo 11 da Lei 8.429/1992, a jurisprudência do STJ, com relação ao resultado do ato, firmou-se no sentido de que se configura ato de improbidade a lesão a princípios administrativos, o que, em regra, independe da ocorrência de enriquecimento ilícito ou de dano ao Erário. Nesse sentido: REsp 1.320.315/DF, Rel. Ministra Eliana Calmon, Segunda Turma, DJe 20.11.2013, AgRg no REsp 1.500.812/SE, Rel. Ministro Mauro Campbell Marques, Segunda Turma, DJe 28.5.2015, REsp 1.275.469/SP, Rel. Ministro Napoleão Nunes Maia Filho, Rel. p/ Acórdão Ministro Sérgio Kukina, Primeira Turma, DJe 9/3/2015, e AgRg no REsp 1.508.206/PR, Rel. Ministro Herman Benjamin, Segunda Turma, DJe 5.8.2015. CONCLUSÃO 12. Verificada a ofensa aos princípios administrativos, em especial o dever de honestidade e legalidade, configurado está o ato ímprobo do art. 11 da Lei 8.429/1992". (STJ - REsp 1658192/RJ, Rel. Ministro HERMAN BENJAMIN, SEGUNDA TURMA, julgado em 06/06/2017, DJe 30/06/2017)

- "Uma vez evidenciado nos autos que os réus contrataram diretamente uma empresa "fantasma", registrada em nome de um "laranja", com sede fictícia, para fins de compra de material escolar por um valor superfaturado, a condenação dos requeridos na forma do art. 12, II, da Lei n. 8.429/92 é medida que se impõe, eis que configurado o ato de improbidade administrativa previsto no art. 10, VIII do mesmo diploma normativo". (TJMG - Apelação Cível 1.0480.09.139219-5/001, Relator(a): Des.(a) Armando Freire, 1ª CÂMARA CÍVEL, julgamento em 27/09/2017, publicação da súmula em 04/10/2017)

- "Na esteira da jurisprudência do colendo STJ, basta a presença de dolo genérico ou «lato sensu» para configurar improbidade administrativa, ou seja, a simples inobservância dos ditames constitucionais e/ou legais quando da gestão de recursos públicos. É flagrante o prejuízo suportado pelo erário, sobretudo em razão do bloqueio do Município no SIAFI, impossibilitando-o de receber novos repasses. Presente o prejuízo ao erário por ato do agente público, deve-se manter a sentença que julgou procedente a sua condenação por improbidade administrativa. Recurso desprovido". (TJMG - Apelação Cível 1.0697.13.000679-7/001, Relator(a): Des.(a) Luís Carlos Gambogi, 5ª CÂMARA CÍVEL, julgamento em 10/08/2017, publicação da súmula em 22/08/2017)

- "Conforme entendimento pacificado pelo Superior Tribunal de Justiça, em havendo reeleição, o termo inicial do prazo prescricional a que se refere o art.23, I, da Lei 8.429/92 (LIA) é o término do segundo mandato, tendo em vista a continuidade do vínculo jurídico entre o agente político e a administração pública. No caso concreto, vislumbra-se a existência de ato de improbidade administrativa, nos moldes a justificar a procedência do pedido, pois evidente a lesão ao erário municipal (art.10, caput, da Lei nº8.429/92), configurada pela omissão culposa do réu (negligência), diante não aplicação do saldo de convênio em conta remunerada, em afronta aos comandos dos §§ 4º a 6º do art.116 da Lei 8.666/93. Cumpria ao réu, na qualidade de Prefeito Municipal à época, fiscalizar, de forma regular e eficaz, a fiel execução do convênio, para que o seu objeto fosse devidamente cumprido nos exatos termos do pactuado. (TJMG - Ap Cível/Reex Necessário 1.0290.07.044831-8/001, Relator(a): Des.(a) Geraldo Augusto, 1ª CÂMARA CÍVEL, julgamento em 05/07/2017, publicação da súmula em 12/07/2017)

- Gestão temerária das verbas sindicais. Em sede de ação civil pública, o capítulo da sentença desfavorável ao parquet submete-se à remessa necessária, em consonância com o entendimento pacificado pelo eg. Superior Tribunal de Justiça. É aplicável a Lei de Improbidade Administrativa aos dirigentes sindicais, seja pela parcela correspondente ao repasse da contribuição sindical, seja pelo interesse público na adequada gestão dos recursos prestados pelos sindicalizados. Comprovado que a má gestão dos recursos sindicais, configurada pelo indevido redirecionamento das verbas e pela inadimplência com empresas conveniadas, resultou na formação de saldo negativo não justificado pelo dirigente responsável, é devida aplicação da penalidade constante do art. 12, II, da Lei n. 8.429/92, com o integral ressarcimento do dano e a suspensão dos direitos políticos. - Ausente a indicação dos índices de juros e de correção monetária incidentes sobre o montante a ser ressarcido, é cabível a reforma da sentença, para a necessária complementação." (TJMG - Apelação Cível 1.0443.13.000702-6/001, Relator(a): Des.(a) Corrêa Junior, 6ª CÂMARA CÍVEL, julgamento em 14/02/0017, publicação da súmula em 24/02/2017)

- "Em autos de ação civil pública, demonstrada a utilização gratuita de bem público para fins particulares, em evidente prejuízo ao erário, mantém-se a decisão de primeiro grau que reconheceu a prática de atos de improbidade administrativa, nos termos do art. 10, XIII, da Lei Federal nº 8.429/92. Recurso não provido". (TJMG - Apelação Cível 1.0687.13.008115-5/001, Relator(a): Des.(a) Audebert Delage, 6ª CÂMARA CÍVEL, julgamento em 06/12/2016, publicação da súmula em 16/12/2016)

- "Na aplicação das sanções previstas pela Lei nº 8.429/1992, destinadas à reprimenda das condutas ímprobas, o Juiz deve levar em consideração a conduta de cada agente acusado como ímprobo com base na gravidade do fato por ele praticado, na extensão do dano causado e no proveito patrimonial obtido. Embora o Juiz, na aplicação das penalidades previstas pela lei supramencionada, não se adstrinja ao pedido formulado pelo Autor, para o caso dos autos, a formulação aposta na petição inicial para o pleito de condenação da Ré apenas ao ressarcimento integral do dano e ao pagamento de multa civil de duas vezes o valor do dano patrimonial causado ao erário, é adequado e atende de forma razoável e proporcional ao propósito de reprimir o ato de improbidade administrativa culposo por ela praticado". (TJDFT - Acórdão n.907864, 20130110358142APC, Relator: ANGELO PASSARELI, Revisor: SILVA LEMOS, 5ª TURMA CÍVEL, Data de Julgamento: 25/11/2015, Publicado no DJE: 02/12/2015).

- "Os atos de improbidade que importem em enriquecimento ilícito (art. 9º) normalmente sujeitam o agente a todas as sanções previstas no art. 12, I, pois referidos atos sempre são dolosos e ferem o interesse público, ocupando o mais alto 'degrau' da escala de reprovabilidade" *(STJ - RESP 200400986607, JOÃO OTÁVIO DE NORONHA, STJ - SEGUNDA TURMA).*

- O Supremo Tribunal Federal firmou o entendimento de que a aplicação de penalidade na instância administrativa é independente das esferas penal, cível e de improbidade administrativa. (RE 736.351 AgR – 1ª Turma – Rel. Min. Roberto Barroso – j. em 12.11.2013 – Processo Eletrônico DJe-243 Divulg 10.12.2013, Public 11.12.2013)

- "Na reparação de danos prevista no inc. I do art. 12 da Lei 8.429/92, deverá o julgador considerar o dano ao erário público, e não apenas o efetivo ganho ilícito auferido pelo agente do ato ímprobo, porque referida norma busca punir o agente não só pelo proveito econômico obtido ilicitamente, mas pela prática da conduta dolosa, perpetrada em ferimento ao dever de probidade. Na hipótese em que sejam vários os agentes, cada um agindo em determinado campo de atuação, mas de cujos atos resultem o dano à administração pública, correta a condenação solidária de todos na restituição do patrimônio público e indenização pelos danos causados. (STJ – REsp. 678599 / MG – 2ª Turma – DJ 15.05.2007 p. 260 – Rel. Min. João Otávio de Noronha)

- As sanções do art. 12, da Lei 8.429/92 não são necessariamente cumulativas, cabendo ao magistrado a sua dosimetria; aliás, como deixa entrever o parágrafo único do mesmo dispositivo. O espectro sancionatório da lei induz interpretação que deve conduzir à dosimetria relacionada à exemplariedade e à correlação da sanção, critérios que compõem a razoabilidade da punição, sempre prestigiada pela jurisprudência do E. STJ. Precedentes: RESP. 664856/PR, desta relatoria, DJ de 02.05.2006; RESP. 507574/MG, Relator Ministro Teori Zavascki, DJ de 08.05.2006; RESP. 513.576/MG, Relator p/ acórdão Ministro Teori Zavascki, DJ de 06.03.2006" (STJ – REsp. 631301 / RS – 1ª Turma – DJ 25.09.2006 p. 234 – Rel. Min. Luiz Fux)

- "O fato de a Lei 8.429/92 não determinar, de forma expressa, que o ato improbo deva ser anulado, não inibe tal possibilidade, com a menção expressa na inicial, até mesmo porque isso é uma consequência natural da procedência do pedido. Precedente análogo: REsp. 749.988/

SP, Rel. Min. LUIZ FUX, DJ de 18.09.2006". (STJ - REsp. 895594 / SP - 1ª Turma - DJ 08.03.2007 p. 182 - Rel. Min. Francisco Falcão)

18.6. Declaração incidental de inconstitucionalidade

No largo censo de criatividade da cultura de mordomias e privilégios no serviço público, têm aparecido leis federais, estaduais ou municipais, criando regalias que atentam contra os princípios norteadores da administração pública da legalidade, impessoalidade, moralidade ou da publicidade.

Como se tratam de normas que afrontam à Constituição Federal é necessário que o juiz numa ação de improbidade administrativa tenha de declará-la inconstitucional, afastando, assim, essa moldura normativa para que seja declarada a nulidade perquirida na petição inicial.

De modo que é admissível ocorrer a necessidade da declaração de inconstitucionalidade incidental em ação civil pública contra ato de improbidade administrativa, quando tem na persecução a invalidação de atos ou fatos administrativos que estejam enquadrados em normas ordinárias editadas em manifesta disposição assimétrica com a Constituição da República.

A pretensão central da demanda é o enquadramento dos atos e fatos administrativos no rol das condutas tipificadas pela Lei de Improbidade Administrativa, pedido principal, entretanto, de forma reflexiva não há como deixar de provocar um provimento judicial declaratório incidental positivo de uma norma que flagrantemente exaspera os seus limites aos contornos estabelecidos pela Carta Política.

Assim é que o ajuizamento de uma ação civil pública contra ato de improbidade administrativa deve almejar o atingimento de uma relação jurídica constitutiva de ilicitude em concreto, mas que poderá necessariamente enfrentar a declaração incidental de inconstitucionalidade de lei ou ato do Poder Público por se apresentar indispensável ao julgamento do mérito da controvérsia, cujos efeitos ficam restritos às partes integrantes da relação processual.

O que não se admite é o manejo da ação civil pública visando exclusivamente à apreciação da inconstitucionalidade da lei em tese, pois o efeito concreto seria o alcance de efeito *erga omnes,* finalidade específica de aplicação no controle difuso.

Com essa linha de entendimento, deflui a idoneidade da ação civil pública para submeter ao juiz o exame incidental de lei ou ato do Poder Público que constitua questão prejudicial necessária ao deslinde do litígio principal.

Trata-se, portanto, de um controle sobre uma lei ou ato normativo em concreto, que opera como verdadeira questão lesiva da lide principal, em face do prejuízo à parte na aplicação da norma jurídica, reputada inconstitucional em relação ao processo em curso e da consequente decisão de mérito da causa litigiosa.

Pedro Lenza[161], citando Alexandre de Moraes, fornece um exemplo de aplicação do instituto, destacando "*determinada ação civil pública ajuizada pelo MP, em defesa do patrimônio público, para anulação de licitação baseada em lei municipal incompatível com o art. 37 da CF, declarando, o juiz ou Tribunal, no caso concreto, a inconstitucionalidade da referida lei, reduzidos os seus efeitos somente às partes*".

No mesmo sentido, preleciona Reis Friede: "*No controle da constitucionalidade por via de exceção, a constitucionalidade não é, de fato declarada e sim, reconhecida, pois, se trata de mera e simples questão prejudicial, cuja decisão, pelo juiz, tão somente suspende a eficácia da lei retroativa (efeito ex tunc) e com alcance somente entre as partes litigantes (efeito inter partes)*"[162].

Anote-se, por oportuno, que qualquer juiz, sem exceção, nas lides submetidas a seu julgamento, dispõe da prerrogativa de declarar ou não, a inconstitucionalidade de norma jurídica, e a decisão será sempre *incidenter tantum*, o que significa que a referida declaração ocorrerá de forma incidental, prejudicialmente ao exame de mérito.

Ensina Sahid Maluf que a ideia de controle de constitucionalidade parte do princípio da supremacia da Constituição sobre os demais atos normativos; a lei infraconstitucional é subordinada e deve ajustar-se à letra e ao espírito da Constituição, como condição *sine qua non* de validade: "*Dizemos à letra e ao espírito porque, como é óbvio, além dos princípios expressos, decorrem da Constituição princípios implícitos, isto é, princípios que não estão escritos, mas que se deduzem do regime adotado, da substância ideológica e das próprias normas expressas*".

Os autores Luiz Alberto David Araujo e Vidal Serrano Nunes Júnior, em sua obra[163], explicam:

> A decisão do Poder Judiciário para o caso concreto será sempre *incidenter tantum*, ou seja, pressuposto para a procedência ou improcedência da ação, que apreciará a tutela concreta do interesse. O juiz reconhece a inconstitucionalidade de determinada norma e, por via de consequência, julga o feito procedente ou improcedente. A declaração de inconstitucionalidade antecede o mérito da questão.

Preleciona o ministro Gilmar Mendes que "*O controle de constitucionalidade difuso, concreto, ou incidental outorga aos juízes e tribunais o poder de afastar a aplicação da lei in concreto (arts. 97, 102, III, a e c, 105, II, a e b, da CF/88), quando restar caracterizada hipótese de inconstitucionalidade de ato normativo a ser aplicado num caso submetido à apreciação jurisdicional*"[164].

Ensina Alfredo Buzaid:

161. LENZA, Pedro. **Direito Constitucional Esquematizado**. 7. ed. São Paulo: Método, p. 103.
162. **Curso de Direito Constitucional**. Rio de Janeiro: Forense, 1999. p. 96.
163. **Curso de Direito Constitucional.** São Paulo: Saraiva, 2003. p. 28.
164. **Teoria Geral do Estado**. 21. ed. São Paulo: Saraiva, 1991. p. 199.

A assertiva de que o controle de constitucionalidade constitui questão de ordem pública decorre da natureza do instituto. Com efeito, o autor acima referido destaca que "a característica fundamental do controle concreto ou incidental de normas parece ser o seu desenvolvimento inicial no curso de um processo, no qual a questão constitucional configura" antecedente lógico e necessário à declaração judicial que há de versar sobre a existência ou inexistência da relação jurídica[165].

"*O reconhecimento da inconstitucionalidade de lei ou ato do poder público pode ser pleiteado pela parte como fundamento de ação em qualquer processo, mas não pode ser objeto de pedido em sentido estrito. A declaração de inconstitucionalidade pelo controle difuso, como fundamento do pedido ou da defesa, não fica acobertada pela autoridade da coisa julgada*", conforme destaca Alexandre de Moraes[166].

No que concerne à legitimidade da arguição da matéria, impende a saber que "*A questão de constitucionalidade deve ser suscitada pelas partes litigantes ou pelo Ministério Público, podendo, também, ser reconhecida ex officio pelo órgão jurisdicional*"[167].

E a propósito da configuração do prequestionamento se deve estar implícito, explícito e ficto, destaca Nelson Nery Júnior: "*para o STF o prequestionamento tem de ser explícito, isto é, o acórdão tem que decidir efetivamente a questão, ao passo que o STJ tem admitido o prequestionamento implícito, que ocorre quando a questão foi posta à discussão no primeiro grau, mas não mencionada no acórdão*"[168].

Na hipótese da petição inicial de ação de improbidade administrativa apresentar como causa de pedir a inconstitucionalidade de norma que respalda os atos impugnados por considerá-los enquadrados nos tipos de improbidade administrativa, deve essa questão prejudicial deverá ser resolvida pelo juiz.

Nessa circunstância, o juiz necessariamente terá de enfrentar a questão suscitada, sob pena de não ser considerada fundamentada sua decisão, em virtude da exigibilidade contida no inciso IV, do art. 489 do Código de Processo Civil, de que

---

165. BUZAID, Alfredo. *Apud* MENDES, Gilmar Ferreira. **Direitos fundamentais e controle de constitucionalidade**. 2. ed. São Paulo: Celso Bastos, 1999. p. 370.

166. MORAES, Alexandre de. **Direito constitucional**. 7. ed. São Paulo: Atlas, 2000. p. 561 "*Na via de exceção, a pronúncia do Judiciário, sobre a inconstitucionalidade, não é feita enquanto manifestação sobre o objeto principal da lide, mas sim sobre questão prévia, indispensável ao julgamento do mérito. Nesta via, o que é outorgado ao interessado é obter a declaração de inconstitucionalidade somente para o efeito de isentá-lo, no caso concreto, do cumprimento da lei ou ato, produzidos em desacordo com a Lei maior. Entretanto, este ato ou lei permanecem válidos no que se refere à sua força obrigatória com relação a terceiros*".

167. BITTENCOURT, Carlos Alberto Lúcio. **O controle jurisdicional da constitucionalidade das leis**. 2. ed. Rio de Janeiro: Forense, 1968. p. 113.

168. NERY JUNIOR, Nelson. **Princípios fundamentais – teoria geral dos recursos**, p. 247, *apud* MEDINA, José Miguel Garcia. **O prequestionamento nos recursos extraordinário e especial**. 3. ed. rev. atual. ampl. São Paulo: RT, 2002. p. 320.

não se considera fundamentada a decisão que não enfrentar todos os argumentos deduzidos no processo.

Nesse caso, o controle difuso ou *incidenter tantum* consiste no controle incidental de constitucionalidade é a verificação, no caso concreto, da constitucionalidade da norma por qualquer juiz ou Tribunal.

Entretanto, a existência de norma ordinária que embasa os atos impugnados apresentando eiva de suposta inconstitucionalidade, mas que não foi suscitada na proemial, caberá ao juiz de ofício instaurar o incidente para decidir a respeito.

Esse procedimento é pressuposto processual para decisão dessa questão prejudicial que terá repercussão na sentença, de modo que precisa ser afastada ou acolhida, como condição de julgamento do mérito da ação.

Cuida-se de uma situação antecedente que necessita se formar um juízo de conhecimento do pedido principal da causa.

É importante mencionar que a declaração incidental de inconstitucionalidade possui efeito somente entre as partes e retroação à sua origem para declarar a nulidade de todos os atos que os tiverem como fundamento.

A respeito do tema, Dirley da Cunha Júnior explica:

> No controle incidental, a declaração de inconstitucionalidade restringe-se às partes litigantes, ainda que, em face de recurso extraordinário (ou no exercício de sua competência originária), a decisão de inconstitucionalidade seja proferida pelo Supremo Tribunal Federal. Assim, continua a lei ou ato normativo impugnado, e declarado inconstitucional em relação àquelas partes, a vigorar e a produzir efeitos relativamente a outras situações e pessoas, a menos que, igualmente, se provoque a jurisdição constitucional, logrando essas pessoas obter idêntico pronunciamento. Vê-se, por conseguinte, que é decorrência natural do controle incidental de inconstitucionalidade, nos países que não adotam o princípio do *stare decisis*, a possibilidade de existência de leis ou atos normativos inconstitucionais para uns e constitucionais para outros.[169]"

Entretanto, não sendo objeto da inicial o pedido de inconstitucionalidade da norma, o juiz para agir de ofício deverá observar a regra do contraditório para dar às partes a oportunidade sobre a eventual declaração de incidente de inconstitucionalidade, procedimento se torna imprescindível para se decidir à luz da Constituição a causa de pedir.

Esse viés do contraditório se mostra indispensável em razão do que preceitua o art. 10 do Código de Processo Civil, assim redigido:

> **Art. 10.** O juiz não pode decidir, em grau algum de jurisdição, com base em fundamento a respeito do qual não se tenha dado às partes oportunidade de se manifestar, ainda que se trate de matéria sobre a qual deva decidir de ofício.

169. JÚNIOR, Dirley da Cunha. **Controle de Constitucionalidade. Teoria e Prática**, p.167.

Ressalte-se, por oportuno, que o sistema de controle difuso outorga a qualquer juiz ou tribunal que realize o controle de constitucionalidade, evidentemente, com observância ao regramento processual.

A doutrina proclama que "o juiz, como óbvio, julga o incidente de inconstitucionalidade sempre originariamente. O tribunal (qualquer que seja o grau: inferior ou superior, até mesmo o Supremo Tribunal Federal), tanto originariamente quanto em grau de recurso"[170] e que "já não se discute mais, nem em doutrina nem na jurisprudência, acerca da plena legitimidade do reconhecimento da inconstitucionalidade por juiz de primeiro grau, seja estadual seja distrital"[171] .

A sentença que declarar a inconstitucionalidade incidental de uma norma tem os seus efeitos jurídicos, vinculando exclusivamente as partes, ela tem alcance *inter partes*, não produzindo efeitos *erga omnes*, nem alcançando a terceiros que não integram a relação processual.

O Código de Processo Civil de 2015, nesse sentido, prevê:

> **Art. 503.** A decisão que julgar total ou parcialmente o mérito tem força de lei nos limites da questão principal expressamente decidida.
>
> § 1º O disposto no *caput* aplica-se à resolução de questão prejudicial, decidida expressa e incidentemente no processo, se:
>
> I - dessa resolução depender o julgamento do mérito;
>
> II - a seu respeito tiver havido contraditório prévio e efetivo, não se aplicando no caso de revelia;
>
> III - o juízo tiver competência em razão da matéria e da pessoa para resolvê-la como questão principal.
>
> § 2º A hipótese do § 1º não se aplica se no processo houver restrições probatórias ou limitações à cognição que impeçam o aprofundamento da análise da questão prejudicial.

O §1º deste dispositivo contempla a situação eventual da essencialidade de aferição da constitucionalidade incidental de uma norma ordinária para avançar em direção ao julgamento do mérito da causa.

A hipótese de norma ordinária que confere suposta legalidade ao ato impugnado, se declarada incidentalmente inconstitucional, a situação posterior poderá resultar em improbidade administrativa ou nulidade perquirida na proemial.

É importante destacar que a Instância Superior eventualmente afastando a declaração de inconstitucionalidade gerará uma situação de legalidade do ato impugnado em razão de que sua vigência e validade afasta qualquer vício na sua aplicabilidade.

---

170. JÚNIOR, Dirley da Cunha. **Controle de Constitucionalidade. Teoria e Prática**, p.167.

171. BARROSO, Luís Roberto. **O controle de Constitucionalidade no Direito Brasileiro**, p. 94.

De modo que, uma vez submetido o litígio em juízo, o magistrado deverá resolvê-lo com análise de forma incidental, a inconstitucionalidade de uma lei ou ato normativo, cujo provimento judicial, nos termos do art. 503 do Código de Processo Civil, resultará em coisa julgada a apreciação de questão prejudicial, decidida incidentemente no processo.

Destaque-se que o novo Código de Processo Civil estendeu a autoridade de coisa julgada para a decisão proferida pelo juiz ou pelo Tribunal às questões prejudiciais, abrangendo assim, a questão antecedente ao mérito porque esta foi levando em consideração para a manifestação judiciosa definitiva.

- "Na forma da jurisprudência do STJ, "é possível a declaração incidental de inconstitucionalidade em Ação Popular, 'desde que a controvérsia constitucional não figure como pedido, mas sim como causa de pedir, fundamento ou simples questão prejudicial, indispensável à resolução do litígio principal, em torno da tutela do interesse público'. (REsp 437.277/SP, Rel. Min. Eliana Calmon, Segunda Turma, DJ 13/12/2004)" (REsp 1.559.292/ES, Rel. Ministro HERMAN BENJAMIN, SEGUNDA TURMA, DJe 23/05/2016)." (STJ - AgInt no REsp 1352498/DF, Rel. Ministro SÉRGIO KUKINA, PRIMEIRA TURMA, julgado em 05/06/2018, DJe 08/06/2018)

- "O Superior Tribunal de Justiça possui jurisprudência firme e consolidada de que "é possível a declaração incidental de inconstitucionalidade, na ação civil pública, de quaisquer leis ou atos normativos do Poder Público, desde que a controvérsia constitucional não figure como pedido, mas sim como causa de pedir, fundamento ou simples questão prejudicial, indispensável à resolução do litígio principal, em torno da tutela do interesse público" (REsp 437.277/SP, Rel. Ministra Eliana Calmon, Segunda Turma, DJ 13.12.2004)'. (STJ - REsp 1696938/SP, Rel. Ministro HERMAN BENJAMIN, SEGUNDA TURMA, julgado em 17/10/2017, DJe 23/10/2017)

- Ação civil pública. Improbidade administrativa. Declaração incidental de inconstitucionalidade. Possibilidade. Controle difuso. Causa de pedir. Hipótese em que o Tribunal local entendeu por não caber na via eleita a declaração de inconstitucionalidade de lei em Ação Civil Pública. O Superior Tribunal de Justiça possui jurisprudência firme e consolidada de que "é possível a declaração incidental de inconstitucionalidade, na ação civil pública, de quaisquer leis ou atos normativos do Poder Público, desde que a controvérsia constitucional não figure como pedido, mas sim como causa de pedir, fundamento ou simples questão prejudicial, indispensável à resolução do litígio principal, em torno da tutela do interesse público" (REsp 437.277/SP, Rel. Ministra Eliana Calmon, Segunda Turma, DJ 13.12.2004). Nesse sentido: REsp 1.569.401/CE, Rel. Ministro Humberto Martins, Segunda Turma, DJe 15.3.2016; REsp 1.181.511/RS, Rel. Ministro Sérgio Kukina, Primeira Turma, DJe 11.4.2014; AgRg no REsp 1.418.192/MG, Rel. Ministro Mauro Campbell Marques, Segunda Turma, DJe 27.2.2014. 3. Recurso Especial provido, sendo determinado o retorno dos autos à instância de origem para apreciação do mérito da demanda. (STJ - REsp 1659824/SP, Rel. Ministro HERMAN BENJAMIN, SEGUNDA TURMA, julgado em 27/06/2017, DJe 30/06/2017)

- Ação civil pública. Declaração incidental de inconstitucionalidade de lei. Possibilidade. Precedentes. O Supremo Tribunal Federal firmou o entendimento no sentido de se admitir o controle difuso de constitucionalidade em ação civil pública desde que a alegação de inconstitucionalidade não se confunda com o pedido principal da causa. Precedentes. Inaplicável o art. 85, § 11, do CPC/2015, uma vez que não é cabível, na hipótese, condenação em honorários advocatícios (arts. 17 e 18, Lei nº 7.347/1985). Agravo interno a que se nega provimento, com aplicação da multa prevista no art. 1.021, § 4º, do CPC/2015, em caso de unanimidade da decisão. (STF - RE 910570 AgR, Relator(a): Min. ROBERTO BARROSO, Primeira Turma, julgado em 02/05/2017, ACÓRDÃO ELETRÔNICO DJe-104 DIVULG 18-05-2017 PUBLIC 19-05-2017)

- Controle incidental de inconstitucionalidade. Possibilidade. Precedentes. A jurisprudência desta Corte entende ser possível a declaração incidental de inconstitucionalidade de leis ou atos normativos, em sede de ação civil pública, quando a controvérsia constitucional figurar como causa de pedir ou questão prejudicial indispensável à resolução do litígio principal. Precedentes. (STJ - REsp 1181511/RS, Rel. Ministro SÉRGIO KUKINA, PRIMEIRA TURMA, julgado em 03/04/2014, DJe 11/04/2014)

- Incidente. Constitucionalidade. O controle da constitucionalidade por via incidental se impõe toda vez que a decisão da causa o reclame, não podendo o juiz julgá-la com base em lei que tenha por inconstitucional, senão declará-la em prejudicial para ir ao objeto do pedido. (RTJ 97/1191, STF, Rel. Min. Rafael Mayer)

- Controle de constitucionalidade. Demandas coletivas. Recurso extraordinário. Ação Civil Pública. Ministério Público. Legitimidade. Acórdão que deu como inadequada a ação civil pública para declarar a inconstitucionalidade de ato normativo municipal. Entendimento desta Corte no sentido de que nas ações coletivas, não se nega, à evidência, também, a possibilidade de declaração de inconstitucionalidade, *incidenter tantum*, de lei ou ato normativo federal ou local. 4. Reconhecida a legitimidade do Ministério Público, em qualquer instância, de acordo com a respectiva jurisdição, a propor ação civil pública (CF, arts. 127 e 129, III). 5. Recurso extraordinário conhecido e provido para que se prossiga na ação civil pública movida pelo Ministério Público. (STF – RE 227.159/GO – DJ 17.05.2002 – p. 00073 Ement. v. 02069-03 – p. 00429 – j. em 12.03.2002 – 2ª Turma – Rel. Min. Néri da Silveira)

18.7. Dispositivos da sentença condenatória

A manifestação judiciosa definitiva é o pronunciamento do juiz que decide a controvérsia da causa que lhe submetida, após esgotar a fase cognitiva do procedimento comum, para assim, exaurir a instância ou o primeiro grau de jurisdição através da definição do juízo para dar solução ao litígio, acolhendo ou rejeitando a postulação formulada.

Essa decisão é com fundamento nos arts. 485 e 487 do Código de Processo Civil.

A sentença condenatória que julga processo de atos de improbidade administrativa deve conter os seus elementos integrativos, sejam sancionatórios, reparatórios ou de natureza mandamental.

Assim é que, no seu dispositivo, a sentença contendo as sanções correspondentes deve produzir seus efeitos secundários para sua execução, algumas de imediato, outras a depender do trânsito em julgado.

A sentença no seu *decisum* com deverá adotar os seguintes procedimentos:

a) Declarada a perda da função pública deverá ser informada ao Órgão público no qual o promovido pertença para proceder a sua exoneração, entretanto, sua execução depende do trânsito em julgado;

b) A declaração de que o ato ou contrato impugnado é ilegal, constituindo-se assim na figura jurídica de improbidade administrativa objeto da ação;

c) A declaração de nulidade do ato ou contrato objeto da demanda;

d) Na hipótese de aplicação da sanção de suspensão dos direitos políticos, deve constar na sentença a determinação de informar a decisão à Justiça

Eleitoral, que tem a incumbência de adotar as medidas necessárias para sua efetivação, mas esse procedimento fica condicionado ao trânsito em julgado;

e) Na sentença condenatória, quando for determinado ressarcimento de prejuízo causado ao erário, constará o valor identificado com a incidência de juros legais e a correção monetária do valor apurado a partir da data do fato, para sua recomposição do nível de riqueza estatal, mesmo que não conste esse pedido na exordial;

f) O valor da reparação ao patrimônio público deverá ser destinado à entidade pública lesada, nos termos do art. 18 desta Lei;

g) Na hipótese de decretação da perda dos bens havidos ilicitamente ou a reversão dos bens, deverá constar na sentença a expedição de comunicação ao cartório imobiliário competentes, se for bem imóvel, ou ao Órgão de trânsito, no caso de veículo, e se for ativo financeiro, à Instituição bancária correspondente;

h) Se a sentença decidir pela aplicação da pena de proibição de contratação com o Poder Público ou dele receber benefícios ou incentivos fiscais ou creditícios, a decisão deverá ser objeto de comunicação oficial para os órgãos centrais de cadastros dos governos federal, estadual e municipal ou secretarias de administração, ficando a incumbência de informar aos demais Entes competentes, assim como ao Tribunal de Contas;

i) A procedência do pedido, ou em parte, por imperativo legal do art. 85 do Código de Processo Civil, condenará o(s) promovido(s) ao pagamento de honorários advocatícios e nas despesas com a realização de perícias ou diligências;

18.8. Dosimetria das sanções

Na fixação da sanção punitiva, o juiz deverá pautar-se pelos critérios legais, recomendações doutrinárias e orientações pretorianas para ajustá-la ao grau de reprovação da conduta reprimida, analisando individualmente as circunstâncias ilícitas que envolvem o ato de improbidade, a extensão do dano causado, especialmente a repercussão para os segmentos sociais mais desprotegidos e necessitados da ação governamental nas suas atividades de Estado, como: o universo de afetação ao ensino escolar de crianças e adolescentes, que envolve o acesso ao ensino e o direito à alimentação escolar; no campo da saúde, a assistência médica infantil e aos idosos; no aspecto da pobreza os programas de combate à fome e também danos à segurança pública que atingem a todos indistintamente com a perda da vida ou mutilações do corpo humano; todas são situações que intensificam a gravidade do ato de improbidade administrativa ao desviar recursos públicos desses setores vitais para a sociedade.

Deve-se considerar de relevante aspecto a vontade do agente em produzir o resultado, pela sua disposição dolosa ou a sua culpabilidade pela imprudência, negligência ou imperícia, que sopesará para aplicação da pena.

A dimensão do alcance dos danos projetados para o raio de ação da sua conduta é que deve nortear a dosimetria da pena ou sanção, a ser imposta na sentença.

Atente-se, ainda, para a extensão do proveito patrimonial auferido pela ação ilícita que influenciará a pena ou a sanção na proporção da grandeza do dano cometido.

Aduzem-se a esse conjunto de fatores os elementos informativos referentes à vida funcional do agente público, os seus antecedentes profissionais e criminais, para fins de apuração da reincidência em fatos ilícitos.

Quando a sanção aplicada é acima do mínimo legal, é imperioso que o julgador justifique motivadamente as razões que o fizeram concluir pelo balizamento do *quantum* da medida punitiva expressa.

A ausência dessa justificação resulta em nulidade da sentença, porquanto é direito do agente representado conhecer a motivação do tamanho da pena ou sanção, que lhe é aplicada, visto que o discricionarismo na fixação da punição não se confunde com arbítrio do juiz, segundo sua apreciação subjetiva pura e simples.

Quando se menciona pena ou sanção é porque se entende que se conceituam dentro da denominação de sanção o ressarcimento de danos causados ao erário e a perdimento de bens adquiridos ilicitamente, enquanto a multa civil, a suspensão dos direitos políticos, a perda de função pública e a proibição de contratar com o Poder Público, estão no campo do direito personalíssimo que enseja penas, que não podem ser transmitidas a terceiros ou sucessores, ganhando, assim, contornos mais definidores de punição.

No tocante à aplicação da pena na sentença condenatória de ato de improbidade administrativa, após essas considerações, pode-se concluir que a multiplicidade de eventos ou a unicidade de fatos podem determinar a cumulatividade das penas ou a aplicação isolada de uma delas com a força pedagógica proporcional e intimidadora de inibir a reiteração da conduta ilícita.

A elaboração da composição da pena e das sanções por ato de improbidade administrativa deve observar integralmente as regras contidas no parágrafo único do art. 12 desta Lei, que estabelece como parâmetros a extensão do dano causado e o proveito patrimonial obtido pelo agente representado.

Cuida-se de uma combinação que envolve a complexa somatização de todos os elementos informativos historiados no processo que tem como personagem central o agente e os fatos típicos denunciados, mostrando as situações extraídas dos autos devidamente vinculadas às ocorrências apuradas.

Desse modo, não pode o juiz sentenciante, sob pena de nulidade, relegar a motivação delas com a especificidade dos fatos apurados em relação à conduta, comportamento e os atributos obtidos com dilação probatória, mas deve mencionar tudo que aconteceu ao redor dos acontecimentos objeto do processo.

Supostas, vazias e subjetivas apreciações abstratas do empirismo processual, não articuladas com as circunstâncias exigidas pelo aludido dispositivo a fatos concretos, precisos e objetivos, reveste o *decisum* de nulidade. Isso porque, quando a pena aplicada é acima do mínimo legal ou intensa, é imperioso que o julgador justifique motivadamente as razões que o fizeram concluir pelo balizamento do *quantum* da sanção expressa.

No aspecto patrimonial, há duas situações a merecer atenção na definição da responsabilidade civil de ressarcimento de eventual prejuízo suportado pelo erário.

O enriquecimento ilícito deve ser aferido de modo a estabelecer o provável parâmetro de seu valor patrimonial ou financeiro, assim como o período de seu início até o estancamento por qualquer que tenha sido a motivação, cuja vinculação deverá correspondente com o espaço de tempo do exercício do cargo ou função pública, para assim, definir o valor a decretada a sua perda.

No caso de dano causado à administração pública, esse valor deverá ser extraído do lapso temporal da sua ação danosa provocada e associada ao exercício do cargo ou função pública do agente, como fator para delimitar a sua atuação e apuração do valor do desfalque ao patrimônio público.

- "Se a conduta do apelante ensejou vantagem pecuniária indevida, tendo ele utilizado em proveito próprio e incorporado ilicitamente verba pública no seu patrimônio pessoal, bem como praticado ato visando fim proibido em lei, deve sofrer as sanções da Lei de Improbidade Administrativa. Ao cominar a sanção por prática de ato de improbidade administrativa, deve o Julgador analisar a lesividade e a reprovabilidade da conduta dos réus, o elemento volitivo e a consecução do interesse público, de modo a adequar a pena ao caso concreto, sempre com caráter inibitório de futuras práticas lesivas ao erário e ao princípio da moralidade administrativa". (TJMG - Apelação Cível 1.0349.12.001095-5/001, Relator(a): Des.(a) Edilson Olímpio Fernandes, 6ª CÂMARA CÍVEL, julgamento em 10/07/2018, publicação da súmula em 20/07/2018)
- "A sanção imposta ao responsável por ato de improbidade deve ser proporcional ao ato ímprobo praticado e ao grau de reprovabilidade da conduta, devendo a dosimetria da pena ser norteada pelo princípio da razoabilidade". (TJMG - Apelação Cível 1.0271.14.004555-7/001, Relator(a): Des.(a) Corrêa Junior, 6ª CÂMARA CÍVEL, julgamento em 03/07/2018, publicação da súmula em 13/07/2018)
- "Não são necessariamente cumulativas as sanções estabelecidas no art. 12, da Lei n° 8.429/92, cabendo ao magistrado a sua dosimetria, de acordo com a gravidade do dano". (TJMG - Ap Cível/Rem Necessária 1.0421.15.001264-7/001, Relator(a): Des.(a) Corrêa Junior, 6ª CÂMARA CÍVEL, julgamento em 19/06/2018, publicação da súmula em 27/06/2018)
- "Quanto à dosimetria, cumpre sejam aplicadas idênticas sanções às já prescritas para os demais réus, nos termos do art. 12, II, da LIA. Considerando-se a gravidade da conduta do gestor, sua natureza culposa e a ausência de proveito patrimonial próprio, tem-se como justa, proporcional e razoável a condenação pleiteada de ressarcimento integral do dano e pagamento da multa fixada em metade do valor da lesão ao erário."(TJDFT - Acórdão n.996726, 20130110512668APC, Relator: SANDRA REVES 2ª TURMA CÍVEL, Data de Julgamento: 15/02/2017, Publicado no DJE: 23/02/2017)

- Dosimetria das sanções. O entendimento firmado na jurisprudência do STJ é de que, como regra geral, modificar o alcance da sanção aplicada pela instância de origem enseja reapreciação dos fatos e da prova, obstada nesta instância especial. Nesse sentido: AgRg no AREsp 435.657/SP, Rel. Ministro Humberto Martins, Segunda Turma, DJe 22.5.2014; REsp 1.252.917/ PB, Rel. Ministro Mauro Campbell Marques, Segunda Turma, DJe 27.2.2012; AgRg no AREsp 403.839/MG, Rel. Ministro Og Fernandes, Segunda Turma, DJe 11.3.2014; REsp 1.203.149/RS, Rel. Ministra Eliana Calmon, Segunda Turma DJe 7.2.2014; e REsp 1.326.762/SE, Rel. Ministro Herman Benjamin, Segunda Turma, DJe 17.9.2013. Eventual reforma do julgado, na perspectiva da avaliação da proporcionalidade da sanção aplicada na origem, por demandar reexame do conjunto fático-probatório dos autos, não tem sido admitida ante o óbice da Súmula 7/STJ, afastados os casos excepcionais. Contudo, o caso presente se enquadra nessa excepcionalidade. Apesar de caracterizada a improbidade, na leitura do acórdão recorrido percebe-se a desproporcionalidade entre o ato praticado e as sanções aplicadas. A conduta única do réu não se reveste de lesividade intensa ao bem jurídico a justificar a suspensão dos direitos políticos por cinco anos, por ser pena excessiva, razão pela qual deve-se suprimir tal sanção, mantidas as demais punições impostas na origem. Conclusão. Recurso Especial parcialmente provido. (STJ - REsp 1674354/RS, Rel. Ministro HERMAN BENJAMIN, SEGUNDA TURMA, julgado em 22/08/2017, DJe 13/09/2017)

- "Esta Corte consolidou o entendimento de que é viável a revisão da dosimetria das sanções aplicadas em ação de improbidade administrativa quando, da leitura do acórdão recorrido, verificar-se a desproporcionalidade entre os atos praticados e as sanções impostas. Hipótese em que as penas foram fixadas dentro de um juízo de proporcionalidade, levando em conta a extensão do dano e o proveito patrimonial obtido por cada agente ímprobo, o que inviabiliza qualquer reproche a ser realizado na via excepcional. Agravo interno desprovido. (STJ - AgInt no REsp 1554292/RS, Rel. Ministro GURGEL DE FARIA, PRIMEIRA TURMA, julgado em 15/08/2017, DJe 25/09/2017)

- "O STJ entende que é indevido o ressarcimento ao Erário dos valores gastos com contratações, sem concurso público, pelo agente público responsável quando efetivamente houve contraprestação dos serviços, para não configurar enriquecimento ilícito da Administração (EREsp 575.551/SP, Rel. Ministra Nancy Andrighi, Corte Especial, DJe 30/04/2009). A sanção de ressarcimento, prevista no art. 12, III, da Lei 8.429/1992, só é admitida na hipótese de ficar efetivamente comprovado o prejuízo patrimonial ao erário". (STJ - REsp 1659553/RJ, Rel. Ministro HERMAN BENJAMIN, SEGUNDA TURMA, julgado em 20/06/2017, DJe 30/06/2017)

- "A sanção da perda do cargo público prevista entre aquelas do art. 12 da Lei n. 8.429/1992 não está relacionada ao cargo ocupado pelo agente ímprobo ao tempo do trânsito em julgado da sentença condenatória, mas sim àquele (cargo) que serviu de instrumento para a prática da conduta ilícita". (STJ - AgRg no AREsp 369.518/SP, Rel. Ministro GURGEL DE FARIA, PRIMEIRA TURMA, julgado em 13/12/2016, DJe 28/03/2017)

- "Cassação de aposentadoria. Descabimento. Na esteira de entendimento do Superior Tribunal de Justiça, o art. 12 da Lei 8.429/92, quando cuida das sanções aplicáveis aos agentes públicos que cometem atos de improbidade administrativa, não contempla a cassação de aposentadoria, mas, tão só a perda da função pública, na esteira de entendimento da Primeira Turma do Superior Tribunal de Justiça (REsp. n.º 1564682/RO), até porque as normas que descrevem infrações administrativas e cominam penalidades constituem matéria de legalidade estrita, assim imunes à interpretação extensiva. A cassação administrativa de afastamento preliminar à aposentadoria fundada em condenação em improbidade administrativa somente pode ocorrer se a sentença condenatória houver previsto expressamente a perda do cargo do qual houve o referido afastamento, sob pena de aplicação extensiva da sanção em desacordo com o devido processo legal". (TJMG - Apelação Cível 1.0702.15.099315-3/001, Relator(a): Des.(a)

Edgard Penna Amorim, 1ª CÂMARA CÍVEL, julgamento em 07/03/2017, publicação da súmula em 15/03/2017)

- "O ato praticado, bem como sua natureza e contexto, demonstram a voluntariedade e consciência da ação do réu, que atuou de forma irresponsável, desidiosa e praticou ato incompatível com o exercício do cargo que ocupava. 4- As sanções devem ser aplicadas com razoabilidade e proporcionalidade, de modo que, em que pese a conduta reprovável do requerido, descabe a aplicação cumulativa da perda de função pública por ele exercida, haja vista que não se tratou de conduta reiterada, mas de um fato isolado, não havendo nos autos notícia de reincidências, como também, deve ser reduzida a multa civil de cinco para duas vezes o valor da remuneração percebida pelo servidor na época, haja vista que já foi penalizado administrativamente, com a suspensão de vinte dias de serviço, sem direito à remuneração. Recurso parcialmente provido". (TJMG - Apelação Cível 1.0080.14.003746-8/001, Relator(a): Des.(a) Hilda Teixeira da Costa, 2ª CÂMARA CÍVEL, julgamento em 27/06/2017, publicação da súmula em 03/07/2017)

- "Pratica ato de improbidade o servidor que percebe normalmente vencimentos inerentes ao cargo efetivo do qual é titular em período que, confessadamente, alega ter requerido a prorrogação de licença sem remuneração. Apesar da plena ciência dos gestores públicos sobre as irregularidades praticadas pelo servidor, estes não adotaram as providências cabíveis para responsabilizá-lo administrativamente pela má conduta funcional. A improbidade administrativa, neste particular, emerge da constatação de omissão do superior hierárquico em seu dever/poder de apurar a responsabilidade por desvios funcionais de servidor a ele vinculado, aplicando a punição adequada ao caso. A pena de perda de função pública deve ser afastada se o réu não desempenha mais a função de confiança de chefe do poder executivo municipal". (TJMG - Apelação Cível 1.0521.12.014211-7/001, Relator(a): Des.(a) Carlos Roberto de Faria, 8ª CÂMARA CÍVEL, julgamento em 27/04/2017, publicação da súmula em 24/05/2017)

- "O Superior Tribunal de Justiça, no julgamento dos REsp nos 1.191.613/MG e 1.298.092/SP, julgados, respectivamente, em 19/03/2015 e 09/08/2016 - objeto, inclusive, do informativo de jurisprudência nº 560/STJ -, firmou posição, por sua Primeira Turma, no sentido de que a perda do cargo de Promotor de Justiça, por ato de improbidade, pode decorrer tanto do trânsito em julgado de sentença condenatória em ação específica, de iniciativa do Procurador-Geral de Justiça, como do trânsito em julgado de sentença condenatória em ação de improbidade administrativa." (TJMG - Agravo de Instrumento-Cv 1.0000.16.089618-9/001, Relator(a): Des.(a) Bitencourt Marcondes, 1ª CÂMARA CÍVEL, julgamento em 16/05/0017, publicação da súmula em 17/05/2017)

- "A sanção de perda do cargo e/ou função pública constitui uma das mais drásticas penalidades estabelecidas na Lei de Improbidade Administrativa, devendo, por isso, ser aplicada aos casos graves, sempre levando em conta a extensão do dano e o desvalor da conduta. As penalidades do artigo 12 da LIA não são necessariamente cumulativas, cabendo ao Magistrado a sua dosimetria, segundo princípio da razoabilidade que também deve ser observado na aplicação das sanções administrativas". (TJMG - Apelação Cível 1.0621.07.016141-2/001, Relator(a): Des.(a) Yeda Athias, 6ª CÂMARA CÍVEL, julgamento em 23/02/2017, publicação da súmula em 06/03/2017)

- "A jurisprudência de ambas as Turmas que integram a Primeira Seção do Superior Tribunal de Justiça firmou-se no sentido de que a revisão da dosimetria das sanções aplicadas em ação de improbidade administrativa implica reexame do conjunto fático-probatório, esbarrando na dicção da Súmula 7 do STJ, salvo quando, da leitura do acórdão recorrido, verificar-se a desproporcionalidade entre os atos praticados e as sanções impostas. No caso concreto, a conduta perpetrada pelo recorrente, prefeito municipal, consubstanciada na contratação de três servidoras, sem a observância do concurso público, por curto período, e a sanção a ele imposta, consistente na perda da função pública, suspensão dos direitos políticos pelo prazo de três anos, proibição de contratar com o Poder Público por três anos e multa civil equivalente a duas vezes a remuneração do cargo de prefeito evidenciam que o acórdão atacado vulnerou, induvidosamente, o art. 12 da Lei n. 8.429/1992, à vista da desproporcionalidade havida entre a reprimenda e a gravidade do ilícito. Agravo regimental parcialmente provido e, em consequência, também o AREsp, para dar parcial provimento ao recurso especial, de modo a excluir da condenação a perda da função pública". (STJ - AgRg no AREsp 120.393/SP, Rel. Ministro GURGEL DE FARIA, PRIMEIRA TURMA, julgado em 18/10/2016, DJe 29/11/2016)

- "A aplicação da sanção de perda do cargo público aos membros do Ministério Público, decorrente de condenação pela prática de ato de improbidade administrativa não depende do ajuizamento de ação específica, tratando-se de hipótese autônoma àquela prevista no art. 38, § 1º, inciso I, da Lei n. 8.625/93." (STJ - REsp 1534126/MG, Rel. Ministra REGINA HELENA COSTA, PRIMEIRA TURMA, julgado em 22/11/2016, DJe 05/12/2016)

- Perda da função pública. Execução do julgado. Cassação de aposentadoria. Exorbitância do titulo exequendo. Ilegalidade. O art. 12 da Lei 8.429/92, quando cuida das sanções aplicáveis aos agentes públicos que cometem atos de improbidade administrativa, não contempla a cassação de aposentadoria, mas tão só a perda da função pública. As normas que descrevem infrações administrativas e cominam penalidades constituem matéria de legalidade estrita, não podendo sofrer interpretação extensiva.4. "O direito à aposentadoria submete-se aos requisitos próprios do regime contributivo, e sua extinção não é decorrência lógica da perda da função pública posteriormente decretada." (SJ - 2ª Turma - REsp 1.186.123/SP, Relator Ministro Herman Benjamim). Recurso especial provido. (STJ - 1ª Turma - REsp n.º 1564682/RO - Rel. Min Olindo Menezes - DJ. N.º 10/11/2015).

- Das penas. Artigo 12 da lei 8.429/92. O ressarcimento integral do dano e a perda da função pública são aplicadas sem qualquer graduação; enquanto que a multa civil é aplicada conforme a espécie do ato de improbidade administrativa. As sanções aplicadas pelo juízo de origem (ressarcimento integral do dano, suspensão dos direitos políticos pelo prazo de 08 (oito) anos e perda da função pública) atendem ao princípio da proporcionalidade e aos fins sociais a que a LIA se propõe, estando o meio utilizado (sanções) adequado para promover o fim (salvaguarda da moralidade administrativa e dos deveres funcionais do agente público). Poder-se-ia cogitar de excesso na aplicações das sanções, especialmente quanto em cotejo com as aplicadas em situações de maior gravidade, mas a ausência de recurso do réu neste não devolveu a matéria ao Tribunal. Quanto ao apelo do Ministério Público, tenho que a imposição cumulada das penalidades de multa civil e de proibição de contratar com o Poder Público ou receber benefícios ou incentivos fiscais ou creditícios demonstra-se excessiva diante das demais sanções já fixadas em sentença, especialmente quando em comparação do caso dos autos com outros de maior gravidade, a exemplo da Apelação Cível Nº 70055181945, de minha relatoria, julgada em 29/05/2014, considerando ainda a ausência de recurso do réu quanto às sanções. Apelos desprovidos". (TJRS - Apelação Cível Nº 70069090629, Terceira Câmara Cível, Tribunal de Justiça do RS, Relator: Leonel Pires Ohlweiler, Julgado em 27/04/2017)

- "Na aplicação da(s) pena(s) por ato de improbidade administrativa, deve-se entender a expressão "extensão do dano causado" como o dano causado não só ao erário, mas também ao patrimônio moral da Administração Pública e da sociedade como um todo. Ademais, há de se aplicar o princípio da proporcionalidade, equacionando o dano causado à Administração com o benefício obtido pelo agente". (TJMG – Ap. Cív. 1.0271.02.015125-1/001 – 8ª Câmara Cível – Rel. Des. Elpídio Donizetti – j. em 05.07.2012 – publicação da Súmula em 17.07.2012)

- Penalidades. Cumulação. Possibilidade. Art. 12 da Lei 8.429/92, princípios da razoabilidade e proporcionalidade. [...] 2. Nos termos da jurisprudência do STJ, cada inciso do art. 12 da Lei 8.429/1992 traz uma pluralidade de sanções, que podem ser aplicadas cumulativamente, cabendo ao magistrado a sua dosimetria, como bem assegura o seu parágrafo único. (STJ –

EDcl no AREsp 360.707/PR – 2ª Turma – Rel. Min. Humberto Martins – j. em 05.12.2013 – DJe 16.12.2013)

- Dosimetria da pena. [...] A aplicação das penalidades previstas no art. 12 da Lei n. 8.429/1992 exige que o magistrado considere, no caso concreto, "a extensão do dano causado, assim como o proveito patrimonial obtido pelo agente" (conforme previsão expressa contida no parágrafo único do referido artigo). Assim, é preciso analisar a razoabilidade e a proporcionalidade em relação à gravidade do ato ímprobo e à cominação das penalidades, as quais podem ocorrer de maneira cumulativa ou não. Precedente. (STJ – AgRg no AREsp 149.487/MS – 2ª Turma – Rel. Min. Humberto Martins – j. em 26.06.2012 – DJe 29.06.2012)

18.9. Sentença penal absolutória

A conduta de improbidade do agente público pode revestir ao mesmo tempo repercussão na esfera civil, administrativa e penal, a ensejar desta forma que sejam perquiridas ações de improbidade administrativa e criminal.

Os atos que configuram improbidade administrativa estão elencados na lei de regência, enquanto os crimes contra a administração pública estão previstos no Código Penal.

Diante desse cenário, pode ocorrer quatro hipóteses no campo penal, quais sejam: a) condenação criminal do agente público; b) absolvição pela negativa da autoria; c) absolvição por ausência de culpabilidade penal; e d) absolvição por insuficiência de provas.

A condenação penal produz efeitos jurídicos nos feitos civil e administrativo, visto que o inciso I, do art. 92 do Código Penal, estabelece como efeito da sentença condenatória a perda da função pública ou mandato eletivo, que devem ser motivadamente declarados na sentença.

Já o art. 63 e 64 do Código de Processo Penal preceitua que ocorrido o trânsito em julgado da sentença condenatória poderão ser promovidas as execuções, no juízo cível, para fins de reparação de dano.

Com efeito, a culpabilidade reconhecida no juízo penal tem repercussão direta nos outros juízos que não poderão desconstituí-la ou negar-lhe eficácia jurídica.

A sentença penal absolutória por negativa da autoria também tem efeito direto nos outros juízos para afastar qualquer responsabilização do agente, apontado como causador do prejuízo ao erário, por força do Código Civil, cujo art. 935 preconiza:

> **Art. 935.** A responsabilidade civil é independente da criminal, não se podendo questionar mais sobre a existência do fato, ou sobre quem seja o seu autor, quando estas questões se acharem decididas no juízo criminal.

Já a sentença penal absolutória por ausência de culpabilidade não gera efeito algum nos processos com tramitação nos juízos cíveis e administrativo, porque afasta a responsabilidade penal por inexistir conduta culposa dele, mas não exclui a existência de atos ilícitos por ele cometidos, visto que, para estes existirem não há necessariamente dependência de que a conduta seja criminosa.

Nessa situação, sobressai-se o ato ilícito que poderá o agente ser responsabilizado civilmente, acarretando o ônus de reparação civil, e também, por infração administrativa, estando assim, sujeito às penas previstas no Estatuto do Servidor Público.

Com relação à absolvição criminal por insuficiência de provas, também, não ocasiona qualquer efeito no juízo civil ou no âmbito da administração pública. A insuficiência de prova não afasta a existência do fato penal, apenas não se colheu provas necessárias para caracterizar a sua responsabilização ao agente.

A esse respeito, o Código de Processo Penal no seu art. 66, preceitua:

> **Art. 66.** Não obstante a sentença absolutória no juízo criminal, a ação civil poderá ser proposta quando não tiver sido, categoricamente, reconhecida a inexistência material do fato.

Esse procedimento é complementado com o art. 67 do mesmo diploma penal:

> **Art. 67.** Não impedirão igualmente a propositura da ação civil:
>
> **I** - o despacho de arquivamento do inquérito ou das peças de informação;
>
> **II** - a decisão que julgar extinta a punibilidade;
>
> **III** - a sentença absolutória que decidir que o fato imputado não constitui crime.

Depreende-se, assim, que a sentença absolutória penal por insuficiência de provas não é garantia de impedimento à reparação civil, cujo ato tenha tido repercussão no patrimônio administrativo, ou ainda, que a infração administrativa prosseguirá na sua instância de tramitação.

Sobre essa temática, a doutrina assim tem se manifestado:

> A responsabilidade se origina de uma conduta ilícita ou da ocorrência de determinada situação fática prevista em lei e se caracteriza pela natureza do campo jurídico em que se consuma. Desse modo, a responsabilidade pode ser civil, penal e administrativa. Cada responsabilidade é, em princípio, independente da outra. [...] se a decisão absolutória afirma a inexistência do fato atribuído ao servidor (art. 386, I, do CPP) ou o exclui expressamente da condição de autor do fato (ou, nos dizeres do novo inciso IV do art. 386 do CPP, reconheça "estar provado que o réu não concorreu para a infração penal"),656 haverá repercussão no âmbito da Administração: significa que esta não poderá punir o servidor pelo fato decidido na esfera criminal. A instância penal, no caso, obriga a instância administrativa. (Carvalho Filho, José dos Santos. Manual de direito administrativo - 30. ed. rev., atual. e ampl. - São Paulo: Atlas, 2016).

De tudo o que se expôs, conclui-se que a simples absolvição penal não afasta ou impede que se perquira a responsabilização do agente pelo ato improbidade administrativa que lhe é imputado.

Além disso, definição de um ato de ilicitude deve reunir as condições necessárias que constituam o ato de improbidade administrativa, com sua eiva de má-fé ou desonestidade, e naquelas hipóteses em que resultem prejuízo ao patrimônio público ou enriquecimento ilícito, com os elementos integrativos necessários da vontade, conduta e resultado.

Assim, a exclusão de algum desses condicionantes contextuais do fato jurídico impugnado, impõe a improcedência da demanda pela insuficiência de provas, inexistência do fato, ausência da responsabilidade do representado ou por sua ilegitimidade para figurar no polo passivo da lide.

De modo que, havendo falta de prova suficiente para a condenação ou ocorrendo dúvida quanto à existência de uma causa excludente ou da culpabilidade do agente, levam ao juízo a opção da absolvição, pelo princípio *in dubio pro reo.*

Pode ocorrer, também, a absolvição pela inexistência do fato ou por não haver prova deste ou haver prova de que o agente não concorreu para a consumação ou tentativa da improbidade apontada, ou ainda, a extinção da punibilidade pela ocorrência da prescrição, nos termos desta Lei, matéria a ser estudada no art. 23.

A ilegitimidade do autor na prática do suposto ato ilícito pode ser verificada, se o mesmo não era ordenador de despesa, aquele que autoriza a realização do ato administrativo que venha provocar responsabilidade jurídica ou financeira para a administração pública, ou ainda, que sem a sua participação ou vinculação o fato teria se concretizado, embora integrasse o quadro administrativo.

A ilegitimidade pode ocorrer, também, na situação em que o servidor subalterno apenas tem o dever de cumprir as formalidades dos atos de seus superiores, mas não tem poder decisório ou adesivo a este, só executório no fluxo de procedimentos administrativos.

É o caso dos servidores que atuam no setor financeiro, por exemplo, que têm a incumbência de receber as ordens de pagamentos, notas fiscais e recebidos, para proceder a nota de empenho e emitir as ordens bancárias.

Transitada em julgado a sentença absolutória, deve ser levantada a medida assecuratória consistente no sequestro, na indisponibilidade de bens ou ainda, o retorno do agente ao seu cargo ou função, se tiver sido afastado.

Afigura-se, ainda, com a coisa julgada da decisão absolutória, é título hábil e condição processual para o ajuizamento de demandas visando à reparação por danos materiais e morais, emergindo fatos que caracterizem a conduta de representação caluniosa prevista pelo art. 19 desta Lei.

- "A absolvição na ação penal não produz efeito no processo administrativo disciplinar, salvo se a decisão criminal proclamar a negativa de autoria ou a inexistência do fato. Precedentes. (STJ - AgRg no RMS 35.686/SC, Rel. Ministro NAPOLEÃO NUNES MAIA FILHO, Rel. p/ Acórdão Ministro SÉRGIO KUKINA, PRIMEIRA TURMA, julgado em 13/06/2017, DJe 03/08/2017)
- "[...] Conquanto o Tribunal do Júri de Taguatinga tenha absolvido o autor, quando da resposta ao 3º quesito (se o acusado deve ser absolvido), respondeu sim aos 1º e 2º quesitos, que tratam acerca da materialidade e da autoria do crime, respectivamente. 4.1. Assim, a absolvição do

autor não se deu por inexistência do fato ou por negativa de autoria, que foram reconhecidas pelo Conselho de Sentença. 4.2. A referida absolvição na esfera penal não tem o condão de vincular a esfera administrativa. 4.4 Precedentes da Casa. [...] As esferas administrativa e criminal são independentes e autônomas entre si, somente havendo subordinação da instância administrativa quando na instância penal houver o reconhecimento da inexistência do fato ou negativa de autoria, que não é a hipótese dos autos. [...] (20140111002280APC, Relator: Ângelo Passareli 5ª Turma Cível). 5. Importa em improbidade administrativa a prática de homicídio, ainda que fora das funções policiais, quando o crime for praticado com a arma da corporação, como se deu no caso concreto. 6.1 Precedente do STJ. (TJDFT - Acórdão n.1022639, 20150110788234APC, Relator: JOÃO EGMONT 2ª TURMA CÍVEL, Data de Julgamento: 31/05/2017, Publicado no DJE: 08/06/2017. Pág.: 177-213)

- "A absolvição na esfera criminal não tem o condão de afastar outras possíveis condenações em outras esferas do Direito, se o resultado não decorreu da inexistência do fato ou ainda da n egativa de autoria. (TJMG - Apelação Cível 1.0529.07.016979-0/012, Relator(a): Des.(a) Jair Varão, 3ª CÂMARA CÍVEL, julgamento em 13/09/2017, publicação da súmula em 10/10/2017)

- "A absolvição criminal tem repercussão na instância administrativa quando a sentença proferida no Juízo Criminal nega a existência do fato criminoso ou afasta a sua autoria (incisos I e IV do art. 386 do CPP, respectivamente), o que se verifica na espécie". (TJMG - Apelação Cível 1.0534.11.001624-1/001, Relator(a): Des.(a) Washington Ferreira, 1ª CÂMARA CÍVEL, julgamento em 04/07/2017, publicação da súmula em 12/07/2017)

- Absolvição no juízo criminal pela inexistência do fato. reflexo no juízo cível. acolhimento parcial da coisa julgada. Continuidade da ação de improbidade com relação ao excesso na aquisição de combustível. A ação civil pública não deve prosperar com relação ao que foi reconhecido, categoricamente, como inexistência material do fato, no juízo criminal, devendo a lide continuar apenas com relação ao excesso de combustíveis". (TJPB - ACÓRDÃO/DECISÃO do Processo Nº 00003198120178150000, 3ª Câmara Especializada Cível, Relator DES. SAULO HENRIQUES DE SÁ BENEVIDES, j. em 05-09-2017)

- "A despeito de o ordenamento jurídico ser uno - constituindo-se em um verdadeiro sistema em que os clássicos ramos do direito se encontram interligados, sobretudo pelas normas constitucionais - vige o princípio da independência das instâncias, segundo o qual uma conduta humana pode, ao mesmo tempo, caracterizar um ilícito civil, administrativo e penal. A independência apenas é afastada quando, no âmbito penal, o Estado-Juiz alcança o juízo de certeza: a) mediante a prolação de sentença absolutória, no sentido de que houve o fato, porém, não foi o acusado o seu autor, ou de que inexistiu o próprio fato narrado; b) por meio de sentença condenatória, com a devida comprovação da prática do ilícito e de seu autor. - "A apuração do processo criminal não se confunde com a ação de improbidade administrativa. Há reconhecida independência das instâncias civil, penal e administrativa, que é afastada tão somente quando a esfera penal taxativamente afirmar que não houve o fato, e/ou, acaso existente, houver demonstrações inequívocas de que o agente não foi o seu causador, o que não se afigura a hipótese dos autos". (STJ; REsp 1.432.491; Proc. 2014/0020189- 4; DF; Segunda Turma; Rel. Min. Mauro Campbell Marques; DJE 02/12/2015)". (TJPB - ACÓRDÃO/DECISÃO do Processo Nº 00006906720138150911, 2ª Câmara Especializada Cível, Relator DES. OSWALDO TRIGUEIRO DO VALLE FILHO, j. em 02-05-2017)

- "A circunstância de o agravante ter sido absolvido, em ação criminal, pelo mesmo fato, não impede a instauração de ação de improbidade administrativa, dada a independência entre as esferas administrativa, civil e criminal. Como destacou o Juízo de 1º Grau, "eventual decisão proferida em sede de processo penal somente repercutiria na instância civil e administrativa caso reconhecida a inexistência dos fatos ou afastada a respectiva autoria, hipótese inocorrente na hipótese". (AgRg no AgRg no AREsp 558.920/MG, Rel. Ministra ASSUSETE MAGALHÃES,

SEGUNDA TURMA, julgado em 27/09/2016, DJe 13/10/2016)". (TJPB - ACÓRDÃO/DECISÃO do Processo Nº 00002634720148150681, 3ª Câmara Especializada Cível, Relator DES. JOSÉ AURÉLIO DA CRUZ, j. em 13-12-2016)

- "À luz da jurisprudência dos tribunais, nem toda ilegalidade revela a prática de ato de improbidade administrativa, pois este último pressupõe a identificação do elemento subjetivo da conduta do agente em violação aos tipos previstos nos arts. 9º, 10 ou 11 da Lei n.º 8.429/92. Afigura-se incabível a condenação do Prefeito e da Vice-Prefeita do Município de Cajuri pela prática do ato de improbidade administrativa tipificado no art. 11 da Lei n.º 8.429/92 quando a publicidade realizada com a suposta finalidade de autopromoção dos agentes públicos não fora custeada por dinheiro público, assim afastada a sua condição de institucional e, por consequência, a sua submissão às condições previstas no § 1º do art. 37 da Constituição Federal". (TJMG - Ap Cível/Reex Necessário 1.0713.10.009020-6/001, Relator(a): Des.(a) Edgard Penna Amorim, 1ª CÂMARA CÍVEL, julgamento em 08/02/2017, publicação da súmula em 15/02/2017)

- "É razoável a tese da apelação, de que o apelado, ao fazer uso da certidão de tempo de serviço com dados falsos, tinha ou deveria ter conhecimento dessa circunstância, mesmo porque não se trata de um servidor subalterno do Banco Central, mas, considerando que trabalhara em empresa sem registro, pode-se dizer, também com razoabilidade, que desconhecia a falsidade praticada pelo despachante, contratado para providenciar a respectiva certidão perante o INSS. Não constitui improbidade administrativa a conduta do servidor que pede aposentadoria com base em certidão de tempo de serviço falsificada, dada a ausência de ato administrativo. Precedentes do TRF - 1. 5. Desprovimento da apelação. (TRF1 - AC 0029913-13.2001.4.01.3400 / DF, Rel. DESEMBARGADOR FEDERAL OLINDO MENEZES, QUARTA TURMA, e-DJF1 de 09/08/2017)

- "Observado que a Administração Pública Municipal adotou regular procedimento licitatório para a realização de obra em Praça Pública, respeitando as normas previstas na Lei nº 8.666/93, bem como as regras de posturas da municipalidade, inclusive, não havendo prejuízo ao trânsito de veículos e pessoas, deve ser mantida a sentença que julgou improcedente o pleito do autor. Permissão de Uso de Bem Público não se sujeita a licitação, por ser precária e inserir-se no poder discricionário da Administração Pública. Inaplicáveis as sanções por ato de improbidade administrativa (art. 12 da Lei nº 8.429/92) na ação popular, que possui natureza desconstitutiva (anulação de ato administrativos ilegítimos). 4. Remessa necessária conhecida e desprovida". (TJGO, Reexame Necessário 0227396-74.2013.8.09.0134, Rel. ROBERTO HORÁCIO DE REZENDE, 5ª Câmara Cível, julgado em 03/05/2017, DJe de 03/05/2017)

- "É pacífico o entendimento no qual o elemento subjetivo necessário à configuração de improbidade administrativa indicada no art. 10 da Lei nº 8.429/92 é a simples culpa de praticar a conduta que ocasione lesão ao erário. - "À Luz da atual jurisprudência do STJ, para a configuração dos atos de improbidade administrativa previstos no art. 10 da Lei de improbidade administrativa (atos de improbidade administrativa que causam prejuízo ao erário), exige-se a presença do efetivo dano ao erário (critério objetivo) e, ao menos, culpa." (STJ; AgRg-AREsp 370.133; Proc. 2013/0262557-8; RJ; Primeira Turma; Rel. Min. Benedito Gonçalves; DJE 07/10/2015)".(TJPB - ACÓRDÃO/DECISÃO do Processo Nº 00005610520158150681, 1ª Câmara Especializada Cível, Relator DES. JOSÉ RICARDO PORTO, j. em 25-07-2017)

- "A improbidade, pelo que se extrai da lei, refere-se à má qualidade de uma administração, à prática de atos que impliquem enriquecimento ilícito do agente ou prejuízo ao erário, ou, ainda, violação aos princípios que orientam a administração pública. A prática de crime contra a liberdade sexual, sem relação com o exercício da função pública desempenhada pelo militar, afasta a incidência da lei de improbidade administrativa, por inocorrer a violação dos postulados da administração pública". (TJPB - ACÓRDÃO/DECISÃO do Processo Nº 00129215720138152001,

3ª Câmara Especializada Cível, Relator DESA. MARIA DAS GRAÇAS MORAIS GUEDES, j. em 11-07-2017)

- "A mera contratação sem prévia aprovação em concurso público, e sem qualquer motivo plausível para a não realização do certame, já é apta a caracterizar o ato como improbo, vez que ao alcaide não é dado alegar o desconhecimento de regra constitucional basilar e vigente desde a promulgação da atual Carta Magna, mormente em face a sua experiência no trato da coisa pública". (TJPB; APL 0005988-55.2006.815.0371; Segunda Câmara Especializada Cível; Rel. Des. Oswaldo Trigueiro do Valle Filho; DJPB 10/06/2016; Pág. 16) (TJPB - ACÓRDÃO/DECISÃO do Processo Nº 00026756320108150301, 3ª Câmara Especializada Cível, Relator DES. SAULO HENRIQUES DE SÁ BENEVIDES, j. em 30-05-2017)

- "A condenação por ato de improbidade administrativa não pode se basear exclusivamente nas provas colhidas durante o inquérito policial, exceto se conjugados tais elementos com aqueles produzidos durante a instrução processual. (Analogia ao art. 155 do Código de Processo Penal)" (TJPB - ACÓRDÃO/DECISÃO do Processo Nº 00009076720138150311, 3ª Câmara Especializada Cível, Relator DA DESEMBARGADORA MARIA DAS GRAÇAS MORAIS GUEDES, j. em 17-04-2017)

- "A ausência de prova robusta sobre a autoria de furto de bem móvel sob custódia da administração pública afasta a possibilidade de condenação do agente em ato ímprobo. Depoimentos contraditórios que não estão embasados em outros elementos de provas aptos a convencer sobre a autoria do crime são provas frágeis para aplicação das sanções da Lei de Improbidade Administrativa. (TJMG - Remessa Necessária-Cv 1.0684.14.000716-3/001, Relator(a): Des.(a) Marcelo Rodrigues, 2ª CÂMARA CÍVEL, julgamento em 20/09/2016, publicação da súmula em 30/09/2016)

- "Mesmo havendo condenação criminal transitada em julgado pela prática do crime de tortura, necessária se faz a comprovação do dolo de violar princípios da Administração Pública, bem como a análise do grau de lesividade da conduta supostamente ilícita". (TJPB - ACÓRDÃO/DECISÃO do Processo Nº 00218653820128150011, 1ª Câmara Especializada Cível, Relator DES MARCOS CAVALCANTI DE ALBUQUERQUE, j. em 05-09-2014)

- "A restituição imediata de quantia indevidamente recebida demonstra a boa-fé do servidor, o seu não enriquecimento ilícito, circunstâncias que autorizam a absolvição por ato de improbidade administrativa. Ação civil pública. Improbidade administrativa. Prefeita municipal demandada que expediu vinte e sete portarias de concessão irregular de gratificações a servidores públicos e ao secretário de planejamento do município, segundo demandado. Tese de cerceamento afastada. Prova testemunhal dispensável ao deslinde da demanda. Atos administrativos que foram praticados sem atenção e observância aos princípios da motivação e da legalidade. Conduta ímproba caracterizada. Lei n. 8.429/1992, art. 10, incs. I e XI. Condenação da prefeita ré mantida. Segundo demandado, secretário municipal beneficiário da gratificação instituída pela lei municipal n. 3.974/2005. Cargo que não permite a percepção de qualquer verba adicional. Violação da constituição federal, art. 39, §4º. Apelante que todavia restituiu imediatamente a quantia indevidamente recebida. Boa fé demonstrada. Ausência de enriquecimento ilícito a autorizar a condenação do réu A.P. Sentença reformada neste aspecto. Sucumbência recíproca, entretanto, mantida. Recurso parcialmente provido" (TJSC, Apelação Cível n. 2011.079339-8, de Jaraguá do Sul, rel. Des. Nelson Schaefer Martins, j. 05-02-2013).

18.10. Litigância de má-fé

Com já mencionado anteriormente, a ação de improbidade administrativa tem natureza penal em razão do seu efeito punitivo de largo espectro ao direito da cidadania, cujas penas abrangem a perda de cargo, função ou mandato, a imposição de multa civil, a suspensão de direitos políticos e a vedação de contratar com o Poder Público.

De forma que o representante do Ministério Público ou da Entidade Pública interessada, deverá agir com prudência, responsabilidade e adotar medidas que lhe robusteçam os argumentos, a fim de evitar que sejam ilações, deduções, presunções ou meros indícios, ou ainda, vagas e imprecisas teorização fática, numa tentativa arriscada de uma sugestiva responsabilização no decorrer da tramitação do feito.

Visando afastar essa precária e duvidosa acusação de improbidade, é que o legislador inferiu na norma de regência o poder-dever do Ministério Público investigar na sua inteireza e de forma exaustiva, durante o inquérito civil.

Assim é que, no seu art. 22 assegura que o Ministério Público, de ofício, poderá requisitar a instauração de inquérito policial ou procedimento administrativo, para fins de apuração de qualquer ilícito previsto na LIA.

Já a Lei nº 7.347/1985, que disciplina a ação civil pública, confere ao representante do Ministério Público a prerrogativa de requerer às autoridades competentes as certidões e informações que julgar necessárias, e que poderá, sob sua presidência instaurar inquérito civil ou requisitar, de qualquer organismo público ou particular, certidões, informações, exames ou perícias, no prazo que assinalar, o qual não poderá ser inferior a 10 (dez) dias úteis.

A implementação desse cauteloso procedimento de responsabilidade do órgão acusador, que antecede ao ajuizamento da ação de improbidade administrativa, é ainda mais claro diante do que prescreve o § 6º do art. 17 desta Lei de Improbidade, quando exige que *"a* ação será instruída com documentos ou justificação que contenham indícios suficientes da existência do ato de improbidade".

Quando a norma acima determina que a ação será instruída com documentos ou justificação que contenham "indícios suficientes", exige que esses indícios sejam capazes, competente, eficientes ou eficazes, não é que qualquer indício ou indício precário, incerto e inconsistente.

O Código de Processo Penal define o que é indício no seu art. 239, assim redigido:

> **Art. 239**. Considera-se indício a circunstância conhecida e provada, que, tendo relação com o fato, autorize, por indução, concluir-se a existência de outra ou outras circunstâncias.

Leciona Guilherme de Souza Nucci que "*o conceito de indício é fornecido pela própria lei, trata-se da circunstância conhecida e provada, que, relacionando-se com o fato, autoriza o juiz, por indução, a concluir pela existência de outra circunstância ou de outras. É prova indireta, embora não tenha, por causa disso, menor valia*" (In Código de Processo Penal Comentado, Editora Revista dos Tribunais, 8ª edição, pág. 512, São Paulo, 2008).

Como se vê, para a lei processual penal indício é a circunstância conhecida e provada, que, tendo relação com o fato principal (a ser provado), autorize, por indução, a concluir-se a existência de outra ou outras circunstâncias. Indício vem do radical latino index, que é aquilo que indica (daí nosso dedo indicador, com o qual normalmente indicamos objetos). Apenas como mero e proverbial exemplo, todos sabemos que, em princípio, fumaça é indício de fogo. Esta é a lição de Hugo Nigro Mazzilli, Advogado e autor, entre outros livros, de Regime Jurídico do Ministério Público (Saraiva, 8ª Ed), publicado inhttp://opiniao.estadao.com.br/noticias/geral,indicio-e-prova,10000077523

Com efeito, a Lei de Improbidade Administrativa estabelece como pressuposto positivo para o ajuizamento da ação, que os indícios sejam suficientes, consistentes e eficazes, sob pena de ausência de constituição e de desenvolvimento válido e regular do processo, bem como por falta de interesse jurídico, em virtude da ausência de justa causa.

Registre, ainda, que Código de Processo Civil estabelece como condição da ação que o autor tem a incumbência de demonstrar as provas das suas alegações nos seguintes dispositivos:

> a) **Art. 319**. A petição inicial indicará:
>
> VI - as provas com que o autor pretende demonstrar a verdade dos fatos alegados;
>
> b) **Art. 320**. A petição inicial será instruída com os documentos indispensáveis à propositura da ação.
>
> c) **Art. 434**. Incumbe à parte instruir a petição inicial ou a contestação com os documentos destinados a provar suas alegações.

Com efeito, é obrigação do autor da ação de improbidade administrativa colher previamente todas as provas que devam retratar a acusação que está sendo imputada ao representado na fase de inquérito civil, inclusive intimando-o para que lhe seja oportunizado o direito de defesa no âmbito administrativo.

O art. 5º da Constituição Federal assegura esse direito, também, em processo administrativo, quando expressa sua disposição:

> LV - aos litigantes, em processo judicial ou administrativo, e aos acusados em geral são assegurados o contraditório e ampla defesa, com os meios e recursos a ela inerentes;

Saliente-se, por oportuno, que os atos de improbidade administrativa são retratados por documentos públicos ou privados, mas sempre de forma documental que demonstram as eventuais ilicitudes que afetam seus elementos integrativos de validade e eficácia.

Assim é que, diante de todos essas etapas de procedibilidade investigativa para a demanda de improbidade administrativa, uma eventual improcedência do pedido reflete uma conduta temerária do autor que revela uma litigância de má-fé, por sua deslealdade processual e intenção gravosa inquisitorial.

Essa conduta desnecessária e inútil gerou sério constrangimento e danos ao representado absolvido, porquanto suportou a humilhação, a desonra e prejuízo à sua reputação.

O gravoso dano infligido ao cidadão considerado isento de culpa ao final de uma ação de improbidade revela, também, uma violação ao princípio constitucional da eficiência insculpido no art. 37 da Carta Política, imposto a todos os agentes públicos e políticos.

O dever de eficiência que se exige do agente público ou político, expresso na Carta da República, é o dever da boa administração[172] e também "aquele que exige que a atividade administrativa seja exercida, com presteza, perfeição e rendimento funcional[173].

Para Vladimir Rocha França, o princípio da eficiência "é o mais moderno princípio da função pública administrativa, que já não se contenta em ser desempenhada apenas com legalidade, exigindo resultados positivos para o serviço público e satisfatório atendimento das necessidades da comunidade e de seus membros"[174]

Assim é que, se o órgão acusador atendeu a todos os procedimentos inerentes nas normas mencionadas, certamente o resultado da demanda será procedente, mas se não as observou, o acusado provavelmente será absolvido.

No caso de absolvição do representado, que passou anos respondendo a uma acusação impensada e imprudente, alimentado esse longo tempo pela morosidade judicial, é natural que se identifique que a postura do autor da ação se enquadra da conceituação de litigância de má-fé.

Mostra-se relevante que o § 6º do art. 17 da LIA remete na sua parte final para os dispositivos que tratam da litigância de má-fé

O art. 80 do Código de Processo Civil considera litigante de má-fé, dentre outras condutas, aquele que: II – Alterar a verdade dos fatos; "V - proceder de modo temerário em qualquer incidente ou ato do processo" e também " VI - provocar incidente manifestamente infundado".

Alterar a verdade dos fatos significa alegar fato inexiste, nega fato existente ou mesmo dá uma falsa versão para fatos verdadeiros, incidindo a conduta na violação do dever processual[175].

---

172. SIMAS, Henrique Carvalho. **Manual Elementar de Direito Administrativo.** Rio, 1974, pp. 98 e 237.

173. MEIRELLES, Hely Lopes. **Direito Administrativo Brasileiro,** 27ª Edição. São Paulo:, Malheiros Editores, 1990, pág. 94, 1990

174. In **Eficiência administrativa na Constituição Federal**, RDA 220/165, citado in Direito Administrativo Brasileiro, 28ª ed, pág. 94

175. ALVIM WAMBIER, Teresa Arruda e outros. **Novo Código de Processo Civil.** São Paulo: Revista dos Tribunais, 2016, p. 179

Alimentar uma situação incerta e infundada que atinja garantias fundamentais é um risco que assume o autor em ser responsabilizado pelos prejuízos decorrente desse fato viciado na origem.

Também configura litigância de má-fé agir de modo temerário desde a propositura da ação até o seu final. No caso da ação de improbidade, a norma prevê que a qualquer tempo pode o juiz pode extinguir a ação (§ 11 do art. 17), o que dá oportunidade para o autor pedir a sua extinção a qualquer tempo antes do seu final. E se não o faz, e o representado é absolvido está patenteada a sua condição de má-fé.

O ato considerado temerário é aquele malicioso com a finalidade de desvirtuar para alcançar fins outros que não o da justiça e da verdade real, mas com o objetivo de imputar uma conduta ilícita ou delituosa a todo custo.

A provocação de incidente manifestamente infundado pode ser vista na utilização de um artifício processual desprovido de fundamento mas que dele se vale para intensificar a acusação graciosa com o objetivo de estender a situação de constrangimento ou o trauma de alguém responder a uma ação dessa natureza.

A conjugação desses dispositivos se ajusta à falta de procedimentos cautelares prévios que não configurasse aquilo que se proclama de "indícios suficientes" porque, se estes estivessem, presentes a ação seria julgada procedente.

Se a norma exige "indícios suficientes" e a ação foi julgada improcedente, é porque os fatos não eram "indícios suficientes", mas ilações, presunções ou suposições, que o fez apostar numa probabilidade de culpa imaginária, mas com reflexos gravosos ao patrimônio da vítima inquisitada.

De modo que, sendo a própria LIA que remete para o Código de Processo Civil a aplicação da litigância de má-fé, este diploma prevê no seu art. 79, que, "responde por perdas e danos aquele que litigar de má-fé como autor, réu ou interveniente".

O autor da ação de improbidade administrativa quando não for o Ministério Público é a Entidade Pública interessada, portanto, agentes públicos é quem são os responsáveis por quaisquer danos provocados a terceiros.

E essa responsabilidade civil é objetiva, como preceitua a Constituição da República:

> **Art. 37.** A administração pública direta e indireta de qualquer dos Poderes da União, dos Estados, do Distrito Federal e dos Municípios obedecerá aos princípios de legalidade, impessoalidade, moralidade, publicidade e eficiência e, também, ao seguinte:
>
> § 6º As pessoas jurídicas de direito público e as de direito privado prestadoras de serviços públicos responderão pelos danos que seus agentes, nessa qualidade, causarem a terceiros, assegurado o direito de regresso contra o responsável nos casos de dolo ou culpa.

Com efeito, o representado que for absolvido em ação de improbidade administrativa, após o seu trânsito em julgado, poderá buscar reparação por danos morais e materiais também, este a depender de comprovação do prejuízo suportado.

18.11. Sucumbência

O Código de Processo Civil, no seu art. 85, estabelece a sentença condenará o vencido a pagar honorários advocatícios ao advogado vencedor, e no seu § 3º fixou que nas causas em que a Fazenda Pública for parte, aqueles observarão os critérios e percentuais previstos neste.

A Lei de Improbidade Administrativa no seu art. 17 estipula que a ação principal adotará o rito ordinário, que vem a ser o do procedimento comum regido pelo art. 318 e seguintes do Código de Processo Civil, cujo parágrafo único estatui que o procedimento comum se aplica subsidiariamente aos demais procedimentos especiais.

A Lei de Improbidade Administrativa é uma lei especial.

O art. 322 do Código de Processo Civil ao disciplinar a forma do pedido na ação diz: "*compreendem-se no principal os juros legais, a correção monetária e as verbas sucumbenciais, inclusive os honorários advocatícios*" (§ 1º).

Com efeito, na petição de ação de improbidade administrativa, o autor em cumprimento à aplicação do Código de Processo Civil, ao formular seu pedido de condenação do representado, também está requerendo sua condenação em honorários advocatícios sucumbenciais.

O princípio da sucumbência importa no dever da parte vencida em um processo judicial suportar as despesas com os pagamentos de todos os custos processuais e em honorários advocatícios em favor da parte vencedora.

Esse ônus da sucumbência recai na parte perdedora para que a vencedora não tenha a sua situação econômica e financeira afetada em razão de um processo judicial.

Esse risco é assumido pelo autor que tomou a iniciativa de litigar ou ajuizar ação judicial em desfavor do promovido.

Tratando-se da LIA de uma norma especial que remete para o Código de Processo Civil o rito processual nele previsto, afasta a aplicação do art. 18 da Lei de Ação Civil Pública, assim redigida:

> **Art. 18.** Nas ações de que trata esta lei, não haverá adiantamento de custas, emolumentos, honorários periciais e quaisquer outras despesas, nem condenação da associação autora, salvo comprovada má-fé, em honorários de advogado, custas e despesas processuais.

Por este dispositivo se exclui a condenação em honorários advocatícios, salvo comprovada má-fé.

No item anterior 18.10 mostramos que a improcedência de uma ação de improbidade administrativa revela má-fé do autor ou no mínimo negligência ao patrocinar uma demanda sem "indícios suficientes" e não pedir sua inadequação até a sentença, quando a norma prevê em qualquer tempo que isso possa ocorrer.

Isso porque não basta que haja "indícios", pela lei necessita que sejam "indícios suficientes" e, não meras conjecturas, ilações ou meros indícios, circunstâncias estas que sendo do conhecimento do autor, mas de forma consciente teimam em alimentar o processo por sentimentos outros que não o de fazer justiça e aplicar a lei.

Em razão dessas circunstâncias, não se mostra justo e de direito que o representado ao final sendo inocentado ainda tenha de pagar de seu próprio bolso a despesa de honorários advocatícios, um encargo financeiro que não foi por ele motivado.

Note-se, por oportuno e relevante, que o Código de Processo Civil estabelece a igualdade de tratamento assegurado às partes, não conferindo imunidade ou privilégio processual.

O fato do autor ser representante do Poder Público (Ministério Público/Entidade Pública) não lhe confere o direito de agir de forma temerária ou imprudente, para causar transtorno, constrangimento e despesa ao representado, e, ainda assim, fique isento no pagamento de honorários advocatícios.

Afinal, o representado será obrigado a assumir o ônus de pagar um causídico para sua defesa e se, ao final, a ação for julgada improcedente, atestando assim, a sua inocência, não faz sentido nem justiça, que este não tenha o direito a ser ressarcido da despesa provocada pela atuação desacautelada do representante do Poder Público, seja o Ministério Público ou a Entidade Pública interessada.

Até porque, direito é lógica e bom senso.

Afora essa situação fática, é o próprio Código de Processo Civil que estabelece o ônus da sucumbência para aquela parte que sucumbe, no caso, o representante do Ministério Público ou da Entidade Pública, ambos representados juridicamente pela pessoa jurídica de direito público (União, Estado ou Município).

Sobreleva ressaltar que é a própria Lei de Improbidade Administrativa, norma especial, que remete para o Código de Processo Civil sua aplicação, ao tempo em que este determina a sua aplicabilidade subsidiariamente aos demais procedimentos especiais.

De forma que, sendo julgada improcedente, a demanda de improbidade administrativa deve a sentença condenar o Estado ou o Município, se for na justiça estadual ou a União se a ação tramitar na justiça federal, em honorários advocatícios, observando-se os critérios e percentuais definidos no § 3º do art. 85 do Código de Processo Civil.

Além disso, sendo julgada procedente ação de improbidade administrativa, a sentença também deve condenar o representado utilizando-se do mesmo balizamento referido no dispositivo acima mencionado. Se o autor da ação for o Ministério Público, o valor dos honorários advocatícios deverá ser recolhido no fundo previsto pelo art. 13 da Lei nº 7.347/85, ou se for o Estado ou Município, em conta em nome destes.

Registre-se que esse entendimento não é assimilado pela jurisprudência, que ainda utiliza o art. 18 da Lei nº 7.347/85, sem atentar para a interpretação conjugada da Lei de Improbidade Administrativa, que é lei especial, e os enumerados dispositivos do Código de Processo Civil.

O não cabimento da condenação do Ministério Público nos ônus de sucumbência não pode ser usado como justificativa para transferir ao Representado, que foi absolvido, suportar as despesas provocadas pelo ajuizamento de ação civil pública de improbidade administrativa temerária.

Quando a lei dá isenção de custas, quem arca com a despesa é o Estado. Logo, não é a parte que deve financia a máquina judiciária. Se é o Estado quem dá a isenção para promoção de ação civil pública, responde, também, pelo ressarcimento das despesas realizadas, de forma compulsória, pelo Representado inocentado, ao final da demanda.

Sobre a temática, confiram-se os argumentos do Desembargador João Carlos Garcia, do TJSP, em caso análogo (Apelação nº 9068542-05.2009.8.26.0000):

> "(...) os entes públicos não estão sujeitos ao pagamento das custas e emolumentos judiciais, tendo em vista a natureza tributária que estes ostentam, constituindo taxa destinada à remuneração do serviço público (prestação jurisdicional) posto à disposição das partes (...).
>
> No entanto, a isenção legal de que a Fazenda Pública é beneficiária não se confunde com a responsabilidade pela sucumbência, que a obriga a reembolsar as custas, emolumentos e despesas processuais adiantadas pela parte vencedora da ação, conforme disposto nos artigos 20, caput, e 27 do Código de Processo Civil.
>
> Leciona Leonardo José Carneiro da Cunha que, nesse caso, 'a Fazenda Pública não vai arcar com o pagamento das custas, pois estaria a pagar para si própria, caracterizando a confusão como causa de extinção das obrigações. Na realidade, a Fazenda Pública, em sendo vencida, irá reembolsar ou restituir ao seu adversário, que é a parte vencedora, o quantum por ele gasto com as custas e emolumentos judiciais'.
>
> Sedimentou-se a jurisprudência do col. STJ no sentido de que a isenção legal conferida à Fazenda Pública 'não implica a desnecessidade de reembolsar as custas adiantadas pelo autor, até o limite da sucumbência experimentada' (REsp 822.894, rel. Min. Teori Zavascki, j. 06/04/2006)."

- Ação de cobrança. Custas e despesas processuais. Reembolso de valores referentes a custas e despesas processuais em ação civil pública, por ato de improbidade administrativa, julgada improcedente. Possibilidade. Princípio da causalidade. RECURSO NÃO PROVIDO. (TJSP; Apelação 1028683-23.2016.8.26.0405; Relator (a): Alves Braga Junior; Órgão Julgador: 2ª Câmara de Direito Público; Foro de Osasco - 1ª Vara da Fazenda Pública; Data do Julgamento: 11/07/2018; Data de Registro: 11/07/2018)
- "Não cabimento de condenação em honorários ao Ministério Público. É entendimento assente no Superior Tribunal de Justiça que o Ministério Público não deve ser submetido, salvo hipótese de má-fé, ao pagamento de honorários advocatícios sucumbenciais, quando vencido em ação civil pública por improbidade administrativa. Precedentes". (STJ - AgInt no AREsp 1136434/SP, Rel. Ministro FRANCISCO FALCÃO, SEGUNDA TURMA, julgado em 03/04/2018, DJe 09/04/2018)
- "O entendimento jurisprudencial do STJ é no sentido de que "a isenção ao adiantamento dos honorários periciais conferida ao Ministério Público (art. 18 da Lei 7.347/85) não pode obrigar à

realização do trabalho gratuitamente, tampouco transferir ao réu o encargo de financiar ações contra ele movidas (arts. 19 e 20 do CPC). Adiantamento dos honorários periciais suportados pela Fazenda Pública". (v.g.: REsp. 1.188.803/RN, Rel. Min. Eliana Calmon, Segunda Turma, DJe 21.05.2010). Precedentes: EREsp. 981.949/RS, Rel. Ministro Herman Benjamin, Primeira Seção, DJe 15.08.2011; decisão monocrática: REsp. 1.126.190, Rel. Min. Eliana Calmon, DJe 31.08.2010. No caso, verifica-se que o Tribunal de origem decidiu em dissonância com entendimento desta Corte, ao concluir que o Ministério Público deve pagar previamente pelas despesas necessárias para a publicação do edital para intimação do réu, na medida em que o art. 18 da Lei da Ação Civil Pública o isenta do adiantamento de tais custas, competindo à Fazenda Pública adiantá-las. Agravo regimental não provido". (STJ – AgRg no REsp. 1.168.893/RS – 1ª Turma – Rel. Min. Benedito Gonçalves – j. em 11.03.2014 – DJe 21.03.2014)

19. DOS RECURSOS EM GERAL

O recurso é meio jurídico processual razão por que é possível a parte vencida, o terceiro interessado ou o órgão ministerial impugnarem decisões judiciais visando à sua reforma ou invalidação, como também almejar sua revisão para fins de esclarecimentos ou integração.

O prazo para interposição de recurso conta-se da data em que os advogados, a sociedade de advogados, a Advocacia Pública, a Defensoria Pública ou o Ministério Público são intimados da decisão.

Se a decisão for proferida em audiência, consideram-se intimados os presentes e os ausentes que foram regularmente intimados, mas não compareceram ao ato solene judicial, começando no dia seguinte a contagem do prazo recursal.

Se ocorrer decisão antes da citação, será aplicado o prazo de interposição de recurso nos moldes preconizados pelo art. 231, incisos I a VI do Código de Processo Civil.

Com exceção dos embargos de declaração, o prazo para interpor os recursos e para fins de contrarrazões é de 15 (quinze) dias. A aferição da tempestividade do recurso remetido pelo correio será considerada a data da sua postagem.

Se for o caso de feriado local, cabe ao recorrente a sua comprovação na petição recursal.

19.1. Apelação

Da sentença cabe apelação cujas regras para processamento estão expressas no art. 1.009 e ss. do Código de Processo Civil. É o recurso ordinário que permite o reexame de toda a matéria resolvida na fase de conhecimento pela Instância Superior e questões não impugnáveis pelo agravo de instrumento.

Registre-se que as decisões interlocutórias não impugnáveis mediante agravo de instrumento, que estão excluídas da taxatividade elencada pelo art. 1.015 do Código de Processo Civil, poderão ser objeto de preliminares nas razões e contrarrazões de apelação. Essas decisões interlocutórias que não cabem impugnação pelo recurso do agravo de instrumento não ficam, portanto, irrecorríveis, nem serão alcançadas pela preclusão.

Essa previsão de suscitar as decisões interlocutórias não abrangidas pelo agravo de instrumento está expressa no art. 1.009, assim redigido:

> **Art. 1.009.** Da sentença cabe apelação.
>
> § 1º As questões resolvidas na fase de conhecimento, se a decisão a seu respeito não comportar agravo de instrumento, não são cobertas pela preclusão e devem ser suscitadas em preliminar de apelação, eventualmente interposta contra a decisão final, ou nas contrarrazões.
>
> § 2º Se as questões referidas no § 1º forem suscitadas em contrarrazões, o recorrente será intimado para, em 15 (quinze) dias, manifestar-se a respeito delas.
>
> § 3º O disposto no caput deste artigo aplica-se mesmo quando as questões mencionadas no art. 1.015 integrarem capítulo da sentença.

Portanto, a sentença é o pronunciamento do juiz, com fundamento nos arts. 485 e 487, que põe fim ao processo de conhecimento do procedimento, bem como extingue a execução.

Com efeito, das decisões fulcradas nos dispositivos acima, o instrumento processual de impugnação e revisão é a apelação.

A apelação devolverá ao tribunal o conhecimento de todas as questões suscitadas e discutidas no processo, mesmo que não tenham sido resolvidas que foram objetos de impugnação.

Existem matérias que mesmo não sendo levantadas pelas partes ou que a decisão não tenha se manifestado a respeito, podem ser conhecidas de ofício pelo tribunal, a exemplos de matérias de ordem pública, conforme preceitua o § 3º do art. 485 do Código de Processo Civil:

> **Art. 485.** O juiz não resolverá o mérito quando:
>
> § 3º O juiz conhecerá de ofício da matéria constante dos incisos IV, V, VI e IX, em qualquer tempo e grau de jurisdição, enquanto não ocorrer o trânsito em julgado.

Sobreleva assinalar que a impugnação da sentença confere pelo sistema processual o efeito expansivo de recorribilidade ao abranger as decisões interlocutórias atacáveis por agravo de instrumento, mas não refutada por este recurso, ou por aquelas que não sendo impugnáveis, ambas podem ser questionadas em preliminares no recurso de apelação.

Como se vê, a apelação é uma pretensão recursal visando modificar o mérito da causa julgada ou anular uma sentença pela instância superior revisora na expansividade de seu alcance de conhecimento e decisão.

19.1.1. Procedimento

A apelação deverá ser interposta e processada perante o juízo de primeiro grau que prolatou a sentença recorrida, no prazo de 15 (quinze) dias da sua publicação no órgão oficial de imprensa do Poder Judiciário.

O apelado será intimado para apresentar contrarrazões, também, no prazo de 15 (quinze) dias.

Excetuados os embargos de declaração, o prazo para interpor os recursos e para responder-lhes é de 15 (quinze) dias.

Se o apelado interpuser apelação adesiva, o juiz intimará o apelante para apresentar contrarrazões.

Verifica-se assim que o procedimento apelatório exige um lapso temporal para sua realização, denominado de tempestividade, um dos pressupostos de recorribilidade.

Tempestivo significa que o ato processual foi realizado ao seu tempo, no momento oportuno, aquele que foi efetivado no limite do prazo estabelecido pelo regramento normativo mediante o procedimento previsto, que revela a sua exatidão e certeza.

No âmbito judicial, o encaminhamento de peças processuais ou instrumentos recursais, deve ser dirigido ao setor de protocolo para identificação inequívoca da sua tempestividade, um pressuposto processual objetivo para seu conhecimento pela autoridade judiciária.

O requisito formal de protocolo para os recursos está preceituado nos §§ 3º e 4º do art. 1003 do Código de Processo Civil, estão assim redigidos:

> **Art. 1003.** O prazo para interposição de recurso conta-se da data em que os advogados, a sociedade de advogados, a Advocacia Pública, a Defensoria Pública ou o Ministério Público são intimados da decisão.
>
> [...]
>
> § 3º No prazo para interposição de recurso, a petição será protocolada em cartório ou conforme as normas de organização judiciária, ressalvado o disposto em regra especial.
>
> **§ 4º** Para aferição da tempestividade do recurso remetido pelo correio, será considerada como data de interposição a data de postagem.

É importante assinalar que a norma menciona protolocada, ou seja, a petição entregue no protocolo nos termos das normas de organização judiciária, e não da juntada dela nos autos.

Há uma diferença; o protocolo é central e mecanizado, enquanto a juntada é um ato de anexação da petição nos próprios autos.

Essa distinção merece realce do seguinte julgado:

> "Nesse particular, o egrégio Superior Tribunal de Justiça há muito vem entendendo que: "A contagem do prazo se faz com observância da data do protocolo, e não da juntada da petição" (STJ-5ª Turma, REsp. 34.288-4PR, rel. Min. Flaquer Scartezzini, j. 1.9.93, deram provimento, v.u., DJU 27.9.93, p. 19.826).

O protocolo eletrônico ou mecânico, registra hora e dia da apresentação da peça recursal.

Registre-se, por oportuno, que é obrigação do juiz *"assegurar às partes igualdade de tratamento"* (art. 139, I, do CPC).

De forma que o Ministério Público atuando na condição de autor da demanda deverá ter o mesmo tratamento dispensado ao réu/promovido, sob pena de clara violação aos princípios da isonomia e segurança jurídica.

Se ao advogado do réu/promovido não é conferido o direito de juntar petição recursal nos autos, também não há como ser deferido ao Ministério Público esse privilégio processual de peticionar à margem do protocolo geral do fórum ou tribunal.

Logo, vê-se que as prerrogativas das partes devem ser plenamente respeitadas e, ao promotor de justiça-parte não deve ser dispensado qualquer tratamento processual diferenciado, porquanto jamais seria admitida a apelação do advogado que, com carga do processo para a elaboração de seu apelo, limita-se a juntar a peça nos autos, devolvendo-os à serventia.

Sobreleva proclamar, que a autenticação mecânica do protocolo disponibilizada às partes, de forma equânime e impessoal, assegura ao litigante adversário a legitimidade do ato praticado, afastando a possibilidade de indevida intervenção humana com a aposição do carimbo de devolução dos autos ao alvedrio do servidor cartorário.

De modo que, havendo somente a informação oficial do cartório da aferição de tempestividade do recurso: o carimbo de recebimento dos autos em cartório, não atende às disposições legais de regência, podendo o servidor do Poder Judiciário, inclusive em prejuízo ao direito da parte, certificar o recebimento dos autos em data posterior. Clara, portanto, é a falta de segurança.

Nesse sentido, o Superior Tribunal de Justiça (AgRg no AI 817.096/SP) entendeu ser insuficiente a devolução dos autos pela Procuradoria Regional da República ao competente Tribunal Regional Federal, ainda que contendo em seu bojo o recurso especial e respeitado o interregno de interposição, posto que, no entender de sua remansosa jurisprudência, a tempestividade somente é aferida pelo registro no protocolo.

Dessa forma, considerando ser dever da parte diligenciar no sentido de garantir o regular processamento de seu recurso, deve o advogado ou o representante do Ministério Público, providenciar o protocolo apelatório ou recursal, e não simplesmente juntá-lo nos autos.

A parte que não protocola a sua peça recursal assume o risco da sua intempestividade, pois *"A petição recursal não entregue ao serviço de protocolo mecânico existente na comarca é tida como intempestiva" (TAMG – Agravo de Instrumento n. 312.230-5, 2ª Câmara Cível, rel. Juiz Caetano Levi Lopes, deram provimento, v.u., j. em 12.9.2000).*

Outrossim, em face do princípio da publicidade dos atos processuais, a parte contrária tem o direito de fiscalizar a tempestividade dos mesmos. Tratando-se de recurso, a fiscalização é exercida através do sistema mecânico de protocolo, quando existente. Nem mesmo o despacho anterior lançado pelo juiz é suficiente para assegurar a publicidade, conforme decidiu o egrégio Supremo Tribunal Federal:

> "Recurso. Apelação. Petição protocolada fora do prazo. Intempestividade. Ementa oficial: Apelação. Prazo. Local de interposição. Embargos de divergência conhecidos e rejeitados para adotar-se a orientação do acórdão embargado, segundo a qual a entrega da petição no protocolo é que fixa a tempestividade da apelação. A petição despachada dentro do prazo, mas não entregue no protocolo dentro dos 15 dias, tem-se como intempestiva. Com essa tese se afina o requisito da publicidade dos atos processuais, sem o qual as partes ficam cerceadas do direito de fiscalizar o regular andamento do processo" (Ac. no ERE 91.339-4 – MG, Pleno, rel. Min. Soares Muñoz, j. em 10.2.82, RT 569/246).

Como se vê, é dever da parte utilizar o protocolo eletrônico ou mecânico para registrar o ingresso de suas peças processuais, sob pena de ser considerada intempestiva.

Pelo atual Código de Processo Civil, o juiz não mais exerce um juízo de admissibilidade da apelação, por exemplo, sua tempestividade. Cabe-lhe receber o apelo e mandar intimar, na forma da lei, o apelado para fins de contrarrazões e após o transcurso do legal com ou sem contrarrazões, encaminhar o processo para o tribunal, ao qual compete conhecer e decidir a respeito de questões relativas aos efeitos do recebimento do recurso e de sua admissibilidade.

Saliente-se, por fim, que as questões de fato não propostas no juízo inferior poderão ser suscitadas na apelação, se o apelante provar que deixou de fazê-lo por motivo de força maior.

- "Ausência das guias de recolhimento do preparo. Apresentação apenas do comprovante de pagamento. Juntada posterior. Impossibilidade. Preclusão consumativa. A orientação jurisprudencial deste Sodalício entende pela necessidade de apresentação, no momento da interposição do recurso, das guias de recolhimento bem como do comprovante do respectivo pagamento. A intimação para complementação do preparo somente é admitida quando pago o valor de forma insuficiente, não por ausência das guias de recolhimento, tendo em vista a preclusão consumativa. Precedentes". (STJ - AgInt no AREsp 1137916/SP, Rel. Ministro MAURO CAMPBELL MARQUES, SEGUNDA TURMA, julgado em 15/03/2018, DJe 20/03/2018)
- "Preparo. Apelação. Deserção reconhecida, eis que, regularmente intimado a proceder à complementação das custas, o réu quedou-se inerte. Inteligência do artigo 1.007, do Código de Processo Civil. Precedentes". (TJSP; Apelação 0000089-80.2014.8.26.0180; Relator (a): Jarbas

Gomes; Órgão Julgador: 11ª Câmara Extraordinária de Direito Público; Foro de Espírito Santo do Pinhal - 1ª Vara; Data do Julgamento: 21/05/2018; Data de Registro: 21/05/2018)

- "Nos termos do § 4º do artigo 1.003 do CPC, o termo inicial para aferição da tempestividade do recurso remetido pelo correio será a data de postagem. No caso concreto, em que pese a parte ter afirmado que instruiu o recurso encaminhado, via postal, com o "comprovante de coleta e envio", referido documento não constou dos autos, nem mesmo após facultado momento para sanar a irregularidade. 2.2. Deste modo, considerando que entre a data de intimação da sentença e a da protocolização da peça recursal foi ultrapassado o prazo de 15 dias úteis (art. 1.003, § 5º c/c art. 219, ambos do CPC), o não conhecimento do recurso é medida que se impõe. Recurso da autora não conhecido. (TJDFT - Acórdão n.1035113, 20150110979860APC, Relator: JOÃO EGMONT 2ª TURMA CÍVEL, Data de Julgamento: 28/06/2017, Publicado no DJE: 02/08/2017. Pág.: 426/456)

- "Tratando-se de protocolo postal a tempestividade deve ser aferida pela data da postagem do recurso na Agência dos Correios, conforme dispõe art. 6°, inc. II da Resolução 642/2010". (TJMG - Apelação Cível 1.0056.15.008562-1/001, Relator(a): Des.(a) Aparecida Grossi, 17ª CÂMARA CÍVEL, julgamento em 10/08/2017, publicação da súmula em 22/08/2017)

- "São pressupostos de admissibilidade e de conhecimento dos recursos em geral, dentre outros: a regularidade da representação processual do recorrente, seu cabimento, sua tempestividade, o preparo (quando for o caso), e as razões do pedido de reforma da decisão; 2- Conforme previsto no art. 511 do CPC, o preparo do recurso e sua comprovação têm que ser efetivados no ato de interposição do recurso, sob pena de deserção" (TJMG - Apelação Cível 1.0261.14.014313-0/001, Relator(a): Des.(a) Renato Dresch, 4ª CÂMARA CÍVEL, julgamento em 10/08/0017, publicação da súmula em 16/08/2017)

- "A Resolução nº 642/2010 deste Tribunal estatui, em seu art.6º, procedimentos obrigatórios para validade do serviço de protocolo postal, de modo que o descumprimento de requisito necessário à aferição de tempestividade do ato consiste em irregularidade que veda o conhecimento do recurso". (TJMG - Apelação Cível 1.0011.15.001544-1/001, Relator(a): Des.(a) João Cancio, 18ª CÂMARA CÍVEL, julgamento em 04/04/2017, publicação da súmula em 07/04/2017)

- Ação civil pública. Improbidade administrativa. Recurso de apelação. Efeito suspensivo. Exceção. Cinge-se a questão a saber se, ante a omissão da Lei de Improbidade Administrativa no que se refere aos efeitos atribuídos ao recurso de Apelação, deve-se aplicar subsidiariamente as regras previstas na Lei 7.347/85 (Lei de Ação Civil Pública) ou no Código de Processo Civil. Nos termos do art. 20 da Lei 8.429/1992 - LIA, a imposição das sanções de perda da função pública e de suspensão de direitos políticos apenas se dá com o trânsito em julgado da sentença condenatória. Por outro lado, em relação às penalidades de ressarcimento ao erário, multa civil e proibição de contratar com o Poder Público ou receber benefícios ou incentivos fiscais ou creditícios, pelo período de cinco anos, não existe na Lei de Improbidade Administrativa a mesma previsão, sendo omisso o diploma quanto a esse aspecto. Deve-se aplicar subsidiariamente à Ação de Improbidade Administrativa a Lei 7.347/1985, que estabeleceu a Ação Civil Pública, porquanto a primeira é uma modalidade da segunda, na defesa da moralidade administrativa. Por se tratar de Ação Civil Pública, portanto, não se aplica a norma do art. 520 do CPC/1973 (art. 1.012/CPC/2015), uma vez que esta é regra geral em relação àquela, que é norma de caráter especial. A concessão do efeito suspensivo, em tais casos, somente ocorrerá em situações excepcionais, quando demonstrada a possibilidade de dano irreparável ao réu, conforme dispõe o art. 14 do referido diploma legal: "O juiz poderá conferir efeito suspensivo aos recursos, para evitar dano irreparável à parte". Recurso Especial provido". (STJ - REsp 1523385/PE, Rel. Ministro HERMAN BENJAMIN, SEGUNDA TURMA, julgado em 13/09/2016, DJe 07/10/2016)

- **Aferição da tempestividade do recurso. Data da entrada da petição no Protocolo do Tribunal. Irrelevância da data da postagem nos Correios.** Precedentes do STF. Mandado de segurança contra ato judicial. Ausência de teratologia ou abuso de poder. Não cabimento. Precedentes. Agravo regimental ao qual se nega provimento. (STF – RMS 32932 AgR, Relator(a): Min. GILMAR MENDES, Segunda Turma, julgado em 02/02/2016, PROCESSO ELETRÔNICO DJe-035 DIVULG 24-02-2016 PUBLIC 25-02-2016)

- **Intempestividade. Recurso protocolado em Tribunal diverso.** A jurisprudência do Supremo Tribunal Federal fixou entendimento no sentido de que é intempestivo o recurso protocolado por equívoco em tribunal diverso e recebido somente após o trânsito em julgado da decisão recorrida. Precedentes. (STF – AI 710068 AgR, Relator(a): Min. ROBERTO BARROSO, Primeira Turma, julgado em 17/11/2015, ACÓRDÃO ELETRÔNICO DJe-058 DIVULG 30-03-2016 PUBLIC 31-03-2016)

- **Recurso interposto por** ***fac-símile*** **após o horário de expediente do tribunal.** Protocolo. Dia seguinte ao término do prazo. Intempestividade. Artigo 4º da Lei nº 9.800/99. A Lei n.º 9.800/99, faculta "às partes a utilização de sistema de transmissão de dados e imagens tipo fac-símile ou outro similar, para a prática de atos processuais que dependem de petição escrita", determinando, em seu artigo 4º, que "quem fizer uso de sistema de transmissão torna-se responsável pela qualidade e fidelidade do material transmitido, e por sua entrega ao órgão judiciário." Considera-se intempestivo o recurso transmitido por fac-símile que, embora interposto no último dia do prazo recursal, é recebido após o expediente forense, pois o protocolo só poderá ser efetivado no dia seguinte ao término do prazo recursal. Agravo regimental provido. (STJ – AgRg no AgRg no REsp: 1050282 RJ 2008/0085633-6, Relator: Ministro LUIZ FUX, Data de Julgamento: 18/06/2009, T1 – PRIMEIRA TURMA, Data de Publicação: DTPB: 20090806 - DJe 06/08/2009)

- **Ausência de protocolo. Regularidade formal. Intempestividade**. O Superior Tribunal de Justiça (AgRg no AI 817.096/SP) entendeu ser insuficiente a devolução dos autos pela Procuradoria Regional da República ao competente Tribunal Regional Federal, ainda que contendo em seu bojo o recurso especial e respeitado o interregno de interposição, posto que, no entender de sua remansosa jurisprudência, a tempestividade somente é aferida pelo registro no protocolo. Em harmonia vêm decidindo os Tribunais pátrios: AGRAVO INTERNO – APELAÇÃO – AUSÊNCIA DE PROTOCOLO DE INTERPOSIÇÃO – MERA JUNTADA AOS AUTOS PELO ÓRGÃO MINISTERIAL – FALTA DE PRESSUPOSTO DE REGULARIDADE FORMAL – NEGATIVA DE SEGUIMENTO – DECISÃO MANTIDA – AGRAVO DESPROVIDO. – Em que pese a lei permita aos membros do Ministério Público a juntada de manifestações aos autos, independentemente de protocolo, mediante recibo da respectiva secretaria, tal prerrogativa não pode ser estendida à interposição recursal, porquanto, ato postulatório que é, deve revestir-se dos requisitos formais específicos previstos em lei (art. 506, parágrafo único, CPC), não podendo ser dito simples manifestação. A se admitir o recurso irregularmente interposto pelo Parquet, ter-se-ão comprometidos os princípios da publicidade dos atos processuais – que viabiliza à parte contrária o direito de fiscalizar, por meio idôneo, o regular andamento do processo – e da igualdade de tratamento das partes. – Recurso desprovido. (TJ-MG – AGT: 10153100004164002 MG, Relator: Eduardo Andrade, Data de Julgamento: 11/06/2013, Câmaras Cíveis / 1ª CÂMARA CÍVEL, Data de Publicação: 20/06/2013)

- **Prazo. Contagem. Ministério Público. Protocolo administrativo. Sede. Instituição.** Insertos nos pressupostos objetivos dos Recursos têm-se a previsão legal e a tempestividade, cabendo consignar que o prazo para a interposição de recurso criminal segue a norma do artigo 593, I c/c artigo 798 do Código de Processo Penal, ou seja, a apelação criminal cabível contra sentença definitiva de condenação deverá ser interposta no prazo de 05 (cinco) dias, contado a partir da data da intimação da parte. O termo inicial da contagem do prazo para o d. Ministério Público corresponde ao da entrega dos autos no serviço de protocolo administrativo da instituição, ainda que outro seja o momento da ciência da r. sentença. Ante a ausência de protocolo ou carimbo na peça recursal ou de certidão cartorária acusando o recebimento dos autos no d. Juízo a quo, evidenciando a possibilidade de a apelação ter sido interposta em data posterior ao quinquídio legal (art. 593 do CPP), não há outra solução a não ser atender ao pleito preliminar de intempestividade recursal arguido pela d. Defesa em sede de contrarrazões, à luz do *in dubio pro reo*. 4. Preliminar acolhida. Recurso não conhecido. (TJDFT - Acórdão n.561445, 20110910005142APR, Relator: SILVÂNIO BARBOSA DOS SANTOS, 2ª Turma Criminal, Data de Julgamento: 19/01/2012, Publicado no DJE: 30/01/2012. Pág.: 229)

- **Recurso. Contagem. Data do protocolo mecânico.** Em face do princípio da publicidade dos atos processuais, a parte contrária tem o direito de fiscalizar a tempestividade dos mesmos. Tratando-se de recurso, a fiscalização é exercida através do sistema mecânico de protocolo, quando existente. – A contagem do prazo se faz com observância da data do protocolo, e não da juntada da petição, sendo que há precedente deste Sodalício no sentido de que a petição recursal, não entregue ao serviço de protocolo mecânico existente na comarca, é tida como intempestiva. (TJMG – Apelação Cível 2.0000.00.438014-3/000, Relator(a): Des.(a) Mauro Soares de Freitas, Relator(a) para o acórdão: Des.(a), julgamento em 08/10/2004, publicação da súmula em 28/10/2004)

- **Protocolo em data posterior ao termo final do prazo. Intempestividade. Súmula 216/STJ.** É intempestivo o recurso especial que, remetido via Correios ao Tribunal recorrido, foi protocolado em data posterior ao termo final do prazo recursal. Incidência da Súmula 216/STJ. . Consoante iterativa jurisprudência, a tempestividade dos recursos dirigidos a esta Corte é aferida pela data do protocolo estampada na petição e não pela data da postagem no correio ou do recebimento da petição por serventuário do Tribunal. Precedentes. 3. O dever de levar aprotocolo, no tempo devido, a petição do recurso especial compete à parte insatisfeita com o provimento jurisdicional prestado, não ao funcionário do Tribunal encarregado do recebimento da correspondência. Precedentes. 4. Agravo regimental desprovido." (AgRg no Ag 851.503/SP, Rel. Ministro FERNANDO GONÇALVES, QUARTA TURMA, julgado em 18/09/2007, DJ 01/10/2007 p. 284).

- **Protocolo em data posterior ao termo final do prazo. Agravo improvido.** "Inviável o agravo de instrumento ante a intempestividade do Recurso Especial. A tempestividade do recurso é aferida pela data em que efetivamente ocorreu o protocolo e não pelo recebimento dos autos no Tribunal. Precedentes. É ônus do recorrente zelar pelo encaminhamento em tempo da petição do recurso ao setor de protocolo do Tribunal. Agravo regimental improvido. (AgRg no Ag 817.096/SP, Rel. Ministra MARIA THEREZA DE ASSIS MOURA, SEXTA TURMA, julgado em 03/02/2009, DJe 16/02/2009)

- **Protocolo ilegível. Suprimento. Certidão. Inviabilidade.** "Conforme entendimento pacífico, a certidão expedida pelo tribunal a quo, afirmando a tempestividade do recurso especial, não supre a ausência de qualquer dos elementos indispensáveis para aferição desse requisito recursal por esta Corte, dentre eles, a data legível da protocolização do apelo excepcional. Agravo regimental não provido. (AgRg no Ag 1.041.719/SP, Rel. Min. CASTRO MEIRA, SEGUNDA TURMA, DJe 09/10/2008)

- **Tempestividade.** STF: "Esta Corte firmou o entendimento de que, mesmo no processo penal, a apelação é tempestiva ainda quando, entregue em cartório no prazo legal, tenha sido despachada tardiamente". (RT 648/337)

- **Tempestividade.** TJSP: O protocolo é medida instituída em benefício das partes, mas não impõe obrigatoriedade na sua utilização. Assim, despachada a petição de recurso dentro do prazo, é de se presumir que sua entrega em cartório também tenha se verificado antes de seu esgotamento. (RT 573/366)

- **Tempestividade.** TJRS: "A petição do recurso deve obter o despacho do magistrado até a meia-noite do último dia do prazo, na própria casa do juiz, devendo o recorrente ter o cuidado de, no dia seguinte ao último do prazo, efetuar a juntada dos autos da petição com o despacho do magistrado. A juntada aos autos, sim, obedece ao horário de expediente forense. Daí a importância fundamental da presença do magistrado na comarca. Por petição o recurso é tempestivo quando na derradeira oportunidade contém os dois pressupostos: despacho do magistrado na petição e juntada aos autos pelo Escrivão". (RJTJERGS 153/82)

- **Recurso. Procuração.** TJMT: "Deparando-se com situação processual *sui generis*, onde se colhe que o patrono do réu participou do sumário sem exibir procuração e, após a sentença protestando pela entrega do respectivo instrumento, mas não fê-la, situação admitida pelo próprio Judiciário, a amplitude de defesa é o paradigma para que se conheça do recurso". (RT 618/346)

19.1.2. Fatos novos supervenientes à sentença

Nos termos do art. 933 do Código de Processo Civil, que estabelece ao relator da apelação considerar a ocorrência de fato novo superveniente à sentença cujo fato constitutivo, modificativo ou extintivo do direito possa ter influência no julgamento do mérito, terá que ser considerado pelo julgador para prolação de sua decisão ou voto.

Essa vinculação importa no dever do julgador de enfrentar o novo fato jurídico surgido após o ajuizamento da ação ou depois da interposição do recurso, sob pena de decisão *citra petita*.

A percepção de fato novo superveniente de caráter jurídico a constituir, modificar ou extinguir o direito em que questão poderá ser suscitado pelas partes ou de ofício pelo julgador. Se levantado por este, deverá o juiz ou relator mandar intimar as partes para se manifestarem sobre a matéria, mas se por uma daquelas, a outra deverá ser intimada.

O dispositivo está assim escrito:

> **Art. 933.** Se o relator constatar a ocorrência de fato superveniente à decisão recorrida ou a existência de questão apreciável de ofício ainda não examinada que devam ser considerados no julgamento do recurso, intimará as partes para que se manifestem no prazo de 5 (cinco) dias.

Essa norma também alberga a existência de questão que comporta o seu exame de ofício ainda não analisada ou decidida nos autos, devendo, igualmente, antes intimar as partes sobre o tema.

19.1.3. Juízo de retratação da sentença

O Código de Processo Civil traz uma excepcionalidade que permite ao juiz o juízo de retratação da sentença quando esta for terminativa, ainda que proferida após a citação do réu.

Sentença terminativa é aquela não julgar o mérito da causa. É a decisão que não apreciou a causa de pedir em virtude de pressupostos processuais negativos que não lhe permitiram que fosse ao seu final para enfrentamento do mérito.

O dispositivo que confere essa prerrogativa processual ao juiz para se retratar está expressa no art. 485 Código de Processo Civil, assim escrito:

> **Art. 485.** O juiz não resolverá o mérito quando:
>
> § 1º [...]
>
> § 7º Interposta a apelação em qualquer dos casos de que tratam os incisos deste artigo, o juiz terá 5 (cinco) dias para retratar-se.

Essa retratação é a única situação na qual o juiz exerce o juízo de admissibilidade recursal.

19.1.4. Teoria da causa madura

O novo Código de Processo Civil prescreve que o tribunal ao decidir em grau de apelação pela anulação da sentença, proceda de imediato o seu julgamento desde que o processo esteja em condições de ser julgado.

Para que o tribunal exerça essa jurisdição de forma originária é necessário que o processo esteja maduro, sem a necessidade de outras provas para instrumentalizar o feito.

Esse mesmo procedimento poderá ser aplicado quando houver omissão na sentença, mas que permita a realização do seu julgamento pelo tribunal.

Essa prerrogativa posta à disposição do relator no tribunal se encontra no § 3º do art. 1.013 do Código de Processo Civil, assim redigido:

> **Art. 1.013.** A apelação devolverá ao tribunal o conhecimento da matéria impugnada.
>
> § 1º [...]
>
> § 3º Se o processo estiver em condições de imediato julgamento, o tribunal deve decidir desde logo o mérito quando:
>
> I - reformar sentença fundada no art. 485;
>
> II - decretar a nulidade da sentença por não ser ela congruente com os limites do pedido ou da causa de pedir;
>
> III - constatar a omissão no exame de um dos pedidos, hipótese em que poderá julgá-lo;
>
> IV - decretar a nulidade de sentença por falta de fundamentação.

Também se aplica a teoria da causa madura quando a sentença terminativa for anulada devido ao entendimento do tribunal de que o processo não deveria ter sido extinto sem o julgamento do mérito, se concluir que o mesmo se encontra pronto e acabado para o imediato julgamento do mérito.

19.1.5. Razões recursais

A garantia de que todos os litígios observem para sua eficácia e validade, os pressupostos assecuratórios de condições amplas de defesa, está inserta na Constituição Federal, quando estabelece o seu art. 5º, LV: *"aos litigantes, em processo judicial ou administrativo, e aos acusados em geral são assegurados o contraditório e ampla defesa, com os meios e recursos a ela inerentes"*.

Assim, a ausência das razões meritórias de uma apelação implica o afastamento da garantia do exercício da ampla defesa, mesmo que o defensor tenha sido intimado, mas não atendido para apresentá-las.

É a própria Constituição Federal que assegura a ampla defesa com os meios e recursos a ela inerentes, de modo que este direito na jurisdição superior deve ser assegurado para expor as razões do seu recurso.

É importante assinalar que o advogado é indispensável à administração da justiça, conforme preceitua o art. 133 da Carta Constitucional, não sendo legítima a sua supressão numa fase que requer conhecimentos profissionais.

Ademais, não se pode compreender que o direito de defesa da liberdade de uma pessoa seja afetado pela negligência profissional de um advogado, cuja participação do processo é uma exigência constitucional.

O Estado de direito resguarda o "devido processo legal" e a "ampla defesa com os meios e recursos a ela inerentes", como garantia primordial de uma boa justiça.

Destaque-se, por oportuno, a largueza cognitiva da jurisdição superior em rever e reapreciar todas as questões de fato e de direito julgadas pelo órgão a quo.

O duplo grau de jurisdição se caracteriza exatamente por essa ampla devolução cognitiva, tanto que as apelações não estão restringidas por fundamentação vinculada as suas razões.

A propósito da temática da ausência de razões recursais, impende-se a transcrição dos seguintes julgados; senão vejamos:

> Se o Advogado constituído pelo réu é intimado para apresentar contrarrazões à apelação do Ministério Público, e não as apresenta, deve o Juiz nomear Defensor dativo, para que o faça. A partir desse instante, o Defensor constituído não precisa ser intimado dos demais atos do processo, mas, sim, o Defensor dativo. 3. Hipótese em que todas essas formalidades foram observadas. Precedentes. (STF – 1ª T. – 73087 – DJU 31.05.1996 – Rel. Min. Sidney Sanches). No mesmo sentido HC-52823, RTJ 72/38, RHC 58881, RTJ 99/144, HC 68182.

Nesse sentir, outro julgado:

> TACRSP: Ausência de razões em recurso não possibilita a subida deste à Instância Superior, devendo o réu constituir novo defensor, sob pena de se

lhe nomear dativo, a fim de assegurar o direito à aplicação dos princípios constitucionais da ampla defesa e do contraditório. (RJDTACRIM 5/58). No mesmo sentido. TACRSP - RT 545/382)

As decisões que ilustram este arrazoado demonstram a indispensabilidade das razões recursais, por constarem a motivação, argumentação e visão fundamentada da irresignação perquirida, condição essencial para garantir-lhe o exercício da ampla defesa na jurisdição superior.

Aliás, sobre essa temática impende a lição de insculpida no livro de Ada Pellegrini Grinover: "*Se o defensor constituído não apresentar as razões ou contrarrazões, deve o juiz intimar o acusado a constituir outro defensor para formulá-las; em caso de defensor dativo, o juiz deve substituí-lo*"[176].

Sobre a nulidade decorrente da falta das razões da defesa, ver Grinover, Scarance e Magalhães. Recentemente, acentuou o STF que "*a ausência de contrarrazões ao recurso do Ministério Público, do qual resultou sensível agravamento da pena imposta ao paciente*", *constitui "cerceamento de defesa", devendo ser anulado o "julgamento da apelação"*. (HC 68.885-3/RS - DJU 13.12.1991 - p. 18.354).

19.1.6. Recurso adesivo

O recurso adesivo é aquele que, dependente da existência do recurso principal, a apelação por exemplo, que é cabível quando ambas as partes são vencedora e vencidas.

A regra é que interposta a apelação, o apelado é intimado para apresentar contrarrazões recursais, cujo objetivo será de rebater o que foi arrazoado nas razões de apelação.

A norma do § 1º do art. 997 do Código de Processo Civil prevê que "sendo vencidos autor e réu, ao recurso interposto por qualquer deles poderá aderir o outro".

Diferentemente das contrarrazões em que a parte fica limitada a rechaçar o pedido formulado pelo apelante, no recurso adesivo há um elastério para fazer pedido ao final visando auferir o direito vindicado, assim como fez o recorrente.

O prazo para interposição de recurso adesivo é o mesmo para contrarrazões.

19.2. Agravo de Instrumento

O novo Código de Processo Civil estabeleceu limitações para cabimento do agravo de instrumento que são taxativas as hipóteses de sua admissibilidade ao especificar as decisões interlocutórias recorríveis.

Agravo é um recurso que se interpõe para a instância imediatamente superior visando à reforma ou modificação de uma decisão interlocutória que esteja elencada no art. 1.015 do Código de Processo Civil, assim discriminadas:

---

176. . Grinover, Ada Pellegrini. **Recursos no Processo Penal**. 2. ed. São Paulo: RT, 1996. p. 150.

> **Art. 1.015.** Cabe agravo de instrumento contra as decisões interlocutórias que versarem sobre:
>
> I - tutelas provisórias;
>
> II - mérito do processo;
>
> III - rejeição da alegação de convenção de arbitragem;
>
> IV - incidente de desconsideração da personalidade jurídica;
>
> V - rejeição do pedido de gratuidade da justiça ou acolhimento do pedido de sua revogação;
>
> VI - exibição ou posse de documento ou coisa;
>
> VII - exclusão de litisconsorte;
>
> VIII - rejeição do pedido de limitação do litisconsórcio;
>
> IX - admissão ou inadmissão de intervenção de terceiros;
>
> X - concessão, modificação ou revogação do efeito suspensivo aos embargos à execução;
>
> XI - redistribuição do ônus da prova nos termos do art. 373, § 1º;
>
> XII - (VETADO);
>
> XIII - outros casos expressamente referidos em lei.
>
> Parágrafo único. Também caberá agravo de instrumento contra decisões interlocutórias proferidas na fase de liquidação de sentença ou de cumprimento de sentença, no processo de execução e no processo de inventário.

O inciso XIII quando prevê o cabimento de agravo de instrumento nos "outros casos expressamente referidos em lei", há previsão de sua interposição na hipótese do art. 354, parágrafo único do Código de Processo Civil, assim redigido:

> **Art. 354.** Ocorrendo qualquer das hipóteses previstas nos arts. 485 e 487, incisos II e III, o juiz proferirá sentença.
>
> Parágrafo único. A decisão a que se refere o *caput* pode dizer respeito a apenas parcela do processo, caso em que será impugnável por agravo de instrumento.

A hipótese aqui seria de uma sentença com decisão parcial ou terminativa, no caso de uma decisão for de apenas uma parcela do pedido. Nessas situações, a decisão seria impugnável pela via de agravo de instrumento.

A título de ilustração, pode-se ter situações em que seja o processo extinto em relação a um litisconsorte por suposta ilegitimidade, mas prossegue em relação a outro. O mesmo é possível em relação a declaração da ocorrência da prescrição sobre um dos litigantes. Nessas circunstâncias, o remédio jurídico seria o agravo de instrumento para fins de impugnação.

Outra situação que se enquadra no rol de casos previstos em lei, cabe agravo de instrumento na hipótese do § 1º do art. 1.027 do Código de Processo Civil, é referente as questões internacionais na alçada do Superior Tribunal de Justiça, assim escrito:

> **Art. 1.027**. Serão julgados em recurso ordinário:
>
> I – [...]
>
> **II** - pelo Superior Tribunal de Justiça:
>
> a) [...]
>
> **b)** os processos em que forem partes, de um lado, Estado estrangeiro ou organismo internacional e, de outro, Município ou pessoa residente ou domiciliada no País.
>
> § 1º Nos processos referidos no inciso II, alínea "b", contra as decisões interlocutórias caberá agravo de instrumento dirigido ao Superior Tribunal de Justiça, nas hipóteses do art. 1.015.

O Código de Processo Civil também prevê o cabimento de impugnação por agravo de instrumento no § 13, I do art. 1.037, quando houver indeferimento de pedido de afastamento da suspensão do processo determinada em razão do julgamento repetitivo de recuso especial ou extraordinário, que tem a seguinte redação:

> **Art. 1.037.** Selecionados os recursos, o relator, no tribunal superior, constatando a presença do pressuposto do caput do art. 1.036, proferirá decisão de afetação, na qual:
>
> § 1º [...]
>
> § 13. Da decisão que resolver o requerimento a que se refere o § 9º caberá:
>
> **I** - agravo de instrumento, se o processo estiver em primeiro grau;

Há também na legislação especial uma situação que prevê a interposição de agravo de instrumento como recurso de impugnação no caso de decisão que decreta a falência.

Essa previsão está expressa na Lei Federal nº 11.101/2005, que regula a recuperação judicial, a extrajudicial e a falência do empresário e da sociedade empresária, cujo art. 100 tem a seguinte redação:

> **Art. 100.** Da decisão que decreta a falência cabe agravo, e da sentença que julga a improcedência do pedido cabe apelação.

A Lei de Improbidade Administrativa estabelece que a decisão que recebe a petição inicial, juízo de admissibilidade da ação de improbidade administrativa é atacável pela via do agravo de instrumento, porquanto no seu § 10 do art. 17 preceitua:

> § 10. Da decisão que receber a petição inicial, caberá agravo de instrumento.

Como se vê, existe um rol de decisões interlocutória que comportam suas impugnações através de agravo de instrumento, portanto, limitado é o uso desse recurso. Entretanto, as outras decisões que ocorrerem no curso do processo que não estão discriminadas pelo Código de Processo Civil e legislação especial, que não são atacadas pela via do agravo de instrumento não se tornam irrecorríveis.

Tais decisões que vierem acontecer na tramitação processual poderão ser objeto de preliminares na apelação ou nas contrarrazões desse recurso, conforme estabelece o § 1º do art. 1.009 do diploma processual.

Há também outros atos jurídicos que *são impugnados através de agravo de instrumento, como* o indeferimento da gratuidade ou a que acolher pedido de sua revogação, conforme previsão no art. 101 do Código de Processo Civil, salvo se a questão for resolvida na sentença, o que ensejaria o cabimento de apelação.

Também há previsão para o cabimento de agravo de instrumento da decisão que julgar de forma antecipada e parcial o mérito, nos termos do art. 356 do Código de Processo Civil cujo dispositivo no seu § 5º preceitua que esta deliberação é impugnável por esta via recursal.

19.3. Agravo interno

O art. 1.021 do Código de Processo Civil prevê o agravo interno da decisão monocrática do relator para o órgão respectivo colegiado, na forma do regimento interno do tribunal.

Na petição de agravo interno, o recorrente deverá impugnar os fundamentos da decisão agravada de forma especifica os pontos da sua argumentação, e não apenas, reproduzir o embasamento do recurso.

Ao receber o agravo, o relator intimará o agravado para se manifestar no prazo de 15 (quinze) dias, após o que, poderá se retratar da decisão impugnada e, não se retratando, o levará o recurso para julgamento pelo órgão colegiado, mediante inclusão em pauta.

A decisão do relator não poderá limitar-se a reproduzir os mesmos fundamentos da decisão impugnada para julgar improcedente o agravo interno.

Se o agravo interno for considerado manifestamente inadmissível ou improcedente, cuja atuação que venha a evidenciar uma resistência injustificada ao andamento do processo, procedimento temerário ou que ser revele um recurso com intuito manifestamente protelatório, o agravante será condenado a pagar ao agravado multa fixada entre um e cinco por cento do valor atualizado da causa.

Nessas circunstâncias, a interposição de qualquer outro recurso está condicionada ao depósito prévio do valor da multa acima prevista, exceto a Fazenda Pública e do beneficiário de gratuidade da justiça, que farão o pagamento ao final.

Outra possibilidade de interposição do agravo interno é contra a decisão que negar seguimento ao recurso especial ou extraordinário, cujo ato do presidente ou vice-presidente do tribunal recorrido, cuja competência é definida pelo inciso I do art. 1.030 do Código de Processo Civil.

O art. 1.042 do Código de Processo Civil estabelece que "cabe agravo contra a decisão do presidente ou vice-presidente do tribunal recorrido que inadmitir recurso extraordinário o especial", que independe do pagamento de custas e despesas postais (§ 2º).

O aludido dispositivo prevê ainda que os recursos fundados na aplicação de entendimento firmado em regime de repercussão geral ou julgamento de recursos repetitivos, diante da possibilidade de sobrestamento e do juízo de retratação, não cabe o agravo interno.

Neste caso, aplica-se a regra do § 5º do art. 1.035 do CPC e do inciso II do art. 1.037 também do CPC.

Os referidos dispositivos estão assim redigidos:

> **Art. 1.035.** [...]
>
> § 5º Reconhecida a repercussão geral, o relator no Supremo Tribunal Federal determinará a suspensão do processamento de todos os processos pendentes, individuais ou coletivos, que versem sobre a questão e tramitem no território nacional.
>
> **Art. 1.037.** Selecionados os recursos, o relator, no tribunal superior, constatando a presença do pressuposto do caput do art. 1.036, proferirá decisão de afetação, na qual:
>
> I – [...]
>
> II - determinará a suspensão do processamento de todos os processos pendentes, individuais ou coletivos, que versem sobre a questão e tramitem no território nacional;

19.4. Agravo em recurso especial e extraordinário

O art. 1.030 do Código de Processo Civil manteve a competência dos tribunais de 2º grau para o juízo de admissibilidade dos recursos especial e extraordinário, em cujas secretarias devem protocoladas as petições desses apelos extremos, devendo, em seguida, o recorrido ser intimado para fins de contrarrazões.

Se o recurso for admitido pelo presidente ou vice-presidente do tribunal, neste caso, um juízo de admissibilidade positivo, haverá remessa para o tribunal superior destinatário.

Entretanto, se houve um juízo de admissibilidade negativo, com a negação de seguimento do recurso, desta decisão cabe agravo de instrumento, conforme previsão expressa no art. 1.042 do Código de Processo Civil.

> **Art. 1.042.** Cabe agravo contra decisão do presidente ou do vice-presidente do tribunal recorrido que inadmitir recurso extraordinário ou recurso especial, salvo quando fundada na aplicação de entendimento firmado em regime de repercussão geral ou em julgamento de recursos repetitivos.

Registre-se que a petição de agravo será dirigida ao presidente do tribunal de origem independentemente do pagamento de custas e despesas postais.

19.5. Embargos de declaração

O embargo declaratório é um instrumento processual cabível quando a decisão se apresente imperfeita por ambiguidade, obscuridade, contradição ou omissão, bem ainda, na hipótese de incorrer erro material, para assim proceder a correção, ou ainda, naquelas situações de prequestionamento para fins de reunir pressupostos à admissibilidade de recursos especiais e/ou extraordinário.

Os embargos trafegam processualmente sob o arnês de restituir hipóteses legais (art. 1.022, I, II e III, do CPC), somente servindo para alterar o convencimento, modificando o resultado, diante de circunstância excepcional ou pela viseira de provimento timbrado com a teratológica. Em contrário, ao fundo e a cabo, seria postura abdicatória da via processual adequada para modificação do resultado estadeado no acórdão.

Na lição de José Carlos Barbosa Moreira, "Há omissão quando o tribunal deixa de apreciar questões relevantes para o julgamento, suscitadas pelas partes ou examináveis de ofício [...], ou quando deixa de pronunciar-se acerca de algum tópico da matéria submetida à sua cognição, em causa de sua competência originária, ou obrigatoriamente sujeita ao duplo grau de jurisdição (art. 496), ou ainda mediante recurso, inclusive quanto a ponto acessório, como seria o caso de condenações em despesas processuais e honorários advocatícios (art. 82), ou de sanção que se devesse impor (por exemplo, as previstas no art. 986, nº II, e no art. 1.018, I)." (in Comentários ao Código de Processo Civil, Volume V, Forense, 7ª edição, pág. 539).

A contradição "[...] é a afirmação conflitante, quer na fundamentação, quer entre a fundamentação e a conclusão." (Vicente Greco Filho, in Direito Processual Civil, 11ª edição, São Paulo, Saraiva, 2º v., pág. 260). "Verifica-se este defeito quando no acórdão se incluem proposições entre si inconciliáveis. Pode haver contradição entre proposições contidas na motivação [...] ou entre proposições da parte decisória, isto é, incompatibilidade entre capítulos do acórdão [...]. Também pode ocorrer contradição entre alguma proposição enunciada nas razões de decidir e o dispositivo [...]. É ainda concebível a ocorrência de contradição entre a ementa e o corpo do acórdão. Não fica excluída a hipótese de contradição entre proposições constantes da própria ementa (cf., infra, o comentário nº 359 ao art. 943). Tampouco o fica a de contradição entre o teor do acórdão e aquilo que resultara da votação apurável pela minuta de julgamento, pela ata, pelas notas taquigráficas ou por outros elementos. [...] Não há que se cogitar de contradição entre o acórdão e outra decisão porventura anteriormente proferida no mesmo processo, pelo tribunal ou pelo órgão de grau inferior. Se a questão estava preclusa, e já não se podia voltar atrás do que fora decidido, houve sem dúvida *error in procedendo*, mas o remédio de que agora se trata é incabível. Também o é na hipótese de contradição entre o acórdão e o que conste de alguma peça dos autos (caso de *error in judicando*)." (José Carlos Barbosa Moreira, ob. cit., págs. 541/543).

A obscuridade, por sua vez, verifica-se quando há evidente dificuldade na compreensão do julgado. Ocorre quando há a falta de clareza do *decisum*, daí resultando a ininteligibilidade da questão decidida pelo órgão judicial. Em última análise, ocorre a obscuridade quando a decisão, no tocante a alguma questão importante, soluciona-a de modo incompreensível. São estes os fundamentos do *decisum* embargado, na parte em que interessa.

Convém ressaltar que os embargos declaratórios não consubstanciam censura ao ofício judicante, mas servem-lhe ao aperfeiçoamento visando uma resposta jurisdicional completa, de modo que, o seu exame deve ser visto como uma colaboração do recorrente objetivando refinar a prestação judicante de forma perfeita e acabada.

É natural que a decisão judicial não esteja correspondendo integralmente ao pedido editado e que o recorrente possa perquirir uma jurisdição na sua completude com os adornos e incrementos ou ajustes possíveis pela via embargatória.

Notadamente, não se trata de impingir diretamente função retificadora, mas, apenas esclarecedora dos fatos trazidos a julgamento, ensejando a interposição dos embargos declaratórios.

Entretanto, como consequência lógica e razoável, por dever inescusável da verdade real, obriga-se a ser levada a efeito em vista dos argumentos jurídicos esposados. É que, "*suprida a omissão, impossível se torna, sem manifesta incoerência, deixar subsistir o que se decidira no pronunciamento embargado*" (RT 606/295 e RJTJSP 100/541).

No caso da sentença ou acórdão se apresentar omissiva em aspectos importantes do processo e expõe contradições referentes à ordem cronológica de fatos e acontecimentos de valor considerável ao deslinde da demanda, comporta assim a justa agitação do recurso de embargados declaratórios.

Dentre as matérias de cunho pertinentes à referida omissão e contradição estão aquelas referentes ao conhecimento de ofício, conforme lição de Ada Pellegrini Grinover[177], que afirma: "*A omissão configura-se quando o juízo ou tribunal deixa de apreciar questões relevantes para o julgamento, suscitadas pelas partes ou cognoscíveis de ofício.*"

Assinale-se que os embargos declaratórios não possuem efeito suspensivo, mas interrompe o prazo para a interposição de recurso, ou seja, o prazo recomeça a sua contagem do início.

Quando os embargos declaratórios se mostrarem manifestamente protelatórios, aqueles com clareza e flagrante de protrair no tempo o seu prolongamento,

177. GRINOVER, Ada Pellegrini. **Recurso no processo penal**. São Paulo: Revista dos Tribunais, 1997, pág.231.

o juiz ou o tribunal aplicará multa de no máximo 2% (dois por cento) do valor atualizado da causa.

Se houver reiteração, embargos dos embargos, igualmente, protelatórios, a multa será de até 10% incidente sobre o valor atualizado da causa.

O recolhimento do valor da multa passa a ser pressuposto processual para a interposição de recurso, exceto a Fazenda Pública e o beneficiário da justiça gratuita, que recolheram o valor ao final do processo.

Convém assinalar que a rejeição dos embargos declaratórios ou sendo providos, apenas com efeito integrativo, sem alterar a conclusão do julgamento anterior, o recurso interposto pela outra parte antes da publicação da decisão dos aclaratórios será processado e julgado sem a necessidade de ratificação.

Diferentemente, será na hipótese de acolhimento que modifique o resultado do julgamento, situação em que o embargado terá direito de complementando ou alterando suas razões, no prazo de 15 (quinze) dias, contados da intimação da decisão dos embargos de declaração.

19.6. Embargos declaratórios com efeitos modificativos

O Código de Processo Civil no seu art. 1.022, inciso III, prevê o cabimento de embargos declaratórios por erro material que venha ter influência no resultado do julgamento, afetando-lhe assim a sua manifestação judiciosa do que foi proposto, examinado e decidido nos autos.

De modo que, nessas circunstâncias que conduzem a alteração da decisão, seja parcial ou total, tornar-se indispensável que o juiz ordene a intimação do embargado para responder ao recurso.

O prazo para interposição de embargos de declaração é de 5 (cinco) dias, e se aplica à regra do art. 229 do Código de Processo Civil, ao assegurar em dobro, o prazo para os litisconsortes que tiverem diferentes procuradores, de escritórios de advocacia distintos. Esta regra não se aplica aos processos em autos eletrônicos.

Os embargos declaratórios com efeitos modificativos, em virtude de erro material ou de fato, já era uma construção pretoriana consagrada pelos Tribunais Superiores, que vem agora implementada no Código de Processo Civil ao admiti-los por erro material.

Registre-se, por oportuno, os embargos declaratórios não consubstanciam críticas ao ofício judicante, mas servem-lhe ao aprimoramento. Ao apreciá-los, o órgão deve fazê-lo com espírito de compreensão, atentando para o fato de consubstanciarem verdadeira contribuição da parte em prol do devido processo legal.

Entretanto, como consequência lógica e razoável, por dever inescusável da verdade real, obriga-se a ser levada a efeito em vista dos argumentos jurídicos esposados. É que, "*suprida a omissão, impossível se torna, sem manifesta incoerência, deixar subsistir o que se decidira no pronunciamento embargado*" (RT 606/295 e RJTJSP 100/541).

A decisão que se apresenta omissiva em aspectos importantes do processo e expõe contradições referente à ordem cronológica de fatos e acontecimentos de valor considerável ao deslinde da demanda, comporta assim, a justa agitação destes da via embargatória.

A ocorrência de erro material ou de fato se constituem em pressupostos de adequação da revisão mediante a figura jurídica de embargos declaratórios com efeitos modificativos.

Como dito, dentre as matérias de cunho pertinentes ao referido erro material comporta a revisão por embargos declaratórios modificativos, que é uma construção pretoriana consagrada pelos Tribunais Superiores, a exemplo dos seguintes Julgados:

> "Havendo erro de fato na premissa estabelecida no acórdão embargado, a Corte Especial do Superior Tribunal de Justiça admite excepcionalmente a concessão de efeito infringente aos embargos declaratórios. Tratando-se de reversão de pensão por morte, o termo inicial do pagamento do benefício é a data do óbito do instituidor (ED nos ED no REsp n. 905.429/SC, Ministra Laurita Vaz). Embargos de declaração acolhidos com efeito modificativo". (STJ - EDcl nos EDcl no AgRg no AgRg no REsp n. 912.620/SC, Ministro Jorge Mussi, Quinta Turma, DJe 26/5/2014)

> "O Superior Tribunal de Justiça admite, em hipóteses excepcionais, a atribuição de efeitos infringentes aos embargos de declaração, em especial para corrigir premissa equivocada no julgamento, bem como nos casos em que, sanada a omissão, a contradição ou a obscuridade, a alteração da decisão surja como consequência necessária. Precedentes. Tratando a hipótese de reversão de pensão por morte, e não de concessão inicial do benefício, o termo inicial do pagamento do benefício é a data do óbito do instituidor, tendo em vista que a viúva preencheu os requisitos para o recebimento da pensão com o óbito do instituidor, fato ocorrido no curso do processo de conhecimento intentado pelo próprio titular da pensão (EDcl nos EDcl no REsp n. 905.429/SC, Ministra Laurita Vaz, Quinta Turma, DJe 9/3/2009 e EDcl nos EDcl no AgRg no AgRg no REsp n. 912.620/SC, Ministro Jorge Mussi, Quinta Turma, DJe 26/5/2014). Não se mostra cabível, na espécie, a penalização da viúva, por ter buscado a prestação jurisdicional, com o ajuizamento da presente ação ordinária, após a extinção da execução do processo de conhecimento por ilegitimidade ativa *ad causam*. Embargos de declaração acolhidos com efeitos modificativos". (STJ - EDcl no AgRg no REsp 1026422/SC, Rel. Ministro SEBASTIÃO REIS JÚNIOR, SEXTA TURMA, julgado em 27/06/2014, DJe 05/08/2014)

> "STJ: "EMBARGOS DE DECLARAÇÃO. PODEM TER EFEITO MODIFICATIVO, EM CASOS EXCEPCIONAIS, QUANDO, POR EXEMPLO, HOUVER ERRO MATERIAL NO EXAME DOS AUTOS. EXISTÊNCIA, NO CASO, DE TAL ERRO, NA ORIGEM. PRECEDENTES. RECURSO ESPECIAL CONHECIDO E PROVIDO" (RSTJ 47/275)

De modo que, ocorrendo erro material ou de fato na elaboração da sentença, é cabível a oposição de embargos de declaração com efeitos modificativos.

- "Esta egrégia Corte Superior já proclamou que os embargos de declaração constituem a via adequada para sanar omissões, contradições, obscuridades ou erros materiais do decisório embargado, admitida a atribuição de efeitos infringentes apenas quando esses vícios sejam de tal monta que a sua correção necessariamente infirme as premissas do julgado (EDcl no AgRg no EREsp nº 747.702/PR, Rel. Ministro MASSAMI UYEDA, Corte Especial, DJe de 20/9/2012). É o caso. Os embargos declaratórios serão cabíveis quando houver obscuridade, omissão, contradição, ou mesmo correção de erro material, na dicção do art. 535 do CPC/73. In casu, demonstrada omissão quanto a analise de todos os argumentos relativos à falta de interesse de agir do autor, há de se acolher os aclaratórios a fim de integrar o julgado embargado. Embargos de declaração acolhidos, com efeitos infringentes, para conhecer do agravo e dar provimento ao recurso especial." (STJ – EDcl no AgRg no AREsp 587.788/PR, Rel. Ministro MOURA RIBEIRO, TERCEIRA TURMA, julgado em 26/09/2017, DJe 13/10/2017)

- "Os embargos de declaração são cabíveis para suprir omissão do acórdão. Admite-se, excepcionalmente, que os embargos, ordinariamente integrativos, tenham efeitos infringentes desde que constatada a presença de um dos vícios do artigo 535 do Código de Processo Civil, cuja correção importe em alteração da conclusão do julgado. Embargos de declaração acolhidos com efeitos infringentes". (STJ - EDcl no AgRg nos EDcl no Ag nº 1.270.856/RJ, Rel. Ministro RICARDO VILLAS BÔAS CUEVA, Terceira Turma, DJe 18/2/2015).

- "Admitem-se embargos de declaração com efeitos infringentes para a correção de premissa equivocada sobre a qual tenha se fundado o acórdão embargado". Embargos de declaração acolhidos com efeitos infringentes. Recurso especial provido." (STJ - EDcl no REsp nº 1.236.276/MG, Rel. Ministro JOÃO OTÁVIO DE NORONHA, Terceira Turma, DJe 24/11/2014).

- Embargos declaratórios. Efeito modificativo. Possibilidade. Havendo erro de fato na premissa estabelecida no acórdão embargado, a Corte Especial do Superior Tribunal de Justiça admite excepcionalmente a concessão de efeito infringente aos embargos declaratórios. Tratando-se de reversão de pensão por morte, o termo inicial do pagamento do benefício é a data do óbito do instituidor (ED nos ED no REsp n. 905.429/SC, Ministra Laurita Vaz). 3. Embargos de declaração acolhidos com efeito modificativo. (EDcl nos EDcl no AgRg no AgRg no REsp n. 912.620/SC, Ministro Jorge Mussi, Quinta Turma, DJe 26/5/2014)

- Embargos de declaração em agravo regimental em recurso especial. Atribuição de efeito modificativo. Possibilidade. O Superior Tribunal de Justiça admite, em hipóteses excepcionais, a atribuição de efeitos infringentes aos embargos de declaração, em especial para corrigir premissa equivocada no julgamento, bem como nos casos em que, sanada a omissão, a contradição ou a obscuridade, a alteração da decisão surja como consequência necessária. Precedentes. Tratando a hipótese de reversão de pensão por morte, e não de concessão inicial do benefício, o termo inicial do pagamento do benefício é a data do óbito do instituidor, tendo em vista que a viúva preencheu os requisitos para o recebimento da pensão com o óbito do instituidor, fato ocorrido no curso do processo de conhecimento intentado pelo próprio titular da pensão (EDcl nos EDcl no REsp n. 905.429/SC, Ministra Laurita Vaz, Quinta Turma, DJe 9/3/2009 e EDcl nos EDcl no AgRg no AgRg no REsp n. 912.620/SC, Ministro Jorge Mussi, Quinta Turma, DJe 26/5/2014). Não se mostra cabível, na espécie, a penalização da viúva, por ter buscado a prestação jurisdicional, com o ajuizamento da presente ação ordinária, após a extinção da execução do processo de conhecimento por ilegitimidade ativa ad causam. Embargos de declaração acolhidos com efeitos modificativos. (STJ - EDcl no AgRg no REsp 1026422/SC, Rel. Ministro SEBASTIÃO REIS JÚNIOR, SEXTA TURMA, julgado em 27/06/2014, DJe 05/08/2014)

- "STJ:"Embargos de declaração. Podem ter efeito modificativo, em casos excepcionais, quando, por exemplo, houver erro material no exame dos autos. Existência, no caso, de tal erro, na origem. Precedentes. Recurso especial conhecido e provido" (RSTJ 47/275)

19.7. Recurso ordinário constitucional

O recurso ordinário é o cabível para o Superior Tribunal de Justiça contra as decisões denegatórias em mandado de segurança, habeas corpus, habeas data e mandados de injunção, pelos tribunais de 2ª Instâncias. E dessas decisões, igualmente denegatórias, pelos tribunais superiores para o Supremo Tribunal Federal.

Também é cabível o recurso ordinário para o Superior Tribunal de Justiça as decisões dos processos em que forem partes, de um lado, Estado estrangeiro ou organismo internacional e, de outro, Município ou pessoa residente ou domiciliada no País.

O recurso ordinário deve ser interposto perante o tribunal de origem no prazo de 15 (quinze) dias, e seguida, o presidente ou o vice-presidente, por igual prazo, intimará o recorrido para ofertar as suas contrarrazões, findo o qual com ou sem resposta, encaminhará para o Superior Tribunal de Justiça.

O juízo de admissibilidade será efetuado pelo relator no Superior Tribunal de Justiça.

No que alude ao efeito suspensivo ou devolutivo desse recurso, prescreve o art. 995 do Código de Processo Civil que *"os recursos não impedem a eficácia da decisão, salvo disposição legal ou judicial em sentido diverso"*.

O seu parágrafo único estabelece que *"a eficácia da decisão recorrida poderá ser suspensa por decisão do relator, se da imediata produção de seus efeitos houver risco de dano grave, de difícil ou impossível reparação, e ficar demonstrada a probabilidade de provimento do recurso"*.

Como nos arts. 1.027 e 1.028 do CPC, que tratam do recurso ordinário, não há menção a efeito suspensivo, mostra-se adequado concluir que o efeito desse recurso é apenas devolutivo, excetuando-se eventual decisão do relator conferindo-lhe efeito suspensivo, nos termos do parágrafo único do art. 995 do CPC.

Destaque-se ainda, que o recorrente poderá invocar a previsão de efeito suspensivo prevista para os recursos especial e extraordinário (art. 1.029, § 5º) e para a apelação no art. 1.012, § 3º, ambos do CPC.

Note-se que, quando se tratar de demanda internacional, a leitura do art. 1.027, § 1º do CPC mostra clara quando preceitua que "contra as decisões interlocutórias caberá agravo de instrumento dirigido ao presidente do Superior Tribunal de Justiça, nas hipóteses do art. 1.015".

19.8. Recursos especial e extraordinário

O recurso especial *é aquele interposto para o Superior Tribunal de Justiça de decisões proferidas em única ou última instância, pelos tribunais de 2ª instância, que contrariem lei ou tratado federal*, ato de governo local ou deem interpretação discordante proferida por outro tribunal, criando desta forma, um dissídio jurisprudencial.

O art. 105 da Constituição Federal define a competência para do Superior Tribunal de Justiça para processar e julgar, em sede de recurso especial, da seguinte forma:

> Art. 105. Compete ao Superior Tribunal de Justiça:
>
> I - [...]
>
> III - julgar, em recurso especial, as causas decididas, em única ou última instância, pelos Tribunais Regionais Federais ou pelos tribunais dos Estados, do Distrito Federal e Territórios, quando a decisão recorrida:
>
> a) contrariar tratado ou lei federal, ou negar-lhes vigência;
>
> b) julgar válido ato de governo local contestado em face de lei federal
>
> c) der a lei federal interpretação divergente da que lhe haja atribuído outro tribunal.

O novo Código de Processo Civil traz como novidade a vedação de inadmissibilidade do recurso especial pelo tribunal de origem com base em fundamento genérico de que as circunstâncias fáticas são diferentes, sem demonstrar com clareza e de forma concreta, a existência da distinção.

Para que o presidente ou vice-presidente do tribunal de origem negue seguimento ao recurso especial, no caso de divergência jurisprudencial, faz-se necessário demonstrar de forma objetiva a inexistência de diferença entre seus conteúdos jurídicos.

Já o recurso extraordinário *é o instrumento processual que se* busca o respeito às leis federais e à Constituição Federal junto ao Supremo Tribunal Federal, o guardião da Carta Política.

É o Supremo Tribunal Federal que detém, dentre outras atribuições, o cumprimento das leis, a sua vigência, unidade e uniformidade de sua interpretação conforme à Constituição da República.

O art. 102 da Constituição Federal definiu as seguintes atribuições ao Supremo Tribunal Federal:

> Art. 102. Compete ao Supremo Tribunal Federal, precipuamente, a guarda da Constituição, cabendo-lhe:
>
> I - [...]
>
> III - julgar, mediante recurso extraordinário, as causas decididas em única ou última instância, quando a decisão recorrida:
>
> a) contrariar dispositivo desta Constituição;
>
> b) declarar a inconstitucionalidade de tratado ou lei federal;

c) julgar válida lei ou ato de governo local contestado em face desta Constituição.

d) julgar válida lei local contestada em face de lei federal.

O juízo de admissibilidade dos recursos especial e extraordinário é realizado pelo presidente ou vice-presidente do tribunal de origem, ao qual deverá ser dirigida petição e protocolada, no prazo de 15 (quinze) dias.

Se o juízo de admissibilidade for positivo, o recurso especial será encaminhado para o Superior Tribunal de Justiça. Na hipótese de interposição de recurso extraordinário e especial, ambos serão, igualmente, remetidos ao Superior Tribunal de Justiça.

Conclu*í*do o julgamento do recurso especial, os autos serão remetidos ao Supremo Tribunal Federal para exame do recurso extraordinário.

Se o relator do recurso especial entender pela sua prejudicialidade ante o recurso extraordinário, sobrestará o julgamento e remeterá os autos ao Supremo Tribunal Federal. Seria a hipótese de que o julgamento do extraordinário prejudicaria o especial.

Porém, se o relator do recurso extraordinário no Supremo Tribunal Federal rejeitar a prejudicialidade, devolverá os autos ao Superior Tribunal de Justiça para julgamento do recurso especial.

Os recursos especial e extraordinário são desprovidos de efeito suspensivo, mas este poderá ser requerido ao relator nos termos do § 5º do art. 1.029 do CPC, assim escrito:

> Art. 1.029. O recurso extraordinário e o recurso especial, nos casos previstos na Constituição Federal, serão interpostos perante o presidente ou o vice-presidente do tribunal recorrido, em petições distintas que conterão:
>
> § 1º [...]
>
> § 5º O pedido de concessão de efeito suspensivo a recurso extraordinário ou a recurso especial poderá ser formulado por requerimento dirigido:

No que concerne ao prequestionamento como condição de procedibilidade de admissão de recursos especial e extraordinário, sobrelevar destacar o art. 1.025 do Código de Processo Civil, diz que "consideram-se incluídos no acórdão os elementos que o embargante suscitou, para fins de prequestionamento, ainda que os embargos de declaração sejam inadmitidos ou rejeitados, caso o tribunal superior considere existentes erro, omissão, contradição ou obscuridade".

Com efeito, é bastante que haja oposição de embargos declaratórios para que o requisito de procedibilidade recursal de prequestionamento esteja atendido, porque mesmo que o tribunal superior compreenda que realmente houve o vício apontado, mas não corrigido pelo tribunal do 2º grau, considerará a matéria prequestionada.

Pelo atual Código de Processo Civil, a *Súmula 211 do Superior Tribunal de Justiça, assim escrita:* "Inadmissível recurso especial quanto à questão que, a despeito da oposição de embargos declaratórios, não foi apreciada pelo Tribunal *a quo*", se mostra superada.

Diferentemente da Súmula 356 do STF: "O ponto omisso da decisão, sobre o qual não foram opostos embargos declaratórios, não pode ser objeto de recurso extraordinário, por faltar o requisito do prequestionamento", que retrata o prequestionamento ficto.

Se oposto os embargos declaratórios cuja omissão alegada não foi enfrentada pelo tribunal de origem, admite-se o recurso extraordinário.

A título de esclarecimento, deve-se ver que prequestionamento é uma exigência que demonstre a questão federal ou constitucional no acórdão recorrido, é a delimitação da questão pontual a ser enfrentada pelos tribunais superiores.

De modo que, de acordo com o art. 1.015 do novo Código de Processo Civil, é suficiente que haja a interposição de embargos de declaração para prequestionar a matéria enfocada, ainda que sejam inadmitidos ou rejeitados.

19.9. Embargos de Divergência

O art. 926 do Código de Processo Civil estabelece que os tribunais devem uniformizar sua jurisprudência e mantê-la estável, íntegra e coerente, cujo regramento objetiva os valores da segurança jurídica e a estabilidade da jurisprudência.

O instituto processual posto à disposição dos tribunais superiores são os embargos de divergência diante de uma similaridade fática, pressuposto imprescindível, que se perquirirá a uniformização de situações fático-jurídicas diferenciadas.

De modo que, a divergência jurisprudencial deve ser comprovada mediante a demonstração das circunstâncias que identificam ou assemelham os casos confrontados, com indicação da similitude fática e jurídica entre eles.

É importante dizer que é necessária a transcrição de trechos do relatório e do voto dos acórdãos recorrido e paradigma, verificando-se a confrontação entre ambos, com a finalidade de demonstrar a divergência, requisitos e condições indispensáveis à sua admissibilidade.

A título de ilustração, temos o caso concreto onde ficou exposto que "é manifesta a ausência de similitude fática entre os arestos confrontados, uma vez que o acórdão embargado trata de ação de indenização por danos morais decorrentes de responsabilização por acidente do trabalho, ao passo que o aresto paradigma versa ação de indenização por danos morais postulada por servidor público que foi indevidamente exonerado". (AgRg nos EMBARGOS DE DIVERGÊNCIA EM RESP Nº 997.056 - RS (2008/0217004-7)

Saliente-se, por oportuno, que a interposição de embargos de divergência contempla o direito material ou processual, conforme preconiza o § 2º do art. 1.043 do CPC.

A tramitação dos embargos de divergência observará o procedimento estabelecido no regimento interno do Superior Tribunal de Justiça ou do Supremo Tribunal Federal, onde ocorrer a interposição, que interrompe o prazo para interposição de recurso extraordinário por qualquer das partes, se acontecer naquela Corte de Justiça da cidadania.

O desprovimento dos embargos divergentes ou não alterar a conclusão do julgamento anterior, o recurso extraordinário interposto pela outra parte antes da publicação da decisão dos embargos de divergência será processado e julgado sem a necessidade de ratificação.

- "O acolhimento dos embargos de divergência exige a demonstração da ocorrência de soluções diversas para litígios semelhantes. No caso dos autos, não se verifica similitude fática entre os arestos confrontados, uma vez que, enquanto nos paradigmas foi examinado o mérito da controvérsia, tal não ocorreu no acórdão embargado, que se limitou a negar conhecimento ao recurso, à consideração de não terem sido atendidos os pressupostos legais de admissibilidade. 3. Agravo regimental a que se nega provimento". (STJ - AgRg nos EREsp 1105792/SP, Rel. Ministro OG FERNANDES, TERCEIRA SEÇÃO, julgado em 22/06/2011, DJe 29/06/2011)
- "A divergência jurisprudencial deve ser demonstrada na forma preceituada pelo CPC e RISTJ, com a realização do cotejo analítico dos arestos em confronto. Não se caracteriza o dissenso interpretativo quando inexiste similitude fático-jurídica entre os arestos recorrido e paradigma". (STJ - AgRg nos EREsp 884.715/PR, Rel. Ministro JOÃO OTÁVIO DE NORONHA, CORTE ESPECIAL, julgado em 05/08/2009, DJe 24/08/2009)
- "Os embargos de divergência têm como pressuposto de admissibilidade a existência de similitude fática e jurídica entre os arestos confrontados, sendo certo que *in casu* os acórdãos colacionados foram baseados em circunstâncias diversas, não possibilitando a configuração de dissídio". (STJ - AgRg nos EREsp 1133480/RN, Rel. Ministro GILSON DIPP, TERCEIRA SEÇÃO, julgado em 24/11/2010, DJe 01/12/2010)

19.10. Recebimento da apelação no efeito devolutivo

A ação civil pública é o instrumento processual adequado para impedir a ocorrência ou reprimir danos aos bens públicos, promover a defesa do patrimônio público e da probidade administrativa, cuja incumbência está prevista na Lei Orgânica Nacional do Ministério Público, no seu art. 25, inc. IV, b, ao estipular que "*compete ao Ministério Público promover o inquérito civil e a ação civil pública para a anulação ou declaração de nulidade de atos lesivos ao patrimônio público ou à moralidade administrativa do Estado ou de Município, de suas administrações indiretas ou fundacionais ou de entidades privadas de que participam*".

A Lei Federal 7.347/85, que disciplina a ação civil pública, por seu turno, confere legitimidade ao Ministério Público para propor ação civil pública de responsabilidade por danos morais e patrimoniais a qualquer outro interesse difuso, que significa direitos amplos, caracterizados principalmente por sua indivisibilidade, a exemplo do interesse público, ou coletivo, que vêm a ser direitos ligados pela mesma relação jurídica, de determinadas categorias de classe ou social.

Com isso, pode-se deduzir que a ação de improbidade administrativa é uma das modalidades de ação civil pública devendo ser regida processualmente pela Lei especial que trata desta, no caso a Lei 7.347/85.

Com efeito, as regras processuais instituídas pela referida norma devem ter aplicação na ação civil pública de improbidade administrativa, especialmente no que se refere aos efeitos no recebimento da apelação, quando preceitua que "*o juiz poderá conferir efeito suspensivo aos recursos para evitar dano irreparável à parte*" (art. 14), dentro de um contexto processual que exprime a regra do efeito devolutivo às demandas dessa índole.

Convém enaltecer que a Lei de Improbidade Administrativa contém essencialmente a defesa da probidade, da moral, da ética, e visa proteger o interesse público mediante o amparo do patrimônio público, merecendo, assim, dar uma resposta rápida à sociedade através de uma atuação eficaz, efetiva e de resultados práticos positivos na defesa do erário, ao tempo em que deverá produzir um sentimento de fé no direito e respeito à justiça, aplicando as sanções devidas aos agentes ímprobos, razão pela qual a regra geral deverá prevalecer quando do recebimento da apelação, sendo acolhida, apenas, no efeito devolutivo em atendimento à norma referida.

Ademais, tratando-se de lei especial, há prevalência da norma relativa à ação civil pública sobre os regramentos preconizados pelo Código de Processo Civil.

Assim é que a norma impõe ao juiz a obrigação de se pronunciar expressamente e de forma fundamentada sobre o efeito em que recebe o recurso; o efeito devolutivo é a regra; já o suspensivo, a exceção; exige manifestação do magistrado quando presentes razões que justifiquem a suspensão da execução provisória a fim de evitar prejuízo à parte.

Entrementes, é admissível a concessão do efeito suspensivo *ex officio* pelo juiz no ato de recebimento da apelação, visto que a lei não o exige, mas poderá ser requerida pela parte interessada.

Com efeito, poderá o juiz, de forma fundamentada, receber o apelo em ambos os efeitos, ou seja, suspensivo, para que a decisão impugnada seja somente executada após o seu trânsito em julgado ou devolutivo.

Deve-se atentar, também, que a Lei de Improbidade Administrativa, uma lei especial, ao remeter aplicabilidade do rito ordinário previsto no Código de Processo Civil, se conflita a este que declara no seu art. 1.012 que "a apelação terá efeito suspensivo" sustando a sua aplicabilidade e eficácia da decisão, o que impede a sua execução de imediato.

Pelo regramento processual vigente inexiste o juízo de admissibilidade, cabendo ao juiz ao receber a apelação mandar intimar o recorrido e, em seguida, encaminhar o processo para o tribunal, a quem compete nos termos do art. 932 do Código de Processo Civil, aferir as condições e requisitos formais necessários ao seu seguimento.

De forma que, poderá o relator apreciar o pedido de tutela provisória nos recursos (inciso III do art. 932), que concederá ou não efeito suspensivo à apelação.

Entretanto, quando a Lei de Improbidade Administrativa no seu art. 20 preceituou que *"a perda da função pública e a suspensão dos direitos políticos só se efetivam com o trânsito em julgado da sentença condenatória"*, optou pela execução provisória da sentença nas demais sanções aplicadas na sentença condenatória.

Com efeito, somente não são executadas as sanções expressas na sentença condenatórias aquelas em que a própria lei especial ressaltou, impondo-se as demais o seu cumprimento imediato para dar efetividade à decisão judicial.

- "De acordo com o § 4º do art. 1.012 do CPC/15, a atribuição de efeito suspensivo ao apelo, visando a suspensão da eficácia da sentença atacada, é medida excepcional e condiciona-se à probabilidade de provimento do recurso e à fundamentação relevante do risco de dano grave ou de difícil reparação, o que não se evidenciou dos autos". (TJGO, APELACAO 0135193-39.2015.8.09.0097, Rel. MARIA DAS GRAÇAS CARNEIRO REQUI, 1ª Câmara Cível, julgado em 04/04/2018, DJe de 04/04/2018)

  "A apelação terá efeito suspensivo automático, salvo quando, além de outras hipóteses previstas em lei, confirmar, conceder ou revogar tutela provisória (CPC, art. 1.012, § 1º, V). E o pedido de concessão de efeito suspensivo nas hipóteses em que a sentença produz efeitos imediatos poderá ser formulado por requerimento dirigido ao relator, se já distribuída a apelação (§ 3º, II). Verificado que o agravo regimental não suscita argumentos capazes de ilidir os fundamentos expendidos na decisão que negou provimento aos embargos de declaração, não se vislumbram razões para alterar o posicionamento. Negou-se provimento ao recurso". (TJDTF - Acórdão n.1083711, 20160110106274APC, Relator: JOSÉ DIVINO 6ª TURMA CÍVEL, Data de Julgamento: 14/03/2018, Publicado no DJE: 27/03/2018. Pág.: 379/384)

  "Para o deferimento do pedido de atribuição de efeito suspensivo à apelação cível interposta contra sentença que ratificou a tutela provisória deferida em sede de liminar, é necessário que a parte recorrente demonstre a probabilidade de provimento do recurso ou, havendo risco de dano grave ou de difícil reparação, que deduza fundamentação relevante. No presente caso, constata-se que em nenhum momento a agravante cuidou de apresentar elementos que se prestem a infirmar a alegação de que há probabilidade do direito invocado e evidente perigo de dano, o que obsta a acolhida de sua insurgência, mantendo-se, pois, a decisão agravada em seus exatos termos. 3. Recurso conhecido e desprovido". (TJGO, Ação Civil Pública (L.E.) 5312875-22.2017.8.09.0000, Rel. ROBERTO HORÁCIO DE REZENDE, 5ª Câmara Cível, julgado em 06/03/2018, DJe de 06/03/2018)

  "A concessão de efeito suspensivo ao recurso de apelação interposto nos autos de ação civil pública somente se justifica, à luz do disposto no art. 14 da Lei nº 7.347/85, em situações que possam gerar perigo de lesão grave ou de difícil reparação, o que não se verifica no caso." (TJMG - Apelação Cível 1.0528.08.009111-9/001, Relator(a): Des.(a) Bitencourt Marcondes, 1ª CÂMARA CÍVEL, julgamento em 14/11/2017, publicação da súmula em 23/11/2017)

- "Deve-se aplicar subsidiariamente à Ação de Improbidade Administrativa a Lei 7.347/1985, que estabeleceu a Ação Civil Pública, porquanto a primeira é uma modalidade da segunda, na defesa da moralidade administrativa. Por se tratar de Ação Civil Pública, portanto, não se aplica a norma do art. 520 do CPC/1973 (art. 1.012/CPC/2015), uma vez que esta é regra geral em relação àquela, que é norma de caráter especial. A concessão do efeito suspensivo, em tais casos, somente ocorrerá em situações excepcionais, quando demonstrada a possibilidade de dano irreparável ao réu, conforme dispõe o art. 14 do referido diploma legal: "O juiz poderá conferir efeito suspensivo aos recursos, para evitar dano irreparável à parte". Recurso Especial provido". (STJ - REsp 1523385/PE, Rel. Ministro HERMAN BENJAMIN, SEGUNDA TURMA, julgado em 13/09/2016, DJe 07/10/2016)

- "As normas processuais que regulam a ação civil pública estão na Lei n. 7.347/85, aplicando-se o CPC, tão-somente, de forma subsidiária. Daí porque se dizer que a regra do recebimento da apelação contra sentença proferida em seu âmbito é apenas no efeito devolutivo; podendo ou não o juiz conferir o efeito suspensivo diante do caso concreto, como especifica o art. 14 da referida Lei". (STJ - AgRg no REsp 436.647/RS, Rel. Ministro HUMBERTO MARTINS, SEGUNDA TURMA, julgado em 26/08/2008, DJe 07/11/2008)
- "Em ação civil pública, diante da norma específica contida no art. 14 da Lei n. 7.437/85, a apelação, em regra, é recebida tão somente no efeito devolutivo, podendo o juiz conceder o efeito suspensivo para evitar dano irreparável à parte. Inexistência, na espécie, do periculum in mora, que sequer é apontado pelo recorrente. Insurgência do agravante voltada mais contra o mérito da sentença - proferida em seu desfavor - do que em face do recebimento do recurso no efeito devolutivo. Recurso a que se nega provimento". (TJMG - Agravo de Instrumento-Cv 1.0687.12.003238-2/001, Relator(a): Des.(a) Áurea Brasil, 5ª CÂMARA CÍVEL, julgamento em 26/03/2015, publicação da súmula em 07/04/2015)
- "O art. 14 da Lei nº 7.347/85, aplicável às ações civis de improbidade administrativa, estabelece que a atribuição de efeito suspensivo ao recurso de apelação é medida excepcional, que depende da existência de prova inequívoca, capaz de convencer o julgar da verossimilhança da alegação, e, também, do fundado receio de dano irreparável ou de difícil reparação, de maneira que a mera possibilidade de execução provisória da sentença não se apresenta como argumento suficiente para a sua concessão." (TJDFT - Acórdão n.864048, 20140020331066AGI, Relator: ANGELO PASSARELI 5ª TURMA CÍVEL, Data de Julgamento: 29/04/2015, Publicado no DJE: 05/05/2015. Pág.: 244)

19.11. Duplo grau de jurisdição

A ação civil pública de improbidade administrativa quando é julgada improcedente, total ou parcialmente, equivale a uma decisão contrária ao interesse do seu autor, no caso o Ministério Público ou o Ente Público interessado, pessoas jurídicas de direito público.

O Poder Público ao ser vencido nessa demanda que busca a proteção do patrimônio público e a defesa dos princípios norteadores da administração pública, merece o resguardo de uma decisão judicial amplamente estudada e avaliada, que se materializa com a obrigatoriedade do duplo de jurisdição.

A garantia do duplo grau de jurisdição se constitui um direito de recurso obrigatório para revisão da decisão prolatada pelo juiz de 1º grau por um tribunal superior, proporcionando um novo julgamento sobre a mesma questão com a possibilidade de obtenção de uma manifestação judiciosa pela instância superior.

O duplo grau de jurisdição é instituto segundo o qual todas as decisões judiciais definitivas de um processo podem ser submetidas a um novo julgamento, por um órgão especializado, geralmente colegiado, a ser provocado por recurso voluntário ou de ofício[178]. Trata-se de modelo de organização processual em que todo o litígio pode ser submetido a dois órgãos julgadores diversos, nas mais das vezes sendo o segundo superior[179].

Sobre o duplo grau de jurisdição, o Código de Processo Civil no seu art. 496 estabelece:

> Art. 496. Está sujeita ao duplo grau de jurisdição, não produzindo efeito senão depois de confirmada pelo tribunal, a sentença:
>
> I - proferida contra a União, os Estados, o Distrito Federal, os Municípios e suas respectivas autarquias e fundações de direito público.

Este dispositivo processual estabelece o duplo grau de jurisdição que consiste na remessa obrigatória do processo sentenciado, com ou sem recurso voluntário, para à Instância Superior, que poderá negar provimento a remessa necessária ou provê-la total ou parcialmente.

No caso de ação civil pública não se aplica as exceções prevista no § 3º do citado dispositivo porque se cuida de sanções prevista em norma especial, e não se cuida de condenação ou o proveito econômico de causa com valor certo e líquido, que abrange as condenações de dívidas de valor.

Uma conjugação de fatores que redundam na necessidade da remessa necessária quando a ação civil pública, que é o gênero, da qual é espécie a de improbidade administrativa, ao seu término, devido à natureza difusa da tutela do patrimônio público, a exemplo da sentença que concluir pela carência ou improcedência da ação.

Neste diapasão, ensinam Emerson Garcia e Rogério Pacheco Alves:

> *É de ressaltar que a sentença de improcedência, quando proposta a demanda pelo ente de direito público lesado, reclama a incidência do art. 475 do CPC, sujeitando-se ao duplo grau obrigatório de jurisdição. O mesmo* ocorrerá quando proposta a ação pelo Ministério Público ou pelas associações, incidindo, agora, a regra do art. 19 da Lei da Ação Popular, uma vez que, por agirem os legitimados em defesa do patrimônio público, é possível entender que a sentença, na hipótese, foi proferida "contra" a União, o Estado ou o Município, mesmo que tais entes tenham contestado o pedido inicial (art. 17, § 3º, da Lei 8.429/92 c.c. art. 6º, § 3º, da Lei 4.717/65)[180].

Como se vê, o fato de inexistir dispositivo na Lei da Ação Civil Pública tratando sobre a remessa necessária quando a sentença for julgada improcedente ou carente do direito de ação, aplica-se na interpretação integrativa da norma o regramento

178. BRANCO, Gérson Luiz Carlos. **O duplo grau de jurisdição e sua perspectiva constitucional**. In ALVARO DE OLIVEIRA, Carlos Alberto (coord). **Processo e Constituição**, Editora Forense. Rio de Janeiro, 2004, p. 185.

179. BARBIERI, Maurício Lindenmayer. **O duplo grau de jurisdição**. In ALVARO DE OLIVEIRA, Carlos Alberto (coord). Processo e Constituição, Editora Forense. Rio de Janeiro, 2004, p. 234.

180. **Improbidade Administrativa**. 2. ed. Rio de Janeiro: Lumen Juris, 2004. p. 858.

específico dentro do microssistema processual da tutela coletiva, recorrendo à legítima aplicação por analogia do art. 19 da Lei 4.717/65, que versa sobre a ação popular, e o cidadão atua na qualidade de substituto processual do Estado em favor da tutela coletiva, ou houver interesse público, potencializando a proteção do erário e da moralidade pública.

A respeito do reexame necessário, a própria norma aplicada subsidiariamente preceitua:

> "A sentença que concluir pela carência ou pela improcedência da ação está sujeita ao duplo grau de jurisdição, não produzindo efeito senão depois de confirmada pelo tribunal; da que julgar a ação procedente caberá apelação, com efeito suspensivo» (Lei n. 4.717/65, art. 19, *caput*).

Nessa mesma linha, disciplina Adriano Andrade e outros (Interesses difusos e coletivos. 6ª edição, pág. 338):

> A sentença que extinguir o processo sem resolução de mérito, ou que julgar improcedente o pedido, estará, em regra, sujeita ao reexame necessário, somente produzindo efeitos depois de confirmada pelo tribunal competente (LAP, art. 19, *caput).*

Dessa forma, o autor da ação civil pública contra ato de improbidade administrativa, seja o Ministério Público ou a entidade pública lesada, atua em benefício do patrimônio publico ou da moralidade pública, equiparando-se ao autor da ação popular para assim merecer igualitário tratamento quanto à responsabilidade processual diante do insucesso daquela pela sua relevância e grandeza no alcance do interesse do cidadão e dos princípios norteadores da administração pública.

Com efeito, mostra-se adequada a possibilidade de utilização da lei de ação popular como fonte do microssistema processual de tutela coletiva e prevalência em relação às disposições gerais do Código de Processo Civil, como vaticina Rodrigo Mazzei, professor da UFES:

> De acordo com nossa posição, apesar da grande importância do Código de Defesa do Consumidor e da Lei da Ação Civil Pública, os dispositivos da Lei de Ação Popular (e os constantes das demais normas com vocação coletiva) poderão ser aproveitados em todo o microssistema coletivo, naquilo que for útil à efetivação da tutela de massa. Obviamente, deverá o intérprete aferir – em concreto – a eventual incompatibilidade e a especificidade de cada norma coletiva em relação aos demais diplomas, já que as leis que formam esse conjunto de regulação ímpar, sem exceção, interpenetram-se e subsidiam-se de forma harmônica, em especial no que concerne ao processo coletivo, em razão da dicção individual do Código de Processo Civil[181].

181. DIDIER JR., Fredie; MOUTA, José Henrique (Orgs.). **Ação Popular e o Microssistema da Tutela Coletiva. Tutela Jurisdicional Coletiva**. Salvador: Jus Podivm, 2009. p. 384.

Desta forma, ao final da ação civil pública contra ato de improbidade administrativa por sentença que decidir pela sua improcedência ou carência de ação, caberá ao juiz submeter a sua decisão ao duplo grau de jurisdição com a remessa dos autos à Instância Superior.

- "Remessa necessária. Cabimento. Precedentes do STJ. Nos termos da jurisprudência do Superior Tribunal de Justiça, é cabível a remessa necessária, em Ação Civil Pública por ato de improbidade administrativa. Com efeito, a Primeira Seção do STJ, em recente julgado, firmou entendimento "no sentido de que o Código de Processo Civil deve ser aplicado subsidiariamente à Lei de Improbidade Administrativa. Precedentes. Ademais, por 'aplicação analógica da primeira parte do art. 19 da Lei nº 4.717/65, as sentenças de improcedência de ação civil pública sujeitam-se indistintamente ao reexame necessário" (REsp 1.108.542/SC, Rel. Ministro Castro Meira, j. 19.5.2009, DJe 29.5.2009). (STJ - AgInt no REsp 1531501/MG, Rel. Ministra ASSUSETE MAGALHÃES, SEGUNDA TURMA, julgado em 19/04/2018, DJe 26/04/2018)

- Reexame necessário. Ação civil pública por improbidade administrativa. Julgada improcedente. Não conhecimento. Sentença que julgou improcedente a ação – Ausência de recurso das partes – A sentença que concluir pela carência ou julgar improcedente ação de improbidade administrativa não está sujeita ao reexame necessário, previsto no art. 19 da Lei de Ação Popular (Lei n.º 4.717/1965), que constitui lei especial e que não foi alterada pelo NCPC – Entendimento do STJ e do TJSP – Reexame necessário não conhecido. (TJSP; Reexame Necessário 1001427-19.2016.8.26.0272; Relator (a): Ponte Neto; Órgão Julgador: 8ª Câmara de Direito Público; Foro de Itapira - 2ª Vara; Data do Julgamento: 23/05/2018; Data de Registro: 23/05/2018)

- "Tese recursal que se restringe à aplicabilidade do art. 19 da Lei da Ação Popular que sujeita ao duplo grau de jurisdição sentenças que concluírem pela carência da ação ou improcedência dos pedidos nos casos de ações civis públicas por ato de improbidade administrativa. Jurisprudência do STJ firme no sentido de que o Código de Processo Civil deve ser aplicado subsidiariamente à Lei de Improbidade Administrativa. Precedentes: REsp 1217554/SP, Rel. Ministra ELIANA CALMON, Segunda Turma, DJe 22/08/2013; EREsp 1098669/GO, Rel. Ministro ARNALDO ESTEVES LIMA, Primeira Turma, DJe 12/11/2010. Admite-se, também, a aplicação analógica do art. 19 da Lei n.4.717/65 em relação às ações civil públicas por ato de improbidade administrativa. Precedentes: REsp 1.108.542/SC, Rel. Ministro CASTRO MEIRA, DJe 29.5.2009; AgRg no REsp 1219033/RJ, Rel. Ministro HERMAN BENJAMIN, Segunda Turma, DJe 25/04/2011; Embargos de Divergência em REsp n. 1.220.667-MG, Rel. Ministro HERMAN BENJAMIN, DJe 30/06/2017. As sentenças de improcedência de pedidos formulados em ação civil pública sujeitam-se indistintamente ao reexame necessário, seja por aplicação subsidiária do Código de Processo Civil (art. 475 do CPC/1973), seja pela aplicação analógica do Lei da Ação Popular (art. 19 da Lei n. 4.717/65). Recurso especial conhecido e provido para determinar a devolução dos autos ao Tribunal de origem, a fim de proceder ao reexame necessário da sentença". (STJ - REsp 1605572/MG, Rel. Ministro FRANCISCO FALCÃO, SEGUNDA TURMA, julgado em 16/11/2017, DJe 22/11/2017)

- "Por "aplicação analógica da primeira parte do art. 19 da Lei n. 4.717/65, as sentenças de improcedência de ação civil pública sujeitam-se indistintamente ao reexame necessário" (REsp 1.108.542/SC, Rel. Ministro Castro Meira, DJe 29/5/2009). A sentença que rejeita a inicial da ação de improbidade, por sua manifesta improcedência, sujeita-se ao reexame necessário". (STJ- AgInt no REsp 1596028/MG, Rel. Ministro OG FERNANDES, SEGUNDA TURMA, julgado em 26/09/2017, DJe 29/09/2017)

- "É pacífico o entendimento no STJ de que o Código de Processo Civil deve ser aplicado subsidiariamente à Lei de Improbidade Administrativa. Assim, é cabível o reexame necessário na Ação de Improbidade Administrativa, nos termos do artigo 496 do CPC/2015. No mais, por "aplicação analógica da primeira parte do art. 19 da Lei nº 4.717/65, as sentenças de improcedência de ação civil pública sujeitam-se indistintamente ao reexame necessário" (REsp 1.108.542/SC, Rel. Ministro Castro Meira, j. 19.5.2009, DJe 29.5.2009). Recurso Especial provido para anular o v. acórdão recorrido e determinar a devolução dos autos para o Tribunal de origem a fim de prosseguir no julgamento". (STJ - REsp 1.613.803/MG, Rel. Ministro HERMAN BENJAMIN, SEGUNDA TURMA, DJe 7/3/2017)

- "Portanto, é cabível o reexame necessário na Ação de Improbidade Administrativa, nos termos do artigo 475 do CPC/1973. Nessa linha: REsp 1556576/PE, Rel. Ministro Herman Benjamin, Segunda Turma, DJe 31/5/2016. Ademais, por "aplicação analógica da primeira parte do art. 19 da Lei nº 4.717/65, as sentenças de improcedência de ação civil pública sujeitam-se indistintamente ao reexame necessário" (REsp 1.108.542/SC, Rel. Ministro Castro Meira, j. 19.5.2009, DJe 29.5.2009). Diante do exposto, dou provimento aos Embargos de Divergência para que prevaleça a tese do v. acórdão paradigma de que é cabível o reexame necessário na Ação de Improbidade Administrativa, nos termos do artigo 475 do CPC/1973, e determino o retorno dos autos para o Tribunal de origem a fim de prosseguir no julgamento". (STJ - EREsp 1220667/MG, Rel. Ministro HERMAN BENJAMIN, PRIMEIRA SEÇÃO, julgado em 24/05/2017, DJe 30/06/2017)

- Por aplicação analógica da primeira parte do art. 19 da Lei 4.717/65, as sentenças de improcedência de ação civil pública sujeitam-se indistintamente ao reexame necessário. (STJ – REsp. 1.108.542/SC – Rel. Min. Castro Meira, j. 19.05.2009, Dje 29.05.2009). 2. Agravo Regimental não provido. (STJ – AgRg. no REsp. 1219033/RJ – Rel. Min. Herman Benjamin – 2ª Turma – j. em 17.03.2011 – DJe 25.04.2011)

- Ação civil pública. Reparação de danos ao erário. Sentença de improcedência. Remessa necessária. Art. 19 da Lei 4.717/64. Aplicação. Por aplicação analógica da primeira parte do art. 19 da Lei 4.717/65, as sentenças de improcedência de ação civil pública sujeitam-se indistintamente ao reexame necessário. Doutrina.. Recurso especial provido. (STJ – REsp. 1.108.542 – SC – 2ª Turma – DJ 29.05.2009 – Rel. Min. Castro Meira)

20. COISA JULGADA

Coisa julgada é a qualidade da sentença que se tornou imutável, estável e definitiva no mundo jurídico devido ao exaurimento recursal, constituindo-se em título judicial de eficácia plena de aplicação certa e execução imediata.

A coisa julgada pode ser conceituada de formal e material.

Diz-se que a coisa julgada é formal quando ela decorre, simplesmente, da imutabilidade da sentença, seja pela impossibilidade de interposição de recursos, quer porque a lei não mais os admite, quer por decurso do prazo, quer por desistência ou renúncia à sua interposição[182].

Essa conceituação retrata aquela situação em que a sentença alcançou uma posição da qual não mais cabe recursos, seja porque houve desprovimentos dos apelos admitidos ou porque o recorrente não tenha interposto recurso no prazo legal, deixando precluir o seu direito de recorrer, alcançando a qualidade de sentença transitada em julgado, revestindo, desta forma, a manifestação judiciosa definitiva com a solidez da sua imutabilidade.

182. Humberto Theodoro Júnior. **Curso de Direito Processual Civil**. vol. 1: Teoria Geral do direito processual civil e processo de conhecimento. 45ª ed. Rio de Janeiro: Editora Forense, 2006. p. 587.

No que se refere à coisa julgada material, o Código de Processo Civil a definiu em seu artigo 502 como "*a autoridade que torna imutável e indiscutível a decisão de mérito não mais sujeita a recurso*".

A coisa julgada material externa a sua força e a estabilidade da qualidade de sua autoridade, que agrega os efeitos da sentença de forma definitiva no mundo jurídico, uma decisão jurisdicional sob a etiqueta da incontestabilidade com força superior que submete a sua vontade os seus destinatários.

Sobre a temática ensina Antônio Carlos Marcato:

> "Nada mais é do que a projeção da coisa julgada para além da relação jurídica instituída em contraditório perante o juiz competente. As partes, o juiz, os terceiros (com interesses juridicamente reflexos, com interesses idênticos aos das partes, e mesmo os que nenhum interesse detém em relação ao objeto do processo) e o próprio Estado, considerado principalmente por sua atividade legislativa, não poderão voltar a discutir o que restou decidido. A exceção ficaria restrita às hipóteses de cabimento da denominada ação rescisória[183]."

A ação civil pública é o gênero da matriz viabilizadora da demanda contra ato de improbidade administrativa, uma de suas espécies, utilizada para a instrumentalização da defesa do patrimônio público e da moralidade administrativa, na persecução da observância dos princípios constitucionais norteadores da administração pública, devido à sua amplitude na valoração superior do interesse público e do seu caráter difuso da tutela do erário, da ética e da moralidade pública.

Desse modo, a aplicabilidade extensiva das regras dispostas na Lei que versa sobre o disciplinamento da ação civil pública nas demandas contra ato de improbidade administrativa atrai a incidência do disposto no seu art. 16, assim redigida:

> Art. 16. A sentença civil fará coisa julgada erga omnes, nos limites da competência territorial do órgão prolator, exceto se o pedido for julgado improcedente por insuficiência de provas, hipótese em que qualquer legitimado poderá intentar outra ação com idêntico fundamento, valendo-se de nova prova.

Depreende-se, assim, que a coisa julgada formal ou material, é uma qualidade da sentença que impede definitivamente a rediscussão do mérito da causa e das questões decididas; ganha força de lei, nos limites da lide, através de outro processo, constituindo-se em pressuposto processual negativo ou em prejudicialidade da ação.

De modo que a ação civil pública opera coisa julgada dentro dos limites territoriais do órgão jurisdicional prolator da sentença para alcançar, além das partes que integram a relação processual, também toda a coletividade (*erga omnes*).

No caso da ação civil pública de improbidade administrativa os seus efeitos limitam-se entre as partes litigantes que integram a relação processual.

---

183. **Código de Processo Civil Interpretado.** Antônio Carlos Marcato, coordenador. Ibidem, p. 1525.

Atente-se que a norma acima transcrita afasta a prejudicialidade de coisa julgada quando a ação for julgada improcedente por deficiência de provas, abrindo espaço para que outra demanda possa ser proposta, calcada em novas provas, em fatos probatórios supervenientes que viabilizem a constituição e o desenvolvimento válido e regular do processo.

Ressalte-se que sendo a decisão judicial revestida da qualidade de coisa julgada formal não poderá juiz algum decidir novamente essa questão já decidida na mesma demanda como se depreende dos arts. 505 e 507 do Código de Processo Civil.

Como se vê, no caso da improcedência da ação civil pública contra ato de improbidade administrativa não se opera o instituto da imutabilidade da coisa julgada, permitindo-se outra demanda idêntica pelo mesmo ou por qualquer legitimado, desde que, na forma da lei, eclodam novas provas, que vêm a ser aquelas que não estavam no processo.

- "A coisa julgada formal e a material têm campo distinto de abrangência: a primeira torna imutável o comando da sentença no mesmo processo; a segunda impede que a relação de direito material, já decidida, seja decidida noutro feito, possuindo, entretanto, traço em comum: a imutabilidade que consagram refere-se às mesmas partes; a coisa julgada formal porque ocorre no âmbito do mesmo processo, enquanto a coisa julgada material verifica-se em processo diverso, mas também entre as mesmas partes. Pretendendo a autora rediscutir benefício já deferido, inclusive por decisão transitada em julgado e que deixou expressamente consignado que o adicional de insalubridade deveria ser incorporado à remuneração da autora, constata-se a coisa julgada. Processo extinto sem resolução do mérito, nos termos do artigo 485, V, do CPC. Aplica-se a multa por litigância por má-fé, nos termos do artigo 80 e 81, do CPC, tendo em vista que a autora reproduziu demanda sabidamente fundada em coisa julgada, alterando a verdade dos fatos. Precedentes deste eg. TJMG." (TJMG - Apelação Cível 1.0394.15.003795-7/001, Relator(a): Des.(a) Wander Marotta, 5ª CÂMARA CÍVEL, julgamento em 28/06/2018, publicação da súmula em 04/07/2018)
- "O Superior Tribunal de Justiça firmou orientação de que a extinção do processo anterior sem julgamento de mérito, em face da impossibilidade jurídica do pedido, não tem o condão de formar a coisa julgada material, mas apenas formal, sendo, por conseguinte, possível a propositura de nova demanda, desde que sanada a irregularidade da ação anterior". (STJ - AgInt no AREsp 263.987/RS, Rel. Ministro GURGEL DE FARIA, PRIMEIRA TURMA, julgado em 06/02/2018, DJe 01/03/2018)
- "A teor do disposto no art. 301, §§ 2º 3º, do CPC/1973 (correspondente ao art. 337, §§ 2º e 4º do CPC/2015), ocorre a coisa julgada quando se repete ação que já foi decidida por sentença contra a qual não caiba mais recurso, adotando-se para a configuração desse instituto a teoria da tríplice identidade, segundo a qual, uma ação é idêntica a outra quando tem as mesmas partes, mesma causa de pedir e o mesmo pedido". (STJ - AgInt no AREsp 263.987/RS, Rel. Ministro GURGEL DE FARIA, PRIMEIRA TURMA, julgado em 06/02/2018, DJe 01/03/2018)
- "A decisão que arbitra astreintes, instrumento de coerção indireta ao cumprimento do julgado, não faz coisa julgada material, podendo, por isso mesmo, ser modificada, a requerimento da parte ou de ofício, seja para aumentar ou diminuir o valor da multa ou, ainda, para suprimi-la. Precedentes." (STJ - REsp 1691748/PR, Rel. Ministro RICARDO VILLAS BÔAS CUEVA, TERCEIRA TURMA, julgado em 07/11/2017, DJe 17/11/2017)
- "A extinção do processo sem julgamento de mérito, por falta de legitimidade *ad causam*, não forma coisa julgada material, mas, sim, coisa julgada formal. Para que o autor proponha a ação novamente, é necessário que sane a falta da condição antes ausente. Tendo sido o processo

extinto por falta de legitimidade do réu, não é possível repetir a ação sem indicar a parte legítima, pois não se pode rediscutir questão já decidida, por força da coisa julgada. Agravo interno não provido." (STJ - AgInt no REsp 1587423/MG, Rel. Ministro RICARDO VILLAS BÔAS CUEVA, TERCEIRA TURMA, julgado em 26/09/2017, DJe 10/10/2017)

- "A sentença de extinção do processo, sem resolução do mérito, não faz coisa julgada material, exceto no caso do art. 267, V, do CPC, motivo pelo qual pode a ação ser reproposta, desde que sanada a irregularidade da anterior". (STJ - REsp 1433414/SP, Rel. Ministro MOURA RIBEIRO, TERCEIRA TURMA, julgado em 15/12/2015, DJe 03/02/2016)

- "A garantia preconizada no art. 5º, XXXVI, da Constituição Federal é destinada a proteger o instituto da coisa julgada material, que repercute seus efeitos para além do processo que a originou e difere da aventada coisa julgada exclusivamente formal, que cuida do fenômeno intraprocessual concernente à preclusão". (STJ - AR 4.000/DF, Rel. Ministro GURGEL DE FARIA, TERCEIRA SEÇÃO, julgado em 09/09/2015, DJe 02/10/2015)

- "A par da atipicidade da conduta e da presença de causa extintiva da punibilidade, o arquivamento de inquérito policial lastreado em circunstância excludente de ilicitude também produz coisa julgada material. Levando-se em consideração que o arquivamento com base na atipicidade do fato faz coisa julgada formal e material, a decisão que arquiva o inquérito por considerar a conduta lícita também o faz, isso porque nas duas situações não existe crime e há manifestação a respeito da matéria de mérito. A mera qualificação diversa do crime, que permanece essencialmente o mesmo, não constitui fato ensejador da denúncia após o primeiro arquivamento. Recurso provido para determinar o trancamento da ação penal". (STJ -RHC 46.666/MS, Rel. Ministro SEBASTIÃO REIS JÚNIOR, SEXTA TURMA, julgado em 05/02/2015, DJe 28/04/2015)

- "Considerando que, na hipótese, o indeferimento do pedido faz apenas coisa julgada formal, não material, o que autorizaria a propositura de nova demanda, em respeito aos princípios da economia e da celeridade processual, deve ser homologado o provimento alienígena porquanto comprovado seu trânsito em julgado. Embargos de declaração do Ministério Público Federal rejeitados. Embargos de declaração da parte requerente acolhidos, com efeitos modificativos, para deferir o pedido de homologação." (STJ - EDcl na SEC 8.585/EX, Rel. Ministra MARIA THEREZA DE ASSIS MOURA, CORTE ESPECIAL, julgado em 19/11/2014, DJe 11/12/2014)

- "A coisa julgada material somente se dá quando apreciado e decidido o mérito da causa. A extinção do processo sem julgamento de mérito, por falta de legitimidade ad causam, não é passível de formar coisa julgada material, mas sim coisa julgada formal, que impede a discussão da questão no mesmo processo e não em outro. Isso quer dizer que não se pode excluir, prima facie, a possibilidade de o autor repropor a ação, contanto que sane a falta da condição anteriormente ausente. Tendo sido o processo extinto por falta de legitimidade do réu, não se permite ao autor repetir a petição inicial sem indicar a parte legítima, por força da preclusão consumativa, prevista nos arts. 471 e 473, CPC, que impede rediscutir questão já decidida" (STJ - EREsp 160.850/SP, Rel. Ministro EDSON VIDIGAL, Rel. p/ Acórdão Ministro SÁLVIO DE FIGUEIREDO TEIXEIRA, CORTE ESPECIAL, julgado em 3/2/2003, DJ 29/9/2003).

- Coisa julgada. Coisa julgada é formal quando não se pode discutir no processo o que se decidiu. A coisa julgada material é a que impede discutir--se, noutro processo, o que se decidiu. (Pontes de Miranda). (RTJ 123/569)

- Coisa julgada. A eficácia da coisa julgada (CPC, art. 467) não se limita a impedir a renovação de demanda idêntica à anterior (CPC, art. 301, § 3º), mas, fundamentalmente, impede que o desfecho do segundo processo entre as mesmas partes contradiga o resultado prático do primeiro. (RJTJERGS 254/173; acórdão relatado pelo Des. Araken de Assis)

21. CUMPRIMENTO DA SENTENÇA

A fase de cumprimento de sentença é aquela que ocorre após a sentença se tornar coisa julgada material ao final da etapa de conhecimento do processo.

No âmbito da sentença por ato de improbidade administrativa pode ocorrer em dois momentos; o primeiro com as execuções das sanções de multa civil, reparação integral do dano, perdimento dos bens ou valores acrescidos ilicitamente ao patrimônio do agente e a proibição de contratar com o Poder Público ou receber benefícios ou incentivos fiscais ou creditícios, direta ou indiretamente, ainda que por intermédio de pessoa jurídica da qual seja sócio majoritário.

Essas sanções podem ser cumpridas provisoriamente durante as etapas recursais que podem ocorrer na tramitação processual, visto que só ficam não são executadas de imediato se o juiz conferir efeito suspensivo à apelação (art. 14 da Lei 7.347/85).

Agora, as sanções de perda da função pública e a suspensão dos direitos políticos ficam sujeita ao trânsito em julgado da sentença.

O cumprimento da sentença é a efetivação da prestação jurisdicional mediante a concretização do direito tutelado do credor ou autor na sua aplicação previsto no ordenamento jurídico.

O Código de Processo Civil no seu art. 722 confere ao juiz os poderes para promover a execução da sentença, podendo, para tanto, ordenar o comparecimento das partes e de ofício ou a requerimento, determinar as medidas necessárias ao cumprimento da ordem de entrega de documentos e dados, dentre outras prerrogativas.

21.1. Execução de reparação de danos, perda de bens ou multa

A sentença condenatória de improbidade administrativa responsabiliza o agente pelas sanções descritas no art. 12, que podem ser aplicadas isolada ou cumulativamente, de acordo com a gravidade do fato.

A adoção do processo de execução, prenunciado pelo Código de Processo Civil, decorre da recomendação formatada pelo art. 19 da Lei 7.347/85, que dispõe sobre ação civil pública de aplicar a norma subjetiva naquilo em que não contrarie suas disposições.

Assim é que a sentença julgada procedente com trânsito em julgado, portanto, coisa julgada material, contendo a reparação de dano será de valor certo, constituindo-se em título executivo judicial, nos termos do art. 515 do Código de Processo Civil:

> Art. 515. São títulos executivos judiciais, cujo cumprimento dar-se-á de acordo com os artigos previstos neste Título:
>
> I - as decisões proferidas no processo civil que reconheçam a exigibilidade de obrigação de pagar quantia, de fazer, de não fazer ou de entregar coisa;

O cumprimento da sentença será efetuado perante o juízo que decidiu a causa no primeiro grau de jurisdição e a decisão judicial com trânsito em julgado poderá ser levada a protesto.

Nos termos do art. 523 do Código de Processo Civil, o exequente requer a intimação do executado para pagamento da dívida, no prazo de 15 (quinze) dias, e não ocorrendo a liquidação do débito, será acrescido multa de dez por cento e, também, honorários advocatícios, que serão revertidos em favor do fundo do Ministério Público (art. 13, lei 7.347/85) ou ao tesouro federal, estadual ou municipal, se o autor for Entidade Pública.

Deve-se dizer que esse requerimento deverá ser instruído como a dívida discriminada e o valor atualizado, na forma da lei.

Decorrido o prazo mencionado sem o pagamento, inicia-se o prazo de 15 (quinze) dias para que o executado, independente de penhora ou nova intimação, apresente, nos autos, a sua impugnação, conforme prescreve o art. 525 do Código de Processo Civil.

A interposição dessa impugnação não impede que o juiz, atendendo a requerimento do exequente, decrete a penhora, caução ou depósito suficientes, para conceder efeito suspensivo diante de manifesto e grave dano de difícil ou incerta reparação.

No âmbito da execução de sentença é lícito ao exequente antes de ser intimado para cumprimento da sentença, comparecer e oferecer em pagamento valor que entender devido, apresentando memória discriminada de cálculo, conforme lhe assegura o art. 526 do Código de Processo Civil.

A impugnação à execução sendo julgada improcedente, prossegue a sua tramitação com a realização dos atos seguintes visando a satisfação da dívida, pois em caso de apelação, esta não terá efeito suspensivo, conforme preceitua o art. 1.012 do Código de Processo Civil:

> Art. 1.012. A apelação terá efeito suspensivo.
>
> § 1º Além de outras hipóteses previstas em lei, começa a produzir efeitos imediatamente após a sua publicação a sentença que:
>
> I – [...]
>
> III – extingue sem resolução do mérito ou julga improcedentes os embargos do executado;

Se for julgada procedente, o exequente poderá requerer efeito suspensivo ao relator do processo no tribunal.

Seguindo a execução normal da dívida, o juiz determinará a penhora de bens e a realização de praça para levantamento do valor devido que será repassado ao exequente.

Havendo o óbito do executado, a obrigação de reparar o dano e a decretação do perdimento de bens será, nos termos da lei, estendidas aos sucessores e contra eles executadas, até o limite do valor do patrimônio transferido; (art. 5º XLV - CF).

Quando a execução da sentença se tratar de perda dos bens havidos ilicitamente e for determinado o pagamento do seu valor em virtude da inviabilidade de reversão, adota-se o mesmo procedimento de cumprimento do julgado.

Na hipótese de execução do valor da multa civil aplica-se o mesmo procedimento, apenas ressaltando que em caso de obtido do devedor a dívida será extinta, visto que, a multa é uma pena, de responsabilidade pessoal do condenado que não passará da sua pessoa (art. 5º, XLV - CF).

No que se refere à perda de bens ou valores acrescidos ilicitamente na configuração de enriquecimento ilícito, caberá ao autor da ação peticionar no sentido do repatriamento, ou seja, a devolução do que foi identificado ou localizado, ao acervo da entidade pública lesada.

Dentre os exemplos mais usuais, tem-se o cancelamento dominial do registro de imóveis do(s) réu(s) e a sua transferência para o acervo da entidade pública prejudicada. No caso de veículos, a sua apreensão e transferência da titularidade para o referido órgão público.

Como se pode observar, a responsabilidade patrimonial se estende até o direito de herança, como preceitua o art. 8º desta Lei, podendo, também, configurar-se a hipótese de fraude à execução, nas situações previstas em lei, diante do desvio de bens que venha a frustrar o êxito da cobrança.

Poderá, também, ocorrer a necessidade reversão dos bens adquiridos ilicitamente pelo réu, situação em que o juiz poderá determinar a realização de praça e os valores levantados serem recolhidos a Entidade Pública lesada, ou proceder a transferência do seu domínio para o Poder Público correspondente.

21.2. Proibição de contratar ou receber benefícios fiscais ou creditícios

Para que a pessoa jurídica ou a pessoa física que dela participe condenada por ato de improbidade administrativa mediante a sanção de proibição de contratar ou receber benefícios fiscais ou creditícios, deve o juiz informar desse impedimento ao Tribunal de Contas do Estado e da União, conforme o caso, conquanto são essas as instituições com atribuições constitucionais de fiscalizar os contratos no âmbito da Administração Pública.

O juiz também poderá informar do impedimento às Secretarias de Administração do Estado e do município sede da empresa, visto que essas entidades dispõem de um Cadastro de Habilitação para compras e serviços.

Essa informação deverá ser realizada pelo juiz sentenciante após o trânsito em julgado da sentença, salvo se houver execução provisória pela ausência de suspensividade de eventual apelação.

22. CRIME DE REPRESENTAÇÃO CALUNIOSA

Art. 19. Constitui crime a representação por ato de improbidade contra agente público ou terceiro beneficiário, quando o autor da denúncia o sabe inocente.

Pena: detenção de seis a dez meses e multa.

Parágrafo único. Além da sanção penal, o denunciante está sujeito a indenizar o denunciado pelos danos materiais, morais ou à imagem que houver provocado.

O art. 14 desta Lei assegura a qualquer pessoa o direito de representar a autoridade administrativa competente de fatos ilícitos do âmbito da administração pública que tenha conhecimento para fins de apuração e investigação de suposto ato de improbidade administrativa.

Esse procedimento é um ato de responsabilidade porque deve conter elementos informativos e provas indiciárias que justifiquem a averiguação.

A necessidade de que seja apresentada com seriedade deve-se ao fato de que o órgão administrativo irá utilizar recursos humanos e materiais com razoável custo financeiro para o Poder Público, de modo que não se pode querer por razões não esclarecidas praticar o denuncismo vazio.

O requerimento deverá historiar com razoável substância de atos e fatos a ensejarem um exame da autoridade competente, até porque hoje no serviço público não espaço para desperdício de carga horária ou recursos materiais e humanos.

Com efeito, qualquer pessoa que usar dessa faculdade para encaminhar acusação que sabe ser infundada contra o agente público ou terceiro beneficiário denunciado, poderá ser sujeito do tipo penal capitulado neste dispositivo.

Como a Lei define como instrumento para a consumação do crime o ato de representação, exclui-se o representante do Ministério Público, que é titular da propositura de improbidade administrativa.

O disposto neste artigo define como sujeito ativo o autor de representação por ato de improbidade, cuja consumação opera-se com a sua propositura perante o órgão competente, de modo que essa descrição exclui o representante do Ministério Público, que é o titular da demanda de improbidade, visto que não lhe cabe o exercício de representação, mas o de ação.

A previsão legal capaz de enquadrar a conduta desidiosa do *Parquet* por dolo ou culpa, é de natureza indenizatória, prevista pelo art. 181 do Código de Processo Civil[184].

184. Art. 181. O membro do Ministério Público será civil e regressivamente responsável quando agir com dolo ou fraude no exercício de suas funções.

De modo que a moldura típica do crime de denunciação caluniosa circunscreve-se a duas ordens de situação, uma envolvendo a conduta de dar "dar causa (motivar, provocar, originar) à instauração de investigação policial, de processo judicial, instauração de investigação administrativa, inquérito civil ou ação de improbidade administrativa contra alguém" (Luiz Régis Prado Júnior - Curso de Direito Penal, Vol. 4, p. 584); e outra de imputar um fato definido como crime.

O objetivo do tipo é representar, que significa peticionar ou reclamar por escrito à autoridade imputando fato que constitui improbidade ao agente público ou terceiro beneficiário que sabe ser o mesmo inocente, seja porque não foi o autor, seja porque o ato ilícito não existiu, ou ainda, não constitui ilicitude.

É aquele que incrimina conscientemente a quem sabe que é inocente de uma hipotética circunstância que configuraria improbidade administrativa se o fato fosse verdadeiro.

O elemento subjetivo do tipo é o dolo direto, aquele ato em que o agente quis determinado resultado, teve a intenção de provocá-lo, o que exclui a forma culposa.

Trata-se de delito de índole formal, que se consuma com a entrega da representação subscrita pelo agente à autoridade administrativa competente ou ao Ministério Público.

Aqui não deve haver dúvida alguma a respeito da conduta intencional do representante em promover representação indevida com intuito apenas de atribuir culpa inexistente a alguém, agindo de má-fé movido por sentimentos diversos da cidadania em fiscalizar os interesses da administração pública.

Esse dispositivo almeja preservar a seriedade do exercício da cidadania em conferir a qualquer cidadão o direito de denunciar fatos merecedores de esclarecimentos e investigação com relação à defesa do patrimônio público, assim como a Constituição Federal no seu art. 74, § 2º, confere legitimidade a qualquer cidadão, partido político, associação ou sindicato, legitimidade para denunciar irregularidades ou ilegalidades perante o Tribunal de Contas.

- "A provocação de investigação criminal e o ajuizamento de ação penal ou civil traduz exercício regular de direito, exceto quando comprovado que a instauração do procedimento se deu de forma despropositada e injusta, com o objetivo flagrante de prejudicar uma pessoa sabidamente inocente, o que é, inclusive, crime - "denunciação caluniosa". (TJMG - Apelação Cível 1.0024.11.276106-9/003, Relator(a): Des.(a) Manoel dos Reis Morais, 10ª CÂMARA CÍVEL, julgamento em 24/10/2017, publicação da súmula em 01/11/2017)
- "Para a caracterização do delito de denunciação caluniosa, necessário que se comprove que o réu tinha certeza acerca da inocência do investigado. Demonstrado que o réu deu causa a investigação policial contra quem sabia ser inocente, não há motivo para a absolvição. Sendo o réu hipossuficiente, faz jus à condição suspensiva da exigibilidade do pagamento das custas processuais pelo prazo de cinco anos, nos termos do artigo 98, § 3º do NCPC. Superada a preliminar. No mérito, dado parcial provimento ao recurso". (TJMG - Apelação Criminal 1.0249.11.001365-6/001, Relator(a): Des.(a) Marcílio Eustáquio Santos, 7ª CÂMARA CRIMINAL, julgamento em 11/10/2017, publicação da súmula em 20/10/2017)
- "Configura o ilícito da denunciação caluniosa o ato de informar um crime às autoridades no intuito único de prejudicar o acusado, o qual sabe-se ser inocente. Prova dos autos suficiente

para demonstrar que a informante agiu com dolo e má-fé ao realizar a notícia-crime contra os policiais, acusando-os da prática de abuso de autoridade, intimidação da população e violência". (TJRS - Apelação Cível Nº 70074402991, Décima Câmara Cível, Tribunal de Justiça do RS, Relator: Túlio de Oliveira Martins, Julgado em 26/10/2017)

- "Na linha do entendimento consagrado pela doutrina e pela jurisprudência pátrias, para a configuração do crime previsto no artigo 339, do Código Penal, faz-se necessária a presença do dolo específico, consistente no conhecimento do agente acerca da inocência do ofendido, bem como a intenção de imputar-lhe o fato criminoso. Dessa forma, estando ausente a intenção dolosa da ré em imputar a seu ex-companheiro crime que o sabia inocente, não se encontra presente o elemento subjetivo necessário ao reconhecimento do tipo penal em questão. APELO DESPROVIDO". (Apelação Crime Nº 70072567357, Quarta Câmara Criminal, Tribunal de Justiça do RS, Relator: Sandro Luz Portal, Julgado em 26/10/2017)

- Denunciação caluniosa. Irresignação ministerial. Condenação. Impossibilidade. Dolo não comprovado. Recurso desprovido. Mantém-se a absolvição porquanto não comprovado o dolo necessário para a configuração do delito. Recurso desprovido. (TJMG - Apelação Criminal 1.0239.14.000886-7/001, Relator(a): Des.(a) Pedro Vergara, 5ª CÂMARA CRIMINAL, julgamento em 03/10/2017, publicação da súmula em 16/10/2017)

- "Se, em razão da comunicação falsa de crime efetivada pela recorrida, houve a instauração de inquérito policial, sendo a falsidade descoberta em razão dos atos investigatórios nele realizados, o delito cometido é o denunciação caluniosa, previsto no art. 339 do Código Penal. Não autoriza a desclassificação para a conduta do art. 340 do mesmo Estatuto, o fato de que aqueles que foram falsamente apontados como autores do delito inexistente não tenham chegado a ser indiciados no curso da aludida investigação, em virtude da descoberta da inveracidade da imputação. Recurso especial provido para condenar a recorrida pela prática do crime do art. 339 do Código Penal, devendo o Juízo de primeiro grau proceder à fixação das penas, como entender de direito." (STJ - REsp 1482925/MG, Rel. Ministro SEBASTIÃO REIS JÚNIOR, SEXTA TURMA, julgado em 06/10/2016, DJe 25/10/2016)

- "No delito de denunciação caluniosa exige-se que haja por parte do agente a certeza da inocência da pessoa a quem se atribui a prática criminosa. Em outras palavras, deve o agente atuar contra a própria convicção, intencionalmente e com conhecimento de causa, sabendo que o denunciado é inocente. (Precedentes). Em relação à instauração de investigação ou processo judicial é que basta a ocorrência do dolo eventual. Ademais, a denunciação caluniosa exige que a imputação verse sobre fato definido como crime. (NILO BATISTA, in *O Elemento Subjetivo do Crime de Denunciação Caluniosa,* Ed. Liber-Juris, Rio de Janeiro, 1975, pg. 55). No caso, o exame da denúncia evidencia o preenchimento dos elementos do tipo inserto no art. 339 do CP. O recorrente, ao que parece, ciente da inocência das vítimas, contra elas representou, dando origem indevidamente a procedimento criminal. A pormenorizada exordial acusatória narra, com detalhes, a razão pela qual o recorrente, em tese, incidiu nas penas cominadas ao delito de denunciação caluniosa. Recurso desprovido. (STJ - RHC n. 43.131/MT, Ministro Felix Fischer, Quinta Turma, DJe 25/6/2015)

- "Demonstrado que o agente, com dolo específico, deu causa à instauração de inquérito policial ao imputar crime à pessoa que sabia ser inocente, recai na conduta descrita no art. 339, caput, do CP, não havendo falar em absolvição" (Apelação Criminal n. 2011.095744-2, rel. Juiz Francisco Oliveira Neto, j. 5.6.2012). (TJSC, Apelação Criminal n. 2010.080066-9, de Itapiranga, rel. Des. Rodrigo Collaço, j. 14-02-2013)

- Denunciação caluniosa. Autoria e materialidade demonstradas. Ausência de demonstração do dolo. Atipicidade da conduta. Absolvição empreendida. Recurso provido. Na ausência de demonstração do dolo de induzir a erro a autoridade responsável pela investigação policial, ou pelo processo judicial, investigação administrativa, inquérito civil ou pela ação de improbidade administrativa, cuja instauração se deveu ao acusado, imputando crime a alguém sem consciência da inocência, incabível a condenação pelo crime de denunciação caluniosa. (Ap. Crim. 1.0625.10.011605-6/001 – 2ª Câmara Criminal – Rel. Des. Nelson Missias de Morais – j. em 06.06.2013 – publicação da Súmula em 14.06.2013)

- Assistente de acusação. Denunciação caluniosa. Ausência do dolo necessário para a configuração do delito. Absolvição mantida. Recurso não provido. – A denunciação caluniosa consiste na comunicação de falso crime à autoridade, que acarreta a instauração de investigação policial, processo judicial, instauração de investigação administrativa, inquérito civil ou ação de improbidade administrativa. Não ficando comprovado que a acusada agiu de forma dolosa no caso, a sua conduta não se enquadra no tipo penal do art. 339 do CP. (Ap. Crim. 1.0287.10.000102-6/001 – 4ª Câmara Criminal – Rel. Des. Doorgal Andrada – j. em 23.01.2013 – publicação da Súmula em 31.01.2013)

- Denunciação caluniosa. Insuficiência probatória. Absolvição mantida. "O dolo do crime de denunciação caluniosa é a vontade de provocar a investigação policial, o processo judicial, a instauração de investigação administrativa, o inquérito civil ou a ação de improbidade administrativa, exigindo-se que o agente saiba que imputa a alguém crime que este não praticou. É mister, assim, que a acusação seja objetiva e subjetivamente falsa, isto é, que esteja em contradição com a verdade dos fatos e que haja por parte do agente a certeza na inocência da pessoa a quem se atribui a prática do crime; sem essa certeza não se configura o crime previsto no art. 339. O simples estado de dúvida a esse respeito afasta a tipicidade do delito; não se configura o crime com dolo eventual". (Julio Fabbrini Mirabete, em "Código Penal Interpretado", 7ª edição, Revista e atualizada, Ed. Atlas, 2011, p.1952). (Ap. Crim. 1.0024.09.681456-1/001 – 2ª Câmara Criminal – Rel. Des. Beatriz Pinheiro Caires – j. em 08.11.2012 – publicação da Súmula em 19.11.2012)

- Denunciação caluniosa. Apelação cível. Prescrição. Inocorrência. Presença do dolo necessário para a configuração do delito. Absolvição negada. Recurso não provido. – A denunciação caluniosa consiste na comunicação de falso crime à autoridade, que acarreta a instauração de investigação policial, processo judicial, instauração de investigação administrativa, inquérito civil ou ação de improbidade administrativa. Quando o agente atribuiu a conduta de estelionato às vítimas, agiu de forma dolosa, enquadrando-se no tipo penal do art. 339 do CP. (Ap. Crim. 1.0056.02.033969-5/001 – 4ª Câmara Criminal – Rel. Des. Doorgal Andrada – j. em 30.03.2011 – publicação da Súmula em 13.04.2011)

22.1. Aplicação da pena no juizado especial

A pena prevista para a prática de representação caluniosa é aquela considerada infração de menor potencial ofensivo pela Lei 9.099/95, aplicada aos delitos a que a lei comine pena máxima não superior a 1(um) ano.

A aplicação da pena está descrita no art. 89 da mencionada lei que dispõe sobre os Juizados Especiais, de modo que, reconhecida a improcedência da representação quando do julgamento da ação, ficando evidenciada a sua natureza caluniosa, o pretor se pronunciará na sentença sobre a conduta delituosa para ordenar, após o seu trânsito em julgado, o encaminhamento das peças necessárias do processo para o Juizado Especial Criminal ou, sendo silente na sua manifestação judiciosa definitiva, poderá o representante do Ministério Público requerer tal providência, ou ainda o agente público ou o terceiro beneficiário poderão tomar idêntica iniciativa para propor a representação no prazo máximo de seis meses, a contar da publicação da decisão.

Registre-se, por oportuno, que o art. 40 do Código Penal estabelece: " Quando, em autos ou papéis de que conhecerem, os juízes ou tribunais verificarem a existência de crime de ação pública, remeterão ao Ministério Público as cópias e os documentos necessários ao oferecimento da denúncia". O crime de denunciação caluniosa de ação pública incondicionada.

No que se refere ao concurso de normas provenientes da nova redação do art. 339 do Código Penal pela Lei 10.028/00, cumpre destacar que há uma tênue distinção entre estes dispositivos quando esta última define que "*dar causa à instauração de investigação policial, de processo judicial, instauração de investigação administrativa, inquérito civil ou ação de improbidade administrativa contra alguém, imputando-lhe crime de que o sabe inocente*".

Quando esta norma menciona "*imputando-lhe crime de que o sabe inocente*" afasta sua aplicabilidade em relação ao art. 19 da LIA porque a imputação deste é no que concerne à representação por ato de improbidade; e este não é crime, mas ato ilícito administrativo.

Observe-se, entretanto, que no art. 339 refere-se ao agente imputar crime a alguém; e no art. 19 da LIA a imputação é de ato de improbidade. Crime significa toda ação cometida com dolo ou culpa que resulta na responsabilidade criminal com a qual se viola a lei penal; já o ato de improbidade administrativa é a violação dolosa ou culposa do direito inerente ao Poder Público que se resolve em responsabilidade administrativa e civil do agente público ou político, logo são condutas diversas de atos distintos.

No caso do art. 339 do Código Penal, o agente imputa crime a quem sabe inocente; enquanto neste dispositivo em debate, a pessoa denuncia alguém por ato de improbidade que o sabe inocente.

Com efeito, pode haver configuração apenas do tipo previsto no art. 19 desta Lei se inexistir a ocorrência de qualquer tipo previsto no Código Penal; porém, há a possibilidade da evidência das duas figuras se aquela primeira conduta projetar também algum tipo de crime, a exemplo de calúnia, a falsa imputação de fato definido como crime, estará o agente com uma só ação incorrendo na prática de dois crimes idênticos ou não, a ensejarem a aplicação da pena mais gravosa dos crimes para configurar o concurso formal delineado no art. 70 do Código Penal.

Outro aspecto interessante é que no art. 19 basta que o ato de representação seja relativo a fato inverídico para configurar o ato típico, por ser crime de natureza formal, enquanto no previsto pelo art. 339 do CP, há a exigência do resultado; assim, é necessária, para sua caracterização, a instauração indevida do procedimento investigatório.

A caracterização do tipo do art. 339 exige que a causa resulte em instauração de inquérito, investigação ou procedimento administrativo; enquanto para o art. 19

é suficiente a representação, independente da instauração de qualquer instrumento investigatório.

22.2. A responsabilidade civil por representação caluniosa

A regra desta Lei impõe, além da pena criminal, a responsabilidade civil por danos materiais, morais ou à imagem, que houver provocado ao agente público ou ao terceiro beneficiário, proveniente de uma representação caluniosa

A indenização por dano material ou moral é uma garantia constitucional.

O respaldo jurídico que impõe a obrigatoriedade na reparação de dano moral é constitucional contida no disposto pelo art. 5º, X, da Carta Política, assim escrito:

> Art. 5º.
>
> X – são invioláveis a intimidade, a vida privada, a honra e a imagem das pessoas, assegurado o direito a indenização pelo dano material ou moral decorrente de sua violação.

E o Código Civil (art. 186) refletindo a hierarquização das normas definiu que "*Aquele que, por ação ou omissão voluntária, negligência ou imprudência violar direito e causar dano a outrem, ainda que exclusivamente moral, comete ato ilícito*".

E de forma para especificada preceitua no seu art. 927 que "*Aquele que, por ato ilícito (arts. 186 e 187), causar dano a outrem, fica obrigado a repará-lo*".

Já o seu parágrafo único é taxativo:

> Haverá obrigação de reparar o dano, independentemente de culpa, nos casos especificados em lei, ou quando a atividade normalmente desenvolvida pelo autor do dano implicar, por sua natureza, risco para os direitos de outrem.

Sobre a natureza dos danos morais, ensinam Carlos Alberto Bittar e Humberto Theodoro Júnior, respectivamente:

> "Qualificam-se como morais os danos em razão da esfera da subjetividade, ou do plano valorativo da pessoa na sociedade, em que repercute o fato violador, havendo-se como tais aqueles que atingem os aspectos mais íntimos da personalidade humana (o da intimidade e da consideração pessoal), ou o da própria violação da pessoa no meio em que vive e atua (o da reputação ou da consideração social)" (Reparação civil por danos morais, RT, 1992, p. 41).
>
> "Entende-se por danos morais aqueles 'ocorridos na esfera da subjetividade, ou no plano valorativo da pessoa e da sociedade, alcançando os aspectos mais íntimos da personalidade humana ('o da intimidade e da consideração pessoal'), ou o da própria valoração da pessoa no meio em que vive e atua ('o da reputação ou da consideração social'). Derivam, portanto, de 'práticas atentatórias à personalidade humana' (STJ, 3ª Turma, voto do Relator EDUARDO RIBEIRO, no REsp 4.236, in BUSSADA, Súmulas do STJ, São Paulo, Jurídica Brasileira, 1995, p. 680). Traduzem-se em 'um sentimento de pesar íntimo da pessoa ofendida' (STF, RE 69.754/SP, RT 485/230), capaz de

gerar 'alterações psíquicas' ou 'prejuízos à parte social ou afetiva do patrimônio moral' do ofendido (STF, RE 116.381-RJ, BUSSADA, ob. cit., p. 687)" (Dano moral, Oliveira Mendes, 1998, 1ª ed., p. 2-3).

A indenização a título de danos morais, assim, visa compensar a dor experimentada pela vítima, quando sujeita a situações vexatórias que maculem o seu íntimo, provocando-lhe um desagravo em sua personalidade. Além do mais, os prejuízos resultantes do fato narrado e comprovado pelo autor são presumidos, dispensando a produção de provas e a verificação de perdas materiais:

> "O dano simplesmente moral, sem percussão no patrimônio, não há como ser provado. Ele existe tão-somente pela ofensa, e dela é presumido, sendo bastante para justificar a indenização" (TJSC - AC n.º 39.466, Des. João José Schaefer).

> "A existência do dano moral é o bastante para justificar a indenização, independente de prova do prejuízo" (TJSC - AC n.º 1997.008948-1, Des. Wilson Augusto do Nascimento).

> "O dano simplesmente moral, sem percussão no patrimônio, não há como ser provado. Ele existe tão-somente pela ofensa, e dela é presumido, sendo bastante para justificar a indenização" (TJSC - AC n.º 39.466, Des. João José Schaefer).

Não existem parâmetros legais objetivos para se fixar a indenização por danos extrapatrimoniais. No plano em torno dos elementos de quantificação, é sabido que "*a indenização por danos morais deve traduzir-se em montante que represente advertência ao lesante e à sociedade de que não se aceita o comportamento assumido, ou o evento lesivo advindo. Consubstancia-se, portanto, em importância compatível com o vulto dos interesses em conflito, refletindo-se, de modo expresso, no patrimônio do lesante, a fim de que sinta, efetivamente, a resposta da ordem jurídica aos efeitos do resultado lesivo produzido. Deve, pois, ser quantia economicamente significativa, em razão das potencialidades do patrimônio do lesante*" (Carlos Alberto Bittar, Reparação civil por danos morais. RT, 1993, p. 220). Com ele consoa Humberto Theodoro Júnior (Alguns aspectos da nova ordem constitucional sobre o direito civil, RT 662/7-17).

Sobre o tema, ensina José Raffaelli Santini:

> "Na verdade, inexistindo critérios previstos por lei a indenização deve ser entregue ao livre arbítrio do julgador que, evidentemente, ao apreciar o caso concreto submetido a exame fará a entrega da prestação jurisdicional de forma livre e consciente, à luz das provas que forem produzidas. Verificará as condições das partes, o nível social, o grau de escolaridade, o prejuízo sofrido pela vítima, a intensidade da culpa e os demais fatores concorrentes para a fixação do dano, haja vista que costumeiramente a regra do direito pode se revestir de flexibilidade para dar a cada um o que é seu. [...] Melhor fora, evidentemente, que existisse em nossa legislação um sistema que concedesse ao juiz uma faixa de atuação, onde se pudesse graduar a reparação de acordo

com o caso concreto. Entretanto, isso inexiste. O que preponderá, tanto na doutrina, como na jurisprudência, é o entendimento de que a fixação do dano moral deve ficar ao prudente arbítrio do juiz" (Dano moral: doutrina, jurisprudência e prática, Agá Júris, 2000, p. 45).

Saliente-se que a cumulação de material e moral pelo mesmo fato já é matéria sedimentada pelo Superior Tribunal de Justiça através da Súmula 37.

É relevante destacar que é imprescindível o dolo direto, caracterizado pela certeza do agente em torno do conhecimento da inocência de quem recebe a imputação da improbidade administrativa, pois não basta o dolo eventual, conquanto a regra exige que o agente precisa efetivamente saber que a pessoa acusada é inocente.

A decisão final do processo terá de revelar a certeza do conhecimento da inocência do representado, senão a dúvida afasta o direito subjetivo para fins de responsabilização do representante que usou da prerrogativa para o exercício dessa cidadania.

- "Responsabilidade civil. Denunciação caluniosa que originou processo administrativo disciplinar. Ofensa à honra. Afronta aos direitos da personalidade. Dano moral configurado. Se a prova dos autos demonstra que restou caracterizado que o demandado imputou à autora fato delituoso que sabia previamente não ser verdadeiro, deve ser julgada procedente a demanda de indenização por danos morais". (TJMG - Apelação Cível 1.0024.12.047646-0/001, Relator(a): Des.(a) Pedro Bernardes, 9ª CÂMARA CÍVEL, julgamento em 21/02/2017, publicação da súmula em 22/03/2017)
- "Responsabilidade civil. Ação de indenização por danos morais. Autora e requerido que mantinham relação de negócios em agência bancária (gerente e cliente). Requerido que, alterando a verdade dos fatos, causou prejuízos à autora. Tentativa de desfazimento do negócio que restou frustrada, gerando queixa no Bacen e boletim de ocorrência policial. Queixa policial que acabou por virar ação criminal de denunciação caluniosa contra o ora réu. Dano moral caracterizado. Dever de indenizar que se impõe. Quantum indenizatório fixado de acordo com as peculiaridades do caso e em atendimento aos princípios da razoabilidade e proporcionalidade. Sentença de improcedência reformada. RECURSO PROVIDO". (TJSC - Recurso Cível Nº 71006875454, Segunda Turma Recursal Cível, Turmas Recursais, Relator: Vivian Cristina Angonese Spengler, Julgado em 23/10/2017)
- Responsabilidade civil subjetiva. Denunciação caluniosa. Danos morais. Dever de indenizar. Culpa concorrente. Ausência. Condição econômica do ofensor. Valor da indenização. Recurso não provido. O ordenamento jurídico pátrio adota como regra geral, a teoria da responsabilidade civil subjetiva, com fundamento na conduta dolosa ou culposa do agente, nos termos do art. 186 c/c art. 927, ambos do Código Civil. Comprovada a prática do ato ilícito, consubstanciado na denunciação caluniosa, patente o dever do ofensor em indenizar os danos morais decorrentes da violação da honra, reputação e consideração social das vítimas. A culpa concorrente da vítima, não exclui a responsabilidade do agente causador do dano, mas a atenua, refletindo na fixação do valor da indenização. Ausente a constatação da culpa concorrente, não há falar-se em redução do quantum indenizatório. Embora a capacidade econômica do ofensor deva ser considerada para fins de arbitramento do valor da indenização, não pode servir como forma de mitigar a gravidade da conduta e a extensão do dano, a ponto de descaracterizar a responsabilidade e o dever do ofensor em indenizar a vítima pelos prejuízos que lhe foram causados. Deve ser mantido o valor arbitrado em primeiro grau, a título de danos morais, quando se apresenta em consonância com as circunstâncias do caso concreto e atende ao dúplice caráter da indenização. (TJMG - Apelação Cível 1.0372.14.001504-4/001, Relator(a):

Des.(a) Bitencourt Marcondes, 1ª CÂMARA CÍVEL, julgamento em 14/02/2017, publicação da súmula em 21/02/2017)

- Ação de indenização por danos morais. Denunciação caluniosa. Ato ilícito do réu. Comprovação. Dano moral configurado. Recurso não provido. Ante a comprovação da prática do ilícito por parte do réu, atinente à denunciação caluniosa, imperiosa a procedência da ação, ao deferimento de indenização por danos morais. Preliminar de nulidade da sentença afastada. Recurso não provido. (TJMG - Apelação Cível 1.0701.14.037377-3/001, Relator(a): Des.(a) José Arthur Filho, 9ª CÂMARA CÍVEL, julgamento em 21/06/2016, publicação da súmula em 19/07/2016)

- Danos morais. Denunciação caluniosa. Ofensa à reputação e à dignidade. Evidente intenção de prejudicar. Repercussão- reparação devida. "quantum" indenizatório. Adequação. Comprovada à conduta ilícita imputada à parte ré, consistente na prática de denunciação caluniosa, procedente é o pedido de indenização pelos danos morais reclamados na petição inicial. Comprovada a prática do ilícito, a reparação moral deve ser fixada em valor suficiente e adequado para compensar os prejuízos imateriais experimentados pela ofendida e desestimular a prática reiterada da conduta lesiva da ofensora, sem, contudo, gerar enriquecimento indevido da demandante. (TJMG - Apelação Cível 1.0702.10.022724-9/001, Relator(a): Des.(a) João Cancio, 18ª CÂMARA CÍVEL, julgamento em 19/04/2016, publicação da súmula em 27/04/2016)

- "Por outro lado, é firme a jurisprudência do Superior Tribunal de Justiça no sentido de que "A absolvição criminal que enseja a reforma civil deve decorrer de atuação passível de caracterizar-se como "denunciação caluniosa", porquanto a responsabilidade judicial deve ser dolosa" (REsp 969.097/DF, Rel. Min. LUIZ FUX, Primeira Turma, DJe 17/12/08). Agravo regimental não provido." (STJ - AgRg no AREsp 178.227/MS, Rel. Ministro ARNALDO ESTEVES LIMA, PRIMEIRA TURMA, julgado em 13/11/2012, DJe 26/11/2012)

23. PERDA DA FUNÇÃO PÚBLICA E SUSPENSÃO DOS DIREITOS POLÍTICOS

Art. 20. A perda da função pública e a suspensão dos direitos políticos só se efetivam com o trânsito em julgado da sentença condenatória.

Parágrafo único. A autoridade judicial ou administrativa competente poderá determinar o afastamento do agente público do exercício do cargo, emprego ou função, sem prejuízo da remuneração, quando a medida se fizer necessária à instrução processual.

A Lei Maior no seu art. 5º, inc. LVII, ao estabelecer que "*ninguém será considerado culpado até o trânsito em julgado de sentença penal condenatória*", assegura aos acusados em geral o direito de esgotar todas as instâncias judiciais para o seu exercício de defesa; é o princípio da inocência de que ninguém será considerado culpado até decisão condenatória com trânsito em julgado.

De modo que este artigo no seu *caput*, ao mencionar que a perda da função pública somente será efetivada após a decisão condenatória operar coisa julgada, apenas reproduz aquela garantia constitucional.

Assim, a sentença só poderá ser executada de forma definitiva com o exaurimento do processo após o julgamento de eventuais recursos ordinários, especiais e/ou extraordinários. Se do acórdão que confirmar a sentença condenatória pelo tribunal houver a interposição de recurso especial para o Superior Tribunal de Justiça e/ou extraordinário para o Supremo Tribunal Federal, a sua execução, no que concerne às penas de perda da função pública e/ou à suspensão dos direitos políticos, fica condicionada à decisão operar coisa julgada material.

Convém lembrar que a parte da sentença referente às outras penas como: a multa civil, ressarcimento ao erário, devolução de bens públicos e a suspensão de contratação com o Poder Público, poderá ser executada provisoriamente após a prolatação da sentença, visto que este dispositivo ressaltou, de forma específica, as penas de perda de função pública e a suspensão dos direitos políticos, com a exigibilidade da coisa julgada para suas aplicações ou execuções.

Nestas circunstâncias, incumbe a juiz realizar o traslado do processo para proceder à execução da sentença das demais sanções, enquanto o processo principal estiver tramitando nas instâncias superiores.

No julgamento de ação civil pública o juiz detém a prerrogativa de conferir efeito suspensivo aos recursos (art. 14, Lei n. 7.347/85).

Entretanto, no que se refere a decretação da perda da função pública a sua execução fica condicionada ao trânsito em julgado da sentença.

Operada coisa julgada material, caberá ao juiz sentenciante comunicar ao chefe do órgão público a que pertence o agente condenado para que proceda o ato de demissão e que faça constar no ato exoneratório referência e motivação da sua realização.

Se o agente condenado for regido pela Consolidação das Leis Trabalhista – CLT – aplica-se a motivação de justa causa.

- "A sanção da perda do cargo público prevista entre aquelas do art. 12 da Lei n. 8.429/1992 não está relacionada ao cargo ocupado pelo agente ímprobo ao tempo do trânsito em julgado da sentença condenatória, mas sim àquele (cargo) que serviu de instrumento para a prática da conduta ilícita". (STJ - AgRg no AREsp 369.518/SP, Rel. Ministro GURGEL DE FARIA, PRIMEIRA TURMA, julgado em 13/12/2016, DJe 28/03/2017)

- "Com efeito, o acórdão embargado apresenta omissão, razão pela qual se impõe consignar que a sanção de perda da função pública a que foram condenados os embargantes há de corresponder àquela a qual o agente se utilizou para praticar o malfeito". (STJ - EDcl no REsp 1424550/SP, Rel. Ministro BENEDITO GONÇALVES, PRIMEIRA TURMA, julgado em 22/11/2016, DJe 08/05/2017)

- "Conforme preconiza o caput do dispositivo legal supra, a perda da função pública somente ocorrerá com trânsito em julgado da sentença que condenatória. Exatamente por isso é que, a medida de afastamento do agente público do cargo, prevista no parágrafo único do art. 20, da Lei 8.429/92, deve ser adotada com cautela e, somente se justifica, se pautada em fortes indícios e/ou provas de que a permanência do agente no cargo prejudicará a instrução processual". (TJMG - Agravo de Instrumento-Cv 1.0243.15.001844-4/001, Relator(a): Des.(a) Amauri Pinto Ferreira, 3ª CÂMARA CÍVEL, julgamento em 01/09/2016, publicação da súmula em 04/10/2016)

- "O art. 12 da Lei 8.429/92, quando cuida das sanções aplicáveis aos agentes públicos que cometem atos de improbidade administrativa, não contempla a cassação de aposentadoria, mas tão só a perda da função pública. As normas que descrevem infrações administrativas e cominam penalidades constituem matéria de legalidade estrita, não podendo sofrer interpretação extensiva. "O direito à aposentadoria submete-se aos requisitos próprios do regime contributivo, e sua extinção não é decorrência lógica da perda da função pública posteriormente decretada." (SJ - 2ª Turma - REsp 1.186.123/SP, Relator Ministro Herman Benjamim). Recurso especial provido". (STJ - REsp 1564682/RO, Rel. Ministro OLINDO MENEZES (DESEMBARGADOR CONVOCADO DO TRF 1ª REGIÃO), PRIMEIRA TURMA, julgado em 10/11/2015, DJe 14/12/2015)

Os direitos políticos é um conjunto de direito que asseguram ao cidadão o exercício de atividades públicas e civis na construção da sociedade civil ao poder votar e ser votado, assim como, exercer cargos ou funções públicas.

Para utilização desse direito político é necessário que adquira o atributo da cidadania que se obtém com o alistamento eleitoral para obter a qualidade de eleitor perante a Justiça Eleitoral.

É com a titularidade de eleitor que se adquire a cidadania que vai garantir a pessoa o direito do exercício de atividades políticas ou administrativas.

Os direitos políticos positivos são pressupostos da condição de elegibilidade, enquanto os negativos impedem ao cidadão de eleger ou ser eleito, do exercício de atividade político-partidária ou de exercer função pública.

Leciona José Afonso da Silva que os "direitos políticos consistem na disciplina dos meios necessários ao exercício da soberania popular", cujo núcleo fundamental "consubstancia-se no direito eleitoral de votar e ser votado"[185].

Como se vê, gozar dos direitos políticos compreende votar e ser votado.[186]

A Constituição Federal estabelece que os direitos políticos é uma regra, e que a sua suspensão é uma exceção, conforme preceitua o art. 15, assim escrito:

> Art. 15. É vedada a cassação de direitos políticos, cuja perda ou suspensão só se dará nos casos de:
>
> I - cancelamento da naturalização por sentença transitada em julgado;
>
> II - incapacidade civil absoluta;
>
> III - condenação criminal transitada em julgado, enquanto durarem seus efeitos;
>
> IV - recusa de cumprir obrigação a todos imposta ou prestação alternativa, nos termos do art. 5º, VIII;
>
> V - improbidade administrativa, nos termos do art. 37, § 4º.

Já o § 4º do art. 37 da Constituição Federal ao se referir a improbidade administrativa, mencionado no dispositivo acima, tem a seguinte redação:

---

185. SILVA, José Afonso da. **Curso de Direito Constitucional positivo**. 6. ed. São Paulo: Revista dos Tribunais, 1990. p. 300-1.

186. É um direito fundamental, expresso como tal no art. 21, I, da Declaração Universal dos Direitos do Homem, da ONU, de 1948: "Toda pessoa tem direito de participar no Governo de seu país, diretamente ou por meio de representantes livremente escolhidos."

Art. 37 - [...]

§ 1º [...]

§ 4º Os atos de improbidade administrativa importarão a suspensão dos direitos políticos, a perda da função pública, a indisponibilidade dos bens e o ressarcimento ao erário, na forma e gradação previstas em lei, sem prejuízo da ação penal cabível.

Com efeito, o agente quando condenado em ação de improbidade administrativa por qualquer das sanções elencadas no art. 12 da lei de regência tem suspensos os seus direitos políticos.

Extrai-se desse dispositivo que a condenação criminal transitada em julgado e improbidade administrativa são penas com as mesmas características quanto a seus efeitos jurídicos, porque são uma consequência da sentença que operou coisa julgada prevista no mesmo dispositivo constitucional.

Ressalte-se que não se tratam de penas acessórias, mas efeito da condenação, seja criminal ou de improbidade administrativa.

23.1. Competência do juízo para execução

O cumprimento da sentença compete ao juízo que decidiu a causa, de modo que, se a ação foi proposta perante um tribunal, caberá a este a execução do acórdão, mas se a demanda foi ajuizada no primeiro grau de jurisdição, mesmo que ação tenha sido objeto de recurso para o tribunal, a competência será do juízo de primeira instância, conforme preceitua o Código de Processo Civil no seu art. 516, assim redigido:

Art. 516. O cumprimento da sentença efetuar-se-á perante:

I - os tribunais, nas causas de sua competência originária;

II - o juízo que decidiu a causa no primeiro grau de jurisdição;

De modo que, tendo operado coisa julgada a decisão que suspendeu os direitos político do agente condenado em improbidade administrativa, cabe ao juízo de primeiro grau onde se deu a condenação promover a sua execução.

Assim é que, sendo o agente condenado, um prefeito ou vereador, basta uma comunicação do juiz para o presidente da Câmara Municipal para que declare vago o cargo e proceda à posse do vice-prefeito ou do vereador suplente, conforme seja o caso.

Não é pelo fato deles terem sido eleitos e diplomados pela Justiça Eleitoral que seria desta a competência para a execução de sentença criminal ou de improbidade administrativa com trânsito em julgado.

A respeito dessa temática, o plenário do Supremo Tribunal Federal firmou o seguinte entendimento:

> EMENTA: Eleitoral. Recurso contra expedição de diploma. Condenação criminal transitada em julgado após a posse do candidato eleito (CF, art. 15, III). Perda dos direitos políticos: consequência da existência da coisa julgada. A Câmara de vereadores não tem competência para iniciar e decidir sobre a perda de mandato de prefeito eleito. Basta uma comunicação à Câmara de Vereadores, extraída nos autos do processo criminal. Recebida a comunicação, o Presidente da Câmara de Vereadores, de imediato, declarará a extinção do mandato do Prefeito, assumindo o cargo o Vice-Prefeito, salvo se, por outro motivo, não possa exercer a função. Não cabe ao Presidente da Câmara de Vereadores outra conduta senão a declaração da extinção do mandato. Recurso extraordinário conhecido em parte e nessa parte provido. (STF - RE 225019, Relator(a): Min. NELSON JOBIM, Tribunal Pleno, julgado em 08/09/1999, DJ 26-11-1999 PP-00133 EMENT VOL-01973-05 PP-00826 RTJ VOL-00171-03 PP-01025)

Extrai-se desse julgado o seguinte sobre a incumbência da Justiça Eleitoral:

> "A competência seria da Justiça eleitoral se a questão fosse sobre efeitos de condenação criminal sobre a capacidade de votar e ser votado.
>
> São os caso de:
>
> a) Cancelamento do alistamento em decorrência de condenação que determinou a suspensão dos direitos políticos (CF, art. 15, III, CE, art. 71, II); ou
>
> b) Indeferimento de inscrição de candidato e cassação do diploma, se o transido em julgado se deu antes da sua expedição.
>
> O caso é de efeito da condenação criminal sobre o mandato de cidadão eleito.
>
> Ou seja, findo e ultrapassado o processo eleitoral.
>
> Não é do âmbito da Justiça eleitoral".

Como se vê, a condenação criminal ou de improbidade administrativa diz respeito exclusivamente ao mandato do agente político eleito, não se cuidando de questões relativas ao resguardo da normalidade e da lisura do processo eleitoral.

A competência da Justiça eleitoral restringe-se tão somente sobre o controle da campanha eleitoral, a repressão ao abuso do poder econômico e político, visando assim, a proteção da verdade eleitoral.

As causas de uma condenação criminal ou por ato de improbidade administrativa refere-se à atuação e gestão do agente eleito após o término do período eleitoral, que estão atrelados à sua conduta no exercício do cargo submetido a sua responsabilidade penal, civil e administrativa.

Com efeito, não cabe à Justiça eleitoral a execução da pena imposta por condenação criminal ou de improbidade administrativa, mas, ao juízo que decidiu a causa, como estabelece o Código de Processo Civil.

23.2. Parlamentares federais

A respeito dos parlamentares federais o aludido julgado da Corte Suprema, o e. relator assim se pronunciou:

> "Quanto aos parlamentares federais, a CF tem duas regras:
>
> 1) "perderá o mandato o Deputado ou Senador .... que sofrer condenação criminal em sentença transitada em julgado" (art. 55,VI).
>
> 2) nessa hipótese, "... a perda do mandato será decidida pela Câmara... ou pelo Senado...., por voto secreto e maioria absoluta...." (art. 55, §2º)
>
> Observo que, se a perda ou suspensão dos direitos políticos decorrer das outras causas do art. 15, "....a perda do mandato será declarada pela Mesa da Casa, ...assegurada a ampla defesa" (art. 55, § 3º).
>
> A perda do mandado, por condenação criminal, não é automática: depende de um juízo político do plenário da casa parlamentar (art. 55, § 2º).
>
> A Constituição outorga ao Parlamento a possibilidade da emissão de um juízo político de conveniência sobre a perda do mandato.
>
> Desta forma, a rigor, a condenação criminal, transitada em julgado, não causará a suspensão do direito políticos, tudo porque a perda do mandato depende de uma decisão da Casa parlamentar respectiva e não da condenação criminal.
>
> Essa foi a linha de MOREIRA ALVES, acompanhada pela maioria do Tribunal, quando se decidiu pela auto-aplicabilidade do art. 15, III, da CF (RE 179.502-6 SP)
>
> ....
>
> O que a Constituição preservou ao Parlamento foi a emissão de dois juízes políticos: um sobre a licença; outro, sobre a perda do mandato, na hipótese de condenação criminal.
>
> Todo o juízo político é tomado, sempre, em concreto e perante um caso específico, no contexto de uma realidade política que é, necessariamente, transeunte, inestática, variável.
>
> Um juízo político, por sua própria natureza, não e suscetível de previsão em abstrato.
>
> Não é ele suscetível de ser aprisionado em norma jurídica.
>
> Tudo isso porque o juízo político do Parlamento, não tem os contornos do juízo jurídico.
>
> É informado por critério de conveniência e oportunidade.
>
> Nada jurídico.
>
> No caso, esse juízo político de perda depende da aprovação, por maioria absoluta, de um projeto de resolução (RI do SF, art. 35; RI da CD, art. 109, III, a).

Se o projeto não for aprovado, o mandato é mantido em sua integralidade.

Isso ocorrendo, ter-se-á de compatibilizar a condenação judiciária com o exercício do mandato.

A solução será a suspensão da execução da sentença criminal até que o condenado deixe de ser titular do mandato.

Durante esse período, não correrá a prescrição.

Parece-me a única solução viável.

A CF autoriza essa fórmula.

Ela dá um tratamento específico ao pedido de licença para processar criminalmente parlamentar;

Art. 53..

....

§ 2º O indeferimento do pedido de licença ou a ausência de deliberação suspende a prescrição enquanto durar o mandato.

A similitude é evidente.

Este é o raciocínio:

a) sem a perda do mandato, é inviável a execução da sentença penal condenatória, como, de resto, é inviável o processamento, sem a licença;

b) sem o deferimento da licença, fica suspensa a tramitação do processo criminal.

c) Logo, sem a decretação da perda do mandato, fica suspensa a execução da pena.

Em ambos os casos, "... enquanto durar o mandato", não corre a prescrição".

O diferencial entre a condenação criminal e a condenação por ato de improbidade administrativa é que, em relação a primeira, existe o foro privilegiado em favor dos parlamentares federais e estaduais, enquanto não esse privilégio processual referente a ação de improbidade administrativa.

A Constituição Federal exige a licença da Câmara ou do Senado em caso de processo criminal, mas não se refere a demanda de improbidade administrativa.

Com efeito, o cumprimento da sentença com trânsito em julgado será realizado pelo juízo processante mediante comunicação oficial ao presidente da Câmara ou do Senado, para que declare vago o cargo e dê posse ao suplente.

23.3. Parlamentares Estaduais

O e. relator no seu voto afirma que "É a mesma a situação dos Deputados Estaduais"

E cita o art. 27, § 1º.

23.4. Vereadores

Prosseguindo com a transcrição do substancioso voto e. relator, tem-se que:

> "Já isso não se passa com os Vereadores.
>
> A Constituição só reconhece a "... inviolabilidade.... por suas opiniões, palavras e votos no exercício do mandato e na circunscrição do Município" (art. 29, VIII).
>
> Os Vereadores possuem imunidade material.
>
> Não tem imunidade processual.
>
> Podem ser processados independentemente de licença da Câmara.
>
> Logo, não socorre aos Vereadores o que acima se disse.
>
> Vereador, condenado criminalmente, perde o mandato, independentemente de deliberação da Câmara, como consequência da suspensão de seus direitos políticos.
>
> Não há possibilidade alguma de se estender aos Vereadores o tratamento dos Parlamentares Federais e Estaduais".

23.5. Prefeitos

Com relação aos prefeitos, a Constituição não exige autorização, nem admissão da acusação, pela Câmara de Vereadores, para processá-los.

Remove-se do v. acórdão a seguinte lição no que se refere ao cumprimento de sentença penal ou por ato de improbidade administrativo em relação aos prefeitos:

> "Sabe-se, com TEORI ZAVASCKI, que "a suspensão dos direitos políticos não é pena acessória, e sim consequência da condenação criminal: opera-se automaticamente, independente de qualquer referência na sentença"[187]
>
> O mesmo se dá com a perda do mandato.
>
> É uma consequência necessária, na hipótese de Prefeito Municipal, da suspensão dos direitos políticos.
>
> No entanto, essa consequência necessária a lei fez depender de um ato declaratório.
>
> Está no DL 201, de 27 de fevereiro de 1967, que o Tribunal já entendeu compatível com a CF de 1988 (HC 69850, REZEK, Pleno, 09.02.1994; HC 74.675, SYDNEY, 1ª turma, 04.02.1997).
>
> Art. 6º. Extingue-se o mandato do Prefeito, e, assim, deve ser declarado pelo Presidente da Câmara dos Vereadores quando:

---

187. Direitos Políticos. Perda, suspensão e controle jurisdicional. In Ver. de Informação Legislativa, 123p. 180.

I – ocorrer falecimento, renúncia por escrito, cassação dos direitos políticos ou condenação por crime funcional ou eleitoral.

....

Basta uma comunicação à Câmara de Vereadores, extraída nos autos do processo criminal.

Leio CELSO DE MELLO:

BEM. DECL. EM BEM. DECL. EM AGR. EM AG 177.313-8 Minas Gerais:

"..

..........Esta Corte.......tem determinado a imediata execução do acórdão condenatório, inclusive no que concerne à comunicação formal, dirigida tanto ao órgão judiciário sentenciante (TJ/MG, no caso) quando à Câmara de Vereadores (....), de que o recorrente não mais se acha constitucionalmente qualificado, durante o período em que subsistirem os efeitos da condenação criminal, a exercer os direitos políticos e a desempenhar o mandato de Prefeito Municipal de que é titular

...."

Recebida a comunicação, o Presidente da Câmara de Vereadores, de imediato, declarará a extinção do mandato do Prefeito, assumindo o cargo o Vice-Prefeito, salvo se, por outro motivo, não possa exercer a função.

O ato declaratório é obrigatório.

Constitui-se em mera formalização da extinção do mandato e da vacância do cargo.

Não cabe ao Presidente da Câmara de Vereadores outra conduta senão a declaração da extinção do mandato".

Como visto, a condenação criminal ou por ato de improbidade administrativo transitada em julgado em desfavor de titular de cargo eletivo (governador, senador, deputado federal ou estadual, prefeito ou vereador) é autoaplicável, bastando o juízo da causa comunicar à autoridade competente para que declare vago o cargo e proceda a posse do substituto legal.

Ressaltando que, para o cargo de senador, deputado federal ou estadual, a Casa legislativa poderá decretar a perda do mandato ou negá-lo, hipótese em que a prescrição fica suspensa para que seja a pena cumprida após o término do mandato parlamentar.

A título de ilustração e afirmação desta posição de execução da sentença, merece transcrição o trecho da decisão proferida pelo Supremo Tribunal Federal (MS 25.461, Tribunal Pleno, rel. min. Sepúlveda Pertence, publicado no DJ 22.09.2006) nos seguintes termos:

"De tudo e, ainda, do ofício nº 242/2004, encaminho ao Presidente da Câmara dos Deputados pelo juiz de Direito da 1ª Vara da Comarca de Caxias, Estado do Maranhão, no qual comunica a suspensão dos direitos políticos do litisconsorte passivo e solicita a adoção das providencias do julgado, de acordo com a determinação do ministro Presidente da Primeira Turma do STJ (fls. 28/31), não cabia outra conduta à autoridade coatora senão declarar a perda do mandato do Deputado Paulo Marinho"

Como se vê, há dúvida de que a execução da sentença é prerrogativa do juízo que decidiu a causa.

A respeito da auto-aplicabilidade do art 15, III, da Constituição Federal, a manifestação doutrinária de ALEXANDRE DE MORAIS está assim expressa:

> "O art. 15, inciso III, da Constituição Federal é autoaplicável, sendo consequência direta e imediata da decisão condenatória transitada em julgado, não havendo necessidade de manifestação expressa a respeito de sua incidência na decisão e prescindindo-se de quaisquer finalidades (MORAES, Alexandre de. Direito Constitucional, 24ª edição, 2009, Atlas, p. 258)

Depreende-se, assim, que as condenações criminais ou de improbidade administrativa transitada em julgado, que importem na perda dos direitos políticos, forma prevista pelo art. 15, III, da Constituição Federal, são autoaplicáveis e executadas de imediato pelo juízo sentenciante.

- "É que o Poder Executivo do Município de São Vicente do Sul/RS está sob o comando de pessoa condenada por ato de improbidade administrativa, em sentença transitada em julgado. Sentença que expressamente suspendeu os direitos políticos do Prefeito. Noutras palavras, a gestão dos interesses públicos, no âmbito daquele Município, está entregue, por efeito da liminar/segurança cuja suspensão ora se requer, a agente que não reúne, temporariamente, as condições do exercício pleno da cidadania. Isto por haver atentado, exatamente, contra os interesses públicos pelos quais lhe cabia zelar. Por fim, ainda que o instrumento processual da suspensão de segurança não se preste para análise de mérito, é mister frisar que este Supremo Tribunal Federal já decidiu que a suspensão dos direitos políticos, salvo a hipótese do § 2º do art. 55 da Constituição Federal, acarreta a perda do mandato eletivo (RE 225.019, Rel. Min. Nelson Jobim; RE 418.876, Rel. Min. Sepúlveda Pertence). Ante o exposto, defiro o pedido para suspender a execução da liminar/segurança concedida nos autos do Mandado de Segurança nº 70046335204, até o trânsito em julgado do processo." (SL 570 AgR, Relator(a): Min. Presidente, Decisão Proferida pelo(a) Ministro(a) JOAQUIM BARBOSA, julgado em 18/12/2013, publicado em PROCESSO ELETRÔNICO DJe-022 DIVULG 31/01/2014 PUBLIC 03/02/2014)
- "Extinção de mandato parlamentar em decorrência de sentença proferida em ação de improbidade administrativa, que suspendeu, por seis anos, os direitos políticos do titular do mandato. Ato da Mesa da Câmara dos Deputados que sobrestou o procedimento de declaração de perda do mandato, sob alegação de inocorrência do trânsito em julgado da decisão judicial. 2. Em hipótese de extinção de mandado parlamentar, a sua declaração pela Mesa é ato vinculado à existência do fato objetivo que a determina, cuja realidade ou não o interessado pode induvidosamente submeter ao controle jurisdicional. 3. No caso, comunicada a suspensão dos direitos políticos do litisconsorte passivo por decisão judicial e solicitada a adoção de providências para a execução do julgado, de acordo com determinação do Superior Tribunal de Justiça, não cabia outra conduta à autoridade coatora senão declarar a perda do mandato do parlamentar. 4.Mandado de segurança: deferimento. (STF - MS 25461, Relator(a): Min. SEPÚLVEDA PERTENCE, Tribunal Pleno, julgado em 29/06/2006, DJ 22-09-2006 PP-00029 EMENT VOL-02248-02 PP-00234 RTJ VOL-00199-02 PP-00687)

- "Vereador. Ação de improbidade administrativa. Aplicada penalidade de suspensão dos direitos políticos. Sentença transitada em julgado. Perda do mandato eletivo. Inexistência de ilegalidade no ato da câmara municipal ao dar cumprimento a determinação judicial. Ato vinculado. Ampla defesa exercida. Competência do presidente da câmara municipal para declarar extinto o mandato. Inocorrência de vício de iniciativa no procedimento. Segurança denegada. Sentença mantida. Recurso conhecido e desprovido. A perda do mandato eletivo de vereador decorre automaticamente da condenação judicial de suspensão dos direitos políticos na ação de improbidade administrativa já transitada em julgado, sendo o ato da Câmara Municipal vinculado e declaratório. Ampla defesa devidamente exercida durante o trâmite da ação de improbidade administrativa. Nos termos do artigo 30 da Lei Orgânica Municipal, compete ao Presidente da Câmara Municipal declarar extinto o mandato de Vereador. Não há que se falar em vício de iniciativa no procedimento de perda do mandato, pois não foi o requerimento do Vereador suplente que deflagrou tal procedimento, mas a própria comunicação do Poder Judiciário. (TJPR - 5ª C.Cível - AC - 1248265-0 - Nova Londrina - Rel.: Luiz Mateus de Lima - Unânime - J. 04.11.2014 - publicada em 17/11/2014)
- "Art. 15, III, da CF/88 . Condenação penal transitada em julgado. Suspensão dos direitos políticos. Condenado detentor de mandato eletivo - vereador. Perda do mandato. Penalidade de natureza política. Competência da câmara de vereadores. Incompetência da justiça eleitoral. 1. Em se tratando de aplicação do art. 15, III, da CF, a suspensão dos direitos políticos do penalmente condenado, após o trânsito em julgado, ocorre de forma imediata e independentemente de qualquer procedimento autônomo. 2. Sendo o condenado detentor de mandato eletivo, a análise acerca dos reflexos da suspensão dos direitos políticos no exercício do referido múnus público é de competência do Poder Legislativo, especificamente, aqui, da Câmara de Vereadores, a fim de que sejam mantidas intactas a independência e a harmonia entre os Poderes, nos termos do art. 2º, da CF/88 .3. Cogitar a possibilidade de essa Justiça Eleitoral expedir ofício à Câmara de Vereadores do município de Boa Esperança, para determinar a reassunção do recorrente ao mandato do qual foi destituído, é algo completamente sem suporte em nosso Estado Democrático de Direito, de modo que se o ato de extinção é de competência do Poder Legislativo, qualquer medida que venha readmitir o recorrente no mandato eletivo extinto também deve ser da alçada desse mesmo Poder. (TJ-RJ - APELAÇÃO APL 04551094320118190001 RIO DE JANEIRO CENTRAL DE ASSESSORAMENTO FAZENDÁRIO)
- Agravo de Instrumento. Ação civil pública por ato de improbidade administrativa. Procedência parcial do pedido. Cumprimento da sentença. Suspensão dos direitos políticos por três anos. Vínculo político com a administração. Incompatibilidade da decisão agravada. Desprovimento. (...) Este Supremo Tribunal Federal já decidiu que a suspensão dos direitos políticos, salvo a hipótese do § 2º do art. 55 da Constituição Federal, acarreta a perda do mandato eletivo (RE 225.019 – Rel. Min. Nelson Jobim: RE 418.876 – Rel. Min Sepúlveda Pertence (...) (STF SL 570 AGR/RS AgReg na Suspensão de Liminar – Rel. Joaquim Barbosa – 03/02/2014((TJPB – 3ª Câmara Cível – AI nº 0800325-26.2015.8.15.0000 – rel. Desembargador Saulo Henriques de Sá Benevides – j. 17.12.2015).
- Questão de ordem na ação penal. Constitucional. Perda de mandato parlamentar. Suspensão e perda dos direitos políticos. 1. A perda do mandato parlamentar, no caso em pauta, deriva do preceito constitucional que impõe a suspensão ou a cassação dos direitos políticos. 2. Questão de ordem resolvida no sentido de que, determinada a suspensão dos direitos políticos, a suspensão ou a perda do cargo são medidas decorrentes do julgado e imediatamente exequíveis após o trânsito em julgado da condenação criminal, sendo desimportante para a conclusão o exercício ou não de cargo eletivo no momento do julgamento. STF - QUESTÃO DE ORDEM NA AÇÃO PENAL AP 396 RO (STF)
- "A suspensão dos direitos políticos é efeito automático da condenação, independentemente da pena aplicada, se privativa de liberdade ou restritiva de direitos, nos termos do que dispõe o

art. 15, III da Constituição Federal." (TJMG - Emb Infring e de Nulidade 1.0024.09.742182-0/002, Relator (a): Des.(a) Silas Vieira, 1ª CÂMARA CRIMINAL, julgamento em 19/11/2013, publicação da súmula em 29/11/2013)

- "Constitucional. Direitos políticos. Suspensão em decorrência de condenação criminal transitada em julgado. Art. 15, III, da Constituição Federal. Consequência que independe da natureza da sanção. Recurso improvido. I – A substituição da pena privativa de liberdade por restritiva de direitos não impede a suspensão dos direitos políticos. II – No julgamento do RE 179.502/SP, Rel. Min. Moreira Alves, firmou-se o entendimento no sentido de que não é o recolhimento do condenado à prisão que justifica a suspensão de seus direitos políticos, mas o juízo de reprovabilidade expresso na condenação. III – Agravo regimental improvido". (STF - RE 577012 AgR, Relator(a): Min. RICARDO LEWANDOWSKI, Primeira Turma, julgado em 09/11/2010, DJe-056 DIVULG 24-03-2011 PUBLIC 25-03-2011 EMENT VOL-02489-02 PP-00415 REVJMG v. 61, n. 195, 2010, p. 356-358)
- "Conforme exata redação do art. 15, III, da Constituição da República, a suspensão dos direitos políticos ocorre em caso de condenação criminal transitada em julgado, durante o tempo em que durarem seus efeitos, independentemente da forma de execução imposta pela reprimenda estatal". (TJMG - Apelação Criminal 1.0287.15.000234-6/001, Relator(a): Des.(a) Wanderley Paiva, 1ª CÂMARA CRIMINAL, julgamento em 12/09/2017, publicação da súmula em 18/09/2017)
- "Conforme disposto no art. 15, inc. III, da Constituição Federal, qualquer condenação criminal, com trânsito em julgado, independente da espécie de pena aplicada, seja privativa de liberdade ou restritivas de direitos, suspende os direitos políticos, sendo tal norma constitucional auto-executável, ou seja, produz a plenitude dos seus efeitos, independentemente de complementação por norma infraconstitucional, revestindo-se de todos os elementos necessários à sua executoriedade, o que permite a sua aplicação de maneira direta, imediata e integral". (TJMG - Apelação Criminal 1.0024.15.195625-7/001, Relator(a): Des.(a) Rubens Gabriel Soares, 6ª CÂMARA CRIMINAL, julgamento em 19/09/2017, publicação da súmula em 29/09/2017)
- "Suspensão dos direitos políticos, efeito da condenação criminal. Recurso parcialmente provido. - Nos termos do art. 15, III, da Constituição Federal, a suspensão dos direitos políticos é consequência automática da sentença condenatória, seja privativa de liberdade ou restritiva de direitos. (Apelação Criminal nº 1.0183.08.142552-6/001, Relator (a) para o acórdão Des. Jaubert Carneiro Jaques, j. 12/06/2012).
- A suspensão dos direitos políticos do agente é consequência secundária da condenação criminal transitada em julgado nos termos do artigo 15 inciso III da Constituição Federal. Recurso desprovido." (TJMG - Apelação Criminal 1.0024.12.346019-8/001, Relator (a): Des.(a) Pedro Vergara, 5ª CÂMARA CRIMINAL, julgamento em 03/12/2013, publicação da súmula em 06/12/2013).

24. AFASTAMENTO CAUTELAR DO AGENTE PÚBLICO

O parágrafo único do art. 20 desta norma autoriza o afastamento liminar a ser decretado pela autoridade judicial ou administrativa, do agente público do exercício do cargo, emprego ou função, tanto no período inquisitorial quanto no percurso da tramitação judicial, se houver fundadas razões que justifiquem a prevenir atos atentatórios contra a lisura, idoneidade e normalidade da instrução processual.

Trata-se de procedimento genuinamente cautelar quando demonstrada, de alguma forma, a participação direta ou indireta do agente visando influenciar, interferir, deturpar ou dificultar a produção do conjunto probatório em função da sua atividade funcional.

É uma medida legal para coibir que o agente, no exercício do seu cargo, função ou emprego, disponha de meios políticos ou administrativos para atemorizar, inibir ou ameaçar as testemunhas, principalmente, se estas são hierárquica e funcionalmente subordinadas ao investigado, bem como, evitar a destruição ou ocultação de documentos necessários ao esclarecimento dos fatos apurados.

Vislumbra-se, assim, que o afastamento proclamado colima assegurar a integridade da prova processual contra a ação do agente público sob investigação, que pode fazer desaparecer provas das irregularidades e dos ilícitos, apagando vestígios, subornando, aliciando ou ameaçando testemunhas.

Entrementes, é imprescindível para a eficácia dessa decisão uma expletiva motivação, conquanto a presunção de inocência é a regra no Estado democrático de direito, e a restrição ao exercício de trabalhar é a exceção, que deve ser excepcionalíssima. Aliás, ninguém é culpado enquanto não operar coisa julgada a decisão condenatória.

Alude enaltecer que a lei define as hipóteses para essa exceção, e a Constituição Federal nega validade ao juiz decidir sem fundamentação consubstanciada. O pressuposto de toda decisão é a motivação; logo não pode haver fundamentação sem motivação. Ambas só poderão servir gerando no *decisum* a eficácia pretendida pelo julgador se mescladas com suficientes razões fáticas e concretas; não há espaços para conjecturas, exercício de hipóteses ou palpites; os fatos devem guardar a essência da concretude circunstancial.

Isso porque é cogente, havendo indícios suficientes, sérios, para que se possa escudar o afastamento do agente público sob investigação, visto que, sendo vagos e frágeis os indícios, não há respaldo legal. Os indícios dos riscos de afetação à instrução processual não se confundem com a mera presunção ou suposições, porquanto os indícios são sensíveis, reais, ao passo que a conjectura ou ilações, na maioria das vezes, centra-se em propagação virtual ou de possíveis intuições ou pressentimentos não comprovados. O indício, bem ao contrário, deve ser necessariamente demonstrado.

Dois outros aspectos merecem um enfoque pontual. Primeiro, que o afastamento cautelar não resulta na suspensão ou diminuição da remuneração do agente público, a perdurar enquanto houver tramitação na instrução processual. Segundo, como direito é lógica e bom senso, se a medida de exceção almeja proteger a etapa instrutória, a sua conclusão cessa a motivação preconizada pela norma autorizativa do afastamento do agente público.

Ora, se o afastamento é para evitar alguma ingerência nas investigações, encerrada a instrução processual, desaparece a razão daquele. O provimento cautelar de afastamento não pode se protrair no tempo, nem a instrução se alongar em demasia ou se perpetuar.

Com efeito, concluída a fase instrutória do processo deve ser suspensa a medida cautelar com o retorno do agente ao cargo ou função pública que exercia ao tempo do seu afastamento.

No que se refere à abrangência dessa providência cautelar, a mesma alcança todos os agentes detentores de função pública, inclusive os titulares de mandato eletivo majoritário em qualquer nível de esfera da administração pública, desde que emanada de autoridade judicial competente, porque a lei não faz distinção quanto a esse sentido.

- "Improbidade administrativa. Afastamento cautelar do agente público do exercício do cargo. Delegado de Polícia Civil. Medida excepcional. A despeito da gravidade das condutas que foram apuradas pelo Ministério Público, se não há demonstração cabal e concreta de que o agente público está dificultando a instrução processual, não se revela admissível a imposição da medida drástica de afastamento cautelar prevista no parágrafo único do artigo 20 da Lei Federal nº 8.429/1992, a qual, sendo norma restritiva de direito, não admite interpretação ampliativa ou extensiva". (TJMG - Agravo de Instrumento-Cv 1.0556.17.001541-7/001, Relator(a): Des.(a) Moacyr Lobato, 5ª CÂMARA CÍVEL, julgamento em 24/05/2018, publicação da súmula em 28/05/2018)

- "A hipótese de afastamento liminar do agente público é excepcional em nossa legislação, o que se extrai do art. 20 da Lei 8.429/92, que somente autoriza a medida antes do trânsito em julgado com a preservação dos vencimentos e quando for necessária à instrução processual, ou seja, quando haja indícios de que a manutenção do servidor no cargo poderá influenciar a ocultação de provas ou intimidação de testemunhas. Inexistência de elemento a sinalizar que a manutenção do primeiro réu no cargo, ou eventual posse do segundo réu em outro cargo público, acarretaria prejuízos à instrução do processo". (TJMG - Agravo de Instrumento-Cv 1.0443.16.002318-2/001, Relator(a): Des.(a) Áurea Brasil, 5ª CÂMARA CÍVEL, julgamento em 22/06/2017, publicação da súmula em 04/07/2017)

- "O afastamento liminar do agente público é excepcional em nossa legislação, o que se extrai do art. 20 da Lei 8.429/92, que somente autoriza a medida antes do trânsito em julgado com a preservação dos vencimentos e quando for necessária à instrução processual, ou seja, quando houver indícios de que a manutenção do servidor no cargo poderá influenciar a ocultação de provas ou intimidação de testemunhas. Inexistência de indícios - e mesmo alegações concretas - de que a manutenção dos réus nos cargos acarretaria prejuízos à instrução do processo. Hipótese na qual os réus permaneceram no cargo durante toda a instrução do processo administrativo, sem que tenha ocorrido qualquer ato tendente ou prejudicial à colheita das provas. Preliminar rejeitada. Recurso provido". (TJMG - Agravo de Instrumento-Cv 1.0363.17.001750-5/001, Relator(a): Des.(a) Áurea Brasil, 5ª CÂMARA CÍVEL, julgamento em 26/10/0017, publicação da súmula em 07/11/2017)

- "O afastamento do agente público do cargo somente será admitido para garantir a instrução processual em razão de a parte causar empecilhos ao regular andamento do feito. Para o deferimento da medida cautelar do afastamento dos recorrentes dos cargos públicos que ocupam na Administração Pública Municipal, mister a presença do *periculum in mora* e *fumus boni iuris*. Demonstrada a gravidade dos fatos narrados que recaem na fraude de procedimento licitatório e dispensa indevida de licitação, bem como em razão dos valores financeiros envolvidos provenientes de inscrição de várias pessoas interessadas no preenchimento de cargos públicos, é prudente a manutenção da decisão hostilizada. O afastamento visa coibir a prática de condutas danosas para a apuração da verdade, já que o cargo de destaque que ocupam na Administração Pública Municipal pode de certa forma, intimidar as testemunhas, bem como há risco de ocultação de provas, já que eles têm amplo acesso à documentação referente à dispensa de licitação em análise. O prazo do afastamento dos agentes públicos de suas funções pode ser indeterminado, visto que não há delimitação no artigo 20, parágrafo único da Lei nº. 8.429/92. (TJMG - Agravo de Instrumento-Cv 1.0713.16.008046-9/004, Relator(a): Des.(a) Ângela de Lourdes Rodrigues, 8ª CÂMARA CÍVEL, julgamento em 17/08/2017, publicação da súmula em 11/09/2017)

- "... não havendo indícios de obstrução à instrução processual, não há que se falar em afastamento das funções, diante do caráter excepcional dessa medida". (TJMG - Agravo de Instrumento-Cv 1.0045.15.004868-9/003, Relator(a): Des.(a) Hilda Teixeira da Costa, 2ª CÂMARA CÍVEL, julgamento em 12/07/2017, publicação da súmula em 21/07/2017)
- "Nos termos do parágrafo único do art. 20 da Lei nº 8.429/92, a autoridade judicial poderá determinar o afastamento do agente público do exercício do cargo, emprego ou função quando a medida se fizer necessária à instrução processual. Ausentes a indispensabilidade e o periculum in mora necessários para a concessão da medida cautelar em razão da inexistência indícios de que a recorrente tenha cometido qualquer ato para tumultuar e prejudicar a instrução da ação principal e tampouco tenha cometido atos semelhantes nos anos seguintes ao de 2011, a decisão que determinou o afastamento dos exercícios de suas atividades médicas deve ser reformada". (TJMG - Agravo de Instrumento-Cv 1.0607.16.003275-3/001, Relator(a): Des.(a) Alberto Vilas Boas, 1ª CÂMARA CÍVEL, julgamento em 04/04/2017, publicação da súmula em 11/04/2017)
- "O artigo 20, da Lei 8.429/92 que a autoridade judicial ou administrativa competente poderá determinar o afastamento do agente público do exercício do cargo, emprego ou função, sem prejuízo de sua remuneração, quando se fizer necessário à instrução do processo. No caso, a medida foi necessária para impedir que o apelante continuasse a destruir e ocultar documentos pertencentes à referida prefeitura". (TRF1 - AC 0000922-54.2011.4.01.3310 / BA, Rel. DESEMBARGADOR FEDERAL MÁRIO CÉSAR RIBEIRO, Rel.Conv. JUÍZA FEDERAL ROGÉRIA MARIA CASTRO DEBELLI (CONV.), TERCEIRA TURMA, e-DJF1 de 22/09/2017)
- "Caberá o afastamento do agente público do exercício do cargo, sem prejuízo de sua remuneração, sempre que necessário à instrução processual. Presentes indícios de que o agente poderá interferir na instrução processual, notadamente porque exerce seu cargo em contato direto com os detentos, dentro do presídio, não há como revogar medida que determinou seu afastamento". (TJMG - Agravo de Instrumento-Cv 1.0000.16.042968-4/011, Relator(a): Des.(a) Dárcio Lopardi Mendes, 4ª CÂMARA CÍVEL, julgamento em 24/11/2016, publicação da súmula em 25/11/2016)
- "O afastamento cautelar de agente público para o exercício de cargo, emprego ou função pública, na disciplina do art. 20, parágrafo único, da Lei nº 8.429/92, é medida excepcional e tem como escopo a garantia da instrução processual da ação civil pública por improbidade administrativa. Hipótese em que não demonstrados elementos concretos a evidenciar que a permanência do agravado nas funções públicas de Vereador implica risco efetivo à instrução processual. Precedentes jurisprudenciais do STJ e desta Corte. Manutenção do indeferimento da medida requerida em primeira instância. AGRAVO DE INSTRUMENTO DESPROVIDO. (Agravo de Instrumento Nº 70068012384, Quarta Câmara Cível, Tribunal de Justiça do RS, Relator: Antônio Vinícius Amaro da Silveira, Julgado em 25/05/2016)
- "Segundo jurisprudência desta Corte, o afastamento de prefeito do cargo, com fundamento no art. 2º, II, do DL 201/1967 deve respeitar o princípio da contemporaneidade, exigindo, para o seu deferimento, fundamentação lastreada em dados objetivos e concretos que demonstrem o perigo atual que a permanência no cargo pode acarretar para o município, o que não ocorreu no caso concreto. Habeas Corpus não conhecido. Ordem parcialmente concedida, de ofício, para suspender os efeitos da decisão proferida nos autos da Medida Cautelar 0003009-54.2015.815.0000, apenas em relação aos aspectos do afastamento da paciente do cargo de

Prefeita do Município de Monte Horebe/PB". (STJ - HC 331.986/PB, Rel. Ministro REYNALDO SOARES DA FONSECA, QUINTA TURMA, julgado em 16/06/2016, DJe 23/06/2016)

- "A espécie comporta aludida exceção, pois a jurisprudência deste Superior Tribunal é taxativa no sentido de admitir o afastamento cautelar do agente público somente quando este, no exercício de suas funções, puser em risco a instrução processual, não sendo lícito invocar a relevância ou posição do cargo para a imposição da medida. Na espécie, a instrução processual já se encontra encerrada, não subsistindo razão para se cogitar de afastamento cautelar, nem tal providência está contida no rol das penas pelo cometimento de ato de improbidade (art. 12 da LIA). Encontra-se, desse modo, presente a fumaça do bom direito." (STJ – AgRg na MC 23.380/MT, Rel. Ministro OG FERNANDES, SEGUNDA TURMA, julgado em 20/11/2014, DJe 05/12/2014)
- "A diretriz estabelecida pelo artigo 20, parágrafo único, da Lei nº 8.429/92, que prevê o afastamento cautelar de agente público durante a apuração de ato de improbidade administrativa, somente é cabível se presente o respectivo pressuposto, qual seja, a existência de risco à instrução processual. No entanto, tal medida, por ser de caráter excepcional, não pode ser determinada sem o estabelecimento de marco temporal final, perdurando indefinidamente, como no caso em apreço, sob pena de configurar a aplicação antecipada de reprimenda." (TJGO, AGRAVO DE INSTRUMENTO 185053-43.2014.8.09.0000, Rel. DES. AMELIA MARTINS DE ARAUJO, 1A CAMARA CIVEL, julgado em 04/08/2015, DJe 1847 de 13/08/2015)
- "A medida de afastamento de servidores do cargo é excepcional e só se revela necessária se comprovada conduta que dificulte a instrução processual". (TJMG - Agravo de Instrumento-Cv 1.0555.14.000724-9/002, Relator(a): Des.(a) Jair Varão, 3ª CÂMARA CÍVEL, julgamento em 30/10/2014, publicação da súmula em 12/11/2014)
- "Torna-se necessário o afastamento do servidor do cargo que ocupa, quando a permanência no mesmo possa frustrar a instrução processual na ação civil de improbidade administrativa. 2. Agravo não provido". (TRF – AG 0016833-45.2011.4.01.0000/MG – 1ª Região – 3ª Turma – Rel. Des. Fed. Tourinho Neto – e-DJF1, p. 176 de 24.06.2011)
- "A norma do art. 20, parágrafo único, da Lei 8.429, de 1992, que prevê o afastamento cautelar do agente público durante a apuração dos atos de improbidade administrativa, só pode ser aplicada em situação excepcional, como a dos autos. Hipótese em que a medida está fundada na existência de indícios de manipulação dos documentos públicos relativos às irregularidades apuradas, bem como na influência do requerente na produção da prova testemunhal, o que evidencia risco efetivo à instrução processual. Agravo regimental não provido". (STJ – AgRg. na SLS 1.382/CE – Rel. Min. Ari Pargendler – Corte Especial – j. em 01.06.2011 – DJe 23.09.2011)
- "Segundo o art. 20, caput, da Lei 8.429/92, a perda da função pública e a suspensão dos direitos políticos, como sanção por improbidade administrativa, só se efetivam com o trânsito em julgado da sentença condenatória. Assim, o afastamento cautelar do agente de seu cargo, previsto no parágrafo único, somente se legitima como medida excepcional, quando for manifesta sua indispensabilidade. A observância dessas exigências se mostra ainda mais pertinente em casos de mandato eletivo, cuja suspensão, considerada a temporariedade do cargo e a natural demora na instrução de ações de improbidade, pode, na prática, acarretar a própria perda definitiva. A situação de excepcionalidade não se configura sem a demonstração de um comportamento do agente público que importe efetiva ameaça à instrução do processo. Não basta, para tal, a mera cogitação teórica da possibilidade da sua ocorrência. 3. Recurso especial de fls. 538-548 parcialmente conhecido, e, nesta parte, provido. Recurso Especial de fls. 445-474 provido". (STJ – REsp. 993065 / ES – 1ª Turma – DJe 12.03.2008 – Rel. Min. Teori Albino Zavascki)
- "Pretensão de efetivação das penalidades. Ausência de trânsito em julgado da sentença. Impossibilidade. Inteligência do art. 20 da Lei 8.429/92. – Se há recurso pendente, ainda que não

dotado de efeito suspensivo, contra sentença condenatória, proferida em Ação Civil Pública, que impôs ao réu a perda da função pública e a suspensão de direitos políticos, não há como efetivar referidas penalidades, diante da ausência de trânsito em julgado, exigida pelo art. 20, da Lei 8.429/92". (TJMG – Processo 0077399-38.2002.8.13.0054 – DJ 05.12.2008 – Rel. Des. Eduardo Andrade)

25. INDEPENDÊNCIA DA APLICAÇÃO DAS SANÇÕES

Art. 21. A aplicação das sanções previstas nesta lei independe:

I - da efetiva ocorrência de dano ao patrimônio público, salvo quanto à pena de ressarcimento;

II - da aprovação ou rejeição das contas pelo órgão de controle interno ou pelo Tribunal ou Conselho de Contas.

25.1. Sanção que independe de dano

A presente normatização contém carga aplicativa mesmo que não haja dano ao patrimônio público para a configuração da conduta típica de improbidade administrativa, porquanto não é pressuposto necessário à ocorrência de lesividade para que se caracterizem situações que autorizem a aplicação desta norma.

O ato ilícito no âmbito da administração pública não está condicionado à existência simultânea de perda de bens ou subtração do patrimônio público.

Essa distinção se faz apropriada porque a violação dos princípios norteadores da administração pública contidos no art. 37 da Constituição Federal da legalidade, impessoalidade, moralidade, publicidade e eficiência, pode ocorrer sem que haja afetação a integridade do patrimônio público.

A presente Lei no seu art. 11 estabelece aquelas situações que atentam contra os princípios da administração pública, assim como o disposto no seu art. 9º quando descreve os atos que configuram enriquecimento ilícito.

Nessas circunstâncias, para configuração do ato de improbidade administrativa independem que venha acompanhados de prejuízo ao erário.

Essa normatividade de admissão da aplicabilidade das sanções previstas nos aludidos dispositivos especificados preconiza a primazia do legislador pelos valores da ética, da moralidade pública e da legalidade, visando prestigiar os regramentos de comportamento de decência no trato da coisa pública, de modo que a violação ideológica das normas ou princípios é suficiente para fazer incidir as sanções preceituadas neste diploma legal, mesmo que o agente não tenha ocasionado dano material ao patrimônio público, mas por afetação ao seu conjunto normativo.

Vale assinalar que os princípios conduzem intenso grau de imperatividade à conformação das condutas a seus regramentos, impondo assim o seu caráter normativo, sendo forçosa a observância dos princípios, pois qualquer ato ou conduta que deles se afaste ou se desvie, importará na sua invalidação.

Com efeito, as condutas dos agentes públicos que se transmudem em desvio de finalidade, vício de forma, ilegalidade do objeto, abuso ou excesso de poder, resultarão caracterizados em ato de improbidade administrativa. Não há necessidade de que tenha havido afetação ao erário. Esse não é elemento integrante para a configuração da conduta repugnada, nem a ausência de prejuízo material é causa excludente da culpabilidade.

Aqui a norma é de natureza formal, conquanto independe de resultado material.

Quando a nova redação excluiu a pena de ressarcimento ao estabelecer que este é elemento constitutivo do tipo previsto pelo art. 10 necessário à caracterização das condutas definidas por este, impondo de forma determinante à sua aplicação.

Anote-se, por último, que a pena de ressarcimento é imprescritível conforme estabelece o § 5º do art. 37 da Constituição Federal ao excluir a prescrição para as ações de ressarcimento decorrente da prática de ilícitos que causem prejuízos ao erário.

- "Cabe esclarecer, quanto ao artigo 11 da Lei 8.429/1992, que a jurisprudência do STJ, com relação ao resultado do ato, firmou-se no sentido de que configura ato de improbidade a lesão a princípios administrativos, o que, em regra, independe da ocorrência de dano ou lesão ao Erário. Nesse sentido: REsp 1.320.315/DF, Rel. Ministra Eliana Calmon, Segunda Turma, DJe 20.11.2013; AgRg no REsp 1.500.812/SE, Rel. Ministro Mauro Campbell Marques, Segunda Turma, DJe 28/5/2015; REsp 1.275.469/SP, Rel. Ministro Napoleão Nunes Maia Filho, Rel. p/ Acórdão Ministro Sérgio Kukina, Primeira Turma, DJe 9/3/2015, e AgRg no REsp 1.508.206/PR, Rel. Ministro Herman Benjamin, Segunda Turma, DJe 5/8/2015". (STJ - REsp 1659553/RJ, Rel. Ministro HERMAN BENJAMIN, SEGUNDA TURMA, julgado em 20/06/2017, DJe 30/06/2017)

- "... quanto ao artigo 11 da Lei 8.429/1992, a jurisprudência do STJ, com relação ao resultado do ato, firmou-se no sentido de que se configura ato de improbidade a lesão a princípios administrativos, o que, em regra, independe da ocorrência de enriquecimento ilícito ou de dano ao Erário. Nesse sentido: REsp 1.320.315/DF, Rel. Ministra Eliana Calmon, Segunda Turma, DJe 20.11.2013, AgRg no REsp 1.500.812/SE, Rel. Ministro Mauro Campbell Marques, Segunda Turma, DJe 28.5.2015, REsp 1.275.469/SP, Rel. Ministro Napoleão Nunes Maia Filho, Rel. p/ Acórdão Ministro Sérgio Kukina, Primeira Turma, DJe 9/3/2015, e AgRg no REsp 1.508.206/PR, Rel. Ministro Herman Benjamin, Segunda Turma, DJe 5.8.2015. CONCLUSÃO: Verificada a ofensa aos princípios administrativos, em especial o dever de honestidade e legalidade, configurado está o ato ímprobo do art. 11 da Lei 8.429/1992. Recurso Especial provido". (STJ - REsp 1658192/RJ, Rel. Ministro HERMAN BENJAMIN, SEGUNDA TURMA, julgado em 06/06/2017, DJe 30/06/2017)

- "A Constituição da República, no artigo 37, resguarda os princípios norteadores da Administração Pública, os quais devem ser observados em toda e qualquer conduta administrativa. A orientação doutrinária e jurisprudencial de vanguarda, quanto ao resultado do ato, firmou-se no sentido de que se configura ato de improbidade a lesão a princípios administrativos, o que, em princípio, independe da ocorrência de dano ou lesão ao erário público. A improbidade é um mal que deve ser combatido desde o ato mais singelo, sendo imperiosa a punição dos pequenos deslizes para o fim de evitar deslizes mais gravosos". (TJMG - Embargos Infringentes

1.0480.09.127803-0/003, Relator(a): Des.(a) Washington Ferreira, 1ª CÂMARA CÍVEL, julgamento em 29/03/2016, publicação da súmula em 06/04/2016)

- "A jurisprudência desta Corte firmou-se no sentido de que o ato de improbidade por lesão aos princípios administrativos (art. 11 da Lei 8.249/92), independe de dano ou lesão material ao erário. 2. Não caracterização do ato de improbidade tipificado no art. 11 da Lei 8.429/92, exige-se o dolo lato sensu ou genérico. A utilização de símbolos e slogans da campanha eleitoral do recorrente, então prefeito, em substituição ao brasão oficial do ente público municipal encerra grave ofensa aos princípios da Administração Pública e, nessa medida, configura ato de improbidade administrativa, nos moldes preconizados pelo art. 11 da Lei 8.429/92. 4. Recurso especial não provido". (STJ – REsp. 1182968/RJ – 2ª Turma – Relª. Minª. Eliana Calmon – j. em 19.08.2010 – DJe 30.08.2010)

- "Lesão à moralidade administrativa que prescinde da efetiva lesão ao erário. Lei 8.429/92. Violação dos deveres de moralidade e impessoalidade. Contratação mediante carta-convite pelo município de empresas as quais faziam parte o vice-prefeito e o irmão do prefeito, pessoas impedidas de licitar. Sanções político-administrativas compatíveis com a infração. Princípio da razoabilidade. 1. A ação de improbidade administrativa. Explicitação do cânone do art. 37, § 4º, da Constituição Federal. A Ação de improbidade tem como escopo impor sanções aos agentes públicos que pratiquem atos de improbidade nos casos em que: a) importem em enriquecimento ilícito (art. 9º); b) que causem prejuízo ao erário público (art. 10); c) que atentem contra os princípios da administração pública (art. 11), aqui também compreendida a lesão à moralidade administrativa. (...) 3. A ausência de dano ao erário público não obsta a aplicação das sanções previstas na Lei 8.429/92. Inteligência do art. 21. O enriquecimento ilícito a que se refere a Lei é a obtenção de vantagem econômica através da atividade administrativa antijurídica. O enriquecimento previsto na Lei 8.429/92 não pressupõe lucro ou vantagem senão apropriação de qualquer coisa, ainda que proporcional ao trabalho desenvolvido, mas viciado na sua origem. O fruto do trabalho, como de sabença, nem sempre é lícito, gerando o enriquecimento ilícito à luz da mens legis. Deveras, a transgressão à moralidade administrativa in casu restou patente porquanto, tanto quanto se pode avaliar na estreita esteira de cognição do E. STJ, a participação na licitação de pessoas impedidas de fazê-lo é o quanto basta para incidir a regra do art. 11 da Lei. Outrossim, a adequação da conduta ao cânone legal, impede o arbítrio judicial que exsurgiria acaso a imputação derivasse do conceito subjetivo de moralidade plasmado pelo Poder Judiciário. *In casu,* uma conduta objetiva e incontroversa dos réus frustrou a licitude da concorrência com a participação das pessoas impedidas encerrando ato ímprobo *in re ipsa*". (STJ – REsp. 439280 / RS – Rel. Min. Luiz Fux – 1ª Turma – DJ 16.06.2003 p. 265)

- "Sanções. Art. 21 da LIA. Incidência. Independentemente de dano efetivo. Aplicação. A aplicação das sanções, nos termos do art. 21, da Lei de Improbidade, independem da efetiva ocorrência de dano ao patrimônio público, o que autoriza a aplicação da norma sancionadora prevista nas hipóteses de efetiva lesão à moralidade administrativa. À luz dos princípios da razoabilidade e da proporcionalidade, impõe-se a mitigação do preceito que preconiza a prescindibilidade da ocorrência do dano efetivo ao erário para se infligir a sanção de ressarcimento: a hipótese prevista no inc. I do art. 21, que dispensa a ocorrência de dano para aplicação das sanções da lei, merece meditação mais cautelosa. Seria inconcebível punir-se uma pessoa se de seu ato não resultasse qualquer tipo de dano. Tem-se que entender que o dispositivo, ao dispensar o "dano ao patrimônio público" utilizou a expressão patrimônio público em seu sentido restrito de patrimônio econômico. Note-se que a lei de ação popular (Lei 4.717/65) define patrimônio público como "os bens e direitos de valor econômico, artístico, estético, histórico ou turístico" (art. 1º, § 1º), para deixar claro que, por meio dessa ação, é possível proteger o patrimônio público nesse sentido mais amplo. O mesmo ocorre, evidentemente, com a ação de improbidade administrativa, que protege o patrimônio público nesse mesmo sentido amplo. (Maria

Sylvia Zanella Di Pietro In Direito Administrativo, 13. ed. p. 674, *in fine*)". (STJ – REsp. 713537 / GO – 1ª Turma – DJ 22.11.2007 p. 188 – Rel. Min. Luiz Fux)

- "Pedido de ressarcimento. Imprescritibilidade. Inteligência do art. 37, § 5º, da Constituição Federal. O pedido de reparação ao Município de Nova Serrana, decorrente dos supostos danos causados pela inclusão nos cadastros do SIAFI, não foi atingido pela prescrição, uma vez que, nos termos do art. 37, § 5º da Constituição Federal, trata-se de pleito imprescritível. A Constituição impõe uma interpretação restritiva do art. 23, I, da Lei 8.429/92, que considere que dentre as sanções a que o dispositivo se refere não se inclui o dever de ressarcimento, uma vez que este tem natureza indenizatória, e não punitiva. Não se aplica o art. 515, §§ 1º e 3º, do Código de Processo Civil, quando o processo não estiver suficientemente instruído, com condições de imediato julgamento". (TJMG – Ap. Cív. 1.0452.02.006409-6 – Relª. Desª. Maria Elza – 5ª Câmara Cível – DJ 20.04.2005)
- "Moralidade pública. Lesividade. Prescindibilidade. O ato de improbidade administrativa, na modalidade de conduta que atenta contra os princípios da administração pública, não exige lesividade concreta ao erário e nem enriquecimento dos beneficiários (Lei 8.429/92, art. 11). Refere-se a lei apenas imoralidade, desonestidade e deslealdade da ação ou omissão do agente. Provado que exigia, mensalmente, repasse de parte dos vencimentos de seu assessor para cumprimento das promessas de campanha, está configurado o ato de improbidade administrativa previsto no art. 11 da Lei 8.429/92. Recurso desprovido". (TJRS – AC 70010205433 – 21ª CC – j. em 22.12.2004 – Relª. Desª. Liselena Schifino Robles Ribeiro)

25.2. Desvinculação das decisões do Tribunal de Contas

O inc. II deste dispositivo legal, ao preceituar que a aplicabilidade desta lei independe "*da aprovação ou rejeição das contas pelo órgão de controle interno ou pelo Tribunal ou Conselho de Contas*", está evidenciando a supremacia do poder decisório das manifestações judiciosas acima do provimento de natureza administrativa daqueles órgãos que proferiram a aprovação ou rejeição das contas de agentes públicos.

É importante assinalar que o Tribunal de Contas é um órgão administrativo que não é dotado de poder jurisdicional, não dispondo desta forma de competência para, através de um exame contábil-financeiro, se sobrepor ou criar empeços ao exame e decisões judiciais na aplicação desta Lei.

É relevante anotar que aprovação ou rejeição de contas se refere às que são submetidas anualmente a julgamento pela Corte de Contas, sob a forma de tomada ou prestação de contas, onde são examinadas questões macros da gestão pública, tais como a observância da vinculação dos limites constitucionais com gastos na área da saúde e educação; exatidão da execução orçamentária; respeito aos patamares definidos pela Lei de Responsabilidade Fiscal, enfim, questões gerais da administração pública em cada exercício, de modo que o texto legal, ao estabelecer a desvinculação mencionada, afasta essa aprovação ou rejeição com fundo nas contas anuais que versam sobre aspectos gerais do orçamento público e das leis relacionadas a sua execução.

Essa desvinculação confere aos órgãos do Poder Judiciário o dever de julgarem e decidirem as causas e controvérsias fundadas na Lei de Improbidade Administrativa centrada nos seus conceitos, tipificações e descrições das condutas nelas inferidas, a defesa da probidade e a proteção do patrimônio da administração pública.

A análise reservada aos magistrados que redunde no enquadramento dos fatos e atos representados para a aplicação da aludida norma de regência, sem a influência positiva ou negativa das decisões proferidas pelos Tribunais de Contas quando da análise das contas anuais dos gestores públicos, é de natureza jurídica.

Diferentemente, é o resultado obtido pelas auditorias dos Tribunais de Contas, de forma isolada e pontual, nas questões relativas às fiscalizações dos atos de provimento de pessoal, originários ou derivados, preceituados pelo art. 71 da Constituição da República que centralizou naqueles todo registro relativo a pessoal, desde a admissão até a aposentadoria, reforma e pensão. Do mesmo modo são as fiscalizações de atos, contratos e convênios realizadas pelas inspeções dos Tribunais de Contas, que resultem na demonstração da ocorrência de desfalque ou desvio de dinheiro, bens ou valores públicos, ou, ainda, da prática de qualquer ato ilegal, ilegítimo ou antieconômico de que resulte dano ao erário.

Estes são elementos informativos de relevo para dar sustentação a qualquer decisão judicial, quando objetivar a aplicação da Lei de Improbidade Administrativa, conquanto não se trata de aprovação ou rejeição de contas, mas de análise de auditoria com formatação científica da técnica contábil, financeira, operacional e patrimonial que resulta em conta de resultado material.

Com efeito, as decisões dos Tribunais de Contas oriundas desses exames específicos de atos administrativos ou de despesas públicas, contêm valor probante a ser sopesado pelo magistrado no seu livre convencimento na aplicação desta norma de regência.

- "A Lei n. 8.429/92 expressamente ressalva em seu artigo 21, inciso II, que a aplicação das sanções por improbidade administrativa independe da aprovação ou rejeição das contas pelo órgão de controle interno ou pelo Tribunal ou Conselho de Contas, não restando, portanto, configurada a litispendência. Configura ato de improbidade administrativa a inexecução parcial de projeto cultural efetuado com recursos públicos, com a entrega tardia do produto contratado em quantidade inferior à devida e com diversas irregularidades na prestação de contas que indicam a malversação dos recursos públicos (arts. 9º, XI; 10, caput; e 11, caput, e inciso VI, todos da lei n. 8.429/92),, cumprindo a condenação do responsável nas sanções estabelecidas no art. 12, da LIA, de acordo a gravidade/reprovabilidade da conduta". (TJMG - Apelação Cível 1.0702.11.072629-7/001, Relator(a): Des.(a) Armando Freire, 1ª CÂMARA CÍVEL, julgamento em 20/06/2017, publicação da súmula em 27/06/2017)
- "A decisão proferida pelo Tribunal de Contas de aprovação ou reprovação das contas apresentadas por gestor público é de ordem administrativa e não vincula a decisão judicial". (TJMG - Apelação Cível 1.0607.09.047926-4/001, Relator(a): Des.(a) Ana Paula Caixeta, 4ª CÂMARA CÍVEL, julgamento em 28/01/2016, publicação da súmula em 04/02/2016)
- "O Controle exercido pelo Tribunal de Contas, não é jurisdicional, por isso que não há qualquer vinculação da decisão proferida pelo órgão de controle e a possibilidade de ser o ato impugnado em sede de ação de improbidade administrativa, sujeita ao controle do Poder Judiciário, consoante expressa previsão do art. 21, inc. II, da Lei nº 8.429/92. Precedentes: REsp 285305/DF, Primeira Turma, julgado em 20/11/2007, DJ 13/12/2007 p. 323; REsp 880662/MG, Segunda Turma, julgado em 15/02/2007, DJ 01/03/2007 p. 255; REsp 1038762/RJ, Segunda

Turma, julgado em 18/08/2009, DJe 31/08/2009. Deveras, a atividade do Tribunal de Contas da União denominada de Controle Externo, que auxilia o Congresso Nacional na fiscalização contábil, financeira, orçamentária, operacional e patrimonial da União e das entidades da administração direta e indireta, quanto à legalidade, legitimidade, economicidade, aplicação das subvenções e renúncia de receitas, é revestida de caráter opinativo, razão pela qual não vincula a atuação do sujeito ativo da ação civil de improbidade administrativa. A doutrina sob esse enfoque preconiza que: Assim, as decisões dos Tribunais de Contas não vinculam a atuação do sujeito ativo da ação civil de improbidade administrativa, posto que são meramente opinativas e limitadas aos aspectos de fiscalização contábil, orçamentária e fiscal. Devem, por isso, ser objeto de análise crítica do Ministério Público e dos demais co-legitimados ativos visando identificar, entre as irregularidades apontadas pelo Tribunal de Contas, se alguma delas realmente configura ato de improbidade administrativa. (Marino Pazzaglini Filho in Lei de Improbidade Administrativa Comentada, 2ª ed., São Paulo: Atlas, 2005, pp. 78/79 e 220/221). (...). (STJ - REsp 1032732/CE, Rel. Ministro LUIZ FUX, PRIMEIRA TURMA, julgado em 19/11/2009, DJe 03/12/2009)

- Decisão do Tribunal de Contas. Aprovação. Julgamento administrativo. Exclusão das decisões judiciais. Impossibilidade. Administrativo. Ação Civil Pública. Indicação de prática de irregularidades administrativas. Aprovação das contas pelo Tribunal de Contas da União. Julgamento de natureza administrativa. Vinculação das decisões judiciais. Exclusão de apreciação pelo poder judiciário. Impossibilidade. Possibilidade do pedido. O fato de o Tribunal de Contas da União ter aprovado as contas dos recorrentes não inibe a atuação do Poder Judiciário, visto que não se trata de rejulgamento pela Justiça Comum, porque o Tribunal de Contas é Órgão Administrativo e não judicante, e sua denominação de Tribunal e a expressão julgar, ambas são equívocas. É o TCU um conselho de contas sem julgá-las, sentenciando a respeito delas. Apura a veracidade delas para dar quitação ao interessado, entendendo-as como prestadas, a promover a condenação criminal e civil dele, em verificando o alcance. Não há julgamento, cuja competência é do Poder Judiciário. "A decisão que aprecia as contas dos administradores de valores públicos faz coisa julgada administrativa no sentido de exaurir as instâncias administrativas, não sendo mais suscetível de revisão naquele âmbito. Não fica, no entanto, excluída de apreciação pelo Poder Judiciário, porquanto nenhuma lesão de direito pode dele ser subtraída". 6. O art. 5º, inc. XXXV da CF/88, dispõe que "a lei não excluirá da apreciação do Poder Judiciário lesão ou ameaça a direito". A apreciação pelo Poder Judiciário de questões que foram objeto de pronunciamento pelo TCU coaduna-se com a garantia constitucional do devido processo legal, porquanto a via judicial é a única capaz de assegurar ao cidadão todas as garantias necessárias a um pronunciamento imparcial. Ao Ministério Público a CF/1988 cometeu, no art. 127, a defesa da ordem jurídica, do regime democrático e dos interesses sociais e individuais indisponíveis. Prevê a Lei Maior como função institucional do Parquet a utilização de ação civil pública para a proteção do patrimônio público. A Lei 8.429/92 atribui-lhe a função de processar o responsável por ato de improbidade administrativa para que lhe sejam aplicadas as sanções civis ali previstas. Diante de ato caracterizado como de improbidade administrativa, inadmissível que o Ministério Público não tome providências, assistindo inerte à aplicação indevida do dinheiro público. A provocação do Judiciário para apuração de irregularidades constatadas é não apenas um poder, mas um dever do Parquet no exercício de suas funções institucionais. A pretensão exposta pelo Ministério Público, na petição inicial, abrange apontamento de fatos que não foram objeto de apreciação pelo Tribunal de Contas. Há necessidade, no amplo campo do devido processo legal, que se apurem os fatos denunciados. O pedido, portanto, não é impossível; há justa causa, em tela, para fazê-lo e os recorrentes são partes legítimas. (STJ – REsp. 472.399/AL – 1ª Turma – DJ 19.12.2002 – p. 00351 – Rel. Min. José Delgado)

- Contas. Aprovação. Tribunal de Contas. Nulidades. Apreciação. Judiciário. A decisão do Tribunal de Contas, de aprovar as contas prestadas por Prefeito, não sana eventuais nulidades de atos administrativos, nem inibe que o Judiciário aprecie ação popular visando a declarar a nulidade. Precedentes. (STJ – REsp. 814.710/MS – 1ª Turma – DJ 01.02.2007, p. 423 – Rel. Min. Teori Albino Zavascki)

- Contrato. Apreciação. Tribunal de Contas. Exame. Judiciário. Dano ao erário. Licitação. Economia mista. Responsabilidade. O fato de o Tribunal de Contas ter apreciado os contratos administrativos não impede o exame dos mesmos em Sede de Ação Civil Pública pelo Poder Judiciário. (STJ – REsp. 403153/SP – 1ª T. – Rel. Min. José Delgado – DJ de 20.10.2003)

- Tribunal de Contas. Parecer. Aprovação. Desinfluente. Aplicação. Pena. Improbidade administrativa. Contudo, a competência constitucional dos Tribunais de Contas, adstrita à apreciação técnico-contábil própria do controle externo de fiscalização financeira e orçamentária, não preexclui o julgamento político parlamentar e muito menos a cognicibilidade jurisdicional da legalidade e lesividade dos atos subjacentes a contas aprovadas. (Obra retro citada) – O fato de as contas do gestor terem sido aprovadas pelo Tribunal ou Conselho de Contas também não elide a aplicação das sanções previstas nesta lei[188]. (TJPB – AC 2001.001845-7 – 1ª CC – Rel. Juiz Convocado Márcio Murilo da Cunha Ramos)

25.3. Distinção entre juízo de fato e juízo de valor

Em memorável dissertação do ilustrado ministro do Superior Tribunal de Justiça Franciulli Neto, quando proferiu seu voto no Recurso Especial 171.219/SC, distinguiu com brilhantismo o que é juízo de fato e juízo de valor, ao prelecionar o seguinte: "*De outra parte, deve ficar registrado que a hipótese vertente não trata apenas de matéria puramente de fato. Em verdade, cuida-se de qualificação jurídica dos fatos, que se não confunde com matéria de fato*".

A distinção entre "juízo de fato" e "juízo de valor"' se mostra intensamente controvertida, principalmente em virtude da sistematização que se pretende imprimir às ciências sociais e, sobretudo, ao direito. O "fato" e o "direito" se revelam qualitativa e materialmente análogos, pois, consoante os ensinamentos de Antônio Castanheira Neves, não tem sentido:

> [...] o querer reduzir a realidade, o mundo real (não apenas "ideia" transcendental) do homem real (não do "sujeito em geral" ou gnoseológico) a "puro facto" ou vê-lo apenas como a matéria de puros juízos-de-facto. O que nela verdadeiramente é dado não são os átomos perceptivos e independentes da determinação abstracta, mas situações, acontecimentos, unitárias realidades de sentido[189].

Embora tradicionalmente se distinga "questão de fato" da questão de saber se "o que aconteceu" (fato) se subsume na norma jurídica (direito), por vezes, uma situação de fato somente pode ser descrita com as expressões da ordem jurídica. Assim, para que se possa perguntar com sentido pela "existência" de um aconte-

188. MASCARENHAS, Paulo. **Improbidade Administrativa e Crime de Responsabilidade de Prefeito**. Editora de Direito, 1999. p. 58-59.

189. **Questão de Facto – Questão de Direito ou o Problema Metodológico da Juridicidade**. Coimbra: Livraria Almedina, 1967. p. 500.

cimento, é preciso que esse acontecimento seja apreciado, interpretado e valorado de forma jurídica[190]:

> Existem hipóteses, portanto, em que a "seleção" da situação de fato atinge uma tal profundidade que, ao final de sua análise, também já se realizou a apreciação jurídica. Nesse contexto, ensina José Carlos Barbosa Moreira, que, quando se passa de semelhante averiguação à qualificação jurídica do fato apurado, mediante o respectivo enquadramento de determinado conceito legal, já se enfrenta questão de direito. Basta ver que, para afirmar ou para negar a ocorrência de tal ou qual figura jurídica, necessariamente se interpreta a lei. Interpretação é o procedimento pelo qual se determinam o sentido e o alcance da regra de direito, a sua compreensão e a sua extensão. Dizer que ela abrange ou não abrange certo acontecimento é, portanto, interpretá-la. Admitir a abrangência quando o fato não se encaixa na moldura conceptual é aplicar erroneamente a norma, como seria aplicá-la erroneamente não admitir a abrangência quando o fato se encaixasse na moldura conceptual. Em ambos os casos, viola-se a lei, tanto ao aplicá-la a hipótese não contida em seu âmbito de incidência, quanto ao deixar de aplicá-la a hipótese nele contida[191].

Assim, no escólio de José Afonso da Silva:

> [...] os erros do juiz podem derivar de uma má interpretação das questões de fato ou da má compreensão de direito. Significa dizer que o juiz, por qualquer circunstância, não compreende o sentido das condutas (fatos) sob seu conhecimento (erro de fato), ou não compreende o sentido dos esquemas genéricos, o Direito escrito, invocados, no processo, e que orientam aquelas condutas, e lhe servem de guia na interpretação das várias intencionalidades objetos do seu juízo (erro de direito)[192].

Dessa forma, uma vez que a errônea interpretação ou capitulação dos fatos penetra na órbita da qualificação jurídica dos fatos, conforme a assertiva de Gabriel Marty de "*que tout problème de qualification est question de droit*"[193].

Como conclui José Miguel García Medina, depois de examinar no corpo de sua monografia de modo percuciente a matéria, "*excluem-se das questões de fato a qualificação jurídica dos fatos, pois quando se qualifica erroneamente um fato há, em consequência, aplicação incorreta da lei*"[194].

- "Provas colhidas durante o inquérito policial e judicialmente. Testemunhas indiretas. Validade. Estando a condenação amparada em outras provas, além das colhidas na fase inquisitorial, não há falar em violação do artigo 155 do Código de Processo Penal. "A legislação em vigor

190. cf. Larenz, Karl. **Metodologia da Ciência do Direito**. 2. ed. Fundação Calouste Gulbenkian. p. 295-296.
191. **Temas de Direito Processual – Segunda Série**. São Paulo: Saraiva, 1980. p. 235.
192. **Do Recurso Extraordinário no Direito Processual Brasileiro**. São Paulo: RT, p. 131.
193. **La distinction du fait et du droit**. Paris: Recueil Sirey, 1929. p. 204-205.
194. cf. **O Prequestionamento nos Recursos Extraordinário e Especial**. 2. ed. São Paulo: RT. item 37. p. 306.

admite como prova tanto a testemunha que narra o que presenciou, como aquela que ouviu. A valoração a ser dada a essa prova é critério judicial, motivo pelo qual não há qualquer ilegalidade na prova testemunhal indireta." (HC 265.842/MG, Rel. Ministro ROGERIO SCHIETTI CRUZ, Rel. p/ Acórdão Ministro NEFI CORDEIRO, SEXTA TURMA, julgado em 16/08/2016, DJe 01/09/2016). A prova testemunhal, mesmo que indireta (ouviu da vítima o relato), produzida em juízo, mediante o contraditório e a ampla defesa, que, de maneira coerente e harmônica, ratifica o depoimento da vítima na fase inquisitorial, é suficiente para a condenação. Agravo regimental não provido." (STJ - AgRg no REsp 1387883/MG, Rel. Ministro RIBEIRO DANTAS, QUINTA TURMA, julgado em 19/10/2017, DJe 25/10/2017)

"A errônea valoração da prova passível de correção pelo recurso especial é a que decorre de erro de direito pertinente a norma ou princípio no campo probatório". (STJ - AgInt no AREsp 1035104/SP, Rel. Ministra MARIA ISABEL GALLOTTI, QUARTA TURMA, julgado em 10/10/2017, DJe 19/10/2017)

- "Quanto ao sistema de valoração das provas, certo é que, no processo penal brasileiro vigora o princípio do livre convencimento motivado, em que é dado ao julgador decidir o mérito da pretensão punitiva, para condenar ou absolver, desde que o faça fundamentadamente. Na hipótese, conforme destacado pelo Tribunal estadual, não se constata prejuízo, uma vez que todas as provas produzidas foram submetidas ao contraditório e à ampla defesa, em juízo, além de a condenação não haver sido alicerçada, exclusivamente, na gravação feita por um dos interlocutores". (STJ - AgRg no AREsp 1084333/PR, Rel. Ministro ROGERIO SCHIETTI CRUZ, SEXTA TURMA, julgado em 21/09/2017, DJe 02/10/2017)

- "A jurisprudência desta Corte firmou orientação no sentido de que a prova emprestada não pode se restringir a processos em que figurem partes idênticas, sob pena de se reduzir excessivamente sua aplicabilidade, sem justificativa razoável para tanto. Independentemente de haver identidade de partes, o contraditório é o requisito primordial para o aproveitamento da prova emprestada, de maneira que, assegurado às partes o contraditório sobre a prova, isto é, o direito de se insurgir contra a prova e de refutá-la adequadamente, afigura-se válido o empréstimo" (STJ - EREsp n. 617.428/SP, Ministra Nancy Andrighi, Corte Especial, DJe 17/6/2014).

- Valoração da prova. Relativa. Ato jurídico perfeito. Adequação à lei. A valoração da prova é relativa ao ato jurídico perfeito. Adequação da prova Constituição e à lei ordinária. Compreende admissibilidade e formação consoante o ordenamento jurídico. A primeira é consentimento, constatável em plano meramente normativo. A segunda, porque relacionada com os princípios de realização, própria também da experiên*cia jurídica, não se confunde com a interpretação da prova, ou seja, avaliação dos dados fáticos elaborada pelo magistrado.* (STJ – REsp. 112087/DF - 6ª Turma - DJ 27.10.1997 - p. 54.843 - Rel. Min. Luiz Vicente Cernicchiaro)

26. PROCEDIMENTO ADMINISTRATIVO OU INQUÉRITO POLICIAL

Art. 22. Para apurar qualquer ilícito previsto nesta lei, o Ministério Público, de ofício, a requerimento de autoridade administrativa ou mediante representação formulada de acordo com o disposto no art. 14, poderá requisitar a instauração de inquérito policial ou procedimento administrativo.

A Lei 7.347/85, que dispõe sobre ação civil pública, já confere ao representante do Ministério Público a prerrogativa de instaurar inquérito civil ou requisitar, de qualquer organismo público ou particular, certidões, informações, exames ou perícias, no prazo que assinalar, o qual não poderá ser inferior a 10 (dez) dias úteis, tempo razoável para que permita a realização das diligências perquiridas.

Esse artigo, de forma mais expletiva, especificou a instauração de inquérito policial ou procedimento administrativo.

O procedimento do inquérito policial está descrito no art. 10 do Código de Processo Penal, onde se confere à autoridade policial adoção das providências inquisitoriais para a realização de investigação e apuração de fatos delituosos.

Para a sua instauração, o representante do Ministério Público oficia ao Secretário da Segurança Pública, que designará um delegado para presidir o inquérito policial que, após a sua conclusão, será remetido àquele.

Já o procedimento administrativo está adstrito ao âmbito da entidade pública a que está vinculado o agente público sob suspeita e tem por finalidade a coleta de documentos, ouvida em termos de declaração de funcionários e outras provas que possam subsidiar as investigações. O procedimento administrativo será regido pelo Estatuto aplicado aos servidores da referida repartição pública. Após, concluído o procedimento, este será encaminhado à autoridade requisitante.

- Ação civil por improbidade administrativa. Contratação irregular. Ministério Público. Prévio inquérito. Desnecessidade. Precedentes. Aplicação das penalidades do art. 12, da Lei 8.429/92. Possibilidade. I - O Ministério Público do Estado de São Paulo ajuizou ação civil por improbidade administrativa contra o ora recorrido em decorrência de contratação irregular com a PRODAM. II - Conforme entendimento doutrinário e jurisprudencial, não há falar-se na exigência de prévia instauração de procedimento administrativo à ação civil por improbidade administrativa. Precedentes: REsp. 152.447/MG, Rel. Min. Milton Luiz Pereira, DJ de 25.02.2002, RMS 11.537/ MA, Relª. Minª. Eliana Calmon, DJ de 29.10.2001. III - Nos termos do próprio art. 12, da Lei de Improbidade, as penalidades podem ser impostas, independentemente de procedimento penal. (STJ - REsp. 956221 / SP - 1ª Turma - DJ 08.10.2007 p. 239 - Rel. Min. Francisco Falcão)

- Inquérito civil. Ministério Público. Competência. Peça informativa. O Ministério Público é competente para mover inquérito civil e ação civil pública para a proteção do patrimônio público e social. O Inquérito Civil é mera peça informativa, destinada apenas a colher elementos que venham a indicar a necessidade ou não de ajuizar ação civil pública. Não constitui prova exclusiva e inequívoca dos atos imputados ao ora recorrido. O Ministério Público é legitimado a promover o inquérito civil para apurar fatos, que possam ter causado dano ao Erário Municipal. (STJ - AGA 344.207/SP - 1ª Turma - DJ 30.06.2003 - p. 00136 - Rel. Min. Humberto Gomes de Barros)

- Ação de improbidade. Desvinculação. Representação. 1. Não é inepta inicial da ação de improbidade administrativa sem a representação a que alude o art. 22 da Lei 8.429/92, quando expõe os fatos e os fundamentos jurídicos do pedido. 2. Ocorrentes indícios da prática de improbidade e de sua autoria, legitima-se atuação do Ministério Público em juízo para apuração dos atos ilícitos. Preliminar rejeitada. (TRF - 4ª Região - AI 2001.01.00.034034-5/AM - 1ª Turma - DJ 22.04.2002 - p. 34 - Rel. Juiz Aloisio Palmeira Lima)

27. AÇÕES DE IMPUGNAÇÃO

27.1. A judicialização das decisões dos Tribunais de Contas

O princípio do amplo acesso ao Judiciário, expressamente previsto no atual texto constitucional (art. 5º, XXXV), inserido nos Direitos e Garantias Fundamentais, mostra com clareza a exclusividade do controle jurisdicional sobre os direitos e deveres individuais e coletivos.

O direito à jurisdição é uma prerrogativa subjetiva do cidadão que se julga lesado ou ameaçado, nas suas garantias ou direitos legitimamente protegidos.

Assim, as decisões definitivas concernentes a uma controvérsia jurídica só podem ser julgadas pelo Poder Judiciário, visto que fora dele não há jurisdição.

No que se refere à coisa julgada administrativa, verifica-se que é apenas uma preclusão de efeitos internos que não tem o alcance de coisa julgada judicial.

Exauridos os meios de impugnação administrativa, torna-se irretratável, administrativamente, a última decisão, mas nem por isso deixa de ser atacável por via judicial, leciona Hely Lopes Meirelles[195].

Os atos, procedimentos e decisões dos Tribunais de Contas são de natureza administrativa que estão sujeitas ao exame pelos órgãos do Poder Judiciário, mesmo aquelas que operaram coisa julgada administrativa pela preclusão.

Nessa linha de entendimento, o Superior Tribunal de Justiça já decidiu: "*A decisão que aprecia as contas dos administradores de valores públicos faz coisa julgada administrativa no sentido de exaurir as instâncias administrativas, não sendo mais suscetível de revisão naquele âmbito. Não fica, no entanto, excluída de apreciação pelo Poder Judiciário, porquanto nenhuma lesão de direito pode dele ser subtraída. 6. O art. 5º, inc. XXXV da CF/88, dispõe que "a lei não excluirá da apreciação do Poder Judiciário lesão ou ameaça a direito". 7. A apreciação pelo Poder Judiciário de questões que foram objeto de pronunciamento pelo TCU coaduna-se com a garantia constitucional do devido processo legal, porquanto a via judicial é a única capaz de assegurar ao cidadão todas as garantias necessárias a um pronunciamento imparcial.* (STJ – REsp. 472.399/AL – 1ª Turma – DJ 19.12.2002 – p. 00351 – Rel. Min. José Delgado).

Mais recentemente, o STJ foi mais pontual ao proferir o seguinte julgamento:

> O míster desempenhado pelos Tribunais de Contas, no sentido de auxiliar os respectivos Poderes Legislativos em fiscalizar, encerra decisões de cunho técnico-administrativo e suas decisões não fazem coisa julgada, justamente por não praticarem atividade judicante. Logo, sua atuação não vincula o funcionamento do Poder Judiciário, o qual pode, inclusive, revisar as suas decisões por força Princípio Constitucional da Inafastabilidade do Contro-

---

195. Direito Administrativo Brasileiro, 27ª Ed., Malheiros Editores: São Paulo, 2001, p. 649.

le Jurisdicional (art. 5º, XXXV, da Constituição). (REsp 1032732/CE, Rel. Ministro BENEDITO GONÇALVES, PRIMEIRA TURMA, julgado em 25/08/2015, DJe 08/09/2015)

Outros tribunais já vinham adotando a mesma posição:

> A lei não excluirá da apreciação do PoderJudiciário lesão ou ameaça a direito", nos termos do disposto no art. 5º, XXXV, da CF/88 . II - A decisão do Tribunal de Contas da União que aprecia as contas de Prefeitos faz coisa julgada na esfera administrativa, mas está sujeita à apreciação do Poder Judiciário, eis que o direito de ação é público e subjetivo. III - Apelação provida, com o retorno dos autos ao Juízo de origem para regular processamento do feito. TRF-1 - APELAÇÃO CIVEL AC 11112 MG 2000.38.00.011112-7 (TRF-1),

> Os atos do Tribunal de Contas, mesmo os julgamentos, não são discricionários, mas vinculados. Os primeiros possuem mérito - que é insindicável, consoante o entendimento (ainda) dominante -, sendo que os segundos são plenamente vinculados e questionáveis, nos limites admitidos por tal categoria de atos administrativos. O que ora importa sublinhar, de forma clara - já que é esse o preciso objeto da pretensão recursal -, é a efetiva possibilidade de revisão das decisões administrativas prolatadas pelo Tribunal de Contas da União, pelo Poder Judiciário, ao qual compete o controle e a tutela jurisdicionais, nos termos dos balizamentos supra delineados" (art. 5º, XXXV da CF; e art. 745, V, do CPC). Dou provimento ao recurso, para anular a sentença recorrida. (TRF2 - APELAÇÃO CIVEL: AC 340934 RJ 2000.51.01.016320-5 Relator(a): Desembargador Federal POUL ERIK DYRLUND Julgamento: 12/06/2007 Órgão Julgador: OITAVA TURMA ESPECIALIZADA Publicação: DJU - Data::15/06/2007 - Página::381

No decorrer da tramitação da tomada ou prestação de contas, quando citado, o interessado apresenta sua defesa escrita com os esclarecimentos devidos e juntada de documentos, que são analisados pela Auditoria da Corte de Contas, que pode acolher ou rejeitá-las. Em seguida, o feito é encaminhado para o Ministério Público que emite parecer favorável, contrário ou parcial.

Sobreleva ressaltar que em sendo a defesa rejeitada pela Auditoria e o parecer ministerial no mesmo sentido, restará evidenciada a potencialidade dos argumentos destas manifestações de ser adotado pelo voto do Relator, seja na Câmara ou no Pleno, e com maior probabilidade de acolhimento pelos demais Conselheiros.

De modo que, na hipótese da defesa entender de que a interpretação racional de normas foram desprezadas ou as provas desconsideradas, afetando à sua valoração no contexto jurídico, surge a oportunidade da propositura de uma demanda judicial de natureza declaratória ou anulatória.

Essa ação deverá pleitear o deferimento de antecipação de tutela para que suspenda aquele processo administrativo até decisão definitiva pelo órgão jurisdicional.

A ação declaratória ou de nulidade deverá ser indicar no polo passivo a União, o Estado ou o Município, conforme a esfera de Poder.

A propositura deverá vindicar a declaração judicial de eficácia e legitimidade dos elementos probatórios não valorizados ou desprezados pelo Tribunal de Contas, na dimensão de suas relevâncias ou com a interpretação jurídica razoável e condizente com os fatos defensivos expostos à luz da normatividade de regência.

Se ao final, a demanda for julgada procedente, o Tribunal de Contas, sob pena de nulidade, deverá considerar o que foi decidido judiciosamente pelo órgão judicante.

Outro momento apropriado para a judicialização é após o julgamento pela Câmara ou Plenário do Tribunal de Contas.

Aqui, é importante ressaltar que o interessado deverá apresentar recurso de reconsideração, no prazo de 15 (quinze) dias, que tem efeito suspensivo, conforme preceitua o art. 32 da Lei Orgânica do Tribunal de Contas da União cujo dispositivo é reproduzido pelos demais Tribunais de Contas, seja estadual ou municipal, e dentro deste mesmo prazo, e de forma simultânea, ingressar com a ação judicial própria com pedido de antecipação de tutela para suspender o julgamento até decisão definitiva, no âmbito do Poder Judiciário.

O recurso de reconsideração já deverá ser instruído com a petição inicial endereçada à vara fazendária.

A postulação judicial deverá estar focada na proteção dos direitos e garantias fundamentais do devido processo legal, do exercício da ampla defesa e do contraditório.

A garantia do devido processo legal deve retratar a realidade procedimental do desenrolar de todo o processo a ser materializado pela verificação de todas as formalidades e exigências normativas.

O exercício da ampla defesa é o direito à prova lícita, a paridade de tratamento, a presença em todos os atos do processo e a oportunidade de questionar e impugnar.

Já o contraditório é a garantia de bilateralidade de audiência do confronto de provas, contanto que sejam consideradas e valorizadas na importância do seu contexto conjuntural. O desvalor de provas ou seu menosprezo ensejará na manifesta negação do direito de defesa.

É condição de validade dos julgamentos a manifestação do julgador pelo livre convencimento, mas motivado e vinculado às alegações fundadas e as provas produzidas, circunstâncias que afastam o ato de julgar em ato de vontade do pretor.

O julgador ao ignorar a valoração de provas ou incorrer em interpretações impróprias, sem respaldo no ordenamento jurídico ou dissociado do valor das provas, se manifesta por um ato de vontade, numa posição de arbitrariedade inquisitorial.

Se, por um lado a garantia do exercício da ampla defesa é assegurar o direito de prova ao acusado, por outro, a prova juntada ou produzida não poderá ser desconsiderada ou menosprezada pelo entendimento voluntário, sob o pretexto do livre convencimento, para assim, realizar um julgamento administrativo arbitrário, em virtude de ser dissociado da realidade processual e desprovido de base legal.

Extrai-se desse contexto que a aplicação de sanções é taxativa às suas tipificações, não comportando cominações com largueza ou interpretações analógicas que agravem a situação do agente.

A visão de julgar além dos limites legais, induz a possibilidade de erro de valoração da prova para agregar desvalor jurídico em detrimento da defesa; ninguém é obrigado a fazer ou deixar de fazer alguma coisa senão em virtude de lei (art. 5º, II, CF).

Com efeito, se a lei não veda, não é o intérprete que poderá fazê-lo para satisfazer a sua vontade.

A respeito do valor da prova, merecem destaques os seguintes julgados:

- "Valoração da prova. Erro. O erro na valoração da prova ocorre quando mal apreciado seu valor jurídico como meio de prova". (STJ – 4ª Turma – Ag. 15.083/SP – Rel. Min. Sálvio de Figueiredo – j. em 04.12.1991 – DJU 03.02.1992, p. 472).
- "Valoração da prova. A valorização da prova diz respeito ao valor jurídico desta, para admiti-la ou não em face da lei que a disciplina, razão por que é questão estritamente de direito". (RTJ 132/1.337).

Quando a Carta Política condiciona a legitimidade dos julgamentos à sua necessária fundamentação é porque não admite que se releve o valor da prova produzida pelo agente, sem a indispensável motivação plausível, para que assim, se conheça as suas razões.

Se a motivação não for justa e razoável, equivale a negar o direito de prova.

Assim, a valorização de prova diz respeito ao valor jurídico desta no contexto da defesa, invocada em razão de disposição legal em favor de quem a produziu. Sendo esta desprezada de forma desproporcional, na sua importância para a apuração da verdade e resultado do julgamento, esse comportamento do julgador redunda no desprestígio do valor legal da prova, implicando assim, na negação do contraditório, cuja essência é o direito de ser ouvido, compreendido e considerado no processo com as provas produzidas.

Configura, portanto, no exame da qualificação jurídica dos fatos, a reclamação de apreciação e pronunciamento de aspectos que não são analisados, mas pertinentes à prova, tais como: perícias, documentos públicos ou privados, ouvida de testemunhas, pareceres, decisões judiciais etc., que mereçam manifestação explícita porque estariam relacionados com o resultado influente do deslinde.

A propósito do erro de julgar, veja-se a lição de José Afonso da Silva:

> [...] os erros do juiz podem derivar de uma má interpretação das questões de fato ou da má compreensão de direito. Significa dizer que o juiz, por qualquer circunstância, não compreende o sentido das condutas (fatos) sob seu conhecimento (erro de fato), ou não compreende o sentido dos esquemas genéricos, o Direito escrito, invocados, no processo, e que orientam aquelas condutas, e lhe servem de guia na interpretação das várias intencionalidades objetos do seu juízo (erro de direito).

E José Miguel García Medina, depois de examinar no corpo de sua monografia de modo percuciente a matéria, "*excluem-se das questões de fato a qualificação jurídica dos fatos, pois quando se qualifica erroneamente um fato há, em consequência, aplicação incorreta da lei*".

Por oportuno, impede-se a transcrição do seguinte julgado:

- Valoração da prova. Relativa. Ato jurídico perfeito. Adequação à lei. A valoração da prova é relativa ao ato jurídico perfeito. Adequação da prova Constituição e à lei ordinária. Compreende admissibilidade e formação consoante o ordenamento jurídico. A primeira é consentimento, constatável em plano meramente normativo. A segunda, porque relacionada com os princípios de realização, própria também da experiência jurídica, não se confunde com a interpretação da prova, ou seja, avaliação dos dados fáticos elaborada pelo magistrado. (STJ – REsp. 112087/DF – 6ª Turma – DJ 27.10.1997 – p. 54.843 – Rel. Min. Luiz Vicente Cernicchiaro)

A pertinência temática se apresenta oportuna diante da algumas posições adotada pelas auditorias, pareceres ministeriais e decisões, de natureza administrativa que se imiscuem nos limites da garantia do poder discricionário dos gestores públicos, repelem a ilegitimidade ativa de atos e competência da responsabilidade de ordenação de despesas, assim como, atribuem responsabilidade de ressarcimento de despesas cujos serviços foram prestados ou produtos fornecidos, numa sugestão de enriquecimento sem causa para o erário.

Por fim, recomenda-se que a ação judicial seja proposta contra a Entidade Pública (União, Estado ou Município) por que "*na ação em que um particular argúi a nulidade de ato administrativo emanado pelo Tribunal de Contas estadual, é o próprio Estado, dotado de personalidade jurídica, quem deve ser arrolado como legitimado passivo, porquanto, como regra geral, referido órgão não possui capacidade processual*". (TJ-PR - AI: 5125431 PR 0512543-1, Relator: Abraham Lincoln Calixto, Data de Julgamento: 26/05/2009, 4ª Câmara Cível, Data de Publicação: DJ: 192).

E mais:

> "Os Tribunais de Contas são partes ilegítimas para figurarem no pólo passivo de ação ordinária visando desconstituir ato de sua competência". (STJ - REsp 504.920/SE, Rel. Ministro José Delgado, DJ 13/10/03).

Saliente-se, ainda, que a judicialização das decisões dos Tribunais de Contas pode ser aplicada nas decisões monocráticas de seus Conselheiros referentes à sustação de atos, contratos e licitações, sem prazo determinado ou quando fixado, extrapole o seu período.

Atente-se que é o princípio da eficiência se traduz, também, em presteza, não podendo um ato administrativo ficar suspenso por longo tempo e sem uma definição do órgão administrativo.

Com efeito, os atos suspensos pelo Tribunal de Contas devem conter um prazo para uma definição pelo Órgão competente, sob pena de incorrer em abusividade, inoperância ou ilegalidade, ensejando, assim, a via judicial.

O afastamento temporário de agente público, pelo Tribunal de Contas, do exercício de suas atividades funcionais, também pode ser objeto de judicialização quando o ato não atender aos requisitos necessários de motivação concreta para sua validade e legalidade.

27.2. Coisa julgada inconstitucional e a *querela nullitatis insanabilis*

A sentença que opera coisa julgada que se encontra inquinada de vício insanável pode ser considerada inconstitucional ou inexistente, a primeira por descumprimento de norma de direto processual ou de direito material, que receberá uma ou outra o tratamento conferido pelo sistema processual às sentenças inválidas.

A nulidade por inconstitucionalidade é similar com a inexistente, visto que ambas podem ser alegadas sempre mediante a *querela nullitatitis insanabilis,* ação declaratória sem prazo para sua propositura ou pela aplicação do § 5º do art. 535 do novo Código de Processo Civil, assim redigido:

> Art. 535. A Fazenda Pública será intimada na pessoa de seu representante judicial, por carga, remessa ou meio eletrônico, para, querendo, no prazo de 30 (trinta) dias e nos próprios autos, impugnar a execução, podendo arguir:
>
> [...]
>
> § 5º Para efeito do disposto no inciso III do *caput* deste artigo, considera-se também inexigível a obrigação reconhecida em título executivo judicial fundado em lei ou ato normativo considerado inconstitucional pelo Supremo Tribunal Federal, ou fundado em aplicação ou interpretação da lei ou do ato normativo tido pelo Supremo Tribunal Federal como incompatível com a Constituição Federal, em controle de constitucionalidade concentrado ou difuso.

Se a decisão judicial foi baseada em lei inexistente, a ofensa à Constituição Federal é direta, assim como, dentre outros, aos princípios da moralidade e da legalidade.

Consigne-se que a nulidade ou invalidade de um ato é a sanção derivado de sua inconstitucionalidade[196], cuja terminologia serve para exprimir a qualidade do que é inconstitucional ou contravém a preceito, regra ou princípio na Constituição[197]. Logo, sentença nula é sentença inválida, produzindo efeitos jurídicos inválidos. É a hipótese da sentença inconstitucional.

Humberto Theodoro Jr. e Juliana de Farias também têm a mesma conclusão[198]:

> Uma decisão que viole diretamente a Constituição, ao contrário do que sustentam alguns, não é inexistente. Não há hipótese de inconstitucionalidade

196. Preleciona Eduardo Appio, referindo-se à inconstitucionalidade dos atos normativos, que se estende aos atos judiciais "a nulidade é uma sanção, imposta pela própria Constituição da República, aos casos de descumprimento das regras (preceitos) que determinam os limites da atividade do legislador" (**Controle de constitucionalidade no Brasil,** p. 17).

197. De Plácido e Silva, **Vocabulário Jurídico**, Rio de Janeiro: Editora Forense, 23ª ed., 2003, p. 726.

198. **A coisa julgada inconstitucional e os instrumentos processuais para seu controle**, p. 148.

> mera aparência de ato. Sendo desconforme à Constituição o ato existe se reúne condições mínimas de identificabilidade das características de um ato judicial, o que significa dizer, que seja prolatado por um juiz investido de jurisdição, observando aos critérios formais e processuais mínimos. Não lhe faltando elemento materiais para existir como sentença, o ato judicial existe. Mas, contrapondo-se a exigência absoluta da ordem constitucional, falta-lhe condição para valer, isto é, falta-lhe aptidão ou idoneidade para gerar os efeitos para os quais foi praticado.

No escólio de Janaína Soares Noleto Castelo Branco[199], p. 104:

> Se a sentença é incompatível com a ordem constitucional não faz coisa julgada material, embora transite em julgado, não havendo razão para crer que seja necessária ação desconstitutiva. Não é preciso desconstituir o que é inválido e nunca se convalida. Basta declarar

A violação ao princípio da legalidade e da moralidade importa no fato de que a sentença impugnada fundou-se em lei inexistente, na hipótese de revogada. E se existente, afronte diretamente à Constituição Federal.

A manifestação judiciosa definitiva com qualquer desses predicativos negativos está sujeita a declaração de nulidade pela via ordinária da *querela nullitatis.*

A renomada jurista acima mencionada doutrina afirmando que:

> [...] a ação rescisória não serve à impugnação de sentença inexistente, posto não ter esta o condão de transitar em julgado. Para a declaração de inexistência de ato judicial, deve a parte servir-se da ação declaratória de inexistência sem prazo para propositura – *a querela nullitatis insanabilis.*

A ilustrada jurista Janaína Soares Noleto Castelo Branco na sua obra já citada, ministra o seguinte magistério (fl. 155):

> A adequabilidade da via ordinária sem prazo para propositura é decorrência da não-convalidação do vício da inexistência. Pois bem, como vimos, a sentença inconstitucional não inexistente, é nula; dai por que transita em julgado e pode ser atacada pela via rescisória (art. 485, II, do CPC). No entanto, após o biênio decadencial do direito de propô-la (art. 495 do CPC), persiste o vício da inconstitucionalidade, por não serem aplicáveis na espécie todas as regras do sistema de nulidade do direito processual... As nulidades arguíveis pela via rescisória, passado dois anos, convalidam-se. No tocante à coisa julgada inconstitucional, não admite convalidação em tempo algum.

E prossegue:

> Daí por que, tendo em vista que o processo serve ao direito material, a inconstitucionalidade da sentença poderá arguida por de ação declaratória ou qualquer outro meio disponível no sistema, até que seja institucionalizado instrumento próprio e mais seguro.

---

199. In **Coisa Julgada Inconstitucional Teoria e Prática**, São Paulo: Editora Método, p. 104

Ao fim, arremata:

> "Portanto, ultrapassado o prazo decadencial de cabimento da rescisória, pode o interessado lançar mão da *querela nullitatis insanabilis*. Dessa assertiva não decorre que não possa valer-se manobras outras, como: a propositura de nova ação (idêntica à anterior) e posterior arguição de inconstitucionalidade da coisa julgada; a interposição de embargos à execução, caso a coisa julgada inconstitucional venha a ser executada; e a exceção de pré-executividade".

Assim é que, torna-se admissível a proposição de ação declaratória de nulidade de coisa julgada inconstitucional objetivando a suspensão dos seus efeitos jurídicos.

Com efeito, a relação dos atos estatais típico do Poder Judiciário em desconformidade com a Lei Maior serão inválidos conquanto o Estado Democrático de Direito, em seu elevado significado ético e moral, não protege a sentença judicial, mesmo transitada em julgado, que colide com os princípios constitucionais da moralidade e da legalidade.

Convém acentuar que a realidade jurídica impõe situações em que, por meio do princípio da proporcionalidade, a coisa julgada deve ceder lugar a outro princípio preponderante, de modo que, uma sentença que se fundou em norma declarada inconstitucional deve-se atentar para a predominância do superior valor jurídico da Carta Política para se sobrepor a manifestação judicial definitiva.

Essa relativização da coisa julgada dispõe de dois instrumentos processuais para a sua persecução que podem ser definidos como típicos e atípicos.

Identifica-se como meios típicos de vindicar a relativização da coisa julgada a ação rescisória e os embargos à execução contra a Fazenda Pública, nos moldes do art. 910 e 525, § 1º, I do NCPC.

Como meios atípicos podem ser considerados os procedimentos das ações ordinárias denominadas de querela *nullitatis* ou ação declaratória de nulidade de ato judicial.

Ação rescisória depende da sua tempestividade, e extrapolado o lapso temporal para o seu ajuizamento, restará as vias ordinárias da querela *nullitatis*, porquanto não poderá o Poder Judiciário esquivar-se da proteção na sua inteireza da soberania da Constituição Federal em nenhuma hipótese de violação concreta comprovada a seus efeitos e normas.

Sobre a temática, doutrina Klippel:

> Ocorre que, quando se fala em *querela nullitatis*, deve-se pensar não em uma ação típica ou especial, principalmente pelo fato de que o direito de ação ou de acesso à justiça é abstrato, mas sim em uma pretensão processual declaratória de inexistência, que pode ser exercida por meio dos diversos procedimentos instituídos pelo legislador. Nessa linha de raciocínio, é possível pensar nos embargos à execução ou na impugnação do art. 475-L como meios de instrumentalização de uma *querela nullitatis*, desde que o conteúdo impugnativo seja uma pretensão declaratória de inexistência" (KLIPPEL,

Rodrigo. A coisa julgada e sua impugnação: relativização da coisa julgada. Rio de Janeiro: Lumen Juris, 2008, pp. 203-204).

Com efeito, é a *querela nullitatis* é instrumento processual adequado para perquerir pretensão constitutiva negativa da coisa julgada, inclusive a eivada de inconstitucionalidade, após a tempestividade da ação rescisória ou não se aplicando à espécie os embargos à Fazenda Pública, ou ainda, a impugnação ao cumprimento de sentença.

A exclusão desses procedimentos importa no cabimento próprio da *querela nullitatis,* de forma que, à sua aplicabilidade é de natureza residual em virtude do exaurimento das outras alternativas processuais preconizadas o ordenamento jurídico processual.

Sobre seu manejo, ensina Pedro Eduardo Antunes de Siqueira:

> "O vício de inconstitucionalidade a macular a coisa julgada é tão grave que, aos moldes do que acontece com o vício de citação mencionado, também encontra guarida nos embargos à execução, mais especificamente, no art. 741, parágrafo único, CPC. Se recebe o mesmo tratamento pelo direito positivo, a mesma sorte merece: cabe, portanto, a impugnação da sentença com trânsito em julgado assim maculada, após o prazo de embargos à execução, através [sic] de ação declaratória de nulidade.
>
> (...)
>
> A coisa julgada infringe, *in casu,* a norma mais alta do ordenamento jurídico (a Constituição), que contém normas indisponíveis. A nulidade é absoluta. Não convalesce e pode ser impugnada a todo tempo, também via *querela nullitatis"* (ação declaratória de nulidade, sem prazo decadencial ou prescricional). (SIQUEIRA, Pedro Eduardo Antunes de. A coisa julgada inconstitucional. Rio de Janeiro: Renovar, 2006, pp. 204/205).

Registre-se assim, que é a inexistência do direito material não há como se coberto por coisa julgada inconstitucional para convalidar sentença nula ou inexistente calcada em lei inexistente ou lei, cujo vício insanável se perfaz de vício a ofender a integridade da Constituição Federal.

Humberto Theodoro Júnior e Carlos Valder Nascimento entendem que a *querela* não se submete a prazo prescricional, para veicular a pretensão de desconstituição de coisa julgada inconstitucional:

> "Estando ainda em curso o prazo de admissão da ação rescisória, esta poderá perfeitamente ser manejada, pois violar a Constituição é, em linha geral, violar a lei. E uma das hipóteses de rescisão da sentença transitada em julgado é justamente a de violação a 'literal disposição de lei' (CPC, art. 485, V).
>
> Se já se ultrapassou o prazo do art. 975 do CPC (2 anos após a formação da coisa julgada), dois caminhos se abrem para impedir que a ofensa à Constituição perdure: a) ou se admite o manejo da rescisória, independentemente do limite temporal comum; b) ou se toma conhecimento da inconstitu-

cionalidade em qualquer ação em que se discutam os efeitos da sentença pronunciada contra a Constituição, inclusive por meio da ação comum de declaração de nulidade absoluta (*querela nullitatis*). (NASCIMENTO, Carlos Valder; THEODORO JÚNIOR, Humberto; Faria, Juliana Cordeiro de. Coisa julgada inconstitucional: a questão da segurança jurídica. Belo Horizonte: Fórum, 2011, p. 225.)"

Como se vê, é admissível a impugnação da coisa julgada inconstitucional eivada de qualquer vício que afete a integralidade jurídica da Constituição Federal, cuja legitimidade é exclusiva das partes no processo.

- "A ação declaratória de nulidade da sentença - *querella nullitatis* - tem por pressuposto a inexistência de ato sentencial, uma vez ausente algum pressuposto processual de existência, e objetiva evitar a prática ou tornar sem efeito qualquer ato fundado na coisa julgada que se pretende ver declarada inexistente. Além dessas situações, é reconhecida a interposição da *querella nullitatis* em casos de inexistência ou nulidade da citação, já que, frente a essa situação, a coisa julgada não é oponível contra a parte não citada. A hipótese clássica é a de litisconsorte necessário não citado. Hipótese dos autos em que, não obstante não tenha havido citação da autora, então ré, esta se apresentou espontaneamente aos autos, tendo sido, inclusive, pessoalmente intimada dos atos processuais relativos à penhora do bem. Não havendo prejuízo à parte, não há se falar em decretação de nulidade. Aplicação dos arts. 214 e 244 do CPC/1973, vigente à época. Precedentes do STJ. Mostra-se evidente o intuito protelatório no ajuizamento da ação, em tentativa de suspensão da venda judicial do bem penhorado. Alteração da verdade dos fatos e indução do juízo a erro. Condenação por conduta de má-fé que se impõe. APELO DESPROVIDO. (Apelação Cível Nº 70073541096, Nona Câmara Cível, Tribunal de Justiça do RS, Relator: Tasso Caubi Soares Delabary, Julgado em 08/11/2017)

- "A ação declaratória de nulidade de sentença (*querella nullitatis insanabilis*) só é cabível nos casos de inexistência de citação; inexistência de sentença (por falta de assinatura do juiz, ausência de elemento essencial e afins); ou outros (poucos) vícios de extrema gravidade que se correlacionam com a própria existência do processo e da coisa julgada, não se admitindo na hipótese de mero *error in judicando*. A coisa julgada material torna imutável e indiscutível a decisão judicial". (TJMG - Apelação Cível 1.0701.15.014286-0/001, Relator(a): Des.(a) Domingos Coelho, 12ª CÂMARA CÍVEL, julgamento em 13/03/2017, publicação da súmula em 16/03/2017)

- "A alegação de nulidade processual por ausência de inclusão de litisconsorte necessário e de citação do mesmo tem procedimento próprio, devendo ser deduzida em *querella nulitatis*. A ausência de citação ou a existência de vício na citação realizada em determinada processo podem ser arguidas através de ação anulatória, por configurarem vícios transrescisórios". (TJMG - Apelação Cível 1.0000.16.080366-4/001, Relator(a): Des.(a) Mariangela Meyer, 10ª CÂMARA CÍVEL, julgamento em 13/12/2016, publicação da súmula em 14/12/2016)

- "Na ação rescisória ou na "*querella nullitatis*", não existe óbice para que se concedam medidas de natureza cautelar ou mesmo antecipatória da tutela, cabendo a análise de seus requisitos caso a caso". (STJ - AgRg no AgRg no REsp 1416333/SP, Rel. Ministro HUMBERTO MARTINS, SEGUNDA TURMA, julgado em 17/12/2013, DJe 03/02/2014)

- "... é assente a orientação do Superior Tribunal de Justiça no sentido de que a competência para apreciar e julgar a denominada querela *nullitatis Insanabilis* pertence ao juízo de primeira instância, pois o que se postula não é a desconstituição da coisa julgada, mas apenas o reconhecimento de inexistência da relação processual. Neste sentido, são os seguintes julgados: AgRg no REsp 1199335 / RJ, Primeira Turma, rel. Benedito Gonçalves, DJe 22/03/2011; REsp 1015133/MT, Segunda Turma, Rel. Ministra Eliana Calmon, Rel. p/ Acórdão Ministro Castro Meira, DJe 23/04/2010; REsp 710.599/SP, Primeira Turma, Rel. Ministra Denise Arruda, DJ

14/02/2008." (STJ - EDcl na AR 569/PE, Rel. Ministro MAURO CAMPBELL MARQUES, PRIMEIRA SEÇÃO, julgado em 22/06/2011, DJe 05/08/2011)

- "Apreciando questão análoga, atinente ao cabimento ou não de ação rescisória por violação literal a dispositivo de lei no caso de ausência de citação válida, o Supremo Tribunal Federal e o Superior Tribunal de Justiça já se posicionaram no sentido de que o vício apontado como ensejador da rescisória é, em verdade, autorizador da querela nullitatis insanabilis. Precedentes: do STF - RE 96.374/GO, rel. Ministro Moreira Alves, DJ de 30.8.83; do STJ - REsp n. 62.853/GO, Quarta Turma, rel. Min. Fernando Gonçalves, unânime, DJU de 01.08.2005; AR .771/PA, Segunda Seção, Rel. Ministro Aldir Passarinho Junior DJ 26/02/2007. Recurso especial provido". (STJ - REsp 1105944/SC, Rel. Ministro MAURO CAMPBELL MARQUES, SEGUNDA TURMA, julgado em 14/12/2010, DJe 08/02/2011)
- "É possível, de modo excepcional, o controle de nulidades processuais, sobretudo as de natureza absoluta, após o trânsito em julgado da decisão por meio de impugnações autônomas, como embargos à execução, ação anulatória (*querela nullitatis*) e ação rescisória, cabíveis conforme o grau de nulidade no processo originário. A *querela nullitatis é instrumento utilizado para impugnar sentença contaminada pelos vícios mais graves de erros de atividade (errores in procedendo), nominados de vícios transrescisórios, que tornam o ato judicial inexistente, não se sanando com o transcurso do tempo." (STJ - AgInt no AREsp 882.992/RJ, Rel. Ministro RICARDO VILLAS BÔAS CUEVA, TERCEIRA TURMA, julgado em 25/10/2016, DJe 14/11/2016)*
- "A ação de querela *nullitatis insanabilis*, embora de utilização excepcional, permanece no nosso ordenamento jurídico para atacar vícios insanáveis da sentença, mesmo após o trânsito em julgado e o decurso do prazo para a rescisória, sendo atualmente admitida, também, nos casos de relativização da coisa julgada inconstitucional. Presente na espécie, portanto, a possibilidade jurídica do pedido" (TRF1, AC 2008.32.00.002509-0/AM; Rel. Des. Federal Monica Sifuentes, Terceira Turma, e-DJF1 03/02/2016). As alegações que embasaram o recurso de apelação na ação expropriatória são basicamente as mesmas do processo que ora se julga. Nenhum questionamento ficou sem resposta naquela ação expropriatória. Os apelados participaram ativamente de todas as fases do processo, tendo acesso a todas as garantias constitucionais. O juízo de primeiro grau, como também os Tribunais recorridos, realizaram minucioso exame dos atos jurídicos e dos fatos concretos verificados no transcurso da causa, concluindo pela justeza da indenização e pela ausência de prejuízo ao expropriado. Ainda que se admita a utilização da *querela nullitatis* para se questionar vício insanável em decisão transitada em julgado diverso da ausência ou nulidade de citação de réu revel, mas que também a torna juridicamente inexistente, o ajuizamento da ação não se revela viável se a questão já tiver sido debatida nos autos do processo em que proferida a sentença cuja nulidade requer o autor, outrora apelante, seja declarada". (TRF1 - AC 0005841-73.2013.4.01.4100 / RO, Rel. DESEMBARGADOR FEDERAL NEY BELLO, Rel.Conv. JUÍZA FEDERAL MARIA LÚCIA GOMES DE SOUZA (CONV.), TERCEIRA TURMA, e-DJF1 de 01/07/2016)
- "É possível a utilização da *querela nullitatis* quando a decisão judicial está embasada em lei posteriormente declarada inconstitucional pelo STF, sendo esta uma das hipóteses de relativização da coisa julgada. Precedente do STJ. Apelação da parte autora a que se dá provimento para determinar o retorno dos autos à origem para o devido processamento". (TRF1 - AC 0035514-43.2014.4.01.3400 / DF, Rel. DESEMBARGADOR FEDERAL NÉVITON GUEDES, QUINTA TURMA, e-DJF1 p.1231 de 27/11/2015)
- "A ação de *querela nullitatis* é remédio vocacionado ao combate de sentença contaminada pelos vícios mais graves dos erros de atividade (*errores in procedendo*), nominados de vícios transrescisórios, que tornam a sentença inexistente, não se sanando com o transcurso do tempo. ... A violação ao art. 535 do Código de Processo Civil configurou-se n caso dos autos, uma vez que, a despeito da oposição de embargos de declaração – nos quais os recorrentes apontam

a existência de omissão, mormente no tocante à falta de efetiva citação dos demandados no processo de reintegração de posse -, o Tribunal a quo não se manifestou de forma satisfatória sobre o alegado, notadamente pelo fato de ter afirmado que essa matéria já fora analisada em outros julgados, o que não ocorreu. O enfrentamento da questão ventilada nos embargos de declaração é absolutamente insuperável e não pode ser engendrado pela primeira vez nesta Corte, principalmente pelo óbice da Súmula 7 do STJ. Recurso especial provido. (STJ – 4ª Turma, REsp 1201666/TO, Rel. Ministro Luis Felipe Salomão, julgado em 10/06/2014, DJe 04/08/2014).

- "Há duas formas atípicas de relativização da coisa julgada: a coisa julgada inconstitucional, que ocorre quando a sentença tem como fundamento norma declarada inconstitucional pelo STF e a coisa julgada injusta inconstitucional, que ocorre quando a sentença produz extrema injustiça, afrontando valores constitucionais fundamentais. A determinação de pagamento de quantia a título de indenização por desapropriação representa injustiça intolerável e grave ofensa ao princípio constitucional da justa indenização caso efetivamente constatado que a área desapropriada já pertencia ao Município, o que admite, excepcionalmente, a relativização da coisa julgada. As especificidades do caso concreto autorizam o manejo da presente ação, o que afasta a extinção prematura da ação sem resolução de mérito". (TJMG - Apelação Cível 1.0024.10.113196-9/001, Relator(a): Des.(a) Edilson Fernandes, 6ª CÂMARA CÍVEL, julgamento em 28/10/2014, publicação da súmula em 10/11/2014)

- "Sobre a aludida ofensa ao artigo 485 do CPC, o STJ já concluiu que a sentença proferida em processo nulo por falta de citação deve ser atacada pela ação prevista no artigo 486 do Código de Processo Civil. Precedentes." (STJ - AgRg no AREsp 311.216/MG, Rel. Ministro MAURO CAMPBELL MARQUES, SEGUNDA TURMA, julgado em 16/05/2013, DJe 22/05/2013)

- "(...) O cabimento da querela *nullitatis insanabilis* é indiscutivelmente reconhecido em caso de defeito ou ausência de citação, se o processo correu à revelia (v.g., CPC, arts. 475-L, I, e 741, I). Todavia, a moderna doutrina e jurisprudência, considerando a possibilidade de relativização da coisa julgada quando o decisum transitado em julgado estiver eivado de vício insanável, capaz de torná-lo juridicamente inexistente, tem ampliado o rol de cabimento da querela *nullitatis insanabilis*. Assim, em hipóteses excepcionais vem sendo reconhecida a viabilidade de ajuizamento dessa ação, para além da tradicional ausência ou defeito de citação, por exemplo: (I) quando é proferida sentença de mérito a despeito de faltar condições da ação; (II) a sentença de mérito é proferida em desconformidade com a coisa julgada anterior; (III) a decisão está embasada em lei posteriormente declarada inconstitucional pelo eg. Supremo Tribunal Federal. (...)" (STJ - REsp 1252902/SP, Rel. Ministro RAUL ARAÚJO, QUARTA TURMA, julgado em 04/10/2011, DJe 24/10/2011)

- "... É assente a orientação do Superior Tribunal de Justiça no sentido de que a competência para apreciar e julgar a denominada querela *nullitatis Insanabilis* pertence ao juízo de primeira instância, pois o que se postula não é a desconstituição da coisa julgada, mas apenas o reconhecimento de inexistência da relação processual. Neste sentido, são os seguintes julgados: AgRg no REsp 1199335 / RJ, Primeira Turma, rel. Benedito Gonçalves, DJe 22/03/2011; REsp 1015133/MT, Segunda Turma, Rel. Ministra Eliana Calmon, Rel. p/ Acórdão Ministro Castro Meira, DJe 23/04/2010; REsp 710.599/SP, Primeira Turma, Rel. Ministra Denise Arruda, DJ 14/02/2008. (STJ - EDcl na AR 569/PE, Rel. Ministro MAURO CAMPBELL MARQUES, PRIMEIRA SEÇÃO, julgado em 22/06/2011, DJe 05/08/2011)

- "(...) Segundo a teoria da relativização da coisa julgada, haverá situações em que a própria sentença, por conter vícios insanáveis, será considerada inexistente juridicamente. Se a sentença sequer existe no mundo jurídico, não poderá ser reconhecida como tal, e, por esse motivo, nunca transitará em julgado. A nulidade da sentença, em tais hipóteses, deve ser buscada por intermédio da *actio nullitatis*. (...) Não resta dúvida, portanto, que o ajuizamento da presente ação declaratória de nulidade de ato jurídico é um dos meios adequados à eventual desconstituição da coisa julgada. (...)" (STJ - REsp 710.599/SP, Rel. Ministra DENISE ARRUDA, PRIMEIRA TURMA, julgado em 21/06/2007, DJ 14/02/2008, p. 144)

- "As hipóteses excepcionais de desconstituição de acórdão transitado em julgado por meio da ação rescisória estão arroladas de forma taxativa no art. 485 do Código de Processo civil. Pelo caput do referido dispositivo legal, evidencia-se que esta ação possui natureza constitutiva negativa, que produz sentença desconstitutiva, quando julgada procedente. Tal ação tem como pressupostos (I) a existência de decisão de mérito com trânsito em julgado; (II) enquadramento nas hipóteses taxativamente previstas; e (III) o exercício antes do decurso do prazo decadencial de dois anos (CPC, art. 495). O art. 485 em comento não cogita, expressamente, da admissão da ação rescisória para declaração de nulidade por ausência de citação, pois não há que se falar em coisa julgada na sentença proferida em processo em que não se formou a relação jurídica apta ao seu desenvolvimento. É que nessa hipótese estamos diante de uma sentença juridicamente inexistente, que nunca adquire a autoridade da coisa julgada. Falta-lhe, portanto, elemento essencial ao cabimento da rescisória, qual seja, a decisão de mérito acobertada pelo manto da coisa julgada. Dessa forma, as sentenças tidas como nulas de pleno direito e ainda as consideradas inexistentes, a exemplo do que ocorre quando proferidas sem assinatura ou sem dispositivo, ou ainda quando prolatadas em processo em que ausente citação válida ou quando o litisconsorte necessário não integrou o polo passivo, não se enquadram nas hipóteses de admissão da ação rescisória, face a inexistência jurídica da própria sentença porque inquinada de vício insanável. Apreciando questão análoga, atinente ao cabimento ou não de ação rescisória por violação literal a dispositivo de lei no caso de ausência de citação válida, o Supremo Tribunal Federal e o Superior Tribunal de Justiça já se posicionaram no sentido de que o vício apontado como ensejador da rescisória é, em verdade, autorizador da querela nullitatis insanabilis. Precedentes: do STF - RE 96.374/GO, rel. Ministro Moreira Alves, DJ de 30.8.83; do STJ - REsp n. 62.853/GO, Quarta Turma, rel. Min. Fernando Gonçalves, unânime, DJU de 01.08.2005; AR.771/PA, Segunda Seção, Rel. Ministro Aldir Passarinho Junior DJ 26/02/2007. No caso específico dos autos, em que a ação tramitou sem que houvesse citação válida do litisconsórcio passivo necessário, não se formou a relação processual em ângulo. Há, assim, vício que atinge a eficácia do processo em relação ao réu e a validade dos atos processuais subsequentes, por afrontar o princípio do contraditório. Em virtude disto, aquela decisão que transitou em julgado não atinge aquele réu que não integrou o polo passivo da ação. Por tal razão, a nulidade por falta de citação poderá ser suscitada por meio de ação declaratória de inexistência por falta de citação, denominada querela nullitatis, ou, ainda, por simples petição nos autos, como no caso dos autos. Recurso especial provido. (STJ - REsp 1105944/SC, Rel. Ministro MAURO CAMPBELL MARQUES, SEGUNDA TURMA, julgado em 14/12/2010, DJe 08/02/2011)

- "Ação de nulidade (*querella nullitatis*). Coisa julgada material (relativização). Situação extraordinária (não ocorrência). Admite-se a relativização da coisa julgada material em situações extraordinárias, por exemplo, quando se trata de sentença nula ou inexistente, embora haja, no Superior Tribunal, vozes que não admitem a relativização em hipótese alguma. Em se tratando de sentença injusta, ou melhor, de errônea resolução da questão de fato (erro de fato), como na espécie (é o que se alega e é o que se diz), não é lícito o emprego da ação de nulidade. A admissão, em casos que tais, da querella nullitatis contribuiria para descaracterizar, mais e mais, a substância da coisa julgada – a sua imutabilidade. Recurso especial do qual se conheceu e ao qual se deu provimento para se restabelecer a sentença que indeferira a inicial". (STJ - REsp 893.477/PR, Rel. Ministro NILSON NAVES, SEXTA TURMA, julgado em 22/09/2009, DJe 19/10/2009)

- "Os defeitos processuais das decisões judiciais são corrigidos por via da ação rescisória, mas os defeitos da base fática que retiram da sentença a sua sedimentação, tornando-a nula de pleno direito ou inexistente, podem ser corrigidos, como os demais atos jurídicos, pela relatividade da coisa julgada nula ou inexistente. Se a sentença transitada em julgado, sofre ataque em sua base fática por parte do Estado, que se sente prejudicado com a coisa julgada, pode o Ministério Público, em favor do interesse público, buscar afastar os efeitos da coisa julgada. O ataque à coisa julgada nula fez-se *incidenter tantun*, por via de execução ou por ação de nulidade. Mas só as partes no processo é que têm legitimidade para fazê-lo. A ação civil pública, como ação política e instrumento maior da cidadania, substitui com vantagem a ação de nulidade, podendo ser intentada pelo Ministério Público. Recurso Especial conhecido e provido." (STJ - REsp 445.664/AC, Rel. Ministro FRANCISCO PEÇANHA MARTINS, Rel. p/ Acórdão Ministra ELIANA CALMON, SEGUNDA TURMA, julgado em 15/04/2004, DJ 07/03/2005, p. 194)

27.3. Ação rescisória

> Art. 966 do CPC. A decisão de mérito, transitada em julgado, pode ser rescindida quando:
>
> I - se verificar que foi proferida por força de prevaricação, concussão ou corrupção do juiz;
>
> II - for proferida por juiz impedido ou por juízo absolutamente incompetente;
>
> III - resultar de dolo ou coação da parte vencedora em detrimento da parte vencida ou, ainda, de simulação ou colusão entre as partes, a fim de fraudar a lei;
>
> IV - ofender a coisa julgada;
>
> V - violar manifestamente norma jurídica;
>
> VI - for fundada em prova cuja falsidade tenha sido apurada em processo criminal ou venha a ser demonstrada na própria ação rescisória;
>
> VII - obtiver o autor, posteriormente ao trânsito em julgado, prova nova cuja existência ignorava ou de que não pôde fazer uso, capaz, por si só, de lhe assegurar pronunciamento favorável;
>
> VIII - for fundada em erro de fato verificável do exame dos autos.

Ação rescisória é uma ação de impugnação para se desconstituir decisão de mérito transitada em julgado quando presentes vícios de rescindibilidade tipificados pela norma que admitem seu cabimento dentro do prazo decadencial de dois anos.

Entretanto, o novo Código de Processo Civil prevê no § 2º do art. 966, o cabimento de ação rescisória contra decisão transitada em julgada que, embora não seja de mérito, impeça nova propositura da demanda, ou admissibilidade do recurso correspondente.

Esta ação de impugnação comporta três juízos, a saber: o de admissibilidade, o de anulação (juízo rescindens) e o de rejulgamento (rescisório), cujos pressupostos de acumulação é necessário para sua viabilidade processual, nos termos do art. 327 do Código de Processo Civil[200].

---

200. Art. 327. É lícita a cumulação, em um único processo, contra o mesmo réu, de vários pedidos, ainda que entre eles não haja conexão.

A desconstituição do julgado objetiva a anulação do julgamento das sentenças nulas, a exemplo daquelas proferidas por juiz impedido ou incompetente, salientando que nesse enquadramento o seu efeito é *ex tunc*.

Dentro das hipóteses taxativas de cabimento da ação rescisória está aquela em que o juiz cometeu algum tipo de fraude no seu exercício judicante, a exemplo de ter incorrido no tipo penal de prevaricação, concussão ou corrupção passiva, cuja atuação tenha influenciado no resultado da decisão proferida. Neste caso, a prova poderá ser produzida na própria ação impugnativa.

Outra situação que enquadra acolhimento da ação rescisória é o juiz ter agido com parcialidade, favorecendo uma das partes durante a tramitação do processo e no seu julgamento, cuja decisão terminou por beneficiá-la. É o caso do juiz incompetente ou impedido. Sabe que lhe falta essas condições, mas age de caso pensado com intuito de favorecer a quem lhe interessa. Nestas circunstâncias deve a ação rescisória demonstrar os atos e a conduta que culminou com o direcionamento no sentido de favorecer a parte beneficiada.

No tocante à conduta inadequada das partes, a norma se refere a conduta dolosa da parte vencedora em desfavor da parte vencida mediante a manifesta má-fé processual, bem da colusão, que vem a ser o conluio ou a maquinação delas com a finalidade de fraudar a lei para benefício da própria torpeza. Outra circunstância seria uma simulação fraudulenta entre as partes com fins de auferimento de vantagens. Também se engloba nesse disposto a coação, diante de ameaça ou intimidação de uma parte sobre a outra visando obter vantagens indevidas. Aqui é relevante a tirania da parte vencedora em agravo a parte vencida como fator decisivo no resultado da sentença decorrente da conduta ilícita promovida pela parte vencedora.

A ofensa a coisa julgada se constitui quando para a sentença obtida, já haja coisa julgada material, impedindo, assim, novo julgamento, de modo que, o juiz está impedido de conhecer da matéria em virtude do pressuposto processual da coisa julgada.

De forma que, a coisa julgada formada em um processo impede a reprodução que a mesma demanda seja reaforada.

O inciso V refere-se à violação manifesta da norma jurídica ou como mencionava o Código de Processo Civil anterior, ofensa a literal disposição de lei, seria negar vigência a lei ou decidir contra o que ela determina ou prescreve. Ao juiz cabe decidir nos termos da lei, e não contra a mesma.

Literalidade da lei significa seu sentido original, direto e próprio da sua essência normativa.

---

§ 1º São requisitos de admissibilidade da cumulação que:

I - os pedidos sejam compatíveis entre si;

II - seja competente para conhecer deles o mesmo juízo;

III - seja adequado para todos os pedidos o tipo de procedimento.

Vale destacar a Súmula 343 do STF:

> Não cabe ação rescisória por ofensa a literal disposição de lei, quando a decisão rescindenda se tiver baseado em texto legal de interpretação controvertida nos tribunais.

E no mesmo sentido o STJ:

> Somente se autoriza a rescisão do julgado por violação legal quando contrariada a norma em sua literalidade, não se justificando a desconstituição por injustiça ou má interpretação da prova (STJ – 3ª Seção, AR 1.370/SP, rel. Min. Sebastião Reis Júnior, julgado em 11/12/2013, DJe 19/12/2013).

Note-se que a violação manifesta da norma jurídica compreende a decisão baseada em lei posteriormente declarada inconstitucional por ADI, cujo efeito se produzam *ex tunc*, porquanto atinge os efeitos da lei desde o seu nascimento, que deve ser considerada como se nunca estivesse existido.

Aqui sobreleva a manifestação judiciosa do ministro Celso de Mello sobre essa temática nos seguintes termos, no seu magistral voto no RE 589513-RS:

> Cabe ter presente, neste ponto, o que a própria jurisprudência constitucional do Supremo Tribunal Federal vinha proclamando, já há quatro (4) décadas, a respeito da invulnerabilidade da coisa julgada em sentido material, enfatizando, em tom de grave advertência, que sentenças transitadas em julgado, ainda que inconstitucionais, somente poderão ser invalidadas mediante utilização de meio instrumental adequado, que é, no domínio processual civil, a ação rescisória.
>
> Com efeito, esta Suprema Corte, já em 1968, quando do julgamento do RMS 17.976/SP, Rel. Min. AMARAL SANTOS (RTJ 55/744), proferiu decisão na qual reconheceu a impossibilidade jurídico-processual de válida desconstituição da autoridade da coisa julgada, mesmo na hipótese de a sentença transitada em julgado haver resolvido o litígio com fundamento em lei declarada inconstitucional:
>
> A suspensão da vigência da lei por inconstitucionalidade torna sem efeito todos os atos praticados sob o império da lei inconstitucional. Contudo, a nulidade da decisão judicial transitada em julgado só pode ser declarada por via de ação rescisória, sendo impróprio o mandado de segurança (...)."(STF – Plenário - RE 589513 ED-EDV-AGR-ED / RS – rel. Min. Celso de Mello – j. 17/03/2016)

Acrescente-se, ainda neste dispositivo, compreende-se que é cabível ação rescisória contra decisão que avilta súmula vinculante em virtude do seu poder vinculativo de todos os órgãos do Poder Judiciário e da Administração Pública, como preceitua o § 5º deste artigo, tendo em vista que se cuida de norma jurídica.

Já o inciso VI admite a rescisão da sentença quando baseada em prova falsa apurada em processo criminal ou mesmo durante a própria ação rescisória, bastando que haja nexo de causalidade entre a prova falsa e a decisão rescindenda que lhe deu suporte, pois sem aquela o resultado teria sido diferente.

Registre-se que a prova falsa deve ter valor jurídico relevante para o desfecho do processo.

Impende-se a transcrição do seguinte julgado na definição de prova falsa:

> "Ação rescisória. Prova Falsa. Configuração. "Três são os requisitos para a configuração da prova falsa: a arguição deve ter por objeto um dos meios de prova no qual há desconformidade entre o ocorrido e o que foi provado; a demonstração da falsidade deve ser feita mediante sentença criminal ou civil transitada em julgado ou no próprio processo da ação rescisória e, por fim, que o fato demonstrado pela prova falsa haja sido causa de conclusão da decisão rescindenda" (TST, ROAR-418/2007-000-03-00.5, Rel. Min. Antônio José de Barros Levenhagen).

Consigne-se, ainda, que laudo pericial com vícios que comprometam a sua eficácia, mesmo não sendo prova falsa, pode embasar um pedido rescisório.

No que se refere a prova nova, requisito previsto no inciso VII, desta norma, consiste no fato posterior ao trânsito em julgado da decisão rescindenda o autor da ação rescisória obter prova obtida que não era do seu conhecimento ou não pode fazer uso por motivo estranho à sua vontade, que for capaz de lhe assegurar um resultado positivo na demanda, revertendo, assim, a decisão que lhe foi desfavorável.

Extrai-se dessa conceituação que a prova já devia existir até o trânsito em julgado da decisão rescindenda, mas era desconhecida do autor da ação rescisória ou não pode por motivo estranho à sua vontade utilizá-la, e ainda, essa nova prova, por si só poderia modificar o resultado de procedência ou improcedência da ação, independentemente, da conjugação de outras provas nos autos, com força suficiente para produzir o julgado pretérito a outro resultado.

Nesse sentir:

> O documento novo, apto a aparelhar a ação rescisória, deve ser preexistente ao julgado rescindendo, de existência ignorada ou de que não pode a parte fazer uso, capaz, por si só, de assegurar pronunciamento favorável (STJ – 3ª Turma, AgRg no Ag 1265966/RJ, rel. Ministro Ricardo Villas Bôas Cueva, julgado em 04/10/2011, DJe 10/10/2011).
>
> A orientação desta Corte é pacífica no sentido de que "documento novo" para o fim previsto no art. 966, VII, do CPC, é aquele que já existe quando da prolação da decisão rescindenda, cuja existência era ignorada ou dele não pode fazer uso o autor da rescisória, sendo que tal documento deve ser capaz, por si só, de lhe assegurar o pronunciamento favorável (STJ - 1[Turma, AgRg no AREsp 65.309/AL, rel. Ministro Benedito Gonçalves, julgado em 18/10/2012, DJe 23/10/2012).

Aqui deve-se destacar, nos termos do inciso VII, a prova nova significa abrangência tanto o documento quanto o resultado de uma prova pericial, o laudo técnico, quando esta, apesar de possível, não foi produzida por motivo estranho à vontade da parte.

Também contempla a prova testemunhal quando o autor demonstrar que não tinha conhecimento e nem tinha como ter, da existência da testemunha, motivo pelo qual não foi produzida à época no processo originário.

Por fim, este dispositivo descreve como pressuposto positivo da ação rescisória quando esta for fundada em erro de fato verificável do exame dos autos, como preceitua o inciso VIII, que traduz o erro de fato, definido seu § 1º, assim redigido:

> § 1º Há erro de fato quando a decisão rescindenda admitir fato inexistente ou quando considerar inexistente fato efetivamente ocorrido, sendo indispensável, em ambos os casos, que o fato não represente ponto controvertido sobre o qual o juiz deveria ter se pronunciado.

Sobre esse pontual aspecto, vale a reprodução dos seguintes julgados:

> "O erro que dá ensejo à ação rescisória é o que passa despercebido pelo juiz e não aquele incidente sobre fato que foi alvo de divergência entre as partes e pronunciamento judicial" (STJ – Segunda Seção, AR 366/SP, rel. Ministro Fernando Gonçalves, julgado em 28/11/2007, DJ 17/12/2007, p. 122).

> "A rescisão do julgado fundado no inciso IX do art. 485 do CPC pressupõe a ocorrência de equívoco na apreciação ou de percepção equivocada de prova trazida aos autos, embora afastada a interpretação sobre a subsistência ou relevância de um fato" (art. 485, § 2º). (STJ – Terceira Seção, AR 4.016/SC, rel. Ministro Nefi Cordeiro, julgado em 25/02/2015, DJe 05/03/2015).

Assinale-se, por oportuno, que o erro de fato é aquele perceptível pelo mero exame dos próprios autos, mas que não admite a produção prova nova e que não tenha havido controvérsia, o que se supõe fatos provados e sobre os quais nenhuma das partes tenha se pronunciado ou questionado e que sobre estes não houve decisão a respeito.

27.3.1. Legitimação

Podem ser autores da ação rescisória que foi parte no processo ou seus sucessores, aqueles que eram partes e foram excluídos por decisão judicial, bem como aqueles que passaram a ser parte no decorrer do processo.

Também detém legitimidade para ajuizar ação rescisória aqueles que deveriam integrar a relação processual na qualidade de litisconsorte passivo, mas não foram aceitos ou ignorados.

O terceiro juridicamente interessado, aquele que são atingidos indireta ou reflexamente pela decisão judicial rescindenda.

A legitimação do Ministério Público para propor ação rescisória deriva do fato de não ter sido ouvido no processo em que lhe era obrigatória a intervenção, quando a decisão rescindenda teve a finalidade de simulação ou colusão das partes, a fim de fraudar a lei, e nos outros casos em que se imponha a sua atuação.

27.3.2. Aspectos processuais

A petição inicial da ação rescisória deve ter seus requisitos específicos e aqueles que constam do art. 319 do Código de Processo Civil, que deve conter a formulação dos pedidos de rescisão (juízo *rescindens*) e de rejulgamento (juízo *rescisorium*).

É necessária, também, a requisição para depósito no valor de 5% (cinco por cento) do valor da causa que será revertido em favor do(s) réu(s) se a ação for julgada inadmissível ou improcedente.

Esse valor não poderá ser superior a mil salários mínimos e se o depósito for incompleto, a parte será intimada a complementar, sob pena de indeferimento da inicial.

Os órgãos do Poder Público e os beneficiados da Justiça Gratuita estão isentos desta caução.

A competência para processar e julgar a ação rescisória é do Tribunal de 2º Grau que estava sujeita a sentença a recurso (apelação) que deveria por este ter sido julgado. Se for acórdão, é também do mesmo Tribunal que o prolatou.

O prazo para o ajuizamento da ação rescisória é decadencial de 2 (dois) anos, a contar do trânsito em julgado, que se estende até o primeiro dia útil imediatamente subsequente quando expirar durante férias forenses, recesso, feriados ou em dia que não houver expediente forense.

No caso do inciso VII do art. 966, a contagem se faz da data de descoberta da prova nova, observado o prazo máximo de 5 (cinco) anos, contado do trânsito em julgado da última decisão proferida no processo.

Contagem diferente também é a prevista na hipótese de simulação ou de colusão das partes, o prazo começa a contar, para o terceiro prejudicado e para o Ministério Público, que não interveio no processo, a partir do momento em que têm ciência da simulação ou da colusão.

Nos termos do art. 969, não há efeito suspensivo a distribuição da ação rescisória, não havendo, portanto, impedimento para o cumprimento da decisão rescindenda, ressalvada a concessão de tutela provisória, nos termos do art. 300 do Código de Processo Civil.

- "O prazo para ajuizamento da ação rescisória somente tem início com o trânsito em julgado material, ou seja, após o transcurso *"in albis"* do prazo para recorrer, mesmo que o último recurso interposto não tenha sido conhecido por intempestividade, exceto configuração de erro grosseiro ou má-fé" (REsp 1186694/DF, Rel. Ministro Luiz Fux, Primeira Turma, julgado em 03/08/2010, DJe 17/08/2010)." (STJ - REsp 1279624/PR, Rel. Ministro LUIS FELIPE SALOMÃO, QUARTA TURMA, julgado em 23/05/2017, DJe 14/06/2017)
- " A violação de dispositivo de lei que propicia o manejo da ação rescisória, na forma do art. 485, V, do CPC/73, pressupõe que a norma legal tenha sido ofendida na sua literalidade pela decisão rescindenda, ou seja, é a decisão de tal modo teratológica que consubstancia o des-

prezo do sistema de normas pelo julgado rescindendo. Desta feita, a apreciação da violação a dispositivo literal de lei deve se limitar aos casos em que a transgressão à lei é flagrante, cuidando sempre para que essa ação de natureza desconstitutiva negativa não seja utilizada como sucedâneo recursal, e impedindo sua utilização com o único objetivo de reviver a discussão com base em fundamentos não suscitados oportunamente pela parte, já que não se trata de via recursal, muito menos uma com prazo de dois anos". (STJ - AR 4.589/CE, Rel. Ministro MAURO CAMPBELL MARQUES, PRIMEIRA SEÇÃO, julgado em 28/06/2017, DJe 07/08/2017)

- "O prazo decadencial de dois anos previsto no artigo 495 do Código de Processo Civil para propositura da Ação Rescisória não atinge os considerados absolutamente incapazes pela legislação civil, tampouco flui a prescrição contra estes, *"ex vi"* do disposto nos arts. 198 e 3º do Código Civil. Violação de norma jurídica reconhecida. Considerando que da prova pericial constatou, inequivocamente, que o terreno dos autores encontra-se englobado no terreno da ré, mister reconhecer a ausência da prescrição aquisitiva, a qual não conta em desfavor dos absolutamente incapazes. Demonstrado, portanto, pela parte autora, os pressupostos da ação rescisória, conforme elencados no artigo 485 do Código de Processo Civil/73 e 966 do CPC/15, a procedência do pedido exordial é medida que se impõe". (TJMG - Ação Rescisória 1.0000.13.030012-2/000, Relator(a): Des.(a) Newton Teixeira Carvalho, 13ª CÂMARA CÍVEL, julgamento em 19/10/2017, publicação da súmula em 27/10/2017)

- "A confirmação do trânsito em julgado da decisão que se pretende rescindir não se examina apenas pela certidão sobre este fato, mas também pela verificação do transcurso do prazo legal sem a interposição de qualquer recurso. A ausência de cadastramento dos procuradores da parte em embargos à execução constitui violação manifesta a norma jurídica e que provoca cerceamento de defesa, em razão da publicação de intimação sem os respectivos nomes, a ensejar a rescisão da sentença e nulidade de todos os atos processuais". (TJMG - Ação Rescisória 1.0000.16.057760-7/000, Relator(a): Des.(a) Marcelo Rodrigues, 2ª CÂMARA CÍVEL, julgamento em 19/09/2017, publicação da súmula em 20/09/2017)

- "Somente é admitida a correção dos polos ativo e/ou passivo da rescisória - com todos os integrantes da ação originária - se esta for efetivada dentro do prazo decadencial. Ajuizada a rescisória apenas contra o autor da ação na qual se pretende rescindir a sentença, relegando os demais litisconsortes, e já esgotado o prazo decadencial para a correção da falha, urge a extinção da rescisória, com exame de mérito". (TJMG - Ação Rescisória 1.0000.16.051551-6/000, Relator(a): Des.(a) Sérgio André da Fonseca Xavier, 18ª CÂMARA CÍVEL, julgamento em 12/09/2017, publicação da súmula em 15/09/2017)

- "A violação de literal disposição de lei que autoriza o ajuizamento de ação rescisória é aquela que enseja flagrante transgressão do "direito em tese". Assim, a pacificação da jurisprudência da Corte em sentido contrário e em momento posterior à prolação do acórdão rescindendo não afasta a incidência da Súmula nº 343/STF. Precedentes da Corte Especial. A ação rescisória fundada em erro de fato pressupõe que a decisão tenha admitido um fato inexistente ou tenha considerado inexistente um fato efetivamente ocorrido, mas, em quaisquer dos casos, é indispensável que não tenha havido controvérsia nem pronunciamento judicial sobre ele (art. 966, § 1º, do CPC/2015). Isso porque, se houve controvérsia na demanda primitiva, a hipótese é de erro de julgamento e não de erro de fato". (STJ - AgInt na AR 5.849/RS, Rel. Ministro RICARDO VILLAS BÔAS CUEVA, SEGUNDA SEÇÃO, julgado em 23/08/2017, DJe 19/10/2017)

- "A ação rescisória fundada em erro de fato pressupõe que a sentença rescindenda tenha admitido um fato inexistente, ou considerado inexistente um fato efetivamente ocorrido, sendo indispensável, em ambos os casos, que não tenha havido controvérsia nem pronunciamento judicial a esse respeito". (STJ - AgInt na AR 5.463/RS, Rel. Ministro RAUL ARAÚJO, SEGUNDA SEÇÃO, julgado em 09/08/2017, DJe 18/08/2017)

- "Deve-se pontuar, ainda, que não é admitida a Ação Rescisória fundada no erro de fato na hipótese em que, embora a parte autora alegue que não se considerou um fato existente à época, o acórdão rescindendo utilizou, em sua razão de decidir, o entendimento jurisprudencial que não leva em considerações tais fatos. Assim, o erro de fato é aquele oriundo da inadvertência do julgador, da sua percepção desatenta dos autos e não do seu juízo de interpretação, ou seja, o erro de fato é aquele que o magistrado inadvertidamente o considera, ou deixa de considerá-lo, nas suas razões de decidir e que é capaz de influir no julgamento da lide". (STJ - AgInt no AREsp 241.285/PR, Rel. Ministro NAPOLEÃO NUNES MAIA FILHO, PRIMEIRA TURMA, julgado em 27/06/2017, DJe 02/08/2017)
- "Nos termos do art. 485, VI, do CPC, a sentença de mérito, transitada em julgado, pode ser rescindida quando se fundar em prova cuja falsidade tenha sido apurada em processo criminal ou seja provada na própria ação rescisória. Hipótese em que a prova da falsidade documental, ensejadora da concessão indevida de aposentadoria à ora embargante, conquanto parcialmente extraída de feito em trâmite na esfera penal, foi suficientemente demonstrada na própria ação rescisória. Conclusão consentânea com o princípio do livre convencimento motivado, segundo o qual cabe ao juiz apreciar livremente a prova, atendendo aos fatos e às circunstâncias constantes dos autos, motivo pelo qual se afigura despiciendo o sobrestamento da ação rescisória até o encerramento do feito criminal". (STJ - EAR 2.442/SP, Rel. Ministro ROGERIO SCHIETTI CRUZ, TERCEIRA SEÇÃO, julgado em 24/02/2016, DJe 02/03/2016)
- (...) "é manifestamente incabível a propositura de ação rescisória com o único intuito de obter a reinterpretação à luz do contexto dos autos e a reforma do julgamento proferido, por mero inconformismo da parte com a justiça da decisão" (cf. AGRG na AR 5.159/rs, Rel. Ministra nancy andrighi, segunda seção, dje 19/08/2014). (...) (STJ; AgRg-AREsp 832.136; Proc. 2015/0314290-0; SP; Segunda Turma; Rel. Min. Mauro Campbell Marques; DJE 08/03/2016) VISTOS, RELATADOS E DISCUTIDOS os presentes autos antes identificados." (TJPB - ACÓRDÃO/DECISÃO do Processo Nº 00003169720158150000, 2ª Seção Especializada Cível, Relator DES. SAULO HENRIQUES DE SÁ BENEVIDES, j. em 30-11-2016)
- "A concessão da antecipação da tutela em sede ação rescisória, a fim de suspender a execução do acórdão rescindendo, exige mais que um mero juízo de verossimilhança, mas também a comprovação de que a ação rescisória tem forte probabilidade de êxito, ou seja, quando visível à primeira vista a procedência da ação rescisória pelo mérito. Isto porque milita contra o autor a presunção de que justo foi o acórdão transitado em julgado, tendo em vista a sua cognição que vai além da superficialidade de uma liminar. Precedente: AgRg na AR 5.213/PB, Rel. Ministro Napoleão Nunes Maia Filho, Primeira Seção do STJ, julgado em 09/10/2013, DJe 04/11/2013". (STJ - AgRg na AR 5.581/DF, Rel. Ministro MAURO CAMPBELL MARQUES, PRIMEIRA SEÇÃO, julgado em 22/04/2015, DJe 29/04/2015)
- "A eventual falsidade das premissas adotadas pelo perito implica falsidade do próprio laudo, sobretudo se ficar comprovado que seus cálculos foram realizados com base em área de fato inexistente ou, ao menos, jamais inundada. Considerando que, na presente ação, é da recorrente o ônus da prova relativo à falsidade do laudo que embasou a sentença rescindenda, não lhe pode ser tolhido o direito de produzir essa prova. Ao indeferir a produção de provas destinadas a demonstrar a real situação da área supostamente inundada, o Tribunal de origem acaba por tolher o direito da recorrente ao devido processo legal e à ampla defesa, ofendendo o quanto disposto no art. 485, VI, do CPC, que admite seja a falsidade da prova apurada na própria ação rescisória. Recurso especial provido". (STJ - REsp 1290177/MS, Rel. Ministra NANCY ANDRIGHI, TERCEIRA TURMA, julgado em 27/11/2012, DJe 18/12/2012)
- "Como se as provas coligidas aos autos não fossem suficientes, a própria demandada afirmou jamais haver trabalhado para os empregadores citados em sua CTPS. Ante esse quadro, tem-se por procedente a postulação formulada pela autarquia autora, à luz do disposto no

art. 485, inc. VI, do CPC, que impõe a rescisão do julgado, quando este se encontrar fundado em prova, cuja falsidade tenha sido apurada em processo criminal ou seja demonstrada na própria ação rescisória. Ressalta-se, por fim, que, no caso dos autos, não há dúvidas de que a decisão rescindenda está baseada nos elementos probatórios reputados falsos e que não remanesce fundamento diverso independente a ensejar a sua manutenção. Nesse sentido: AR 3.553/SP, Rel. Ministro FELIX FISCHER, TERCEIRA SEÇÃO, DJe 6/4/2010. Ação rescisória julgada procedente para desconstituir o acórdão" (STJ - AR 1.804/SP, Rel. Ministro OG FERNANDES, TERCEIRA SEÇÃO, julgado em 13/04/2011, DJe 25/04/2011)

- "O direito de propor ação rescisória se extingue em dois anos, cujo termo inicial é o trânsito em julgado da última decisão (art. 495 do CPC). "Proposta a ação no prazo fixado para o seu exercício, a demora na citação, por motivos inerentes ao mecanismo da Justiça, não justifica o acolhimento da arguição de prescrição ou decadência" (Súmula nº 106/STJ). A rescisão de julgado com base em falsidade de prova deve considerar o nexo entre essa prova e a decisão, bem como se remanesce fundamento diverso independente a subsidiar o v. acórdão rescindendo. (Precedentes e doutrina)". (STJ - AR 3.553/SP, Rel. Ministro FELIX FISCHER, TERCEIRA SEÇÃO, julgado em 10/03/2010, DJe 06/04/2010)

- "Evidente que, para que se prove que a perícia anterior é falsa, é imprescindível deferir a produção da prova requerida pelo autor. Entender de maneira diversa seria dar com uma mão (admitir a Rescisória em caso de prova cuja falsidade se demonstra no curso do processo - art. 485, VI, do CPC) e tirar com outra (impedir a dilação probatória). 4. É admissível Ação Rescisória fundada no art. 485, VI, do CPC em que se alega a falsidade da prova pericial por conta da falta de correspondência entre o objeto analisado e o laudo produzido. Precedente: AgRg na AR 3.290/SP, j. 12.09.2007. Hipótese em que os autos estão instruídos com elementos que apontam fortes indícios de falsidade. ... Indeferir a produção de nova perícia no âmbito de Ação Rescisória, apesar dos fortes indícios de falsidade constantes dos autos, seria negar ao autor a possibilidade de comprovar suas alegações, como autorizado pelo art. 485, VI, do CPC. Precedente: AgRg na AR 3.290/SP, j. 12.09.2007. Embargos de Declaração acolhidos, com efeitos infringentes". (STJ - EDcl no AgRg na AR 2.013/SP, Rel. Ministro HERMAN BENJAMIN, PRIMEIRA SEÇÃO, julgado em 14/05/2008, DJe 23/09/2009)

- "... há erro de fato quando o juiz, desconhecendo a novação acostado aos autos, condena o réu no quantum originário. "O erro de fato supõe fato suscitado e não resolvido", porque o fato "não alegado" fica superado pela eficácia preclusiva do julgado - *tantum iudicatum quantum disputatum debeat* (artigo 474, do CPC). Em consequência, "o erro que justifica a rescisória é aquele decorrente da desatenção do julgador quanto à prova, não o decorrente do acerto ou desacerto do julgado em decorrência da apreciação dela" porquanto a má valoração da prova encerra injustiça, irreparável pela via rescisória. A interpretação autêntica inserta nos §§ 1º e 2º dissipa qualquer dúvida, ao preceituar que há erro quando a sentença admitir um fato inexistente, ou quando considerar inexistente um fato efetivamente ocorrido, sendo indispensável, num como noutro caso, que não tenha havido controvérsia, nem pronunciamento judicial sobre o fato". (STJ - REsp 839.499/MT, Rel. Ministro LUIZ FUX, PRIMEIRA TURMA, julgado em 28/08/2007, DJ 20/09/2007, p. 234)

27.4. Impugnação à Execução

Nas ações de improbidade administrativa as sanções de multa civil e de ressarcimento ao erário são dívidas de valor revestidas de títulos executivos judiciais que têm o caráter de exibigilidade de pagamento de quantia certa, que se enquadram no art. 515 do Código de Processo Civil.

Tratando-se de condenação em quantia certa, o executado será intimado para pagar o débito, no prazo de 15 (quinze) dias e, se nesse período não houver o pagamento, o débito será acrescido de multa de dez por cento e, também, de honorários de advogado de dez por cento (art. 523, CPC).

Nos termos do art. 525 do CPC, transcorrido esse prazo, inicia-se o prazo de 15 (quinze) dias para que o executado/réu, independentemente de penhora ou nova intimação, apresente, nos próprios autos, sua impugnação.

Na impugnação, o executado poderá alegar:

I - falta ou nulidade da citação se, na fase de conhecimento, o processo correu à revelia;

II - ilegitimidade de parte;

III - inexequibilidade do título ou inexigibilidade da obrigação;

IV - penhora incorreta ou avaliação errônea;

V - excesso de execução ou cumulação indevida de execuções;

VI - incompetência absoluta ou relativa do juízo da execução;

VII - qualquer causa modificativa ou extintiva da obrigação, como pagamento, novação, compensação, transação ou prescrição, desde que supervenientes à sentença.

Quando o executado/réu alegar que o exequente, em excesso de execução, pleiteia quantia superior à resultante da sentença, cumprir-lhe-á declarar de imediato o valor que entende correto, apresentando demonstrativo discriminado e atualizado de seu cálculo.

Na hipótese do executado/réu não apresentar o valor correto ou não apresentar demonstrativo, a impugnação será liminarmente rejeitada, se o excesso de execução for seu único fundamento, ou, se houver outro, a impugnação será processada, mas o juiz não examinará a alegação de excesso de execução.

Rejeitada a impugnação, o juiz determinará a penhora, arresto e realização de praça dos bens localizados para fins de satisfação do débito.

- "A mera atualização dos cálculos pelo exequente não autoriza a renovação da citação nem possibilita a oposição de novos embargos à execução. Todavia, ocorrendo a apresentação de uma nova planilha, o executado deverá ser intimado para sobre ela se manifestar, a fim de evitar possível incorreção na apuração da dívida. Iniciativa que não apenas assegura observância ao princípio do contraditório, mas também garante que a execução se desenvolva da maneira menos gravosa ao devedor. No caso, o executado apresentou impugnação ao cálculo do credor, alegando que a utilização do IGP-M como índice de correção monetária estaria em descompasso com o título extrajudicial, que havia previsto a TR como fator de atualização. A insurgência, contudo, foi rejeitada pelas instâncias ordinárias, ao entendimento de que a questão estaria preclusa, uma vez que o novo cálculo seria mera atualização do anterior, no qual o débito havia sido atualizado pelo índice questionado. Ocorre que a retificação dos erros de cálculo é uma das situações previstas no diploma processual civil que não estão sujeitas à preclusão (CPC/1973, art. 463, I), para a qual o juiz poderá atuar até mesmo de ofício, alterando a sentença independentemente de sua publicação, por configurar hipótese de erro material. A questão só estaria preclusa se tivesse havido decisão judicial a respeito, fixando o IGP-M como índice a ser adotado na correção do débito, o que não ocorreu nos autos, na medida em que o executado deixou transcorrer in albis o prazo para a oposição de embargos do devedor, bem como para impugnar a conta apresentada anteriormente. Recurso especial provido". (STJ - REsp 1432902/RS, Rel. Ministro MARCO AURÉLIO BELLIZZE, TERCEIRA TURMA, julgado em 24/10/2017, DJe 30/10/2017)

- "O agravo de instrumento é o recurso cabível contra a decisão que resolve o incidente de impugnação à penhora, manejado nos autos da ação de execução, caracterizando erro grosseiro a interposição de apelação, o que, por conseguinte, afasta a aplicação do princípio da fungibilidade recursal, impondo-se o não conhecimento do recurso, com fulcro no art. 932, III, do CPC/2015. Recurso de apelação não conhecido". (Apelação Cível Nº 70075675223, Décima Segunda Câmara Cível, Tribunal de Justiça do RS, Relator: Umberto Guaspari Sudbrack, Julgado em 08/11/2017)

- "Restando evidente a discrepância entre o valor da execução ao tempo de sua propositura e o cálculo atualizado pelo próprio agravante com base no cálculo homologado pelo juízo a quo, é de se manter a decisão que julgou procedente a impugnação ao cumprimento de sentença com base no cálculo apurado pela Contadoria Judicial." (Agravo de Instrumento Nº 70074993353, Vigésima Câmara Cível, Tribunal de Justiça do RS, Relator: Glênio José Wasserstein Hekman, Julgado em 08/11/2017)

- "Se a parte não interpõe a tempo e modo recurso contra decisão que homologa os cálculos realizados pela Contadoria Judicial, não poderá posteriormente alegar excesso de execução". (TJMG - Agravo de Instrumento-Cv 1.0024.09.692028-5/007, Relator(a): Des.(a) Aparecida Grossi, 17ª CÂMARA CÍVEL, julgamento em 09/11/0017, publicação da súmula em 10/11/2017)

- "A sentença judicial transitada em julgado, cuja liquidação depende de simples cálculos aritméticos, os quais, no ato de ajuizamento da execução, são apresentados pelo credor em planilha indicativa dos valores e índices aplicados na apuração do seu crédito, constitui título executivo dotado de certeza, liquidez, e exigibilidade. É correta a sentença que rejeita a alegação de excesso de execução pelo devedor sem a apresentação dos respectivos cálculos, ainda que o pedido tenha sido genérico. Inexistindo, na nova ordem processual, a ação de Execução de Sentença e a oposição a ela pelos Embargos do Devedor, o julgamento atual que não acolhe os embargos distribuídos sob a égide do CPC de 1973, exige a aplicação de norma que admita o encerramento da ação acessória. Se o não acolhimento da impugnação ao cumprimento de sentença não induz ao encerramento do feito, aplica-se ao caso concreto, por analogia, o art. 917, §4º, II do CPC de 2015, que cuida dos embargos à execução de título extrajudicial. Recurso conhecido e parcialmente provido. (TJMG - Apelação Cível 1.0312.10.001873-7/001, Relator(a): Des.(a) Gilson Soares Lemes, 8ª CÂMARA CÍVEL, julgamento em 27/10/2017, publicação da súmula em 08/11/2017)

- "Segundo o disposto no artigo 525, § 4º, do Código de Processo Civil de 2015, caso o devedor queira impugnar o cumprimento de sentença, alegando excesso na execução, este deverá apresentar os cálculos do valor que entende devido ou justificar a necessidade de concessão de prazo para apresentação desses, caso contrário, reputar-se-ão corretos os cálculos apresentados pelo credor. É cabível a fixação de honorários advocatícios na fase de cumprimento de sentença, independente da apresentação de impugnação pela parte executada, nos termos do disposto no art. 523, §1º do CPC/15". (TJMG - Agravo de Instrumento-Cv 1.0707.11.007885-4/005, Relator(a): Des.(a) Arnaldo Maciel, 18ª CÂMARA CÍVEL, julgamento em 31/10/2017, publicação da súmula em 07/11/2017)

- "Caberá agravo de instrumento contra decisões interlocutórias proferidas na fase de liquidação de sentença ou de cumprimento de sentença, no processo de execução e no processo de inventário. Inteligência do parágrafo único, do art. 1.015, do Código de Processo Civil. - "A decisão que resolve a impugnação ao cumprimento de sentença sem extinção do processo de execução é recorrível por meio de agravo de instrumento. Constitui, portanto, falha inescusável interpor apelação, motivo pelo qual não há falar em aplicação do princípio da fungibilidade recursal." (Apelação nº 0000985- 19.2016.815.0000, 3ª Câmara Especializada Cível do TJPB, Rel. Maria das Graças Morais Guedes. DJe 17.02.2017). - Incumbe ao relator não conhecer de recurso inadmissível, prejudicado ou que não tenha impugnado especificamente os fundamentos da decisão recorrida (CPC, art. 932, III)". (TJPB - ACÓRDÃO/DECISÃO do Processo Nº 00009684620178150000, - Não possui -, Relator DES. MARCOS CAVALCANTI DE ALBUQUERQUE, j. em 02-10-2017)

- "Em se tratando da fase de cumprimento de sentença, a decisão do magistrado condutor que resolve a impugnação apresentada pela parte executada é recorrível ora por agravo de instrumento ora por apelação, a depender de seus efeitos em relação ao feito executivo. Assim, na hipótese de a decisão não colocar fim à fase de cumprimento, o recurso cabível será o agravo de instrumento, sendo a apelação admitida apenas para o caso de o ato decisório importar na extinção do feito. - Não sendo a apelação o recurso cabível contra a decisão ora recorrida, revela-se ausente um dos pressupostos de admissibilidade recursal, razão pela qual é inadmissível o meio de impugnação escolhido pelo apelante, que incorreu em erro grosseiro, ante a previsão expressa do cabimento no parágrafo único do art. 1.015 do Novo Código de Processo Civil. - PROCESSUAL CIVIL. IMPUGNAÇÃO A EXECUÇÃO." (TJPB - ACÓRDÃO/DECISÃO do Processo Nº 00001656320178150000, - Não possui -, Relator DES. JOSÉ RICARDO PORTO, j. em 22-09-2017)
- "Não tendo o embargante demonstrado o excesso de execução, conforme previsão do art. 373, I, do Código de Processo Civil, e estando os cálculos da V I S T O S, relatados e discutidos estes autos da apelação cível em que figuram como partes as acima mencionadas". (TJPB - ACÓRDÃO/DECISÃO do Processo Nº 00015708520108150031, 2ª Câmara Especializada Cível, Relator DES. ABRAHAM LINCOLN DA CUNHA RAMOS, j. em 12-09-2017)
- "A impugnação genérica e imprecisa dos cálculos apresentados não tem o condão de convencer o julgador da existência do excesso de execução, devendo o Embargante, nos termos do então vigente art. 739-A, § 5º, do CPC/1973, declarar, na petição inicial, o valor que entende correto, apresentando memória do cálculo, sob pena de rejeição liminar dos Embargos à Execução". (TJPB - ACÓRDÃO/DECISÃO do Processo Nº 00009390520158150731, 1ª Câmara Especializada Cível, Relator DES. LEANDRO DOS SANTOS, j. em 28-11-2016

27.5. Ação de Embargos de terceiros

A ação de improbidade administrativa tem como escopo sancionatário, dentre outras, a execução do valor de multa civil e o de ressarcimento de prejuízo causado ao erário, situações que levam a perquirição de ativos patrimoniais e financeiros em nome do agente condenado para satisfação desses créditos.

Essa busca da execução de débitos dessa natureza pode culminar por alcançar bens em nome de terceiros ou associado a estes, mas que por qualquer circunstância de ausência de formalidade estava na posse do executado/réu.

Nessa conjuntura, essa pessoa estranha ao processo que teve seus bens ou créditos alcançados pela decisão constritiva judicial dispõe da ação de embargos de terceiros para fazer a defesa de seus bens.

A ação de embargos de terceiros é uma demanda incidental de conhecimento de natureza inibitória que tem a finalidade de desembaraçar os ativos patrimoniais objeto de penhora e/ou arresto, de quem não tem relação com o processo de improbidade administrativa.

Esse terceiro deve ser o possuidor ou titular do domínio do bem objeto da constrição judicial.

Os direitos que os embargos de terceiro objetivam proteger são a propriedade, a posse e o usufruto do ativo patrimonial ou financeiro do seu real proprietário.

As hipóteses mais comuns de bens ou coisas que são objeto de constrição judicial na ação de improbidade administrativa são em relação ao cônjuge ou companheiro, decorrente do regime de casamento ou de união estável, assim como de outros membros da família.

Também é possível esse alcance indevido em nome de quem nada tem a ver com o processo quando envolve quotas societária de empresas.

O prazo para oposição de embargos de terceiro é 15 (quinze) dias a qualquer momento do processo na fase de conhecimento enquanto não transitada em julgada a sentença, e na etapa de cumprimento de sentença até 5(cinco) dias após a expropriação, mas antes da carta de arrematação.

Os embargos serão distribuídos por dependência para o juízo da causa que determinou a constrição judicial e o juiz poderá condicionar a ordem de manutenção ou de reintegração provisória de posse à prestação de caução pelo requerente, ressalvada a impossibilidade da parte economicamente hipossuficiente.

A decisão que reconhecer suficientemente provado o domínio ou a posse determinará a suspensão das medidas constritivas sobre os bens litigiosos objeto dos embargos, bem como a manutenção ou a reintegração provisória da posse, se o embargante a houver requerido.

- "Embargos de terceiro. Averbação premonitória. Defesa da posse por embargos de terceiro. Possibilidade. Sentença mantida. A averbação premonitória autoriza a propositura dos embargos de terceiro, mesmo não havendo efetiva turbação ou esbulho. Configurada a iminência de tais atos, tem a parte ameaçada o direito de propor os embargos de terceiro. Precedentes jurisprudenciais. A existência da averbação de uma ação executiva, na matrícula imobiliária, é causa de impedimento à conclusão de negócios que, por ventura, estejam por ser celebrados. O credor, com a anotação premonitória, busca garantir direitos futuros, especialmente, o de ver autorizada a penhora ou o arresto sobre aquele bem. Impossibilidade de afastamento da verba sucumbencial, pois foi o embargado que deu causa à propositura da ação ao permitir que a averbação recaísse sobre imóveis que não eram a garantia hipotecária. Sentença mantida". APELO DESPROVIDO. UNÂNIME. (Apelação Cível Nº 70068009000, Vigésima Câmara Cível, Tribunal de Justiça do RS, Relator: Alexandre Kreutz, Julgado em 05/07/2017)

- "Embargos de terceiro. Ação cautelar de arresto. Quem, não sendo parte no processo, sofrer turbação ou esbulho na posse de seus bens por ato de apreensão judicial, em casos como o de penhora, depósito, arresto, sequestro, alienação judicial, arrecadação, arrolamento, inventário, partilha, poderá requerer lhes sejam manutenidos ou restituídos por meio de embargos (Art. 1.046 do CPC). Embargante que comprovou a posse e a propriedade sobre parte das sacas de soja arrestadas pela embargada na ação cautelar que esta move contra os devedores. Sentença de procedência confirmada. NEGARAM PROVIMENTO AO RECURSO. UNÂNIME. (Apelação Cível

Nº 70070011622, Décima Oitava Câmara Cível, Tribunal de Justiça do RS, Relator: Giuliano Viero Giuliato, Julgado em 27/04/2017)

- "Embargos de terceiro. Arresto. Prazo para oposição. Data da ciência do ato de constrição dos bens. Intempestividade reconhecida. Na exegese do art. 1.046, do CPC/1973, quem, não sendo parte no processo, sofrer turbação ou esbulho na posse de seus bens, por ato de apreensão judicial, em casos como o de penhora, depósito, arresto, sequestro, alienação judicial, arrecadação, arrolamento, inventário, partilha, poderá requerer lhes sejam manutenidos ou restituídos por meio de embargos. Opostos os Embargos de Terceiros, sem a observância do prazo estabelecido pelo art. 1.048, do CPC/1973, contados da inequívoca ciência do ato judicial de constrição, impõe-se o reconhecimento da sua intempestividade. (TJMG - Apelação Cível 1.0024.09.703719-6/001, Relator(a): Des.(a) Roberto Vasconcellos, 18ª CÂMARA CÍVEL, julgamento em 28/06/2017, publicação da súmula em 03/07/2017)

- "Embargos de terceiros. Requisitos do art. 1.046 do código de processo civil de 1.973, à época vigente. Não configuração. Ausência da demonstração da qualidade de terceiro e da existência de constrição judicial. Honorários advocatícios de sucumbência. Valor razoável. Art. 20, §§ 3º e 4º, CPC/73. Nos termos do art. 1.046 do Código de Processo Civil de 1.973, à época vigente, "quem, não sendo parte no processo, sofrer turbação ou esbulho na posse de seus bens por ato de apreensão judicial, em casos como o de penhora, depósito, arresto, sequestro, alienação judicial, arrecadação, arrolamento, inventário, partilha, poderá requerer lhe sejam manutenidos ou restituídos por meio de embargos". Deixando a parte embargante de comprovar a qualidade de terceiro e, ainda, a existência de constrição judicial em seus bens, não há razão que justifique o resguardo de sua pretensão. Os honorários advocatícios de sucumbência, quando inexistente condenação da parte, devem ser arbitrados de forma equitativa pelo magistrado, respeitados os requisitos do art. 20, §§ 3º e 4º do Código de Processo Civil de 1.973, vigente à época e, ainda, os princípios da proporcionalidade e da razoabilidade, comportando redução de seu valor apenas quando se afigurarem excessivos. (TJMG - Apelação Cível 1.0024.13.352496-7/001, Relator(a): Des.(a) Ana Paula Caixeta, 4ª CÂMARA CÍVEL, julgamento em 18/05/2017, publicação da súmula em 23/05/2017)

- "Embargos de terceiros. Prazo legal de 10 (dez) dias para apresentação de impugnação ao valor da causa. Manifestação de advogado antes da citação nos autos. Dispensa de citação pelos moldes ordinários previsto no CPC. Impugnação ao valor da causa apresentada extemporaneamente. Rejeição do incidente processual. Valor da causa. Matéria de ordem pública que pode ser reconhecida pelo magistrado "ex officio". Necessária readequação do valor atribuido inicialmente. O valor atribuído à causa na ação de embargos de terceiros, quando a impugnação volta-se contra a totalidade da ordem de constrição judicial realizada, deve ser o valor atribuído à própria constrição judicial, seja ela penhora, sequestro, arresto. O advogado da parte ré que se manifesta nos autos antes da expedição formal de citação pelas vias ordinárias do CPC, considera-se citado, começando a fluir o prazo para apresentação de defesa e impugnação ao valor da causa desde a data de sua manifestação nos autos. A citação em Embargos de Terceiros, via de regra, se dará na figura do próprio advogado da parte, desde que previamente constituído nos autos da ação principal. Dispensada fica a outorga de poderes para recebimento de citação em instrumento de mandato conferido ao advogado nesses casos, vez que a autorização advém diretamente do próprio comando legal que permite a citação pelo causídico. Apresentada impugnação ao valor da causa após o prazo legal para apresentação de resposta, presumir-se-á correto o valor atribuído pelo autor quando da elaboração de sua petição inicial. Ainda que intempestivo o questionamento acerca do valor atribuído à causa, poderá o magistrado, *"ex officio"*, ordenar a sua readequação, por se tratar de matéria de ordem pública, reconhecida pela jurisprudência do STJ. (TJMG - Agravo de Instrumento-Cv 1.0707.12.021676-7/001, Relator(a): Des.(a) Luiz Artur Hilário, 9ª CÂMARA CÍVEL, julgamento em 02/08/2016, publicação da súmula em 19/08/2016)

- "Embargos de terceiro. Execução fiscal. Fraude à execução. Imóvel alienado e não transcrito no registro imobiliário. Art. 530, I, do Código Civil Brasileiro. Súmula 84/STJ. Jurisprudência da Corte segundo a qual se reconhece a validade de contrato de compra e venda, embora não efetuada a transcrição no registro imobiliário (Súmula 84/STJ), para efeito de preservação do direito da posse do terceiro adquirente de boa-fé. No caso de alienação de bens imóveis, na forma da legislação processual civil (art. 659, § 4º, do CPC, desde a redação da Lei 8.953/94), apenas a inscrição de penhora ou arresto no competente cartório torna absoluta a assertiva de que a constrição é conhecida por terceiros e invalida a alegação de boa-fé do adquirente da propriedade. Ausente o registro de penhora ou arresto efetuado sobre o imóvel, não se pode supor que as partes contratantes agiram em consilium fraudis. Para tanto, é necessária a demonstração, por parte do credor, de que o comprador tinha conhecimento da existência de execução fiscal contra o alienante ou agiu em conluio com o devedor-vendedor, sendo insuficiente o argumento de que a venda foi realizada após a citação do executado. Assim, em relação ao terceiro, somente se presume fraudulenta a alienação de bem imóvel realizada posteriormente ao registro de penhora ou arresto". (STJ - REsp 892.117/RS, Rel. Ministra ELIANA CALMON, SEGUNDA TURMA, julgado em 04/11/2008, DJe 17/11/2009)

- "Embargos de terceiro. Execução fiscal. Fraude à execução. Imóvel alienado e não transcrito no Registro Imobiliário - art. 530, I, do Código Civil Brasileiro - Súmula 84/STJ. Jurisprudência da Corte segundo a qual se reconhece a validade de contrato de compra e venda, embora não efetuada a transcrição no registro imobiliário (Súmula 84/STJ), para efeito de preservação do direito da posse do terceiro adquirente de boa-fé. No caso de alienação de bens imóveis, na forma da legislação processual civil (art. 659, § 4º, do CPC, desde a redação da Lei 8.953/94), apenas a inscrição de penhora ou arresto no competente cartório torna absoluta a assertiva de que a constrição é conhecida por terceiros e invalida a alegação de boa-fé do adquirente da propriedade. Ausente o registro de penhora ou arresto efetuado sobre o imóvel, não se pode supor que as partes contratantes agiram em consilium fraudis. Para tanto, é necessária a demonstração, por parte do credor, de que o comprador tinha conhecimento da existência de execução fiscal contra o alienante ou agiu em conluio com o devedor-vendedor, sendo insuficiente o argumento de que a venda foi realizada após a citação do executado. Assim, em relação ao terceiro, somente se presume fraudulenta a alienação de bem imóvel realizada posteriormente ao registro de penhora ou arresto. Recurso especial não provido".(STJ - REsp 866.520/AL, Rel. Ministra ELIANA CALMON, SEGUNDA TURMA, julgado em 18/09/2008, DJe 21/10/2008)

27.6. Ação de insolvência civil

Ao final do julgamento das ações de improbidade administrativa que importem no pagamento de multa civil e de ressarcimento de dano ao erário, na fase de cumprimento de sentença para liquidar o valor débito apurado, é comum se encontre o executado/réu desprovido de bens e valores em nome para satisfazer a sua responsabilidade civil.

Essa situação inviabiliza o êxito da execução da sentença visando à satisfação do débito, cuja consequência material é o prejuízo a ser suportado pela Administração Pública.

O trânsito em julgado das decisões de ações de improbidade administrativa que condenam no pagamento de multas civis ou no ressarcimento de eventuais perdas se constituem em título executivo judicial.

Registre-se que a ação declaratória de insolvência civil para a pessoa física corresponde a falência para a pessoa jurídica, cuja consequência punitiva é que o devedor não poderá dispor de seus bens e nem de administrá-los.

De forma que essas execuções forçadas se tornam inexequíveis pela omissão da oferta de bens à penhora e pela inexistência de qualquer patrimônio em nome do devedor que possa responder pela obrigação executiva, fato que vem se repetindo nesses procesos.

Em que pese o exaurimento de consulta nas fontes catalocadoras ou de registro patrimonial, como cartórios de imóveis, cadastro de veículos do DETRAN ou contas bancárias ou de ativos financeiros, mediante pesquisa pelo Bacen Jud, os juízes fazendários terminam por suspender esses feitos, na forma da lei processual.

A inexequibilidade dos títulos executivos judiciais resulta num prejuízo irreparável aos cofres públicos soando com ares de homenagem à impunidade dos responsáveis pela decomposição do patrimônio público.

A realidade do desprovimento de bens desses agentes responsáveis pela dilapidação de recursos públicos contrasta com o nível de prosperidade de seus familiares ou de pessoas de sua confiança, que gravitaram em torno da gestão daqueles, projetando assim uma simulação de transferência patrimonial com forma de preservar o produto do desvio e manter o padrão elevado de vida em residências de balneários ou bairros de classe alta e veículos de luxo, quase sempre importados, mas tudo em nome de terceiros.

Hoje, se estima um estoque milionário de créditos considerados podres nessas circunstâncias, verificando-se assim, muito dinheiro para a União, Estados e Municípios com limitações econômicas e graves deficiências nos serviços de saúde e educação, para uma clientela que não possui acesso aos bens da civilização.

A suspensão do processo prevista na legislação de regência não é a solução ideal por não gerar efeito patrimonial, além de contemplar a inadimplência dolosa.

De modo que, diante dos inúmeros feitos paralisados pelos motivos expostos, surge como alternativa processual a ação declaratória de execução por quantia certa contra devedor insolvente, nos termos do art. 748 e seguintes do Código de Processo Civil anterior.

Sim, o Código de Processo Civil de 1973 em virtude do que preceitua o art. Art. 1.052 do novo Código de Processo Civil, assim redigido:

> Art. 1.052. Até a edição de lei específica, as execuções contra devedor insolvente, em curso ou que venham a ser propostas, permanecem reguladas pelo Livro II, Título IV, da Lei nº 5.869, de 11 de janeiro de 1973.

No caso em debate, o título executivo judicial é revestido de obrigação, certeza, liquidez e exigibilidade, e atende ao pressuposto de caracterização de título extrajudicial, contido no art. 754 do Código de Processo Civil (1973).

Consigne-se, pela sua relevância, que a declaração de insolvência pode ser requerida por qualquer credor quirografário, conferindo assim, legitimidade à Fazenda Pública (da União, Estadual ou Municipal), devido a natureza da execução forçada com base em título executivo judicial; aqui não comporta o enquadramento daquela na condição de credora privilegiada, pois não se trata de execução fiscal.

Ressalte-se que não a norma não prevê a decretação de insolvência *ex officio* pelo juiz.

Convém assinalar, que a sentença de declaração de insolvência implica, notadamente, na perda, pelo devedor, do direito de gerir bens que passam a ser submetidos à administração judicial e restrição de sua capacidade civil e processual.

A declaração judicial de insolvência produzirá reflexos na vida pública do agente insolvente, conquanto, se não tem capacidade civil para presidir atos da sua vida privada, implicará em restrições no âmbito administrativo e atividade política.

O fato da inexistência de bens não se constitui, por si só, em pedido juridicamente impossível, devido a natureza declaratória da ação de insolvência.

De modo que, evidenciada a insolvência pela ausência de bens ou direitos a garantir a solvência do débito, mostra-se plausível que os representantes jurídicos da União, Estado e dos Municípios afetados e interessados proponham o ajuizamento de ações de declaratórias de insolvência civil com pedidos acessórios de inscrição do devedor no Serasa e SPC, negativando-lhes o acesso à rede de crédito na rede bancária e comercial.

Anote-se que, se tratando da insolvência presumida, é inexigível a comprovação de bens. Com propriedade, o professor Humberto Theodoro Júnior assevera: "*Exigir do credor a prova de que o devedor não possui outros bens além dos penhorados, ou mesmo de que não possui bens suficientes para cobrir todos os seus compromissos, na verdade, equivale a impor-lhe o ônus da prova negativa, sacrifício que tem sido exprobrado desde o antigo direito romano*"[201].

Ademais é importante assinalar que incumbe ao devedor, em seus embargos, a prova de existirem bens suficientes e necessários para cobrir a dívida cobrada. É o que se denomina de saldo positivo patrimonial.

Em reforço, o RSTJ 75/195, define que "*ao devedor incumbe a prova de sua solvência.*

Consigne-se que, julgado procedente o pedido, a declaração de insolvência produzirá o vencimento antecipado das dívidas do devedor, a arrecadação de todos os seus bens suscetíveis de penhora, atuais ou futuros, adquiridos no curso do processo e, por fim, a execução por concurso universal dos seus credores.

Esse conjunto de medidas judiciais importa na proclamação do prestígio da moralidade pública e na elisão da impunidade.

---

201. THEODORO JÚNIOR, HUMBERTO. A insolvência civil: execução por quantia certa contra devedor insolvente - 4ª ed., Rio de Janeiro: Forense, 1998, pág. 133.

A propositura dessa ação pelos representantes jurídicos das Entidades Públicas interessadas se apresenta como ato de responsabilidade do exercício das funções públicas que exercem, conquanto compete-lhes o poder-dever de velar pela aplicação efetiva dos princípios norteadores da Administração Pública.

E nesse particular aspecto, merece realce o dever imposto a todos os agentes públicos de velar pela observância dos princípios da legalidade e moralidade no trato dos assuntos que lhe são afetos, bem ainda, de agir com eficiência para exprimir a realização de suas atribuições com presteza, perfeição e rendimento funcional.

O credor requererá a declaração de insolvência do devedor, instruindo o pedido com título executivo judicial e a citação do executado/réu para opor embargos no prazo de 10 (dez) dias.

Na sentença que declarar a insolvência, o juiz nomeará, dentre os maiores credores, um administrador da massa e mandará expedir edital, convocando os credores para que apresentem, no prazo de 20 (vinte) dias, a declaração do crédito, acompanhada do respectivo título, aplicando-se, em seguida, os procedimentos previstos no aludido Código.

O insolvente ficará impedido de exercer cargos ou funções públicas, não poderá dispor de conta bancária e outras restrições no campo comercial e civil.

Destaque-se que a sentença que declara a insolvência civil do devedor tem eficácia imediata, produzindo efeitos na data da sua prolação, tanto para o devedor como para os credores, mesmo antes do trânsito em julgado.

- "Insolvência civil. Desconsideração da personalidade jurídica. A mera insolvência da pessoa jurídica ou sua dissolução irregular sem a devida baixa na junta comercial, por si sós, não ensejam a desconsideração da personalidade jurídica". (STJ - AgInt nos EDcl nos EDcl no AREsp 1117129/SP, Rel. Ministra NANCY ANDRIGHI, TERCEIRA TURMA, julgado em 10/04/2018, DJe 13/04/2018)

- "Exclusão de juros. Após decretação da falência. Aplicação nos casos de insolvência civil. "O preceito que exclui a cobrança de juros após a decretação da falência do devedor, contido no art. 26 do DL 7.661/45, também deve ser aplicado para os casos de decretação da insolvência civil, porquanto ambos institutos possuem a mesma causa e finalidade" (AgRg no REsp 1.236.362/RS, Rel. Ministro BENEDITO GONÇALVES, PRIMEIRA TURMA, julgado em 22/10/2013, DJe 30/10/2013). (STJ - AgInt no REsp 1312077/PR, Rel. Ministro SÉRGIO KUKINA, PRIMEIRA TURMA, julgado em 24/10/2017, DJe 23/11/2017)

- "Insolvência civil. Sentença. Eficácia imediata. Execução individual posterior. Impossibilidade. Incompetência absoluta. Nulidade da arrematação. Recurso provido. A sentença que declara a insolvência civil do devedor tem eficácia imediata, produzindo efeitos na data de sua prolação, tanto para o devedor como para os credores, independentemente do trânsito em julgado. A declaração de insolvência produz a execução por concurso universal de todos os credores, inclusive aqueles com garantia real, não sendo possível a propositura de ação de execução singular. É nula a arrematação de bens do devedor promovida em ação de execução por credor individual, após a declaração de insolvência civil do devedor, em foro diverso do Juízo universal da insolvência. Recurso especial provido". (STJ - REsp 1074724/MG, Rel. Ministro RAUL ARAÚJO, QUARTA TURMA, julgado em 27/04/2017, DJe 18/05/2017)

- "Insolvência civil. Embargos do devedor insolvente. Rejeição. Apelação recebida apenas no efeito devolutivo. Aplicação analógica do art. 520, V, do CPC. Juridicidade. A insolvência civil é ação de cunho declaratório/constitutivo, tendente a aferir, na via cognitiva, a insolvabilidade do devedor, condição esta que, uma vez declarada judicialmente, terá o efeito de estabelecer nova disciplina nas relações entre o insolvente e seus eventuais credores. Tal premissa não há de ter, entretanto, o efeito de convolar em contestação os embargos disciplinados nos arts. 755 e segs. do CPC. Mostra-se de todo apropriado o entendimento jurisdicional que equipara os embargos à insolvência aos embargos à execução opostos por devedor solvente, para fins de aplicação da regra ínsita no art. 520, inciso V, do Código de Processo Civil, que determina o recebimento da apelação apenas no seu efeito devolutivo. Recurso especial não-conhecido." (STJ - REsp 621.492/SP, Rel. Ministro JOÃO OTÁVIO DE NORONHA, QUARTA TURMA, julgado em 15/10/2009, DJe de 26/10/2009)

- "Ação declaratória de insolvência civil. Inexistência de bens passíveis de penhora. Mesmo que a insolvente não possua bens arrecadáveis para saldar dívidas perante os credores, não é o caso de extinguir o processo, com base no art. 485, inc. I e VI, do CPC/2015, pois ainda remanesce o interesse na declaração de insolvência, na medida em que, no caso, respondem não somente os bens atuais, mas também os que vierem a ser adquiridos pela devedora. Apelação provida para desconstituir a sentença, com o recebimento da petição inicial e o prosseguimento do processo, nos termos do disposto no art. 748 e seguintes do CPC/73, em face do que dispõe o art. 1052 do CPC/2015". (Apelação Cível Nº 70074926114, Décima Nona Câmara Cível, Tribunal de Justiça do RS, Relator: Voltaire de Lima Moraes, Julgado em 19/10/2017)

- "Ação de execução. Conexão com ação de insolvência civil. Suspensão do feito. Extinção do processo. Abandono da causa pelo autor. Intimação pessoal da parte para dar andamento ao feito. Inobservância. Recurso provido. Estando os autos suspenso em razão da tramitação da ação de insolvência civil conexa, não há que se falar em extinção do processo por abandono da causa, com base no art. 485, III, do CPC/2015, sem a prévia intimação pessoal da parte autora para que dê andamento ao feito. - Não restando satisfeito o requisito supramencionado, deve ser provido o recurso, para que o processo prossiga em seus ulteriores termos". (TJMG - Apelação Cível 1.0134.98.000868-1/001, Relator(a): Des.(a) Shirley Fenzi Bertão, 11ª CÂMARA CÍVEL, julgamento em 20/09/0017, publicação da súmula em 26/09/2017)

- "Insolvência civil. Remessa autos juízo insolvência. Possibilidade. Decretada a insolvência civil do executado no transcurso da ação de execução, necessária a remessa dos autos ao juízo da insolvência, conforme dispõe o art. 762 CPC". (TJMG - Agravo de Instrumento-Cv 1.0024.99.079224-4/002, Relator(a): Des.(a) Newton Teixeira Carvalho, 13ª CÂMARA CÍVEL, julgamento em 31/08/0017, publicação da súmula em 01/09/2017)

28. DA PRESCRIÇÃO

CAPÍTULO VII
Da Prescrição

Art. 23. As ações destinadas a levar a efeitos as sanções previstas nesta lei podem ser propostas:

I - até cinco anos após o término do exercício de mandato, de cargo em comissão ou de função de confiança;

II - dentro do prazo prescricional previsto em lei específica para faltas disciplinares puníveis com demissão a bem do serviço público, nos casos de exercício de cargo efetivo ou emprego.

III - até cinco anos da data da apresentação à administração pública da prestação de contas final pelas entidades referidas no parágrafo único do art. 1º desta Lei

A prescrição é o fenômeno da inércia no exercício do dever de ação pelo respectivo titular do direito, dentro de um prazo, assinalado em lei, cujo ajuizamento é necessário para que não se perca ou não se extinga.

Com efeito, a prescrição é compreendida como a extinção de um direito proveniente da omissão ou negligência pela falta de ajuizamento de demanda no prazo estabelecido em lei, como modo extintivo do direito de ação.

A prescrição é distinta da decadência. Esta se opera com a inércia ao exercício do direito para sua eficácia dentro de um período prefixado, enquanto aquela é a inércia ao exercício da ação dentro do prazo preceituado pela norma.

Questão de ordem pública, a prescrição é matéria que deve ser expressamente regulada em lei na qual se estabelecem as condições de sua efetividade que poderá ser suscitada em qualquer grau de jurisdição, de ofício ou a requerimento da parte interessada.

No caso desta Lei, a prescrição para os atos de improbidade administrativa opera-se em cinco anos contados do término do exercício do mandato ou cargo ou de função de confiança. Porém, em caso de reeleição, o prazo prescricional para a ação é computado a partir do fim do segundo período; no caso de sucessivo exercício de cargo comissionado, o momento do término é o do último, exercido pelo agente.

A prescrição poderá ser interrompida ou ter suspensa a sua contagem em razão dos incidentes produzidos no desenrolar do fluxo da atividade funcional do agente público no que se refere ao seu desempenho em relação ao mandato, cargo ou função com o nexo causal da ilicitude investigada.

Há uma situação pontual a merecer uma reflexão quando se tratar de servidor público efetivo que foi exonerado de cargo comissionado, onde a contagem do prazo prescricional é da sua dispensa publicada no órgão oficial.

Ocorrendo, porém, representação escrita, formulada por qualquer pessoa na forma prevista pelo art. 14 desta norma, constitui-se em meio interruptivo da prescrição, ou seja, passa a contar por inteiro o tempo prescricional a partir daquela data, porque este é um procedimento instituído por aquela para iniciar uma demanda de improbidade administrativa.

A título ilustrativo, se o servidor X teve sua dispensa publicada em dezembro de 1996, mas em novembro de 2001, faltando apenas um mês para a conclusão do término prescricional, um cidadão protocola na sua repartição ou junto ao Ministério Público uma representação imputando-lhe conduta de improbidade, este ato jurídico interrompe o prazo prescricional.

É importante anotar que a Lei Federal 9.873/99[202], no seu art. 2º, II, que estabelece prazo prescricional para o exercício da ação punitiva pela administração pública, considera interrompida a prescrição por qualquer ato inequívoco, que importe na apuração do fato.

Com efeito, o ajuizamento da ação pelo Ministério Público ou pela entidade pública interessada, poderá ser intentada até o prazo de cinco anos, contado da data do protocolo da representação referida, isto porque, embora esteja desligado do cargo em comissão, continua vinculado à administração pública por ser funcionário efetivo.

Crê-se que a melhor interpretação é a que preserva o interesse público, aquele que é submetido a um regime jurídico de ordem pública, resguardado por normas que primam pela supremacia do interesse público sobre o particular e, principalmente, pela indisponibilidade do direito vindicado, isso, porque a coletividade no seu ponto mais vulnerável é vítima das deficiências geradas pela ação nefasta da improbidade ao vetar-lhe acesso aos serviços básicos da responsabilidade estatal, dispondo assim do direito de ver reprimidas essas condutas ilícitas para afastar a impunidade e a oportunização de renovação de fatos da mesma natureza.

Ora, se a Lei 9.873/99 estabelece a interrupção da prescrição "*por qualquer ato inequívoco, que importe apuração do fato*", é bastante e suficiente uma representação no âmbito administrativo dentro do espaço quinquenal para renovar todo o prazo prescricional de ajuizamento da ação competente.

Entrementes, a orientação adotada com prevalência pelos nossos pretórios, não vem considerando essa circunstância interruptiva da norma referida, mas sedimentando que o ajuizamento da ação de improbidade deverá ocorrer dentro dos cinco anos, a contar do término do desligamento do agente do cargo ou função, embora a citação venha ocorrer posteriormente.

Outro aspecto igualmente importante relativo à prescrição é a orientação pretoriana de que basta apenas a distribuição da ação para que se concretize a sua interrupção, independente de notificação pessoal para a defesa prévia ou de citação após o recebimento da representação. Essa tem sido a orientação mais comum, inclusive emanada pelo Superior Tribunal de Justiça.

Por fim, pode-se concluir que a interrupção possa acontecer com o ingresso de representação junto ao Ministério Público ou à entidade pública; com a notificação pessoal depois de proposta a ação na justiça ou apenas com a distribuição da ação no Cartório de Distribuição do Fórum ou Distribuição do Tribunal.

---

202. "***Art. 2º***. *Interrompe-se a prescrição da ação punitiva:*

I - pela notifacação ou citação do indiciado ou acusado, inclusive por meio de edital;

II - por qualquer ato inequívoco, que importe apuração do fato;

III - pela decisão condenatória recorrível;

IV - por qualquer ato inequívoco que importe em manifestação expressa de tentativa de solução conciliatória no âmbito interno da administração pública federal".

A propósito, e em auxílio dessa última alternativa, o Código de Processo Civil no seu art. 312, "*Considera-se proposta a ação quando a petição inicial for protocolada, todavia, a propositura da ação só produz quanto ao réu os efeitos mencionados no art. 240 depois que for validamente citado*".

Como se vê, efetivada a distribuição da ação, interrompe-se a prescrição.

Ressalte-se, porém, que a prescrição diz respeito às penas preceituadas nesta Lei com relação à perda de função, suspensão de direitos políticos, aplicação de multa e proibição de celebrar negócios com o Poder Público, isso porque o ressarcimento pelos danos causados ao erário é imprescritível, consoante dispõe a Carta Magna no seu art. 37, § 5º.

Por fim, inexiste previsão na LIA de fatos ou atos que autorizem a suspensão ou interrupção na tramitação processual, ficando assim afastada a hipótese de ocorrência da prescrição intercorrente.

Sobreleva assinalar que o efeito jurídico da prescrição é individual, e havendo vários representados, será considerada a situação de cada um com relação ao lapso temporal do seu vínculo com o cargo, mandato ou função pública.

A hipótese de contagem contida no inciso I deste dispositivo alcança aqueles agentes sem vínculo permanente com serviço público que têm seu desligamento com a exoneração do cargo em comissão ou função pública de confiança, ou ainda, o término do mandato eletivo.

Aqui o quinquênio prescricional tem início no dia seguinte ao desligamento.

Pode ocorrer a permanência ou continuação de um dos representados no cargo, mandato ou função, mas ocorrendo que outros tenham se desligados da administração pública, a prescrição destes é separada daqueles outros, na apuração do mesmo fato.

Outra situação prevista pelo inciso II é para o servidor efetivo; neste caso tem início quando do conhecimento do ato ilícito pela administração pública. Mesmo que tenha cometido o desvio de conduta no exercício de cargo comissionado, o prazo prescricional é o previsto neste dispositivo.

A última hipótese é do lustro prescricional a contar a partir da data que o agente gestor prestou contas, na forma da lei, das Entidade Públicas ou que, não sendo desta natureza, que tenham recebido subvenção, benefício ou incentivo, fiscal ou creditício, de órgão público.

Nos convênios ou contratos preveem prazo e datas para a prestação de contas desses valores recebidos do Poder Público, de modo que, aquelas prestações de contas apresentadas fora do prazo legal devem ter o marco inicial da contagem para o fim de prescrição, da data que realmente prestou contas.

- Prescrição. Concurso de agentes. Prazo prescricional quinquenal. Termo inicial. Art. 23, I, da lei n. 8.429/1992. Término do mandato. Contagem individualizada. A jurisprudência desta Corte pacificou o entendimento de que o prazo de prescrição na ação de improbidade é quinquenal, nos termos do que dispõe o art. 23, I, da Lei n. 8.429/1992. Mencionado dispositivo é claro no sentido de que o início do prazo prescricional ocorre com o término do exercício do mandato ou cargo em comissão, sendo tal prazo computado individualmente, mesmo na hipótese de concurso de agentes, haja vista a própria natureza subjetiva da pretensão sancionatória e do instituto em tela. Precedentes. Acórdão recorrido que se coaduna com a jurisprudência desta Corte de Justiça. (STJ - REsp 1230550/PR, Rel. Ministro OG FERNANDES, SEGUNDA TURMA, julgado em 20/02/2018, DJe 26/02/2018)

- A jurisprudência desta Corte firmou entendimento segundo o qual a pretensão de ressarcimento de danos ao erário não decorrente de ato de improbidade prescreve em cinco anos. (STJ - AgInt no REsp 1517438/PR, Rel. Ministro BENEDITO GONÇALVES, PRIMEIRA TURMA, julgado em 17/04/2018, DJe 24/04/2018)

- Prescrição quinquenal. Exercício de sucessivos mandatos eletivos. Termo *a quo*. Cessação do vínculo com a administração pública. A orientação jurisprudencial deste Sodalício é no sentido de que o prazo prescricional previsto no art. 23, I, da Lei 8.429/1992, nos casos de exercício de mandato eletivo, tem como termo inicial a efetiva cessação do vínculo do agente político com a Administração Pública. No caso em concreto, o acórdão recorrido consignou que a parte ora Agravante está exercendo mandato de Deputado Estadual de forma ininterrupta desde 1998 até a presente data. Assim, não foi consumado o prazo prescricional previsto no art. 23, I, da Lei nº 8429/92. (STJ - AgInt no REsp 1713045/PR, Rel. Ministro MAURO CAMPBELL MARQUES, SEGUNDA TURMA, julgado em 10/04/2018, DJe 16/04/2018)

- "Prescrição. Prática de crime. Simultâneo. De acordo com os autos, em virtude dos fatos indicados na inicial, o agravante fora denunciado e condenado, na esfera penal, pela prática do crime de peculato. No entanto, fora reconhecida a prescrição da presente Ação Civil Pública, ao fundamento de que o recebimento de denúncia criminal, cinco anos após o conhecimento dos fatos pela Administração, não teria o condão de afastar prescrição administrativa já consumada. Nos casos de atos de improbidade administrativa praticados por servidor ocupante de cargo efetivo, submetido às regras da Lei 8.112/90, também qualificados como crime, o Superior Tribunal de Justiça, interpretando o art. 23, II, da Lei 8.429/92, firmou entendimento no sentido de que, para fins de prescrição, será considerada a pena in abstrato, a "um porque o ajuizamento da ação civil pública por improbidade administrativa não está legalmente condicionado à apresentação de demanda penal. Não é possível, desta forma, construir uma teoria processual da improbidade administrativa ou interpretar dispositivos processuais da Lei n. 8.429/92 de maneira a atrelá-las a institutos processuais penais, pois existe rigorosa independência das esferas no ponto (...) A dois (e levando em consideração a assertiva acima) porque o lapso prescricional não pode variar ao talante da existência ou não de ação penal, justamente pelo fato de a prescrição estar relacionada ao vetor da segurança jurídica" (REsp 1.106.657/SC, Rel. Ministro MAURO CAMPBELL MARQUES, SEGUNDA TURMA, DJe de 20/09/2010). Nesse sentido: STJ, REsp 1.656.383/SC, Rel. Ministro HERMAN BENJAMIN, SEGUNDA TURMA, DJe de 17/05/2017; AgRg no REsp 1.386.186/PE, Rel. Ministro HUMBERTO MARTINS, SEGUNDA TURMA, DJe de 02/05/2014; AgRg nos EDcl no REsp 1.360.873/PB, Rel. Ministro OLINDO MENEZES (Desembargador Federal convocado do TRF/1ª Região, PRIMEIRA TURMA, DJe de 22/02/2016. Nesse contexto, tendo os fatos sido praticados em 2003 e a presente ação sido ajuizada em 2011, não há falar em prescrição, tendo em vista o prazo prescricional estabelecido no art. 109, II, do Código Penal. (STJ - AgInt no REsp 1575993/DF, Rel. Ministra ASSUSETE MAGALHÃES, SEGUNDA TURMA, julgado em 24/04/2018, DJe 27/04/2018)

- Prazo prescricional. Atos praticados por agente público e particular. Prescrição. Não configurada. Aplicação do artigo 23, inciso II, da lei 8.429/93 cumulada com o artigo 197, §2º, da lei complementar nº 10.098/94. Configurando os fatos imputados na ação de improbidade também infrações penais, a prescrição, seja para o servidor ímprobo, seja para terceiros envolvidos, observa os critérios e prazos previstos na legislação penal. Precedentes jurisprudenciais. Hipótese em que nem de longe fluiu o prazo da prescrição penal pelo critério da pena em abstrato até o ajuizamento da ação de improbidade, e isso tanto quando se considera a pena cominada ao crime imputado ao servidor público como àquela cominada à infração penal atribuída ao agravante pessoa física, sócio da agravante pessoa jurídica. Não interfere na forma de apuração da prescrição a circunstância de o agravante não ter sido criminalmente condenado, até porque a esse resultado chegou a jurisdição penal não porque o tivesse como inocente, senão que pelo perdão judicial emergente da confissão e colaboração para o esclarecimento do ocorrido e incriminação do servidor público. Por igual, também irrelevante o fato de a persecução penal não ter sido direcionada em face da agravante pessoa jurídica, o que, naturalmente, se deveu a essa peculiar condição, até porque comprometida pelos atos por si realizados pelo sócio, o outro agravante. AGRAVO DE INSTRUMENTO DESPROVIDO. (Agravo de Instrumento Nº 70077384949, Vigésima Primeira Câmara Cível, Tribunal de Justiça do RS, Relator: Marcelo Bandeira Pereira, Julgado em 23/05/2018)

- Servidor público. Prescrição. O prazo prescricional incidente para o ato de improbidade praticado por servidor público efetivo que configure, também, falta disciplinar punível com a pena de demissão a bem do serviço público, é o previsto na lei específica. Incidência do artigo 23, II, da Lei nº 8.429/92. O art. 169 da Lei Estadual nº 04/90, que instituiu o Estatuto e Regime Jurídico Único dos Servidores Públicos Civis do Estado do Rio Grande do Sul, determina que o prazo prescricional para imposição da penalidade de demissão é de 5 anos, contudo os prazos de prescrição previstos na lei penal aplicam-se às infrações disciplinares capituladas também como crime. (Ap 11126/2016, DESA. HELENA MARIA BEZERRA RAMOS, PRIMEIRA CÂMARA DE DIREITO PÚBLICO E COLETIVO, Julgado em 07/05/2018, Publicado no DJE 22/05/2018)

- "Descabe falar em prescrição, pois quando o ato ímprobo também configura fato típico penal, o prazo prescricional a ser considerado para a aplicação de penalidade por improbidade é o mesmo do atinente ao direito penal. Inteligência do art. 23, II, da Lei 8.429/92, combinado com o art. 142, § 2º, da Lei 8.112/90. Preconiza o art. 17, § 8º, da Lei 8.429/1992, com a redação dada pela MP 2.225-45/2001, que o magistrado somente poderá rejeitar a inicial da ação de improbidade administrativa se cabalmente demonstrada a improcedência da ação, a inexistência do ato de improbidade administrativa ou a inadequação da via eleita." (TRF1 - AG 0034849-37.2017.4.01.0000 / MG, Rel. DESEMBARGADOR FEDERAL NEY BELLO, TERCEIRA TURMA, e-DJF1 de 20/10/2017)

- "Vice-prefeito. Agente político. Prazo prescricional. *Termo a quo*. Término do mandato eletivo. Cuidam os autos de Ação Civil Pública por Ato de improbidade proposta pelo Ministério Público do Estado de Pernambuco contra ex-Vice Prefeito do Município de Venturosa/PE (gestão 1/1/2001 a 31/12/2004), em razão de supostas irregularidades e preterições cometidas enquanto atuava como Prefeito Municipal em exercício, nos atos de nomeações feitas entre 2001 e 2002, de candidatos participantes de concurso público realizado no ano 2000, em ofensa ao princípio da impessoalidade. O prazo prescricional para a Ação de Improbidade Administrativa é, em regra, cinco anos, nos termos do art. 23, I, da Lei 8.429/92, ressalvado-se a imprescritibilidade da pretensão de ressarcimento ao erário. "No caso de agente político detentor de mandato eletivo ou de ocupantes de cargos em comissão e de confiança inseridos no polo passivo de ação, inicia-se a contagem do prazo com o fim do mandato" (AgRg no REsp 1411699/SP, Rel. Ministro Humberto Martins, Segunda Turma, DJe 19/02/2015). No mesmo sentido: AgRg no AREsp 686.390/MG, Rel. Ministro Herman Benjamin, Segunda Turma, DJe 03/02/2016; AgRg no REsp 1.312.167/SC, Rel. Ministro Sérgio Kukina, Primeira Turma, DJe 17/12/2013; AgRg no Ag 954.505/RS, Rel. Ministro Herman Benjamin, Segunda Turma, DJe 27/03/2009. Na hipótese, embora o agravante tenha praticado o ato ímprobo durante a substituição legal ao Prefeito Municipal, esse fato não tem o condão de influenciar na contagem do prazo prescricional, pois seu vínculo com a Administração Pública só cessou com o fim do mandato do cargo de Vice-prefeito. Afigura-se escorreito o acórdão recorrido ao concluir que "sendo o agravante Vice-Prefeito Municipal na gestão 2001/2004, e tendo ele renunciado ao aludido cargo eletivo apenas em 27/4/2004, consoante se infere das suas declarações prestadas ao MPPE em Inquérito Civil cuja cópia está colacionada à fl. 116 dos autos, imperioso reconhecer que o ajuizamento da ACP em 31/10/2008 efetivamente respeitou aquele prazo quinquenal de prescrição disciplinado no art. 23, I, LIA" (fl. 697, e-STJ)." (STJ - AgRg no AREsp 622.765/PE, Rel. Ministro HERMAN BENJAMIN, SEGUNDA TURMA, julgado em 15/12/2016, DJe 02/02/2017)

- "Os precedentes do STJ têm entendido que, em matéria de improbidade administrativa, o prazo de prescrição rege-se pelo Código Penal, nos termos do § 2º do art. 142 da Lei 8.112/90, quando existe a propositura de ação penal sobre o mesmo fato. Não muda o paradigma na hipótese de eventual extinção da ação penal, sem condenação. Se, no momento do ajuizamento da ACP, havia em curso procedimento criminal sobre o mesmo fato, toma-se como marco extintivo da punibilidade infracional administrativa o prazo prescricional penal. (Precedente do STJ - Resp 1.264.612 - DJ 12/05/2015). 3. Agravo de instrumento desprovido". (STJ - AG 0034803-82.2016.4.01.0000 / DF, Rel. DESEMBARGADOR FEDERAL OLINDO MENEZES, QUARTA TURMA, e-DJF1 de 25/09/2017)

- "O art. 23 da LIA, cuida do prazo prescricional para o ajuizamento da ação de improbidade administrativa, contado do término do mandato, cargo em comissão ou função de confiança, e não para que a demanda já proposta obtenha decisão de mérito com o trânsito em julgado, sendo descabida a tese de prescrição intercorrente". (TJMG - Apelação Cível 1.0529.07.016979-0/012, Relator(a): Des.(a) Jair Varão, 3ª CÂMARA CÍVEL, julgamento em 13/09/2017, publicação da súmula em 10/10/2017)

- "O STJ, interpretando o art. 23 da LIA, que regula o prazo prescricional para a propositura da ação de improbidade administrativa, já consolidou entendimento no sentido de que não se mostra possível decretar a ocorrência de prescrição intercorrente nas ações de improbidade administrativa, porquanto referido dispositivo legal somente se refere a prescrição quinquenal para ajuizamento da ação, contados do término do exercício do mandato, cargo em comissão ou função de confiança. Precedente: REsp 1.218.050/RO, Rel. Min. Napoleão Nunes Maia Filho, Primeira Turma, DJe 20/9/2013". (STJ - AgInt no AREsp 962.059/PI, Rel. Ministro BENEDITO GONÇALVES, PRIMEIRA TURMA, julgado em 25/04/2017, DJe 29/05/2017).

- "O prazo prescricional quinquenal descrito no artigo 23, I, da Lei nº 8.429/1992, somente começa a fluir após ter o último réu se desligado do serviço público, alcançando assim a norma a maior eficácia possível, viabilizando a repressão aos atos de improbidade administrativa" (REsp 1.071.939/PR, Primeira Turma, Rel. Ministro Francisco Falcão, DJe de 22/04/2009). A reeleição, embora não prorrogue simplesmente o mandato, importa em fator de continuidade no exercício da função pública. Precedentes. *In casu*, apesar de o ora agravante ter se afastado do cargo público que ocupava em 24/04/2008, o então prefeito concluiu seu mandato em 31/12/2012, tendo sido ajuizada a ação civil pública em 16/12/2015. Descabe falar em ocorrência da prescrição quinquenal". (TRF1 - AG 0026787-08.2017.4.01.0000 / BA, Rel. DESEMBARGADOR FEDERAL NEY BELLO, Rel.Conv. JUÍZA FEDERAL MARIA LÚCIA GOMES DE SOUZA (CONV.), TERCEIRA TURMA, e-DJF1 de 01/09/2017)

- "O Superior Tribunal de Justiça entende que, quando o ocupante de cargo comissionado também é titular de cargo efetivo, a prescrição se rege pelo inciso II do art. 23 da Lei de Improbidade. Precedentes: REsp 1.060.529/MG, Rel. Ministro Mauro Campbell Marques, Segunda Turma, DJe 18/09/2009. Todavia, aplicando-se a Lei 8.112/1990 por analogia, como defende o próprio embargante, devido à ausência de lei específica municipal sobre o tema, o termo inicial do prazo prescricional não é a data dos fatos, mas aquela em que deles tomou conhecimento a Administração, por incidência do art. 142, § 1º, da Lei 8.112/1990. Precedente: REsp 1.263.106/RO, Rel. p/ Acórdão Ministro Benedito Gonçalves, Primeira Turma, DJe 11/12/2015. 8. No caso, os fatos foram conhecidos pela Administração entre 1º e 25 de outubro de 2007, período em que aconteceu a fiscalização no Município. Assim, tendo a Ação de Improbidade sido distribuída em 13/12/2011, não há cogitar de prescrição". (STJ - EDcl no REsp 1643498/MG, Rel. Ministro HERMAN BENJAMIN, SEGUNDA TURMA, julgado em 03/10/2017, DJe 11/10/2017)

- "O objetivo da regra estabelecida na LIA para contagem do prazo prescricional é impedir que os protagonistas de atos de improbidade administrativa - quer agentes públicos, quer particulares em parceria com agentes públicos - explorem indevidamente o prestígio, o poder e as facilidades decorrentes de função ou cargo públicos para dificultar ou mesmo impossibilitar as investigações. Daí porque é firme a jurisprudência do Superior Tribunal de Justiça no sentido de que o prazo prescricional previsto no art. 23, I, da Lei 8.429/1992, nos casos de reeleição, tem como termo inicial o encerramento do segundo mandato, em que se dá a cessação do vínculo do agente ímprobo com a Administração Pública." (REsp 1630958/SP, Rel. Ministro NAPOLEÃO NUNES MAIA FILHO, Rel. p/ Acórdão Ministro SÉRGIO KUKINA, PRIMEIRA TURMA, julgado em 19/09/2017, DJe 27/09/2017)

- "Não bastasse, nos moldes da jurisprudência desta Corte, é imprescritível a pretensão de ressarcimento de danos causados ao erário por atos de improbidade administrativa, único pedido formulado pelo autor da subjacente ação civil pública." (REsp 1630958/SP, Rel. Ministro NAPOLEÃO NUNES MAIA FILHO, Rel. p/ Acórdão Ministro SÉRGIO KUKINA, PRIMEIRA TURMA, julgado em 19/09/2017, DJe 27/09/2017)

- "O prazo prescricional para a Ação de Improbidade Administrativa é, em regra, cinco anos, nos termos do art. 23, I, da Lei 8.429/1992, ressalvada a imprescritibilidade da pretensão de ressarcimento ao Erário. No caso de agente político detentor de mandato eletivo ou de ocupantes de cargos em comissão e de confiança inseridos no polo passivo de ação, inicia-se a contagem do prazo com o fim do mandato. Precedentes: AgRg no AREsp 686.390/MG, Rel. Ministro Herman Benjamin, Segunda Turma, DJe 3/2/2016; AgRg no AREsp 676.647/PB, Rel. Ministra Assusete Magalhães, Segunda Turma, DJe 13/4/2016; AgRg no REsp 1.411.699/SP, Rel. Ministro Humberto Martins, Segunda Turma, DJe 19/2/2015; AgRg no REsp 1.312.167/SC, Rel. Ministro Sérgio Kukina, Primeira Turma, DJe 17/12/2013)". (STJ - REsp 1666029/SP, Rel. Ministro HERMAN BENJAMIN, SEGUNDA TURMA, julgado em 19/09/2017, DJe 09/10/2017)

- "Se além do processo disciplinar em que se buscava a demissão a bem do serviço público, o servidor ainda teve in iniciado inquérito policial pelos crimes do art. 312 e art. 316 do Código Penal, que foi distribuído ao Juízo da 3ª Vara Criminal de Betim. Tal situação aparentemente imporia a aplicação do art. 142, § 2º, da Lei Federal 8.112/90 que estabelece que o prazo prescricional das medidas disciplinares capituladas como crime contra a Administração, segue a regra da pena criminal in abstrato para o delito, o que resultaria no prazo prescricional de 20 (vinte) anos, no entanto, a ação penal não foi objeto de denúncia em face da prescrição pela pena em perspectiva que foi homologada, mesmo contra a lei, prevalecendo a posição do Superior Tribunal de Justiça no sentido de que a ausência de procedimento administrativo de investigação em curso, ou de ação penal sobre o fato, importa no afastamento da regra de prescrição do art. 142, II, c/c art. 132, IV, da Lei Federal 8.112/90 e art. 23, II, da Lei Federal 8.429/92, prevalecendo, a regra do art. 142, I, c/c art. 132, I, da Lei Federal e art. 23, II, da Lei Federal 8.429/92 que estabelece prazo quinquenal para a prescrição que já ocorreu, afastando, portanto, a imposição das penas pelo ato de improbidade. No ressarcimento, inexiste prescrição possível em face da regra do art. 37, § 5º, da Constituição Federal, no entanto, não é possível impor ao réu ressarcimento ao Estado de prejuízo causado à própria vítima sem que haja prova de que teria ela buscado indenização junto ao patrimônio público. Provido. (TJMG - Apelação Cível 1.0027.07.114468-0/001, Relator(a): Des.(a) Judimar Biber, 3ª CÂMARA CÍVEL, julgamento em 18/05/2017, publicação da súmula em 04/07/2017)

- "A Lei 8.112/90, ao versar sobre a prescrição da ação disciplinar (art. 142), prevê como seu termo inicial a data do conhecimento do fato pela autoridade competente para instaurar o processo administrativo disciplinar (§ 1º do art. 142), cujo implemento constitui causa interruptiva (§

3º do art. 142). Inequívoco conhecimento da autoridade hierarquicamente superior dá início ao decurso do prazo prescricional". (STJ - MS 21.682/DF, Rel. Ministro BENEDITO GONÇALVES, PRIMEIRA SEÇÃO, julgado em 14/06/2017, DJe 21/06/2017)

- "Praticado o alegado ato ímprobo durante a gestão do réu à frente da Secretaria de Saúde do Distrito Federal, o prazo prescricional quinquenal, como previsto no art. 23, I, da Lei nº 8.429/92, tem início com a saída do gestor do cargo ocupado. 2. O lapso prescricional previsto no art. 23, I, da LIA é interrompido com o ajuizamento da ação civil de improbidade administrativa pelo Ministério Público ou pessoa jurídica interessada, sendo certo que a posterior citação válida do réu implicará, nos termos do art. 219, § 1º, do CPC/73, que a mencionada interrupção retroaja "à data da propositura da ação". (STJ - REsp 1404307/DF, Rel. Ministro NAPOLEÃO NUNES MAIA FILHO, Rel. p/ Acórdão Ministro SÉRGIO KUKINA, PRIMEIRA TURMA, julgado em 18/05/2017, DJe 31/05/2017)

- "Nos termos da jurisprudência do STJ, a contagem prescricional da Ação de Improbidade Administrativa, quando o fato traduzir crime submetido a persecução penal, deve ser pautada pela regra do Código Penal, em face do disposto no inciso II do art. 23 da Lei 8.429/1992 e no § 2º do art. 142 da Lei 8.112/1990. Convém esclarecer que o STJ, com relação à prescrição da Ação de Improbidade Administrativa, firmou o seu entendimento de que "a disposição da lei de que a falta administrativa prescreverá no mesmo prazo da lei penal, leva a uma única interpretação possível, qual seja, a de que este prazo será o mesmo da pena em abstrato, pois este, por definição originária, é o prazo próprio prescricional dos crimes em espécie." Nesse sentido: REsp 1.386.162/SE, Rel. Ministro Herman Benjamin, Segunda Turma, DJe 19/3/2014; AgRg no REsp 1.386.186/PE, Rel. Ministro Humberto Martins, Segunda Turma, DJe 2/5/2014; REsp 379.276/SP, Rel. Ministra Maria Thereza De Assis Moura, Sexta Turma, DJ 26/02/2007, p. 649; RMS 15.648/SP, Rel. Ministro Hamilton Carvalhido, Sexta Turma, DJ 3/9/2007, p. 221 e RMS 18.901/RJ, Rel. Ministro Felix Fischer, Quinta Turma, DJ 13/3/2006, p. 338. Deve ser considerada a pena *in abstrato* para o cálculo do prazo prescricional, a "um porque o ajuizamento da ação civil pública por improbidade administrativa não está legalmente condicionado à apresentação de demanda penal. Não é possível, desta forma, construir uma teoria processual da improbidade administrativa ou interpretar dispositivos processuais da Lei n. 8.429/92 de maneira a atrelá-las a institutos processuais penais, pois existe rigorosa independência das esferas no ponto." "A dois (e levando em consideração a assertiva acima) porque o lapso prescricional não pode variar ao talante da existência ou não de ação penal, justamente pelo fato de a prescrição estar relacionada ao vetor da segurança jurídica" (REsp 1.106.657/SC, Rel. Ministro Mauro Campbell Marques, Segunda Turma, DJe 20.9.2010)". (STJ - REsp 1656383/SC, Rel. Ministro HERMAN BENJAMIN, SEGUNDA TURMA, julgado em 09/05/2017, DJe 17/05/2017)

- Prescrição. Reconhecida. Artigo 23, incisos I e II, da Lei 8.429/92. Condição individual de cada réu. O artigo 23, da Lei 8.429/92, claramente prevê a existência de dois critérios para aferição da tempestividade da propositura das ações, que devem ser verificadas individualmente de acordo com as condições de cada réu. O primeiro embargante era ocupante de mandato cargo eletivo (Prefeito de Porto Velho/RO), e o segundo embargante era ocupante de cargo em comissão (Secretário municipal de saúde), estando submetidos, portanto, ao prazo prescricional previsto no inciso I, do Artigo 23, da Lei 8.429/92. A circunstância dos atos tidos como ímprobos terem sido praticados durante a gestão daquele ex prefeito (01/01/2001 a 31/12/2004) importa na responsabilidade destes como gestores do convênio firmado em 30/12/2001 (Convênio 3.494/2001). A UNIÃO ajuizou, em 22.01.2009, ação civil de improbidade administrativa pela prática de ato ímprobo previsto no art. 10, V, VIII, e XII da lei 8.429/92). Assim sendo, decorridos mais de 5 (cinco) anos entre essa data e a propositura da ação, impõe-se, portanto, o reconhecimento da prescrição. Conquanto prescrita a pretensão do autor da ação de improbidade administrativa, no tocante às sanções do artigo 12, da Lei 8.429/92, remanesce o direito ao ressarcimento de eventuais danos ao erário, tendo em vista a imprescritibilidade prevista no artigo 37, § 5º, da Constituição Federal, parte final, e nos precedentes jurisprudenciais desta Corte e do Superior Tribunal de Justiça. Acolhidos parcialmente os embargos de declaração para declarar a ocorrência da prescrição, com ressalva de eventual ressarcimento de dano causado ao erário". (TRF1 - EDAC 0000888-08.2009.4.01.4100 / RO, Rel. DESEMBARGADOR FEDERAL MÁRIO CÉSAR RIBEIRO, TERCEIRA TURMA, e-DJF1 de 18/12/2015)

- "A determinação de constituição de Comissão de Processo Administrativo Disciplinar em desfavor do recorrente, com finalidade de investigar possíveis ilícitos administrativos interrompe o prazo prescricional, nos termos do § 2º do art. 179 da LC 68/92, do Estado de Rondônia. Na hipótese, vislumbra-se que entre a data do fato (05.04.1993) e a data da instauração de Comissão de Processo Administrativo Disciplinar (17.07.2000) não transcorreu o prazo prescricional de 8 anos, concluindo-se, portanto, que a imposição de cassação de aposentadoria não se encontra fulminada pela prescrição. Recurso Especial desprovido. (STJ – REsp. 1.433.635/RO – Rel. Min. Napoleão Nunes Maia Filho – 1ª Turma – j. em 25.03.2014 – DJe 03.04.2014)

- "Improbidade administrativa. Ressarcimento ao erário. Prescrição. Não ocorrência. Da leitura do art. 37, § 5º, da Constituição da República e do art. 23 da Lei 8.429/92, infere-se que a prescrição quinquenal atinge os ilícitos administrativos e a punição contra os agentes públicos que lhe deram causa, deixando fora de sua incidência temporal as ações com vistas ao ressarcimento ao Erário, que, nos termos da jurisprudência desta Corte, são imprescritíveis. Agravo regimental improvido". (STJ – AgRg no AREsp. 388.589/RJ – Rel. Min. Humberto Martins – 2ª Turma – j. em 06.02.2014 – DJe 17.02.2014)

- O *termo a quo* do prazo prescricional da ação de improbidade conta-se da ciência inequívoca, pelo titular de referida demanda, da ocorrência do ato ímprobo, sendo desinfluente o fato de o ato de improbidade ser de notório conhecimento de outras pessoas que não aquelas que detém a legitimidade ativa ad causam, uma vez que a prescrição presume inação daquele que tenha interesse de agir e legitimidade para tanto. (REsp. 999.324/RS, Rel. Min. Luiz Fux, 1ª Turma, j. en 26.10.2010) (TJSC – Ag. de Inst. 2013.006781-1/Chapecó – Rel. Des. Paulo Henrique Moritz Martins da Silva – j. em 18.03.2014)

- "Prescrição intercorrente. Não ocorrência. 1. O art. 23 da Lei 8.429/92, que regula o prazo prescricional para propositura da ação de improbidade administrativa, não possui comando a permitir a aplicação da prescrição intercorrente nos casos de sentença proferidas há mais de 5 (cinco) anos do ajuizamento ou do ato citatório na demanda. Precedente". (STJ REsp. 1.289.993/RO – 2ª Turma – Relª. Minª. Eliana Calmon – j. em 19.09.2013 – DJe 26.09.2013)

- "Improbidade administrativa. Prescrição. Termo inicial. Reeleição. Término do segundo mandato. 1. O prazo prescricional nas ações de improbidade administrativa deve ser contado a partir do segundo mandato em caso de reeleição porquanto, em que pesem sejam mandatos diferentes, existe uma continuidade no exercício da função pública pelo agente público". (STJ – AgRg no REsp. 1.259.432/PB – AgRg no REsp. 2011/0131718-3 – 2ª Turma – Rel. Min. Carlos Meira – DJe 04.02.2013).

- Ressarcimento de dano ao erário público. Imprescritibilidade. Demais sanções. Art. 23 da LIA. Termos iniciais distintos conforme o vínculo do agente com a administração. 1. Não há qualquer antinomia entre o Decreto-Lei 201/67 e a Lei 8.429/92, pois a primeira impõe ao prefeito e vereadores um julgamento político, enquanto a segunda submete-os ao julgamento pela via judicial, pela prática do mesmo fato. Precedentes. 2. A ação de ressarcimento dos prejuízos causados ao erário é imprescritível, mesmo se cumulada com a ação de improbidade administrativa (art. 37, § *5º, da CF). 3. Não fere as garantias constitucionais a previsão de termos iniciais distintos, para fins de contagem da prescrição para as demais sanções, nos moldes do art. 23, I e II, da LIA, conforme o vínculo jurídico do agente público com a Administração. 4. Agravo regimental não provido. (STJ – AgRg no AREsp. 79.268/MS – 2ª Turma – Relª. Minª. Eliana Calmon – j. em 19.11.2013, DJe 29.11.2013)*

- Imprescritibilidade das demandas que buscam ressarcimento ao erário. Art. 37, § 5º da Constituição Federal. Citação válida. Interrupção da prescrição. Art. 219, § 1º, do CPC. Legitimidade do Ministério Público. Art. 5º, inc. II, da Lei 7.347/85. Prescrição da ação civil pública regulamentada pelo art. 37, § 5º da Constituição Federal que estabelece a imprescritibilidade das demandas em que se busca ressarcimento ao Erário Público. Norma constitucional, aplicável a todas as demandas em que se busca ressarcimento ao Erário Público, independentemente de estar fundada ou não em ato de improbidade administrativa. Ainda que se entendesse pela aplicação do prazo quinquenal, com base no Decreto-lei 20.910/32, a prescrição não estaria configurada. Citação válida que interrompe a prescrição, retroagindo à data da propositura da ação, nos termos do art. 219 e seu § 1º, do CPC. Descabida a pretensão de anulação do julgado sob o argumento de que o saneamento do feito foi baseado na Lei 8.429/92. Prescrição afastada com base em previsão constitucional e legitimidade ativa do Ministério Público que também decorre do disposto no art. 5º, inc. II, da Lei 7.347/85. Agravo de instrumento desprovido. (TJRS – Agravo de Instrumento 70044068609 – 4ª Câmara Cível – Rel. José Luiz Reis de Azambuja – j. em 28.09.2011)

- Prazo prescricional. Ex-prefeito. Reeleição. *Termo a quo*. Término do segundo mandato. Art. 142 da Lei 8.112/91. Art. 23 da Lei 8.429/92. 1. Interpretação da Lei 8.429/92. Método teleológico. Verifica-se claramente que a *mens legis* é proteger a moralidade administrativa e todos seus consectários por meio de ações contra o enriquecimento ilícito de agentes públicos em detrimento do erário e em atentado aos princípios da administração pública. Nesse sentido deve ser lido o art. 23, que trata dos prazos prescricionais. 2. Método histórico de interpretação. A LIA, promulgada antes da Emenda Constitucional 16, de 04 de junho de 1997, que deu nova redação ao § 5º do art. 14 da Constituição Federal, considerou como termo inicial da prescrição exatamente o final de mandato. No entanto, a EC 16/97 possibilitou a reeleição dos Chefes do Poder Executivo em todas as esferas administrativas, com o expresso objetivo de constituir corpos administrativos estáveis e cumprir metas governamentais de médio prazo, para o amadurecimento do processo democrático. 3. A Lei de Improbidade associa, no art. 23, I, o início da contagem do prazo prescricional ao término de vínculo temporário, entre os quais, o exercício de mandato eletivo. De acordo com a justificativa da PEC de que resultou a Emenda 16/97, a reeleição, embora não prorrogue simplesmente o mandato, importa em fator de continuidade da gestão administrativa. Portanto, o vínculo com a Administração, sob ponto de vista material, em caso de reeleição, não se desfaz no dia 31 de dezembro do último ano do primeiro mandato para se refazer no dia 1º de janeiro do ano inicial do segundo mandato. Em razão disso, o prazo prescricional deve ser contado a partir do fim do segundo mandato. (STJ – REsp. 1107833/SP – 2ª Turma – DJe 18.09.2009 – Rel. Min. Mauro Campbell Marques)

- Improbidade administrativa. Prescrição. Termo a quo. Agente que permanece em cargo comissionado por períodos sucessivos. 1. A Lei 8.429/92, art. 23, I, condicionou a fluência do prazo prescricional ao "término do exercício de mandato, de cargo em comissão ou de função de confiança". 2. Na hipótese em que o agente se mantém em cargo comissionado por períodos sucessivos, o termo a quo da prescrição relativa a ato de improbidade administrativa é o momento do término do último exercício, quando da extinção do vínculo com a Administração. (STJ – REsp. 1179085 / SC – 2ª Turma – DJe 08.04.2010 – Relª. Minª. Eliana Calmon)

- Improbidade Administrativa. Ex-prefeito. Prescrição quinquenal. Art. 23, I, da Lei 8.429/92. Incidência do art. 219, § 1º, do CPC. Citação. Súmula 106/STJ. Interpretação do § 7º do art. 17 da Lei 8.429/92. Notificação prévia. Atribuição do magistrado. Entendimento pacífico do STJ. Prescrição afastada. 1. No caso dos autos, a ação de improbidade administrativa foi ajuizada contra ex-prefeito, inequivocamente, no prazo quinquenal previsto no art. 23, I, da Lei 8.429/92, conforme expressamente reconhecido pelo Tribunal de origem. Portanto, proposta a ação no prazo legal, eventual demora no cumprimento da citação, em razão do próprio sistema dos serviços judiciais, não atrai a incidência da prescrição. Nesse sentido, a orientação da Súmula

106/STJ: "Proposta a ação no prazo fixado para o seu exercício, a demora na citação, por motivos inerentes ao mecanismo da justiça, não justifica o acolhimento da arguição de prescrição ou decadência". 2. Ademais, a interpretação do § 7º do art. 17 da Lei 8.429/92 permite afirmar que a regra contida na norma é dirigida ao juiz, e não ao autor da ação, ou seja, a determinação da notificação do requerido para apresentação de defesa na ação de improbidade administrativa é atribuição do magistrado responsável pelo processo. Assim, o eventual descumprimento da notificação prévia não afeta o prazo prescricional da ação de improbidade administrativa. 3. Nesse sentido, os seguintes precedentes desta Corte Superior: REsp. 619.946/RS, 2ª Turma, Rel. Min. João Otávio de Noronha, DJ de 2.8.2007, p. 439; REsp. 680.677/RS, 2ª Turma, Rel. Min. Humberto Martins, DJ de 2.2.2007, p. 381; REsp. 750.187/RS, 1ª Turma, Rel. Min. Luiz Fux, DJ de 28.9.2006, p. 207; REsp. 713.198/RS, 1ª Turma, Rel. Min. José Delgado, DJ de 12.6.2006, p. 443; REsp. 681.161/RS, 1ª Turma, Rel. Min. Francisco Falcão, DJ de 10.4.2006, p. 135. 4. Provimento do recurso especial. (STJ – REsp. 798827 / RS – 1ª Turma – DJ 10.12.2007 p. 295 – Relª. Minª. Denise Arruda)

- Improbidade Administrativa. Decretação de prescrição. Impossibilidade. Retroação dos efeitos da citação à data do ajuizamento da ação. Súmula 106/STJ. Notificação prévia. Art. 17, § 7º, da Lei 8.429/92. Atribuição do magistrado. 1. O § 1º do art. 219 do CPC dispõe que "A interrupção da prescrição retroagirá à data da propositura da ação". 4. É cediço no Eg. STJ que "não compete ao autor da ação civil pública por ato de improbidade administrativa, mas ao magistrado responsável pelo trâmite do processo, a determinação da notificação prevista pelo art. 17, § 7º, da Lei de Improbidade". "O § 1º do art. 219 do CPC dispõe que 'A interrupção da prescrição retroagirá à data da propositura da ação'. Tendo a demanda sido ajuizada tempestivamente, não pode a parte autora ser prejudicada pela decretação de prescrição em razão da mora atribuível exclusivamente aos serviços judiciários. Incidência da Súmula 106/STJ ('Proposta a ação no prazo fixado para o seu exercício, a demora na citação, por motivos inerentes ao mecanismo da Justiça, não justifica o acolhimento da arguição de prescrição ou decadência')". (REsp. 700.038/RS, Rel. Min. José Delgado, DJ 12.09.2005) 5. Consequentemente, "tendo sido expedidos os mandados de citação e até mesmo apresentada a contestação pelo réu, não há que se alegar a prescrição em razão do não cumprimento do disposto no § 7º do art. 17 da Lei 8.429/92. Hipótese em que se aplica o art. 219, § 1º do CPC, ou seja, retroação dos efeitos da citação à data da propositura da ação". (REsp. 681.161/RS, Rel. Min. Francisco Falcão, DJ10.04.2006). 6. Não compete ao autor da ação civil pública por ato de improbidade administrativa, mas ao magistrado responsável pelo trâmite do processo, a determinação da notificação prevista pelo art. 17, § 7º, da Lei de Improbidade. 7. Ressalva do ponto de vista do Relator no sentido de que a Ação de Improbidade é ação civil com conteúdo misto administrativo-penal, a qual aplicam-se subsidiariamente o CPC e o CPP, este notadamente na dosimetria sancionatória, sempre à luz da regra exegética de que lex specialis derrogat lex generalis (sic). No âmbito civil, é cediço que as regras do procedimento ordinário apenas incidem nas hipóteses de lacuna e não nos casos de antinomia. (STJ – REsp. 792996/RS – 1ª Turma – DJ 09.04.2007 p. 232 – Rel. Min. Luiz Fux)

- Ação civil pública de improbidade administrativa. Ex-prefeito. Lei 8.429/92. Prescrição afastada. Propositura da ação. Art. 219, § 1º, do CPC. Citação. Foro privilegiado afastado pela Adin 2797 – devolução dos autos ao juízo de primeiro grau. 1. Ainda que inexistente a notificação prévia prevista no art. 17, § 7º, da Lei 8.429/92, a citação tem o condão de interromper o prazo prescricional, retroagindo, nos termos do art. 219, § 1º, do CPC, à data da propositura da ação. 2. O prazo prescricional para o exercício dessa pretensão, fora dos casos de ressarcimento ao erário, é de cinco anos, contados do término do mandato do ex-Prefeito. (art. 23, I, da Lei 8.429/92) 3. Se o ex-Prefeito teve seu mandato encerrado em 31.12.1996, e ajuizada a ação contra ele em 11.05.2001, não está prescrita a pretensão do Ministério Público para processá-lo por ato de improbidade. (STJ – REsp. 680677/RS – 2ª Turma – DJ 02.02.2007, p. 381 – Rel. Min. Humberto Martins)

- Ação. Prescrição. Citação. Interrupção. 1. É patente, nos presentes autos, a negativa de vigência do art. 19 do CPC que dispõe "A interrupção da prescrição retroagirá à data da propositura da ação". Uma vez que a demanda foi ajuizada dentro do quinquênio previsto na lei de improbidade (art. 23, I), não pode a parte autora, no caso o Ministério Público do Estado do Rio Grande do Sul, ser prejudicada pela decretação de prescrição em razão de mora atribuível aos serviços judiciários. Incidência da Súmula 106/STJ ("Proposta a ação no prazo fixado para o seu exercício, a demora na citação, por motivos inerentes ao mecanismo da Justiça, não justifica o acolhimento da arguição de prescrição ou decadência"). 2. No caso concreto, o mandato do ex-prefeito se encerrou em 31.12.1996, e a ação civil pública foi proposta em 28.11.2001, portanto, antes de expirado o quinquênio prescricional reservado para o exercício desse ato processual. 5. Recurso especial conhecido e provido com a finalidade de que, afastada a prescrição relativa ao ex-prefeito, sejam os autos encaminhados ao juízo de primeiro grau para que dê regular continuidade ao seu exame. (STJ – REsp. 689875 / RS – 1ª Turma – DJ 12.02.2007, p. 247 – Rel. Min. José Delgado)

- Ato de improbidade. Ação prescrita quanto aos pedidos condenatórios (art. 23, II, da Lei 8.429/92). Prosseguimento da demanda quanto ao pleito ressarcitório. Imprescritibilidade. 1. O ressarcimento do dano ao erário, posto imprescritível, deve ser tutelado quando veiculada referida pretensão na inicial da demanda, nos próprios autos da ação de improbidade administrativa ainda que considerado prescrito o pedido relativo às demais sanções previstas na Lei de Improbidade. 2. O Ministério Público ostenta legitimidade ad causam para a propositura de ação civil pública objetivando o ressarcimento de danos ao erário, decorrentes de atos de improbidade, ainda que praticados antes da vigência da Constituição Federal de 1988, em razão das disposições encartadas na Lei 7.347/85. Precedentes do STJ: REsp. 839650/MG, 2ª Turma, DJe 27.11.2008; REsp. 226.912/MG, SEXTA TURMA, DJ 12.05.2003; REsp. 886.524/SP, 2ª Turma, DJ 13.11.2007; REsp. 151811/MG, 2ª Turma, DJ 12.02.2001. 3. A aplicação das sanções previstas no art. 12 e incisos da Lei 8.429/92 se submetem ao prazo prescricional de 05 (cinco) anos, exceto a reparação do dano ao erário, em razão da imprescritibilidade da pretensão ressarcitória (art. 37, § 5º, da Constituição Federal de 1988). Precedentes do STJ: AgRg. no REsp. 1038103/SP, 2ª Turma, DJ de 04/05/2009; REsp. 1067561/AM, 2ª Turma, DJ de 27.02.2009; REsp. 801846/AM, 1ª Turma, DJ de 12.02.2009; REsp. 902.166/SP, 2ª Turma, DJ de 04.05.2009; e REsp. 1107833/SP, 2ª Turma, DJ de 18.09.2009. 4. Consectariamente, uma vez autorizada a cumulação de pedidos condenatório e ressarcitório em sede de ação por improbidade administrativa, a rejeição de um dos pedidos, in casu, o condenatório, porquanto considerada prescrita a demanda (art. 23, I, da Lei 8.429/92), não obsta o prosseguimento da demanda quanto ao pedido ressarcitório em razão de sua imprescritibilidade. 5. Recurso especial do Ministério Público Federal provido para determinar o prosseguimento da ação civil pública por ato de improbidade no que se refere ao pleito de ressarcimento de danos ao erário, posto imprescritível. (STJ – REsp. 1.089.492/RO – DJ 18.11.2010 – Primeira Turma – Rel. Min. Luiz Fux)

- Ação de improbidade administrativa. Sanções aplicáveis. Ressarcimento de dano ao erário público. Prescrição. 1. As punições dos agentes públicos, nestes abrangidos o servidor público e o particular, por cometimento de ato de improbidade administrativa estão sujeitas à prescrição quinquenal (art. 23 da Lei 8.429/92). 2. Diferentemente, a ação de ressarcimento dos prejuízos causados ao erário é imprescritível (art. 37, § 5º, da Constituição). 3. Recurso especial conhecido e provido. (STJ – REsp. 1.067.561/AM – DJ 27.02.2009 – 2ª Turma – Relª. Minª. Eliana Calmon)

- Improbidade administrativa. Prejuízo ao erário. Pretensão ressarcitória. Imprescritibilidade. [...] 2. É pacífico o entendimento desta Corte Superior no sentido de que a pretensão de ressarcimento por prejuízo causado ao erário, manifestada na via da ação civil pública por improbidade administrativa, é imprescritível. Daí porque o art. 23 da Lei 8.429/92 tem âmbito de aplicação restrito às demais sanções prevista no corpo do art. 12 do mesmo diploma normativo. Precedentes. 3. Recurso especial parcialmente conhecido e, nesta parte, provido. (STJ – REsp. 1.199.617/RJ –08.10.2010 – Segunda Turma – Rel. Min. Mauro Campbell Marques)

- Prescrição. Dano ao erário. Ressarcimento. Imprescritibilidade. 1. A lei estabelecerá o prazo de prescrição para ilícitos praticados por qualquer agente, servidor ou não, que causem prejuízos ao erário, ressalvadas as respectivas ações de ressarcimento. (art. 37, § 5º, da CF). No que tange aos danos civis, o propósito do texto constitucional é de tornar imprescritíveis as ações visando ao ressarcimento do dano causado. (Bastos, Celso Ribeiro. Comentários à Constituição do Brasil, v. 3, t. III. São Paulo: Saraiva, 1992. p. 167). 2. Dano ao Erário municipal enquadra-se na categoria dos interesses difusos ou coletivos, legitimando o Ministério Público para promover o inquérito civil e ação civil pública objetivando a defesa do patrimônio público. A Constituição Federal (art. 129, III) ampliou a legitimação ativa do Ministério Público para propor Ação Civil Pública na defesa desses interesses. 3. Restando sobejamente comprovados os atos de improbidade administrativa, torna-se imperiosa a procedência da ação civil pública e a condenação do requerido no ressarcimento dos danos causados ao erário público municipal. (TJSC – Ap. Cív. 1997.003295-1– 6ª CC – j. em 18.03.2002 – Rel. Des. Luiz Cézar Medeiros)

- Prescrição. Citação. Atraso. Interrupção. Ação civil pública. Capão da Canoa. Lei de improbidade administrativa. Prescrição. Art. 23 da Lei 8429/92. Prescrição quinquenal a ser contada entre a data do término do exercício do mandato do administrador municipal e a data da propositura da ação correspondente. Prazo legal não ultrapassado. Não se pode imputar ao autor o atraso da citação, retroagindo seus efeitos, entre os quais a interrupção da prescrição, a data do ajuizamento (CPC, art 219, § 1º). Interpretação do art. 515, § 2º, do CPC. Lição de Araken de Assis. Na fase do controle da inicial, não tem aplicação o dispositivo processual. Apelo provido. (TJRS – Ap. Cív. 70004156493 – 4ª CC – Rel. Des. Vasco Della Giustina – j. em 04.09.2002)

- Prescrição. Interrupção. Processo Administrativo. Cassação de aposentadoria pela prática, na atividade, de falta disciplinar punível com demissão (Lei 8.112/90, art. 134): constitucionalidade, sendo irrelevante que não a preveja a Constituição e improcedente a alegação de ofensa do ato jurídico perfeito. II. Presidente da República: competência para a demissão de servidor de autarquia federal ou a cassação de sua aposentadoria. III. Punição disciplinar: prescrição: a instauração do processo disciplinar interrompe o fluxo da prescrição, que volta a correr por inteiro se não decidido no prazo legal de 140 dias, a partir do termo final desse último. IV. Processo administrativo-disciplinar: congruência entre a indiciação e o fundamento da punição aplicada, que se verifica a partir dos fatos imputados e não de sua capitulação legal. (STF – MS 23299 / SP – Pleno – DJ 12.04.2002 p-00055 – Rel. Min. Sepúlveda Pertence)

- Prescrição. Interrupção. Quinquenal. Instauração. A instauração de comissão de inquérito interrompe o quinquênio prescricional. Conforme precedente, este apenas volta a correr uma vez encerrado o prazo de cento e quarenta dias para a conclusão do processo administrativo (Mandados de Segurança 22.278 e 22.679, relatados pelos Ministros Carlos Velloso e Sepúlveda Pertence, respectivamente). (STF – MS 23.176/RJ – Tribunal Pleno – DJ 10.09.1999 – p. 00003 – Ement. v. 01962-01 – p. 00051 – Rel. Min. Marco Aurélio)

- Prescrição. Demonstração. Ônus. Servidor. Incumbe ao servidor comprovar a incidência do prazo prescricional previsto no art. 142, inc. I, da Lei 8.112/90. Havendo nos autos duas versões, uma baseada no caráter notório dos fatos, e outra na existência de denúncia em tempo de afastar o quinquênio, tem-se como prevalecente esta última, isto considerada a via do mandado de segurança. (STF – MS 22.827/MT – Tribunal Pleno – DJ 02.10.1998 – p. 00005 – Ement v. 01925-01 – p. 00049 – Rel. Min. Marco Aurélio)

28.1. Contagem do prazo prescricional

A contagem desse lapso temporal inicia-se com a publicação no órgão oficial do ato exonerativo, quando se tratar de agente público ou do termo de posse do sucessor ou da renúncia de cargo eletivo do agente político.

Iniciada a fluição prazal de qualquer desses marcos delimitatórios, a sua interrupção virá ocorrer efetivamente na data da notificação pessoal prevista pelo § 7º do art. 17 desta norma, oportunidade ofertada ao indiciado para a promoção de sua defesa prévia por escrito, que lhe oportuniza ainda a faculdade de instruí-la com documentos no espaço de quinze dias.

Ocorrendo o ajuizamento da ação com sua distribuição no órgão judiciário, dentro do período de cinco anos a contar da publicação do ato de exoneração, demissão, dispensa, renúncia ou término de mandato, mesmo que seja no último dia, não se opera a prescrição, pois a citação válida (art. 240 do CPC), mesmo após o lapso quinquenal, interrompe a prescrição, que retroagirá à data da propositura da ação.

Na hipótese de servidor público efetivo dispensado de cargo comissionado e sendo instaurado processo administrativo contra o mesmo, a partir desta data estará interrompida à prescrição que recomeçará novo período aquisitivo, independente da proposição de demanda de improbidade administrativa.

A consistência dessa argumentação é permeada pela índole dessa fase procedimental da aludida demanda de improbidade, de aparente natureza administrativa, o que conduz à relevância do teor da Lei Federal 9.873, de 23.11.1999, que versa sobre prazo de prescrição para o exercício de ação punitiva pela administração pública federal.

Prescreve o art. 2º da Lei 9.873/99:

> **Art. 2º.** Interrompe-se a prescrição da ação punitiva:
>
> I – pela notificação ou citação do indiciado ou acusado, inclusive por meio de edital;
>
> II – por qualquer ato inequívoco, que importe apuração do fato;
>
> III – pela decisão condenatória recorrível;
>
> IV – por qualquer ato inequívoco que importe em manifestação expressa de tentativa de solução conciliatória no âmbito interno da administração pública federal.

Com essa posição explicitada, pode-se deduzir que o servidor efetivo poderá pelas circunstâncias e sua especificidade vinculativa responder à ação por ato de improbidade após os cinco anos depois de seu desligamento de cargo comissionado.

Anote-se, por derradeiro, que a demanda, sendo proposta dentro do prazo quinquenal sem que seja possível a citação pessoal do representado por se encontrar em lugar incerto e não sabido, caberá ao autor postular sua citação por edital, observando, assim, todas as formalidades processuais necessárias ao desenvolvimento regular do processo.

Na hipótese de citação editalícia, deverá o juiz designar um defensor dativo ou defensor público para promover a defesa efetiva do representado.

- "O termo inicial do lustro prescricional para a apuração do cometimento de infração disciplinar é a data do conhecimento do fato pela autoridade competente para instaurar o Processo Administrativo Disciplinar. A contagem da prescrição interrompe-se tanto com a abertura de sindicância quanto com a instauração de processo disciplinar. Após o decurso de 140 dias (prazo máximo conferido pela Lei n. 8.122/90 para conclusão e julgamento do PAD), o prazo prescricional recomeça a correr integralmente. No que toca à sindicância, firmou-se nesta Corte Superior entendimento no sentido de que, diante de seu caráter meramente investigatório (inquisitorial) ou preparatório de um processo administrativo disciplinar (PAD), é dizer, aquela que visa a apurar a ocorrência de infrações administrativas sem estar dirigida, desde logo, à aplicação de sanção ao servidor público, é dispensável a observância das garantias do contraditório e da ampla defesa, sendo prescindível a presença obrigatória do investigado" (MS 20.647/DF, Rel. Ministro Herman Benjamin, Primeira Seção, DJe 19/12/2016). (STJ - RO nos EDcl nos EDcl no MS 11.493/DF, Rel. Ministro NEFI CORDEIRO, TERCEIRA SEÇÃO, julgado em 25/10/2017, DJe 06/11/2017)

- "Tratando-se de vínculo temporário (mandato, cargo em comissão e função de confiança), a teor do art. 23, I, da LIA, a prescrição inicia-se do seu término. Em se tratando de vínculo permanente, o lapso prescricional será idêntico àquele previsto em lei específica para os casos de demissão a bem do serviço público; Exercendo cumulativamente cargo efetivo e cargo comissionado, ao tempo do ato reputado ímprobo, há de preponderar o prazo do inciso II, art. 23, da LIA, para fins de contagem do prazo prescricional, pelo fato de o vínculo entre agente e Administração pública não cessar com o término do cargo em comissão, que é temporário". (TJMG - Ap Cível/Reex Necessário 1.0433.06.193297-9/001, Relator(a): Des.(a) Washington Ferreira, 1ª CÂMARA CÍVEL, julgamento em 04/10/2016, publicação da súmula em 13/10/2016)

- "A contagem prescricional da ação de improbidade administrativa, quando o fato traduzir crime submetido à persecução penal, deve ser pautada pela regra do Código Penal. "A Primeira Seção desta Corte, nos autos do REsp n. 1.120.295/SP, de relatoria do Ministro Luiz Fux, DJE de 21.5.2010, submetido ao regime do art. 543-C, do CPC, entendeu que a propositura da ação constitui o dies ad quem do prazo prescricional e, simultaneamente, o termo inicial para sua recontagem sujeita às causas interruptivas previstas no artigo 174, parágrafo único, do CTN. Naquela oportunidade, concluiu-se que, nos termos do § 1º do art. 219 do CPC, interrupção da prescrição, pela citação, retroage à data da propositura da ação." (STJ, REsp 1228043 / RS, Rel. Min. Mauro Campbell Marques, DJe 24/02/2011)" (TJMG - Agravo de Instrumento-Cv 1.0372.13.004694-2/001, Relator(a): Des.(a) Belizário de Lacerda, 7ª CÂMARA CÍVEL, julgamento em 14/06/0016, publicação da súmula em 20/06/2016)

- "A jurisprudência desta Corte Superior de Justiça firmou-se no sentido de que, em sendo o delito administrativo também capitulado como crime, o prazo prescricional a ser adotado é o previsto na legislação penal. Portanto, nas hipóteses em que o ilícito administrativo praticado por servidor, nessa condição, também é capitulado como crime, a prescrição da pretensão punitiva da Administração tem como baliza temporal a pena em concreto, conforme o disposto nos arts. 109 e 110 do Código Penal." (STJ - RMS n.º 32.285/RS, 2ª T/STJ, rel. Min. Mauro Campbell Marques, DJ 8/11/2011)

- Ação de improbidade administrativa. Prazo prescricional. Termo inicial. Término do mandato. O prazo prescricional da Ação de Improbidade Administrativa é de cinco anos a contar do dia subsequente ao término do mandato do agente público, conforme disposto no art. 23, I, da Lei 8.429/92. (STJ – AgRg no Ag 954.505/RS – 2ª Turma – Rel. Min. Herman Benjamin – j. em 17.03.2009 – DJe 27.03.2009)

- Ação de improbidade. Ajuizamento dentro do prazo prescricional de cinco anos (art. 23, I, da Lei 8.429/92). Citação válida. Interrupção da prescrição independentemente da data em que ocorreu a notificação prévia (art. 17, §7º da Lei 8.429/92). (STJ – REsp. 696223 / RS – 1ª Turma – DJ 03.03.2008 p. 1 – Rel. Min. Teori Albino Zavascki). Improbidade administrativa. Decretação de prescrição. Impossibilidade. Retroação dos efeitos da citação à data do ajuizamento da ação. Súmula 106/STJ. Notificação prévia. Art. 17, § 7º, da Lei 8.429/92. Atribuição do magistrado. 1. O § 1º do art. 219 do CPC dispõe que "A interrupção da prescrição retroagirá à data da pro propositura da ação", a fortiori, a demanda ajuizada tempestivamente não pode ser prejudicada pela decretação de prescrição em razão da mora atribuível exclusivamente aos serviços judiciários. 2. Incidência da Súmula 106/STJ, *verbis*: "proposta a ação no prazo fixado para o seu exercício, a demora na citação, por motivos inerentes ao mecanismo da Justiça, não justifica o acolhimento da arguição de prescrição ou decadência". 3. Não compete ao autor da ação civil pública por ato de improbidade administrativa, mas ao magistrado responsável pelo trâmite do processo, a determinação da notificação prevista pelo art. 17, § 7º, da Lei de Improbidade. (omissis) 9. Recurso especial provido para afastar a prescrição, determinando o retorno dos autos ao juízo singular de origem, onde fora a ação inicialmente proposta, para seu regular processamento e julgamento de mérito. (REsp. 819837/RS – 1ª T. – Min. Luiz Fux – DJ de 12.11.2007)

- Prescrição. O termo final para que seja intentada ação civil pública contra ex-prefeito é, nos termos do art. 23 da Lei 8.249/92, de cinco anos a contar do término do mandato. É válida, para efeitos de interrupção da prescrição, a citação do réu em ação civil pública, ainda que o Juízo não tenha determinado a notificação prévia prevista no art. 17 do mesmo diploma legal. Precedentes das Turmas de Direito Público desta Corte. (STJ – REsp. 694.027 – RS – 2ª Turma – DJ 11.09.2008 – Rel. Min. Castro Meira)

- Prescrição afastada. Lei 8.429/92. Em que pese o rito específico contido no § 7º do art. 17 da Lei de Improbidade, que prevê a notificação do requerido para manifestação prévia, sua inobservância não tem o efeito de invalidar os atos processuais ulteriores, exceto se o requerido sofrer algum tipo de prejuízo. Ainda que inexistente a notificação prévia prevista no art. 17, § 7º, da Lei 8.429/92, a citação tem o condão de interromper o prazo prescricional, retroagindo, nos termos do art. 219, § 1º, do CPC, à data da propositura da ação. (STJ – REsp. 619.946/RS – Rel. Min. João Otávio de Noronha – DJU de 02.08.2007)

- Prescrição. Falta administrativa. Cumulação. Crime. Prazo igual. Contagem. No Direito brasileiro, vigora o princípio da prescritibilidade. A falta administrativa, quando também prevista na lei penal como crime, prescreverá juntamente, no mesmo prazo, tanto para o Direito Disciplinar quanto para o Direito Penal, levando-se em conta antes e depois do trânsito em julgado da sentença, regulando-se, nesse último caso, pela sanção imposta em concreto. No caso, houve a extinção da punibilidade pela ocorrência da prescrição retroativa, entretanto admitindo a existência de falta administrativa residual (Sum. 18/STF), na espécie a do art. 117, IX, da Lei 8.112/91, deve a prescrição regular-se pelo art. 142 desse diploma legal, que prevê o prazo de cinco anos, contados a partir da ocorrência do fato, em face da extrema gravidade da pena de demissão. Com esse entendimento, a Seção concedeu a segurança para tornar sem efeito a cassação de aposentadoria do ex-diretor e determinar a reintegração dos demais professores. (STJ – MS 66.877-DF – 3ª Seção – j. em 25.04.2001 – Rel. Min. Fernando Gonçalves)

- Prescrição. Notificação. Interrupção. Inocorrência. Ocorrência. A regra prevista no § 7º do art. 17 da Lei 8.429/92 oportuniza ao requerido em ação civil pública que se manifeste previamente no prazo de quinze dias sobre as acusações relativas à improbidade administrativa. Inexistindo citação válida, não há falar em marco interruptivo da prescrição e, tampouco, na sua retroação à data do ajuizamento da ação. Exegese dos §§ 7º, 8º e 9º do citado art. 17 da Lei 8.429/92 e do art. 219 do CPC. (TJRS - Ap. Cív. 70006177679 - 2ª CC - j. em 18.08.2004 - Rel. Des. Roque Joaquim Volkweiss)

- Prescrição. Notificação ou citação. Interrupção. Conquanto ajuizada a ação de improbidade administrativa dentro do prazo prescricional, é de ser reconhecida a prescrição se não foi procedida à citação nem à notificação dentro do prazo por demora não imputável, exclusivamente, ao Judiciário. Hipótese em que o Ministério Público se limitou a requerer, na petição inicial, a citação dos requeridos. Art. 17, § 7º, da Lei 8.429/92. 3. A ação de improbidade administrativa tem por escopo aplicar sanções ao agente ímprobo que invadem sua esfera pessoal, podendo sujeitá-lo, inclusive, à suspensão dos direitos políticos (art. 15, inc. V, da CR). Sendo a cidadania um dos fundamentos da República, a prescrição da ação de improbidade administrativa pode ser decretada de ofício, porquanto afeta direito indisponível. Art. 1º, inc. II, da CR. Extinto o processo em relação a Classir Luiz Bassani. Autos remetidos ao Juízo de 1ª instância. (TJRS - Proc. 70006280739 - 22ª CC - j. em 30.09.2003 - Relª. Desª. Maria Isabel de Azevedo Souza)
- Notificação. Pessoal. Contagem. Prazo. Sem intimação pessoal não se pode cogitar do início da contagem e da fluência dos prazos processuais, raciocínio que se aplica a todos os feitos, indistintamente. Se assim é, não se pode deixar de fora ou conceber uma interpretação baseada em inferências, em se tratando, no caso concreto, como se trata, de feito que versa sobre improbidade administrativa. Iterativos precedentes deste Sodalício e do Excelso Pretório. (STJ - REsp. 337.052/SP - 2ª Turma - DJ 09.06.2003 - p. 00210 Rel. p/ acórdão Franciulli Neto)
- Citação válida. Prescrição. A citação válida interrompe a prescrição, ainda que o processo seja extinto sem julgamento de mérito. (RSTJ 93/156)

CAPÍTULO VIII
Das Disposições Finais

Art. 24. **Esta lei entra em vigor na data de sua publicação.**

Art. 25. **Ficam revogadas as Leis nºs 3.164, de 1º de junho de 1957, e 3.502, de 21 de dezembro de 1958 e demais disposições em contrário.**

Rio de Janeiro, 2 de junho de 1992; 171º da Independência e 104º da República.

FERNANDO COLLOR
Célio Borja

29. VIGÊNCIA DA LEI

A Lei de Improbidade Administrativa entrou em vigor no dia 02 de junho de 1992, datada da sua publicação. Esta lei entra em vigor na data de sua publicação.

30. REFERÊNCIAS BIBLIOGRÁFICAS

ANDRADE, Érico. **Responsabilidade civil do estado e direito de regresso**. São Paulo: IOB Thompson, 2005.

AURELLI, Arlete Inês. **O Juízo de Admissibilidade na Ação de Mandado de Segurança**. São Paulo: Malheiros, p. 184.

BANDEIRA DE MELLO, Celso Antônio. **Direito Administrativo na Constituição de 1988**. São Paulo: Revista dos Tribunais, 1991.

BARROSO, Luís Roberto. **Princípio da Legalidade. Boletim de Direito Administrativo**. São Paulo: NDJ, a. XIII, v. 01, p. 15-28, jan. 1997.

_____. Princípio da Legalidade. **Boletim de Direito Administrativo**. São Paulo: NDJ, a. XIII, v. 01, p. 15-28, jan. 1997.

BITTAR, Carlos Alberto. **Curso de Direito Civil**. 1. ed. Rio de Janeiro: Forense Universitária, 1994. v. 1.

BITTENCOURT, Carlos Alberto Lúcio. **O controle jurisdicional da constitucionalidade das leis**. 2. ed. Rio de Janeiro: Forense, 1968.

BUENO, Cássio Scarpinella. **Improbidade Administrativa – Questões Polêmicas e Atuais**. 2. ed. São Paulo: Malheiros, 2003.

BUENO, Cássio Scarpinella; PORTO FILHO, Pedro Paulo de Rezende (Coords.). **Improbidade Administrativa**; questões polêmicas e atuais. São Paulo: Malheiros, 2001.

BUZAID, Alfredo. *Apud* MENDES, Gilmar Ferreira. **Direitos fundamentais e controle de constitucionalidade**. 2. ed. São Paulo: Celso Bastos, 1999.

CÂMARA, Alexandre de Freitas. *In*: **Lições de Direito Processual Civil**. 11. ed. v. I, Lumen Juris, p. 125-127.

CÂMARA, Jacintho de Arruda; BUENO, Cássio Scarpinella; PORTO FILHO, Pedro Paulo de Rezende (Coords.). **Improbidade Administrativa; questões polêmicas e atuais**. São Paulo.

CARDOZO, José Eduardo Martins. Princípios Constitucionais da administração pública (de acordo com a Emenda Constitucional 19/98). *In:* MORAES, Alexandre. **Os 10 anos da Constituição Federal**. São Paulo: Atlas, 1999.

CARVALHO FILHO, José dos Santos. **Manual de direito administrativo**. 15. ed. Rio de Janeiro: Lumen Juris, 2006.

Citadini, Antônio Roque. **Comentários e Jurisprudência sobre a Lei de Licitações Públicas**, p. 103.

COELHO, Sacha Calmon Navarro. **Caderno de Pesquisa Tributária**. São Paulo: Resenha Tributária, 1993. v. 18.

CRISTÓVAM, José Sérgio da Silva. **Colisões entre Princípios Constitucionais – Razoabilidade, Proporcionalidade e Argumentação Jurídica**. Curitiba: Juruá, 2006..

DECOMIAN, Pedro Roberto. **Improbidade Administrativa. Dialética**, p. 85.

DI PIETRO, Maria Sylvia Zanella. **Direito Administrativo**. 14. ed. São Paulo: Atlas, 2002.

_____. **Discricionariedade Administrativa na Constituição de 1988.** Atlas, 1991. **Questão de Facto – Questão de Direito ou o Problema Metodológico da Juridicidade.** Coimbra: Livraria Almedina, 1967.

DIDIER JR., Fredie; MOUTA, José Henrique (Orgs.). **Ação Popular e o Microssistema da Tutela Coletiva. Tutela Jurisdicional Coletiva.** Salvador: Jus Podivm, 2009.

DINAMARCO, Cândido Rangel. **Instituições de Direito Processual Civil**. São Paulo: Malheiros, 2001. v. II.

DINAMARCO, Pedro da Silva. **Ação civil pública**. São Paulo: Saraiva, 2001.

_____. Requisitos para a procedência das ações por improbidade administrativa. *In:* BUENO, Cassio Scarpinella: PORTO FILHO, Pedro Paulo de Rezende (Coords.). **Improbidade Administrativa**: Questões Polêmicas e Atuais. São Paulo: Malheiros, 2001. p. 334.

DINIZ, Maria Helena. **Curso de Direito Civil – Teoria Geral das Obrigações**. São Paulo: Saraiva, 1993. 2. v.

_____. **Curso de Direito Civil Brasileiro**, 7. v., p. 433.

DUVERGER, Maurice. **Droit constitutcionnel et institutions politiques**, v. I/150 e ss.

FAZZIO JUNIOR, Waldo. **Atos de Improbidade Administrativa**. São Paulo: Atlas, 2007.

FERRAZ, Sérgio Ferraz. **Improbidade Administrativa – Questões Polêmicas e Atuais.** 2. ed. São Paulo: Malheiros.

FIGUEIREDO, Lúcia Valle. **Curso de Direito Administrativo**, 2. ed. São Paulo: Malheiros, 1995.

FIGUEIREDO, Marcelo. **Probidade administrativa**. 4. ed. São Paulo: Malheiros, 2000.

FILHO, Marino Pazzaglini. **Lei de Improbidade Administrativa Comentada**. 2. ed. São Paulo: Atlas, 2005. p. 81.

FRANCO SOBRINHO, Manoel de Oliveira. **O Princípio Constitucional da Moralidade Administrativa**. 2. ed. Genesis, 1993.

FRANCO, Manoel de Oliveira. **O Controle da Moralidade Administrativa**. São Paulo: Saraiva, 1974.

FREITAS, Juarez. **A Interpretação Sistemática do Direito**. 3. ed. rev. e ampl. São Paulo: Malheiros, 2002.

GRECO FILHO, Vicente. **Da Intervenção de Terceiros**, p. 89.

_____. **Direito Processual Civil**. 11. ed. São Paulo: Saraiva, 2. v.

HELENO Fragoso. **Revista de Direito Penal**. Borsoi, v. 5.148.

HERAS, Jorge Xifras. **Curso de derecho constitucional**, t. II/126 e ss.

JUSTEN FILHO, Marçal. **Comentários à Lei de Licitações e Contratos Administrativos**. 9. ed. São Paulo: Dialética, 2002.

_____. **Curso de Direito Administrativo**. 3. ed. rev. e atual. São Paulo: Saraiva, 2008.

Larenz, Karl. **Metodologia da Ciência do Direito**. 2. ed. Fundação Calouste Gulbenkian.

DINIZ, Maria Helena. **Lei de Introdução ao Código Civil Brasileiro Interpretada**. 15. ed. São Paulo: Saraiva, 2010.

LENZA, Pedro. **Direito Constitucional Esquematizado**. 7. ed. São Paulo: Método, 2004.

_____. **Direito Constitucional Esquematizado**. 7. ed. São Paulo: Método, p. 103.

DE PLÁCIDO E SILVA. **Lições Preliminares de Direito**. 19. ed. São Paulo: Saraiva, 1991.

MARTINS JÚNIOR, Wallace Paiva. **Probidade Administrativa**. 2. ed. São Paulo: Saraiva, 2002.

MASCARENHAS, Paulo. **Improbidade Administrativa e Crime de Responsabilidade de Prefeito**. Editora de Direito, 1999.

MAZZILLI, Hugo Nigro. **O Inquérito Civil**. São Paulo: Saraiva, 1999.

MEIRELLES, Hely Lopes. **Direito Administrativo Brasileiro**. 17. ed. Malheiros, 1992.

_____. **Direito Administrativo Brasileiro**. 17. ed. São Paulo: Malheiros, 1990.

_____. **Direito Administrativo Brasileiro**. 27. ed. São Paulo: Malheiros, 2002.

MELLO, Celso Antônio Bandeira de. **Curso de Direito Administrativo**. 4. ed. Malheiros, 1993, p. 412-414, itens ns. 14/16.

_____. **Curso de Direito Administrativo**. 18. ed. São Paulo: Malheiros, 2005.

MENDES, Gilmar Ferreira. **Direitos fundamentais e controle de constitucionalidade**. 2. ed. São Paulo: Celso Bastos, 1999.

MILESKI, Helio Saul. **O Controle da Gestão Publica**. São Paulo: RT, 2003.

MORAES, Alexandre de. **Constituição do Brasil interpretada**. São Paulo: Atlas, 2002.

_____. **Direito Constitucional**. 3. ed. Atlas, 1998, p. 284, item n. 2.3.

_____. **Direito Constitucional**. 7. ed. São Paulo: Atlas, 2000.

NERY JUNIOR, Nelson. **Princípios fundamentais - teoria geral dos recursos**, p. 247, *apud* MEDINA, José Miguel Garcia. **O prequestionamento nos recursos extraordinário e especial**. 3. ed. rev., atual. e ampl. São Paulo: RT, 2002.

Noronha, Magalhães de. **Direito Penal**. 1995. v. IV.

OSÓRIO, Fábio Medina. **Direito Administrativo Sancionador**. São Paulo: RT, 2000.

PAZZAGILNI FILHO, Marino. **Improbidade Administrativa**. São Paulo: Atlas, 1996.

_____. **Lei de Improbidade Administrativa Comentada**. 2. ed. São Paulo: Atlas, 2005.

PEREIRA JÚNIOR, Jessé Torres. **Comentários à Lei das Licitações e Contratações da Administração Pública**. São Paulo: Renovar, 2003.

REALE, Miguel. **Lições Preliminares de Direito**. 19. ed. São Paulo: Saraiva.

RIPERT, Georges. **Regra Moral nas Obrigações Civis**, p. 24.

ROCHA, Carmen Lúcia Antunes. **Princípios Constitucionais da Administração Pública**. 1. ed. Belo Horizonte: Del Rey, 1994.

_____. **Princípios constitucionais dos servidores públicos**. São Paulo: Saraiva, 1999.

RODRIGUES QUEIRÓ, Afonso. **Reflexões sobre a teoria do desvio de poder em direito administrativo**. Coimbra: Coimbra, 1940.

SANTOS, Carlos Frederico Brito dos. **Improbidade Administrativa**. 1. ed. Rio de Janeiro: Forense, 2002.

SILVA, José Afonso da. **Curso de Direito Constitucional Positivo**. 24. ed. São Paulo: Malheiros, 2005.

SUNDFELD, Carlos Ari. **Fundamentos de Direito Público**. 3. ed. São Paulo: Malheiros, 1998.

TÁCITO, Caio. **Poder vinculado e poder discricionário**, RDPG 19/1; ALMEIDA, Fernando Henrique Mendes de. **Vinculação e discrição na teoria dos atos administrativos**, RT 367/17.

VELLOSO, Carlos Mário da Silva. **Temas de Direito Público**, p. 470.

PONTES DE MIRANDA. **Tratado de Direito Privado**, vol. XXIIIII, Rio de Janeiro, Borsói, 1958, p. 72

Anexos

LEGISLAÇÃO CORRELATA

Lei Complementar 101, de 04.05.2000

Lei 1.079, de 10.04.1950

Lei 7.347, de 24.07.1985

Lei 4.717, de 29.06.1965

Decreto 5.483, de 30.06.2005

Lei Complementar nº 101, de 4 de maio de 2000

Estabelece normas de finanças públicas voltadas para a responsabilidade na gestão fiscal e dá outras providências.

O PRESIDENTE DA REPÚBLICA Faço saber que o Congresso Nacional decreta e eu sanciono a seguinte Lei Complementar:

CAPÍTULO I DISPOSIÇÕES PRELIMINARES

Art. 1º Esta Lei Complementar estabelece normas de finanças públicas voltadas para a responsabilidade na gestão fiscal, com amparo no Capítulo II do Título VI da Constituição.

§ 1º A responsabilidade na gestão fiscal pressupõe a ação planejada e transparente, em que se previnem riscos e corrigem desvios capazes de afetar o equilíbrio das contas públicas, mediante o cumprimento de metas de resultados entre receitas e despesas e a obediência a limites e condições no que tange a renúncia de receita, geração de despesas com pessoal, da seguridade social e outras, dívidas consolidada e mobiliária, operações de crédito, inclusive por antecipação de receita, concessão de garantia e inscrição em Restos a Pagar.

§ 2º As disposições desta Lei Complementar obrigam a União, os Estados, o Distrito Federal e os Municípios.

§ 3º Nas referências:

I - à União, aos Estados, ao Distrito Federal e aos Municípios, estão compreendidos:

a) o Poder Executivo, o Poder Legislativo, neste abrangidos os Tribunais de Contas, o Poder Judiciário e o Ministério Público;

b) as respectivas administrações diretas, fundos, autarquias, fundações e empresas estatais dependentes;

II - a Estados entende-se considerado o Distrito Federal;

III - a Tribunais de Contas estão incluídos: Tribunal de Contas da União, Tribunal de Contas do Estado e, quando houver, Tribunal de Contas dos Municípios e Tribunal de Contas do Município.

Art. 2º Para os efeitos desta Lei Complementar, entende-se como:

I - ente da Federação: a União, cada Estado, o Distrito Federal e cada Município;

II - empresa controlada: sociedade cuja maioria do capital social com direito a voto pertença, direta ou indiretamente, a ente da Federação;

III - empresa estatal dependente: empresa controlada que receba do ente controlador recursos financeiros para pagamento de despesas com pessoal ou de custeio em geral ou de capital, excluídos, no último caso, aqueles provenientes de aumento de participação acionária;

IV - receita corrente líquida: somatório das receitas tributárias, de contribuições, patrimoniais, industriais, agropecuárias, de serviços, transferências correntes e outras receitas também correntes, deduzidos:

a) na União, os valores transferidos aos Estados e Municípios por determinação constitucional ou legal, e as contribuições mencionadas na alínea a do inciso I e no inciso II do art. 195, e no art. 239 da Constituição;

b) nos Estados, as parcelas entregues aos Municípios por determinação constitucional;

c) na União, nos Estados e nos Municípios, a contribuição dos servidores para o custeio do seu sistema de previdência e assistência social e as receitas provenientes da compensação financeira citada no § 9º do art. 201 da Constituição.

§ 1º Serão computados no cálculo da receita corrente líquida os valores pagos e recebidos em decorrência da Lei Complementar nº 87, de 13 de setembro de 1996, e do fundo previsto pelo art. 60 do Ato das Disposições Constitucionais Transitórias.

§ 2º Não serão considerados na receita corrente líquida do Distrito Federal e dos Estados do Amapá e de Roraima os recursos recebidos da União para atendimento das despesas de que trata o inciso V do § 1º do art. 19.

§ 3º A receita corrente líquida será apurada somando-se as receitas arrecadadas no mês em referência e nos onze anteriores, excluídas as duplicidades.

CAPÍTULO II
DO PLANEJAMENTO

SEÇÃO I
DO PLANO PLURIANUAL

Art. 3º (VETADO)

SEÇÃO II
DA LEI DE DIRETRIZES ORÇAMENTÁRIAS

Art. 4º A lei de diretrizes orçamentárias atenderá o disposto no § 2º do art. 165 da Constituição e:

I - disporá também sobre:

a) equilíbrio entre receitas e despesas;

b) critérios e forma de limitação de empenho, a ser efetivada nas hipóteses previstas na alínea *b* do inciso II deste artigo, no art. 9º e no inciso II do § 1º do art. 31;

c) (VETADO)

d) (VETADO)

e) normas relativas ao controle de custos e à avaliação dos resultados dos programas financiados com recursos dos orçamentos;

f) demais condições e exigências para transferências de recursos a entidades públicas e privadas;

II - (VETADO)

III - (VETADO)

§ 1º Integrará o projeto de lei de diretrizes orçamentárias Anexo de Metas Fiscais, em que serão estabelecidas metas anuais, em valores correntes e constantes, relativas a receitas, despesas, resultados nominal e primário e montante da dívida pública, para o exercício a que se referirem e para os dois seguintes.

§ 2º O Anexo conterá, ainda:

I - avaliação do cumprimento das metas relativas ao ano anterior;

II - demonstrativo das metas anuais, instruído com memória e metodologia de cálculo que justifiquem os resultados pretendidos, comparando-as com as fixadas nos três exercícios anteriores, e evidenciando a consistência delas com as premissas e os objetivos da política econômica nacional;

III - evolução do patrimônio líquido, também nos últimos três exercícios, destacando a origem e a aplicação dos recursos obtidos com a alienação de ativos;

IV - avaliação da situação financeira e atuarial:

a) dos regimes geral de previdência social e próprio dos servidores públicos e do Fundo de Amparo ao Trabalhador;

b) dos demais fundos públicos e programas estatais de natureza atuarial;

V - demonstrativo da estimativa e compensação da renúncia de receita e da margem de expansão das despesas obrigatórias de caráter continuado.

§ 3º A lei de diretrizes orçamentárias conterá Anexo de Riscos Fiscais, onde serão avaliados os passivos contingentes e outros riscos capazes de afetar as contas públicas, informando as providências a serem tomadas, caso se concretizem.

§ 4º A mensagem que encaminhar o projeto da União apresentará, em anexo específico, os objetivos das políticas monetária, creditícia e cambial, bem como os parâmetros e as projeções para seus principais agregados e variáveis, e ainda as metas de inflação, para o exercício subseqüente.

SEÇÃO III
DA LEI ORÇAMENTÁRIA ANUAL

Art. 5º O projeto de lei orçamentária anual, elaborado de forma compatível com o plano plurianual, com a lei de diretrizes orçamentárias e com as normas desta Lei Complementar:

I - conterá, em anexo, demonstrativo da compatibilidade da programação dos orçamentos com os objetivos e metas constantes do documento de que trata o § 1º do art. 4º;

II - será acompanhado do documento a que se refere o § 6º do art. 165 da Constituição, bem como das medidas de compensação a renúncias de receita e ao aumento de despesas obrigatórias de caráter continuado;

III - conterá reserva de contingência, cuja forma de utilização e montante, definido com base na receita corrente líquida, serão estabelecidos na lei de diretrizes orçamentárias, destinada ao:

a) (VETADO)

b) atendimento de passivos contingentes e outros riscos e eventos fiscais imprevistos.

§ 1º Todas as despesas relativas à dívida pública, mobiliária ou contratual, e as receitas que as atenderão, constarão da lei orçamentária anual.

§ 2º O refinanciamento da dívida pública constará separadamente na lei orçamentária e nas de crédito adicional.

§ 3º A atualização monetária do principal da dívida mobiliária refinanciada não poderá superar a variação do índice de preços previsto na lei de diretrizes orçamentárias, ou em legislação específica.

§ 4º É vedado consignar na lei orçamentária crédito com finalidade imprecisa ou com dotação ilimitada.

§ 5º A lei orçamentária não consignará dotação para investimento com duração superior a um exercício financeiro que não esteja previsto no plano plurianual ou em lei que autorize a sua inclusão, conforme disposto no § 1º do art. 167 da Constituição.

§ 6º Integrarão as despesas da União, e serão incluídas na lei orçamentária, as do Banco Central do Brasil relativas a pessoal e encargos sociais, custeio administrativo, inclusive os destinados a benefícios e assistência aos servidores, e a investimentos.

§ 7º (VETADO)

Art. 6º (VETADO)

Art. 7º O resultado do Banco Central do Brasil, apurado após a constituição ou reversão de reservas, constitui receita do Tesouro Nacional, e será transferido até o décimo dia útil subseqüente à aprovação dos balanços semestrais.

§ 1º O resultado negativo constituirá obrigação do Tesouro para com o Banco Central do Brasil e será consignado em dotação específica no orçamento.

§ 2º O impacto e o custo fiscal das operações realizadas pelo Banco Central do Brasil serão demonstrados trimestralmente, nos termos em que dispuser a lei de diretrizes orçamentárias da União.

§ 3º Os balanços trimestrais do Banco Central do Brasil conterão notas explicativas sobre os custos da remuneração das disponibilidades do Tesouro Nacional e da manutenção das reservas cambiais e a rentabilidade de sua carteira de títulos, destacando os de emissão da União.

SEÇÃO IV
DA EXECUÇÃO ORÇAMENTÁRIA E DO CUMPRIMENTO DAS METAS

Art. 8º Até trinta dias após a publicação dos orçamentos, nos termos em que dispuser a lei de diretrizes orçamentárias e observado o disposto na alínea *c* do inciso I do art. 4º, o Poder Executivo estabelecerá a programação financeira e o cronograma de execução mensal de desembolso. (Vide Decreto nº 4.959, de 2004) (Vide Decreto nº 5.356, de 2005)

Parágrafo único. Os recursos legalmente vinculados a finalidade específica serão utilizados exclusivamente para atender ao objeto de sua vinculação, ainda que em exercício diverso daquele em que ocorrer o ingresso.

Art. 9º Se verificado, ao final de um bimestre, que a realização da receita poderá não comportar o cumprimento das metas de resultado primário ou nominal estabelecidas no Anexo de Metas Fiscais, os Poderes e o Ministério Público promoverão, por ato próprio e nos montantes necessários, nos trinta dias subseqüentes, limitação de empenho e movimentação financeira, segundo os critérios fixados pela lei de diretrizes orçamentárias.

§ 1º No caso de restabelecimento da receita prevista, ainda que parcial, a recomposição das dotações cujos empenhos foram limitados dar-se-á de forma proporcional às reduções efetivadas.

§ 2º Não serão objeto de limitação as despesas que constituam obrigações constitucionais e legais do ente, inclusive aquelas destinadas ao pagamento do serviço da dívida, e as ressalvadas pela lei de diretrizes orçamentárias.

§ 3º No caso de os Poderes Legislativo e Judiciário e o Ministério Público não promoverem a limitação no prazo estabelecido no *caput*, é o Poder Executivo autorizado a limitar os valores financeiros segundo os critérios fixados pela lei de diretrizes orçamentárias. (Vide ADIN 2.238-5)

§ 4º Até o final dos meses de maio, setembro e fevereiro, o Poder Executivo demonstrará e avaliará o cumprimento das metas fiscais de cada quadrimestre, em audiência pública na comissão referida no § 1º do art. 166 da Constituição ou equivalente nas Casas Legislativas estaduais e municipais.

§ 5º No prazo de noventa dias após o encerramento de cada semestre, o Banco Central do Brasil apresentará, em reunião conjunta das comissões temáticas pertinentes do Congresso Nacional, avaliação do cumprimento dos objetivos e metas das políticas monetária, creditícia e cambial, evidenciando o impacto e o custo fiscal de suas operações e os resultados demonstrados nos balanços.

Art. 10. A execução orçamentária e financeira identificará os beneficiários de pagamento de sentenças judiciais, por meio de sistema de contabilidade e administração financeira, para fins de observância da ordem cronológica determinada no art. 100 da Constituição.

CAPÍTULO III
DA RECEITA PÚBLICA

SEÇÃO I
DA PREVISÃO E DA ARRECADAÇÃO

Art. 11. Constituem requisitos essenciais da responsabilidade na gestão fiscal a instituição, previsão e efetiva arrecadação de todos os tributos da competência constitucional do ente da Federação.

Parágrafo único. É vedada a realização de transferências voluntárias para o ente que não observe o disposto no *caput*, no que se refere aos impostos.

Art. 12. As previsões de receita observarão as normas técnicas e legais, considerarão os efeitos das alterações na legislação, da variação do índice de preços, do crescimento econômico ou de qualquer outro fator relevante e serão acompanhadas de demonstrativo de sua evolução nos últimos três anos, da projeção para os dois seguintes àquele a que se referirem, e da metodologia de cálculo e premissas utilizadas.

§ 1º Reestimativa de receita por parte do Poder Legislativo só será admitida se comprovado erro ou omissão de ordem técnica ou legal.

§ 2º O montante previsto para as receitas de operações de crédito não poderá ser superior ao das despesas de capital constantes do projeto de lei orçamentária. (Vide ADIN 2.238-5)

§ 3º O Poder Executivo de cada ente colocará à disposição dos demais Poderes e do Ministério Público, no mínimo trinta dias antes do prazo final para encaminhamento de suas propostas orçamentárias, os estudos e as estimativas das receitas para o exercício subseqüente, inclusive da corrente líquida, e as respectivas memórias de cálculo.

Art. 13. No prazo previsto no art. 8º, as receitas previstas serão desdobradas, pelo Poder Executivo, em metas bimestrais de arrecadação, com a especificação, em separado, quando cabível, das medidas de combate à evasão e à sonegação, da quantidade e valores de ações ajuizadas para cobrança da dívida ativa, bem como da evolução do montante dos créditos tributários passíveis de cobrança administrativa.

SEÇÃO II
DA RENÚNCIA DE RECEITA

Art. 14. A concessão ou ampliação de incentivo ou benefício de natureza tributária da qual decorra renúncia de receita deverá estar acompanhada de estimativa do impacto orçamentário-financeiro no exercício em que deva iniciar sua vigência e nos dois seguintes, atender ao disposto na lei de diretrizes orçamentárias e a pelo menos uma das seguintes condições: (Vide Medida Provisória nº 2.159, de 2001) (Vide Lei nº 10.276, de 2001)

I - demonstração pelo proponente de que a renúncia foi considerada na estimativa de receita da lei orçamentária, na forma do art. 12, e de que não afetará as metas de resultados fiscais previstas no anexo próprio da lei de diretrizes orçamentárias;

II - estar acompanhada de medidas de compensação, no período mencionado no *caput*, por meio do aumento de receita, proveniente da elevação de alíquotas, ampliação da base de cálculo, majoração ou criação de tributo ou contribuição.

§ 1º A renúncia compreende anistia, remissão, subsídio, crédito presumido, concessão de isenção em caráter não geral, alteração de alíquota ou modificação de base de cálculo que implique redução discriminada de tributos ou contribuições, e outros benefícios que correspondam a tratamento diferenciado.

§ 2º Se o ato de concessão ou ampliação do incentivo ou benefício de que trata o *caput* deste artigo decorrer da condição contida no inciso II, o benefício só entrará em vigor quando implementadas as medidas referidas no mencionado inciso.

§ 3º O disposto neste artigo não se aplica:

I - às alterações das alíquotas dos impostos previstos nos incisos I, II, IV e V do art. 153 da Constituição, na forma do seu § 1º;

II - ao cancelamento de débito cujo montante seja inferior ao dos respectivos custos de cobrança.

CAPÍTULO IV
DA DESPESA PÚBLICA

SEÇÃO I
DA GERAÇÃO DA DESPESA

Art. 15. Serão consideradas não autorizadas, irregulares e lesivas ao patrimônio público a geração de despesa ou assunção de obrigação que não atendam o disposto nos arts. 16 e 17.

Art. 16. A criação, expansão ou aperfeiçoamento de ação governamental que acarrete aumento da despesa será acompanhado de:

I - estimativa do impacto orçamentário-financeiro no exercício em que deva entrar em vigor e nos dois subseqüentes;

II - declaração do ordenador da despesa de que o aumento tem adequação orçamentária e financeira com a lei orçamentária anual e compatibilidade com o plano plurianual e com a lei de diretrizes orçamentárias.

§ 1º Para os fins desta Lei Complementar, considera-se:

I - adequada com a lei orçamentária anual, a despesa objeto de dotação específica e suficiente, ou que esteja abrangida por crédito genérico, de forma que somadas todas as despesas da mesma espécie, realizadas e a realizar, previstas no programa de trabalho, não sejam ultrapassados os limites estabelecidos para o exercício;

II - compatível com o plano plurianual e a lei de diretrizes orçamentárias, a despesa que se conforme com as diretrizes, objetivos, prioridades e metas previstos nesses instrumentos e não infrinja qualquer de suas disposições.

§ 2º A estimativa de que trata o inciso I do *caput* será acompanhada das premissas e metodologia de cálculo utilizadas.

§ 3º Ressalva-se do disposto neste artigo a despesa considerada irrelevante, nos termos em que dispuser a lei de diretrizes orçamentárias.

§ 4º As normas do *caput* constituem condição prévia para:

I - empenho e licitação de serviços, fornecimento de bens ou execução de obras;

II - desapropriação de imóveis urbanos a que se refere o § 3º do art. 182 da Constituição.

SUBSEÇÃO I
DA DESPESA OBRIGATÓRIA DE CARÁTER CONTINUADO

Art. 17. Considera-se obrigatória de caráter continuado a despesa corrente derivada de lei, medida provisória ou ato administrativo normativo que fixem para o ente a obrigação legal de sua execução por um período superior a dois exercícios.

§ 1º Os atos que criarem ou aumentarem despesa de que trata o *caput* deverão ser instruídos com a estimativa prevista no inciso I do art. 16 e demonstrar a origem dos recursos para seu custeio.

§ 2º Para efeito do atendimento do § 1º, o ato será acompanhado de comprovação de que a despesa criada ou aumentada não afetará as metas de resultados fiscais previstas no anexo referido no § 1º do art. 4º, devendo seus efeitos financeiros, nos períodos seguintes, ser compensados pelo aumento permanente de receita ou pela redução permanente de despesa.

§ 3º Para efeito do § 2º, considera-se aumento permanente de receita o proveniente da elevação de alíquotas, ampliação da base de cálculo, majoração ou criação de tributo ou contribuição.

§ 4º A comprovação referida no § 2º, apresentada pelo proponente, conterá as premissas e metodologia de cálculo utilizadas, sem prejuízo do exame de compatibilidade da despesa com as demais normas do plano plurianual e da lei de diretrizes orçamentárias.

§ 5º A despesa de que trata este artigo não será executada antes da implementação das medidas referidas no § 2º, as quais integrarão o instrumento que a criar ou aumentar.

§ 6º O disposto no § 1º não se aplica às despesas destinadas ao serviço da dívida nem ao reajustamento de remuneração de pessoal de que trata o inciso X do art. 37 da Constituição.

§ 7º Considera-se aumento de despesa a prorrogação daquela criada por prazo determinado.

SEÇÃO II
DAS DESPESAS COM PESSOAL

SUBSEÇÃO I
DEFINIÇÕES E LIMITES

Art. 18. Para os efeitos desta Lei Complementar, entende-se como despesa total com pessoal: o somatório dos gastos do ente da Federação com os ativos, os inativos e os pensionistas, relativos a mandatos eletivos, cargos, funções ou empregos, civis, militares e de membros de Poder, com quaisquer espécies remuneratórias, tais como vencimentos e vantagens, fixas e variáveis, subsídios, proventos da aposentadoria, reformas e pensões, inclusive adicionais, gratificações, horas extras e vantagens pessoais de qualquer natureza, bem como encargos sociais e contribuições recolhidas pelo ente às entidades de previdência.

§ 1º Os valores dos contratos de terceirização de mão-de-obra que se referem à substituição de servidores e empregados públicos serão contabilizados como "Outras Despesas de Pessoal".

§ 2º A despesa total com pessoal será apurada somando-se a realizada no mês em referência com as dos onze imediatamente anteriores, adotando-se o regime de competência.

Art. 19. Para os fins do disposto no *caput* do art. 169 da Constituição, a despesa total com pessoal, em cada período de apuração e em cada ente da Federação, não poderá exceder os percentuais da receita corrente líquida, a seguir discriminados:

I - União: 50% (cinqüenta por cento);

II - Estados: 60% (sessenta por cento);

III - Municípios: 60% (sessenta por cento).

§ 1º Na verificação do atendimento dos limites definidos neste artigo, não serão computadas as despesas:

I - de indenização por demissão de servidores ou empregados;

II - relativas a incentivos à demissão voluntária;

III - derivadas da aplicação do disposto no inciso II do § 6º do art. 57 da Constituição;

IV - decorrentes de decisão judicial e da competência de período anterior ao da apuração a que se refere o § 2º do art. 18;

V - com pessoal, do Distrito Federal e dos Estados do Amapá e Roraima, custeadas com recursos transferidos pela União na forma dos incisos XIII e XIV do art. 21 da Constituição e do art. 31 da Emenda Constitucional nº 19;

VI - com inativos, ainda que por intermédio de fundo específico, custeadas por recursos provenientes:

a) da arrecadação de contribuições dos segurados;

b) da compensação financeira de que trata o § 9º do art. 201 da Constituição;

c) das demais receitas diretamente arrecadadas por fundo vinculado a tal finalidade, inclusive o produto da alienação de bens, direitos e ativos, bem como seu superávit financeiro.

§ 2º Observado o disposto no inciso IV do § 1º, as despesas com pessoal decorrentes de sentenças judiciais serão incluídas no limite do respectivo Poder ou órgão referido no art. 20.

Art. 20. A repartição dos limites globais do art. 19 não poderá exceder os seguintes percentuais:

I - na esfera federal:

a) 2,5% (dois inteiros e cinco décimos por cento) para o Legislativo, incluído o Tribunal de Contas da União;

b) 6% (seis por cento) para o Judiciário;

c) 40,9% (quarenta inteiros e nove décimos por cento) para o Executivo, destacando-se 3% (três por cento) para as despesas com pessoal decorrentes do que dispõem os incisos XIII e XIV do art. 21 da Constituição e o art. 31 da Emenda Constitucional nº 19, repartidos de forma proporcional à média das despesas relativas a cada um destes dispositivos, em percentual da receita corrente líquida, verificadas nos três exercícios financeiros imediatamente anteriores ao da publicação desta Lei Complementar; (Vide Decreto nº 3.917, de 2001)

d) 0,6% (seis décimos por cento) para o Ministério Público da União;

II - na esfera estadual:

a) 3% (três por cento) para o Legislativo, incluído o Tribunal de Contas do Estado;

b) 6% (seis por cento) para o Judiciário;

c) 49% (quarenta e nove por cento) para o Executivo;

d) 2% (dois por cento) para o Ministério Público dos Estados;

III - na esfera municipal:

a) 6% (seis por cento) para o Legislativo, incluído o Tribunal de Contas do Município, quando houver;

b) 54% (cinqüenta e quatro por cento) para o Executivo.

§ 1º Nos Poderes Legislativo e Judiciário de cada esfera, os limites serão repartidos entre seus órgãos de forma proporcional à média das despesas com pessoal, em percentual da receita corrente líquida, verificadas nos três exercícios financeiros imediatamente anteriores ao da publicação desta Lei Complementar.

§ 2º Para efeito deste artigo entende-se como órgão:

I - o Ministério Público;

II - no Poder Legislativo:

a) Federal, as respectivas Casas e o Tribunal de Contas da União;

b) Estadual, a Assembléia Legislativa e os Tribunais de Contas;

c) do Distrito Federal, a Câmara Legislativa e o Tribunal de Contas do Distrito Federal;

d) Municipal, a Câmara de Vereadores e o Tribunal de Contas do Município, quando houver;

III - no Poder Judiciário:

a) Federal, os tribunais referidos no art. 92 da Constituição;

b) Estadual, o Tribunal de Justiça e outros, quando houver.

§ 3º Os limites para as despesas com pessoal do Poder Judiciário, a cargo da União por força do inciso XIII do art. 21 da Constituição, serão estabelecidos mediante aplicação da regra do § 1º.

§ 4º Nos Estados em que houver Tribunal de Contas dos Municípios, os percentuais definidos nas alíneas *a* e *c* do inciso II do *caput* serão, respectivamente, acrescidos e reduzidos em 0,4% (quatro décimos por cento).

§ 5º Para os fins previstos no art. 168 da Constituição, a entrega dos recursos financeiros correspondentes à despesa total com pessoal por Poder e órgão será a resultante da aplicação dos percentuais definidos neste artigo, ou aqueles fixados na lei de diretrizes orçamentárias.

§ 6º (VETADO)

SUBSEÇÃO II
DO CONTROLE DA DESPESA TOTAL COM PESSOAL

Art. 21. É nulo de pleno direito o ato que provoque aumento da despesa com pessoal e não atenda:

I - as exigências dos arts. 16 e 17 desta Lei Complementar, e o disposto no inciso XIII do art. 37 e no § 1º do art. 169 da Constituição;

II - o limite legal de comprometimento aplicado às despesas com pessoal inativo.

Parágrafo único. Também é nulo de pleno direito o ato de que resulte aumento da despesa com pessoal expedido nos cento e oitenta dias anteriores ao final do mandato do titular do respectivo Poder ou órgão referido no art. 20.

Art. 22. A verificação do cumprimento dos limites estabelecidos nos arts. 19 e 20 será realizada ao final de cada quadrimestre.

Parágrafo único. Se a despesa total com pessoal exceder a 95% (noventa e cinco por cento) do limite, são vedados ao Poder ou órgão referido no art. 20 que houver incorrido no excesso:

I - concessão de vantagem, aumento, reajuste ou adequação de remuneração a qualquer título, salvo os derivados de sentença judicial ou de determinação legal ou contratual, ressalvada a revisão prevista no inciso X do art. 37 da Constituição;

II - criação de cargo, emprego ou função;

III - alteração de estrutura de carreira que implique aumento de despesa;

IV - provimento de cargo público, admissão ou contratação de pessoal a qualquer título, ressalvada a reposição decorrente de aposentadoria ou falecimento de servidores das áreas de educação, saúde e segurança;

V - contratação de hora extra, salvo no caso do disposto no inciso II do § 6º do art. 57 da Constituição e as situações previstas na lei de diretrizes orçamentárias.

Art. 23. Se a despesa total com pessoal, do Poder ou órgão referido no art. 20, ultrapassar os limites definidos no mesmo artigo, sem prejuízo das medidas previstas no art. 22, o percentual excedente terá de ser eliminado nos dois quadrimestres seguintes, sendo pelo menos um terço no primeiro, adotando-se, entre outras, as providências previstas nos §§ 3º e 4º do art. 169 da Constituição.

§ 1º No caso do inciso I do § 3º do art. 169 da Constituição, o objetivo poderá ser alcançado tanto pela extinção de cargos e funções quanto pela redução dos valores a eles atribuídos. (Vide ADIN 2.238-5)

§ 2º É facultada a redução temporária da jornada de trabalho com adequação dos vencimentos à nova carga horária. (Vide ADIN 2.238-5)

§ 3º Não alcançada a redução no prazo estabelecido, e enquanto perdurar o excesso, o ente não poderá:

I - receber transferências voluntárias;

II - obter garantia, direta ou indireta, de outro ente;

III - contratar operações de crédito, ressalvadas as destinadas ao refinanciamento da dívida mobiliária e as que visem à redução das despesas com pessoal.

§ 4º As restrições do § 3º aplicam-se imediatamente se a despesa total com pessoal exceder o limite no primeiro quadrimestre do último ano do mandato dos titulares de Poder ou órgão referidos no art. 20.

SEÇÃO III
DAS DESPESAS COM A SEGURIDADE SOCIAL

Art. 24. Nenhum benefício ou serviço relativo à seguridade social poderá ser criado, majorado ou estendido sem a indicação da fonte de custeio total, nos termos do § 5º do art. 195 da Constituição, atendidas ainda as exigências do art. 17.

§ 1º É dispensada da compensação referida no art. 17 o aumento de despesa decorrente de:

I - concessão de benefício a quem satisfaça as condições de habilitação prevista na legislação pertinente;

II - expansão quantitativa do atendimento e dos serviços prestados;

III - reajustamento de valor do benefício ou serviço, a fim de preservar o seu valor real.

§ 2º O disposto neste artigo aplica-se a benefício ou serviço de saúde, previdência e assistência social, inclusive os destinados aos servidores públicos e militares, ativos e inativos, e aos pensionistas.

CAPÍTULO V
DAS TRANSFERÊNCIAS VOLUNTÁRIAS

Art. 25. Para efeito desta Lei Complementar, entende-se por transferência voluntária a entrega de recursos correntes ou de capital a outro ente da Federação, a título de cooperação, auxílio ou assistência financeira, que não decorra de determinação constitucional, legal ou os destinados ao Sistema Único de Saúde.

§ 1º São exigências para a realização de transferência voluntária, além das estabelecidas na lei de diretrizes orçamentárias:

I - existência de dotação específica;

II - (VETADO)

III - observância do disposto no inciso X do art. 167 da Constituição;

IV - comprovação, por parte do beneficiário, de:

a) que se acha em dia quanto ao pagamento de tributos, empréstimos e financiamentos devidos ao ente transferidor, bem como quanto à prestação de contas de recursos anteriormente dele recebidos;

b) cumprimento dos limites constitucionais relativos à educação e à saúde;

c) observância dos limites das dívidas consolidada e mobiliária, de operações de crédito, inclusive por antecipação de receita, de inscrição em Restos a Pagar e de despesa total com pessoal;

d) previsão orçamentária de contrapartida.

§ 2º É vedada a utilização de recursos transferidos em finalidade diversa da pactuada.

§ 3º Para fins da aplicação das sanções de suspensão de transferências voluntárias constantes desta Lei Complementar, excetuam-se aquelas relativas a ações de educação, saúde e assistência social.

CAPÍTULO VI
DA DESTINAÇÃO DE RECURSOS PÚBLICOS PARA O SETOR PRIVADO

Art. 26. A destinação de recursos para, direta ou indiretamente, cobrir necessidades de pessoas físicas ou déficits de pessoas jurídicas deverá ser autorizada por lei específica, atender às condições estabelecidas na lei de diretrizes orçamentárias e estar prevista no orçamento ou em seus créditos adicionais.

§ 1º O disposto no *caput* aplica-se a toda a administração indireta, inclusive fundações públicas e empresas estatais, exceto, no exercício de suas atribuições precípuas, as instituições financeiras e o Banco Central do Brasil.

§ 2º Compreende-se incluída a concessão de empréstimos, financiamentos e refinanciamentos, inclusive as respectivas prorrogações e a composição de dívidas, a concessão de subvenções e a participação em constituição ou aumento de capital.

Art. 27. Na concessão de crédito por ente da Federação a pessoa física, ou jurídica que não esteja sob seu controle direto ou indireto, os encargos financeiros, comissões e despesas congêneres não serão inferiores aos definidos em lei ou ao custo de captação.

Parágrafo único. Dependem de autorização em lei específica as prorrogações e composições de dívidas decorrentes de operações de crédito, bem como a concessão de empréstimos ou financiamentos em desacordo com o *caput*, sendo o subsídio correspondente consignado na lei orçamentária.

Art. 28. Salvo mediante lei específica, não poderão ser utilizados recursos públicos, inclusive de operações de crédito, para socorrer instituições do Sistema Financeiro Nacional, ainda que mediante a concessão de empréstimos de recuperação ou financiamentos para mudança de controle acionário.

§ 1º A prevenção de insolvência e outros riscos ficará a cargo de fundos, e outros mecanismos, constituídos pelas instituições do Sistema Financeiro Nacional, na forma da lei.

§ 2º O disposto no *caput* não proíbe o Banco Central do Brasil de conceder às instituições financeiras operações de redesconto e de empréstimos de prazo inferior a trezentos e sessenta dias.

CAPÍTULO VII
DA DÍVIDA E DO ENDIVIDAMENTO

SEÇÃO I
DEFINIÇÕES BÁSICAS

Art. 29. Para os efeitos desta Lei Complementar, são adotadas as seguintes definições:

I - dívida pública consolidada ou fundada: montante total, apurado sem duplicidade, das obrigações financeiras do ente da Federação, assumidas em virtude de leis, contratos, convênios ou tratados e da realização de operações de crédito, para amortização em prazo superior a doze meses;

II - dívida pública mobiliária: dívida pública representada por títulos emitidos pela União, inclusive os do Banco Central do Brasil, Estados e Municípios;

III - operação de crédito: compromisso financeiro assumido em razão de mútuo, abertura de crédito, emissão e aceite de título, aquisição financiada de bens, recebimento antecipado de valores provenientes da venda a termo de bens e serviços, arrendamento mercantil e outras operações assemelhadas, inclusive com o uso de derivativos financeiros;

IV - concessão de garantia: compromisso de adimplência de obrigação financeira ou contratual assumida por ente da Federação ou entidade a ele vinculada;

V - refinanciamento da dívida mobiliária: emissão de títulos para pagamento do principal acrescido da atualização monetária.

§ 1º Equipara-se a operação de crédito a assunção, o reconhecimento ou a confissão de dívidas pelo ente da Federação, sem prejuízo do cumprimento das exigências dos arts. 15 e 16.

§ 2º Será incluída na dívida pública consolidada da União a relativa à emissão de títulos de responsabilidade do Banco Central do Brasil.

§ 3º Também integram a dívida pública consolidada as operações de crédito de prazo inferior a doze meses cujas receitas tenham constado do orçamento.

§ 4º O refinanciamento do principal da dívida mobiliária não excederá, ao término de cada exercício financeiro, o montante do final do exercício anterior, somado ao das operações de crédito autorizadas no orçamento para este efeito e efetivamente realizadas, acrescido de atualização monetária.

SEÇÃO II
DOS LIMITES DA DÍVIDA PÚBLICA E DAS OPERAÇÕES DE CRÉDITO

Art. 30. No prazo de noventa dias após a publicação desta Lei Complementar, o Presidente da República submeterá ao:

I - Senado Federal: proposta de limites globais para o montante da dívida consolidada da União, Estados e Municípios, cumprindo o que estabelece o inciso VI do art. 52 da Constituição, bem como de limites e condições relativos aos incisos VII, VIII e IX do mesmo artigo;

II - Congresso Nacional: projeto de lei que estabeleça limites para o montante da dívida mobiliária federal a que se refere o inciso XIV do art. 48 da Constituição, acompanhado da demonstração de sua adequação aos limites fixados para a dívida consolidada da União, atendido o disposto no inciso I do § 1º deste artigo.

§ 1º As propostas referidas nos incisos I e II do *caput* e suas alterações conterão:

I - demonstração de que os limites e condições guardam coerência com as normas estabelecidas nesta Lei Complementar e com os objetivos da política fiscal;

II - estimativas do impacto da aplicação dos limites a cada uma das três esferas de governo;

III - razões de eventual proposição de limites diferenciados por esfera de governo;

IV - metodologia de apuração dos resultados primário e nominal.

§ 2º As propostas mencionadas nos incisos I e II do *caput* também poderão ser apresentadas em termos de dívida líquida, evidenciando a forma e a metodologia de sua apuração.

§ 3º Os limites de que tratam os incisos I e II do *caput* serão fixados em percentual da receita corrente líquida para cada esfera de governo e aplicados igualmente a todos os entes da Federação que a integrem, constituindo, para cada um deles, limites máximos.

§ 4º Para fins de verificação do atendimento do limite, a apuração do montante da dívida consolidada será efetuada ao final de cada quadrimestre.

§ 5º No prazo previsto no art. 5º, o Presidente da República enviará ao Senado Federal ou ao Congresso Nacional, conforme o caso, proposta de manutenção ou alteração dos limites e condições previstos nos incisos I e II do *caput*.

§ 6º Sempre que alterados os fundamentos das propostas de que trata este artigo, em razão de instabilidade econômica ou alterações nas políticas monetária ou cambial, o Presidente da República poderá encaminhar ao Senado Federal ou ao Congresso Nacional solicitação de revisão dos limites.

§ 7º Os precatórios judiciais não pagos durante a execução do orçamento em que houverem sido incluídos integram a dívida consolidada, para fins de aplicação dos limites.

SEÇÃO III
DA RECONDUÇÃO DA DÍVIDA AOS LIMITES

Art. 31. Se a dívida consolidada de um ente da Federação ultrapassar o respectivo limite ao final de um quadrimestre, deverá ser a ele reconduzida até o término dos três subseqüentes, reduzindo o excedente em pelo menos 25% (vinte e cinco por cento) no primeiro.

§ 1º Enquanto perdurar o excesso, o ente que nele houver incorrido:

I - estará proibido de realizar operação de crédito interna ou externa, inclusive por antecipação de receita, ressalvado o refinanciamento do principal atualizado da dívida mobiliária;

II - obterá resultado primário necessário à recondução da dívida ao limite, promovendo, entre outras medidas, limitação de empenho, na forma do art. 9º.

§ 2º Vencido o prazo para retorno da dívida ao limite, e enquanto perdurar o excesso, o ente ficará também impedido de receber transferências voluntárias da União ou do Estado.

§ 3º As restrições do § 1º aplicam-se imediatamente se o montante da dívida exceder o limite no primeiro quadrimestre do último ano do mandato do Chefe do Poder Executivo.

§ 4º O Ministério da Fazenda divulgará, mensalmente, a relação dos entes que tenham ultrapassado os limites das dívidas consolidada e mobiliária.

§ 5º As normas deste artigo serão observadas nos casos de descumprimento dos limites da dívida mobiliária e das operações de crédito internas e externas.

SEÇÃO IV
DAS OPERAÇÕES DE CRÉDITO

SUBSEÇÃO I
DA CONTRATAÇÃO

Art. 32. O Ministério da Fazenda verificará o cumprimento dos limites e condições relativos à realização de operações de crédito de cada ente da Federação, inclusive das empresas por eles controladas, direta ou indiretamente.

§ 1º O ente interessado formalizará seu pleito fundamentando-o em parecer de seus órgãos técnicos e jurídicos, demonstrando a relação custo-benefício, o interesse econômico e social da operação e o atendimento das seguintes condições:

I - existência de prévia e expressa autorização para a contratação, no texto da lei orçamentária, em créditos adicionais ou lei específica;

II - inclusão no orçamento ou em créditos adicionais dos recursos provenientes da operação, exceto no caso de operações por antecipação de receita;

III - observância dos limites e condições fixados pelo Senado Federal;

IV - autorização específica do Senado Federal, quando se tratar de operação de crédito externo;

V - atendimento do disposto no inciso III do art. 167 da Constituição;

VI - observância das demais restrições estabelecidas nesta Lei Complementar.

§ 2º As operações relativas à dívida mobiliária federal autorizadas, no texto da lei orçamentária ou de créditos adicionais, serão objeto de processo simplificado que atenda às suas especificidades.

§ 3º Para fins do disposto no inciso V do § 1º, considerar-se-á, em cada exercício financeiro, o total dos recursos de operações de crédito nele ingressados e o das despesas de capital executadas, observado o seguinte:

I - não serão computadas nas despesas de capital as realizadas sob a forma de empréstimo ou financiamento a contribuinte, com o intuito de promover incentivo fiscal, tendo por base tributo de competência do ente da Federação, se resultar a diminuição, direta ou indireta, do ônus deste;

II - se o empréstimo ou financiamento a que se refere o inciso I for concedido por instituição financeira controlada pelo ente da Federação, o valor da operação será deduzido das despesas de capital;

III - (VETADO)

§ 4º Sem prejuízo das atribuições próprias do Senado Federal e do Banco Central do Brasil, o Ministério da Fazenda efetuará o registro eletrônico centralizado e atualizado das dívidas públicas interna e externa, garantido o acesso público às informações, que incluirão:

I - encargos e condições de contratação;

II - saldos atualizados e limites relativos às dívidas consolidada e mobiliária, operações de crédito e concessão de garantias.

§ 5º Os contratos de operação de crédito externo não conterão cláusula que importe na compensação automática de débitos e créditos.

§ 6º O prazo de validade da verificação dos limites e das condições de que trata este artigo e da análise realizada para a concessão de garantia pela União será de, no mínimo, 90 (noventa) dias e, no máximo, 270 (duzentos e setenta) dias, a critério do Ministério da Fazenda. (Incluído pela Lei Complementar nº 159, de 2017)

Art. 33. A instituição financeira que contratar operação de crédito com ente da Federação, exceto quando relativa à dívida mobiliária ou à externa, deverá exigir comprovação de que a operação atende às condições e limites estabelecidos.

§ 1º A operação realizada com infração do disposto nesta Lei Complementar será considerada nula, procedendo-se ao seu cancelamento, mediante a devolução do principal, vedados o pagamento de juros e demais encargos financeiros.

§ 2º Se a devolução não for efetuada no exercício de ingresso dos recursos, será consignada reserva específica na lei orçamentária para o exercício seguinte.

§ 3º Enquanto não efetuado o cancelamento, a amortização, ou constituída a reserva, aplicam-se as sanções previstas nos incisos do § 3º do art. 23.

§ 4º Também se constituirá reserva, no montante equivalente ao excesso, se não atendido o disposto no inciso III do art. 167 da Constituição, consideradas as disposições do § 3º do art. 32.

SUBSEÇÃO II
DAS VEDAÇÕES

Art. 34. O Banco Central do Brasil não emitirá títulos da dívida pública a partir de dois anos após a publicação desta Lei Complementar.

Art. 35. É vedada a realização de operação de crédito entre um ente da Federação, diretamente ou por intermédio de fundo, autarquia, fundação ou empresa estatal dependente, e outro, inclusive suas entidades da administração indireta, ainda que sob a forma de novação, refinanciamento ou postergação de dívida contraída anteriormente.

§ 1º Excetuam-se da vedação a que se refere o *caput* as operações entre instituição financeira estatal e outro ente da Federação, inclusive suas entidades da administração indireta, que não se destinem a:

I - financiar, direta ou indiretamente, despesas correntes;

II - refinanciar dívidas não contraídas junto à própria instituição concedente.

§ 2º O disposto no *caput* não impede Estados e Municípios de comprar títulos da dívida da União como aplicação de suas disponibilidades.

Art. 36. É proibida a operação de crédito entre uma instituição financeira estatal e o ente da Federação que a controle, na qualidade de beneficiário do empréstimo.

Parágrafo único. O disposto no *caput* não proíbe instituição financeira controlada de adquirir, no mercado, títulos da dívida pública para atender investimento de seus clientes, ou títulos da dívida de emissão da União para aplicação de recursos próprios.

Art. 37. Equiparam-se a operações de crédito e estão vedados:

I - captação de recursos a título de antecipação de receita de tributo ou contribuição cujo fato gerador ainda não tenha ocorrido, sem prejuízo do disposto no § 7º do art. 150 da Constituição;

II - recebimento antecipado de valores de empresa em que o Poder Público detenha, direta ou indiretamente, a maioria do capital social com direito a voto, salvo lucros e dividendos, na forma da legislação;

III - assunção direta de compromisso, confissão de dívida ou operação assemelhada, com fornecedor de bens, mercadorias ou serviços, mediante emissão, aceite ou aval de título de crédito, não se aplicando esta vedação a empresas estatais dependentes;

IV - assunção de obrigação, sem autorização orçamentária, com fornecedores para pagamento a *posteriori* de bens e serviços.

SUBSEÇÃO III
DAS OPERAÇÕES DE CRÉDITO POR ANTECIPAÇÃO DE RECEITA ORÇAMENTÁRIA

Art. 38. A operação de crédito por antecipação de receita destina-se a atender insuficiência de caixa durante o exercício financeiro e cumprirá as exigências mencionadas no art. 32 e mais as seguintes:

I - realizar-se-á somente a partir do décimo dia do início do exercício;

II - deverá ser liquidada, com juros e outros encargos incidentes, até o dia dez de dezembro de cada ano;

III - não será autorizada se forem cobrados outros encargos que não a taxa de juros da operação, obrigatoriamente prefixada ou indexada à taxa básica financeira, ou à que vier a esta substituir;

IV - estará proibida:

a) enquanto existir operação anterior da mesma natureza não integralmente resgatada;

b) no último ano de mandato do Presidente, Governador ou Prefeito Municipal.

§ 1º As operações de que trata este artigo não serão computadas para efeito do que dispõe o inciso III do art. 167 da Constituição, desde que liquidadas no prazo definido no inciso II do *caput*.

§ 2º As operações de crédito por antecipação de receita realizadas por Estados ou Municípios serão efetuadas mediante abertura de crédito junto à instituição financeira vencedora em processo competitivo eletrônico promovido pelo Banco Central do Brasil.

§ 3º O Banco Central do Brasil manterá sistema de acompanhamento e controle do saldo do crédito aberto e, no caso de inobservância dos limites, aplicará as sanções cabíveis à instituição credora.

SUBSEÇÃO IV
DAS OPERAÇÕES COM O BANCO CENTRAL DO BRASIL

Art. 39. Nas suas relações com ente da Federação, o Banco Central do Brasil está sujeito às vedações constantes do art. 35 e mais às seguintes:

I - compra de título da dívida, na data de sua colocação no mercado, ressalvado o disposto no § 2º deste artigo;

II - permuta, ainda que temporária, por intermédio de instituição financeira ou não, de título da dívida de ente da Federação por título da dívida pública federal, bem como a operação de compra e venda, a termo, daquele título, cujo efeito final seja semelhante à permuta;

III - concessão de garantia.

§ 1º O disposto no inciso II, *in fine*, não se aplica ao estoque de Letras do Banco Central do Brasil, Série Especial, existente na carteira das instituições financeiras, que pode ser refinanciado mediante novas operações de venda a termo.

§ 2º O Banco Central do Brasil só poderá comprar diretamente títulos emitidos pela União para refinanciar a dívida mobiliária federal que estiver vencendo na sua carteira.

§ 3º A operação mencionada no § 2º deverá ser realizada à taxa média e condições alcançadas no dia, em leilão público.

§ 4º É vedado ao Tesouro Nacional adquirir títulos da dívida pública federal existentes na carteira do Banco Central do Brasil, ainda que com cláusula de reversão, salvo para reduzir a dívida mobiliária.

SEÇÃO V
DA GARANTIA E DA CONTRAGARANTIA

Art. 40. Os entes poderão conceder garantia em operações de crédito internas ou externas, observados o disposto neste artigo, as normas do art. 32 e, no caso da União, também os limites e as condições estabelecidos pelo Senado Federal.

§ 1º A garantia estará condicionada ao oferecimento de contragarantia, em valor igual ou superior ao da garantia a ser concedida, e à adimplência da entidade que a pleitear relativamente a suas obrigações junto ao garantidor e às entidades por este controladas, observado o seguinte:

I - não será exigida contragarantia de órgãos e entidades do próprio ente;

II - a contragarantia exigida pela União a Estado ou Município, ou pelos Estados aos Municípios, poderá consistir na vinculação de receitas tributárias diretamente arrecadadas e provenientes de transferências constitucionais, com outorga de poderes ao garantidor para retê-las e empregar o respectivo valor na liquidação da dívida vencida.

§ 2º No caso de operação de crédito junto a organismo financeiro internacional, ou a instituição federal de crédito e fomento para o repasse de recursos externos, a União só prestará garantia a ente que atenda, além do disposto no § 1º, as exigências legais para o recebimento de transferências voluntárias.

§ 3º (VETADO)

§ 4º (VETADO)

§ 5º É nula a garantia concedida acima dos limites fixados pelo Senado Federal.

§ 6º É vedado às entidades da administração indireta, inclusive suas empresas controladas e subsidiárias, conceder garantia, ainda que com recursos de fundos.

§ 7º O disposto no § 6º não se aplica à concessão de garantia por:

I - empresa controlada a subsidiária ou controlada sua, nem à prestação de contragarantia nas mesmas condições;

II - instituição financeira a empresa nacional, nos termos da lei.

§ 8º Excetua-se do disposto neste artigo a garantia prestada:

I - por instituições financeiras estatais, que se submeterão às normas aplicáveis às instituições financeiras privadas, de acordo com a legislação pertinente;

II - pela União, na forma de lei federal, a empresas de natureza financeira por ela controladas, direta e indiretamente, quanto às operações de seguro de crédito à exportação.

§ 9º Quando honrarem dívida de outro ente, em razão de garantia prestada, a União e os Estados poderão condicionar as transferências constitucionais ao ressarcimento daquele pagamento.

§ 10. O ente da Federação cuja dívida tiver sido honrada pela União ou por Estado, em decorrência de garantia prestada em operação de crédito, terá suspenso o acesso a novos créditos ou financiamentos até a total liquidação da mencionada dívida.

SEÇÃO VI
DOS RESTOS A PAGAR

Art. 41. (VETADO)

Art. 42. É vedado ao titular de Poder ou órgão referido no art. 20, nos últimos dois quadrimestres do seu mandato, contrair obrigação de despesa que não possa ser cumprida integralmente dentro dele, ou que tenha parcelas a serem pagas no exercício seguinte sem que haja suficiente disponibilidade de caixa para este efeito.

Parágrafo único. Na determinação da disponibilidade de caixa serão considerados os encargos e despesas compromissadas a pagar até o final do exercício.

CAPÍTULO VIII
DA GESTÃO PATRIMONIAL
SEÇÃO I
DAS DISPONIBILIDADES DE CAIXA

Art. 43. As disponibilidades de caixa dos entes da Federação serão depositadas conforme estabelece o § 3º do art. 164 da Constituição.

§ 1º As disponibilidades de caixa dos regimes de previdência social, geral e próprio dos servidores públicos, ainda que vinculadas a fundos específicos a que se referem os arts. 249 e 250 da Constituição, ficarão depositadas em conta separada das demais disponibilidades de cada ente e aplicadas nas condições de mercado, com observância dos limites e condições de proteção e prudência financeira.

§ 2º É vedada a aplicação das disponibilidades de que trata o § 1º em:

I - títulos da dívida pública estadual e municipal, bem como em ações e outros papéis relativos às empresas controladas pelo respectivo ente da Federação;

II - empréstimos, de qualquer natureza, aos segurados e ao Poder Público, inclusive a suas empresas controladas.

SEÇÃO II
DA PRESERVAÇÃO DO PATRIMÔNIO PÚBLICO

Art. 44. É vedada a aplicação da receita de capital derivada da alienação de bens e direitos que integram o patrimônio público para o financiamento de despesa corrente, salvo se destinada por lei aos regimes de previdência social, geral e próprio dos servidores públicos.

Art. 45. Observado o disposto no § 5º do art. 5º, a lei orçamentária e as de créditos adicionais só incluirão novos projetos após adequadamente atendidos os em andamento e contempladas as despesas de conservação do patrimônio público, nos termos em que dispuser a lei de diretrizes orçamentárias.

Parágrafo único. O Poder Executivo de cada ente encaminhará ao Legislativo, até a data do envio do projeto de lei de diretrizes orçamentárias, relatório com as informações necessárias ao cumprimento do disposto neste artigo, ao qual será dada ampla divulgação.

Art. 46. É nulo de pleno direito ato de desapropriação de imóvel urbano expedido sem o atendimento do disposto no § 3º do art. 182 da Constituição, ou prévio depósito judicial do valor da indenização.

SEÇÃO III
DAS EMPRESAS CONTROLADAS PELO SETOR PÚBLICO

Art. 47. A empresa controlada que firmar contrato de gestão em que se estabeleçam objetivos e metas de desempenho, na forma da lei, disporá de autonomia gerencial, orçamentária e financeira, sem prejuízo do disposto no inciso II do § 5º do art. 165 da Constituição.

Parágrafo único. A empresa controlada incluirá em seus balanços trimestrais nota explicativa em que informará:

I - fornecimento de bens e serviços ao controlador, com respectivos preços e condições, comparando-os com os praticados no mercado;

II - recursos recebidos do controlador, a qualquer título, especificando valor, fonte e destinação;

III - venda de bens, prestação de serviços ou concessão de empréstimos e financiamentos com preços, taxas, prazos ou condições diferentes dos vigentes no mercado.

CAPÍTULO IX
DA TRANSPARÊNCIA, CONTROLE E FISCALIZAÇÃO

SEÇÃO I
DA TRANSPARÊNCIA DA GESTÃO FISCAL

Art. 48. São instrumentos de transparência da gestão fiscal, aos quais será dada ampla divulgação, inclusive em meios eletrônicos de acesso público: os planos, orçamentos e leis de diretrizes orçamentárias; as prestações de contas e o respectivo parecer prévio; o Relatório Resumido da Execução Orçamentária e o Relatório de Gestão Fiscal; e as versões simplificadas desses documentos.

§ 1º A transparência será assegurada também mediante: (Redação dada pela Lei Complementar nº 156, de 2016)

I – incentivo à participação popular e realização de audiências públicas, durante os processos de elaboração e discussão dos planos, lei de diretrizes orçamentárias e orçamentos; (Incluído pela Lei Complementar nº 131, de 2009).

II - liberação ao pleno conhecimento e acompanhamento da sociedade, em tempo real, de informações pormenorizadas sobre a execução orçamentária e financeira, em meios eletrônicos de acesso público; e (Redação dada pela Lei Complementar nº 156, de 2016)

III – adoção de sistema integrado de administração financeira e controle, que atenda a padrão mínimo de qualidade estabelecido pelo Poder Executivo da União e ao disposto no art. 48-A. (Incluído pela Lei Complementar nº 131, de 2009) (Vide Decreto nº 7.185, de 2010)

§ 2º A União, os Estados, o Distrito Federal e os Municípios disponibilizarão suas informações e dados contábeis, orçamentários e fiscais conforme periodicidade, formato e sistema estabelecidos pelo órgão central de contabilidade da União, os quais deverão ser divulgados em meio eletrônico de amplo acesso público. (Incluído pela Lei Complementar nº 156, de 2016)

§ 3º Os Estados, o Distrito Federal e os Municípios encaminharão ao Ministério da Fazenda, nos termos e na periodicidade a serem definidos em instrução específica deste órgão, as informações necessárias para a constituição do registro eletrônico centralizado e atualizado das dívidas públicas interna e externa, de que trata o § 4º do art. 32. (Incluído pela Lei Complementar nº 156, de 2016)

§ 4º A inobservância do disposto nos §§ 2º e 3º ensejará as penalidades previstas no § 2º do art. 51. (Incluído pela Lei Complementar nº 156, de 2016)

§ 5º Nos casos de envio conforme disposto no § 2º, para todos os efeitos, a União, os Estados, o Distrito Federal e os Municípios cumprem o dever de ampla divulgação a que se refere o caput. (Incluído pela Lei Complementar nº 156, de 2016)

§ 6º Todos os Poderes e órgãos referidos no art. 20, incluídos autarquias, fundações públicas, empresas estatais dependentes e fundos, do ente da Federação devem utilizar sistemas únicos de execução orçamentária e financeira, mantidos e gerenciados pelo Poder Executivo, resguardada a autonomia. (Incluído pela Lei Complementar nº 156, de 2016)

Art. 48-A. Para os fins a que se refere o inciso II do parágrafo único do art. 48, os entes da Federação disponibilizarão a qualquer pessoa física ou jurídica o acesso a informações referentes a: (Incluído pela Lei Complementar nº 131, de 2009).

I – quanto à despesa: todos os atos praticados pelas unidades gestoras no decorrer da execução da despesa, no momento de sua realização, com a disponibilização mínima dos dados referentes ao número do correspondente processo, ao bem fornecido ou ao serviço prestado, à pessoa física ou jurídica beneficiária do pagamento e, quando for o caso, ao procedimento licitatório realizado; (Incluído pela Lei Complementar nº 131, de 2009).

II – quanto à receita: o lançamento e o recebimento de toda a receita das unidades gestoras, inclusive referente a recursos extraordinários. (Incluído pela Lei Complementar nº 131, de 2009).

Art. 49. As contas apresentadas pelo Chefe do Poder Executivo ficarão disponíveis, durante todo o exercício, no respectivo Poder Legislativo e no órgão técnico responsável pela sua elaboração, para consulta e apreciação pelos cidadãos e instituições da sociedade.

Parágrafo único. A prestação de contas da União conterá demonstrativos do Tesouro Nacional e das agências financeiras oficiais de fomento, incluído o Banco Nacional de Desenvolvimento Econômico e Social, especificando os empréstimos e financiamentos concedidos com recursos oriundos dos orçamentos fiscal e da seguridade social e, no caso das agências financeiras, avaliação circunstanciada do impacto fiscal de suas atividades no exercício.

SEÇÃO II
DA ESCRITURAÇÃO E CONSOLIDAÇÃO DAS CONTAS

Art. 50. Além de obedecer às demais normas de contabilidade pública, a escrituração das contas públicas observará as seguintes:

I - a disponibilidade de caixa constará de registro próprio, de modo que os recursos vinculados a órgão, fundo ou despesa obrigatória fiquem identificados e escriturados de forma individualizada;

II - a despesa e a assunção de compromisso serão registradas segundo o regime de competência, apurando-se, em caráter complementar, o resultado dos fluxos financeiros pelo regime de caixa;

III - as demonstrações contábeis compreenderão, isolada e conjuntamente, as transações e operações de cada órgão, fundo ou entidade da administração direta, autárquica e fundacional, inclusive empresa estatal dependente;

IV - as receitas e despesas previdenciárias serão apresentadas em demonstrativos financeiros e orçamentários específicos;

V - as operações de crédito, as inscrições em Restos a Pagar e as demais formas de financiamento ou assunção de compromissos junto a terceiros, deverão ser escrituradas de modo a evidenciar o montante e a variação da dívida pública no período, detalhando, pelo menos, a natureza e o tipo de credor;

VI - a demonstração das variações patrimoniais dará destaque à origem e ao destino dos recursos provenientes da alienação de ativos.

§ 1º No caso das demonstrações conjuntas, excluir-se-ão as operações intragovernamentais.

§ 2º A edição de normas gerais para consolidação das contas públicas caberá ao órgão central de contabilidade da União, enquanto não implantado o conselho de que trata o art. 67.

§ 3º A Administração Pública manterá sistema de custos que permita a avaliação e o acompanhamento da gestão orçamentária, financeira e patrimonial.

Art. 51. O Poder Executivo da União promoverá, até o dia trinta de junho, a consolidação, nacional e por esfera de governo, das contas dos entes da Federação relativas ao exercício anterior, e a sua divulgação, inclusive por meio eletrônico de acesso público.

§ 1º Os Estados e os Municípios encaminharão suas contas ao Poder Executivo da União nos seguintes prazos:

I - Municípios, com cópia para o Poder Executivo do respectivo Estado, até trinta de abril;

II - Estados, até trinta e um de maio.

§ 2º O descumprimento dos prazos previstos neste artigo impedirá, até que a situação seja regularizada, que o ente da Federação receba transferências voluntárias e contrate operações de crédito, exceto as destinadas ao refinanciamento do principal atualizado da dívida mobiliária.

SEÇÃO III
DO RELATÓRIO RESUMIDO DA EXECUÇÃO ORÇAMENTÁRIA

Art. 52. O relatório a que se refere o § 3º do art. 165 da Constituição abrangerá todos os Poderes e o Ministério Público, será publicado até trinta dias após o encerramento de cada bimestre e composto de:

I - balanço orçamentário, que especificará, por categoria econômica, as:

a) receitas por fonte, informando as realizadas e a realizar, bem como a previsão atualizada;

b) despesas por grupo de natureza, discriminando a dotação para o exercício, a despesa liquidada e o saldo;

II - demonstrativos da execução das:

a) receitas, por categoria econômica e fonte, especificando a previsão inicial, a previsão atualizada para o exercício, a receita realizada no bimestre, a realizada no exercício e a previsão a realizar;

b) despesas, por categoria econômica e grupo de natureza da despesa, discriminando dotação inicial, dotação para o exercício, despesas empenhada e liquidada, no bimestre e no exercício;

c) despesas, por função e subfunção.

§ 1º Os valores referentes ao refinanciamento da dívida mobiliária constarão destacadamente nas receitas de operações de crédito e nas despesas com amortização da dívida.

§ 2º O descumprimento do prazo previsto neste artigo sujeita o ente às sanções previstas no § 2º do art. 51.

Art. 53. Acompanharão o Relatório Resumido demonstrativos relativos a:

I - apuração da receita corrente líquida, na forma definida no inciso IV do art. 2º, sua evolução, assim como a previsão de seu desempenho até o final do exercício;

II - receitas e despesas previdenciárias a que se refere o inciso IV do art. 50;

III - resultados nominal e primário;

IV - despesas com juros, na forma do inciso II do art. 4º;

V - Restos a Pagar, detalhando, por Poder e órgão referido no art. 20, os valores inscritos, os pagamentos realizados e o montante a pagar.

§ 1º O relatório referente ao último bimestre do exercício será acompanhado também de demonstrativos:

I - do atendimento do disposto no inciso III do art. 167 da Constituição, conforme o § 3º do art. 32;

II - das projeções atuariais dos regimes de previdência social, geral e próprio dos servidores públicos;

III - da variação patrimonial, evidenciando a alienação de ativos e a aplicação dos recursos dela decorrentes.

§ 2º Quando for o caso, serão apresentadas justificativas:

I - da limitação de empenho;

II - da frustração de receitas, especificando as medidas de combate à sonegação e à evasão fiscal, adotadas e a adotar, e as ações de fiscalização e cobrança.

SEÇÃO IV
DO RELATÓRIO DE GESTÃO FISCAL

Art. 54. Ao final de cada quadrimestre será emitido pelos titulares dos Poderes e órgãos referidos no art. 20 Relatório de Gestão Fiscal, assinado pelo:

I - Chefe do Poder Executivo;

II - Presidente e demais membros da Mesa Diretora ou órgão decisório equivalente, conforme regimentos internos dos órgãos do Poder Legislativo;

III - Presidente de Tribunal e demais membros de Conselho de Administração ou órgão decisório equivalente, conforme regimentos internos dos órgãos do Poder Judiciário;

IV - Chefe do Ministério Público, da União e dos Estados.

Parágrafo único. O relatório também será assinado pelas autoridades responsáveis pela administração financeira e pelo controle interno, bem como por outras definidas por ato próprio de cada Poder ou órgão referido no art. 20.

Art. 55. O relatório conterá:

I - comparativo com os limites de que trata esta Lei Complementar, dos seguintes montantes:

a) despesa total com pessoal, distinguindo a com inativos e pensionistas;

b) dívidas consolidada e mobiliária;

c) concessão de garantias;

d) operações de crédito, inclusive por antecipação de receita;

e) despesas de que trata o inciso II do art. 4º;

II - indicação das medidas corretivas adotadas ou a adotar, se ultrapassado qualquer dos limites;

III - demonstrativos, no último quadrimestre:

a) do montante das disponibilidades de caixa em trinta e um de dezembro;

b) da inscrição em Restos a Pagar, das despesas:

1) liquidadas;

2) empenhadas e não liquidadas, inscritas por atenderem a uma das condições do inciso II do art. 41;

3) empenhadas e não liquidadas, inscritas até o limite do saldo da disponibilidade de caixa;

4) não inscritas por falta de disponibilidade de caixa e cujos empenhos foram cancelados;

c) do cumprimento do disposto no inciso II e na alínea *b* do inciso IV do art. 38.

§ 1º O relatório dos titulares dos órgãos mencionados nos incisos II, III e IV do art. 54 conterá apenas as informações relativas à alínea *a* do inciso I, e os documentos referidos nos incisos II e III.

§ 2º O relatório será publicado até trinta dias após o encerramento do período a que corresponder, com amplo acesso ao público, inclusive por meio eletrônico.

§ 3º O descumprimento do prazo a que se refere o § 2º sujeita o ente à sanção prevista no § 2º do art. 51.

§ 4º Os relatórios referidos nos arts. 52 e 54 deverão ser elaborados de forma padronizada, segundo modelos que poderão ser atualizados pelo conselho de que trata o art. 67.

SEÇÃO V
DAS PRESTAÇÕES DE CONTAS

Art. 56. As contas prestadas pelos Chefes do Poder Executivo incluirão, além das suas próprias, as dos Presidentes dos órgãos dos Poderes Legislativo e Judiciário e do Chefe do Ministério Público, referidos no art. 20, as quais receberão parecer prévio, separadamente, do respectivo Tribunal de Contas.

§ 1º As contas do Poder Judiciário serão apresentadas no âmbito:

I - da União, pelos Presidentes do Supremo Tribunal Federal e dos Tribunais Superiores, consolidando as dos respectivos tribunais;

II - dos Estados, pelos Presidentes dos Tribunais de Justiça, consolidando as dos demais tribunais.

§ 2º O parecer sobre as contas dos Tribunais de Contas será proferido no prazo previsto no art. 57 pela comissão mista permanente referida no § 1º do art. 166 da Constituição ou equivalente das Casas Legislativas estaduais e municipais.

§ 3º Será dada ampla divulgação dos resultados da apreciação das contas, julgadas ou tomadas.

Art. 57. Os Tribunais de Contas emitirão parecer prévio conclusivo sobre as contas no prazo de sessenta dias do recebimento, se outro não estiver estabelecido nas constituições estaduais ou nas leis orgânicas municipais.

§ 1º No caso de Municípios que não sejam capitais e que tenham menos de duzentos mil habitantes o prazo será de cento e oitenta dias.

§ 2º Os Tribunais de Contas não entrarão em recesso enquanto existirem contas de Poder, ou órgão referido no art. 20, pendentes de parecer prévio.

Art. 58. A prestação de contas evidenciará o desempenho da arrecadação em relação à previsão, destacando as providências adotadas no âmbito da fiscalização das receitas e combate à sonegação, as ações de recuperação de créditos nas instâncias administrativa e judicial, bem como as demais medidas para incremento das receitas tributárias e de contribuições.

SEÇÃO VI
DA FISCALIZAÇÃO DA GESTÃO FISCAL

Art. 59. O Poder Legislativo, diretamente ou com o auxílio dos Tribunais de Contas, e o sistema de controle interno de cada Poder e do Ministério Público, fiscalizarão o cumprimento das normas desta Lei Complementar, com ênfase no que se refere a:

I - atingimento das metas estabelecidas na lei de diretrizes orçamentárias;

II - limites e condições para realização de operações de crédito e inscrição em Restos a Pagar;

III - medidas adotadas para o retorno da despesa total com pessoal ao respectivo limite, nos termos dos arts. 22 e 23;

IV - providências tomadas, conforme o disposto no art. 31, para recondução dos montantes das dívidas consolidada e mobiliária aos respectivos limites;

V - destinação de recursos obtidos com a alienação de ativos, tendo em vista as restrições constitucionais e as desta Lei Complementar;

VI - cumprimento do limite de gastos totais dos legislativos municipais, quando houver.

§ 1º Os Tribunais de Contas alertarão os Poderes ou órgãos referidos no art. 20 quando constatarem:

I - a possibilidade de ocorrência das situações previstas no inciso II do art. 4º e no art. 9º;

II - que o montante da despesa total com pessoal ultrapassou 90% (noventa por cento) do limite;

III - que os montantes das dívidas consolidada e mobiliária, das operações de crédito e da concessão de garantia se encontram acima de 90% (noventa por cento) dos respectivos limites;

IV - que os gastos com inativos e pensionistas se encontram acima do limite definido em lei;

V - fatos que comprometam os custos ou os resultados dos programas ou indícios de irregularidades na gestão orçamentária.

§ 2º Compete ainda aos Tribunais de Contas verificar os cálculos dos limites da despesa total com pessoal de cada Poder e órgão referido no art. 20.

§ 3º O Tribunal de Contas da União acompanhará o cumprimento do disposto nos §§ 2º, 3º e 4º do art. 39.

CAPÍTULO X
DISPOSIÇÕES FINAIS E TRANSITÓRIAS

Art. 60. Lei estadual ou municipal poderá fixar limites inferiores àqueles previstos nesta Lei Complementar para as dívidas consolidada e mobiliária, operações de crédito e concessão de garantias.

Art. 61. Os títulos da dívida pública, desde que devidamente escriturados em sistema centralizado de liquidação e custódia, poderão ser oferecidos em caução para garantia de empréstimos, ou em outras transações previstas em lei, pelo seu valor econômico, conforme definido pelo Ministério da Fazenda.

Art. 62. Os Municípios só contribuirão para o custeio de despesas de competência de outros entes da Federação se houver:

I - autorização na lei de diretrizes orçamentárias e na lei orçamentária anual;

II - convênio, acordo, ajuste ou congênere, conforme sua legislação.

Art. 63. É facultado aos Municípios com população inferior a cinqüenta mil habitantes optar por:

I - aplicar o disposto no art. 22 e no § 4º do art. 30 ao final do semestre;

II - divulgar semestralmente:

a) (VETADO)

b) o Relatório de Gestão Fiscal;

c) os demonstrativos de que trata o art. 53;

III - elaborar o Anexo de Política Fiscal do plano plurianual, o Anexo de Metas Fiscais e o Anexo de Riscos Fiscais da lei de diretrizes orçamentárias e o anexo de que trata o inciso I do art. 5º a partir do quinto exercício seguinte ao da publicação desta Lei Complementar.

§ 1º A divulgação dos relatórios e demonstrativos deverá ser realizada em até trinta dias após o encerramento do semestre.

§ 2º Se ultrapassados os limites relativos à despesa total com pessoal ou à dívida consolidada, enquanto perdurar esta situação, o Município ficará sujeito aos mesmos prazos de verificação e de retorno ao limite definidos para os demais entes.

Art. 64. A União prestará assistência técnica e cooperação financeira aos Municípios para a modernização das respectivas administrações tributária, financeira, patrimonial e previdenciária, com vistas ao cumprimento das normas desta Lei Complementar.

§ 1º A assistência técnica consistirá no treinamento e desenvolvimento de recursos humanos e na transferência de tecnologia, bem como no apoio à divulgação dos instrumentos de que trata o art. 48 em meio eletrônico de amplo acesso público.

§ 2º A cooperação financeira compreenderá a doação de bens e valores, o financiamento por intermédio das instituições financeiras federais e o repasse de recursos oriundos de operações externas.

Art. 65. Na ocorrência de calamidade pública reconhecida pelo Congresso Nacional, no caso da União, ou pelas Assembléias Legislativas, na hipótese dos Estados e Municípios, enquanto perdurar a situação:

I - serão suspensas a contagem dos prazos e as disposições estabelecidas nos arts. 23, 31 e 70;

II - serão dispensados o atingimento dos resultados fiscais e a limitação de empenho prevista no art. 9º.

Parágrafo único. Aplica-se o disposto no *caput* no caso de estado de defesa ou de sítio, decretado na forma da Constituição.

Art. 66. Os prazos estabelecidos nos arts. 23, 31 e 70 serão duplicados no caso de crescimento real baixo ou negativo do

Produto Interno Bruto (PIB) nacional, regional ou estadual por período igual ou superior a quatro trimestres.

§ 1º Entende-se por baixo crescimento a taxa de variação real acumulada do Produto Interno Bruto inferior a 1% (um por cento), no período correspondente aos quatro últimos trimestres.

§ 2º A taxa de variação será aquela apurada pela Fundação Instituto Brasileiro de Geografia e Estatística ou outro órgão que vier a substituí-la, adotada a mesma metodologia para apuração dos PIB nacional, estadual e regional.

§ 3º Na hipótese do *caput*, continuarão a ser adotadas as medidas previstas no art. 22.

§ 4º Na hipótese de se verificarem mudanças drásticas na condução das políticas monetária e cambial, reconhecidas pelo Senado Federal, o prazo referido no *caput* do art. 31 poderá ser ampliado em até quatro quadrimestres.

Art. 67. O acompanhamento e a avaliação, de forma permanente, da política e da operacionalidade da gestão fiscal serão realizados por conselho de gestão fiscal, constituído por representantes de todos os Poderes e esferas de Governo, do Ministério Público e de entidades técnicas representativas da sociedade, visando a:

I - harmonização e coordenação entre os entes da Federação;

II - disseminação de práticas que resultem em maior eficiência na alocação e execução do gasto público, na arrecadação de receitas, no controle do endividamento e na transparência da gestão fiscal;

III - adoção de normas de consolidação das contas públicas, padronização das prestações de contas e dos relatórios e demonstrativos de gestão fiscal de que trata esta Lei Complementar, normas e padrões mais simples para os pequenos Municípios, bem como outros, necessários ao controle social;

IV - divulgação de análises, estudos e diagnósticos.

§ 1º O conselho a que se refere o *caput* instituirá formas de premiação e reconhecimento público aos titulares de Poder que alcançarem resultados meritórios em suas políticas de desenvolvimento social, conjugados com a prática de uma gestão fiscal pautada pelas normas desta Lei Complementar.

§ 2º Lei disporá sobre a composição e a forma de funcionamento do conselho.

Art. 68. Na forma do art. 250 da Constituição, é criado o Fundo do Regime Geral de Previdência Social, vinculado ao Ministério da Previdência e Assistência Social, com a finalidade de prover recursos para o pagamento dos benefícios do regime geral da previdência social.

§ 1º O Fundo será constituído de:

I - bens móveis e imóveis, valores e rendas do Instituto Nacional do Seguro Social não utilizados na operacionalização deste;

II - bens e direitos que, a qualquer título, lhe sejam adjudicados ou que lhe vierem a ser vinculados por força de lei;

III - receita das contribuições sociais para a seguridade social, previstas na alínea *a* do inciso I e no inciso II do art. 195 da Constituição;

IV - produto da liquidação de bens e ativos de pessoa física ou jurídica em débito com a Previdência Social;

V - resultado da aplicação financeira de seus ativos;

VI - recursos provenientes do orçamento da União.

§ 2º O Fundo será gerido pelo Instituto Nacional do Seguro Social, na forma da lei.

Art. 69. O ente da Federação que mantiver ou vier a instituir regime próprio de previdência social para seus servidores conferir-lhe-á caráter contributivo e o organizará com base em normas de contabilidade e atuária que preservem seu equilíbrio financeiro e atuarial.

Art. 70. O Poder ou órgão referido no art. 20 cuja despesa total com pessoal no exercício anterior ao da publicação desta Lei Complementar estiver acima dos limites estabelecidos nos arts. 19 e 20 deverá enquadrar-se no respectivo limite em até dois exercícios, eliminando o excesso, gradualmente, à razão de, pelo menos, 50% a.a. (cinqüenta por cento ao ano), mediante a adoção, entre outras, das medidas previstas nos arts. 22 e 23.

Parágrafo único. A inobservância do disposto no *caput*, no prazo fixado, sujeita o ente às sanções previstas no § 3º do art. 23.

Art. 71. Ressalvada a hipótese do inciso X do art. 37 da Constituição, até o término do terceiro exercício financeiro seguinte à entrada em vigor desta Lei Complementar, a despesa total com pessoal dos Poderes e órgãos referidos no art. 20 não ultrapassará, em percentual da receita corrente líquida, a despesa verificada no exercício imediatamente anterior, acrescida de até 10% (dez por cento), se esta for inferior ao limite definido na forma do art. 20.

Art. 72. A despesa com serviços de terceiros dos Poderes e órgãos referidos no art. 20 não poderá exceder, em percentual da receita corrente líquida, a do exercício anterior à entrada em vigor desta Lei Complementar, até o término do terceiro exercício seguinte.

Art. 73. As infrações dos dispositivos desta Lei Complementar serão punidas segundo o Decreto-Lei nº 2.848, de 7 de dezembro de 1940 (Código Penal); a Lei nº 1.079, de 10 de abril de 1950; o Decreto-Lei nº 201, de 27 de fevereiro de 1967; a Lei nº 8.429, de 2 de junho de 1992; e demais normas da legislação pertinente.

Art. 73-A. Qualquer cidadão, partido político, associação ou sindicato é parte legítima para denunciar ao respectivo Tribunal de Contas e ao órgão competente do Ministério Público o descumprimento das prescrições estabelecidas nesta Lei Complementar. (Incluído pela Lei Complementar nº 131, de 2009).

Art. 73-B. Ficam estabelecidos os seguintes prazos para o cumprimento das determinações dispostas nos incisos II e III do parágrafo único do art. 48 e do art. 48-A: (Incluído pela Lei Complementar nº 131, de 2009).

I – 1 (um) ano para a União, os Estados, o Distrito Federal e os Municípios com mais de 100.000 (cem mil) habitantes; (Incluído pela Lei Complementar nº 131, de 2009).

II – 2 (dois) anos para os Municípios que tenham entre 50.000 (cinquenta mil) e 100.000 (cem mil) habitantes; (Incluído pela Lei Complementar nº 131, de 2009).

III – 4 (quatro) anos para os Municípios que tenham até 50.000 (cinquenta mil) habitantes. (Incluído pela Lei Complementar nº 131, de 2009).

Parágrafo único. Os prazos estabelecidos neste artigo serão contados a partir da data de publicação da lei complementar que introduziu os dispositivos referidos no caput deste artigo. (Incluído pela Lei Complementar nº 131, de 2009).

Art. 73-C. O não atendimento, até o encerramento dos prazos previstos no art. 73-B, das determinações contidas nos incisos II e III do parágrafo único do art. 48 e no art. 48-A sujeita o ente à sanção prevista no inciso I do § 3º do art. 23. (Incluído pela Lei Complementar nº 131, de 2009).

Art. 74. Esta Lei Complementar entra em vigor na data da sua publicação.

Art. 75. Revoga-se a Lei Complementar nº 96, de 31 de maio de 1999.

Brasília, 4 de maio de 2000; 179º da Independência e 112º da República.

FERNANDO HENRIQUE CARDOSO
Pedro Malan
Martus Tavares

Este texto não substitui o publicada no DOU de 5.5.2000

Lei nº 1.079, de 10 de abril de 1950

Define os crimes de responsabilidade e regula o respectivo processo de julgamento.

O PRESIDENTE DA REPÚBLICA Faço saber que o Congresso Nacional decreta eu sanciono a seguinte Lei:

PARTE PRIMEIRA

Do Presidente da República e Ministros de Estado

Art. 1º São crimes de responsabilidade os que esta lei especifica.

Art. 2º Os crimes definidos nesta lei, ainda quando simplesmente tentados, são passíveis da pena de perda do cargo, com inabilitação, até cinco anos, para o exercício de qualquer função pública, imposta pelo Senado Federal nos processos contra o Presidente da República ou Ministros de Estado, contra os Ministros do Supremo Tribunal Federal ou contra o Procurador Geral da República.

Art. 3º A imposição da pena referida no artigo anterior não exclui o processo e julgamento do acusado por crime comum, na justiça ordinária, nos termos das leis de processo penal.

Art. 4º São crimes de responsabilidade os atos do Presidente da República que atentarem contra a Constituição Federal, e, especialmente, contra:

I - A existência da União:

II - O livre exercício do Poder Legislativo, do Poder Judiciário e dos poderes constitucionais dos Estados;

III - O exercício dos direitos políticos, individuais e sociais:

IV - A segurança interna do país:

V - A probidade na administração;

VI - A lei orçamentária;

VII - A guarda e o legal emprego dos dinheiros públicos;

VIII - O cumprimento das decisões judiciárias (Constituição, artigo 89).

TÍTULO I

CAPÍTULO I
DOS CRIMES CONTRA A EXISTÊNCIA DA UNIÃO

Art. 5º São crimes de responsabilidade contra a existência política da União:

1 - entreter, direta ou indiretamente, inteligência com governo estrangeiro, provocando-o a fazer guerra ou cometer hostilidade contra a República, prometer-lhe assistência ou favor, ou dar-lhe qualquer auxílio nos preparativos ou planos de guerra contra a República;

2 - tentar, diretamente e por fatos, submeter a União ou algum dos Estados ou Territórios a domínio estrangeiro, ou dela separar qualquer Estado ou porção do território nacional;

3 - cometer ato de hostilidade contra nação estrangeira, expondo a República ao perigo da guerra, ou comprometendo-lhe a neutralidade;

4 - revelar negócios políticos ou militares, que devam ser mantidos secretos a bem da defesa da segurança externa ou dos interesses da Nação;

5 - auxiliar, por qualquer modo, nação inimiga a fazer a guerra ou a cometer hostilidade contra a República;

6 - celebrar tratados, convenções ou ajustes que comprometam a dignidade da Nação;

7 - violar a imunidade dos embaixadores ou ministros estrangeiros acreditados no país;

8 - declarar a guerra, salvo os casos de invasão ou agressão estrangeira, ou fazer a paz, sem autorização do Congresso Nacional.

9 - não empregar contra o inimigo os meios de defesa de que poderia dispor;

10 - permitir o Presidente da República, durante as sessões legislativas e sem autorização do Congresso Nacional, que forças estrangeiras transitem pelo território do país, ou, por motivo de guerra, nele permaneçam temporariamente;

11 - violar tratados legitimamente feitos com nações estrangeiras.

CAPÍTULO II
DOS CRIMES CONTRA O LIVRE EXERCÍCIO DOS PODERES CONSTITUCIONAIS

Art. 6º São crimes de responsabilidade contra o livre exercício dos poderes legislativo e judiciário e dos poderes constitucionais dos Estados:

1 - tentar dissolver o Congresso Nacional, impedir a reunião ou tentar impedir por qualquer modo o funcionamento de qualquer de suas Câmaras;

2 - usar de violência ou ameaça contra algum representante da Nação para afastá-lo da Câmara a que pertença ou para coagí-lo no modo de exercer o seu mandato bem como conseguir ou tentar conseguir o mesmo objetivo mediante suborno ou outras formas de corrupção;

3 - violar as imunidades asseguradas aos membros do Congresso Nacional, das Assembléias Legislativas dos Estados, da Câmara dos Vereadores do Distrito Federal e das Câmaras Municipais;

4 - permitir que força estrangeira transite pelo território do país ou nele permaneça quando a isso se oponha o Congresso Nacional;

5 - opor-se diretamente e por fatos ao livre exercício do Poder Judiciário, ou obstar, por meios violentos, ao efeito dos seus atos, mandados ou sentenças;

6 - usar de violência ou ameaça, para constranger juiz, ou jurado, a proferir ou deixar de proferir despacho, sentença ou voto, ou a fazer ou deixar de fazer ato do seu ofício;

7 - praticar contra os poderes estaduais ou municipais ato definido como crime neste artigo;

8 - intervir em negócios peculiares aos Estados ou aos Municípios com desobediência às normas constitucionais.

CAPÍTULO III
DOS CRIMES CONTRA O EXERCÍCIO DOS DIREITOS POLÍTICOS, INDIVIDUAIS E SOCIAIS

Art. 7º São crimes de responsabilidade contra o livre exercício dos direitos políticos, individuais e sociais:

1- impedir por violência, ameaça ou corrupção, o livre exercício do voto;

2 - obstar ao livre exercício das funções dos mesários eleitorais;

3 - violar o escrutínio de seção eleitoral ou inquinar de nulidade o seu resultado pela subtração, desvio ou inutilização do respectivo material;

4 - utilizar o poder federal para impedir a livre execução da lei eleitoral;

5 - servir-se das autoridades sob sua subordinação imediata para praticar abuso do poder, ou tolerar que essas autoridades o pratiquem sem repressão sua;

6 - subverter ou tentar subverter por meios violentos a ordem política e social;

7 - incitar militares à desobediência à lei ou infração à disciplina;

8 - provocar animosidade entre as classes armadas ou contra elas, ou delas contra as instituições civis;

9 - violar patentemente qualquer direito ou garantia individual constante do art. 141 e bem assim os direitos sociais assegurados no artigo 157 da Constituição;

10 - tomar ou autorizar durante o estado de sítio, medidas de repressão que excedam os limites estabelecidos na Constituição.

CAPÍTULO IV DOS CRIMES CONTRA A SEGURANÇA INTERNA DO PAÍS

Art. 8º São crimes contra a segurança interna do país:

1 - tentar mudar por violência a forma de governo da República;

2 - tentar mudar por violência a Constituição Federal ou de algum dos Estados, ou lei da União, de Estado ou Município;

3 - decretar o estado de sítio, estando reunido o Congresso Nacional, ou no recesso deste, não havendo comoção interna grave nem fatos que evidenciem estar a mesma a irromper ou não ocorrendo guerra externa;

4 - praticar ou concorrer para que se perpetre qualquer dos crimes contra a segurança interna, definidos na legislação penal;

5 - não dar as providências de sua competência para impedir ou frustrar a execução desses crimes;

6 - ausentar-se do país sem autorização do Congresso Nacional;

7 - permitir, de forma expressa ou tácita, a infração de lei federal de ordem pública;

8 - deixar de tomar, nos prazos fixados, as providências determinadas por lei ou tratado federal e necessário a sua execução e cumprimento.

CAPÍTULO V DOS CRIMES CONTRA A PROBIDADE NA ADMINISTRAÇÃO

Art. 9º São crimes de responsabilidade contra a probidade na administração:

1 - omitir ou retardar dolosamente a publicação das leis e resoluções do Poder Legislativo ou dos atos do Poder Executivo;

2 - não prestar ao Congresso Nacional dentro de sessenta dias após a abertura da sessão legislativa, as contas relativas ao exercício anterior;

3 - não tornar efetiva a responsabilidade dos seus subordinados, quando manifesta em delitos funcionais ou na prática de atos contrários à Constituição;

4 - expedir ordens ou fazer requisição de forma contrária às disposições expressas da Constituição;

5 - infringir no provimento dos cargos públicos, as normas legais;

6 - Usar de violência ou ameaça contra funcionário público para coagí-lo a proceder ilegalmente, bem como utilizar-se de suborno ou de qualquer outra forma de corrupção para o mesmo fim;

7 - proceder de modo incompatível com a dignidade, a honra e o decôro do cargo.

CAPÍTULO VI DOS CRIMES CONTRA A LEI ORÇAMENTÁRIA

Art. 10. São crimes de responsabilidade contra a lei orçamentária:

1 - Não apresentar ao Congresso Nacional a proposta do orçamento da República dentro dos primeiros dois meses de cada sessão legislativa;

2 - Exceder ou transportar, sem autorização legal, as verbas do orçamento;

3 - Realizar o estorno de verbas;

4 - Infringir, patentemente, e de qualquer modo, dispositivo da lei orçamentária.

5) deixar de ordenar a redução do montante da dívida consolidada, nos prazos estabelecidos em lei, quando o montante ultrapassar o valor resultante da aplicação do limite máximo fixado pelo Senado Federal; (Incluído pela Lei nº 10.028, de 2000)

6) ordenar ou autorizar a abertura de crédito em desacordo com os limites estabelecidos pelo Senado Federal, sem fundamento na lei orçamentária ou na de crédito adicional ou com inobservância de prescrição legal; (Incluído pela Lei nº 10.028, de 2000)

7) deixar de promover ou de ordenar na forma da lei, o cancelamento, a amortização ou a constituição de reserva para anular os efeitos de operação de crédito realizada com inobservância de limite, condição ou montante estabelecido em lei; (Incluído pela Lei nº 10.028, de 2000)

8) deixar de promover ou de ordenar a liquidação integral de operação de crédito por antecipação de receita orçamentária, inclusive os respectivos juros e demais encargos, até o encerramento do exercício financeiro; (Incluído pela Lei nº 10.028, de 2000)

9) ordenar ou autorizar, em desacordo com a lei, a realização de operação de crédito com qualquer um dos demais entes da Federação, inclusive suas entidades da administração indireta, ainda que na forma de novação, refinanciamento ou postergação de dívida contraída anteriormente; ((Incluído pela Lei nº 10.028, de 2000)

10) captar recursos a título de antecipação de receita de tributo ou contribuição cujo fato gerador ainda não tenha ocorrido; (Incluído pela Lei nº 10.028, de 2000)

11) ordenar ou autorizar a destinação de recursos provenientes da emissão de títulos para finalidade diversa da prevista na lei que a autorizou; (Incluído pela Lei nº 10.028, de 2000)

12) realizar ou receber transferência voluntária em desacordo com limite ou condição estabelecida em lei. (Incluído pela Lei nº 10.028, de 2000)

CAPÍTULO VII DOS CRIMES CONTRA A GUARDA E LEGAL EMPREGO DOS DINHEIROS PÚBLICOS:

Art. 11. São crimes contra a guarda e legal emprego dos dinheiros públicos:

1 - ordenar despesas não autorizadas por lei ou sem observânciadas prescrições legais relativas às mesmas;

2 - Abrir crédito sem fundamento em lei ou sem as formalidades legais;

3 - Contrair empréstimo, emitir moeda corrente ou apólices, ou efetuar operação de crédito sem autorização legal;

4 - alienar imóveis nacionais ou empenhar rendas públicas sem autorização legal;

5 - negligenciar a arrecadação das rendas impostos e taxas, bem como a conservação do patrimônio nacional.

CAPÍTULO VIII
DOS CRIMES CONTRA O CUMPRIMENTO DAS DECISÕES JUDICIÁRIAS;

Art. 12. São crimes contra o cumprimento das decisões judiciárias:

1 - impedir, por qualquer meio, o efeito dos atos, mandados ou decisões do Poder Judiciário;

2 - Recusar o cumprimento das decisões do Poder Judiciário no que depender do exercício das funções do Poder Executivo;

3 - deixar de atender a requisição de intervenção federal do Supremo Tribunal Federal ou do Tribunal Superior Eleitoral;

4 - Impedir ou frustrar pagamento determinado por sentença judiciária.

TÍTULO II
DOS MINISTROS DE ESTADO

Art. 13. São crimes de responsabilidade dos Ministros de Estado;

1 - os atos definidos nesta lei, quando por eles praticados ou ordenados;

2 - os atos previstos nesta lei que os Ministros assinarem com o Presidente da República ou por ordem deste praticarem;

3 - A falta de comparecimento sem justificação, perante a Câmara dos Deputados ou o Senado Federal, ou qualquer das suas comissões, quando uma ou outra casa do Congresso os convocar para pessoalmente, prestarem informações acerca de assunto previamente determinado;

4 - Não prestarem dentro em trinta dias e sem motivo justo, a qualquer das Câmaras do Congresso Nacional, as informações que ela lhes solicitar por escrito, ou prestarem-nas com falsidade.

PARTE SEGUNDA
PROCESSO E JULGAMENTO

TÍTULO ÚNICO
DO PRESIDENTE DA REPÚBLICA E MINISTROS DE ESTADO

CAPÍTULO I
DA DENÚNCIA

Art. 14. É permitido a qualquer cidadão denunciar o Presidente da República ou Ministro de Estado, por crime de responsabilidade, perante a Câmara dos Deputados.

Art. 15. A denúncia só poderá ser recebida enquanto o denunciado não tiver, por qualquer motivo, deixado definitivamente o cargo.

Art. 16. A denúncia assinada pelo denunciante e com a firma reconhecida, deve ser acompanhada dos documentos que a comprovem, ou da declaração de impossibilidade de apresentá-los, com a indicação do local onde possam ser encontrados, nos crimes de que haja prova testemunhal, a denúncia deverá conter o rol das testemunhas, em número de cinco no mínimo.

Art. 17. No processo de crime de responsabilidade, servirá de escrivão um funcionário da Secretaria da Câmara dos Deputados, ou do Senado, conforme se achar o mesmo em uma ou outra casa do Congresso Nacional.

Art. 18. As testemunhas arroladas no processo deverão comparecer para prestar o seu depoimento, e a Mesa da Câmara dos Deputados ou do Senado por ordem de quem serão notificadas, tomará as providências legais que se tornarem necessárias legais que se tornarem necessárias para compelí-las a obediência.

CAPÍTULO II
DA ACUSAÇÃO

Art. 19. Recebida a denúncia, será lida no expediente da sessão seguinte e despachada a uma comissão especial eleita, da qual participem, observada a respectiva proporção, representantes de todos os partidos para opinar sobre a mesma.

Art. 20. A comissão a que alude o artigo anterior se reunirá dentro de 48 horas e, depois de eleger seu Presidente e relator, emitirá parecer, dentro do prazo de dez dias, sôbre se a denúncia deve ser ou não julgada objeto de deliberação. Dentro desse período poderá a comissão proceder às diligências que julgar necessárias ao esclarecimento da denúncia.

§ 1º O parecer da comissão especial será lido no expediente da sessão da Câmara dos Deputados e publicado integralmente no Diário do Congresso Nacional e em avulsos, juntamente com a denúncia, devendo as publicações ser distribuídas a todos os deputados.

§ 2º Quarenta e oito horas após a publicação oficial do parecer da Comissão especial, será o mesmo incluído, em primeiro lugar, na ordem do dia da Câmara dos Deputados, para uma discussão única.

Art. 21. Cinco representantes de cada partido poderão falar, durante uma hora, sobre o parecer, ressalvado ao relator da comissão especial o direito de responder a cada um.

Art. 22. Encerrada a discussão do parecer, e submetido o mesmo a votação nominal, será a denúncia, com os documentos que a instruam, arquivada, se não fôr considerada objeto de deliberação. No caso contrário, será remetida por cópia autêntica ao denunciado, que terá o prazo de vinte dias para contestá-la e indicar os meios de prova com que pretenda demonstrar a verdade do alegado.

§ 1º Findo esse prazo e com ou sem a contestação, a comissão especial determinará as diligências requeridas, ou que julgar convenientes, e realizará as sessões necessárias para a tomada do depoimento das testemunhas de ambas as partes, podendo ouvir o denunciante e o denunciado, que poderá assistir pessoalmente, ou por seu procurador, a tôdas as audiências e diligências realizadas pela comissão, interrogando e contestando as testemunhas e requerendo a reinquirição ou acareação das mesmas.

§ 2º Findas essas diligências, a comissão especial proferirá, no prazo de dez dias, parecer sobre a procedência ou improcedência da denúncia.

§ 3º Publicado e distribuído esse parecer na forma do § 1º do art. 20, será o mesmo, incluído na ordem do dia da sessão imediata para ser submetido a duas discussões, com o interregno de 48 horas entre uma e outra.

§ 4º Nas discussões do parecer sôbre a procedência ou improcedência da denúncia, cada representante de partido poderá falar uma só vez e durante uma hora, ficando as questões de ordem subordinadas ao disposto no § 2º do art. 20.

Art. 23. Encerrada a discussão do parecer, será o mesmo submetido a votação nominal, não sendo permitidas, então, questões de ordem, nem encaminhamento de votação.

§ 1º Se da aprovação do parecer resultar a procedência da denúncia, considerar-se-á decretada a acusação pela Câmara dos Deputados.

§ 2º Decretada a acusação, será o denunciado intimado imediatamente pela Mesa da Câmara dos Deputados, por intermédio do 1º Secretário.

§ 3º Se o denunciado estiver ausente do Distrito Federal, a sua intimação será solicitada pela Mesa da Câmara dos Deputados, ao Presidente do Tribunal de Justiça do Estado em que êle se encontrar.

§ 4º A Câmara dos Deputados elegerá uma comissão de três membros para acompanhar o julgamento do acusado.

§ 5º São efeitos imediatos ao decreto da acusação do Presidente da República, ou de Ministro de Estado, a suspensão do exercício das funções do acusado e da metade do subsídio ou do vencimento, até sentença final.

§ 6º Conforme se trate da acusação de crime comum ou de responsabilidade, o processo será enviado ao Supremo Tribunal Federal ou ao Senado Federal.

CAPÍTULO III
DO JULGAMENTO

Art. 24. Recebido no Senado o decreto de acusação com o processo enviado pela Câmara dos Deputados e apresentado o libelo pela comissão acusadora, remeterá o Presidente cópia de tudo ao acusado, que, na mesma ocasião e nos termos dos parágrafos 2º e 3º do art. 23, será notificado para comparecer em dia prefixado perante o Senado.

Parágrafo único. Ao Presidente do Supremo Tribunal Federal enviar-se-á o processo em original, com a comunicação do dia designado para o julgamento.

Art. 25. O acusado comparecerá, por si ou pêlos seus advogados, podendo, ainda, oferecer novos meios de prova.

Art. 26. No caso de revelia, marcará o Presidente novo dia para o julgamento e nomeará para a defesa do acusado um advogado, a quem se facultará o exame de todas as peças de acusação.

Art. 27. No dia aprazado para o julgamento, presentes o acusado, seus advogados, ou o defensor nomeado a sua revelia, e a comissão acusadora, o Presidente do Supremo Tribunal Federal, abrindo a sessão, mandará ler o processo preparatório o libelo e os artigos de defesa; em seguida inquirirá as testemunhas, que deverão depor publicamente e fora da presença umas das outras.

Art. 28. Qualquer membro da Comissão acusadora ou do Senado, e bem assim o acusado ou seus advogados, poderão requerer que se façam às testemunhas perguntas que julgarem necessárias.

Parágrafo único. A Comissão acusadora, ou o acusado ou seus advogados, poderão contestar ou argüir as testemunhas sem contudo interrompê-las e requerer a acareação.

Art. 29. Realizar-se-á a seguir o debate verbal entre a comissão acusadora e o acusado ou os seus advogados pelo prazo que o Presidente fixar e que não poderá exceder de duas horas.

Art. 30. Findos os debates orais e retiradas as partes, abrir-se-á discussão sobre o objeto da acusação.

Art. 31. Encerrada a discussão o Presidente do Supremo Tribunal Federal fará relatório resumido da denúncia e das provas da acusação e da defesa e submeterá a votação nominal dos senadores o julgamento.

Art. 32. Se o julgamento for absolutório produzirá desde logo, todos os efeitos a favor do acusado.

Art. 33. No caso de condenação, o Senado por iniciativa do presidente fixará o prazo de inabilitação do condenado para o exercício de qualquer função pública; e no caso de haver crime comum deliberará ainda sobre se o Presidente o deverá submeter à justiça ordinária, independentemente da ação de qualquer interessado.

Art. 34. Proferida a sentença condenatória, o acusado estará, ipso facto destituído do cargo.

Art. 35. A resolução do Senado constará de sentença que será lavrada, nos autos do processo, pelo Presidente do Supremo Tribunal Federal, assinada pêlos senadores que funcionarem como juizes, transcrita na ata da sessão e, dentro desta, publicada no Diário Oficial e no Diário do Congresso Nacional.

Art. 36. Não pode interferir, em nenhuma fase do processo de responsabilidade do Presidente da República ou dos Ministros de Estado, o deputado ou senador;

a) que tiver parentesco consangüíneo ou afim, com o acusado, em linha reta; em linha colateral, os irmãos cunhados, enquanto durar o cunhado, e os primos co-irmãos;

b) que, como testemunha do processo tiver deposto de ciência própria.

Art. 37. O congresso Nacional deverá ser convocado, extraordinariamente, pelo terço de uma de suas câmaras, caso a sessão legislativa se encerre sem que se tenha ultimado o julgamento do Presidente da República ou de Ministro de Estado, bem como no caso de ser necessário o início imediato do processo.

Art. 38. No processo e julgamento do Presidente da República e dos Ministros de Estado, serão subsidiários desta lei, naquilo em que lhes forem aplicáveis, assim os regimentos internos da Câmara dos Deputados e do Senado Federal, como o Código de Processo Penal.

PARTE TERCEIRA

TÍTULO I

CAPÍTULO I
DOS MINISTROS DO SUPREMO TRIBUNAL FEDERAL

Art. 39. São crimes de responsabilidade dos Ministros do Supremo Tribunal Federal:

1- altera, por qualquer forma, exceto por via de recurso, a decisão ou voto já proferido em sessão do Tribunal;

2 - proferir julgamento, quando, por lei, seja suspeito na causa;

3 - exercer atividade político-partidária;

4 - ser patentemente desidioso no cumprimento dos deveres do cargo;

5 - proceder de modo incompatível com a honra dignidade e decôro de suas funções.

Art. 39-A. Constituem, também, crimes de responsabilidade do Presidente do Supremo Tribunal Federal ou de seu substituto quando no exercício da Presidência, as condutas previstas no art. 10 desta Lei, quando por eles ordenadas ou praticadas. (Incluído pela Lei nº 10.028, de .2000)

Parágrafo único. O disposto neste artigo aplica-se aos Presidentes, e respectivos substitutos quando no exercício da Presidência, dos Tribunais Superiores, dos Tribunais de Contas, dos Tribunais Regionais Federais, do Trabalho e Eleitorais, dos Tribunais de Justiça e de Alçada dos Estados e do Distrito Federal, e aos Juízes Diretores de Foro ou função equivalente no primeiro grau de jurisdição. (Incluído pela Lei nº 10.028, de .2000)

CAPÍTULO II
DO PROCURADOR GERAL DA REPÚBLICA

Art. 40. São crimes de responsabilidade do Procurador Geral da República:

1 - emitir parecer, quando, por lei, seja suspeito na causa;

2 - recusar-se a prática de ato que lhe incumba;

3 - ser patentemente desidioso no cumprimento de suas atribuições;

4 - proceder de modo incompatível com a dignidade e o decôro do cargo.

Art. 40-A. Constituem, também, crimes de responsabilidade do Procurador-Geral da República, ou de seu substituto quando no exercício da chefia do Ministério Público da União, as condutas previstas no art. 10 desta Lei, quando por eles ordenadas ou praticadas. (Incluído pela Lei nº 10.028, de .2000)

Parágrafo único. O disposto neste artigo aplica-se: (Incluído pela Lei nº 10.028, de .2000)

I – ao Advogado-Geral da União; (Incluído pela Lei nº 10.028, de .2000)

II – aos Procuradores-Gerais do Trabalho, Eleitoral e Militar, aos Procuradores-

-Gerais de Justiça dos Estados e do Distrito Federal, aos Procuradores-Gerais dos Estados e do Distrito Federal, e aos membros do Ministério Público da União e dos Estados, da Advocacia-Geral da União, das Procuradorias dos Estados e do Distrito Federal, quando no exercício de função de chefia das unidades regionais ou locais das respectivas instituições. (Incluído pela Lei nº 10.028, de .2000)

TÍTULO II
DO PROCESSO E JULGAMENTO

CAPÍTULO I
DA DENÚNCIA

Art. 41. É permitido a todo cidadão denunciar perante o Senado Federal, os Ministros do Supremo Tribunal Federal e o Procurador Geral da República, pêlos crimes de responsabilidade que cometerem (artigos 39 e 40).

Art. 41-A. Respeitada a prerrogativa de foro que assiste às autoridades a que se referem o parágrafo único do art. 39-A e o inciso II do parágrafo único do art. 40-A, as ações penais contra elas ajuizadas pela prática dos crimes de responsabilidade previstos no art. 10 desta Lei serão processadas e julgadas de acordo com o rito instituído pela Lei nº 8.038, de 28 de maio de 1990, permitido, a todo cidadão, o oferecimento da denúncia. (Incluído pela Lei nº 10.028, de .2000)

Art. 42. A denúncia só poderá ser recebida se o denunciado não tiver, por qualquer motivo, deixado definitivamente o cargo.

Art. 43. A denúncia, assinada pelo denunciante com a firma reconhecida deve ser acompanhada dos documentos que a comprovem ou da declaração de impossibilidade de apresentá-los, com a indicação do local onde possam ser encontrados. Nos crimes de que haja prova testemunhal, a denúncia deverá conter o rol das testemunhas, em número de cinco, no mínimo.

Art. 44. Recebida a denúncia pela Mesa do Senado, será lida no expediente da sessão seguinte e despachada a uma comissão especial, eleita para opinar sobre a mesma.

Art. 45. A comissão a que alude o artigo anterior, reunir-se-á dentro de 48 horas e, depois de eleger o seu presidente e relator, emitirá parecer no prazo de 10 dias sobre se a denúncia deve ser, ou não julgada objeto de deliberação. Dentro desse período poderá a comissão proceder às diligências que julgar necessárias.

Art. 46. O parecer da comissão, com a denúncia e os documentos que a instruírem, será lido no expediente de sessão do Senado, publicado no Diário do Congresso Nacional e em avulsos, que deverão ser distribuídos entre os senadores, e dado para ordem do dia da sessão seguinte.

Art. 47. O parecer será submetido a uma só discussão, e a votação nominal considerando-se aprovado se reunir a maioria simples de votos.

Art. 48. Se o Senado resolver que a denúncia não deve constituir objeto de deliberação, serão os papeis arquivados.

Art. 49. Se a denúncia for considerada objeto de deliberação, a Mesa remeterá cópia de tudo ao denunciado, para responder à acusação no prazo de 10 dias.

Art. 50. Se o denunciado estiver fora do Distrito Federal, a cópia lhe será entregue pelo Presidente do Tribunal de Justiça do Estado em que se achar. Caso se ache fora do país ou em lugar incerto e não sabido, o que será verificado pelo 1º Secretário do Senado, a intimação farse-á por edital, publicado no Diário do Congresso Nacional, com a antecedência de 60 dias, aos quais se acrescerá, em comparecendo o denunciado, o prazo do art. 49.

Art. 51. Findo o prazo para a resposta do denunciado, seja esta recebida, ou não, a comissão dará parecer, dentro de dez dias, sobre a procedência ou improcedência da acusação.

Art. 52. Perante a comissão, o denunciante e o denunciado poderão comparecer pessoalmente ou por procurador, assistir a todos os atos e diligências por ela praticados, inquirir, reinquirir, contestar testemunhas e requerer a sua acareação. Para esse efeito, a comissão dará aos interessados conhecimento das suas reuniões e das diligências a que deva proceder, com a indicação de lugar, dia e hora.

Art. 53. Findas as diligências, a comissão emitirá sobre o seu parecer, que será publicado e distribuído, com todas as peças que o instruírem e dado para ordem do dia 48 horas, no mínimo, depois da distribuição.

Art. 54. Esse parecer terá uma só discussão e considerar-se-á aprovado se, em votação nominal, reunir a maioria simples dos votos.

Art. 55. Se o Senado entender que não procede a acusação, serão os papeis arquivados. Caso decida o contrário, a Mesa dará imediato conhecimento dessa decisão ao Supremo Tribunal Federal, ao Presidente da República, ao denunciante e ao denunciado.

Art. 56. Se o denunciado não estiver no Distrito Federal, a decisão ser-lhe-á comunicada a requisição da Mesa, pelo Presidente do Tribunal de Justiça do Estado onde se achar. Se estiver fora do país ou em lugar incerto e não sabido, o que será verificado pelo 1º Secretário do Senado, far-se-á a intimação mediante edital pelo *Diário do Congresso Nacional*, com a antecedência de 60 dias.

Art. 57. A decisão produzirá desde a data da sua intimação os seguintes efeitos, contra o denunciado:

a) ficar suspenso do exercício das suas funções até sentença final;

b) ficar sujeito a acusação criminal;

c) perder, até sentença final, um terço dos vencimentos, que lhe será pago no caso de absolvição.

CAPÍTULO II
DA ACUSAÇÃO E DA DEFESA

Art. 58. Intimado o denunciante ou o seu procurador da decisão a que aludem os três últimos artigos, ser-lhe-á dada vista do processo, na Secretaria do Senado, para, dentro de 48 horas, oferecer o libelo acusatório e o rol das testemunhas. Em seguida abrir-se-á vista ao denunciado ou ao seu defensor, pelo mesmo prazo para oferecer a contrariedade e o rol das testemunhas.

Art. 59. Decorridos esses prazos, com o libelo e a contrariedade ou sem eles, serão os autos remetidos, em original, ao Presidente do Supremo Tribunal Federal, ou ao seu substituto legal, quando seja ele o denunciado, comunicando-se-lhe o dia designado para o julgamento e convidando-o para presidir a sessão.

Art. 60. O denunciante e o acusado serão notificados pela forma estabelecida no art. 56. para assistirem ao julgamento, devendo as testemunhas ser, por um magistrado, intimadas a comparecer a requisição da Mesa.

Parágrafo único. Entre a notificação e o julgamento deverá mediar o prazo mínimo de 10 dias.

Art. 61. No dia e hora marcados para o julgamento, o Senado reunir-se-á, sob a presidência do Presidente do Supremo Tribunal Federal ou do seu substituto legal. Verificada a presença de número legal de senadores, será aberta a sessão e feita a chamada das partes, acusador e acusado, que poderão comparecer pessoalmente ou pêlos seus procuradores.

Art. 62. A revelia do acusador não importará transferência do julgamento, nem perempção da acusação.

§ 1º A revelia do acusado determinará o adiamento de julgamento, para o qual o Presidente designará novo dia, nomeando um advogado para defender o revel.

§ 2º Ao defensor nomeado será, facultado o exame de tôdas as peças do processo.

Art. 63. No dia definitivamente aprazado para o julgamento, verificado o número legal de senadores será aberta a sessão e facultado o ingresso às partes ou aos seus procuradores. Serão juizes todos os senadores presentes, com exceção dos impedidos nos termos do art. 36.

Parágrafo único. O impedimento poderá ser oposto pelo acusador ou pelo acusado e invocado por qualquer senador.

Art. 64. Constituído o Senado em Tribunal de julgamento, o Presidente mandará ler o processo e, em seguida, inquirirá publicamente as testemunhas, fora da presença umas das outras.

Art. 65. O acusador e o acusado, ou os seus procuradores, poderão reinquirir as testemunhas, contestá-las sem interrompê-las e requerer a sua acareação sejam feitas as perguntas que julgar necessárias.

Art. 66. Finda a inquirição, haverá debate oral, facultadas a réplica e a tréplica entre o acusador e o acusado, pelo prazo que o Presidente determinar,

Parágrafo único. Ultimado o debate, retirar-se-ão partes do recinto da sessão e abrir-se-á uma discussão única entre os senadores sobre o objeto da acusação.

Art. 67. Encerrada a discussão, fará o Presidente um relatório resumido dos fundamentos da acusação e da defesa, bem como das respectivas provas, submetendo em seguida o caso a julgamento.

CAPÍTULO III
DA SENTENÇA

Art. 68. O julgamento será feito, em votação nominal pêlos senadores desimpedidos que responderão "sim" ou "não" à seguinte pergunta enunciada pelo Presidente: "Cometeu o acusado F. o crime que lhe é imputado e deve ser condenado à perda do seu cargo?"

Parágrafo único. Se a resposta afirmativa obtiver, pelo menos, dois terços dos votos dos senadores presentes, o Presidente fará nova consulta ao plenário sobre o tempo não excedente de cinco anos, durante o qual o condenado deverá ficar inabilitado para o exercício de qualquer função pública.

Art. 69. De acordo com a decisão do Senado, o Presidente lavrará nos autos, a sentença que será assinada por ele e pêlos senadores, que tiverem tomado parte no julgamento, e transcrita na ata.

Art. 70. No caso de condenação, fica o acusado desde logo destituído do seu cargo. Se a sentença for absolutória, produzirá a imediata reabilitação do acusado, que voltará ao exercício do cargo, com direito à parte dos vencimentos de que tenha sido privado.

Art. 71. Da sentença, dar-se-á imediato conhecimento ao Presidente da República, ao Supremo Tribunal Federal e ao acusado.

Art. 72. Se no dia do encerramento do Congresso Nacional não estiver concluído o processo ou julgamento de Ministro do Supremo Tribunal Federal ou do Procurador Geral da República, deverá ele ser convocado extraordinariamente pelo terço do Senado Federal.

Art. 73 No processo e julgamento de Ministro do Supremo Tribunal, ou do Procurador Geral da República serão subsidiários desta lei, naquilo em que lhes forem aplicáveis, o Regimento Interno do Senado Federal e o Código de Processo Penal.

PARTE QUARTA

TÍTULO ÚNICO

CAPÍTULO I
DOS GOVERNADORES E SECRETÁRIOS DOS ESTADOS

Art. 74. Constituem crimes de responsabilidade dos governadores dos Estados ou dos seus Secretários, quando por eles praticados, os atos definidos como crimes nesta lei.

CAPÍTULO II
DA DENÚNCIA, ACUSAÇÃO E JULGAMENTO

Art. 75. É permitido a todo cidadão denunciar o Governador perante a Assembléia Legislativa, por crime de responsabilidade.

Art. 76.A denúncia assinada pelo denunciante e com a firma reconhecida, deve ser acompanhada dos documentos que a comprovem, ou da declaração de impossibilidade de apresentá-los com a indicação do local em que possam ser encontrados. Nos crimes de que houver prova testemunhal, conterão rol das testemunhas, em número de cinco pelo menos.

Parágrafo único. Não será recebida a denúncia depois que o Governador, por qualquer motivo, houver deixado definitivamente o cargo.

Art. 77. Apresentada a denúncia e julgada objeto de deliberação, se a Assembléia Legislativa por maioria absoluta, decretar a procedência da acusação, será o Governador imediatamente suspenso de suas funções.

Art. 78. O Governador será julgado nos crimes de responsabilidade, pela forma que determinar a Constituição do Estado e não poderá ser condenado, senão à perda do cargo, com inabilitação até cinco anos, para o exercício de qualquer função pública, sem prejuízo da ação da justiça comum.

§ 1º Quando o tribunal de julgamento fôr de jurisdição mista, serão iguais, pelo número, os representantes dos órgãos que o integrarem, excluído o Presidente, que será o Presidente do Tribunal de Justiça.

§ 2º Em qualquer hipótese, só poderá ser decretada a condenação pelo voto de dois têrços dos membros de que se compuser o tribunal de julgamento.

§ 3º Nos Estados, onde as Constituições não determinarem o processo nos crimes de responsabilidade dos Governadores, aplicar-se-á o disposto nesta lei, devendo, porém, o julgamento ser proferido por um tribunal composto de cinco membros do Legislativo e de cinco desembargadores, sob a presidência do Presidente do Tribunal de Justiça local, que terá direito de voto no caso de empate. A escolha desse Tribunal será feita - a dos membros do legislativo, mediante eleição pela Assembléia: a dos desembargadores, mediante sorteio.

§ 4º Êsses atos deverão ser executados dentro em cinco dias contados da data em que a Assembléia enviar ao Presidente do Tribunal de Justiça os autos do processo, depois de decretada a procedência da acusação.

Art. 79. No processo e julgamento do Governador serão subsidiários desta lei naquilo em que lhe forem aplicáveis, assim o regimento interno da Assembléia Legislativa e do Tribunal de Justiça, como o Código de Processo Penal.

Parágrafo único. Os Secretários de Estado, nos crimes conexos com os dos governadores, serão sujeitos ao mesmo processo e julgamento.

DISPOSIÇÕES GERAIS

Art. 80. Nos crimes de responsabilidade do Presidente da República e dos Ministros de Estado, a Câmara dos Deputados é tribunal de pronuncia e o Senado Federal, tribunal de julgamento; nos crimes de responsabilidade dos Ministros do Supremo Tribunal Federal e do Procurador Geral da República, o Senado Federal é, simultaneamente, tribunal de pronuncia e julgamento.

Parágrafo único. O Senado Federal, na apuração e julgamento dos crimes de responsabilidade funciona sob a presidência do Presidente do Supremo Tribunal, e só proferirá sentença condenatória pelo voto de dois terços dos seus membros.

Art. 81 A declaração de procedência da acusação nos crimes de responsabilidade só poderá ser decretada pela maioria absoluta da Câmara que a preferir.

Art. 82. Não poderá exceder de cento e vinte dias, contados da data da declaração da procedência da acusação, o prazo para o processo e julgamento dos crimes definidos nesta lei.

Rio de Janeiro, 10 de abril de 1950; 129º da Independência e 62º da República.

EURICO GASPAR DUTRA
Honório Monteiro
Sylvic de Noronha
Canrobert P. da Costa
Raul Fernandes
Guilherme da Silveira
João Valdetaro de Amorim e Mello
Daniel de Carvalho
Clemente Mariani
Armando Trompowsky

Este texto não substitui o publicado no DOU de 12.4.1950

Lei nº 7.347, de 24 de julho de 1985

Disciplina a ação civil pública de responsabilidade por danos causados ao meio-ambiente, ao consumidor, a bens e direitos de valor artístico, estético, histórico, turístico e paisagístico (VETADO) e dá outras providências.

O PRESIDENTE DA REPÚBLICA, faço saber que o Congresso Nacional decreta e eu sanciono a seguinte Lei:

Art. 1º Regem-se pelas disposições desta Lei, sem prejuízo da ação popular, as ações de responsabilidade por danos morais e patrimoniais causados: (Redação dada pela Lei nº 12.529, de 2011).

l - ao meio-ambiente;

ll - ao consumidor;

III – a bens e direitos de valor artístico, estético, histórico, turístico e paisagístico;

IV - a qualquer outro interesse difuso ou coletivo. (Incluído pela Lei nº 8.078 de 1990)

V - por infração da ordem econômica; (Redação dada pela Lei nº 12.529, de 2011).

VI - à ordem urbanística. (Incluído pela Medida provisória nº 2.180-35, de 2001)

VII – à honra e à dignidade de grupos raciais, étnicos ou religiosos. (Incluído pela Lei nº 12.966, de 2014)

VIII – ao patrimônio público e social. (Incluído pela Lei nº 13.004, de 2014)

Parágrafo único. Não será cabível ação civil pública para veicular pretensões que envolvam tributos, contribuições previdenciárias, o Fundo de Garantia do Tempo de Serviço - FGTS ou outros fundos de natureza institucional cujos beneficiários podem ser individualmente determinados. (Incluído pela Medida provisória nº 2.180-35, de 2001)

Art. 2º As ações previstas nesta Lei serão propostas no foro do local onde ocorrer o dano, cujo juízo terá competência funcional para processar e julgar a causa.

Parágrafo único A propositura da ação prevenirá a jurisdição do juízo para todas as ações posteriormente intentadas que possuam a mesma causa de pedir ou o mesmo objeto. (Incluído pela Medida provisória nº 2.180-35, de 2001)

Art. 3º A ação civil poderá ter por objeto a condenação em dinheiro ou o cumprimento de obrigação de fazer ou não fazer.

Art. 4º Poderá ser ajuizada ação cautelar para os fins desta Lei, objetivando, inclusive, evitar dano ao patrimônio público e social, ao meio ambiente, ao consumidor, à honra e à dignidade de grupos raciais, étnicos ou religiosos, à ordem urbanística ou aos bens e direitos de valor artístico, estético, histórico, turístico e paisagístico. (Redação dada pela Lei nº 13.004, de 2014)

Art. 5º Têm legitimidade para propor a ação principal e a ação cautelar: (Redação dada pela Lei nº 11.448, de 2007) (Vide Lei nº 13.105, de 2015) (Vigência)

I - o Ministério Público; (Redação dada pela Lei nº 11.448, de 2007).

II - a Defensoria Pública; (Redação dada pela Lei nº 11.448, de 2007).

III - a União, os Estados, o Distrito Federal e os Municípios; (Incluído pela Lei nº 11.448, de 2007).

IV - a autarquia, empresa pública, fundação ou sociedade de economia mista; (Incluído pela Lei nº 11.448, de 2007).

V - a associação que, concomitantemente: (Incluído pela Lei nº 11.448, de 2007).

a) esteja constituída há pelo menos 1 (um) ano nos termos da lei civil; (Incluído pela Lei nº 11.448, de 2007).

b) inclua, entre suas finalidades institucionais, a proteção ao patrimônio público e social, ao meio ambiente, ao consumidor, à ordem econômica, à livre concorrência, aos direitos de grupos raciais, étnicos ou religiosos ou ao patrimônio artístico, estético, histórico, turístico e paisagístico. (Redação dada pela Lei nº 13.004, de 2014)

§ 1º O Ministério Público, se não intervier no processo como parte, atuará obrigatoriamente como fiscal da lei.

§ 2º Fica facultado ao Poder Público e a outras associações legitimadas nos termos deste artigo habilitar-se como litisconsortes de qualquer das partes.

§ 3º Em caso de desistência infundada ou abandono da ação por associação legitimada, o Ministério Público ou outro legitimado assumirá a titularidade ativa. (Redação dada pela Lei nº 8.078, de 1990)

§ 4.º O requisito da pré-constituição poderá ser dispensado pelo juiz, quando haja manifesto interesse social evidenciado pela dimensão ou característica do dano, ou pela relevância do bem jurídico a ser protegido. (Incluído pela Lei nª 8.078, de 11.9.1990)

§ 5.º Admitir-se-á o litisconsórcio facultativo entre os Ministérios Públicos da União, do Distrito Federal e dos Estados na defesa dos interesses e direitos de que cuida esta lei. (Incluído pela Lei nª 8.078, de 11.9.1990)

§ 6º Os órgãos públicos legitimados poderão tomar dos interessados compromisso de ajustamento de sua conduta às exigências legais, mediante cominações, que terá eficácia de título executivo extrajudicial. (Incluído pela Lei nª 8.078, de 11.9.1990)

Art. 6º Qualquer pessoa poderá e o servidor público deverá provocar a iniciativa do Ministério Público, ministrando-lhe informações sobre fatos que constituam objeto da ação civil e indicando-lhe os elementos de convicção.

Art. 7º Se, no exercício de suas funções, os juízes e tribunais tiverem conhecimento de fatos que possam ensejar a propositura da ação civil, remeterão peças ao Ministério Público para as providências cabíveis.

Art. 8º Para instruir a inicial, o interessado poderá requerer às autoridades competentes as certidões e informações que julgar necessárias, a serem fornecidas no prazo de 15 (quinze) dias.

§ 1º O Ministério Público poderá instaurar, sob sua presidência, inquérito civil, ou requisitar, de qualquer organismo público ou particular, certidões, informações, exames ou perícias, no prazo que assinalar, o qual não poderá ser inferior a 10 (dez) dias úteis.

§ 2º Somente nos casos em que a lei impuser sigilo, poderá ser negada certidão ou informação, hipótese em que a ação poderá ser proposta desacompanhada daqueles documentos, cabendo ao juiz requisitá-los.

Art. 9º Se o órgão do Ministério Público, esgotadas todas as diligências, se convencer da inexistência de fundamento para a propositura da ação civil, promoverá o arquivamento dos autos do inquérito civil ou das peças informativas, fazendo-o fundamentadamente.

§ 1º Os autos do inquérito civil ou das peças de informação arquivadas serão remetidos, sob pena de se incorrer em falta grave, no prazo de 3 (três) dias, ao Conselho Superior do Ministério Público.

§ 2º Até que, em sessão do Conselho Superior do Ministério Público, seja homologada ou rejeitada a promoção de arquivamento, poderão as associações legitimadas apresentar razões escritas ou documentos, que serão juntados aos autos do inquérito ou anexados às peças de informação.

§ 3º A promoção de arquivamento será submetida a exame e deliberação do Conselho Superior do Ministério Público, conforme dispuser o seu Regimento.

§ 4º Deixando o Conselho Superior de homologar a promoção de arquivamento, designará, desde logo, outro órgão do Ministério Público para o ajuizamento da ação.

Art. 10. Constitui crime, punido com pena de reclusão de 1 (um) a 3 (três) anos, mais multa de 10 (dez) a 1.000 (mil) Obrigações Reajustáveis do Tesouro Nacional - ORTN, a recusa, o retardamento ou a omissão de dados técnicos indispensáveis à propositura da ação civil, quando requisitados pelo Ministério Público.

Art. 11. Na ação que tenha por objeto o cumprimento de obrigação de fazer ou não fazer, o juiz determinará o cumprimento da prestação da atividade devida ou a cessação da atividade nociva, sob pena de execução específica, ou de cominação de multa diária, se esta for suficiente ou compatível, independentemente de requerimento do autor.

Art. 12. Poderá o juiz conceder mandado liminar, com ou sem justificação prévia, em decisão sujeita a agravo.

§ 1º A requerimento de pessoa jurídica de direito público interessada, e para evitar grave lesão à ordem, à saúde, à segurança e à economia pública, poderá o Presidente do Tribunal a que competir o conhecimento do respectivo recurso suspender a execução da liminar, em decisão fundamentada, da qual caberá agravo para uma das turmas julgadoras, no prazo de 5 (cinco) dias a partir da publicação do ato.

§ 2º A multa cominada liminarmente só será exigível do réu após o trânsito em julgado da decisão favorável ao autor, mas será devida desde o dia em que se houver configurado o descumprimento.

Art. 13. Havendo condenação em dinheiro, a indenização pelo dano causado reverterá a um fundo gerido por um Conselho Federal ou por Conselhos Estaduais de que participarão necessariamente o Ministério Público e representantes da comunidade, sendo seus recursos destinados à reconstituição dos bens lesados. (Regulamento) (Regulamento) (Regulamento)

§ 1º. Enquanto o fundo não for regulamentado, o dinheiro ficará depositado em estabelecimento oficial de crédito, em conta com correção monetária. (Renumerado do parágrafo único pela Lei nº 12.288, de 2010)

§ 2º Havendo acordo ou condenação com fundamento em dano causado por ato de discriminação étnica nos termos do disposto no art. 1º desta Lei, a prestação em dinheiro reverterá diretamente ao fundo de que trata o **caput** e será utilizada para ações de promoção da igualdade étnica, conforme definição do Conselho Nacional de Promoção da Igualdade Racial, na hipótese de extensão nacional, ou dos Conselhos de Promoção de Igualdade Racial estaduais ou locais, nas hipóteses de danos com extensão regional ou local, respectivamente. (Incluído pela Lei nº 12.288, de 2010) (Vigência)

Art. 14. O juiz poderá conferir efeito suspensivo aos recursos, para evitar dano irreparável à parte.

Art. 15. Decorridos sessenta dias do trânsito em julgado da sentença condenatória, sem que a associação autora lhe promova a execução, deverá fazê-lo o Ministério Público, facultada igual iniciativa aos demais legitimados. (Redação dada pela Lei nº 8.078, de 1990)

Art. 16. A sentença civil fará coisa julgada erga omnes, nos limites da competência territorial do órgão prolator, exceto se o pedido for julgado improcedente por insuficiência de provas, hipótese em que qualquer legitimado poderá intentar outra ação com idêntico fundamento, valendo-se de nova prova. (Redação dada pela Lei nº 9.494, de 10.9.1997)

Art. 17. Em caso de litigância de má-fé, a associação autora e os diretores responsáveis pela propositura da ação serão solidariamente condenados em honorários advocatícios e ao décuplo das custas, sem prejuízo da responsabilidade por perdas e danos. (Renumerado do Parágrafo Único com nova redação pela Lei nº 8.078, de 1990)

Art. 18. Nas ações de que trata esta lei, não haverá adiantamento de custas, emolumentos, honorários periciais e quaisquer outras despesas, nem condenação da associação autora, salvo comprovada má-fé, em honorários de advogado, custas e despesas processuais. (Redação dada pela Lei nº 8.078, de 1990)

Art. 19. Aplica-se à ação civil pública, prevista nesta Lei, o Código de Processo Civil, aprovado pela Lei nº 5.869, de 11 de janeiro de 1973, naquilo em que não contrarie suas disposições.

Art. 20. O fundo de que trata o art. 13 desta Lei será regulamentado pelo Poder Executivo no prazo de 90 (noventa) dias. (Regulamento)

Art. 21. Aplicam-se à defesa dos direitos e interesses difusos, coletivos e individuais, no que for cabível, os dispositivos do Título III da lei que instituiu o Código de Defesa do Consumidor. (Incluído Lei nº 8.078, de 1990)

Art. 22. Esta lei entra em vigor na data de sua publicação. (Renumerado do art. 21, pela Lei nº 8.078, de 1990)

Art. 23. Revogam-se as disposições em contrário. (Renumerado do art. 22, pela Lei nº 8.078, de 1990)

Brasília, em 24 de julho de 1985; 164º da Independência e 97º da República.

JOSÉ SARNEY
Fernando Lyra

Este texto não substitui o publicado no DOU de 25.7.1985

Lei nº 4.717, de 29 de junho de 1965

regula a ação popular.

O PRESIDENTE DA REPÚBLICA
Faço saber que o Congresso Nacional decreta e eu sanciono a seguinte Lei:

Art. 1º Qualquer cidadão será parte legítima para pleitear a anulação ou a declaração de nulidade de atos lesivos ao patrimônio da União, do Distrito Federal, dos Estados, dos Municípios, de entidades autárquicas, de sociedades de economia mista (Constituição, art. 141, § 38), de sociedades mútuas de seguro nas quais a União represente os segurados ausentes, de empresas públicas, de serviços sociais autônomos, de instituições ou fundações para cuja criação ou custeio o tesouro público haja concorrido ou concorra com mais de cinqüenta por cento do patrimônio ou da receita ânua, de empresas incorporadas ao patrimônio da União, do Distrito Federal, dos Estados e dos Municípios, e de quaisquer pessoas jurídicas ou entidades subvencionadas pelos cofres públicos.

§ 1º - Consideram-se patrimônio público para os fins referidos neste artigo, os bens e direitos de valor econômico, artístico, estético, histórico ou turístico. (Redação dada pela Lei nº 6.513, de 1977)

§ 2º Em se tratando de instituições ou fundações, para cuja criação ou custeio o tesouro público concorra com menos de cinqüenta por cento do patrimônio ou da receita ânua, bem como de pessoas jurídicas ou entidades subvencionadas, as conseqüências patrimoniais da invalidez dos atos lesivos terão por limite a repercussão deles sobre a contribuição dos cofres públicos.

§ 3º A prova da cidadania, para ingresso em juízo, será feita com o título eleitoral, ou com documento que a ele corresponda.

§ 4º Para instruir a inicial, o cidadão poderá requerer às entidades, a que se refere este artigo, as certidões e informações que julgar necessárias, bastando para isso indicar a finalidade das mesmas.

§ 5º As certidões e informações, a que se refere o parágrafo anterior, deverão ser fornecidas dentro de 15 (quinze) dias da entrega, sob recibo, dos respectivos requerimentos, e só poderão ser utilizadas para a instrução de ação popular.

§ 6º Somente nos casos em que o interesse público, devidamente justificado, impuser sigilo, poderá ser negada certidão ou informação.

§ 7º Ocorrendo a hipótese do parágrafo anterior, a ação poderá ser proposta desacompanhada das certidões ou informações negadas, cabendo ao juiz, após apreciar os motivos do indeferimento, e salvo em se tratando de razão de segurança nacional, requisitar umas e outras; feita a requisição, o processo correrá em segredo de justiça, que cessará com o trânsito em julgado de sentença condenatória.

Art. 2º São nulos os atos lesivos ao patrimônio das entidades mencionadas no artigo anterior, nos casos de:

a) incompetência;

b) vício de forma;

c) ilegalidade do objeto;

d) inexistência dos motivos;

e) desvio de finalidade.

Parágrafo único. Para a conceituação dos casos de nulidade observar-se-ão as seguintes normas:

a) a incompetência fica caracterizada quando o ato não se incluir nas atribuições legais do agente que o praticou;

b) o vício de forma consiste na omissão ou na observância incompleta ou irregular de formalidades indispensáveis à existência ou seriedade do ato;

c) a ilegalidade do objeto ocorre quando o resultado do ato importa em violação de lei, regulamento ou outro ato normativo;

d) a inexistência dos motivos se verifica quando a matéria de fato ou de direito, em que se fundamenta o ato, é materialmente inexistente ou juridicamente inadequada ao resultado obtido;

e) o desvio de finalidade se verifica quando o agente pratica o ato visando a fim diverso daquele previsto, explícita ou implicitamente, na regra de competência.

Art. 3º Os atos lesivos ao patrimônio das pessoas de direito público ou privado, ou das entidades mencionadas no art. 1º, cujos vícios não se compreendam nas especificações do artigo anterior, serão anuláveis, segundo as prescrições legais, enquanto compatíveis com a natureza deles.

Art. 4º São também nulos os seguintes atos ou contratos, praticados ou celebrados por quaisquer das pessoas ou entidades referidas no art. 1º.

I - A admissão ao serviço público remunerado, com desobediência, quanto às condições de habilitação, das normas legais, regulamentares ou constantes de instruções gerais.

II - A operação bancária ou de crédito real, quando:

a) for realizada com desobediência a normas legais, regulamentares, estatutárias, regimentais ou internas;

b) o valor real do bem dado em hipoteca ou penhor for inferior ao constante de escritura, contrato ou avaliação.

III - A empreitada, a tarefa e a concessão do serviço público, quando:

a) o respectivo contrato houver sido celebrado sem prévia concorrência pública ou administrativa, sem que essa condição seja estabelecida em lei, regulamento ou norma geral;

b) no edital de concorrência forem incluídas cláusulas ou condições, que comprometam o seu caráter competitivo;

c) a concorrência administrativa for processada em condições que impliquem na limitação das possibilidades normais de competição.

IV - As modificações ou vantagens, inclusive prorrogações que forem admitidas, em favor do adjudicatário, durante a execução dos contratos de empreitada, tarefa e concessão de serviço público, sem que estejam previstas em lei ou nos respectivos instrumentos.,

V - A compra e venda de bens móveis ou imóveis, nos casos em que não cabível concorrência pública ou administrativa, quando:

a) for realizada com desobediência a normas legais, regulamentares, ou constantes de instruções gerais;

b) o preço de compra dos bens for superior ao corrente no mercado, na época da operação;

c) o preço de venda dos bens for inferior ao corrente no mercado, na época da operação.

VI - A concessão de licença de exportação ou importação, qualquer que seja a sua modalidade, quando:

a) houver sido praticada com violação das normas legais e regulamentares ou de instruções e ordens de serviço;

b) resultar em exceção ou privilégio, em favor de exportador ou importador.

VII - A operação de redesconto quando sob qualquer aspecto, inclusive o limite de valor, desobedecer a normas legais, regulamentares ou constantes de instruções gerais.

VIII - O empréstimo concedido pelo Banco Central da República, quando:

a) concedido com desobediência de quaisquer normas legais, regulamentares,, regimentais ou constantes de instruções gerias:

b) o valor dos bens dados em garantia, na época da operação, for inferior ao da avaliação.

IX - A emissão, quando efetuada sem observância das normas constitucionais, legais e regulamentadoras que regem a espécie.

DA COMPETÊNCIA

Art. 5º Conforme a origem do ato impugnado, é competente para conhecer da ação, processá-la e julgá-la o juiz que, de acordo com a organização judiciária de cada Estado, o for para as causas que interessem à União, ao Distrito Federal, ao Estado ou ao Município.

§ 1º Para fins de competência, equiparam-se atos da União, do Distrito Federal, do Estado ou dos Municípios os atos das pessoas criadas ou mantidas por essas pessoas jurídicas de direito público, bem como os atos das sociedades de que elas sejam acionistas e os das pessoas ou entidades por elas subvencionadas ou em relação às quais tenham interesse patrimonial.

§ 2º Quando o pleito interessar simultaneamente à União e a qualquer outra pessoas ou entidade, será competente o juiz das causas da União, se houver; quando interessar simultaneamente ao Estado e ao Município, será competente o juiz das causas do Estado, se houver.

§ 3º A propositura da ação prevenirá a jurisdição do juízo para todas as ações, que forem posteriormente intentadas contra as mesmas partes e sob os mesmos fundamentos.

§ 4º Na defesa do patrimônio público caberá a suspensão liminar do ato lesivo impugnado. (Incluído pela Lei nº 6.513, de 1977)

DOS SUJEITOS PASSIVOS DA AÇÃO E DOS ASSISTENTES

Art. 6º A ação será proposta contra as pessoas públicas ou privadas e as entidades referidas no art. 1º, contra as autoridades, funcionários ou administradores que houverem autorizado, aprovado, ratificado ou praticado o ato impugnado, ou que, por omissas, tiverem dado oportunidade à lesão, e contra os beneficiários diretos do mesmo.

§ 1º Se não houver benefício direto do ato lesivo, ou se for ele indeterminado ou desconhecido, a ação será proposta somente contra as outras pessoas indicadas neste artigo.

§ 2º No caso de que trata o inciso II, item «b», do art. 4º, quando o valor real do bem for inferior ao da avaliação, citar-se-ão como réus, além das pessoas públicas ou privadas e entidades referidas no art. 1º, apenas os responsáveis pela avaliação inexata e os beneficiários da mesma.

§ 3º A pessoas jurídica de direito público ou de direito privado, cujo ato seja objeto de impugnação, poderá abster-se de contestar o pedido, ou poderá atuar ao lado do autor, desde que isso se afigure útil ao interesse público, a juízo do respectivo representante legal ou dirigente.

§ 4º O Ministério Público acompanhará a ação, cabendo-lhe apressar a produção da prova e promover a responsabilidade, civil ou criminal, dos que nela incidirem, sendo-lhe vedado, em qualquer hipótese, assumir a defesa do ato impugnado ou dos seus autores.

§ 5º É facultado a qualquer cidadão habilitar-se como litisconsorte ou assistente do autor da ação popular.

DO PROCESSO

Art. 7º A ação obedecerá ao procedimento ordinário, previsto no Código de Processo Civil, observadas as seguintes normas modificativas:

I - Ao despachar a inicial, o juiz ordenará:

a) além da citação dos réus, a intimação do representante do Ministério Público;

b) a requisição, às entidades indicadas na petição inicial, dos documentos que tiverem sido referidos pelo autor (art. 1º, § 6º), bem como a de outros que se lhe afigurem necessários ao esclarecimento dos fatos, ficando prazos de 15 (quinze) a 30 (trinta) dias para o atendimento.

§ 1º O representante do Ministério Público providenciará para que as requisições, a que se refere o inciso anterior, sejam atendidas dentro dos prazos fixados pelo juiz.

§ 2º Se os documentos e informações não puderem ser oferecidos nos prazos assinalados, o juiz poderá autorizar prorrogação dos mesmos, por prazo razoável.

II - Quando o autor o preferir, a citação dos beneficiários far-se-á por edital com o prazo de 30 (trinta) dias, afixado na sede do juízo e publicado três vezes no jornal oficial do Distrito Federal, ou da Capital do Estado ou Território em que seja ajuizada a ação. A publicação será gratuita e deverá iniciar-se no máximo 3 (três) dias após a entrega, na repartição competente, sob protocolo, de uma via autenticada do mandado.

III - Qualquer pessoa, beneficiada ou responsável pelo ato impugnado, cuja existência ou identidade se torne conhecida no curso do processo e antes de proferida a sentença final de primeira instância, deverá ser citada para a integração do contraditório, sendo-lhe restituído o prazo para contestação e produção de provas, Salvo, quanto a beneficiário, se a citação se houver feito na forma do inciso anterior.

IV - O prazo de contestação é de 20 (vinte) dias, prorrogáveis por mais 20 (vinte), a requerimento do interessado, se particularmente difícil a produção de prova documental, e será comum a todos os interessados, correndo da entrega em cartório do mandado cumprido, ou, quando for o caso, do decurso do prazo assinado em edital.

V - Caso não requerida, até o despacho saneador, a produção de prova testemunhal ou pericial, o juiz ordenará vista às partes por 10 (dez) dias, para alegações, sendo-lhe os autos conclusos, para sentença, 48 (quarenta e oito) horas após a expiração desse prazo; havendo requerimento de prova, o processo tomará o rito ordinário.

VI - A sentença, quando não prolatada em audiência de instrução e julgamento, deverá ser proferida dentro de 15 (quinze) dias do recebimento dos autos pelo juiz.

Parágrafo único. O proferimento da sentença além do prazo estabelecido privará o juiz da inclusão em lista de merecimento para promoção, durante 2 (dois) anos, e acarretará a perda, para efeito de promoção por antigüidade, de tantos dias quantos forem os do retardamento, salvo motivo justo, declinado nos autos e comprovado perante o órgão disciplinar competente.

Art. 8º Ficará sujeita à pena de desobediência, salvo motivo justo devidamente comprovado, a autoridade, o administrador ou o dirigente, que deixar de fornecer, no prazo fixado no art. 1º, § 5º, ou naquele que tiver sido estipulado pelo juiz (art. 7º, n. I, letra «b»), informações e certidão ou fotocópia de documento necessários à instrução da causa.

Parágrafo único. O prazo contar-se-á do dia em que entregue, sob recibo, o requerimento do interessado ou o ofício de requisição (art. 1º, § 5º, e art. 7º, n. I, letra «b»).

Art. 9º Se o autor desistir da ação ou der motiva à absolvição da instância, serão publicados editais nos prazos e condições previstos no art. 7º, inciso II, ficando assegurado a qualquer cidadão, bem como ao representante do Ministério Público, dentro do prazo de 90 (noventa) dias da última publicação feita, promover o prosseguimento da ação.

Art. 10. As partes só pagarão custas e preparo a final.

Art. 11. A sentença que, julgando procedente a ação popular, decretar a invalidade do ato impugnado, condenará ao pagamento de perdas e danos os responsáveis pela sua prática e os beneficiários dele, ressalvada a ação regressiva contra os funcionários causadores de dano, quando incorrerem em culpa.

Art. 12. A sentença incluirá sempre, na condenação dos réus, o pagamento, ao autor, das custas e demais despesas, judiciais e extrajudiciais, diretamente relacionadas com a ação e comprovadas, bem como o dos honorários de advogado.

Art. 13. A sentença que, apreciando o fundamento de direito do pedido, julgar a lide manifestamente temerária, condenará o autor ao pagamento do décuplo das custas.

Art. 14. Se o valor da lesão ficar provado no curso da causa, será indicado na sentença; se depender de avaliação ou perícia, será apurado na execução.

§ 1º Quando a lesão resultar da falta ou isenção de qualquer pagamento, a condenação imporá o pagamento devido, com acréscimo de juros de mora e multa legal ou contratual, se houver.

§ 2º Quando a lesão resultar da execução fraudulenta, simulada ou irreal de contratos, a condenação versará sobre a reposição do débito, com juros de mora.

§ 3º Quando o réu condenado perceber dos cofres públicos, a execução far-se-á por desconto em folha até o integral ressarcimento do dano causado, se assim mais convier ao interesse público.

§ 4º A parte condenada a restituir bens ou valores ficará sujeita a seqüestro e penhora, desde a prolação da sentença condenatória.

Art. 15. Se, no curso da ação, ficar provada a infringência da lei penal ou a prática de falta disciplinar a que a lei comine a pena de demissão ou a de rescisão de contrato de trabalho, o juiz, «ex-officio», determinará a remessa de cópia autenticada das peças necessárias às autoridades ou aos administradores a quem competir aplicar a sanção.

Art. 16. Caso decorridos 60 (sessenta) dias da publicação da sentença condenatória de segunda instância, sem que o autor ou terceiro promova a respectiva execução. o representante do Ministério Público a promoverá nos 30 (trinta) dias seguintes, sob pena de falta grave.

Art. 17. É sempre permitida às pessoas ou entidades referidas no art. 1º, ainda que hajam contestado a ação, promover, em qualquer tempo, e no que as beneficiar a execução da sentença contra os demais réus.

Art. 18. A sentença terá eficácia de coisa julgada oponível «erga omnes», exceto no caso de haver sido a ação julgada improcedente por deficiência de prova; neste caso, qualquer cidadão poderá intentar outra ação com idêntico fundamento, valendo-se de nova prova.

Art. 19. A sentença que concluir pela carência ou pela improcedência da ação está sujeita ao duplo grau de jurisdição, não produzindo efeito senão depois de confirmada pelo tribunal; da que julgar a ação procedente caberá apelação, com efeito suspensivo. (Redação dada pela Lei nº 6.014, de 1973)

§ 1º Das decisões interlocutórias cabe agravo de instrumento. (Redação dada pela Lei nº 6.014, de 1973)

§ 2º Das sentenças e decisões proferidas contra o autor da ação e suscetíveis de recurso, poderá recorrer qualquer cidadão e também o Ministério Público. (Redação dada pela Lei nº 6.014, de 1973)

DISPOSIÇÕES GERAIS

Art. 20. Para os fins desta lei, consideram-se entidades autárquicas:

a) o serviço estatal descentralizado com personalidade jurídica, custeado mediante orçamento próprio, independente do orçamento geral;

b) as pessoas jurídicas especialmente instituídas por lei, para a execução de serviços de interesse público ou social, custeados por tributos de qualquer natureza ou por outros recursos oriundos do Tesouro Público;

c) as entidades de direito público ou privado a que a lei tiver atribuído competência para receber e aplicar contribuições parafiscais.

Art. 21. A ação prevista nesta lei prescreve em 5 (cinco) anos.

Art. 22. Aplicam-se à ação popular as regras do Código de Processo Civil, naquilo em que não contrariem os dispositivos desta lei, nem a natureza específica da ação.

Brasília, 29 de junho de 1965; 144º da Independência e 77º da República.

H. Castello Branco
Milton Soares Campos

Este texto não substitui o publicado no DOU de 5.7.1965 e republicado em 8.4.1974

Decreto nº 5.483, de 30 de junho de 2005

regulamenta, no âmbito do Poder Executivo Federal, o art. 13 da Lei nº 8.429, de 2 de junho de 1992, institui a sindicância patrimonial e dá outras providências.

O PRESIDENTE DA REPÚBLICA, no uso das atribuições que lhe confere o art. 84, incisos IV e VI, alínea "a", da Constituição, e tendo em vista o disposto na Lei nº 8.429, de 2 de junho de 1992,

DECRETA:

Art. 1º A declaração dos bens e valores que integram o patrimônio privado de agente público, no âmbito do Poder Executivo Federal, bem como sua atualização, conforme previsto na Lei nº 8.429, de 2 de junho de 1992, observarão as normas deste Decreto.

Art. 2º A posse e o exercício de agente público em cargo, emprego ou função da administração pública direta ou indireta ficam condicionados à apresentação, pelo interessado, de declaração dos bens e valores que integram o seu patrimônio, bem como os do cônjuge, companheiro, filhos ou outras pessoas que vivam sob a sua dependência econômica, excluídos apenas os objetos e utensílios de uso doméstico.

Parágrafo único. A declaração de que trata este artigo compreenderá imóveis, móveis, semoventes, dinheiro, títulos, ações e qualquer outra espécie de bens e valores patrimoniais localizados no País ou no exterior.

Art. 3º Os agentes públicos de que trata este Decreto atualizarão, em formulário próprio, anualmente e no momento em que deixarem o cargo, emprego ou função, a declaração dos bens e valores, com a indicação da respectiva variação patrimonial ocorrida.

§ 1º A atualização anual de que trata o caput será realizada no prazo de até quinze dias após a data limite fixada pela Secretaria da Receita Federal do Ministério da Fazenda para a apresentação da Declaração de Ajuste Anual do Imposto de Renda Pessoa Física.

§ 2º O cumprimento do disposto no § 4º do art. 13 da Lei nº 8.429, de 1992, poderá, a critério do agente público, realizar-se mediante autorização de acesso à declaração anual apresentada à Secretaria da Receita Federal, com as respectivas retificações.

Art. 4º O serviço de pessoal competente manterá arquivo das declarações e autorizações previstas neste Decreto até cinco anos após a data em que o agente público deixar o cargo, emprego ou função.

Art. 5º Será instaurado processo administrativo disciplinar contra o agente público que se recusar a apresentar declaração dos bens e valores na data própria, ou que a prestar falsa, ficando sujeito à penalidade prevista no § 3º do art. 13 da Lei nº 8.429, de 1992.

Art. 6º Os órgãos de controle interno fiscalizarão o cumprimento da exigência de entrega das declarações regulamentadas por este Decreto, a ser realizado pelo serviço de pessoal competente.

Art. 7º A Controladoria-Geral da União, no âmbito do Poder Executivo Federal, poderá analisar, sempre que julgar necessário, a evolução patrimonial do agente público, a fim de verificar a compatibilidade desta com os recursos e disponibilidades que compõem o seu patrimônio, na forma prevista na Lei nº 8.429, de 1992, observadas as disposições especiais da Lei nº 8.730, de 10 de novembro de 1993.

Parágrafo único. Verificada a incompatibilidade patrimonial, na forma estabelecida no caput, a Controladoria-Geral da União instaurará procedimento de sindicância patrimonial ou requisitará sua instauração ao órgão ou entidade competente.

Art. 8º Ao tomar conhecimento de fundada notícia ou de indícios de enriquecimento ilícito, inclusive evolução patrimonial incompatível com os recursos e disponibilidades do agente público, nos termos do art. 9º da Lei nº 8.429, de 1992, a autoridade competente determinará a instauração de sindicância patrimonial, destinada à apuração dos fatos.

Parágrafo único. A sindicância patrimonial de que trata este artigo será instaurada, mediante portaria, pela autoridade competente ou pela Controladoria-Geral da União.

Art. 9º A sindicância patrimonial constituir-se-á em procedimento sigiloso e meramente investigatório, não tendo caráter punitivo.

§ 1º O procedimento de sindicância patrimonial será conduzido por comissão composta por dois ou mais servidores ou empregados efetivos de órgãos ou entidades da administração federal.

§ 2º O prazo para conclusão do procedimento de sindicância patrimonial será de trinta dias, contados da data da publicação do ato que constituir a comissão, podendo ser prorrogado, por igual período ou por período inferior, pela autoridade competente pela instauração, desde que justificada a necessidade.

§ 3º Concluídos os trabalhos da sindicância patrimonial, a comissão responsável por sua condução fará relatório sobre os fatos apurados, opinando pelo seu arquivamento ou, se for o caso, por sua conversão em processo administrativo disciplinar.

Art. 10. Concluído o procedimento de sindicância nos termos deste Decreto, dar-se-á imediato conhecimento do fato ao Ministério Público Federal, ao Tribunal de Contas da União, à Controladoria-Geral da União, à Secretaria da Receita Federal e ao Conselho de Controle de Atividades Financeiras.

Art. 11. Nos termos e condições a serem definidos em convênio, a Secretaria da Receita Federal poderá fornecer à Controladoria-Geral da União, em meio eletrônico, cópia da declaração anual do agente público que houver optado pelo cumprimento da obrigação, na forma prevista no § 2º do art. 3º deste Decreto.

§ 1º Compete à Controladoria-Geral da União informar à Secretaria da Receita Federal o rol dos optantes, nos termos do § 2º do art. 3º deste Decreto, com o respectivo número de inscrição no Cadastro de Pessoas Físicas e o exercício ao qual correspondem as mencionadas declarações.

§ 2º Caberá à Controladoria-Geral da União adotar medidas que garantam a preservação do sigilo das informações recebidas, relativas à situação econômica ou financeira do agente público ou de terceiros e à natureza e ao estado de seus negócios ou atividades.

Art. 12. Para a realização dos procedimentos previstos neste Decreto, poderão ser utilizados recursos de tecnologia da informação.

Art. 13. A Controladoria-Geral da União e o Ministério do Planejamento,

Orçamento e Gestão expedirão, no prazo de noventa dias, as instruções necessárias para o cumprimento deste Decreto no âmbito do Poder Executivo Federal, salvo em relação ao convênio a que se refere o art. 11.

Art. 14. Caberá aos titulares dos órgãos e entidades da administração pública federal direta ou indireta, sob pena de responsabilidade, velar pela estrita observância do disposto neste Decreto.

Art. 15. Este Decreto entra em vigor na data de sua publicação.

Art. 16. Fica revogado o Decreto nº 978, de 10 de novembro de 1993.

Brasília, 30 de junho de 2005; 184º da Independência e 117º da República.

LUIZ INÁCIO LULA DA SILVA
Murilo Portugal Filho
Paulo Bernardo Silva
Waldir Pires

Este texto não substitui o publicado no D.O.U. de 1º.7.2005

ANOTAÇÕES

ANOTAÇÕES

ANOTAÇÕES

ANOTAÇÕES

EDITORA
*Jus*PODIVM
www.editorajuspodivm.com.br

Pré-impressão, impressão e acabamento

GRÁFICA
SANTUÁRIO

grafica@editorasantuario.com.br
www.graficasantuario.com.br
Aparecida-SP